新注釈民法

(1)

総 則 (1)

§§ 1〜89

山 野 目 章 夫
編 集

大村敦志・道垣内弘人・山本敬三
編集代表

有斐閣コンメンタール

本書のコピー，スキャン，デジタル化等の無断複製は著作権法上での例外を
除き禁じられています。本書を代行業者等の第三者に依頼してスキャンや
デジタル化することは，たとえ個人や家庭内での利用でも著作権法違反です。

『新注釈民法』の刊行にあたって

　『新注釈民法』の編集委員会が発足したのは，2010 年秋のことであった。『注釈民法』（全 26 巻），『新版注釈民法』（全 28 巻）は，民法学界の総力を結集して企画され，前者は 1964 年に，後者は 1988 年に刊行が始まった。その後の立法・判例・学説の変遷を考えるならば，第三の注釈書が登場してよい時期が到来していると言えるだろう。

　編集にあたっては次の 3 点に留意した。

　第一に，『新版注釈民法』が『注釈民法』の改訂版であったのに対して，『新注釈民法』はこれらとは独立の新しい書物として企画した。形式的に見れば，この点は編集代表の交代に表れているが（『注釈民法』の編集代表は，中川善之助，柚木馨，谷口知平，於保不二雄，川島武宜，加藤一郎の 6 名，これを引き継いだ『新版注釈民法』の編集代表は，谷口知平，於保不二雄，川島武宜，林良平，加藤一郎，幾代通の 6 名であった），各巻の編集委員も新たにお願いし，各執筆者には『新版注釈民法』の再度の改訂ではなく新たな原稿の執筆をお願いした。もっとも，『注釈民法』『新版注釈民法』が存在することを踏まえて，これらを参照すれば足りる点については，重複を避けてこれらに委ねることとした。

　第二に，『新注釈民法』もまた，「判例に重きをおき，学説についてもその客観的状況を示して，現行の民法の姿を明らかにする」という基本方針を踏襲している。もっとも，判例に関しては，最高裁判例を中心としつつ必要に応じて下級審裁判例にも言及するが，必ずしも網羅的であることを求めないこととした。また，『注釈民法』『新版注釈民法』においては詳細な比較法的説明も散見されたが，『新注釈民法』では，現行の日本民法の注釈を行うという観点に立ち，外国法への言及は必要な限度に限ることとした。法情報が飛躍的に増加するとともに，かつてに比べると調査そのものは容易になったことに鑑み，情報の選別に意を用いることにした次第である。

　第三に，『新注釈民法』は，民法（債権関係）改正と法科大学院の発足を

i

強く意識している。一方で，民法（債権関係）改正との関係では，全20巻を三つのグループに分け，民法（債権関係）改正と関係の少ないグループから刊行を始めることとした。また，改正の対象となっていない部分についても，変動しつつある日本民法の注釈という観点から，立法論の現況や可能性を客観的に示すことに意を用いた。他方，実務との連携という観点から，要件事実への言及が不可欠な条文を選び出し，各所に項目を設けて実務家に執筆してもらうこととした。

　刊行にあたっては，多くの研究者のご協力をいただいているが，この十数年，大学をめぐる環境は厳しさを増しているのに加えて，民法（債権関係）改正法案の成立時期がはっきりしなかったこともあり，執筆者の方々はスケジュール調整に苦心されたことであろう。この場を借りて厚く御礼を申し上げる。

　冒頭に述べたように，注釈民法の刊行は1964年に始まったが，実は，これに先立ち，有斐閣からは註釈民法全書として，1950年に中川善之助編集代表『註釈親族法（上下）』，1954年に同『註釈相続法（上下）』が刊行されていた。有斐閣は2017年に創業140周年を迎えるが，民法のコンメンタールはその後半70年を通じて，歩みをともにしてきたことになる。熱意を持ってこの企画に取り組んで来られた歴代の関係各位に改めて敬意と謝意を表する次第である。

　　　2016年10月

　　　　　　　　　　　　　　　　　　『新注釈民法』編集代表
　　　　　　　　　　　　　　　　　　　大　村　敦　志
　　　　　　　　　　　　　　　　　　　道　垣　内　弘　人
　　　　　　　　　　　　　　　　　　　山　本　敬　三

本巻はしがき

『新注釈民法(1)　総則(1)』の巻を世に送る。

この書名が示すとおり，『新注釈民法』の最初の巻になる。

本来，民法の法文は，どの条も一つ一つ大切なものである。したがってまた，『新注釈民法』のいずれの巻も，それらの大切な法文の注釈に任ずるものであるから，巻が置かれる位置にかかわらず，これまた等しく重要であることは，まちがいがない。

このことを確かめたうえで，そうであるとしても，やはり最初の巻であることから若干の特徴を帯び，また，他の巻にない役割を引き受ける側面がある。

この巻は，民法の1条から89条までの注釈をするものであるが，これらの規定のうち，まず1条および2条は，民法の全般を統べる基本思想を提示する性格をもつ。このことが，まず，この巻に特別の彩りを与える。ことの性質上，これら2つの規定の注釈は，さまざまな民法の題材と関わる。本巻は，当然のことではあるが，そうした題材を扱いながら，民法の頭初規定の注釈を引き受けている。

むろん，数ある民法の概説書を眺め渡すと，頭初規定の扱い方は，さまざまである。また，多少そのことと関わるが，民法総則の書物が民法の総論的な考察を引き受けるものとするかも，いろいろな考え方がありうる。1条・2条に論及するなどしながら著者の独創的な民法観や民法体系を提示するものがある半面において，これらの論述を大きく扱うことに謙抑の姿勢を示すものもみられる。はっきりとこの姿勢をことわるものには，幾代通教授の『民法総則』（青林書院新社の『現代法律学全集』，初版は1969年）があり，そのはしがきは，「本書においては，わが民法典の沿革についての簡単な叙述を便宜上入れたこと……と，総則編の頭初の第1条についての概説……とを除けば，総論的なものについての叙述はふくまれていない。むしろ私は，この全

集での『民法総則』の執筆を依頼されたとき，右のことを条件として，これを受諾したのであった」と述べる。これも一つの見識であろう。

これら先達の種々の間合いの取り方に学びながら，個人の著書ではなく，しかも注釈書の一翼をなす本巻は，1条と2条について，注釈書として一般に求められる考察を示そうと努める方針に立っている。

そのあとの3条から後は，どうか。

これもまた，本巻の特徴を醸し出す。32条の2までは，個人（自然人）の規定である。いうまでもなく，私たち自身の本源的な在り方であり，これを民法がどのように規律するか，が各条で語られる。続く33条から（内容が削除になっている規定を含めて述べるならば）84条までは，個人と並んで法律関係の主体であるとされる法人を扱う。そして，85条から89条は，権利の客体のなかでも基本的な重要性をもつ有体の財貨，つまり物に関する規定であり，これらの注釈も本巻で扱われる。個人，法人，物のいずれも民法の基本的な概念であり，本巻が扱う諸規定は，後に続く民法の規定が与える諸規律の前提を調える大切な役割を担う。

これらの事情を踏まえ，本巻においては，各条の注釈と並び，巻頭には民法の総説が置かれる。読者におかれては，民法の各規定の意味を考えることと共に，この総説を通じ，民法とは何か，民法とはどのようなものであるべきか，などについて思いをめぐらせていただきたい。外国の民法のなかには，日本において「法の適用に関する通則法」や国籍法が扱っている題材の一部を民法という名称の法令で扱うものがある。それと日本の民法は異なるが，時間を遡ると，その日本の民法にも変遷がみられ，明治の編纂の際には現在の2条に当たるものを有しなかった。悩みながら発展を遂げてきた民法というものに，あらためて思いを致すことは，無益なことではなかろう。繰り返し述べるならば，民法の総説のような記述を本巻に置く必然性はないかもしれないが，どこかで記述することが望まれるものであるならば，本巻で扱うことが，最も自然であるにちがいない。

民法の総説と同様に，本巻には各条の注釈とは性格を異にするものを他にも収めている。とくに要件事実の問題に一言しておこう。訴訟における攻撃防御に関わる要件事実は，ながく印象として，民事実体法である民法よりも

民事訴訟法など手続法と深い関わりをもつ，と受け止められてきた嫌いがある。その理解は，正しくない。なにが訴訟において主要事実として主張立証されるべきであるかは，民法をはじめとする実体法の解釈により定まる。要件事実論は，民法などの実体法との緊密な連関のもとにこそ的確な思考を展開することができる。その逆もしかり，であり，民法の解釈は，要件事実に十分に留意することにより訴訟裡の実践に仕えることがかなう。ようやく法科大学院教育の取組みなどを契機として，これらの思考は，各方面において受容されつつある。そこで，本巻に限らず，『新注釈民法』においては，要所において要件事実に関する項目を置く。本巻は，要件事実総論，規範的要件，権利濫用の禁止の要件事実を扱っており，本格的な対話が始まった要件事実論と民法学において，今後の論議の礎となることが期待される。

　本巻を制作する過程においては，扱われる規定をめぐり，いくつかの法制変遷に遭遇した。債権関係規定の見直し（平成29年法律第44号）により，3条の2や13条1項10号が追加されたり86条3項が削られたりした改正を反映して，本巻における注釈も施されている。成年年齢の見直しに伴う4条の改正（平成30年法律第59号）も異ならない。民法の法文そのものの変更ではないが，25条1項の特例が，所有者不明土地の利用の円滑化等に関する特別措置法（平成30年法律第49号）38条により設けられている。

　これからも，本巻で扱う規定に関わる立法の動向は，注視を要することであろう。他の巻と同じように，機会を得て改訂を重ねていきたい。

　本巻の編集制作は，有斐閣注釈書編集部の山下訓正氏の精力的で丁寧な作業に支えられた。

　2018 年 9 月

山 野 目 章 夫

目　　次

総　　説 ……………………………………………（大村敦志）… 1

　　要件事実総論 ………………………………………（村田　渉）… 44
　　規範的要件 …………………………………………（　同　）… 90

第1編　総　　則

第1章　通　　則

第1条（基本原則）

　　A　公共の福祉 ……………………………………（吉田克己）…107
　　B　信義誠実の原則 ………………………………（吉政知広）…131
　　C　権利濫用の禁止 ………………………………（平野裕之）…181
　　　　権利濫用の禁止の要件事実 …………………（吉岡茂之）…238
　　D　自力救済 ………………………………………（平野裕之）…244
　　第2条（解釈の基準）……………………………（宮澤俊昭）…261

第2章　人

　　前注（§§3-32の2〔人〕）……………………（山野目章夫）…283

第1節　権利能力

　　第3条
　　　A　私権の享有 …………………………………（小池　泰）…333
　　　B　外国人の私権の享有 ………………………（早川眞一郎）…356

第2節　意思能力

　　第3条の2 …………………………………………（山本敬三）…376

第3節　行為能力

目　次

第4条（成年）……………………………………（小池　泰）…401

第5条（未成年者の法律行為）…………………（　同　）…409

第6条（未成年者の営業の許可）………………（　同　）…438

前注（§§7-21〔成年後見制度〕）………………（新井　誠）…446

第7条（後見開始の審判）………………………（小賀野晶一）…480

第8条（成年被後見人及び成年後見人）………（　同　）…496

第9条（成年被後見人の法律行為）……………（　同　）…505

第10条（後見開始の審判の取消し）……………（　同　）…514

第11条（保佐開始の審判）………………………（　同　）…516

第12条（被保佐人及び保佐人）…………………（　同　）…519

第13条（保佐人の同意を要する行為等）………（　同　）…521

第14条（保佐開始の審判等の取消し）…………（　同　）…531

第15条（補助開始の審判）………………………（　同　）…533

第16条（被補助人及び補助人）…………………（　同　）…536

第17条（補助人の同意を要する旨の審判等）…（　同　）…538

第18条（補助開始の審判等の取消し）…………（　同　）…542

第19条（審判相互の関係）………………………（　同　）…544

第20条（制限行為能力者の相手方の催告権）…（　同　）…545

第21条（制限行為能力者の詐術）………………（　同　）…550

第4節　住　　所

第22条（住所）……………………………………（早川眞一郎）…555

第23条（居所）……………………………………（　同　）…578

第24条（仮住所）…………………………………（　同　）…582

第5節　不在者の財産の管理及び失踪の宣告

第25条（不在者の財産の管理）…………………（岡　　孝）…586

第26条（管理人の改任）…………………………（　同　）…594

第27条（管理人の職務）…………………………（　同　）…595

第28条（管理人の権限）…………………………（　同　）…598

第29条（管理人の担保提供及び報酬）…………（　同　）…603

第30条（失踪の宣告）……………………………（河上正二）…605

vii

目　次

第 31 条（失踪の宣告の効力）………………………………（　同　）…615

第 32 条（失踪の宣告の取消し）……………………………（　同　）…617

第 6 節　同時死亡の推定

第 32 条の 2………………………………………………（小池　泰）…627

第 3 章　法　　　人

前注（§§ 33-84〔法人〕）………………………………（後藤元伸）…637

第 33 条（法人の成立等）……………………………………（　同　）…683

第 34 条（法人の能力）………………………………………（　同　）…727

第 35 条（外国法人）…………………………………………（早川吉尚）…743

第 36 条（登記）………………………………………………（後藤元伸）…752

第 37 条（外国法人の登記）…………………………………（早川吉尚）…754

第 38 条から第 84 条まで　削除

権利能力なき社団・財団……………………………………（後藤元伸）…760

第 4 章　物

第 85 条（定義）………………………………………………（小野秀誠）…783

第 86 条（不動産及び動産）…………………………………（　同　）…797

第 87 条（主物及び従物）……………………………………（　同　）…808

第 88 条（天然果実及び法定果実）…………………………（　同　）…812

第 89 条（果実の帰属）………………………………………（　同　）…814

事項索引　………………………………………………………………819

判例索引　………………………………………………………………832

凡　　例

1　関係法令

　　関係法令は，2018 年 9 月 1 日現在によった。

　　なお，各注釈冒頭の条文において，「民法の一部を改正する法律」（平成 29 年法律第 44 号）・「民法の一部を改正する法律」（平成 30 年法律第 59 号）による改正前の規定を枠内に併記した。

2　条　　文

　　条文は原文どおりとした。ただし，数字はアラビア数字に改めた。

3　比較条文

　　各条文のつぎに，〔対照〕欄をもうけ，フランス民法，ドイツ民法など当該条文の理解に資する外国法・条約等の条項を掲げた。

4　改正履歴

　　各条文のつぎに，〔改正〕欄をもうけ，当該条文の改正・追加・削除があった場合の改正法令の公布年と法令番号を掲げた。ただし，表記の現代語化のための平成 16 年法律第 147 号による改正は，実質的改正がある場合を除き省略した。

5　法令の表記

　　民法は，原則として単に条数のみをもって示した。その他の法令名の略記については，出現頻度が少ないものや特別なものを除いて，有斐閣版六法全書巻末の「法令名略語」によった。主なものは，以下のとおり。

　　また，旧民法（明治 23 年法律第 28 号・第 98 号）および外国法については，以下の略記例に従う。

　　なお，平成 29 年法律第 44 号による改正前の条文を示す場合は「平 29 改正前○条」，平成 30 年法律第 59 号による改正前の条文を示す場合は「平 30 改正前○条」とした。

一般法人	一般社団法人及び一般財団法人に関する法律	家事	家事事件手続法
		行書	行政書士法
医療	医療法	行政個人情報	行政機関の保有する個人情報の保護に関する法律
会計士	公認会計士法		
会社	会社法		
外法夫婦登	外国法人の登記及び夫婦財産契約の登記に関する法律	憲	日本国憲法
		健保	健康保険法
		小	小切手法

ix

凡　例

戸	戸籍法	非訟	非訟事件手続法
公益法人	公益社団法人及び公益財団法人の認定等に関する法律	弁護	弁護士法
		弁理士	弁理士法
		法適用	法の適用に関する通則法
個人情報	個人情報の保護に関する法律	民	民法
		民執	民事執行法
私学	私立学校法	民訴	民事訴訟法
司書	司法書士法	民訴規	民事訴訟規則
自治	地方自治法	民調	民事調停法
社福	社会福祉法	有限組合	有限責任事業組合契約に関する法律
社労士	社会保険労務士法		
宗法	宗教法人法	労基	労働基準法
商	商法	労組	労働組合法
人訴	人事訴訟法	労契	労働契約法
森林組合	森林組合法	———	
水協	水産業協同組合法	旧財	民法財産編
生協	消費生活協同組合法	旧財取	民法財産取得編
税理士	税理士法	旧担	民法債権担保編
建物区分	建物の区分所有等に関する法律	旧証	民法証拠編
		旧人	民法人事編
中協	中小企業等協同組合法	———	
手	手形法	オ民	オーストリア民法
投資有限組合	投資事業有限責任組合契約に関する法律	ス民	スイス民法
		ド民	ドイツ民法
土調士	土地家屋調査士法	フ民	フランス民法
農協	農業協同組合法	DCFR	ヨーロッパ私法に関するモデル準則
破	破産法		
非営利活動	特定非営利活動促進法		

6　判例の表記

①　判例の引用にあたっては，つぎの略記法を用いた。なお，判決文の引用は原文どおりとしたが，濁点・句読点の付加，平仮名化は執筆者の判断で適宜行った。

　　　最判平 12・9・22 民集 54 巻 7 号 2574 頁＝最高裁判所平成 12 年 9 月 22 日判決，最高裁判所民事判例集 54 巻 7 号 2574 頁

②　判例略語

最	最高裁判所	高	高等裁判所
最大	最高裁判所大法廷	知財高	知的財産高等裁判所

x

凡　例

知財高大	知的財産高等裁判所特別部（大合議部）	大	大審院
		大連判	大審院民事連合部判決
支（○○高△△支）	○○高等裁判所△△支部	大民刑連判	大審院民事刑事連合部判決
		控	控訴院
地	地方裁判所	判	判決
支（○○地△△支）	○○地方裁判所△△支部	中間判	中間判決
		決	決定
家	家庭裁判所	命	命令
簡	簡易裁判所	審	家事審判

③　判例出典略語

家　月	家庭裁判月報	判　自	判例地方自治
下民集	下級裁判所民事裁判例集	判　タ	判例タイムズ
行　集	行政事件裁判例集	評　論	法律〔学説・判例〕評論全集
刑　集	〔大審院または最高裁判所〕刑事判例集	不法下民	不法行為に関する下級裁判所民事裁判例集
刑　録	大審院刑事判決録	民　月	民事月報
金　判	金融・商事判例	民　集	〔大審院または最高裁判所〕民事判例集
金　法	金融法務事情		
交　民	交通事故民事裁判例集	民　録	大審院民事判決録
高民集	高等裁判所民事判例集	労　判	労働判例
裁　時	裁判所時報	労民集	労働関係民事裁判例集
裁判集民	最高裁判所裁判集民事	LEX/DB	TKCローライブラリーに収録されているLEX/DBインターネットの文献番号
訟　月	訟務月報		
新　聞	法律新聞		
登記先例	登記関係先例集		
東高民時報	東京高等裁判所民事判決時報	WLJP	Westlaw JAPANの判例データベースの文献番号
判決全集	大審院判決全集		
判　時	判例時報		

7　文献の表記

①　文献を引用する際には，後掲の文献の略記に掲げるものを除き，著者（執筆者）・書名（「論文名」掲載誌とその巻・号数）〔刊行年〕参照頁を掲記した。

②　判例評釈・解説は，研究者等による評釈を〔判批〕，最高裁調査官による解説を〔判解〕として，表題は省略した。

③　法務省法制審議会民法（債権関係）部会における部会資料等は，法務省のウェブサイト上のPDF文書の頁数で示した。

凡　　例

④　文献の略記

　ⓐ　体系書・論文集

明石	明石三郎・自力救済の研究〔増補版〕〔1978〕（有斐閣）
新井・高齢社会	新井誠・高齢社会の成年後見法〔改訂版〕〔1999〕（有斐閣）
新井・財産管理制度	新井誠・財産管理制度と民法・信託法〔1990〕（有斐閣）
新井＝岸本	新井誠＝岸本雄次郎・民法総則〔2015〕（日本評論社）
五十嵐ほか	五十嵐清＝泉久雄＝鍛冶良堅＝甲斐道太郎＝稲本洋之助＝川井健＝高木多喜男・民法講義1総則（有斐閣大学双書）〔改訂版〕〔1981〕（有斐閣）
幾代	幾代通・民法総則（現代法律学全集）〔第2版〕〔1984〕（青林書院新社）
石田（喜）	石田喜久夫・口述民法総則〔第2版〕〔1998〕（成文堂）
石田（穣）	石田穣・民法総則（民法大系（1））〔2014〕（信山社）
一問一答	筒井健夫＝村松秀樹編著・一問一答 民法（債権関係）改正〔2018〕（商事法務）
一問一答公益法人	新公益法人制度研究会編著・一問一答 公益法人関連三法〔2006〕（商事法務）
一問一答成年後見	小林昭彦＝大鷹一郎＝大門匡編・一問一答 新しい成年後見制度〔新版〕〔2006〕（商事法務）
伊藤（滋）〔初版〕,〔新版〕	伊藤滋夫・要件事実の基礎〔初版〕〔2000〕,〔新版〕〔2015〕（有斐閣）
伊藤（眞）	伊藤眞・民事訴訟法〔第5版〕〔2016〕（有斐閣）
内田	内田貴・民法Ⅰ〔第4版〕総則・物権総論〔2008〕（東京大学出版会）
梅	梅謙次郎・民法要義 巻之一総則編〔訂正増補第33版〕〔1911〕（有斐閣）
近江	近江幸治・民法講義Ⅰ 民法総則〔第7版〕〔2018〕（成文堂）
大谷	大谷美隆・失踪法論〔1933〕（明治大学出版部）
大村	大村敦志・新基本民法1 総則編〔2017〕（有斐閣）
大村・読解	大村敦志・民法読解 総則編〔2009〕（有斐閣）
大村・法源	大村敦志・法源・解釈・民法学〔1995〕（有斐閣）
大村・法典	大村敦志・法典・教育・民法学〔1999〕（有斐閣）
大村・物権	大村敦志・新基本民法2 物権編〔2015〕（有斐閣）
岡松	岡松参太郎＝富井政章校閲・註釈民法理由総則編〔訂正12版〕〔1899〕（有斐閣）

凡　　例

於保	於保不二雄・民法総則講義〔1951〕（有信堂）
加藤	加藤雅信・新民法体系 I　民法総則〔第 2 版〕〔2005〕（有斐閣）
上山	上山泰・専門職後見人と身上監護〔第 3 版〕〔2005〕（民事法研究会）
川井	川井健・民法概論 1　民法総則〔第 4 版〕〔2008〕（有斐閣）
河上	河上正二・民法総則講義〔2007〕（日本評論社）
川島	川島武宜・民法総則（法律学全集）〔1965〕（有斐閣）
北川	北川善太郎・民法総則（民法綱要 I）〔第 2 版〕〔2001〕（有斐閣）
熊谷	熊谷士郎・意思無能力法理の再検討〔2003〕（有信堂高文社）
小林＝原	小林昭彦＝原司・平成 11 年民法一部改正法等の解説（新法解説叢書）〔2002〕（法曹会）
小林ほか編	小林昭彦＝大門匡＝岩井伸晃編著・新成年後見制度の解説〔改訂版〕〔2017〕（金融財政事情研究会）
近藤	近藤英吉・註釈日本民法（総則編）〔1932〕（巌松堂）
財産管理実務研編	財産管理実務研究会編・財産管理の実務──不在者・相続人不存在〔新訂版〕〔2005〕（新日本法規出版）
佐久間	佐久間毅・民法の基礎 1　総則〔第 4 版〕〔2018〕（有斐閣）
潮見	潮見佳男・民法総則講義〔2005〕（有斐閣）
司研編・要件事実(1)(2)	司法研修所編・民事訴訟における要件事実第 1 巻〔増補〕〔1986〕・第 2 巻〔1992〕（法曹会）
四宮	四宮和夫・民法総則（法律学講座双書）〔第 4 版〕〔1986〕（弘文堂）
四宮＝能見	四宮和夫＝能見善久・民法総則（法律学講座双書）〔第 9 版〕〔2018〕（弘文堂）
新堂	新堂幸司・新民事訴訟法〔第 5 版〕〔2011〕（弘文堂）
末川・濫用	末川博・権利濫用の研究〔1949〕（岩波書店）
鈴木	鈴木禄弥・民法総則講義〔二訂版〕〔2003〕（創文社）
鈴木・研究	鈴木禄弥・物権法の研究〔1976〕（創文社）
須永	須永醇・新訂民法総則要論〔第 2 版〕〔2005〕（勁草書房）
須永・能力	須永醇・意思能力と行為能力〔2010〕（日本評論社）
高橋・上，下	高橋宏志・重点講義民事訴訟法 上〔第 2 版補訂版〕

凡　例

	〔2013〕，下〔第2版補訂版〕〔2014〕（有斐閣）
田島	田島順・民法総則〔1938〕（弘文堂）
田中＝竹内	田中英夫＝竹内昭夫・法の実現における私人の役割〔1987〕（東京大学出版会）
辻	辻正美・民法総則（法学叢書）〔1999〕（成文堂）
富井	富井政章・民法原論第一巻総論〔増訂合冊〕〔1922〕（有斐閣）
中島	中島玉吉・民法釈義巻之一総則篇〔1911〕（金刺芳流堂）
鳩山	鳩山秀夫・日本民法総論〔増訂改版〕〔1930〕（岩波書店）
平井古稀	平井宜雄先生古稀記念・民法学における法と政策〔2007〕（有斐閣）
平野	平野裕之・民法総則〔2017〕（日本評論社）
広中	広中俊雄・新版民法綱要第1巻 総論〔2006〕（創文社）
広中古稀	広中俊雄先生古稀祝賀論集・民事法秩序の生成と展開〔1996〕（創文社）
藤岡	藤岡康宏・民法講義Ⅰ 民法総論〔2015〕（信山社）
舟橋	舟橋諄一・民法総則（法律学講座）〔1954〕（弘文堂）
星野	星野英一・民法概論Ⅰ（序論・総則）〔改訂第16刷〕〔1993〕（良書普及会）
星野古稀上，下	星野英一先生古稀祝賀・日本民法学の形成と課題上，下〔1996〕（有斐閣）
穂積	穂積重遠・民法総則（新法学全集）〔1936〕（日本評論社）
松坂	松坂佐一・民法提要総則〔第3版・増訂〕〔1982〕（有斐閣）
松本	松本烝治・人法人及物（註釈民法全書）〔1912〕（巌松堂）
村田＝山野目編	村田渉＝山野目章夫編著・要件事実論30講〔第4版〕〔2018〕（弘文堂）
山本	山本敬三・民法講義Ⅰ総則〔第3版〕〔2011〕（有斐閣）
柚木・判総上，下	柚木馨・判例民法総論上〔1951〕，下〔1952〕（有斐閣）
吉田＝片山編	吉田克己＝片山直也編・財の多様化と民法学〔2014〕（商事法務）
米倉	米倉明・民法講義総則（1）〔1984〕（有斐閣）
我妻	我妻栄・新訂民法総則（民法講義Ⅰ）〔1965〕（岩波書店）

凡　　例

ⓑ　その他

注民	中川善之助＝柚木馨＝谷口知平＝於保不二雄＝川島武宜＝加藤一郎編集代表・注釈民法〔1964〜1987〕（有斐閣）
新版注民	谷口知平＝於保不二雄＝川島武宜＝林良平＝加藤一郎＝幾代通編集代表・新版注釈民法〔1988〜2015〕（有斐閣）
基本法コメ	遠藤浩＝良永和隆編・基本法コンメンタール民法総則〔第6版〕〔2012〕（日本評論社）
注解財産(1)	遠藤浩＝水本浩＝北川善太郎＝伊藤滋夫編・民法注解財産法第1巻民法総則〔1989〕（青林書院）
注解全集(1)(2)	水本浩編・民法Ⅰ〔総則(1)，(2)〕〈注解法律学全集10〉〔1995〕（青林書院）
我妻・判コメ	我妻栄＝有泉亨＝遠藤浩・判例コンメンタール第1民法総則〔1963〕（コンメンタール刊行会）
我妻＝有泉・コメ	我妻栄＝有泉亨＝清水誠＝田山輝明・我妻・有泉コンメンタール民法　総則・物権・債権〔第5版〕〔2018〕（日本評論社）
民法講座(1)〜(7)（別巻1）（別巻2）	星野英一編集代表・民法講座1〜7〔1984・1985〕，別巻1・2〔1990〕（有斐閣）
百年Ⅰ〜Ⅳ	広中俊雄＝星野英一編・民法典の百年Ⅰ〜Ⅳ〔1998〕（有斐閣）
講座民訴(1)〜(7)	新堂幸司編集代表・講座民事訴訟①〜⑦〔1983〜1985〕（弘文堂）
実務民訴(1)〜(10)	鈴木忠一＝三ヶ月章監修・実務民事訴訟講座1〜10〔1969〜1971〕（日本評論社）
新実務民訴(1)〜(14)	鈴木忠一＝三ヶ月章監修・新・実務民事訴訟講座1〜14〔1981〜1984〕（日本評論社）
実務民訴〔3期〕(1)〜(6)	新堂幸司監修・実務民事訴訟講座〔第3期〕第1巻〜第6巻〔2012〜2014〕（日本評論社）
要件事実講座(1)〜(6)	伊藤滋夫総括編集・民事要件事実講座第1巻〜第6巻〔2005〜2010〕（青林書院）
判例民法	能見善久＝加藤新太郎編・論点体系判例民法1　総則〔第2版〕〔2013〕（第一法規）
判民	東京大学判例研究会・判例民事法（有斐閣）（大正10年版・大正11年版は「判例民法」）
民百選Ⅰ〇版	民法判例百選Ⅰ総則・物権〔初版〕〔1974〕，〔第2版〕

xv

凡　例

	〔1982〕，〔第3版〕〔1989〕，〔第4版〕〔1996〕，〔第5版〕〔2001〕，〔第5版新法対応補正版〕〔2005〕，〔第6版〕〔2009〕，〔第7版〕〔2015〕，〔第8版〕〔2018〕（有斐閣）
民百選II○版	民法判例百選II債権〔初版〕〔1975〕，〔第2版〕〔1982〕，〔第3版〕〔1989〕，〔第4版〕〔1996〕，〔第5版〕〔2001〕，〔第5版新法対応補正版〕〔2005〕，〔第6版〕〔2009〕，〔第7版〕〔2015〕，〔第8版〕〔2018〕（有斐閣）
不動産百選○版	不動産取引判例百選〔初版〕〔1966〕，〔増補版〕〔1977〕，〔第2版〕〔1991〕，〔第3版〕〔2008〕（有斐閣）
平（昭）○重判解	平成（昭和）○年度重要判例解説（ジュリスト臨時増刊）（有斐閣）
最判解平（昭）○年	最高裁判所判例解説　民事篇　平成（昭和）○年度（法曹会）
争点I，II	加藤一郎＝米倉明編・民法の争点I，II（法律学の争点）〔1985〕（有斐閣）
新争点	内田貴＝大村敦志編・民法の争点（新・法律学の争点）〔2007〕（有斐閣）
法典調査会主査会議事	法典調査会民法主査会議事速記録（学術振興会）
法典調査会主査会議事〔近代立法資料13〕	日本近代立法資料叢書・法典調査会民法主査会議事速記録（商事法務）
法典調査会整理会議事	法典調査会民法整理会議事速記録（学術振興会）
法典調査会整理会議事〔近代立法資料14〕	日本近代立法資料叢書・法典調査会民法整理会議事速記録（商事法務）
法典調査会総会議事	法典調査会民法総会議事速記録（学術振興会）
法典調査会総会議事〔近代立法資料12〕	日本近代立法資料叢書・法典調査会民法総会議事速記録（商事法務）
法典調査会第一議案	法典調査会民法第一議案（学術振興会）
法典調査会第一議案〔近代立法資料13〕	日本近代立法資料叢書・民法第一議案（商事法務）
法典調査会民法議事	法典調査会民法議事速記録（学術振興会）
法典調査会民法議事〔近代立法資料1～7〕	日本近代立法資料叢書・法典調査会民法議事速記録一～七（商事法務）
理由書	広中俊雄編著・民法修正案（前三編）の理由書〔1987〕（有斐閣）
基本方針	民法（債権法）改正検討委員会編・債権法改正の基本方

凡　　例

	針〔2009〕（商事法務）
詳解Ⅰ～Ⅴ	民法（債権法）改正検討委員会編・詳解・債権法改正の基本方針Ⅰ～Ⅴ〔2009～2010〕（商事法務）
部会資料	法制審議会民法（債権関係）部会資料〔2009～2015〕
部会第〇回議事録	法制審議会民法（債権関係）部会会議議事録〔2009～2015〕
中間論点整理	民法（債権関係）の改正に関する中間的な論点整理〔2011〕
中間論点整理補足説明	法務省民事局参事官室・民法（債権関係）の改正に関する中間的な論点整理の補足説明〔2011〕
中間試案	民法（債権関係）の改正に関する中間試案〔2013〕
中間試案補足説明	法務省民事局参事官室・民法（債権関係）の改正に関する中間試案の補足説明〔2013〕

⑤　雑誌略語

関　法	法学論集（関西大学）	一　橋	一橋論叢
金　判	金融・商事判例	ひろば	法律のひろば
金　法	金融法務事情	法　学	法学（東北大学）
神　戸	神戸法学雑誌	法　協	法学協会雑誌（東京大学）
戸　時	戸籍時報	法　教	月刊法学教室
戸　籍	月刊戸籍	法　研	法学研究（慶應義塾大学）
自　正	自由と正義	法　雑	法学雑誌（大阪市立大学）
ジュリ	ジュリスト	法　時	法律時報
志　林	法学志林（法政大学）	法　セ	法学セミナー
新　報	法学新報（中央大学）	法　政	法政研究（九州大学）
曹　時	法曹時報	法　論	法律論叢（明治大学）
早　法	早稲田法学	北　法	北大法学論集
速判解	速報判例解説，新・判例解説 Watch	民　月	民事月報
		民　商	民商法雑誌
判　時	判例時報	名　法	名古屋大学法政論集
判　タ	判例タイムズ	リマークス	私法判例リマークス
判　評	判例評論（判例時報に添付）	労　旬	労働法律旬報
		論ジュリ	論究ジュリスト
阪　法	阪大法学	論　叢	法学論叢（京都大学）

8　他の注釈の参照指示

　　他の注釈箇所を参照するよう指示する場合には，→印を用いて，参照先の見出し番号で示した。すなわち，

凡　　例

同一箇条内の場合　　　　例：→Ⅰ 1 (1)(ア)
他の条文注釈の場合　　　例：→§33 Ⅰ 1 (2)(イ)(a)
他巻の条文注釈の場合　　例：→第 15 巻 §697 Ⅲ 1 (1)(ウ)

編者紹介

山野目章夫（やまのめ・あきお）　　早稲田大学大学院法務研究科教授

執筆者紹介（執筆順）

大 村 敦 志（おおむら・あつし）　　学習院大学法科大学院教授
村 田　　渉（むらた・わたる）　　中央大学大学院法務研究科教授・弁護士
吉 田 克 己（よしだ・かつみ）　　北海道大学名誉教授・弁護士
吉 政 知 広（よしまさ・ともひろ）　　京都大学大学院法学研究科教授
平 野 裕 之（ひらの・ひろゆき）　　日本大学大学院法務研究科教授
吉 岡 茂 之（よしおか・しげゆき）　　広島地方裁判所判事
宮 澤 俊 昭（みやざわ・としあき）　　横浜国立大学大学院国際社会科学研究院教授
小 池　　泰（こいけ・やすし）　　九州大学法学研究院教授
早 川 眞一郎（はやかわ・しんいちろう）　　専修大学大学院法務研究科教授
山 本 敬 三（やまもと・けいぞう）　　京都大学大学院法学研究科教授
新 井　　誠（あらい・まこと）　　中央大学研究開発機構 機構教授
小賀野晶一（おがの・しょういち）　　京都府立医科大学客員教授
岡　　　孝（おか・たかし）　　学習院大学名誉教授
河 上 正 二（かわかみ・しょうじ）　　東京大学名誉教授・東北大学名誉教授
後 藤 元 伸（ごとう・もとのぶ）　　関西大学政策創造学部教授
早 川 吉 尚（はやかわ・よしひさ）　　立教大学法学部教授
小 野 秀 誠（おの・しゅうせい）　　獨協大学法学部教授

総　説　I

総　説

細　目　次

I　はじめに ……………………………………1
1　総説に何を書くか？ ……………………1
2　なぜ総説が存在するのか？ ……………2
II　民法の範囲 ………………………………3
1　民法とその内容……………………………3
　(1)　民法典 ………………………………3
　(2)　民法の付属法・特別法 ……………3
　(3)　民法典中の法の通則 ………………4
　(4)　小さな民法と大きな民法 …………4
2　民法の前提…………………………………5
　(1)　法　源 ………………………………5
　(2)　適用範囲 ……………………………8
　(3)　権利とその実現 ……………………9
　(4)　行為規範と裁判規範 ………………9
3　民法と諸法 ………………………………10
　(1)　法体系の中の民法……………………10
　(2)　民法と商法……………………………10
　(3)　民法と民事手続法……………………11
　(4)　民法と刑法……………………………12
　(5)　民法と行政法・経済法………………12
　(6)　民法と労働法・社会保障法…………13
　(7)　民法と消費者法………………………14
　(8)　民法と信託法・知的財産法…………14
　(9)　民法と憲法……………………………15
　(10)　民法と国際法・国際私法……………16
III　民法の歴史………………………………16
1　法典編纂まで ……………………………16

　(1)　在来法としての民法…………………16
　(2)　継受法としての民法…………………17
2　法典編纂以後 ……………………………17
　(1)　明治・大正期…………………………17
　(2)　昭和期…………………………………18
　(3)　平成期…………………………………20
IV　民法の意義………………………………23
1　民法の定義 ………………………………23
　(1)　私法の一般法…………………………23
　(2)　資本主義経済・社会の法……………24
　(3)　市民社会の基本法……………………24
　(4)　日常生活の法…………………………25
2　民法＝市民法を考える …………………26
　(1)　民法の観念……………………………26
　(2)　民法の訳語……………………………27
　(3)　民法典の思想…………………………28
　(4)　民法典の編成…………………………29
V　民法と民法学………………………………30
1　民法学の歴史 ……………………………30
　(1)　文明化の時代…………………………30
　(2)　社会化の時代…………………………32
　(3)　グローバル化の時代…………………34
2　民法学の内容 ……………………………37
　(1)　民法学の位相…………………………37
　(2)　民法学の媒体…………………………40
　(3)　民法学の基礎資料の整備……………42

I　は じ め に

1　総説に何を書くか？

　民法の注釈書に「総説」が付されるのは，自明のことではない。初期の注釈書には総説部分を欠くものや欠くに等しいものも見られる（Boissonade,

〔大村〕　1

総　説　I

Expose には総説はなく，梅謙次郎・民法要義には3頁足らずの叙述があるのみ）。総説は体系書の出現により一般化し（富井政章・民法原論では130頁を超える。ただし一部は法全般にかかわるので，民法の総説部分は80頁ほど），その後は注釈書にも総説が付されるようになった（岡松参太郎・註釈民法理由では12頁，松本蒸治・人法人及物では40頁）。

　総説部分に書かれた内容は同一ではない。たとえば，富井が「民法」の「本義及ヒ性質」，「沿革」，「内容及ヒ其分類」，民法と「慣習法トノ関係」，「特別法トノ関係」，民法の「解釈」，「効力」に加えて，「私権」の「本質」，「分類」を取り上げるのに対して，松本は民法の「意義」（他の法律との関係を含む），「法源」，「解釈」，「適用範囲」，「民法編纂ノ沿革」，民法の「編別」を取り上げていた。また，新旧の注釈民法では，民法の「法源」，「効力」，「発展・沿革」，「公法ことに行政法における民法の適用」が取り上げられていた（その他の主な概説書につき，大村敦志・民法総論〔2001〕3頁）。

　以下においては，民法の「範囲」（II）（法源，適用範囲，他の法との関係，私権などを含む），「歴史」（III）（沿革，発展などに対応する），「意義」（IV）（本質・意義，編別などを含む），民法と「民法学」（V）（解釈方法論などを含む）に分けて，条文の逐条解説には収まらない問題を取り上げていく。

2　なぜ総説が存在するのか？

　総説で取り上げる問題の一部は，民法だけでなく法・法学一般にかかわるように思われる。たとえば，法源・適用範囲・解釈・権利の実現などがこれにあたる。それにもかかわらず，これらが民法の注釈書や体系書で語られるのは，民法が法の原型であり，技術的にも洗練された法領域であることに求められる（カルボニエ Carbonnier）。

　もっとも，フランスやドイツでは逐条解説の形でも扱いうる問題のいくつかを，日本では総説で扱わざるをえないという事情もある。フランス民法典には前加編（序章）が設けられ（松本英実「民法典序章」北村一郎編・フランス民法典の200年〔2006〕117頁以下を参照），法律の公布・効力・適用に関する規定が置かれており，ドイツ民法典の総則第6章には，権利の行使・自己防衛・自救行為に関する規定が置かれているが，日本民法典にはこれらの規定が欠けているからである（日本でも当初はフランス民法典の前加編に相当する「法例」を民法典の一部に組み込むことが考えられていたが，旧民法制定の段階で別の法律とされた

2　〔大村〕

総　説　II

（法例の歴史については，櫻田嘉章＝道垣内正人編・注釈国際私法(1)〔2011〕を参照）。他方，1947年〔昭和22年〕の改正によって1条3項が新設されて権利濫用禁止が明文化されたため，権利の行使については，逐条解説の形で論ずることが可能になっている）。

　しかしながら，「総説」の登場を支えるのは，19世紀の後半に現れた体系指向の優越であると言えるだろう。ドイツにおいてはもちろん（デルンブルヒ・独逸民法論〔1899〕には長大な総説が付されている），19世紀を通じて逐条解説が支配的であったフランスにおいても，1890年代にはドイツ法学の影響の下に「法学入門」と呼ばれる「総説」が確立されるに至っており（大村・法源6頁以下），富井はこれらの影響を受けたものと思われる。

II　民法の範囲

1　民法とその内容

(1)　民　法　典

　民法典は，民法第1編第2編第3編（明治29年法律89号），同第4編第5編（明治31年法律9号）の2つの法律からなるが，今日では1つの法律として取り扱われている（この点に関する批判も含め，小林＝原37頁以下）。いずれにしても，全体を総称する題名は「民法」であるが，時に「民法典」と呼ばれる。「法典」はCodeの訳語として用いられてきたが，日本法には法律と法典の区別は存在しない。むしろ，関連の特別法などを除き民法という名の法律そのものを示すために「民法典」という語が用いられることが多い。

(2)　民法の付属法・特別法

　民法の周辺には，民法の内容を補完するものとして，制定時からその存在が想定されていた法律（177条が言及する不動産登記法や739条が言及する戸籍法など）や後に民法の外に置かれた法律（建物の区分所有等に関する法律や一般社団法人及び一般財団法人に関する法律など），あるいはその後に民法の内容を修正するために制定された法律（借地借家法や製造物責任法など）や民法の内容に関する修正を重要な部分とする法律（割賦販売法や特定商取引に関する法律など）が存在する。民法典にこれらの関連法（時には関連の判例・学説等も含めて）を加えて「実質的意味での民法」と呼ぶのに対して，民法典のみを「形式的意味での民法」と呼ぶことがある。

〔大村〕　3

総　説　II

　もっとも，「実質的意味での民法」の外縁は明確ではなく，労働契約法や消費者契約法のように実質的意味での民法に含めて考えることが適切か否かにつき議論がある法律も存在する（このことは出版社によって六法の「民法」の部に収録された法律が同一ではないことにも現れている）。また，民法の最大の特別法である「商法」は歴史的な理由によって（実質的な意味での）「民法」の外にあるものとして位置づけられてきたことに注意する必要がある。そのほか民法と諸法との関係については後述する（→3）。

　なお，「実質的意味での民法」を観念するには，「民法」とは何かを明らかにすることが必要になるが，この点についても後述する（→IV 1）。

(3)　民法典中の法の通則

　民法典（形式的意味での民法）の中には，実質的意味で民法に含まれるか否かに疑義が生ずる規定群も含まれている。歴史的な経緯を捨象して考えるならば，民法典に置かれることに必然性があるとは言えない一般性の高い規定群が存在するのである（星野英一「民法の意義——民法典からの出発」同・民法論集(4)〔1978，初出 1974〕11 頁以下）。法人・代理といった基本的な法技術，あるいは契約という考え方についてはしばらく措くとして，条件・期限や期間に関する規定は法一般にかかわる通則的な規定であって，民法典に置いておく必然性がないという見方はかなり広く受け入れられている。債権法改正論議の初期の段階において，期間に関する規定を民法典の外に置くことが検討されたのもそれゆえであろう（詳解 I 392 頁）。

(4)　小さな民法と大きな民法

　民法典は諸法典の一つにすぎないと考えるならば，そこには民法に固有の規定が置かれるべきことになる。これに対して，民法典は諸法典とは異なる特別な地位を占めると考えるならば，法の通則（一般原則）に関する規定群は民法典に置かれるべきことになる。フランス民法典が後者の考え方に立って，当初から存在する前加編に加えて，人格・人身の尊重や無罪推定の原則といった民法の枠に収まらないようにも見える規定を追加してきたことはよく知られている（大村敦志・フランス民法〔2010〕60 頁以下。無罪推定につき石井智弥「民法における無罪推定の原則——フランス民法 9-1 条からの示唆」茨城大学政経学会雑誌 81 号〔2012〕も参照）。日本でも，2 つの考え方の違いは民法典の編纂時に強く意識されたが，結局，前者の考え方が採用されたと理解されている。こ

総　説　Ⅱ

の点は，「私権」の概念の広狭とも関連するが，ここでは立ち入らない（大村・読解 8-9 頁。大村敦志「私権と droits civils に関する覚書」高橋和之古稀・現代立憲主義の諸相〔2013〕も参照）。

2　民法の前提

(1)　法　源

「法源」という語で何を指すかについては，レベルの異なるいくつかの考え方がある。この点には立ち入らず旧版の説明に委ねることとして（新版注民(1)〔改訂版〕1-2 頁〔谷口知平＝石田喜久夫〕），以下においては，法の存在形式，または法を認識する際の材料としての法源につき，略説する。

(ア)　法令　　制定法を主要な法源とする大陸法諸国においても，かつては慣習が法源の中心を占めていた。たとえば，諸国に先立ち民法典を制定したフランスにおいては，絶対王政の下，慣習の地域的な不統一を克服するために重要な勅令が出されたが，法の完全な統一は達成されなかった。その後，革命を経て近代国民国家が登場したのに伴い，法の統一が実現するとともに法律が主要な法源となるに至った。民法典をはじめとするナポレオン 5 法典（ほかに商法典・刑法典・民事訴訟法典・治罪法典）はこのことを象徴的に示している。図式化するならば，法令と慣習の割合は，革命前には 1：9 であったが，革命後は 9：1 になったとも言われている（マロリー Malaurie）。日本においてもまた，民法典の制定は国民国家形成の一手段であると理解されていた。

現行法体系において，（憲法は別として）法律が諸法源の最上位に位置することを示す明文の規定は存在しないが，「国会は，国権の最高機関であつて，国の唯一の立法機関である」と定める憲法 41 条が，間接的にこのことを示していると言える。憲法以外では，「民事ノ裁判ニ成文ノ法律ナキモノハ習慣ニ依リ習慣ナキモノハ条理ヲ推考シテ裁判スヘシ」と定める明治 8 年太政官布告 103 号 3 条や「法律は，公布の日から起算して 20 日を経過した日から施行する」と定める法の適用に関する通則法 2 条が，このことを前提にしている。

(イ)　慣習　　慣習の法源性については明文の定めがある。「公の秩序又は善良の風俗に反しない慣習は，法令の規定により認められたもの又は法令に規定されていない事項に関するものに限り，法律と同一の効力を有する」と定める法の適用に関する通則法 3 条がそれである。民法典においても，主と

〔大村〕　5

総　説　II

して物権法の領域において慣習によるべきことを定める規定が置かれているほか（たとえば相隣関係に関する219条・228条・236条など），相続法にもその例が見られる（祭祀承継に関する897条）。

慣習に関しては，その存在・認定に困難が伴う。また，旧来の慣習の中には憲法をはじめとする現行法の基本原則と抵触するものも存在する（問題の所在をよく表すものとして，入会慣行に関する最判平18・3・17民集60巻3号773頁）。

なお，第二次世界大戦前には，朝鮮・台湾に関してはより広い範囲で慣習が適用されていた（朝鮮民事令・台湾民事令。朝鮮につき，吉川絢子「植民地朝鮮における離婚訴訟と朝鮮民事令」史林94巻5号〔2011〕，台湾につき，王泰升「台湾社会の慣習の国家法化について」名城法学64巻3号・4号〔2015〕など）。

(ｳ)　判例　　制定法を主要な法源としてきた大陸法国においても，判例が果たす役割は大きくなりつつある。20世紀末に至り世界各国で民法改正が加速する以前には，その理由は次の諸点に求められた。すなわち一方で，①社会の変化が激しく民法典が想定していなかった問題が増え，②その内容が全体として時代遅れになったこと，他方，③民法典の改正は必ずしも容易ではないが，④その規定は原則を定めるにとどまっており解釈の余地が大きいこと，などである。日本では，こうした事情が集約的に現れたのに加えて，昭和期の民法学（→Ｖ１(2)）が「生きた法」としての判例を重視する姿勢を見せたこともあって，判例の重要性に対する認識が早くから高まった。実際のところ，譲渡担保や内縁をはじめとして判例によって形成された重要な法理も少なくない（広中俊雄＝星野英一編・民法典の百年Ⅰを参照）。

もっとも，判例の法源性が事実上のものにとどまるか法的なものであるかについては議論がありうる。判例違反は上告受理申立事由にされており（民訴318条1項），判例変更には大法廷を開く必要がある（裁判所法10条3号）ことに鑑みるならば，法的な覊束性があると見ることもできないではない。しかし，判例違反は「法令の解釈に関する重要な事項」（民訴318条1項）とされており，また，大法廷を開けば判例変更は可能であることを重視するならば，これらは裁判所による法解釈の安定性に対する配慮にすぎないと見ることもできる（裁判実務の考え方につき，中野次雄編・判例とその読み方〔3訂版，2009〕，学説の考え方につき，大村敦志ほか・民法研究ハンドブック〔2000〕305頁以下）。

(ｴ)　条理　　前述のように（→(ｱ)），明治8年太政官布告103号3条は

総　説　Ⅱ

「……習慣ナキモノハ条理ヲ推考シテ裁判スヘシ」と定めている。この規定は，スイス民法1条と類似していることが指摘されているが（石田穣「スイス民法1条の法源イデオロギー」同・民法学の基礎〔1976〕参照），その淵源は明らかではない（この規定につき，杉山直治郎「明治8年布告第103号裁判事務心得と私法法源」同・法源と解釈〔1957〕参照）。

　その内容については，これを自然法と同視するもの（杉山・前掲論文），衡平と同視するもの（野田良之「明治8年太政官布告第103号第3条の『条理』についての雑感」法学協会百周年記念論文集(1)〔1983〕）などがある。前者によるのであれば条理を法源の一つに数えることが可能になるが，後者によれば思考方法を示すにすぎないことになる（このように解するならば，むしろスイス民法4条との類似性に着目することになろう）。

　(オ)　学説　　学説には法的な意味での法源性はないが，「かなりの影響力を有する」ものであり「広い意味において法源に数えうる」とされてきた（新版注民(1)〔改訂版〕7頁〔谷口＝石田〕）。しかしながら，近時はその影響力は衰えつつあるとも言われる（内田貴「日本法学の閉塞感の制度的，思想的，歴史的要因の分析――法学研究者像の探求と研究者養成：日本法の視座から」曽根威彦＝楜澤能生編・法実務，法理論，基礎法学の再定位〔2009〕160-161頁）。

　学説という場合には，全体としての学説（フランスではdoctrine）と個別の意見（opinions）とを区別する必要がある。ここで取り上げているのは前者である。これとは別に，様々な学説からなる集合体としての学説（フランスでは用いられないがdoctrines）の意義については別の観点からの検討が必要であるが，この点については後述する（→Ⅴ2(1)）。

　(カ)　自主規範　　自主規範にはいくつかの種類がある。第1に，労働協約のように締結に関与しなかった労働者をも拘束する規範が存在する。もっとも，その効力は法律によって与えられている（労組17条・18条）。第2に，就業規則のように，一方的に作成された規範であるにもかかわらず個別の契約の内容に影響を及ぼす規範も存在する。もっとも，その効力は手続面・実質面の双方において，法律の制約を受けている（労基90条～92条）。第3に，各種のガイドラインのように，それ自体が規範性を有するわけではないが，当事者の義務を措定する際の基準となる規範が存在する。最近では，ソフトローと呼ばれることもある（ソフトローにつき，藤田友敬編・ソフトローの基礎理論

〔大村〕　7

総　説　Ⅱ

〔2008〕）。

(2) 適　用　範　囲

(ア) 時間的範囲　　民法の適用範囲に関する問題のうち時間的な範囲については，手がかりになる実定法が存在する。

まず，法の適用に関する通則法により，施行期日に関する原則が適用されるものの（法適用 2 条〔明治 23 年法例 1 条〕），一般には附則で施行期日が定められる。遡及的適用については，民法施行法が不遡及の原則を定めているが（同法 1 条。なお，明治 23 年法例 2 条も同旨），戦後の親族編・相続編の全部改正に際しては，遡及効が認められている（昭和 22 年法律 222 号附則 4 条）。

次に，判例の遡及的適用については，非嫡出子の相続分に関する最高裁平成 25 年 9 月 4 日大法廷決定（民集 67 巻 6 号 1320 頁）が，実質的に遡及効を認める判示をしているのが注目される。これによって，違憲判断の対象となった民法 900 条ただし書 4 号前段は，事件当時に遡って一般的にその効力を否定されることになったわけであるが，第二次世界大戦中の統制法令違反行為につき公序良俗違反にならないとした一連の判例は，事件当時の法令の効力を実質的に否定したに等しいと見ることもできる。

これらの問題に関する検討は，少なくとも民法学においては必ずしも十分ではない（小粥太郎「時際法」「時際法・入門」同・民法学の行方〔2008〕）。

(イ) 地理的範囲　　連邦制をとらず，海外領土や植民地を持たない日本においては，民法を含む諸法律は国内に一律に適用される。ただし，次の諸点に留意が必要である。

第 1 に，かつては内地と台湾・朝鮮などでは適用法令が異なっていた。異なる複数の法領域にかかわる事件は，共通法という法律によって適用法令が定められていた。また，内地においても，法令は必ずしも同時に適用されていたわけではなく，沖縄や北海道には適用されるに至っていないこともあった（大村敦志・他者とともに生きる──民法から見た外国人法〔2008〕220-221 頁）。

第 2 に，今日においても，法令の適用範囲が特定の地方自治体に限定されることがある（大規模災害借地借家特別措置法 2 条 2 項など）。

(ウ) 人的範囲・事的範囲　　人的範囲（およびこれに付随する事的範囲）に関しては，国際的な事件の取扱いが問題になるが，これは国際私法によって規律される（櫻田嘉章＝道垣内正人編・注釈国際私法(1)〔2011〕などを参照）。他方，国

8　〔大村〕

総　説　II

際性のない事件，すなわち，日本人につき日本国内で生じた事件には，今日では日本の法令が一律に適用される（かつては，皇族・華族，あるいは軍人につき，特別法が存在した）。ただし，皇族につき若干の例外が残る（皇室典範）。

　なお，日本国内に居住する外国人に適用される法令については，別途検討が必要であるが（手塚和彰・外国人と法〔3版，2005〕，大村・前掲他者とともに生きるなど参照），民法には外国人の権利能力に関する特則が置かれていることを付言しておく（→§3 B）。

(3)　権利とその実現

　(ア)　権利の存在と実現　　権利の概念については，「法律の保障の下に他人に対して其生活利益を主張し得ること」（富井52頁）という見解が踏襲されており，今日でも「法によって保障された生活上の利益を享受しうる地位」（四宮＝能見20頁）という見方が示されている（「法力説」と呼ばれる）。その特徴は，①実定法を前提とすること，②利益と力の関係が明確にされていないことなどに求められるが，①を前提とせずに，②に取り組むものもある（川島）。このほか，法と権利の関係（富井，鳩山）が論じられ，近代法における権利の強調（我妻，四宮＝能見）が指摘されてきた。いずれにしても，近時の学説においては，権利の意義が論じられることは少なくなってきている。

　他方，権利の行使や実現に関しては，ドイツ民法に規定があることもあり，一定の関心を集めてきた。特に，自力救済については，ある程度の議論の蓄積もあるが，ここでは立ち入らない（→§1 D）。正当防衛・緊急避難についても同様である（→§720）。

　(イ)　権利の分類　　権利の分類については，様々な議論があるが，「私権」の説明に委ねる（→§1 A II）。

　(ウ)　権利と自由　　民法に関して，権利と自由の関係が論じられることは少なかったが，最近では，権利論との関係や（山本107-109頁），私権の概念との関係で（大村・読解35-36頁），これを意識するものが現れている。

(4)　行為規範と裁判規範

　(ア)　利益衡量（考量）論　　民法の解釈方法に関しては，古くから様々な議論が行われており，特に2度にわたる法解釈論争がよく知られているが，その詳細には立ち入らない（瀬川信久「民法の解釈」民法講座(別巻1)，山本敬三「法的思考の構造と特質」岩村正彦ほか編・岩波講座 現代の法15〔1997〕）。ここでは

〔大村〕　9

総　説　II

様々な考え方のうちいわゆる利益衡量（論者により「考量」とされることもあるが，以下，「衡量」で統一）論には，民法を行為規範として捉え，国民一般の法意識を裁判規範としての民法にも反映させようという指向が強く見られたことを指摘するにとどめる（この点につき，大村敦志「債権法改正後の解釈論・立法論」安永正昭ほか監修・債権法改正と民法学Ⅰ──総論・総則〔2018〕を参照）。

　(イ)　要件事実論　　民法の適用方法に関しては，ある時期から司法研修所を中心に要件事実論が形成されてきたが，学説も，法科大学院の発足を機に，これに対して強い関心を寄せるに至った（たとえば，大塚直ほか編著・要件事実論と民法学の対話〔2005〕）。この点についても詳細は別に譲り（→要件事実総論），ここではこの議論が，裁判規範としての民法の適用の標準化を通じて，裁判の効率性・公平性を担保しようとするものであることを指摘するにとどめる。

3　民法と諸法

(1)　法体系の中の民法

　法体系の中に民法を位置づけるにあたっては，形式的な方法と実質的な方法とが考えられる。前者については，民法の定義との関係で後述することにして（→Ⅳ1(1)），ここでは後者を取り上げることにしたい。この点は，民法の「指導原理」（我妻），「基本原理」（四宮＝能見），あるいは民法の「周辺の法律」（星野）という問題設定の下で論じられ，「公法」「労働法」「商法」との関係（我妻），「商法」「消費者法」との関係（四宮＝能見），あるいは「商法」「労働法」「経済法」「社会法」「刑法」「憲法」との関係（星野）などが論じられてきた。

　以下においては，最近になって関心が持たれるようになったその他の法領域との関係も含めて，ごく簡単に触れておく（やや立ち入った議論は，内田貴＝大村敦志編・民法の争点〔以下，「新争点」で引用〕において「民法と他領域」という形で整理されている。そこでは法社会学・法制史との関係も取り上げられているが，これについてはⅤ2(1)において必要な限度で言及する）。なお，これとは別に，「公法と私法」という問題設定の下で立ち入った議論もなされてきたが，その詳細には立ち入らない（新版注民(1)〔改訂版〕38-40頁〔谷口＝石田〕）。

(2)　民法と商法

　民法と商法の関係に関しては，3つの問題が論じられている。

　1つは，民法に対する商法の独自性をどこに求めるかという問題であるが，

総　説　II

主要な見解としては「商的色彩論」（田中耕太郎）と「企業法説」（鈴木竹雄）とが知られている。前者は対象は共通であるとしつつ性質を異にすると考えるのに対して，後者はそもそも対象が異なると考える。後者が通説であるとされてきたが，今日では問題自体に対する関心が失われつつある。むしろ，問題領域ごとに，民法と商法との関係が問われるようになっている（小塚荘一郎「民法と他領域(4)商法」新争点 14 頁は，関係のしかたが異なるものとして，請負と運送の関係，債権譲渡と手形の関係，法人・組合と会社の関係の例を挙げている）。

　このように，商法の独自性を強調しないのであれば，商法典を民法典に統合してもよいのではないかという問題が出てくる。これがもう 1 つの問題である。スイス債務法（1911 年），中華民国民法（1929 年），イタリア民法（1942 年）など実際の立法例があるほか，最近ではオランダがこの方式を採用して注目を集めた。日本においても，債権法改正に際して，商法の商行為法の部分を民法典に吸収することが試みられた。この試みは成功しなかったが，その当否を評価するには，民法と消費者法との関係をも考慮に入れる必要がある（一(7)）。いずれにしても，民商統一が決定的な趨勢ではあるというわけではない。しかし商法の領域では，会社法や保険法の単行法化（脱法典化）が進んでおり，商法典に残された規定の一部を民法典に回収すること自体に大きな抵抗があるわけではない。

　最後に触れておくべきは，それならば商法には全く独自性はないのかという問題である。必ずしもそうではない。民法学が一般化・抽象化に向かうのに対して，商法学は具体的・現実的なアプローチを好むことが指摘されているが（小塚・前掲論文 15 頁），法の経済分析をどの程度まで重視するか，さらにその背後にある市場や自由主義にどのような態度で臨むかという点なども両者の違いであろう。そうであるとすれば，対象の側の属性ではなく観察者の側の属性として「商的色彩」が再構成されるべきなのかもしれない。

(3)　民法と民事手続法

　民法と民事手続法が密接な関係を持つことは，ある意味では当然のことであり，ことさらに論じられることは少ない（内田＝大村編・新争点でも項目が立てられていない）。しかしながら，いくつかの問題を指摘することができる。第 1 に，民法に残存する訴権的な制度に対してどのような態度をとるかという問題がある。占有訴権，債権者代位権・詐害行為取消権，あるいは時効制

〔大村〕　11

総　説　Ⅱ

度，嫡出推定＝否認制度などにおいて，民法と民事訴訟法の交錯が生じるのはこの点にかかわる。第2に，民法上の諸制度を運用するに際して，証明の問題をどのように扱うかも問題になる。旧民法では証拠編が民法典の中に置かれていたが，現行民法ではこれは民事訴訟法の問題であるとしている（法典編纂の際に，乙5号議案により先決問題とされた。甲号議案・2号議案については，広中俊雄編著・日本民法典資料集成Ⅰ〔2005〕）。この点はもはや動かないとしても，証明責任の問題と実体法の関係をどのように考えるかという問題がある。かつて証明責任論争で争われた点である。第3に，民法典にどの程度まで手続的な規律や手続法との関係を書き込むかという問題もある。たとえば，2017年（平成29年）の債権法改正においては強制履行の方法については手続法に譲ることにしたが，ほかにも同様の例はないかが問題になる。

(4)　民法と刑法

民法と刑法の関係に関しては，佐伯仁志＝道垣内弘人・刑法と民法の対話〔2001〕で具体的な検討がなされているほか，財産犯と民事実体法との関係につき，「民法依存モデル」「民事法指向モデル」「秩序維持モデル」の3つの考え方があると指摘されている（井田良「刑法と民法の関係」山口厚ほか・理論刑法学の最前線Ⅱ〔2006〕60頁以下）。多数説とされるのは「民事法指向モデル」であるが，これを前提に「刑法が民法と異なった判断を採り得るのはどのような場合か」が論じられているという。このアプローチは民法・刑法それぞれの考え方を再検討に付する契機を含んでいる。他方，これとは別に，民法と刑法の役割に関する検討もなされる必要がある。民事上は損害賠償を認めるとしても刑事上は処罰すべきでない場合，刑事上も処罰すべき場合は，どのように分かれるのか，また，不法行為法上の被侵害利益の体系と刑法各論上の法益の体系の関係をどう考えるか，民事罰や懲罰的損害賠償につきどのような態度をとるかなど考えるべき問題は少なくない。

(5)　民法と行政法・経済法

民法と行政法の関係に関しては，伝統的には，公法私法二元論の採否が問題とされてきた。しかし，今日ではこの考え方は否定されており，行政と私人との関係に対しても民法が適用されるという考え方が採られている。その意味では行政法は民法の特別法であることになる。このような転換については，「過剰な権力規制に対する批判的視点を設定し，民主化の風を吹き込ん

総　説　II

だ点に，民法の意義が認められる」と評されている（大橋洋一「民法と他領域(2)行政法」新争点 10 頁）。

　以上がいわば行政法の適用領域を縮小するものであるのに対して，最近では，これを拡大する方向の議論も現れている。1 つは，行政法令違反行為の私法上の効力にかかわる議論である。かつては行政法令に違反しても直ちに私法上の効力に影響が生じないのが原則であるとされてきたが，これには様々な批判が寄せられるようになってきた。特に，経済法の領域で競争秩序・市場秩序の維持が強調されるようになるに従い，より積極的に私法上の効力を否定する形で，私人の取引の基盤をなす取引秩序の維持をはかるべきだとする考え方が強まりつつある（この問題につき，川濱昇「民法と他領域(5)経済法」新争点 17 頁など）。もう 1 つは，行政の委託によって私人がサービスを提供する場合に，この私人とサービスを受給する私人の間に行政法が適用されるかという問題である。民営化の中で出てきた議論であるが，公私協働論（山本隆司「公私協働の法構造」金子宏古稀・公法学の法と政策(下)〔2000〕531 頁以下）や制度的契約論（内田貴・制度的契約論〔2010〕）が説かれている。

(6)　民法と労働法・社会保障法

　労働法との関係に関しては，かつては「社会法と市民法」とが対置され，労働法の独自性を強調する見解が説かれた（橋本文雄・社会法と市民法〔1957〕，また，学説史については籾井常喜編・戦後労働法学説史〔1996〕）。しかし今日では，労働法は民法そのほかの伝統的な法理論に依拠しつつ，これを修正・発展させたものであり，労働法は民法の特別法であるとされている（荒木尚志「民法と他領域(7)労働法」新争点 20 頁）。

　もっとも，一方で労働契約法が制定され，他方で債権法改正の中で民法と労働契約法の関係が問われることを通じて，両者の関係について再び議論がなされつつある。しかし今日における議論は，雇用規定と労働契約法の関係，あるいは，定型約款規定と就業規則の関係といった具体的な問題をめぐるものとなりつつある（土田道夫編・債権法改正と労働法〔2012〕，日本労働法学会編・債権法改正と労働法〔2014〕）。

　社会保障法との関係が問題になるのは，不法行為法や家族法においてである。すなわち，損害賠償に代えて総合的な被害救済システムを導入すべきか否か（加藤雅信編著・損害賠償から社会保障へ〔1989〕），私的扶養と生活保護の関

総　説　II

係をどのように考えるか（明山和夫・扶養法と社会福祉〔1973〕），社会保障制度（たとえば，年金，介護，児童福祉など）の構築に際して家族のあり方をどのように考慮するかなどが問題とされてきた。

公法私法を問わず労働に関する法を労働法と呼ぶならば，家族に焦点をあわせて，社会保障法や租税法をも取り込んだ家族に関する法を機能的な意味での家族法と考えることもできる（大村敦志・家族法〔3版，2010〕はそうした指向性を含む）。

(7)　民法と消費者法

日本においては，初期の消費者問題は行政法・競争法・商法などの領域で生じたが，1970年代以降は民法（契約法・不法行為法）の領域における問題が中心を占めるようになった。そのため，消費者法研究の担い手の大部分は民法学者であり，消費者法が独立の法領域であるという意識は生じにくかった（内田＝大村編・新争点でも項目が立てられていない）。

しかし，消費者問題の発生によって民法の原理は修正を迫られているかという問題は以前から議論されていたし（大村敦志「契約と消費者保護」民法講座（別巻2）），消費者契約法が制定され（2000年〔平成12年〕），消費者保護基本法が消費者基本法に改められ（2006年〔平成18年〕），消費者庁が設置されたのに伴い（2008年〔平成20年〕），消費者法の独自性が意識されるようになってきた。さらに，債権法改正において消費者契約法の規定の一部を民法に取り組むことが検討されたこともあり，この問題に対する関心は高まりを見せた（河上正二「民法と消費者法」消費者法研究1号〔2016〕）。

問題は2つに分かれる。1つ目は，消費者法という法領域を観念しうるかという問題であるが，今日では，消費者問題に関する法を消費者法と観念することに異論はない。2つ目は，消費者契約に関する規定を民法典に置くかそれとも特別法（消費者契約法）に置くかという問題である。債権法改正で争われたのはこの点である。比較法的に見ても立法例は一様ではない。たとえば，ドイツ法が消費者関連規定を新民法典に組み込んだのに対して，フランス法は民法典のほかに消費法典を設けている。

(8)　民法と信託法・知的財産法

大陸法由来の民法典と英米法由来の信託法理は「水の上に浮かぶ油」のような関係にあるのか。民法と信託法の関係に対するこの問いに対しては，信

総　説　II

託法理の独自性を積極的に受け入れることを説く見解（たとえば，樋口範雄・フィデュシャリー［信認］の時代〔1999〕）と，信託法理を民法の体系の中に馴化・統合しようとする見解（たとえば，道垣内弘人・信託法理と私法体系〔1996〕）とが見られる。

　こうした体系的な整序は重要な課題であるが，民法の側からは，信託法理がもたらす問題提起，たとえば，委任と信託，法人と信託の異同をどう理解するのか，相続と信託の関係をどう位置づけるのか，あるいは，物権と債権，財産の概念をどのように更新していくのかも重要である。もちろん，上記の諸見解もこれらの問題に強い関心を示しているが，民法上の諸制度を論ずる際にも，信託を視野に入れることが不可欠になっていると言える。

　これに対して，民法と知的財産法の関係に対する関心は，従来はそれほど高くはなかった（もっとも，知的財産法の側からは田村善之・知的財産権と損害賠償〔新版，2004〕などがあるし，最近では，民法の側からも「財の多様化」という観点から関心が寄せられている）。知的財産権が物権の技術を使うものであること，著作権には人格権の側面が含まれることなどを考えると，民法の側からさらに進んだ検討がなされるべきであろう。

(9)　民法と憲法

　日本国憲法の制定まで，民法と憲法との関係が明示的に語られることはほとんどなかった。日本国憲法が制定されたのに伴い，民法の親族編・相続編は全面改正を受けるとともに，新たに1条・1条ノ2（現2条）が置かれると，民法と憲法との関係に対する関心が生じた（我妻栄「民主主義の私法原理」同・民法研究I〔1966，初出1949〕など）。しかしながら，この問題が盛んに議論されるようになったのは，1990年代に入ってからであり，山本敬三の一連の論文（山本敬三「現代社会におけるリベラリズムと私的自治」論叢133巻4号・5号〔1993〕など）とこれに対する反論（星野英一「民法と憲法」法教171号〔1994〕，高橋和之「『憲法上の人権』の効力は私人間に及ばない――人権の第三者効力論における『無効力説』の再評価」ジュリ1245号〔2003〕など）によるところが大きい。山本が憲法と民法を重層的な秩序をなすものと捉えるのに対して，星野や高橋は憲法と民法は並存するものと捉える。両説の対立は，国家と社会の関係をどう考えるか，また，民法の性質（国家法か国家以前の法か）をどう考えるかによる（山本敬三「民法と他領域(1)憲法」新争点9頁）。

〔大村〕　15

総　　説　III

⑽　民法と国際法・国際私法

　フランス法においては，国際私法や国籍法は民法典の一部をなすのに対して，日本では国際私法（かつては法例，現在は法の適用に関する通則法）や国籍法は独立の法律とされている。いずれにせよ，人や物の国境を越えた移動が頻繁になっている今日，家族に関しても取引に関しても，国際的な事件の重要性が高まってきており，各種の条約が制定されている。国内法としての民法もその影響を受けるようになりつつある。たとえば，子の引渡しに関するハーグ条約やウィーン売買条約は国内法にも大きな影響を及ぼしている。その結果として，国際家族法あるいは国際取引法といった法領域が形成されつつあるが，民法とこれらの法領域との関係については，必ずしも十分な検討がなされていない。

III　民法の歴史

　民法の歴史のうち，昭和期までに関しては，新版注民(1)（総説III〔谷口知平〕）および新版注民(1)〔改訂版〕（総説III〔谷口知平＝石田喜久夫〕）に譲り，ごく簡単に触れるにとどめる（明治以降の法制史につき，川口由彦・日本近代法制史〔2版，2014〕，民法の改正につき，池田恒男「日本民法の展開(1)民法典の改正──前3編」百年I，大村敦志「日本民法の展開(2)民法典の改正──後2編」百年I）。

1　法典編纂まで

(1)　在来法としての民法

　(ア)　江戸時代まで　　近代以前の日本においては，成文法の大部分は行政法・刑事法を内容とするものであり，民事法，特に民事実体法に関するものは乏しかった。民事に関する限り，慣習の果たす役割が大きかったと言える（江戸時代の民事慣習の一端を示すものとして，中田薫・徳川時代の文学に見えたる私法〔1925〕がよく知られている）。

　(イ)　明治初期　　明治維新の後，しばらくの間は，まとまった形での法令は存在せず，明治政府は太政官布告・達等によってアド・ホックな対応を行ってきた（それらは『法例彙纂民法之部』〔1875，復刻版 2014〕にまとめられている）。民法典の編纂は早い時期に企図され，フランス民法およびその注釈書類の翻訳が進められるとともに，司法省法学校や私立法律学校においてフランス法

総　説　Ⅲ

の教育が行われた。裁判にあたっては，成文法や慣習がない場合には条理によるべきこととされていたが（明治 8 年太政官布告 103 号裁判事務心得），条理を体現するものとしてフランス法が参酌されることも少なくなかったという（新版注民(1)14 頁〔谷口〕のほかに，野田良之「明治初年におけるフランス法の研究」日仏法学 1 号〔1961〕）。

(2)　継受法としての民法

(ア)　旧民法典　　明治 23 年（1890 年）に旧民法典が公布された。この法典は，財産法部分（財産編・証拠編・債権担保編と財産取得編の第 1 章から第 12 章まで）がボワソナードによって起草されたためボワソナード民法典と呼ばれることもある。なお，家族法部分（人事編と財産取得編の第 13 章から第 15 章まで）は日本人委員によって起草されたが，この部分にもボワソナードの影響が強いとされている（旧民法に関する近時の研究として，大久保泰甫＝高橋良彰・ボワソナード民法典の編纂〔1999〕，池田真朗・ボワソナードとその民法〔2011〕）。

(イ)　法典論争　　旧民法典に対しては，強い反対論（延期論）が主張され，これに対する反論（断行論）もなされた。法典論争と呼ばれる論争は，明治 25 年（1892 年）5 月 28 日に，帝国議会において民法及商法施行延期法律が可決されたことによって決着がつけられた。法典論争については様々な評価がなされてきたが，ここでは最近になって資料集が復刊されたことのみを付記しておく（星野通編著・民法典論争資料集〔復刻増補版，2013〕）。

(ウ)　現行民法典　　その後，法典調査会規則が明治 26 年（1893 年）3 月 25 日に公布，同 27 年（1894 年）3 月 27 日に改正され，伊藤博文を総裁，西園寺公望を副総裁，穂積陳重・富井政章・梅謙次郎を起草委員とする法典調査会が設定された。法典調査会で検討された法案は前 3 編・後 2 編に分けられ，それぞれ第 9 回帝国議会，第 12 回帝国議会で可決され，両者をあわせて明治 31 年（1898 年）7 月 16 日より施行された（法典調査会については，広中俊雄編著・日本民法典資料集成Ⅰ〔2005〕）。

2　法典編纂以後

(1)　明治・大正期

民法典成立後，最初の四半世紀（明治・大正期）になされた民法改正および特別法の制定としては，一方に，失火ノ責任ニ関スル法律，遺失物法，供託法，不動産登記法（以上，明治 32 年〔1899 年〕），年齢計算ニ関スル法律（明治

総　説　III

35 年〔1902 年〕），工場抵当法，鉄道抵当法，鉱業抵当法（以上，明治 38 年〔1905 年〕），立木ニ関スル法律，建物保護ニ関スル法律（以上，明治 42 年〔1909 年〕）などがある。これらは民法典を補完する法律であると言える。

　他方，その後の借地法，借家法（以上，大正 10 年〔1921 年〕），借地借家調停法（大正 11 年〔1922 年〕），改正工場法（大正 12 年〔1923 年〕），借地借家臨時処理法，小作調停法（以上，大正 13 年〔1924 年〕）などは民法典を修正する法律であると言えよう。また，内縁保護に道を開いた婚姻予約有効判決（大連判大 4・1・26 民録 21 輯 49 頁），公害事件の先駆とも言える信玄公旗掛松判決（大判大 8・3・3 民録 25 輯 356 頁），大阪アルカリ事件判決（大判大 5・12・22 民録 22 輯 2474 頁）など，この時期には判例もまた社会問題に対応する姿勢を見せた（川井健・民法判例と時代思潮〔1981〕，大村敦志・不法行為判例に学ぶ〔2011〕を参照）。

　(2)　昭　和　期

　20 世紀中葉の半世紀あまりの間（昭和期）を見ると，戦後改革の一環として大規模な民法改正を含む諸立法がなされたほか，判例による法形成が進んだことが注目される。

　(ア)　民法改正　　大正 8 年（1919 年）1 月の臨時教育会議を契機として同年 7 月に臨時法制審議会が設置され，大正 14 年（1925 年）には民法親族編中改正ノ要綱が，昭和 2 年（1927 年）には民法相続編中改正ノ要綱が示された。これを受けて昭和 3 年（1928 年）以来，司法省内に民法改正委員会が設けられて条文化の作業が進められた。この作業は，太平洋戦争の勃発によって中断することとなったが（人事法案〔仮称〕第 1 編親族〔昭和 16 年整理〕第 2 編相続〔昭和 15 年整理〕〔復刻版，2000〕），上記の要綱（大正要綱と呼ばれることもある）は第二次世界大戦後の家族法部分の全面改正の基礎となった。

　戦後，新たに制定された日本国憲法の下で，家族法部分の全面改正がなされるとともに，民法典の冒頭に基本原則を宣言する 1 条と 1 条ノ 2（現 2 条）が置かれた。この改正は，昭和 22 年（1947 年）5 月 3 日の憲法施行に間に合わなかったため，とりあえず「日本国憲法の施行に伴う民法の応急的措置に関する法律」が制定され，続いて同年 12 月 22 日に親族編・相続編（および戸籍法）が全面改正されて，翌昭和 23 年（1948 年）1 月 1 日より施行された（当時は「新民法」と呼ばれた。また，親族編・相続編の旧規定を「明治民法」と呼ぶのに対して，新規定を「昭和民法」と呼ぶこともある）。

総　説　Ⅲ

　この時期には，経済民主化が推し進められ，農地改革や財閥解体のほか，労働者の権利強化が実現した。法律としては，労働組合法（昭和20年〔1945年〕），自作農創設特別措置法（昭和21年〔1946年〕），労働基準法，独占禁止法（以上，昭和22年〔1947年〕）などが続いた。

　戦後改革期を除くと，財産法部分に関する民法改正はそれほど活発ではなく，戦前に，公示による意思表示の新設（昭和13年〔1938年〕），戦後には，根抵当制度の新設（昭和46年〔1971年〕）が目立つ程度である。他方，家族法部分については，2度にわたって相続法を中心として改正がなされた（昭和37年〔1962年〕，昭和55年〔1980年〕）。また，議員立法により婚氏続称が認められたほか（昭和51年〔1976年〕），昭和の末年には特別養子制度が導入された（昭和62年〔1987年〕）。

　(イ)　その他の立法　　特別法に関しては，罹災都市借地借家臨時措置法（昭和21年〔1946年〕）による優先借地権（期間10年）が消滅するころから，借地法・借家法の全面改正が問題とされるようになり，借地権の物権化を含む案が検討されたが，法案として提案されるには至らず，借地条件の変更や地代増減請求権を認める借地法・借家法改正が行われるにとどまった（昭和41年〔1966年〕）。

　そのほか，担保法の領域では，自動車抵当法（昭和26年〔1951年〕），建設機械抵当法（昭和29年〔1954年〕），企業担保法（昭和33年〔1958年〕）が制定されたほか，代物弁済予約に関する判例法理（最判昭42・11・16民集21巻9号2430頁）に基づき仮登記担保契約に関する法律（昭和53年〔1978年〕）が制定された。不法行為法の領域では，国家賠償法（昭和22年〔1947年〕），自動車損害賠償保障法（昭和30年〔1955年〕）が制定された。そのほかには，利息制限法（昭和29年〔1954年〕），改正不動産登記法（昭和35年〔1960年〕），建物の区分所有等に関する法律（昭和37年〔1962年〕）・改正建物の区分所有等に関する法律（昭和58年〔1983年〕）などが重要な立法であるが，占領期を除くと，全体として立法は盛んだったとは言えない。

　(ウ)　判例の動向　　戦後の経済成長期に日本社会は大きな変貌を見せた。しかし，（実質的意味での）民法の領域においてこの変化を受け止めたのは，立法ではなく判例であった。とりわけ，重要な判例が続出した昭和40年代（およびその前後数年）は「判例の時代」と呼ぶべき時代であった。

〔大村〕　19

総　説　III

いまでもリーディング・ケースとしてしばしば参照されるものとして，権利能力なき社団の成立要件（最判昭 39・10・15 民集 18 巻 8 号 1671 頁），法人の能力（最大判昭 45・6・24 民集 24 巻 6 号 625 頁），代理権濫用（最判昭 42・4・20 民集 21 巻 3 号 697 頁），94 条 2 項類推法理の展開（最判昭 45・7・24 民集 24 巻 7 号 1116 頁，最判昭 45・9・22 民集 24 巻 10 号 1424 頁），表見代理における重畳型の承認（最判昭 45・7・28 民集 24 巻 7 号 1203 頁），時効の援用権の制限（最大判昭 41・4・20 民集 20 巻 4 号 702 頁），背信的悪意者の排除（最判昭 43・8・2 民集 22 巻 8 号 1571 頁），抵当権の効力の及ぶ範囲（最判昭 44・3・28 民集 23 巻 3 号 699 頁），譲渡担保における清算義務（最判昭 46・3・25 民集 25 巻 2 号 208 頁），制限超過利息の元本充当（最大判昭 39・11・18 民集 18 巻 9 号 1868 頁，最大判昭 43・11・13 民集 22 巻 12 号 2526 頁），安全配慮義務（最判昭 50・2・25 民集 29 巻 2 号 143 頁），債権譲渡の対抗要件（最判昭 49・3・7 民集 28 巻 2 号 174 頁），相殺と差押え（最大判昭 45・6・24 民集 24 巻 6 号 587 頁），日常家事代理権と表見代理（最判昭 44・12・18 民集 23 巻 12 号 2476 頁），財産分与と慰謝料の関係（最判昭 46・7・23 民集 25 巻 5 号 805 頁），嫡出推定の及ばない子（最判昭 44・5・29 民集 23 巻 6 号 1064 頁），相続と登記（最判昭 42・1・20 民集 21 巻 1 号 16 頁，最判昭 46・1・26 民集 25 巻 1 号 90 頁）などに関するものがある。

なお，下級審判決ではあるが，いわゆる四大公害訴訟判決（特に新潟水俣病事件〔新潟地判昭 46・9・29 下民集 22 巻 9 = 10 号別冊 1 頁〕，四日市ぜんそく事件〔津地四日市支判昭 47・7・24 判タ 280 号 100 頁〕）が，社会および不法行為理論に対して及ぼした影響は非常に大きかった。

(3)　平　成　期

(ア)　民法改正　　1990 年代には財産法・家族法の双方に跨がる成年後見制度の改正（平成 11 年〔1999 年〕）が実現し，2000 年代には財産法領域で，抵当権の改正（平成 15 年〔2003 年〕），保証の改正（平成 16 年〔2004 年〕），そして法人制度の改正（平成 18 年〔2006 年〕）が行われた。家族法の領域では，選択的夫婦別氏制度導入を含む婚姻法の改正（平成 8 年〔1996 年〕要綱），生殖補助医療関連の親子法の改正（平成 15 年〔2003 年〕中間試案）が試みられたが，改正作業が途中で中断しており，立法には至っていない。他方，児童虐待への対応を中心とした親権制度の改正（平成 23 年〔2011 年〕）が実現している。

この時期において最も注目すべきは，いわゆる債権法改正であろう。平成

総　説　III

21 年（2009 年）から平成 27 年（2015 年）まで法制審議会民法（債権関係）部会で審議が行われ，平成 27 年（2015 年）3 月には改正案が国会に提出され，政治情勢のために審議開始まで時間を要したものの，平成 29 年（2017 年）5 月に可決成立した（公布は同年 6 月 2 日，施行は 3 年以内）。これにより，民法典の制定以来 120 年を経て，財産法部分の全面的な見直しが実現することとなった。主要な改正項目としては，消滅時効に関する規定の整備，法定利率の変動化，定型約款に関する規定の新設，保証人保護の強化があげられるが，検討はなされたものの具体的な法改正に結実しなかった項目も少なくない。しかしながら，全面的な見直しがなされたことの意義は大きい。

　もっとも，改正の対象はいわゆる債権法であり，物権編などには及んでいない。より正確に言うと，改正の対象とされたのは，債権編のうち事務管理・不当利得・不法行為を除いた部分と総則編のうち法律行為および消滅時効に関する部分（実質的な意味での契約法部分であるといえる）であったので，2000 年代に入ってからの改正を考慮に入れるならば，手つかずの状態で残されているのは，総則編の物・取得時効に関する部分と物権編の抵当権を除く部分，そして債権編の事務管理・不当利得・不法行為の部分ということになる。

　さらにその後，成年年齢の引下げに関する改正（平成 30 年〔2018 年〕），相続法の改正（平成 30 年〔2018 年〕）が，相次いでなされている。前者は改正の対象となった条文の数は少ないものの，社会に対する影響は非常に大きい改正である。後者は従前の相続法改正が主として相続人や相続分に関するものであったのに対して，遺産分割や遺言・遺留分に関する改正を中心とするものであり，やはり社会的な影響は大きい。

　(イ)　その他の立法　　特別法に目を転じると，この時期の目立った立法としては，①消費者関係の立法，すなわち，製造物責任法（平成 6 年〔1994 年〕），消費者契約法（平成 12 年〔2000 年〕），金融商品の販売等に関する法律（平成 12 年〔2000 年〕），特定商取引に関する法律（平成 12 年〔2000 年〕。訪問販売等に関する法律を改称），②女性・こども・高齢者・性的マイノリティ関係の立法，すなわち，任意後見契約に関する法律（平成 11 年〔1999 年〕），児童虐待の防止等に関する法律（平成 12 年〔2000 年〕），配偶者からの暴力の防止及び被害者の保護に関する法律（DV 防止法。平成 13 年〔2001 年〕），性同一性障害者の性別

〔大村〕　　21

総　説　III

の取扱いの特例に関する法律（平成 15 年〔2003 年〕），③法人関係の立法，すなわち，特定非営利活動促進法（NPO 法。平成 10 年〔1998 年〕），中間法人法（平成 13 年〔2001 年〕），一般社団法人及び一般財団法人に関する法律（平成 18 年〔2006 年〕），④住宅関係の立法，すなわち，借地借家法（平成 3 年〔1991 年〕。平成 11 年〔1999 年〕改正で定期借家権を導入），改正建物の区分所有等に関する法律（平成 14 年〔2002 年〕），⑤（広義の）金融関係の立法，すなわち，債権譲渡の対抗要件に関する民法の特例等に関する法律（平成 10 年〔1998 年〕。平成 16 年〔2004 年〕改正で動産及び債権の譲渡の対抗要件に関する民法の特例等に関する法律となる），新信託法（平成 18 年〔2006 年〕），⑥電子化に対応する立法，すなわち，電子消費者契約及び電子承諾通知に関する民法の特例に関する法律（平成 13 年〔2001 年〕），電子記録債権法（平成 19 年〔2007 年〕），⑦国際化に対応する立法，すなわち，国際物品売買契約に関する国際連合条約（ウィーン売買条約）への加入（平成 20 年〔2008 年〕），国際的な子の奪取の民事上の側面に関する条約（ハーグ条約）の前提となる実施法の制定と条約の締結（平成 25 年〔2013 年〕に実施法を制定，平成 26 年〔2014 年〕に条約締結），などが挙げられる。

　このうち，①〜③は，人や市民のあり方を見直す契機を含むものであるが，1990 年代の家族法改正論議や 2000 年代の債権法改正と消費者法・労働法の関係に関する議論ともかかわる。④⑤は，規制緩和の浸透や金融手法の革新などに対応するものであるが，生活領域と取引領域が交錯する④については賛否両論が激しく対立した。⑥⑦は電子化・国際化に対応するものであった。

　(ｳ)　判例の動向　　判例に目を向けると，平成 10 年代（およびその前後数年）は，第 2 の「判例の時代」とも言うべき時代であり，とりわけ金融取引の領域で重要な判例が続出した。抵当権による物上代位（最判平 10・1・30 民集 52 巻 1 号 1 頁），抵当権に基づく妨害排除請求（最大判平 11・11・24 民集 53 巻 8 号 1899 頁），制限超過利息の処理（最判平 18・1・13 民集 60 巻 1 号 1 頁），預金口座の法的性質（最判平 8・4・26 民集 50 巻 5 号 1267 頁），将来債権譲渡（最判平 11・1・29 民集 53 巻 1 号 151 頁），集合動産譲渡担保（最判平 18・7・20 民集 60 巻 6 号 2499 頁）などである。

　この時期には家族法の領域でも，パートナーシップ（最判平 16・11・18 判タ 1169 号 144 頁），生殖補助医療（最判平 18・9・4 民集 60 巻 7 号 2563 頁）に関する判例が現れたのが注目されるが，この領域では，むしろ平成 20 年代に入っ

22　〔大村〕

総　説　IV

てから重要判決が相次いでいる。とりわけ 3 つの事件につき，憲法判断が示された。すなわち，非嫡出子の相続分（最大決平 25・9・4 民集 67 巻 6 号 1320 頁），再婚禁止期間（最大判平 27・12・16 民集 69 巻 8 号 2427 頁）そして夫婦同氏（最大判平 27・12・16 民集 69 巻 8 号 2586 頁）である（前 2 者については違憲判断が示されたため，900 条・733 条はそれぞれ平成 25 年〔2013 年〕，平成 28 年〔2016 年〕に改正されている）。また，性同一性障害（最決平 25・12・10 民集 67 巻 9 号 1847 頁）や DNA 鑑定（最判平 26・7・17 民集 68 巻 6 号 547 頁）にかかわる判例も注目される。

IV　民法の意義

1　民法の定義

(1)　私法の一般法

　民法を「私法の一般法」とする定義は，広く見られるものである。現行民法典の起草者たちも「民法は私法の原則を定めたるもの」（梅 1 頁），「今日に在りては民法とは国内私法の一部即ち私法中の普通法を謂ふものとす」（富井 56 頁）としている（もっとも，両者の「私法」概念は完全には一致しない。この点につき，大村敦志「『市民的権利の法』としての民法」同・新しい日本の民法学へ〔2009〕500-501 頁）。この説明はその後もある時期までは踏襲されてきた（たとえば，「『民法』を実質的に解すれば，私法の一部として私法関係を規律する原則的な法（一般法）である」（我妻 1 頁）などと説明されてきた）。

　この定義は，法体系の中での民法の位置を示すためのものである。そこでは，法を私法と公法とに分けた上で，私法の一般法たる民法と特別法たる商法が対置されている。しかしながら，一般法・特別法は法の適用関係（適用順序）に関する概念であり，「私法の一般法」であると言っただけでは，民法と商法とを実質的に区別したことにはならない。ここに，「民法と商法」との区別に関する議論が生ずる余地がある（→ II 3(2)）。また，私法とは何かを示さない限り，私法の一般法とは何かは明らかにならない。(2)以下で述べる諸定義は，この点を明らかにしようとするものであると言える。

　この定義に似たものとして，民法・商法・刑法・民事訴訟法・刑事訴訟法の五法典を司法法として捉え，その中には実体法と手続法が存在するとして，民法は商法とともに実体的司法法であるとするものがある（団藤重光・法学の

〔大村〕　23

総　説　IV

基礎〔2版, 2007〕108 頁以下）。この説明は，五法典が成立する理由を説明し，憲法（憲法典）の特殊性と行政法典の不在を説明する上では有効であろう。

(2)　資本主義経済・社会の法

民法を「資本主義経済・社会の法」と定義する見解は，「公法と私法との実質的な内容は，近代の市民社会と民主主義革命，その基底にある資本制経済との関連において，明らかにされねばならないのである」（川島2頁）とした上で，近代私法を「資本制経済の規範関係を規定する私法」（川島8頁），民法を「近代私法の基本原則を規定する法」（川島11頁）とする。

この考え方は，戦後の民法学の深層に大きな影響を及ぼし，一定の領域（所有権・賃貸借・抵当権，労働関係など）における理論的な支柱になったと言える。しかしながら，高度成長期を経て，曲がりなりにも「豊かな社会」が実現したのに伴い，階級問題の重要性が相対的に後退したこともあって，その影響力は 1980 年代には急速に失われた。

代わって 1990 年代以降には，民法を市場社会のインフラとして理解する見解が有力になったが，その中で猛威を振るっているのは，新自由主義的な考え方である。マルクス主義と親和的な側面を持っていた旧説と新自由主義的な新説とを分けるのは，市民や政治に対する捉え方の相違であろうが，後述のように（一(3)），1990 年代には，新たにこの点に着目する見解が登場した。

(3)　市民社会の基本法

民法を「市民社会の構成原理」（大村1頁・241頁）あるいは「私法の基本法」（山本10頁）と定義する見解（両者の間には相違点もある）は，それまでの経済中心の民法観に対して政治中心の民法観を対置するものであった。あるいは，市民社会を経済社会ではなく（であるとともに）政治社会として捉えようとするものであった。そこにあるのは，「われわれの国家・社会のあり方を構成する原理は何か。その意味での『基本法』をいったいどこに求めるか」（山本敬三「基本法としての民法」ジュリ 1126 号〔1998〕262 頁）という問題意識であった。

こうした見解の登場の背後には，1989 年の社会主義崩壊によって生じた世界観の変貌がある。過度の行政コントロールを避けつつ，市民が主体的・自律的に社会秩序を創り出していくという市民社会観に立脚し，その際の基

総　説　Ⅳ

本価値と基本概念を提示するものとして民法を捉えようというわけである。

　もちろん，このように言っても，民法が市場経済のインフラであることの重要性は失われないが（四宮＝能見3頁），この見解によれば，民法には市場経済を制御する契機が含まれていることが強調されることになる。「問題の複雑化に対応し，新たな現象に対処するためには，その必要に応じて，民法の概念構成を再編成し，基本原理を再点検することが不可欠となる。ただ，その一方で，それはあくまでも，基本権の実効的な保障のためであるということも忘れてはならない」（山本・前掲ジュリ1126号268頁），あるいは，「『個と共同性』の双方に配慮しつつ社会のあり方を共に模索するという考え方」を，「われわれは，今日でもなお，あるいは，より一層，このような考え方を必要としているのではないか」（大村・法典112頁）と言うわけである。

(4)　日常生活の法

　民法を「日常生活の法」と定義する見解は，おそらくは法の大衆化・普及に伴って現れたものと思われる。代表的な見解は，次のように述べている。「私法の内容はと云ふと，今『飯を食う』『結婚する』と云つたが，『飯を食う』のは経済生活，『結婚する』のは親族生活，即ち私法は我々の経済生活と親族生活との法律である。人間の種族保存に直接な法律と云つてもよし，我々の日常生活の法律とも云える。而して其私法の根本原則が民法」であると（穂積重遠・民法読本〔1927〕3頁）。

　この説明は，「其規定の主として適用ある実社会の事柄に関連して説明する方針」を採る見解（末弘厳太郎・民法講話(上)〔1926〕はしがき6頁）においても暗黙裏に共有されていると見られるが，「私法は，われわれの人類としての生活関係を規律する法律」であり，「人類としての生活関係，すなわち私法関係は，身分と財産の関係だといってよい」（我妻栄・民法案内Ⅰ〔新版，1967〕45-46頁）とする説明に継承されている。

　そして，この種の説明を行う教科書（「講話・読本型」教科書）が多数存在するのは，日本の（民）法学の一つの特色であると言えよう（大村敦志「法教育からみた民法改正」NBL940号〔2010〕）。また，これらの教科書には，現行民法典とは異なる編成を採用するものが多いことも指摘しておく。

〔大村〕　25

総　説　Ⅳ

2　民法＝市民法を考える

(1)　民法の観念

　民法の定義とは別に，民法の観念，あるいはその成立の経緯について語られることがある。たとえば，現行民法典の起草者の一人・富井政章は，「民法」という語はフランス語の Droit civil-Code civil の訳語であり，その淵源はローマの jus civile に発するが，「羅馬の jus civile は市民法の意義にして近世民法と称する法律とは大に其範囲を異にせり」とした上で，近世の民法は「内国人にのみ適用すへき法律たる意義を脱却して公法に対する私法を意義する語」となったとする（富井 55-56 頁）。富井によれば，フランス民法が「私権なる語を用いすして市民権なる語を襲用するは畢竟民法なる語と共に羅馬法の観念を遺存せるものに外なら」ない（富井 56 頁）。富井は，フランス民法における市民権（droits civils）と民法（Droit civil）との関連を意識しつつも，これを過渡的なものとして積極的には評価していない。

　これに対して川島武宜は，国家以前的な存在としての「私法」という考え方につき，「このような私法の妥当する社会は，一応政治権力から捨象された自己完結的なものとして観念される場合には市民社会 bürgerliche Gesellschaft と呼ばれ，私法は市民の法 bürgerliches Recht と呼ばれる。しかし，私法がこのような国家以前的な性質を有することは，それが政治権力によって保障されるということと，矛盾するわけではない」（川島 6 頁）とする。ここでは私法は，国家との関係によって把握され，政治権力によって保障されるものとして理解される。

　川島は次のようにも述べる。「民法は二重の意味で，国家法として成立した。第一に，資本制経済はいわゆる国内市場を再生産の基盤として成立した。この事情は，その国内市場のひろがりにおいて民族国家を成立せしめつつ，その民族国家を単位とする私法の体系を成立せしめた。第二に，国民的規模での統一法典の作成は統一的国内市場の成立を促進し確立する役割をはたすから，近世の国民経済成立期にはしばしば統一法典が特に近代国家の形成・確立という政治的要求を伴って作られた」（川島 12 頁）。このように川島は，歴史的には，国民国家の成立に伴って民法が成立したことを指摘しつつも，成立した私法自体は，思想的には，政治権力から独立したものと観念されるとしていた。

総　説　IV

　なお，川島はこうした思想の淵源に，「近世の自然法 Naturrecht の教説が私的所有と契約と自由な法的人格とを『前国家的な自然状態 Naturzustand』として構成したこと」（川島6頁）を挙げていた。

　以上の川島説を承継しつつ，これとは異なる方向への展開を図るのが広中俊雄の見解である。広中は，実質的意義における民法の把握は「法の形成・存立の基盤である社会の次元に立って，なされるべきである。方法としては，市民社会に成立する基本的諸秩序と関連させつつ民事裁判の実体法的規準を具体的に日本で立法および判例のなかに確認してゆくことをとおして実質的意義における民法を把握する，という方法がとられるべきことになる」（広中85頁）とする。広中説の最大の特色は，「市民社会」の定義の中に，民主主義的国家と人間（人格）の尊厳を承認する社会的意識を取り込む点にある（広中1頁）。その結果として，第1に，人格秩序・財貨秩序のほか，それぞれの外郭秩序として生活秩序・競争秩序が取り込まれ，第2に，「財産の法」に対して「人の法」の優位が承認される。

　この点において，川島の「市民」が市場のアクターであるにとどまるのに対して，広中の「市民」は，市場を制御する政治権力の構成員としての側面と保護されるべき価値としての人格の保有者としての側面を備えることになる。これに伴って民法も，資本主義経済社会の法にはつきない性質を帯びることになるはずである（以上につき，大村敦志「広中俊雄の民法体系論──『人の法』構想を中心に」法時87巻9号〔2015〕）。

(2)　民法の訳語

　(1)で見た諸見解はあるものの，民法は（広中の言う意味での）市民の法であるという観念が，最近まで十分に意識されなかった背景には，「民法」という訳語選択の当否という問題がある。

　「民法」という語は，「近代私法の基本原則を規定する法を指すオランダ語 Burgerlyk regt ── droit civil, bürgerliches Recht（市民の法）に該当する──の訳語」として津田真道がつくったものと言われる（川島11-12頁，およびそこで引用されている穂積陳重・法窓夜話〔1916〕）。この訳語は，箕作麟祥のフランス民法翻訳などの力もあって明治初期にはほぼ定着し，法典編纂に際しても「民法」という語が用いられることになったわけであるが，これには当初，若干の反対も唱えられていた。すなわち，東洋の伝統の中では「民」は

総　説　IV

被治者を意味し，「法」は支配のための法を意味するので，「民法」は「被治者としての民を支配するための法」という含意を持つが，「civil の法」とは「cité の自治・自律の法」を意味するので，citoyen はたとえば「都人士」と訳すべきであるといった批判がなされた。

　もっとも，「civil の法」を「民法」と訳すという約束事であると考えばよい，という反論もなされ，他に有力な訳語が示されなかったこともあって，「民法」という訳語が定着することとなったようである（以上につき，大村敦志・民法改正を考える〔2011〕20-23 頁）。

(3)　民法典の思想

　川島が述べていたように，フランス民法典をはじめとする近世民法は国民国家の成立とともに登場した。日本民法典もその例に漏れない。ここでいう「近世民法」とは「近世民法典」を表す。フランス民法典の登場以前に，民法の観念（少なくもその萌芽）はすでに存在していたとしても（北村一郎「作品としてのフランス民法典」同編・フランス民法典の 200 年〔2006〕），これに民法典という外形が与えられるのには，大革命とナポレオンの登場を待たなければならなかった。

　そして，民法が法典の姿をまとったことによって，そこには特別の意味が生ずる（付与される）ことになる。たとえば，フランスにおいては，第三共和政の成立（1875 年）や民法典 100 周年（1904 年）を機に，民法典の神話化が推し進められた。そして，20 世紀の後半にはこの現象が再発見され，民法典が社会構成原理であることの指摘とあわせて，その神話的な意義が強調された。少し遅れて日本でもこうした経緯が紹介され，「思想としての民法」「民法典を持つことの意味」が語られるようになった（大村敦志「民法と民法典を考える」民法研究 1 号〔1996〕。なお，星野英一・民法のすすめ〔1998〕も参照）。他方，ドイツにおいては問題は異なった形での展開を見た。ナチス・ドイツの時代に，抽象的でブルジョワ的な民法典からの決別が説かれたが，戦後は，この経験をふまえて民法典の根幹を揺るがすような改正論はタブーとなった観がある（大村・読解 554-555 頁）。なお，同時代の日本において，ナチス民法学を冷静に受け止める見解（我妻栄「ナチスの民法理論」同・民法研究 I〔1966，初出1933〕など）が影響力を保持していたことは，注目に値する。

　なお，債権法改正に伴い，法典を持つことの意味について論じられるよう

28　〔大村〕

総　説　IV

になってきていることを付言しておく（大村・前掲「民法と民法典を考える」，金山直樹・法典という近代〔2011〕，岩谷十郎ほか編・法典とは何か〔2014〕，前田達明「民法典の体系について」同・続・民法学の展開〔2017，初出 2015〕など）。

(4)　民法典の編成

　日本においても，ナチス民法学に依拠した民法典解体論が紹介されたことはあるものの（舟橋諄一訳著・民法典への訣別〔1944〕），ドイツにおけるのと同様に一過性の議論にとどまった。しかしながら，民法典の編成については，何度か議論の対象となってきた。

　この点が最初に問題とされたのは，現行民法典の編纂に際してであった。旧民法典がフランス式の編成（インスティチュート方式）を下敷きとした人事編・財産編・財産取得編・証拠編・債権担保編という編成を採用していたのに対して，現行民法典は総則編・物権編・債権編・親族編・相続編という編成（パンデクテン方式）を採用したが，この変更（「法典調査ノ方針」2 条によって現行の編成が提案され，採択された）にあたっては様々な議論がなされた。民法典の起草者の間においても，梅謙次郎は総則編・親族編・財産編（物権・債権）・相続編という順序を主張していた（梅謙次郎講述・民法総則〔1907〕336 頁）。

　続いて，大正改正要綱の条文化に際して，民法典の編別を崩す提案がなされたことに注目しなければならない。すなわち，改正要綱は親族編・相続編のそれぞれについて策定されたが，条文化にあたってはこれらをまとめて「人事法」という単行法とすることが企図されていた。その経緯は明らかではないが，この立法を主導した穂積重遠が，旧法典やスイス民法典の編成を肯定的に受け止めていたことと無縁ではなかろう。穂積は次のように述べている。「旧民法はこれに倣つて親族法の大部分を劈頭の『人事編』中に収めた。此排列も必しも悪くない。スイス民法は第 1 編人事法・第 2 編親族法・第 3 編相続法・第 4 編物権法（債権法は別法律）と云ふ排列になつて居る」（穂積重遠・親族法〔1933〕9-10 頁）。

　最近では，債権法改正の過程においてこの問題は再び議論の対象とされた。民法（債権法）改正検討委員会案の編成案は，第 3 編の編成のみを変えるものではあったが，従来とは異なる考え方に立つものであったため（詳解 I 14 頁以下），特に学説の関心を集めた。具体的には，第 3 編債権を，「第 1 部　契約および債権一般」，「第 2 部　各種の契約」，「第 3 部　法律に基づく債

〔大村〕　29

総　説　Ⅴ

権」とする案が提示された。

　この時期の学説には，より大胆な提案をするものも現れた。一方で，「人の法」「財産の法」の二分法を中心に据え，「救済の法」をこれに加える体系が示された。前述の広中説の主張するところであった（なお，講学上の体系であるが，松岡久和ほか・民法総合・事例演習〔2版，2009〕は，財産法部分を「契約」「原状回復・民事責任」「債権の保全・回収・担保」に三分している）。他方，総則編を解体縮小して「通則編」に代え，これに続いて「個人および家族」「債権」「各種の契約」「物権」「各種の担保」「相続」を置く案も提案された（大村・読解551頁以下，大村敦志・民法読解 親族編〔2015〕478頁以下）。

　なお，日本の法整備支援によって立法がなされたカンボジア王国民法典は，「第1編　総則」「第2編　人」「第3編　物権」「第4編　債務」「第5編各種契約・不法行為等」「第6編　債務担保」「第7編　親族」「第8編　相続」「第9編　最終条項」という編成を採用しているが，我妻栄『民法大意』の編成との類似性も指摘されている（大村・読解556-557頁）。

　他方，現行民法の編成方式であるパンデクテン方式（特に総則の存置）を基本的に擁護する見解も示されている（水津太郎「民法（債権法）改正の方針と民法典の体系」民商153巻1号〔2017〕など）。

Ⅴ　民法と民法学

1　民法学の歴史

(1)　文明化の時代

　第1期は1858年から1920年までであるが，さらにA（1858-1872），B（1873-1898），C（1899-1920）の3つの時期に分けることができる。

　第1期Aは，胎動の時代である。19世紀中葉における欧米諸国との接触から日本の近代史は始まる。明治政府は，国際社会における承認と国民国家の創出を図るために，近代的な法典編纂作業を始めた。その意味で，1858年の通商条約締結をもって日本民法学史の原点とすることができよう。この年は，不平等条約の撤廃という民法典編纂の政治的動因が生じた年であるが，他方，民法学の先駆者とも言うべき津田真道，箕作麟祥が蛮書調所で働き始めたのは，それぞれ1857年，1861年であった。もっとも，法典編纂の本格

30　〔大村〕

総　説　Ⅴ

化には明治政府の成立を待たなければならなかった。

　第1期Bは，法典編纂の時代である。1873年にはフランスのパリ大学からボワソナードが招聘された。ここに日本民法学の歴史が始まる。ボワソナードはフランス式の編成を持つ旧民法典の財産編・財産取得編（家族財産法を除く）・債権担保編・証拠編を起草した。この草案は，日本人起草委員が起草した人事編・財産取得編（家族財産法部分）とあわせて，1890年（明治23年）に公布された。これが近代日本最初の民法典であり，今日では「旧民法」と呼ばれるものである。

　旧民法に対しては，その内容（特に家族法部分）が日本の醇風美俗に反するとの批判がなされた。延期派と断行派の間で展開された民法典論争は延期派の勝利に終わり，1892年（明治25年）には民法及商法施行延期法律が可決された。その結果，新たに法典調査会が設置され，穂積陳重・富井政章・梅謙次郎が草案起草者となった。新しい民法典はドイツ式のパンデクテン体系を採用し，総則・物権・債権・親族・相続の5編構成とされた。このうち前3編は1896年（明治29年）に公布され，後2編は1898年（明治31年）に公布されたが，1898年にあわせて施行された。前3編は2017年（平成29年）の債権法改正による見直しを経たものの，今日でも現行法である。

　日本民法典は，フランスやドイツの民法典に比べると条文数が少ない。また，定義規定や原則規定は設けられていない。詳細な規定を置かず解釈によって時代の変化に対応する，定義等については学説の検討に委ねるという考え方によるものである。

　この時期には，自由民権運動と連動しつつ法学習熱が高まったが（古典的な研究として平野義太郎・日本資本主義社会の機構〔1934〕），近年ではその担い手であったとされる私立法律学校に関する研究が進みつつある（法政大学大学史資料委員会編・法律学の夜明けと法政大学〔1993〕，別府昭郎・明治大学の誕生〔1999〕，村上一博・日本近代法学の揺籃と明治法律学校〔2007〕，専修大学の歴史編集委員会編・専修大学の歴史〔2009〕，山崎利男・英吉利法律学校覚書〔2010〕，法政大学ボアソナード・梅謙次郎没後100周年企画・出版実行委員会編・ボアソナード・梅謙次郎没後100周年記念冊子上下〔2015〕など）。また，当時の民事判決の分析や法曹・司法制度の研究も進みつつある（前者につき，林屋礼二ほか編・明治前期の法と裁判〔2003〕，後者につき，岩谷十郎・明治日本の法解釈と法律家〔2012〕，三阪佳弘・近代日本の司法省と裁

〔大村〕　31

総　説　V

判官〔2014〕など）。私立法律学校の登場は，日本の民法学の名宛人である法学学習者の裾野を広げる上で大きな役割をはたしたことは特筆に値する。

第1期Cは，学説継受の時代である。この時期，完成した民法典を解釈適用していくに際して，日本の民法学者はドイツ民法学の影響を強く受けた。たとえば，意思表示理論・物権変動無因論・債務不履行三分体系などの「理論」が輸入された。この現象を法典継受と対比して「学説継受」（北川善太郎）と呼んでいる。この時期を代表するのが鳩山秀夫の教科書（日本債権法総論〔1917〕・同各論〔1919〕，日本民法総論(上)(下)〔1923-1924〕）であり，これによって日本民法は高い論理性を備えるようになった。

以上の第1期は欧米との接触を契機に法典編纂が始まってから，民法典と民法学とが一応の完成を見るまでの時代である。

(2)　社会化の時代

第2期は1921年から1988年までであるが，さらにA（1921-1939），B（1940-1965），C（1966-1988）の3つの時期に分けることができる。

第2期Aは，社会法学の時代である。世界的には1918年の第一次世界大戦の終結を契機に，日本国内では1923年の関東大震災の影響も加わって，この時期には「法の社会化」が進む。たとえば，工業化により人口集中が始まった都市部の住宅問題をいかに解決するかが問題となり，1921年（大正10年）には借地人・借家人の保護を強化する借地法・借家法が制定された。また，震災後は被災者の住居確保が大きな社会問題となり，学説は様々な法律構成を提案した（小柳春一郎・震災と借地借家〔2003〕を参照）。都市部では労働問題も登場したが，農村部では小作問題が重要な問題であった。都市・農村を通じて家族のあり方についても再検討が求められた。

この時期の民法学の担い手は，末弘厳太郎（労働・小作。『農村法律問題』〔1924〕や『労働法研究』〔1926〕など）と穂積重遠（家族。『離婚制度の研究』〔1924〕など）であり，彼らは1921年に東京大学判例研究会を創設し，日本民法学における判例研究の基礎を築いた。彼らの関心は社会そのものに向けられ，体系構築には必ずしも熱心ではなかった。以前からの概念法学と新しい社会法学を総合して体系化を施し，この時期から次のB期にかけて，特に財産法において通説の地位を占めることになったのは，我妻栄の民法教科書（『民法講義Ⅰ〜Ⅴ』〔1932-1972〕）であった。

32　〔大村〕

総　説　Ⅴ

　第 2 期 B は，第二次世界大戦による空白期を経て，実質的には戦後に始まる。この時期は敗戦・占領によって大きな体制変革が生じた時期であった。新憲法の下で従来の法体系は大きな変容を迫られることとなった。民法に即して言えば，1947 年（昭和 22 年）に家族法部分（後 2 編）が全面改正されて個人の尊厳と男女平等が強調された。以後，新法によって廃止された旧規定は「明治民法」と呼ばれるようになった。この改正は当時の法意識よりも進んだものであり，以後 30 年にわたり立法が習俗をリードする時代が続いた（大村敦志・家族法〔3 版，2010〕18 頁）。また，この改正に伴い家事事件の専門裁判所として家庭裁判所が設置されたことも特筆に値する。なお，この大改正に関しては，前記の我妻のほか中川善之助が起草を担当した。戦後の家族法学は中川によって主導されることになる（『新訂親族法』〔1965〕や『相続法』〔1964〕など）。

　実定法秩序の大変動は，伝統的な法解釈学に対する不信・無力感を募らせた。その一方で，法意識の実情とその変革の必要が説かれるようになり，慣習調査を中心に据えた法社会学が盛んになった（原田純孝「日本の法社会学の一断面——農村と家族と都市」日本法社会学会編・法社会学の新地平〔1998〕，松村良之「法社会学は何をしてきたか——川島武宜の法意識研究を中心として」和田仁孝ほか編・法と社会へのアプローチ〔2004〕などを参照）。法社会学の担い手は川島武宜であり，その集大成と言えるのは，次の時期の初めに出版された『法社会学講座』（全 10 巻，1970）であった。

　第 2 期 C は，利益衡量法学の時代であり，1960 年代の後半に相次いで利益衡量論を主張した加藤一郎・星野英一の 2 人がその主唱者であった（加藤一郎「法解釈学における論理と利益衡量」同・民法における論理と利益衡量〔1974，初出 1966〕，星野英一「民法解釈論序説」同・民法論集(1)〔1970，初出 1968〕）。この時期は日本の高度経済成長の時代にあたり，様々な社会変化が生じた。従来からの住宅問題のほかに，交通事故・公害や中小企業の資金調達などが民法上の重要問題となった。これらの問題に解決を与えたのは，立法ではなく判例・学説であった。この時期は「判例の時代」であったとも言える（→Ⅲ 2 ⑵⑵）。

　判例の動向については前述の通りであるが，たとえば，四大公害訴訟判決や「宴のあと」事件判決など下級審判決にも注目を集めたものが現れた。最高裁判所もまた，担保（代物弁済予約や担保的な相殺の効力）や利息（制限超過利

〔大村〕　33

総　説　V

息の返還請求）につき，制定法の条文からかなり離れた解決策を示した。そして，学説は判例とよく協働して，民法のうちの不法行為法や金融取引法において新たな考え方を打ち出していった（たとえば，公害につき淡路剛久・公害賠償の理論〔1975〕，非典型担保につき椿寿夫・代物弁済予約の研究〔1975〕など）。その際に，条文の文言に拘泥することなく結果の妥当性を考慮に入れる，また，一律の規律を示すのではなく事件ごとに徐々に規範形成を図るという現実的で柔軟な態度を持つ利益衡量法学は大きな影響力を持った。

　同時にこの時期には，日本民法の歴史の見直しが始まった。一方で1965年に，前述の星野は，そのドイツ風の外観にもかかわらず，現行民法典にはフランス民法・旧民法の影響を残した規定が少なくないことを指摘し，日本民法典はドイツ民法典の影響を受けているという従来の考え方に反駁した（星野英一「日本民法典に与えたフランス民法の影響」日仏法学3号〔1965〕）。以後，日本民法典の諸制度にフランス法の影響を再発見するという研究方法が有力になり，フランス民法のルネサンスと呼ぶべき状況が出現した。他方，1960年代の後半には，北川善太郎が前述（一(1)）の「学説継受」の実態を明らかにした（北川善太郎・日本法学の歴史と理論〔1968〕。初出は「学説継受」判タ194-213号〔1966-1968〕）。こうした継受史・学説史研究を集大成したのが，星野英一編集代表『民法講座』（全7巻＋別巻2巻〔1983-1990〕）であった。

　以上の第2期を通じて，日本民法は，社会の実態を考慮に入れ現実の要請に対応するようになり，立法や判例・学説による修正を被った。あわせて日本民法学は，日本民法の諸制度の由来と変遷とを明らかにするに至った。

(3)　グローバル化の時代

　第3期は1989年以後であるが，さらにA（1989-2003），B（2004-）に分けることができる。

　第3期Aは，グローバル化と市民社会の時代である。世界的には社会主義の崩壊，日本国内ではバブル経済の崩壊も加わって，この時期にはいわゆるグローバリゼーションに伴う社会構造の再編が進められた。

　前の時期が立法停滞の時代であったのに対して，この時期には再び立法が活発化し，「第三の法制改革期」「大立法時代」などと呼ばれるようになった。民法に即して言うと，1990年・91年の日本私法学会において製造物責任法・契約法が取り上げられたのが象徴的な出来事であった（「シンポジウム製

総　説　V

造物責任」私法 53 号〔1991〕,「シンポジウム現代契約法論」私法 54 号〔1992〕)。その後,アメリカからの規制緩和の要請や EU の消費者立法の影響を受けて,1994 年（平成 6 年）には製造物責任法が,2000 年（平成 12 年）には消費者契約法が成立した。

　社会主義の崩壊は市民社会の価値の再発見に繋がった。国内では,阪神・淡路大震災の際にボランティア団体が活躍したこともあり,1998 年〔平成 10 年〕にはいわゆる NPO 法が制定されて,非営利団体（狭義の市民社会）の活動に期待が寄せられることとなった。

　他方,国連を中心とした男女平等の推進は,家族法関連領域における立法を刺激した。2001 年（平成 13 年）の DV 防止法はその成果であるが,民法の家族法部分に関しては,1996 年に婚姻法改正要綱が,2003 年に生殖補助関連の親子法改正中間試案がそれぞれ取りまとめられたが,いずれも立法には至らなかった。多元化した社会において家族法を改正することの難しさが現れたといえる。なお,1990 年前後には,平井宜雄による利益衡量法学批判が展開された（平井宜雄・法律学基礎論覚書(正・続)〔1989・1991〕)。日本社会はもはや等質性を失っており,共通の価値判断を求めることは難しい。利益衡量によるのではなく議論による法律論を重視すべきことが説かれたのも,その意味では故なしとしない。

　従来,日本の民法学の担い手の中心は大学を拠点とする民法研究者（教授や大学院生など）であったが,立法が盛んになってくると,法務省民事局の立案担当官が執筆する解説書（『一問一答』などの表題を持つものが多い）が立案趣旨を示すものとして注目されるようになった。また,グローバル化に伴う立法は,国内企業に大きな影響を及ぼす可能性を持つものであったため,企業の法務部や大手法律事務所も本格的な取組みを見せるようになった。他方で,様々な社会問題に関する立法は運動に携わる弁護士やそれを支援する日本弁護士連合会の各種の委員会などによって推進された。以上のような取組みの成果が公表される例も増えている。

　この時期に日本民法典は 100 周年を迎えた。これを機に,広中俊雄＝星野英一編『民法典の百年』（全 4 巻,1998）が刊行されたが,これは民法典が特別法や判例によってどのように修正されてきたのかを明らかにすることになった。こうした作業をふまえて,1998 年の日本私法学会シンポジウムにお

〔大村〕　35

総　説　Ⅴ

いては債権法改正が取り上げられるに至った（「シンポジウム民法 100 年と債権法改正の課題と方向」私法 61 号〔1999〕）。

　第 3 期 B は，教育と民法改正の時代である。この時期は，1999 年からスタートした司法制度改革によって特徴づけられる。すなわち，この改革の一環として，2004 年に法科大学院が発足した。法科大学院では実務家養成が教育目的とされたために，民法学者は判例中心の教育に時間をとられることになった。また，裁判官や弁護士などの中に実務家教員として教育・研究に従事する者が増えた。その結果，注目すべき労作も現れた（加藤新太郎・民事事実認定論〔2014〕，土屋文昭・民事裁判過程論〔2015〕など）。さらに，法科大学院教育に要件事実論が導入されたこともあって，司法研修所の教員（現任の者のほか経験者も含む）による要件事実に関する研究も目立つようになった。

　他方，2004 年（平成 16 年）の民法改正によって民法典の現代語化が実現した。この形式面での現代化に内容面での現代化が続いた。前述のようにすでに債権法の全面改正は民法学界の大きな関心事になっていたが，2006 年に法務省が債権法改正を計画していることが明らかになってからは，この傾向に拍車がかかった。具体的には，2008 年から 2009 年にかけて，複数の研究者グループが大規模な改正案を発表するに至った。その中の一つが民法（債権法）改正検討委員会編『詳解・債権法改正の基本方針』（全 5 巻，2009-2010）であり，その後の民法改正に一定の影響を及ぼした。

　なお，この時期は同時に，第 2 の判例の時代（→Ⅲ 2 ⑶⑺）でもあった。注目すべき最高裁判決が相次いで現れたのに加えて，法科大学院開設が研究者教員をも判例重視の方向に多少ともシフトさせたためか，判例研究はますます盛んになりつつある。また，判例研究ではなく判例学習に関する出版物も増えており，一部には調査官解説に過度に着目する傾向も現れている。

　債権法改正については紆余曲折はあったものの，2017 年（平成 29 年）には改正法が成立した。多元化した社会では大規模な民法改正は難しいが，特殊な外交的な条件がないにもかかわらず，ともかくも債権法の全面的な見直し作業ができたことの意義は大きい。今後，様々な解説書が現れて，新法の大小の特色について説明を与えるであろう。あわせて，必ずしも十分な検討を経ずに行われた副次的な修正が持つ含意を確定する作業が必要になろう。他方で，実現しなかった諸提案のうち，本質的な理由によるものではないもの

36　〔大村〕

を解釈論によって実現していくことが重要な課題となるだろう。そのためには民法による社会構成を支持し，これに積極的に参加する法律家・一般市民を養成していくことがますます必要になるだろう。そうすることが，今回の改正対象ではない部分に関して，これからありうべき改正をよりよいものとすることにも繋がるだろう。

改正法は数年の周知期間を経て施行されることになるが，その後は第3期Cと呼ぶべき新たな時期となる。

2　民法学の内容

(1)　民法学の位相

(ア)　学か術か，科学か理学か　　民法典の起草者たちは，それぞれやや異なる法学観を持っていた（三博士につき星野英一「日本民法学の出発点 —— 民法典の起草者たち」同・民法論集(5)〔1986，初出1977〕，梅と富井につき瀬川信久「梅・富井の民法解釈方法論と法思想」北法41巻5＝6号〔1991〕，穂積につき内田貴『『日本民法学の出発点』—— 補遺の試み」星野英一追悼・日本民法学の新たな時代〔2015〕など）。彼らの法学観を理解するには，学か術かという対比が有用である。梅も富井も法学は学か術かを論じているが，富井は学が中枢，術が末梢と捉えていたのに対して（富井10頁以下），梅は学も術もともに含まれるとしている（梅謙次郎講述・民法総則〔1907〕56頁以下）。両者を比べると，梅よりは富井の方が学への指向が強いと言えようか（梅・富井につき，瀬川・前掲「梅・富井の民法解釈方法論と法思想」）。その先には穂積が位置づけられるだろう（穂積につき，内田・前掲『『日本民法学の出発点』—— 補遺の試み」）。さらに言えば，穂積の学は個別の法分野の学（科学）を超えて，法全般の学（理学）を志向するものであった。この志向は穂積重遠にも継承されており，彼は民法学（科学）においても総合を目指していた。

(イ)　規範か社会か，主観か客観か　　大正期には，それまでの規範中心の見方（概念法学）に対して社会中心の見方（社会法学）が提示された。末弘厳太郎や穂積重遠がこの見方を代表する（→1(2)）。その後，この見方は川島武宜によって承継され，戦後初期には法社会学的な民法学が強い影響力を持つに至った（もっとも川島の方法的立場は時期によって必ずしも同一ではない）。

他方，同じく戦後初期には，法の解釈の客観性をめぐる論争（第1次法解釈論争と呼ばれる）が生じた（これにつき長谷川正安・法学論争史〔1976〕81頁以下）。

〔大村〕　37

総　説　V

この論争の中で，来栖三郎は法解釈の主観性（実践性）を強調して共感を集めたが，マルクス主義法学の立場からの批判もあった。その後の利益衡量論者は，法体系に内在した客観的な法解釈は存在しないという立場を共有しつつ，価値の相対性を認める立場（加藤一郎）と客観的な価値の存在を認める立場（星野英一）とに分かれた（もっとも両者は必ずしも両立不能ではない）。

これに対して，利益衡量論に対して批判的な立場からは「近代法のあり方」が価値基準として提示された。広中俊雄が代表的な論者であるが（広中俊雄「現代の法解釈に関する一つのおぼえがき」同・民法論集〔1971，初出 1969〕），我妻や川島にその萌芽はすでに見られたとも言える（我妻「序」5 頁，川島 2-8頁）。

(ウ)　解釈のための認識か解釈の認識か　　星野は利益考量論（星野は「考量」と呼ぶ。以下，星野の見解のみを指す場合は「考量」，加藤の見解ないし両者の見解を指す場合は「衡量」とする）の提唱の後，法解釈方法論から法学方法論に関心を移した。その際に，我妻を援用して「解釈」と「解釈のためになすべきこと」を区別し，解釈のための科学的・哲学的研究の必要性を説いた（星野英一「民法学の方法に関する覚書」同・民法論集(5)〔1986，初出 1983〕73 頁・97 頁以下）。他方，解釈と認識の関係をめぐっては，より若い世代から法解釈に対する認識が可能であるという立場も示された（加藤雅信や吉田克己など。それぞれ観点は異なる。大村敦志「『所有権の誕生』を読む──認識の学としての民法学のために」加藤雅信古稀・21 世紀民事法学の挑戦(上)〔2018〕参照）。

(エ)　紛争か規範か，法曹か法学者か　　その後，前述の 2 つの利益衡量論は想定している場面が異なることが指摘された。すなわち，加藤は紛争解決の場面を想定しているのに対して，星野は法規範の解釈の場面を指摘しているというのである（星野英一「いわゆる『預金担保貸付』の法律問題──法律解釈方法論と関連させつつ」同・民法論集(7)〔1989，初出 1987〕171-175 頁）。

このことは主として想定しているのが，法曹（lawyer）の議論であるのか法学者（juriste）の議論であるのかとも関連する。法解釈における正当化根拠をめぐって 1990 年前後に生じた論争（第 2 次法解釈論争と呼ばれる）において（これにつき「特集・法解釈論と法学教育」ジュリ 940 号〔1989〕など），平井は「議論の法律学」を掲げて星野の利益考量法学を批判したが，平井の「議論の法律学」が法曹の議論を念頭に置いていたのに対して，星野の利益考量法

総　説　Ⅴ

学は法学者の議論を念頭に置いていたと言えよう。

　(オ)　裁判中心か社会中心か，解釈か制度設計か　　日本民法学は「裁判中心」の考究方法（我妻栄「私法の方法論に関する一考察」同・近代法における債権の優越的地位〔1953，初出1926〕484頁以下）を探求してきたことを考慮に入れるならば，平井の批判はもっともであったと言える。しかし同時に，末弘・穂積以来，日本民法学には「社会中心」の考究方法の伝統も存在する。利益衡量論（特に星野の議論）はこの伝統に連なるものであり，裁判における裁判官の法律構成ではなく，社会において国民が行う価値判断・利益衡量を法的判断の基礎に据えようとするものであった。

　もっとも，平井も国民の判断を法学の外部に放逐しようとしたわけではない。平井においては，裁判における法解釈に関する法律学（法解釈学）のほかに，社会における法的制度設計に関する法律学（法政策学）が構想されていた。

　(カ)　システム内在的かシステム開放的か，構造か出来事か　　1990年代には，法解釈の整合性をシステム内在的な（テクスト的な）整合性に求める立場が，システム開放的な（間テクスト的・コンテクスト的な）関連性を重視する立場を批判した（池田＝道垣内論争，森田修＝潮見論争。前者につき大村・法源401頁，後者につき大村・法典175頁）。これと関連する形で，構造を重視する立場が次第に有力になり，出来事に関心を寄せる立場（来栖や利益衡量論の立場）は相対的に後退した。なお，システムの構造を重視する立場は以前から示されていたが，その場合にも外部（社会）との関係に強い関心が寄せられていた（北川善太郎・消費者法のシステム〔1980〕，同・近未来の法モデル〔1999〕など）。

　その他，解釈の技術に関しては，古くから拡大解釈・縮小解釈・反対解釈・類推などが，また，解釈の対象・視点に関しては，文理解釈・体系解釈・目的論的解釈，あるいは，歴史的解釈・客観的解釈などが区別されているが，これらについては「解釈」に関する解説を参照（→§2）。

　(キ)　内的観点か外的観点か，単一か複数か，統合か差異か　　法のシステムの内部にあるか外部にあるかによって，内的観点（国民や法律家が民法に対するときの参加者としての観点）と外的観点（法学者が民法に対するときの観察者としての観点）とを区別する見解も現れた（星野英一・法学入門〔2010，初版1995〕，大村・法源30頁・390頁）。これによれば，第2次法解釈論争における星野・平

〔大村〕　39

総　説　V

井の相違の一部は観点の差に帰着することになる（内的観点に立った場合に，価値判断を重視するか論理を重視するかについては，なお意見が対立すると考えることもできるが，これも国民の観点か法律家の観点かによると考えることもできる）。

これとは別に，民法を領域と視点によって多元化する見解も現れた。これは，領域としては生活民法・取引民法を，視点としては補助か応用かを区別するというものである。もっとも，この見解は，共通民法＝基本民法を中核に据えることによって，民法・民法学の拡散をつなぎとめようとする（大村・法典 213 頁）。

この見解が差異を承認しつつ統合を志向するのに対して，より明確に差異を志向する見解もある（吉田邦彦・民法解釈と揺れ動く所有論〔2000〕，同・多文化時代と所有・居住福祉・補償問題〔2006〕など）。なお，利益衡量法学には，同化の方向性と異化の方向性の双方が含まれていた。これを「共和国の民法学」として再編しようという試みは前者の側面に（大村敦志・20 世紀フランス民法学から〔2009〕1 頁），「ポストモダンの民法学」として解釈しようという試みは後者の側面に（村上淳一・仮想の近代〔1992〕，同・現代法の透視図〔1996〕を参照），それぞれ注目するものであると言える。

(2)　民法学の媒体

(ア)　解説書　　明治以来，民法に関しては多数の概説書が書かれてきた。これらはいくつかの観点から分類することができる。

第 1 に，注釈書か体系書かという分類がある。法典成立の直後には，逐条の注釈書が多かったが（梅，岡松，中島），その後，学理的観点に立った体系書が書かれるようになった（富井，鳩山，我妻）。第 2 に，教科書か概説書かという分類がある。初期にはその区別は必ずしもはっきりしなかったが，今日では特に，教育目的を明確にした教科書と実務の利用をも念頭に置いた概説書とが分化しつつある（教科書であることを明言したものとして，戦前に穂積，最近では内田，大村。ただし，戦前には講義用の教科書が想定されたのに対して，最近では独習をも念頭に置く）。また，いったんは退潮したように見えた注釈書は，今日では実務向けの大規模なものとして，改めて登場している。以上の区別は，他の法典国においても見られるものである。

これに対して，日本には，教科書が分化しているという特有の現象が見られる。すなわち，一方に，法学部・法科大学院での専門的学習を念頭に置い

40　〔大村〕

た教科書があるが，他方，法学部・法科大学院以外の場で読まれることを想定した一般的学習のための教科書がある（末弘，穂積に始まる「講話・読本」型教科書）。その背後には，日本の法学が知の大衆化の時代（具体的には大正デモクラシーの時代）に発展を遂げたという事情がある。

(イ)　雑誌　　民法研究の媒体の中心をなすのは，法律雑誌である。この点は，欧米や東アジアの他の国々と共通である。ただし，そのあり方には日本的な特色が存在する。

第1に，日本には『法律時報』『ジュリスト』という総合法律雑誌が存在するが，これらの読者は必ずしも法曹には限られず，かつ，そこでは純学理的な問題よりも，社会に生起する法律問題が取り上げられることが多い。さらに『法学セミナー』『法学教室』といった学習雑誌が存在することも大きな特色である。これらは，法学に関心を持つ人々の裾野が広いことを意味する。

第2に，日本には『判例時報』『判例タイムズ』のような判例速報誌，あるいは『金融法務事情』『NBL』のようなビジネス法務誌も存在する。その意味で実務雑誌はかなり充実しているのに対して，民法に関する専門誌（理論雑誌）は最近まで存在しなかった（広中俊雄の『民法研究』〔1996-2011〕はこれを目指した）。日本私法学会の学会誌『私法』がこれにあたる役割をはたしてきたが，これは本格的な雑誌論文が掲載される媒体ではない。もっとも，当初は関西の雑誌であった『民商法雑誌』は，今日では全国誌になっており，理論雑誌としての役割をはたしていると言える。

第3に，大学紀要にも特色がある。日本の大学紀要には教員の論文が掲載されるだけでなく，学生の博士論文が掲載される。これは（教員を含む）若い研究者に発表の場が確保されていることを示すが，比較法的に見ると，必ずしも当然のことではない。

(ウ)　講座もの　　日本の出版の特色として，講座もの（講座・叢書と銘打ったシリーズ）が多いことが挙げられる。これもまた大正デモクラシー期以来の伝統である。民法に関して言えば，『民法講座（全7巻・別巻2巻）』『民法典の百年（全4巻）』のほか，『契約法大系』『現代契約法大系』，『金融担保法講座』『講座・現代契約と現代債権の展望』，『家族法大系』『現代家族法大系』『講座・現代家族法』，『現代損害賠償法講座』『新・現代損害賠償法講

総　説　Ⅴ

座』，あるいは『叢書民法総合判例研究』『現代民法学の課題』などがある。

(3)　民法学の基礎資料の整備

(ｱ)　立法資料　　旧民法の草案および解説書は日仏両語で刊行されている。また，現行民法典に関しては民法改正案理由書が残されている。さらに，旧民法典・民法典編纂過程に関する資料は，日本学術振興会の謄写版が少部数保存されていたが（学振版），1980 年代に書物として刊行されて（商事法務版）多くの人々に利用可能なものとなった。また，帝国議会の議事録も一書とされている（広中俊雄編著・第九回帝国議会の民法審議〔1986〕）。さらには，法典論争に関する資料集もまとめられている（→Ⅲ 1 (2)(ｲ)）。

　これに対して，人事法草案や 1947 年（昭和 22 年）の全面改正に関しては，まとまった資料集は残されていない（前者につき，堀内節編著・家事審判制度の研究（正・続）〔1970・1976〕，後者につき，我妻栄編・戦後における民法改正の経過〔1956〕，最高裁判所事務総局編・民法改正に関する国会関係資料〔1953〕は存在する）。

　2017 年（平成 29 年）に成立した債権法改正に関しては，法制審議会の議事録がインターネット上に公開されているほか，書物としても刊行されている。民法典の立法資料は様々な形で利用されてきたが，債権法改正に関する立法資料もこれから有効に活用されていくことだろう。

(ｲ)　翻訳　　継受国としては，外国法文献の翻訳も重要である。明治初期には，フランス民法の注釈書が多数翻訳されたことが知られているが，その後も，ギールケ，サヴィニー，イェーリングなどドイツの重要文献が翻訳されてきた（ギールケ〔庄子良男訳〕・ドイツ団体法論〔2014-2015〕，サヴィニー〔小橋一郎訳〕・現代ローマ法体系〔1993-2009〕，イェーリング〔山口廸彦編訳〕・法における目的〔1997〕など）。なお，外国法典そのものの翻訳も行われてきた（フランス民法につき箕作麟祥・仏蘭西法律書民法〔1871〕，谷口知平ほか・仏蘭西民法Ⅰ～Ⅴ〔1937-1942〕，ドイツ民法につき柚木馨ほか・独逸民法Ⅰ～Ⅴ〔1937-1942〕，スイス民法につき辰巳重範訳述〔穂積重遠校閲〕・瑞西民法〔1911〕）。最近では，フランス新担保法（平野裕之＝片山直也訳「フランス担保法改正オルドナンス（担保に関する 2006 年 3 月 23 日のオルドナンス 2006-346 号）による民法典等の改正及びその報告書」慶應法学 8 号〔2007〕）やドイツ新債権法（岡孝編・契約法における現代化の課題〔2002〕など），UCC（田島裕訳・UCC2001〔2002〕）などのほか，ユニドロワ契約法原則（曽野和明ほか訳・UNIDROIT 国際商事契約原則〔2004〕，私法統一国際協会〔内田貴ほか

42　　〔大村〕

総　説　Ⅴ

訳〕・UNIDROIT 国際商事契約原則 2010〔2013〕）やヨーロッパ契約法（ランドー＝ビール編〔潮見佳男ほか監訳〕・ヨーロッパ契約法原則Ⅰ・Ⅱ〔2006〕，ランドーほか編〔潮見佳男ほか監訳〕・ヨーロッパ契約法原則Ⅲ〔2008〕）も翻訳されている。また，欧米以外の民法の翻訳も急増している（法制備支援との関係で，たとえば，カンボジア王国民法典は法務省，ベトナム民法典は JICA のウェブサイト上で条文を見ることができる）。

〔大村敦志〕

要件事実総論

要件事実総論

細　目　次

I　要件事実の定義………………………45
 1　民事訴訟の判断構造と訴訟物……45
  (1)　民事訴訟における判断構造…………45
  (2)　裁判の対象・訴訟物の捉え方…………45
 2　権利の有無を認識する方法………46
  (1)　法律要件の意義…………………46
  (2)　法律要件の種類…………………46
  (3)　権利の継続性（権利関係不変の公理）………………………47
 3　要件事実論の定義…………………47
  (1)　民法の裁判規範性………………47
  (2)　要件事実論の定義………………48
 4　要件事実の定義……………………49
  (1)　要件事実の定義 —— 要件事実と主要事実の捉え方………………49
  (2)　要件事実の態様…………………50
II　証明責任とその分配基準………………51
 1　要件事実と証明責任（立証責任）………51
  (1)　証明責任（立証責任）の説明方法………………………………51
  (2)　証明責任（立証責任）の概念 ——客観的証明責任・主観的証明責任　…52
 2　証明責任の分配に関する学説………53
  (1)　規範説……………………………53
  (2)　利益衡量説………………………54
  (3)　修正法律要件分類説……………54
  (4)　裁判規範としての民法説………55
 3　修正法律要件分類説の特徴等………55
  (1)　修正法律要件分類説の特徴……55
  (2)　修正法律要件分類説を支持すべき理由……………………………56
III　主張責任の分配基準…………………57
 1　主張責任の概念……………………57
  (1)　主張責任の意義…………………57
  (2)　主張責任の対象…………………58
 2　主張責任と証明責任の関係………59
  (1)　2つの立場………………………59
  (2)　必然的一致説……………………59
  (3)　例外許容説………………………60

 3　立証責任と主張責任の一致の肯否についての考え方………………………62
IV　主張責任についての具体的な考え方……63
 1　主張の不備と解釈の必要性………63
 2　主張事実と認定事実との同一性………64
 3　主張責任の有無が問題となる要件事実………………………………………64
  (1)　代理の要件事実…………………64
  (2)　過失相殺の要件事実……………65
  (3)　その他……………………………66
 4　不利益陳述の概念…………………67
V　主張証明責任の分配の在り方…………68
 1　権利の発生根拠と契約の成立要件………68
  (1)　権利の発生根拠 —— 法規説と合意説…………………………………68
  (2)　契約の成立要件…………………69
  (3)　法規説を採用すべき理由………69
 2　主張証明責任の分配方法（冒頭規定説を中心として）………………………70
  (1)　契約に基づく請求に関する要件事実………………………………………70
  (2)　冒頭規定説………………………70
  (3)　その他の学説……………………71
 3　非典型契約（無名契約）の要件事実…73
VI　要件事実論の特徴 —— 攻撃防御方法としての要件事実の在り方………………73
 1　要件事実の特定性と具体性………73
  (1)　要件事実を特定し具体化する必要性…………………………………73
  (2)　要件事実の時的要素……………74
  (3)　一般的基準………………………75
 2　法律の規定と同一内容の合意の取扱い………………………………………76
 3　要件事実最小限の原則……………77
 4　攻撃防御方法の内包関係 ——「a＋b」について………………………………77
  (1)　攻撃防御方法の内包関係が生ずる場合 ——「a＋b」となる要件事実　…77
  (2)　「a＋b」とはならない攻撃防御方法

44　〔村田〕

要件事実総論　I

……………………………78
(3) 訴訟物と「a＋b」……………79
5 予備的主張──「許された a＋b」……80
6 攻撃防御方法の避けられない不利益
陳述──「せり上がり」……………81
Ⅶ 要件事実論の役割と機能………………83
1 民法学と要件事実論との関係 ………83
(1) 民法学と要件事実論の役割分担……83

(2) 民法学と要件事実論の相互作用……84
2 要件事実論の民事訴訟における役割
と機能 ………………………………84
(1) 要件事実の重要性………………84
(2) 要件事実論に対する批判と反論……86
Ⅷ まとめ──今後の要件事実論の課題と
展望 …………………………………87

I　要件事実の定義

1　民事訴訟の判断構造と訴訟物

(1)　民事訴訟における判断構造

　現代社会において権利義務や法的利益をめぐって民事紛争が発生すると，その紛争の解決を求めて民事訴訟が提起される。民事訴訟が提起されると，裁判所は，手続面では民事訴訟法等の民事手続法を，実体面では民法等の民事実体法（以下，単に「民法」という）を適用して，紛争を解決することになる（民事訴訟の目的論については，学説上争いがある。詳細は，高橋・上1頁以下等を参照）。民事訴訟では，裁判所が，紛争の当事者間に，当事者が主張する権利義務や法律関係があるかどうかを判断し，国家意思の発現として判決という形で，権利者の権利行使あるいは義務者の地位を保障することになる。

(2)　裁判の対象・訴訟物の捉え方

　民事訴訟では，原告が被告に対し，実体法上の権利または法律関係，すなわち訴訟物の存否の確定を求め，裁判所がこれについて判断を示すということが行われる。この裁判（審判）の対象である訴訟物については，周知のとおり，実体法上の権利ごとに訴訟物を考える旧訴訟物理論（兼子一・新修民事訴訟法体系〔増訂版，1965〕164頁，伊藤（眞）205頁以下，三木浩一ほか・民事訴訟法〔3版，2018〕48頁〔菱田雄郷〕等）と，給付を是認される地位（受給権）を訴訟物と考える新訴訟物理論（三ヶ月章・民事訴訟法〔1959〕86頁，新堂311頁，小山昇・民事訴訟法〔5訂版，1989〕152頁，高橋・上25頁以下等）との対立があり，学説上は新訴訟物理論が多数説であるとされてきた。しかし，近時は，新訴訟物理論によったとしても紛争の一回的解決を常に達成できるわけでなく，むしろ裁判所の釈明義務の負担を過剰なものにするおそれがあるという問題がある

〔村田〕　45

要件事実総論　I

一方で，旧訴訟物理論の問題点として指摘されている点は選択的併合や訴訟上の信義則を利用することによって相当程度緩和可能であり，裁判実務は旧訴訟物理論によって大きな問題もなく運用されているなどとして，旧訴訟物理論の立場が再び有力となっている（なお，最判昭35・4・12民集14巻5号825頁，最判昭36・4・25民集15巻4号891頁等を参照）。

以下においては，原則として旧訴訟物理論を前提として議論を進めることとする。

2　権利の有無を認識する方法

(1)　法律要件の意義

民事訴訟では，権利（法的利益を含む）の存否を判断し，これによって民事紛争を解決することを目的とするが，訴訟物である権利は，目に見えない抽象的で観念的な存在であり，直接これを認識することができない。そこで，権利の存否を認識するために用いられるのが，民法である。権利の存否の判断は，民法を適用することによって行われる。すなわち，民法の多くの条文は，「一定の事実（F）がある場合には，一定の権利（R）が発生し，あるいは権利（R）の発生が障害され，あるいは権利（R）が消滅するなどの法律効果を生ずる」と定めている。このように，民法の多くは法律効果の発生要件を定めたものであり，このような法律効果の発生要件（T）は，講学上，「法律要件」あるいは「構成要件」と呼ばれる。民事裁判では，これらの法律要件と法律効果を組み合わせることによって，権利の存否を判断する。法律要件は，権利義務の認識手段として機能するものである。

(2)　法律要件の種類

民法の定める法律要件は，事実（例えば，売買契約の締結——より具体的には売買契約の申込みと承諾など——）をもって要件としていることが多いが，法的評価（規範的評価）である場合（例えば，過失，重過失および正当理由など）もある（法律要件は，法律用語をもって定められていることが多いから，どの要件が事実で，何が法的評価であるかは，いわば，どの程度抽象的かという程度問題であるともいえる）。すなわち，民法が定める法律要件には，事実をもって記載された「事実的要件」と，法的な評価（が成立すること）をもって記載された「規範的要件（評価的要件）」がある（なお，規範的要件〔評価的要件〕の詳細は，→規範的要件）。

46　〔村田〕

要件事実総論　Ⅰ

(3)　権利の継続性（権利関係不変の公理）

　裁判所が当事者の主張する権利の有無を判断するためには，まず民法が権利の発生要件として定める法律要件に該当する事実（売買契約の締結など）の存否を確定することが必要となる。法律要件に該当する事実があると認識できれば，これに民法を適用することによって，権利が発生したと判断することができる。

　そして，権利が発生したものと認められると，その後に消滅したものと認められない限り，現に事実審の口頭弁論終結の時点で存在しているものと認識するというのが，民事訴訟の仕組みである。すなわち，一定の権利の発生要件である法律要件に該当する事実の存在が認められた場合には，その権利が発生したものと認め，権利消滅事由の法律要件に該当する事実が認められない限り，その後も権利が存続しているものとして取り扱うのである。このことを「権利の継続性」などということがある（「権利関係不変の公理」とも呼ばれる。これに対し，事実は，一般に，それがある時点で存在したと認められたとしても，その後も当該事実が存続していると当然には認められない）。

3　要件事実論の定義

(1)　民法の裁判規範性

　民法は，行為規範（国民を名宛人として行動の基準を示すルール）か，裁判規範（裁判官を名宛人として裁判の基準を示すルール。「評価規範」といわれることもある）かが問題とされることがあるが，最近は，行為規範性と裁判規範性のどちらに重点を置くべきかの議論はあり得るとしても，一般に，民法は，第一次的に裁判規範であるが，同時に行為規範でもあると解されている（内田貴「民事訴訟における行為規範と評価規範」新堂幸司編・特別講義民事訴訟法〔1988〕3頁，新堂59頁，賀集唱「要件事実の機能 —— 要件事実論の一層の充実のための覚書」司法研修所論集90号〔1994〕34頁，坂本慶一・新要件事実論 —— 要件事実論の生成と発展〔2011〕2頁，吉川愼一「要件事実論序説」司法研修所論集110号〔2003〕131頁参照）。

　ただし，民法の規定は，それが定める法律要件（あるいは同要件に該当する事実）が存否不明になった場合のことを想定して定められているわけではない。そこで，法律要件が存否不明な場合にどのように対処（判断）すべきかについて何らかのルールあるいは基準が必要となる。問題は，そのルールをどのように決めるべきかということであり，そこに要件事実論が登場するのであ

〔村田〕　47

要件事実総論　Ⅰ

る。

(2)　要件事実論の定義

　要件事実論は，すぐれて実務的なものであるが，その基礎にあるのは，ある法律効果を発生させるのに必要十分な要件（事実）は何かという民法の解釈論である。要件事実論は，民事訴訟の実践において，原告と被告のどちらがどのような事実を主張証明すべきかを考える際に必要となるものである。

　要件事実論は，論者により様々に定義されるが，差し当たって，要件事実論とは，「法律が定める要件に該当する具体的事実を考察の中心に据えることにより，訴訟当事者間の主張立証責任の分配を論じることの意義を強調し，そして，それを実施する諸営為の総体」とする見解（山野目章夫「要件事実論の民法学への示唆(1)」大塚直ほか編著・要件事実論と民法学との対話〔2005〕4頁），あるいは，「実践的な要件事実論は，訴訟というプロセスの中における主張の攻撃防御の構造について，実体法の解釈を踏まえて論理構造に従ってそれを的確に捉えていくという手法」とする見解（新堂幸司（司会）・〔ミニ・シンポジウム〕大学における民事訴訟法教育・民事訴訟雑誌38号〔1992〕170頁〔加藤新太郎発言〕）に従っておくこととしたい（なお，山本和彦「民事訴訟における要件事実」現代民事訴訟研究会・民事訴訟のスキルとマインド〔2010〕15頁は，後者の手法を構成する作業として，①法律効果を発生させる法律要件の抽出，②法律要件に該当する具体的事実に関する主張立証責任の分配，③主張の順序の規整〔請求原因か，再抗弁かなど〕があるとする）。

　ほかにも，「裁判規範としての民法」を提唱する立場から，「要件事実論とは，要件事実というものが法律的にどのような性質のものであるかを明確に理解して，これを意識した上，その上に立って民法の内容・構造や民事訴訟の審理・判断の構造を考える理論」であり，民事訴訟において主張立証されるべき事実を実体法（裁判規範としての民法）上の法律効果と関連付けて考えるという見解（伊藤(滋)〔初版〕14頁，同〔新版〕6頁）があるが，要件事実論の定義の違いによって具体的な場面での要件事実に差異が生ずることはなく，これらの見解の違いは，多分に観念的なものであり，説明の違いにすぎないともいえるであろう（詳細は，加藤新太郎「要件事実論の到達点」実務民訴〔3期〕(5)21頁以下を参照）。

要件事実総論　I

4　要件事実の定義

(1)　要件事実の定義——要件事実と主要事実の捉え方

　要件事実の定義については，要件事実とは，民法の定める一定の法律効果（権利の発生・障害・消滅・阻止）を発生させる法律要件を構成する法律に記載された事項（法的評価や類型的事実）であるとする見解（青山善充「主要事実・間接事実の区別と主張責任」講座民訴(4)396頁，高橋・上425頁，奈良次郎「主要事実と間接事実の区別」三ヶ月章＝青山善充編・民事訴訟法の争点〔新版，1988〕224頁，三木ほか・前掲書208頁〔三木浩一〕など）と，民法の定める一定の法律効果を発生させる法律要件に該当する具体的事実であるとする見解（司研編・要件事実(1)3頁，司法研修所編・改訂問題研究要件事実〔2006〕6頁，同編・新問題研究要件事実〔2011〕5頁，吉川・前掲論文135頁，笠井正俊「要件事実論と民事訴訟」伊藤眞＝山本和彦編・民事訴訟法の争点〔2009〕160頁，田尾桃二「法学・法曹教育における要件事実論」要件事実講座(1)362頁など）がある。

　前者の立場では，要件事実は一般的生活関係に妥当する一般的・類型的事実であり，一種の法的概念であるのに対し，主要事実は，現実の生活関係における，要件事実に当てはまる具体的な事実であり，事実的概念ということになる。

　これに対し，後者の立場では，要件事実は，講学上の主要事実と間接事実との区別における主要事実（法律要件に該当する具体的事実）と同義ということになる。この立場は，①法的概念と事実的概念とが常に截然と区別して表現できるとは限らないし，これを区別することにさほどの意味がない場合があること，②実務上，これを截然と区別しないで用いる場合が少なくないこと，③法律要件に該当する具体的事実があれば法律要件が充足されたことになり，法律効果が発生することになることなどを理由としている。

　両者の考え方の違いは，「過失」，「正当理由」，「信義則違反」などの規範的要件（評価的要件）について，何を主要事実と考えるか（評価に関する事実の位置付けについての主要事実説と間接事実説の争い。→規範的要件Ⅱ1）と関係するともいえるが，いずれの考えによっても実質的な違いが生ずることはなく，定義の問題にすぎない。伝統的・理論的には，前者のように説明されてきたところであり，また，どのような具体的な事実が当該法律要件に該当するかという法適用，法解釈の問題（法の当てはめの問題）が生ずる余地があることを

〔村田〕　49

要件事実総論　I

考えると，理論的な説明としては，前者をもって正当とすべきであろうが，上記のような法適用，法解釈の問題が生じ得ることを意識しておけば，後者のような見解を排除することもないように思われる（加藤・前掲「要件事実論の到達点」28頁，加藤新太郎「主要事実と間接事実の区別」青山善充＝伊藤眞編・民事訴訟法の争点〔3版，1998〕182頁，村田渉「主要事実と間接事実の区別」伊藤＝山本編・前掲書158頁，奈良・前掲論文244頁）。

　裁判実務では，後者の用法のように，「要件事実」という用語を「主要事実」と同義で用いることが多い（最判昭45・1・22民集24巻1号40頁，最判昭52・5・27金判548号42頁等の用語例参照。なお，松本博之「要件事実論と法学教育（1）」自正54巻12号〔2003〕101頁は，主要事実と要件事実が同じと考えることは，証明責任の対象をこの要件事実＝主要事実とみることと関係しており，証明責任とは，直接的には事実が存否不明に終わった場合に裁判を可能にする裁判規範のことであり，この証明責任規範が直接関係するのは具体的事実ではなく法律要件要素であると指摘する）。

(2)　要件事実の態様

　一般に，要件事実は，①人の精神作用を要件とするもの（意思表示，観念の通知，意思の通知など）と，②人の精神作用を要件としないもの（時の経過，人の生死などのように人の精神作用と関係のないもののほか，物を破壊するなど人の行為でなくとも同一の効果を生ずるものが含まれる。これらは「事件」と呼ばれることがある）とに分類される。さらに，①の「人の精神作用を要件とするもの」は，外部的・客観的な「行為」と内部的・主観的な「内心の状態」とに区別することができる。例えば，売買契約の申込みは「行為」であり，悪意・善意は「内心の状態」である（いずれも，評価ではなく，事実である）。

　消滅時効における時効期間の経過や，売買契約に代金支払期限の合意がある場合の期限の到来などは，人の精神作用を「要素」（「要件事実論」において，「要素」とは「必要欠くべからざる本質的な部分」との含意で用いられることが多い）としないから，②の事件であり，このような「時の経過」や「到来」という事実も，それが法律効果の発生に必要な事実である限り，欠くことのできない要件事実である。実務では，時の経過や到来などの顕著な事実（民訴179条）は明示的には主張されないことも少なくないが，これらが要件事実であることに変わりはない。

　また，要件事実は，訴訟外で生じた出来事（事実）に限られない。例えば，

要件事実総論　II

口頭弁論期日や弁論準備手続期日において，相殺の意思表示をしたこと，留置権や同時履行の抗弁権（権利抗弁）について権利行使をすると陳述したことなどは，いずれも当該法律効果を発生させるために必要な要件事実である。

II　証明責任とその分配基準

1　要件事実と証明責任（立証責任）

(1)　証明責任（立証責任）の説明方法

　権利の発生・障害・消滅等の法律効果の発生が認められるためには，法律要件に該当する事実（要件事実）がすべて認められる必要がある。民事訴訟においてその存在が争われる場合には，これをすべて証明しなければならず，証明できなかったときは，事実は存在しないものとして当該法律効果の発生が認められないこととなる。民事訴訟では，ある要件事実について，それが存在するともしないとも断定することができないという真偽不明の状態となることがあり得るが，そのような場合にも，当該法律効果の発生は認められないと取り扱われる。このことをどのように説明するかについて，学説上争いがある。

　第1は，法規不適用説である。この説では，民法は，法律効果の発生を法律要件に該当する事実（要件事実）の証明（訴訟上の確定）に結びつけているものと解し，その事実が真偽不明の場合には，それは証明されていないものとして民法は適用されないが，それは「法規不適用原則」によるものと説明する（ローゼンベルク〔倉田卓次訳〕・証明責任論〔全訂版，1987〕21頁，伊藤（眞）366頁，司研編・要件事実(1)5頁など）。この説では，民法の他に独自の証明責任規範を持ち出すまでもないとされる。

　第2は，証明責任規範説である。この説では，民法が法律効果の発生と結びつけているのは法律要件の存否に限られており，法律要件が存否不明の場合には，民法の規定とは別に，民法を適用すべきかどうかを裁判官に命ずる証明責任規範があり，同規範の内容は，原則として存否不明の事実は存在しないものと扱い，その事実を法律要件とする法律効果の発生は認めないとする裁判をするよう命じているのだと説明する（新堂602頁，松本博之・証明責任の分配〔新版，1996〕21頁，同「証明責任の意義と作用」伊藤眞＝山本和彦編・民事訴

〔村田〕　51

要件事実総論　Ⅱ

訟法の争点〔2009〕180頁，高橋・上511頁，春日偉知郎「証明責任論の視点」同・民事証拠法研究〔1991〕336頁）。

　第3は，裁判規範としての民法説である。この説では，裁判規範としての民法は，民法の要件に該当する具体的事実が訴訟上存否不明になった場合に適切に対処できるように，当該要件に該当する要件は何かを考えるとする。裁判規範としての民法は，民法典を前提とするものの，どのような事実を誰が立証するのか，存否不明の事態が生じた場合には，裁判官はどのように対処し，どのように判断するのかの拠り所となる規範を提供するものであり，「A事実が存在したことが訴訟上明らかな場合に限って，A事実が存在したものと訴訟上扱い，Bという法律効果が発生すると考える」として，このような人としての普通の考え方を構成原理の基礎にすべきであると説明する（伊藤(滋)〔初版〕237頁，同〔新版〕6頁，難波孝一「主張責任と立証責任」要件事実講座(1)168頁）。この説では，法規不適用説の帰結と同じになる（なお，松本博之「要件事実論と法学教育(1)」自正54巻12号〔2003〕108頁，難波・前掲論文169頁を参照）。

　かつては法規不適用説が多数説であったが，近時は，学説上は証明責任規範説が，実務家の間では裁判規範としての民法説が有力となっている。証明責任規範説の方が証明責任をより弾力的に，より発展性のある形で捉えることを可能にするとの指摘もあるが（高橋・上520頁），いずれの説によっても結論に大きな差はなく，理論的，観念論的な説明の問題であり，証明責任規範説については，その源が実体法規範に求められるのであれば，あえて独自の規範を定立する必要性に乏しいとの指摘もある（伊藤(眞)367頁，秋山幹男ほか・コンメンタール民事訴訟法Ⅳ〔2010〕26頁，兼子一原著＝松浦馨ほか・条解民事訴訟法〔2版，2011〕1016頁〔松浦馨＝加藤新太郎〕，加藤新太郎「要件事実論の到達点」実務民訴〔3期〕(5)29頁）。なお法規不適用説を支持したい。

　(2)　**証明責任（立証責任）の概念**──客観的証明責任・主観的証明責任

　訴訟上，ある要件事実の存在が真偽不明に終わったために，その事実を存在するものとして扱うことができず，当該法律効果の発生が認められないという不利益または危険を証明責任（立証責任，挙証責任）と呼ぶのが通常である（司研編・要件事実(1)5頁，兼子一・新修民事訴訟法体系〔増訂版，1965〕256-257頁，伊藤(眞)365頁，新堂602頁等。倉田卓次「一般条項と証明責任」同・民事実務と証明論〔1987〕253頁注(1)は，立証責任という用語には，後記の主観的立証責任のニュアンスが

あり，それと区別するために証明責任という用語を使用する方が適切であるとする）。いわゆる客観的証明責任（客観的立証責任）である。

これに対し，弁論主義の下では，基本的に証拠の提出は当事者がすべきものであり，当事者が証拠を提出しないと不利な判断をされる危険があり，これを避けるために行為責任として証拠を提出する責任（証拠提出責任）を観念することができる。これは，主観的証明責任（主観的立証責任）と呼ばれている。

2　証明責任の分配に関する学説

ではどのように証明責任（客観的証明責任）を分配するかが問題となる。すなわち，ある法律効果発生のために必要な要件事実の証明責任を，原告と被告のどちらに負担させるかということである。証明責任の分配に関する学説には多様なものがあるが，ここでは，主要な考え方を紹介するにとどめる。

(1)　規　範　説

規範説は，法規の条文どおりに立証責任の分配を考える説である（規範説は，前述の法規不適用説を前提としている）。例えば，法規の条文が「A ということがあるときは，B という法律効果が発生する。ただし，C ということがあるときは，この限りでない。」としているときは，B の法律効果の発生を主張する当事者が本文の A の要件に該当する事実について証明責任を負い，法律効果の不発生を主張する相手方がただし書の C の要件に該当する事実の証明責任を負うとする考え方である。原則として法規の条文の構成（本文・ただし書，1 項・2 項等）から証明責任の分配が定まり，法規の各規定から法律要件を分類し，法規の文言と形式から証明責任の分配を考えるとするものである（倉田卓次監修・要件事実の証明責任〔債権総論〕〔1987〕2 頁等）。初期の法律要件分類説も同様の考え方であった。

規範説（初期の法律要件分類説）に対しては，民法典は証明責任を考慮しないで条文が作成されていることが明らかであり，証明責任の分配を考慮しないで作成されている条文の文言・形式のみを手掛かりに証明責任の分配を考えることには問題があるとの批判があったところである。

なお，近時の立法作業，例えば今回の債権法改正に当たっても，いわゆる要件事実論の考え方に従い，本文とただし書，第 1 項と第 2 項の書き分けなどを通じて，主張証明責任の所在を明らかにするよう努められているが，行

〔村田〕　53

要件事実総論　Ⅱ

為規範としての側面を意識し，主張証明責任の所在よりも国民にとっての分かりやすさを優先する規定もあり，主張証明責任の所在に完全に対応する規定の形とはなっていない（潮見佳男・民法（債権関係）改正法の概要〔2017〕24頁・26頁等を参照）。

(2)　利益衡量説

利益衡量説は，民法は証明責任の分配を考慮したものではないのに，規範説のように条文の構成等によって証明責任の分配を考えると，公平に反する結果となり，相当でない場合が生じるとし，権利障害規定の観念を否定し，立証責任の分配は，条文や立法者の意思が明確であればこれにより，不明の場合は，解釈によって決定することになるが，その解釈の基準と順位は，立法趣旨や信義則を考慮するほか，第1に証拠との距離，第2に証明の難易，第3に事実の存在・不存在の蓋然性などの実質的要素を考慮して分配を決めるべきであるとする考え方である（石田穣・民法と民事訴訟法の交錯〔1979〕9頁・45頁，同・証拠法の再構成〔1980〕143頁）。

利益衡量説が，規範説が単に条文の文言・形式のみから証明責任の分配を図ろうとしたことの危険性を指摘し，証明責任の分配に実質的要素・実質的基準を用いることを提言したことは正当であるが，利益衡量説の挙げる証明責任分配の基準は，実定法上の根拠に欠けるばかりでなく，これらの一般的基準によって具体的な証明責任の所在を判断することは困難であることなど，利益衡量説のような分配基準やその順位付けの妥当性には問題があるとの指摘が多い（なお，この利益衡量説と規範説・法律要件分類説との間の論争が「証明責任論争」といわれ，昭和50年代に石田穣助教授と倉田卓次判事等との間で激しく争われた。その概要と意義について，加藤・前掲「要件事実論の到達点」44頁以下，竹下守夫「民事訴訟における事実の確定に関する判例・学説・立法──民事訴訟の改革における位置づけ」司法研修所論集118号〔2008〕1頁を参照）。

(3)　修正法律要件分類説

修正法律要件分類説は，基本的に規範説と同様に法規の条文の構成・形式に依拠しつつ，条文の構成・形式によることから証明責任の負担に不公平等が生ずる場合には，これを修正するという考え方である（現在の修正法律要件分類説には，法規不適用説を前提とするものと，証明責任規範説を前提とするものがある。加藤・前掲「要件事実論の到達点」34頁注(35)，吉川慎一「要件事実論序説」司法研修

要件事実総論　Ⅱ

所論集 110 号〔2003〕145 頁）。すなわち，法律効果の発生要件を定める民法の各条文は，権利根拠規定，権利障害規定，権利消滅規定（権利滅却規定），権利阻止規定に分類することができるとし，当該条文が，どの種類の規定に当たるかは，条文の定め方（構成・形式）を基準にして決定され，これによって証明責任の分配を考えるが，これによる分配結果が不公平となるときなどには，証拠との距離などの実質的考慮を基準として条文の形式とは異なる形で法律要件を考え，これを基準に証明責任の分配を考えるというものである（司研編・要件事実(1)10 頁，難波・前掲論文 174 頁，加藤・前掲「要件事実論の到達点」31 頁等）。

(4) 裁判規範としての民法説

　裁判規範としての民法説は，修正法律要件分類説が条文の形式にこだわることなく，立証の公平の観点から，実体法規を解釈して，要件事実は何かを考え，その結果を踏まえて証明責任の分配を考えることを支持するが，修正法律要件分類説が，実体法規を解釈した結果導き出された要件事実と実体法規との関係に何も触れていないのは問題であるとして，実体法規を解釈して導き出された要件事実を「裁判規範としての民法」の発生要件に該当する具体的事実であると説明するものである（伊藤（滋）〔初版〕236 頁，難波・前掲論文176 頁）。しかし，具体的な証明責任の分配は，修正法律要件分類説と裁判規範としての民法説とで，導き出される結果に大きな差異はないといわれている（難波・前掲論文 176 頁。ただし，伊藤（滋）〔新版〕272 頁は，修正法律要件分類説は，どちらかといえば，立証の困難な事実を立証対象事実とはしないという考え方に傾くことになり，現実の立証責任の分配において，制度趣旨を基準とする裁判規範としての民法説とは違った結論となり得るとして，民法 474 条 2 項，557 条 1 項を例に挙げる）。

3　修正法律要件分類説の特徴等

(1)　修正法律要件分類説の特徴

　修正法律要件分類説は，現在の我が国の民事裁判実務で採用され，司法研修所において教えられている考え方であり，現在の通説的見解である。その特徴は，次のとおりである。

　第 1 に，規範説（初期の法律要件分類説）の基本的な考え方を維持することである。すなわち，証明責任は当該法律効果の発生によって利益を受ける側の当事者が負担することになるが，法律効果の発生要件は実体法の各法条

〔村田〕　55

要件事実総論　Ⅱ

（実体法規に明文がない場合には判例等）が規定するところであり，これら実体法の規定は，その法律効果がどのように働くかという観点から，権利（法律関係）の発生要件を定めた権利根拠規定，権利発生の障害要件を定めた権利障害規定，権利の消滅要件を定めた権利消滅規定（権利滅却規定），権利行使の一時的な阻止要件を定めた権利阻止規定の4つに分類される（「4分説」と呼ばれることもある）と考え，これらの法律効果の働き方によって論理的に定まる組合せに従い，訴訟当事者は，それぞれ自己に有利な法律効果の発生要件事実について証明責任を負担すると考える。

　第2に，初期の法律要件分類説は，法律効果の発生要件は民法の各法条が定めており，当該規定が権利根拠規定，権利障害規定，権利消滅規定，権利阻止規定のいずれであるかも，本文・ただし書，1項・2項等の条文の文言と形式自体から明らかであることを強調したが，修正法律要件分類説は，法律効果の発生要件を民法の条文の文言と形式だけで定めようとするときは，条文相互間の抵触による不調和を生じ，証明責任の負担において妥当性を欠き，公平を保てないなどの不都合を避けることができないとの批判を考慮し，証明責任の負担の公平，証拠との距離，証明の難易等の実質的な考慮要素をも取り込んで，その修正を試みることである（伊藤(眞)370頁，高橋・上539頁以下）。

　第3に，ある法律効果の発生要件が何か，また民法の条文にある一定の要件を権利（または法律関係）の発生要件と理解すべきか，権利発生の障害要件と理解すべきかという要件の確定の問題は，民法の解釈によって決められるべき事項と考えることである。そして，この解釈は，証明責任の分配ということを意識して行われるべきであり，民法の解釈に当たっては，条文の文言，形式を基礎とするものの，証明責任の負担における公平・妥当性の確保ということを常に考慮すべきであり，具体的には，法の趣旨・目的，類似・関連する法規との体系的整合性，当該要件の一般性・特別性，原則性・例外性，その要件によって要証事実となるべきものの事実的態様，証明の難易等が総合的に考慮されなければならないとする。

(2)　**修正法律要件分類説を支持すべき理由**

　証明責任の分配に関する学説等の差異は，概ね，条文の表現形式をどの程度重視するか，証拠との距離等の証拠法的要素をどの程度考慮するかの違い

要件事実総論　Ⅲ

であり，基本的に修正法律要件分類説を支持してよいように思われる。その
理由は，次のとおりである。すなわち，①一般に私法の立法における条文の
配列や本文・ただし書等の書き分けは原則として証明責任の所在に対する立
法関与者の認識を反映するものであるから，条文の構造・表現は証明責任の
分配基準の基礎とするに足りるものであること，②実体法規の構造や表現は
明文規定のある法律要件の全般について基準となり，明確性や思考経済の面
で優れていること，③実際にも，これによる証明責任分配の結果は民法およ
びその他の特別法について多くの場合適切なものと評価できることなどであ
る（笠井正俊「証明責任の分配」青山善充＝伊藤眞編・民事訴訟法の争点〔3版，1998〕
208頁参照。なお，同書で法律要件分類説（通説）と呼称されている見解は，上記の修正
法律要件分類説と同様のものであろうと思われる）。

Ⅲ　主張責任の分配基準

1　主張責任の概念

(1)　主張責任の意義

　我が国の民事訴訟法においては，弁論主義が採られており（民訴159条・
179条参照），法律効果発生の有無の判断に必要な要件事実（主要事実）は当事
者が口頭弁論で主張したものに限られ，その主張がなければ，裁判所がその
事実を認定することは許されない。そうすると，ある法律効果の発生に必要
な要件事実が弁論に現れない場合には，裁判所がその要件事実の存在を認定
することは許されず，その結果，当該法律効果の発生は認められないという
ことになる。この訴訟の一方当事者が受ける不利益または危険が「主張責
任」と呼ばれている（司研編・要件事実(1)11頁，伊藤（滋）〔初版〕62頁，新堂473頁，
伊藤（眞）309頁，高橋・上405頁）。

　なお，事実の主張とその法的効果・法的評価の主張とは厳格に区別する必
要がある。主張責任は要件事実について存在するものであって，法律効果あ
るいは法的評価自体について存在するものではない。したがって，法律効果
自体については当事者の主張がなくとも，当該法律効果の発生に必要な要件
事実が弁論に現れているときは，裁判所は，当該法律効果の発生について判
断することができる（最判昭43・11・19民集22巻12号2692頁）。

〔村田〕　57

要件事実総論　III

　また，主張責任の問題は，口頭弁論終結時において，裁判所が訴訟物について判断するのに必要な事実（要件事実）が主張されているか否かの問題であり，その事実が弁論に現れている限り，その事実を主張した者が主張責任を負う当事者であったかどうかは問わない（主張共通の原則。前掲最判昭43・11・19，司研編・要件事実(1)12頁）。

(2)　主張責任の対象

　主張責任の対象となる事実が主要事実（要件事実）に限られるかどうかには争いがあり，主要事実に限られないとする説もあるが（高橋・上427-428頁は，大別して，①主要事実たると否とを問わず訴訟の勝敗に影響する重要な事実について弁論主義の適用があるとする説，②主要事実と間接事実を問わず，事実はすべて当事者の主張あることを必要とするとする説，③当事者の主張を必要とする主要事実は，法規から形式的に定めるのではなく，その法規の立法目的，当事者の攻撃防御方法として明確かという観点，認定すべき事実の範囲が審理の整理・促進から見て明確であるかという配慮に基づいて，具体的な類型ごとに機能的に定めるべきであるとする説があるとする），主張責任の対象は主要事実（要件事実）に限られ，間接事実や補助事実には及ばないとするのが通説である（最判昭28・9・11裁判集民9号901頁も同旨である）。民訴規則53条2項，79条2項が，主要事実についての主張（請求を理由付けるのに必要な事実，抗弁事実，再抗弁事実についての主張）の記載とともに，これと関連する事実を区別して記載することを求めていることからも，通説を支持すべきであろう（伊藤(眞)305-306頁，最判昭27・12・25民集6巻12号1240頁，最判昭38・11・15民集17巻11号1373頁，最判昭46・6・29判タ264号198頁等）。

　なお，主張責任の対象が主要事実（要件事実）であるとしても，当事者がこれ以外の事実を主張する必要や義務がないということではない。当事者は，民訴法2条の趣旨等から，自らに主張責任のある事実のみならず，事件の解決のために必要な事実を早期に主張すべきは当然のことであり，そのことは，近時の医療訴訟等をみても，民事訴訟におけるプラクティスとして定着しているところである。また，間接事実が，主要事実についての裁判所の心証形成に対して注意喚起をし，立証活動を予告するものとなること，主要事実推認の手段として重要な機能を果たすものであることを忘れてはならない。

要件事実総論　III

2　主張責任と証明責任の関係

(1)　2つの立場

　主張責任と証明責任との関係については，主張責任と証明責任の所在が一致しない場合を認めるかどうかで，大きく2つの考え方に分かれる。

　第1説は，民法が定める法律効果の発生によって利益を受ける当事者が一定している以上，この当事者に法律効果発生の要件事実についての主張責任と証明責任が帰属し，両責任の所在は必ず一致し，例外はあり得ないとする説（必然的一致説）である（司研編・要件事実(1)20頁，難波孝一「主張責任と立証責任」要件事実講座(1)180頁，伊藤(滋)〔初版〕81頁，吉川愼一「要件事実論序説」司法研修所論集110号〔2003〕152頁。なお，新堂473頁は主張責任と証明責任が同一の原理に従うとする）。通説的見解であり（高橋・上531頁，伊藤(眞)309頁等），実務上の支配的見解であるとされる。

　第2説は，主張には有理性の原則（主張に理由があることを示す必要があるとする原則）等の要請があり，主張責任の所在と証明責任の所在が一致しない場合があるとする説（例外許容説）である（なお，加藤新太郎「要件事実論の到達点」実務民訴〔3期〕(5)31頁，兼子一原著＝松浦馨ほか・条解民事訴訟法〔2版，2011〕895頁〔竹下守夫〕は，主張責任と証明責任の歴史的沿革が異なるものであることなどを考慮すると，理論的には例外を許容するスタンスが相当であるとする）。例えば，債務不履行の場合，415条の履行遅滞に基づく損害賠償請求については「履行期に履行がないこと」を主張しないと，原告が履行遅滞に基づく損害賠償請求権を有するとはいえないから，債権者である原告が，「履行期に履行がないこと」の主張責任を負い，債務者である被告が「履行期に履行したこと」の証明責任を負うとする考え方である。

(2)　必然的一致説

　ある要件事実について証明責任を負うということは，その事実が証明できなかった場合にその事実を法律要件とする法律効果が発生したと認められないという不利益を受けることを意味し，ある要件事実について主張責任を負うということは，その事実が弁論に現れなかった場合に，裁判所がその事実を判断の基礎とすることができず，その事実を法律要件とする法律効果が発生したと認められないという不利益を受けるということを意味する。そうすると，証明責任も主張責任も，裁判所がある要件事実が存在すると認めるべ

〔村田〕　59

要件事実総論　Ⅲ

きかどうかという局面で作用するものであり，いずれの責任も，裁判所がある要件事実を認めることができない場合に問題となるものであって，しかも，証明責任を離れて，主張責任の分配について基準となるべき独自の原則や基準といったものは見当たらないから，主張責任の分配の基準は，証明責任の分配の基準と同様に，修正法律要件分類説（あるいは裁判規範としての民法説）の立場で考えるのが相当である。したがって，必然的に，証明責任と主張責任は，常に同一の当事者に帰属することになる。

　なお，実務の支配的見解は，主張責任と証明責任との一致を力説するが，これには，原・被告の主張がかみ合い，攻撃防御の視点が定まり，対策や準備もしやすくなり，不意打ちを防ぐこともでき，審理の充実・促進に役立つという大きなメリットがあり，何ら具体的な事実に基づかない主張は提出されるべきでないとする訴訟実務のプラクティスに合致するものであるとも指摘されている（賀集唱「要件事実の機能――要件事実論の一層の充実のための覚書」司法研修所論集 90 号〔1994〕33 頁）。

(3)　例外許容説

　立証責任と主張責任は一致するとの通説的見解に対し，立証責任と主張責任が一致すると考える必要はないとする代表的な見解は，中野貞一郎教授，前田達明教授，松本博之教授の見解である。

　(ア)　中野教授の見解　　中野教授の見解（中野貞一郎「主張責任と証明責任」同・民事手続の現在問題〔1989〕213 頁，同「要件事実の主張責任と証明責任」法教 282 号〔2004〕34 頁）は，おおよそ次のようなものである。すなわち，民事訴訟では，まず主張があって，その後に主張された事実の証明が問題となるのであるから，まず主張責任が問題となり，その後に証明責任（立証責任）が問題となると考えるべきであり，主張責任について問題となるのは，当事者の請求や抗弁が実体法規に照らして「主張じたいにおいて理由がない」（＝有理性を欠く）として排斥される（これは，通常「主張自体失当」と呼ばれる）場合である。そして，有理性のある主張とするためには，当事者が自らは証明責任を負わない事実をも主張しなければならないことがあり，この場合には，主張責任と証明責任の不一致が生ずる。そして，主張責任と証明責任が一致しないことがあり得る例外的な場合として，①無権代理人に対する責任を追及する場合（117 条 1 項），②債務不履行に基づく損害賠償請求（415 条），③法律上

の事実推定の場合の推定事実（186条2項），④請求異議の訴えを提起した場合の異議事由（民執35条）があるとされている（ただし，中野教授は，その当否は読者自身で考えてみて欲しいとされている）。

これに対し，必然的一致説では，上記のいずれの場合についても，例えば，原告が代理権の不存在や債務の履行がないことなど，証明責任を負わない事実を主張する必要はないから，主張責任と証明責任は一致しているとされる（難波・前掲論文183頁等。①について司研編・要件事実(1)106頁，伊藤(滋)〔初版〕83頁，注解財産(1)536頁〔平手勇治〕，②について司研編・要件事実(1)23頁，伊藤(滋)〔初版〕87頁，難波・前掲論文185頁，③について司研編・要件事実(1)24頁，伊藤(滋)〔初版〕102-106頁，④について原田和徳＝富越和厚・執行関係等訴訟に関する実務上の諸問題115頁（司法研究報告書37輯2号〔1989〕）を参照）。

(イ) 前田教授の見解　　前田教授の見解（前田達明「主張責任と立証責任」判タ596号〔1986〕2頁），同「続・主張責任と立証責任」判タ640号〔1987〕66頁，同「主張責任と立証責任について」民商129巻6号〔2004〕777頁，同「要件事実について——主張責任と証明責任を中心にして」曹時65巻8号〔2013〕1917頁）は，おおよそ次のようなものである。すなわち，主張責任の定義は通説のとおりであるとしても，立証責任（証明責任）は，「訴訟上一定の事実の存否が確定されないとき，不利な法律判断を受けるように定められている当事者の一方の不利益」と定義すべきであり，これにより，いずれの当事者が不利益を負うかを定めるのが立証責任の分配である。そして，主張責任は可能な限り法文に忠実に解釈して分配されるべきであるが（法律要件分類説），立証責任の分配は，①立法趣旨，②証拠との距離，③立証の難易，④信義則などといった基準で定められる（立証責任の分配に関する利益考量説）。したがって，法的にも，理論的にも主張責任の所在と立証責任の所在が一致する必要はない。そして，例えば，415条に基づく損害賠償請求事件の判決書では，「事実」欄に，原告が「債務の履行がなかった」と主張し，被告が「債務を履行した」と主張したと記載し，仮に，裁判所が債務の履行があったとは認められないとの心証に達した場合には「債務の履行があったとは，本件全証拠によっても，これを認めるに足りない」と記載することになる。すなわち，原告が「履行がない」という要件事実について主張責任を負い（立証責任は負わない），被告は「履行した（弁済したという抗弁事実）」という要件事実について主張責任と立

要件事実総論　Ⅲ

証責任を負うとされる。

　これに対し，必然的一致説からは，法文の記載からだけでは主張責任の分配が決定できない場合があり，「履行がない」ことについての主張責任に加え，「履行した」ことについての主張責任をも併存させることは無意味であるとの批判がある（難波・前掲論文 186 頁以下）。

　(ウ)　松本教授の見解　　松本教授の見解（松本博之「要件事実論と法学教育(1)」自正 54 巻 12 号〔2003〕110 頁, 同・証明責任の分配〔新版, 1996〕332 頁）は，基本的に中野教授の見解と同旨である。債務の履行遅滞による損害賠償請求では，実体法（平成 29 年改正前の 415 条を例に説明されているが，改正後の 415 条でも同じであろう）が履行遅滞を遅滞による損害賠償請求権の成立要件にしているのは明らかであるから，この事実の主張がなければ法律効果たる損害賠償請求権の発生を根拠付ける事実として，主張自体失当とならざるを得ない（事実主張が十分でない）。それゆえ，いかに債務履行の事実の証明責任が債務者にあろうとも，主張自体は必要なのである。

　これに対し，必然的一致説からは，問題は，裁判の場においてどのような事実を主張すれば履行遅滞を主張したことになるかであり，そのために，例えば「履行期の定めと履行期が経過したこと」について原告に主張責任があり，「履行のあったこと」（正確には履行の提供があったこと）について被告に主張責任があるとしたのでは何故いけないかが問われるべきであり，そこに同教授が主張するような問題は生じないとする。

3　立証責任と主張責任の一致の肯否についての考え方

　上記の論争は，結局のところ，履行期に債務の履行がないことを原告が主張しない場合（特に被告が欠席したり，弁済の主張をしない場合）に，原告勝訴とすることで抵抗感がないかということに帰着するように思われる。履行期に債務を履行したことの証明責任が債務者にあることに争いがない以上（473条），実務的感覚としては，いずれにせよ，請求認容の判決をすることになろう。実際にも，訴えの有理性等から要求される事実主張は抽象的なもので足りると考えられていること，仮に履行期に債務の履行がないことについて主張がない場合であっても，訴状の請求の趣旨・原因の記載を見れば，原告が被告には履行遅滞がある（すなわち履行期に履行がない）として訴えを提起したことは明らかなことが多いこと（実務上は，訴状請求原因の末尾には，「よって

書き」と呼ばれる結論部分を記載して，原告はいかなる権利または法律関係に基づいてどのような請求をするのかを結論的に記載し，請求の趣旨と請求原因との有機的関連付けをすべきであるとされている）などからすると，上記の各見解の間に結論においてさほどの違いがあるとは思われない。債務の履行遅滞に基づく損害賠償請求（415条）の事案では，同条の解釈等を踏まえると，①履行期の定めと②その経過の主張があれば，③履行期に履行がないことの主張がなくとも，履行遅滞が発生していると考えてよいように思われる。

　また，必然的一致説の立場では，近時の訴訟法学において提唱されている「証明責任を負わない当事者も相手方の事実主張を否認する場合に一定の要件のもとに具体的な事実を陳述すべきことを命じられる」という，事案解明義務または証明責任を負わない当事者の具体的事実陳述義務の理論による当事者の義務を位置付けることができず，訴訟法学の発展の方向に反することになるとの指摘もある（松本・前掲論文112頁）。しかし，事案解明義務およびそれに基づく主張責任の転換を肯定すべきかどうかはともかく，仮にそれらを肯定するのであれば，それらによって証明責任と主張責任とが一致しないこと（証明責任と主張責任の在り方に変容が迫られること）はあり得ることであり，そのことをもって，上記の必然的一致説の立場が訴訟法学の発展の方向に反するものとはいえないであろう（なお，高橋・上532頁，伊藤（眞）309-310頁をも参照）。

IV　主張責任についての具体的な考え方

　以下では，主張責任の有無等が問題となる場面について検討することとする。

1　主張の不備と解釈の必要性

　主張責任という概念を考えると，ある法律効果の発生のために必要な要件事実（主要事実）が数個（一群の要件事実）となる場合には，そのうちの1つでも主張がないときは，必要な要件事実の主張がないことになるから，この請求原因なり，抗弁なりは，いわゆる「主張自体失当」として，その立証をまつまでもなく排斥されることになる。

　また，要件事実の主張があるかどうかが明確でない場合もある。当事者の

要件事実総論　IV

主張が多義的に解釈できることや，要件事実（主要事実）として主張するのか，単なる事情として主張するのかが明確でないこともあるからである。そのような場合には，主張の真意を的確に理解して，必要となる要件事実は何か，当事者の主張に要件事実の不備はないかを考え，当事者の主張に不備や欠落があるときは，適切に釈明権を行使する（訴訟代理人の場合には，当事者本人に説明を求め，事実を確認する）必要が生ずることになる。そして，適切な釈明権の行使のためには，当事者の主張の趣旨を的確に把握し，その意味を合理的に解釈した上，民法の規定から分析吟味した要件事実に照らしてこれを整理し，必要な主張の有無を正しく把握することが必要である。

2　主張事実と認定事実との同一性

当事者の主張の有無との関係では，当事者が主張する要件事実と，証拠によって認定された事実が同じと評価できるかどうか（同一性）という問題もある。両者が同一と評価できないときは，主張された要件事実については証明がなく，認定できる事実については主張がないことになるから，主張証明責任を負う当事者に不利益な判決となる。問題は，主張事実と認定事実とが同一性があると評価できる両者の食い違いとはどの程度のものかということである。一般的には，当事者の主張した具体的事実と，裁判所の認定した事実との間に，事実の態様や日時の点で多少の食い違いがあっても，社会観念上同一性が認められる限り，当事者の主張しない事実を確定したことにはならない（最判昭32・5・10民集11巻5号715頁，最判昭52・5・27金判548号42頁）が，具体的事案に関して社会観念上の同一性の有無を判断するについては，その事実の性質や訴訟の経過のほか，主張責任によって保障される相手方の防御権が実質的に侵害されるかどうかをも考慮すべきである（司研編・要件事実(1)13頁）。ただし，主張の有無は民事訴訟の基本原理である弁論主義にかかわる問題であるから，相手方の防御権が実質的に侵害されたかどうかは慎重に判断される必要があり，適切な釈明権の行使を要する場合がある。

3　主張責任の有無が問題となる要件事実

(1)　代理の要件事実

弁論主義との関係で議論されている問題として，代理の要件事実がある。すなわち，Xが，ある意思表示について，その表示行為をした者はY本人であると主張している場合に，これをYの代理人による意思表示と認定す

要件事実総論　IV

ること，反対に，Ｙの代理人による意思表示があったと主張している場合に，これをＹ本人による意思表示と認定することができるかどうかという問題である。

　判例は，上記いずれの場合についても，法律効果の帰属の点で差異がないことを理由に弁論主義に違反するところはないとしている（前者について大判昭9・3・30民集13巻418頁，最判昭33・7・8民集12巻11号1740頁，最判昭39・11・13判タ170号121頁，後者について最判昭42・6・16判タ209号138頁）。そうすると，判例は，代理の要件事実については弁論主義の例外となる結果を是認しているものとも考えられる。しかし，Ｙ本人による法律行為（意思表示）の有無が争いとなっている場合に，何ら主張されていない代理人Ａによる法律行為（意思表示）を認定することは，相手方であるＹにとって不意打ちとなり，その防御権行使の機会を奪い，手続保障に欠けるおそれがあるから，判例には賛成することができないというべきである（司研編・要件事実(1)17頁）。

　裁判官としては，いずれの場合においても，適宜，当事者に対し，前者の場合には代理人契約構成をも主張するかどうか，後者の場合には本人契約構成をも主張するかどうかを釈明すべきである。そして，裁判官が釈明を行ったにもかかわらず，当事者がこれに応じないとき（前者では本人契約のみを主張する，後者では代理人契約のみを主張すると回答したとき）は，そのような事実は認定できないとすべきである。もっとも，判例については，代理人契約または本人契約について実質的に黙示の主張があったと考えてよいともいえる事案について，実質的には不意打ちとならず，相手方の防御権も侵害しておらず，手続保障に欠けるところはないと判断したものであり，当該事案限りのいわゆる救済判例であるとの指摘もある（高橋・上427頁・430頁）。いずれにせよ，要件事実論としては，本人契約と代理人契約では要件事実が異なるから，代理の要件事実にも弁論主義の適用があると考えるべきである。

(2)　過失相殺の要件事実

　裁判所が過失相殺の判断をするには，債権者（418条）あるいは被害者（722条2項）の過失を基礎付ける具体的事実（規範的要件に関する主要事実説の立場を前提とする）が弁論に現れていなければならないかどうかという問題がある。平成29年改正前の民法418条の過失相殺に関する最高裁昭和43年12

月 24 日判決（民集 22 巻 13 号 3454 頁），民法 722 条 2 項の過失相殺（およびその類推適用）に関する大審院昭和 3 年 8 月 1 日判決（民集 7 巻 648 頁），最高裁昭和 41 年 6 月 21 日判決（民集 20 巻 5 号 1078 頁），最高裁平成 20 年 3 月 27 日判決（判タ 1267 号 156 頁）は，一般に，債権者側あるいは被害者側の過失を基礎付ける具体的事実について弁論主義の適用を否定し，当事者の主張を不要としたものと解されている。学説の多数説は，判例と同様に，過失相殺は公平の理念の現れである，損害額の算定は非訟事件であるとの理由で，過失相殺の過失に当たる事実については，弁論主義の適用がなく，当事者からの主張は不要であり，証拠資料からそれが認定できれば職権で過失相殺してよいとする（篠田省二「権利濫用・公序良俗違反の主張の要否」新実務民訴(2)51 頁，豊水道祐〔判解〕最判解昭 43 年 994 頁，大島眞一「規範的要件の要件事実」判タ 1387 号〔2013〕33 頁以下等）。

これに対し，①債権者側あるいは被害者側の過失は，その者に債務不履行または不法行為による損害賠償請求権が発生したことを前提として，これを数額的に減少させるための要件であるから，裁判所の裁量が介入する余地はあるとしても，その過失を基礎付ける事実については主張責任を認めるべきとする見解や，②過失相殺を実体法上どのように捉えるかは別にして，手続的に不意打ち防止の観点から，弁論主義を適用して，当事者からの事実主張を要するとすべきであり，仮に過失相殺に使われる事実を当事者がそれと気付かずに主張中で述べている場合に，裁判所がいきなり過失相殺をするのは，弁論主義に反しないとしても，妥当ではないから，法的観点指摘義務・法律問題指摘義務（一般的に，裁判所が当事者の気付いていない法的観点で裁判しようとするときは，その法的観点を当事者に開示し，法的観点・法律構成についても十分に議論を尽くすべき裁判所の義務と考えられている）を肯定して，過失の有無およびその割合について当事者と法的討論をすべきであるとする見解も有力に主張されているところである（高橋・上 460 頁）。従来の司法研修所（司研編・要件事実(1)16 頁）は①の見解であったが，近時の学説では②の見解が有力なようである（笠井正俊「不法行為における過失相殺」鎌田薫ほか編・民事法Ⅲ〔2 版，2010〕400 頁参照）。

(3) そ の 他

公知の事実（民訴 179 条）については，公知であることを理由に弁論主義の

要件事実総論　IV

例外として主張を不要とする見解もあったが，現在では，公知であることは，その証明を不要とするだけであり，それが要件事実である限り主張責任を認めるべきであると解されている（最判昭28・9・11裁判集民9号901頁）。ただし，公知の事実は，弁論の全趣旨に照らして，当然の前提として黙示に主張しているものと解される場合が多い。

　なお，狭義の一般条項の要件事実に関して主張責任の有無が問題となることについては，→規範的要件I 2(2)。

4　不利益陳述の概念

　ある要件事実が原告か被告のどちらかの主張に現れている場合は，この主張をした者がその要件事実について主張責任を負う者でなくとも，その事実は弁論に現れたものとして，判決の基礎とすることができ，主張責任による不利益の危険はなくなる（最判昭41・9・8民集20巻7号1314頁）。相手方に主張責任がある要件事実を他方の当事者が主張した場合，通常は，相手方がこの事実を主張し，あるいは先行自白として援用して，当事者間に争いのない事実となることが多いが，相手方が不知または否認と陳述して，この事実を争う場合もある（その事実が主張責任を負う相手方にとって別の局面で不利益となる場合や不利な間接事実等と考えられる場合も少なくない）。この場合には，争いのない事実とはならないものの，主張責任を負わない当事者の主張として，その要件事実は訴訟資料となる。このような事実の陳述は，「相手方の援用しない他方当事者の自己に不利益な事実の陳述」，あるいは簡潔に「不利益陳述」と呼ばれている。

　なお，不利益陳述に当たる事実は，その存否が争われているから，証拠によって認定する必要がある。自己に不利益をもたらす要件事実を進んで陳述したことを弁論の全趣旨（民訴247条）として斟酌して事実を認定することができる場合もあろうが，相手方の争い方によっては，慎重な判断を要することもあろう。

　判決において，不利益陳述となる要件事実を摘示するに当たっては，その事実の攻撃防御方法としての役割（請求原因か，抗弁か，再抗弁かなど）に即して，その攻撃防御方法の項に「不利益陳述」などの表題を付して摘示するのが通常である。

　不利益陳述が問題となる場合には，裁判所が適切に訴訟指揮権や釈明権を

〔村田〕　67

要件事実総論　V

行使することによって，できる限り，不利益陳述が生ずることのないように
するのが望ましい。裁判所が不利益陳述となることを指摘してこれを主張
（援用）するかどうか釈明を求めたのに対し，主張責任を負う当事者が主張し
ないことを明確にした場合には，当事者の主張について弁論主義を機械的に
適用するのではなく，当事者の意識したものを採り上げ，法的観点等につい
ても当事者の選択関与を認めるべきであるとするのが近時の実務・学説の考
え方であることから，実務上は，不利益陳述となる事実は主張がないものと
して採り上げない取扱いとすることも少なくない。

　なお，訴訟物には処分権主義が適用されるから（民訴246条），原告が訴訟
物として選択しない限り，原告が援用しない被告の不利益陳述によって新た
な訴訟物となる権利または法律関係が訴訟物となることはない。すなわち，
請求原因において不利益陳述が問題となるのは，弁論主義が適用される領域
である，同一訴訟物の枠内で当該権利の発生要件に該当する事実を被告が主
張し，原告がこれを争った場合に限られるということである。

V　主張証明責任の分配の在り方

1　権利の発生根拠と契約の成立要件

(1)　権利の発生根拠——法規説と合意説

　売買契約を締結した際には，買主は売主に対し，売買契約に基づく目的物
引渡請求権を有することになる（555条）が，この権利（請求権）は何に基づ
いて発生すると考えるべきかについては争いがある。すなわち，権利の発生
根拠は何か，契約の拘束力の根拠は何かという問題である。これについては，
大きく分けて2つの考え方がある（後藤巻則「要件事実論の民法学への示唆(2)契
約法と要件事実論」大塚直ほか編著・要件事実論と民法学との対話〔2005〕53頁，倉田
卓次監修・要件事実の証明責任（契約法上巻）〔1993〕29頁，加藤新太郎＝細野敦・要件
事実の考え方と実務〔3版，2014〕20頁以下参照）。

　第1は，権利の発生根拠は法律であり，契約の拘束力の根拠も法律である
とする「法規説」である。この説は，訴訟物たる権利を発生させるのは，契
約という合意ではなく，契約が締結されたことに法律効果たる権利の発生を
認める法律であると考える（ローゼンベルク〔倉田卓次訳〕・証明責任論〔全訂版，

要件事実総論　V

1987〕319 頁，我妻 242 頁，賀集唱ほか・研究会「証明責任論とその周辺」判タ 350 号〔1977〕39 頁〔倉田卓次発言〕，加藤＝細野・前掲書 21 頁，倉田監修・前掲書（契約法上巻）41 頁〔岡久幸治〕，定塚孝司・主張立証責任論の構造に関する一試論〔1992〕3 頁以下）。

　第 2 は，権利は当事者の合意に基づいて発生するとする「合意説」である。この説は，「約束は守られなければならない」といういわば民法以前の理念（自然法）から権利が発生するのであり，権利は民法等の法律がなくても当事者の合意（契約）自体から発生すると考えるべきであるとする（三井哲夫・要件事実の再構成〔増補新版，1993〕40 頁，松本博之・証明責任の分配〔新版，1996〕110 頁）。

　(2)　契約の成立要件

　権利の発生根拠に関する法規説と合意説の対立は，例えば，ある法律効果（権利・請求権）の発生が契約に基づく場合，この法律効果の発生を主張するには，その契約が，民法が定める契約類型（典型契約）に該当することを示す具体的事実，言い換えると，民法が定める契約類型の契約成立要件に当たる具体的事実をすべて主張証明しなければならないと考えるかどうかに現れる（司研編・要件事実(1)45 頁）。

　法規説では，その契約が売買契約（555 条）であるか，賃貸借契約（601 条）であるかなど，その契約の法的な性質を認識できるように，売買契約であれば売買契約としての成立要件（要件事実）のすべてを，賃貸借契約であれば賃貸借契約としての成立要件（要件事実）のすべてを主張証明する必要があるとする。

　これに対し，合意説は，権利の発生根拠は合意であるから，その合意がどの契約類型に当たるか，すなわち合意の法的性質を認識させる事実は不要であり，例えば，単に当事者間でその物を引き渡す旨の合意をしたことを主張証明すれば足りるとする。

　(3)　法規説を採用すべき理由

　現在の民事裁判実務では，法規説が採用されている。民法が成文法として制定されている以上，法律行為について，「法律の規定なしに法律効果を生ずるという自然法原理のようなものは，認めることはできない」からである（我妻 242 頁）。契約の拘束力の思想的な根拠が合意にあり，契約の成立には

〔村田〕　69

要件事実総論　Ⅴ

合意が必要であるとしても，権利の発生根拠・契約の拘束力の根拠は法律に
あると考えるべきである。また，合意説では，無名契約が認められることの
説明が容易であるとされるが，法規説の立場に立っても，契約締結および内
容の自由を定める民法 521 条により，無名契約も法律に根拠を有するものと
して肯定することができ，権利の発生根拠が法律であるとする考え方と整合
しないわけではない（無名契約の具体的な契約としての効力等は，典型契約の規定を
類推適用して判断することになる）。

　なお，司研編・要件事実(1)138 頁は，555 条は，「売買契約成立の要件が
財産権移転及びその対価としての金銭支払の合意であることを規定する。こ
の合意の効果として売主の売買代金支払請求権及び買主の財産権移転請求権
が発生する」とするが，法規の内容に合致する合意成立の効果として請求権
の発生を認めるものであり，これをもって司法研修所が合意説を採用してい
るとはいえないであろう（加藤新太郎「契約に基づく請求権と要件事実」月報司法書
士 386 号〔2004〕50 頁参照）。

2　主張証明責任の分配方法（冒頭規定説を中心として）

(1)　契約に基づく請求に関する要件事実

　契約に基づく請求のための要件事実として何を主張立証しなければならな
いかに関する学説としては，冒頭規定説，返還約束説（個別合意説），条件・
期限一体説，全部合意説などがある。これらの学説は，権利の発生根拠・契
約の拘束力の根拠に関する法規説・合意説の議論と結び付き（親和性）があ
り，また，条件・期限等の法律行為の附款の可分性・不可分性にも関連を有
するものと解されている。

(2)　冒頭規定説

　冒頭規定説は，民法の第 3 編第 2 章「契約」の第 2 節（贈与）から第 14 節
（和解）までの典型契約に関する冒頭にある規定（これを「冒頭規定」と呼ぶ）は
いずれも各典型契約の成立要件を規定するものであり，この要件に該当する
事実（要件事実）が当該典型契約に基づく請求権を発生させるとする見解で
ある（大村敦志・典型契約と性質決定〔1997〕39 頁以下，吉川慎一「要件事実論序説」
司法研修所論集 110 号〔2003〕158 頁）。この見解が通説であり，実務の支配的見
解である。

　この見解では，冒頭規定が定めていない条件・期限などの法律行為の附款

（条件・期限等の合意・特約）は，権利（請求権）の発生を障害するものであるから，冒頭規定が定める契約の成立要件に当たる請求原因に対する抗弁と位置付けられることになる（「抗弁説」と呼ばれる）。この見解は，法規説の立場から，ある権利の発生は民法が定める一定の契約の法律効果として認められるものであるから，民法がある権利の発生原因として定める契約の成立要件のすべてが肯定されることが必要であり，そのためには，当該契約の成立要件に当たる事実はすべてその権利の発生を主張する者に主張証明責任があると考える（後藤・前掲論文 44 頁，石川博康「典型契約冒頭規定と要件事実論」大塚直ほか編著・前掲書 122 頁，大江忠「攻撃防御方法としての要件事実——契約の履行請求権を例として」要件事実講座(1)229 頁参照）。

　なお，冒頭規定説の立場では，歴史的・社会的には 1 個あるいは一連の事実であっても，必要な法律効果の発生要件に当たらない事実については，その法律効果に関しては主張証明責任がないという意味で，社会的事実は，要件事実とそれ以外の事実とに分けることができる（これを「社会的事実の可分性」ということがある）。これに対し，民法が規定する契約の成立要件に当たる事実（要件事実）は，それが複数個ある場合には，そのいずれもが当該権利発生のために必要不可欠な事実であり，そのうちの一つでも主張証明できないときはその法律行為が成立したとは認められないという意味で，不可分である（これを「要件事実の不可分性」ということがある）。したがって，請求原因で主張された契約に付けられた条件・期限等の法律行為の附款は，契約の成立要件ではなく，抗弁に位置付けられることになる。

(3)　その他の学説

　これに対し，①返還約束説（個別合意説）は，契約の成立要件は権利（請求権）の発生原因事実ではなく，権利は当事者の合意（契約中の一定の給付をする旨の合意）それ自体によって直接に生ずるとし，その権利を基礎付ける個別的な合意がその要件事実となるとする見解（三井・前掲書 39 頁）である。例えば，使用貸借契約の終了に基づく目的物の返還請求では，同請求権の発生要件として貸主が主張証明責任を負うのは，借主が貸主に目的物を引き渡す旨の合意が成立したことのみであり，使用貸借契約の成立（593 条），同契約に基づく目的物の借主への引渡しおよび同契約の終了は請求原因事実としては不要であるとする。この見解では，契約法について，民法を「請求権の体

要件事実総論　V

系」ではなく，「抗弁の体系」と理解し，当事者の合意のみから権利が発生することを認めるとともに，一定の契約類型に当たるとの法的性質決定（係争法律関係の性質決定）を前提としてその契約の成立要件を満たしていないことが抗弁となり，その主張証明責任を被告に負わせることに特徴がある（三井・前掲書40頁）。また，この見解では，条件・期限等の附款は抗弁に位置付けられる。この見解に対しては，実体法上の権利ごとに訴訟物を考えようとする伝統的な考え方と調和しないとの批判がある。

　②条件・期限一体説は，条件・期限のような附款が冒頭規定の要件事実に加えて一体として権利発生根拠事実となるとする見解（石川義夫「条件・期限の主張と証明責任」・司法研修所論集55号〔1975〕1頁以下，並木茂・要件事実原論〔2003〕141-142頁・211-212頁，松本博之「要件事実論と法学教育(1)」自正54巻12号〔2003〕102頁以下）である。この見解では，無条件の契約締結を主張する請求原因に対し，被告がその契約には条件や期限が付いていたと主張するのは，抗弁ではなく，請求原因の否認となる（「否認説」と呼ばれる）。条件・期限一体説は，平成29年改正前の民法513条2項が，条件に関する変更を債務の要素の変更とみなすとしていたことを根拠の一つとして，条件や期限が付された契約は，それが付されていない契約とは別の契約と理解すべきであるとしていた。しかし，平成29年改正で，同項が条件の内容は多種多様であり，同規定には合理性がないとして削除されたことを考えると，この見解を採用することは難しくなったというべきであろう。

　③全部合意説は，契約書がある場合とない場合とに分け，契約書がある場合には契約書に記載のない事項はすべて抗弁となるのに対し，契約書がない場合には，合意成立の範囲が明確でないから，被告が条件・期限の定めやその他の合意事項の存在を主張したときは，原告はそのすべての事項についての合意の存在または不存在を証明しなければならないとする見解（船越隆司・実定法秩序と証明責任〔1996〕309頁）である。その基礎にはすべての事項についての合意が契約の成立要件となるとの理解が存在しているといえるであろう。全部合意説に対しては，契約書という証拠の存否によって，主張証明責任の分配を変えることは主張と証明の基本構造と矛盾し，契約の証明が極めて困難になるとの批判がある（司研編・要件事実(1)45頁以下，後藤・前掲論文49頁以下，大江・前掲論文229頁以下）。

72　〔村田〕

要件事実総論　VI

3　非典型契約（無名契約）の要件事実

冒頭規定説の立場では，売買契約等の典型契約に基づく請求をする原告は，当該契約が成立するために必要不可欠とされる当該契約の「本質的要素（あるいは本質的部分）」について合意されたことを主張証明しなければならないから，民法が定める典型契約の冒頭規定は，当該典型契約が成立するための「本質的要素」を定めたものということになる。

これに対し，非典型契約（無名契約）については，民法にはその要件等を定めた具体的な規定がないことから，実際には典型契約に関する民法の規定を手掛かりにして，各種の非典型契約における本質的要素（要件事実）は何かを考えることになるものと思われる。具体的には，①当該契約の主たる給付内容や必要不可欠な要件・法律効果は何であるかを吟味して，これと類似する典型契約の考え方を当てはめ，これと適合しない部分は特約による修正があると考えたり，②機能面で部分的ながら一致する点のある典型契約に関する規定を類推したり，③複数の典型契約における本質的要素が混在・結合しているものと見たり，④典型契約に当てはめて考えるのは困難であるとして，非典型契約は独自のものとして見たりすることにより，非典型契約の本質的部分（要件事実）は何かを考えることになろう（後藤・前掲論文 51 頁）。ただし，冒頭規定説の立場では，判例の集積により非典型契約についても一定の契約類型ができあがったものと認められる段階になれば，判例の示す契約成立のメルクマール・法律要件要素に従って，その本質的要素・要件事実を考えることになるものと考えられる。

VI　要件事実論の特徴──攻撃防御方法としての要件事実の在り方

1　要件事実の特定性と具体性

(1)　要件事実を特定し具体化する必要性

民事訴訟において主張証明すべき要件事実（主要事実）は，現実に発生した社会的な事実であり，その態様は多種多様であり，同種同様の事実も多い。このような多種多様な社会的事実の中から要件事実として一定の事実を主張するに当たっては，その事実を他の類似の事実から区別できるように特定し，かつ，具体的に示す必要がある。

〔村田〕　73

要件事実総論　VI

　要件事実を特定する方法は，その事実が発生した時点を日付によって，更に必要があれば時刻によって示すのが通常である。このような要件事実特定のための日時は「時的因子」と呼ばれる。特定の方法は，時的因子による方法に限られることはなく，時的因子以外にも，主体，客体，事実の態様などを組み合わせることによって特定することが可能な場合もある（ほかに，例えば「本件売買契約締結の際」などと特定することもある）。しかし，時的因子によらないで事実を特定する方法は煩雑なことがあり，正確に特定できない場合も起こり得るから，できる限り時的因子によって事実を特定することを心掛けるべきである。

　また，要件事実が時的因子によって特定されて主張されたからといって，それで十分に具体的であるということにならない場合もある。例えば，契約の法定解除の主張に対し，弁済の提供（493条）をしたこと（解除の意思表示前にされることが後記の時的要素となる）を抗弁として主張する場合には，それが現実の提供であるのか（同条本文），口頭の提供であるのか（同条ただし書。この場合には，①債権者が債務者に対し受領を拒絶したこと，または，債務の履行について債権者の行為を要すること，②弁済の準備をして，そのことを債権者に通知して受領するよう催告したことを示す必要がある）を明らかにすることのほか，例えば，それが現実の提供である場合，それが行われたことが時的因子（年月日）で主張されることによって一応の特定がされたとしても，相手方がこれを争っている場合には，弁済期日に債権者の面前で弁済の提供をしたというものであるか，それとも弁済すべき金員等を持参して債権者宅に行ったが，債権者は不在であったというものであるかを具体的に主張しなければ，民事訴訟における攻撃防御の対象となる要件事実としては特定不十分であると考えるべき場合もあろう。

(2)　要件事実の時的要素

　時的因子と異なり，要件事実相互の時間的前後関係が問題となる場合，例えば，有権代理の主張の場合には，代理行為に先立って代理権授与の事実がなければならず，代理行為は代理権授与の後にされることが有権代理の要件事実の要素となっている（代理行為に後れて代理権が授与された場合には，その代理行為は無権代理であり，その後の代理権授与では追認が問題となるだけである）。このことを，代理権授与は代理行為に先立つことが要件事実の「時的要素」とな

要件事実総論　VI

っているという。このほか，民法541条に基づく契約解除の場合であれば，催告は履行期の経過後であることが，解除の意思表示は催告から相当期間経過後であることが，それぞれ当該要件事実の要素となっていると説明される。「時的因子」と「時的要素」は区別されなければならないが（「時的因子」は日付であり，「時的要素」は前後関係であると考えてよいであろう），通常は要件事実の特定のために時的因子を主張すると，要件事実相互間の前後関係も明らかになるから，時的要素の主張としてもこれで足りることになる。

(3)　一般的基準

要件事実（主要事実）をどこまで正確に特定し，どこまで詳細かつ精密に具体化しなければならないかは，個々の訴訟において，当該要件事実の証明対象としての適格性や相手方の防御権の保障等を考慮して決められるべきものであり，抽象的に決められる性質のものではない。争いのある要件事実は，攻撃防御の対象として争点整理の対象となり，裁判所にとっては心証を形成すべき対象であるから，できるだけ正確に特定され，できるだけ具体化して主張されるのがよいが，反面，特定および具体化の程度をあまり厳格に要求すると，主張証明を過度に困難にし，あるいは不可能を強いることにもなりかねない。

そこで，一般的には，個々の訴訟において，①要件事実を特定し具体化することの困難性の程度，②他の同種同様の事実と紛れる可能性の程度，③相手方の攻撃防御方法との関連で相手方が被る不利益の程度などを総合考慮し，相手方が当該要件事実に対して防御活動を行う利益を実質的に損なわない範囲で，事実の特定性および具体性の程度を定めるのが相当である。ただし，特定性と具体化の程度が低い要件事実は，主張自体としては許容される（主張自体失当とはならない）としても，その証明に苦労する場合が少なくないことに留意すべきである。

このほか，意思表示の解釈が訴訟の争点となり得ることを考えると，黙示の意思表示のみならず，明示の意思表示を主張する場合であっても，具体的な言語表現をそのまま再現すべきであり，契約当事者の表示行為の意味の確定を対象とする契約の解釈（民法が定める契約類型等への当てはめ）をする前段階の表示行為に該当すべき行為を主張すべきであって，例えば，契約の締結を主張する場合には，当該契約の申込みと承諾に該当すべき表示行為が事実

〔村田〕　75

として摘示されるべきであるとする見解もある（山本克己「契約の審理における事実問題と法律問題の区別についての一考察」民事訴訟雑誌 41 号〔1995〕25 頁以下参照）。同教授の指摘は基本的に正しいが，例えば契約の申込みと承諾に該当すべき表示行為が明示的で，その行為の「客観的意味」が明らかといえるような場合には，通常行われているように，「売った」，「買った」，「売ると合意した」，「買うと合意した」などと主張することで，差し支えない場合も少なくないものと思われる。

2　法律の規定と同一内容の合意の取扱い

現実の社会においては，契約の当事者が民法の条文と同一内容の合意をする場合が少なくない。例えば，売買契約において，目的動産の引渡しと引換えに，売買代金を支払うとの合意をする場合（533 条本文），建物の賃貸借契約において賃料の支払時期を毎月末日とするとの合意をする場合（614 条本文）などがこれに当たる。要件事実論では，このような場合には，そのような合意の成立が主張証明されるまでもなく，そのような合意に基づく法律効果と同じ法律効果が民法の規定によって発生する以上，訴訟当事者がその事実を主張証明することは無意味であり，不要であるとされている。したがって，民法の条文と同一内容の合意がされたとの事実が要件事実となることはなく，上記の場合には，売買契約締結の事実，建物の賃貸借契約締結の事実を主張すれば，特段の事由がない限り（特段の事由が存在することは相手方に主張証明責任のある事実となる），上記合意の内容と同一の法律効果が発生することになる。

なお，533 条本文，614 条本文は任意規定（当事者の意思によって適用を排除できない強行法規と異なり，当事者の意思によって適用を排除できる規定）と解されている。任意規定とは，法律行為解釈の標準になるもの（意思表示の内容に欠けている点がある場合にこれを補充し，意思表示が不明瞭な場合にはこれを一定の意味に解釈する作用を有するもの）とされている。したがって，民法学上は，任意規定と異なる内容の意思表示（合意）をすることも，同じ内容の意思表示（合意）をすることも可能であり，いずれの意思表示であっても，それがされた場合には，任意規定に優先して適用されるものと解されている（91 条，なお，521 条は，法令の制限内における契約の締結と内容決定の自由について規定している）。このような理解からすると，任意規定と異なる意思表示の場合はもとより，同じ内容の

要件事実総論　VI

意思表示の場合であっても，これを事実として主張証明すべきであるとも考えられる。しかし，要件事実は，民事訴訟における攻撃防御方法という観点から機能主義的に把握すべきものであり，任意規定と同じ内容の意思表示の場合には，それが存在すると主張しても，主張しなくても，それが証明できたとしても，証明できなかったとしても，任意規定があることによって，意図された法律効果が発生するのであるから，そのような意思表示の存在は攻撃防御方法としては無意味であり，要件事実とはならない。このように，要件事実は，民法の内容を民事訴訟の仕組みに合わせて裁判規範として機能するように捉え直したものということができる。

3　要件事実最小限の原則

要件事実は，民法の条文とその解釈に基づいて決定されるものである。要件事実（主要事実）を主張証明するについては，当該法律要件に該当するというために必要最小限の事実は何かという観点から検討することが必要である（これを「要件事実最小限の原則」あるいは「要件事実ミニマムの原則」ということがある）。すなわち，民法の条文からすると，当該法律要件に該当する必要最小限の具体的な事実（要件事実，主要事実）が主張証明されることにより，権利の発生・障害・消滅等の法律効果が発生することになるから，このような事実こそが，民事訴訟における主張証明のポイントということになるからである。

また，実際の民事訴訟の場では，要件事実以外の事実が主張されることがあり，そのような事実は，当該訴訟における要件事実の存在を推認させ，あるいは推認を妨げる働きをする間接事実，証拠の実質的証拠力（証明力，証拠価値）の判断に用いられる補助事実となることがあるものの，それが要件事実ではなく，間接事実あるいは補助事実であると正確に位置付けるためにも，要件事実最小限の原則を十分に理解し，これを念頭において，当該訴訟における要件事実（主要事実）は何かを考えること，要件事実以外の事実を要件事実であると誤解して主張（「過剰主張」）しないようにすることが重要である。

4　攻撃防御方法の内包関係──「a＋b」について

(1)　攻撃防御方法の内包関係が生ずる場合──「a＋b」となる要件事実

ある事実が，訴訟上，攻撃防御方法として意味を有するかどうかは，民法上の法律効果だけでなく，当該訴訟における攻撃防御方法としての機能につ

〔村田〕　77

要件事実総論　VI

いても検討する必要がある。民法上の法律効果だけを考えると，a という事実を内包する攻撃防御方法 A と並んで，a 事実とそれ以外の b 事実とからなる別個の攻撃防御方法 B を構成できる場合がある。このような場合を，B は要件事実的に「a＋b（a プラス b）」の関係にあるという（司研編・要件事実(1)58 頁，村田＝山野目編 117 頁〔村田渉〕以下）。例えば，賃貸借契約終了に基づく目的物返還請求訴訟において，原告が賃料債務の履行遅滞による解除（541 条）を主張したのに対し，被告は，解除の効果の発生を障害する抗弁 A として，催告後解除前に当該賃料と遅延損害金を現実に提供したこと（492 条・a 事実）を主張証明することができるほか，民法上の法律効果からいえば，この a 事実と，b 事実である①原告の受領拒否，②当該賃料と遅延損害金の解除前の供託（494 条 1 項）の各事実によって，解除前に賃料等の債務が消滅するから，a 事実と b 事実によって弁済供託の抗弁 B が成立し，これも解除の効果の発生障害事由として抗弁 A とともに成り立つ攻撃防御方法であるようにも思われる。

しかし，a 事実の主張証明があれば，弁済の提供の効果が発生して賃借人は遅滞の責任を免れ（492 条），その後にされた解除の効力は生じないから，b 事実の主張証明をまつことなく，請求棄却の判決となる。また，a 事実が証明できない場合には，b 事実の主張証明があったとしても，弁済提供の抗弁 A も，弁済供託の抗弁 B も証明がないことになるから，この場合も b 事実の主張証明は必要がない。いずれにせよ，a 事実があれば必要十分である。結局，抗弁 B は，訴訟上同じ働きをする抗弁 A を内包しているから，抗弁 A と抗弁 B の攻撃防御方法としての機能は a 事実のみにかかり，b 事実は要件事実的には無意味である。

なお，訴訟上の効果が同一であれば，抗弁 A が権利発生障害事由であり，抗弁 B が権利消滅事由であるとしても，「a＋b」の関係が生じることに変わりはない。また，「a＋b」の関係にある攻撃防御方法は，実体法的に意味のある攻撃防御方法ではあっても，訴訟法的に見ると意味がない場合があるという意味で，「過剰主張」の一例とみることもできる（「a＋b」の関係となる攻撃防御方法の具体例については，村田＝山野目編 119 頁以下〔村田〕を参照）。

(2)　「a＋b」とはならない攻撃防御方法

攻撃防御方法 A と攻撃防御方法 B が訴訟上の効果を異にするときは，も

とより「a＋b」の関係にはならず，それぞれ別個独立の攻撃防御方法となる。(1)の例で，原告が目的物返還請求とともに，催告した賃料および遅延損害金の支払を請求した場合には，賃料等の支払請求については，弁済提供（a事実）の抗弁Aは抗弁とならず，弁済供託（a事実とb事実）の抗弁Bのみが債務消滅の抗弁となり，弁済提供後の遅延損害金請求については，抗弁Aは発生障害の抗弁となるが，これと抗弁Bとは防御の対象を異にするから，いずれも意味があり，「a＋b」の関係にはない。

　なお，「a＋b」の関係は，攻撃防御方法Bが攻撃防御方法Aの要件事実すべてを内包していることによって起こるものであり，一部を取り込んでいるにすぎない場合は，「a＋b」とはならない。例えば，無権代理人の責任を契約責任と解した場合において，履行請求（117条）に対する抗弁としては，99条によるa顕名＋b代理権授与の抗弁と，113条によるa顕名＋c追認の抗弁とは，「a＋b」の関係とならない（このほかに，「予備的主張——『許されたa＋b』」がある。→5）。

（3）　訴訟物と「a＋b」

　法律上は別個と考えられる複数の権利のうち，どの権利を訴訟物として選択するかは，原告の権能でその裁量に任されており，裁判所はそれに拘束される（処分権主義，民訴246条）。したがって，訴訟物である権利の発生要件事実と訴訟物ではない権利の発生要件事実の間では，上記の「a＋b」の関係は生じない。すなわち，売買契約に基づく目的物引渡請求権が発生するための要件事実は，a事実：売買契約の締結で足りるが，所有権に基づく物権的請求権（引渡請求権）を訴訟物として選択する場合には，その要件事実は，a事実のほか，b事実：①目的物が被告の所有であったこと（争いがない場合），b事実：②被告が目的物を占有していることとなり，「a＋b」の関係が成立しているようにもみえるが，仮に，原告が所有権に基づく物権的請求権を訴訟物として選択し，売買契約に基づく目的物引渡請求権を選択していないのであれば，a事実とともに，b①②の各事実についても判断する必要がある（a事実が証明されたことを理由に売買契約に基づく目的物引渡請求権があると判断することは許されない）。したがって，訴訟物においては，「a＋b」の関係は生じない。

〔村田〕　79

要件事実総論　VI

5　予備的主張——「許された a + b」

攻撃防御方法 B（要件事実 a と要件事実 b）が攻撃防御方法 A（要件事実 a）との関係で「a + b」となる場合，攻撃防御方法 B は，「a + b」の関係にあり，訴訟上無意味であることは前述のとおりである。しかし，抗弁 1（攻撃防御方法 A：要件事実 a）が主張されている場合に，抗弁 2（攻撃防御方法 B：要件事実 a と要件事実 b）が抗弁 1 との関係で，「a + b」となる場合であっても，例えば，抗弁 1 に対し再抗弁 1 として攻撃防御方法 C（要件事実 c）が主張されたときは，抗弁 2 が訴訟上の意味を有することがある。すなわち，抗弁だけでみると，抗弁 2（要件事実 a と要件事実 b）は抗弁 1（要件事実 a）と「a + b」の関係にあるが，抗弁 1 に対し再抗弁 1 として攻撃防御方法 C（要件事実 c）が主張された場合には，抗弁 1（要件事実 a）については再抗弁 1（要件事実 c）が証明されているかどうかを判断しなければ，原告の請求の当否を判断することができない。これは，原告の請求の当否を判断するためには，抗弁 1 の関係では，要件事実 a（抗弁 1）と要件事実 c（再抗弁 1）が証明できているかどうかを，これに対し，抗弁 2 の関係では，再抗弁は主張されておらず，抗弁 2（要件事実 a と要件事実 b）が証明できているかどうかを判断すれば足りるからである。

例えば，要件事実 a と要件事実 c が証明され，同時に，要件事実 b についても証明された場合について考えると，抗弁 1 の関係では，抗弁 1（要件事実 a）は認められるが，再抗弁 1（要件事実 c）も認められることになるため，請求原因に基づく法律効果が復活し，原告の請求は認容されるべきであるのに対し，抗弁 2 の関係では，抗弁 2（要件事実 a と要件事実 b）が認められ，抗弁 2 に対して再抗弁は主張されていないから，抗弁が成立し，原告の請求は棄却されるべきであるということになる（その結果，裁判の主文では，原告の請求は棄却されることになる）。

この場合には，抗弁 2（攻撃防御方法 B）は，抗弁 1（攻撃防御方法 A）との関係で「a + b」の関係があるから訴訟上の意味がなく主張証明させる必要がないとはいえず，抗弁 2・抗弁 1 ともに意味を有することになる。このような場合，民事訴訟では，まずは抗弁 1（要件事実 a）が判断され，これが認められない場合は，その余の点について判断するまでもなく，抗弁 1 および抗弁 2 は認められないことになるから，原告の請求（請求原因）が認められる

ことになる。これに対し，抗弁1（要件事実a）が認められる場合には，これを前提として，再抗弁1（要件事実c）および抗弁2（要件事実aと要件事実b）について判断することになる。この場合，理論的には，再抗弁1または抗弁2のどちらから判断してもよいが，抗弁1の判断に引き続いて再抗弁1について判断するのが通常であろう。

　要件事実論では，このような場合の抗弁2（攻撃防御方法B）を，抗弁1（攻撃防御方法A）の「予備的主張」あるいは，「許されたa＋b」と呼ぶ。抗弁2は，上記のとおり，抗弁1の判断を前提として，必ず第2次的に判断されることになるから，性質上当然に「予備的」主張となる（このような性質上の予備的主張のみを「予備的主張」と呼ぶべきであるとの見解もある）。また，抗弁2は抗弁1と「a＋b」の関係であっても，訴訟上の意味があり，主張（事実摘示の必要もある）証明する必要があるから，「許されたa＋b」となるのである（「予備的主張」・「許されたa＋b」の具体例については，司研編・要件事実(2)181頁以下，村田＝山野目編127頁以下〔村田〕を参照）。

　なお，上記の「性質上の予備的主張」のほか，当事者が複数の主張に，「主位的主張・予備的主張」あるいは「第一次的主張・第二次的主張」などと順序を付けて主張する場合があり，これも，講学上「予備的主張」あるいは「仮定（的）主張」などと呼ばれる（「当事者の意思による予備的主張」である）。例えば，原告が契約締結を主張する場合に，主位的に有権代理を主張し，予備的に民法110条の表見代理を主張するときなどがこれに当たる。この場合には，理由中の判断には既判力が生じないから，裁判所は当事者が攻撃防御方法（主張）に付した順序を尊重すべきであるが，これに拘束されることはないと解されている。「性質上の予備的主張」と「当事者の意思による予備的主張」とは明確に区別しておく必要がある。

6　攻撃防御方法の避けられない不利益陳述 ── 「せり上がり」

　ある権利（請求権）の発生原因事実を請求原因として主張したところ，その事実中に抗弁となる事実が含まれていることがある（例えば，要件事実aと要件事実bから構成される請求原因において，要件事実bが抗弁となる法律効果の発生要件事実となる場合である）。このような場合には，請求原因事実が認められても，同時に抗弁事実も認められることになるから，そのままでは，請求原因が，その証明をまつまでもなく，主張自体失当となる。そこで，このような場合

〔村田〕　81

要件事実総論　VI

には，請求原因が主張自体失当とならないようにするために，抗弁（要件事実b）に対する再抗弁事実として機能する要件事実をも請求原因事実として併せて主張証明しなければならない。このように，ある法律効果の発生原因である要件事実（例えば請求原因）を主張する場合に，その主張を主張自体失当としないために，本来は相手方が抗弁等として主張するのを待って主張すれば足りる要件事実（例えば再抗弁として機能する要件事実）をもあらかじめ（請求原因として）主張しておかなければならない場合を，要件事実論では，本来相手方の主張の後に主張すれば足りる要件事実を相手方の主張の前に主張しなければならないという意味で，「せり上がり」と呼んでいる（司研編・要件事実(1)62頁）。

「せり上がり」は，ある一定の類型の訴訟において，ある法律効果の発生原因事実（要件事実）を主張する場合に必ず生じてしまうものであり，その意味で，「避けられない不利益陳述」とも呼ばれる（ただし，本来の不利益陳述である「相手方の援用しない他方当事者の自己に不利益な陳述」は相手方が事実を争った場合のみに生ずるものであるのに対し，「せり上がり」は，相手方の認否に関係なく生ずるものであり，その性質を異にするものである）。

例えば，相殺（505条・506条）による債権消滅を主張する場合の要件事実は，①自働債権の発生原因事実と②相殺の意思表示である。これに対し，自働債権に抗弁権が付着していることは，本来は，相殺の相手方（自働債権の債務者）が主張証明すべき事実（この事例では再抗弁として働くはずの事実）と解されている。しかし，売買代金債権を自働債権として相殺を主張証明するために，①に該当する事実として売買契約締結の事実を主張証明するときは，この事実が同時に，当該売買代金債権に同時履行の抗弁権（533条）が付着していることを示す要件事実でもあるから，同時履行の抗弁権の存在効果（同時履行の抗弁権は，本来，これを有する者が抗弁権を行使する旨明示することを必要とする「権利抗弁」であり，この存在効果を認めるかどうかについては争いがある）を認める立場では，自働債権に抗弁権が付着しているときは，これを相殺の用に供することはできないとされていることから，そのままでは売買代金債権を自働債権として相殺することはできない。そこに「せり上がり」が生じ，本来は再々抗弁として働くはずの事実である，同時履行の抗弁権（存在効果）が消滅した（あるいは存在しない）との事実（同時履行の抗弁権の消滅事由・障害事由）

を主張証明しなければならない。すなわち，同時履行の抗弁権の存在効果によって，本来の相殺の要件事実のほか，目的物の引渡しなど，同時履行の抗弁権が消滅したこと（あるいは存在しないこと）の要件事実が付加されることになるのである（同様のことは，売買契約を代金債務の履行遅滞を理由に解除し，原状回復請求として売買目的物の返還を請求する場合にも生ずる。請求原因事実として売買契約の締結を主張証明すると，買主の代金債務と売主の目的物引渡債務とが同時履行の関係（533条）にあることをも主張証明したことになり，同時履行の抗弁権が付着した契約であることは履行遅滞に対して違法性阻却事由があるという抗弁（同時履行の抗弁権の存在効果）となるからである。このほか，「せり上がり」が生ずる場合の具体例については，村田＝山野目編110頁以下〔村田〕を参照）。

VII　要件事実論の役割と機能

1　民法学と要件事実論との関係

(1)　民法学と要件事実論の役割分担

　要件事実論は，民法が定める法律要件に該当する事実について訴訟当事者間の主張証明責任の分配・所在を考察することなどを通じ，民事訴訟の実務における民法の適用について重要な役割を果たしている。要件事実論において民法が定める要件について考察することは，民法学そのものであるともいうことができる。ただし，民法学は，要件事実論との関係に尽きるものではなく，民法に関する制度・概念の思想的基盤や歴史的淵源を探求することもまた重要な役割である。また，要件事実論も，民法とのみ関連性を有するものではなく，争点整理，訴訟運営，事実認定といった裁判実務や民事訴訟法と密接な関係を有しており，そのような観点からの考察も必要不可欠である。

　そのため，民法学に基づく記述では，それがある制度が働く典型的な場面の特徴的な要素である場合には，必ずしも法律要件でない事項等の記述が随伴することがあり，あるいは論述の簡明さを考えて主張証明責任の分配について中立的であることがある。これに対し，要件事実論では，民事訴訟の実務における訴訟活動や主張証明責任等を考慮して民法の要件を立体的に構成することが必要となるとされている（村田＝山野目編44頁以下〔山野目章夫〕）。

〔村田〕　83

要件事実総論　VII

(2)　民法学と要件事実論の相互作用

　要件事実論は，訴訟の実践の場において民法を適用するための理論であり，要件事実の内容は，民法の分析から得られる原理原則・価値判断に指導されてはじめて確定されるものである。したがって，訴訟当事者の置かれた現実，すなわち証明の難易や経験則などを，民法と民法学の研究成果との対照等を経ることなく，主張証明責任の決定的要素あるいは決定基準として用いてはならないし，要件事実論の研究成果等が民法の解釈等，民法学における研究の参考とされることは否定されるべきではないが，それは，民法学の内部における体系的・思想的な分析・検証を踏まえた上で，行われるべきものであり，証明の難易や証拠との距離といったことのみを理由として民法の要件構成が変更されてはならない（村田＝山野目編48頁以下〔山野目〕）。

　要件事実論において，民法が定める法律要件に該当する事実である要件事実は，民法学の成果を反映して確定されるのであり，要件事実論が民法学における特定の解釈や考え方を当然に否定したり，検討対象から排斥したりすることは許されない（村田＝山野目編54頁以下〔山野目〕）。しかし，民法学が展開する民法の解釈においても，要件事実論が裁判実務や民事訴訟法を考慮した上で提供する視点や考え方をも意識しつつ，時にその成果を踏まえた研究考察が行われることが期待されるところである。

2　要件事実論の民事訴訟における役割と機能

(1)　要件事実の重要性

　要件事実は，民事訴訟の審理において，当事者の攻撃防御の焦点となり，当事者の主張立証のポイントとなるものであって，当事者が民事訴訟を提起しようとする当初の段階から争点整理をする段階，証拠調べをする段階，裁判官が判決書を作成する段階まで，充実した審理を実現し，紛争を適正かつ迅速に解決するために必要不可欠なものということができる。そこで，実際の民事訴訟において要件事実（あるいは要件事実的な分析）が実際にどのような機能を果たしているかをみると，次のとおりである。

　(ア)　訴訟物の選択との関係　　必要十分にして，無駄のない充実した審理を実現するためには，まず原告において当該紛争の解決のために最も適切な訴訟物を選択し，これを基礎付ける要件事実を分析して請求原因事実を組み立てる必要がある。訴訟物の選択に当たっては，まずは何より当該紛争を適

要件事実総論　VII

切かつ迅速に解決できる訴訟物が選択されるべきであるが，選択し得る訴訟物が複数考えられる場合には，各訴訟物ごとにその要件事実（請求原因事実）を分析検討し，証明すべき要件事実がより少なく，より要件事実の証明が容易な訴訟物を選択するのが，通常は合理的といえる。

　(イ)　訴状・答弁書・準備書面の記載との関係　　民事訴訟規則53条，79条2項は，当事者（訴訟代理人）が訴状，答弁書および準備書面を作成するに当たっては，要件事実的な分析をした上で，要件事実（主要事実）とそれ以外の事実を区別して記載することを求めており，このことからも，要件事実は，裁判官が判決書を作成するに当たって，主張整理をするためのみに用いられるものでないことは明らかである。民事訴訟において充実した審理を実現するためには，当事者双方が，要件事実（主要事実）のほか，間接事実，補助事実等を含めた事実の主張や申出予定の証拠等を訴訟のできるだけ早い段階で提示する必要がある。また，裁判所としても，場合によっては，間接事実（事情）等の陳述を制限し，または間接事実（事情）であることを明らかにした上で陳述を許すなどの適切な訴訟指揮をすべきである。

　(ウ)　争点整理との関係　　民事訴訟において，的確な争点整理を行うためには，当事者および裁判官が要件事実的な分析ができることが必要であり，民事訴訟における争点整理は要件事実的な分析なくして行うことができない。ただし，実体法の解釈が必ずしも明確でない場合や判例の考え方や射程が明確でない場合もあることなどから，要件事実（主要事実）や攻撃防御の枠組み・構造等を考えるに当たっては，個々の事件の性質・内容に応じて柔軟な分析をする必要があり，特に当事者（訴訟代理人）としては，要件事実・主張証明責任についてどのような見解を採用した場合であっても，当該事案を解決するについて必要十分な事実を主張証明するよう心掛けるべきであろう。

　争点整理手続では，要件事実（主要事実）だけではなく，間接事実や事情についても，当該事件の紛争の実体を解明するのに役立つ事実をできる限り明らかにすることによって，早期に争点を整理し，裁判所と当事者双方が争点についての共通の認識を持ち，その後の証拠調べによって証明すべき事実（「要証事実」あるいは「争点」）を明確にするとともに，これを証明するために必要かつ適切な証拠を整理した上で，集中的かつ効率的な証拠調べを実施して，適正かつ迅速な審理を実現することが求められている（民訴182条，民訴

〔村田〕　85

要件事実総論　VII

規 101 条）。

　(エ)　**証拠調べとの関係**　　充実した証拠調べを行うためには，充実した争点整理が行われていることが前提となる。そして，充実した争点整理・証拠調べを行うためには，上記のとおり，要件事実的な分析，主張証明責任を常に念頭において，当該訴訟における主張立証の状況を的確に把握しつつ，要件事実の主張が必要十分に行われているか，要件事実に関する立証活動が必要十分に行われているかを吟味する必要がある。集中証拠調べを的確かつ円滑に実施するためには，要件事実的な分析・思考は欠くことができない。

　(オ)　**事実認定との関係**　　民事訴訟における事実認定は，争点（要証事実）となっている主要事実（要件事実）は何か，これを直接に証明することのできる直接証拠はあるか，これを基礎付ける間接事実はどのようなものがあるか，主要事実の認定を妨げる方向に働く間接事実はどのようなものがあるか，これらの間接事実を証明することのできる間接証拠はあるかなどを慎重に検討吟味しながら行われるものであり，そこにおいても，要件事実的な分析が前提となっている。

　ここでいう要件事実的な分析とは，原告の主張および被告の主張に必要な要件事実が過不足なく主張証明されているかを吟味することである。裁判官は，このような要件事実的な分析をする一方で，「細かく積み上げ大きく誤る」ことを避けるために，事案の「落ち着き」を考え，その結論が法の目的とするところにかなうか，当事者の公平に合致するかなど具体的妥当性について再考する。これが，いわば事件の「すじ」論からの検討であり，このような検討によって，要件事実的な分析による結論がおかしい場合には，これを回避するために，釈明の活用，法解釈上の工夫，一般条項の活用などを考慮することになる。このように，事実認定の場面では，要件事実的な分析とともに，事件の「すじ」論的検討も大切である（加藤新太郎・手続裁量論〔1996〕64 頁，村田 = 山野目編 144–145 頁〔村田〕）。

　(2)　**要件事実論に対する批判と反論**

　要件事実論には批判もある。それは，おおよそ次のようなものである。すなわち，①概念法学的であり，技巧的すぎる，②間接事実や事情を無視・軽視することになる，③真の争点の出方が遅くなり，訴訟手続の遅延を招く，④要件事実依存型の訴訟観であり，硬直的である，⑤弁護士業務との関係で

要件事実総論　VIII

は有益でない，⑥現代型訴訟に対しては無力であるというものである（原田和徳「要件事実の機能——裁判官の視点から」要件事実講座(1)87頁）。しかし，①の批判については，要件事実論に対する批判というより，むしろ要件事実論がその基礎としている民法の解釈論やその手法に対する批判というべきであり，要件事実論一般に妥当するものではない。②および④の批判については，要件事実論は法律要件や主要事実を主な検討対象とするものの，最近では，民事訴訟実務における証明構造論や事実認定論の展開を踏まえ，間接事実や事情などについても検討の対象としており，実務では，個々の具体的なケースに柔軟に対応しているから，妥当でないというべきである（なお，民訴規53条1項・80条1項参照）。③の批判については，要件事実論は，抽象的な要件を主張すれば足りるとか，請求原因・抗弁・再抗弁という攻撃防御方法の整理の順序で要件事実を主張すべきであるとするものではないから，論者の誤解によるものというべきである。⑤の批判については，上記のとおり，要件事実論が弁護活動の指標として重要な機能を担っていることを見落としているというべきである。⑥の批判については，現代型訴訟では法的評価や価値判断が問題となることが多いが，要件事実論，特に規範的要件に関する考え方（主要事実説など）では，評価根拠事実と評価障害事実を区別し，これらを総合することによって法的評価（規範的評価）の成否を認定・判断しており，このよう思考方法は，現代型訴訟でも基本的に有効に機能するものと考えられているから，相当とはいえない。

　以上のとおり，要件事実論に対する批判はいずれも，要件事実論を極めて形式的・理念的に理解し，実際の要件事実論の内容や実践を正解していないことに起因するものであり，要件事実論一般に妥当するものではない（同旨，加藤新太郎「要件事実論の到達点」実務民訴〔3期〕(5)38頁以下）。

VIII　まとめ——今後の要件事実論の課題と展望

　これまで実務で支配的であった要件事実論については，上記のとおり，様々な批判がある。要件事実論もそれが1つの理論である以上，長所とともに短所をも併せもつものであることはもちろんであるが，要件事実論が，これまでに訴訟運営や判決内容の改善等に果たした機能と役割は決して過小評

〔村田〕　87

要件事実総論　VIII

価されるべきではない。要件事実論は，このような機能と役割を有するからこそ，我が国の民事裁判の基礎を形成するものと考えられ，現在の民事裁判実務においても，基本的にこれに基づいて訴訟が運営されるなど広く実践されており，法律実務家の基礎的素養の一要素あるいは法律実務家の共通言語となっている。

　要件事実的な分析（およびその実践的な理論としての要件事実論）とは，これまでの説明から明らかなように，基本的には，ある法律効果の発生のために必要な事実（民法が法律要件として定める事実）は何か，その証明責任はどちらの当事者に負担させるべきかを検討するとともに，数ある社会的事実の中から，どこまでが本質的なもので，どこからが本質的なものでないかを検討吟味して，まずは必要な事実のみを抽出・分析しようとするものである。したがって，民法学や民事訴訟法学の学説の対立等とは基本的に無関係・中立的であり，民事実体法規についての機能主義的な思考方法にすぎない。

　そして，現時点では，民事実体法と民事訴訟法の深い理解に基づく要件事実論以外に，実際の民事訴訟における審理・判断の指針となるものは考えられないから，その民事裁判実務の場における有用性と重要性を否定することはできない（ただし，今後の要件事実論には，より広い観点から，何が争点であり，何をどのように証明すべきかといった証明構造論や，何をどのように認定すべきかといった事実認定論との関係をより意識した分析と検討が求められよう）。

　要件事実論については，更に検討・議論すべき問題や課題もあるが，その多くは民事実体法および民事訴訟法における理論的立場と解釈論等の違いに由来するものであり，このような問題や課題が残っていることをもって，要件事実論を前提とする民事裁判や法曹養成教育（要件事実教育）は実施されるべきでないということはできない。

　また，法科大学院や司法研修所等の法曹養成課程では，要件事実論には教育手法としての一面があることを意識しつつ，要件事実論の考え方を正しく認識・理解した上で，民事実体法や民事訴訟法の解釈論に基づいた議論が行われることによって，それらが有している問題点などを指摘・検討するとともに，新たな視点から，要件事実的な分析や要件事実論を捉え直し，考察していくことが求められているといえる。

　要件事実論は，従来は法律実務家が検討してきたが，法科大学院制度をは

要件事実総論　VIII

じめとする法曹養成制度の改革を機に，多くの研究者が要件事実を研究対象とするようになっている。法曹養成課程における法理論教育と民事裁判実務とがよりよく架橋され，要件事実論が更に実り豊かなものとなっていくことを期待したい。

〔村田　渉〕

規範的要件　Ⅰ

規範的要件

細　目　次

Ⅰ　規範的要件の意義……………………90
　1　法律要件の種類 ………………………90
　　(1)　法律要件の種類……………………90
　　(2)　事実的要件と規範的要件…………91
　　(3)　区別の実益…………………………91
　2　規範的要件の特徴 …………………91
　　(1)　規範的要件の基本的特徴…………91
　　(2)　狭義の一般条項との関係── 弁論
　　　　主義との関係 ……………………92
　3　規範的要件か否かが問題となる法律
　　要件……………………………………93
　　(1)　事実的要件と規範的要件の区別の
　　　　基準………………………………93
　　(2)　規範的要件かどうかに争いがある
　　　　法律要件…………………………93
Ⅱ　規範的要件の要件事実（主要事実）……97
　1　規範的要件における主要事実の捉え
　　方………………………………………97

　　(1)　学説の紹介…………………………98
　　(2)　学説の検討…………………………99
　　(3)　主要事実説の特徴など …………100
　2　評価根拠事実と評価障害事実…………101
　　(1)　評価障害事実という概念 ………101
　　(2)　評価障害事実の攻撃防御方法とし
　　　　ての位置付け……………………101
　3　主要事実説・抗弁説を採用する場合
　　の留意点………………………………103
Ⅲ　規範的要件の判断の特徴 ……………103
　1　評価根拠事実と評価障害事実による
　　総合判断………………………………103
　2　過剰主張が許されるということ………104
　3　評価障害事実は主張自体失当となる
　　場合があること………………………105
　4　規範的評価の成否について真偽不明
　　はあり得ないこと……………………105
Ⅳ　まとめ…………………………………105

Ⅰ　規範的要件の意義

1　法律要件の種類

(1)　法律要件の種類

　一般に，実体法の条文の法律要件（構成要件）には，事実を要件（要素）とするものと，法的な評価が成立することを要件とするものがある。例えば，売買契約の成立要件を規定した 555 条は，財産権という法律用語を用いているが，基本的に事実を要件とするものであるのに対し，不法行為の成立要件を規定した 709 条の「過失」という法律要件は，「過失」という法的評価が成立することを要件（要素）とするものと考えられている。ただし，法律要件は，多かれ少なかれ法的概念あるいは法律用語をもって定められており，どの要件が事実で，どの要件が法的評価であるかは，抽象度の程度問題であるともいえる（なお，笠井正俊「不動産の所有権及び賃借権の時効取得の要件事実に関

90　〔村田〕

規範的要件　I

する一考察――いわゆる規範的要件の評価根拠事実と評価障害事実という観点から」判タ
912 号〔1996〕6 頁・8-9 頁注(8)参照)。

(2)　事実的要件と規範的要件

例えば，709 条の「過失」という法律要件は，事実（抽象度の低い事実的概
念）をもって記載される法律要件（「事実的要件」と呼ばれる）と異なり，法的
評価（抽象度の高い評価的概念）をもって法律要件が記載されていることから，
「規範的要件（あるいは評価的要件）」と呼ばれる。その区別については，通常，
ある法律要件が定める事象を類型的かつ具体的なものとして観念・理解（イ
メージ）できる場合が「事実概念」・「事実的要件」であり，観念・理解（イメ
ージ）できない場合が「評価概念」・「規範的要件（評価的要件）」であると考
えられている。

(3)　区別の実益

事実的要件の場合には，法の適用，法の当てはめの問題はあっても，その
法律効果を得るためには，当該法文に記載された具体的事実を主張すること
で足りる。しかし，規範的要件は，上記のとおり，法的評価そのものであり，
事実ではないため，それ自体を直接証明することはできないから，過失とい
う評価を得るためには，その評価を根拠付けるための事実を主張証明するほ
かはない。このように，規範的要件（評価的要件）の場合には，当該評価その
ものではなく，評価を根拠付ける事実が攻撃防御の対象となる。しかも，規
範的要件の成否の判断は，後記のとおり，両当事者の主張証明する評価の根
拠となる事実と評価の障害となる事実を総合して行われるという面がある。
ここに，事実的要件と規範的要件を区別する実益がある。

2　規範的要件の特徴

(1)　規範的要件の基本的特徴

民事実体法の法律要件の中には，法的評価に関する一般的・抽象的概念を
もって法律要件を定める規定が少なくない。例えば，109 条 1 項，112 条 1
項，709 条は「過失」，95 条 3 項は「重大な過失」，109 条 2 項，112 条 2 項，
110 条は「正当な理由」，借地借家法 6 条，28 条は「正当の事由」との用語
をもって，それぞれの法律要件を定めている。また，1 条 2 項の「信義」
「誠実」，同条 3 項の「権利の濫用」，90 条の「公の秩序又は善良の風俗」の
ほか，賃借権の無断譲渡・転貸の信頼関係破壊の法理（最判昭 28・9・25 民集 7

〔村田〕　91

規範的要件　I

巻 9 号 979 頁，最判昭 41・1・27 民集 20 巻 1 号 136 頁等）における「背信的行為」，二重譲渡におけるいわゆる背信的悪意者排除論（最判昭 43・8・2 民集 22 巻 8 号 1571 頁，最判昭 43・11・15 民集 22 巻 12 号 2671 頁，最判平 18・1・17 民集 60 巻 1 号 27 頁等）における「背信性」なども，同様に，それぞれの法的評価が成立することが法律効果の発生要件となっている。

　このように，規範的要件は，当該法文を適用すべき社会的事情が類型的でなく，様々な事情等を比較考量した上で，これを包摂するものとして法的評価が成立することが必要である場合を規律する要件として定立されているのである。すなわち，規範的要件（評価的要件）は，その判断のためには，社会に存在する多様な根拠事実や障害事実を総合考慮する必要があるとして，評価そのものをもって記載されたものといえる（倉田卓次「一般条項と証明責任」同・民事実務と証明論〔1987〕257 頁・258 頁，田尾桃二「主要事実と間接事実にかんする二，三の疑問」兼子一還暦・裁判法の諸問題（中）〔1969〕274 頁参照）。

(2)　狭義の一般条項との関係 —— 弁論主義との関係

　法律要件を一般的・抽象的概念をもって定めた規定を一般条項というが，そのうち，公序良俗違反（90 条），信義誠実の原則（1 条 2 項），権利濫用の禁止（1 条 3 項）などのように公益的要素に基づく規制を目的とした，いわゆる狭義の一般条項については，当事者の主張の要否が問題とされている。すなわち，証拠資料から公序良俗違反の事実等が認められる場合に，それらの事実を当事者が主張しなくとも裁判所はそれらを判決の基礎としてよいか（弁論主義の適用の有無）という問題である。多数説（篠田省二「権利濫用・公序良俗違反の主張の要否」新実務民訴(2)50 頁，青山善充「主要事実・間接事実の区別と主張責任」講座民訴(4)〔1985〕403 頁，倉田・前掲論文 260 頁等）は，公序良俗違反，信義誠実，権利濫用のような狭義の一般条項は，当事者の私的処分に委ねることのできない法の一般原則であり，公益的色彩が強い，いわば「王者的規範」であるから私的自治に支えられている弁論主義は後退するとして，これを肯定している（なお，最判昭 36・4・27 民集 15 巻 4 号 901 頁参照）。このような多数説の立場では，狭義の一般条項に関する事実には，弁論主義の適用がなく，主張責任は存在しないことになる。

　この問題については，①公序良俗違反等の狭義の一般条項とはいっても，その公益的要請は強弱様々であるからすべて一律に弁論主義の例外となると

規範的要件　I

は考えられないし，最も公益性が強いとされる公序良俗違反の場合であっても，公益的要請には事案によって強弱があり，主張責任が生じる場合と生じない場合とが不明確となるおそれがあるから，多数説の見解は疑問であるとの見解（司研編・要件事実(1)15頁）のほか，②証拠資料から公序良俗違反等の事実が認定できる場合には，不意打ちを避けるため，裁判所は公序良俗違反等と評価される事実が出ていることを指摘して当事者の事実主張ないし法的討議を促すべきであり，仮に裁判所の指摘にもかかわらず，当事者がその主張の提出を拒否するときは，通常は，裁判所はその事実あるいはその法的観点をもって判決することができないが，特に法の一般原則である公序良俗違反等にあっては，当事者の主張・援用の有無にかかわらず，それをもって判決することができ，そこに「王者的規範」の意味があるとして，公序良俗違反等には単に弁論主義の適用がないとするのではなく，法律問題指摘義務を肯定した上で弁論主義を後退させるという解釈の方が座りがよいとする見解（高橋・上458頁，山本和彦・民事訴訟審理構造論〔1995〕317頁，同「狭義の一般条項と弁論主義の適用」広中古稀67頁等）がある。近時は，②の見解が有力なようである。

3　規範的要件か否かが問題となる法律要件

(1)　事実的要件と規範的要件の区別の基準

　ある法律要件を事実的要件とみるか，規範的要件とみるかの区別の基準は，当該法律要件を主張することで，裁判の場において，攻撃防御の目標（すなわち証明の対象）が明確となるかどうかということである。言葉を換えると，裁判所および当事者双方が，当該法律要件を主張することで，どのような事象（事実）を問題としているかについて，具体的なイメージを共有することができるかどうかということである。

(2)　規範的要件かどうかに争いがある法律要件

　規範的要件か，事実的要件かについて見解の対立がある法律要件としては，製造物責任法2条2項の「欠陥」，平成29年改正前の民法570条の「瑕疵」，162条・180条等の「占有（所持）」，「黙示の意思表示」などがある。

　(ア)　欠陥　　製造物責任法2条2項の「欠陥」とは，「当該製造物の特性，その通常予見される使用形態，その製造業者等が当該製造物を引き渡した時期その他の当該製造物に係る事情を考慮して，当該製造物が通常有すべき安

〔村田〕　93

規範的要件　Ⅰ

全性を欠いていることをいう」とされている。この「欠陥」については，これを事実概念と捉え，その要件事実は「製造物の欠陥」であり，これを基礎付ける事実は間接事実であるとする見解（升田純・詳解製造物責任法〔1997〕435頁）と，「欠陥」というのでは具体的内容が不明であり，攻撃防御の目標として不十分であるから，規範的要件そのものであるとする見解（伊藤（滋）〔初版〕38頁，難波孝一「規範的要件・評価的要件」要件事実講座(1)206-207頁）とが主張されている。

　(イ)　瑕疵　　上記の「欠陥」と似た概念として平成29年改正前の民法570条が定める「瑕疵」の概念があり，これについても規範的要件かどうかが争われていた。判例上，「瑕疵」とは，一般に，物質的欠点のほか，法律的な欠点（障害）があることをいうとされていた（最判昭41・4・14民集20巻4号649頁，最判昭56・9・8判タ453号70頁等）。司研編・要件事実(1)215頁は，「瑕疵」を抽象度の高い事実概念と捉え，瑕疵の態様は具体的に主張証明しなければならないとするのに対し，難波・前掲論文207頁は，「瑕疵」といっても，人が共通のイメージを持つとは思えず，瑕疵の態様は多様であり，「瑕疵」と主張しただけでは，「欠陥」と同様に具体的な訴訟の場での攻撃防御の目標には成り得ないとして，規範的要件（評価的要件）であるとしていた。

　なお，平成29年改正により，民法570条は削除され，同条に代えて，562条は，売買契約の契約不適合に関し，目的物が「種類，品質又は数量に関して契約の内容に適合しないものであるとき」は，買主は売主に対し，目的物の修補，代替物の引渡し等の履行の追完を請求することができるとしているが，この「契約の内容に適合しないものであるとき」との要件についても，「瑕疵」と同様，抽象度の高い事実概念であり，事実的要件と捉える見解と規範的要件と捉える見解があり得るところである。

　(ウ)　占有　　民法180条は，「占有権は，自己のためにする意思をもって物を所持することによって取得する」と定めており，「占有」とは自己のためにする意思をもって物を所持する状態というものと解されている（なお，178条・186条参照）。この「占有」が，事実的要件であるか，規範的要件であるかについて争いがある。

　司法研修所編・紛争類型別の要件事実〔改訂，2006〕50頁は，占有は事実概念と考えられる（於保不二雄・物権法（上）〔1966〕196頁等）とするが，「占有

規範的要件　Ⅰ

の要素である事実的支配すなわち所持（民法 180 条）自体が，物に対する物理的支配の有無によってではなく，社会観念に従って決定されるものとされることによって，既に相当観念化している上に，民法が代理占有関係を認めている（同法 181 条）ことから，占有の概念はなお一層観念化している。このような実体法的認識を前提とすると，占有は，攻撃防御方法の観点からみた場合に，極めて抽象度の高い概括的な事実ということになる」とし，占有について当事者間に争いがない場合には，概括的抽象的事実としての「占有」について自白が成立したものとして，「占有」していると摘示することで足りる。これに対し，占有について争いがある場合には，単に「占有」と主張するだけでは攻撃防御の目標たり得ないから，少なくとも自己占有か代理占有かを明らかにするため，自己占有のときには 180 条所定の所持の事実を，代理占有のときには 181 条所定の成立要件に該当する具体的事実を主要事実として主張しなければならない（どの程度まで詳細かつ精密に具体化しなければならないかという点は，個別の訴訟におけるその要件事実の果たす役割を踏まえて，具体的に決せられる）としている。これに対し，「占有」を規範的要件（評価的要件）に分類する見解（伊藤滋夫「民事占有試論（下）」ジュリ 1060 号〔1995〕89 頁，笠井・前掲論文 18 頁，難波・前掲論文 208 頁など）も有力に主張されているところである。例えば，難波・前掲論文 208-209 頁は，問題は，「占有」と主張すれば，人は皆共通のイメージを持つか，占有と主張するだけで，審理の争点設定として十分かという点をどう考えるかであり，「占有」というだけでは人は皆共通のイメージを持つとはいえないとして，「占有」は評価的要件（規範的要件）であると捉えるのが相当であるとしている。この問題は，当該要件に該当する典型的・類型的な事象（事実）を想定することができるとして「抽象度の高い概括的な事実」と認めるか，それとも，このような中間的概念を認めず，抽象度の高い概念はすべて規範的要件であるとするかの問題ともいえるであろうが，後者の見解は理論的であるが，やや煩雑な印象を受ける。

　(エ)　黙示の意思表示　　意思表示における表示行為は，言語によってされるのが通常であるが，言語以外の手段，例えば身体的動作によってもされる場合がある。しかし，身体的動作等でされた場合には，その動作がどのような状況下でされたかなどの事情を考慮しないと，それが意思表示であるかど

〔村田〕　95

規範的要件　I

うかの確認が容易でないことが多い。すなわち，意思表示における表示行為には，意思表示であることが明らかであるもの（明確性が高いもの）と明らかでないもの（明確性が低いもの）がある。このような意思表示としての明確性を「表示価値」といい，明確性が高いことを「表示価値が大きい」ということがある。

意思表示における表示価値が大きい表示行為を「明示の意思表示」といい，表示価値の小さい表示行為を「黙示の意思表示」という。とすれば，明示の意思表示と黙示の意思表示の違いは，表示価値の大小という相対的なものである。

明示の意思表示であれば，例えば「承諾するとの意思表示をした」と主張すれば，「承諾」という具体的事実を認識することができるが，黙示の意思表示の場合には，言語をもって表示行為をしたわけではないから，仮に「承諾するとの意思表示をした」と主張しても，実際にはどのような具体的事実があったかが不明であり，どのような具体的事実をもって黙示の意思表示（承諾）があったと主張しているのかを明確にしないと，攻撃防御の目標が定まらないことになり，相手方の防御の機会を奪い，不意打ちともなりかねない。明示の意思表示と黙示の意思表示とは，実体法上は区別の実益がないとされるが，民事訴訟法的，要件事実的には，その違いを明確に意識することが大切である。

黙示の意思表示の場合，何を主要事実（要件事実）と考えるべきかについては，黙示の意思表示が成立したこと（「黙示の意思表示をしたこと」）が主要事実であり，そのことを基礎付ける具体的事実は間接事実であるとする間接事実説と，黙示の意思表示をしたことは評価（解釈）であって，そのことを基礎付ける具体的事実が主要事実であるとする主要事実説の対立がある。攻撃防御の対象を明確化し，相手方の防御権行使の機会を実質的に保障するとの観点からは，主要事実説が妥当である（司研編・要件事実(1)39頁）。ただし，実務的には，間接事実説に立ちながら，具体的な事実を重要な間接事実として摘示する例も少なくない（司法研修所編・民事判決起案の手引〔10訂，2006〕45頁）。

主要事実説の中では，黙示の意思表示は，明示の意思表示と表示価値の程度に差があるにすぎず，当該表示行為の有する意味を明らかにする作業が重

要であるが，理論的には，具体的事実によって表示された意味の解釈が問題となるだけであって，評価を本質とする過失等の規範的要件の判断とは異なるとして，主要事実としては，黙示の意思表示の成立を基礎付ける具体的事実（これを「基礎付け事実」と呼ぶことがある。規範的要件における評価根拠事実に相当する事実）のみが問題となり，その成立を妨げる具体的事実（評価障害事実に相当する事実）は問題とならない（これは間接事実となり，反証の対象となる）と解する見解（事実的要件説）が実務上の多数説（司研編・要件事実(1)38頁・42頁）といえるであろう。しかし，黙示の意思表示は評価的概念であるとして規範的要件と同様に解し，評価根拠事実とともに，評価障害事実を観念すべきであるとする見解（規範的要件説）も有力に主張されているところである（伊藤(滋)〔新版〕329頁，吉川愼一「要件事実論序説」司法研修所論集110号〔2003〕171頁等参照）。

　なお，最高裁平成10年2月26日判決（民集52巻1号255頁）は，「内縁の夫婦がその共有する不動産を居住又は共同事業のために共同で使用してきたときは，特段の事情のない限り，両者の間において，その一方が死亡した後は他方が右不動産を単独で使用する旨の合意が成立していたものと推認するのが相当である。」と判示しているが，この判例は，「推認」という用語を使用してはいるが，合意の成立を事実認定の問題として推認しているとみるよりは，一種の法的価値判断の問題として合意（意思表示）を擬制したものとみる方が，ことの実質に合致しているとして，これも規範的要件の問題として扱うべきであろうとの指摘がある（伊藤(滋)〔新版〕329頁注51），吉川・前掲論文170頁。この立場からは，最判平8・12・17民集50巻10号2778頁についても同様に考えることになろう）。

II　規範的要件の要件事実（主要事実）

1　規範的要件における主要事実の捉え方

　規範的要件（評価的要件）における主要事実あるいは要件事実をどのように考えるべきかについては争いがある。規範的要件における法律要件が法的評価であることは明らかであるから，当事者が裁判において主張立証すべき「主要事実」をどのように考えるかという問題である。この問題は，民法の

規範的要件　II

解釈で決まるものではなく，当事者の攻撃防御の目標の明確化と，攻撃防御における不意打ち防止といった民事訴訟法的な観点から決定されるべきものである。

(1)　学説の紹介

(ア)　間接事実説　「過失」「正当な理由」などの評価そのものが主要事実であり，その評価を基礎付ける具体的事実は間接事実にすぎないとする考え方である。この説は，法文上に過失，正当理由等の用語が法律要件を示すものとして用いられていることがその根拠とされる。この説によれば，当事者は「過失がある」「正当な理由がある」などと主張すれば，裁判所は，これを根拠付ける具体的事実の主張がなくとも，証拠等により具体的事実を認定して，過失，正当な理由等の評価が成立するかを判断することになる。かっての多数説であるが（兼子一・新修民事訴訟法体系〔増訂版〕〔1965〕199 頁，三ヶ月章・民事訴訟法〔1959〕86 頁，岩松三郎＝兼子一編・法律実務講座民事訴訟(1)〔復刊版，1984〕116 頁，同編・法律実務講座民事訴訟(3)〔復刊版，1984〕146 頁，松本博之「要件事実論と法学教育(2)——要件事実論批判を中心に——」自正 55 巻 1 号〔2004〕67 頁，大島眞一「規範的要件の要件事実」判タ 1387 号〔2013〕24 頁等），最近の裁判実務でも，間接事実説の立場から，当該評価を基礎付ける具体的事実を重要な間接事実として摘示する例も少なくないとの指摘がある（司法研修所編・民事判決起案の手引〔10 訂，2006〕45 頁）。

(イ)　主要事実説　「過失」「正当な理由」等の評価を根拠付ける個々の具体的事実をもって主要事実と捉える考え方である。この説では，当事者は，当該評価を根拠付ける具体的事実を主張しなければならず，この具体的事実が弁論主義の適用を受ける主要事実となる（司研編・要件事実(1)30 頁，山内敏彦「一般条項ないし抽象的概念と要件事実（主張・立証責任）」本井巽＝賀集唱編・民事実務ノート(3)〔1969〕2 頁，岩松三郎＝兼子一編・法律実務講座民事訴訟(2)〔復刊版，1984〕76 頁，野崎幸雄「借家法 1 条ノ 2 にもとづく家屋明渡請求訴訟」実務民訴(4)82 頁，青山善充「主要事実・間接事実の区別と主張責任」講座民訴(4)367 頁・396 頁，笠井正俊「不動産の所有権及び賃借権の時効取得の要件事実に関する一考察——いわゆる規範的要件の評価根拠事実と評価障害事実という観点から」判タ 912 号〔1996〕5 頁等）。

(ウ)　準主要事実説　規範的要件における具体的事実は主要事実というべきであるが，構成要件要素への当てはめが普通の条文と違うこと（①多様性，

規範的要件　II

②複合性，③職権性）を重視して，間接事実よりも主要事実に引き寄せて理解すべきという意味で「準主要事実」と呼ぶべきであり，当事者は規範的評価そのものではなく，当該評価の根拠となる事実（準主要事実）を主張証明すべきであるとする考え方である（倉田卓次「一般条項と証明責任」同・民事実務と証明論〔1987〕259頁）。

　この説の準主要事実とは主要事実説にいう評価根拠事実と同じであり，実質的に主要事実説と対立するものではないと解されている（司研編・要件事実(1)31頁）。理論的にはそのとおりであるが，弁論主義はもっぱら事実のみに関係し，法的観点の面は裁判所の専権で当事者は関与しないとしていたことを自覚的に反省し，法的観点ないし法律問題においても不意打ち防止の必要を認め，当事者にこの点についても関与を保障しようとする立場からは，規範的要件の主要事実を考える視点として，この準主要事実説も魅力を失っていないように思われる（高橋・上453-454頁，遠藤賢治・民事訴訟にみる手続保障〔2004〕242頁等）。

(2)　学説の検討

　最近では，主要事実説が支配的な見解であり，裁判実務でも基本的にこの説が採用されている。この立場から間接事実説に対する批判として，①元来，主要事実とは証拠によってその存在を証明できる性質のものであるが，間接事実説がいうように，規範的評価自体が主要事実であるとすると，規範的評価自体を証拠によって直接証明する方法はないこと，②弁論主義の下で要件事実が果たすべき相手方の防御の機会の保障という面からみても，間接事実説がいうように，規範的評価を主要事実と解するときは，単に「過失がある」「正当理由がある」「背信性がある」などと主張すれば，主張責任は尽くされたことになり，相手方はこのような評価を基礎付けるものとしてどのような評価根拠事実が現れてくるかを知る機会が弁論等では何ら保障されないことになるから，事案によっては不意打ちを防止できない危険性があること，③訴訟指揮の面からみても，具体的事実の主張があってはじめて主張された個々の事実ごとに相手方の認否反論を求めて争点整理を行うことにより，真の争点（要証事実）に的を絞った集中的で効率的な立証活動となるよう訴訟指揮をすることができるのであり，具体的事実が主要事実ではなく，その主張証明責任が否定されることになると，このような訴訟指揮を行うことが困

規範的要件　Ⅱ

難となること，④間接事実説では，上記②および③の弊害について適切な釈明権の行使で対処することになるが，主張責任によって被る不利益がなくなった当事者に対して釈明権の行使のみで必要十分な具体的事実を主張させることは容易ではないことなどが指摘されているところである（司研編・要件事実(1)31頁）。このような指摘を受けて，間接事実説の中には，規範的評価を根拠付ける事実のうち重要なものについては主張責任を認め，指摘される弊害を防止しようとするものもあるが，主張責任を認める基準が明確でなく，採用することができない。このようなことからすると，主要事実説を採用すべきであろう。

(3)　主要事実説の特徴など

主要事実説の立場からすると，規範的評価を根拠付ける事実のみが主要事実であるから，これに当たる具体的事実の全部について主張責任がある一方で，規範的評価自体については主張責任がないことになる。すなわち，主張された具体的事実によって過失，正当理由等があると評価できるかどうかは法的判断の問題であり，法律を適用する裁判所が職権で判断すべき事項であって，当事者の「過失がある」「正当理由がある」などの主張は，法律上の意見，法的観点，法的構成にすぎないことになる（ただし，法的観点ないし法律問題においても不意打ち防止の必要は認められるから，事実主張の前提となっている法的構成や法的観点について法的討論をしておくべきである）。

また，主要事実説に対しては，評価根拠事実はすべて弁論に現れたものに限られることとなり，主張のない事実はそれが証拠上認められる事実であり，それがいかに強力に当該規範的評価を基礎付けるものであっても，裁判所がこれを判断の基礎とすることは弁論主義に反し，許されないことになるから，裁判所が妥当な判断をすることができない場合があるなどの批判（大島・前掲論文26頁以下参照）があり，このような批判にはもっともな面がある。

そこで，主要事実説に立つ場合には，①主張内容と証明された事実との食い違いに注意し，場合によってはこれを是正するための機会を設けること，②主張の補充が予定されている事案では，現に主張がなく，争点（要証事実）となっていないことを理由とする立証活動（書証の提出，尋問事項等）の制限は，比較的緩やかに扱われるべきこと，③当事者の主張内容を理解するには，その真意を的確に把握して主張を合理的に解釈し（このような解釈は「善解」と呼

100　〔村田〕

規範的要件　II

ばれる。），主張の欠落に対しては裁判所が釈明権を適切に行使することなど
に注意が払われる必要があるとされている（司研編・要件事実(1)32頁）。

　なお，規範的要件に関しては，最高裁平成22年10月14日判決（判タ1337
号105頁）が，信義則違反を根拠付ける事実が主張されているとしても，原
審が釈明権行使によって，原告に信義則違反の点について主張するか否かを
明らかにするよう促したり，被告に十分な反論・反証の機会を与えたりせず
に，信義則違反があると判断したことについて，訴訟の経過等から予測困難
な法的構成を採る場合には，法的構成の当否を含め，被告に十分な反論・反
証の機会を与えた上で判断すべきであり，そのような措置を採ることなく判
断をした原審には釈明権行使を怠った違法があると判断しているところであ
る。この判例は，読み方によっては，実質的に法的観点指摘義務を釈明義務
として認めたもの，あるいは準主要事実説を採用したものと評価することも
できることに留意すべきであろう。

2　評価根拠事実と評価障害事実

(1)　評価障害事実という概念

　規範的評価を積極的に根拠付ける方向（プラスの方向）に働く事実である
「評価根拠事実」に対し，この事実と両立はするが，規範的評価の成立を妨
げる方向（マイナスの方向）に働く事実を観念することができる。このような
規範的評価の成立を妨げる事実は，「評価障害事実」と呼ばれる。評価根拠
事実と評価障害事実とは，相互に事実として両立し（両立しない事実は積極否認
の主張となろう），しかも，評価根拠事実が規範的評価の成立する方向に働く
のに対し，評価障害事実は当該評価の成立を妨げる方向に心証を形成させる
効果を持つから，上記の主要事実説の立場では，評価障害事実もまた主要事
実ということになり，当該規範的評価の成立を争う側の当事者に主張（証明）
責任があることになる。なお，評価障害事実は，評価根拠事実を前提とする
ものだけでなく，それとは関係なく当該評価の成立を妨げる事実でもよい
（吉川愼一「要件事実論序説」司法研修所論集110号〔2003〕165頁・166頁，難波孝一
「規範的要件・評価的要件」要件事実講座(1)217頁）。

(2)　評価障害事実の攻撃防御方法としての位置付け

　上記のように評価障害事実を理解すると，ある規範的評価の成立を内容と
する法律要件が請求原因となる場合は，その規範的評価を根拠付ける評価根

〔村田〕　101

規範的要件　II

拠事実が請求原因となり，この評価根拠事実が証明されたときは，抗弁が主張証明されない限り，請求原因事実が認められることになるのに対し，評価障害事実は，評価根拠事実と両立し，当該規範的評価の成立を妨げる方向に機能することによって，請求原因事実から生ずる法律効果の発生を妨げる効果を有する事実（請求原因と両立し，請求原因から発生する効果を覆滅する機能を有する事実）であるから，評価根拠事実に対する抗弁と位置付けられる（司研編・要件事実(1)35頁，難波・前掲論文221頁，吉川・前掲論文165頁）。この見解は「抗弁説」と呼ばれ，通説とされる。立証の公平性・合理性，評価障害事実の主張立証における機能を考えると，抗弁説が妥当である。

　前記の間接事実説の立場から，評価根拠事実も，評価障害事実も間接事実と捉える説（この説が採用できないのは前記のとおりである）のほか，主要事実説の立場に立ちながら，評価障害事実（がないこと）についても，当該評価（規範的要件）の成立を主張する側で主張証明する必要があるとする説（「否認説」と呼ばれる。山内・前掲論文11頁）も主張されているが，立証の公平性や合理性という観点からは，評価の成立を主張する側に評価障害事実がないことの主張立証を求めるのは相当でないというべきであり，採用することができない。

　なお，評価障害事実を前提としてその事実と両立し，評価障害事実の機能・効果を更に妨害し，評価根拠事実の機能・効果を復活させる事実として「評価障害事実に対する評価障害事実（評価障害障害事実）」を観念できるが，その位置付けについては，規範的評価の特殊性（総合評価であることから，マイナスのマイナスはプラスと考えるのが通常であること）から請求原因において評価根拠事実として位置付けるべきであるとする見解と，位置付けの明確性から再抗弁として位置付けるべきであるとする見解がある（難波・前掲論文221頁）。当該事実の有する機能を重視するか，規範的要件が総合評価であることを重視するかであろうが，どちらかといえば，前者の見解が有力なようである。

　また，前記準主要事実説の立場から，評価障害事実は主要事実を推認させる間接事実に対する間接反証に類似した関係にあると考える間接反証類推説（倉田・前掲論文264-265頁）も有力に主張されている。この見解では，相手方で立証すべき評価障害事実については，間接反証の考え方を類推して相手方に証明責任は負わせるものの，主張責任を考える必要はない（主張責任と証明責任の分離を認めることになる）と考えられている。

規範的要件　III

3　主要事実説・抗弁説を採用する場合の留意点

　規範的要件について主要事実説を採用し，評価障害事実について抗弁説を採用する場合には，実務上，①具体的にどのような事実が評価根拠事実，評価障害事実になるかは，個々の事案ごとの個別的な判断となることに注意すること，②評価根拠事実，評価障害事実はいずれも具体的事実を摘示すべきであり，法的評価を記載しないよう意識すること，③評価根拠事実と評価障害事実は両立する事実を摘示すること，④規範的要件については，規範的評価の成否を判断する際にどの時点までに存在した具体的事実を考慮すべきかが問題となることが多いことから，時的要素に特に意を用いることが必要であるといわれている。

III　規範的要件の判断の特徴

1　評価根拠事実と評価障害事実による総合判断

　規範的要件についての判断の最大の特徴は，評価根拠事実と評価障害事実との総合判断で当該評価の成否（すなわち規範的要件の有無）が決せられるということにある。判断に当たっては，例えば，まず請求原因として主張されている評価根拠事実の存否，次に抗弁として主張されている評価障害事実の存否を認定し，その上で，これらの認定事実を総合して当該評価の成否（すなわち規範的要件の有無）を判断することになる。

　例えば，主張された評価根拠事実だけでは当該評価の成立を肯定することができないときは，その規範的評価が成立するとの主張は，主張自体失当であるから，その事実を証明する必要はなく，相手方が評価障害事実を主張証明するまでもない。また，主張された評価根拠事実では当該評価の成立を肯定することができるものの，証拠等によって一部認定できない事実があり，確定された評価根拠事実だけでは当該評価の成立を肯定できない場合には，評価障害事実について判断するまでもなく，当該規範的評価が成立するとの主張は採用できない。このように，規範的評価の成否についての判断が総合判断であるというのは，確定された評価根拠事実によれば当該評価の成立を肯定できる場合に，このことを前提として，評価障害事実の存否について判断し，これらの確定された事実に基づいて当該評価の成否を判断するという

〔村田〕　103

規範的要件　Ⅲ

ことである。

　なお，規範的要件における評価根拠事実・評価障害事実の主張・証明責任とその判断の在り方については，山本和彦・民事訴訟法の現代的課題（民事手続法研究Ⅰ）〔2016〕282 頁が，「弁論主義と証明責任とはその妥当根拠を異にし，その結果として，弁論主義（主張責任）の適用対象範囲と証明責任の適用対象範囲とは一致しない可能性がある。総合判断型の一般条項（筆者注：借地借家法上の「正当の事由」のように，要件の考慮要素の多様性に着目して一般条項が構成されている類型のもの）においてそれを基礎づける事実については，当事者による処分の範囲又は不意打ち防止の必要から，弁論主義の対象とすべきであるが，その真偽を確定しなくても法適用が可能であるので，証明責任の対象とする必要はない。このように，弁論主義（主張責任）の対象とはなるが，証明責任の対象とはならない事実を『準主要事実』と定義づけるとすれば，総合判断型一般条項を基礎づける事実は準主要事実になると解される。……事実認定の局面では，個々の準主要事実については証明責任を適用せず，各事実に関するあるがままの心証を前提に総合判断して要件該当性を判断すれば足りる。」と，示唆に富む指摘をしている（規範的要件の評価を基礎付ける事実の存否が真偽不明であっても，個々の事実を確定せず，真偽不明のまま評価の成否を判断してよいかという問題については，小粥太郎「裁判官の法的思考」同・民法学の行方〔2008〕71 頁，賀集唱ほか「証明責任論とその周辺」判タ 350 号〔1977〕47 頁以下〔賀集唱発言〕，賀集唱〔判批〕リマークス 5 号〔1992〕21 頁，高橋・上 524 頁，松本博之ほか「証明責任論の現状と課題」判タ 679 号〔1988〕10 頁〔春日偉知郎発言〕，村田渉「要件事実論の課題——学会論議に期待するもの」ジュリ 1290 号〔2005〕43 頁等を参照）。

2　過剰主張が許されるということ

　事実的要件の主要事実（要件事実）は必要最小限度の事実のみを主張証明することで必要かつ十分であるとされているが（司研編・要件事実(1)58 頁），評価根拠事実，評価障害事実についてはいわゆる過剰主張も許されると解されている。これは，規範的要件の判断が上記のとおり総合判断であり，相手方の主張証明による影響を受けるため，どこまで主張すれば必要かつ十分であるかの判断が難しいためである（吉川愼一「要件事実論序説」司法研修所論集 110 号〔2003〕166 頁，難波孝一「規範的要件・評価的要件」要件事実講座(1)224 頁）。

規範的要件　IV

3　評価障害事実は主張自体失当となる場合があること

　規範的要件については，実際の事実認定との関係で，評価障害事実が主張自体失当となる場合があるということも事実的要件にはない特徴である。例えば，評価根拠事実として主張された各事実の一部のみが証明されたのであれば，評価障害事実として主張された各事実が証明できれば当該評価の成立を妨げることができるが，評価根拠事実として主張された各事実がすべて証明されてしまうと，主張されている評価障害事実をすべて証明しても当該評価の成立を妨げることができないという場合があり，このような場合には評価障害事実を証明することは無駄であるから，評価障害事実は結果的に主張自体失当として扱われることとなるのである。

4　規範的評価の成否について真偽不明はあり得ないこと

　一般に，評価根拠事実，評価障害事実について真偽不明はあり得るが，規範的評価の成否について真偽不明はあり得ないと解されている。評価根拠事実，評価障害事実は具体的事実であり，立証の対象となるため，真偽不明があり得るが，規範的評価の成否は，これらの認定を前提とする法的判断（法的評価）であり，問題となるのは法律解釈，法的当てはめであり，証明責任の働く場面ではないからである（難波・前掲論文 226 頁。なお，笠井正俊「不動産の所有権及び賃借権の時効取得の要件事実に関する一考察——いわゆる規範的要件の評価根拠事実と評価障害事実という観点から」判タ 912 号〔1996〕7-8 頁参照）。

IV　ま　と　め

　以上をまとめると，おおむね次のとおりである。

　ある法律要件を事実的要件とみるか，規範的要件とみるかの区別の基準は，当該法律要件を主張することで，裁判の場において，攻撃防御の対象（すなわち証明の対象）が明確となるかどうかということである。規範的要件（評価的要件）における主要事実（要件事実）をどのように考えるべきかについては争いがあるが，「過失」「正当な理由」等の評価そのものは主要事実ではなく，当該評価を根拠付ける個々の具体的事実をもって主要事実と捉える主要事実説，評価の成立を妨げる評価障害事実は，請求原因である評価根拠事実に対する抗弁と位置付ける抗弁説が裁判実務の支配的見解である。規範的要件に

規範的要件　IV

ついての判断の最大の特徴は，評価根拠事実と評価障害事実との総合判断で当該評価の成否（すなわち規範的要件の有無）が決せられるということにある。規範的要件の評価根拠事実，評価障害事実についても証明責任を適用し，個々の事実を確定した上で評価の成否を判断するとするのが現在の多数説であるが，個々の事実に証明責任の適用はないとして，これらを確定せず，真偽不明のまま評価の成否を判断してよいとする有力説が唱えられており，その根拠等を含めて示唆に富んでいる（ただし，主張責任と証明責任の所在に関する必然的一致説の立場からすると，主張責任はあるが，証明責任の対象とならない準主要事実の概念を認めるべきかは更に検討の余地があろう）。また，評価根拠事実，評価障害事実について真偽不明はあり得るが，規範的評価の成否について真偽不明はあり得ないことにも注意を要する。

　そして，規範的要件に関して行われる，当該評価に関係する事実を，評価根拠事実と評価障害事実とに位置付け，これらを中心に争点整理をした上で，当該規範的評価が成立するかどうかを推論していく過程は，複雑困難な現代型訴訟においても紛争解決のための有力な思考方法を提供するものと思われる。

〔村田　渉〕

§1 A

第1編 総 則

第1章 通 則

（基本原則）

第1条①　私権は，公共の福祉に適合しなければならない。

②　権利の行使及び義務の履行は，信義に従い誠実に行わなければならない。

③　権利の濫用は，これを許さない。

〔対照〕　②＝フ民 1104，ド民 242，ス民 2 I，ユニドロワ原則 1.7，ヨーロッパ
契約法原則 1: 201，DCFR I. 1: 103　③＝ド民 226，ス民 2　自力救
済＝ド民 229〜231・859・910 I 二文，ス民 926

〔改正〕　本条＝昭 22 法 222 新設

A　公共の福祉

細 目 次

I　現行規定成立の経緯 ……………………108
　1　公共の福祉条項の新設………………108
　2　私権と公共の福祉との緊張関係………109
II　私　権 …………………………………109
　1　私権と権利……………………………109
　　(1)　民法における私権 …………………109
　　(2)　私権の意義 …………………………110
　2　権利の定義……………………………111
　　(1)　意思説と利益説 ……………………111
　　(2)　帰属支配説 …………………………112

　3　権利の分類……………………………112
　　(1)　権利の対象である利益による分類
　　　……………………………………112
　　(2)　権利の作用による分類 ……………113
　　(3)　管理権限 ……………………………114
III　公共の福祉 ……………………………115
　1　公共の福祉とは何か…………………115
　2　公共の福祉条項の意義をめぐる学説
　の展開……………………………………116
　　(1)　積極説 ………………………………116

〔吉田〕　107

§*1* Ａ Ｉ 　　　　　　　　　　　　　　　　　　　第 1 編　第 1 章　通　則

(2)　消極説・否定説 ……………………117	(1)　侵害行為の違法性を導く公共の福
(3)　新たな動向：内容の再定義 ………118	祉 ……………………………………125
3　裁判例における公共の福祉の機能そ	(2)　侵害行為の違法性判断の基準を高
の 1：土地所有権行使の制限 …………119	くする公共性 ………………………126
(1)　権利濫用法理を通じた公共の福祉	(3)　被侵害法益と公共の福祉 …………127
の考慮 ………………………………119	5　裁判例における公共の福祉の機能そ
(2)　公共の福祉の直接の考慮 …………121	の 3：その他 ……………………………128
(3)　市民の生活利益の保護と公共の福	(1)　公序良俗の内容形成 ………………128
祉 ……………………………………122	(2)　消滅時効援用の否定 ………………128
4　裁判例における公共の福祉の機能そ	Ⅳ　今後の展望 …………………………………129
の 2：違法性判断の考慮要素 …………125	

Ⅰ　現行規定成立の経緯

1　公共の福祉条項の新設

　民法 1 条は，公共の福祉による私権の制限（1 項），信義誠実の原則（2 項），権利濫用禁止（3 項）を定める。同条は，制定当初の民法には存在せず，第 2 次世界大戦後の日本国憲法の制定を受けて行われた昭和 22 年法律 222 号による民法改正によって新設されたものである（同条 1 項を中心としたこの立法過程については，池田恒男「日本民法の展開(1)民法典の改正──前 3 編（戦後改正による「私権」規定挿入の意義の検討を中心として）」百年Ⅰ 66-98 頁に詳しい。また，宗建明「日本民法における『公共の福祉』の再検討(1)──『市民的公共性』形成の試み」北法 52 巻 5 号〔2002〕1525-1530 頁も参照）。同条は，家族法改正とともに，「民事法に関する憲法改正案の大原則を民法中に明文を以て掲ぐること」（「民法改正要綱案」第 40〔1946 年 9 月 11 日司法法制審議会第 3 回総会決議〕）という改正方針を具体化するものであった。

　公共の福祉による私権制約を定める本条項に関して憲法の大原則として想定されていたのは，憲法が国民に保障する自由および権利の濫用を禁じ，これを常に公共の福祉のために利用する責任を負うとする憲法 12 条の理念であった。憲法 12 条が基本的人権の制約原理を掲げたのとパラレルに，民法には私権の制約原理としての公共の福祉条項を置く，というのが民法改正に際しての問題意識だったのである。公共の福祉はまた，国会審議の中では，所有権とりわけ土地所有権の制約原理とも理解された。ここでは，憲法 29 条 2 項に規定される公共の福祉が念頭に置かれる。

108　〔吉田〕

§1 A II

2 私権と公共の福祉との緊張関係

立法に際しての基本的問題は，緊張関係に立つ私権と公共の福祉との関係をどのように表現するかであった。政府原案は，「私権ハ総テ公共ノ福祉ノ為メ二存ス」と定めていた。ここには，私権に対する公共の福祉の優位あるいは両者の垂直構造が示されている。これに対して，性格を異にする2系列の批判が提示された。第1は，原案には全体主義の理念が表明されており，「個人の尊厳」といった新憲法の個人主義の考え方に適合しないという批判である。第2は，原案には，社会主義・共産主義に利用され，所有権否定の根拠になるおそれがあるのではないかという批判である。このような批判を受けて文言が修正され，成立した改正法においては，「私権ハ公共ノ福祉二遵フ」という規定になった。「遵フ」という文言は，「ともに存するとか，あるいは何々の線に沿う」という意味だと説明された（大村・読解10頁）。

この規定はさらに，2004年のいわゆる民法の現代語化によって，「私権は，公共の福祉に適合しなければならない」と改められた。「遵フ」という表現がなお持っている従属的な響きに抵抗感があったのであろうか（宮下修一「民法における『公共の福祉』の現代的意義」名法227号〔2008〕150頁）。財産権の内容を，「公共の福祉に適合するやうに」法律で定めると規定する憲法29条2項の文言に合わせたという見方もある（加藤38頁）。

このようにして，当初の政府原案には色濃く存在した公共の福祉と私権との垂直的従属構造は次第に緩和され，両者が並列の関係に置かれる水平構造に近づいてきていると評価しうる。「適合する」という表現は，私権が公共の福祉に「従属する」のではなく，両者が「調和する」ことを示すものであるという理解もある（大村敦志・民法のみかた──『基本民法』サブノート〔2010〕4頁）。

II 私　　権

本条項は，「私権」が公共の福祉に適合しなければならない旨を定める。そこでまず「私権」とは何かが問題になる。

1 私権と権利

(1) 民法における私権

民法当初規定の総則編第1章（現第2章）「人」第1節の標題および権利能

〔吉田〕　109

力の始期を定める1条（現3条1項）では，「私権の享有」との表現が採用された。立法過程においては，「権利の享有」と定める案も提示されたが，そのように規定すると「人ハ生レ乍ラニシテ権利ヲ有スル」「生得権ヲ宣言シタョウニモ見エ」る（穂積陳重）ことが危惧され，結局，「私権の享有」と定められたのである（広中108頁・120頁）。また，外国人，外国法人が享有しうる権利についても，「私権」の表現が用いられた（2条〔現3条2項〕・36条2項〔現35条2項〕）。

1947年（昭和22年）民法改正によって新設された本条項においても，「私権」の表現が使われることになった。もっとも，本条2項の信義則，同3項の権利濫用禁止については，「権利」の表現が用いられている。この使い分けがどのような意図によるのかは，必ずしも明らかではない。国民の「自由及び権利」の公共の福祉による制約を定める憲法12条が存在することを前提として，その精神を民法に表現するためには，「権利」よりも限定的な表現として「私権」が適切だということであろうか（池田・前掲論文82頁も参照）。しかし，民法の規定は，権利享有や権利制限に関する規定を含めて，公法関係や刑事法関係にも適用されてよいはずである。そのような広い適用範囲を想定した場合に「私権」の表現が適切であったかについては，疑問を呈する余地がある。

(2) 私権の意義

私権は，公権と対置されるもので，権利は，この両者によって構成される。民法起草者の1人によれば，公権は，公法関係に基づく権利であって，統治権の主体である国家および公共団体に属する権利または他人がこれに対して有する権利をいう。これに対して，私権は，私法関係に基づく権利，すなわち公権ではない権利を総称するものである（富井121頁）。現在の通説的理解によれば，私権とは私法上の権利である（我妻31頁，新版注民(1)〔改訂版〕61頁〔田中実＝安永正昭〕など）。この理解の源流には，上記の民法起草者の見解がある。

この定義が示すように，公権・私権概念は，公法・私法概念と密接に結びついている。ところで，公法・私法概念については，その不要性さらにはその有害性が有力に説かれている（広中34-35頁・83頁・91-92頁，石田(穣)12-14頁）。このような見解に立てば，公権と私権も強いて区別する必要はないと

いうことになる（石田（穣)61-62頁)。つまり，権利一般を語ればよいということである（広中120頁は，2004年（平成16年）の民法現代語化において第1節の標題が「私権の享有」から「権利能力」に改められたが，これと揃える意味でも，条文を「権利の享有」に改める（他の「私権」も同様）ことが適切であったと説いている）。

2　権利の定義

(1)　意思説と利益説

権利をどのように定義するかについては，西欧諸国において膨大な議論の蓄積がある。代表的な権利論として日本にもよく知られているのは，意思説（サヴィニー，ヴィントシャイト）と利益説（イェーリング）である（権利の古典学説。これらの権利論については，末川博・権利侵害論〔1949〕参照）。

意思説は，権利とは法秩序によって付与された意思の力または意思の権能であると説く。その基点にあるのは個人の自由であり，他者の自由との共存を図るためには，個人の自由領域を画定する必要がある。この自由領域に対する意思の力を表現するのが権利である。意思説は，このように，権利をその主体の側面から捉える理解と言ってよい。

これに対して，利益説は，権利とは法によって保護される利益であると説く。ここでは，権利は，その目的である利益という実体的モメントと，法によるその保護という形式的モメントとの2つのモメントにおいて把握される。利益説は，権利をその客体の側面から捉えるものと言うことができる。

この2つの見解の対立の中から，両者を統合して，権利を利益と意思の両要素の組合せとして把握しようとする見解も提示されてくる（折衷説。サレイユなど）。日本においては，権利を「一般的な社会生活における利益を享受する法律的な力」と捉える見方が通説的地位を占める（我妻32頁など。この源流には，富井による権利の定義がある。富井の定義によれば，権利は，法律によって認められた一種の力であり，一定の利益をもってその目的とするものである。富井52頁）。これも折衷説に属するものである。もっとも，そこでの「法律的な力」は，必ずしも意思の力ではなく（富井53頁)，この定義の位置は，折衷説と言っても，利益説に近い。

上記2つの代表的権利論については，それぞれに対して根本的な批判がある。すなわち，意思説が依拠する意思は，権利自体ではなく，権利の行使にかかわるものにすぎないのではないか。他方，利益説が依拠する利益もまた，

§1　A Ⅱ　　　　　　　　　　　　　　　　第1編　第1章　通　則

権利自体ではなく，権利によって追求される目的にすぎないのではないか。両説には，このように，権利自体を捉えていないという弱点があるというのである。そうであれば，この2つ，すなわち目的（利益）と行使手段（意思）とを組み合わせた折衷説も，権利論としては不十分なものにとどまるということになる。

(2)　帰属支配説

このような批判的見地に立ちつつ提示されたのが，帰属支配説（ダバン。権利の現代学説）である。この見解によれば，権利は，主体あるいは客体の側面だけから捉えられるものではなく，両者の関係を表現するものである。この関係には2つの側面がある。1つは客体から主体に向かう関係である「帰属」であり，他の1つは主体から客体に向かう関係である「支配」である。それは，権利の客観的側面と主観的側面と言ってもよい。この2つの側面が統合したものとして権利を把握しようというのが，帰属支配説の構想である（ダバン権利論については，ジャン・ダバン〔水波朗訳〕・権利論〔1977〕がある。また，水波朗・法の観念——ジャン・ダバンとその周辺〔1971〕参照）。

この帰属支配説は，所有権をはじめとする財貨帰属秩序における権利論として現時点で最も完成度の高いものと考えられるが，公共の福祉による権利の制限を考える視角についても示唆的である。権利制限には，権利の2側面に対応して，帰属にかかわる制限と支配にかかわる制限との2つの次元のものがあるのではないかという仮説を示唆するからである。そして，裁判例における現実の公共の福祉の機能も，後述のようにこの2つの次元において見出される。

3　権利の分類

権利については，さまざまな角度からの分類が行われている（四宮24頁以下，新版注民(1)〔改訂版〕62頁以下〔田中＝安永〕，広中120頁以下，石田(穣)62頁以下など参照）。その客体である利益の性格の差異に応じた財産権と非財産権への分類，その作用の差異に従った支配権・請求権・形成権への分類などである。その効力の範囲に応じた絶対権・相対権という分類もある。

(1)　権利の対象である利益による分類

権利の対象である利益の2大分類は，財産的利益と人格的利益である。これに応じて，財産権と人格権という権利の2大分類が導かれる。

§1　AⅡ

（ア）　財産権は，財産的利益を客体とする権利であって，原則として譲渡や相続の対象となる。客体である財産的利益の帰属の範囲と支配の程度に応じて，さまざまな財産権が存在する。客体の全面的帰属と全面的支配を内容とする所有権，客体の部分的帰属と支配を内容とする種々の用益物権（地上権，永小作権，地役権等），目的物の交換価値からの優先弁済権能を帰属内容とする担保物権（抵当権，質権等），客体の帰属と支配に関して時間的限定がある無体財産権（著作権，特許権等）などである。また，ある者の行為（債務者の給付）を介して財産的利益を確保する債権も財産権に分類される。

（イ）　人格権は，人格的利益を客体とする権利であって，譲渡や相続の対象にならない。ただし，人格権侵害から損害賠償債権が発生する場合には，それは財産権であって，譲渡や相続の対象になる。人格権の客体の中核に位置づけられるのは，身体とそれが体現する生命・健康という価値・利益である。フランス民法には，人間の尊厳に対する侵害の禁止と身体の不可侵性を定める規定がある（16条以下）。日本民法には同種の規定はないが，身体が保護法益であることは明示的に認められている（710条）。この中核を取り囲んで多様な人格的利益が存在し，その法的保護の範囲が問題になる。そのうち一定のものは法律によって保護法益性が認められ（自由・名誉〔710条〕，著作にかかわる人格的利益〔著作者人格権，著作17条1項参照〕など），さらに一定のものは判例によってその保護が認められている（プライバシー権，氏名権，肖像権，平穏生活権，自己決定権等。その全体について五十嵐清・人格権法概説〔2003〕参照）。人格権は，まさに生成途上にある権利である。

（ウ）　以上のほか，一定の家族関係から生じる非財産的利益に関する権利である身分権，社団法人の社員が社団に対して有する包括的な利益に関する権利である社員権が，この利益による分類に含められることが多い。

(2)　権利の作用による分類

一般に支配権・請求権・形成権・抗弁権がこの分類に含められる。

（ア）　支配権は，権利者の意思だけで権利の内容を実現することができる権利である。財産権のうちの物権と無体財産権がこれに属する。これらの権利への侵害があると，不法行為に基づく損害賠償債権のほかに，妨害排除請求権等による差止めが救済として認められる。人格権もまた支配権に属すると言われる。しかし，人格権の場合には，保護法益の中核である身体（生命・

〔吉田〕　113

§1 ＡⅡ　　　　　　　　　　　　　　　　　　第1編　第1章　通　則

健康）以外の人格的利益を対象とするものの中には，侵害の有無を他の利益との衡量に基づいて判断する衡量型の権利が少なくない。そのような権利については，差止めという救済についても，衡量の結果でないと認められないことが多い。

　(イ)　請求権は，ある者が他の者に対して一定の行為をなすことを請求しうる権利である。債権という一定の利益帰属を内容とする権利をここに入れる見解もあるが（四宮25頁），請求権概念を，所有権を始めとする各種の物権や債権という利益帰属を内容とする権利が侵害された場合にその救済手段として認められる権利（損害賠償請求権や差止請求権。また不当利得返還請求権）の意味で用いる見解もある（広中126頁以下）。この見解の下では，請求権は，利益帰属を内容とする権利（地位的権利）の救済に資する道具的権利という位置づけになる。履行請求権もここに入ってくるであろう。

　(ウ)　形成権は，権利者の一方的な意思表示によって法律関係の変動を生じさせることができる権利である。取消権，解除権，追認権，認知権などがその例とされる。法律関係の変動は関係当事者の合意に基づくというのが，近代法の大原則である。形成権は，この原則に対する例外をなすから，基本的には法律の規定がある場合に限って認められる（なお，契約に基づいて形成権が認められる場合には〔たとえば売買の予約完結権〕，原則に対する例外には当たらない）。

　(エ)　抗弁権は，請求権の反対の権利であって，請求権の行使に対抗して給付を拒絶しうる権利である。請求権を消滅させるものではなく，その作用を一時的または永久に阻止する権利である。同時履行の抗弁権（533条），保証人の催告の抗弁権（452条）および検索の抗弁権（453条）などをその例として挙げることができる。

　(3)　管　理　権　限

　財産的事務の処理をなしうる権利を管理権という。管理権は，他人の財産の事務処理について問題になることが多いが，自己の財産に関する事務処理についても観念することができる。ここでの「管理」は，財産の保存・利用・改良だけではなく，処分をも含む広い観念である。

　管理権は，上記の権利の分類にうまく入らない。一定の利益帰属を内容とするわけではないし，権利の作用と言えるかも明らかではないからである（管理権は，それが対象とする権利の外部に位置づけられる）。そこで，管理権につい

114　〔吉田〕

ては別建てで分類する見解が提示されている（広中 131 頁以下。なお，管理権概念の彫琢に大きな役割を果たしたのは，於保不二雄・財産管理権論序説〔1954〕である）。その上で，「権利」ではなくて，「権限」あるいは「権能」という言葉が用いられることもある。

III　公共の福祉

本条項は，私権が「公共の福祉に適合しなければならない」旨を定める。そこで次に，①「公共の福祉」とは何か，②公共の福祉による権利制限の意義をどのように捉えるべきかが問題になる。

1　公共の福祉とは何か

大別すると 2 つの系列の理解が存在している。

第 1 は，本条項を私権の社会性を宣明する規定と捉えつつ，公共の福祉を社会全体の利益と把握するものである。「公共の福祉とは，要するに，社会共同生活の全体としての向上発展である」と説く見解がその典型である（我妻 34 頁）。この見解の下では，社会全体の利益に反する権利行使がその効力を否定されることは，現代における私権の本質として当然の事理に属するものとされる（我妻 34 頁。四宮 29 頁もほぼ同旨。近時において，公共の福祉を社会全体の利益と理解している著作として，河上 14 頁，山田卓生ほか・民法 I ──総則〔4 版，2018〕21-22 頁〔安永正昭〕，佐久間 446 頁などがある）。共同体社会の共通利益だけでなく国家自体の利益を挙げる見解もある（潮見 12 頁）。これらの見解においては，公共の福祉は，個人の権利と対立しそれに外在的な社会・国家の利益という意味で捉えられている（権利外在的制約説）。

第 2 は，公共の福祉を個人間の権利の衝突を調整する基準として理解する見解である。たとえば，「公共ノ福祉ニ遵フ」の意味を，「ある権利のみでなく対立する他の権利との調和をはかること，一個人の権利が多数人の合理的な利益に反する場合には，後者を優先させること」と理解する見解（星野 73 頁），権利者と利害の対立する他人が多数であればあるほど「権利の社会性」が意識されやすいが，他人が 1 人であっても権利者との利害の対立が社会生活上生じるものである以上権利の社会性が問題になることに変わりはないという認識に立ちつつ，公共の福祉という概念を「権利者の権利と他人の権利

〔吉田〕　115

§*1* A Ⅲ 　　　　　　　　　　　　　第1編　第1章　通　則

が衝突・対立する場合に，権利者と他人の利益状況を勘案しつつ，衝突・対立を調整する規準」として理解する見解（石田(穣)68頁。星野説とは異なり，「多数人」というファクターを出さない）などがある。この延長線上に，私権と対立しこれに優越する意味での国家・公共の利益という意味で公共の福祉を理解することを否定し，「私権がその認められるべきそれぞれの限界内において相互に妥当な調整を受けている状態（そのような意味での社会調和）を意味する」と理解する見解が提示される（須永20-21頁。近時の文献としては，大村・読解11-12頁，平野10頁などがこの系譜に属する）。ここでは，公共の福祉は，権利内在的な調整基準として捉えられる（権利内在的制約説）。

　公共の福祉概念については，憲法学上活発な議論がある（その整理として，芦部信喜〔高橋和之補訂〕・憲法〔6版，2015〕98頁以下参照）。憲法学においては，一元的内在制約説と呼ばれる見解が通説的地位を占めてきた（ただし，近時では批判も少なくない）。この見解は，日本国憲法における公共の福祉を，「人権相互のあいだの矛盾・衝突を調整する原理としての実質的公平の原理」と理解する（宮沢俊義・憲法Ⅱ〔1959〕230頁）。上記の権利内在的制約説は，この見解の民法学ヴァージョンと理解することができよう。これとの対比で言えば，先の権利外在的制約説は，基本的人権はすべて公共の福祉によって制限されると説く憲法学における一元的外在制約説（戦後初期の通説）と響き合うものがある。

2　公共の福祉条項の意義をめぐる学説の展開

　公共の福祉による権利制限を認める本条項に関しては，その立法論的是非を含めた評価について，立法過程においてすでに厳しい対立が存在した。このことは，先に触れたところである。この対立は，その後の学説の展開において再現する。本条項の積極的意義を認める学説も有力に提示されたが，優勢だったのは，その意義を認めることに消極的さらには否定的な学説であった。近時においてはさらに，公共の福祉の内容の再定義を目指す学説も提示されている（学説の整理については，宗建明「日本民法における『公共の福祉』の再検討(1)──『市民的公共性』形成の試み」北法52巻5号〔2002〕1535頁以下参照）。

(1)　積　極　説

　まず，積極説を説く代表的見解によれば，法の目的は，社会全体の向上発展であって，近世の個人主義的法思想が私権の絶対不可侵性を強調したのは，

§1 A III

そうすることによって社会全体の向上発展が図られると考えたからであった。19世紀末からの富の遍在によってそれが不可能となった以上，私権の社会性・公共性を確認することこそが社会全体の向上発展にとって必要となる。公共の福祉は，このような私権の社会性の原理を宣明するものに他ならない（我妻32-33頁）。また，人間の自利心の無限の伸張に伴う公共的利益との対立の深刻化に，「公権力による公共的利益の擁護と推進が要請される」根拠を求めようとする見解もある（新版注民(1)64頁〔田中実＝安永正昭〕）。

もっとも，上の我妻説においても，現実には，公共の福祉の性急な適用に慎重な姿勢が採られている。日本においては，近代の個人主義的法思想がいまだ充分に徹底していない分野があり，そのような分野においては，公共の福祉によって私権の持つ「第一段の使命」を犠牲にするおそれがあるからである（我妻34頁）。

(2) 消極説・否定説

我妻説における公共の福祉の積極的評価と適用における慎重性という2つの側面のうち，その後の学説に継承されたのは，基本的に後者の側面であった。たとえば，幾代通は，認識のレベルにおいて19世紀後葉以降の社会的・経済的事情の変化に伴って公共の福祉の理念が次第に高唱されるようになっていることを示しつつ，しかし，日本においては，「『公共の福祉』という理念を性急・軽率に適用することは，社会全体の真の幸福や進歩を阻害するおそれなしとしない」として，適用に慎重な姿勢を取る（幾代13頁。基本的に同様のスタンスを採るものとして，星野73-74頁）。

消極説には，本条項の実用法学的意義の乏しさを強調し，これと濫用の危険を組み合わせる形で本条項の意義を消極的に評価するものもある。たとえば，鈴木禄弥は，本項の直接適用がないと解決不能な事案はまずないことを指摘しつつ，本項を強調しすぎると，公益が私益に優先するという考え方が危険な形でその適用範囲を推し拡げられるおそれがあるから，本項は自明のことを念のために明記したにすぎず，本項の存在は，あまりこれを重視すべきではないと説く（鈴木349-350頁。米倉5-7頁も基本的に同旨を説く。そこでは，権利濫用法理や信義誠実の原則で解決可能であることが強調されている。近時の文献としては，河上13-14頁，判例民法6-7頁〔宮下修一〕など）。

なお，近時の文献においては，公共の福祉にほとんど触れないものも少な

〔吉田〕　117

§*1* A Ⅲ　　　　　　　　　　　　　　　　第1編　第1章　通　則

くない（内田362頁・488頁，山本619頁など）。これも，本条項に対する消極的
姿勢の現れと見てよいであろう。

　消極説の中には，本条項の意義自体を否定的に評価するものもある。それ
は，本条項の適用自体を明示的に否定するものではないが，立論を延長すれ
ば，本条項の適用否定に至る性格の議論である。たとえば，川島武宜は，本
条項は解釈如何によってはファシズム体制の思想的根拠になりうることを指
摘する（川島50頁。渡辺洋三・現代法の構造〔1975年〕125頁も同旨を説く）。五十
嵐清も，本条項にファシズムへの道の危険性を認め，「本項は民法上は直接
に適用されることはほとんどない」と主張する（五十嵐ほか18-19頁）。また，
本条項には，憲法の保障する財産権を制約するものとして憲法違反の疑いが
あるとも解されかねないことを理由に，公共の福祉を理由とする安易な私権
制限をしないように留意すべきと説く見解もある（辻31頁）。

　このような消極説さらには否定説が多く提示された背景には，公共の福祉
の理念が，とりわけ権利濫用法理適用の領域で，現実にやや「安易な私権制
限」をもたらしていたという事情があった。そこで具体的に問題となってい
たのは，土地所有権の行使を権利濫用法理によって制限するという裁判例の
動向である。

　(3)　**新たな動向：内容の再定義**

　近時，消極説・否定説とは異なる方向で，公共の福祉の問題性に対応しよ
うとする見解が提示されるようになっている。その方向とは，公共の福祉の
内容の再定義である。

　その代表的見解である広中説は，本条項の命題が民法上の命題であること，
すなわち民法においても「公共」が問題になることを確認した上で，しかし
ながら，「公共」が問題になるのは，民法上の特定の分野，具体的には生活
利益法および競争利益法（いわゆる外郭秩序にかかわる法）に限られるとの理解
を打ち出す。広中によれば，「公共の福祉」は，地域住民に一定の生活利益
を供する環境（生活利益法）あるいは公正な競争の存在によって関係事業者な
いし一般消費者に競争利益を供する環境（競争利益法）からの各個の（かつ）
共同の利益享受のなかに見出されるものに他ならず，その意味で，「私益」
に対する「公益」の優先あるいは「各個を超越した全体」の利益を説いた団
体主義・全体主義とはまったく無縁のものである（以上，広中135-137頁）。こ

118　〔吉田〕

の「公共」の理解は，現代社会における民法学の課題を探る理論的試みに受け継がれた（吉田克己・現代市民社会と民法学〔1999〕179頁以下・244頁以下・267頁以下）。そこでは，このような「公共」の内容を把握する概念として，「市民的公共性」が打ち出されている。

広中説は，「公共」が問題となる領域を外郭秩序に限定するわけであるが，その後，この限定を批判し，公共の福祉に民法全体を指導する意義を認める見解が提示されてくる（宗・前掲論文(5・完)北法53巻3号〔2002〕。広中による限定に批判的な視点は，池田・前掲論文117頁，大村・読解12頁にも見出される）。この見解のもとで，公共の福祉は，民法の調整対象としての市民にかかわる公共性，すなわち私人が属する共同生活などパブリックにかかわる公共性（市民的公共性）と把握される（宗・前掲北法53巻3号629頁）。公共の福祉は，市民社会に内在する民法内在的原理と把握されるわけである。

このような公共の福祉の再定義の下では，権利濫用法理の適用についても新たな理解が導かれる。広中説の下では，生活利益保護のために一定の土地利用行為について権利濫用との評価をした上で差止請求を認めるなどの裁判例の方向が積極的に評価される（広中159頁）一方で，土地所有権妨害に対する妨害排除請求権を権利濫用法理によって否定することは，原則として認められない（広中164-165頁）。宗説の下でも，権利濫用法理適用の客観的基準として国家行政の利益および大企業の国家経済の復興への寄与などを含めることが批判され，客観的基準を市民的公共性に限定すべき旨が主張される（宗・前掲北法53巻3号630-631頁）。

3　裁判例における公共の福祉の機能その1：土地所有権行使の制限

裁判例において，公共の福祉は，まずもって土地所有権の行使を制限する原理として現れる。もっとも，公共の福祉による直接の権利制限は，存在しないわけではないが，例外的である。公共の福祉は，一般的には，権利濫用法理を介して土地所有権の行使を制限する。そこで公共の福祉が体現しているのは，基本的には政治的経済的利益である。しかし，萌芽的ではあるが，公共の福祉が生活環境等の市民的利益を表現するという動向も見出すことができる。

(1)　権利濫用法理を通じた公共の福祉の考慮

権利濫用の禁止は，戦後の民法改正によって明文化される以前から，判例

§1 A Ⅲ   第1編 第1章 通 則

の法形成によって認められてきた法理である。土地所有権の領域におけるその適用には，日本的とも言える特徴があった。いわゆる客観説に立ちつつ，無権原占有者との関係であっても権利濫用法理の適用を認めることである。そのような帰結を導くに当たって，公共の福祉の理念が重要な役割を果たした。

　権利濫用法理を適用した最初期の重要判例である宇奈月温泉事件判決（大判昭10・10・5民集14巻1965頁）は，無権原占有者に対する妨害排除請求について害意が認められる事案にかかわるものであったが，主観的要件とともに客観的要件を掲げて権利濫用法理の適用を認めた。その後，無権原占有者に対する関係で，権利濫用という構成を明示しないものの，当事者間さらには社会一般の利益状況の客観的比較に基づいて妨害排除請求を否定する判決がいくつか続く。他人の土地の地下に無権原で敷設された発電所用水路隧道の除去請求を否定する判決（熊本発電所建設事件。大判昭11・7・17民集15巻1481頁）や，無断での鉄道線路敷設工事に対する土砂の除去請求を排斥する判決（高知鉄道線路敷設事件。大判昭13・10・26民集17巻2057頁）などである。後者の判決は，埋立土砂の除去を強行すれば，「同地方ニ於ケル重要交通路ニ長期ニ亙リ著シキ不便ト危険ヲ招来シ一般公共ノ利益ヲ阻害スルコト甚シ」い結果になるとして，公共的観点から権利行使を否定している。

　客観説の具体的適用に際しては，国家政策遂行という政治的観点も公共の福祉の内容をなすものとして有力な論拠となった。戦後の代表的権利濫用判決である板付基地事件判決（最判昭40・3・9民集19巻2号233頁）がそのような例を提供する。国が所有者から賃借して空軍基地用地として米軍に対して提供していた土地について，契約期間が満了したので，所有者から国に対してその返還を求めた，という事件である。民法の論理であれば当然に認められるはずのこの請求が，権利濫用法理によって排斥された。最高裁は，「原状回復を求める本訴のような請求は，私権の本質である社会性，公共性を無視し，過当な請求をなすものとして，認容しがたい」と述べている。

　権利濫用法理は，西欧法においてももともとは権利行使者の不当利益獲得意図や詐害の意思などの主観的事情があって初めて適用が認められるものであった（フランスにおける判例，ド民226条）。これらの国においてもその後客観説が有力になっていくが，フランスに即して言えば，客観説の適用は，近隣妨

120　〔吉田〕

害法理という形を採り，近隣者間のニューサンス的なトラブルに限定される。つまり，ここでの問題は，権利者対権利者の利害調整であり，日本のように無権利者との関係で権利者の権利行使を否定するということではない。権利者対無権利者の関係は，境界線を越えた建物建築や工作物建造という形での所有権侵害ケースにおいて問題になるが，ここでは，権利濫用法理の適用を受けることなく所有権に基づく越境した建造物等の撤去請求が認められる（越境建築法理）。その厳格さは時として批判されることもあり，それを緩和しようとする立法提案もある（ペリネ＝マルケ物権法改正草案539条）。しかし，この厳格な解釈の根拠にあるのは，公益事由に基づき，かつ，事前の補償を受けることなしには所有権譲渡を強制されることがないと定めるフランス民法545条の考え方である。私的収用を否定するこの原則自体には，批判はない。越境建築を許容するならば，私的収用を事実上認めることになるので，それは，厳格に禁止されるのである。

　近隣者間における権利者対権利者の利害調整において問題となるのは，近隣者との関係で一定の権利行使を違法化することである。これとの対比で日本の権利濫用法理の適用を特徴づけるならば，それは，無権原占有などの侵害行為の事実上の適法化に他ならない。日本の権利濫用法理は，このようにして，一種の私的収用の機能を果たすことになった。それは，権利によって確保されているはずの利益＝財貨の帰属それ自体を否定する意味を持つ。フランスの越境建築法理においては，およそ考えられない解決である。「権利濫用法理の濫用」あるいは公共の福祉の「所有者階層化機能」（原島重義・市民法の理論〔2011〕257頁以下）として厳しい批判の対象になったのは，このような事態である。この方向での解決を導くに際して大きな役割を果たしたのが，公共の福祉あるいは公共性の考え方であった。

(2)　公共の福祉の直接の考慮

　上記の裁判例において，土地所有権行使を制約するために，公共の福祉が直接に援用されるわけではない。それは，権利濫用法理の背後にあってそれを導く機能を果たしているにすぎない。これに対して，公共の福祉に基づいて直接的に権利行使の制約を認める裁判例は，ほとんど存在しない。そのような稀少な例を提供するのが，いわゆる天の川えん堤放流請求事件判決（最判昭25・12・1民集4巻12号625頁）である。

§*1* A Ⅲ   第1編 第1章 通 則

この事件において，Xは，流材のための河川使用権を有することの確認を
求めるとともに，電力会社であるYに対して常時流材するに足りる水量を
ダムから放流することを求めた。原判決（大阪高判昭23・6・14民集4巻12号
641頁）は，Xの河川使用権を認めつつ，放流を認めると「現在我が敗戦後
の経済の復興再建に強力な役目をなす三大重要産業の一つである電力事業に
大きな障害を与える」ことを踏まえて，「X等の河川使用権は所有権のよう
に完全な不可侵的独占的の権利ではな……いから，X等は同じ流水における
X等の使用権よりもはるかに公益上必要である他の河川使用権であるYの
発電を目的とする使用権に対しては原則として譲歩することを必要とし，Y
の河川使用権の行使によって受ける権益の侵害がX等の死活に関する様な
特に甚大のものでない限りこれを忍受しなければならぬ義務があるものとい
わなければならぬ。このことは国民に基本的人権の濫用を禁止し公共の福祉
のために利用する責任を負わせた憲法の精神からいっても当然で」あると判
断した。最高裁は，この原判決の判断を支持したのである。

電力需要充足のための発電の重要性は否定できないであろう。しかし，だ
からといって，Xの河川使用権行使が何の手続もなく否定されてよいという
ことにはならないはずである。ここでも，公共の福祉を根拠とする事実上の
私的収用がなされていることになる。

(3)　市民の生活利益の保護と公共の福祉

以上(1)および(2)で見た裁判例においては，国家政策遂行という政治的観点
や企業活動確保という経済的観点からの権利濫用法理の適用が問題となって
いた。これに対して，市民の生活利益確保の観点から権利濫用法理の適用が
問題になった裁判例もある。市民の生活利益は，これを公共の福祉と位置づ
けることも可能である（市民的公共性）。しかし，これらの裁判例では，公共
の福祉は援用されず，直ちに権利濫用法理の可否が問題になっている（以下
に掲げる裁判例のほか，池田・前掲論文109-112頁に紹介されている裁判例も参照。池田
は，そこで「近隣的公序の形成」を語っている）。

まず，名古屋地裁昭和40年10月16日判決（判時450号41頁）は，電話施
設等（電柱）撤去請求の権利濫用性が問題となった事例である。X所有の本
件土地上にY所有の電柱が設置されていたので，Xがその撤去を求めたと
いう事件であるが，①電柱はXの前主の希望で30年以上前から設置されて

122　〔吉田〕

いたものであること，②電柱はいずれも道路敷地の側端に設置されているものであって，これを存続させても本件土地の使用に支障を与えることがほとんどないこと，③これらの電柱を撤去して他に移転することは本件土地附近の地形上極めて困難であることなどの事情を認定した上で，④さらにこのような送電施設および電話施設を撤去することが本件土地附近の住民に対し生活上重大な影響を及ぼすことを強調して，撤去請求の権利濫用性を認めた。附近住民の生活上の利益を擁護するという観点から土地所有権の行使が制約されたのである。

次に，最高裁昭和43年11月26日判決（判タ229号150頁）は，土地所有権に基づく同土地上の工作物（配水管等）の撤去を求めることの権利濫用性が問題となった事例である。最高裁は，次のように判示して，権利濫用性を認めた。「Xが右配水管等の撤去によって受ける利益は比較的僅少であるのに，右配水管等の設備は，仙台市の南地区市民約7万人の利用のため巨額の資金，多数の日子を費し，敷設，掘鑿され，これを連繋する大規模な総合水道幹線の枢要部分を形成し，これを撤去して，原状に回復し，新たに替地を求めて同一設備を完成するには相当多額の費用と日子を要するばかりか，右撤去によって，給水の機能が停止し，近い将来その再現は望みえず，市民一般に不測かつ重大な損害が生ずる。したがって，Xの本訴請求は権利の濫用であるというのである。そして，この原審の認定判断は，原判決挙示の証拠関係に照らして首肯できる」。ここでは，上記の名古屋地裁判決における「附近の住民」よりも広い範囲の市民一般の利益の擁護が問題となっており，それを擁護するために，権利濫用法理が適用されている。

以上の裁判例においては，実質的には公共の福祉が問題になっていたと評価することができる。しかし，それは明示されることはなかった。それに対して，明示的に，自然環境保全の観点から公共の福祉による土地所有権の制約の可否が争われた事件がある。横浜地裁平成23年3月31日判決（判時2115号70頁）である。

Yは，自己所有地に土砂を受け入れる処分場を建設する事業を計画し，これに伴ってその事業対象地内に流れる川の谷戸部に広がっていた神奈川県最大規模の平地性湿地（北川湿地）が埋め立てられることになった。これに対して，周辺住民らが，この湿地の保全等を目的として，Yに対して人格権等

§1 A III　　　　　　　　　　　　　　　　　　　第1編　第1章　通則

に基づいて本件事業の差止めを求めたのがこの事件である。北川湿地ほか
11名が原告となっており，「北川湿地」に原告としての当事者能力があるか
についての判断が関心を集めた（当事者能力は結局否定された）。しかし，ここ
では，Xが「土地所有権の公共の福祉による制約の法理」を展開した点に注
目したい。次のように主張する。「Yは，本件事業を，事業対象地の所有者
として実施する。近年，人々の生活に身近な場所でも，長年自然環境が保た
れている場合には，地域独自の豊かな生物多様性がそこに育まれていること
が認識されるようになった。そして，これらの生物的自然遺産は，人類にと
ってかけがえのない財産であることが理解されるようになり，そのような認
識が地球規模で共通化したことにより，生物多様性条約が発効し，さらに我
が国で生物多様性基本法が制定され，それに基づく具体的政策が策定された。
したがって，現在，土地所有者は，生物多様性を保全する方法により土地を
利用すべき義務を負うことになったといえる。……したがって，Yが本件事
業を実施することは公共の福祉に適合しないため，土地所有権の内在的制約
により許されない」。

　しかし，この主張は，次のような根拠で否定された。憲法29条に基づい
て「土地所有権を含む財産権が公共の福祉のもとに制約されるとしても，そ
れは，立法に基づき，内在的制約や消極的規制，積極的規制に服することを
意味するのであって，公共の福祉による制約の法理をもって，私人であるX
らの差止請求権を根拠付けることには無理があるといわざるを得ない」。

　Xの主張は，明示してはいないが，憲法29条を根拠とするものではなく，
公共の福祉に関する本条項を根拠とするものと解される。その意味で，この
判決は，Xの主張にきちんと応接していない。たしかに，公共の福祉による
制約の法理から差止請求権を根拠づけることは簡単ではない。権利濫用法理
を介して差止請求権を導くにも，権利濫用法理によって積極的な権利発生を
根拠づけることができるのかという問題がある。ここには，多くの法理論的
課題が残されている。しかし，判例は，他方で，国家的利益や経済的利益が
問題となる場合には，公共の福祉を介した権利濫用法理による土地所有権行
使の制約をかなり安易に認めていた。それは，私的収用と評価すべきもので
あって，そこでは財貨の帰属それ自体が否定されていた。それと比較すると
き，自然環境の保全という市民の生活利益にかかわる上記ケースにおいては，

124　〔吉田〕

§1 A III

公共の福祉による土地所有権の制約がなされたとしても，財貨の帰属自体が否定されるわけではなく，権利のもう1つの側面である支配（土地所有権においては自由な使用収益）が制約されるだけである。この2つの問題領域における裁判例の態度は，バランスを失している。価値判断としては，この2つの領域における解決は，むしろ逆転すべきものであろう。

4 裁判例における公共の福祉の機能その2：違法性判断の考慮要素

公共の福祉は，以上で見た土地所有権の制限機能のほかに，不法行為の成否や差止請求権の成否を判断する際に，その考慮要素とされることがある。ただし，その機能の仕方は，不法行為成立に傾く方向で働く場合と，反対に不法行為否定の方向で働く場合とがある。

(1) 侵害行為の違法性を導く公共の福祉

ある行為について不法行為の成否が問題になる場合に，当該侵害行為が憲法上の権利として自由な行使を保障されるべきものではないかが問題になることがある。典型的には表現の自由である。しかし，表現の自由も，行為態様によっては公共の福祉による制約を受け，違法となる。近時の例として，いわゆるヘイト・スピーチに関する大阪高裁平成26年7月8日判決（判時2232号34頁）がある。同判決は，「本件活動は，Xの本件学校における教育業務を妨害し，Xの学校法人としての名誉を著しく損なうものであって，憲法13条にいう『公共の福祉』に反しており，表現の自由の濫用であって，法的保護に値しないといわざるを得ない」と判示している。

もっとも，そのような自由にもおのずから内在的限界があると考えれば，公共の福祉を援用せずに直ちに侵害行為の違法性を導くこともできる。そのような例を，京都地裁平成24年12月5日判決（判時2182号114頁）が提供する。Xは，表現の自由・政治活動の自由も，公共の福祉による制約を受けると主張したが，判旨は，公共の福祉に触れることなく，「Yの街宣活動等は政治活動の自由として許容される範囲を逸脱したものといえる」として，当該行為の違法性を肯定した。

憲法上の権利に限らず，一般的に権利行使と評価しうるような行為でも，公共の福祉に反することを理由に違法とされることがある。近時の例を挙げると，東京地裁平成25年11月6日判決（判タ1401号174頁）は，一般論として，「権利の行使といえども，公共の福祉に反してされる場合には権利の濫

〔吉田〕　125

§1 A III 第1編 第1章 通 則

用に当たり得る」と述べ，濫用的な目的での民事再生手続開始の申立てを違法とした。本条項が明示的に援用されているわけではないが，公共の福祉に基づいて権利行使を制限しており，本条項の事実上の適用例と評価することができる。

(2) 侵害行為の違法性判断の基準を高くする公共性

　ある行為について不法行為の成否が論点になる場合に，当該侵害行為に公共性があることが受忍限度判断の基準を高めるのではないかが問題とされることがある。騒音公害訴訟において問題となることが多い。この領域における基本判例である大阪空港訴訟大法廷判決（最大判昭 56・12・16 民集 35 巻 10 号 1369 頁）は，「侵害行為の態様と侵害の程度，被侵害利益の性質と内容，侵害行為のもつ公共性ないし公益上の必要性の内容と程度等を比較検討する」ことによって，公共事業が第三者との関係で違法な権利法益侵害となるかを判断すべきものとしている。ここでは，公共性は，侵害行為に関する違法性判断の基準を高くしてその判断を厳格にする機能を担わされている。

　その後の裁判例は，この一般論に依拠した具体的違法性判断を行っている。そこでは，公共性が違法性判断の基準を上げることを前提としつつも，公共性が原則として違法性を阻却するということはないことが強調されている。一例として横田基地騒音公害訴訟控訴審判決（東京高判昭 62・7・15 判タ 641 号 232 頁）を見てみると，判旨は，侵害行為に公共性がある場合には受忍限度が高められ，「特別の受忍限度」になるものとしつつ，「公共性は受忍限度を若干高める事由にはなるが，公共性の程度が高ければどれだけ受忍限度を超えても原則的に違法にならないなどということはない」と判示する。これは，本件空港の高度の公共性を主張し，「私益対私益の対立の場合と異なって，公益対私益の対立の場合は私益の侵害の結果が発生しても原則として適法である」として，「公共性は全部的違法性阻却事由である」とする Y の主張を斥けるものである。このようにして，侵害行為に公共性が認められる場合であっても違法性が肯定される場合はありうることになる。事案における具体的判断においても，騒音が受忍限度を超えていることが認められ，X の損害賠償請求が一部認容された（この判断は，最高裁においても維持された。最判平 5・2・25 判タ 816 号 137 頁）。

　この類型の裁判例では，公共の福祉ではなく公共性が語られる。既存の権

利の制約が問題となるのではなく，新たな権利利益の法的保護の可能性を制約することが問題となっているからであろう。ともあれ，ここでの公共性は，原告が損害賠償請求権および差止請求権の根拠として主張する人格権や環境権を否定する。あるいはその承認のハードルを高くする方向で機能する。公共の福祉による権利制限と，問題の局面は異なるが，同じ方向性において公共性が機能することになる。

(3) 被侵害法益と公共の福祉

以上の裁判例は，すべて侵害行為側で公共の福祉または公共性が機能するものであった。これに対して，数は少ないものの，被侵害法益の要保護性を根拠づけるために公共の福祉が援用される場合もある。

具体的例として，公害等調整委員会平成24年9月10日裁定（判時2167号22頁）におけるXの主張を挙げておく。この事件は，工事現場付近に居住していた夜勤労働者であるXが，工事騒音により健康被害を受け，転居を余儀なくされたなどと主張して，損害賠償を求めたものである。Yは，騒音規制基準を遵守しているなどと主張した。これに対して，Xは，「規制基準の範囲であれば生活環境を損ねる権利があるかのような考えは，公共の福祉に反するものである」と主張した。裁定は，「そのような特殊な生活状況にある者の存在を具体的に認識し得る立場にあ」ることを前提に，そのような者の事情にも配慮することが，「国民の生活環境を保全し，健康保護に資することを目的とする騒音規制法の理念にも適うものである」と判断して，損害賠償請求を認めている。公共の福祉を明示してはいないが，「国民の生活環境」を援用することで，事実上公共の福祉に配慮していると評価しうる裁定例である。ここには，加害者の権利主張を制限して保護法益の要保護性を高める方向で作用する公共の福祉を見出すことができる。

この延長線上に，端的に加害者の注意義務を高めるために公共の福祉の理念が援用されるという裁判例を位置づけることができる。たとえば，京都地裁平成12年10月16日判決（判時1755号118頁）は，施工業者には「建物についての安全性確保義務」があることを認めた。そして，これを導くために，「なぜなら，これは生命・身体・財産の保護と公共の安全が図られる建物の建築を請負うべき社会的責任のある建築業者としては，当然尽くすべき基本的な注意義務と解されるし，建物の注文者も，建物を取り巻く社会環境もこ

§*1* A Ⅲ   第1編 第1章 通 則

れを期待していることはいうまでもないからである」と述べるのである。こ
こでの「公共の安全」は，被害者の権利拡大の方向で機能するが，当然に公
共の福祉の理念に連なるものである。この方向性は，後のいわゆる別府マン
ション事件の上告審判決（最判平19・7・6民集61巻5号1769頁）と再上告審判
決（最判平23・7・21判タ1357号81頁）に受け継がれることになる。なお，こ
こでは，建築基準法が，「国民の生命，健康及び財産の保護を図り，もつて
公共の福祉の増進に資する」ことを目的として，建築物の構造，設備等に関
する「最低の基準」を定めている（建基1条）ことも想起される。

5 裁判例における公共の福祉の機能その3：その他

以上の機能に尽くされない公共の福祉も裁判例において見出される。次の
2つを挙げておく。

(1) 公序良俗の内容形成

法律行為の目的が公共性の実現を阻害するとして，その契約が公序良俗に
反すると判断した裁判例として，千葉地裁昭和60年12月26日判決（訟月
32巻11号2538頁）がある。新東京国際空港の滑走路の進入表面上に突出して
建築された鉄塔の共有特分権を145名に売却した行為の効力が問題となった。
判旨は，そのような売買は，「既に巨費を投じた極めて公益性の高い本件空
港の開港を阻止するため」のものであり，「私権の社会性，公共性を唱った
民法第1条の趣旨に悖るものといわざるを得ないから法秩序の基底にある正
義の観念に反し，公序良俗違反として無効といわなければならない」と判示
している。

本来，契約を締結することは個人の自由に属するところ，公共性の観点か
らそのような自由を制約する解決を採るということで，本条項の趣旨が援用
されたのであろう。しかし，契約自由を公共的配慮で制約する役割は，民法
90条の公序良俗法理が担っているはずで，本件においても，結局は，公序
良俗違反で契約の無効が導かれている。本条項の援用は，その判断のために
不可欠というものでもなかった。

(2) 消滅時効援用の否定

公共の福祉を引きつつ消滅時効援用を否定した判決として，福岡地裁平成
元年4月18日判決（判タ699号61頁）がある。予防接種被害に基づく国家賠
償請求および損失補償請求に対して国が消滅時効を援用したという事件であ

§1 A IV

り，結論的には，そのような消滅時効の援用は権利の濫用であり許されない
とされた。「公共の福祉のために予防接種を強制し，公益目的を実現してい
るもの」であることなどを考慮すると，犠牲者の救済も国の責務といえるの
であって「消滅時効の援用は著しく相当性に欠く」というのがその理由であ
る。

　予防接種は，公共の福祉に基づいて個人の自由を制約して実施されるもの
である。そうである以上，予防接種実施者には重い責任が認められ，消滅時
効援用が権利濫用になるというのがこの判決の論理である。公共の福祉によ
って権利（消滅時効援用権）の制約が直接に根拠づけられているわけではない
ことに注意しておきたい。

IV　今後の展望

　以上に見てきた学説の展開および裁判例における公共の福祉の機能を踏ま
えて，公共の福祉論の今後を展望するための若干の留意点を述べておきたい。
　①　裁判例における公共の福祉の機能の大きな部分は，権利濫用法理を介
した土地所有権の制限が占めている。そこでは，権利者対無権利者の対抗図
式の下で権利者の権利行使が否定され，事実上の私的収用という事態が見出
される。公共の福祉の内容は，ここでは政治的利益ないし経済的利益であり，
それらが個人の権利に優先する。公共の福祉に関する消極説さらに否定説が
危惧し，批判したのは，まさにこのような事態である。消極説・否定説の批
判は正当というべきであって，この問題領域における公共の福祉は，否定的
に評価されるべきである。不法行為の領域において，違法性判断を厳格にす
る方向で作用する公共性も，その考慮のあり方には慎重な配慮が必要である。
　②　しかし，裁判例を通してみる公共の福祉は，上記にとどまらない内容
を有している。いまだ萌芽的な動向にとどまるとはいえ，市民全体の生活利
益を確保するために土地所有権の行使を制約するという方向での公共の福祉
あるいは公共性も見出されるのである（市民的公共性）。それは，土地所有権
行使の直接の制約という局面でも存在したし，不法行為における保護法益の
強化という局面でも存在した。公共の福祉のこの機能は，消極的に評価する
必要がない。むしろ，積極的に評価して，いまだ萌芽的なものにとどまる動

〔吉田〕　　129

§1 A Ⅳ   第1編　第1章　通　則

向をより明確なものへと方向づけていくことが望ましい（公共の福祉の内容の再定義）。

③　公共の福祉は，基本的には，個人の権利が衝突する場合の調整原理と位置づけるのが適切である（権利内在的制約説の発想）。しかし，上記の②の方向での展開は，必ずしも個人間の権利調整でとどまるものではない。それは，権利外在的な価値による権利制約という性格をある程度帯びてこざるをえないであろう。そこでの公共の福祉の機能には，外在的制約の側面も見出されるということである（権利外在的制約説の発想）。このような理解にあえて名称を付ければ，これら両説の性格を併せ持った「権利内在的外在的制約説」ということになろうか。このような方向は，憲法学において一元的内在制約説に代わって近時有力になりつつある「一元的内在・外在制約説」（西村裕一「人権なき人権条項論」木村草太＝西村裕一・憲法学再入門〔2014〕116頁）と響き合うものがある。なお，ここで外在的制約の根拠となる公共の福祉は，再定義を施されたそれであるということに，十分な注意が必要である。

〔吉田克己〕

B　信義誠実の原則

細　目　次

Ⅰ　はじめに …………………………………132
Ⅱ　信義誠実の原則の展開 …………………132
　1　民法の起草過程 ……………………132
　2　信義誠実の原則の確立 ………………133
　　(1)　学説の展開 ………………………133
　　(2)　判　　例 ………………………134
　3　信義誠実の原則の明文化 ………………135
　4　信義誠実の原則と契約法の動向 ………135
　　(1)　国際的動向 ………………………135
　　(2)　消費者契約法 10 条 ………………136
　5　2017 年（平成 29 年）民法（債権法）
　　の改正 ……………………………137
Ⅲ　信義誠実の原則をめぐる議論動向 ……138
　1　はじめに ……………………………138
　2　制定法と一般条項 —— 機能的分類論 …138
　3　現代契約法と一般条項 —— 関係的契
　　約理論 ……………………………140
　4　国家の介入と一般条項 ——「法化」論
　　………………………………141
　5　裁判例の整理・分類の視角 ……………142
　　(1)　問題志向的な整理・分類 …………142
　　(2)　整理・分類の非固定性・動態性 …143
Ⅳ　信義誠実の原則に関する裁判例① ——
　　正義・倫理的要請による制定法の調整・
　　修正 ……………………………144
　1　本類型の意義 ……………………144
　2　矛盾行為禁止の原則（禁反言） ………144
　　(1)　無権代理行為の効力の否定 ………145
　　(2)　消滅時効の援用 …………………147
　　(3)　法律関係の不存在・無効の主張 …147
　　(4)　期限の利益の喪失の主張 …………150
　　(5)　限定承認をした相続人による受贈
　　　　者としての権利主張 ………………151
　　(6)　賃貸借の合意解除の対抗 …………151
　3　クリーンハンズの原則 …………………153
　4　形式的・外形的な権利の主張 …………157
　5　権利失効の原則 ………………………159
　6　隣接法領域における適用 ………………159
　　(1)　私法における信義誠実の原則 ……159

　　(2)　行政法における信義誠実の原則 …160
　　(3)　民事訴訟における信義誠実の原則
　　　　………………………………161
Ⅴ　信義誠実の原則に関する裁判例② ——
　　契約プロセスにおける当事者の義務 ……161
　1　本類型の意義 ……………………161
　2　契約交渉の不当破棄 …………………162
　3　説明義務・情報提供義務 ………………164
　　(1)　契約の締結に関する説明義務・情
　　　　報提供義務 …………………………164
　　(2)　説明義務・情報提供義務と自己決
　　　　定権侵害 ……………………………165
　4　契約内容の確定と信義誠実の原則 ……166
　　(1)　信義誠実の原則の意義 ……………166
　　(2)　当事者の生命・身体・財産を保護
　　　　する義務 ……………………………166
　　(3)　付随義務としての説明義務・情報
　　　　提供義務 ……………………………168
　　(4)　債務の履行への協力 ………………168
　5　事情変更の原則 ………………………169
　6　契約上の義務と第三者 …………………170
　　(1)　第三者の義務の根拠としての信義
　　　　誠実の原則 …………………………170
　　(2)　抗弁の接続 …………………………171
Ⅵ　信義誠実の原則に関する裁判例③ ——
　　裁判所による政策的目的の実現 …………172
　1　本類型の意義 ……………………172
　2　不動産賃貸借の解除と信頼関係破壊
　　法理 ……………………………173
　3　不動産物権変動の対抗要件と信義誠
　　実の原則 ……………………………174
　4　保証人の保護と信義誠実の原則 ………176
　5　消費者契約と信義誠実の原則 …………177
　　(1)　消費者契約法 10 条 ………………177
　　(2)　ダイヤル Q² サービスにかかる通
　　　　話料の請求 …………………………179
　6　使用者から被用者に対する求償と信
　　義誠実の原則 ……………………………179

〔吉政〕　131

I　はじめに

　本条2項は，信義誠実の原則（信義則）を定めたものである。義務の履行
あるいは権利の行使が信義誠実の原則に従って行われなければならない旨を
定める規定は，各国の民法に見られる。現行の日本民法の規定は，民法典の
冒頭に基本原則として定められている点や，義務の履行だけでなく権利の行
使についても信義誠実の原則の適用を認める点において，スイス民法2条1
項に類似している。

　本条2項は，民法の中でも本条1項および3項とならんでとりわけ一般条
項としての性格が強い条文である。そのため，本条2項がどのような意義と
機能をもつ規定であり，それをどのように評価するべきなのか，それ自体が
非常に大きな問題である。そこで，本注釈においても，日本における信義誠
実の原則の展開を振り返った後（→Ⅱ），信義誠実の原則をめぐって学説がど
のような議論を繰り広げてきたのかを概観する（→Ⅲ）。学説の検討を通じて
信義誠実の原則が適用される諸々の場面を把握するための枠組みを設定した
上で，裁判例において同原則がどのように適用されているのか，最高裁判所
のものを中心にその諸相を明らかにすることを試みる（→Ⅳ〜Ⅵ）。

Ⅱ　信義誠実の原則の展開

1　民法の起草過程

　旧民法財産編330条は，2016年改正前のフランス民法典1134条3項を引
き継ぐ形で，「合意ハ善意ヲ以テ之ヲ履行スルコトヲ要ス」と規定していた。
しかし，現行民法の起草過程において，同条は，329条（「合意ハ当事者ノ明示
及ヒ黙示ノ効力ノミナラス尚ホ合意ノ性質ニ従ヒテ条理若クハ慣習ヨリ生シ又ハ法律ノ規
定ヨリ生スル効力ヲ有ス」）とともに，「当然ノコトデアルトモ言ヘル」という
理由で削除された。起草者は，債務者が債務の本旨に従った履行をしないと
きは不履行であると定めた規定があれば十分であり，329条・330条のよう
な「漠然トシタ規定ハ必要デナカラウト思フ」と述べている（法典調査会民法
議事〔近代立法資料3〕759頁〔富井政章〕）。このような経緯から，現行民法が制
定された当初，信義誠実の原則に関する規定は存在せず，同原則の展開は学

説と判例に委ねられることとなった。

2 信義誠実の原則の確立

(1) 学説の展開

民法の制定後，1910 年代に入ると，主にドイツ法の影響の下で信義誠実の原則に言及する学説が現れるようになる。当初は，債務者による給付，あるいは，債務の履行は信義に従って行われなければならないのかという問題が議論されていた（石坂音四郎・日本民法 第 3 編債権(1)〔1911〕374 頁以下，鳩山秀夫・日本債権法（総論）〔1916〕93 頁以下）。

1924 年に，日本における信義誠実の原則の確立に大きな役割を果たした業績が現れる。鳩山秀夫「債権法に於ける信義誠実の原則」（同・債権法に於ける信義誠実の原則〔1955〕251 頁以下〔初出 1924〕）である。鳩山は，19 世紀末葉以降，個人の自由と意思を基本とする社会観が勢いを失い，社会や国体を基本とする社会観が力を得てきていることを主な理由として，各国において信義誠実の原則が債権法を支配する基本原則として認められるに至っていることを指摘する。そして，条文の数が少ない日本民法では信義誠実の原則に基づいて法を補充する必要性が大きいという認識の下，債権関係の存続中（債務者の給付すべき内容，給付の方法，同時履行の抗弁権，履行遅滞，受領遅滞），債権関係の終了後（不能により債務が消滅した場合の通知義務，賃貸借など継続的契約の終了後の法律関係），契約締結前（契約締結上の過失）の各場面について，信義誠実の原則を根拠とした解釈論を展開している。この論文において，鳩山は，いくつかの問題に関して，従来の自身の見解が法典の字句にとらわれた解釈であったとして改説をしている（ここに鳩山の思想の「転回」を見出すものとして，我妻栄「民法に於ける『信義則』理念の進展」東京帝国大学編・東京帝国大学学術大観──法学部・経済学部〔1942〕〔同・民法研究Ⅱ〔1966〕1 頁以下所収〕）。

信義誠実の原則が債権法を支配する基本原則であるという理解は，鳩山の体系書においても示され（鳩山秀夫・増訂改版 日本債権法（総論）〔1925〕110 頁），当時の学説に定着していく（鳩山のほか，自由法論の立場から信義誠実の原則を論じた，牧野英一・民法の基本問題 第 4 信義則に関する若干の考察〔1936〕，同・民法の基本問題 第 5 契約の本質に関する若干の考察〔1941〕所収の諸論稿も重要な役割を果たした。当時の議論状況については，勝本正晃・民法に於ける事情変更の原則〔1926〕490 頁以下・802 頁以下も参照）。こうした状況の中，信義誠実の原則に関する規定を

§1 B II　　　　　　　　　　　　　　　第1編　第1章　通　則

設けないことを決断した民法の起草者も，同原則について「多数ノ学者ハ債権法ヲ支配スヘキ一大法則トシテ之ヲ是認スル如ク」と述べるに至っている（富井政章・民法原論(3)債権総論上〔1929〕6頁）。

(2)　判　　例

　以上のような学説の展開と時期を同じくして，判例にも信義誠実の原則に言及するものが現れる（戦前の判例について詳しくは，林信雄・転形期における私法理論——信義誠実の原則に関する一研究〔1938〕，同・判例に現はれたる信義誠実の原則〔1940〕，同・法律における信義誠実の原則〔1949〕85頁以下，菅野耕毅・信義則および権利濫用の研究〔1994〕42頁以下を参照）。

　リーディング・ケースと位置づけられるのが，大審院大正9年12月18日判決（民録26輯1947頁）である。同判決は，買戻しの特約付きで不動産を売却した売主が，買戻権を行使しようと相手方に契約費用の金額を照会したところ返事が得られなかったため，契約費用を11円だと推定し，売買代金517円と合わせて528円を提供したところ，相手方が契約費用は12円8銭であるとして買戻しに応じなかった事案に関するものである。大審院は，売主の提供した金額がわずかに不足しているにすぎないときに「斯ル不足アルヲ口実トシテ買戻ノ効力ヲ生セスト云フカ如キハ債権関係ヲ支配スル信義ノ原則ニ背反スル」として買戻しの効力を肯定した。この判決において大審院が「債権関係ヲ支配スル信義ノ原則」という表現を用いたことは注目を集めた。

　その後，大審院大正13年7月15日判決（民集3巻362頁）（541条にいう相当の期間が当初の契約において履行を完了するのに必要な期間と同一であるとすると，債務不履行者の保護が厚くなりその怠慢を助長するおそれがあるが「斯ノ如キハ又信義公平ノ観念ニ戻リ失当ナルコト明白」であると判示した），および，大審院大正14年12月3日判決（民集4巻685頁）（目的物の引渡場所が「深川渡」と定められた売買契約の売主が契約の解除を主張した事案で，引渡場所が不明確であり買主は遅滞の責任を負わないとした原審判決を破棄するにあたって，買主は相手方に問合せをすれば直ちに引渡場所を知ることができたのであり，このような場合には「信義ノ原則ニ依リ」買主は問合せをすることを要すると判示した）を通じて，信義誠実の原則は判例において定着していく。

　昭和期に入っても，前掲大審院大正9年12月18日判決と同様，債務者の

給付がわずかに不足しているにすぎない事案に関するもの（大判昭9・2・26民集13巻366頁，大判昭13・6・11民集17巻1249頁など），前掲大審院大正14年12月3日判決と同様，当事者に債務の履行に協力するよう求めるもの（大判昭9・2・19民集13巻150頁など）を中心として，信義誠実の原則に言及する裁判例が見られた。

また，この時期，根保証人の責任の範囲を限定するべく解約権を認める裁判例が現れたが，その根拠として信義誠実の原則に言及するものが少なくない（大判大14・10・28民集4巻656頁〔解約権が認められる根拠の一つとして「信義ノ観念」を挙げる〕，大判昭7・12・17民集11巻2334頁〔解約の意思表示にもかかわらず保証人に責任を負わせるのは「信義ノ原則」に反するとする〕など）（根保証〔継続的保証〕における保証人の保護に関する裁判例について，→VI 4）。

3　信義誠実の原則の明文化

1947年（昭和22年）の民法改正によって平成16年改正前1条および1条の2が新設され（立法過程については，池田恒男「日本民法の展開(1)民法典の改正──前三編（戦後改正による「私権」規定挿入の意義の検討を中心として）」百年Ⅰ66頁以下を参照），信義誠実の原則も1条2項において明文で規定された。当初の文言は，「権利ノ行使及ヒ義務ノ履行ハ信義ニ従ヒ誠実ニ之ヲ為スコトヲ要ス」というものであった。この規定は，戦前から判例・学説において認められてきた原則を確認したものであり，実質的な変更を加えるものではないと一般的に理解されている（星野77頁など）。

本条は，2004年（平成16年）の民法改正（現代語化）によって現在の文言に改められるとともに，民法総則に新たに設けられた第1章「通則」におさめられるに至っている（この改正に関する批判的な検討として，広中112頁以下）。

4　信義誠実の原則と契約法の動向

民法1条2項に規定された信義誠実の原則は，戦前よりも広い範囲において適用されていくが，同原則に関する裁判例の詳細については後で取り上げる（→IV～VI）。ここでは，信義誠実の原則を取り巻く近時の動向のうち，とりわけ重要だと考えられるものについて触れておく。

(1)　国際的動向

第1に注目されるのは，契約法に関する近時の国際的な動向である。国際的な契約法の統一へ向けたプロジェクトとして注目を集めたユニドロワ国際

§1 B II 　　　　　　　　　　　　　　　第1編　第1章　通　則

商事契約原則（2010年版）は，1.7条(1)において「各当事者は，国際取引における信義誠実および公正取引の原則に従って行動しなければならない。」と規定している。同条が定める信義誠実および公正取引（good faith and fair dealing）の原則は，ユニドロワ国際商事契約原則の基本思想の一つとして位置づけられている。そして，同条の注釈においては，「たとえ本原則に具体的な規定がなくても，各当事者の行動は，交渉過程を含めた契約の一生を通じて，信義誠実および公正取引の原則に適合するものでなければならない」ことが強調されている（私法統一国際協会〔内田貴ほか訳〕・UNIDROIT国際商事契約原則2010〔2013〕13頁）。同様の規定として，ヨーロッパ契約法原則1：201条を挙げることができる。

　後でも見るように，信義誠実の原則をめぐる従来の議論においては，立法者と裁判官の権限分担という観点から，信義誠実の原則のような一般条項の適用には慎重でなければならないとする理解が一般的であった。これに対して，上記の国際的な動向においては，より積極的な役割を信義誠実の原則に与えようとする傾向を見てとることができる。関係的契約理論（→Ⅲ3）を提唱する内田貴もユニドロワ国際商事契約原則に注目しているように（内田貴・契約の時代〔2000〕第7章），このような動向は信義誠実の原則が果たすべき役割に関して従来の議論に再考を迫り，契約法理論の新たな展開へと結びつく可能性を秘めたものだといえる。

(2)　消費者契約法10条

　さらに，2000年（平成12年）に制定された消費者契約法において信義誠実の原則が消費者契約の内容規制の基準とされていることも注目される（同法10条）（同条に関する裁判例について，→Ⅵ5(1)）。信義誠実の原則を契約の内容規制の基準とする規律は，消費者契約における不公正条項に関するEC指令（93/13/EEC）に大きな影響を受けたものだと考えられるが（消費者契約法10条の制定経緯については，中田裕康「消費者契約法と信義則論」ジュリ1200号〔2001〕72頁以下，大澤彩・不当条項規制の構造と展開〔2010〕98頁以下を参照），日本法の「信義則はもともと契約条項を無効とする根拠となることを予定された規定ではな」いとも指摘されている（小粥太郎「不当条項規制と公序良俗理論」民商123巻4＝5号〔2001〕587頁）。

　確かに，信義誠実の原則が日本において確立し，1条2項に規定される時

§*1* B II

期の状況を見る限り，同原則が契約の内容規制に関して援用されることは想定されていなかったのだろう。しかしながら，後述の「法化」論（→Ⅲ4）も指摘するとおり，今日の国家には様々な局面において信義誠実の原則などの一般条項を通じて一定の政策的目的のために介入を行うことが要請されているのであり，消費者契約法において信義誠実の原則を取り込んだ規定が設けられたのは，そのような状況を前提に理解されるべきである。その意味で，信義誠実の原則をめぐる今後の議論は，同原則が果たしている，このような機能をも適切に把握し，位置づけることができるものでなければならない。

5　2017 年（平成 29 年）民法（債権法）の改正

2017 年（平成 29 年）の民法（債権法）の改正において本条自体は改正の対象ではなかったが，法制審議会民法（債権関係）部会では，契約交渉の不当破棄（中間試案第 27「契約交渉段階」1「契約締結の自由と契約交渉の不当破棄」を参照），説明義務・情報提供義務（同・第 27「契約交渉段階」2「契約締結過程における情報提供義務」を参照）など，信義誠実の原則に根拠をもつと考えられてきたいくつかの準則について，立法化の当否およびその内容をめぐって検討が行われた。しかしながら，ほとんどの準則について，新設される規定の内容に関して意見の一致を見ることができず，立法化は見送られることとなった。最終的には，賃貸借の合意解除に関する判例法を明文化する規定が新設されたにとどまる（613 条 3 項）（→Ⅳ2⑹）。

新たに信義誠実の原則が援用された規定としては，定型約款に関する 548 条の 2 第 2 項がある（→第 11 巻 §548 の 2）。同項は，消費者契約法 10 条に類似した定式化を採用し，定型約款に定められた条項のうち「相手方の権利を制限し，又は相手方の義務を加重する条項であって，その定型取引の態様及びその実情並びに取引上の社会通念に照らして第 1 条第 2 項に規定する基本原則に反して相手方の利益を一方的に害すると認められるもの」について，当事者は合意をしなかったものとみなす旨を定めている。消費者契約法 10 条との異同が注目されるところである。

〔吉政〕　137

§1 B Ⅲ   第1編 第1章 通 則

Ⅲ 信義誠実の原則をめぐる議論動向

1 はじめに

本条2項の定める信義誠実の原則は一般条項の最たるものであり，同原則がどのような内容を有する規律なのか未確定な部分が多い。そのため，学説では，同原則がどのような意義と機能を有しており，それをどのように評価するべきなのかという点をめぐって議論が展開されてきた。以下では，このような議論のうち，信義誠実の原則（一般条項）の今日的な意義を考えるにあたって重要な意味をもつと考えられるものを概観する。その後，学説の概観を踏まえて，同原則に関する数多くの裁判例の全体像を把握することを可能にすると同時に，今後の動向を展望するために有益な視座を提供してくれる整理・分類の枠組みはどのようなものなのか検討を行う。

2 制定法と一般条項——機能的分類論

信義誠実の原則をめぐる今日の議論の基礎となっているのは，機能的分類論と呼ばれる議論である。機能的分類論は，信義誠実の原則が適用される諸々の場面をその機能に応じて類型的に把握しようとするものであり，日本では，好美清光「信義則の機能について」一橋47巻2号〔1962〕73頁によって提示された。好美の提示した信義誠実の原則の類型は，その後の学説に大きな影響を及ぼしており（同様の類型論を採用するものとして，菅野耕毅・信義則および権利濫用の研究〔1994〕87頁以下・318頁以下），近時の教科書・体系書にも好美の議論に沿った説明をするものがある（米倉11頁，山本625頁以下など）。

好美の議論は，ヴィアッカーの著名な論文（Franz Wieacker, Zur Rechtstheoretischen Präzisierung des §242 BGB, 1956）に大きく依拠したものである。ヴィアッカーの議論はその母国であるドイツにおいて今日まで影響力をもっているだけでなく，類似の類型論は比較法的に広く見られるとも指摘されている（例えば Martijn W. Hesselink, The Concept of Good Faith, in: Arthur S. Hartkamp et al. (eds.), Towards a European Civil Code, 4th ed., 2011, 619, 626 は，「ヨーロッパの共通核」と見なすことができるという評価を示している）。このように，機能的分類論が広く受け入れられている理由は，この議論が「裁判官の制定法に対する関係」（好美・前掲論文75頁・78頁）という，法律学において一般的に問題となる視点を基礎に据えたものだからだと考えられる（さらに，広中139頁以下が提示す

138 〔吉政〕

§1　B Ⅲ

る信義則の「本来的機能」と「欠缺補充機能」の区別も，制定法との関係を問題にしている点において共通の観点に立つものだということができる）。

　機能的分類論によると，信義誠実の原則の機能として，第1に，裁判官が制定法によって予定されている枠を超えることなく，法の具体化を図るというものがある。これは，職務的機能あるいは法具体化機能と呼ばれる。好美は，この機能をさらに，当事者の債務の履行方法などを規制する規準的機能と，大審院大正14年12月3日判決（民集4巻685頁）のように，当事者の権利行使を規制する制限的機能に分類している。この機能に関して，裁判官は，創造的な役割を果たしておらず，制定法を補充する役割を果たしているにすぎないとされている。

　第2の機能は，裁判官が信義誠実の原則を通じて制定法の外にある倫理的な命題を持ち込み，正義・衡平の実現を図るというものである。これは，衡平的機能あるいは正義衡平的機能と呼ばれる。その例として，矛盾行為の禁止の原則によって，当事者による権利行使が認められなくなる場合が挙げられる。この機能において裁判官が果たしている役割は，確かに制定法の枠を超えるものの，制定法に反するものではないとされている。

　以上に対して，裁判官が信義誠実の原則を手がかりとして制定法を修正・変更していく場面もある。第3の機能は，制定法が予定している問題に関して，社会の進展に伴って既存の法の枠組みでは妥当な解決が得られない場合に，裁判官が制定法を修正していくというものである。これは，社会的機能あるいは法修正的機能と呼ばれる。日本において信義誠実の原則がこの機能を果たす代表的な場面と位置づけられるのが，不動産賃貸借に関する信頼関係破壊法理である。また，第4に，裁判官がそれぞれの時代の問題に対応するべく，制定法の予定していない法理を信義誠実の原則を通じて創造していくという機能も認められる。これは，権能授与的機能あるいは法創造的機能と呼ばれる。この機能を通じて創造される法理の例として，いわゆる事情変更の原則が挙げられる。最後の2つの機能は，裁判官が制定法に反する（contra legem）法形成を行うというものであるため，安易に認められるべきではなく，認められる場面を慎重に画する必要があると指摘されるのが一般的である（好美・前掲論文87頁以下，菅野・前掲書88頁以下，米倉11頁以下，注民(1)88頁〔田中実〕など）。

〔吉政〕　　139

3　現代契約法と一般条項 ── 関係的契約理論

　こうした伝統的議論に対して，内田貴は，近時，信義誠実の原則をめぐる
従来の議論が一般条項の危険性を強調するあまり，日本の裁判例において同
原則が多用される理由を明らかにすることができていないという批判を投げ
かけている。内田は，下級審裁判例において信義誠実の原則は広く適用され
ているところ，機能的分類論によってはこのような現象を適切に把握するこ
とができないと主張し，同原則の機能を「日本の裁判例の実態に即した形で
論ずるための理論枠組」を提示しようとしている（内田貴・契約の時代〔2000〕
第1章・第3章）。

　内田は，契約法に関して信義誠実の原則が適用された下級審裁判例を検討
すると，債務の履行方法や債権者の受領義務に関するものなど古くから見ら
れる類型に加えて，1960年代以降，当事者に課せられる「契約責任の拡大」
を認めるために同原則を援用するものが数多く見られると指摘している。具
体的には，①契約締結交渉を不当に破棄した場合に賠償責任を肯定するもの，
②契約の締結に際して正確で十分な情報を提供したり助言したりする義務を
課すもの，③契約条件を事後的に改訂するための再交渉義務を肯定するもの，
④相手方の損害の発生・拡大を防ぐための作為義務を課すもの，⑤契約の更
新拒絶や解約・解除に際して，正当な理由なしに契約関係を解消することを
認めないもの，⑥金銭の支払が問題となる事例において，当事者の利害を調
整する中間的解決を与えるもの，という類型化が提示されている。さらに，
内田によると，これらの裁判例における判断は，近代契約法の想定する要
件・効果が明確な規範が適用された結果とは言い難く，裁量の余地を広く残
した「スタンダード」の形をとった「内在的規範」を裁判官が信義誠実の原
則を通じて吸い上げ，それを反映した判断をしたと見るほうが適切である。
内田は，このような紛争解決のあり方を，解釈学的な論法を用いつつ，「内
在的規範」を通じた紛争解決に対する当事者の「納得」という観点から正当
化することを試みている。

　以上のような内田の議論は，契約当事者に課せられる義務の根拠を，契約
当事者の意思ではなく，当事者が形成した「関係」に求めようとする「関係
的契約理論」の一環として展開されており，契約法以外の領域において信義
誠実の原則が適用される場面を視野に入れたものではない。それでも，多数

§*1* B Ⅲ

の下級審裁判例の検討を通じて信義誠実の原則の実像に迫り，その積極的な意義づけを図ろうとする内田の議論は，同原則の今日的な意義を考えるにあたって極めて重要な意味を有している。

4　国家の介入と一般条項 ── 「法化」論

　信義誠実の原則に代表される一般条項を通じて国家が積極的な役割を果たそうとする動向を，より一般的な枠組みの中で把握しようとする議論として，「法化」論を挙げることができる。「法化」（Verrechtlichung）論は，1970 年代後半から，ドイツをはじめとする欧米諸国において展開された議論であり，現代国家が積極的に社会に介入していくようになる中で，市民社会の自律性をどのように確保していくかを問題とするものである（日本と欧米の状況の相違について，田中成明・現代社会と裁判〔1996〕21 頁以下，広渡清吾「日本社会の法化──主としてドイツとの対比で」岩波講座　現代の法 15　現代法学の思想と方法〔1997〕143 頁を参照）。「法化」論自体は社会学的な色彩の強い議論であるが，そこで指摘される法の「実質化」という現象は，一般条項の果たす役割を考える上で重要な意味をもっていると考えられる。

　代表的論者の一人であるグンター・トイプナー（Gunther Teubner）（「法化──概念，特徴，限界，回避策」九大法学 59 号〔1990，原文は 1984〕235 頁〔樫沢秀木訳〕）によると，近代法はその形式性を特徴とするところ，現代国家の介入主義的な傾向が強まり，法が規制のための道具と化していく中で，法の「実質化」，すなわち，実質的な価値・倫理的要請といった抽象的な要素を含む規範が増大していくという現象が見られる。そして，トイプナーは，法の「実質化」によって次のような特徴的な変容が生じていると指摘している。第 1 に，その機能に関して，形式法は市場社会の要請に応えるための規範であったところ，「実質化」した法の機能は，福祉国家の政治的介入の必要性，あるいは，政治システムの目的に資する道具へと変容する。第 2 に，法の正統性は，個人の自律（私的自治）を保障する点に求められていたところ，国家が規制・介入を通じて目指している結果が達成されるという点に求められるようになる。第 3 に，法の構造は，要件と効果が明確に示された規範（条件プログラム）から，十分に定義されていない基準や一般条項（目的プログラム）へと変容していく。これらの変容を踏まえつつ，「法化」論の論者は，社会の構成員の自律性を確保するために，法の形式性を回復させる「再形式

〔吉政〕　141

§1 B III

第1編　第1章　通　則

化」という方向ではなく，現代社会における国家の介入の積極的な側面を肯定しつつ，構成員自身が規制の内容の決定などに関わっていく「プロセス化」を目指そうとする（以上について，佐藤岩夫「法の現実適合性と一般条項——トイプナーのシステム論的アプローチの検討」法学53巻6号〔1990〕89頁も参照）。

　以上のような「法化」論は，1990年代の初頭まで日本においても注目を集めたが，今日では取り上げられることが少なくなっている。その理由は，1990年代以降の福祉国家を取り巻く状況の変化の中で，国家の介入の増大への対応を検討するという「法化」論の問題設定がかつてほどの関心を集めなくなったことにあるのかもしれない。しかしながら，消費者契約法10条などが示しているように，信義誠実の原則の主たる適用領域である契約法を中心とした民事法の領域においては，一般条項を通じた国家の介入という現象は今後も重要な特徴であり続けると考えられる（ヨーロッパ契約法の将来に関して，規律の一般化・抽象化，および，規律の形成プロセスの重要性の増大を指摘するものとして，Stefan Grundmann, The Future of Contract Law, 7 European Review of Contract Law 490（2011）を参照）。その意味で，「法化」論の提示した枠組みは依然として有益なものだということができるだろう。

5　裁判例の整理・分類の視角

　以上の議論動向を踏まえると，信義誠実の原則に関する数多くの裁判例をどのように整理・分類するべきだろうか。

(1)　問題志向的な整理・分類

　ここまで見てきたところから明らかなように，今日，信義誠実の原則は様々な局面において適用されており，その果たしている機能は一様ではない。信義誠実の原則は，古くから問題となってきたような，債務者の給付がわずかに不足しているにすぎない事案における利害調整から，消費者契約における内容規制の基準としての機能まで担っているのであり，これらの問題局面において検討されるべき課題は全く異なったものだと考えられる。そのため，「裁判官の制定法に対する関係」に着目する機能的分類論の整理・分類や，しばしば見られるような信義誠実の原則が適用される法領域ごとの整理・分類では平面的に過ぎ，今日，同原則の果たしている多様な機能を把握するのに有益とは言い難いように思われる。

　そこで，本注釈では，信義誠実の原則が多様な機能を果たしていることを

142　〔吉政〕

§*1* B III

正面から受け止めた上で、ある単一の軸を設定し、それに沿った形で整理するのではなく、同原則の適用が問題となるそれぞれの場面において検討されるべき課題に即した形で裁判例を整理・分類することを試みたい。すなわち、ある者が信義誠実の原則を適用しようとする際に、同原則を適用することが果たして適切なのか、また、同原則の適用を通じてどのような効果を認めるべきなのかを判断するにあたって、何を検討しなければならないのかに着目する。このような観点から、本注釈では、信義誠実の原則を適用した様々な裁判例を、①正義・倫理などによる制定法の調整・修正が問題となる場面、②契約当事者に課せられる様々な義務が問題となる場面、③裁判所による政策的目的の実現が問題となる場面、という3つの類型に整理・分類する枠組みを採用する。

(2) 整理・分類の非固定性・動態性

　以上の3つの類型は異なった観点からの分類であるため、ある特定の裁判例が複数の類型にまたがると評価される場合も想定されるほか、法形成やそれを取り巻く社会状況の変化などによって異なった類型に位置づけることが適切となる場合もあると考えられる。しかし、本注釈において採用する分類・整理が固定的なものでないということは、決して否定的に理解されるべきではない。信義誠実の原則が法創造的機能を果たしていることや、国家の介入の増大に伴う法の変容に着目する「法化」論の指摘を踏まえると、一般条項を通じた法形成の動態的な性格を把握し、同原則の適用にあたって留意されるべき事柄の内実を適切に理解する上で、非固定的・動態的な分類・整理の枠組みを採用することは有益だと考えられるからである。以下の紹介にあたっても、いずれの類型として整理・分類することが適切であるかという点自体が議論されるべき裁判例や、社会状況の変化などに伴って異なった類型に整理・分類される可能性のある裁判例については、必要に応じてその旨を指摘する。

〔吉政〕　143

IV　信義誠実の原則に関する裁判例①——正義・倫理的要請による制定法の調整・修正

1　本類型の意義

　第1の類型として，制定法を形式的に適用した場合にもたらされる帰結が望ましくないと考えられる場面において，当該帰結を制定法とは異なる正義・倫理的要請に従って調整・修正するために信義誠実の原則が援用されることがある。これは，機能的分類論において衡平的機能と呼ばれてきたものに基本的に対応し，信義誠実の原則の主要な適用領域だといってよい。

　この類型においては，制定法を調整・修正するために持ち出される正義・倫理的要請の内容と正当化根拠が，信義誠実の原則を適用する者にとって重要な検討課題となる。さらに，ここでは，信義誠実の原則に依拠して調整・修正を行うことが，制定法の採用している価値・評価と抵触し，法の内的体系（inneres System）に矛盾を生じさせることがないように留意する必要がある。以下でも，この点を意識しつつ裁判例の概観を行う。

　裁判例は，正義・倫理的要請の内容に応じて，以下のように分類することができる（四宮32頁，注解財産(1)45頁以下〔山本敬三〕，新版注民(1)〔改訂版〕93頁以下〔安永正昭〕を参照）。

2　矛盾行為禁止の原則（禁反言）

　まず，制定法によるとある者の主張が認められるはずのところ，その者の先行行為と矛盾することを理由として当該主張が認められないことがある。これは，一般的に，矛盾行為禁止の原則，あるいは，英米法の用語法にならって禁反言（estoppel）と呼ばれる。この場面では，先行行為と矛盾する行動をとる自由を保障する必要性と，先行行為を信頼するなどした相手方の保護の要請をどのように調整するかが主に問題となる（このような観点から，新版注民(1)〔改訂版〕98頁以下〔安永〕は，相手方の信頼の有無を基準として「先行行為抵触型」と「信頼惹起型」という類型を提示している。同様の類型を採用するものとして，注解財産(1)45頁以下〔山本〕。安永の提示する類型については，有賀恵美子「矛盾行為と信義則——わが国における禁反言則展開のために」新美育文還暦・現代民事法の課題〔2009〕34頁以下も参照。また，相手方の信頼の有無に着目してドイツ法の状況を検討するものとして，平井慎一「信義誠実の原則に基づく信頼保護(3・完)——ドイツにおける

§*1* B IV

矛盾挙動禁止の原則の検討を中心として」法雑 56 巻 2 号〔2009〕288 頁)。

(1) **無権代理行為の効力の否定**

(ア) 判例において，矛盾行為禁止の原則がしばしば問題となってきた場面として，無権代理行為をした者が後になって当該代理行為の効力を否定しようとする場面が挙げられる。

まず，無権代理と相続と称される問題のうち（この問題に関する判例の詳細な検討として，磯村保「矛盾行為禁止の原則について(1)～(4)——信義則適用の一場面」法時 61 巻 2 号 90 頁，61 巻 3 号 74 頁，61 巻 6 号 120 頁，61 巻 13 号 80 頁〔1989〕)，無権代理人が本人の地位を相続した事案（無権代理人相続型）に関して，大審院昭和 17 年 2 月 25 日判決（民集 21 巻 164 頁）は，無権代理人が「追認ヲ拒絶シテ代理行為ノ効果ノ自己ニ帰属スルコトヲ回避セムトスルカ如キハ信義則上許サルヘキニ非（ズ）」と判示している。このような理解は，本人が無権代理人の地位を相続した事案（本人相続型）に関する最高裁昭和 37 年 4 月 20 日判決（民集 16 巻 4 号 955 頁)（「無権代理人が本人を相続した場合においては，自らした無権代理行為につき本人の資格において追認を拒絶する余地を認めるのは信義則に反する」）や，無権代理人の地位が共同相続された事案に関する最高裁平成 5 年 1 月 21 日判決（民集 47 巻 1 号 265 頁)（「他の共同相続人全員が無権代理行為の追認をしている場合に無権代理人が追認を拒絶することは信義則上許されない」）においても踏襲されている。

この場面において，判例は，相手方の信頼保護を問題としておらず，先行行為との矛盾という事実のみをもって追認拒絶が信義誠実の原則に反すると判断していると指摘されている（安永正昭「『無権代理と相続』における理論上の諸問題」曹時 42 巻 4 号〔1990〕789 頁，新版注民(1)〔改訂版〕100 頁〔安永〕)。こうした判例の立場に対しては，117 条によると相手方が悪意・有過失であるとき，無権代理人は履行を拒むことができることとの整合性からして，無権代理人による追認拒絶を一般的に認めないことは適切でないという批判がある（佐久間毅・代理取引の保護法理〔2001〕353 頁以下は，「民法が認めている実質的評価を，形式論理のみによって覆すことになる」と指摘している。これは法の内的体系における矛盾を指摘するものだといえる)。

(イ) 次に，以前に無権代理行為に関与した者が本人の法定代理人になった場合に，当該法定代理人が追認を拒絶することができるのかという問題があ

〔吉政〕　145

§*1* B Ⅳ

る。この場合，追認拒絶が認められないとすると無権代理行為の効果は本人に帰属するため，無権代理と相続と称される場面と同様に考えることはできない。判例も，最高裁平成6年9月13日判決（民集48巻6号1263頁）において，平成11年の成年後見制度改正前の禁治産者の後見人について，「禁治産者の後見人が，その就職前に禁治産者の無権代理人によって締結された契約の追認を拒絶することが信義則に反するか否かは，⑴右契約の締結に至るまでの無権代理人と相手方との交渉経緯及び無権代理人が右契約の締結前に相手方との間でした法律行為の内容と性質，⑵右契約を追認することによって禁治産者が被る経済的不利益と追認を拒絶することによって相手方が被る経済的不利益，⑶右契約の締結から後見人が就職するまでの間に右契約の履行等をめぐってされた交渉経緯，⑷無権代理人と後見人との人的関係及び後見人がその就職前に右契約の締結に関与した行為の程度，⑸本人の意思能力について相手方が認識し又は認識し得た事実，など諸般の事情を勘案し」，当事者間の信頼を裏切り，正義の観念に反するような例外的な場合に当たるか否かを判断して決しなければならないと判示している。

　㋒　さらに，無権代理人が相手方と金銭消費貸借契約を締結し，自らも同時に連帯保証人となった事案において，最高裁昭和41年11月18日判決（民集20巻9号1845頁）は，連帯保証債務の履行を求める訴訟において，無権代理人が「右代理権の不存在を主張し，主たる債務の成立を否定し，ひいては連帯保証債務の成立を否定することは，特別の事情のない限り，信義則上許されないものと解するのが相当である」と判示している。この判決に対しては，117条の存在からして無権代理人が自らの行為が無権代理であると主張することは信義誠実の原則に反するものではなく，債権者には117条に基づく責任の追及を認めれば足りるという批判もある（浜上則雄〔判批〕民商56巻5号〔1967〕845頁）。

　㋓　以上のように，無権代理行為の効力を否定することが信義誠実の原則に反するかを判断するにあたっては，117条との抵触・矛盾が問題となることがある。民法（債権法）の平成29年改正によって無権代理人の責任の要件が変更された（117条2項2号参照）ことに伴い，この問題も影響を受ける可能性がある。

§1 B IV

(2) 消滅時効の援用

消滅時効が完成した後に債務者が債権者に対して債務の承認をした場合，債務者が時効完成の事実を知らなかったときであっても，その後，消滅時効を援用することは信義誠実の原則に反し認められない。最高裁昭和41年4月20日大法廷判決（民集20巻4号702頁）は，その理由として，「時効の完成後，債務者が債務の承認をすることは，時効による債務消滅の主張と相容れない行為であり，相手方においても債務者はもはや時効の援用をしない趣旨であると考えるであろうから，その後においては債務者に時効の援用を認めないものと解するのが，信義則に照らし，相当であるからである」と判示している。同判決は，債務者が時効の援用をしないであろうという相手方の信頼にも言及しているが，この信頼は一般的・抽象的に理解されており，相手方が信頼に基づいて新たな利害関係を有するに至ったことは要求されていない（磯村・前掲法時61巻2号91頁）。

これに対して，時効完成前の債務者の行為態様によって，債務が消滅することはないと相手方が信頼するに至った事案に関する判決として，最高裁昭和57年7月15日判決（民集36巻6号1113頁）がある。同判決は，約束手形の裏書人の償還義務に関して，裏書人が手形所持人に対して再三にわたり振出人の債務とは別の自己固有の債務として手形金の支払義務があることを認めるような態度を示し，所持人に確実にその履行がされるとの期待を抱かせ，後の手形金請求訴訟においても引き延ばしと見られる抗争をすることによって審理に長時間を費やさせるという事情があった事案において，振出人の手形金支払義務の時効消滅に乗じて裏書人が自らの償還義務の履行を免れようとすることは著しく信義誠実の原則に反し許されないと判示している（時効完成前の事情によって時効の援用が信義誠実の原則に反するとされた裁判例については，松久三四彦「時効の援用と信義則ないし権利濫用──時効完成前の事情による場合」藤岡康宏古稀・民法学における古典と革新〔2011〕69頁）。

(3) 法律関係の不存在・無効の主張

一定の法律関係が有効に存在するかのような状態を作り出し，それを通じて利益を得た者が，後になって当該法律関係が存在しない，あるいは無効であると主張することが信義誠実の原則に反すると判断する裁判例がある。

(ア) 最高裁昭和42年4月7日判決（民集21巻3号551頁）は，不動産を共

〔吉政〕　147

§*1*　B IV　　　　　　　　　　　　　第1編　第1章　通　則

同相続した者が単独相続したとしてその旨の所有権移転登記を経由し，それ
を前提として抵当権設定契約を締結し，その旨の登記を経由しておきながら，
自己の持分を超える部分についての抵当権が無効であると主張し，抹消（更
正）登記手続を請求することは信義誠実の原則に照らして許されないと判示
している。同様に，共同相続人が自らの持分を超える部分の所有権移転が無
効であると主張することは信義誠実の原則に照らして許されないとするもの
として，最高裁昭和56年10月30日判決（家月34巻9号52頁）がある。

　(イ)　最高裁昭和44年7月4日判決（民集23巻8号1347頁）は，労働金庫か
らいわゆる員外貸付けを受けた者が当該債務を担保するために自らが有する
不動産に抵当権を設定していた事案において，貸付けを受けた者は労働金庫
に金員を不当利得として返還する債務を負っているのであり，本件抵当権も
その設定の趣旨からして当該債務の担保としての意義を有するものと見られ
るから，貸付けを受けた者が当該「債務を弁済せずして，右貸付の無効を理
由に，本件抵当権ないしその実行手続の無効を主張することは，信義則上許
されないものというべきである」と判示している。同判決は，後述のクリー
ンハンズの原則に関するものと位置づけられることもあるが，義務に反する
行為によって取得された権利の存在が主張されているわけではないため，矛
盾行為禁止の原則に関するものとして位置づけられるべきだろう。

　(ウ)　法人の締結した契約が無効であった事案において，相手方の信頼など
を理由に法人による無効の主張が信義誠実の原則に反するとした裁判例とし
て，下記のものがある。

　最高裁昭和49年11月14日判決（民集28巻8号1605頁）は，株式会社の代
表取締役の一人が共同代表の定めに反する形で会社の不動産を売却した事案
において，本件会社は当該取締役の財産の保全・運用のために設立されたも
のであり，もっぱら同取締役によって業務が運営されており共同代表の定め
は有名無実であったのであり，同取締役が他の取締役の合意があると信じさ
せるような行動をとったという事実関係の下では，相手方が他の取締役の合
意があると信じたとしてもやむをえないものであり，会社は「共同代表の定
めに反していることを奇貨として右契約の無効を主張しているものというべ
きであって，右のような主張は，信義則に反し，とうてい許されないものと
いわなければならない」と判示している。

148　〔吉政〕

§*1*　BⅣ

　最高裁昭和 51 年 4 月 23 日判決（民集 30 巻 3 号 306 頁）は，病院を経営する
財団法人が，病院および備品等を売り渡してから 7 年 10 か月あまり経過し
た後に，当該売買が寄附行為の目的の範囲外であるとして無効を主張した事
案において，財団法人は売買に先立って寄附行為の変更について評議員会の
決議を経たにもかかわらず，その認可申請の手続をとることなく放置したま
ま売買・代金の授受を行い，さらに，寄附行為の変更について主務官庁の認
可を得て売買の追認が可能になった段階において相手方から売買物件の買戻
しの交渉を受けながらこれを拒絶したのであり，このことは売買を追認した
ものと解する余地がないではなく，かかる事情の下では相手方としては財団
法人が無効を主張することはないと信じ，そのように信じるについて正当の
事由があったというべきであるなどとして，財団法人が「右売買の無効を主
張して売買物件の返還又は返還に代わる損害賠償を請求することは，信義則
上許されないものと解するのが相当である」と判示している。

　最高裁昭和 61 年 9 月 11 日判決（判タ 624 号 127 頁）は，株式会社が株主総
会の特別決議なしに営業譲渡契約を締結した事案において，相手方は契約に
基づく債務をすべて履行ずみであり，本件会社も契約が有効であることを前
提に，債務の履行として代金の一部を弁済し，譲り受けた製品等を販売・消
費しており，しかも，定款違反であるという主張は契約締結後約 9 年，株主
総会の承認を得ていないという主張は契約締結後約 20 年を経て初めて主張
するに至ったものであり，本件会社による無効の主張は，商法の諸規定の
「違反に藉口して，専ら，既に遅滞に陥った本件営業譲渡契約に基づく自己
の残債務の履行を拒むためのものであると認められ，信義則に反し許されな
いものといわなければならない」と判示している。

　以上の事案においては，信義誠実の原則を適用することによって法人の行
為を無効とする規定の趣旨を没却することがないか，法人側の行為態様の当
否のほか，相手方の信頼の有無・正当性が検討・評価されているといえる。

　(エ)　預金の払戻しを受けた無権限者が，権利者からの不当利得返還請求に
対して，自らに対する弁済は有効でなく，権利者に損失が発生していないと
主張することが信義誠実の原則に反するとした判決として，最高裁平成 16
年 10 月 26 日判決（判タ 1169 号 155 頁）がある。同判決は，自ら受領権限があ
るとして預金の払戻しを受けた者が訴訟において一転して金融機関に過失が

〔吉政〕　　149

§1 B IV　　　　　　　　　　　　　　第1編　第1章　通則

あるとして払戻しが無効であるなどと主張するに至っていること，仮に弁済の有効性を争って請求の棄却を求めることができるとすると，権利者は金融機関が善意無過失であったか否かという，自らが関与していない問題についての判断をした上で訴訟の相手方を選択しなければならないことになるが，このような訴訟上の負担を受忍しなければならない理由はないことなどに鑑みて，無権限者による主張が信義誠実の原則に反し許されないと判示している。同様に，弁済を受けた無権限者が，権利者に損害が発生したことを否認して損害賠償請求を争うことが信義誠実の原則に反するとしたものとして，最高裁平成23年2月18日判決（判タ1344号105頁）がある。この場面においては，先行行為に対する信頼が問題となるわけではないため，権利者の訴訟上の負担に言及されているのだと思われる。

　(オ)　最高裁平成18年3月23日判決（判タ1209号72頁）は，ある道路が建築基準法42条2項所定の道路であるとして通行の自由権に基づく妨害排除請求がされた事案において，被告が5年以上にわたって本件道路が同項所定の道路であることを前提に建物を所有してきていることに加えて，土地が公衆用道路として非課税とされていることをも考慮すると，被告が現に建物を所有しながら本件道路が同項所定の道路であることを否定することは道路周辺の建物所有者などとの関係において著しく正義に反するものといわなければならず，被告の主張は「信義則上許されないというべきである」と判示している。

(4)　期限の利益の喪失の主張

　いわゆる過払金返還請求訴訟において，借主が債務不履行によって期限の利益を喪失した後も弁済を受領し続けていた貸金業者が，過払金の返還を求められるに至ると，借主はすでに期限の利益を喪失しているため，利息の制限利率ではなく遅延損害金の制限利率が妥当すると主張することが信義誠実の原則に反すると判断する裁判例が見られる。最高裁平成21年9月11日判決（判タ1308号99頁②）は，貸金業者の担当者の言動などからして，借主において支払が期日より遅れることがあっても期限の利益を喪失することはないと誤信したことに無理からぬ事情があり，貸金業者が借主の誤信を知りながらこの誤信を解くことなく約6年にわたり弁済を受領していた事案において，期限の利益の喪失を主張することは，誤信を招くような貸金業者の対応

150　〔吉政〕

のために，期限の利益を喪失していないものと信じて支払を継続してきた借主の信頼を裏切るものであり，信義誠実の原則に反し許されないと判示している。これに対して，期限の利益の喪失を主張することが信義誠実の原則に反しないと判断したものとして，最高裁平成21年9月11日判決（判タ1308号99頁①），最高裁平成21年11月17日判決（判タ1313号108頁）がある。貸金業者としては，期限の利益を失った借主に対して一括弁済を求めるか，それとも元利金および遅延損害金の一部弁済を受領し続けるかを自由に決められるため，後になって期限の利益の喪失を主張することのみをもって信義誠実の原則に反すると評価することはできない。最高裁も，貸金業者の対応が借主の誤信を招いたといえる事情が必要であるとしている。

(5)　限定承認をした相続人による受贈者としての権利主張

最高裁平成10年2月13日判決（民集52巻1号38頁）は，「不動産の死因贈与の受贈者が贈与者の相続人である場合において，限定承認がされたときは，死因贈与に基づく限定承認者への所有権移転登記が相続債権者による差押登記よりも先にされたとしても，信義則に照らし，限定承認者は相続債権者に対して不動産の所有権取得を対抗することができない」と判示している。同判決においては，限定承認をした相続人がその責任の範囲を相続財産に限定しておきながら，自らは相続財産から優先的に権利を取得しようとすることが，信義誠実の原則に反すると評価されている。

(6)　賃貸借の合意解除の対抗

判例において，賃借人が適法に賃借物を転貸した場合，原賃貸人と原賃借人の合意解除の効果を転借人に対抗することはできないという法理が確立している。大審院昭和9年3月7日判決（民集13巻278頁）は，転借人はその権利を原賃貸人に対して主張できるのであるから，原賃貸人と原賃借人の合意によって転借人の権利を消滅させることはできず，この結論は「信義ノ原則ヨリシテ観ルモ洵ニ当然ノコトナリト云フヘシ」と判示している。また，賃借人が賃貸人の承諾なしに転貸をした場合であっても，転貸について賃貸人に対する背信行為と認めるに足りない事情があるため賃貸人が612条2項により賃貸借を解除することができないときには，同じ法理が適用される（最判昭62・3・24判タ653号85頁）。

さらに，最高裁は，借地上の建物が賃貸された場合にも同様の結論を導い

§1 B IV　　　　　　　　　　　　　　　　　　　第1編　第1章　通　則

ている。すなわち，最高裁昭和38年2月21日判決（民集17巻1号219頁）は，土地の賃貸人と賃借人の借地契約の合意解除をもって借地上の建物の賃借人に対抗することはできず，「このことは民法398条，538条の法理からも推論することができるし，信義誠実の原則に照しても当然のこと」であると判示している。同様の理由によって，最高裁昭和48年9月7日判決（民集27巻8号907頁）は，借地上の建物とともにその敷地の賃借権が譲渡された事案において，賃借権の譲渡について賃貸人の承諾のない間に賃貸人と従前の賃借人との間で賃貸借契約を合意解除しても，譲受人が有する借地法10条に基づく建物買取請求権は消滅しないと判示している。

　最高裁平成14年3月28日判決（民集56巻3号662頁）は，いわゆるサブリース契約に関するものであるが，賃借人の更新拒絶により賃貸借が終了する場合にも同様の法理が妥当するとしている。同判決は，建物が賃貸人の承諾を得て転貸借，再転貸借された事案において，本件建物の原賃貸人は再転貸借を承諾したにとどまらず，再転貸借の締結に加功し，再転借人による建物の占有の原因を作出したものというべきであるから，原賃借人が更新拒絶の通知をして原賃貸借が期間満了により終了しても，原賃貸人は，信義則上，原賃貸借の終了をもって再転借人に対抗することはできず，再転借人は建物の使用収益を継続することができると判示している。

　以上に対して，原賃貸借が賃借人の債務不履行によって解除される場合，賃貸人は転借人に対して催告をしなくとも解除をもって転借人に対抗することができる（最判昭37・3・29民集16巻3号662頁）ことと平仄を合わせる形で，賃借人の賃料不払などの債務不履行を理由として賃貸人が法定解除権を行使することができるときに賃貸借の合意解除がされた場合であれば，賃貸人は合意解除の効果を転借人に対抗できることを示唆する判例もある（前掲最判昭62・3・24）（以上の最高裁判決を含め，この問題に関する裁判例について，田髙寛貴「賃貸借の終了による転借人への明渡請求の可否――『当事者距離関係』要素からの再構成」法研88巻1号〔2015〕235頁）。

　以上の判例法理を踏まえて，2017年（平成29年）の民法（債権法）の改正によって，合意解除の時点で賃貸人が賃借人の債務不履行による解除権を有していた場合を除き，賃貸人は，賃貸借の合意解除をもって転借人に対抗することができない旨の明文の規定が設けられた（613条3項）。同項が直接に適

152　〔吉政〕

用されない場面については，今後も信義誠実の原則が援用される可能性が残る。

3　クリーンハンズの原則

(1)　法律または契約に基づく義務に違反する行為によって権利・法的地位を取得した者が当該権利・法的地位を主張すること，あるいは，他人が権利・法的地位を取得することを妨げた者が当該権利・法的地位の不存在を主張することは認められないと考えられている。これは，一般的に，英米法の格言にならってクリーンハンズの原則と呼ばれている。

クリーンハンズの原則の根拠は，法の整合性を確保するという要請に求められると考えられる。すなわち，一方で義務の存在を承認しておきながら，当該義務に違反することによって取得された権利・法的地位の主張を認めるならば，両者の間には評価矛盾が存在するといわざるをえない。そのため，法には，義務に違反している者による主張を排斥し，その整合性・統一性を維持することが求められるのである。その意味で，クリーンハンズの原則は，制定法に異質の正義・倫理的要請を持ち込むものではなく，制定法の採用する価値・評価自体から要請される原則であるともいえる。

信義誠実の原則がこのような意味で援用されたと評価できる裁判例として，下記のものを挙げることができる。他人の権利・法的地位の取得を妨げた者による主張が排斥された事案が多い。

(2)　対抗要件の欠缺を主張することが信義誠実の原則に反するとした判決として，最高裁昭和 33 年 10 月 17 日判決（民集 12 巻 14 号 3149 頁）と最高裁昭和 45 年 3 月 26 日判決（判時 591 号 57 頁）がある。

昭和 33 年 10 月 17 日判決は，当時の罹災都市借地借家臨時処理法によって対抗力の認められた借地権を有する借地権者が，不法占拠者に対して建物収去土地明渡請求訴訟を提起したところ，同法によって対抗力の認められる期間経過後に不法占拠者が土地所有者から土地を譲り受けた事案において，不法占拠者は借地権者が「地上に建物を建築して登記し借地権につき対抗要件を具備することを妨げたものというべく」，不法占拠者「に対する対抗力を失わしめるものと解するがごときは，信義の法則にもとり法 10 条の法意に副う所以でないというべきである」と判示している。

昭和 45 年 3 月 26 日判決は，交換契約に基づいて譲渡された本件土地がさ

〔吉政〕　153

§**1 B IV**　　　　　　　　　　　　　　　　　　　第1編　第1章　通　則

らに第三者に譲渡され，引き渡された後，交換契約のもう一方の目的物である土地について国税滞納処分として差押え・公売がされたため交換契約が解除された事案に関するものである。同判決は，545条1項ただし書にいう第三者とは解除前に権利を取得し，対抗要件を備えた者を意味するとした上で，本件交換契約に基づいて本件土地を譲渡した者は，第三者への権利移転を認めて，三者の間で中間省略登記の合意がされて第三者から再三にわたり所有権移転登記手続をすべき旨の請求を受けながら自己の都合で手続を引き延ばし，約4年を経過するうちに滞納処分がされたという事情の下で，本件土地を譲渡した者が第三者の「登記の欠缺を主張することは信義則に照らし許されない」と判断した原審判決を是認している。

　(3)　最高裁昭和45年4月21日判決（判時594号62頁）は，債権の担保として土地の譲渡を受けた者が，債務の弁済の受領を拒否し，債務額を超える金額の支払の申出を受けながら約定の買戻しに応じなかったという事案の下では，約定の期間の経過による買戻権の消滅を理由に土地の所有権を確定的に取得したことを主張することは信義則上許されないと判示している。

　(4)　最高裁昭和46年11月9日判決（判時661号41頁）は，農地の売買契約が締結され，農地法所定の県知事の許可が得られるのに先立ち，買主が本件土地を使用・占有することを売主が承諾したという事案において，売主が売買契約は合意解除されたと主張し，使用を承諾した事実さえも争い，県知事に対する所要の許可申請手続も延引しながら所有権に基づく返還請求に及んだのは「その権利の行使において信義誠実の原則に従ったものとはいえず」排斥を免れないと判示している。

　(5)　最高裁昭和52年3月15日判決（判時852号60頁）は，建物所有目的で賃貸された土地の所有者が，借地上の建物が滅失したためその翌々日に建物の再築禁止を通告するとともに，土地の明渡しを求め，そのため賃借人が建物建築計画を進めることができないでいるうちに，土地明渡しの調停を申し立て，調停の継続中に賃貸借の期間が満了したという事案において，賃貸人が地上の建物の不存在を理由として賃借人に当時の借地法4条1項に基づく借地権の更新請求権がないと主張して争うことは，信義則上許されないものと解するのが相当であると判示している。

　(6)　最高裁昭和58年3月24日判決（判タ512号110頁）は，朽廃に近い建

154　　〔吉政〕

物とその敷地の転借権を譲り受けた者が譲渡について転貸人の承諾を得ないまま建物について大改造の工事を行った事案において，本件建物の改造工事は不信行為の著しいものであって，転借人による建物買取請求権の行使は信義則に反するものとしてその効力を生じないとした原審判決を是認している。

(7) 最高裁平成 19 年 2 月 6 日判決（民集 61 巻 1 号 122 頁）は，時効の援用を要しない（自治 236 条 2 項）地方公共団体に対する権利に関するものであるが，被爆者援護法等に基づく手当の支給が違法な通達によって打ち切られた事案において，国・地方公共団体が消滅時効を主張して手当の支払を免れようとすることは，違法な通達を定めて受給権者の権利行使を困難にしていた国・地方公共団体自身が受給権者によるその権利の不行使を理由として支払義務を免れようとするに等しく，消滅時効の主張は信義誠実の原則に反し許されないと判示している（行政法における信義誠実の原則について，→IV 6(2)）。

(8) 民法 708 条はクリーンハンズの原則に基づく規定だと一般的に考えられているが，同条に基づいて給付の返還を拒むことが信義誠実の原則に反すると判断した判決として，最高裁平成 26 年 10 月 28 日判決（民集 68 巻 8 号 1325 頁）がある。同判決は，無限連鎖講に該当する事業によって配当金の給付を受けた者（被上告人）が，配当組織の破産管財人（上告人）からの返還請求を拒むことが信義則上許されないと判断するにあたって，次のように判示している。「本件配当金は，関与することが禁止された無限連鎖講に該当する本件事業によって被上告人に給付されたものであって，その仕組み上，他の会員が出えんした金銭を原資とするものである。そして，本件事業の会員の相当部分の者は，出えんした金銭の額に相当する金銭を受領することができないまま破産会社の破綻により損失を受け，被害の救済を受けることもできずに破産債権者の多数を占めるに至っているというのである。このような事実関係の下で，破産会社の破産管財人である上告人が，被上告人に対して本件配当金の返還を求め，これにつき破産手続の中で損失を受けた上記会員らを含む破産債権者への配当を行うなど適正かつ公平な清算を図ろうとすることは，衡平にかなうというべきである。仮に，被上告人が破産管財人に対して本件配当金の返還を拒むことができるとするならば，被害者である他の会員の損失の下に被上告人が不当な利益を保持し続けることを是認することになって，およそ相当であるとはいい難い」。配当金の給付を受けた者は後

§1 B Ⅳ   第1編　第1章　通　則

で無限連鎖講に加入した者との関係では加害者とも評価することができるのであり，そのような者が708条を根拠に「不当な利益」の返還を拒むことは認められないと判断されたのだと思われる。

　(9)　770条1項5号は「その他婚姻を継続し難い重大な事由があるとき」に離婚請求が認められる旨を規定しているところ，最高裁は，かつて，いわゆる有責配偶者からの同号による離婚請求は認められないという立場（消極的破綻主義）を採用していた（最判昭27・2・19民集6巻2号110頁，最判昭29・11・5民集8巻11号2023頁，最判昭29・12・14民集8巻12号2143頁など）。こうした立場の根拠は，クリーンハンズの原則に求められると指摘されている（新版注民(1)〔改訂版〕141頁〔安永〕のほか，クリーンハンズの原則が消極的破綻主義の決定的な論拠であると指摘するものとして，米倉明「積極的破綻主義でなぜいけないか──有責配偶者の離婚請求についての一試論」ジュリ893号〔1987〕46頁以下〔米倉自身は，積極的破綻主義を強く支持している〕）。

　これに対して，最高裁昭和62年9月2日大法廷判決（民集41巻6号1423頁）は，判例を変更し，一定の要件の下で有責配偶者からの離婚請求を認める立場を採用することを明らかにした。同判決によると，「離婚請求は，正義・公平の観念，社会的倫理観に反するものであってはならないことは当然であって，この意味で離婚請求は，身分法をも包含する民法全体の指導理念たる信義誠実の原則に照らしても容認されうるものであることを要するものといわなければならない」。そして，有責配偶者からの770条1項5号による離婚請求が「信義誠実の原則に照らして許されるものであるかどうかを判断するに当たっては，有責配偶者の責任の態様・程度を考慮すべきであるが，相手方配偶者の婚姻継続についての意思及び請求者に対する感情，離婚を認めた場合における相手方配偶者の精神的・社会的・経済的状態及び夫婦間の子，殊に未成熟の子の監護・教育・福祉の状況，別居後に形成された生活関係，たとえば夫婦の一方又は双方が既に内縁関係を形成している場合にはその相手方や子らの状況等が斟酌されなければならず，更には，時の経過とともに，これらの諸事情がそれ自体あるいは相互に影響し合って変容し，また，これらの諸事情のもつ社会的意味ないしは社会的評価も変化することを免れないから，時の経過がこれらの諸事情に与える影響も考慮されなければなら」ず，「有責配偶者からされた離婚請求であっても，夫婦の別居が両当事

156　〔吉政〕

§1 B IV

者の年齢及び同居期間との対比において相当の長期間に及び，その間に未成熟の子が存在しない場合には，相手方配偶者が離婚により精神的・社会的・経済的に極めて苛酷な状態におかれる等離婚請求を認容することが著しく社会正義に反するといえるような特段の事情の認められない限り，当該請求は，有責配偶者からの請求であるとの一事をもって許されないとすることはできないものと解するのが相当である」。

　上述のとおり，クリーンハンズの原則の根拠は制定法の採用する価値・評価を維持することにあると考えられるところ，有責配偶者からの離婚請求の可否という問題は，そうした価値・評価について変遷を見た局面だと評価することができるだろう。

4　形式的・外形的な権利の主張

　(1)　形式的・外形的に存在する権利・法的地位を主張することが，権利者が得る利益と比べて著しく大きな不利益を相手方に生じさせることを理由に認められない場合がある。ここでの利益状況は，1条3項が規定する権利濫用の禁止法理と同様であり，同法理の適用場面だとも考えられるが（信義誠実の原則と権利濫用の禁止の関係について，→§1 C Ⅶ2），判例は，主に下記の2つの場面において信義誠実の原則を援用している。ここで権利・法的地位の主張が排斥される根拠は，法律上の権利行使が権利の目的を達するために必要な手段であり，目的と手段が均衡を失していないことを要請する比例原則（Verhältnismäßigkeitsprinzip）に求めることができるだろう。

　(2)　第1に，上述のとおり，債務者の給付がわずかに不足しているにすぎない場合に弁済の提供または供託の効力を否定することが信義誠実の原則に反するとされる場合がある。大審院大正9年12月18日判決（民録26輯1947頁），大審院昭和9年2月26日判決（民集13巻366頁。代金1万円のうち9900円が支払われたにもかかわらず，債権証書の引渡しと抵当権抹消登記を拒むことが信義誠実の原則に反すると判断），大審院昭和13年6月11日判決（民集17巻1249頁。債務元金と競売手続費用合わせて804円余りを弁済すべきところ約7円不足する金額の供託を有効と判断）のほか，最高裁も，最高裁昭和41年3月29日判決（判タ190号124頁）において，大審院の立場を確認している（1620円の賃料債務が弁済提供されたものの，12円余りの遅延損害金が提供されなかった事案において，債務の本旨に従った弁済があったと判断）（以上の最上級審判決における判断基準の分析として，栗田

〔吉政〕　157

§1 B IV　　　　　　　　　　　　　　　　　第1編　第1章　通　則

哲男〔判批〕不動産百選〔2版〕144頁）。

　(3)　第2に，双務契約の当事者の一方が債務の重要でない部分を履行して
いないにすぎない場合において，相手方が同時履行の抗弁（533条）を主張
することが信義誠実の原則に反するとされることがある。大審院昭和13年
6月29日判決（判決全集5輯14号20頁），および，大審院昭和14年10月11
日判決（判決全集6輯30号18頁）は，賃貸人の修繕義務の不履行が軽微である
場合に，賃借人が賃料全額の支払を拒むことは認められないと判断している。

　最高裁も，同時履行の抗弁の主張が信義誠実の原則に反する場合がありう
ることを承認している。最高裁昭和63年12月22日判決（金法1217号34頁）
は，双務契約が解除された場合の原状回復義務（546条参照）に関して，当該
義務の内容である給付が可分である場合，「その給付の価額又は価値に比し
て相手方のなすべき給付の価額又は価値が著しく少ない等，相手方が債務の
履行を提供するまで自己の債務の全部の履行を拒むことが信義誠実の原則に
反するといえるような特段の事情が認められ」る場合があることを肯定して
いる（ただし，同時履行の抗弁をもって拒絶できる債務が給付の一部に限定されること
を前提とした原審の判断を否定）。また，最高裁平成9年2月14日判決（民集51
巻2号337頁）は，請負人の報酬債権と注文者の修補に代わる損害賠償請求権
は同時履行の関係に立つ（平29改正前634条2項）ところ，「瑕疵の程度や各
契約当事者の交渉態度等に鑑み，右瑕疵の修補に代わる損害賠償債権をもっ
て報酬残債権全額の支払を拒むことが信義則に反すると認められる」場合が
あることを肯定している（結論としては，瑕疵が重要ではないとまではいえず，修補
に過分の費用を要するともいえない上，交渉経緯と交渉態度をも勘案すれば同時履行を主
張することが信義誠実の原則に反するとはいえないと判断）（同判決において，両給付の
価額・価値の多寡だけでなく「契約当事者の交渉態度」が考慮されていることの意義につ
いて，森田宏樹〔判批〕平9重判解81頁を参照）。

　最高裁平成21年7月17日判決（判タ1307号113頁）は，改造自動車の売買
契約が錯誤を理由に無効であるとして買主が代金返還請求をしたのに対して，
売主が目的物である自動車の移転登録手続および引渡しとの引換給付を求め
る旨の同時履行の抗弁を主張した事案において，買主から売主への移転登録
手続が困難であるという事情を指摘した上で，買主からの売買代金返還請求
に対し，同時履行の抗弁を主張して，売主が買主から移転登録手続を受ける

158　〔吉政〕

こととの引換給付を求めることは，信義則上許されないと判示している。この判決において，売主の主張が信義誠実の原則に反すると評価される根拠は，移転登録の必要性に比して買主に著しい困難を強いることになるという点にあり，その実質は権利濫用の性格をもつものであると指摘されている（横山美夏〔判批〕リマークス41号〔2010〕13頁）。

5 権利失効の原則

権利者が権利を長期間にわたり行使しない場合に当該権利の行使が許されなくなるという原則を権利失効の原則という（研究書として，成富信夫・権利の自壊による失効の原則〔増補版, 1964〕）。時間の経過によってもはや権利の行使がされないであろうと信頼した相手方の保護を重視する場合，この原則は，矛盾行為禁止の原則に類似するものとして位置づけることもできる。

判例にも，一般論として，この原則を承認するかのような判示をしたものがある。最高裁昭和30年11月22日判決（民集9巻12号1781頁）は，土地賃借権の無断譲渡を理由とする解除権が譲渡から7年半あまり経過してから行使された事案において，解除権が失効しているという上告理由にこたえつつ，「権利の行使は，信義誠実にこれをなすことを要し，その濫用の許されないことはいうまでもないので，解除権を有するものが，久しきに亘りこれを行使せず，相手方においてその権利はもはや行使せられないものと信頼すべき正当の事由を有するに至ったため，その後にこれを行使することが信義誠実に反すると認められるような特段の事由がある場合には，もはや右解除は許されないものと解するのを相当とする」と判示している（結論としては，解除を有効だとした原審判決を是認）（同原則の適用を否定した他の裁判例として，最判昭40・4・6民集19巻3号564頁）。

しかしながら，民法は，消滅時効法の定める期間にわたって権利者が権利を行使することを認めていると考えられる。こうした制定法の評価と矛盾・抵触しかねない原則を一般的に承認することには慎重であるべきだろう（四宮＝能見442頁，河上533頁）。

6 隣接法領域における適用

(1) 私法における信義誠実の原則

信義誠実の原則は，民法以外にも，商法，労働法，知的財産法など，私人間の権利義務関係を規律する法律を形式的に適用してもたらされる帰結を調

整・修正するためにも適用される。同原則を適用することによって，それぞれの法領域の価値・評価と抵触することがないように留意する必要があるのは，上記２から５と同様である。そこで持ち出される正義・倫理的要請は，上述のものに尽きるわけではなく，各法領域において妥当するものも含まれる。そのような例として，特許法における包袋禁反言（出願経過禁反言）を挙げることができる。この法理の根拠の一つは，特許の審査の潜脱を防止する点にあると考えられているところである（愛知靖之・特許権行使の制限法理〔2015〕157頁以下。これに対して，同法理の根拠を信義誠実の原則に求めることに疑問を呈するものとして，西井志織「特許発明の保護範囲の画定と出願経過（8・完）」法協131巻3号〔2014〕666頁以下）。

(2) 行政法における信義誠実の原則

　私人間の法律関係にとどまらず，信義誠実の原則は，行政上の法律関係においても適用されると考えられている。行政法の領域においては，同原則の適用は主として行政に対する私人の信頼の保護という形で問題となるため，「法の一般原則」の一つである「信頼保護の原則」の一環として論じられるのが一般的である（塩野宏・行政法Ⅰ行政法総論〔6版，2015〕92頁以下）。

　行政法の領域において，どのような要件の下で相手方の信頼を保護するべきかを検討する際には，先行行為と矛盾する行動をとる自由を保障する必要性に代えて，法律による行政の原理という行政法の基本原理との整合性をいかに確保するかという点が前面に出てくる。この点に関して，最高裁昭和62年10月30日判決（判タ657号66頁）は，数年間にわたって青色申告を受け入れてきた税務署長が誤りに気がついて更正決定を行ったという事案において，「租税法規に適合する課税処分について，法の一般原理である信義則の法理の適用により，右課税処分を違法なものとして取り消すことができる場合があるとしても，法律による行政の原理なかんずく租税法律主義の原則が貫かれるべき租税法律関係においては，右法理の適用については慎重でなければならず，租税法規の適用における納税者間の平等，公平という要請を犠牲にしてもなお当該課税処分に係る課税を免れしめて納税者の信頼を保護しなければ正義に反するといえるような特別の事情が存する場合に，初めて右法理の適用の是非を考えるべきものである」と判示している（行政法における裁判例については，乙部哲郎・行政法と信義則——判例を中心に〔2000〕を参照。租税

法における信義誠実の原則については，水野忠恒「租税法における信義誠実の原則」金子宏編・租税法の基本問題〔2007〕108 頁を参照）。

(3) 民事訴訟における信義誠実の原則

民事訴訟における訴訟行為についても，信義誠実の原則が適用される。民事訴訟法は，1996 年（平成 8 年）の改正において，民事訴訟の当事者が信義に従い誠実に民事訴訟を追行する義務を負う旨を確認する規定を置いた（民訴 2 条）。

民事訴訟における信義誠実の原則の適用場面は，①訴訟状態の不当形成の排除，②訴訟上の禁反言，③訴訟上の権利の失効，④訴訟上の権能の濫用の禁止に分類されるのが一般的である（議論状況について，栂善夫「民事訴訟における信義誠実の原則」伊藤眞＝山本和彦編・民事訴訟法の争点〔2009〕16 頁）。①は上記 3 クリーンハンズの原則に，②は上記 2 矛盾行為禁止の原則に，③は上記 5 権利失効の原則に，④は上記 4 形式的・外形的な権利の主張，および，権利濫用の禁止法理に，基本的に対応するものだと評価できる（各類型の裁判例については，秋山幹男ほか・コンメンタール民事訴訟法 I〔2 版追補版, 2014〕41 頁以下）。

さらに，民事訴訟における重要な問題として，前訴と同じ紛争を蒸し返す後訴を遮断するために信義誠実の原則が援用されることがある（最判昭 51・9・30 民集 30 巻 8 号 799 頁など。裁判例の分析として，原強「判例における信義則による判決効の拡張化現象(1)(2・完)」札幌学院法学 6 巻 1 号〔1990〕1 頁，8 巻 1 号〔1991〕31 頁）。信義誠実の原則のこうした機能については，判決の効力との関係・機能分担が議論されている（議論状況について，原強「判決理由中の判断の拘束力」伊藤＝山本編・前掲書 220 頁）。

V　信義誠実の原則に関する裁判例②──契約プロセスにおける当事者の義務

1　本類型の意義

第 2 の類型として，契約関係において当事者に課せられる諸々の義務を根拠づけるために信義誠実の原則が援用されることがある。これは，内田が関係的契約理論を提唱するにあたって念頭に置いていた場面であり，機能的分類論によると職務的機能の一部に対応する。

§1 BV

第1編 第1章 通 則

この類型においては，契約法の規律や契約法理論に照らして，当事者にどのような義務を課すことが正当化されるのかを検証することが信義誠実の原則を適用する者にとって重要な課題となる。以下でも，この点に留意しつつ，どのような義務が信義誠実の原則によって根拠づけられているのか，契約プロセスの展開に沿った形で裁判例を概観する。

2 契約交渉の不当破棄

(1) 契約の締結へ向けて交渉を開始した者が交渉を不当に破棄した場合に，「契約準備段階における信義則上の注意義務違反」を理由に損害賠償責任を認める裁判例が存在する（裁判例について，池田清治・契約交渉の破棄とその責任〔1997〕9頁以下，新版注民(13)〔補訂版〕109頁以下〔潮見佳男〕）（この問題について詳しくは，→第11巻第3編第2章第1節序説B）。

最高裁昭和59年9月18日判決（判タ542号200頁）は，歯科医院を開業するための物件を探していた被告が，原告である建物の所有者との交渉において歯科医院に必要な電気容量が備わっているかを尋ねるなどしたため，原告が被告の意向を確かめることなく設計変更を行い，そのことを知った被告も特に異議を述べなかったものの，その後に購入を断ったという事案において，「契約準備段階における信義則上の注意義務違反を理由とする損害賠償責任を肯定した原審の判断は，是認することができ」ると判示している。

最高裁平成2年7月5日判決（裁判集民160号187頁）は，被告である日本の総合商社が原告であるマレーシア国籍の実業家との間でブルネイ法人の株式の購入および合弁事業に関する契約の締結へ向けた交渉を行っていた事案において，被告が原告に契約が確実に成立するものとの期待を抱かせるに至ったものと認められるとして，交渉を破棄した被告に損害賠償を命じた原審判決を支持するにあたって，「契約準備段階における信義則上の義務違反を理由とする不法行為に基づく損害賠償請求を認容した原審の判断は，正当として是認することができる」と判示している。

さらに，多数の当事者が関係する契約の締結へ向けた交渉に関する判決も現れている。最高裁平成18年9月4日判決（判タ1223号131頁）は，原告である建具の納入業者が，納入先である研究教育施設用建物の施工業者（元請業者）が選定される前に，選定された施工業者との間で下請契約が締結されるものと信頼し，建具の納入へ向けた準備作業を開始したという事案に関す

162 〔吉政〕

るものである。同判決は，原告としては被告である研究機関が誰を建物の施工業者に選定したとしても，その施工業者との間で建具の納入等の下請契約を確実に締結できるものと信頼して準備作業を開始したものというべきであり，また，被告は原告が準備作業のために費用等を費やすことになることを予見しえたものというべきであるとして，信義衡平の原則に照らし，原告の信頼には保護が与えられなければならず，被告が建物の建築計画を中止することは，原告の信頼を不当に損なうものであり，被告はこれによって生じた損害について不法行為による賠償責任を免れないと判示している。最高裁平成 19 年 2 月 27 日判決（判タ 1237 号 170 頁）は，原告がゲーム装置を継続的に製造した上で被告に販売し，被告が同装置をさらにゲーム機販売業者である第三者に販売する契約が締結される直前に，第三者が仕様の変更を要求し，原告がこれを拒んだことから交渉が決裂した事案に関するものである。同判決は，契約が締結されることについて原告が強い期待を抱いたことには相当の理由があるというべきであるとして，被告には原告に対する関係で「契約準備段階における信義則上の注意義務違反があり」，被告はこれにより原告に生じた損害を賠償すべき責任を負うというべきであると判示している。

（2）学説では，契約締結の可能性に関して誤信を惹起したことを理由に責任を肯定する裁判例（誤信惹起型）と，契約の締結が確実であるという信頼を裏切ったことを理由に責任を肯定する裁判例（信頼裏切り型）という分類が示されている（池田・前掲書 25 頁以下・329 頁以下）。前掲最高裁昭和 59 年 9 月 18 日判決と前掲最高裁平成 19 年 2 月 27 日判決は誤信惹起型に，前掲最高裁平成 2 年 7 月 5 日判決は信頼裏切り型に分類される（池田清治〔判批〕民商 137 巻 3 号〔2007〕334 頁を参照）。当事者としては，契約を締結するか否か自由に決めることができるのが原則であるが，契約自由の原則は，相手方の誤信を惹起する行為までをも許容するものではない。したがって，誤信惹起型においては，交渉者の言動などが相手方の誤信を惹起するものであり，許容されないと評価されるのはどのような場合かを判断することが求められる。これに対して，信頼裏切り型についても責任を認める場合，上述の原則との抵触が避けられない。この類型では，交渉がどのような段階に至ると，契約の締結が確実であると評価され，相手方の期待が保護されるべきなのか，契約自由の原則との緊張関係に留意しつつ判断することが求められる。

〔吉政〕　163

§1 BV   第1編 第1章 通則

3 説明義務・情報提供義務

当事者に課される説明義務・情報提供義務の根拠も，一般的に，信義誠実の原則に求められている（説明義務・情報提供義務に関する裁判例について，中田裕康ほか編・説明義務・情報提供義務をめぐる判例と理論〔2005〕。金融取引に関するものについては，清水俊彦・投資勧誘と不法行為〔1999〕も参照）。

(1) 契約の締結に関する説明義務・情報提供義務

契約を締結するか否かに関する情報を提供する義務について，比較的早い時期の最高裁判決として，最高裁平成8年10月28日判決（金法1469号49頁②）がある。同判決は，変額保険の募集にあたってリスクなどを説明する信義則上の義務に違反したとして，募集人の不法行為責任を肯定した原審判決の判断を是認している。

その後，この問題に関する最高裁判決が増えている。最高裁平成18年6月12日判決（判タ1218号215頁）は，建築会社と金融機関から投資プランの提示を受けた原告である土地の所有者が土地の一部を売却することで自己資金をねん出できると考えていたところ，建築基準法の規制によって土地を売却することができないという問題があった事案において，当該問題について説明すべき信義則上の義務を建築会社に肯定したほか，金融機関についても，土地の売却可能性を調査し，原告に説明すべき信義則上の義務を肯認する余地があると判示している（これに対して，金融機関の義務を否定した判決として，最判平15・11・7判タ1140号82頁）。

最高裁平成21年12月18日判決（判タ1318号90頁）は，商品先物取引において商品取引員が委託玉と自己玉とを通算した売りの取組高と買いの取組高とが均衡するように自己玉を建てることを繰り返す取引手法を用いていた事案において，「先物取引について本件取引手法を用いている商品取引員が専門的な知識を有しない委託者から当該特定の商品の先物取引を受託しようとする場合には，当該商品取引員の従業員は，信義則上，その取引を受託する前に，委託者に対し，その取引については本件取引手法を用いていること及び本件取引手法は商品取引員と委託者との間に利益相反関係が生ずる可能性の高いものであることを十分に説明すべき義務を負う」と判示している。

最高裁平成23年4月22日判決（民集65巻3号1405頁）は，信用協同組合が出資を勧誘するにあたって，実質的な債務超過の状態にあり経営が破たん

164 〔吉政〕

§1　B　Ⅴ

するおそれがあることを説明する信義則上の義務の違反があったとする原審判決を踏まえて，「契約の一方当事者が，当該契約の締結に先立ち，信義則上の説明義務に違反して，当該契約を締結するか否かに関する判断に影響を及ぼすべき情報を相手方に提供しなかった場合には，上記一方当事者は，相手方が当該契約を締結したことにより被った損害につき，不法行為による賠償責任を負うことがあるのは格別，当該契約上の債務の不履行による賠償責任を負うことはないというべきである」と判示し，当該義務の違反を理由とする責任が不法行為責任であることを明らかにしている。

さらに，最高裁平成 24 年 11 月 27 日判決（判タ 1384 号 112 頁）は，いわゆるシンジケート・ローンにおいて，借主の代表者がアレンジャーに対して，シンジケート・ローンの組成・実行手続の継続に関する判断を委ねる趣旨でメインバンクが借主の決算書に不適切な処理がある旨の疑念を有している旨の情報を告げたなどの事情がある事実関係の下では，アレンジャーは，こうした借主の信用力についての判断に重大な影響を与える情報を，信義則上，シンジケート・ローンに参加する金融機関に対して提供すべき注意義務を負うと判示している。

以上の場面では，契約に関する情報は契約を締結しようとする者が自らの責任において収集するのが原則であるところ，どのような場合に，どのような根拠から情報提供義務が正当化されるのか，契約の締結過程を規律する法律行為法との整合性を意識しつつ検討することが求められる。

(2)　説明義務・情報提供義務と自己決定権侵害

以上の裁判例においては，財産的損害の賠償が問題となっていたのに対して，説明義務違反によって契約を締結するか否かを決定する機会が奪われたとして，精神的損害を塡補する慰謝料の賠償を命じる裁判例も存在する。

最高裁平成 16 年 11 月 18 日判決（民集 58 巻 8 号 2225 頁）は，被告の前身である住宅・都市整備公団が，団地の建て替え事業にあたって，建て替え後の住宅を優先的に購入する権利を有する原告に対して，優先購入の後，直ちに一般公募をする意思がないことを説明しなかったという事案において，被告は原告が分譲住宅の価格の適否について十分に検討した上で契約を締結するか否かを決定する機会を奪ったものというべきであって，「当該説明をしなかったことは信義誠実の原則に著しく違反するものであるといわざるを得な

〔吉政〕　165

§*1* BV 第1編 第1章 通則

い」として，原告からの慰謝料請求を認めている（これに対して，最判平15・12・9民集57巻11号1887頁は「地震保険に加入するか否かについての意思を決定する機会」が奪われたことを理由とする慰謝料請求を否定している）。

この場面においては，自己決定権が不法行為法によってどのような範囲で保護されるのかを検討することが求められる（錦織成史「取引的不法行為における自己決定権侵害」ジュリ1086号〔1996〕86頁，小粥太郎「『説明義務違反による損害賠償』に関する二，三の覚書」自正47巻10号〔1996〕36頁を参照）。

4 契約内容の確定と信義誠実の原則

(1) 信義誠実の原則の意義

信義誠実の原則は，学説において契約（法律行為）の解釈の基準の一つだと考えられており（於保212頁，我妻250頁，松坂198頁，幾代233頁以下，四宮＝能見214頁以下など），判例にもその旨を述べるものがある。例えば，最高裁昭和32年7月5日判決（民集11巻7号1193頁）は，和解条項の解釈が争われた事案において「信義誠実の原則は，ひろく債権法の領域に適用されるものであって，ひとり権利の行使，義務の履行についてのみならず，当事者のした契約の趣旨を解釈するにもその基準となるべきものである」と判示している。

しかしながら，実際の裁判例において，信義誠実の原則を基準として用いて契約の解釈が行われたと評価できるものは決して多くない。むしろ，信義誠実の原則は，契約において明示されていない義務を当事者に課すための根拠として援用されることが多い。この点に関して，平井宜雄・債権各論Ⅰ(上)契約総論〔2008〕107頁以下は，日本民法において信義誠実の原則は，権利義務の発生原因（法源）として意味を有しており，契約の解釈基準としての役割は小さいと指摘している（契約の解釈について，→第11巻第3編第2章第1節序説C）。

(2) 当事者の生命・身体・財産を保護する義務

(ア) 信義誠実の原則によって根拠づけられる契約上の義務として，契約当事者の生命・身体・財産（完全性利益）を保護する義務を挙げることができる。これは，ドイツの用語法にならって保護義務とも呼ばれる。後述の安全配慮義務に関するものを除くと，このような義務の違反を理由に損害賠償を認めた最高裁判例として，最高裁平成3年10月17日判決（判タ772号131頁）が

ある（建物賃貸人の失火によって賃借部分に保管されている賃借人の衣類品などが焼失したという事案において，賃貸人が「信義則上債務不履行による損害賠償義務を負う」ことを肯定）。ここでは，当事者の生命・身体・財産を保護する契約上の義務がどのような場合に肯定されるのか，契約内容の確定方法と結びつけた分析が求められる（この点について一般的には，潮見佳男・新債権総論Ⅰ〔2017〕161頁以下を参照）。

　(イ)　安全配慮義務は，雇用（労働）契約などの当事者が負う義務として判例において確立を見た義務であるが，その根拠も信義誠実の原則に求められている。リーディング・ケースである最高裁昭和50年2月25日判決（民集29巻2号143頁）によると，「国は，公務員に対し，国が公務遂行のために設置すべき場所，施設もしくは器具等の設置管理又は公務員が国もしくは上司の指示のもとに遂行する公務の管理にあたって，公務員の生命及び健康等を危険から保護するよう配慮すべき義務（以下「安全配慮義務」という。）を負って」おり，「右のような安全配慮義務は，ある法律関係に基づいて特別な社会的接触の関係に入った当事者間において，当該法律関係の付随義務として当事者の一方又は双方が相手方に対して信義則上負う義務として一般的に認められるべきものであ」る。昭和50年2月25日判決は国と公務員の関係に関するものであったが，その後，安全配慮義務は，雇用（労働）契約の当事者（最判昭59・4・10民集38巻6号557頁など）など私人間においても認められており（裁判例の展開について，淡路剛久「日本民法の展開(3)判例の法形成──安全配慮義務」百年Ⅰ456頁以下。裁判例における安全配慮義務違反の判断枠組みの分析として，瀬川信久「安全配慮義務論・再考」高翔龍日韓法学交流記念・21世紀の日韓民事法学〔2005〕195頁），2007年（平成19年）に制定された労働契約法では労働契約に当然に伴う義務として明文化されるに至っている（労契5条）。

　裁判所が安全配慮義務を認めた大きな理由は，不法行為責任に関する3年の消滅時効期間（平29改正前724条）を回避し，10年の消滅時効期間（平29改正前167条1項）を適用する点にあったと考えられる。このことに着目するならば，安全配慮義務は，公務災害などの被害者の救済という政策的目的を裁判所が実現しようとした法理だと評価することも可能である。もっとも，民法（債権法）が改正され，生命・身体の侵害による損害賠償請求権の消滅時効について特則（167条・724条の2）が定められたことによって，安全配慮義

§*1* BV 第1編 第1章 通 則

務のこうした意義は失われることになる。

(3) 付随義務としての説明義務・情報提供義務

契約当事者は，契約の付随義務として一定の説明をする義務を負うことがある（契約の締結に関する説明義務・情報提供義務〔→3〕との相違について，横山美夏「契約締結過程における情報提供義務」ジュリ1094号〔1996〕130頁以下）。信義誠実の原則を根拠に，そのような義務を当事者に課した最高裁判例として，次のものがある。

最高裁平成17年9月16日判決（判タ1192号256頁）は，マンションの売買契約において，売主には売買契約の付随義務として，防火戸の電源スイッチの位置，操作方法等について説明するべき義務があったとした上で，売主から販売に関する一切の事務を委託された宅地建物取引業者にも，信義則上，売主と同様の義務があったとして，宅地建物取引業者が不法行為による損害賠償義務を負うと判示している。

最高裁平成17年7月19日判決（民集59巻6号1783頁）は，貸金業法が貸金業者に業務帳簿の作成・備付け義務を課している趣旨や，債務者が債務内容を正確に把握できない場合には弁済計画を立てることが困難となるなど大きな不利益を被る可能性があることを理由に，貸金業者は「貸金業法の適用を受ける金銭消費貸借契約の付随義務として，信義則上，保存している業務帳簿（保存期間を経過して保存しているものを含む。）に基づいて取引履歴を開示すべき義務を負うものと解すべきである」として，貸金業者が開示を拒絶したときに不法行為が成立する可能性を肯定している。

(4) 債務の履行への協力

契約当事者に債務の履行に協力するよう求める根拠として，信義誠実の原則が援用されることもある。

契約の解除の要件である催告の有効性を判断する際に，契約当事者が債務の履行に協力するべきであったことを考慮する裁判例として，大審院大正14年12月3日判決（民集4巻685頁。深川渡事件），大審院昭和9年2月19日判決（民集13巻150頁）のほか，最高裁昭和43年8月2日判決（判時534号47頁），および，最高裁昭和47年1月20日判決（判時659号55頁）がある。昭和43年判決・昭和47年判決は，賃貸人が取立てに赴いて賃料を受け取る約定があったところ，賃貸人が何度か賃借人を訪れるなどして支払を督促した

168 〔吉政〕

後に賃料を持参するよう催告したという事案において，賃借人としては従来の経緯に鑑みると信義則上少なくとも金額を準備し，取立てを促すなどの対応をするべきであったとして，当該催告は有効であると判断している。

また，信義誠実の原則を根拠として契約当事者に目的物を受領する義務を認めるものとして，最高裁昭和 46 年 12 月 16 日判決（民集 25 巻 9 号 1472 頁）がある。同判決は，硫黄鉱石の売買契約において，売主が採掘する鉱石の全量を買主に売却する旨が定められており，売主は買主に対して鉱石を継続的に供給すべきものとされていることを踏まえて，「信義則に照らして考察するときは」，売主はその採掘した鉱石全部を順次買主に出荷すべく，買主はこれを引き取り，かつ，その代金を支払うべき法律関係が存在していたものと解するのが相当であるとして，買主の引取拒絶を理由に損害賠償責任を肯定した原審判決を是認している。

5　事情変更の原則

契約締結後の著しい事情変動を理由として，契約の解除あるいは改訂を認める法理を事情変更の原則という（同原則について，→第 11 巻第 3 編第 2 章第 1 節序説 D）。事情変更の原則は，正義・倫理的要請によって契約法を修正する法理として位置づけられるのがこれまで一般的であったと思われるが（このような理解の問題について，吉政知広・事情変更法理と契約規範〔2014〕58 頁以下・151 頁以下），本注釈では，契約当事者の義務に関する法理として取り上げる。

事情変更の原則は，一般論としては判例においても承認されており，その根拠は信義誠実の原則にあるとされている。大審院昭和 19 年 12 月 6 日判決（民集 23 巻 613 頁）は，土地の売買契約の締結後に宅地建物等価格統制令が施行されたという事案において，「当事者尚此ノ長期ニ亘ル不安定ナル契約ノ拘束ヨリ免ルルコトヲ得スト解スルガ如キハ信義ノ原則ニ反スルモノト謂フヘク従テ斯カル場合ニ於テハ当事者ハ其ノ一方的意思表示ニ依リ契約ヲ解除シ得ルモノト解スルヲ相当トス」として，契約の解除の可能性を認めている。その後の最上級審裁判例には，同原則の適用を認めたものは見られないが（下級審裁判例について，飯島紀昭「事情変更の効果としての契約の適合と解消」東京都立大学法学会雑誌 35 巻 1 号〔1994〕127 頁，石川博康・再交渉義務の理論〔2011〕207 頁以下），同原則が適用されるには，当事者を当初の契約に拘束し続けることが信義誠実の原則に反して不当であると評価されることが必要だとされてい

る（最判昭 29・2・12 民集 8 巻 2 号 448 頁，最判昭 30・12・20 民集 9 巻 14 号 2027 頁）。

6　契約上の義務と第三者

(1)　第三者の義務の根拠としての信義誠実の原則

　直接の契約関係にはない第三者に対して，契約関係が存在する場合と同様あるいは類似の義務を課す根拠として信義誠実の原則を援用する裁判例がある。

　代表的なものとして，最高裁平成 10 年 4 月 30 日判決（判タ 980 号 101 頁）は，運送契約の当事者ではない荷受人から運送人に対する不法行為に基づく損害賠償請求についても，宅配便の運送約款に定められた責任限度額の定めが適用されると判断するにあたって，約款の責任限度額の定めは運送人の荷送人に対する債務不履行に基づく責任についてだけでなく，荷送人に対する不法行為に基づく責任にも適用されるものと解するのが当事者の合理的な意思に合致するとした上で，宅配便が有する特質，責任限度額を定めた趣旨，約款において荷物の滅失または毀損があったときの運送人の損害賠償の額につき荷受人に生じた事情をも考慮していることに照らせば，「荷受人も，少なくとも宅配便によって荷物が運送されることを容認していたなどの事情が存するときは，信義則上，責任限度額を超えて運送人に対して損害の賠償を求めることは許されないと解するのが相当である」と判示している。

　安全配慮義務（→4(2)(イ)）に関しては，指揮・監督をする立場にある者と労働者との間に直接の契約関係がない場合であっても，安全配慮義務の存在を認める裁判例がある。具体的には，下請企業の労働者に対する元請人の安全配慮義務を肯定したものとして最高裁平成 3 年 4 月 11 日判決（判タ 759 号 95 頁），船舶の運航委託契約の受託者が直接の契約関係にない船長に対して安全配慮義務を負うことを肯定したものとして，最高裁平成 2 年 11 月 8 日判決（判タ 745 号 109 頁）がある。

　また，すでに取り上げた裁判例の中にも，直接の契約関係にない者に信義則上の義務を肯定したものが見られる（前掲最判平 17・9・16，前掲最判平 18・6・12）。

　以上の問題を検討するにあたっては，一方で，形式的には直接の契約関係に立たない者に契約上の義務が拡張される場面として位置づけ，契約法理論の検討を通じて義務の拡張を正当化する根拠を探求するアプローチが考えら

れる。他方で，正義・倫理的要請に従って制定法が調整・修正される場面として理解し，第三者に契約の当事者と同様の義務が課される根拠を矛盾行為禁止の原則（→Ⅳ2）などに求めるアプローチも考えられる。こうした2つのアプローチが対立する局面として，いわゆる抗弁の接続という問題がある。

(2) 抗弁の接続

割賦販売法は，第三者信用供与型の契約に関して，購入者が販売業者に対して主張しうる事由をもってクレジット業者に対抗することを認めている（包括信用購入あっせんに関して30条の4，個別信用購入あっせんに関して35条の3の19）（割賦販売法について，→第12巻 割賦販売等）。この抗弁の接続と呼ばれる問題をめぐる最高裁判例にも，信義誠実の原則に言及するものがある。

最高裁平成2年2月20日判決（判タ731号91頁）は，（当時の）「個品割賦購入あっせんは，法的には，別個の契約関係である購入者・あっせん業者間の立替払契約と購入者・販売業者間の売買契約を前提とするものであるから，両契約が経済的，実質的に密接な関係にあることは否定し得ないとしても，購入者が売買契約上生じている事由をもって当然にあっせん業者に対抗することはできないというべきであり」，1984年（昭和59年）改正後の「割賦販売法30条の4第1項の規定は，法が，購入者保護の観点から，購入者において売買契約上生じている事由をあっせん業者に対抗し得ることを新たに認めたものにほかならない」という理解に立った上で，改正前においては，販売業者の商品引渡債務の不履行を原因として売買契約が合意解除された場合であっても，あっせん業者が不履行に至るべき事情を知り，もしくは，知りうべきでありながら立替払を実行したなど不履行の結果をあっせん業者に帰せしめるのを信義則上相当とする特段の事情があるときでない限り，購入者は合意解除をもってあっせん業者に対抗できないと判示している。

また，最高裁平成23年10月25日判決（民集65巻7号3114頁）は，割賦販売法30条の4（平成20年法律74号による改正前のもの）の趣旨に関して同様の理解に立った上で，「個品割賦購入あっせんにおいて，購入者と販売業者との間の売買契約が公序良俗に反し無効とされる場合であっても，販売業者とあっせん業者との関係，販売業者の立替払契約締結手続への関与の内容及び程度，販売業者の公序良俗に反する行為についてのあっせん業者の認識の有無及び程度等に照らし，販売業者による公序良俗に反する行為の結果をあっ

§*1* B Ⅵ　　　　　　　　　　　　第1編　第1章　通　則

せん業者に帰せしめ，売買契約と一体的に立替払契約についてもその効力を
否定することを信義則上相当とする特段の事情があるときでない限り，売買
契約と別個の契約である購入者とあっせん業者との間の立替払契約が無効と
なる余地はないと解するのが相当である」と判示し，購入者からあっせん業
者に対する既払金の返還請求を退けている。

　以上の判例は，矛盾行為禁止の原則から説明できる範囲において立替払契
約の効力が否定される可能性を認めているにすぎないと評価できる。これに
対して，学説では，売買契約と立替払契約の間に密接な関連性が存在するこ
となどを根拠として，割賦販売法30条の4などの規定が存在しない場合で
あっても，契約法の一般理論から抗弁の接続が正当化されるとする見解が主
張されている（代表的なものとして，千葉恵美子「割賦販売法上の抗弁接続規定と民
法」民商93巻臨時増刊号(2)〔1986〕284頁以下）。

Ⅵ　信義誠実の原則に関する裁判例③——裁判所による政策的　目的の実現

1　本類型の意義

　第3の類型として，裁判所が一定の裁量をもって政策的目的の実現を図る
際に，その根拠として一般条項である信義誠実の原則が援用されることがあ
る。これはまさに「法化」論が着目していた場面であり，機能的分類論にお
いて社会的機能あるいは法修正的機能と位置づけられてきた場面にはこの類
型に位置づけられるものが少なくない。

　この類型においては，政策的目的そのものの当否はもちろんのこと，立法
府ではなく司法府によるルールの形成を通じて当該目的の実現を図ることの
適否も重要な検討課題となる。特定の利益集団による影響を受けにくい反面，
知識・情報の収集・分析能力に制度的な制約があるという司法府の特性のほ
か，当該目的が司法府によるルールの形成に馴染むものなのかなどの点を検
討することが求められる（以上の点については，いわゆる現代型訴訟を契機とした議
論〔田中成明・現代社会と裁判〔1996〕第4章など〕のほか，各アクターの能力・役割に
着目する制度論的な議論が有力になっているアメリカ法の動向を検討する，松尾陽「法解
釈方法論における制度論的転回(1)(2・完)——近時のアメリカ憲法解釈方法論の展開を素

172　〔吉政〕

材として」民商140巻1号36頁, 2号197頁〔2009〕, 藤谷武史「『より良き立法』の制度論的基礎・序説──アメリカ法における『立法』の位置づけを手がかりに」新世代法政策学研究7号〔2010〕149頁が有力な手がかりとなる)。

2 不動産賃貸借の解除と信頼関係破壊法理

不動産賃貸借に関する信頼関係破壊法理は, 従来, 信義誠実の原則が社会的機能を果たす場面の典型例として位置づけられてきた(好美清光「信義則の機能について」一橋47巻2号〔1962〕87頁のほか, 新版注民(1)〔改訂版〕130頁〔安永正昭〕)。

信頼関係破壊法理は, 賃借権の無断譲渡・転貸を理由とする解除について確立された(最判昭28・9・25民集7巻9号979頁)後, 賃料不払を理由とする解除など, 賃借人のその他の債務不履行を理由とする解除についても適用されるようになった。判例は, 無断譲渡・転貸に関しては「背信的行為と認めるに足らない特段の事情」が認められる場合には612条による解除権が発生しない, あるいは, 同条による解除が認められないという定式を用いるのが一般的であり, 信義誠実の原則が援用されるのは, 主にその他の債務不履行を理由とする解除についてである。

リーディング・ケースとされる最高裁昭和39年7月28日判決(民集18巻6号1220頁)は, 賃料不払を理由とする解除が問題となった事案において, 賃借人には「賃貸借の基調である相互の信頼関係を破壊するに至る程度の不誠意があると断定することはできない」として, 賃貸人による解除権の行使を信義則に反し許されないと判断した原審の判断を是認している。また, 最高裁昭和41年4月21日判決(民集20巻4号720頁)は, 借地上の建物の無断増改築があった場合に無催告解除を認める特約が定められていた事案において, 賃借人による「増改築が借地人の土地の通常の利用上相当であり, 土地賃貸人に著しい影響を及ぼさないため, 賃貸人に対する信頼関係を破壊するおそれがあると認めるに足りないときは, 賃貸人が前記特約に基づき解除権を行使することは, 信義誠実の原則上, 許されないものというべきである」と判示している(信頼関係破壊法理に関する近時に至るまでの裁判例について, 吉政知広「信頼関係破壊法理の機能と展望」松尾弘＝山野目章夫編・不動産賃貸借の課題と展望〔2012〕139頁を参照)。

信頼関係破壊法理は, 第二次世界大戦後の住宅不足の中で, 賃借人を保護

§*1* B Ⅵ   第1編　第1章　通則

し，住宅の供給不足に対応するという目的のために形成された法理であると
指摘されている（無断譲渡・転貸に関して，広中俊雄・広中俊雄著作集(3)不動産賃貸
借法の研究〔1992〕13頁以下）が，今日の住宅事情の下では裁判所が住宅不足
に対応するためにルールの形成を行う必要性はほぼ失われているといってよ
い。また，賃借権の譲渡・転貸については，今日では，借地権に関して代諾
制度が導入されるに至っている（借地借家19条・20条）。こうした状況の下，
信頼関係破壊法理に関する裁判例は大幅に減少しており，同法理の意義は大
きく変容しつつある（吉政・前掲論文149頁以下）。

3　不動産物権変動の対抗要件と信義誠実の原則

(1)　177条によると，不動産に関する物権変動は登記をしなければ第三者
に対抗できないところ，判例においては，「実体上物権変動があった事実を
知る者において右物権変動についての登記の欠缺を主張することが信義に反
するものと認められる事情がある場合には，かかる背信的悪意者は，登記の
欠缺を主張するについて正当な利益を有しないものであって，民法177条に
いう第三者に当らない」（最判昭43・8・2民集22巻8号1571頁）とする背信的
悪意者排除論が確立している（裁判例について，北川弘治「民法177条の第三者か
ら除外される背信的悪意者の具体的基準(1)〜(4・完)」判評120号（判時538号）23頁，
121号（判時541号）15頁，122号（判時544号）13頁，123号（判時547号）9頁〔1969〕，
松岡久和「判例における背信的悪意者排除論の実相」林良平還暦・現代私法学の課題と展
望(中)〔1982〕65頁，同「民法177条の第三者・再論——第三者の主体的資格と理論構成
をめぐる最近の議論」奥田昌道還暦・民事法理論の諸問題(下)〔1995〕185頁）（背信的悪
意者排除論について詳しくは，→第4巻§177 E）。

　背信的悪意者排除論と信義誠実の原則の関係については，矛盾行為禁止の
原則（禁反言）（→Ⅳ2）から正当化できる裁判例（最判昭45・2・24判時591号59
頁〔未登記の譲渡担保権者のために根抵当権を放棄した者が当該放棄を合意解約した事
案〕，最判昭43・11・15民集22巻12号2671頁〔未登記の贈与をめぐる紛争について和
解の立会人となった者が不動産を差し押さえた事案〕，最判昭44・1・16民集23巻1号
18頁〔債務者である法人の代表者として根抵当権の放棄をめぐる交渉に関与した者が根
抵当権を譲り受けた事案〕など），クリーンハンズの原則（→Ⅳ3）から正当化で
きる裁判例（最判昭44・4・25民集23巻4号904頁〔譲受人の登記具備を妨げた者が
不動産を譲り受けた事案〕など），形式的・外形的な権利の主張（→Ⅳ4）として

174　〔吉政〕

§*1* B Ⅵ

位置づけられる裁判例（最判昭43・8・2判時534号47頁〔第1買主に高値で売りつける目的で，第2買主が廉価で不動産を譲り受けた事案〕など）という形で分類することもできる（新版注民(1)〔改訂版〕106頁以下〔安永〕を参照）。このような理解によると，背信的悪意者排除論は，177条を形式的に適用した場合にもたらされる帰結を正義・倫理的要請に従って調整・修正する法理として，本注釈の枠組みにおいては上記Ⅳに位置づけられることになるだろう。

　これに対して，近時の注目すべき議論として，高度経済成長期に財（不動産）の有効活用を図るという観点から単純悪意者排除論が採用されない中で，背信的悪意者排除論は生活や営業の基盤となる不動産の占有利用利益を保護するための砦としての役割を果たしたと評価する議論が現れている（石田剛「背信的悪意者排除論の一断面(1)――取得時効に関する最判平成18年1月17日を契機として」立教法学73号〔2007〕97頁以下，同「財貨獲得をめぐる競争過程の規律に関する序論的考察(下)――背信的悪意者排除論を手がかりに」みんけん636号〔2010〕26頁以下，同「物権法の基本問題――背信的悪意者排除論を中心に」司法研修所論集122号〔2012〕174頁以下）。このような評価に与する場合，背信的悪意者排除論は，信義誠実の原則を通じて，裁判所が政策的目的を実現しようとした場面の一つとして位置づけられることになるだろう。

　(2)　隣接する問題として，最高裁平成10年2月13日判決（民集52巻1号65頁）は，未登記通行地役権の承役地が譲渡された事案において，「承役地が要役地の所有者によって継続的に通路として使用されていることがその位置，形状，構造等の物理的状況から客観的に明らかであり，かつ，譲受人がそのことを認識していたか又は認識することが可能であったときは，譲受人は，要役地の所有者が承役地について通行地役権その他の何らかの通行権を有していることを容易に推認することができ，また，要役地の所有者に照会するなどして通行権の有無，内容を容易に調査することができる。したがって，右の譲受人は，通行地役権が設定されていることを知らないで承役地を譲り受けた場合であっても，何らかの通行権の負担のあるものとしてこれを譲り受けたものというべきであって，右の譲受人が地役権者に対して地役権設定登記の欠缺を主張することは，通常は信義に反する」と判示している。二重譲渡の場合とは異なり，地役権の存在を認識しながらその目的物である不動産を譲り受けることはなんら非難に値しないため，同判決の事案におい

〔吉政〕　175

§1 B VI 第1編 第1章 通 則

て背信的悪意者排除論の判断枠組みは妥当しないと考えられる。そこで，同判決は，登記の欠缺を主張することが矛盾行為禁止の原則に抵触すると判断した（野澤正充〔判批〕リマークス18号〔1999〕24頁，秋山靖浩〔判批〕不動産百選〔3版〕185頁），あるいは，不法占拠者に対する妨害排除請求が権利濫用に該当する場合と同様の処理をした（石田・前掲立教法学73号90頁以下）のだと評価されている。

　同判決を踏まえて，最高裁平成25年2月26日判決（民集67巻2号297頁）は，通行地役権の承役地が担保不動産競売により売却された場合において，通行地役権者が承役地の買受人に対して登記なくして通行地役権を主張することができるか否かは，最先順位の抵当権の設定時の事情によって判断されるべきだと判示している。

4　保証人の保護と信義誠実の原則

　根保証（継続的保証）においては，保証人の負担が大きなものとなる危険があるところ，判例は，信義誠実の原則などを根拠に保証人の負担を合理的な範囲に限定しようとしてきた（西村信雄・継続的保証の研究〔1952〕を参照）。

　大審院大正14年10月28日判決（民集4巻656頁）は，包括的な根保証に関して，保証人は相当な期間経過後，もしくは，主たる債務者の財産状態が悪化した場合に解約権を行使することができると判示し，その根拠として，当事者の意思解釈，「信義ノ観念」のほか，平成29年改正前589条の法意を挙げている。根保証人に解約権が認められることは，最高裁も承認している（最判昭39・12・18民集18巻10号2179頁）。その後，2004年（平成16年）の民法改正によって貸金等根保証契約に関する規制が導入され（平29改正前465条の2以下），2017年（平成29年）の民法（債権法）の改正によって規制の対象が個人根保証契約に拡大されている（465条の2以下）が，これらの規制の対象でない保証契約をはじめとして，判例を通じて形成されてきた解約権が認められる場面は今後も残ることになる（→第9巻§465の2以下）。

　さらに，下級審裁判例には，信義誠実の原則を根拠に，保証契約締結時の諸事情やその後の経緯を考慮して，（根）保証人の責任を制限するものが数多く見られる（裁判例について，後藤勇・民事実務の研究〔1996〕142頁以下，平野裕之・保証人保護の判例総合解説〔2版，2005〕）。最高裁判決としても，主たる債務者の経営状態が悪化し，債権者である信用金庫もそうした事情を知りうる状

態であったにもかかわらず，保証人の意向を打診することなく手形貸付けをしたという事案において，債権者が保証債務の履行を求めるのは，信義則違反，権利濫用であるとした原審判決を是認したものがある（最判昭48・3・1金法679号35頁）。このような保証人の責任制限も，個人根保証契約に関する規制の導入にかかわりなく今後も認められる。

5 消費者契約と信義誠実の原則

(1) 消費者契約法10条

信義誠実の原則に関して注目される近時の動向として，同原則は，消費者契約における不当条項規制の基準として位置づけられるに至っている。消費者契約法10条によると，①任意規定の「適用による場合に比して消費者の権利を制限し又は消費者の義務を加重する消費者契約の条項であって」，②「民法第1条第2項に規定する基本原則に反して消費者の利益を一方的に害するもの」は無効とされる。こうした2つの要件が設定されたのは，法的安全の要請と消費者保護との調和を図ったものだと指摘されている（中田裕康「消費者契約法と信義則論」ジュリ1200号〔2001〕74頁）。前述の「法化」論（→Ⅲ4）の視角からは，形式性と「実質化」のせめぎ合いとして評価することができるだろう。

どのような場合に，ある条項が信義誠実の原則に反して消費者の利益を一方的に害するものだと評価されるのかという点に関して，判例は，「消費者契約法の趣旨，目的（同法1条参照）に照らし，当該条項の性質，契約が成立するに至った経緯，消費者と事業者との間に存する情報の質及び量並びに交渉力の格差その他諸般の事情を総合考量して判断されるべきである」という一般的な指針を示している（最判平23・7・15民集65巻5号2269頁）。

具体的には，最高裁平成23年3月24日判決（民集65巻2号903頁）は，居住用建物の賃貸借契約におけるいわゆる敷引特約に関して，①賃借人は敷引金の額についても明確に認識した上で契約を締結するのであって，賃借人の負担は明確に合意されていること，②敷引特約がある場合，通常損耗等の補修費用が含まれないものとして賃料の額が合意されていると見るのが相当であって，敷引特約によって賃借人が補修費用を二重に負担するということはできないこと，③敷引特約は，通常損耗等の補修の要否やその費用の額をめぐる紛争を防止するという観点からあながち不合理なものとはいえないこと

§*1* B VI

を理由に，当該建物に生ずる通常損耗等の補修費用として通常想定される額，賃料の額，礼金等他の一時金の授受の有無およびその額等に照らし，敷引金の額が高額に過ぎると評価すべきものである場合を除いて，敷引特約が信義誠実の原則に反して賃借人の利益を一方的に害するものであるということはできないと判示している（同判決を踏襲して敷引特約の有効性を認めた判決として，最判平 23・7・12 判タ 1356 号 81 頁②)。

　前掲最高裁平成 23 年 7 月 15 日判決は，建物賃貸借におけるいわゆる更新料条項に関して，①更新料の支払におよそ経済的合理性がないということはできないこと，②一定の地域において更新料の支払をする例が少なからず存在することは公知であること，③これまで裁判上の和解手続などにおいても，更新料条項を当然に無効とする取扱いはされてこなかったことを理由に，更新料の額が高額に過ぎるなどの特段の事情がない限り，更新料条項は信義誠実の原則に反して消費者の利益を一方的に害する条項には当たらないと判示している（平成 23 年 7 月 15 日判決以前の裁判例を分析するものとして，大澤彩「建物賃貸借契約における更新料特約の規制法理——消費者契約法 10 条における『信義則』違反の意義・考慮要素に関する一考察(上)(下)」NBL 931 号 19 頁，932 号 57 頁〔2010〕)。

　最高裁平成 24 年 3 月 16 日判決（民集 66 巻 5 号 2216 頁）は，生命保険契約における保険料不払による無催告失効条項に関して，①保険契約において，保険料不払の状態が一定期間内に解消されない場合に初めて保険契約が失効する旨が定められており，その期間は 541 条により求められる催告期間よりも長い 1 か月とされていること，②自動的に保険会社が保険契約者に保険料相当額を貸し付けて保険契約を有効に存続させる自動貸付条項が定められているなど，保険契約者の権利保護を図るために一定の配慮がされていること，さらに③保険料不払があった場合に，保険会社が保険契約者に対して保険料払込みの督促を行うという運用が確実にされていれば，保険契約者は不払に気付くことができると考えられることを理由として，保険会社がそのような運用を確実にした上で無催告失効条項を適用していることが認められるのであれば，当該条項は信義誠実の原則に反して消費者の利益を一方的に害するものに当たらないと判示している。同判決を受けて，上記③のように保険料払込みの督促が行われているなどといった，契約条項の内容とは異なる事情を条項の有効性の判断にあたって考慮することが認められるかという問題が

議論されている。この問題に関して，契約条項の有効性の問題と，個別の契約に固有の事情に照らして契約条項の効力を主張することが信義誠実の原則に反するかという問題を区別するべきことが指摘されているが（山下友信〔判批〕金法 1950 号〔2012〕39 頁のほか，山本豊「契約条項の内容規制における具体的審査・抽象的審査と事後的審査・事前的審査——生命保険契約における無催告失効条項を検討素材として」松本恒雄還暦・民事法の現代的課題〔2012〕39 頁以下を参照），この区別に従う場合，後者はクリーンハンズの原則（→Ⅳ 3）の適用場面として位置づけられることになるだろう。

(2) **ダイヤル Q^2 サービスにかかる通話料の請求**

NTT がかつて提供していたダイヤル Q^2 サービスに関して，加入電話契約者の子が当該サービスを利用した事案において，NTT による通話料の請求を信義誠実の原則に基づいて制限した最高裁平成 13 年 3 月 27 日判決（民集 55 巻 2 号 434 頁）も，裁判所が消費者保護という役割を果たした判決として位置づけることができるだろう。同判決は，ダイヤル Q^2 サービスは通話料の高額化に容易に結びつく危険を内包しており，公益的事業者である NTT としては，その危険について可能な対策を講じておくべき信義則上の責務があったというべきであると判示した上で，加入電話契約者は加入電話契約者以外の者が当該加入電話から行った通話にかかる通話料についても支払義務を負うと定めた約款の規定が存在することの一事をもって加入電話契約者に通話料全額を負担させることは「信義則ないし衡平の観念に照らして直ちに是認し難いというべきである」として，通話料の 5 割に相当する金額の限度でのみ NTT による請求を認めている。

6 使用者から被用者に対する求償と信義誠実の原則

最高裁は，使用者が被用者の加害行為によって損害賠償責任を負担した場合において，使用者から被用者に対する 715 条 3 項に基づく求償を制限する根拠を信義誠実の原則に求めている（この問題について詳しくは，→第 16 巻 §715）。最高裁昭和 51 年 7 月 8 日判決（民集 30 巻 7 号 689 頁）は，「使用者は，その事業の性格，規模，施設の状況，被用者の業務の内容，労働条件，勤務態度，加害行為の態様，加害行為の予防若しくは損失の分散についての使用者の配慮の程度その他諸般の事情に照らし，損害の公平な分担という見地から信義則上相当と認められる限度において，被用者に対し右損害の賠償又は

§1 B VI

求償の請求をすることができる」として，損害額の4分の1を限度として求償を認めた原審判決を是認している（同趣旨の判決として，最判昭60・2・12交民18巻1号1頁）。ここでは，使用者と被用者の間の損害分担に関して，使用者責任の帰責根拠である危険責任・報償責任の原理からして適切だと考えられる規律が信義誠実の原則を根拠に形成されていると評価できるだろう。

〔吉政知広〕

§1 C

C 権利濫用の禁止

細 目 次

Ⅰ 権利濫用禁止の意義と展開 …………182
  1 権利濫用禁止の登場と行方…………182
  2 日本における権利濫用禁止規定の導
  入…………………………………………183
    (1) 広汎な権利濫用禁止規定の導入 …183
    (2) 権利濫用論の混迷 ………………184
Ⅱ 日本における権利濫用禁止の展開 ……185
  1 戦前における解釈による導入と発展…185
    (1) 学説による外国法の紹介・議論 …185
    (2) 判例の発展1──不法行為法 ……186
    (3) 判例の発展2──妨害排除請求権
    その他の権利行使 …………………189
  2 戦後における権利濫用禁止の条文化
  と議論の発展………………………………190
    (1) 戦後の主要判例の概観 …………190
    (2) 権利濫用論の展望 ………………192
Ⅲ 権利濫用の要件 ………………………193
  1 序説──「濫用」の定義なし………193
  2 土地所有権侵害による妨害排除請求
  の事例………………………………………194
    (1) 宇奈月温泉事件における主観的事
    情の考慮 ……………………………194
    (2) 要件を一般論として定立する判決
    …………………………………………194
    (3) 権利濫用以外の説明による判決 …195
    (4) 学説による評価 …………………196
  3 その他の事例…………………………198
    (1) 不法行為が問題とされた事例 …198
    (2) 権利濫用の便宜的借用事例（法欠
    缺補充型）…………………………198
  4 考察──権利濫用論の適用範囲の多
  様化と要件論………………………………198
Ⅳ 権利濫用禁止の効果 …………………199
  1 序 論…………………………………199
  2 土地所有権に基づく物権的請求権の
  行使──権利はあるが行使が否定され
  る………………………………………………199
    (1) 履行請求（強制）が認められない
    …………………………………………199

    (2) 権利濫用の場合の法律関係 ………199
  3 土地所有権に基づく物権的請求権以
  外について……………………………………203
    (1) 債権の行使 ………………………203
    (2) 人格権に基づく差止請求 …………203
    (3) 形成権の行使──権利の否定また
    は行為の効力否定原理によるべき …204
    (4) 同意・承諾の拒絶………………204
  4 不法行為の成立──違法性の法理に
  解消される（権利内容の限界づけ）……204
    (1) 土地利用の事例 …………………204
    (2) 土地利用の事例以外 ……………205
Ⅴ 権利濫用法理の機能 …………………207
  1 権利濫用法理の機能総論 …………207
  2 不法行為法における違法性判断基準
  としての機能………………………………207
  3 強制調停機能──土地の利用権設定
  型の私的収用………………………………207
  4 他の法理の借用（法欠缺補充機能）…208
Ⅵ 権利濫用とされた具体的事例 ………208
  1 利用権設定による私的収用代用類型…209
    (1) 他人の土地の侵害 ………………209
    (2) 相隣関係 …………………………209
  2 権利の内容を限界づける類型──不
  法行為法原理として………………………212
    (1) 土地利用 …………………………212
    (2) 裁量権の濫用──裁量権逸脱の法
    理へ …………………………………215
    (3) 損害賠償請求が権利濫用となるか
    が問題とされた事例 ………………216
    (4) 原状回復請求・謝罪広告 ………218
  3 便宜的借用類型──権利濫用法理以
  外の解決によるべき事例…………………218
    (1) 無効原理によるべき事例 ………218
    (2) 別の法理により権利の成立を否定
    すべき事例 …………………………219
    (3) 使用貸借等黙示の合意によりうる
    事例 …………………………………225
    (4) 対抗力の制限ないし肯定によるべ

〔平野〕　181

§1 CI

(5)	履行遅滞の否定によって解決される事例 ……………………228	⑩	不合理な差別的取扱いの禁止 ……231
(6)	譲受債権による相殺 ………………229	⑪	誤振込金の払戻請求 ………………232
(7)	相殺禁止の代用 ……………………230	⑫	手形法の法理 ………………………232
(8)	保証債務の履行請求 ………………230	⑬	信義則によるべき事例 ……………233
(9)	契約解釈によって解決されるべき事例 ……………………………231	4	その他………………………………234
		Ⅶ	民法1条各項の関係 ………………236
		1	民法1条1項と他の項との関係………236
		2	民法1条2項と3項の関係…………237

I 権利濫用禁止の意義と展開

1 権利濫用禁止の登場と行方

アンシャン・レジームに対する反動として，フランス人権宣言（1789年）により，自由は，他人を害すること以外の全てのことができ，その限界づけは法律によってのみ定めることができること（4条），所有権が「神聖かつ不可侵な権利」であること（17条）が宣言される。権利絶対性の思想からは，「権利の行使は，不法行為とはならない」という理念が引き出され（末川・濫用74頁以下参照），権利の行使により他人に損害を与えても，他人に損害を与えることを専ら目的とした場合以外には不法行為にはならないと考えられた（シカーネ禁止）。1794年制定のプロイセン一般ラント法は，権利行使により生じた損害につき賠償義務はないこと（序編94条，第1編第6章36条），シカーネ禁止による賠償責任を宣言し（第1編第6章37条），第1編第8章27条は，所有権を他人に損害を与えるために濫用してはならないことを規定していた。

ところが，自然法思想に端を発した個人主義的な財産権絶対の思想は，権利の行使は必然的に他人の権利や利益と衝突しその調整が必要であり，権利といえども絶対ではなく相当な範囲への制限が必要であるという権利の社会性が認識されるようになると，発想の転換を迫られる。権利の限界づけのために「権利濫用禁止」の一般法理が登場することになる。これが1907年のスイス民法の採用する立場である（→2(1)）。しかし，いまだ権利行使も濫用と評価されれば例外的に違法とされるという発想から脱却していない。また，権利・自由の限界づけはどこの国でも認められ，英米法ではあえて権利濫用といった原理ないし説明によらないが，大陸法では所有権絶対・権利の絶対性という観念が強いため，濫用だから違法であるといった控えめな説明が採

§1 C I

用されたのである。

更にそれから1世紀以上が経過し，現在では状況が大きく変わってきている。もはや財産権絶対という思想は受け入れられない。原則が逆転し，個人の権利は社会の中で認められるものであり，合理的な制限・限界づけが必然的に存在するものと考えられるようになっている。濫用論に依拠することなく，権利は合理的な内容に制限されるのであり，現代において権利濫用という説明の意義について再考が求められている。

2 日本における権利濫用禁止規定の導入

(1) 広汎な権利濫用禁止規定の導入

民法1条は「基本原則」と題され，その3項は，「権利の濫用は，これを許さない」と規定する。この規定は，戦後追加された規定であり（昭和22年法律222号），政府原案にはなく，国会審議の過程で追加されたものである（池田恒男「日本民法の展開(1)」百年I 41頁以下参照）。現代語化（平成16年法律147号）前の当初規定は「権利ノ濫用ハ之ヲ許ササス」というものであった。憲法12条に，国民は「憲法が国民に保障する自由及び権利……を濫用してはならない……，常に公共の福祉のためにこれを利用する責任を負ふ」と規定しているが，これが民法1条の1項と3項になっている。

ただし，既に明文規定のない戦前から権利の行使が不法行為となることは判例により認められ，学説により権利濫用という外国法の議論が紹介され，次第に判例にもその議論の影響が現れていった（菅野耕毅・信義則および権利濫用の研究〔1994〕135頁以下参照）。

大陸法には，フランス民法のように，権利濫用規定を置かず，解釈により判例に任せる例もある。また，ドイツ民法では，総則編第6章「権利の行使，自己防衛，自救行為」の冒頭に，「権利の行使は，それが他人に損害を加える目的のみを有するときには，許されない」（226条。翻訳はディーター・ライポルト〔円谷峻訳〕・ドイツ民法総論〔2版，2015〕562頁による）と，シカーネ禁止規定のみを置く。これに対して，スイス民法は，「何人も，信義誠実の原則に従って，その義務を履行しまた権利を行使しなければならない」という規定（2条1項）に続いて，「権利の明白な濫用は（*l'abus manifeste*）は法により保護されない」と，広く「権利濫用」という概念を設定し，「明白な」という絞りをかけている（2条2項）。近時の立法としては，1992年施行の改正オラン

〔平野〕　183

§1 C I
第1編 第1章 通 則

ダ民法は権利濫用について詳細な規定を置く（新版注民(1)〔改訂版〕151頁〔安永正昭〕）。

日本民法が導入した規定は，広い権利濫用禁止規定である。ただし，スイス民法と異なり「明白な」濫用という制限はない。権利濫用法理が条文根拠を与えられ，法曹にとって使い勝手のよい道具となったが，「このことも一因となって，権利濫用法理はどのような事態に適用されるべきものであるかが判例上も学説上も今日なお必ずしも明確になっていない」，そして，文言の簡潔さは「権利濫用法理が広い範囲で欠缺補充機能をも営むことを可能にして」いると評されている（広中156頁）。「立法自身がかかる一般条項を設置することによって裁判官の幅のある判断を容認したことは，やはり1つの重大な出来事といわねばならない」ともいわれる（鈴木禄弥「財産法における『権利濫用』理論の機能」同・研究53頁）。

(2) 権利濫用論の混迷

日本においては，広汎な権利濫用規定がおかれ，また，裁判において裁判官に広い裁量権を容認する傾向があることから，権利濫用という説明が種々雑多な事例で用いられまた採用されている。このように雑多な適用事例・機能を飲み込んだため，「権利濫用と呼ばれる現象は種々のものを含んでおり，これらを或る1つの原理で説明することは困難であり，また1つの法原理として構成することも不適当である」とまでいわれるに至っている（川島52頁）。権利濫用を論じる解説でありながら権利濫用の定義を控えてきたが，それは，統一的な定義を探求しても無意味であり，さらにまた，適用場面・効果・機能も多様なので統一的な要件を探求しても無益でありむしろ有害だからである。

①権利が初めから合理的な範囲でしか認められないことを示すためには，権利絶対性を出発点とする権利の「濫用」という説明はもはや不要である。かつては所有権の行使につき権利濫用であり不法行為になることを議論していたが（権利内容を制限し違法性を基礎づける類型），もはやそこまでは権利の内容ではないとして，権利内容の制限により解決がされるべきである。受忍限度論など権利・利益の衝突の調整原理による権利内容の限界づけの問題に解消されるべきである。

②他方，他の法理による解決が可能でありまたそれがあるべきなのに，権

184 〔平野〕

§1 C Ⅱ

利濫用という説明が便宜的に用いられている裁判例が数多くある（便宜的借用型の類型）。あるべき法理がないのを，権利濫用により欠缺補充しているものといえる。しかし，安易に権利濫用に頼らない解決が好ましく，また，解雇権の行使などの法律行為ないし意思表示については，むしろその意思表示を公序良俗違反といった「効力規制」原理による規律に任せるべきである。

③権利が認められながら，濫用として超法規的な規制がされているのは，土地所有権侵害に対する物権的請求権の事例である。ここでは，権利濫用論は，土地所有権について利用権設定型の私的収用の代替として使われ（利用権設定による私的収用代用型の類型），ここに至ってはむしろ権利濫用よりは民法1条1項の私権の公共性が根拠とされるべきであり，伝家の宝刀的に極めて例外的にのみ認められるべきである。

これまでの権利濫用論がすべてこの3つの類型に収まるのであれば，極言すれば権利濫用法理はなくても済む。権利行使にも限界があることを認め，権利濫用という説明によらずニューサンス等の不法行為を認めることも広義の権利濫用論といえ，この意味ではイギリス法にも権利濫用論はある。これに対し，権利濫用という説明を用いて規制するのが狭義の（ないし形式的意義の）権利濫用であり，この現代における意義を問い直す必要がある。使い勝手のよい権利濫用という説明に依拠したくなる実務家の意識は理解でき，ある程度のファジーさはあってもよいと思われるが，権利濫用という法理は今後抑止的に運用されるべきものではないかと思われる。

Ⅱ　日本における権利濫用禁止の展開

1　戦前における解釈による導入と発展

(1)　学説による外国法の紹介・議論

フランスでも19世紀中ごろから判例により権利濫用法理が認められていたが，ボアソナードは旧民法に権利濫用規定を導入しておらず，現行民法も，ドイツ民法のシカーネ禁止規定も自力救済禁止規定も導入していない。

民法施行後，学説では，岡松参太郎・註釈民法理由物権編〔1897〕150頁が，民法207条の注釈において，土地所有権の「制限」を，人力の及ぶ限度，実際の需要による制限，そして，「適当なりと認むべき限度」を挙げ，最後

〔平野〕　185

§*1* C Ⅱ   第1編　第1章　通　則

の制限につき，「権利の濫用」を援用する。権利の濫用が許されないのは，
「法理上自然に存する原則」と論じていた。わが国において初めて本格的に
権利濫用を紹介したのは，牧野英一「権利の濫用」法協 22 巻 6 号〔1904〕
850 頁であり，フランス法そしてドイツ法を紹介し，権利濫用の概念が必ず
しも明確ではないこと，そして，その基準も不明瞭であることを指摘する。
その上で，この問題が土地所有や労働問題について議論が開始されたことか
ら，契約自由，個人主義といった思想から，共同，連帯といった思想への転
換を反映していること，法律は国民思想の変遷と共に変更せられること，ま
た，法律解釈は社会の変化を組みこんでなされるべきことを提案し，権利濫
用の問題を「我学会の議題に上さん」と述べる。

　その後，1890 年代から 1910 年代において，東京深川の浅野セメントの工
場の煙突から飛散する大量のセメント粉末のため付近住民が被害を受けた浅
野セメント降灰事件を契機として書かれた，鳩山秀夫「工業会社の営業行為
に基く損害賠償請求権と不作為の請求権」法協 29 巻 4 号〔1911〕599 頁は，
フランスの権利濫用による判例も紹介しつつも，ドイツ民法同様に，適法な
行為も適法な範囲を超えて善良なる風俗に反する場合には適法とはならず，
不法行為となるという解決を提案する。その後に，大阪アルカリ事件判決
(1916 年。→(2)(ア)(b))，また，信玄公旗掛松事件判決（1919 年。→(2)(ア)(c)）と権利
濫用に関連する判決が出され，不法行為法上，権利濫用論が注目されるよう
になる。

　信玄公旗掛松事件判決を契機として，末川博「権利の濫用に関する一考
察」（同・民法に於ける特殊問題の研究(1)〔1925〕190 頁以下所収）が著され，その後，
権利濫用についての論稿が同博士により精力的に著される（同書および同・権
利濫用の研究〔1949〕所収）。

(2)　**判例の発展 1 ── 不法行為法**

　以下では，時代の流れに沿って主要な判例を紹介しておく。

(ア)　土地所有権の行使

　(a)　地下水の利用　　民法施行後，判例は，「地下に浸潤せる水の使用
権は元来其土地所有権に附従して存するものなれば，其土地所有者は自己の
所有権の行使上自由に其水を使用するを得るは蓋し当然の条理なり」（大判明
29・3・27 民録 2 輯 3 巻 111 頁），また，「Y の権利行使の為め X が損害を被りた

186　〔平野〕

ればとて Y に於て其賠償の責を負ふべき謂はれなし」（大判明 35・5・16 民録 8
輯 5 巻 69 頁）と判示し，土地所有権の絶対性を認めている。その後，東京地
裁昭和 10 年 10 月 28 日判決（新聞 3913 号 5 頁）は，受忍限度論による解決を
認め，また，地下鉄掘削により井戸を枯渇させた事例につき，「適当なる範
囲……を逸脱するときは権利濫用として不法行為を構成する」と，権利濫用
を問題としている（東京地判昭 5・7・4 新聞 3172 号 9 頁）。

(b) 大阪アルカリ事件　　大審院大正 5 年 12 月 22 日判決（民録 22 輯
2474 頁〔大阪アルカリ事件〕）は，工場の排煙による近隣農地の被害につき，工
場の不法行為責任を認めた原審判決に対して，工場側が責任を認めるのであ
れば権利濫用かどうかの判断をしなければならないのにそれをしていない等
の主張をしてなされた上告に対する判決である。大審院は，「化学工業に従
事する会社其他の者が其目的たる事業に因りて生ずることあるべき損害を予
防するが為め右事業の性質に従ひ相当なる設備を施したる以上は，偶他人に
損害を被らしめたるも之を以て不法行為者として其損害賠償の責に任ぜしむ
ることを得ざるものとす」と，過失につき結果回避義務違反が必要なことを
確認し，この義務違反を認定していないとして原審判決を破棄する（破棄差
戻審は責任肯定）。権利濫用でなければ不法行為にならないとは判断しなかっ
たのである。

(c) 信玄公旗掛松事件　　その後の，大審院大正 8 年 3 月 3 日判決（民
録 25 輯 356 頁〔信玄公旗掛松事件〕）は，「権利を行使する場合に於て，故意又は
過失に因り，其適当なる範囲を超越し失当なる方法を行ひたるが為め他人の
権利を侵害したるときは，侵害の程度に於て不法行為成立する」と，権利濫
用を意識した判断を示している。これは，原審判決が，「Y の如く鉄道運送
経営者に在りては汽車の運転を為すことは権利の行使なりと認め得ざるに非
ざるも，此故を以て汽車運転の際濫に他人の権利を侵害し得べき理由なく，
従て汽車運転の際故意又は過失に因り特に煙害予防の方法を施さずして煤煙
に因りて他人の権利を侵害したるときは，其行為は法律に於て認めたる範囲
内に於て権利を行使したるものと認め難く，却て権利の濫用にして違法の行
為なり」と，権利濫用を議論していたためである。

(d) 建物や工作物の設置　　シカーネ禁止が当てはまる事例として，安
濃津地裁大正 15 年 8 月 10 日判決（新聞 2648 号 10 頁〔富田浜病院事件〕）がある。

病院経営を妨害するための境界近辺に工作物を設置した事例である。また，伝染病隔離病舎の建築により周辺の地価の値下がりが生じたとして，土地所有者が損害賠償を請求した事例では，「病毒の伝播を防ぐために充分完全なる構造設備を施したる場合には其の権利行使は未だ適当なる範囲を超越し失当なる方法を行ひたるもの即ち所謂権利の濫用に至らずと認むるを相当とす」と不法行為の成立を否定し，土地の値下がりを生じたとしても，それは「正当なる権利行使の反射的影響として当然甘受すべき不利益」とされている（大判昭 12・11・12 判決全集 4 輯 23 号 21 頁）。

　(イ)　執行権の行使——権利の濫用を問題とはしない　　強制執行による建物の収去が不法行為になるかが議論された事例で，「権利行使の場合と雖も，故意又は過失に因り其範囲を超過し失当なる方法を行ひたるが為めに他人の権利を侵害したるときは，侵害の程度に於て不法行為たるものと為さざる可からず」とされる（大判大 6・1・22 民録 23 輯 14 頁〔建物収去強制執行事例〕）。土地明渡請求の確定判決に基づいて建物を収去した行為につき，「乱暴にして為めに諸材料を甚しく毀損し再築の用に堪へざるに至らしめたるものなるに於ては，所有者 A の権利を侵害せるものなる」として，乱暴に解体したため再利用できなくしたならば損害賠償請求の余地を残したのである。権利濫用という説明は用いられておらず，違法性の問題に解消されている。

　(ウ)　権利濫用を不法行為において取り上げる判例の登場　　以上まで原審で権利濫用が論じられても権利濫用を不法行為において要件として設定する判例は見られなかった。ところが，大審院昭和 13 年 6 月 28 日判決（新聞 4301 号 12 頁〔井戸掘削事件〕）は，多数の井戸を掘り，他人の井戸水利用を侵害した事例で，「土地の所有者は，他人の権利を侵害せざる限度内に於てのみ，其の所有地を掘鑿して地下水を利用し得べき権利を有するも，其の権利の行使が社会観念上他人に於て之が認容するを相当とする程度を逸脱するときは権利の濫用即ち不法行為者として之が為め他人の被りたる損害に付賠償の責に任ぜざるべからず」（信玄公旗掛松事件判決を援用する）と判示した。社会観念上容認できない場合に不法行為になるというにとどまらず，権利濫用という説明を介在させている。何故この事件だけ不法行為論において権利濫用という説明を介在させたのか，その理由は不明である。

§1 C Ⅱ

(3) 判例の発展2──妨害排除請求権その他の権利行使

(ア) 妨害排除請求事件（宇奈月温泉事件）　戦前の判例において，権利濫用論において最も注目されているのは大審院昭和10年10月5日判決（民集14巻1965頁〔宇奈月温泉事件〕）である。土地所有権が侵害されているのに，土地所有者による侵害施設の除去請求を退けたのである（→Ⅲ2(1)）。夫権濫用事件（昭和6年〔1931年〕。→(イ)），宇奈月温泉事件（昭和10年〔1935年〕。→Ⅲ2(1)），井戸掘削事件（昭和13年〔1938年〕。→(2)(ウ)）と，この時期には権利濫用という表現が判決に普及しはじめる一方で，権利濫用によらずに原状回復不能によった判決もある（→Ⅲ2(3)(ア)）。

(イ) 妻の財産に対する夫権の行使　XはYに対して離婚訴訟を提起し第一審において勝訴判決を受けたが，なお係争中であり，「日常生活に欠くべからざる衣類其の他の調度品」をYに返還請求したが，原審判決は「法律上婚姻の解消なく法律上猶夫なるが故にYに本件物件の管理権ありと断じXの請求を排斥した」。大審院は，「XはYとの夫婦生活が前示の如き破綻を生じたる事情の下に於て妻たるXが其の日常生活に欠くべからざる衣類其の他の調度品の引渡を請求するに対し，Yが之を拒絶すべき特別の事由を主張することなく単に夫の管理権を主張して之が引渡を拒絶するが如きは，明に妻たるXを苦しむる目的を以てのみ其の権利を行使するものにして権利の濫用に外ならず」と述べて，これを破棄する（大判昭6・7・24民集10巻750頁〔夫権濫用事件〕）。

(ウ) 夫婦間の取消権　また，大審院昭和19年10月5日判決（民集23巻579頁）は，原審判決が「右家屋の所有権移転契約は夫婦間の契約なるの故を以て之を取消しYより其の生活の保障とも見るべき唯一の財産たる右家屋を取戻さんとする如きは，Yに損害を加ふることのみを目的とする権利の濫用なりとして右取消は其の効力を発生せざるものと判定するも必ずしも不当と謂ふを得ざる」と述べつつ，「右契約は夫婦関係の円満を欠き破綻に瀕する状態に在る際親族の協議を経て為されたるものなるを以て，之を取消すことを得ざるものと解するを相当」とする。原審判決は権利濫用論によったが，取消権がそもそも成立しないとしたのである。

〔平野〕　189

2 戦後における権利濫用禁止の条文化と議論の発展

(1) 戦後の主要判例の概観

権利濫用規定が民法に導入された後，訴訟では，権利濫用の主張が雪崩のように押し寄せる。形式的に条文を当てはめると正義に反する結論に達する場合に，信義則と共に権利濫用という説明は使い勝手のよい説明手段として，駄目元で主張されることが多い。主要判例をⅠ2(2)の分類に当てはめつつ紹介したい（判例につき詳しくは，→Ⅵ）。

(ア) 利用権設定型の土地収用代用事例　最高裁昭和40年3月9日判決（民集19巻2号233頁〔板付飛行場事件〕）は，国が，所有者から賃借して占領軍に空軍基地地域の一部として使用させていた土地を，契約期間の満了によって賃借権を失った後も，駐留軍に使用させていたため，土地所有者が国に対して返還請求をした事例である。原審判決が「これを明け渡すとすれば，更に多額の費用を要し，かつ，基地の使用に甚大な不便と困難を来すことは必定であり，Yが明渡義務を履行することによって蒙る損害とXらが明渡によって得る利益とを比較検討するとき，右土地の明渡を求めるXらの本訴請求は，権利の濫用として到底認容し得ない」とし請求を棄却した結論を，最高裁は「結局相当として是認し得る」とした（傍点筆者）。最高裁自身が加えた判断は，収用といった「手続をとらなかったことによる本件土地所有権の侵害については，不法行為または不当利得に関する法規により救済を求めるのであれば格別，原状回復を求める本訴のような請求は，私権の本質である社会性，公共性を無視し，過当な請求をなすものとして，認容しがたい」（傍点筆者）という部分である。本判決については学説には批判が強い（加藤一郎〔判批〕法協82巻6号〔1966〕813頁，吉岡幹夫「権利濫用の機能的考察」静岡大学法經論集20号〔1965〕25頁，新版注民(1)〔改訂版〕160頁以下〔安永正昭〕等）。住民等の公共的利益を考慮したのではなく国家的利益を考慮したものであり，また正に利用権設定型収用の代用として機能している。

最高裁の判断部分は，原審判決とは異なり，傍点部のように権利濫用によることなく私権の社会性，公共性を根拠としている。権利者に非難されるべき事情がない事例については，宇奈月温泉事件という先例のインパクトが強烈なためか，戦前の原状回復不能とした判決同様に，あえて権利濫用に依拠することを避けたという印象を受ける。傍点部のみから判断すれば，権利濫

§1 C Ⅱ

用ではなく，むしろ民法1条1項の私権の公共性を根拠とした判決である。

(イ) 権利内容制限型の事例（違法性の判断基準）　例えば，土地所有権の内容に他人の日照権を侵害するような建物を建築する権利までは含まれないのであり，世田谷砧日照権訴訟では，権利濫用ということを持ち出しているが（→Ⅳ4(1)），その後は，受忍限度論に解消されて権利濫用は議論されることはない。受忍限度論については損害賠償請求と差止請求とで基準が異なる（最判平7・7・7民集49巻7号2599頁〔国道43号線訴訟〕参照）。解雇権の濫用等も，損害賠償の認否は違法性論に解消でき権利濫用という中間項を設定する必要はない。権利「濫用」と付け加えることにより負の印象を高めるイメージ的効果が狙われているにすぎない（いわばイメージ戦略型）。

(ウ) 便宜的借用型（法欠缺補完型）　時効援用権の行使の事例のように，本来は起算点などの解釈により時効の完成自体が否定されるべきであるが，援用権の行使を問題として権利濫用を理由に規制されることがある（→Ⅵ3(2)(ア)）。無断転貸借を理由とする解除につき，最高裁昭和31年12月20日判決（民集10巻12号1581頁）は，権利濫用を理由に契約の解除を否定した原判決を，ハードルの高い権利濫用の基準に則り破棄している（→Ⅲ2(2)）。広中164頁は，この判決に権利濫用法理への安易な依存を戒めたという意義を認めている。無断転貸借を理由とする解除の規制は，いわゆる信頼関係破壊の法理により解除権の成立を否定する判例が確立されている（最判昭28・9・25民集7巻9号979頁，最判昭38・11・28民集17巻11号1446頁，最判昭39・6・30民集18巻5号991頁等）。

借地が譲渡された場合に，借地権の対抗を認めずに，譲受人による明渡請求を権利濫用とする解決も散見されるが，事後処理も考えれば借地権の対抗力を認める解決がなされるべきである。また，権利者の裁量の範囲を逸脱している場合に，「逸脱」ではなく権利の「濫用」という説明がされることが多い。労働法では「濫用」という表現が好んで用いられ，条文にも採用されている（労契14条～16条）。例えば，「解雇は，客観的に合理的な理由を欠き，社会通念上相当であると認められない場合は，その権利を濫用したものとして，無効とする」（傍点筆者。労契16条）という規定は，傍点部の権利濫用という部分がなくても要件として十分である（広中171頁は，民法1条3項が適用される場面とは異なり欠缺補充機能の類型であり，権利濫用という文言は削られるべきで

〔平野〕　191

あったと評する）。「濫用」というのは，使用者の行為の違法性を強調し，禁止の意味合いを強く打ち出し，行為の無効化や損害賠償義務を認めやすくするための説明技法にすぎないように思われる。ここでは単独行為たる意思表示を公序良俗に違反して無効と考えるのが筋である。また，所有権放棄は自由にできるのではなく，廃棄物処理法などの法令を順守する必要があり，違反して投棄するのは所有権の放棄の濫用ではなく，公序良俗に反して無効と考えれば足りる（土地所有権の放棄を権利濫用等——公序良俗違反も主張されていたため——とした判決として，広島高松江支判平 28・12・21 LEX/DB25545271 がある）。

(2) 権利濫用論の展望

「権利の濫用の成立要件」としては，「権利が存在していること」が真っ先に挙げられている（末川・濫用 40 頁）。しかし，権利の成立を否定すべき事例または権利の消滅を認めるべき事例を，権利濫用という説明で処理する判決が数多くみられる。権利が認められながらその行使が問題となるのは，解雇権など抽象的・裁量的な権利が問題となりその行使が不合理な事例であり，また，不動産所有権を侵害し所有権の効力として物権的妨害排除請求権が成立するが公共的利益のためにその行使が認められない事例である。解除権等の形成権がそもそも否定されるべきときは，その権利を否定する法理を考えるべきであり，権利はあるがその行使が濫用だという説明は避けるのが好ましい。

ある者の権利・自由が他者の権利・自由と衝突する場合には，フランス人権宣言でも他人を害する権利・自由はないことを認めている。しかし，僅かでも他人に不利益を及ぼす行為をなしえないとはいえず，要は権利・自由の調整が必要であり，その調整の座標軸を所有権に有利に設定するのかといった評価が，時代によって変わるにすぎない。座標軸を修正する際に，権利絶対性の原則に対する緩衝材として「濫用」という説明を用いることは，当初は必要であったかもしれない。しかし，既に座標軸の移動が完了した現代社会においては無用である。法曹に使い勝手のよい万能の道具を与えることになり——イギリス法に権利濫用が認められない背景に裁判官へのフリーハンドの裁量権を認めることへの危惧がある（下山瑛二「イギリス法と『権利濫用』」法時 30 巻 10 号〔1958〕9 頁以下参照）——，訴訟の解決に安易に権利濫用法理への依存を生みだし，それぞれの分野での独自の法理なりの創設が必要とさ

§*1* C III

れているのに，それを阻害しかねない。

　かくして，どこまでが権利濫用論の領域なのか自体が問題であるはずなのに，問題となる事例も含めて権利濫用の要件論また効果論を論じなければならないという大きな悩みを抱えつつ，われわれは権利濫用論を議論しなければならないのである。

III　権利濫用の要件

1　序説──「濫用」の定義なし

　権利濫用規定がなかった戦前の判例について，権利行使として認められるか否かの基準について，①加害のみを目的とする場合に限定するもの，②公序良俗に反することを基準とするもの，③社会観念によって決するもの，④吾人の権利感覚によるもの，⑤権利者の利益の欠缺・他人に損害を与えること・また社会経済上の損失を考慮するものなどに分類されていた（末川・濫用9頁以下）。「要するに，権利が法律上認められている社会的目的に反して行使されるときにその濫用があるとせられる」のであって，その「標準」をどう設定するかの問題であると評されていた（末川・濫用10頁）。ただし，これらの判決は不法行為の場面での議論である。

　戦後に導入された民法1条3項は，権利の「濫用」の意義を規定せず解釈に委ね，またどのような事例を規律するのかも明らかにしていない。最高裁昭和31年12月20日判決はおよそ権利濫用の要件論を一般論として議論する唯一の判決である（→2(2)）。しかし，権利濫用の適用範囲はあまりにも広がり，規律（ないし効果）が異なる種々の場面で主張されまたその適用が認められており，これらに統一的な要件を設定することは不要ないしは有害である。更にいえば，今や権利「濫用」論への依存から脱却することが可能であり，便宜的借用型（法欠缺補充型）はそれぞれの本来の法理の要件が探求されればよく，これまでを含めて要件を論じることにどれだけ意味があるのか疑問である。そこで，以下には統一的要件を模索するのではなく，判例によりこれまで考慮されてきた事情を概説するにとどめる。

〔平野〕　193

§1　C Ⅲ

2　土地所有権侵害による妨害排除請求の事例

(1)　宇奈月温泉事件における主観的事情の考慮

権利行使者側の主観的事情が権利濫用判断において大きく考慮された事例として，大審院昭和10年10月5日判決（民集14巻1965頁〔宇奈月温泉事件〕）がある。本判決は，「侵害の除去著しく困難にして縦令之を為し得とするも莫大なる費用を要すべき場合に於て，第三者にして斯る事実あるを奇貨とし不当なる利得を図り殊更侵害に関係ある物件を買収せる上，一面に於て侵害者に対し侵害状態の除去を迫り他面に於ては該物件其の他の自己所有物件を不相当に巨額なる代金を以て買取られたき旨の要求を提示し他の一切の協調に応ぜずと主張するが如きに於ては，該除去の請求は単に所有権の行使たる外形を構ふるに止まり真に権利を救済せむとするにあらず。即ち如上の行為は全体に於て専ら不当なる利益の攫得を目的とし所有権を以て其の具に供するに帰するものなれば社会観念上所有権の目的に違背し其の機能として許さるべき範囲を超脱するものにして，権利の濫用に外ならず。従て斯る不当なる目的を追行するの手段として裁判上侵害者に対し当該侵害状態の除去並将来に於ける侵害の禁止を訴求するに於ては該訴訟上の請求は外観の如何に拘らず其の実体に於ては保護を与ふべき正当なる利益を欠如するを以て此の理由に依り直に之を棄却すべきもの」という。

本判決は，①「侵害の除去著しく困難」または「之を為し得とするも莫大なる費用を要すべき場合」であることに加えて，②「不当なる利得を図り殊更侵害に関係ある物件を買収」して，「不相当に巨額なる代金」での買取りを求めたという主観的事情が考慮されている。③また，妨害排除を求める必要性もないという事情もある。仮に当初の所有者が請求しても，必要性はなく損害を与える目的による権利行使とされる可能性があり，②が必須の要件なのかは問題として残された。

(2)　要件を一般論として定立する判決

最高裁昭和31年12月20日判決（民集10巻12号1581頁）は，土地賃貸人が無断転貸を理由に賃貸借契約を解除し建物収去土地明渡を請求した事例である。原審判決は，「解除権，所有権の行使が正当なる範囲を逸脱し権利の濫用に陥った」ものとし，Xの請求を棄却した。最高裁は権利濫用の一般論を次のように展開しつつ，この基準に従い，権利濫用を認めた原審判決を破

§*1* C III

棄差し戻す。

「元来法律上権利を与えられた者は任意その権利を行使し得るのが原則である。けだし社会生活においては所詮共同生活者相互の利害関係の競合は避け得られないのであるから，法律が一定の者のために一定の内容の権利を認める限り，それは必然的にその者の利益のために他の者の利益を排斥することを意味するものに外ならない。従って権利者がその権利を行使することによってたとえ他人に損害を生ぜしめることがあっても，ただその一事だけでこれを妨ぐべきいわれはない。しかし法律は一方に権利を認めた場合においても，他面その行使が往々他人に著しい損害を与える虞あるときは，特にその行使につき正当の事由あることを要請する等これが制約を規定する方途に出でるのである（例えば借家法第1条ノ2の如きがそれである）。そして更に法律はその本質上道徳に対する背反を肯定することはできないのであるから，もし①権利の行使が社会生活上到底認容し得ないような不当な結果を惹起するとか，或は②他人に損害を加える目的のみでなされる等公序良俗に反し道義上許すべからざるものと認められるに至れば，ここにはじめてこれを権利の濫用として禁止するのである」（①②は筆者追加）。

「社会生活上到底認容し得ないような不当な結果を惹起する」ことまたはシカーネ禁止を権利濫用の要件としており，前者については主観的要件を設定していない。権利濫用禁止についての一般論を述べるのは珍しく，最高裁判決としては後にも先にもこれ1つだけである。

(3) **権利濫用以外の説明による判決**

(ア) 原状回復不能による判決　(2)のような一般論を述べる判決がある一方で，所有権侵害があるのに権利行使が濫用とされるためには権利者側に非難されるべき事情が必須と考えられたのか，権利者側にそのような主観的悪質性のない事例では，権利濫用ではなく原状回復不能による解決を採用した判決が続く。不能を理由として，物権的請求権自体を否定するのである。

電力会社が他人の土地に無断で発電用水路（トンネル）を開設した発電用トンネル事件で，「総工費約146万円を投じて発電用の水路を完成し係争隧道全長1676間のみに付て観るも1間に付金447円以上の巨費を要じたるが故に，今若しＸの請求に従ひ係争隧道を撤去したる上右発電事業を継続する為新に他の土地に水路を設け新水路の完成に至る迄発電作業を中止するこ

§1 C III   第1編　第1章　通　則

とは，公益事業たる Y 会社の発電事業に対し多大の損失を及ぼすに至る」。
「本件の場合に在りては X の要求する係争水路の撤去は起業者たる Y 会社の
事業に多大の損失を被らしむること前陳の如くなれば，叙上の理由に依り X
の為す本件隧道の敷地返還の請求は法律上履行不能に帰したるものと做さざ
るを得ず」という（大判昭 7・12・20 新聞 3511 号 14 頁）。我妻栄〔判批〕法協
55 巻 2 号〔1937〕395-396 頁は，本判決を正当とし，ただ損害賠償請求を認
めるべきであるという。その後も，妨害排除は「最早不能に帰し」損害賠償
の請求しかなしえないと同じ判断が示されている（大判昭 11・7・17 民集 15 巻
1481 頁〔熊本電気事件〕）。高知鉄道線路無断敷設事件（大判昭 13・10・26 民集 17
巻 2057 頁）も，線路開設のために，鉄道会社が X の土地に無断で埋立工事を
行った事例で，「埋立土砂を取除き之を現状に回復することは技術上不可能
に属し，強て之を除去せんとせば同地方に於ける重要交通路に長期に亘り著
しき不便と危険を招来し，一般公共の利益を阻害すること甚しきのみならず，
該工事も亦技術上至難にして尠からざる日時と費用とを要する」ことから，
「本件原状回復の如きは社会通念上不能に属す」とされている。

　(イ)　私権の社会性，公共性による判決（板付飛行場事件）　　板付飛行場事
件判決（→II 2 (1)(ア)）は，権利者の主観的悪質性がなく返還を受ける必要性
がある事例で（宇奈月温泉事件の②③が当てはまらない。→(1)），権利濫用を認め
請求を棄却した原審判決の結論を支持しつつも，「私権の本質である社会性，
公共性」を根拠に請求を排除している。(ア)も併せて考えると，主観的事情に
問題がない事例については権利濫用によることを回避するが――しかし，宇
奈月温泉事件の他，後述の戦後の判例にも権利濫用による判決もあり一貫し
ていない――，社会的利益に対して国家的利益との関係では，原状回復不能
ではなく公共性（1 条 1 項）を根拠として権利行使を制限したのである。

　(4)　学説による評価

　学説の権利濫用の要件ないし基準の提案は多様である。権利者の利益・不
利益と相手方また社会経済全体の利益・不利益を比較考量して強い不均衡が
あるという客観的事情だけで権利濫用として権利行使が否定されるべきでは
ないという主張もある（広中 165 頁）。一般論として社会経済的ないし公益的
影響度の考慮を否定する考えもある（鈴木・研究 66 頁）。物権的請求権の分野
ではシカーネ禁止を必須の要件とする提案もされている（白羽祐三「シカーネ

196　〔平野〕

§1 C III

と権利濫用論」新報 87 巻 12 号〔1981〕1 頁以下・49 頁)。原則として，権利者に害
意，不当図利などの主観的な悪質さが存在することを必要とする提案もある
(新版注民(1)〔改訂版〕161 頁〔安永正昭〕)。妨害排除請求等の相手方（設備等の設
置者）に，少なくとも故意または重大な過失がある場合には，どんなに不利
益が重大であってもこの法理による保護を受ける資格がないともいわれてい
る（鈴木・研究 64 頁)。宗建明「日本民法における『公共の福祉』の再検討
(5・完)」北法 53 巻 3 号〔2002〕630～631 頁は，「日本の権利濫用論の特徴
としては，判断の標識を始めから権利濫用の判断基準を客観的な標識に求め，
そして権利濫用論の基準に関する充分な議論がなされないまま，客観的標識
の内容を一般住民・一般公衆の利益にかかわるものから，国家・行政の利益
および大企業の国家経済の復興再建への寄与することまでに拡張解釈した」
と指摘し，「市民法原理としての権利濫用理論を擁護するためには，国家行
政の利益および大企業の国家経済の復興への寄与などの内容を客観的標識か
ら排除し，客観的標識を一般公衆，一般住民の利益に限定すべきである。そ
して，権利濫用の根拠は，私権の社会性，相対性制限の必要性に求めるべき
であ」るという。

　以上のような批判的理解では，利用権設定による私的収用型の権利濫用は
認められない，または非常に限定的に運用されることになろう（例えば，新版
注民(1)〔改訂版〕160 頁〔安永〕)。筆者としては，土地所有権侵害による物権的
請求権については，利用権設定型の私的収用代用（板付飛行場事件は公的収用代
用）となる超法規的解決であり，個人の利益を超えて公共的利益（宇奈月温泉
事件や発電用トンネル事件等）また国家的利益（板付飛行場事件）を保護する必要
性が極めて高い場合に例外的に認め，ただし民法 1 条 1 項を根拠にすべきで
あると考える。個人の利害のみに関わる場合には，どんなに不利益が大きく
ても権利濫用として保護を否定すべきではない。東京地裁昭和 39 年 6 月 27
日判決（判時 389 号 74 頁）が，建物の越境部分はわずか 2 坪 3 合 5 勺にすぎ
ないが，所有者が土地を買い受けるに際して過失があったことから，どんな
に費用がかかろうと「いわば自ら招いたところといわざるを得ない」として，
越境部分の除去を命じている。

〔平野〕　197

§1 C III

第1編 第1章 通則

3 その他の事例

(1) 不法行為が問題とされた事例

既に戦前より数多くの判決があり，既にみたように権利「濫用」ということをいわない判決が多い。シカーネ禁止的事例につき，富田浜病院事件（→Ⅱ1(2)(d)）の他，戦後も，権利といえるかは措くが，パチンコ店の出店を故意的に妨害した行為が，加害の故意があるために不法行為とされている（→Ⅳ4(2)）。地下水の利用事例など「濫用」に言及する判決もあり（→Ⅱ1(2)(ウ)，Ⅵ2(1)(ア)），戦後も日照権侵害の事例では，「加害者が権利の濫用にわたる行為により日照，通風を妨害したような場合」を要件としている（最判昭47・6・27民集26巻5号1067頁〔世田谷砧日照権訴訟〕）。しかし，今やシカーネ禁止は措くとして，繰り返し述べたように問題は違法性をめぐる議論として受忍限度論による権利内容の確定の問題に解消されつつあり，権利がありその濫用という必要はない（新版注民(1)〔改訂版〕173頁〔安永〕）。

(2) 権利濫用の便宜的借用事例（法欠缺補充型）

便宜的借用事例は，多種多様であり，本来それぞれ固有の法理に解消され，必然的にそれぞれの法理の要件が問題とされるべきである。例えば時効起算や中断（平成29年民法改正後は完成猶予・更新）が問題視されるべき事例に，完成を認めつつ援用を権利濫用とするのに，2の基準を当てはめても仕方ない。したとしてもこじ付けにすぎない。解雇権などの裁量権逸脱事例では，意思表示の効力規制として公序良俗違反かどうかが検討されるべきであり，土地所有権侵害の事例とは異次元の判断構造であり，同じ基準が当てはまるとは誰も考えまい。その他，借地権の対抗力の拡大により解決されるべき事例など，背信的悪意者や実質当事者など対抗力の解釈として明らかにされるべきであり，権利濫用論に雑多なものを取り入れてその共通の要件を議論しても仕方がない。それはⅣの効果論にも当てはまる。

4 考察——権利濫用論の適用範囲の多様化と要件論

以上のような多様な権利濫用事例に適用される統一的な要件を設定するのは無用である。先に述べたように，権利濫用論はもはや歴史的使命を果たし終えたといっても過言ではない。土地所有権侵害の事例について使用権設定型の私的収用代用の事例は，民法1条1項の超法規的適用のためのハードルの高い要件を考えれば足りる。不法行為法理としては，権利の限界を画する

§1 C IV

違法性原理については受忍限度論などの不法行為法理に解消される。便宜的借用型については，権利濫用法理は法欠缺補充のための暫定的な借用であり，ここで権利濫用を持ち出すのは適切ではなく，それぞれの法理そしてその法理の要件に解消されるべきである。こうして「権利濫用」という雑多な集合体を整理していけば，究極の結論は権利濫用という説明はなくても済むことになる。なぜ「権利」の「濫用」という説明をしなければならないのか，今一度考え直す必要がある。

IV 権利濫用禁止の効果

1 序 論

権利濫用の効果は，「許さない」と規定されているが，その意味は明確ではない。権利があるのにその行使を認めないだけのように見えるが，既にみたように，権利濫用という説明が用いられている事例には種々雑多な事例が含まれている。これまで議論のされている類型に限定して，議論を整理し，改めて権利濫用法理の必要性・妥当性についても検討してみたい。

2 土地所有権に基づく物権的請求権の行使――権利はあるが行使が否定される

(1) 履行請求（強制）が認められない

土地所有権が侵害された場合，所有者には侵害者に対して物権的請求権が成立するが，権利濫用法理が適用される場合には，自然債務にも似た関係になり履行の強制ができなくなる。訴訟を提起しても，請求は棄却となる。

(2) 権利濫用の場合の法律関係

(ア) 単純な不法占有の場合　宇奈月温泉事件の事例を考えると，占有や利用が反射的に適法になるわけではない。不法原因給付では引渡しがされている場合には反射的に占有者に所有権が帰属するが（最大判昭45・10・21民集24巻11号1560頁），妨害排除請求できない反射として利用権が帰属するという解決は考えられない。占有者には不当利得が成立するが，権利濫用は違法性を阻却することになり損害賠償義務は免れるのであろうか。

(a) 事実上の関係として放置　占有者は権利濫用の反射として妨害除去「義務」を免れるのであろうか。この点，義務違反を否定すると違法性

〔平野〕　199

§1 C IV　　　　　　　　　　　　　　　　第1編　第1章　通則

（不法占有）までなくなってしまう。更に積極的に「利用」できるとまで言ってよいのか。利用権がなければ積極的に施設を維持するために土地に立ち入るなどの行為はできないことになる。しかし，公益的要素を含めて利益を守るのであれば，その設備の積極的な維持の可能性まで認めなければ十分ではない。温泉に依存している村の経済を保護するためであれば，湯管を維持管理することを認めなければならない。宇奈月温泉事件につき，「必要な範囲で修善の為めに他人の土地に立入る如きが許され」るという主張がある（末川・濫用210頁）。この点，立法により法律関係を明確にすることが望まれ，権利濫用規定ないし民法1条1項の私権の公共性規定に付加して，裁判官に利用権を付与する権限を認める規定が置かれるべきである。

　　（b）買取請求権（売却請求権）などを認める　　学説には，侵害されている土地所有者に，侵害者に対する，①侵害部分の適正価格での買取請求権，②侵害部分の適正な金額での賃借請求権，または，③侵害物（建物等）の適切価格での売却請求権を認める提案がされている（谷口知平「権利濫用の効果」同・民法論1巻〔1988〕80頁。石田（穣）96頁が支持）。これを支持し，この申出が合理的である場合に，侵害者がこれに正当な理由なく応じないならば，所有者の妨害排除等の請求はもはや権利濫用にならないとも主張されている（新版注民(1)〔改訂版〕181頁〔安永正昭〕）。立法論としてであればこれを上記のように支持したいが，明文規定なしに解釈として認めることは困難である。「土地所有者が侵害者に対して，地上権設定契約・賃貸借の申込をした場合には，信義則上，侵害者は，これに応ずべきであ」り，地代・存続期間などは当事者の請求により裁判所が決定するという提案もある（注民(1)116頁〔植林弘〕）。侵害者からの賃貸借契約締結の申出を保護することについては，さすがに無理と考えられている（新版注民(1)〔改訂版〕182頁〔安永〕）。

　　（イ）借地権が土地譲受人に対抗できない場合　　借地権の対抗力が否定されるが譲受人の建物収去請求が権利濫用として否定される場合，その後の法律関係が議論されている（山川一陽「権利濫用理論の適用とその後の法律関係」日本大学法学研究所・日本大学法学部創立八十年記念論文集〔1970〕177頁，磯村保「賃借権の対抗力と権利濫用法理」石田喜久夫古稀・民法学の課題と展望〔2000〕参照）。

　　最高裁昭和43年9月3日判決（民集22巻9号1767頁）は，「XがYの従前同土地について有していた賃借権が対抗力を有しないことを理由としてY

200　〔平野〕

§1 C IV

に対し建物収去・土地明渡を請求することが権利の濫用として許されない結果として，Ｙが建物収去・土地明渡を拒絶することができる立場にあるとしても，特段の事情のないかぎり，……その土地占有が権原に基づく適法な占有となるものでないことはもちろん，その土地占有の違法性が阻却されるものでもない」，「右土地を占有していることがＸに対する関係において不法行為の要件としての違法性をおびると考えることは，Ｘの本件建物収去・土地明渡請求が権利の濫用として許されないとしたこととなんら矛盾するものではない」とする（最判昭44・11・21判時583号56頁も同旨）。そうすると，建物は収去はしなくてよいが，利用権限はないのでそこに居住してはいけないことになる。居住できないが不法占有なので損害賠償義務を負うのだとすれば，結局は事実上建物を収去せざるをえない。

古山宏「借地借家関係において権利濫用の法理が適用された場合における爾後の法律関係」判タ120号〔1961〕2頁は，「新地主の土地所有権の行使が権利濫用として排斥される場合には，従前の借地権が対抗要件を具備していなくとも，これを具備していたと同様の借地契約関係の当然承継が行なわれるものというべきである」という（谷口・前掲論文80頁も同旨）。山川・前掲論文188頁も，「借地権者には，新地主が旧地主の貸主たる地位を承継し，その結果，新地主との関係では対抗力を備えた借地権と同様の関係が認められる」と主張する。

判断要素の多様性と判断過程の複雑さを考慮すると，権利濫用等の一般条項を用いて事案に即した解決を行うことが相当という意見もある（古谷恭一郎「借地権の対抗力」加藤新太郎＝小林康彦編・裁判官が説く民事裁判実務の重要論点——基本原則 権利の濫用編〔2018〕10頁）。しかし，借地人の利用を保護するためであれば，対抗要件の欠缺を主張する正当な利益を欠くとして第三者性の否定によるべきである（新版注民(1)〔改訂版〕185頁〔安永〕）。

(ウ) 2つの賃貸借が密接に結びついている場合　隣接する2筆の土地を借りてその1つの土地の上に建物が建築されている場合（最判平9・7・1民集51巻6号2251頁。→Ⅵ3(4)(ウ)(b)），ビルの地下1階の飲食店営業のための賃借につき，壁部分等を看板設置のためにあわせて賃借していた場合（最判平25・4・9判タ1390号142頁。→Ⅵ3(4)(ウ)(b)），いずれも権利濫用により処理したが，賃借権の対抗力の拡大により解決がされるべきである（田中実「権利濫用

〔平野〕　201

§1 C Ⅳ

理論の一つの終焉」法研 45 巻 2 号〔1972〕29 頁以下も参照）。権利濫用の反射とし
て利用できるという不可解な権利関係は避けるべきである。

他方，A から建物をカラオケ店舗営業のため，また B から土地をカラオ
ケ店舗駐車場として賃借した Y に対する，AB から建物と土地を買い受けた
X による明渡請求につき，建物につき更新をしないことに正当事由はないと
し，また土地については，AB が親戚関係であり同一歩調をとって各契約を
締結していたことから，X の「契約更新の拒絶が権利濫用とな」るとして，
更新の効力が認められている（熊本地判平 27・2・3 判時 2274 号 32 頁。控訴審たる
福岡高判平 27・8・27 判時 2274 号 29 頁もこれを支持）。更新拒絶や解約を権利濫用
として，契約の存在を認める構成であり，同じ権利濫用によるとしても，明
渡請求権の権利濫用構成よりもこちらの方が是認できる。

㈡　所有権留保の場合　　実質は担保権の実行であるが，留保所有権に基
づく転得者たるユーザーへの自動車の返還請求が権利濫用とされる場合，ユ
ーザーは所有者ではないので，返還を免れても利用はできず他人の物として
善管注意を持ってただ保管する義務を負うだけであろうか。それは権利濫用
法理によりユーザーを保護しようとした意図にはそぐわない。代金を支払っ
ているため不当利得返還義務はないが，他人の所有権を侵害する不法占有な
ので損害賠償義務は免れないことになる。この点，判例は返還請求（引渡請
求）を権利濫用として退けただけなので，事後処理については何も述べてい
ない（不動産賃借権の取得時効の事例に類似する）。

学説には，不法原因給付についての判例を参考として，ユーザーへの所有
権の反射的な帰属を認める提案がされている（鈴木禄弥・物的担保制度の分化
〔1992〕877 頁以下）。不法原因給付の場合には，所有者には権利を失ってもや
むを得ない事情があるが，権利濫用ではその財産権の保障は必要であり，有
無を言わず反射的に所有権を奪うのは乱暴である（板付飛行場事件を考えよ）。
やはりここでの権利濫用は便宜的借用であり，所有権留保は実質的に担保権
であり所有権の利用権部分はユーザーに有効に移転しており，ユーザーが善
意でかつ代金全額を支払っており，ディーラーが売却を容認している場合に
は，ユーザーに対して留保所有権（担保権）を対抗できないと考えるべきで
ある。その意味で，担保権の対抗不能の代用として権利濫用法理が利用され
ているに等しく，直截に担保権の対抗不能によるユーザーの完全な所有権の

取得を認めるべきである。

3 土地所有権に基づく物権的請求権以外について

(1) 債権の行使

判例には，不法行為の損害賠償請求権の行使を権利濫用として退けるものがあるが，行使ができないだけであればいわば自然債務のようになり，権利行使ができないので時効は進行しないことになる。しかし，不法行為では過失さえあれば被害者の損害がどんなに巨額でも全額の賠償義務を負わされることになり，相当因果関係や過失相殺または過失相殺規定の類推適用により調整がされるだけであり，それ以外に権利濫用による規制を認める必要はない。

請負人の修補請求権は瑕疵が軽微で過分の費用を要する場合には，請求権が否定されていたが（旧634条1項ただし書），平成29年改正では削除されたものの，権利濫用ではなく履行不能（412条の2第1項）や信義則による制限によるべきである。平成29年改正法では賃借人の帰責事由による損傷については，修補請求権を否定する解決がされている（606条1項ただし書）。銀行に対する取引履歴の開示請求権や，医師に対する顛末の報告請求権などの契約上の付随的な請求権について，委任契約上の報告義務（645条）などにつき，顧客の無理難題の要求に応じる必要はない。その場合に，「権利はあるが権利濫用として許されない」というのではなく，正当な根拠に基づかない請求をする「権利はない」と説明するのが適切である。この類型では権利否定こそがあるべき解決である。

(2) 人格権に基づく差止請求

人格権に基づく騒音等の差止請求，名誉を毀損する雑誌の回収請求等が，侵害される人格権の程度とその営業等を停止させることによる相手方更には社会の不利益の重大性とを比較してその認否が決められるので，屋上屋を架すように更に権利濫用論を持ち出す必要はない。なお，差止請求と損害賠償請求の受忍限度論は一致するものではなく，差止請求は認められず損害賠償請求のみが認められることもある（最判平7・7・7民集49巻7号2599頁〔国道43号線訴訟〕）。受忍限度を超え違法であり損害賠償義務を負わされるのに差止請求が認められないのは，権利濫用論ではなく，所有権に基づく物権的請求権同様に，民法1条1項の私権の公共性が根拠にされるべきである。実際，

§*1* C IV   第1編　第1章　通　則

差止請求が否定されるのは，空港，新幹線等の社会経済的な影響の大きい事例である。これに対し，軽微な名誉やプライバシーの侵害の場合に，損害賠償にとどめ雑誌等の回収請求を認めないのは，私的利益の調整が根拠である。

(3)　形成権の行使──権利の否定または行為の効力否定原理によるべき

　解除権，時効援用権など民法上の形成権については，権利があるが濫用されると権利行使の効力が生じないと考えられている。しかし，まず，軽微な債務不履行や賃貸借において信頼関係を破壊しない賃借人の不履行については，解除権自体が否定されるべきである（鈴木・研究59頁参照）。他方，労働法では解雇権等の裁量権の存在を否定することは難しい。しかし，不合理な行使は禁止されるべきであり，配置転換や解雇を命じる権利はあるが，不合理な場合にはその意思表示が公序良俗に違反して無効と考えるべきである。そして，不合理な差別等を理由に同時に不法行為と評価することも可能である。

(4)　同意・承諾の拒絶

　被保佐人は，保佐人が正当の理由なしに同意をしない場合，裁判所に保佐人の同意に代わる判決を求めることができ（13条3項），また，借地権の譲渡や転貸につき，借地権者が裁判所に借地権設定者の承諾に代わる許可を求めることができる（借地借家19条1項）。これを権利濫用（不行使の）の効果と理解すれば，規定がなく裁判所の許可がなくても，「正当事由なき権利不行使が濫用となる場合，権利の剝奪または消滅の効果の生ずる場合もあるであろうし，権利者に対して権利行使を訴求しうる場合もあるであろうし，あるいはまた，権利が行使された場合と同一の法律効果が当然に生じているとされる場合もあるであろう」と評されている（注民(1)94頁〔植林〕）。

4　不法行為の成立──違法性の法理に解消される（権利内容の限界づけ）

(1)　土地利用の事例

　権利濫用法理がシカーネ禁止に発していることから分かるように，権利濫用論は本来不法行為法理として考え出された概念である。権利行使は適法行為でありそれにより他人に損害を与えても不法行為は成立しないという原則の例外として，権利濫用になって初めて不法行為になると，違法性を認めるための法理であった。適法行為による不法行為という表現もされた。

　しかし，所有権の行使であれば他人の損害を与えても原則として違法では

204　〔平野〕

ないというのは，時代遅れの価値判断となっている。工場，鉄道，飛行場等の事業活動であろうと，一方的に営業活動の自由が尊重されるものではなく，衝突する近隣住民の生活利益との調整の下に，受忍限度を超えない限りで住民に不利益を生じさせても違法にはならないだけである。近隣生活被害については，シカーネ禁止を認めつつ，権利濫用ではなく受忍限度論という別個の不法行為法理によって規律されるべきである。近隣被害事例を離れて，建物収去強制執行事件（大判大6・1・22民録23輯14頁）などが，権利濫用ということに触れずに解決をしていることは，権利濫用という概念を介在させる必要はないことを表すものである。その後の信玄公旗掛松事件判決（大判大8・3・3民録25輯356頁。→Ⅱ1⑵㋐(c)）も，権利濫用という要件（ハードル）を設定しておらず（石田（穣）102頁），権利濫用論に引きずられずに，「単純な不法行為の問題として処理すればよかったのではないか」と評されている（鈴木・研究56頁）。戦後の世田谷砧日照権訴訟判決（最判昭47・6・27民集26巻5号1067頁）は，日照権という新たな利益につき利益の脆弱性故に，その侵害が違法とされるためには「権利の濫用にわたる行為」がなされたことを必要としたのである。

　しかし，現在では，受忍限度論に解消され権利濫用という判断を介在させる必要はない。「単なる不法行為の問題で，論理的には，『権利濫用』の理論を適用する余地はない」と評されている（鈴木・研究55頁）。権利行使だが濫用なので違法というのではなく，受忍限度を超える領域は権利の内容ではないのである（広中161頁以下）。土地所有権行使の範囲内とはいえず，一応は土地所有権の行使だが権利濫用だというべきではないということは，つとに指摘されているところである（鈴木・研究57頁）。「権利はその濫用が始まると共に権利たることを失う」というのは，プラニオールの，有名な提言である（末川・濫用132頁）。ドイツにおいても，シカーネ禁止規定とは別に，良俗違反の不法行為規定（826条）により，害意を要件とせず不法行為の成立が認められている（磯村哲「シカーネ禁止より客観的利益衡量への発展」末川博古稀・権利の濫用（上）〔1962〕65頁以下）。

⑵　土地利用の事例以外

　厳密な権利行使に限らず，権利というか利益というか明確ではなかったり，営業活動の自由（雑誌の発行，報道の自由等）などまで含めて考えると，社会に

§*1* C Ⅳ   第1編　第1章　通　則

おける数多くの活動が権利や自由の行使であり，これをすべて原則として不
法行為とならないと考えることはナンセンスである。「およそ，いかなる不
法行為といえども，その行為のある側面のみをとって見るならば，行為者の
正当な権利の行使たる面も含まれている」と評されている（鈴木・研究55頁）。
違法性論では，社会生活において衝突する種々の権利・利益の調整がなされ
るのであり，問題は違法性論に解消されたのである。権利行使が平穏生活利
益といった脆弱な権利ないし利益と衝突する場合に，権利「濫用」であって
初めて不法行為になると，権利濫用論を持ち出すべきではない。強制執行等
その行為のもつ適法行為たる一面が前面に出ているため，違法ということに
「説得力を持たせるためのレトリックとして，『権利濫用』なる言葉が用いら
れている」にすぎない（鈴木・研究56頁）。今や，端的に不法行為の成立要件
が具備されているかどうかを判断すればよいと考えられている（石田（穣）101
頁）。また，権利濫用の理論が，不法行為の成立要件たる違法性の判断のた
めに用いられており，「このような揚合に，権利濫用法理を適用することは，
濫用理論の濫用」と言われている（幾代通「『権利濫用』について」名法1巻2号
〔1951〕144頁，注民(1)113頁〔植林〕等）。

　競業するパチンコ店の出店を妨害するために，近隣の他のパチンコ店がそ
の所有の土地に児童遊園を建築してこれを社会福祉法人に寄附をした場合の
ように，適法行為でも場合によっては権利濫用として不法行為責任を生じる
可能性を，全く否定することはできない（最判平19・3・20判タ1239号108頁）。
しかし，「権利の濫用」という要素を媒介させる必要はない。マンション建
設に反対を表明することは表現の自由に属するが，適法な建設工事に対して
許容限度を超えた反対活動を行えば，営業活動の妨害として不法行為になり
うる。横浜地裁平成12年9月6日判決（判タ1104号237頁）は，「反対意見の
表明も，その方法や時期によっては，社会的相当性の範囲を逸脱し，Ｘの右
権利を侵害し，不法行為を構成する場合が有り得る」として責任を認める。
これも，権利や利益の衝突の違法性による調整の問題であり，そもそも権利
の範囲を「逸脱」しており，権利の「濫用」という概念を介在させる必要は
ない。

§1 C V

V 権利濫用法理の機能

1 権利濫用法理の機能総論

これまで権利濫用により処理された事例において権利濫用法理が果たしてきた機能は，学説により種々のものに分類されている。権利濫用法理の機能の分類は学説により異なり，例えば，広中教授は，本来的機能と欠缺補充機能とを区別している（広中156頁）。本来的機能は，土地所有権としての土地利用行為に対して権利濫用との判断が加えられたものと，土地所有権に基づく妨害排除請求権の行使に対して権利濫用との判断が加えられたものとに区別する（広中158-159頁）。しかし，どこまでが権利濫用論の妥当範囲なのかは先に見たように疑問があり，どこまでを権利濫用論に含めてその機能を論じるのか，権利濫用論の理解に大きくかかわる。3つの類型に分けて若干のコメントを加えるにとどめる。

2 不法行為法における違法性判断基準としての機能

権利行使は不法行為とはならないと考えられていた時代には，例外的に権利行使が不法行為となるためには「濫用」という説明が不可避であった。しかし，現在では，受忍限度論など違法性論へと解消され，権利濫用により違法性を基礎づける説明はもはや役目を果たし終えたといってよい。権利というよりも自由というべきであろうが，従業員の引抜き（大判昭17・12・11新聞4829号12頁），パチンコ店の営業また土地所有権（最判平19・3・20判タ1239号108頁。→IV 4(2)）など，特に「濫用」を問題にしない判例は昔からあり，近時は権利濫用という説明を見かけなくなっている。権利濫用を問題にしない判例の累積によりそのような迂遠な説明は不要となる時期が到来するであろうと予言されていたが（米倉22頁），今や権利濫用という構成を持ち出す必要はないというのが確立した判例・学説であるといえる（川井健「信玄公旗掛松事件」末川博追悼・法と権利(1)〔1978〕117頁，新版注民(1)〔改訂版〕172頁〔安永正昭〕，窪田充見・不法行為法〔2版，2018〕62頁等）。

3 強制調停機能——土地の利用権設定型の私的収用

宇奈月温泉事件など，土地所有権に基づく妨害排除請求権の行使を権利濫用により制限する場合には，不法占有のままなのに事実上利用権を認めたのに等しい法律関係が実現される。そのため，権利濫用理論の適用には，「不

〔平野〕 207

§1 C VI 第1編 第1章 通 則

当な結果を避け，具体的衡平をうるための一種の強制調停の作用を果たして
いる」と評される（鈴木・研究64頁）。権利濫用法理は，判決によりながらも，
調停と同様の結果を実現するものであり，このような解決が裁判所の恣意に
より運用されるのは危険であり，極めて厳格に運用されなければならない
（鈴木・研究64頁以下）。何度もいうように，この類型についての超法規的解決
は極めて例外的にのみ認めてよく，また，根拠は直截に私権の公共性に求め
るべきであり，利用権を認める決定権限を裁判所に認める立法が必要である。

4 他の法理の借用（法欠缺補充機能）

権利濫用法理は，権利行使の制限法理を超えて，権利を否定する法理の代
用として用いられることがあるが，あくまでも経過措置的なやむを得ない解
決であり，速やかにあるべき法理に解消されるべきである。司法が権利濫用
論を安易に認めることは，本来の法理創造の努力を怠らせることになり，決
して好ましいことではない。軽微な債務不履行や信頼関係を破壊しない債務
不履行の場合の解除権，無断転貸・無断賃借権の譲渡を理由とした解除権な
ど，権利濫用ではなく信義則を考慮して解除権自体の成立が否定されるべき
である。軽微だが過大な費用のかかる瑕疵の修補請求権なども同様である
（改正法では，412条の2第1項で修補請求権はあるが，不能の抗弁権つきという構成に
なる）。

VI 権利濫用とされた具体的事例

権利濫用判例を分析するものとして，小神野利夫「信義則と権利濫用に関
する最高裁判例総覧(1)〜(10・完)」判タ568号〜572号，574号〜578号
〔1986〕がある。網羅的に紹介する余裕はなく，以下には代表的な判決・決定
のみを紹介する。訴訟では当事者から苦し紛れに権利濫用という主張がなさ
れ，これに対して答えて否定するだけの判決は山ほどあるが，これを取り上
げる意味は乏しい。以下では権利濫用の主張を認めた判決を原則として取り
上げ，権利濫用を否定した判決も取り上げるにふさわしい判決に限って取り
上げることにする。I 2(2)の3つの類型に分類しつつ，権利濫用論で漏れ
落ちる類型を最後に拾っておく。

§*1* C VI

1 利用権設定による私的収用代用類型

(1) 他人の土地の侵害

既に説明した宇奈月温泉事件（権利濫用），発電用トンネル事件等（原状回復不能），板付飛行場事件（公共の福祉による制限）の他，最高裁昭和41年9月22日判決（判タ198号131頁）は，Y町が住民の要望により，Xの所有地（私道）にXの承諾を得ずに排水用の土管を埋設したため，XがY町に対してその除去を求めた事例で，「本件乙道路における工事の撤去を求めるXの請求は権利の乱用であって許されない旨の原判示は結論において正当と認められる」と判示している。仙台市民の水道供給のための排水管が無権限で山林に設置され，その山林を買い取ったXによる除去請求が権利濫用として退けられている（最判昭43・11・26判タ229号150頁）。「Xが右配水管等の撤去によって受ける利益は比較的僅少であるのに，右配水管等の設備は，仙台市の南地区市民約7万人の利用のため巨額の資金，多数の日子を費し，敷設，掘鑿され，これを連繋する大規模な総合水道幹線の枢要部分を形成し，これを撤去して，原状に回復し，新たに替地を求めて同一設備を完成するには相当多額の費用と日子を要するばかりか，右撤去によって，給水の機能が停止し，近い将来その再現は望みえず，市民一般に不測かつ重大な損害が生ずる」ことが理由である。佐賀地裁平成7年11月24日判決（判タ901号195頁）は，所有者Xの用地提供の承諾のないダム敷地と林道敷地の明渡請求について，ダム敷地については，「高い公共性，社会性を有しており，もし，ダム敷地を明け渡すためにこれら公共設備を破壊すると，公共の安全に重大な障害が生ずるおそれがあ」り，また，「膨大な建設費が無駄になり，社会経済的な損失も大きい。他方，Xにはダム敷地を使用する具体的必要性を認めるに足る証拠はない」ことから，「ダムの収去によりY県及び付近住民が受ける甚大な不利益に比し，Xの受ける不利益はそれほどのものでないこと，Xの不利益は後記の土地使用相当損害金請求を認めることによりある程度回復されること」等に照らし，ダム敷地の明渡請求は権利の濫用に当たり許されないものとする（林道敷地Aの明渡請求も権利濫用に当たるが，林道敷地Bの明渡しを求めることは権利の濫用または信義則違反に当たらない）。

(2) 相 隣 関 係

(ア) 距離保持義務　　境界付近に建物を建築するには，民法上は境界から

〔平野〕　209

§1 C Ⅵ 　　　　　　　　　　　　　　　　　第1編　第1章　通　則

50センチメートル以上の距離を保たなければならず（234条1項），建物が完成するかまたは建築開始から1年が経過した後は，損害賠償しか請求できない（同条2項ただし書）。完成前または建築着手から1年以内に権利行使があればよく，これを無視して建物を完成させても234条2項の適用はない。この場合のYによる除去請求が権利濫用として制限されるのかが問題とされた事例で，最高裁平成3年9月3日判決（裁判集民163号189頁）は，民法234条2項の「隣地所有者のする違反建築部分の収去請求は，右建築者において高額の収去費用等の負担を強いられることがあるとしても，権利の濫用にならない」とし，「たとい収去費用等が高額になったとしても，それはYが裁判所の前記仮処分決定等を無視してまで建築を竣成させた結果にほかなら」ないとし，権利濫用を認めた原審判決を破棄している。やり得を認めるべきではないし，土地所有権の保障を考えれば，単なる私人間の調整原理に利用権設定型の私的収用代用としての権利濫用法理を認めるべきではない。

　(イ)　越境建築　　建物が境界を越えて建築されてしまったらどうなるであろうか。ドイツ民法には越境建築の規定があり，「土地の所有者がその責任を負うべき故意又は重大な過失なくして，境界線を越えて建物を建築したときは，隣地者は，その越境建物を受忍しなければならない。ただし，隣地者が境界線越境の前又はその直後に異議を述べたときは，この限りではない」（912条1項），と規定されている。フランスでは，545条の私的収用禁止規定に反することを根拠に権利濫用の適用を認めないが，近時の物権法改正準備草案（フランス物権法研究会「フランス物権法改正の動向」民商141巻1号〔2009〕134頁以下）は明文で規定を置いて問題を解決しようとしている。即ち，草案539条で，「その土地に対する故意でない越境建築によって被害を受けた所有者は，越境建築が30センチメートルを下回るときは，越境建築の事実を知った時から2年以内でなければその除去を請求することができない。〔越境建築の〕工事の完成から10年を経過したときも同様である」と規定した（1項）。そして，裁判官は，越境建築の対象となった土地部分の所有権を越境建築によって利益を受ける所有者に移転させることができるものとし，償金の支払を義務づけている（2項）。

　日本においても立法的検討がなされるべきであるが，現行法では，越境部分はわずか2坪3合5勺にすぎなくても越境部分の除去が命じられ（東京地

210　〔平野〕

§1 C VI

判昭 39・6・27 判時 389 号 74 頁），岡山地裁昭和 43 年 5 月 29 日判決（判時 555 号 64 頁）は，「越境建物が容易に動かすことのできないものであって巨額の撤去費を要するような場合に始めて類推適用の余地が生じると解するのが相当である」と民法 234 条の類推適用の余地を認めつつも，結論としては越境部分の建物収去土地明渡しを命じている。他方，諌早簡裁昭和 53 年 4 月 28 日判決（判時 906 号 85 頁）も，「すでにできあがった建物を取り壊すような請求は，『私権は公共の福祉に遵う』との民法第 1 条の法意からも，無制限に認めるべきではないし，権利濫用の法理や占有保持の訴に関する制限規定だけでは，うまく処理できない場合には，右 234 条第 2 項の類推適用もやむをえない」と述べ，諸般の事情を総合考慮して，「損害賠償の請求のみを認め，構築物（石垣）撤去の請求は許さない」とした。なお，賃借人が賃借している土地を極めて僅少に越えて賃貸人所有の賃借していない土地部分にわたって建物を建築した事例で，賃貸人による越えた部分の除去請求が権利濫用とされた事例がある（東京高判昭 34・7・28 判時 203 号 13 頁）。

　学説では，当初は，越境の場合には民法 234 条 2 項は適用にならないと理解されていたが，岩田新「相隣権ヲ論ス」志林 20 巻 9 号〔1918〕120 頁は，234 条 2 項は自己の境界線内に建築をした場合に限定していないことから，234 条 2 項を越境建築にも適用することを提案した。これが戦後は多数説になる。ただし，適用のための要件について 234 条 2 項に越境の場合には要件が加重され，東孝行「越境建築に関する判例の法源的機能」民商 87 巻 3 号〔1982〕325 頁は，故意または重過失がある場合には 234 条 2 項の適用を否定し，我妻栄（有泉亨補訂）・新訂物権法〔1983〕297 頁は，その部分の除去が軽易である場合を除いて，ドイツ民法と「ほぼ同様の結果を認めてよい」という。なお，公道上に 10 年前からはみ出して建てられている工揚の収去を求めた地方公共団体（国分寺町）の請求を権利濫用とする判決がある（東京地判昭 37・8・10 下民集 13 巻 8 号 1626 頁）。

　(ｳ)　相隣関係をめぐるその他の問題　　最高裁平成 5 年 9 月 24 日判決（民集 47 巻 7 号 5035 頁）は，建築基準法に違反する建物であり除却命令の対象となることは明らかな建物につき，「違法状態を解消させ，確定的に本件建物が除却命令の対象とならなくなったなど，本件建物が今後も存続し得る事情を明らかにしない限り，X が Y に対し，下水道法 11 条 1 項，3 項の規定

〔平野〕　　211

§*1* C VI

に基づき本件通路部分に下水管を敷設することについて受忍を求めることは，権利の濫用に当たる」とした。しかし，排水設備の設置ないし使用権は，適法な建物の所有者に認められる権利であり，強度に違法な建物にはそもそも権利が認められないと説明することも可能である。違法状態の除去を権利濫用の解消のために要求するのは「難きを強いた」ものであり（五十嵐清〔判批〕リマークス10号〔1995〕8頁），Xにより将来に向かってYとの間の信頼関係を修復させるための措置が講じられた場合に，権利濫用状態が解消するという評価もされている（山野目章夫〔判批〕判タ878号〔1995〕41頁）。

建築協定に違反して三階建ての建物が建築された場合に，三階部分の撤去を求めることは権利濫用にはならないとされている（神戸地姫路支判平6・1・31判タ862号298頁）。

2　権利の内容を限界づける類型——不法行為法原理として

他人の財産権や人格権を侵害すれば原則として違法なはずであり，信玄公旗掛松事件は，判決自体「濫用」でなければ違法ではないとは言っておらず，その内容は単に受忍限度論の先駆け的なものであった。受忍限度論により処理ができる現在，あえて権利の「濫用」という説明をする必要はない。受忍限度を超える近隣迷惑行為はもはや土地所有権や行動・営業の自由といった権利の範囲内ではなく，権利の内容として認められず，権利はあるが「濫用」というのではない（幾代通「『権利濫用』について」名法1巻2号〔1951〕143頁。広中171頁も，法欠缺補充類型であり，受忍限度論が確立している現在，説得的効果を期待して援用されているにすぎないという）。

(1)　土 地 利 用

(ア)　地下水や温泉の汲み上げ　大審院昭和13年6月28日判決（新聞4301号12頁）は，Yは，Xが井戸水を利用して料理店を営業していることを知りながら，多数の掘貫井戸を掘鑿して地下水の利用を独占しXの井戸水の利用を侵害したものであり，「Yの前示地下水の独占利用行為は正しく権利行使の限度を超越せるもの即ち権利の濫用として之が為めXの被りたる損害を賠償せざるべからざる」とする。しかし，「権利行使の限度を超越せる」というだけで十分であり「権利の濫用」を付け加える必要はない。最高裁昭和33年7月1日判決（民集12巻11号1640頁）は温泉掘さく禁止請求につき，Yの新温泉井の掘さくはX等の各温泉井に影響を及ぼしているけれ

ども，その影響は著しいものではなく，「Ｙの本件新温泉井の掘さく利用は正当な権利行使として許容せらるべく，これを以て権利濫用或は信義則に反する権利の行使ということはできない」とした原審判決を支持している。これも「正当な権利行使」か否かを評価するだけで足りたはずである。

　(イ)　工作物の設置など　　広島高裁昭和33年8月9日判決（判時164号20頁）は，Ｙによる板垣の設置によりＸ居宅の室内は昼間も尚薄暗い状況になっている事例で，「Ｙの右措置はＸ等に対する厭悪の情に起因しＸ等をして単に困惑させるための目的にでたものと認められるから……，自己の所有土地とは云いながら権利行使の適当な範囲を逸脱し権利の濫用となる」と判断するが，受忍限度を超えた侵害となるが故に許されないと判断すれば十分であったと評されている（広中160頁）。

　大阪高裁平成元年11月1日判決（判タ722号255頁）は，集合住宅の賃貸人Ｙがいまだ老朽化していない建物のマンションへの建替えを計画し，順次解約の合意を得た賃借人の退去部分を取り壊していった事例につき，「Ｙによる本件建物のＡ賃借部分の取壊しや本件鉄柱の設置は，Ｘの本件家屋賃借権に基づく居住の利益を侵害するものであることは明らかであり，かつ，本件土地及び建物所有権の行使として社会的に相当と認められる限度を逸脱したものであって，権利の濫用として許されない」とした。しかし，権利濫用の言及は不要である。

　(ウ)　景観利益の侵害などの生活環境被害　　脆弱な利益の侵害に対して不法行為が成立することを説明しようとして，強度の違法性を根拠づけるために権利濫用という説明が持ち出されている。ゆふきやビル事件（東京地判昭38・12・14判時363号18頁）の他，猿ヶ京温泉事件では，Ｙは「Ｘ所有建物の眺望の妨害とならない前記敷地を選択すべきことが信義上当然であると考えられるに拘らず，前記のような害意の下にあえて本件敷地を選択した」ため，「Ｙの行為は権利の濫用に当る行為と考えられ，Ｙはその代表者所有の本件敷地を使用する権利を濫用することによって本件建物を建築しＸ所有の桑原館旧館の建物所有権の行使を違法に妨害している」とする（東京高判昭38・9・11判タ154号60頁）。しかし，実質的には受忍限度論と同じ判断過程を経ていると評され（竹内保雄〔判批〕加藤一郎＝淡路剛久編・公害・環境判例〔2版，1980〕145頁），権利濫用が次第に客観的判定基準に移行しつつあると評され

§1 C Ⅵ　　　　　　　　　　　　　　　　　第1編　第1章　通　則

ていた（篠塚昭次「眺望阻害と権利濫用」判タ385号〔1979〕38頁）。その後，白浜温泉事件（和歌山地田辺支判昭43・7・20判時559号72頁）や熱海マンション事件（東京高決昭51・11・11判タ348号213頁）は，受忍限度内として仮処分申請を棄却する。「侵害行為が，具体的な状況のもとで一般的に是認しうる程度（換言すれば眺望利益を有する者の受忍すべき限度）を超えた場合」にのみ違法とする判決もあり（横浜地横須賀支判昭54・2・26下民集30巻1〜4号57頁），近時は権利濫用は持ち出されなくなっていた。

　その中にあって，最高裁平成18年3月30日判決（民集60巻3号948頁〔国立市景観訴訟〕）は，「景観利益の保護とこれに伴う財産権等の規制は，第一次的には，民主的手続により定められた行政法規や当該地域の条例等によってなされることが予定されているものということができることなどからすれば，ある行為が景観利益に対する違法な侵害に当たるといえるためには，少なくとも，その侵害行為が刑罰法規や行政法規の規制に違反するものであったり，公序良俗違反や権利の濫用に該当するものであるなど，侵害行為の態様や程度の面において社会的に容認された行為としての相当性を欠くことが求められる」（傍点筆者）と，おまけ程度であるが権利濫用に言及する。しかし，この解釈は「不明晰」であると評されている（広中172頁）。他方で，「権利行使の適法性と保護法益の確立度の低さがあいまって，権利濫用構成が必要とされている」という評価もされている（新版注民(1)〔改訂版〕173頁〔安永正昭〕）。景観利益は保護法益として確立されている度合いが高くないことから，違法性判断に権利濫用の検討を取り込むことは相応の根拠があるという主張もある（瀬田浩久「景観利益の侵害による不法行為」加藤新太郎＝小林康彦編・裁判官が説く民事裁判実務の重要論点 ── 基本原則　権利の濫用編〔2018〕53頁）。

　今や生活環境被害については，平穏生活権といった権利・利益を問題にする提言もあり（吉村良一「『平穏生活権』の意義」水野武夫古稀・行政と国民の権利〔2011〕232頁以下，神戸秀彦「平穏生活権論に寄せて」池田恒男＝髙橋眞編著・現代市民法学と民法典〔2012〕327頁以下参照），日照，騒音，粉塵，臭気，風害等種々の被害が問題とされ，現在では種々の事情を総合判断して受忍限度内か否かが不法行為成立の基準とされている。葬儀場運営による近隣住民の不快感につき，「本件葬儀場の営業が，社会生活上受忍すべき程度を超えてXの平穏に日常生活を送るという利益を侵害しているということはできない」と（最

214　〔平野〕

§1 C VI

判平22・6・29判タ1330号89頁), 受忍限度論が更なる広がりを見せ, 債権取立て, プライバシー侵害など受忍限度論の説明が好んで使われ, 権利濫用論は淘汰されつつある。

(2) **裁量権の濫用——裁量権逸脱の法理へ**

その内容につきある程度の裁量の自由が認められる権利について, 権利の存在は否定されないため, 権利を濫用しているものとして不法行為を問題にする事例がみられる。

(ア) 労働関係以外　　例えば, 東京地裁平成21年9月15日判決（判タ1319号172頁）は, 建物の区分所有者Xが, その専有部分を心療内科クリニックとして賃借しようとしているAに賃貸するため, 管理組合規約と店舗使用規則に基づきY店舗部会に対して営業開始の承認を求めたが, Yがこれを不承認とした事例につき, 「その裁量権を逸脱し, 又は濫用して, 本件承認願を承認せず, Xの区分所有権を制約した」として不法行為の成立を認めている。裁量権の「逸脱」によりもはや権利の範囲外であることを認定すればよく, 「濫用」をいう必要はない（3⑽の東京地判平17・6・23も同様）。プロ野球を主催する12球団およびプロ野球の運営を統括する社団法人が, 特定の応援団が申請した楽器, 応援旗等を使用して行われる集団による応援の申請を不許可としたことが, 「裁量権の範囲を逸脱し又はこれを濫用したものということはできないから, 権利濫用として違法になるものとは認められない」とされている（名古屋地判平22・1・28判タ1341号153頁）。控訴審の名古屋高裁平成23年2月17日判決（判タ1352号235頁）も, 「応援団方式による応援を認めるか否か, その際にどのような条件を付するかなどについては, 本来的に主催者が自由に決定でき……, 主催者が応援団方式による応援を許容するのにふさわしくないと判断した場合には, これを不許可とすることは, 当然に許されてしかるべきであり, 権利濫用の法理を適用することによって, プロ野球の主催者……が特別応援許可をする義務を負う場合があるということはできない」として, 不法行為の成立を否定した。不合理な「差別」を裁量権の「逸脱」として不法行為の成立を認めれば足りる。また, 東京地裁平成18年4月26日判決（判タ1244号195頁）は, 私立大学によるサークル構成員に対するサークルボックスの使用禁止処分につき, 「大学の施設管理権の行使については, 原則として, 大学の裁量による判断が尊重されるべきであ

〔平野〕　215

§*1* C Ⅵ   第1編 第1章 通 則

るが，その行使が，社会通念に照らし合理的と認められる範囲を逸脱した場
合には，違法との評価を免れない」との一般論を述べている（結論としては責
任否定）。「濫用」ではなく「逸脱」による説明が採用されている。

　(イ)　労働関係　　同時に不法行為と認定されることが多いので，効力を否
定する判決であるが，ここに紹介しておこう。最高裁昭和 50 年 4 月 25 日判
決（民集 29 巻 4 号 456 頁）は，「使用者の解雇権の行使も，それが客観的に合
理的な理由を欠き社会通念上相当として是認することができない場合には，
権利の濫用として無効になる」という（最判昭 59・3・29 労判 427 号 17 頁も同旨）。
民法 627 条，労基法 20 条を修正する原理として権利濫用法理が用いられて
いるものと評価されている（石田(穣)103 頁）。最高裁昭和 58 年 10 月 27 日判
決（労判 427 号 63 頁）は，一般論は展開せず，幼稚園による保母の解雇につ
き，「本件解雇は，労使間の信義則に反し，解雇権の濫用として無効である，
とした原審の判断は，是認することができないものではな」いとする。

　なお，被用者が起こした交通事故につき，使用者が被害者に賠償した金額
の求償，また，壊れた自動車の損害賠償を請求したのを，最高裁昭和 51 年
7 月 8 日判決（民集 30 巻 7 号 689 頁）は，原審判決が 4 分の 1 を超過する部分
は，「信義則に反し，権利の濫用として許されない」（傍点筆者）としていた
のを，「賠償及び求償を請求しうる範囲は，信義則上右損害額の 4 分の 1 を
限度とすべきであ」ると，権利濫用に依拠する説明部分をあえて削っている。
全額の求償権を認め行使できる範囲を濫用で制限するのではなく，そもそも
求償権自体を制限すべきであり，信義則によるかどうかは措くが求償権自体
を制限することには賛成したい。

　(3)　**損害賠償請求が権利濫用となるかが問題とされた事例**

　(ア)　無効な担保権の執行　　最高裁昭和 40 年 12 月 21 日判決（民集 19 巻 9
号 2212 頁）は，「本訴立木譲渡担保ならびに代物弁済契約が無効のゆえに X
が依然として本訴立木の所有権を保有するとしても，Y の右立木伐採を理由
に X から Y に対して損害賠償を求めることは信義誠実の原則に違反し権利
の濫用として許されない旨の原審の判断は，是認することができる」とする。
相殺が可能であるとしても，損害賠償請求を権利濫用とすることは疑問であ
る。

　(イ)　不貞行為の相手方への賠償請求　　最高裁平成 8 年 6 月 18 日判決

216　〔平野〕

§1 C VI

（家月 48 巻 12 号 39 頁）は，Y が男性 A と不倫関係を持ったのは，A の妻 X が A との夫婦仲は冷めており離婚するつもりである旨を Y に話したことが原因であり，A と Y の関係を知るや X が Y に対して慰謝料 500 万円の支払を要求し，その後は A と X が共に Y に嫌がらせをするなどして 500 万円を要求した事例で，「仮に X が Y に対してなにがしかの損害賠償請求権を有するとしても，これを行使することは，信義誠実の原則に反し権利の濫用として許されない」とする。過失そして損害賠償義務を否定すべきであった。

　(ウ)　自力救済による明渡し（不法占有による損害賠償請求）　　最高裁昭和 57 年 10 月 19 日判決（判タ 504 号 94 頁）は，X から土地を賃借し，同地上にゴルフ練習場用建物，鉄柱等を設置していた A が，本件建物等を借地権と共に Y に譲渡したが，X は譲渡につき承諾をせず，A との間で賃貸借契約を合意解除し，本件建物等を取り壊した後，事情があり解体残材を地上に放置したままの状態で作業を中止した事例で，Y 所有建物等の解体残材が X の土地上に放置されているため，これを理由に X が Y に損害賠償を請求できるかが問題となった。原審判決は，X の Y に対する損害賠償請求権の行使は，正当な利益を欠き，権利濫用として許されないとしたが，最高裁は，「X は，Y による本件土地の不法占有により，右土地の使用を妨げられているのであるから，特段の事情のない限り，これによって，X は本件土地の賃料相当額の損害を被っているというべきであり，X の被る右損害は，X が本件建物等を違法に取り壊したために Y において本件土地の利用を継続することができない不利益が生じたからといって，これを X が甘受しなければならないものではない」とし，原審判決を破棄した。解体は自力救済であるが，Y に妨害排除義務がある以上は，最高裁の判断が適切である。

　(エ)　使用者の労働組合に対する損害賠償請求　　東京地裁平成 15 年 12 月 26 日判決（判タ 1208 号 198 頁）は，出版会社 X の経営再建問題等を契機とした労使対立を背景に，X のロックアウトに対抗して Y 労働組合らが行った職場占拠につき，X が違法なロックアウトや組合役員らに対する懲戒処分を行うなどし，Y 労働組合との団体交渉を拒否し続けるなど「X が自らの法的義務を著しく懈怠しながら Y 労働組合及び Y 出版労連の不法占有によって生じた損害の賠償のみを求めるのは権利の濫用に当たる」とした。

〔平野〕　217

§*1* C VI   第1編　第1章　通　則

(4)　原状回復請求・謝罪広告

　東京電力に対して，福島原発事故後に自己所有の山林の除染を求めたのを権利濫用として退けた判決があるが（東京地判平 24・11・26 判時 2176 号 44 頁），金銭賠償の原則があるので（722 条 1 項），そもそも除染を求める権利自体があったかどうかは疑問である —— 放射能を妨害物としてその除去を認める構成は微妙 —— 。また，東京高裁平成 17 年 11 月 30 日判決（判タ 1223 号 292 頁）は，マンション管理組合 Y が居住者 X に対して，謝罪広告掲示の判決に従った掲示をしなかったとして間接強制に基づいて強制執行をしたが，「謝罪文の報告書への掲載が不十分であったからといって，間接強制金が累積するに任せることは，間接強制制度の予定するところではない」として，「報告書への謝罪広告掲載不履行による 1 日 1 万円の間接強制金の支払を命ずるもののうち 180 日を超える部分の権利行使は権利の濫用になるとした原審の結論は是認することができる」とした。

3　便宜的借用類型 —— 権利濫用法理以外の解決によるべき事例

　権利濫用を認める判決としては，この類型が最も多い。

(1)　無効原理によるべき事例

　仙台高裁平成 9 年 12 月 12 日判決（判タ 997 号 209 頁）は，組合員の貸付枠を流用（名義貸し）して農業協同組合からの借入れがなされた事例で，種々の事情を考慮して，借入名義人に対する本件貸金請求は，「社会通念上許容し難い，権利の濫用ないし信義則違反として許されない」とする。判例は平成 29 年改正前民法 93 条ただし書の類推適用によるものが多く（最判平 7・7・7 金法 1436 号 31 頁参照），直截に無効とする法的説明が模索されるべきである。循環取引についての東京地裁平成 10 年 5 月 14 日判決（判タ 1002 号 206 頁）も代金支払請求を権利の濫用としたが，直截に虚偽表示として無効とすべきである（最判平 5・7・20 判タ 872 号 183 頁参照）。

　平成 29 年改正前民法 504 条の担保保存義務免除の特約について，最高裁平成 2 年 4 月 12 日判決（金法 1255 号 6 頁）は，「右特約の効力を主張することが信義則に反しあるいは権利の濫用に該当するものとして許されないというべき場合のあることはいうまでもない」という（最判平 7・6・23 民集 49 巻 6 号 1737 頁も同様。いずれも特約の効力を認めており傍論）。特約の効力の「主張」を権利濫用で制限するという奇妙な構成であり，条項の制限解釈ないし効力規

218　〔平野〕

制（無効）によるべきである。

(2)　別の法理により権利の成立を否定すべき事例

(ア)　時効の援用　　時効（消滅時効）の援用が，権利濫用ないし信義則に反しないかが議論されることが多い（半田吉信「消滅時効の援用と信義則」ジュリ872号〔1986〕79頁以下，松久三四彦「時効の援用と信義則ないし権利濫用」藤岡康宏古稀・民法学における古典と革新〔2011〕69頁およびその引用文献参照）。時効完成後の債務承認事例であり，援用しないという信頼を与えたことを理由とし，信義則を根拠に援用が否定されている（最大判昭41・4・20民集20巻4号702頁）。時効の起算点，中断や停止の規定の不備を補い債権者を保護するために信義則や権利濫用が用いられることがあり，本来適用されるべき法理の代用として用いられているにすぎない。判決をいくつか紹介しよう。

最高裁昭和51年5月25日判決（民集30巻4号554頁）は，農地の贈与につき許可申請協力請求権の時効の援用を権利濫用とするが，農地の取得時効による所有権移転登記の申請には農地法3条は適用にならないので（最判昭50・9・25民集29巻8号1320頁），自己物の取得時効を認めて取得時効により解決すべきであった（類似事例として東京高判平11・11・17判タ1061号219頁）。安全配慮義務違反を理由とした損害賠償請求につき，雇用者による時効援用権の行使を権利濫用として退けたものとして，福島地裁いわき支部平成2年2月28日判決（判タ719号223頁），広島高裁平成16年7月9日判決（判時1865号62頁）（上告審　最判平19・4・27民集61巻3号1188頁）などがある。しかし，起算点の調整により時効未完成として解決すべきである。

東京高裁平成7年12月21日判決（判タ904号130頁）は，離婚に伴う財産分与および慰謝料請求につき，時効の援用は「時効制度を濫用するものといわねばならない」としたが，一度動産の差押えをしており，中断事由を拡大することにより解決されるべきであった。東京高裁平成7年9月27日判決（判タ907号184頁）は，同族会社であるYの経営者の親族たる従業員の積立金の返還請求権につき，Yによる消滅時効の援用を権利濫用としている。権利行使の事実上の期待可能性がないことを理由として退職を起算点とすべきである。東京地裁昭和54年2月16日判決（判タ384号140頁）は，被買収者を誤った農地買収処分の無効確認訴訟が確定した後に，被売渡人からの転得者が真正所有者から土地を買い受け，国に対して損害賠償を請求したのに対

§1 C VI　　　　　　　　　　　　　　　　　　第1編　第1章　通則

して，国による消滅時効の援用を権利濫用としている。やはり起算点における権利行使期待可能性を考慮し，時効未完成として処理すべきであった。

(イ)　共有物分割請求　　夫婦の間で共有する自宅の共有物分割請求が権利濫用として退けられた事例もある（大阪高判平17・6・9判時1938号80頁）。単純な共有ではなく，夫婦が共同生活のための住居とする目的で共有しているものであり，夫婦である限りは分割請求ができないという法理が必要であり，権利濫用はその代用として用いられているにすぎない。また，共有者の1人が相続不動産で被相続人の死亡前から同居して相続後その事業を承継している場合には，他の相続人からの価格分割の請求は，権利濫用を問題にするまでもなく，全面的価格賠償の主張を認めることで解決が図られている（最判平8・10・31民集50巻9号2563頁）。

(ウ)　借地上建物の抵当権と借地契約の解除　　東京地裁平成10年8月26日判決（判タ1018号225頁）は，借地上の建物に抵当権を有するXが，土地所有者Yが借地人Aの地代支払不履行を理由に契約を解除したため，解除が権利濫用であるとしてAの借地権の確認を求めた事例である。土地の前所有者がXに差し入れた承諾書には，「地代の延滞などの理由により，契約を解除しようとする場合は，予め貴社に通知します。」との条項が明記されていたのにこれを遵守せずなされた解除を，権利の濫用に該当し無効というべきであるとした。しかし，抵当権者に代位弁済をして借地権を維持する機会を与えるための事前通知義務を果たしていない以上，解除権がそもそも成立していないというべきである。民法398条の類推適用により解除を抵当権者に対抗できないという構成も考えられる。

(エ)　法定地上権　　大阪地裁平成8年10月28日判決（判タ938号144頁）は，抵当権設定当時，地上建物が老朽化して価値がなかったため，土地が更地価格で担保評価されて土地のみに抵当権が設定されたが，抵当権の執行妨害目的で，Yがあえて地上建物だけを買い受けた事例で，「このような者が法定地上権を主張することは権利の濫用にあたる」とした。法定地上権を否定する黙示の特約の，悪意の買受人への対抗による処理も可能であった。

(オ)　債権者取消権　　東京地裁平成10年10月29日判決（判時1686号59頁）は，倒産状態に陥り清算型任意整理を開始した債務者から任意整理の委任を受けた弁護士Yが，総債権者のために債務者の有する債権の譲渡を受

けた行為に対する，債権者Xの詐害行為取消訴訟につき，「本件詐害行為取消権の行使は権利の濫用として許されない」とした。直截にこのような信託的譲渡は詐害行為ではないと処理すれば済んだ事例である。

　(カ)　弁済者代位　　東京高裁平成11年11月29日判決（判タ1047号207頁）は，主債務会社の代表取締役が会社の債務を弁済し，物上保証および連帯保証をした者の相続人に対し求償権を行使することを「信義則に反し，権利の濫用として認められない」とした。代表者が保証人等の場合，これへの代位は頭割になってしまうので，直截に代表取締役が公平の観点から100パーセント負担するという処理をすべきである。

　(キ)　契約解除権　　宅地売買契約において5000円の税金負担の特約を不履行とする売買契約の解除（東京地判昭27・2・27下民集3巻2号230頁），調停によって3万5000円で土地を買い取ることになった借地人が，期日までに2万5000円しか払わなかった揚合の解除（東京地判昭33・3・20下民集9巻3号462頁），買主が土地の一部に一般人のための通路を設けるという特約を守らないことを理由とする解除（大阪地判昭33・6・9下民集9巻6号1024頁）などは，解除権の濫用とされているが，契約をした解除を正当化するほどの重大な不履行ではなく解除権が成立していないと説明すれば足りる。

　(ク)　買主の減額請求権　　東京地裁昭和62年12月22日判決（判時1287号92頁）は，売買の対象である土地に国有の畦畔が含まれていた場合において，買主が取得時効を援用せずしかも転売しているのに，売主に対して代金減額請求権を行使することは権利濫用となるものとする。しかし，停止条件説を前提としても，取得時効が成立した土地の購入そして転売は，買主が時効の利益を放棄しない限り他人物売買の要件を充たさないと考えるべきである。

　(ケ)　使用貸借の解約権　　東京地裁昭和61年6月27日判決（判時1227号69頁）は，養親子間の建物の使用貸借についての解約を権利濫用とした。養親子関係という行為基礎が続いている以上，特段の事情がなければ平成29年改正前民法597条2項ただし書の解釈によりそもそも解約権を否定すべきであろう。また，夫Aが経営するX会社所有の建物に妻Yと子が居住しており，夫婦関係が険悪になりAが建物から出た後に，XからYに対して建物の明渡しが請求された事例で，最高裁平成7年3月28日判決（判タ876号135頁）はこれを権利濫用として退けている。法人格否認の法理の応用とし

§**1** C Ⅵ   第1編　第1章　通　則

て，AXを一体として評価して退去を請求できないとすることも考えられる。

　(ロ)　賃貸借契約の解除　　期間の定めのない借家契約について，正当事由
制度導入前は賃貸人の解約権の制限は権利濫用法理により処理されていたが
（注民(1)123頁〔植林弘〕），昭和16年の正当事由制度導入（現行借地借家法28条）
により問題は解決されている。

　(a)　債務不履行解除　　最高裁昭和53年11月30日判決（判時914号54
頁）は，「Xが，従前統制額が比較的低額であったころはこれをかなり超過
する賃料を受領しておきながら，統制額が昭和47年以降比較的急激かつ大
幅に増額され適正額をも上回るに至った状況下でこれに乗じて大幅な賃料の
増額を請求し，……右増額請求に関してYに債務不履行があるとして本件
賃貸借契約を解除するのは，信義則に反し，権利の濫用というべきであると
した原審の判断は，正当」であるという。むしろ信頼関係破壊の法理により
解除権の成立を否定すべきである。

　(b)　無断転貸または賃借権の無断譲渡の事例　　大審院昭和15年3月
1日判決（民集19巻501頁）は，借地上の建物と共に借地権を無断譲渡した事
例で，「解除権行使を以て権利の濫用なりと断ずるを得ず」とあっさり権利
濫用を門前払いにしている（末川・濫用218頁は疑問視する）。その後も，最高
裁昭和31年12月20日判決（民集10巻12号1581頁）が権利濫用のハードル
を高くして解除・建物収去土地明渡請求につき権利濫用を否定する（一Ⅲ2
(2)）。内縁の夫婦間の賃借権の無断譲渡の事例で，正当な理由なく譲渡を承
諾せず賃借権を否認することを権利濫用として，承諾がなくても承諾があっ
たのと同様の効果を認めるべきであるとした判決があったが（大阪地判昭27・
7・14下民集3巻7号969頁），その後は信頼関係破壊の法理の問題に解消され
ることになる。

　最高裁昭和47年6月15日判決（民集26巻5号1015頁）は，賃貸人Aによ
る家屋の賃借人Yの建物の一部無断転貸を理由とする解除後に，転借人X
がその建物をAから取得し建物所有者となり，Yにその占有部分の明渡し
を請求した事例で，Xが「本件家屋の賃貸借契約が無断転貸を理由に解除さ
れた旨を主張することおよびこれを理由として本件家屋の所有権に基づきY
に対し占有部分の明渡を請求することは，信義則に反しまたは権利の濫用で
あって，許されない」と判示している。解除が有効にされた後の事例であり，

222　〔平野〕

§1 C VI

権利濫用または信義則違反という一般条項によることは是認せざるを得ない
と評されている（水本浩＝内田勝一〔判批〕民商68巻1号〔1973〕138頁）。第三者
が買い取ったか転借人が買い取ったかで，このような差を認めるのが妥当な
のか結論自体に疑問がある。

　㈡　建物建築の下請けと所有権の帰属　　建物の建築につき，一括下請け
がなされ，下請人がその材料と労力とにより建物を建築させた場合に，注文
者は元請人に代金を完済しているが，元請人が下請人に代金の一部を支払っ
たのみの事例において，下請人が建物の所有権あるいは占有権を主張して所
有権確認，明渡し等を請求することは，信義則，権利濫用の法理に照らし許
されないとする判例があった（東京高判昭58・7・28判タ512号129頁）。その後，
元請負人に注文者帰属の特約がある事例で，「下請負人は，注文者との関係
では，元請負人のいわば履行補助者的立場に立つものにすぎず，注文者のた
めにする建物建築工事に関して，元請負人と異なる権利関係を主張し得る立
場にはない」という解決がされている（最判平5・10・19民集47巻8号5061頁）。

　㈡　委任事務処理費用の請求　　大阪高裁平成19年9月11日判決（判タ
1263号292頁）は，Xから取得した共有制リゾート会員権を売却しようとし
ているYが，Xの子会社Aに売却斡旋を依頼し無償でも譲渡したいという
希望を示したが，Aにおいて信義則上の義務を果たさず売却がされなかっ
た事案において，Xによるその後の管理費等のYに対する請求につき，こ
れを権利濫用として退けている。「本件ホテルの管理運営に関する契約上の
地位においては，AとXとは一体的なものとして同視することができるか
ら」，Xが「管理費等の請求のみをすることは，権利の濫用である」とした。
AとXを一体と考えるならば，Aの行為についての責任をXが負担し，自
己の帰責事由により生じた費用の償還請求権を否定すれば足りる。

　㈡　リース物件の修理費用　　名古屋地裁平成12年12月26日判決（判
タ1077号227頁）は，リース物件の価値を著しく減少させ修理代を増額させ
たのはリース会社の帰責事由によるものであり，その減価ないし修理費用は
リース会社が自ら負担するのが信義則上相当であり，修理費用等につきユー
ザーに負担を求めるのは権利の濫用であるとして認められないとする。しか
し，リース会社の責任による損傷を修理したのは現実賠償であり，そもそも
修理代を請求する権利がないと考えるべきである。

〔平野〕　　223

§1 C Ⅵ   第1編　第1章　通　則

(ト)　**一手販売契約の解約権**　　化粧品の一手販売契約において，対面販売
を義務づけ販売店がこれを遵守しなかったことから，化粧品メーカーが一手
販売契約を解約したことが，信義則に反し，また，権利濫用に該当すること
もないとした原審判決が支持されている（最判平10・12・18判タ992号98頁）。
解除権が成立していたかどうかを議論するだけで足りる。「継続的契約に係
る独自の判例法理に当てはめて解決すべきである」という主張がされている
ところである（岡口基一「継続的契約の解約」加藤＝小林編・前掲書66頁）。

(ソ)　**離婚後の元妻による子の監護費用の分担請求**　　最高裁平成23年3
月18日判決（家月63巻9号58頁）は，妻Xが婚姻中他の男性と関係を持って
夫Yと血縁関係のない子を産んだが，Yがそのことに気がついたのは1年
以上経過した後であり，Yによる親子関係不存在確認の訴えが却下されてい
る事例で，原審判決は離婚に際してXを親権者とし，法律上の親子関係が
ある以上，Yはその監護費用を分担する義務を負うものとしたが，最高裁は
これを破棄し，XはYとの離婚に伴い，相当多額の財産分与を受けること
から監護費用を専らXに分担させたとしても，子の福祉に反するとはいえ
ないことなどから，「XがYに対し離婚後の二男の監護費用の分担を求める
ことは，……権利の濫用に当たる」と判断した。血縁関係がないことから監
護費用を否定するのではなく，相当多額の財産分与をしており子の福祉に反
しないことから，同じ兄弟でありながら差を設けたわけである。諸般の事情
を考慮して監護費用の分担を裁判所が決めるとしても，この結論を正当化で
きるかどうかが問題であり，裁判所が権利を否定するのがよいのか権利はあ
るがその行使を権利濫用と構成するのがよいのかは問題としては二の次であ
る。私見としては権利の否定の方が明快であると感じている。

(タ)　**夫婦間の契約取消権**　　大審院昭和19年10月5日判決（民集23巻
579頁）は，夫が妻子の生活の資として妻になした家屋の贈与の取消しを権
利濫用としたが（→Ⅱ1(3)(ウ)），破綻に瀕した夫婦間における取消権（754条）
を否定することで解決すべきである。

(チ)　**建物買取請求権**　　東京地裁平成13年11月26日判決（判タ1123号
165頁）は，XからYに対する買取請求の対象である本件建物は老朽化の傾
向にあり（築後40年近く経過），また，公衆浴場という特殊な用途にしか使用
できず，今後継続して公衆浴場として使用するにはかなり困難が伴うため，

224　〔平野〕

§1 C Ⅵ

Yが本件建物を買い取ったとしても早晩自己の費用で収去をせざるを得ず，他方で，XはYから1億5435万円の支払を受けておりXの本件建物の収去に伴う損失も実質的に填補されていることから，「仮に本件建物等買取請求権が認められたとしても，Xがそれを行使することは，借地借家法13条1項の建物買取請求権の制度趣旨に照らし，その権利濫用に当たる」とした。しかし，残すべき価値がなく収去費用を負担させるだけの建物（負の財産）については，建物買取請求権は成立しないとの制限解釈によるべきである。

(3) 使用貸借等黙示の合意によりうる事例

この類型に整理できる事例も多い。例えば，不和のため離縁することが決定していたがその手続がとられないうちに養親が死亡したため養子（養女）が相続人になり，この養子が相続した建物に居住する養親の内縁の妻とその子女に対して明渡しを請求した事例で，明渡請求が権利濫用として退けられている（最判昭39・10・13民集18巻8号1578頁）。本件では不当利得返還請求権も否定するのが適切であり，養親による死後の使用貸借を黙示的に認めて，必要な使用が終わったと言えるかどうかを明渡しの可否につき判断すればよい（広中173頁参照）。

東京地裁平成3年8月9日判決（金判895号22頁）は，遺産分割協議において，被相続人の妻Yが居住する土地建物について他の共有者（共同相続人）Xが共有物分割を求めることは，権利濫用として許されないとした。現物分配は不可能であり競売を命ずる他はなく，73歳のYはその住むべき家を失うこととなり，他方，Xはいまだ若く労働能力を有しており現に働いて賃金を得ていることが理由である。遺産分割協議で，Yに余生をそこで送らせようと合意されているので，使用貸借を認定すべきである。

仙台高裁昭和61年10月29日判決（判タ625号174頁）は，「A，B両土地の居住者を含めた附近の住民全体の共通の生活道路として何人も相互に無償の通行を容認し合って来た」土地の共有権を取得したことを根拠に，附近住民の一部の者に対し，自己の持分の割合に応じた道路使用の対価たる償金を請求することは，「附近住民の如上の合意と慣行を破り，いたずらに秩序を乱すものとして許されないものであり，権利の濫用に当る」とする。黙示の合意を認定しその承継を認めるべきであった。

最高裁昭和40年2月12日判決（判タ176号99頁）は，土地所有者Xが，

〔平野〕 225

§1 C Ⅵ   第1編 第1章 通 則

賃借人Ａからの転借人Ｙに対して後日賃貸借契約をしてよい旨の意向を明
示し，ＹはＸとＡとの賃貸借契約が消滅すれば自分が直接に賃借できると
の強い期待を抱いていたが，ＸＡ間の訴訟で賃貸借契約の消滅が認められる
と，Ｘは突然Ｙに対し本件土地の明渡しを求めたのを，「あまりにも他の困
惑を顧みない自己本位の権利の主張に外ならず，まさに権利の濫用に当る」
とした原審判決を是認している。しかし，停止条件付賃貸借契約が締結され
ているものと認定すべきである。

　⑷　**対抗力の制限ないし肯定によるべき事例**

　㈠　対抗力の制限によるべき事例　　自動車のディーラーの留保所有権に
基づく転売先のユーザーに対する返還請求権が権利濫用となるかが問題とさ
れ，最高裁昭和50年2月28日判決（民集29巻2号193頁），最高裁昭和52年
3月31日判決（金法835号33頁），最高裁昭和57年12月17日判決（判タ491
号56頁）は権利濫用を認め，引渡請求を退けるが，最高裁昭和56年7月14
日判決（判タ453号78頁）は権利濫用を否定している。三上威彦〔判批〕民
商88巻5号〔1983〕716頁以下は，権利濫用論一本の立場から脱却すべきこ
とを説く。この点についての私見は先に述べたように，留保所有権の対抗を
否定し，その対抗を受けない完全な所有権の取得をユーザーに認めるという
考えである（→Ⅳ2⑵㈦）。

　㈡　使用貸借の対抗　　使用借権は第三者対抗力が認められないが，譲受
人による明渡請求を権利濫用として否定する判決がある。宮崎地裁都城支部
昭和60年2月15日判決（判時1169号131頁）は，使用貸主による明渡請求が
困難と見込まれ，これに代わって使用借主に対して明渡しを求めるため土地
を譲り受けた事例で，譲受人による明渡請求を権利濫用であり許さないとす
る。東京高裁昭和61年5月28日判決（判時1194号79頁）も，贈与は本訴請
求の便宜のために包括承継関係を生ずべき一親等血族関係者においてなされ
たものであり，受贈者が使用貸借の終了を主張して使用借主に対して本件土
地の明渡しを請求するのは，「信義に反し権利の濫用である」とする。また，
東京高裁平成2年9月11日判決（判タ767号147頁）は，土地の占有関係やそ
の背景をなす事実関係の大要を承知しながら，土地を廉価で買い受けた事例
で，買主による建物収去土地明渡請求を権利濫用として許されないとした。
譲受人が共同不法行為ないし幇助に近い関係である場合には，使用貸借にお

§1　C Ⅵ

いても例外的に譲受人への対抗を認めることにより処理がされるべきである。

　(ウ)　譲受人への不動産賃借権の対抗が問題となる事例

　　(a)　何の権利濫用か　　最高裁昭和40年2月16日判決（裁判集民77号391頁）は，買主が土地の賃借権を知っていただけでは，「賃借権を否定することをもって，直ちに権利の濫用であり，信義則に反するとは断定しえない」旨の原判示は正当であるとする。「賃借権を否定すること」を権利濫用として問題とした点の意義は不明である。賃借権を否定できないということは，賃借権の対抗ができることになり，むしろ対抗できる第三者かどうかを問題とすべきである。特殊な事例として，最高裁昭和38年5月24日判決（民集17巻5号639頁）は，事例判決であるが，YがAより本件土地を賃借した後，本件土地はAからBに売り渡され，次いでBからX会社に売り渡された事例で，BはAの実子であり，X会社はABらの同族会社であってAの個人企業を法人化したものであり，BもX会社も，Yの賃借権の存在を知悉しながら，Yを立ち退かせることを企図して本件土地を買い受けたことから，「賃借権の対抗力を否定し本件建物の収去を求めることは権利の濫用として許されない」とした原審判決を支持している。当事者と同視されるべき者であり，対抗できない第三者ではないと認定すべきであった。

　他方，最高裁昭和43年9月3日判決（民集22巻9号1817頁）は，「Xは，単にYが本件土地を賃借し，同地上に建物を所有して営業している事実を知って本件土地を買受けたものであるに止らず，時価よりも著しく低廉な，しかも賃借権付評価で取得した土地につき，たまたまYの賃借権が対抗力を欠如していることを発見し，これを奇貨として予想外の新たな利益を収めよう」とするものと認めて，XのYに対する本件建物収去・土地明渡しの請求は権利の濫用として許されないと判断したのを正当として容認したものである。譲受人による建物収去・土地明渡請求を権利濫用として退ける判決は多い（最判昭44・11・21判時583号56頁，最判昭52・3・31金法824号43頁，東京地判昭63・1・25判タ676号126頁等）。悪意ではないが，現地を調査しなかった重過失を認めて権利濫用とした判決もある（大阪地判昭25・6・29下民集1巻6号1015頁）。しかし，対抗力欠缺を主張しえない第三者として解決することが，事後の法律関係を考えれば好ましい（広中170頁も，「背信的悪意者」性によって解決すべきであるという）。

〔平野〕　　227

§1 C VI 第1編 第1章 通 則

(b) 一体的な賃借部分について権利濫用を認めた判決　　最高裁平成9年7月1日判決（民集51巻6号2251頁）は，「建物の所有を目的として数個の土地につき締結された賃貸借契約の借地権者が，ある土地の上には登記されている建物を所有していなくても，他の土地の上には登記されている建物を所有しており，これらの土地が社会通念上相互に密接に関連する一体として利用されている場合において」，「借地権者名義で登記されている建物の存在しない土地の買主の借地権者に対する明渡請求の可否については，……権利の濫用に当たるとして許されないことがある」とする。また，最高裁平成25年4月9日判決（判タ1390号142頁）は，レストラン営業用に建物の地下部分を賃借したYが，その看板設置のために建物の一部を賃借した事例で，建物の譲受人による看板の撤去請求が権利濫用とされている（田原睦夫裁判官の補足意見は賃貸借契約の内容をなすものとして対抗を認める）。いずれも，不可分一体的な利用がされていることが外部から認識できる場合には，対抗力の従たる賃借権への拡大を認めることにより処理されるべきである。譲受人を背信的悪意者として処理する下級審判決もある（東京地判昭41・6・18判タ194号153頁，東京高判昭45・5・27高民集23巻2号282頁，東京地判昭47・7・25判時685号107頁等）。賃貸人が異なる場合につき，熊本地裁平成27年2月3日判決（判時2274号32頁）もある。

大阪高裁平成24年5月31日判決（判タ1391号186頁）は，ゴルフ場として使用している土地の一部につき賃貸借契約が終了したため，土地所有者による明渡請求がなされた事例で，コースレイアウトの変更によりゴルフ場の運営を継続する可能性があることなどから，権利濫用が否定されている。

(5)　履行遅滞の否定によって解決される事例

東京高裁平成18年10月25日判決（金判1254号12頁）は，貸金業者Yが債務者Xの弁護士の求めに応じて早期に取引履歴を全部開示せず，残債務がいつまでも明確にならず，Xも債務整理をして弁済に向けて対応することができなかった事例で，Yが元本支払と共に遅延損害金の支払を求めることは，「Yの不誠実な対応により生じた不利益をXに一方的に負担させることになって著しく不当で，権利の濫用に当たる」とした。むしろ債権者の責めに帰すべき履行遅滞であり，遅延損害金債権自体を否定すべきである。

§1 C VI

(6) 譲受債権による相殺

譲り受けた債権は担保権で債権回収し，他の債権の回収のために相殺を用いた事例で，第1審判決（大阪地判平6・10・25判タ897号121頁）が，「譲受債権にかかる相殺によったのでは破産法104条4号の規定に抵触する可能性を認識して」おり，「その実態は，破産者の一般債権者の犠牲において，専らAの利益のために債権の回収を図るべく積極的に加担したものであって，その背信性には極めて重大で著しいものがあるといわざるを得ないから，右相殺及び担保権の行使はいずれも権利の濫用に当たり，効力を生じない」としたのを支持する判決がある（大阪高判平7・12・26判タ918号139頁）。破産法72条1項（当時）の適用を回避するための脱法行為であり，直截に同規定の類推適用をすべきである（事案は異なるが，破産法104条2号本文〔当時〕を類推適用して相殺を禁止した判決として，神戸地判平4・8・12金法1338号34頁）。

その他，相殺の禁止は破産法規定の類推適用ないし相殺の趣旨から信義則による規制によるべきであったと思われる事例がある。「適正衡平に進められている私的整理との関係で，……一般債権者との関係では，債権者間の衡平を害すること著しく，権利の濫用として許されない」（東京地判平11・3・25判時1706号56頁），「破産手続における相殺は，他の破産債権者に優先して満足を与える結果となるものであるから，少なくとも相殺できることへの合理的な期待の範囲内で認められるべきものであり，右範囲を超える相殺は，破産債権者全体の公平を害することになって，破産法104条各号に具体的に該当しなくとも，権利の濫用として許されない」とされている（名古屋高判平12・4・27判タ1071号256頁）。神戸地裁平成15年7月25日判決（判時1843号130頁）は，「本件の債権譲渡及びこれを前提とする相殺の主張は，本件訴訟における敗訴判決を免れることを主眼としてなされたものであり，対立する債権債務を有する当事者間の信頼と公平を保護せんとする相殺制度の趣旨とは異なる目的でなされたものであ」り，「Yらの譲受債権による相殺は，相殺制度の趣旨を逸脱したものといえ，信義則違反又は権利濫用として許されない」とする。いずれも権利濫用の説明なしに相殺禁止のみの説明で足りる。

特殊な事例として，BがAに対して債権を有し，AのCに対する債権を譲り受けてBがCから債権回収をしたが，債権譲渡が無効であった事例で，BのAに対する債権は消滅していないことになり，他方で，AがBに対し

〔平野〕　229

§1 C Ⅵ

て不当利得返還請求権を取得するが，国がＡに対する滞納処分としてＡの
Ｂに対する不当利得返還請求権を取り立てたのに対して，Ｂが相殺を主張し
たのが権利濫用として退けられている（札幌地判平12・3・17訟月48巻7号1603
頁）。

(7) 相殺禁止の代用

抗弁権のついた債権による相殺禁止等は，相殺権が成立しておらず相殺権
の濫用の問題ではない。札幌地裁平成6年7月18日判決（判タ881号165頁）
は，給与債権ではなく，銀行口座に振り込まれた給与について，振込先の銀
行が相殺をすることについて権利濫用としたが，直截に相殺禁止の拡大によ
るべきである。また，誤振込の場合に銀行からする相殺につき，「正義，公
平の観念に照らして，本件振込金相当額の限度で無効である」とされ（名古
屋地判平16・4・21金判1192号11頁），その控訴審は，本件の預金債権は「受働
債権とはなり得ないものと解すべきで（行使できない債権である。），これを
相殺に供することはできず，Ｙのした相殺はその効力を生じない」と説明し
ている（名古屋高判平17・3・17金法1745号34頁）。相殺禁止等による相殺自体
の否定によるのが適切であり，相殺権の濫用によらなかったのは適切である。

(8) 保証債務の履行請求

保証債務の履行請求に対しては，保証人側から権利濫用の主張が出される
ことが多いが，それが裁判所により認められることは極めてまれである。か
つて認められていた包括根保証については信義則による根保証人の責任制限
が認められており，権利濫用法理にはよっていない（保証債務自体の制限）。ま
た，個別融資の保証でも，主債務者に信用不安があることを債権者が知りつ
つそれを知らない保証人に保証させる等，錯誤無効，詐欺取消しにより保証
債務が否定され，権利濫用はあえて利用されない。しかし，次にみるように
判例が権利濫用をこの分野で全く認めていないわけではない（他に，最判昭
48・3・1金判358号2頁①，信用保証協会による求償権のための保証につき和歌山地田
辺支判平9・11・25判タ980号171頁，東京高判平13・12・18判時1786号71頁）。

最高裁平成22年1月29日判決（判タ1318号85頁）は，ほぼ名目的な取締
役にすぎないＹを取締役に就任させ，会社の債務について保証をさせた事
例で，保証債務の履行請求を権利の濫用として退けているが，保証契約自体
を公序良俗違反等で効力を否定すべきである。賃貸保証について，東京地裁

昭和 51 年 7 月 16 日判決（判時 853 号 70 頁）は，滞納した賃料について保証人に対して請求したことは，「信義誠実の原則に著しく反する」ものであり，「……以降の賃料及び共益費相当損害金の支払を求める部分は権利の濫用として許されない」という（広島地福山支判平 20・2・21【平 19(ワ)69】，東京高判平 25・4・24 判タ 1412 号 142 頁も同様）。しかし，信義則による責任制限の延長の問題として処理されるべきである。

　また，主債務者の不動産と連帯保証人の不動産とが，共に代物弁済予約の対象とされている場合，主債務者の不動産だけで債権が十分に回収できるならば，保証人の不動産について代物弁済予約の完結の意思表示をすることは権利濫用とされている（最判昭 52・9・22 判時 868 号 26 頁）。権利濫用により解決するのではなく，先に主債務者の担保を実行すべき旨を主張する抗弁権を，保証人に認めるべきである（石田(穣)100 頁は 453 条の趣旨の考慮による）。

(9)　契約解釈によって解決されるべき事例

　先の黙示の使用貸借等による解決はすべて「契約解釈によって解決されるべき事例」に整理することもできるが，整理しきれなかったものを紹介する。大阪高裁平成 25 年 1 月 11 日判決（金判 1410 号 10 頁）は，手形金の支払につき月額 30 万円の分割弁済に合意した事例で，Y 銀行による遅延損害金の主張を権利濫用として退けている。分割弁済にしたが期限の利益を与えていないと主張しているわけであるが，契約解釈により分割弁済の合意は当然に弁済期の約定を含むものとすることが考えられる。

　秋田地裁平成 4 年 3 月 27 日判決（判タ 791 号 173 頁）は，X（国）と八郎潟中央干拓地に入植した Y との間で，Y が八郎潟新農村建設事業団法 20 条 1 項の基本計画に違反した場合には，X は Y の入植地を買収することができるとの契約に基づいて，X がした売買予約完結権の行使を権利濫用として無効とした。「その違反が八郎潟中央干拓地における新農村の建設という目的に照らし，悪質，重大なものである場合など，やむを得ない事情がある場合にのみ許され，これがない場合には予約完結権の行使は権利の濫用として無効になる」という。契約解釈により予約完結権の成立を否定すれば足りる。

(10)　不合理な差別的取扱いの禁止

　東京地裁平成 17 年 6 月 23 日判決（判タ 1205 号 207 頁）は，マンションの管理組合 X による，同建物をカイロプラクティック治療院として使用する区

§1 C VI   第1編　第1章　通則

分所有者Ｙらに対する，区分所有法57条1項および4項に基づく，同治療院としての使用の禁止等の請求につき，Ｘが住戸部分を事務所として使用している大多数の用途違反を長期間放置し，現在に至るも何ら警告も発しないでおきながら，Ｙらに対してのみ治療院としての使用の禁止を求める行為は，「クリーン・ハンズの原則に反し，権利の濫用といわざるを得ない」とする。権利濫用論の中には，不合理な差別的扱いが問題となっている事例があり，権利濫用法理とは別に不合理な差別的行使の禁止という別の法理が独立されるべきである。労働法では，不合理な解雇等が権利濫用とされるが，これは解雇等の意思表示を公序良俗違反として規制すべきことは何度も述べた（→Ⅱ2(1)(ウ)，Ⅲ3(2)，Ⅳ3(3)）。

(11)　誤振込金の払戻請求

誤振込みがなされた場合に，預金名義人が誤振込金であることを知りながらそのことを秘して銀行から払戻しを受ける行為は詐欺罪に該当するとされ（最決平15・3・12刑集57巻3号322頁），民事事件においても傍論として「払戻しを受けることが当該振込みに係る金員を不正に取得するための行為であって，詐欺罪等の犯行の一環を成す場合であるなど，これを認めることが著しく正義に反するような特段の事情があるときは，権利の濫用に当たる」可能性が認められている（最判平20・10・10金判1302号12頁）。権利濫用論は「受取人の払戻権限を実質的に否定する」ものであるとして，これを評価する見解がある（本多正樹〔判批〕民商141巻1号〔2009〕102頁）。預金債権を成立させるのは善意で払戻しをした銀行を保護するための便宜的手段にすぎず，決して預金者（更にその債権者）に預金債権を与えてその行使を保護するものではない。したがって，実質的に他人の財産であり，預金者は形式上債権者ではあるが権利行使ができない債権と考えるべきである。前掲最高裁平成20年10月10日判決の夫婦の事例では，預金の本来の帰属主体たる夫が同意をしているので，追認により振込みが有効になり妻による払戻請求が可能であると考えれば足りる。

(12)　手形法の法理

最高裁昭和43年12月25日大法廷判決（民集22巻13号3548頁）は，原因債権の完済を受け，裏書の原因関係が消滅したのに，「偶々手形を返還せず手形が自己の手裡に存するのを奇貨として，自己の形式的権利を利用して振

出人から手形金の支払を求めようとするが如きは，権利の濫用に該当し，振出人は，手形法 77 条，17 条但書の趣旨に徴し，所持人に対し手形金の支払を拒むことができる」（松田二郎裁判官，岩田誠裁判官の反対意見あり）とする（最判昭 57・7・20 判タ 478 号 69 頁がこれを再確認する）。

(13) **信義則によるべき事例**

権利濫用ではなく信義則による制限が適切であると思われる事例がある。さいたま地裁平成 13 年 5 月 29 日判決（金判 1127 号 55 頁）は，Y から A への消費貸借契約において，元金一括弁済期日まで年 29.2 パーセントの割合による利息を毎月支払い，その支払を 1 回でも怠るときは，通知催告を要しないで当然に期限の利益を喪失する旨の本件過怠約款があり，この場合には年 36.5 パーセントの割合による損害金を支払う旨の約定があった事例で，第 5 回目は約定期限経過後に支払がなされ，その後も当初の約束通りに支払われた事例である。Y が損害金として受領したと主張し，その損害金計算をした残額を元本に充当するというのは，「消費貸借契約の相手方である A の前記した期待〔約定期限の支払が時に遅延することがあっても，Y から元金の一括弁済を求められることはないという期待〕を著しく裏切る一方的な措置であって，……信義則に反し，その権利を濫用するものとして，許されない」とした。信義則による矛盾行為禁止で足りる。

大阪高裁平成 9 年 9 月 25 日判決（判時 1633 号 97 頁）は，ゴルフ会員権の売買契約において，X は入会不承認の通知を受領してからほぼ 3 年間を経過した後に突如として売買契約の解除等の主張をした事例で，「X の本件契約解除は，解除権の濫用又は信義則違反に該当し，許されない」とする。契約関係を規律する信義則による行為規範によるべきである。

札幌簡裁平成 7 年 3 月 17 日判決（判タ 890 号 149 頁）は，貸金業者が行った貸金業法 13 条に違反する過剰貸付けにつき，残元金については，X の貸金業法 13 条違反の程度その他本件事案の態様等に鑑みると，7 割を超える貸金返還請求は「信義則に反し権利の濫用である」とした。超法規的解決類型であるが，取引関係の行為規範である信義則によるべきである。

名古屋地裁平成 12 年 8 月 29 日判決（判タ 1092 号 195 頁）は，カードの第三者による無断利用分の支払請求につき，加盟店が署名の同一性を比較することにより，利用者がカード会員本人でないことを容易に知ることができたこ

§1 C VI 　　　　　　　　　　　　　　　　　　　　第1編　第1章　通　則

とから，無断利用分のうち2分の1については，規約2条4項に基づき支払
を請求することは「権利の濫用として許されない」とする。しかし，ダイヤ
ル Q² 事件では，未成年の息子の無断利用による利用代金につき，約款の規
定から「全部を負担させるべきものとすることは，信義則ないし衡平の観念
に照らして直ちに是認し難い」として，2分の1のみの負担としたように
（最判平13・3・27民集55巻2号434頁），信義則によるべきである。

4　そ　の　他

傍論にすぎないものとして，最高裁平成10年3月24日判決（判夕974号
92頁）は，共有者の一部による共有物の変更行為に対する妨害排除請求につ
いて，「共有物に変更を加える行為の具体的態様及びその程度と妨害排除に
よって相手方の受ける社会的経済的損失の重大性との対比等に照らし，ある
いは，共有関係の発生原因，共有物の従前の利用状況と変更後の状況，共有
物の変更に同意している共有者の数及び持分の割合，共有物の将来における
分割，帰属，利用の可能性その他諸般の事情に照らして，他の共有者が共有
持分権に基づく妨害排除請求をすることが権利の濫用に当たるなど，その請
求が許されない場合もある」と述べている。傍論である。

家族法上の権利であるが，認知無効確認請求につき，最高裁昭和53年4
月14日判決（家月30巻10号26頁）は，「右請求権の行使は信義に反せず，し
たがって権利の濫用に当たらないとした原審の判断」を正当なものとし，ま
た，親子関係不存在確認請求訴訟についても，最高裁平成9年3月11日判
決（家月49巻10号55頁）は，「Xの本訴請求が権利の濫用に当たり許されな
いものということはできない」とした。いずれも事例判決にすぎないが，傍
論としても権利濫用の可能性を認めてはいない。下級審判決には，親子関係
不存在確認請求を権利濫用として退けるものがある（東京高判平22・9・6判夕
1340号227頁）。親子関係にかかる請求を権利濫用により制限することができ
るのか，また，制限できるとして権利濫用があるべき説明方法なのか，結論
は控えたい。

民事訴訟法や民事執行法上も権利濫用の主張が認められている。最高裁昭
和37年5月24日判決（民集16巻5号1157頁）は，Aの自動車運転上の過失
によりYが負傷し家業たる荷馬車挽ができなくなったとして逸失利益とし
て50万円の損害賠償をAに命じる判決が確定した後，Aは死亡し（自殺），

Xら（Aの両親）はその相続人として賠償義務を承継した。Yは承継執行文の付与を受けX所有の全不動産につき強制競売の申立てに及んだのに対するXの請求異議の訴えにつき、最高裁は、「前記判決においてYがAに対して認められた損害賠償請求権は将来の営業活動不能の前提の下に肯定されたのであるから、もしYの前示負傷がXら主張のように快癒し自らの力を以て営業可能の状態に回復するとともに、電話を引きなどして堂々と営業……を営んでいる程に事情が変更しているものとすれば、しかも一方においてXら主張のようにAは右損害賠償債務の負担を苦にして列車に飛込自殺をするなどの事故があったに拘らず前記判決確定後5年の後に至ってAの父母であるXらに対し前示確定判決たる債務名義に執行文の付与を受け突如として本件強制執行に及んだものとすれば、それが如何に確定判決に基づく権利の行使であっても、誠実信義の原則に背反し、権利濫用の嫌なしとしない」とする。既判力を否定せず権利濫用により処理したものであり、疑問が残る。

　最高裁昭和43年9月6日判決（民集22巻9号1862頁）は、Yは土地所有者自身が地上建物を相当な価額で競売に付している以上、敷地を賃借できるであろうとの見通しを持ち、148万円で競落許可決定を得て、競落代金を完済し、本件建物の所有権移転登記と引渡しとを受けたのに対し、Xは配当金を受領した後、Yに対する建物収去土地明渡しの承継執行文の付与を受けこれを実行しようとしたのを、「Xが本件承継執行文を得てYに対し本件建物収去土地明渡の強制執行をすることは、権利の濫用として許されないとした原審の判断は、正当として是認することができる」とした。しかし、YのXに対する不法行為による損害賠償請求権を認め、過失相殺により調整するにとどめるべきである。なお、最高裁昭和62年7月16日判決（判タ655号108頁）は、「確定判決、裁判上の和解調書等の債務名義に基づく強制執行が権利の濫用と認められるためには、当該債務名義の性質、右債務名義により執行し得るものとして確定された権利の性質・内容、右債務名義成立の経緯及び債務名義成立後強制執行に至るまでの事情、強制執行が当事者に及ぼす影響等諸般の事情を総合して、債権者の強制執行が、著しく信義誠実の原則に反し、正当な権利行使の名に値しないほど不当なものと認められる場合であることを要する」という一般論を述べている（権利の濫用を認めた原審判決を破

〔平野〕　235

§*1* C VII 第1編 第1章 通 則

棄する)。

　知財関係では，特許が無効であることが明らかであっても，審判が取り消
されるまでは権利が否定されないので，無効とされることが明らかな特許権
に基づく権利の行使がされた場合，権利行使を認めて取消審判があってから
遡及的に清算することになるが，それは迂遠である。そのため，無効とされ
ることが明白な場合には，差止めや損害賠償請求は権利濫用として退けられ
ている（例えば，東京地判平 15・2・26 判タ 1126 号 261 頁等）。現在では，特許法
104 条の 3 第 1 項により「その権利を行使することができない」と明記され
た。また，商標権につき，最高裁平成 2 年 7 月 20 日判決（民集 44 巻 5 号 876
頁）は，「本件商標は右人物像の著名性を無償で利用しているものに外なら」
ず，「X が，『ポパイ』の漫画の著作権者の許諾を得て乙標章を付した商品を
販売している者に対して本件商標権の侵害を主張するのは，客観的に公正な
競業秩序を乱すものとして，正に権利の濫用というほかない」とされたが，
商標法 39 条により，特許法 104 条の 3 が準用され，やはり現在では明文に
よる解決がされた。ここでも，権利濫用は便宜的な借用であった。

VII　民法 1 条各項の関係

1　民法 1 条 1 項と他の項との関係

　民法 1 条 1 項，2 項および 3 項の関係については，1 項が公共の福祉の原
理を宣言し，信義則，権利濫用はその適用を示すものという理解も可能であ
るが，各項は独立したものとみるべきであり（我妻 38 頁以下），公共の福祉は
憲法上の要請を受けたもので，他の 2 つの原則とは次元を異にする原理と考
えるべきである（川井 11 頁）。このような抽象的な規定は恣意的に濫用され
るおそれがあり，規定ごとに基準を考えて濫用的な運用を抑止すべきである。
公共の福祉そのものは，宣言規定また個々の条文解釈の指導原理にすぎず，
個別具体的規定の運用に際してその趣旨が考慮されれば足り，2 項や 3 項と
は異なり 1 条 1 項そのものを適用して裁判がなされることはないし，なされ
るべきではない（米倉 5 頁・35 頁以下，新版注民(1)〔改訂版〕73 頁〔田中実＝安永正
昭〕)。ただし，超法規的解決として，板付飛行場事件のような公共の利益を
根拠に収用の代用として，権利行使を制限する場合に限り，裁判規範として

§1 C VII

援用することが許されてよいであろう。

2 民法1条2項と3項の関係

信義則と権利濫用禁止との関係については，判決では信義則に反し権利濫用であると重複して用いられることもあり混乱を極めている。学説でも，我妻34頁は，「権利の行使が信義誠実に反する場合には，……権利の濫用となる」と述べ，信義則と権利濫用をパラレルに理解する。通説も，この区別は困難なこともあるし，効果に差もないので，厳密な区別は必要ではないと考えている（新版注民(1)〔改訂版〕149頁〔安永正昭〕）。

しかし，信義則は取引関係・債権関係を支配する原理であり，相隣関係など土地利用関係を調整する原理は，取引上の信義則とは別の原理によるべきである。信義則は権利の行使規制に尽きず，取引関係における行為規範，また，契約解釈の基準とされ，更には，行為規範ということから取引関係をめぐる種々の信義則は義務を導くことになる（→§1 B）。軽微な債務不履行や信頼関係を破壊しない債務不履行などについての解除権の否定は，権利濫用ではなく信義則を基準として規律されるべきであり，権利濫用論から放逐された多くの問題の規律には信義則が適用されることになる。板付飛行場事件判決について，原審判決の権利濫用法理によった結論を正当と認めつつ，自らは権利濫用法理について何ら判断を示さず，原判決は信義則に違反したものとはいえないと判示したのは，賃貸借契約関係にあった者の間では，権利濫用法理ではなく信義則が問題となるという立場を示唆したとみられる点に意義があると指摘されている（広中164頁）。

〔平野裕之〕

権利濫用の禁止の要件事実

I　権利濫用の禁止の要件事実

1　規範的要件

　1条3項にいう「権利の濫用」は，その旨の規範的評価の成立が，所定の法律効果（一般的には，当該権利行使が適法であれば本来与えられるべき法的効果が生じないものと理解されていることにつき，新版注民(1)〔改訂版〕161頁〔安永正昭〕）の発生要件となっている。一般に，実体法規において，事実ではなく規範的評価をもって法律要件が記載される場合，当該要件は規範的要件と呼ばれている（司研編・要件事実(1)30頁，村田＝山野目編89頁〔村田渉〕）。「権利の濫用」も規範的要件の一つである。

2　権利濫用の主要事実

　権利濫用の主要事実とは何かという問題は，結局，規範的要件の主要事実をどのように考えるべきか，という点に帰着する。そして，この点については争いがある。

　今日，通説的見解とされているのは，規範的要件の主要事実は規範的評価自体ではなく，その判断を基礎付ける評価根拠事実が主要事実であると解する見解である（主要事実説。司研編・要件事実(1)30頁以下，村田＝山野目編91頁〔村田〕）。主要事実説によれば，権利濫用という判断を基礎付ける具体的な事実——評価根拠事実——が主要事実であるということになる。この場合，権利濫用という規範的評価そのものは，評価根拠事実が当該規範的要件に当てはまるという法的判断であって主要事実ではなく，「権利濫用である」旨の当事者の主張は，法律上の意見の陳述にすぎないことになる。

　これに対し，規範的要件の主要事実を当該規範的評価自体とし，その評価を基礎付ける事実を間接事実とする見解がある（間接事実説。司研編・要件事実(1)31頁）。間接事実説によれば，「権利濫用があったこと」が主要事実となり，権利濫用という判断を基礎付ける具体的な事実は間接事実という位置付けになる。

権利濫用の禁止の要件事実　I

このほか，構成要件該当性の判断の点で規範的要件は一般の要件とは趣を異にすることを重視して，評価根拠事実を準主要事実と呼ぶ見解（準主要事実説）があるが，この見解における準主要事実の取扱いは，主要事実説における主要事実と大差はないとされている（司研編・要件事実(1)31頁，村田＝山野目編92頁〔村田〕）。また，最近の有力説は，主要事実と要件事実とを分離し，「規範的要件」＝「（法規上の）要件事実」＝「一般的生活関係に妥当する類型的事実」，その「評価根拠事実」＝「主要事実」＝「現実の生活関係における具体的事実」であるとする（山木戸克己「自由心証と挙証責任」大阪学院大学法学研究1巻1＝2号〔1976〕79頁，注解財産(1)74頁以下〔潮見佳男〕）。この有力説によれば，評価根拠事実及び評価障害事実を主要事実とみる点では主要事実説と同様であるといわれている（注解財産(1)76頁〔潮見〕）。

3　評価根拠事実と評価障害事実

(1)　評価障害事実とその位置付け

過失，正当理由，背信性など他の規範的要件におけると同様に，権利濫用についても，その判断を基礎付ける評価根拠事実と両立はするが，権利濫用である旨の規範的評価の成立を妨げるような事実（評価障害事実）を考えることができる。主要事実説に立つ場合，評価根拠事実のみならず，評価障害事実も主要事実であるということになる（司研編・要件事実(1)34頁）。

そして，評価障害事実は，当該規範的評価の成立を争う側の当事者にその主張立証責任があることになり，仮に，権利濫用の評価根拠事実が抗弁として主張される場合には，その評価障害事実は再抗弁として位置付けられることになる（司研編・要件事実(1)34頁以下）。

(2)　評価根拠事実，評価障害事実を抽出する際の着眼点

主要事実説を前提とする場合であっても，評価根拠事実は実体法規に記載されておらず，本来は間接事実にとどまるような具体的事実であるから，何が評価根拠事実となり，何が評価障害事実になるかは慎重に検討されるべきである（村田＝山野目編93頁〔村田〕）。さればといって，これらの事実を抽出する際の着眼点となるべきは，「いかなる権利の行使が正当なる範囲を越えるものとして濫用と評価されることになるのか」という判断基準であると一応はいえるところ，問題は，権利濫用の判断基準そのものが，行使される権利の種類，権利が行使される際の諸関係，権利濫用規定の適用が持つ具体的

〔吉岡〕　239

権利濫用の禁止の要件事実　I　　　　　　　　第1編　第1章　通　則

機能のうち何が問題とされているケースかにより異なり，すべてに通ずる具体的な基準を打ち立てることができないという点にある（新版注民(1)〔改訂版〕156頁〔安永〕）。もっとも，そのような問題点があることを承認した上で，判例や学説上，権利濫用と評価するにあたって考慮した（すべき）ファクターとして議論されてきたところを概観することは有益である。

　㋐　当事者双方の客観的な利益状況をめぐる事実　　いわゆる宇奈月温泉事件（大判昭10・10・5民集14巻1965頁），熊本発電所建設事件（大判昭11・7・10民集15巻1481頁），高知鉄道線路敷設事件（大判昭13・10・26民集17巻2057頁）を通じて，当事者双方の客観的利益衡量を基準とする判例の態度が確立したとされている（新版注民(1)〔改訂版〕157頁〔安永〕）。そして，そのような判断枠組みの限りでは学説も広く肯認してきたものと考えられる（新版注民(1)〔改訂版〕158頁〔安永〕参照）。そうであれば，利益衡量の前提となる当事者双方の利益状況をめぐる事実は，権利濫用についての評価根拠事実又は評価障害事実として抽出されるべきであると考えられる。

　㋑　権利を行使する者の主観的事情　　判例は，権利行使者の害意あるいは不当図利などの主観的事情がない場合でも権利濫用となることを認める立場であり，学説上もそれが一般的には妥当な解釈であるとされている（新版注民(1)〔改訂版〕158頁〔安永〕）。しかし，裁判例の中には，権利行使者の害意や不当図利などの主観的事情の存在に着目して権利濫用と判断されたものがあるとの指摘があるほか，学説では，とりわけ，他人所有地の無権原使用者に対する妨害排除請求権の行使を権利濫用とする事件類型においては，原則として権利行使者の主観的事情の存在を前提とすべきではないかという問題提起がなされている（議論の状況については，新版注民(1)〔改訂版〕160頁以下〔安永〕に詳しい）。判例や一般的な解釈を前提とする限り，権利行使者の主観的事情は，権利濫用についての評価根拠事実又は評価障害事実として必ず抽出されるべき事実であるとか，ましてや，当事者双方の客観的な利益状況をめぐる事実を抜きにして，権利を行使する者の主観的事情のみをもって権利濫用についての評価根拠事実として十分であるとはいえないが，上記指摘や学説の状況に照らすと，権利行使者の主観的事情が評価根拠事実や評価障害事実たりえないと決めつけることもまた相当でないというべきであろう。

240　〔吉岡〕

権利濫用の禁止の要件事実　Ⅱ

4　規範的評価へ至るプロセス

権利濫用である旨の規範的評価が成立したかどうかは，評価根拠事実と評価障害事実の総合評価で判断されるべきであるが，主張された評価根拠事実だけではいまだ規範的評価が成立したと判断できない状態である場合には，評価障害事実の主張立証を待つまでもないとされる点には留意すべきである（そのような場合には，「その余の点について検討するまでもなく主張自体失当ということになる」と判断されることになろう。司研編・要件事実(1)36頁，村田＝山野目編93頁〔村田〕）。

Ⅱ　権利濫用の禁止の主要事実の主張・立証

1　問題の所在

裁判所が権利濫用を認定するに際して当事者の主張を必要とするかどうかが弁論主義との関係で問題とされる。すなわち，裁判所は，証拠資料から権利濫用の評価を基礎付ける事実が判明すれば，当事者からその事実の主張がなくてもそれを判決の基礎としてよいか（その限度では弁論主義は緩和され，又は後退することになる）という問題である。

2　学説の概観

今日の多数説は，一般条項の中でも権利濫用，公序良俗違反，信義則違反を定めた条項のような，いわゆる「狭義の一般条項」については，当事者の私的自治にゆだねられない法の一般原則であり，したがって，公益的色彩を強く帯びるがゆえに，私的自治に支えられている弁論主義は後退すべきであるとして，これを肯定する（篠田省二「権利濫用・公序良俗違反の主張の要否」新実務民訴(2)50頁，青山善充「主要事実・間接事実の区別と主張責任」講座民訴(4)403頁等。なお，「狭義の一般条項」は，その公益的色彩の強さと，弁論主義の適用について他の一般条項とは異なる面があることから，象徴的に，「王者的規範」（篠田・前掲論文38頁，青山・前掲論文375頁）などと表現されることがある）。

これに対し，①「狭義の一般条項」における弁論主義の緩和の当否は，公益性の確保という要請と相手方にとって不意打ちとなることを防止し，防禦の機会を保障している弁論主義の機能とを訴訟上いかに調整するべきかという価値判断にゆだねられるべきことを前提とした上，(a) 一口に「狭義の一

〔吉岡〕　241

権利濫用の禁止の要件事実　II　　　　第1編　第1章　通　則

般条項」といってもその公益的要請は強弱さまざまであるから，すべて一律
に弁論主義の例外となるとは考えられないし，最も公益性が強いとされる公
序良俗違反の場合でも，公益的要請には事案によって強弱があり，いかなる
場合に主張責任が生じ，いかなる場合に生じないか，その基準又は限界が不
明確なものとなる恐れがあるとして多数説の考え方には難点が残るとする見
解（司研編・要件事実(1)15頁），さらに，(b)公益性の確保と弁論主義の機能の
調整という観点において，公益ないし社会正義の実現というよりも，むしろ
権利行使者と相手方との間の利益衝突の調整が権利濫用理論の主たる目的で
あることを併せ鑑みれば，権利濫用の主張・立証責任について弁論主義を緩
和するとまでいう必要がどこまであるのか疑問であるとし，具体的な評価根
拠事実についての弁論主義を維持しつつ，規範的評価の際に公共性・公益性
の観点を考慮すれば足りるとする見解がある（注解財産(1)77頁〔潮見佳男〕）。
また，②公序良俗違反等と評価される具体的事実が証拠資料の中に出ている
のに当事者がそれに気づかずにいる場合，不意打ちを避けるため，裁判所は，
公序良俗違反等と評価される事実が出ていることを指摘して当事者の事実主
張ないし法的討議を促すべきであり，仮に，そのような裁判所からの指摘に
もかかわらず，当事者がその事実の主張を拒否したときは，通常の弁論主義
でいけば，裁判所は，その事実あるいは法的観点をもって判決することはで
きないが，法の一般原則である公序良俗違反等にあっては，当事者がその事
実を主張・援用してこなくとも，それで判決するのが妥当であるとして，公
序良俗違反等においては単に弁論主義の適用なしとするのではなく，法律問
題指摘義務を肯定した上で弁論主義は後退させるという解釈の方が座りの良
いものとなるとする見解もある（高橋・上458頁，小林秀之〔判批〕リマークス5
号〔1992〕141頁以下）。近時の学説では②の見解が有力のようである（村田＝山
野目編78-79頁〔村田渉〕）。

　なお，この点に関連して，権利行使者の主張事実自体のうちに権利濫用に
相当する具体的事実があらわれているときは，相手方からその旨の指摘がな
くとも権利行使者の請求を主張自体失当として排斥することができるとされ
る（司法研修所「民事訴訟における要件事実について」司法研修所報26号〔1966〕167
頁，注解財産(1)77頁〔潮見〕）。これに対しても，被告に対して当該事実を抗弁
として主張するか否かを釈明し，被告がその旨の主張をした場合には，原告

242　〔吉岡〕

権利濫用の禁止の要件事実　II

に対してもこの点についての防禦方法を講じさせるなどの措置を経て判決すべきであるとの主張がなされている（注解財産(1)77頁〔潮見〕）。

3　裁判例の概観

上記2の多数説と同様に，権利濫用の主張を要しないとする立場を取る裁判例として，大審院昭和19年10月5日判決（民集23巻579頁）及び同裁判例を先例として引用する神戸地裁平成3年1月16日判決（判タ761号252頁）がある。

これに対し，最高裁昭和33年3月6日判決（民集12巻3号414頁）は，上記昭和19年大判と同じ争点（夫婦関係が破たんに瀕している場合になされた契約を取り消すことが許されるか）について，そもそも民法754条が適用されることを否定し，権利濫用の法理を援用する旨の見解を採らないことを明らかにしているし（長谷部茂吉〔判解〕最判解昭33年41-42頁），最高裁昭和39年10月13日判決（民集18巻8号1578頁）は，権利濫用について，当事者の主張は必要であるが，それは必ずしも明示的である必要はないとの見解に立つものと理解されており（篠田・前掲論文43頁），いずれも上記2の多数説とはその立場を異にしているものと考えられる。

また，同様に上記2の多数説とは異なる立場を取る裁判例として，名古屋高裁昭和52年3月28日判決（下民集28巻1〜4号318頁）が挙げられる。同裁判例は，不特定概念としての権利濫用の主張を要するとの立場を取るものと考えられる一方（篠田・前掲論文43頁），法律問題指摘義務に関する萌芽的裁判例として，上記2②の立場から親和的に捉えられている（高橋・上459頁，小林・前掲判批144頁。なお，信義則違反に関する事例に関するものではあるが，法律問題指摘義務の考え方を採り入れたものとも考えられる裁判例として，最判平22・10・14判タ1337号105頁参照）。

〔吉岡茂之〕

§*1* D I　　　　　　　　　　　　　　　　　　　　　　第1編　第1章　通　則

D　自 力 救 済

細 目 次

Ⅰ　自力救済禁止の原則の意義とこれに対
　　する法の態度 ……………………………244
　1　比較法的にみた自力救済についての
　　2つの立場 ………………………………244
　2　自力救済禁止の根拠と効果……………245
　　(1)　自力救済禁止の根拠 ………………245
　　(2)　自力救済禁止の違反の効果 ………246
　3　日本における判例・学説の動向………246
Ⅱ　自力救済が許されるための要件 ………247
　1　正当防衛および緊急避難………………247
　2　自力救済が許される場合1──自力
　　救済についての一般原則 ………………248
　　(1)　判例の設定する一般原則 …………248
　　(2)　自力救済を認めた裁判例 …………249

　　(3)　自力救済違反とされた事例 ………249
　　(4)　自力救済の要件を充たしていると
　　　　誤認した場合 ………………………250
　3　自力救済が許される場合2──自力
　　救済の特例……………………………………250
　　(1)　越境した枝や根の切除 ……………250
　　(2)　占有の自力救済 ……………………251
　　(3)　訴訟経済より認められる自力救済
　　　　……………………………………………253
　　(4)　不動産賃貸借関係 …………………253
　　(5)　非典型担保権の私的実行──自力
　　　　執行権……………………………………256
Ⅲ　自力救済に関係する合意 ………………259

Ⅰ　自力救済禁止の原則の意義とこれに対する法の態度

1　比較法的にみた自力救済についての2つの立場

　私人が，権利の内容を実力によって実現することを自力救済という（刑事
法では自救行為といわれる）。自力救済をめぐる近代諸国の法状況は一様ではな
い。

　プロイセン一般ラント法（1794年）は，「なにびとも自己の実力によって権
利を実行することをえない」（77条），「自力救済は，国家による救済が，回
復しえない損害の排除に間に合わない場合にのみ許される」（78条）と規定
していた（明石106-107頁による）。ドイツ民法は，この立場に倣い自力救済を
原則禁止とする立場から詳しい規定を置いている。すなわち，「自力救済の
目的で，物を奪取し，破壊し若しくは毀損した者，又は自力救済の目的で，
逃亡の疑いがある義務者を拘束し，若しくは義務者が受忍する義務を負う行
為に対する義務者の抵抗を排除した者は，官憲の救済が適時に得られず，直
ちに介入しなければ，請求権の実現が失敗し，又は本質的に困難になる危険

244　〔平野〕

があるときは，違法に行為した者ではない」と規定し（229条），続けて自力救済が認められる場合の方法についての規定を置く（230条）。更に，「第229条に掲げる行為を，違法性の排除に必要な要件が存在するとの誤った仮定で行った者は，錯誤が過失によるものでないときでも，相手方に対し，損害賠償の義務を負う」と，無過失責任を規定する（231条〔以上の翻訳は，山口和人・ドイツ民法Ⅰ（総則）〔2015〕による〕）。

　ところが，英米法の自力救済をめぐる立場は正反対であり，土地の占有の自力回復，動産の自力による取戻し，自救的動産差押え，ニューサンスの自力除去など，「自力救済を認めるのは原則であり，自力救済によって人身や財産に対し不必要ないし不相応な損害がもたらされることを避けるために必要な限度で，これを制限する」というものである（田中＝竹内124頁）。すなわち，自力救済は原則として適法であり，不合理な態様の場合に初めて違法になるのである。それぞれ法文化が異なり，いずれの社会がよいとはにわかにはいえないが，英米法は，ドイツに倣った日本の窮屈な自力救済論に対して再考を促す1つの資料となる。

2　自力救済禁止の根拠と効果

(1)　自力救済禁止の根拠

　自力救済を原則禁止とする根拠は，歴史的には，中世における「私闘を防ぎ，国内に秩序と安全をもたらすために必要なステップであった」といわれる（田中＝竹内131頁）。現代においても，自力救済を禁止——原則禁止か不相当な態様のもののみの禁止かは措く——する必要性はなくなっていない。

　①まず，義務がありその財産を失ったり取り戻されたりしてもそれは損害ではないとしても，自力で権利が実現されると家庭生活または事業生活の平穏が妨げられることになる。②また，義務があるのかどうか自体が明確ではなく当事者に争いがある場合に，裁判所に判断をしてもらい債務名義を持つことを強制執行の要件とすることにより，一方的な言い分による自力救済の暴走を防止する必要がある。賃貸人が解約を申し入れ賃借人がこれを拒否しているにもかかわらず，賃貸人が賃借人を追い出すために種々の妨害をする例がままみられる（福岡高判昭58・9・13判タ520号148頁等。錯誤無効の事例につき東京地判平2・4・24判タ738号131頁）。③また，私人による権利の実現が可能であるとしたならば，その受託を業とする好ましくない社会勢力の発展を

§1 DI

助長しかねない。

(2) 自力救済禁止の違反の効果

自力救済という法的議論は、民事上は、①実力による権利の実現が、権利行使として有効といえるか否か——例えば譲渡担保権の実行の効力が認められるか——、②自力救済の過程で義務者に対して何らかの損害を与えた場合に、権利の行使ということで違法性が阻却されるか否かが、議論されている（明石281頁）。中心的議論は後者である。

自力救済は、刑事事件においても議論されており（大下英希「自救行為について(1)～(3・完)」法雑52巻1号〔2005〕18頁、52巻2号〔2005〕256頁、52巻3号〔2006〕493頁、同「自救行為と刑法における財産権の保護」刑法雑誌54巻2号〔2015〕230頁参照）、民事刑事とで判例が完全に整合的であるかどうか問題は残されている（佐伯仁志＝道垣内弘人・刑法と民法の対話〔2001〕220頁以下参照）。両法での運用は必ずしも一致はしておらず、刑事判例の方が民事判例よりも自力救済の適法視については厳格な態度で臨んでいるとも評されている（米倉51頁）。不法行為責任の否定は損害を否定することによっても導かれ（佐伯＝道垣内・前掲書227頁〔道垣内〕）、その場合に、所有権侵害はあるため刑事責任は免れないのかが問題になる。賃貸人が工場の賃借人の放置した水槽を破壊しまた研磨材等を搬出し野積みにしたため利用不能になった事例で、水槽の再利用可能性をそもそも否定し、研磨材も賃借人が引き取らなかったことが原因であるとして、損害が否定され（東京高判昭42・3・9判時482号48頁）、また別の事例では、賃貸借終了後であり、営業損害の賠償は認められないとされている（東京地判平16・6・2判時1899号128頁）。

3 日本における判例・学説の動向

日本には民法・刑法ともに自力救済の条文はなく解釈に任されているが、判例・学説は自力救済を原則として禁止されるものと考えている。この点は、「日本法が、法の実現はお上の仕事であるとの立場に立ち、法の実現における私人の役割を著しく軽視していることは、また、私人が裁判所の手を借りずに自ら権利を実現することに対して著しく消極的な態度をとっているところにも、あらわれている」と評されている（田中＝竹内121頁）。

しかし、占有の自力救済については例外を認めることが提案され、戦後も、「訴訟経済よりみとめられる自力救済」（→II 3(3)）という概念や不動産賃貸

借における緩和の提言がなされ，また，私的実行を許す非典型担保（所有権留保，譲渡担保）について相当な方法による自力執行を容認する提案がされており，またそれを裏付ける判例も出されている。占有自力救済については，Ⅱ3(2)で述べる。

更には，英米法との比較で，「自力救済に関する日本法の態度は，このような，自力救済を制限する実質的な根拠から離れて，不必要に制限的である」，「日本法の立場は，数多くの場合において，正当な権利者に必要以上の犠牲を要求するものであるといわねばなるまい」と指摘され（田中＝竹内131頁・132頁），また，近代国家の中では日本が自力救済について最も厳しいと評し，英米法程度の歯止めのもとに，自力救済を許すべきであるという刺激的な提案がされている（米倉53頁）。また，緊急性のある特別事情のある場合でないと権利行使は裁判によらなければならないとすれば，軽微な事例では権利者が手間と費用に鑑み権利行使を断念し，それを狙って，無権利者による占有侵奪や，義務者による義務の不履行を誘発し，権利者が泣き寝入りせざるをえないことになり，「かえって社会秩序を害する場合もある」と指摘されている（石田（穣）107頁）。

しかし，判例は緊急性を問題にしないものが散見されるものの，依然として緊急性という要件を基本的に維持しており（判例については，明石三郎・自力救済の研究〔増補版，1978〕の他，同「自力救済について」宮崎産業経営大学法学論集4巻1＝2号〔1992〕131頁以下参照），学説においてもこの刺激的提案に対して様子見の状態にあり，議論は停滞している。この点，筆者としては上記の提案に賛成である。あまりにも自力救済を厳格に解するのは窮屈な経済社会となるだけでなく，権利者が費用倒れを慮って権利行使を断念することになり，それは権利保障を実質的に否定することにつながりかねない。日本でも，従来の議論よりもより広く，緊急性を要件とすることなく社会通念を基準として常識的な範囲内で自力救済が容認されるべきである。

Ⅱ　自力救済が許されるための要件

1　正当防衛および緊急避難

正当防衛（720条1項）および緊急避難（同条2項）の規定は，「現状維持」

§*1* D II 第1編　第1章　通則

のためのものであり，自力救済は得るべき権利の保全であり，「請求権」といってもよいといわれる（明石3頁）。刑事事件で，土地上に不法に建築されたバラックの撤去につき正当防衛が認められ（大阪高判昭31・12・11高刑集9巻12号1263頁〔梅田村事件〕），隣接する土地の所有者が，突如不法に自己所有地内に板塀を設置する工事を始めたため，これを妨害し除去した事例で，正当防衛が認められている（東京高判昭35・9・27高刑集13巻7号526頁）。

2　自力救済が許される場合1──自力救済についての一般原則

(1)　判例の設定する一般原則

判例は，一般論として，「私力の行使は，原則として法の禁止するところであるが，法律に定める手続によったのでは，権利に対する違法な侵害に対抗して現状を維持することが不可能又は著しく困難であると認められる緊急やむを得ない特別の事情が存する場合においてのみ，その必要の限度を超えない範囲内で，例外的に許されるものと解することを妨げない」と説明している（最判昭40・12・7民集19巻9号2101頁）。ただし，事例では緊急の事情を否定して不法行為の成立を認めており傍論である（米倉43頁）。また，事案は占有の妨害に対する自力救済であり，一般的自力救済の要件論を論じた点は問題視されている（平井宜雄〔判批〕法協83巻7＝8号〔1966〕1175頁）。

刑法の議論では，最高裁昭和30年11月11日判決（刑集9巻12号2438頁）が，隣の建物の庇が飛び出ていて邪魔なので，隣地の借地権者がこれを勝手に切ってしまった事例で，建造物損壊罪を認めるに際して，「未だ法の保護を求めるいとまがなく且即時にこれを為すに非ざれば請求権の実現を不可能若しくは著しく困難にする虞がある場合に該当するとは認めることはできない」とした原審判決を維持している。表現は微妙に違うがほぼ同様の要件が設定されている。

学説も緊急性を要件としているが（我妻41頁，広中176頁等），保護される法益と侵害される法益の均衡は必ずしも必要とは考えられていない（明石三郎「権利の行使と自力救済の限界」於保不二雄還暦・民法学の基礎的課題(上)〔1971〕6頁以下）。しかし，近時では英米法を参考にして，一般原則としてわが国の自力救済の禁止を見直そうとする提案がされており（米倉51頁以下。石田(穣)107頁以下も緩和する），私見も緩和する学説に賛成することは先に述べた（→I3）。

248　〔平野〕

§1 D II

(2) 自力救済を認めた裁判例

(ア) 不法占有者の植えた農作物等の除去　　Y所有の田地をAが所有者と僭称してXに賃貸し、Xが本件土地で耕作をしていたが、YがXの植えつけた稲の苗を搔き廻して泥に踏み込めた事例で、大審院昭和12年3月10日判決（民集16巻313頁）は、Xは「現に右土地を占有使用耕作すべき何等の権利を取得したるものに非ず。されば……自ら実力を行使して其の土地に対するXの占有使用耕作を妨げたればとて、Xは之に因り何等正当の利益を害せられたるものとしてYに対して損害の賠償を請求し得べきものに非ざる」という。学説には疑問視する評価もある（新版注民(1)〔改訂版〕221頁〔安永正昭〕）。無権限者が播種し生育させた胡瓜の苗を、土地所有者が鋤き返した事例でも、付合により土地所有者の所有に帰するため不法行為が否定されている（最判昭31・6・19民集10巻6号678頁）。付合すれば償金請求権の有無が問題になるだけになる。付合しても妨害排除を認める学説もあり、この学説では自力救済が問題になるが、買主や請負人の修補請求権のように、修補の機会を与えること――修補権の保障――と同様に自らの除去（移植など）の機会の保障を問題にすべきである。

(イ) 水利権を妨害する施設の除去　　水利権を有しない者が、分水のための堰を設置したため水利権者がこれを取り壊した事例で、「権利者が其権利防衛の為めに他人が不法に設置したる工事物を除去するに当り、法律の許さざる手段を用ゐたるときは其他人は右権利者に対し之れに因りて生じたる損害賠償の責を問ふことを得べしと雖も、除去せられたる工作物の復旧を請求することを得ざるものとす」とされている（大判大7・11・16民録24輯2210頁）。自力救済が問題とされておらず、緊急性といった要件も問題とされていない。

(3) 自力救済違反とされた事例

土地の売買契約解除後に買主Aが土地上に土蔵を建築し、これをXに譲渡したが、土地所有者Yが除去を求めてもXが応じないために自ら土蔵を除去した事例で、「権利の侵害に対する救済を求むるには常に必らず法律に認許する救済方法に拠ることを要し、……私力を以て擅まに他人の行為不行為を強制するは、縦しや実体上に於て其行為不行為を要求するの権利を有するにもせよ、他人の権利を侵害する不法の行為たるを免がれざる」ものとされている（大判明36・5・15刑録9輯759頁）。ただし、収去すべきものなので、

〔平野〕　249

§1 D II
第1編 第1章 通 則

土蔵それ自体の価格の賠償を認めるのは適切ではないとする。

Xから一時使用を認められた土地上で仮店舗を出して営業していたYの店舗が類焼により全焼したため，Xが当該土地を板囲して立入りを禁止していたところ，Yが板囲を取り壊し占有を奪取した事例につき，最高裁は，(1)のように自力救済の一般論を述べた上で，「緊急の事情があるものとは認められず，Yは法律に定められた手続により本件板囲を撤去すべきであるから，実力をもってこれを撤去破壊することは私力行使の許される限界を超えるもの」であるとして，Yの不法行為責任を認めている（最判昭40・12・7民集19巻9号2101頁）。緊急性要件が適用されたものである。

(4) **自力救済の要件を充たしていると誤認した場合**

自力救済の要件が充たされていないのに，充たしているものと思って自力救済行為をした場合について，ドイツ民法231条は無過失責任を認めている。英米法は自力救済を原則として認めるが，自力救済が許される根拠について事実上または法律上の錯誤があれば，たとえそう信じることに相当な理由があっても免責されず，このことが利害調整の役目を果たしている（田中＝竹内132頁）。

日本法の解釈としても，「全く裁判所の介入しない自力救済については，これを無過失責任とするのが妥当であろう」（明石308頁），「行為の性質上，危険責任の原理を拡充し賠償責任を負担せしめるのが妥当である」（小野村資文「自力救済と損害賠償責任」近畿大学法学12巻2号〔1963〕20頁）といわれる。しかし，無過失責任の条文根拠は示されていない。また，事例を区別して，①そもそも権利がないのにあると誤信した場合には，仮執行による損害の賠償は無過失責任とされている（民訴260条2項）こととのバランスからいって，誤信に相当な理由があっても責任を免れず，②他方，権利者に権利があるが，自力救済のための要件が充たされていないのにこれを誤信した場合には，誤信に相当な理由があれば責任を否定する提案もある（石田(穣)106頁）。明文規定のない日本法では，過失責任（709条）に依拠した上で，例外制度である自力救済には高度の注意義務を認めることで対処するしかないと思われる。

3 自力救済が許される場合2──自力救済の特例

(1) **越境した枝や根の切除**

民法は，枝が境界線を越える場合については，「その竹木の所有者に，そ

§1 D II

の枝を切除させることができる」(233条1項) とするだけであるが, 根が境界線を越える場合には,「その根を切り取ることができる」(同条2項) ものと規定している。上記規定はフランス民法673条1項, 2項に倣ったものである――同条3項の1項および2項の権利は時効にかからないという規定は日本法には導入されていない――ところが, ドイツ民法では, 枝についても一定の催告期間を置いて催告した後であれば自ら伐採できる (910条1項2文)。日本では同様の規定はないが, 軽微な枝の超過でいちいち訴訟提起を求めるのは迂遠であり, 同様の解決が認められるべきである。ただ隣地所有者が不明または所在不明の場合には, 裁判所ではなく行政への届出で足りるとするなど, 何らかの立法的解決が必要になる。

(2) **占有の自力救済**

(ア) 学説の提案　　ドイツ民法は, 先の自力救済の規定とは別に, 859条に占有の自力救済の規定を置き, 緊急やむを得ない特別の事情の存在という緊急性の要件を不要としている。ドイツ民法859条は「占有者は, 禁止された自力行使に対し, 実力を以て防禦することができる」(1項),「動産の占有者が, 禁止された自力行使によって占有を奪われた場合には, 侵奪者から実力を以て, その犯行の場において又はその場から追跡して取り戻すことができる」(2項),「不動産の占有者が, 禁止された自力行使によって占有を奪われた場合には, 侵奪後ただちに侵奪者を排除することによって, 占有を回復することができる」(3項), と規定している (石井紫郎「占有訴権と自力救済」法協113巻4号〔1996〕548頁以下による)。スイス民法926条もほぼ同様の規定を置いている。英米法では, 平和裡になされる不動産の占有回復は, それが権利者によってなされるものである限り, 罰せられることはない (田中=竹内124頁以下)。また, 動産については, 合理的な範囲の実力を行使して, 他人の土地または居住以外の建物に入り, 物を取り戻すことができる (田中=竹内128頁)。

日本においても, 規定はないが, 占有に基づく自力救済については, 要件を緩和する特別扱いをすべきことが提案され (平野義太郎「占有における自力救済」志林27巻5号〔1925〕33頁), 学説の一般的支持を受けている (明石271頁以下, 舟橋諄一・物権法〔1960〕317頁, 我妻栄〔有泉亨補訂〕・新訂物権法〔1983〕501頁, 米倉45頁, 新版注民(1)〔改訂版〕224頁〔安永〕, 広中176頁等)。「占有が侵奪され,

〔平野〕　251

§1 DII   第1編 第1章 通則

侵奪者の占有がいちおう平静に帰するまでの間は，侵奪者が法の保護をうけうるとはいえない。いわば占有の攪乱期においては，むしろ被侵奪者の占有，すなわちその事実支配が被侵奪物の上に及んでいるとみるべきであろう」といわれる（明石・前掲於保還暦22頁）。占有の取戻しの場合には緊急性は必要とされず，いまだ相手方の占有が確立したとは見られない段階（攪乱時期と呼ばれる）であればよい。

　ただし，通説に対して反対し，占有侵奪に対する自力救済も一般的自力救済の緊急性の要件に服すべきであるという主張もされている（小野村資文「占有侵奪と自力救済」石田文次郎先生古稀記念論文集〔1962〕105頁以下，柚木馨〔高木多喜男補訂〕・判例物権法総論〔補訂版, 1972〕413頁）。星野英一〔判批〕法協82巻6号〔1966〕789頁は，価値判断の問題であり，たやすくどちらが正しいとはいえないが，少数説に傾いているという。

　ドイツ民法でもその場または追跡して，直ちにといった要件が厳しく設定されており，このような限定をしない英米法とは，そもそも自力救済自体の評価という前提が異なっている。日本法でも緊急性を不要として相手の占有の確立まで自力救済を認めるというのではなく，ドイツ民法と同様の限定をすべきである。

　(イ)　判例の状況　　占有の自力救済の理論によれば，占有奪取者Aに占有が確立したものと認められない状態で，被奪取者Bが占有を取り戻しても，許された自力救済であり，Aに占有訴権は認められない。ところが，占有奪取者からの買主から所有者が物を取り戻した事例で，大審院大正13年5月22日判決（民集3巻224頁〔小丸船事件〕）は，買主の所有者に対する占有訴権（200条）を認めている。しかし，学説には批判が強い。

　東京高裁昭和31年10月30日判決（高民集9巻10号626頁）は，「当初の占有侵奪者は前に述べた趣旨においていわば社会の秩序と平和を濫すものであって，その後その占有が相手方に侵奪され，しかも右侵奪が法の許容する自救行為の要件を備えない場合であっても，当初の占有侵奪者（後の被侵奪者）の占有は法の保護に値せず，反って占有奪還者（後の占有侵奪者）の占有を保護することが，社会の平和と秩序を守るゆえんであるから，当初の占有侵奪者（後の占有被侵奪者）は占有訴権を有しない」とした。また，東京地裁昭和32年8月10日判決（判時130号20頁）も，「債権者の本件建物に対

252　〔平野〕

する支配の方法が債務者の占有を奪ってなされたものであり，且又その占有
継続が極く短期間で債務者に対する関係において事実支配がいまだ安定した
生活秩序を作出するに至っていない本件において，債務者に対し占有権を侵
奪されたと主張できる筋合でな〔く〕……占有権として保護することはでき
ない」とした。いずれも占有の自力救済を認める妥当な解決である。

(3) **訴訟経済より認められる自力救済**

「訴訟経済よりみとめられる自力救済」と題して，「一方で救済さるべき利
益と比較して時間と費用が余りにも大きく，他方，自力救済で侵害される利
益も極些細であるとか，侵害行為の違法程度も低いとき，緊急性の要件を充
さなくともその自力救済の違法を阻却するものとみるべきである」という提
案がされている（明石・前掲於保還暦19頁）。また，「自力救済に関する解釈は
民法上『条理』による欠缺補充」の問題であり，解釈として特殊的自力救済
を認める余地があるといわれる（広中178頁）。賃貸借終了後の占有回復や買
主による目的物の占有の自力による取得についても，相手方の明確な立入り
拒否の意思表示がないならば，催告をした上で相手方の住居や看守する建物
に立ち入り自力救済をすることを認め，相手方の住居や看守する建物でなけ
れば，催告をした上で相手方の拒絶の意思表示があっても，立ち入って自力
救済をすることを認め，更には，相手方の抵抗を排除せず，また，相手方の
土地や建物に立ち入らないで権利実現ができる場合には，催告の上で自力救
済ができるという主張がある（石田(穣)111頁）。侵害される利益が些細であり，
侵害行為の違法性の程度も低ければ，訴訟を提起させる手間ひまを考えて，
特に自力救済が許されてよいともいわれる（新版注民(1)〔改訂版〕224-225頁
〔安永〕）。日常的に行われ是認されている軽微な自力救済について，このよう
な扱いを認めることはわれわれの社会通念に沿うものであり賛成したい。

(4) **不動産賃貸借関係**

不動産賃貸借関係では，緊急性を要件とせず自力救済を適法と認める判決
がある（升田純「借地・借家紛争の解決と自力救済」民月47巻10号〔1992〕6頁以下，
田中嗣久「不動産賃貸借をめぐる，いわゆる『自力救済』の問題について」大阪経済法科
大学論集92号〔2007〕43頁以下参照）。学説にも，緊急性を要件とせず，貸主借
主間の相対立する利益を，賃貸延納の期間，借主間の事情や誠実度，貸主側
の催告や予告を含めた具体的行為の態様等を総合的に考慮して，比較考慮し

§1 D Ⅱ   第1編 第1章 通則

て不動産所有者の不利益が大きく上回るときは，自力救済を認容すべきであるという主張もされている（田中(嗣)・前掲論文53頁）。

賃貸借においては，賃借人が荷物をそのままに夜逃げしたりすることはよくあることであり，賃借人を悩ませており，そのため自衛策として自力救済条項が置かれているのである（一Ⅲ）。その場合には，賃料も滞納しているであろうから，先取特権（313条2項）により荷物を自力執行により処分（廃棄処分も含めて）する特約として，効力を認める余地がある。ただし思い出の品など一身専属的な思い入れのある賃借人所有物は対象外とすべきである。

(ア)　自力救済が適法とされた事例

(a)　目的外使用の停止　法律事務所以外の目的に使用しない約束でビルの3室を賃借したXが，タイピスト教習所の開設を強行しようとして硝子窓に紙看板を設置し，玄関口硝子扉に貼紙をしたのを，賃貸人Yが紙看板を遮り隠すように新聞紙を貼りつけ，貼紙を剥ぎ取った事例で，「開設を妨げる緊急措置として，前記の程度の軽微な妨害手段を採ったことは，許さるべき自救行為として，違法性を認め難」いとされている（東京高判昭41・9・26判時465号46頁）。

(b)　賃貸人による鍵の交換等　大審院昭和9年6月5日判決（民集13巻942頁）は，建物賃借人が契約終了後にその設置した造作を撤去しないため，賃貸人がこれを撤去した行為につき，「建物の所有者たる賃貸人は賃借人の承諾の有無を問はず之を取外し得ることは当然の権利行使に属するもの」と，不法行為を否定している。当然の権利という説明には批判もあるが（川島武宜〔判批〕判民昭和9年度75事件），明石三郎〔判批〕法時42巻10号〔1970〕162頁も，「時間・経費・利便の実用性の観点から，ごく些細な附属物のばあいは，賃貸人の善管注意を前提として，緊急性の要件を緩和してもよいことがあろう」という。

XがYとの賃貸借契約を解除し，鍵をとりかえ建物の戸口に建物への立入りを禁止する掲示をした事例で，「右措置の具体的態様も……契約解除により明渡請求権を有する賃貸人の権利行使として社会通念上著しく不相当なものとまではいえない」とされている（東京高判昭51・9・28判タ346号198頁）。また，X会社がA会社からビルの2室を賃借中に賃料を滞納したため，Aの代表者Yが貼り紙をして賃料の支払また明渡しを求め，鍵を取り替え，

§1 D II

室内の所持品を搬出して倉庫等に保管し，Xに引き取るよう要求した事例で，「社会通念上是認できる」，「社会通念上妥当性を欠くものではなく，違法とまでいうことはできない」，「社会通念上一応是認しうる」などとして違法性が否定されている（東京地判昭62・3・13判時1281号107頁）。

（c）　アパートの廊下に放置された荷物の廃棄処分　　アパート借主Xが廊下に無断で荷物を置き，賃貸人Yの再三の催告も無視したので，YがXらの荷物を廃品収集ステーションまで運搬し片付けた事例で，Xら側による違法な使用状態，これを是正するために催促ないし警告を重ねたこと，処分された対象物件の価値の乏しさと量の少なさ等を勘案すると，「本件持去行為は自力救済禁止の原則に形式的には反する面があるものの，実質的には社会通念上許容されるものとして違法性を欠く」とされている（横浜地判昭63・2・4判時1288号116頁）。

（d）　賃借人が占有を奪った所有者から占有を取り戻した事例　　農地の賃借人が，不法に農地の占有を奪った所有者からこれを取り戻した事例で，所有者の占有が1年半を経過していたが支配がいまだ確立していない状態であり，やむを得ない措置であり違法性を阻却するものとされた（横浜地横須賀支判昭26・4・9下民集2巻4号485頁）。刑事事件であるが，家主Aが店舗に施錠したため，借家人Yがその4日後にこれを壊して立ち入った事例で，Aの占有が「未だ平静に帰して新しい事実秩序を形成する前である限り」，Yの占有が「未だ法の保護の対象となって」おり，「YはAの右占有を実力によって排除ないしは駆逐して，自己の右占有を回収（奪回）することが法律上許容される」として，器物損壊罪の成立が否定されている（福岡高判昭45・2・14高刑集23巻1号156頁）。

（イ）　自力救済が違法とされた事例

（a）　自力による明渡し　　店舗の賃貸人Yが賃貸借終了後，賃借人Xの備品および商品の一切を運び出した事例で，「Yの自力救済によって守らるべき権利とXのこれによって失う利益を比較考量すると，前認定のYの行為は社会的に是認された範囲を逸脱し，したがって違法性を有し不法行為を構成する」とされる（東京地判昭47・3・29判時679号36頁）。責任を肯定したが，緊急性を要件とせず，社会的に是認できるかどうかを基準としている。同様の事例で，賃貸借契約の終了を認めつつ営業権侵害を認める判決もある

〔平野〕　255

§*1* D Ⅱ 　　　　　　　　　　　　　　　　　　第1編　第1章　通　則

（東京地判昭47・5・30判時683号102頁）。公団住宅につき，公団が賃貸借契約
を解除して残置物をその所有権を放棄したものと判断して廃棄処分した事例
で，「本来債務名義に基づき公権力の行使としてなされるべき建物明渡しの
強制執行を自力をもって私的に行な」ったものとして損害賠償義務が認めら
れている（大阪高判昭62・10・22判タ667号161頁）。アパートの管理会社が，賃
借人の家具等を搬出しまた賃借人を退去させて鍵を交換して入れなくした事
例で，家財道具の損害賠償の他に80万円の慰謝料が認められている（大阪高
判平23・6・10判時2145号32頁）。また，マンションの賃借人を管理会社の従
業員が，「法的手続によることなく，着の身着のままでの退去を迫ること自
体が社会的相当性に欠け，違法行為であ」り，残置物の処分についての確認
書に賃借人が署名捺印していても，「本件物件から退去し，家財を被告らが
処分することに同意したものと評価できるわけではない」とされている（東
京地判平24・3・9判時2148号79頁）。賃料債務保証会社による，賃貸物件への
補助錠設置また家財撤去が不法行為と認められ，家財の価格の証明がないの
で30万円を損害額と認め，また，慰謝料額20万円が認められている（東京
地判平28・4・13判時2318号56頁。同様の事例として，東京地判平24・9・7判時2171
号72頁がある）。賃貸人が人夫を雇って建物内の賃借人の家財道具を戸外に搬
出した事例で，過失相殺により賃貸人の負担する損害賠償額が約半分に減じ
られている（大阪地判昭40・4・19判タ181号164頁）。

　　(b)　賃貸建物への修理のための立入り　　マンションの賃貸人Ｙが，
備付けのクーラーの修理のため賃借人Ｘから部屋に立ち入ることの承諾を
受けたが，修理業者の都合で直前になって修理の日程が前の日に変更された
ものの，そのことをＸに通知せず，Ｘの同意を得ないままＸ不在のマンシ
ョンに修理業者と共に立ち入った事例で，プライバシー権の侵害であり，賃
貸借契約条項に反する債務不履行に当たるとともに，「過失による権利侵害
行為と認められ，不法行為にも該当する」として，慰謝料3万円が認容され
ている（大阪地判平19・3・30判タ1273号221頁）。

　(5)　非典型担保権の私的実行——自力執行権
　㋐　自力執行権について特例を認める学説の提案　　譲渡担保や所有権留
保といった非典型担保権は，裁判所を介さないで担保権の実行（私的実行）
ができる点に実益がある。では，設定者が目的物の引渡しに応じない場合に

§1 D II

は，競売までは不要であるとしても，引渡しのために訴訟を提起して強制執行手続を採らなければならないのであろうか（谷口安平「担保権の実行と自力救済」米倉明ほか編・金融担保法講座(3)——非典型担保〔1986〕215頁以下参照）。UCC第9編503条は，所有権留保の場合に，「担保権者は，平穏を害さない限り司法手続によらないで，その占有を取得することができる」と規定する（佐伯仁志＝道垣内弘人・刑法と民法の対話〔2001〕224頁〔道垣内〕による。詳しくは，伊藤眞・債務者更生手続の研究〔1984〕208頁以下参照）。平穏を害しない限り，住居に立ち入ることもでき，売主は物品を取り戻すことができるほか，物品を買主のところに留めおきながらこれを使用不能にすることもできる（田中＝竹内129頁）。

日本ではそもそも緊急性がないと自力救済が許されないと考えられ，アメリカ法のように自力執行が許される基準を明らかにする議論がされていない（伊藤・前掲書222頁）。刑事事件であるが，譲渡担保権者が，目的動産を弁済期が到来したので勝手に持ち去った事例で，自力救済の緊急性の要件を充たしていないとして窃盗罪を認めた原審判決が容認されている（最判昭35・4・26刑集14巻6号748頁）。

しかし，日本法の解釈としても，非典型担保の私的実行については，債務者の承諾を得ないで持ち去ることをもう少し広い範囲で認めるべきことが主張されている（米倉明・担保法の研究〔1997〕53頁以下，佐伯＝道垣内・前掲書246頁以下〔道垣内〕）。妥当な意見であり，近時はある程度自力執行を容認する見解が多くなりつつある。そのいくつかを紹介しておく。なお，日常取引における動産先取特権については，自力執行の特約も合理性のある限度で有効と認めるべきである。動産譲渡担保について最低限の自衛手段は許されるべきであるとして，緊急性という要件の緩和が提案され（田高寛貴〔判批〕名法156号〔1994〕485頁），倒産という緊急事態における自力救済という特殊性を指摘する評価もある（明石三郎〔判批〕判評241号（判時913号）〔1979〕143頁）。倒産の局面でかつ担保目的物が価値減少の早い動産という前提がない場合でも，①権利者が義務者の抵抗を排除して目的物を取り上げるということがなく，かつ，②自力救済を認められることによって，権利者の取得する利益と義務者の被る損害とを比較して，前者が後者を大きく上回っているのであれば，たとえ義務者の承諾がなく，緊急性の要件が欠けていても，自力救済は適法

〔平野〕　257

§*1* D Ⅱ 第1編 第1章 通 則

視されるべきであるといわれている（米倉49頁）。ただし，譲渡担保の実行には仮登記担保法の規定を類推適用すべきであるとして，この手続によらずに目的物を搬出することは適法な自力救済とはいえないという主張もある（石田（穣）112頁）。

(イ) **適法と認める判例**　緊急性を要件とせずに不法行為責任を否定する判例がある。工場の機械の譲渡担保の事例においても，抵当権者が代わりに債務を支払うから持っていかないでくれと懇願したのに担保権者が持ち出した事例で，処分清算を実行するための必須の行為であり不法行為ではないとされている（最判昭43・3・8判タ221号119頁）。債務者が夜逃げ後，譲渡担保権者Ｙらが機械を持ち出したため，他の債権者が損害賠償を請求したのに対して，「Ｙらが本件譲渡担保物件を搬出取戻し，これを弁済期日まで自ら保管していた行為は，その搬出取戻しが訴外会社側の抵抗を実力をもって排除してされたものであるとか，その当時行方不明であった訴外会社代表者から授権された何びとかが適正に占有管理していたものであるとか，訴外会社がその倒産及び代表者の行方不明後も借用中の本件譲渡担保物件を使用してその業務を正常に運営しうる状況にあったとか等，特段の事情の認めるべきものがあるのでない限り，……まだＹらに対して不法行為に基づく損害の賠償の責めを負わせるべきものとまではいうことができない。そして，Ｙらは訴外会社が弁済期を徒過した時点で譲渡担保権の実行として右物件の換価処分権能を取得したものというべきであるから，Ｙらの右物件の売却処分行為を不法行為であるということもできない」とされた（最判昭53・6・23判タ375号79頁）。

所有権留保の事例では，神戸簡裁昭和54年6月8日判決（判時942号125頁）が，所有権留保付ローンで商品を購入した買主が支払を遅滞したため，クレジット会社が家主から借りた鍵で買主の家の中に入り商品を搬出した事例で，「平穏なる生活を妨害する不法行為となる」として，慰謝料の支払を命じている。また，買主が代金の支払をしないため，売主が買主の倉庫から在庫品を取り戻した事例で，買主がその後に倒産し他の債権者が債権回収をできなくなったため，売主が債権侵害として売主の不法行為責任が認められている（東京高判昭52・11・24下民集28巻9～12号1157頁）。先取特権に基づく自力救済と考える余地のある事例である。他方，先取特権の行使ではなく，

258 〔平野〕

§1　D Ⅲ

売買契約を解除して商品を自力で取り戻した事例では，「原告らが右商品を持ち帰って処分したことに何等の違法もない」とされている（大阪地判昭59・2・24判タ528号217頁）。

Ⅲ　自力救済に関係する合意

自力救済を認める合意は有効であろうか。この点，事前に自力収去等の特約があっても，自力救済は違法であると考えられている（明石三郎「権利の行使と自力救済の限界」於保不二雄還暦・民法学の基礎的課題(上)〔1971〕21頁）。実際に問題になっているのは，賃貸借契約におけるいわゆる自力救済条項である。賃借人が賃料不払で荷物を放置したまま夜逃げしてしまう例はままみられることであり，そのような被害に苦しむ賃貸人側の自衛手段として自力救済条項の必要性は大きい。しかし，判例は制限解釈をしたり，自力救済禁止に抵触する限度で無効としており，自力救済の範囲を合意により広げることを認めない。自力救済という公の秩序に関わる合意であり適切な解決であり，不都合は先に述べたように許される自力救済の解釈により図られるべきであり，また，先取特権の自力執行の特約として合理性が認められる限度で有効とする余地がある（→Ⅱ3⑷）。

事業用賃貸借につき，東京高裁平成3年1月29日判決（判時1376号64頁）は，自力救済条項につき，「本件建物についてのXの占有に対する侵害を伴わない態様における搬出，処分（例えば，Xが任意に本件建物から退去した後における残された物件の搬出，処分）について定めたものと解するのが賃貸借契約全体の趣旨に照らして合理的であ」る。「Xの占有を侵害して行う搬出，処分をも許容する趣旨の合意……をも包含するものであるとすれば，それは，自力執行をも許容する合意にほかならない。そして，自力執行を許容する合意は，私人による強制力の行使を許さない現行私法秩序と相容れないものであって，公序良俗に反し，無効である」とした。居住用賃貸借についても，浦和地裁平成6年4月22日判決（判タ874号231頁）は，「自力救済は，……法律に定める手続きによったのでは権利に対する違法な侵害に対して現状を維持することが不可能又は著しく困難であると認められる緊急やむを得ない特別の事情が存する場合において，その必要の限度を超えない範囲

〔平野〕　259

§*1* D Ⅲ   第1編　第1章　通　則

内でのみ例外的に許されるに過ぎない」として，自力救済の要件を緩和する
合意を無効とする（札幌地判平 11・12・24 判タ 1060 号 223 頁，東京地判平 18・5・
30 判時 1954 号 80 頁も同様）。コンビニのフランチャイズ契約の自力救済条項に
ついても，「加盟店が反対しているにもかかわらず，その意思に反して，店
舗設備・在庫品・レジスター内現金の占有を取得するまで許容したものと解
することはできない」として，なされた自力救済を「やむを得ない特別の事
情がある場合を除いて違法」とした（名古屋高判平 14・5・23 判タ 1121 号 170 頁）。

〔平野裕之〕

§2 I

（解釈の基準）

第2条　この法律は，個人の尊厳と両性の本質的平等を旨として，解釈しなければならない。

〔改正〕　本条＝昭22法222新設，平16法147移動（1条ノ2→2条）

細　目　次

I　立法の経緯 ……………………261
　1　昭和22年改正時の議論 …………261
　2　平成16年改正時の議論 …………261
II　本条の意義 ……………………262
　1　従来の議論 ………………………262
　　(1)　一般的理解——消極的位置づけ …262
　　(2)　積極的位置づけを示す見解 ………262
　　(3)　本条の意義における民法と憲法の関係 ………………………262
　2　民法と憲法の関係から見た本条の意義 ………………………263
　　(1)　民法と憲法の関係についての現在の議論 ………………………263
　　(2)　本条の意義——4つの類型からの分析 ………………………266
III　個人の尊厳と両性の本質的平等 ………268

　1　個人の尊厳 ………………………268
　　(1)　憲法学における「個人の尊重」「個人の尊厳」「人間の尊厳」………268
　　(2)　本条における「個人の尊厳」の意義 ………………………271
　2　両性の本質的平等 ………………273
　　(1)　憲法における両性の本質的平等 …273
　　(2)　条約における両性の本質的平等——条約の国内法上の位置づけも含めて ………………………273
　　(3)　親族法・相続法における両性の本質的平等 ………………………276
　　(4)　親族・相続法以外における両性の本質的平等 ………………………277
　　(5)　両性の本質的平等以外の平等の問題 ………………………280

I　立法の経緯

1　昭和22年改正時の議論

　本条は，1947年（昭和22年）の民法改正において，1条ノ2として，1条とともに追加された。立法過程における本条の理解は次のようなものである（新版注民(1)〔改訂版〕227-228頁〔山本敬三〕参照）。まず憲法との関係では，日本国憲法に定められた原則を民法でも明文をもって規定したものであり，憲法がある以上，民法に規定がなくてもそれに従った解釈・適用が行われることになるところ，それを明確にする意味で注意的規定としておかれるものとされていた。また，本条は，家族法に関する指針であるのみならず，財産法を含めた民事法全体の解釈・運用の指針として位置づけられていた。

2　平成16年改正時の議論

　2004年（平成16年）の民法改正において，本条の条文番号が，現行のとお

〔宮澤〕　261

り 2 条と改められたほか，片仮名・文語体から平仮名・口語体に改められた（平成 16 年改正については，吉田徹＝筒井健夫編著・改正民法の解説［保証制度・現代語化］〔2005〕参照）。

II　本条の意義

1　従来の議論

(1)　一般的理解 —— 消極的位置づけ

本条は，民法において解釈の基準を示す唯一の規定である。しかし，現在公刊されている体系書・教科書等においては，主として親族法・相続法の解釈について意義を有する条文であると示すにとどまったり，憲法 13 条・憲法 24 条等との関わりを簡単に説明するにとどまるものが多い（星野 59 頁，四宮 21 頁，鈴木 349 頁，内田 489 頁，加藤 39 頁，川井 12 頁，河上 39 頁等）。

(2)　積極的位置づけを示す見解

以上のような一般的理解とは異なり，本条の積極的な位置づけを主張する見解もある。

広中俊雄は，本条を人格権の法の基礎として位置づける（広中 83-84 頁）。すなわち，本条が（親族法・相続法にとどまらず）民法全体にわたって「個人の尊厳と両性の本質的平等」を旨とする解釈を要求することを前提としたうえで，憲法 13 条が「すべて国民は，個人として尊重される」とし，本条が「個人の尊厳」を旨とする民法解釈が要求している法制のもとでは，財産法にも家族法にも解消されない独立の分野として人格権の法が位置づけられるとする（四宮＝能見 12 頁，藤岡 142 頁も参照）。

山本敬三は，憲法学における基本権保護義務論を基礎として，本条を，憲法上の根本原理によって民法の内容が方向づけられることを規定した条文であると位置づける（→ 2 (1)(イ)(a)）。

以上の民法学における議論のほか，例えば労働法学における男女平等取扱いについての公序法理（→ III 2 (4)(イ)）に見られるように，民法学以外において，本条に積極的な意義を与える議論も存在している。

(3)　本条の意義における民法と憲法の関係

立法過程における理解に加え，本条に積極的な位置づけを与える見解の存

在も考えあわせれば，本条に消極的な位置づけしか与えない現在の民法学の一般的理解については再検討が求められる。そして，立法過程の理解や民法学の一般的理解を含めて，本条が，憲法13条，同24条と関わることが前提とされていることに鑑みれば，本条の意義を論じるにあたっては，民法と憲法の関係についての議論を基礎とする必要がある。

2 民法と憲法の関係から見た本条の意義

(1) 民法と憲法の関係についての現在の議論

現在示されている見解は，民法が，前国家的な秩序を基礎として形成されるとする構成と，憲法を基礎として形成されるとする構成に分けられる（以下についての詳細は，宮澤俊昭「民法と憲法の関係の法的構成の整理と分析——共通の視座の構築をめざして」横浜法学24巻1号〔2015〕153頁〔以下，「整理と分析」で引用〕参照）。

(ア) 前国家的な秩序を基礎として民法が形成されるとする構成

(a) 国家と社会の構成原理を並列させる構成　　第1は，国家と社会の構成原理を並列させる構成である（星野英一「民法と憲法」同・民法のもう一つの学び方〔2002〕20頁以下，高橋和之「『憲法上の人権』の効力は私人間に及ばない——人権の第三者効力論における『無効力説』の再評価」ジュリ1245号〔2003〕137頁等）。

この構成は，国家と社会の二元論を前提とする。国家と社会のそれぞれには，同一の前実定法的価値秩序を基礎とする構成原理が存在するものとされる。すなわち，同一の前実定法的価値秩序に基づいて，国家に関する事項については国家の構成原理として憲法が実定化され，社会に関する事項については社会の構成原理として民法が実定化される。このそれぞれの実定化のプロセスは，別のものとして捉えられる。ただし，想定される前実定法的価値秩序の内容については議論が分かれている。

また，国家の構成原理としての憲法・社会の構成原理としての民法という枠組みを維持しつつ，国家の構成原理と社会の構成原理の重複を認める構成もある（大村敦志「大きな公共性から小さな公共性へ」同・新しい日本の民法学へ〔2009〕438頁，同・「民法0・1・2・3条」〈私〉が生きるルール〔2007〕35頁以下・93頁以下等）。この構成も，国家と社会の二元論を前提とし，国家の構成原理として憲法が，社会の構成原理として民法が，それぞれ存在することを基礎とする。しかし，憲法が，国家の構成原理のみならず，社会の構成原理として

§2 II   第1編 第1章 通 則

も実定化されていると理解する。さらに，国家の構成原理の根拠となる価値
秩序と，社会の構成原理の根拠となる価値秩序に違いがあることを前提とす
る。そのうえで，この2つの価値秩序に重複する領域（市民的自由）を認める。
なお，この重複する領域については，機能的視点から民法と憲法の役割分担
が示される。また，この構成では，社会の構成原理として民法を制定するこ
とそれ自体が重視される。

　(b) 国家が憲法による制約と私法秩序による制約を受けるとする構
成　　第2は，憲法による制約と（前国家的な）私法秩序による制約という異
なる性質をもつ制約が国家に課されるとする構成である（宮澤俊昭・国家によ
る権利実現の基礎理論——なぜ国家は民法を制定するのか〔2008〕参照）。

　この構成では，国家と社会の二元論を前提とはしておらず，国家と社会の
それぞれに構成原理が存在していることも議論の基礎としていない。ただし，
国家と社会の二元論を否定もしておらず，国家と社会の二元論をとった場合
にも，この構成は妥当しうる。

　この構成は，先行して存在する社会のために国家が存在することを前提と
する。社会においては，私人間において実力をもって強制されるべきとされ
る規範の集合（私法秩序）が前国家的に存在している。他方，国家（権力）は，
憲法によって創出・統制される。この国家（権力）の創出・統制は，憲法理
論によって正当化される。そして，強制力を独占している国家は，社会にお
いて自律的に形成される規範の集合たる私法秩序を実現する義務を負う。こ
の義務を果たすために，国家は，私人間の紛争を解決するための基準として，
私法秩序に基づいて民法を制定しなければならない（私法秩序に基づく民法の内
容形成）。ただし，立法府も司法府も憲法の拘束を免れ得ないため，国家機関
による民法の制定・適用・解釈は，憲法によって認められる範囲に限定され
る。

　さらに，社会において生ずる諸問題の解消のために国家による社会への介
入が認められる場合には，行政法的規律を通じた介入のほか，前国家的な私
法秩序に含まれる規範とは異なる裁判規範を立法化するという介入もありう
る。この場合にも，当該裁判規範の立法およびその解釈は民法理論によって
行われる。ただし，ここでも，立法府による民法の制定，司法府による適
用・解釈は憲法によって認められる範囲に限定される。

264　〔宮澤〕

§2 **II**

以上のような構成をとることにより，①憲法に対する民法の独自性・自律性と，②法体系における階層構造上，民法が憲法の下位規範となることを整合的に説明することが可能となる。

(イ) 憲法を基礎として民法が形成されるとする構成

(a) 基本権保護義務論を基礎とする構成　　第3は，基本権保護義務論を基礎とする構成である（新版注民(1)〔改訂版〕232頁以下〔山本敬三〕等）。

この構成でも，国家と社会の二元論を前提とはされておらず，国家と社会のそれぞれに構成原理が存在していることも構成の基礎とされていない。ただし，国家と社会の二元論を否定もしておらず，国家と社会の二元論をとった場合にも妥当しうる。

この構成は，国家に，基本権（法益）を保護する義務（基本権保護義務）があるとすることを前提におく。私人間の紛争においては，まず，被害私人が国家に対して基本権（法益）の保護請求を行う。被害私人からの保護請求に対し，国家は，基本権保護義務に基づいて，被害私人の基本権（法益）に最低限度の保護を与えなければならない。他方，被害私人の基本権（法益）の保護は，そのまま国家による加害私人の基本権の制限となる。国家は，基本権侵害禁止義務も負うため，この場面では，国家は，基本権保護義務と基本権侵害禁止義務の2つの義務を同時に履行することが求められる。この状態は，過少保護の禁止と過剰介入の禁止という2つの禁止が国家に課されると表現される（憲法における基本権保護義務をめぐる議論については，小山剛・基本権保護の法理〔1998〕，同・基本権の内容形成——立法による憲法価値の実現〔2004〕，松本和彦「基本権の私人間効力——基本権保護義務論の視点から」ジュリ1424号〔2011〕56頁等も参照）。

以上のような国家の基本権保護義務の存在を前提として，基本権の内容形成として民法の制定が行われると理解するのがこの構成である。すなわち，基本権に基づいて（憲法を基準として），他者との法的関係を自律的に形成するための法的インフラの整備をする責務が国家に課され，その国家による実行形態の一つとして，民法の制定は理解される。そして，このような民法に，私法の領域における基本権の内容形成に関する基本決定を行うという意義を認める。

(b) 憲法を頂点とする国法秩序を基礎とする構成　　第4は，憲法を頂

〔宮澤〕　265

§2 II　　　　　　　　　　　　　　　　　　第1編　第1章　通　則

点とする国法秩序を基礎とする構成である（君塚正臣・憲法の私人間効力論〔2008〕，宍戸常寿「私人間効力論の現在と未来」長谷部恭男編・講座人権論の再定位3——人権の射程〔2010〕27頁等参照）。

　この構成では，国家と社会の二元論を否定するとともに，公法・私法二元論も否定する。この構成においては，人権と憲法上の権利をめぐる憲法理論に基づいて形成された憲法上の基本権の体系が，憲法の国法秩序の最高法規性ないし公共体の基本秩序性を根拠として，私人間の関係に直接妥当する場合を認める。

　民法の制定・解釈については，国会の立法裁量に基づく立法であることが強調される。さらに，その立法においては，憲法理論以外の法理論による立法裁量の統制を受けることはないというのが理論的帰結となる。ただし，公共体の基本秩序性を根拠とする見解においては，民法理論を含めた憲法以外の法理論が公共体の基本秩序としての憲法理論に組み込みうる限りで，それらの理論による立法裁量に対する統制も認められる余地が残る。

(2)　本条の意義——4つの類型からの分析

　以下，本条の意義について(1)で整理した4つの類型から分析する（文献の引用を含め詳細につき宮澤・前掲「整理と分析」186頁以下）。なお，前国家的な秩序を基礎とする構成では，憲法理論による根拠づけを必要としない私法の領域を観念できるので，民法を私法の一般法とする限り，本条の射程は，民法以外の私法上の規定にも及ぶ。他方，憲法を基礎とする構成では，民法の射程は憲法理論のもとでの検証が別途必要となる。以上を前提として，前者の構成については「私法上の規定」を，後者の構成については「民法上の規定」をそれぞれ用いる。

(ア)　前国家的な秩序を基礎として民法が形成されるとする構成

　(a)　国家と社会の構成原理を並列させる構成　　この構成をとった場合，本条は，日本の実定法システムを基礎づける前実定法的価値秩序に適合するように私法の解釈をしなければならないことを確認する規定と理解される。すなわち，本条は，個人の尊厳・両性の本質的平等にとどまらず，前実定法的価値秩序が私法の基礎となっていることを確認する意義も持つと理解される。

　なお，国家と社会の構成原理の重複を認める構成をとる見解は，本条は，

266　〔宮澤〕

（1条1項と相まって）形式的な自由・平等や限定的な権利の社会性・公共性を超えて，より実質的な自由・平等，権利の社会性・公共性を発展的に求めていくことを要請するための規定として理解することを主張する。この見解において，本条は，社会において個人の尊厳・両性の本質的平等が実質的に求められていることを前提として，それに沿った私法上の規定の解釈を求める規定と位置づけられる。

(b) 国家が憲法による制約と私法秩序による制約を受けるとする構成

この構成をとった場合，本条には2つの意義が認められる。第1は，個人の尊厳・両性の本質的平等に基づく立法・司法による私法の制定・適用・解釈に対して，憲法による統制・制限が国家機関の活動に対して課されることを確認するための注意的規定としての意義である（本条の立法趣旨（→Ⅰ）参照）。第2が，個人の尊厳・両性の本質的平等が私法上の規定の解釈基準となることの根拠としての意義である。ただし，少なくとも立法過程における議論からは，この後者の意義は導かれない。そのため，他の法領域や社会科学の知見等をも基礎として，個人の尊厳・両性の本質的平等を求めることが社会において自律的・自制的に形成された規範であることを確認する必要がある。それが確認された場合，本条は，個人の尊厳・両性の本質的平等に基づいて私法上の規定の解釈を行わなければならないことを示す規定としての意義も獲得する。

(イ) 憲法を基礎として民法が形成されるとする構成

(a) 基本権保護義務論を基礎とする構成　　この構成をとった場合，本条は，憲法上の根本原理が民法の内容を方向づけるという，民法と憲法の関係に関する原則規範を示したものと理解される。具体的には，民法に規定がある場合には憲法適合的解釈を，規定がない場合には憲法適合的補充をすることを確認する規定として位置づけられる。さらに，本条では個人の尊厳と両性の本質的平等のみが挙げられているが，これは立法の経緯によるものであり，憲法適合的解釈・補充が求められるのは，個人の尊厳と両性の本質的平等に限られないともされる。

(b) 憲法を頂点とする国法秩序を基礎とする構成　　この構成のもとでは，憲法上の規定が，私人間に直接妥当することが認められる。そのため，本条は，特に意義を持たない，あるいは憲法上の規定が直接妥当することを

〔宮澤〕　267

§2 Ⅲ   第1編　第1章　通　則

確認する規定として位置づけられる。民法以外の私人間に適用される法律上
の規定についてはもちろん，民法上の規定についても，個人の尊厳と両性の
本質的平等に基づく解釈を行う場合，憲法上の規定を直接引けば足り，本条
を引く必要はない。

Ⅲ　個人の尊厳と両性の本質的平等

　以下Ⅲにおいては，本条の示す個人の尊厳と両性の本質的平等のそれぞれ
について，民法学以外の領域も含めて議論を整理する。なお，憲法学，国際
法学等における議論が本条を通じてどのように民法の解釈に影響をするかに
ついては，前述Ⅱ2(1)に示した類型のいずれを取るかで結論が異なる（詳細
につき，宮澤・前掲「整理と分析」186頁以下参照）。

1　個人の尊厳

(1)　憲法学における「個人の尊重」「個人の尊厳」「人間の尊厳」

　憲法学において，憲法24条における「個人の尊厳」の意義は，憲法13条
における「個人の尊重」および，ドイツ基本法1条1項における「人間の尊
厳（Die Würde des Menschen）」との関わりで論じられている（これまでの憲法学
における議論の整理として矢島基美「日本国憲法における『個人の尊重』，『個人の尊厳』
と『人間の尊厳』」同・現代人権論の起点〔2015〕15頁以下等参照）。

　(ア)　同一の概念として理解する見解　　憲法学上の通説的見解は，「個人
の尊重（憲13条）」，「個人の尊厳（憲24条）」，「人間の尊厳」を全て同一の概
念として理解する。この見解の基礎となるのは，憲法13条にいう「個人と
して尊重される」とは個人主義の原理を表明したものであり，この点で，憲
法24条2項の「個人の尊厳」と同じ意味とする立場である（以下につき，宮
澤俊義〔芦部信喜補訂〕・全訂日本国憲法〔1978〕197頁以下参照）。ここでいう個人
主義とは，人間社会における価値の根元が個人にあるとし，何にも優って個
人を尊重しようとする原理をいう。個人とは，人間一般とか，人間性とかい
う抽象的な人間ではなく，具体的な生きた一人一人の人間である。個人主義
は，一方で，他人の犠牲において自己の利益を主張しようとする利己主義に
反対し，他方で，全体のためと称して個人を犠牲にしようとする全体主義を
否定し，すべての人間を自主的な人格として平等に尊重するものとされる。

268　〔宮澤〕

§2 III

この個人主義から基本的人権の尊重が要請され，さらに国民主権その他の民主主義的な諸原理が生まれる。「人間の尊厳は侵されない。これを尊重し，保護することは，すべての国家権力の義務である」と定めるドイツ基本法1条1項は，以上の理解と同じ趣旨とされる。

現在では，このように3つの概念を同一視する見解を基礎としながら，個人尊重の原理は「各個人を最高かつ固有の価値を有する人格として尊重する原理」であるとされたり（芦部信喜・憲法学Ⅱ〔1994〕58頁），「個人として尊重される」とは「一人ひとりの人間が人格的自律の存在として最大限尊重されなければならないということ」であるとされたりする（佐藤幸治・日本国憲法論〔2011〕173頁〔以下，「憲法論」で引用〕）。このように，現在の通説的見解において，憲法13条にいう「個人」は，個人性ないし個性だけでなく，「人格」概念との結びつきにおいて理解されている（樋口陽一ほか・注解法律学全集(1)──憲法Ⅰ〔1994〕248頁〔佐藤幸治〕）。

(イ)　異なる概念として理解する見解　　3つの概念を同一視する通説的見解に対しては，次のような批判が示されている。

(a)　人間の尊厳を基礎とする見解　　第1は，言語学的分析から人間の尊厳と個人の尊重を区別したうえで，人間の尊厳に，人権の基礎づけとしての意義を認める見解である（ホセ・ヨンパルト「日本国憲法解釈の問題としての『個人の尊重』と『人間の尊厳』(上)(下)」判タ377号8頁，378号13頁〔1979〕，同・日本国憲法哲学〔1995〕110頁以下）。すなわち，言語学的・哲学的な分析から，「人間」と「人格」と「個人」，および「尊重」と「尊厳」はそれぞれ異なる意味を持つ概念であることが示されるため，それらの概念を用いて表される「人間の尊厳」と「個人の尊重」は異なる原則として理解される。そして，人間が尊厳を有するのは，個性を有するからではなく，人格（persona）であるためとされる。「人間の尊厳」は無条件に尊重すべきであるが，「個人の尊重」はその限りではない。尊厳を持つものとしての人間の自由には，その尊厳に内在する制限（道徳律）しかないが，個人としての自由は他の個人によって（国家によってではなく）平等に制限される。

このような理解のもとでは「個人の尊厳」は，「人間の尊厳」であるか「個人の尊重」であるかのいずれかと解される。すべての人間は，人間として尊厳を持ち平等であるが，個人として平等ではなく，また個性を持つとい

〔宮澤〕　　269

§2 III   第1編　第1章　通　則

うだけで尊厳を持つとはいえないためである。

　　(b)　個人の尊重を基礎とする見解　　第2は,「個人の尊重」を人権の
基底的概念と捉える見解である。この立場は,「人間の尊厳」に意義を認め
るか否かによって, さらに2つに分けられる。

　　(i)　人間の尊厳にも意義を認める見解　　一方に, 個人の尊重を重視し
つつ, 人間の尊厳にも意義を認める見解がある（押久保倫夫「『個人の尊重』の
意義」時岡弘古稀・人権と憲法裁判〔1992〕68頁）。人間一般に妥当する「人間」
の概念のもとでは, 統一的・理念的な人間像が提示されやすくなる。このよ
うな「人間」の「尊厳」が規範的に論じられれば, その理念的な人間像が,
現実の人間に対して評価的に機能し, 究極的には尊厳主体の限定につながる
危険性が存在する。これに対して「個人」という概念は, 多様性（違い）を
本質とする「個性」を伴う。ここでは, 尊重される人間（主体）を統一的・
理念的人間像によって限定することは不可能となる。そのため, 実存する多
様な諸個人を多様なままに把握する概念としては「人間」より「個人」の方
が適切とされる。

　　以上の見解は, 意思による要素から「個人の尊重」を根拠づけたうえで,
人間という実質的価値を問題とする「人間の尊厳」と対比し, 両者を緊張関
係におく見解（樋口陽一「人間の尊厳 vs 人権？」民法研究4号〔2004〕48頁）と近
似性がある。すなわち, 一方で, 個人の尊重に自己決定という契機を見出し,
他方で, 人間の尊厳が実質的価値であることを示すことで, 個人の自律の尊
重が, その個人の外側にある人間の尊厳という実質価値によって拘束される
のか否か, という問いを設定する。そして, 人間の尊厳という実質内容（実
質）だけでなく, 個人の尊重によって自己決定という決定の仕方（形式）に
軸足をおくことの意義が強調される。

　　なお, 個人の尊重・個人の尊厳・人間の尊厳を同一の概念と捉える通説的
見解との比較において「個人」に重心をおくこれらの見解においても, 人間
の尊厳が憲法18条等の複数の人権条項の基盤として存在することを認めた
うえで, それを公共の福祉の一内容として位置づける（押久保倫夫「日本国憲
法における実定規範としての『人間の尊厳』の位置づけ」東海法学35号〔2006〕145頁
以下）, あるいは人間の尊厳と個人の尊重との間の緊張関係を認めつつも両
方を人権の基礎として認める（樋口・前掲論文52頁以下）などの形で, 人間の

270　〔宮澤〕

尊厳にも一定の意義が認められる。

(ii) 人間の尊厳に意義を認めない見解　　これに対して，人間の尊厳に意義を認めない見解もある（阪本昌成・憲法理論Ⅱ〔1993〕62 頁以下・136 頁以下・240 頁）。この見解では，(i)の見解と同様に，属性の個別多様性に配慮されることが個人の尊重であるとする。すなわち，個人の尊重を支えるものは，道徳的・理性的存在としての人間共通の特性ではなく，個性（各人の違い）である。そして，共同体による拘束や責務といった内容も包含しうる人間の尊厳の危険性を指摘したうえで，他者からの外的強制を受けることなく個別性・多様性を持つ各人がその自己愛を追求する自由を個人の尊重として理解する。このほか，人間の尊厳という概念に訴える必要はなく，すべての国民が一人の市民として，すなわち政治共同体の不可欠な構成員として尊重されるという意味として個人の尊重を理解すべきであるとする見解もある（松井茂記・日本国憲法〔3 版，2007〕308 頁）。

これらの見解に共通するのは，実体的価値についての客観的体系に基づいて権利の内容が定まるとする立場を否定する点である（阪本・前掲書 57 頁以下・72 頁以下，松井・前掲書 305 頁以下等。ただし，具体的な根拠・構成は異なる）。すなわち，権利の内容を充塡するのは各個人であり，そのような各個人による充塡を保障することが重要であるとする立場，あるいは権利の内容を充塡する（民主的）プロセスを保障することが重要であるとする立場を取っていることが，客観的価値として機能する人間の尊厳の否定につながっている。

(2)　本条における「個人の尊厳」の意義

以上のような憲法学における議論を，本条の解釈においてどのように位置づけるかは，民法と憲法の関係についての理解（→Ⅱ2）のいずれにたつかで異なる。しかし，いずれの立場にたったとしても，憲法に特有の問題を捨象して「個人の尊厳」の思想的・哲学的意味を考え，その民法の解釈への影響を論じることには一定の意義が認められる。以下，「人間（人格）」と「個人」のそれぞれの視点から，本条における「個人の尊厳」の解釈への影響を概観する。

(ア)　人間（人格）の視点から──人格権の基礎　　人格も含めた意味で個人の尊厳を解釈したとき，本条における「個人の尊厳」は，私法上の権利としての人格権の根拠となりうる。

〔宮澤〕　　271

§2 Ⅲ   第1編 第1章 通 則

　私法上の人格権の基礎づけとして，憲法上の人格権が必要か否かについて
は議論がある（五十嵐清・人格権法概説〔2003〕16頁以下）。この議論は，民法と
憲法の関係の議論（→Ⅱ2）に帰着する。ここでは，憲法上の人格権をめぐ
る議論を概観するにとどめる（私法上の人格権の具体的な内容については，→前注
（§§3-32の2）Ⅱ2，第15巻§709BⅣ3，第16巻§722）。

　憲法上の人格権についての通説的見解は，個別の人格的生存に不可欠な利
益を内容とする権利と捉える見解（人格的利益説）である（芦部信喜〔高橋和之
補訂〕・憲法〔6版，2015〕120頁，佐藤・憲法論175頁，詳細につき佐藤幸治「憲法と
『人格的自律権』」同・現代国家と人権〔2008〕75頁参照）。この見解は，憲法13条
に補充的保障機能を認める。すなわち，人格的自律性にとって重要であるに
もかかわらず個別規定によってカバーされない権利を保障するのが憲法13
条と捉える。この通説的見解に対する反対説として，（一定の限定を付しながら
も）人のあらゆる生活領域に関する行為の自由と捉える見解（一般的行為自由
説）が主張されている（橋本公亘・日本国憲法〔改訂版，1988〕219頁，阪本昌成
「プライヴァシーと自己決定の自由」樋口陽一編・講座憲法学(3)──権利の保障〔1994〕
219頁等）。この両説の違いは，「個人の尊重」の理解（→(1)）の違いから現れ
るものである（阪本・前掲書235頁以下参照）。

　(イ) 個人の視点から──個別性・多様性の基礎　　憲法学の議論からは，
個人の尊厳の持つ重要な意味として，個性の価値を認めることも示される。
ここから，私法の領域に対して次の2つの帰結を導きうる。

　第1は，個人の尊厳が，儒教的＝封建的家族制度との対比での「個人」を
重視する根拠となることである。この点は，これまでの民法学の議論におい
ても認められてきた。

　第2は，個人の尊厳が，私法における主体となる「人」の多様性を認める
根拠となりうることである。個性に価値を認めることは，個別の具体的存在
として「人」を認めることである。これは，人の多様性を認めることにほか
ならない。私法の領域においては，様々な局面において抽象的な法人格では
なく，商人，労働者，消費者等の具体的な人が問題とされる（大村・読解120
頁以下等）。さらに，この具体的な人について，身分とは異なる「状況規定的
な人の類型」（ある状況に置かれることを要件として，ある人を定型として扱うという
思考形式）を構想することにより，一定の人々に共通する特徴に即応する法

§2 III

技術を，私法の原理的な視座から総則的に考究する必要性も説かれている（山野目章夫「『人の法』の観点の再整理」民法研究4号〔2004〕1頁）。また，性的マイノリティと私法の関係を巡る議論も，人の多様性と関わる議論といえる（性転換・同性愛と民法との関係につき大村敦志「性転換・同性愛と民法」同・消費者・家族と法〔1999〕85頁参照）。個性を要素とする「個人」を含む概念である「個人の尊厳」には，具体的な人に対する私法上の原理・体系の構築を根拠づける意義も認められる。

2　両性の本質的平等

(1)　憲法における両性の本質的平等

憲法学においては，憲法24条2項における「両性の本質的平等」は，憲法14条において性別による差別待遇が禁じられているのと同じ意味とされたり（宮澤〔芦部補訂〕・前掲書266頁等），憲法14条における平等権・平等原則を徹底するために個別的に設けられたものとされたり（芦部〔高橋補訂〕・前掲書129頁等）するのが一般的である。他方，憲法24条に，より積極的意義を認める見解もある（辻村みよ子・憲法〔6版，2018〕170頁）。

憲法14条1項にいう「法の下に平等」とは，憲法学における通説によれば，法を執行し適用する行政権・司法権が国民を差別してはならないという「法適用の平等」のみならず，法そのものの内容も平等の原則に従って定立されるべきであるとする「法内容の平等」も意味すると解されている（以下につき，芦部〔高橋補訂〕・前掲書129頁以下，佐藤・憲法論199頁以下等参照）。また，通説は，平等とは，各人の性別，能力などの種々の事実的・実質的差異を前提として，同一の条件の下では均等に取り扱うことを意味するものであり，合理的根拠のある区別は認められるとする（相対的平等説）。憲法14条1項後段の列挙事由（人種，信条，性別，社会的身分または門地）については，前段の平等原則の例示な説明と捉え，これらに該当しない場合であっても，不合理な差別的取扱いは前段の原則によって全て禁止されているとしつつ，後段の列挙事由に関してはやむにやまれざる特別の事情が証明されない限り「差別」として禁止する趣旨とする見解が有力である。

(2)　条約における両性の本質的平等——条約の国内法上の位置づけも含めて

(ア)　女子差別撤廃条約　「女子に対するあらゆる形態の差別の撤廃に関する条約（女子差別撤廃条約：なお，女性差別撤廃条約と表記されることもある）」

§2 Ⅲ　　　　　　　　　　　　　　　　　　第1編　第1章　通　則

（1985年批准）は，男女平等の観点から女性差別を排除するための原則や実行的措置を掲げただけでなく，自己の国籍を子どもに与える権利や教育・雇用・婚姻等について同等な女性の権利（9条・10条・11条・16条）を明確にし，立法上のみならず慣習や慣行上の差別を撤廃するための措置を求めている（2条(f)），などの特徴を持っている（辻村・前掲書17頁。詳細につき国際女性の地位協会編・コンメンタール女性差別撤廃条約〔2010〕参照）。

　(イ)　条約の国内法における位置づけ　　具体的な国際法規範と国内法秩序の関係については，(a)国際法規範が国内法としての効力を持つか（国際法の国内的効力），(b)国際法規範が国内法の階層秩序の中でどこに位置付けられるか（国際法の国内的序列），(c)国際法規範が国内においてどのように適用されうるのか（国際法の国内適用可能性）といった問題が論じられている（以下，条約の国内法における位置付けに関し，国際法学の議論について小寺彰ほか編・講義国際法〔2版，2010〕105頁以下〔岩沢雄司〕，酒井啓亘ほか・国際法〔2011〕382頁以下〔濱本正太郎〕，薬師寺公夫ほか・法科大学院ケースブック国際人権法〔2006〕30頁以下〔村上正直〕等を，憲法学の議論について佐藤・憲法論85頁以下・117頁以下，長谷部恭男・憲法〔7版，2018〕445頁以下，吉川和宏「条約の国内法的効力」大石眞＝石川健治編・憲法の争点〔2008〕334頁，須賀博志「人権条約の裁判規範性」大石＝石川編・前掲書342頁等をそれぞれ参照）。

　　(a)　条約の国内的効力　　条約は，憲法等の国内法の定めに従って国内的効力をもつ。条約の国内への受容に関しては，「（一般的または包括的）受容」と「変型」に分けて整理される。受容には，自動的受容（条約は批准・公布されれば自動的に国内的効力を得る）と，承認法受容（議会による条約の承認は法律の形式によって与えられる）が含まれるとも整理される。変型は，条約が批准されても当然には国内的効力を得ず，条約を具体化する個々の立法により国内法に変型・編入することが求められる場合を意味する。日本においては，条約の締結について国会による民主的コントロールが可能であること（憲73条3号），日本国の締結した条約の誠実な遵守が求められていること（憲98条2項）等を根拠として，一般的受容（自動的受容）の立場がとられているとするのが通説である。

　　(b)　条約の国内的序列　　国内的効力をもつ条約の国内的序列も，国内法によって決定されるとするのが国際法学における一般的見解である。憲法

274　〔宮澤〕

§2 III

との関係について，日本においては，原則として憲法が条約に優位するとの憲法優位説が通説的見解である。他方，条約と法律の関係については，憲法が国際協調主義を基本原則の一つとしていること，条約は国会の承認を必要としていること，憲法 98 条 2 項が「誠実に遵守する」との文言を用いていることなどから，条約が法律に優位するというのが通説的見解である。

(c) 条約の国内適用可能性　　一般的受容を前提とすると，国内法秩序において法規範としての地位が条約に認められる場合の適用のあり方として，条約が（立法などの）国内法上の措置を経ずして適用されるとき（直接適用）と，条約を解釈基準として参照し，それに適合的に国内法規範を解釈することを通じて実質的に条約の内容を実現するとき（間接適用）がある（以下についての詳細は，前述 II 2 (1)で示した類型のもとでの整理も含めて宮澤・前掲「整理と分析」189頁参照）。

(i) 条約の直接適用　　学説は，条約が直接適用されるための要件として，①条約の規定やその起草過程などからみて，条約またはその規定そのものが直接適用性を否認しているとみられる場合ではないこと，②国内立法者による国内適用可能性の否定がなされていないこと，③条約の規定が，特定の事案の事実関係において，当事者の権利義務関係を明確に定めているものとみなされること，④事項的にその規定を適用することに憲法などの法令上の障害がないこと，を挙げる。なお，直接適用可能な条約は，自動（自己）執行的（self-executing）条約と呼ばれることもある。

条約が直接適用されるという場合は，さらに，国家対私人という憲法上の規定の適用場面において直接適用される場合と，私人間の紛争における私法上の規定の適用場面において直接適用される場合に分けられる。前者は，条約による人権保障が憲法の想定しない領域に及ぶ場合，および条約による人権保障が憲法による保障を上回ると解される場合に問題となる。後者について，国際法学では，条約における人権規定は，私人間に適用されることが意図されている場合を除き，私人間においては直接適用されず，民法などの規定を通じて間接的に適用されると解されている。

(ii) 条約の間接適用　　条約が間接適用される場合も，憲法上の規定の解釈において間接適用される場面（最大判平 20・6・4 民集 62 巻 6 号 1367 頁，最大決平 25・9・4 民集 67 巻 6 号 1320 頁等）と，私人間の紛争における私法上の規

〔宮澤〕　275

§2 III

第1編　第1章　通則

定の解釈において間接適用される場面とに分けられる（条約の間接適用につき，寺谷広司「『間接適用』論再考」藤田久一古稀・国際立法の最前線〔2009〕165頁〔以下，「間接適用」で引用〕）。

　私人間における条約の間接適用は，さらに①私法規範の解釈において条約のみに依拠して条約適合的解釈を行う場合と，②条約の間接適用によって解釈された憲法上の規定が，基本権の私人間効力論の枠組みで私人間に間接適用されるという二段階での間接適用がなされる場合とを観念しうる。下級審裁判例においては，条約のみに依拠して条約適合的解釈を行う裁判例は少なく（京都地判平25・10・7判時2208号74頁等），条約を憲法上の規定と並べて解釈基準として位置づける裁判例が多い（札幌地判平14・11・11判タ1150号185頁，大阪高判平26・7・8判時2232号34頁等）。学説では，私人間における条約の間接適用につき基本権の私人間効力論を参照すべきとする見解（小寺ほか編・前掲書122頁〔岩沢〕，棟居快行「第三者効力論の新展開」芹田健太郎ほか編・講座国際人権法(1)──国際人権法と憲法〔2006〕255頁等）がある一方で，両者の相違点を指摘する見解（寺谷広司「私人間効力論と『国際法』の思考様式」国際人権23号〔2012〕9頁）もある。

　このほか，国際法学においては，裁判所の条約適合的解釈義務の有無について議論がある。裁判実務においては，日本国憲法が国際人権条約よりも高い水準の人権を保障しており，日本国憲法に照らした判断をすれば国際人権条約を問題とする必要がないとの前提が取られているとされる（学説等の動向も含めて，寺谷・前掲「間接適用」182頁以下参照）。下級審裁判例においても，裁判所の条約適合的解釈義務を認めるものは少数にとどまる（徳島地判平8・3・15判時1597号115頁等）。

(3)　親族法・相続法における両性の本質的平等

(ア)　婚姻適齢（731条）　　平成30年改正前731条によると，男性は18歳，女性は16歳にならなければ婚姻をすることができないとされていた。憲法学においては，かつては男女の身体的成熟度の違いなどを理由として合理的区別と見るのが一般的であった。しかし，近年は，明治憲法体制下の妻の無能力制度の影響が残存しているとの指摘に加えて，身体的成熟度には個人差があることなどから，本条の違憲性が有力に主張されていた（佐藤・憲法論203頁，辻村・前掲書171頁等）。

§2 III

2018 年（平成 30 年）6 月，731 条に定める女性の婚姻年齢を 18 歳に引き上げ，男女の婚姻開始年齢を統一することとする改正法が成立し，公布された。本改正の施行は，2022 年 4 月 1 日とされている（改正前の状況について，→第17 巻§731 IV(1)(2)）。

(イ) **再婚禁止期間（733 条）**　平成 28 年改正前 733 条 1 項によると，女性は，前婚の解消または取消しの日から 6 か月を経過した後でなければ再婚できないこととなっていた。この規定について，憲法学においては，かつては，女性のみが懐胎するという肉体構造に基づく合理的区別であると解されてきた。しかし，近時は，最近の医療技術水準からすれば父親の確定は容易であり，妊娠の有無の確認も早い時期において可能であること，772 条 2 項との関わりで父性の推定の重複を避けるために必要となる再婚禁止期間は100 日で十分であること等から，100 日を超える再婚禁止期間は違憲とするのが有力であった（佐藤・憲法論 203 頁，辻村・前掲書 171 頁以下等）。判例（最大判平 27・12・16 民集 69 巻 8 号 2427 頁）も，平成 28 年改正前 733 条 1 項の定める再婚禁止期間について，100 日を超過する部分は合理性を欠いた過剰な制約を課すものであるとして，憲法 14 条 1 項，憲法 24 条 2 項に違反するとの判断を示した。この最高裁大法廷判決を受けて，2016 年（平成 28 年）6 月，733 条 1 項に定める再婚禁止期間を 100 日とする改正が成立し，公布・施行された（→第 17 巻§733）。

(ウ) **夫婦同氏の原則（750 条）**　750 条によると，夫婦は，婚姻の際に夫または妻の氏を称するものとされる。本規定の文言自体は性中立的であるが，姓の選択に関する夫婦同一の権利を保障した女子差別撤廃条約 16 条(g)違反，憲法 13 条に基づく氏名についての自己決定権（人格権）侵害，夫婦同氏制が法律婚の実質的要件となっていることによる憲法 24 条 1 項・2 項違反などが主張されている（林陽子「女性差別撤廃条約から見た民法 750 条——夫婦同氏制度」芹田健太郎古稀・普遍的国際社会への法の挑戦〔2013〕33 頁，辻村・前掲書 173頁以下等）。判例（最大判平 27・12・16 民集 69 巻 8 号 2586 頁）は，750 条が，憲法 13 条，同 14 条 1 項，同 24 条のいずれにも違反しないと判断している（→第17 巻§750）。

(4) 親族・相続法以外における両性の本質的平等

(ア) **損害賠償における逸失利益**　判例は，損害について差額説を基礎と

§2 III　　　　　　　　　　　　　　　　　　　　第1編　第1章　通　則

して，損害の計算につき具体的損害計算の考え方を原則とする（最判平9・1・28民集51巻1号78頁）。他方，現実の所得のない年少者・専業主婦については，男子労働者または女子労働者の平均賃金をその逸失利益の算定の基礎とすることを認めている（最判昭49・7・19民集28巻5号872頁，最判昭61・11・4判タ625号100頁）。ここで，男子労働者と女子労働者の平均賃金に差があることから，男女で賠償額に差が生じる。下級審裁判例においては，女子年少者の逸失利益について男女を併せた全労働者の平均賃金を基準に算定するとした判決（東京高判平13・8・20判タ1092号241頁，大阪高判平13・9・26判時1768号95頁等。影山智彦「女子年少者の逸失利益算定における基礎収入について」日弁連交通事故相談センター東京支部編・民事交通事故訴訟 損害賠償額算定基準（下）〔2018〕7頁以下も参照），専業主夫（男性）としての休業損害につき，女子学歴計の賃金センサスに従って算定した判決（横浜地判平26・2・28交民47巻1号283頁）等もみられる（→第15巻§709 C IV 3⑵㋘）。

　（ｲ）　労働法における男女平等　　労働基準法4条は，賃金について男女の差別的取扱いを禁止している（労働法における男女平等につき，菅野和夫・労働法〔11版補正版，2016〕247頁以下，吉田克己「私人による差別の撤廃と民法学」同・市場・人格と民法学〔2012〕83頁以下，富永晃一「雇用社会の変化と新たな平等法理」長谷部恭男ほか編・現代法の動態(3)――社会変化と法〔2014〕59頁等参照）。賃金以外の男女差別については，男女雇用機会均等法によって規律される。また，裁判例において発展してきた男女平等取扱いの公序法理が，男女雇用機会均等法を補う機能を果たしているとされる。このなかで，本条の位置づけが議論されている。

　男女雇用機会均等法制定以前において，性差別と労働契約の関係については，90条に基づく公序良俗論を根拠とした判例理論が蓄積されていた。そして，女子結婚退職制の公序良俗違反性（東京地判昭41・12・20労民集17巻6号1407頁等），就業規則における男女別定年制の定めの公序良俗違反性（最判昭56・3・24民集35巻2号300頁等）の判断においては，本条（平成16年改正前1条ノ2）が参照されていた。労働法学において，これらの判例における男女平等取扱い法理は，私的自治に公の秩序という枠をはめる90条を利用し，男女平等取扱いの原則（憲14条，本条）をその「公の秩序」の一内容とするものとされている（菅野・前掲書251頁）。

　　278　　〔宮澤〕

§2 III

しかし，その後，男性を基幹要員として採用・育成・処遇し，女性を補助要員として採用・処遇する男女別コース制の公序良俗違反性が争われた下級審裁判例において，男女雇用機会均等法制定以前の時期，および同法の平成9年改正によって採用・配置・昇進の均等取扱いが努力義務から法的義務となる以前の時期のそれぞれについて公序に反するとはいえないとされる一方で，同法改正後においては公序に反するとされる傾向が見られる（東京地判平14・2・20判タ1089号78頁，名古屋地判平16・12・22労判888号28頁等）。これらの下級審裁判例では，前述の判例と異なり，本条が参照されていない。このような傾向については，労働法学において批判が示されているほか（和田肇「憲法14条1項，民法1条の2，同90条，そして労働契約」中嶋士元也還暦・労働関係法の現代的展開〔2004〕1頁参照），憲法学においても，90条の枠組みのなかで，憲法14条に示される男女差別禁止という憲法的価値と，憲法22条・同29条に示される経済的自由という憲法的価値との調和を図る場面において，前者の価値の解釈を，本条という実定法規定を用いず，当時の「社会意識」に基づいて行っていることが批判されている（樋口陽一「憲法・民法90条・『社会意識』」栗城壽夫古稀・日独憲法学の創造力（上）〔2003〕137頁）（→第2巻§90）。

(ウ) 性同一性障害等の性的マイノリティと男女平等　同性愛者等の性的マイノリティの問題について，性別による差別解消とまとめて論じるか否かという議論も提起されている。一方に，伝統的な性別役割分業が条約・国内法で否定されつつある今日，もはや性を男・女に二分することを基礎として社会を構成する必要はないという認識，および人間の根源的欲求である性愛は性別ではなく人格に結びつくという認識を前提として，性的少数者への偏見や差別を除去し，個人の尊厳を回復することは，性別役割分業と男による性の支配構造，そして性別二元社会を改めることにつながるとする見解がある（二宮周平「戸籍の性別記載の訂正は可能か（3・完）」戸時561号〔2003〕23頁）。他方，身体的・精神的な性差の存在を否定できないなかで，その性差により不当に不利な立場に置かれる女性を支える社会的支援こそが問題となり，その社会的支援の一つが婚姻制度であること，および民事身分はアイデンティティの根幹であると同時に社会や他者との関係で決定されるものである以上，当事者の希望のみを理由として変更を認めるべきでないこと等を指摘して，性的マイノリティの問題と男女平等の問題を別問題とする見解もある（水野

紀子「性同一性障害者の婚姻による嫡出推定」加賀山茂還暦・市民法の新たな挑戦〔2013〕601頁)。

(5) 両性の本質的平等以外の平等の問題

本条は，両性の本質的平等についてのみ触れている。しかし，本条が解釈の基準を定めた民法上唯一の規定であること，本条の意義を個人の尊厳・両性の本質的平等に限られない問題について認める立場もありうること（→2(2)），憲法学における通説的見解では憲法24条における両性の本質的平等は憲法14条における平等権・平等原則と連続して解されていること（→(1)）などに鑑みれば，本条が，両性の本質的平等以外の平等の問題の解釈についても一定の考慮の枠組みを提供しうるといえよう。以下では，（両性の本質的平等と同様に）条約との関わりが問題となる場面として，障害者および外国人・先住民族のそれぞれの問題について，関連する条約と立法・裁判例の現状について概観する。

(ア) 障害者 「障害者の権利に関する条約（障害者権利条約）」（2014年批准）における障害者の概念には，社会モデルが反映されている（障害の社会モデル・医学モデルにつき菊池馨実ほか編著・障害法〔2015〕4頁以下参照）。社会モデルとは，障害を，個人の損傷・機能障害と社会（主として建築的・社会的・経済的環境などの外的要因）によって作り出される社会的現象と理解し，その責任の所在を，機能障害などを有する個人を取り巻く環境に向けるものである。これと対置されるのが，障害を，個人の機能障害等を原因とするものと捉え，それによって発生する不利益をその機能障害等を有する個人の問題とする医学モデルである。現在の民法の想定する障害・障害者概念が医学モデルであることを前提として，障害について社会モデルを採用することによる民法への影響を議論する必要性が指摘されている（上山泰「障害者権利条約の視点からみた民法上の障害者の位置づけ」論ジュリ8号〔2014〕42頁）（→前注（§§3-32の2）Ⅱ3(6)）。

障害者権利条約の批准に向けた国内法の主要な整備として，2011年（平成23年）に障害者基本法が改正されたほか，2013年（平成25年）に，全分野的な差別禁止立法としての「障害を理由とする差別の解消の推進に関する法律（障害者差別解消法）」の制定と，雇用分野における差別禁止に関する「障害者の雇用の促進等に関する法律（障害者雇用促進法）」の改正が行われた（同条約

§2　III

に基づく国内法整備につき浅倉むつ子「障害差別禁止立法の課題と展望」労旬 1794 号
〔2013〕6 頁，岩村正彦ほか「〔座談会〕障害者権利条約の批准と国内法の新たな展開——
障害者に対する差別の解消を中心に」論ジュリ 8 号〔2014〕4 頁等参照)。

　障害を理由とする差別の解消を社会において推進することを目的とする障
害者差別解消法においては，同法 8 条 1 項で，事業者について，障害を理由
として障害でない者と不当な差別的取扱いをすることによって障害者の権利
利益を侵害してはならないという義務が定められるとともに，同法 7 条 2
項・8 条 2 項で，一定の場合に社会的障壁の除去の実施について必要かつ合
理的な配慮をすることについての努力義務が定められている（障害者差別解消
法解説編集委員会編著・概説障害者差別解消法〔2014〕80 頁以下)。これらについて
は私法上の効力を認める定めはおかれていない。これらの規定に違反するこ
とが，個別の事案における 90 条，709 条を通じた判断に影響を及ぼすかが
問題となる（池原毅和「合理的配慮義務と差別禁止法理」労旬 1794 号〔2013〕11 頁以
下)。

　障害者雇用促進法の 2013 年（平成 25 年）改正により，同法 35 条・36 条で，
募集・採用の場面と採用後の場面のそれぞれにおいて，事業主に対し，障害
者に対する差別が禁止され，同法 36 条の 2・36 条の 3 で，障害者と障害者
でない者との均等な機会・待遇の確保等を図るための措置（合理的配慮）を講
じるよう義務づけられた（長谷川珠子「障害者雇用促進法の改正」法教 398 号
〔2013〕52 頁，永野仁美ほか編・詳説障害者雇用促進法〔増補補正版，2018〕81 頁以下・
207 頁以下参照)。いずれの義務についても私法上の効力の定めはおかれてい
ない。同改正以前においても，障害者に対し必要な勤務配慮を合理的理由な
く行わないことが公序良俗（90 条）ないし信義則（1 条 2 項）に反する場合が
ありうるとした下級審裁判例（神戸地尼崎支決平 24・4・9 判タ 1380 号 110 頁等）
もあったなかで，これらの明文規定が設けられたことによる 90 条等の解釈
への影響を論じることも今後の課題となる（長谷川・前掲論文 57 頁以下，池原・
前掲論文 11 頁以下，永野ほか編・前掲書 214 頁等参照)。

　(イ)　外国人・先住民族　　「あらゆる形態の人種差別の撤廃に関する国際
条約（人種差別撤廃条約)」(1995 年加入) は，2 条 1 項(d)において，立法を含む
すべての適当な方法により，いかなる個人，集団または団体による人種差別
も禁止し，終了させることを規定し，同条約 6 条において，裁判所等を通じ

〔宮澤〕　　281

§2 Ⅲ   第1編　第1章　通　則

た人種差別行為に対する救済措置の確保に加えて，差別の結果として被った損害の賠償・救済を裁判所に求める権利の確保も求めている（人種差別撤廃条約につき村上正直・人種差別撤廃条約と日本〔2005〕参照）。また「市民的及び政治的権利に関する国際規約（国際人権B規約）」（1979年批准）は，同規約26条において，すべての者に平等の保護を受ける権利を認め，同規約27条において，種族的，宗教的または言語的少数民族の文化・宗教・言語に関する権利を定める。

　日本においては，一般的に人種差別を禁止するための法律は制定されていない。他方，差別表現・憎悪表現（ヘイトスピーチ）に関しては，2016年（平成28年）6月，本邦外出身者（本邦の域外にある国もしくは地域の出身である者またはその子孫であって適法に居住するもの）に対する差別的言動の解消について基本理念や国・地方公共団体の責務などを定めた「本邦外出身者に対する不当な差別的言動の解消に向けた取組の推進に関する法律」が施行された。ただし，同法では罰則や私法上の効果に関する規定は設けられていない。そのため，人種差別を巡る問題は，差別表現・憎悪表現を含めて，民法などの法律の適用によって解決が図られることになる（外国人差別と民法の関係につき吉田（克）・前掲論文68頁以下，アイヌ民族差別と民法の関係につき吉田邦彦「アイヌ民族の民法問題(上)(下)」ジュリ1302号62頁，1303号48頁〔2005〕参照）。

　具体的に問題となる事例としては，差別表現・憎悪表現（山本敬三「差別表現・憎悪表現の禁止と民事救済の可能性」国際人権24号〔2013〕77頁，齋藤民徒「ヘイトスピーチ対策を巡る国内法の動向と国際法──人権条約の効果的実現への課題と示唆」論ジュリ19号〔2016〕91頁等参照，損害賠償をめぐる裁判例として札幌地判平14・6・27【平10(ワ)2328】〔アイヌ民族〕，大阪高判平26・7・8判時2232号34頁〔在日朝鮮人〕，事前差止めをめぐる裁判例として，横浜地川崎支決平28・6・2判タ1428号86頁〔在日韓国・朝鮮人〕等）のほか，契約拒絶（大村敦志「民法における『外国人』問題──契約拒絶を中心に」塩川伸明＝中谷和弘編・法の再構築Ⅱ──国際化と法〔2007〕283頁参照，裁判例として東京高判平14・1・23判時1773号34頁〔団体加入〕，札幌地判平14・11・11判タ1150号185頁〔入店拒否〕等）などが問題となる。

〔宮澤俊昭〕

前注（§§*3-32 の 2*）　I

第2章　人

前注（§§ 3-32 の 2〔人〕）

細　目　次

I　人の概念 ……………………283
　1　民法および民法学における人の概念…283
　2　人格の賦与 ……………………285
　3　人の同一性 ……………………287
　　(1)　人の同一性の本質問題／人の同定
　　　…………………………………288
　　(2)　人の特定 ……………………288
　4　権利の客体とされる契機 ………292
　　(1)　身体や遺体の所有権の帰属 ……292
　　(2)　身体や遺体を目的とする所有権の
　　　効力 …………………………294
　5　出生および死亡の概念 …………295
II　人であることの法的効果 ………298
　1　民事法における人の保護 ………298
　2　普遍的な状況における人の保護──
　　人格権 …………………………298
　　(1)　民法の解釈として導出される人格

　　　権 …………………………299
　　(2)　人格権の内包をなす題材の分類整
　　　理 …………………………306
　　(3)　人格権の効果 ……………308
　　(4)　人格権の性質 ……………312
　　(5)　人格権の諸相 ……………315
　　(6)　一般的人格権の可能性 ……325
　3　類型的な状況における人の保護──
　　民法における人の群像 …………326
　　(1)　人の類型を考察するための概念の
　　　用意 …………………………326
　　(2)　消費者 ……………………329
　　(3)　児　童 ……………………329
　　(4)　高齢者 ……………………330
　　(5)　労働者 ……………………330
　　(6)　障害者 ……………………331
　　(7)　外国人 ……………………332

I　人　の　概　念

1　民法および民法学における人の概念

　民法に限らず法において，人は，大きな関心の対象である。また，民法学を含め，人というものこそ，あらゆる学問にとっても最重要の研究対象にほかならない。

　実定法としての民法において，人を指称する概念が最初に登場する場所は，

〔山野目〕　283

前注（§§ *3-32の2*） Ⅰ 　　　　　　　　　　　　　　第1編　第2章　人

第1編第2章の表題である「人」ではない。2条の「個人」が，人を示す概念として最初に登場する。これからこの前注で考察の対象とするものも，この「個人」である。民法における人を考察する，という問題設定が向き合わなければならない課題が，同条において，象徴的で本質的な仕方で示される。人は，本来，民法によって創られるものではなく，民法などの法以前に原初的に存在するものであり，その〈人〉が構成する社会を適切に規律するためにこそ，民法は，制定される。しかしまた，そのようにして制定された民法が，いうところの社会の規律を適切に達するため，法人という概念を用いることが避けられず，そして，その法人もまた法的人格を承認することが要請されるとすると，法人もまた人であることになり（それにもかかわらず，第1編第2章の表題である「人」が，法人を含む人の意味で用いられていないことは，民法における人の捉え方を考えるうえで興味深い），そのいわば反動として，原初的な存在としての人を特に区別して用いる概念が必要になる。それが，2条の「個人」にほかならない。同条に限らず，他の実定法も「個人」の呼称を用いる（遺失物法35条2号や消費者安全法2条1項など）。

　これに対し，民法学の学問上の概念整理としては，「個人」の語も用いられるが，特に「自然人」という言葉を用いることが定着している。しかし，やや一般からはわかりにくく，専門の彩りの強すぎる用語である嫌いもある。自然人と耳にして，南洋の国で原始的な暮らしをしている人たちであると理解された，という話もあり，個人のほうが平明な用語であるかもしれない。

　いずれにしても，本質的な課題は，よび方にあるのではなく，人の概念における思想的契機と技術的契機との比重の置き方を考えながら，さまざまな法事象に対処することにある。民法学における講述の態度も，「権利の主体」ないし「権利能力」の享有主体という観点から，その下位分類として個人と法人とを並べることは，どちらかというと権利能力の有無という形式的な観点からの整理であって，個人が法人とは本質を異にするということの認識が後景に置かれるのに対し，意識して個人と法人を対峙させ，論述の見映えにおいても別立ての編成にする方針を採る場合は，「権利主体を意味する法技術的概念」（河上23頁）のまさに技術的な性格について，相当に自覚的であるという対比をひとまずは語ることができるであろう。

　また，このこととは別の問題であるが，法人をも含む広い人の概念が，個

284　〔山野目〕

前注（§§3-32の2）I

人と法人の2つの集合により内包が尽くされるものであるか，つまり，個人と法人が人であり，そのほかに人はいない，と考えるべきであるか，という問いに対しては，基本は，そのとおりであると考えられる。法人は，かなり多様な内包を包摂するものであり，株式会社や持分会社のような営利法人，特定非営利活動法人や一般社団法人のような典型的な非営利法人，農業協同組合や学校法人のような個別法に基づく法人のみならず，国，地方公共団体や独立行政法人・地方独立行政法人のような行政組織法的な規律に服するものもみられるが，これらのすべてが法人である。

仔細に観察するならば，法人概念の外延において論じられるものに，法制上は法人としての正規の扱いに浴さない存在があり，「権利能力のない社団」，「人格のない社団」，「任意団体」などとよばれる。また，「権利能力のない財団」という概念を考える余地があるか，ということも論じられてよい（→権利能力なき社団・財団）。さらに，権利能力のない社団のなかでも，「地縁による団体」（自治260条の2）は，かなり特殊な存在である。とはいえ，これらのものも，法人と個人の中間に置いて観察するものではなく，法人そのものではないとしても，法人に関する規定を性質に反しない限り類推すべきものであり，個人とはまったく異なる。

実定法上の扱いも，税制関係の法令のように，権利能力のない社団の扱いをどうしても明らかにしなければならない場合は，「人格のない社団」と表現して，これを扱うこととされるが，むしろ民事基本法制は，権利能力のない社団の存在を想定する法文とすることを避ける例である（部会資料84-3参照）。

民法も，このような理解を前提とするものであり，たとえば465条の2第1項の「法人でないもの」とは端的に個人を意味するものと解される。そして，本巻において33条以下の規定の注釈が用意されることを睨みつつ，この項が注釈の対象とするものが，この個人にほかならない。

2　人格の賦与

個人について，それをもって権利を有する主体として把握するためには，民法など実定法において一定の概念装置が用意されなければならない。それが権利能力にほかならない（その概念について，→§3A）が，それが賦与されることにより個人が主体となることが認められる権利は，所有権や特許権の

〔山野目〕　285

前注（§§ *3-32 の 2*） I　　　　　　　　　　　　　第1編　第2章　人

ような財産権に限られるものではなく，むしろそれら以上に，人格的な権利利益に係る権利も含まれる。このように効果において大きな特色がみられることに加え，要件においても，法人の権利能力が多くの場合において設立の登記がされるという無機質な契機に着目して権利能力が与えられるのに対し，人の権利能力の消長は，これとは様相を異にする。個人の権利能力の問題を人格の賦与という本源的な契機から捉えなければならない所以がここにある。

　権利能力という法技術的な概念を通じ，人格を有する主体的存在として，実定法上認識され，かつ必要な法的保護を与えられる存在として人を認知する契機が明らかになるから，その権利能力が認められることになる時間的な段階，同じく，それが認められないことになる時間的な段階が精密に明らかにされなければならない（権利能力の始期および終期に関し，→§3 A II・III）。

　また，人は，それ自体として権利の主体であって，言い換えるならば権利の客体となることはない。ただし，このこととは区別すべき問題として，生存する個人から分離されたものや，死亡した後に人体を構成していたものは，他人の権利の客体となる可能性がある（→4，また，→§85 III 3）。

　さらに，権利の主体である，ということは，言い換えるならば，法律関係の主体である，ということであり，権利のみならず義務の主体ともなる。義務にはさまざまのものがあるが，債権の効力として認められる攫取力に基づいて権利行使の対象となる財産は，原則として，その債務の主体である者，つまり債務者が有するものに限られる。例外的な契機は，詐害行為取消権（424条）や倒産法制上の否認権の行使による場合のようなものに限られ，それらは，まさに例外であるにとどまる。ここには〈その人の財産〉とそうでないものを区別し，また，〈その人の財産〉を一団として把握する思考が潜む。民法の規定も，そのことを正面から体系的に言明していないとはいえ，「総財産」（306条）を問題とする思考がみられる。この思考の内実は，解釈により明らかにされなければならないが，おおむね受け容れられているものは，この総財産というものを必ず人は有するし（総財産の帰属の第一原則），そして，その有するという際には原則として一個の「総財産」を有するものであり（総財産の帰属の第二原則），しかも，その人が負う債務，特に金銭債務に係る債権は，この「総財産」に含まれるすべての財産に対し，その換価などを通じて履行強制の権利行使をすることができる（総財産の帰属の第三原則）と

286　〔山野目〕

前注（§§3-32の2）I

いう諸原則に分節される。このことが確認されたうえで，これら分節された諸原則のそれぞれについて例外の有無と内容が考究されなければならない。略述するならば，第一の原則に対する例外はありえない。それこそ，人に人格が，言い換えると権利能力が認められる，ということの意義にほかならない。これに対し，第二の原則に対しては，民法の範囲で見ても，財産分離（941条・950条）のような制度があり（また922条），また，失踪宣告がされた場合の法律関係において類似の問題を呈することがある（→§31，§32）。また，第三の原則についても，先取特権の権利行使順序の規制（335条）などは，興味ある題材を提供する。これらの問題を考究するにあたっては，いずれも外国法の研究であるが，横山美夏「財産概念について —— フランス法からの示唆」早稲田大学比較法研究所編・日本法の中の外国法 —— 基本法の比較法的考察〔2014〕の特に52頁，片山直也「財産 —— bien および patrimoine」北村一郎編・フランス民法典の200年〔2006〕，原恵美「財産管理に対する二つのアプローチ —— 管理の対象たる『財産』をめぐるフランス法の検討を契機として」法学政治学論究70号〔2006〕が参考になる。

3　人の同一性

　民法が規律する法律関係は，ある人がその人として同一であることを前提として営まれる。ある人（＝A）が売主となり，また，別のある人（＝B）が買主となる売買契約が締結された場合において，売主となるかのごとくにみえた人に対し財産権移転義務の履行を請求することができるのは，その人がAであると認められるからである。また，買主となるかのごとくにみえた人が代金を支払わない場合において，その人の所有する財産に対し強制執行をすることができるのは，その人がBであると認められるからである。契約を締結する動作をした人と，その履行を求められている人とが同一の人であるかどうか，という問題を考えるにあたっては，どのようにして人の同一性が定められるか，という問題（同定の問題）と，どのようにして人の同一性を確かめることができるか，という問題（特定の問題）とを解決しなければならない。しかし，いずれも，少なくとも実定法としての民法に規定がない問題であるから，民法や他の法令の規定を参照しつつ，一般の通念を踏まえ，適切な具体的解決を解釈として得なければならない。

〔山野目〕　287

前注（§§ *3-32の2*） I　　　　　　　　　　　　第1編　第2章　人

(1)　人の同一性の本質問題／人の同定

　これらのうち，ある場面に現れた人物と別の場面のそれとが同じ人である
かどうか，が，どのようにして定められるか，という問題は，どのように人
間というものを理解するか，という深遠な問いに発展せざるをえない契機を
含む。が，実用法学における問題処理との関係において，必要以上に考察を
難しくしない限度での解決を考えるならば，精神および肉体が同一であるか
どうかを総合的に判断して同一であると認められる関係があるときに，人と
しての同一性が肯定される，と考えられる。精神は，その人の出生からあと
の認識と思考の蓄積が人格として凝縮するものであり，それが同一の肉体を
基盤として，さらに認識と思考の蓄積を続けてゆく状況にあるとみられる場
合において，その人は，前後を通じ同一であるものとして扱われる。契約締
結時の売主が履行期に記憶を喪っていたとしても，財産権移転義務を免れる
ことはない。同一の肉体を基盤として，記憶が蘇ることはありうる。その人
に対し後見を開始するなど保護の措置を講ずる必要が生ずるということは，
もちろん別な次元の問題である。民事法の規律ではないが，罪を犯した事実
の記憶を喪ったとしても，その行為が不可罰になるものでない（公判手続や刑
の執行が停止されるにとどまる。刑事訴訟法314条1項・480条）ことも，同様の考
え方による。反対に，その人の記憶の蓄積の総体である意識が肉体から分離
し（幽体分離），さらには別の肉体を基盤として活動をするような事態が，仮
にありうるとすると，人の同定の観点からは，きわめて困難な問題を惹き起
こすが，サイエンス・フィクションの次元にとどまる話題であって，現在の
科学技術において，それを私法的法律関係のコントロールにおいてどのよう
に処するか，真剣に検討するまでの必要はない。

(2)　人　の　特　定

　人の同定の問題が以上のように考えられることを前提としつつ，同定され
る人の特定については，いくつかの要素の総合的考慮のうえに，特定が達せ
られるものと考えるべきである。同定の次元において異なる人であると認識
されるにもかかわらず，たとえば氏名が同じ人たちもいる。これに加えて住
所（22条）も同じということになると，人の特定は，さらに困難になる（昭
和45年4月11日民事甲1426号民事局長回答・登記先例追V 226頁〔山野目章夫編・不
動産登記重要先例集〔2013〕49番〕は，同一不動産を共有する者らが同氏同名であり，

288　　〔山野目〕

前注（§§*3-32の2*）　I

かつ住所を同じくするという困難な事例の処理を扱う）。とはいえ，よほど特殊な事例でない限り，数人の者らが氏名・性別・年齢・住所のすべてを同じくするということは，まずありえない。

　民法の規定の適用関係（810条・733条・961条・484条など）を考慮しても，これらの4つの要素を個人の特定の基本に据えるべきである。

　(ア)　氏名　　これらのうち，氏名は，氏と名から構成される。このことそれ自体について，このような構成で個人の名称を定めなければならないこと，特に氏というものを人がもつ，ということは，これを民法において正面から定めている規定はなく，むしろ氏というものがある，ということを当然の前提とする規定が置かれている。名と共に氏というものをもつ，ということは，顧みると，平民に氏の取得を許す明治3年9月19日の太政官布告608号を経て，平民も含め氏をもたなければならないとする明治8年2月13日の太政官布告22号に始まる（末光祐一「旧民法に基づく相続事例あれこれ(2)——相続法制の変遷」月報司法書士526号〔2015〕70-72頁）。この法制上の状況が明治民法に引き継がれ，氏は，歴史的には親族共同体への帰属を示す機能をもつと考えられたが，今日において，どのような機能を氏がもち，また，もつべきであるかは，あらためて論議されなければならない（氏の変更の問題も含め，750条・751条・767条，戸籍法6条など，また，同法102条の2の帰化により日本の国籍を取得する外国人の氏について，唄孝一・氏の変更〔1992〕22-26頁，被差別部落の問題との関連における氏およびその変更をめぐる課題に関し，唄・前掲書102-112頁，氏に関する一般的な研究として，同・戦後改革と家族法——家・氏・戸籍〔1992〕，泉久雄・親族法〔1997〕33-37頁，参照）。また，名は，氏と組み合わせされて氏名を構成するものであり，一人ひとりに与えられる。名を与える権能の所在や行使の在り方について論議がある（泉・前掲書269-270頁）ほか，棄児は，氏も含め市町村長がつけることとされていること（戸57条2項）にも注意を要する。

　(イ)　性別　　性別は，民法上，まず，「男」と「女」である（731条・733条）。くわえて，親子関係の当事者である場合は「父」と「母」と（779条・783条など），また，婚姻の当事者である場合は「夫」と「妻」と称され（750条・767条1項など），いずれも，排列上，男のほうを先に置くものとなっているが，慣行によるものであるにとどまり，この排列に特別の意味を読み込むべきではない。法制のなかには，「両性」（憲24条1項）とよび，排列の問題

〔山野目〕　289

前注（§§*3-32の2*）I

第1編　第2章　人

を回避する工夫をするものもみられる。また，性別の取扱いに関する法制上の規律（性同一性障害者の性別の取扱いの特例に関する法律4条）とそれが親子関係に及ぼす影響が論議されている（→第17巻生殖補助医療IV2(2)）。

(ウ)　住所　　住所は，その人の「生活の本拠」である（22条，23条の居所や24条の仮住所の概念との関係を含め，→§22，§23，§24）。住所については，一方において住所を去った者が住所に残していった財産の管理が（25条以下の不在者財産管理の問題として扱われる。→§25），また，他方において，住所を去って旅する人のその立寄先において形成される財産関係の規律が問題とされる（→§32，また，行旅病人及行旅死亡人取扱法13条参照）。

(エ)　年齢　　年齢とは，何か。その基本的な意義は，人の生きてきた時間の長さである。法律上，それは，現実の自然的な事実により見定められる人の生存してきた時間の長さとは精密な一致をみない。年齢が日を単位として定められるものであるからには，分や秒を単位として認識される物理的な時間の長さとは異なる次元で計測されるからである。しかし，そうは言っても，それは，技術的な細部であり，そこに目を向ける前に概念の本質を捉えるならば，それはやはり，人が生きてきた時間の長さにほかならない。その年齢が，民法をはじめとする法令の適用において問題とされる所以は，大きく分けて2つあると考えられる。第1に，年齢は，人の精神的な，または肉体的な成長ないし衰微の兆表である。もちろん人それぞれに個別的である側面が強いことに留保しなければならないとしても，一般に人は，著しく若い時は精神的に未熟であり，肉体的にも成長が十分でない。このことに着眼して，未成年者の行為能力が制限される（4条・5条）。また反対に，著しく高齢になると，これももとより人ごとに異なるにしても，どうしても判断能力が減退し，また，稼働能力が衰える。ある種類の公務員について定年の制度があること（国家公務員法81条の2，裁判所法50条など）は，この理由による。第2に，人を特定するにあたり，年齢が一つの要素としての意義をもつ。わかりやすい例を挙げるならば，世に同氏同名の人は少なくなく，それらの人たちを氏名で区別することはできない。その場合に年齢も同じということは，絶対にないことはないにしても，確率は格段に減ずる。こうして，年齢を一つの要素に加えることにより，人の特定が可能となることがみられる。この意味における年齢は，むしろ精密には，年齢の起算日である生年月日が特定と

290　〔山野目〕

前注（§§ 3-32 の 2）　I

の関係において意義をもつというべきである。

　年齢が法的効果と結び付けられる場面は，民法に限っても，いくつかのものがある。それらは，まず，ある年齢より上であることを要件として一定の法律行為をすることが認められる場合が多い（4条・5条・731条・737条・792条・797条・798条・817条の4・847条1号・961条など）。これに対し，ある年齢より下であることが法律行為の当事者となる要件であるとされるものとして817条の5の場合があり，また，年齢の大小が問題とされるものとして793条の場合がある。

　このように法的効果と結び付けられるところから，年齢は，計算方法を定めておかなければならない。年齢計算ニ関スル法律が定めるところである（→§4 I 4）。また，法的効果と結びつけられる事項ではないけれども，年齢のとなえ方に関する法律が，年齢を言い表わす際の慣行に関し，望まれる方法を督励する。その内容は，年齢計算ニ関スル法律に従い，満年齢で言い表すことを推奨するものである。なお，同法1項括弧書の「1年に達しないときは，月数」という規律は，乳児の年齢を「5か月の女の子」とか「8か月の男児」とよぶことをいう。年齢の計算に関する近時の論議として，第154回国会における衆議院議員からの質問に対し内閣が決定した答弁書が参考となる（内閣衆質154第154号）。

　(オ)　附・本人確認　　いわば実体的な要素として人を特定するための以上の諸観点を前提として，人を特定するために法律実務上用いられる手順の側面において，いくつかの手法がみられる。印鑑に着目した古典的な方法としては，住所地の市町村長（特別区の区長を含み，政令指定都市にあっては市長・区長・総合区長）の事務として行われる印鑑に関する証明がある（いわゆる印鑑証明ないし実印登録）。電子的な手段としては，電子署名及び認証業務に関する法律2条1項による電子署名があり，個人については，住民基本台帳を用いる公的個人認証の仕組みが運用されている。個人の確認については，すべての国民が旅券を所持するものではない，という日本の状況を前提として，運転免許証や国民健康保険証などの若干の本人確認書類を場合によっては組み合わせて用いることがされている（犯罪による収益の移転防止に関する法律施行規則7条，不動産登記規則72条2項）。

　今後は，行政手続における特定の個人を識別するための番号の利用等に関

〔山野目〕　291

前注（§§*3-32の2*）Ⅰ 　　　　　　　　　　　　　　第1編　第2章　人

する法律が定める個人番号（いわゆるマイナンバー）が，社会保障，税，戸籍
や自動車登録などの諸局面において活用され定着するか，注目される。それ
は，個人情報の保護や人格権の在り方と関連する側面もあり，そこが，同じ
法律で併行して規律されている法人番号と決定的に異なる。

4　権利の客体とされる契機

　生存する個人は，それ自体としては，法律関係の主体であって，客体とな
ることはない。このことを確認したうえで，生存する個人から分離されたも
のや，人体を構成していたものが死亡した後に他人の権利の客体となる可能
性については，考察を要する問題がある。

(1)　身体や遺体の所有権の帰属

　まず，人の身体からもたらされる物質は有体物であり，それは，所有権の
目的となる。考察の対象とされるものは，多岐にわたり，①生存する人の身
体，②生存する人の身体の一部で分離されたもの，③遺体，④遺体の一部で
分離されたもの，さらに特殊なものとして，生殖子がある（精子・卵子・受精
胚を含む法的諸問題について，櫛橋明香「人体の処分の法的枠組み(8・完)」法協131巻
12号〔2014〕2572-2607頁が，「人」と「物」を二分する思考のもと，いずれに基軸を置
いてアプローチをするか，さらに，その思考がそもそも適切か，処分行為の規律の問題と
して捉える考え方がありえないか，などを考察する）。そして，①・③の区別，また
②・④の区別を可能とするために死亡の概念が問われる（→5）。

　これらについて，もとより所有権の帰属関係が問われる。それに加え，
②・④は，人の工作を加えて身体の一部を分離する場合のその工作が適法に
許される要件も検討が要請される。

(ア)　生存する人の身体
　まず，人の身体（①）は，その人が生存する限
り，所有権の目的とならない（岩志和一郎「ヒト由来物質をめぐる法的課題――わ
が国の議論」季刊企業と法創造6巻3号〔2010〕116頁。櫛橋・前掲論文(1)法協131巻4
号〔2014〕734-740頁が論議の経過を跡づける）。人は，人格的主体としてのみ存在
し，何らかの権利の客体となることはない，ということについて，このこと
そのものを宣明する規定はないけれども，3条1項から解釈上導かれる至当
の事理である（大村・読解35頁参照）。「人を買い受け」るという表現が法制上
用いられる（刑法226条の2第1項）ことがあるが，一種の比喩であり，対価
を供して人に対する不法な支配をするため人身の引渡しを受けることを述べ

292　　〔山野目〕

前注（§§ *3-32 の 2*）　I

ようとするものである。人は，本来，売ったり買ったりすることが考えられない。

　(イ)　生存する人の身体から分離されたもの　　これに対し，人の身体の一部は，それが人から分離された段階（②）から，所有権という帰属形式を避けることができない（吉田克己「身体の法的地位（2・完）」民商 149 巻 2 号〔2013〕128 頁）。そして，「身体部分は分離前にそれが帰属していた主体の所有権に服すると考えるのが一般的である」（岩志・前掲論文 117 頁）。人の身体の一部には，毛髪，血液，肢体のほか，内臓や眼球，さらに特殊なものとして死胎がある（宇都木伸「人由来物質と個人医療情報」宇都木伸ほか編・人体の個人情報〔2004〕231 頁注 1 も参照）。ここでいう分離が，自然的事実として生ずる場合は，そのようなものとして事態を受け止め，爾後の法律関係は，相続法の準則や物権法理を参照しつつ，物の概念の運用に委ねることでよい（→§85 III 3）。これに対し，分離が人の行為により生ずることが予定される場合においては，そもそも分離を目的内容とする法律行為が効力を承認されるか，ということ自体も問題である。古典的な例を挙げるならば『ベニスの商人』のプロットが想起されてよいが，現代的な課題としては，生体からの臓器移植が事象として重要である。「臓器移植法は直接的には死体臓器の移植に関する法律であるが，そのガイドラインでは，生体臓器移植にも触れ，やむを得ない場合に提供と移植が許容されるとしている」（岩志・前掲論文 120 頁注 6，文献として，法時 79 巻 10 号〔2007〕が生体移植の諸問題を特集する）。

　(ウ)　遺体　　死亡した人の身体の全部，つまり遺体（③）は，所有権の目的となる。そして，それは，祖先の祭祀を主宰すべき者（897 条 1 項）に帰属すると考えられ（大村・読解 253 頁，→第 19 巻§896），また，遺体の変形物であると考えられる遺骨（焼骨）は，897 条を準用し，やはり祭祀主宰者に帰属すると解される（最判平元・7・18 家月 41 巻 10 号 128 頁，浦川道太郎「祭祀財産承継にまつわる法律問題」月報司法書士 520 号〔2015〕16 頁参照）。

　(エ)　分離された遺体の一部　　遺体から分離された身体の一部（④）の所有権の帰属も考察の課題を提供するが，そこではさらに，その一部を分離する行為に対する社会的な統制の在り方を関連させて検討しなければならないし，くわえてまた，そのことは，いつから分離の行為が許されるか，という論点を解決するため，死亡の概念について考え込まなければならない問題を

〔山野目〕　　293

前注（§§*3-32の2*）I　　　　　　　　　　　　　　　第1編　第2章　人

提供する。実定法制上，この問題の規律は，臓器の移植に関する法律（(2)と5において臓器移植法と略称する）によるが，その規律の内容をめぐっては，特に家族の書面による承諾や親族への優先提供の意思表示に関し，多くの論議がみられる（本山敦「改正臓器移植法——民法・家族法の視点から」法セ660号〔2009〕2-3頁，松宮孝明「2009年脳死・臓器移植法改正を批判する」法時81巻11号〔2009〕など参照）。特に，臓器移植に関する法制の現下の潮流が，本人の自己決定権やさらには遺族の意思尊重ということを過度に強調することの弊害を憂え，それらが結局は人間の尊厳を損なうものではないか，という深刻な憂慮に基づく問題提起もされる（秋葉悦子・人格主義生命倫理学——死にゆく者，生まれてくる者，医職の尊厳の尊重に向けて〔2014〕14-21頁・40-43頁参照）。

(2)　身体や遺体を目的とする所有権の効力

　いずれにしても，人の身体の全部または一部が所有権の目的である場合においては，まず，その所有権は何人に帰属するか，が当然のことながら問われるが，くわえて，その所有権の効力内容はどのようなものであるか，という見地から所有権に対する制約が問題となる。遺体や人の身体の一部については，その使用の方法などについて所有権に対する特殊な制約が働くから，そのことを強調すると，所有権が何人に帰属するかが，あまり重大な問題でないように映るかもしれない。たとえば，通常，遺体は，法令が許容する方法で埋葬をしなければならず（墓地，埋葬等に関する法律4条），所有者が「自由に」（206条）処分し，または使用収益することは許されない。とはいえ，特殊な局面においては，所有権を有する者の意思により法律関係処理がされる場面がみられる。死体解剖保存法10条に基づき医学教育のためにされる解剖，いわゆる系統解剖において，同法12条に基づき市町村長が医学教育を行う学校の学校長に交付した遺体について引渡しを請求することができる者を同法は「引取者」とのみ表現するが，これは，特段の事情がない限り，遺体の所有権を有する者と解されるものであり，遺体の引渡請求は，基本的には所有権に基づく返還請求権としての動産引渡請求権の行使として理解されるものである。

　遺体や身体の一部の所有権は，「法令の制限」（206条）が，きわめて特殊な仕方で，かつ強力に働くものであり，むしろ所有者の随意にしてよいことはほとんどないとみるほうが，実像に即する。「身体部分の使用，収益，処

294　　〔山野目〕

前注（§§3-32の2） I

分を無限定に認めるわけではなく，社会的価値秩序との関係で容認できる範囲と方法でのみ認められる」（岩志・前掲論文117頁）。所有権の制限の具体的な内容は，公衆衛生に関する法令とその解釈により定まるが，その内実を観察すると，制限の実質的な契機は大きく分けて2つあって，それらが複合して制限の具体的な帰結が見定められる。第1は，遺体や身体の一部がふさわしく扱われる仕方に関する社会一般の通念であり，「国民の宗教的感情」（墓地，埋葬等に関する法律1条），「礼意を失わないよう〔な〕注意」（死体解剖保存法20条，臓器移植法8条），「人道的精神」（臓器移植法2条3項）などへの留意が求められる。第2は，本人や遺族の意思や意向，さらに希望などを尊重考慮するという契機にほかならない。臓器移植法2条1項が「意思」の尊重を謳うところに顕著に表現されるが，いうまでもなく関係者の意思が無制約に決定的意義を有するものではなく，社会一般の通念との総合考慮のうえに法令による規律が用意され，また，法令の解釈運用がされる。この点については，「系統解剖と病理解剖には原則として『遺族』の承諾が必要である。近時の判例によれば，この遺族の承諾は，大学や病院での解剖……や死体の全部または一部の標本としての保存……を死体解剖保存法や他の公法的規制との関係で正当化する要件であり，その承諾をなしうるのは『遺族である相続人』と解すべきであって，死体の所有者である祭祀の主宰者だけに限られるわけではない」（岩志・前掲論文118頁）とされるなどの論議がされている。

　これらの局面の法令の解釈運用は，ときに難しい問題を呈することがある。この分野の論点が一般に機微に関わる問題であるということに加え，公衆衛生に関する法令が，しばしば解釈に労力を要するものになっているという要因もある。「遺族」の概念が用いられていて相続人に限る趣旨かどうかを決めないものとしていたり，遺体ないし遺体の一部を標本として使用させる行為を「提供」とし，所有権が移転する事態であるか，単に貸借をする趣旨かを明示しなかったりするような謙抑的な態度が観察される（裁判例に，東京地判平12・11・24判タ1063号143頁，東京地判平14・8・30判時1797号68頁などがある）。

5　出生および死亡の概念

　仔細な検討を要する多くの問題はあるにせよ，おおづかみに述べるならば，生存を始めた時からそれを止める時まで，人は，権利能力の主体である。

〔山野目〕　295

前注（§§3-32の2）I　　　　　　　　　　　　　　第1編　第2章　人

　この思考整理が機能するためには，人が生存を始める時，そしてそれを止める時が概念として明らかでなければならない。出生の概念は，3条1項の解釈問題として問われる（→§3AⅡ2）。ここでは，死亡の概念を見ておこう。伝統的には，循環器の機能が停止し，回復が不可能になった時が死亡であると考えられてきた（「循環器系の基準，すなわち心臓死」，秋葉・前掲書40頁）。そして，いくつかの特殊な問題に関する留保を添えてであるならば，「神経系の基準，すなわち脳死によっても測定できるようになった」現代（秋葉・前掲書40頁）にあっても，この死亡概念が維持されるべきである。いくつかの問題とは，次の4つである。

　まず，死亡は，第1に，時間的段階性を含む概念として扱われるべきではない。医師に問うと，なかなか時間的一点で確定することが難しいことがある，と述べられたりするが，その臨床上の実態と実定法運用上の思考整理は，まったく別な次元のことであり，法概念としては，一点を定めるという事実認定をして法規を適用すべきである。脳死から心臓死へ向けて緩やかに死へと赴く，という言い方は詩的な響きがあり，思わず納得してしまいがちであるが，そのような教説が実践的に何のために唱えられるかは，よく吟味されなければならない。時間の幅をもたせることにより，去りゆく人その本人ではなく，周囲にある人々の種々の思惑で問題処理をする契機を押し開こうとして，このような論理が標榜されかねない。それは，その本人の，人としての尊厳に結びつかない。実定法が特別に認める場合において，その要件のもとで心臓死の前の段階における死亡前提の一定の解決がとられることは適法であるといわなければならないが，裏返して見るならば，そのようなことが許されるのは，その場合に限られなければならない。また，そのような解決を実定法で是認すること自体も，適切な立法政策であるかは，個別に考察されるべきである。脳死した者の身体から臓器を摘出することの可否を決める一つの要素として遺族の意思を考える臓器移植法6条1項1号などは，このような批判的な見地から，その運用が不断に検証されなければならない。

　第2に，死亡は，相対的概念として扱われるべきではない。ある事項との関係では心臓死が死亡であるが別の事項については脳死が死亡である，というような思考は，概念整理を混乱させ，やはり恣意的な法律関係処理を招くおそれがある。わざわざ同項柱書が「死体」の後に「脳死した者の身体を含

前注（§§3-32の2）　I

む」という括弧書を加えてことわることの意義は重い（「死体」という概念それ自体は，脳死した者の身体を含む概念でなく，括弧書を加えて初めて含まれることになる）。

　第3に，しかし，死亡は，法律関係に論理的に明快な説明を与える見地から，論理的段階性を含むことはある。人は，ある事項との関係において，死亡した後，論理的一瞬に限り，なお生存していると観念され，そして，その後にその事項の処理の必要がなくなることにより，すべての意味において死亡する，と観念されることがある。その一瞬は，時間で特定することに親しまず，論理的な擬制である。たとえば，組合員は，死亡すると組合を脱退する（679条1号）が，持分払戻請求権の帰趨という事項に限り，なお一瞬の生存が認められてそれを取得した（681条2項）後に，これを相続人が承継する（家永登「民事法における『死亡』概念《覚え書》──『死の段階性』論および『死亡概念の相対性』論の擁護」湯沢雍彦＝宇都木伸編・人の法と医の倫理〔2004〕10頁）。相続人が，持分払戻請求権を原始取得するのではなく，その承継取得を説明するための虚構として一瞬の生存が要請される。論理的な一瞬という考え方は技巧的である印象を伴うかもしれないが，法律的な思考において，ときにみられる。海底が隆起し土地になると，それは，ただちに国有地となり，"所有者のいない不動産"である段階を時間で特定して認識することはできないが，それであっても，無主であると認識される論理的一瞬を経て国有に至る（239条2項）。

　第4に，死亡の後もなお制限された権利能力を有して人が権利主体性を保つ，という概念整理をする必要が認められる場面があるかどうかは，今後，なお考究されてよい。父が死亡したならば，父が親子関係の当事者となることができない，と考えるならば，この父子関係を明らかにすることを求めて認知を請求することはできないことになるのが論理であるが，死後認知を是認する実定法の態度（787条ただし書，また，家永・前掲論文29頁注59）は説明が難しくなる。ただし，この事象を制限権利能力の概念で説明しなければならないかは，なお考察の必要もあると思われる。また，ちょうどこれの反対事象でないが，生命として存在するにもかかわらず，刑罰などとして権利能力を奪うことも認められるべきでない。そのような制度を導入することは，憲法13条に抵触するという問題があるほか，その者が自然的血縁を有する子

〔山野目〕　297

前注（§§ *3-32 の 2*）　II　　　　　　　　　　　　第1編　第2章　人

の身分の説明に窮するなど複雑な問題を生ぜしめる。

II　人であることの法的効果

1　民事法における人の保護

　民法などの実定法において一定の程度において概念上明確になるところの
〈人〉に対し，法は，法的保護の体系を用意する。その全体像を観察するな
らば，民法などの民事法に限られるものではない。公法的な法律関係や刑事
法の領域にも及び，個人として尊重されることの要請がもつ憲法的価値（憲
13条）を指導原理として，広く全法秩序が人の法的保護に任ずる。

2　普遍的な状況における人の保護 ── 人格権

　人の法的保護を民事法の領域において達成する重要な前提が，人に対する
人格の承認にほかならない。日本の実定民法上，人格の承認は，権利能力の
賦与（3条1項）という法技術を通じて追求される。権利能力の賦与により人
が主体となることができる権利には，さまざまのものがあるが，人そのもの
としての保護に関わる権利も，そこには含まれる。ここに，人が人として認
められることに基づく保護を権利範疇により把握するための概念装置を考え
なければならない契機が見出される。しかし，すぐ後に述べるように（→⑴），
実定法としての民法は，これについての明確な概念を用意していない。問題
となる解釈の作業に参画してきた学説や，参考として参照されるべき判例に
目を転ずるならば，問題とするものは，人格権とよんだり人格的利益とよん
だりしてきた。ここでは，人格権という呼称を用いることにする。人格権と
いう呼称でよぶか，それとも人格的利益の言葉を用いるか，という問題は，
語感に差異があり，また，文脈によっては用語として異なる意味が与えられ
ることもあるが，この問題は，人格権の内包（後述⑸の各論的考察で観察する）
ないし人格権の要件と関連させてその具体の内包を分類整理する際（→⑵）
に取り上げる。また，民法は，法文において，人格権という概念を用意して
いないから，その法的効果（→⑶）や法律的な性質（→⑷）についても，それ
らを体系的に語る規定を置いていない。そこで，人格権の諸側面は，解釈に
より明らかにされなければならない。

　内包を豊かに有する人格権に一定の法的効果が認められることが明らかに

前注（§§3-32の2） II

なってくる先には，人格権というものが，それを構成する諸要素から単に帰納されるものとして，人々の認識を助ける概念として観察されるものであるにとどまるか，それとも，さらに規範的な意義をもち，一般的に人格に係る法的保護の総体である人格権というものが存在し，そこからの演繹として具体の諸要素が導出されると考えるべきであるか，という問題が控える（→(6)）。

(1) 民法の解釈として導出される人格権

人の法的保護を民事法の領域において達成するための最初の前提が権利能力の賦与（3条1項）であるが，それ自体は，技術的・形式的なことにとどまり，権利能力に基づいて債権や物権を取得することができる，という事象に着目するのみでは，その主体である人の人格の尊厳を全うすることはかなわない。人格権の概念が確立され，その保護が図られてこそ，人の人格の尊厳は全うされる。これに係る権利利益には種々のものがあり，生命・身体はもちろん，自由，名誉，プライバシーなどの権利利益も含まれる。肖像に関する権利はプライバシーの保護の一つの具体の要素であるとみられるが，これも法的保護の対象となる。また，貞操という古風な表現がされてきたこともあるが，より現代的な理解として，人の性的自由も，自由の一つの範疇として保護される。いずれにしても，これらの権利利益が所有権に代表される物権や代金債権などの債権と決定的に異なることは，その主体である人と不可分である，ということにほかならない。所有権や債権は譲渡することができる（後者について466条）のに対し，自分のプライバシーを他人に売り渡したり，自分の身体を他人に贈与したりするというようなことを考えることはできない（他人との契約により自分の肖像の商業利用を許したり，自分の身体の一部を臓器提供などの仕方で与えることは考えられるが，その要件や限界の検討が求められる）。

(ア) 民法の法文における人格的利益への言及 実定法としての民法は，人格権の概念を少なくとも体系的・組織的には明示していない。フランス民法典が，日本でいうプライバシーの保護に当たるものの根拠となる規定（9条）をもつこと（ジェラール・レジエ〔山野目章夫訳〕「肖像権の保護」ジェラール・レジエ＝ジョルジュ・リーブ・フランス私法講演集（日本比較法研究所翻訳叢書36）〔1995〕参照）などと比較すると，この点は，日本の法状況を考えるうえで，まず確認しておかなければならない。

後述するとおり（→(3)(イ)および(ウ)），人格権という権利を認める際の主要な

〔山野目〕　299

前注（§§*3-32の2*）Ⅱ　　　　　　　　　　　　　　第1編　第2章　人

効果は，それに基づき差止請求権などの請求権が認められることと，不法行為の被侵害法益になることであると考えられるが，差止請求権は，人格権に基づくものに限らず，物権に基づくものもそうであるが，それについての規定を民法はまとまった仕方では用意しないから，当然のこととして，人格権の具体的な手がかりも見出すことができない。また，不法行為の被侵害法益になる可能性については，民法の法文の文理から，「生命」（711条），「身体」・「自由」・「名誉」（710条）が被侵害法益になることまでは，明らかである。しかし，そのほかのものについて，手がかりを見出すことはできない。もし「生命」・「身体」・「自由」・「名誉」のみが非財産的な利益ないし損害として考慮されるということであるならば，それらの上位に置く概念として人格権というものを語ることには，あまり意味がないということにもなりそうである。

　しかしまた，民法の規定ぶりは，異なる視点から見るならば，「生命」・「身体」・「自由」・「名誉」に加え，これらと比肩して観察することができる人格的な諸利益を包摂して，人格権という概念を構成しようとすることを阻むものではない，とみることもできる。709条は，不法行為の被侵害法益について「権利又は法律上保護される利益」という包括的な定式を提示し，その内包を解釈により充填することを予定する規定となっており，また，不法行為に限らず，民法の全般を支配する原理としても，「個人の尊厳」（2条）を尊重する思考を要請していることが忘却されてはならない。

　(イ)　人格権概念の発展　　民法の現実の解釈運用を通しての法の発展の実情に徴しても，「生命」・「身体」・「自由」・「名誉」に限られず，広汎な人格的諸利益が法的な保護に価する対象とされてきた。

　第二次世界大戦後に限って見ると，戦前学説における検討の萌芽を踏まえ，三島宗彦『人格権の保護』〔1965〕，五十嵐清『人格権論』〔1989〕，斉藤博『人格権法の研究』〔1979〕などの諸業績が蓄積され，人格権に関する研究が深められてきた（木村和成「わが国における人格権概念の特質──その再定位の試み(1)(2・完)」摂南法学34号〔2005〕・35号〔2006〕が，戦前も含めた研究史を概観する）。1962年には，比較法学会がシンポジウムの主題にも取り上げている（五十嵐清ほか「人格権の比較法的研究」比較法研究24号〔1963〕）。これらの研究の進展には，一般的人格権の考え方を確立させ，定着させてきたドイツの問題状況も，

300　〔山野目〕

前注（§§3-32の2）II

大きく影響していることであろう（木村和成「ドイツにおける人格権概念の形成（1）(2・完）——人格権概念に仮託された意味・機能に着目して」立命館法学295号・296号〔2004〕参照）。こうして，学説上，「主として，身体・健康・自由・名誉など人格的属性を対象とし，その自由な発展のために，第三者による侵害に対し保護されなければならない諸利益の総体」（五十嵐・前掲書7頁），「生命・身体・自由・名誉のような人格と切り離すことができない利益を内容とする権利」（大塚直「人格権に基づく差止請求——他の構成による差止請求との関係を中心として」民商116巻4＝5号〔1997〕501頁）を人格権とよぶものを代表的な見解として，人格権に関する論議が展開されている。

では，判例においては，どうか。

判例が人格権というものを認めているか，と問う際に注意をしなければならないこととして，人格権に当たるものを法的保護の対象とする解決を是認しているか，という問題と，その解決を人格権という概念で根拠づけているか，という問題とは区別されなければならない。

前者については，生命や身体，そして名誉といった実定法に言及のある権利利益（710条・711条）のみならず，たとえば空港の「周辺住民に騒音等による甚大な影響」があって生活が妨げられることがない利益のようなものが法的保護の対象となることを是認しており（最大判昭56・12・16民集35巻10号1369頁〔大阪空港飛行差止請求事件〕），どこまでを法的保護の対象とするか，について論議を進める必要があるにせよ，実定法に明示されて登場する概念でなければ法的保護の対象から排除されるというような硬直した態度がとられていないことは，明らかである。

これに対し，後者の概念使用の場面では，やや判例に蛇行がみられた。早くから，刑法230条の2の規定を目して「人格権としての個人の名誉の保護と，憲法21条による正当な言論の保障との調和をはかったものというべきであ」るとされ（最大判昭44・6・25刑集23巻7号975頁を受け最大判昭61・6・11民集40巻4号872頁〔北方ジャーナル事件〕の補足意見），明確に人格権の語が用いられることもあった（画期的な意味をもつとされた，五十嵐・前掲書179頁）。しかし，大阪空港飛行差止請求事件の判決は，そこで損害賠償を認めた解決の根拠を人格権なり環境権なりの侵害であるとする説明を慎重に避けたように見える（また，「『一般的人格権』が認められたものとはいえない」とも指摘される，加藤

〔山野目〕　301

前注（§§*3-32の2*）II 　　　　　　　　　　　　　　第1編　第2章　人

和夫〔判解〕曹時41巻9号〔1989〕2632頁）。その後，判例は，「人格権としての
名誉権」という概念を明瞭に承認し，近時の判例（最判平24・2・2民集66巻2
号89頁）は，「人の氏名，肖像等……は，個人の人格の象徴であるから，当
該個人は，人格権に由来するものとして，これをみだりに利用されない権利
を有すると解される」というふうに人格権の概念に核心的な意味を与える判
示をしている。この判例は，素直に一言で述べるならば，人格権を認める判
例である，ということができるように感じられるものの，なお細密に検討す
ると，氏名や肖像を「みだりに利用されない権利」が人格権そのものである，
ということでなく，人格権「に由来する」権利であるとするところが気には
なる。深読みをすると，氏名や肖像に関する権利は，人格権そのものではな
く，人格権を考え方の基盤に置いているが，それとは別の権利であり，人格
権なるものが認められるとしても，それがどのような権利であるかを立言し
ていない，と読むこともできないではない。しかし，この判例の事案は，歌
手の肖像の使用が問題となったものであり，経済的な利益が関わり，この種
の肖像に関する権利利益を財産権的な性格のものとみる見解もあるところか
ら，これを否定し，財産権でなく人格権の基本的性格をもつ，という位置づ
けを示すため，「由来する」という表現を用いたとみることが自然である。
この判例は，この判示に括弧書を添え，「氏名につき」として1つの判例
（最判昭63・2・16民集42巻2号27頁）を，さらに「肖像につき」として2つの
判例（最大判昭44・12・24刑集23巻12号1625頁，最判平17・11・10民集59巻9号
2428頁）の参照を求めている。こうして見ると，判例が，人格権というもの
が実定法上の権利として存在することを是認し，かつ，これを前提として，
ある拡がりをもって人格権の具体の内包として複数のものを想定しているこ
とを窺うことができる。

　思うに，一時期の判例における人格権概念の使用の躊躇は，じつは，人格
権という権利の本質的な理解が関わる側面がある。典型的には生命や身体の
ように，排他性を肯定することが当然であると考えられるものはともかくと
して，それらと並べ，プライバシー，肖像，生活の平穏のような権利利益を
もって排他性を具備する権利として認め，それを控制する原理をもたないと
いう思考が暗黙の前提とされる際は，たしかに，そのような権利を権利の名
のもとに肯定することには大きな躊躇があるにちがいない。このことを端的

前注（§§*3-32の2*）Ⅱ

に示すものは，大阪空港飛行差止請求事件の判決における団藤重光裁判官の反対意見であり，「差止請求の根拠となる『人格権』といったものをどこまで権利として，ことに排他的な権利として構成することができるかは，きわめて困難な問題である」と述べる。

その後の学術研究の進展に助けられ，今日の私たちは，権利として認められることが直ちに排他性を前提とする法的解決を求めるものではない，という思考を知っており，その果実として，人格権の論議は，相当に窮屈さが減ぜられる。近時の判例が，人格権という概念を明示に用い，それを操作しながら問題処理にあたっていることの背景には，後述（一(2)）の考量型の人格権というものの，いわば発見が負荷を軽くした側面があると思われる。

(ウ) 人格権概念を構築するために参照されるべき法源　　人格権の意義や内包に関する考察を深めるにあたっては，民法とそのほかの諸法源が検討の対象とされなければならない。既に指摘したように，民法それ自身も人格権の構成にとって有益な示唆を与えていることもあるが，完全ではない。

民法でない法源で参照されるべきものは，まず何よりも憲法の規定である。理念的な要請として，2条の「個人の尊厳」が憲法の「個人として〔の〕尊重」（憲13条），「個人の尊厳」（憲24条2項）に由来するものであるということ（一§2）は，もちろんであるとして，憲法を参照することの意義は，それに尽きるものではない。この論点との関係においては，まず，憲法が定める権利保障が，民法が適用される私人間の法律関係に適用されるか，適用されるとして，それは直接的であるか，それとも90条などの民法の規定を介する間接的なものであるか，という問いの立て方が短兵急にされることがある。しかし，それは，あまり生産的でなく，問題の立て方として，おそらく適切でない（人格権の根拠を憲法などの高次規範に求めることとするかどうかは，それが可能であるとしても，いくつかの錯綜する契機を整理したうえで，その思考の成果が民法の解釈に注入されるべきである。米村滋人「人格権の権利構造と『一身専属性』（5・完）」法協134巻3号〔2017〕472頁参照）。何よりも注目されなければならないことは，人格の尊厳を慮って民法の解釈がされなければならないことが，憲法の要請するところにほかならない，ということである。「生命，自由及び幸福追求に対する……権利……は……立法その他の国政の上で，最大の尊重を必要とする」し（憲13条），その意味において，「私人相互の関係においても妥当す

前注（§§ *3-32の2*） II 　　　　　　　　　　　第1編　第2章　人

る法源として憲法13条が想定されている」（宍戸常寿・憲法──解釈論の応用と展開〔2版, 2014〕99頁）。また，「法律は，個人の尊厳……に立脚して，制定されなければならない」（憲24条2項）が，いわば，その，もちろん解釈として，民法を含む法律は個人の尊厳に立脚して解釈されなければならないと考えられる。このように憲法との関係について，おおすじの理解をしたうえで，残る問題は，憲法の権利章典のなかで，民法の解釈上，反映されることが適当であると考えられる人格権の内包の具体的示唆をどのように汲み取るか，ということになる。それは個別の考察を要するが，たとえば人身の自由は，同法18条の示唆を踏まえ，必ずしも国や地方公共団体による人身拘束に対してのみならず，あらゆる者による違法な人身拘束が民法上の人格権を侵害するものとして評価されなければならない。それは，憲法18条を直接に適用する，というよりも，憲法を参照して，言い換えるならば，「憲法の精神に従い」人格権の内容を見定める（人身保護法1条）という思考作業である。

　こうした憲法の規定の考慮に加え，人格権を考えるうえでは，国際人権法の展開に注意しなければならない。その際，いわゆる国際人権法を構成する諸法源が私的法律関係における人格権の展開との関連でもつ意味は，複層をなす。何よりも，それらの諸法源が，日本において効力を有するか，という問題がある。日本が締結している条約であれば，それ自体として国内法と同様に直ちに執行する効果をもつかどうか，が検討されなければならないし，日本が締結していない場合において，「確立された国際法規」（憲98条2項）に当たるかどうかを検討して，それが肯定されるときに，やはり，その次の問題として国内法としての直接の意義を有するかどうか，が見究められる。その次の段階として，たとえ国内法として効力を有するとされる場合においても，それらの条約などの内容をなす規範的要請が，国や地方公共団体などの公権力を専ら名宛人とすると解される際には，直ちに私法的法律関係において実定法としての意義を有するとは言い難い。ただし，その場合であっても，条約などの内容をなす人権上の諸価値を国や地方公共団体が普及啓発し，さらにそれらを保護推進する義務を負うと解する際には，条約などの規範的要請が私法上の人格権の解釈運用において効力的意義をもつということにもなる。また，これらの問題とは性質を異にするが，そのような堅い意味にお

304　〔山野目〕

前注（§§*3-32の2*）　II

ける効果とは別に，民法の人格権の内包を見定めるにあたり，国際人権法の内容を参照することで得られる知見を参考とするということは，十分に考えられる。これは，国際人権法を構成する個別の条約などが，日本により締結されているかどうか，また，締結されているとして国内法としての効力を備えるかどうか，にかかわらず，ありうる作用である。これらのすべての契機を通じ，「本来の司法作用としての裁判の中で，国際的共通規範を具体的事件に即して確証し，これに現実的妥当性を与えるという役割」（竹下守夫「司法の国際化の課題と家事事件」家庭の法と裁判1号〔2015〕16頁）が裁判所に期待されるし，学術研究は，それを支援すべきであろう。

　国際的共通規範として考えなければならないものの若干の具体例を挙げるならば，たとえば世界人権宣言は，1948年の国際連合総会において採択されたものであるが，それが直ちに国内で実定法としての効力を有するとはみられないとしても，そこで提示される思想内容は，民法の人格権の解釈において参考となることがある。憲法上の結社の自由（憲21条1項）も同じように解釈されるべきであるが，結社の自由には，結社する自由のみならず結社しない自由も含まれると解すべきであり，世界人権宣言の20条2項は，このことを確認する意義をもつ。やむを得ない事由があっても脱退を許されない旨の組合契約の特約の効力を否定する判例（最判平11・2・23民集53巻2号193頁）は，自体としては678条の解釈問題として扱われたものであるが，自由の極度の制限は許されないとする人格権的要請を背景に置いて観察する際に，いうところの人格権的要請は，結社しない自由の人権的価値の承認により力強く基礎づけられる。

　また，市民的及び政治的権利に関する国際規約（いわゆるB規約），さらに，あらゆる形態の人種差別の撤廃に関する国際条約の解釈適用に関し，「憲法14条1項，国際人権B規約及び人種差別撤廃条約は……私法の諸規定の解釈にあたっての基準の1つとなりうる」とし，人種を理由とする公衆浴場の利用拒否を目し，それらの「趣旨に照らし，私人間においても撤廃されるべき人種差別にあたるというべきである」とする裁判例がみられる（札幌地判平14・11・11判タ1150号185頁，控訴審において結論が維持され，平成17年4月7日に最高裁判所が上告不受理を決定した。この裁判例にみられるような解釈操作を「条約の私人間影響力」と評する見方も出されている。佐藤文夫〔判批〕平14重判解261頁）。

〔山野目〕　305

前注（§§3-32の2）II　　　　　　　　　　　　　　　　　　　　第1編　第2章　人

　このような観点から，内国法令としての民法の解釈適用において，人格権の概念との関連で注目しておくべき国際人権法上の法源としては，さらに，女子に対するあらゆる形態の差別の撤廃に関する条約や，児童の権利に関する条約などがある。

(2)　人格権の内包をなす題材の分類整理

　人格権は，「個人の尊厳」（2条）の要請に基づき，人が個人として尊重されることの帰結として認められる権利利益の総体である。具体的にどのような権利利益を人格権の内包として考えるかは，考究を要する問題であるが，それら内包は，大きく2つに分かれると考えることができる。第1は，排他的な帰属が認められる権利利益であり，生命や身体を考えるとわかりやすい。第2は，そうでないものであり，プライバシーの権利利益が典型である。用語法との関係を整理しておくならば，文脈によっては，前者のみを，または，おもに前者を想定して人格権とよぶ言い方があり，感覚としては，狭い意味における人格権とでもいうべきものである。これと対比して観察する見地が強調される際に，後者は人格的利益とよばれることがみられ，権利という言葉が避けられる（広中俊雄・債権各論講義〔6版，1994〕453-462頁は，「人に関する『権利侵害』すなわち人格権侵害」と，「人間の生活利益享受の妨害」つまり「利益侵害」とを区別する。この区別が明瞭に採用されたのは第6版からであり，そこには，学説論議の進展の摂取がみられると評価する余地があるとともに，もともと同著が有していた帰属の有無を指標とする民法体系思考の一つの完成した姿の提示であるという側面もある）。似た用語法の整理を続けると，不法行為の被侵害法益とされる際に，前者は709条の「権利」で，後者は同条の「法律上保護される利益」で理解されることがある。これは，同条の「権利又は法律上保護される利益」の概念の理解に関わり，これをこのとおり一体の一個の概念として理解する際には，「権利又は法律上保護される利益」のなかに強固な法的保護を受けるものと，そうでないものが含まれると理解することになる（山野目章夫「私法とプライバシー」田島泰彦ほか編著・表現の自由とプライバシー──憲法・民法・訴訟実務の総合的研究〔2006〕32-33頁参照）。さらに，「絶対的人格権」と「相対的人格権」とを対比し，それぞれの要件を考察する考え方（加藤雅信「人格権と著作者人格権──損害賠償・差止め・処分可能性を中心に」法時87巻3号〔2015〕89頁）もみられる。判例に現れた用語表現に目を向けると，「氏名を正確に呼称される利

306　〔山野目〕

前注（§§3-32の2） II

益」をもって「不法行為法上の利益として必ずしも十分に強固なものとはいえない」としつつ一定の要件のもとで法的保護の対象になることを是認すること（最判昭63・2・16民集42巻2号27頁）を通じ，被侵害法益に十分に強固なものとそうでないものとがあるという思考が示唆される。

いずれにしても，重要であることは，用語法でなく，法的保護の内容である。強固であるか強固でないか，という印象表現で思考を始めることが効率が良いとしても，究極においては，それぞれの法的保護の内容が精密に検討されなければならない。

プライバシーの権利利益が典型であるが，それは，これまで〈他人に知られることを欲しないと考えることが通常であると認められる私生活の事項を濫りに公表されることがない権利〉であると理解されてきたし，この理解は，基本において相当であるものとして今後も論議が重ねられてゆくべきものである。プライバシーの保護は民法に明示に規定されておらず，現代的な発展を遂げ，また，現に発展の途上にある概念であるから，法的保護の内容の細部が明らかでない部分もみられる。しかし，その法的保護を検討するにあたっての基本指針そのものは，この概念規定のなかに既に現れている。私生活の事項のすべてが秘匿の保護を受けるものではなく，他人に知られることを欲しないと考えることが無理もないと客観的に認められる場合に限り法的保護が認められるから，プライバシーの保護に係る権利主張をする者は，法的に保護されるプライバシーの権利利益が侵害されることを積極的に説明しなければならない。プライバシーの権利利益は，社会的な客観的判断により保護の外延が定まるものであり，その人に排他的に帰属するものではない。その意味において，プライバシーやこれに類する権利利益は，人格権の内容をなす要素のなかでも，〈考量型の保護を受ける人格的利益〉とよぶことが，ふさわしい（すぐあとに取り上げる生命や身体の権利利益の保護に比べ，考量型のものは，権利としての性格が弱い，ないし乏しいという印象を与える側面があり，そのことから，これを権利として認めない，ないしは認めにくいという論議もされる。その半面において，必ずしもここでいう考量型の人格的利益と実質が一致するものではないが，環境に係る利益などの法的保護，特に差止請求権を是認する根拠として権利でなく秩序の概念に頼ろうとする志向に対する批判としては，山本敬三「基本権の保護と不法行為法の役割」民法研究5号〔2008〕118-119頁がある）。

〔山野目〕　307

前注（§§3-32の2）Ⅱ　　　　　　　　　　　　　　　　第1編　第2章　人

　これに対し，生命や身体の権利利益は，まったく異なる。人間存在の本源
的な前提である生命および身体は，明確な権利としての輪郭をもつ人格権の
内包として，確認することができる。くわえて，自由のなかでも，身体が拘
束を受けないという意味における自由，すなわち，人身の自由は，これと同
様に扱われてよい。ここに，明確な権利としての輪郭をもつ，ということの
意味は，原則として無制約の法的保護を与えられる，ということにほかなら
ない。生命や身体が侵害されることに対し法的な反発が働くことは，あまり
にも当然であって，個別の局面において，これそれの生命が保護され，また，
これそれの身体侵害は許されない，というふうな積極的な説明が求められる
ことは，ありえない。そのような意味において，生命・身体の利益は，権利
者に排他的に帰属し，絶対性をもつ尊重を要求する。これらの権利利益は，
考量型とよんだ概念整理と対比して称するならば，〈権利型の保護を受ける
人格的利益〉にほかならない。このような権利利益は，例外として法的保護
が制約を受ける場合は，制約があってしかるべき事由が説明されて初めて，
それが許容される。たとえば，人の「身体」が害された場合において，それ
を違法とみるかどうかは，場合ごとに考量を経て判断される，というような
ことはなく，身体を侵害することは，特別の事情がなければ違法である。正
当防衛に当たる事情があって身体の侵害が適法なものと評価されるというの
であるならば，違法性阻却事由である正当防衛の成立事情が積極的に主張立
証されて初めて違法性が阻却される。けっして，身体の侵害を受けて損害の
賠償を請求する側において正当防衛が成立しないことを主張立証しなければ
ならないというものではない。同様に，スポーツの試合に自ら参加した者が，
その競技において通常想定される範囲の軽傷を負ったからといって加害者が
損害を賠償する義務がないとされる，といったことはあるが，これも，加害
者の側において，許される身体侵襲の場合に当たり，違法性が阻却される例
外に当たることを積極的に説明することが求められる場面である。

(3)　人格権の効果

　人格権は，何よりも，それが権利として存在するということが認められる，
ということに自体に意義が見出される。個人が尊重される，ということが，
単に理念でなく，そこに法的な意義があり，権利の視点からみるならば，こ
の尊重を要請する権利が「私権」（1条1項・3条）として認められることを意

308　〔山野目〕

前注（§§*3-32の2*）　**II**

味する。

　人格権には，このような権利としての抽象的な意義に加えて，可視的な法的効果も認められる。

　(ア)　支配権的効果　　まず，人格権の支配権としての作用というものを問題としておこう。きわめて原初的なことから述べると，人が自分の精神や肉体に対し有する統御の可能性は，人格権の一環として保護されるべきであり，その帰結として，人は，自由に行動することが法的に保護され，不当に人身の拘束を受けない。もっとも，このようなことにとどまるものであれば，あまりにも当然のことであり，それを人格権の支配権的作用として述べ立てることの意義は，あまりないかもしれない。実際の現象としても，この種の人格権の作用が具体化する際には，支配権として，というよりも次に述べる請求権の作用などとして可視的なものになる。すなわち，人身を不当に拘束されている場合において，拘束を止め解放することを請求し，また既にされた人身の拘束により被った精神的な損害などの賠償を請求する，という仕方において，である。このように考えてくると，人格権の支配権的な作用を強調する意義は，さほど大きくはない。ただし，その意義が皆無であるか，というと，そうでもないと思われる。人格権に対し何らの侵害もされておらず，また，侵害のおそれもないという段階にあっても，人格権に基づく権利主張が認められてよい契機は存在する。その場面の具体的な法的な主張は，やはり請求権という仕方で表現されるが，その淵源は，人格権に対する現にある侵害への反発というよりも，経常的な段階における人格権に基づく支配にほかならない。行政機関に対する行為を請求するものであり，それをめぐる不服が行政事件訴訟で扱われるという点に注意を要するとしても，人は，行政機関に対し保有個人情報の開示を請求することができる（行政個人情報12条以下）。私人間でも，個人情報取扱事業者に対し，同様の開示請求をすることができ（個人情報28条），これらは，自分に関する情報のコントロールの請求権であり，その淵源は，人格権に基づく情報に対する支配の権能に見出される。なお，放送事業者が放送番組を保存しなければならない義務（放送法10条）は，法律の規定ぶりからみて，その履行を請求する民事上の権利まで保障するものであるか，かなり疑わしいと考えられるが，趣旨としては，訂正放送などの請求をしようとする者がそれをすることを可能にするための制度

〔山野目〕　　309

前注（§§ *3-32の2*）**II**　　　　　　　　　　　第1編　第2章　人

である。

　もっとも，こうして実定法が具体の制度として認める場合を超え，たとえば友人に対し，自分のことを日記のなかで話題にしていないか気になるから日記を見せよ，と要求することが法的な主張としてなりたたないことからも明らかであるように，人格権に対する侵害ないし侵害の蓋然性が現実のものになっていない段階において，この種の請求権を認めることは，慎重に検討されなければならない。一般に，自分の情報に対するコントロールの権利を一方的に強調することは，半面において権利の行使の相手方に対する人格的な利益の侵害になるなどの帰結を伴うことがあり，公共の利益の見地から制御を要する場面もみられる（右崎正博「憲法とプライバシー」田島ほか編著・前掲書11-12頁は，自己情報コントロールの思想の意義を認めつつ，いわゆる自己情報とされるものとプライバシーや個人情報の概念との関係や，私人間で問題となる場面と公権力に対しする行使の場面との区別など，検討すべき問題が多いことを指摘する）。

　(ｲ)　請求権的効果　　つぎに，人格権の請求権たる作用として，人格権に基づく請求権が認められなければならない。人格権に対し現に妨害が加えられている場合において，それに対する反発として，人格権に基づき妨害の排除を請求する権利が行使される。また，人格権に対し妨害が加えられるおそれが現にある場合において，それに対する反発として，人格権に基づき妨害の予防を請求する権利が行使されうる。判例上も，道路という公の営造物の供用を廃することを人格権を根拠として請求することを是認する前提に立ちつつ，「施設の供用の差止めと金銭による賠償という請求内容の相違に対応して，違法性の判断において各要素の重要性をどの程度のものとして考慮するかにはおのずから相違がある」という観点から差止めを認めなかったものがみられる（最判平7・7・7民集49巻7号2599頁，大塚・前掲論文511頁も参照）。これらの具体的な請求権に基づいて請求することができるものは，人格権に対する妨害行為の停止もしくは妨害の結果の除去，または将来の妨害行為の停止である。これらのうち，妨害行為の停止は，出版の差止めなど不作為の請求になることが考えられるが，不当な人身の拘束を止めさせる場合に解放という作為の請求として現れることもある。妨害結果の除去ということに関しては，個人情報の訂正や利用停止を請求することができることが具体の制度として定められる（個人情報29条・30条，行政個人情報27条以下・36条以下）

310　〔山野目〕

が，人格権に対する侵害があり，または侵害の蓋然性が現実に認められる局面において，そうした状況に対する反発の請求権は，人格権の解釈として一般的に認められるべきものであり，こうした実定法の規律に服してのみ認められるものではない。それは，物権的請求権が法律の明確な根拠規定を有しないにもかかわらず，認められ，その内容が解釈により構成されていることと異ならない。たとえば，いわゆる反論権は，それに関する法律の規定がないけれども，その是非や要件が論議されている（樋口陽一「言論の自由と反論掲載請求権の関係――サンケイ新聞意見広告事件第一審判決を機縁とするひとつの覚書」同・司法の積極性と消極性〔1978〕127 頁以下）。なお，723 条の「名誉を回復するのに適当な処分」は，規定の排列上，不法行為の効果であるように整理されているが，人格権の効果という観点からも考察に価する（→第 16 巻 § 723）。また，放送事業者が訂正放送などをする義務（放送法 9 条）は，その履行を請求する作為請求権を関係者に与えるものであるか，疑問がある（最判平 16・11・25 民集 58 巻 8 号 2326 頁は否定する）が，仮に作為請求権を認めるとしても，それは，法人がその事業に関する真実でない報道に対し行使する可能性もあるものであるから，必ず個人の人格権の作用という観点と強く結び付けて観察することには困難がある（なお，真実でない報道を理由とする損害賠償が可能である。同条 3 項）。

なお，人格権に基づく請求権に対する特殊な制約として，表現行為をしないことの不作為を求める場合の限界がある。この不作為の請求が裁判所により容易に認められることになるならば，表現の自由（憲 21 条）との関係で問題が生ずる。公共の利害に関する事項についての判例が制約を設けること（前掲最大判昭 61・6・11）は，基本的な方向として相当であると考えられる。

(ウ)　被侵害法益としての効果　　人格権が侵害された場合の事後的な救済としての性格をもつものには，不法行為（709 条）の局面がある（どの範囲の損害賠償を是認すべきか，という問題について，窪田充見「人格権侵害と損害賠償――人格的利益の侵害を契機とする民法 709 条についてのスケッチ」民商 116 巻 4＝5 号〔1997〕が，被侵害法益が人格権であることに由来する問題群の整理を試みる）。まず，不法行為の被侵害法益になる，という契機が重要であり，生命・身体・名誉などを侵害する行為は，自体として不法行為を構成する（710 条・711 条参照）。また，財産的利益が被侵害法益となる場合においても，因果関係や賠償されるべき

前注（§§3-32の2）II　　　　　　　　　　　　　　　第1編　第2章　人

損害の範囲を見定めるにあたり，たとえば居住の用に供する不動産という財産的な損害を考える際に，「平穏生活に結びつけられる人格的価値が内包されている」と考えられる（潮見佳男「福島原発賠償に関する中間指針等を踏まえた損害賠償法理の構築」淡路剛久ほか編・福島原発事故賠償の研究〔2015〕112頁）。

　(エ)　違法性阻却の効果　　人格権の受働的な作用として，他の一般法理によるならば違法とされる人の行為が，人格権の行使としての側面を有することに着眼して，その違法性を阻却するという効果も認められる（島田陽一「労働者の内部告発とその法的論点」労判840号〔2003〕15頁，山野目章夫「広中民法学の労働者像」広中俊雄傘寿・法の生成と民法の体系〔2006〕760頁）。

　(オ)　その他の外郭的な諸効果　　以上が人格権の主要な効果であるが，これらのほかに，個別の法令や法律行為の解釈運用において，人格権の保護を強調することが重要な考慮要素となるという意義も見落とすことができない。90条の公序良俗として人格的な利益の尊重ということがあり，そのようなものとしての公序良俗に反する法律行為は，無効である。また，人格権が私権の一翼をなすからには，消費者契約法10条や定型約款に関する548条の2第2項に基づく不当条項規制において，人格権を不当に制約する契約条項は，無効とされたり合意の擬制が働かなかったりする（「権利を制限し」の「権利」に当たる）。さらに，民法の解釈により人格権の内容が充塡されて得られる成果は，憲法が謳う「個人として〔の〕尊重」，「個人の尊厳」（憲13条・24条2項）の具体的内容を歴史的に明らかにすることに寄与するということも，見逃すことはできない。そのようにして人格権の内包として確固たる法確信を獲得した権利利益を制約する立法は，その視点から憲法適合性審査に服する。たとえば，生命や健康の侵害を理由とする損害賠償請求の権利を正当な根拠なく制約する立法は，憲法29条の財産権保障の問題以前に，同法13条の問題として厳格な審査に服さなければならない。

(4)　人格権の性質

　人格権という権利がもつ性質として，一般的には，権利者であっても放棄したり処分したりすることができず，また，相続されない権利であると考えられている（五十嵐・前掲書10頁）。これらの性質の指摘は，いずれも，その根拠を問うならば，人格が尊貴であるというところにゆきつく。尊貴である人格は，その権利主体にのみ帰属が認められ，また同時に，権利主体といえ

312　　〔山野目〕

前注（§§3-32の2）Ⅱ

ども粗末に扱うことは許されない，という人間尊重主義が控えており，それに異を挟むことが難しいとするならば，この指摘は，人格権というものを考える際の基本的視座としては，前提とされてよい。これが人格権の効果の外延に関する明確性に仕えてきた意義は否定されるべきでない（米村・前掲論文467頁参照，これからの検討課題について，同468頁・472-473頁）。

そのうえで，仔細に観察すると，検討すべき問題もある。

(ア) 不可処分性　不可処分性は，どのような人格権の側面に着眼するか，ということに応じ区別して考察をすることが要請される。

(a) 人格権の支配権的効果と不可処分性　不可処分性は，排他性を認められる人格権の支配権である作用については，おおむね妥当すると考えられる。本人が欲しても生命を譲り渡すことはできず，そのような約束をしても公序良俗に反するものとして効力を有しない。この点を強調するならば，そもそも支配権という呼称それ自体も問題を含む。支配とは，処分することを含む語感を伴うという受け止め方もあるからである。支配権という言葉を用いるのであれば，「人格権より派生した権利」（五十嵐・前掲書11頁注11）もまた人格権と呼ぶ際に，派生の基盤となっている淵源の権利を便宜そのようによぶ，ということわりが要ることであろう。支配権と称する人格権に係る権能は，本人であっても処分することはできないから，将来において交通事故の加害者と被害者の関係になることがあったとしても損害賠償請求をしないとする合意は，効果がない。そのような合意は公序良俗に反し無効であると構成してもよいが，より端的に，もともとそのような合意をすることは，人格権の性質に鑑み，許されないとみるべきである。スポーツにおける加害は，それがその競技の趣旨に照らし社会通念上許容されるかどうかという判断が介在するとしても，決闘に等しいような合意をスポーツの名のもとに認めてよいとはみられない。きわめて極限的な状況においては，安楽死や尊厳死の問題が想起させるように，本人の意向で生を終えることを許容することをどう考えるか，という問題が論じられるとしても，一般的に生命の処分が随意であるという思考を法解釈の前提とすることは許されない。たとえば，自殺を妨げる行為に事務管理の成立を是認してよいか，ということを論ずるならば，本人の意思に従って事務を処理することが事務管理の要件であるとされるが，生命を処分することができないという原理から得られる論理の系とし

〔山野目〕　313

前注（§§*3-32の2*）Ⅱ 第1編　第2章　人

て，生命の処分を欲する意思は 697 条 2 項および 700 条ただし書の「意思」に含まれないと解すべきであり，自殺を妨げる事務管理の成立と継続は，他の要件を充足する限り，是認されてよい。本人の意思ないし意向を尊重し，考慮するということは，本人が処分することができるということと同義ではない。どのように本人が考えるか，ということは，多くの場合において一つの考慮要素であるにとどまり，それを斟酌しつつも，最終的には，人格権の消長ないし内容は，法の定める要件のもとに定まる。そのような強い公共的ないし客観的な統制が働くということは，所有権などの財産権については，少なくとも同じ意味ないし程度においては認められない（自己決定の過度の強調への秋葉悦子・人格主義生命倫理学——死にゆく者，生まれてくる者，医職の尊厳の尊重に向けて〔2014〕40-41 頁の批判は正当であると考えられる）。

　（b）　考量型の権利利益と不可処分性　　プライバシーに関する人格的利益のような考量型の権利利益は，本人が権利保護を欲しない，ということが重要な一つの指標となって，侵害の有無が定まることは，たしかである。しかし，それは，本人に随意の処分が認められているというよりも，本人の意向を考慮要素として，もともと保護される権利利益の範囲の外にある事態であると整理されるべきである。プライバシーの保護も，本人が公表を欲しない事項という概念それ自体が，本人の意向などを考慮して伸縮のある概念であることを示唆する。他人に知られることを欲しないと考えることが法的保護を考える導因である。たとえ客観的にはプライバシーの権利利益の範疇に含まれる事項であっても，たとえば私生活に係る事項の公表を許して対価を得る契約をすることについて，特別の事情がない限り，その法的効力が社会的な牽制を受け，公序良俗に反するものなどとして無効とされることはない。このような思考は，パブリシティに関わる権利利益のような財産的な色彩を伴うものについても，異ならない。自分の肖像の商業利用を許諾する契約は，人格権を処分している，というよりも，人格的な利益として保護されるものの範囲や保護の態様が本人の意向や本人のした契約を参酌して見定められるものと受け止められる。また，仮に本人による処分行為らしきものがあるとしても，処分の相手方がさらに随意に処分する（甲の肖像の商業利用を甲から許諾された乙が甲の意向と無関係に同じ使用を丙に許諾する）というようなことが認められないことも，留意されてよい。

前注（§§3-32の2）　Ⅱ

(c)　人格権の請求権的効果と不可処分性　　人格権が請求権として具現する段階においては，本人による処分が認められてよい。生命・身体であっても，その侵害を理由とする損害賠償請求権は，被害者が和解をするという仕方で一種の処分をすることを絶対に許さないとする理由はない。「人格権より派生した権利」（五十嵐・前掲書11頁注11）に譲渡性や相続可能性を認めることは，一定の要件のもと，認められてよい。実際にも，たとえば交通事故の示談は，このような実質をもつものとして，通常に行われている。いわゆる人損の示談は，身体侵害の損害賠償請求権の事後的な一部放棄である実質をもつ。

(d)　権利の行使主体と不可処分性の問題との関係　　人格権に基づく請求権を行使することができるのは，原則として本人である。これらの権利は，行使上の一身専属性をもち，その根拠は，やはり人格権としての特性から，本人にのみ行使の適否および行使の方法の選択が許される。これに対する例外がありうるとするならば，その請求権が義務者との合意や裁判判決により金額などの具体的内容が確定した段階であり，これは，通常の財産的権利と異ならないものとして，債権者による代位行使や差押えが許される（最判昭58・10・6民集37巻8号1041頁）。

(イ)　相続可能性　　人格権の存在態様のうち，支配権たる権能は，死亡により消滅し，相続もされない。896条ただし書の「一身に専属」する権利に当たるといってもよいが，そもそも人格権の本体的な部分は，その人の生存の終了とともに消滅すると考えるべきであろう。もとより，このことは，死者の名誉が法的な保護に価しない，などということを意味しない（刑事訴訟法233条参照）。また，実定法が特に認める場合には，死後も遺族など法令の指定する者が，死者の人格的な利益の保護のために請求権を行使することが認められる（著作権法60条・116条，また，五十嵐・前掲書170頁参照）。これに対し，人格権が請求権として具現する段階においては，請求権の性質に応じ，相続の可否を見定めることになる（生命侵害による精神的損害の賠償請求権について肯定――最大判昭42・11・1民集21巻9号2249頁，差止請求権について否定――最判平28・12・8判タ1434号57頁）。

(5)　人格権の諸相

人格権として保護の対象となる権利利益は，さまざまである。それらを概

〔山野目〕　315

前注（§§ *3-32の2*）II　　　　　　　　　　　　　　第1編　第2章　人

観する際の観点としては，前述(2)で整理した〈権利型の保護を受ける人格的利益〉と〈考量型の保護を受ける人格的利益〉との区別が決定的に重要である。

　(ア)　権利型の保護を受ける人格的利益／その典型例——生命　　生命は，人格権の最も重要な具体的要素である。そのことの意味は，生命が奪われず，また，生命が奪われる危険に晒されないことの利益にほかならない。言葉の意味として，「生命」と「身体」を並べて述べられる場合における「生命」が保護されるということの意義は，人を死に至らしめる事態に対する反発を指称する。そこに至らないもの，たとえば人を負傷させたものの，生命は保たれる，という事態は，狭い意味における「身体」の侵害である。しかし，考えてみれば，人の身体を害することなく生命を奪う，という事態は観念することができないから，生命の侵害は常に身体に対するそれを経て行われる。そこで，生命侵害をも射程に含むものとして広い意味における「身体」の侵害を語ることもできる。このように，「身体」には広狭の2つの意味がある。

　狭い意味における「身体」の侵害と区別されるところの「他人の生命を侵害」する行為（711条）が，ここでの主題である。生命の侵害が違法な行為であることに異論がないとしても，それが人格権の一つの具体的要素をなすものである，と考え始めると，いくつかの問題がある。

　まず，概念の整理として，人格権の一つの具体的要素としなくても，法的保護の対象となることは明らかであるから，それ以上の考察は無益である，という見方はありうる。人格権でなく，生命権という言葉が用いられる際には，そのような感覚が無意識のうちに働いているかもしれない。また，それと表裏をなして，人格権という言葉それ自体から人々が受ける印象として，ことさら人格権という言葉が用いられる文脈は，生命や身体のように保護されることが自明であるものではなく，プライバシーや生活の平穏など，論議があるものを考察するために用いられることが多い，ということもあるかもしれない。しかし，それらは，すべて生命があってこそ初めて論議の俎上に置かれるものであり，生命こそ，人格権の基本的淵源である最重要の具体的要素として整理されるべきである。判例も，「名誉は生命，身体とともに極めて重大な保護法益であり，人格権としての名誉権は，物権の場合と同様に排他性を有する権利というべきであるからである」と述べるところ（前掲最

316　〔山野目〕

前注（§§ *3-32 の 2*）　**II**

大判昭 61・6・11）は，直接には名誉権を人格権の一つの具体的要素とする行論であるものの，前提として，生命と身体を人格権の具体的要素として明言するものである。

　とはいえ，つぎには法的構成の問題として，生命を人格権の具体的要素とすることには，論理の矛盾に映る契機も，ないではない。人格権も私権であり，生命が侵害されて死亡に至るならば，権利能力の終期を迎え，これを享有することができない。生命侵害の不法行為の損害賠償請求権は，711 条の遺族の損害賠償としても解決されうる。生命に危険が迫る事態における差止請求は，同時に身体（狭い意味における身体）に対する侵害への妨害予防請求としての意義をもつから，やはり生命を人格権の具体的要素として考える思考の成立可能性を疑わせる。

　これらの疑問はあるものの，あらためて考えるならば，この妨害予防が個別の事例において是認されるかどうかを考えるにあたっては，生命の危険までが潜在しているかどうかが，大きな要素を占めることは，異論がないと考えられる。そのような判断操作を的確に，かつ説得力をもってするためには，やはり広い意味における「身体」が侵害される場合の一つの極限的類型として「生命」の侵害を明瞭に認識することを可能とする思考枠組みを用意しておくことには意義がある。

　(ｲ)　権利型の保護を受ける人格的利益／別の例 —— 身体　　身体もまた人格権による法的保護の重要な対象であり，しかも絶対的な保護を要請する権利利益である。身体の侵害とは，人の肉体もしくは精神の作用に障害をもたらし，または，人体の完全性を損なうことをいう。刑法の傷害の概念（同法204 条）のように，人体の完全性を害するものの生理的機能を障害していない事象をどのように捉えるか，という問題が論点となることはなく，それも身体の侵害である。また，身体の侵害と他の人格権侵害の具体的概念との間には重複もみられる。重複がみられたとしても，身体の侵害に当たると考えられる場合について，絶対権侵害としての身体侵害が認められることは，いうまでもない。具体的には，生理的機能を障害することは健康被害とよばれることがある。性的虐待により心理的な負荷を与えて精神の健全な作用を阻害することは身体侵害であるとともに，性的自由という自由の侵害にもなる。これらの場面における概念把握の重複を鷹揚に認めることで問題がないのは，

〔山野目〕　　317

前注（§§*3-32の2*）II　　　　　　　　　　　　第1編　第2章　人

多くの場合において，法的効果の差異に結びつかないからである（たとえば710条は，「身体」と「自由」を並列して扱う）。

　特殊な場面においては，「生命」のみが文理上保護法益として掲げられており（711条），侵害されるものが「生命」であるか「身体」であるか，の区別が緊張感を帯びる。しかし，その局面も，生命侵害に比肩することができる侵害を生命侵害と同様に扱うこと（最判昭33・8・5民集12巻12号1901頁）で解決ができる。また，これの反対側の事象であるが，きわめて軽度の身体侵害をどのように扱うか，という問題もありうる。公衆の面前で侮辱的言辞を浴びせながら，きわめて軽度の身体への侵襲をもたらした，という場合において，侮辱を理由とする精神的損害の賠償請求権の成立が認められるとしても，身体侵害を伴うことを理由として消滅時効期間の長期の特例に浴することを是認してよいか，ということは，167条・724条の2の解釈問題として考究されてよい。刑法の傷害概念をめぐる論議を参考にするならば，ほとんど日常生活に支障を生じさせなかったり，本人も意識していなかったりする負傷や，医療行為を要することなく容易に快癒が得られる傷害などは，身体侵害の概念に含まれないとみることもできることであろう（名古屋高金沢支判昭40・10・14高刑集18巻6号691頁）。

　なお，これとは別な問題であるが，未成年者に対する性的虐待については，適時の賠償請求権行使を期待することができない定型的な事情があり，消滅時効期間の在り方について特例的な解決が立法上用意されるべきであるかどうか，という課題がある。

　(ｳ)　原則として権利型の保護を受ける人格的利益——自由　　人の行動の自由の根幹をなす人身の自由は，絶対的な保護を要請する人格的な利益である。暴行や脅迫によるその侵害は，たとえ身体侵害の結果がなくても，自由の侵害として人格権侵害に当たる。これに加え，人の精神作用の自由に対する侵害も，一般的には，人格権の侵害に当たる。もっとも，述べたくないことを言わされ，要らない物を買わされた，という事態がすべて権利型の人格権侵害の問題となるとみることはできない。市民の政治的信条に関わる事項についての表現の自由や，健康で文化的な最低限度の生活を営むための財産保有を脅かす経済活動の自由に対する侵害は，権利型の保障に浴すると考えるべきであり，たとえば判断能力が低下していて所得も乏しい者に高額な商

318　〔山野目〕

前注（§§3-32の2）Ⅱ

品の購入を繰り返し迫る行為は，それをしないことを人格権に基づき請求することができ，そのことは，消費者保護の法制による規制に抵触しているかどうかにより左右されない。これらでない場合について，詐欺や不実表示により取引をさせる行為が不法行為に当たるか，などの問題は，行為の態様を検討する考量的な契機を通じて判断されるべき問題である。

  (エ)　権利型の保護を受ける人格的利益の外延を考えるために──名誉
名誉とは，人の社会的評価であり，それを低下させる行為は，名誉に係る利益を侵害するものとして，人格権を侵害するものと評価される。

  もともと人の価値に大小などない。しかし，そのこととは別の問題として，人々の間に差異はある。名誉概念を論ずる判例が例示するものを参考とするならば，「品性，徳行，名声，信用」など（前掲最大判昭61・6・11）について，差異があることは，認めなければならない。しかしさらに，それらは，社会が確定的に定めるものではなく，これも本来，その人の内省により確かめられるものである。とはいえ，人々が社会を構成するからには，たとえ社会が評価を確定させるものではないとしても，実際上，社会から評価を受けるにあたり，個人は，理不尽な扱いを受けることなく，人として尊重されなければならない。ここに，名誉が人格権の一つの要素をなす所以がある。まさに，「個人の人格や尊厳を損なうことなく，能力の違いを認め，その違いの適切な評価について，冷静な視線と共感の心で話し合える環境を個々の職場で地道に整えていく」ことの重要性（玄田有史・人間に格はない──石川経夫と2000年代の労働市場〔2010〕11-12頁）は，さしあたり職場の労働環境について語られるものであるが，そのほかの人の評価が問題となる事項にも妥当する。

  人の社会的評価を低下させるためには，通常，事実を示すことを伴わなければならない（さらなる検討として，石橋秀起「名誉毀損と名誉感情の侵害」立命館法学363＝364号(上)〔2015〕）。村八分などの共同絶交は，人の名誉を侵害するという側面をもつことがあり，また，過度の精神的苦痛を及ぼす場合において，身体の侵害に発展すると評価される場合もあるであろうが，人として尊重される権利を侵す複合的な事象として把握する余地もある（→(6)）。また，人に対し，「愚か者」などと叫んで軽蔑の情を表わすことは，それにより直ちに社会的評価が低下するものではない。こちらは，名誉そのものというよりも名誉感情を害する行為（大塚・前掲論文530頁参照）であり，当然に人格権侵害

〔山野目〕　319

前注（§§3-32の2）Ⅱ 第1編 第2章 人

の違法行為を構成するというよりも，社会通念に照らし許容される限度を超えてされる行為のみが人格権侵害となる。また，事実を示して社会における評価を低下させるためには，それが社会に向けてされることが前提であり，刑法の名誉毀損罪が「公然」（同法230条1項）という構成要件要素として求めるほどに厳密でないとしても，ある程度において公に事実を示すことが求められる。

さらに，事実を示して社会的評価が低下するかは，その時代の社会意識に照らして定まる。既婚者が乱脈を極める異性関係を重ねている，という事実は，現代の通常人の意識で考えて，その人の社会的評価を低下させると考えられる。これに対し，ある人が離婚をした，という事実は，今日，そのことをもって直ちにその人の価値を減ぜしめるものではないであろう。これらの中間にある事象として，けっして乱脈とかということではなく，既婚者が一つの真剣な恋愛をしている事実を公表することにより社会的評価が低下するとみるかどうかは，時代による意識の変遷もありうるものであり，慎重に見究めることがあってよい。"不倫"という言葉があること自体は，それが社会的評価を低下させるものであるという暗黙の前提を含むが，この言葉そのものは，かなり安直に用いられている社会の実情がある。

また，離婚にせよ婚外恋愛にせよ，その事実を本人が公表してほしくないと考えることは，理解可能であり，プライバシーの侵害の要件を充足する場合には，それとして処することでよい。言い換えるならば，名誉と別にプライバシーの概念を考えることは，社会的評価の低下の有無という判断を経ないで，人格権侵害を問擬する思考回路が用意されることを意味する。

名誉を侵害する事実の真偽は，原則として，問題とされない。私たち市民は互いに，他者の事実を暴いてその社会的評価を低下させることについて正当な関心ないし利益が認められるべきではない。例外として，事実が真実である場合において，その事実を社会が共有することについて正当な利害関心を有すると考えてよいときには，人格権侵害の違法性が阻却される。この公共性の要件の具体の概念構成および運用は，基本において，刑法の名誉毀損罪に関わる基準（同法230条の2）を用いることが許されることであろう。そのうえで，実際の運用を考える際に，何をもって公共の利害に関する事実の公表とみるかは，それぞれの社会の意識を参照することが必要である。政治

320　〔山野目〕

前注（§§*3-32の2*）Ⅱ

家が不正な金銭の運用をしていることは，そのような者に権力の行使を委ねることに問題があることが明らかであるが，政治家が婚姻外の恋愛をしている事実がその政治家としての資質に影響するかどうかは，判断が分かれることであろう（国家元首を務める政治家がメディアから婚姻外で設けた子がいるのではないか，と質されたのに対し，いるけれど，その何が問題なのか，と反問したフランスの例は著名である）。

報道が違法な名誉侵害になるかどうかは，公共性の判断という区分けに即し，事案ごとに判断される，という法律論が確認されてよいが，さらに日本の実状を見るならば，ある事実を暴いて個人を社会的に抹殺するに近いところまで追い詰める報道が，どのような公共性に基づくものであるか疑わしい事例が多すぎる。私たちの社会がもつプレスの水準というものを考え込む契機が，ここにはある。

違法な名誉侵害であるかどうかということの検討を経て積極の結論が得られる局面においては，人格権の一般的効果として，それに基づく請求権や，その侵害を理由とする不法行為の成立が認められる。不法行為の効果の特則として，名誉侵害については特に「名誉を回復するのに適当な処分」（723条）を裁判所が命ずることができる。この処分と人格権に基づく請求権とは，機能が重複する側面があるとはいえ，概念として異なる（大塚・前掲論文504頁が，「723条に基づく原状回復と人格権等に基づく差止（ないし原状回復）との関係を明確にする必要」を指摘する。また17-18頁も参照）。裁判所が命ずる処分の内容によっては憲法適合性が問題とされるものもあるであろうが，その問題を措くとしても，たとえば，真実を暴露して名誉を棄損する行為が違法であると裁判所から判断された事実を新聞広告などで広告することを命ずる処分を考えると，それは，人格権に基づく請求権の一般論としては直ちには認められないものである。真実の暴露により既に被害者の社会的評価は低下しており，それについての裁判の結論を公表したからといって，その者の社会的評価は，少なくとも完全な仕方では原状に戻らない。そして，たとえそうであるとしても，723条は，その者の名誉を侵害する行為が本来はあってはならないことであったと宣示し，そのことが公表されることにより，被害者に別な仕方での名誉ある地位を賦与することに仕える。ここでは，侵害された名誉そのものを原状に戻すというよりも，それに拮抗する名誉的処遇を与えることで

〔山野目〕　321

前注（§§*3-32の2*） II　　　　　　　　　　　　　　　第1編　第2章　人

被害者の立場を改善しようとする特別の効果を伴う処分が行われる。そのような特別の処分は，まさに不法行為の特例的な効果として，加害者の故意・過失ある行為があることを要件として，また，724条の期間制限のもとで認められる。これとは異なり人格権に基づく請求権は，一般には故意・過失は要件とならず，また，侵害またはその蓋然性がある限り時間的な制約なく行使が認められるものであるから，両者は，同じ目的で働く場面は多いであろうが，異なる権利根拠によるものである。

　(オ)　考量型の保護を受ける人格的利益／その典型例——プライバシー
プライバシーは，濫りに私生活を公表されない，ということの確保に関する人格的利益である。公表される事実が私生活に関するものであること（私事性），その事項について秘匿を欲することが正当であると認められること（秘匿性），そしていまだ広く知られていない事実であること（非公知性）という3つの要件を充たすならば，そのような事実が公表されないことは，人格権の一つの要素を構成するものとして，法的に保護される（須加憲彦〔判批〕田島ほか編著・前掲書169頁）。ただし，公共の利害に関する事項に係る事実であって，それを公表する目的が専ら公益を図ることである場合は，プライバシーの法的保護が排除される。

　プライバシーの保護は，名誉の保護と重なる部分もあるが，必ずしも全面的に一致するものではない。名誉は，人の社会的評価に関わり，名誉を毀損することは，すなわち，人の社会的評価を低下させることである。たとえば，ある人がカトリックの信者である事実は，それが公表されても，その人の社会的評価を低下させることにはならない。しかし，この事実が公表されることにより，その人に対する一定のイメージが形成されることは考えられる。それについてのコントロールを望む意思は，社会一般の感覚に照らし，理解が可能であり，一般に，どのような宗教を信仰しているか，ということは私事性に加え秘匿性を充たす。また，犯罪により処罰を受けた経歴がある事実は，「公訴が提起されるに至っていない人の犯罪行為に関する事実」（刑法230条の2第2項）とは区別されなければならず，私事性を帯びる。それは，「人の名誉，信用に直接にかかわる事項であり，前科等のある者もこれをみだりに公開されないという法律上の保護に値する利益を有する」ものである（最判昭56・4・14民集35巻3号620頁）から，特段の公益的要請があるかどう

322　〔山野目〕

かを点検したうえで，その侵害の違法性が見定められなければならない（名誉とプライバシーのいずれの概念で前科の公表という事象を受け止めるべきであるか，について，建部雅・不法行為法における名誉概念の変遷〔2014〕96頁注51とその対応本文参照）。

プライバシーの保護は，個人情報の保護とも異なる。個人情報は，生存する個人を特定する情報であれば，それに当たり，その公表が常に人の社会的評価を低下させたり，その人に対するイメージを形成する契機となったりするものではない。特定の日の通勤の時間帯に特定の駅の改札を5番めに通過した人であることが公表されても，その事実は，その人の人格的内面とは何ら関連をもたない。そのような事実は，人格的な利益の保護とは区別される個人情報保護の対象として，その仕組みにより，それに即した手続ないし要件のもとで保護される。

㊒　原則として考量型の保護を受ける人格的利益——氏名　氏名に関する権利も，人格権の内容をなす。氏名に関する権利利益のうち，まず，氏名を排他的に使用する権利は，絶対の保護を要請され，他人による使用に対しては，それをしない不作為を請求することができる。この法的保護は，むしろ権利型のものであると考えられる。

これに対し，氏名の帰属を脅かすものではなく，それを正確に呼称される利益は，考量的な検討を経て，その侵害の違法性が定められるべきである（最判昭63・2・16民集42巻2号27頁参照）。人をニックネームや渾名で呼ぶ行為や，正確な読みで称されることの利益の侵害は，直ちに違法になるものではなく，社会通念に反する仕方で悪意でされるものが，それに対する法的な反発を受けると解すべきである（そうでなければ，いわゆるキラキラ・ネームなどは，誤って読むことが常に不法行為となりかねないが，その帰結が妥当であるとは考えられない）。

㊓　考量型の保護を受ける人格的利益／別の例——肖像　「何人も，その承諾なしに，みだりにその容ぼう・姿態……を撮影されない自由」を有し（最大判昭44・12・24刑集23巻12号1625頁），「自己の肖像をどのような媒体にどの様に使用させるかを決定する権利」を有するものであり（東京地決平8・3・14判タ905号238頁），これが人格権を基礎として認められることは，判例上・学説上疑いがない。昭和44年の最高裁判所判決は，警察官がした写真

前注（§§ *3-32 の 2*）Ⅱ　　　　　　　　　　　　第 1 編　第 2 章　人

撮影の適法性を問題とするなかで，上掲の判示により，濫りに撮影をすることが憲法 13 条に反するという一般論を是認するものであり，このように国と国民との関係を問題とする行論であることがおそらく影響して，「撮影されない自由」と述べており，それが正確でないとまで評することはできないとしても，むしろ「撮影されない権利」として把握するほうが自然であろう。しかも，この判例は，この権利を「肖像権と称するかどうかは別として」と述べ，表現について留保をしているが，この判決それ自体における前後の論理の組立てに照らしてみても，問題としているものを人格権の一つの支分要素としての肖像権として把握することを妨げる事情は，見当たらない。

　(ク)　考量型の保護を受ける人格的利益と実定法の諸規制との関係──個人情報　　生存する個人の情報であって，その情報に含まれる記述からその個人を識別することができるものが，個人情報である（個人情報 2 条 1 項，また，行政個人情報 2 条 2 項）。これもまた人格権の一つの要素として尊重に価することに疑問の余地がないが，それを他人が利用したり，それを有する他人が別の他人に提供したりする行為が直ちに違法になるものではない。この個人情報の定義に当たる情報が常にその者の人格的側面に関わるとは限らないからである。もとより，個人情報の公表などが，名誉やプライバシーの侵害の要件を充足する場合は，それらに当たるものとして問擬される。そのような場合でない一般的な個人情報の保護は，個人情報取扱事業者や行政機関に対し法令が定める義務が課せられる限度において，実定法の定めるところにより行われる。その効果として訂正請求権などが認められることは特筆されてよいし（個人情報 29 条，行政個人情報 27 条），それらの保護は広く捉えれば人格権の特殊な効果とみることもできなくはないが，人格権の概念から当然に導かれるものではない。

　(ケ)　考量型の保護を受ける人格的利益と法人に対する保護との関係──私生活の平穏　　濫りに他人から私的領域に干渉されることがなく，平穏に私生活を営む権利利益も，人格権に含まれる。それと同時に注意を要する事項として，第 1 に，たしかに，私生活の平穏に仕える実定法の規律が用意されており，その思想的淵源の一つに人格権の保護ということを掲げることは誤りではないであろうが，その際の法的保護の対象には，しばしば法人も含まれる。住居の不可侵も通信の秘密も人格権の要素であるとみることが妨げら

前注（§§3-32の2） II

れないとともに，209条1項ただし書の「住家」は法人が所有する建物であってもよいし，不正アクセス行為の禁止等に関する法律によりアクセスが規制される電子計算機の動作を管理する者は法人でありうる（明確に個人が対象とされる規制の例には，ストーカー行為等の規制等に関する法律によるものがある）。第2に，こうした実定法の具体的根拠を有しない私生活の平穏は，その法的保護の外延をめぐる論議がされており，絶対の保護を要請する権利利益ではない。伝統的に不法行為法において生活妨害の問題として扱われてきたし（大塚・前掲論文531頁参照），それに関連して差止請求も問題とされてきた。この差止請求は，人格権に基づく請求権である性格規定がされてよいが，その要件に関する考量的な思考を要請する論点である。

　㈢　考量型の保護を受ける人格的利益と商業的利益保護の契機との関係——パブリシティ　　人の氏名や肖像に関する権利利益の保護は，既に述べたように人格権の要素の一つであり，そのことは，氏名や肖像が商品の販売等を促進する顧客吸引力を有する場合であっても異ならない。商品価値を有するからといって単なる財産的利益であると考えることは相当でない。もっとも，歌手や俳優など社会から注目を集める人の氏名や肖像は，その時代の風俗ないし文化の一翼をなす側面もあり，その描写をする市民が表現行為の対象に取り入れることが一律に妨げられることも相当でない。これもまた考量型の人格的利益として，どこからが違法な人格権侵害となるか，検討されなければならない題材である。これについて判例は，「肖像等を無断で使用する行為は……専ら肖像等の有する顧客吸引力の利用を目的とするといえる場合」にその行為が不法行為になるとする（最判平24・2・2民集66巻2号89頁，奥邨弘司〔判批〕平24重判解273頁）。

(6)　一般的人格権の可能性

　ここまでに見てきた個別の人格権ないし人格的利益の背後には，それらを包摂し，これに思想的基盤を賦与する権利の本質的部分が控える。それに呼称を与えるとすれば，それは，一般的人格権である，ということになるであろう。日本では民法においても憲法においても，このような概念そのものを定める規定がない，ということが指摘されることもあるが，それは，個別の人格権の多くについても，そうである。既に見たとおり，それにもかかわらず，民法や憲法のいくつかの規定を手がかりとして個別の人格権を導出する

前注（§§*3-32の2*）II　　　　　　　　　　　　　第1編　第2章　人

ことができる。

　そのようにして認識される諸権利や諸利益を包括して理解し，概念として整理するという，いわば説明概念として一般的人格権を観念することができることには，異論の余地がないと考えられる。

　また，いまだ人格権として明確な認知が得られていない領域においても，一般的人格権から直ちに具体の法律的解決を導くことは困難であるとしても，そこに思想的基盤を用意する役割は果たすことができるし，また，果たさなければならない（大塚・前掲論文 528 頁は，「人格的利益の保護という一方向に向かった機能を果たすことを目的としている点で，従来の一般条項とも異なる性質を有する」ことに注意を促す。一般的人格権の「母権性」をめぐる論議の諸側面を丁寧に論ずる斉藤・前掲書 201-203 頁も参照）。

　くわえて，人格権の個別の要素により把握するよりも，人の尊厳そのものが保護されなければならないという要請からの，いわば直轄的な思考操作に基づき，人格権の侵害が認識される場面もありうる。いじめや村八分といわれる共同絶交は，違法な行為であると評価されるべきであるし，その具体的な行為が暴行や名誉侵害を伴うときには，身体や名誉の保護の問題として問擬される。が，それらの要件を個別に充足しなくても，それが組織的にされるなど社会通念上許容されない仕方でされるときは，人が個人としての尊重を受ける権利を脅かす人格権侵害に当たる（よく知られているように，大判大 10・6・28 民録 27 輯 1260 頁が共同絶交を名誉侵害の問題として受け止めたが，なぜこれが名誉侵害となるか，さらに，名誉侵害にとどまる事象であるか，は考察が深められていない。建部・前掲書 71-72 頁も参照。むしろ一般的な人としての尊重が蔑ろにされたという観点から把握されるべきである）。これを一般的人格権で整理するならば，この概念がもつ補充的な機能も注目に価することになる。

3　類型的な状況における人の保護 ── 民法における人の群像

　民法には，一般的に個人を指し，または個人を含むものとしての人を意味する〈人〉の概念が登場するほか，特定の状況に置かれる人の権利義務を定めるルールも設けられている。

(1)　人の類型を考察するための概念の用意

　特定の，とは，まず，個別的状況に置かれる人という観点からの観察を意味することもある。555 条の「当事者の一方」は，売買の冒頭規定である同

前注（§§3-32の2）　II

条に従って売買契約が成立するならば，「売主」という特定の状況に置かれ，それとしての権利を有し，また，義務を負う。しかし，この観点から本巻において特に論じなければならない問題は少ない。この例で言うならば，その人，つまり売主の権利義務は，売買（555条以下）の規定の注釈に委ねることでよい。

　考えておかなければならないことは，このような個別化・具体化を経た人でなく，類型的状況に置かれるものとして観察される人である。たとえば，「未成年者」（5条）は，18歳未満という類型化された状況にある人に着眼して，その権利義務関係についての組織的な規律の体系を設けることが民法において行われている。これは，いわば完全に抽象化された人の概念と，売主とか賃貸人とかいう個別性の高い状況に置かれる人の概念との中間にあって，類型を道具概念として理解される人にほかならない。

　このような意味において，さまざまな人について，どのように考えるべきであるか。じつは，この問題を取り上げる際には，きわめて感覚的ないし表層的な民法というものそのものの把握が，しばしば論議を混乱させる要因として立ちはだかる。それは，民法とは普遍的な人について規定を用意すべきものであり，限られた階層の保護に特化したルールを置くべきではなく，いやしくも弱者保護の発想に立つごとき規律を含むべきではない，という通俗的な発想である。

　民法が普遍的な人を規律対象として想定するべきである，ということ自体は，おおすじにおいて，そのとおりであろう。しかし，いうところの普遍の概念は，分析を要する。特定の具体的状況に置かれることの相互互換性においてのみ普遍ということを理解するならば，普遍とは，誰でもが売主になる可能性があり，しかしまた買主になる可能性があるから，売買の規定は普遍的な規律である，というような非常に浅薄な命題を引き出すにとどまる概念としてしか働かないことになる。

　しかし，丁寧に分析するならば，それのみが普遍ではなく，ある特定の類型的な状況に置かれる可能性が人には常にある，という実質的な意義をもつ普遍をも考えておかなければならない。未成年者である，という事態は，それ自体として，かなり特殊な状況ではあるけれども，翻って考えるならば，未成年者である時期を経験することがない人というものはいない。その状況

〔山野目〕　327

前注（§§*3-32の2*）II　　　　　　　　　　第1編　第2章　人

に目下は置かれていないというにとどまり，誰でもがその類型的状況に置かれる可能性がある，という意味において普遍的な性格があり，その状態の法律関係の体系的な規律を用意することも，民法の役割である。〈状況規定的な人の類型〉とでもいうべきものであり，同様に，「消費者」もまた，その状況に置かれることがない人はありえない，という意味において，状況的な普遍性をもつ概念であるが，この概念が民法には登場しない。さらに，消費者と対置される概念は事業者であるが，これも民法に規定がなく，かなり歴史的に特異な背景をもつ概念としての商人概念が商法で扱われる。このような実定法状況の認識を踏まえつつ，どのように消費者という存在を民法が受け止めるべきであるか，論じられてよい。

　くわえてまた，このように整理されるものとしての普遍性を認められないが，ある類型的な人の存在態様が，市民社会において重要な位置を占めるとき，それに関し民事上の所要の規律を用意することも，民法の役割に含まれる。こちらは，〈属性規定的な人の類型〉であり，まず，女性と男性は，性別の取扱いの問題を措くとするならば，互換性に欠ける関係にあるが，それらに着目する規律は社会的に重要である。民法は，「女」・「男」というよび方で，これらに関する規律を設ける（731条など）。また，これとはかなり性質を異にするが，労働者という存在もまた，人が必ずその状況に置かれるとは限らないということがたしかであるとしても，社会をなりたたせるうえで重要な人間の存在態様であり，これに着目する規定は，散在的であるにせよ，民法にも置かれる（623条以下・308条）。

　ここでは，いま論及した消費者と労働者，さらに未成年者に関連して視野を実質的に拡げて児童を取り上げ，また，児童と共に法制上類似の施策が展開している高齢者と障害者（児童虐待の防止等に関する法律3条，障害者虐待の防止，障害者の養護者に対する支援等に関する法律3条，高齢者虐待の防止，高齢者の養護者に対する支援等に関する法律1条参照）や，総則編に登場する個人の状況である外国人（3条2項）について若干の考察を加える。これらのほかにも，不動産の賃借人のように，必ずしも個人がなるとは限らないものの，その社会実態に注目した考察が借地借家法学の独自の発展を促したものがあることなどが想起されてよい。両性のそれぞれの人の法律的な位置づけをめぐり，いわゆるジェンダーの問題をどのように考えるかは，2条の「両性の本質的平等」に

前注（§§ *3-32 の 2*）　Ⅱ

関連して，同条の注釈で扱われる。

(2)　消　費　者

　消費者は，それと「事業者との間の情報の質及び量並びに交渉力の格差」
が存在することに着目する概念である（消費者契約法1条）。情報と交渉力の
格差を問題とするものであるから，資産の多寡や社会的地位の相異などは関
係がなく，消費者が社会的弱者である，などという一般的な立言をすること
もできない。大きな企業の役員を務め，高給を得ている者も，休日に買い物
をする場面において，まぎれもなく消費者である。ただし，情報と交渉力の
格差という実質基準では，消費者契約法の私法的規律などを適用する際に支
障が生ずる。そこで，法規範の適用操作上は，個人であって，事業として，
または事業のために契約の当事者となる場合におけるものを除く，という実
定的な消費者概念が用意される（同法2条1項）。このことは，実質基準との
乖離を可及的に小さくするために消費者概念の不断の見直しを要請するとい
う消費者法学の課題を産む。実際，経験が豊かでないまま開業準備の契約を
するような者を消費者でなく事業者として扱うことでよいか，などの論点が
検討されている（消費者庁「消費者契約法の運用状況に関する検討会報告書」〔2014年
10月〕）。

　また，消費者の私法的な保護の細目を定める消費者契約法などが提示する
個別のメニューがそれぞれ重要であるとともに，消費者の利益の擁護・増進
に関し，その安全，情報，選択，参加への権利を全体として考察する手がか
りを提供する消費者基本法2条が注目されるべきである（吉田克己「消費者の
権利をめぐって」消費者法研究創刊1号〔2016〕）。

(3)　児　　　童

　社会の成員のうち年少の者について，未成熟であるという特性に着眼し，
法制上特別の考慮がされなければならず，また，特別の考慮が許容されるこ
とは，憲法が「成年者」（15条3項）という概念に言及するところからも窺わ
れる。いうまでもなく民法上も，行為能力の一般的な制限（4条・5条・6条）
が行われるほか，遺言能力や婚姻能力に関し，年齢に着眼した制約が設けら
れる（731条・961条）。さらに重要なことは，年少の者が未来の社会の担い手
として，守られ，育まれなければならない，という要請にほかならない。酷
使されてならないのは成人も異ならないが，わざわざ憲法が児童の酷使の禁

〔山野目〕　329

前注（§§*3-32の2*）II　　　　　　　　　　第1編　第2章　人

止に言及し，また，教育の重要性を謳うことは，この観点から理解される
（憲27条3項・26条2項）。民法もまた，一定の要件のもとで父母を親権者とし，
その監護教育の義務を定める（820条）とともに，それが適切にされない場
合の親権の喪失・停止の仕組みを用意する（834条・834条の2）。これらの制
度は，法定代理人としての不適切な権能行使を牽制するという点で重要であ
るが，虐待などの物理的・現実的な危害の除去は，むしろ児童福祉法28条
に基づき家庭裁判所の承認を得て一定の施設に児童を移す制度がその役割を
期待される。なお，実定法上の年少者の概念は，法制ごとに異なっているこ
とがある。民法では，成年とする年齢に法制の変遷があった（→§4 II）。児
童福祉法の「児童」は，18歳未満の者をいう（同法4条1項，またさらに，子ど
も・子育て支援法の「子ども」の概念は，基本的に18歳までの者であるが，学年を考慮
して若干の補正が加わる。同法6条1項）。成年年齢の上記の見直しなども踏まえ
ながら，法制ごとに適切な区分について留意がされるべき問題である。

　(4)　高　齢　者

　未成年者のような年少の者とは異なり，齢を重ねた人々を明瞭な概念で受
け止める規律は，民法に置かれていない。それは，齢を重ねたということの
みでは個人差が年少者よりさらに大きく，民事法制上画一の扱いをすること
に親しまない事項が多いことによる。くわえて，いわゆる高齢に達しないで
世を去る人たちもいる。高齢者という範疇は，誰でもが経験するという意味
における〈状況規定的な人の類型〉である程度は，児童の場合より小さい。
それでも，民法でない法制においては，「高齢者」や「老人」の定義がされ
ており，65歳以上の者とされることが多い（高齢者虐待の防止，高齢者の養護者
に対する支援等に関する法律2条1項，老人福祉法10条の3など）。また，65歳から
74歳までを前期高齢者と，それを超える年齢の者を後期高齢者とする法制
もみられる（高齢者の医療の確保に関する法律32条1項・50条）。民法の解釈運用
としては，成年後見制度を利用する人々の主要な部分が，これらの定義で高
齢者などとされる層である。

　(5)　労　働　者

　「労働者」という言葉それ自体の民法における実定的な意味は，雇用契約
の一方の当事者を指称する概念である（624条以下）。しかし，社会実体とし
ての労働者は，民法の典型契約である雇用契約という概念に適合しないかも

330　〔山野目〕

前注（§§3-32の2） II

しれない者を含めて理解され，運用されなければならない。労働基準や労働
契約に関する法制（労基9条，労契2条1項，また労組3条）はもとより，民法そ
れ自体の解釈としても，たとえば，やや特殊な先取特権である323条・324
条のそれらは，雇用契約であると認められる契約の当事者でなければならな
いという中間項を介して判断することを強く要請するものであるとは考えに
くい（→第6巻§323, §324）。「雇用関係」にあることを文言が明示する一般先
取特権（308条，なお，民執197条2項）も，その運用は柔軟であるべきであろ
う（→第6巻§323）。雇用契約の労働者それ自体にしても，使用者の指揮監督
を受ける（その意味は，提供すべき役務の具体の内容や役務提供の手順が使用者におい
て定められるということであり，そこが，それらの大部分を役務提供者である請負人に委
ねられる請負との間の一応の区別の指標である）ことがあるとしても，それとは別
に経済的に当該契約関係に依存しなければ生存を確保することに困難が生じ
る状況にある者という指標を問題とすることの可能性や必要性という観点が
控える（石田眞「労働契約論」籾井常喜編・戦後労働法学説史〔1996〕，島田陽一「雇用
類似の労務供給契約と労働法に関する覚書」下井隆史古稀・新時代の労働契約法理論
〔2003〕）。

(6) 障　害　者

　身体障害，知的障害，精神障害，そして発達障害など，何らかの心身の機
能の障害があって，そのために日常生活や社会生活において困難がみられ，
しかも，そのような状態が継続する人々については，民法そのほかの実定法
において取り組むべき課題がある（法制上の障害者の定義として障害者基本法2条
1号。また，障害者の概念の前提となる障害の意味理解においては，心身の機能障害があ
ることにのみ着眼する障害の医学モデルではなく，機能障害が社会的障壁と相互作用をも
たらす契機を重視する障害の社会モデルが重要である。菊池馨実ほか編著・障害法
〔2015〕4-10頁参照）。一方において，障害者であることを理由とする不当な差
別があってならないことはいうまでもなく，また他方において，障害者のた
めの適切な保護が組織づけられなければならない。注意をしなければならな
いこととして，これらの2つの課題は別々に存在するものではなく，不適切
な保護の施策が容易に差別を招来する。これらの課題のうち，前者の観点か
らは，かつて民法が「聾者」，「啞者」および「盲者」であることを準禁治産
の原因としていたこと（かつての11条，昭和54年法律68号による民法の改正でな

〔山野目〕　　331

前注（§§3-32の2）II

第1編　第2章　人

くなった）を想起しておかなければならない。これらの用語表現に問題があることに加え，何よりも，事理弁識能力の状況にかかわらず障害のゆえに当然に行為能力が制限を受けることに合理的な根拠はなく，したがって，これは差別であるとみなければならない。今日において実定的意義を失った問題であるが，民法の歴史にみられた差別の事象として心にとどめておかなければならない。後者の観点からは，広い意味における成年後見制度に関する7条・11条・15条の制度運用を通じ，障害者基本法1条・3条・4条が宣明する障害者についての基本理念が追求されなければならないことはもとより，713条の不法行為の責任無能力や770条1項4号の精神病離婚などにおいても，考察を要する問題を提供する。2013年（平成25年）には，障害を理由とする差別の解消の推進に関する法律が制定され，翌14年に日本が障害者の権利に関する条約を批准している。今後，これらを踏まえ，さらに実定法制の整備を進めることなどが課題となる（→前注（§§7-21））。

(7)　外　国　人

　外国人とは，日本の国籍を有しない者である。そのなかには，日本に住所を有する者もいれば，そうでない者（単なる旅行者など）もいる。日本に住所を有する外国人で一定の要件を充たすものについては，外国人住民票が調製される（住民基本台帳法30条の45以下）。外国人が当事者となる法律関係であっても，それに行為地法や不動産の所在地法が適用される場合において，それが日本法である場合には，民法が適用される（法の適用に関する通則法の10条1項や13条1項の場合）。そして，外国人に民法が適用される場合において，原則は，外国人であることに着目して異別の取扱いがされることはない。これを内外人平等の原則とよぶ（大村敦志・他者とともに生きる――民法から見た外国人法〔2008〕24-33頁参照）。その例外について，→§3 B。

〔山野目章夫〕

第1節　権利能力　　　　　　　　　　　　　　　　　　　　　　§*3*　A

第1節　権 利 能 力

第3条①　私権の享有は，出生に始まる。

②　外国人は，法令又は条約の規定により禁止される場合を除き，私
　権を享有する。

　　　〔対照〕　①＝ド民1，フ民8（私権の享有可能性の規定である。権利能力の始期
　　　　　　について明文の規定はない）　②＝ドイツ民法施行法7Ⅰ，スイス国際
　　　　　　私法34Ⅰ
　　　〔改正〕　①＝昭22法222移動（1条→1条ノ3）・平16法147移動（1条ノ
　　　　　　3→3条①）　②＝平16法147移動（2条→3条②）

A　私権の享有

細 目 次

Ⅰ　趣　旨 ……………………………334
1　私権の享有とその始期………………334
2　本規定の意義………………………335
　(1)　権利能力平等の原則の宣言 ………335
　(2)　胎児の取扱い ………………………335
Ⅱ　権利能力の始期……………………336
1　過程としての生命の誕生……………336
2　出生の意義…………………………336
　(1)　母体からの分離……………………336
　(2)　生　存 ……………………………337
　(3)　生存可能性 ………………………338
Ⅲ　権利能力の終期……………………339
1　死亡とその意義……………………339
2　定義・判断方法……………………340
　(1)　序 ……………………………340
　(2)　内　容 ……………………………341
3　死亡の擬制など……………………342
　(1)　失踪宣告制度（30条〜32条）……342

　(2)　認定死亡と高齢者消除 ……………342
Ⅳ　出生・死亡の公示・証明 …………344
1　出生・死亡と戸籍制度………………344
　(1)　戸籍への記載 ……………………344
　(2)　戸籍による証明 …………………344
　(3)　戸籍の公開制度とその制限 ………344
2　出生の記載…………………………345
　(1)　契　機 ……………………………345
　(2)　内　容 ……………………………346
3　死亡の記載…………………………346
　(1)　契　機 ……………………………346
　(2)　内　容 ……………………………347
Ⅴ　権利能力の拡張 ……………………347
1　問題の所在…………………………347
2　胎児の法的地位……………………348
　(1)　民法の手当て ……………………348
　(2)　胎児保護の条件 …………………348
　(3)　評　価 ……………………………349

〔小池〕　　333

§*3* ＡＩ   第1編　第2章　人

3　死後の利益とその保護 ── 死者の権
　利主体性……………………………………352
　(1)　死者に帰属していた権利等の帰趨
　　　…………………………………………352
　(2)　死後の利益侵害に対する救済 ……353

4　主体適格の拡張の可能性 ── 自然・
　動物の権利主体性………………………353
　(1)　自然の権利 …………………………354
　(2)　動物の権利 …………………………354

Ⅰ　趣　　旨

1　私権の享有とその始期

　第1編第2章第1節は権利能力と題し，1か条からなる。本条1項は，自然人が私権を享有する期間の始期を定める。「私権の享有」とは，権利能力の主体となることを意味する（私権の内容については，→§1ＡⅡ）。また，ここでの主体は本章の題目たる「人」すなわち自然人に限定される（法人は含まない）。以上を前提として，本規定は，自然人の権利能力の始期をその出生の時点と定めている。

　権利能力を有する者は，権利・義務（実際には，広く法的な利益・不利益を含む）が帰属する主体となることができる。すなわち，権利能力とは，権利を取得し，また，義務を負うことができる資格をいう。

　民法は，人の能力について，帰属と行使の2つの局面に分けた上で，権利・義務を帰属させるための資格として権利能力という概念を用意する。そして，帰属を認められた権利等を行使する資格のうち，法律行為に関する能力として意思能力（第1編第2章第2節，3条の2）と行為能力（同第3節）を用意し，さらに不法行為に関する責任能力（712条・713条）を定めている。なお，権利能力と行為能力という実体法上の概念に対応して，民事手続法上，当事者能力と訴訟能力（手続行為能力）という概念がある（民訴28条。手続行為能力は非訟16条，家事17条）。当事者能力とは訴訟上の請求の主体またはその相手方となり，また，判決の名宛人となりうる資格である。訴訟能力とは，自ら単独で有効に訴訟行為をなし，または相手方・裁判所の訴訟行為を有効に受けることができる能力である（なお，行為能力は，定義中に法律行為の相手方となる場合の資格についての言及がなく，別途，意思表示の受領能力等の定めがある。98条の2）。

334　〔小池〕

第1節 権利能力 §3 AI

2 本規定の意義

本条1項の規律は，権利能力の始期を定めたことのほか，さらに2つの意義をもつ。これは，旧民法の2つの規定との関係から導かれる（広中俊雄「成年後見制度の改革と民法の体系(上)(下)」ジュリ1184号94頁・1185号92頁〔2000〕）。

(1) 権利能力平等の原則の宣言

1つは，旧民法人事編1条「凡ソ人ハ私権ヲ享有シ法律ニ定メタル無能力者ニ非サル限リハ自ラ其私権ヲ行使スルコトヲ得」の前半部分（凡ソ〜享有シ）に関わる。この部分は，権利能力平等の原則を提示するものである。この原則は，人（・人格）に対する支配を否定し，人は客体とならないことを前提に，人は主体として権利能力を平等に有することを内容とする。人でありながら法的主体性を否定された奴隷制が存在していたことに鑑みれば，この原則の重要性は明らかである（奴隷制との関係での権利能力の意義については，能見善久「人の権利能力」平井古稀69頁を参照）。もっとも，現在では権利能力の平等は疑いの余地のない原則と考えられている（憲18条も参照）。よって，この原則の宣言にはもはや歴史的な意義しかない。事実，明治民法が旧民法人事編1条の前半部分を承継しなかったのは，これを蛇足とみたことによる（起草過程における議論については，広中・前掲ジュリ1184号94-96頁を参照）。現在の学説も，本条は権利能力平等の原則を前提とするもの，と理解している（我妻45頁，山本33頁）。なお，性の違いや障害の有無といった人の属性に着眼した扱いの差異に係る法的問題は，本原則の射程を超えるものである（→§2，§90）。

(2) 胎児の取扱い

本規定のもう1つの意義は，旧民法人事編2条に関わる。同条は，「胎内ノ子ト雖モ其利益ヲ保護スルニ付テハ既ニ生マレタル者ト看做ス」と規定し，胎児を一般的に保護する立場を採用していた（この立場の沿革につき，河上正二「胎児の法的地位と損害賠償請求」山田卓生古稀・損害賠償法の軌跡と展望〔2008〕3頁〔26頁注1〕参照）。本条1項は，これを改め，出生以前の胎児は権利能力の主体となることができない，という原則を明らかにしたものである。他方で，民法は，本条に対する特則を置き，胎児について個別に対応している（→Ⅴ2）。すなわち，本規定の意義は，胎児の法的地位についていくつかの局面に限定して規律する考え方を採用した点にもある。

〔小池〕 335

§3 A II 第1編 第2章 人

II 権利能力の始期

1 過程としての生命の誕生

権利能力の始期は，出生である（本条1項）。始期の時点については，出生の時分までが出生の届書の必要的記載事項とされている（戸49条2項2号。もっとも，戸籍の身分事項欄に記載されるのは日までである）。

人の生命の始まり（受精〜出生）と終わり（生命活動の不可逆的停止）は，実際には，一連の過程として生じる。しかし，法的取扱いの上では，権利能力の始期と終期は1つの時点をもって画される必要がある。

人の生命は，精子と卵子の融合（受精）によって始まる。受精卵は，子宮に着床した後，生命活動を母体に依存しながら組織・器官の分化・形成等の発達を続け，やがて母体から分離し，独立して生命活動を営む存在となる。そして，本規定は，権利能力の始期を，受精の時点ではなく，出生の時点としたものである。その結果，受精から胚・胎児の時期を経て出生に至る間，1つの連続する生命として存在するにもかかわらず，出生の前後で権利能力の存否が分かれることになる。もっとも，民法は，胎児について権利能力の特則を置き，出生前の存在に対して一定の配慮を示している（→V2）。

2 出生の意義

(1) 母体からの分離

出生という語は，「出」と「生」からなり，それぞれについて検討を要する。

まず，出生の一般的意味は，「出」という語が示すように，母体から出てくることをいう。民法学上は，胎児の全部が母体から出た時点をもって，出生とする立場が通説である（我妻50頁，山本33頁。なお，分娩という概念は，胎児だけでなく臍帯および胎盤の排出〔後産と呼ぶ〕までを含む。しかし，本条にいう出生は，臍帯による母体との結合が残存していてもよい）。これは，出生によって，母体という別の法主体から完全に独立した存在となることを理由とする（なお，この点に関連して，結合双生児で生命活動に必要な器官を共有している場合，各自の生命活動は相互に依存しているが，それぞれを権利主体と認めてよい〔松本85頁〕）。

刑法学においても，胎児を客体とする罪（堕胎罪）と人を客体とする罪（殺人罪・傷害罪等）との区別を前提に，胎児と人を画する時点として，出生の定

第1節　権利能力　　　　　　　　　　　　　　　　　　　　§*3*　A II

義が議論されている。その際，加害の対象となりうる点をも考慮して，一部
露出説が通説とされている（甲斐克則「刑法における人の概念」西田典之ほか編・刑
法の争点〔2007〕128頁）。民法でも，不法行為法では加害対象としての適格性
の観点が意味をもつが，この観点のみから出生を定義する必然性はない。む
しろ，権利主体としての適格性の観点が重要である。その場合，母体という
他の権利主体からの独立性が明確であることが必要であり，かつそれで足り
る。よって，母体から胎児が完全に排出された時点をもって出生とする定義
でよい。

　もっとも，出生を権利能力の始期とするのは，論理的帰結というわけでは
ない。母体内にあっても独立した存在と把握して，これに権利・義務を帰属
させることも，観念的には可能である。そこで，立法論としては，生命の始
まりの時点を権利能力の始期とする余地がある（胎児を一般的に保護する立場
〔→I 2⑵〕は，その一例である。なお，スイス民法は，権利能力の始期を「出生の完
了」としたうえで〔31条1項〕，胎児に一般的に権利能力を付与する立場を採用している
〔出生前の子は，生きて生まれることを留保して，権利能力を有する。同条2項〕）。

⑵　生　　存

　出生の語は「生」を含む。よって，母体から分離された時点で生きている
ことが必要である。また，権利能力は死亡によって終了することからも，出
生の時点で生きていることが必要となる。

　これには，母体との分離時に生命活動の徴候（心臓・臍帯の拍動，呼吸）を示
していれば十分である。したがって，妊娠12週（妊娠期間は，最終月経時から
起算し，満で数える）以後の死児の出産，すなわち死産の場合は，出生要件を
みたさない（死児とは，出産後において心臓拍動，随意筋の運動および呼吸のいずれも
認めないものをいう）。これは，母体外では生命活動の兆候を示していないと
いう死児の定義から当然に導かれる。他方，無脳症児は，母体との分離時に
生命活動の徴候を示すなら，出生の要件をみたしうる（石田（穣）120頁参照。な
お，無脳症児という語の印象と異なり，脳組織の欠損する範囲は様々であって，正確には
脳の形成に異常がある場合である。保条成宏「無脳症新生児からの臓器移植をめぐる刑法
上の問題について⑴⑵・完」名法162号〔1995〕381頁・170号〔1997〕295頁，出生
概念との関係は170号313頁以下を参照）。

〔小池〕　337

§3 AⅡ

第1編　第2章　人

(3)　生存可能性

　出生の判断では，出生の時点で生きているか否かが問われる。これに対して，ある程度の期間，生命活動が継続しうること（生存可能性）は，考慮されない（生存可能性の要否は，古くから議論されてきた論点である。サヴィニー〔小橋一郎訳〕・現代ローマ法体系第2巻〔1996〕325頁以下〔付録Ⅲ　子の権利能力の条件としての子の生命力〕を参照）。よって，出生が認められれば，その直後に死亡した場合であっても，「出生して，死亡した」ことになる。なお，世界保健機関（WHO）の統計項目の出生（Live birth）の定義は，「妊娠期間にかかわりなく，受胎生成物が母体から完全に排出又は娩出された場合で，それが母体からの分離後，臍帯の切断又は胎盤の付着いかんにかかわらず，呼吸している場合又は心臓の拍動，臍帯の拍動もしくは随意筋の明白な運動のような生命の証拠のいずれかを表す場合」であり，生命活動の徴候を示すことで足りるとされている（WHO, ICD-10〔2013〕5.7.1定義の出生の項。厚生労働省大臣官房統計情報部「疾病及び関連保健問題の国際統計分類ICD-10（2013年版）準拠第2巻インストラクションマニュアル（総論）仮訳」による。日本の出産の統計もこれに対応している）。

　もっとも，このように理解すると，母体外排出後に生命活動の徴候を示せば，胎児の成長の程度にかかわらず，出生が認められることになる。しかし，たとえば流産・人工妊娠中絶の場合，この対応には疑問が生じうる。これは以下の理由による。産科学上，流産とは，胎芽（産科学では妊娠8週未満）・胎児が子宮外で生存可能となる前の段階（妊娠22週未満）で妊娠が中絶した場合をいう。また，母体保護法の定める人工妊娠中絶は，母体外で生命を保続することができない時期に胎児を人工的に母体外に排出することである（同法2条2項。母体外で生命を保続することができない時期は，妊娠22週未満とされている。平成2・3・20厚生省発健医第55号厚生事務次官通知〔厚労省ウェブサイト・法令等データベースサービスで検索可能〕）。いずれの定義も，母体から排出された時点における生命活動の徴候の有無には触れていない（かつては母体外への排出がそのまま胎児の死に直結していたことによるものであろう。実際，流産の場合，その定義が示すように，母体外での生存可能性の程度は相当に低い。そもそも，流産は，人工妊娠中絶と異なり，妊娠過程に何らかの問題があったために自然淘汰が起きた，という面がある）。このような場合に出生を認めるとすれば，ほどなく死亡した場合であっても，出生の届出をしなければならないことになる。また，人としての生

338　〔小池〕

第1節　権利能力　　　　　　　　　　　　　　　　　　　　§3　A Ⅲ

命保護の必要性も生じるため，新生児治療を施すべきか否かも問題となる。さらに，刑法学上は，母体外排出に加えて排出胎児の死亡をもって堕胎の罪が完結すると考えるか否か，そして（出生を認めて）人の生命に対する罪の成否を問うか，が議論されている（甲斐・前掲論文128頁）。しかし，他方で，母体保護法の認める人工妊娠中絶の可能な時期が妊娠24週から22週に変更された際，妊娠22週という基準が「極めて高度な医療施設において胎児が生育することができる限界に基づいたものであり，妊娠22週以降のすべての胎児が生育するという意味ではないことを広く周知させること」への配慮が求められていた（「優生保護法（昭和23年法律第156号）第2条第2項の『胎児が，母体外において，生命を保続することのできない時期』の基準について」平成元・12・18公衆衛生審議会答申〔平成2・3・20健医精発第12号保健医療局精神保健課長通知・別添一〕。櫻井浩子「妊娠22週児の出生をめぐる倫理的問題」生存学研究センター報告書10号〔2009〕171頁〔175頁〕も参照）。ここでは，出生と生存可能性の判断は，論理的には峻別できるものの，生存可能性を考慮して出生を判断すべき場合があることが示唆されている。

　胎芽から胎児のある時期までは，その成育状態に鑑み，母体外に排出されても出生を認める必要はない。これに対して，妊娠22週程度での排出の場合については，困難な問題であるが，生存可能性を不問とするのを原則としつつ，母体と分離した後，胎内での生育期間が短いこと（妊娠22週未満）等胎児自体の事情に鑑みて，独立して生存しうる可能性が相当に低い場合には，例外的に出生としない扱いとする余地はあろう（前出の無脳症児の場合，死産扱いの場合があるようである〔仁志田博司・出生と死をめぐる生命倫理〔2015〕164頁。玉井真理子「日本の新生児医療」小山剛＝玉井真理子編・子どもの医療と法〔2版，2012〕3頁〔24頁〕も参照〕）。

Ⅲ　権利能力の終期

1　死亡とその意義

　人は，死亡によって権利能力を失う。つまり，権利能力の終期は死亡である。この点について明文の規定はないが，一般的にはこのように理解されている。死亡の結果，人は権利・義務の主体となることができなくなる。そこ

〔小池〕　339

§3 A Ⅲ   第1編　第2章　人

で，人の死亡後，その人に帰属していた権利・利益および義務の扱いが問題
となる（→Ⅴ3）。また，死亡が認められれば，人の生命に対する保護も終了
し，たとえば生命維持措置の停止および致死的な臓器摘出は人の生命侵害と
いえなくなる。

　終期の時点については，死亡の時分までが死亡の届書の必要的記載事項と
され（戸86条2項1号），この者の戸籍の身分事項欄に記載される（→Ⅳ3(2)。
なお，外国〔日本標準時地以外の地〕で死亡した場合，その死亡時刻は当地の標準時によ
る。平成6・11・16民二第7005号民事局長通達第4）。死亡の時点は，それ自体，
権利能力の存否を分かつ点で重要である。さらに，死亡の先後が相続関係を
決する場合もある（→§32の2）。

2　定義・判断方法

(1)　序

　死亡とは，人としての生命活動の不可逆的かつ完全な停止をいう。よって，
一時的・部分的な停止は必ずしも死を意味しない。人は多くの器官ひいては
無数の細胞によって構成されているが，これらのすべてがある時点をもって
同時にその活動を停止するわけではなく，全体の活動が徐々に停止していく
ことになる。つまり，死亡も出生と同様に一連の過程からなる。よって，人
について，ある時点をもって1つの生命としての死を迎えたものと判断する
ことは，医学的な判断に尽きるのではなく，究極的には，社会的な価値判断
という性格をもつ。死亡の判断方法として，現在，三徴候説と脳死説がある
が，いずれもこの性格を免れない。すなわち，三徴候説は，18世紀以来の
早すぎる埋葬（仮死状態のまま葬られること）という問題に対して，当時の医学
的知見をもって社会が応じた結果，確立されたものである（市野川容孝「医療
倫理の歴史社会学的考察」井上俊ほか編・病と医療の社会学〔1996〕1頁〔6-8頁〕）。他
方，脳死説の背景には，脳機能を停止したまま機器の助けを借りて心肺活動
を続ける不可逆的昏睡事例の登場とそれへの対応，さらに，脳という器官を
人として統合された生命活動の中心とみる考え方の普及がある。そして，脳
死説は，早すぎる臓器摘出への危惧等から社会的反発を受け，日本ではその
受容が滞っている状況にある。いずれにせよ，人の死を判断するにあたって
の着眼点は，医学的知見のみで論理的に決せられるわけではない（小松美彦
「死」大庭健編集代表・現代倫理学事典〔2006〕も参照）。

第1節　権利能力　　　　　　　　　　　　　　　　　§3　A Ⅲ

　なお，三徴候説と脳死説は，死の概念に関する対立ともされる。もっとも，脳死説は脳機能の不可逆的停止をもって死亡とし，上記の「人としての生命活動の不可逆的かつ完全な停止」をさらに具体化しているのに対して，三徴候説が脳死説と同じ程度の具体性で死亡を把握しているかは不明である。この点，三徴候説も脳死を判断する一手法であるという位置づけすらありうる（脳の機能が停止すれば，人工心肺装置で動かす場合を除き，いずれ心肺も停止する。長井圓「臓器移植法をめぐる生命の法的保護」刑法雑誌38巻2号〔1999〕も参照）。ここでは，死の定義は冒頭の抽象的定義にとどめ，三徴候説と脳死説を判断方法に位置づけておく。

(2)　内　　容

　三徴候説による死亡の判断の方法は，心停止，呼吸停止，瞳孔散大という3つの徴候から死を判定するものである。これは，心臓と肺という器官の機能（心肺の不可逆的停止）に着眼したものといえる（心停止をまって死を確認する点で心臓死とも呼ばれるが，正確でない。三徴候説は心臓だけでなく，呼吸，さらには瞳孔散大の程度によっては脳の機能の停止をも判断しうる面がある）。これに対して，脳という器官に着眼する考え方もある。すなわち，脳の機能が完全に停止すればやがて呼吸・心拍も止むことから，脳全体の機能の不可逆的な停止をもって，死と判断する立場である（脳死説）。この立場は，さらに，機能を停止した脳の部位に応じて，①全脳死説・②脳幹死説・③大脳死説に分かれる（それぞれ，①大脳と脳幹，②脳幹，③大脳の不可逆的な機能停止をもって脳死とする考え方である。近時の脳死説批判とその対応については，会田薫子「社会的構成概念としての脳死」杉田米行編・日米の医療〔2008〕241頁および長井圓「世界基準の脳死基礎理論」町野朔古稀・刑事法・医事法の新たな展開（下）〔2014〕177頁を参照）。

　臓器の移植に関する法律（臓器移植法）は，脳死した者を「脳幹を含む全脳の機能が不可逆的に停止するに至ったと判定された者」と定義して（同法6条2項。全脳死説），脳死した者の身体を，臓器を摘出しうる死体に含めている（同条1項柱書）。もっとも，臓器移植法は，脳死判定や臓器移植の手続等について定める法律であって，臓器移植の場面以外で，一般的な脳死判定の制度や統一的な人の死の定義を定めるものではない（厚生労働省健康局疾病対策課臓器移植対策室監修・逐条解説臓器移植法〔2012〕35頁）。つまり，臓器移植法上の脳死は，臓器摘出に対する法的評価の限りで意味をもつにすぎず，民法上

〔小池〕　341

§*3* A Ⅲ   第1編　第2章　人

の死亡とはいえない，というのが一般的な見解である（もっとも，この理解では死亡について2つの判断方法が認められることになり，その結果，脳死者に限って，それ以外の者では許されない「自らの死を招く臓器摘出」が許される，ということを含意してしまう。脳死をめぐる近時の議論については，町野朔ほか編・移植医療のこれから〔2011〕を参照）。

　民法上は，現在でも三徴候説によるのが原則であり，臓器移植法事例に限って全脳死説で対応することになる。そして，実際に脳死判定を受けた者から臓器の摘出がなされた場合は，手続上必要とされる2回の脳死判定のうちの2回目の判定時が死亡時刻となる（厚生労働省健康局疾病対策課臓器移植対策室監修・前掲書39頁）。

3　死亡の擬制など

　死亡の判断は，通常，本人の身体の存在を前提に行われる。しかし，身体の所在が不明で，死亡の事実を直接に判断できない場合であっても，死亡と扱われる場合がある（なお，労働者災害補償保険法10条は，船舶事故・航空機事故による労働者の行方不明・生死不明等の場合に関して，同法に基づく給付等に関する限りで死亡を推定している）。これには，まず，民法上の制度に基づいて実体法上死亡と擬制される場合がある（→(1)）。さらに，死亡の事実が判明しない状況で，戸籍に死亡が記載される場合がある（→(2)）。成毛鐵二「死亡認定と高齢者抹消の背景と周辺(上)(下)」戸時191号13頁・192号11頁〔1974〕も参照）。

(1)　失踪宣告制度（30条～32条）

　失踪宣告は，死亡を擬制する制度である（もっとも，宣告を受けた本人が生存していれば，その者について権利・義務は帰属しうる。そして，死亡擬制の効果は，生存する失踪者が現に活動する領域には及ばないとされている。この点については，→§31Ⅰ）。普通失踪（30条1項）の場合，行方不明となった日の翌日から7年の期間が満了する日，危難失踪（同条2項）の場合は危難の去った時が，それぞれ死亡とみなされる時点となる（31条。危難失踪の場合，審判書に記載された危難の去った日が〔時分の記載があればそれも〕戸籍に記載される。昭和37・5・30民事甲第1469号民事局長通達）。死亡時刻は，死亡とみなされる日の満了時すなわち午後12時となる。

(2)　認定死亡と高齢者消除

　(ア)　認定死亡　　行政機関（戸籍事務を管掌する市町村長）の行為に基づいて，

342　〔小池〕

第1節　権利能力　　　　　　　　　　　　　　　　　　§3　A Ⅲ

戸籍に死亡の記載がされる場合がある（戸89条・90条・92条）。そのうち，水難・火災などの事変によって死亡した者がある場合，取調べにあたった官庁・公署が死亡地の市町村長に死亡の報告を行い，この報告に基づいて戸籍記載がなされる（戸89条）。これは2つの異なる局面を含む。1つは，死亡が確認されている場合である。この場合，届出義務者による死亡の届出を期待できないこと，および，取調べに基づく報告が十分な根拠となることから，報告に基づく死亡の記載が認められている。もう1つは，死亡の事実そのものは明確になっていないが（遺体が発見されていない場合など），確実に死亡したと認められる場合である。この場合も，報告に基づく死亡の記載が可能となる（これを認定死亡と呼ぶ。海上保安庁が戸籍法89条に基づいて行う死亡報告については，「死亡認定事務取扱規程」〔昭和28海上保安庁達第17号〕に死亡認定を行うための要件が定められている）。認定死亡は，死亡の事実を確認したものでない以上，実体法上の死亡とはいえない。しかし，戸籍の記載には一応の証明力があるため（→Ⅳ1(2)），死亡と扱う一応の根拠になる（そのため，認定死亡は簡易な失踪宣告ともいわれる。新版注民(26)70頁〔山畠正男〕参照。なお，死体未確認にもかかわらず，死亡の届出が受理される場合もある。→Ⅳ3(1)）。

　(ｲ)　高齢者消除　　通常なら生存していると考えられない高年齢の者について，所在不明で死亡の確認ができない場合がある。この場合，市町村長は，管轄法務局長の許可を得て，職権で戸籍の記載を消除することができる（戸44条3項前段・24条2項）。これは実体法上の死亡ではない（もっとも，戸籍に死亡の記載がなされるため，死亡と扱われる。ただし，高齢者消除事項が記載された戸籍謄本は，相続登記に必要な相続を証する書面とならない。昭和32・12・27民三第1384号民事局第三課長事務代理電報回答。木村三男＝竹澤雅二郎・戸籍における高齢者消除の実務〔2011〕76頁。戸籍に死亡の日時分の記載がなく，相続を証する書面としては不十分となるからである。→Ⅳ3(2)）。対象者は100歳以上を原則とするが，90歳以上でも，親族その他の関係者から戸籍消除の申出があれば，市町村長は職権消除の許可申請を行うことができる（木村＝竹澤・前掲書8頁）。

〔小池〕　　343

§3 A IV 第1編 第2章 人

IV 出生・死亡の公示・証明

1 出生・死亡と戸籍制度

(1) 戸籍への記載

出生と死亡は，権利能力の始期・終期を画す点で，あらゆる法律関係の前提となる。そこで，戸籍法は，出生・死亡の事実を迅速かつ正確に，そして遺漏なく戸籍に反映させるようにしている（日本国籍のある者に限る。ただし，無国籍者を含む外国人も，日本国内で出生・死亡したときは，届出が求められている〔出生届につき昭和 24・3・23 民事甲第 3961 号民事局長回答を参照〕。これは，出生・死亡に関しては，日本人以外の日本在住者にも戸籍法が直接適用されることによる〔戸籍法研究会編・新制戸籍法並届書式記載例⑦戸籍法逐条解説 343 頁〕）。

戸籍の記載は，出生・死亡の事実を証明するための手段となる。さらに，戸籍事務を通じて得られた出生・死亡に係る情報は，市町村長の職権による住民票記載の契機となり（住民基本台帳法 8 条，同施行令 12 条 2 項 1 号），また，人口動態調査の基礎資料となる（人口動態調査令 3 条および 2 条）。この他，死亡の届出・報告等は，埋葬・火葬について市町村長の許可を得るのに必要となる（墓地，埋葬等に関する法律 5 条）。

(2) 戸籍による証明

戸籍に記載された事実には，一応の証明力がある（最判昭 28・4・23 民集 7 巻 4 号 396 頁。戦死報告に基づいて戸籍に死亡が記載された事案で，「反証のない限り右戸籍簿登載の死亡の日に死亡したものと認むべき」とした）。もっとも，戸籍の記載は事実を擬制するものではなく，また，その真実性は，記載が依拠した資料に依存する。よって，事実が相違するなら，それを証明して戸籍の記載と異なる事実を主張できる。その際，戸籍の記載を訂正しておく必要はない（ただし，失踪宣告に基づいて死亡とみなされる日の記載は，実体法上の死亡擬制に基づくものである以上，失踪宣告の取消しなしにこれと異なる事実を主張することはできない）。

(3) 戸籍の公開制度とその制限

戸籍の謄抄本・記載事項証明書は，戸籍に記載されている者（戸 10 条 1 項）だけでなく，一定の範囲の利害関係人および一定の資格を有する者（戸 10 条の 2）も交付を請求することができる。1947 年（昭和 22 年）に全面改正された戸籍法（昭和 22 年法律 224 号）は，当初，何人も戸籍簿を閲覧し，謄抄本の

344 〔小池〕

第1節　権利能力　　　　　　　　　　　　　　　　　　　§3　**A IV**

交付を求めることができるものとしていた（10条1項。公開制度）。しかし，戸籍の記載事項には個人のプライヴァシーに関わる事項が少なくない（DV被害者に対する支援措置として，戸籍届書記載事項証明書について，DV被害者の住所を加害者に知られないよう，希望する箇所をマスキングして交付する取扱いを認める自治体もある）。そこで，戸籍簿等の閲覧制度の廃止と謄抄本請求の事由の摘示および市町村長の拒否制度の導入（昭和51年法律66号），さらに，第三者が謄抄本等を交付請求できる場面の限定（戸10条の2）および本人確認措置の導入（平成19年法律35号）等の改正が実現している（平成19年改正により厳格な制約が設けられた結果，公開という語の語感にはそぐわなくなっている）。

2　出生の記載

(1)　契　　機

出生の事実は，市町村長への届出によって戸籍に記載される（戸49条・56条・57条2項。他に，船舶の航海中に船内で出生があった場合，出生届の様式に準じる書式で出生の事実が記載された航海日誌の謄本に基づいて，戸籍に記載される場合がある〔戸55条・15条〕）。これは報告的届出である。届出義務者は，原則として，嫡出子の場合は父または母，嫡出でない子の場合は母である（戸52条1項・2項。例外につき同条1項後段・54条参照）。届出義務者たる父母が届出をすることができない場合は，まず，同居者，出産に立ち会った医師等が届出義務を負い（戸52条3項），同時に父母以外の法定代理人にも届出をする資格がある（一般的には，未成年後見人。同条4項。届出資格者という）。さらに，病院・刑事施設その他の公設所での出生の場合で，父母が届出をすることができないときは，公設所の長・管理人に届出義務がある（戸56条）。

出生の届出は，出生証明書を添付してしなければならない（戸49条3項本文。出生届の書式の右側に刷り込まれている）。出生証明書の記載事項には，子の氏名のほか，出生の年月日および時分，出生の場所，母の氏名等がある（出生証明書の様式等を定める省令・別記様式（第2条関係））。やむを得ない事由があって出生証明書を添付できない場合は，届出の受否について管轄法務局等の長の指示を求めなければならない（昭和23・12・1民事甲第1998号民事局長回答）。

棄児の場合，棄児を発見した者または棄児発見の申告を受けた警察官が市町村長に申出を行い（戸57条1項），これに基づいて市町村長が棄児発見調書に記載する（同条2項。市町村長は，棄児に氏名をつけ，出生の推定年月日等を記載す

〔小池〕　345

§3 A Ⅳ 　　　　　　　　　　　　　　　　　　　　第1編　第2章　人

る）。この調書が届書とみなされ，この子について戸籍が編製される。

⑵　内　　容

　出生の届出がなされた子は，その父または母の戸籍に入籍する（棄児の場合，自身の戸籍が編製される）。戸籍に記録されている者の欄には生年月日などが，また，身分事項の欄には出生日・出生地などが記載される（棄児の場合，市町村長は棄児発見調書に出生の推定年月日を記載するが，戸籍には推定の文字を入れずに出生の年月日として記載される。昭和27・6・7民事甲第804号民事局長通達）。

3　死亡の記載

⑴　契　　機

　死亡の事実は，市町村長への届出（戸86条〜88条）・報告（戸89条〜93条）によって戸籍に記載される。届出は報告的届出であり，同居の親族，その他の同居者，家主・地主または家屋もしくは土地の管理人が，この順で届出義務者となる（戸87条1項）。さらに，同居の親族以外の親族，後見人・保佐人・補助人および任意後見人が届出をすることもできる（同条2項。届出資格者）。届出には，死亡診断書または死体検案書を添付する必要がある（戸86条2項柱書）。やむを得ない事由があるときは，死亡の事実を証すべき書面で代替できる（同条3項）。官公署の死亡証明書，死亡が犯罪に起因する場合における殺害者に関する刑事判決の謄抄本などがその例である（吉岡誠一・新戸籍実務の基本講座Ⅲ〔2009〕49頁。なお，死体は確認されないが，諸事情から原爆で死亡したと認められるとして，死亡届を受理すべきとした例もある。昭和39・1・8民事甲第3号民事局長回答。さらに，「東日本大震災により死亡した死体未発見者に係る死亡届の取扱いについて」平成23・6・7民一第1364号民事局民事第一課長通知は，届出人の申述書をもって死亡の事実を証すべき書面とする特別扱いを認めている）。

　また，失踪宣告がなされた場合，失踪宣告の請求をした者は，その裁判が確定した日から10日以内に，死亡とみなされた日と裁判確定日を届書に記載して届出をしなければならない（戸94条・63条1項。裁判の謄本および確定証明書を添付する）。

　さらに，届出義務者による死亡の届出を期待できない場合等について，戸籍法は，以下の対応を用意している。まず，死刑の執行があった場合，および，刑事施設に収容中死亡した者で引取人がいない場合，刑事施設の長の報告に基づいて死亡が記載される（戸90条・15条）。本籍が不明な者および身元

第1節　権利能力　　　　　　　　　　　　　　　　　　　　　§*3*　Ａ　Ⅴ

を探知できない者の死亡の場合（戸92条），および，航海日誌を備える船舶の航海中での死亡の場合（戸93条）も，警察官の報告および航海日誌の謄本に基づいて，死亡が記載される。公設所での死亡の場合で，届出義務者がないまたは届出をすることができない場合は，当該公設所の長・管理人に届出義務が課される（戸93条・56条）。事変による死亡の場合，当該事変について取調べをした官公署の報告に基づいて，死亡の記載がされる（戸89条）。

(2)　内　　　容

　死亡した者は，戸籍に「平成○年○月○日○時○分○○で死亡」と記載され，除籍される（コンピュータ戸籍の記載事項証明には【死亡日】・【死亡時分】・【死亡地】等が記載される）。また，認定死亡とされた者は，戸籍に「平成○年○月○日推定○時○○で死亡」と記載され，除籍される（記載事項証明には【死亡日】・【死亡時分】・【死亡地】等が記載される）。高齢者消除された者は，戸籍に「高齢者につき死亡と認定平成○年○月○日許可」と記載され，除籍される（記載事項証明には【高齢者消除の許可日】等が記載される）。

　失踪宣告により死亡を擬制された者については，戸籍に「平成○年○月○日死亡とみなされる」と記載され，除籍される（記載事項証明には「【死亡とみなされる日】平成○年○月○日」と記載される。戸94条後段）。

Ⅴ　権利能力の拡張

1　問題の所在

　民法の権利能力に関する規律は，3つの内容からなる。すなわち，①権利能力の主体を自然人に限定すること（権利能力の主体適格の限定。団体・財産に法人格が付与される場合は除く），②出生前および③死亡後に権利能力を認めないこと（始期・終期の画定），である。しかし，それぞれについて議論がある。権利能力の始期については出生前の存在への配慮の必要性が問われ，終期については生前に権利主体に帰属していた権利・義務の死後の取扱いが問題となっている。さらに，近時は，権利能力の主体適格を人以外の生物や環境等に拡張する可能性も議論されるようになった。以下，順次検討する（なお，権利能力の始期と終期を自然人という概念自体を画すものとみる場合，①・②は③の問題に含まれることになる。ここでは①・②と③は異なる問題としておく）。

〔小池〕　347

§*3* ＡＶ

第1編　第2章　人

2　胎児の法的地位

(1)　民法の手当て

3条1項は，一連の過程として進行する生命の誕生を出生の時点で区切り，その前後で権利能力の有無を画している。その結果，出生の前後で取扱いが一変する。たとえば，胎児に権利能力を認めないとすると，出生の直前にその父が死亡した場合，胎児は出生しても亡父の財産を承継できない。他方，父の死亡が出生の直後なら，父の相続人たる子としてその財産を承継する。つまり，僅かの時間差が相続の可否を決することになる。しかし，このような取扱いは妥当といえない。そこで，民法は，本規定の特則を置き，いくつかの場面で胎児に権利能力を認めている。すなわち，不法行為に基づく損害賠償請求権の取得（721条），認知される資格（783条1項），相続資格（886条）および受遺能力（965条による886条の準用），である。個々の内容は各条文の注釈に委ね，以下では総論的な検討を加える。

(2)　胎児保護の条件

(ア)　内容——出生の要否　　胎児に権利能力を付与する条件として，「後に出生すること」の要否が問題となる。原則（3条1項）の存在からすると，胎児保護は出生を前倒しして例外扱いを認めるものなので，出生を条件とするのが自然である。この点について，①相続の場合は，出生しなければ例外扱いを認めない旨の規定がある（886条2項）。しかし，他の場合はこれに対応する規定がない。そのうち，②胎児認知（783条1項）の場合，認知の届出があっても戸籍の受附帳に記載するにとどまり，戸籍への記載は出生の届出をまってなされる（吉岡誠一・新戸籍実務の基本講座Ⅱ〔2008〕88頁。なお，死産の場合は，その旨の届出が必要となる〔戸65条。これは「死産の届出に関する規程」に基づく死産届（一(3)(エ)とは別のものである〕）。よって，胎児認知の場合も，出生を条件とするのと同じ扱いとなっている（ただし，実務では，胎児の母による胎児認知の調停の申立てが認められている〔長山義彦ほか・家事事件の申立書式と手続〔新版，2015〕506頁以下参照〕。これは，実質的には，認知の訴え〔787条〕について，胎児保護の例外を認めるに等しい。なお，胎児中に認知者が死亡した後，胎児が出生すれば，胎児認知に基づく父子関係が成立し，死亡した父を相続できる）。他方，③損害賠償請求権を胎児に認める規定（721条）が想定していたのは，胎児の親に対する不法行為によって，扶養等，出生後に親から得られるはずの利益が得られなく

348　〔小池〕

第1節　権利能力　　　　　　　　　　　　　　　　　　　　§3　A V

なる，という事態である（ここには，出生した子は扶養利益の喪失に基づく損害賠償請求ができる一方，胎児であった場合は後に出生しても損害賠償を得られないのは不当である，という判断がある。もっとも，生命侵害の不法行為に基づく損害賠償について，判例は相続構成を採用しており，現在，この問題には886条が対応している）。出生していれば取得したはずの権利を保障する，という趣旨に鑑みれば，ここでも出生を条件とすべきである（よって，死産の場合，胎児は損害賠償請求権を取得できない。なお，胎児の生命・身体・健康そのものに対する不法行為法上の保護については，→(3)(ア)）。

　(イ)　**法律構成**　　出生前の権利能力の承認には，2つの構成の仕方がある。1つは，胎児は，出生により，出生前から権利能力を有していたことになる，とする考え方である。出生は，「権利能力を具備するための停止条件」と構成される（法定停止条件構成）。もう1つは，胎児は，出生前から権利能力を有するが，死体で生まれたときはそもそも権利能力を有していなかったことになる，とする考え方である。死体で生まれたことは，「権利能力の具備を遡及的に覆すための解除条件」と構成される（法定解除条件構成）。判例には，法定停止条件構成から説明できるものがある（大判昭7・10・6民集11巻2023頁。本判決は「出生ノ時ニ遡リテ権利能力アリタルモノト看做サルヘシ」と述べる。法定停止条件構成から正確に表現すると，「出生したときは，懐胎時（または不法行為時）に遡って」となる。幡野弘樹〔判批〕民百選Ⅰ〔6版〕9頁も参照）。

　2つの構成の違いは，胎児中（出生前）に権利能力があるとするのか（法定解除条件構成）・ないとするのか（法定停止条件構成），にある。実際上の差は，胎児の出生前に法定代理人を付して，胎児保護の実効性を確保することを認めるか否か，に表れる（もっとも，胎児に権利能力を認めるだけで，当然に法定代理人のような保護機関を設置できることにはならない。この点は(3)(イ)で触れる）。

　(3)　**評　価**

　(ア)　**網羅性**　　胎児に関する特則は，①出生していれば取得することができたはずの不法行為に基づく損害賠償債権を確保すること（721条），②親子の身分を確保すること（783条1項），③相続・遺言による財産的利益を取得させること（886条・965条），を内容とする。問題は，以上で胎児保護の必要な場面が網羅されているかである。3つの特則は，胎児が出生すれば取得するはずの財産的利益（①③）と人格的利益（②）を，出生の前の段階で確保し

〔小池〕　　349

§3 Ａ Ⅴ   第1編　第2章　人

ようとしている。他方，胎児自身の生命・身体・健康を除けば，出生前の段階で人格的・財産的利益を享受させる必要性は乏しい。出生前は法律関係の当事者として現れず，問題となるとしても，出生後の利益を胎児中に保全することくらいであろう。なお，およそこの世に存在すらしていない段階で，受遺者（965条・886条），第三者のための契約の受益者（537条），信託の受益者（信託法2条6項）となりうるか，という問題もあるが，後二者は肯定されている（537条2項，および，道垣内弘人・信託法〔2017〕291頁参照。受遺者についても肯定する見解がある。鈴木禄弥・相続法講義〔改訂版，1996〕115頁）。以上，現行法の胎児保護の特則は，出生後の利益を前倒しで確保する点では，十分な範囲に及ぶものと評価できる。

　これに対して，生命・身体・健康といった，出生前における胎児の存在そのものの保護の点ではどうか。これは，721条が，不法行為法で保護される利益（生命・身体・健康）の帰属主体性も認めているか，という問題である（本条の起草を担当した穂積陳重は，胎児傷害の例を挙げるも，母体の請求権に吸収される，といった説明の仕方にも触れ，その態度は明確でない。法典調査会民法議事〔近代立法資料5〕424頁以下）。ここでも，出生を条件に，人と同様に保護する方向にあるといえる（野村好弘「胎児の法的地位」不法行為法研究会・日本不法行為法リステイトメント〔1988〕125頁も参照。以下，簡単に触れるにとどめ，詳細は721条の注釈に委ねる）。すなわち，①胎児自身への加害行為によって死産した場合，胎児を人として扱わず，父母の精神的苦痛に対する慰謝料が認められるにすぎない（野村・前掲論文127頁）。②胎児への加害行為により出生後まもなく死亡した場合，出生した本人が損害賠償請求権を取得し，それが相続される（刑法学では，人とは別に胎児を加害行為の客体としていることから，③の場合とあわせて，胎児に対する罪にとどめるべきであるとの見解もある。甲斐・前掲論文128頁。また，Ⅱ2(3)も参照）。③胎児への加害行為があり，出生後の健康被害に至った場合，出生した本人への不法行為が認められる（最判平18・3・28民集60巻3号875頁。最決昭63・2・29刑集42巻2号314頁も参照）。

　(イ)　利益保護の方法の不備　　胎児に権利能力を認めるとした場合，胎児の権利を保全する等，保護のための措置をとる機関が必要になる。出生した子についてさえ親権者等の保護機関が子のための事務を処理するのだから，胎児についてはなおさら保護機関の必要性は高い（すでに，「臨時法制審議会諮

350　〔小池〕

第1節　権利能力　　　　　　　　　　　　　　　§3 Ａ Ⅴ

問第一号主査委員会決議　民法相続編中改正ノ要綱」（昭和2年12月1日決議）第八「胎児ノ利益保護」は、「胎児のための管理人」を構想していた）。しかし、民法上、胎児を保護する職務に当たる機関は存在しない。そこで、必要な範囲で親子関係についても出生擬制を認め、その場合の親権者を保護機関（法定代理人）とする解釈が考えられる（高橋・上173頁）。

　なお、民事訴訟法学説は、胎児の当事者能力を肯定する（高橋・上173頁）。そして、法定解除条件構成を前提として、胎児中に証拠保全等が可能であるとしている。また、相続開始時に胎児である場合、相続については出生擬制が働き権利能力を有するから（886条）、胎児を権利者とする登記（相続登記等）をする必要がある。登記実務は、このような場合、胎児名義（亡何某妻何某胎児）の登記を認めている（その際、未成年者の法定代理の規定が胎児にも類推適用される、とする。昭和29・6・15民事甲第1188号民事局長回答〔山野目章夫編・不動産登記重要先例集〔2013〕274頁〕。鎌田薫＝寺田逸郎編・新基本法コンメンタール不動産登記法〔2010〕24頁〔鎌田薫〕・60頁〔安永正昭〕も参照）。

　(ｳ)　出生前の時期区分——胎児と胚　　721条と886条は胎児という語を用い、783条1項は「胎内に在る子」と表現する。これらが指すのは、受精から出生に至る期間のすべてなのかが問題となる。

　産科学では、妊娠8週以降の存在を胎児、それ以前を胎芽と呼ぶ。また、ヒトに関するクローン技術等の規制に関する法律（クローン技術規制法）は、胚と胎児を胎盤の形成の前後で区別する（胎児とは、人の胎内にある細胞群であって、そのまま胎内において発生の過程を経て個体に成長する可能性のあるもののうち、胎盤の形成の開始以後のものをいう〔同法2条1項7号〕。胚とは、1つの細胞〔生殖細胞を除く〕または細胞群であって、そのまま人の胎内で発生の過程を経て1つの個体に成長する可能性があるもののうち、胎盤の形成を開始する前のものをいう〔同項1号〕）。これらは、出生より前のある時期で区分し、胎児は一定の時期以降を指すものとしている。他方、胎児と区別された胚についても、人へと成長しうる存在であることから、「人の尊厳」という社会の基本的価値を維持するために特に尊重することが要請される（総合科学技術会議「ヒト胚の取扱いに関する基本的考え方」〔2004〕第2.2.ヒト受精胚の位置付け(3)ヒト受精胚の取扱いの基本原則を参照）。そして、これを前提として、一定の胚について、研究および医療の対象とする可能性を承認している（その場合、胚は破壊される可能性もある。研究目

〔小池〕　　351

§3 AV

第1編 第2章 人

的の場合は当然として，生殖医療目的での作成であっても，余剰胚については破壊の可能性があり，また，受精卵診断では胚の破壊は不可避である。そこで，指針等による規制が用意されている。「特定胚の取扱いに関する指針」〔平成13年文部科学省告示173号〕，「ヒト受精胚の作成を行う生殖補助医療研究に関する倫理指針」〔平成22年文部科学省・厚生労働省告示2号〕等）。

　もっとも，本規定との関係では，母体内にある胚を問題とすれば足りる。そして，そのような胚は，人へと成長する過程にある存在として，胎児と同様に扱ってよい（母体外にある胚は，上述のように客体として扱われる場面が生じる。この点について，→§85。なお，刑法学では，受精卵の着床を阻止するタイプの避妊薬の使用が堕胎概念に該当するか，という問題があり，胚と胎児の区分を議論する必要がある。山中敬一・刑法各論〔3版，2015〕101頁参照）。

　㈓　死亡した胎児の扱い　　胎児の段階で死亡した場合，権利能力の時間的拡張の問題は生じない。もっとも，死亡した胎児は，医療廃棄物として扱われる場合と，人と同様に埋葬の対象となる場合がある（医薬品・化粧品等への利用可能性を含め，平塚志保「胎児および胞衣（胎児付属物）へのまなざしとその利用」玉井真理子＝平塚志保編・捨てられるいのち，利用されるいのち──胎児組織の研究利用と生命倫理──〔2009〕105頁を参照）。

　妊娠12週以後の死児（→Ⅱ2⑵）の出産を死産という。死産児は，人の死体と同様，埋葬・火葬の対象となる（墓地，埋葬等に関する法律3条は，死体に妊娠4箇月以上の死胎を含め，同法の規律の対象としている）。これに対して，妊娠12週未満の場合は医療廃棄物として扱われる。よって，妊娠12週を境として，人に近づけた取扱いとなっている。

　さらに，死産については，死産届をする必要がある（「死産の届出に関する規程」昭和21年厚生省令42号）。もっとも，死産の場合，出生要件をみたさず，よって戸籍にも記載されない（死産児の公的存在の証明をめぐる議論については，山本由美子・死産児になる〔2015〕を参照）。

3　死後の利益とその保護──死者の権利主体性

⑴　死者に帰属していた権利等の帰趨

　人は，その死亡により権利能力を失う。死亡の時点で死者本人に帰属していた権利・義務は，相続の規律に従い相続人に承継され，一身専属的なものは相続の対象とならずに本人の死亡により消滅する（896条。なお，祭祀財産に

第1節　権利能力　　　　　　　　　　　　　　　　　　　　§3　ＡＶ

ついては，特則がある〔897条〕。他に，遺贈等，遺言者の意思で帰属が決まる場合もある）。財産的な利益・義務のほとんどは，これによりその帰趨が定まる。

(2)　死後の利益侵害に対する救済

人格的利益のうち，一身専属性を有し本人とは別の権利主体に承継されないものは，本人の死亡により消滅する。もっとも，本人の死後であっても，その名誉・プライヴァシー等の人格的利益が侵害される場合がある。この場合，本人は死亡している以上，法的救済手段はとり得ない。しかし，この事態を放置するのは妥当でない。死者に対する名誉毀損罪（刑法230条2項）の存在は，この評価を支持する（もっとも，刑法学上も，本罪の保護法益について争いがある）。実際にも，死者に対する遺族の感情を侵害する場合に損害賠償を認める裁判例がある（東京地判昭52・7・19判時857号65頁等）。

そこで，死後の人格権侵害に対する救済をどのような法律構成で認めるかが議論されている（詳細は，→第15巻§709D Ⅰ1(5)(ウ)(b)，および能見善久「名誉侵害」不法行為法研究会・前掲書144頁を参照）。その1つに，権利能力の終期を延長して，死者にも権利主体性を認める法律構成がある。しかし，この場合でも，権利行使自体は死者以外の者に委ねざるをえない（よって，死者のための保護機関を設ける必要がある）。つまり，死者の権利主体性の承認は便宜的なものでしかない。以上からすれば，保護の要否，そしてこれを認めた場合の権利行使の主体の範囲および救済内容を端的に議論すべきであろう（差止めにとどめるか，損害賠償をも認めるか，賠償の帰属先はだれか，など。ドイツはこの点の立法を試みたことがある。法案の紹介として，斉藤博・人格権法の研究〔1979〕125頁，安次富哲雄「ドイツ私法における死者の人格保護」琉大法学27号〔1980〕35頁〔66頁以下〕を参照。なお，メール情報などのいわゆるデジタル遺品をめぐっては，侵害に対する保護の問題以前に，そもそも死者の人格に係る情報をどう扱うべきかが問われている。この点につき，臼井豊「デジタル遺品の法的処理に関する一考察(1)(2・完)」立命館法学367号145頁・368号203頁〔2016〕参照）。

4　主体適格の拡張の可能性 —— 自然・動物の権利主体性

権利能力平等の原則には，人間（および法人）以外に権利能力を認めない，という側面もあるとされる（四宮＝能見33頁）。これに対しては，自然や動物に権利を認める，という考え方が提唱されている。これに啓発的意義があるのは確かである。しかし，いずれの場合も自然・動物に権利主体性を認めて

〔小池〕　　353

§3 ＡＶ

自然人と同様に扱うことを求めるというよりは，むしろ自然・動物の保護を
より実効的に行うことに主眼がある。その点では，権利主体性の承認は便宜
的なものにすぎない（死者の権利主体性の場合と同様である。なお，→§85 も）。

(1) 自然の権利

「自然の権利」論は，自然に裁判の当事者適格を認めることを主張したス
トーンの論考を嚆矢とする（邦訳として，岡嵜修＝山田敏雄訳「樹木の当事者適格」
現代思想18巻11号〔1990〕58頁がある。また，山村恒年＝関根孝道編・自然の権利
〔1996〕および自然の権利セミナー報告書作成委員会編・報告　日本における〔自然の権
利〕運動〔1998〕の諸論稿も参照）。この考えが日本にも紹介され，実際に裁判
でも争われるに至った（湿地を原告とする横浜地判平23・3・31判時2115号70頁
等）。しかし，現在では，住民・環境保護団体などに原告適格を認める方向
で対応すべきものとされている（大塚直・環境法〔3版, 2010〕64頁）。さらに，
近時は，個人に帰属しない集合的な利益（環境の享有等）の保護について，私
法・公法の協働という枠組みでの議論も深められている（吉田克己「保護法益
としての利益と民法学」民商148巻6号〔2013〕572頁等）。いずれにせよ，自然・
環境の保護が焦点なのであれば，権利主体の拡張ではなく，公的規制と私
人・団体による環境利益の主張可能性の整備によって対応するのが妥当とい
えよう。

(2) 動物の権利

「自然の権利」論は，動物の権利主体性の承認を含む議論であった（アマミ
ノクロウサギを原告とした鹿児島地判平9・9・29判自174号10頁等）。しかし，近時，
動物の権利は，自然・環境の保護とは別立てで，あるいは，やや異なる文脈
で（飼育動物などを含む点で，自然・環境と保護の内容が異なってくる），議論されて
いる。たとえば，ユネスコの世界動物権宣言は「すべての動物生命は，尊重
される権利をもつ」（同2条）・「動物の法人格とその権利は，法律によって認
められなければならない」（同9条1項）という規定をもつ（翻訳は青木人志・動
物の比較法文化〔2002〕61頁による）。もっとも，「動物の権利」論の目的は，自
然・環境の場合と同じく，動物の保護にある。権利主体の拡張という問題構
成は，ここでも便宜的なものにすぎず，権利という語は，動物保護に関する
啓発的な意義しかない。よって，端的に動物保護のための法的対応，とりわ
け「動物の愛護及び管理に関する法律」をはじめとする行政規制等に関する

第1節　権利能力　　　　　　　　　　　　　　　　　　　§*3*　A V

議論を深めていくべきであろう（「動物の権利」につき，青木人志・法と動物
〔2004〕217頁以下，吉井啓子「動物の法的地位」吉田＝片山編252頁等を参照。なお，
倫理学において，動物の権利は，権利主体たる人の範囲画定に関わる重要な問題としても
議論されている〔動物を権利主体から排除する際に用いる基準次第では，自然人の相当部
分も権利主体から排除される可能性がある，等〕。伊勢田哲治・動物からの倫理学入門
〔2008〕を参照）。

〔小池　泰〕

B　外国人の私権の享有

細　目　次

I　本項の趣旨および立法経緯 ……………356
　1　本項の趣旨………………………………356
　2　本項の立法経緯…………………………357
II　外国人の私法的地位 —— 総論 …………358
　1　外国人法…………………………………359
　2　外国人法と国際私法との関係…………360
　　(1)　国際私法における権利能力の規律
　　　　………………………………………360
　　(2)　本項と国際私法との適用関係 ……363

　3　小　括……………………………………367
III　外国人の私権の制限 —— 各論 …………370
　1　物権に関する制限………………………371
　2　知的財産権に関する制限………………372
　3　事業活動・職業従事に関する制限……373
　4　株式の取得に関する制限………………374
　5　親族法および相続法上の権利の制限…374
　6　その他の権利の制限……………………375

I　本項の趣旨および立法経緯

1　本項の趣旨

　本項（3条2項）は，自然人たる外国人の権利能力につき，原則として（日本人と同様に）これを認めること —— すなわち，権利能力に関する内外人平等の原則 —— を宣言するとともに，特則として法令または条約の規定によって外国人の権利能力を制限することがありうることを示した規定である。

　第3条は，《すべての人間に平等に権利能力が認められる》という大原則を前提とし，しかしその大原則自体は明示せずに，疑義の生じうる点に関してのみ，1項および2項に規定を設けたものと理解することができる（大村・読解33頁）。このうち，本項は，歴史的・比較法的に見てさまざまな扱いのありうる外国人の権利能力について，上記のような内外人平等の原則とともに特則の可能性を規定したものである。

　本項にいう「外国人」とは，日本国籍を持たない自然人のことである。国籍法4条には，「外国人」を定義する規定として，「日本国民でない者（以下，「外国人」という。）」との規定があるが，本項の「外国人」も，これと同様に，日本国民でない者，すなわち日本国籍を持たない自然人であると解するのが適切である。なお，外国法人についての規律は民法35条にあり，本項

第1節　権利能力　　　　　　　　　　　　　　　　　　　§3　B I

の「外国人」が自然人に限られることには異論がない。

　日本国籍を持たない自然人としては，外国の国籍のみ（単数でも複数でも）を有する者，および国籍を全く有しない者（無国籍者）があり，これらはいずれも外国人に当たる。他方，外国の国籍と日本国籍とを併せ持つ重国籍者は，ここでいう外国人には当たらない。もっとも，このような日本と外国との重国籍者につき，本項にいう外国人の場合と同様に，法令または条約によって私権に関する一定の制限をすることも理論的には可能であり，本項自体がそのような可能性まで排除していると解することはできない。

　ある者が外国人であるか否か，すなわち日本国籍を持たない者であるか否かは，日本の国籍法によって定まる（憲10条，国籍法1条）。国籍法の規定とその解釈の詳細については，ここでは触れない（江川英文ほか・国籍法〔3版，1997〕，木棚照一・逐条註解国籍法〔2003〕，奥田安弘・家族と国籍──国際化の安定のなかで〔2017〕など参照）。

　本項にいう「私権を享有する」が権利能力を有するという意味であることにはほとんど異論がない。ただし，外国人の権利能力については，国際私法学上，それを一般的権利能力と個別的権利能力とに分けて論ずることがあり，その点との関係で，後述するように，本項の解釈について若干の検討が必要となる（→II 2(2)）。

2　本項の立法経緯

　民法典制定時には，その第2条に「外国人ハ法令又ハ条約ニ禁止アル場合ヲ除ク外私権ヲ享有ス」という，本項と同趣旨の規定が置かれており，その条文の属する第1編（総則）・第1章（人）の第1節は，「私権ノ享有」というタイトルであった。この第2条が，2004年（平成16年）の民法典現代語化の際に，本項のような文言に変更されて現在の位置（3条2項）に配置され，また，その属する第1節のタイトルが「権利能力」に変更された。条文自体の文言の変更は，現代語化にとどまり，内容的な修正はなされていない。またタイトルの変更も，それまでの通常の理解（「私権ノ享有」は「権利能力」の意味であるという理解）を前提にして表現の明確化を図ったものであって，内容的な修正を意図したものではない。

　現代語化以前のこの民法2条は，さらに遡ると，旧民法人事編4条の規定を受け継いだものである。すなわち，旧民法人事編4条の「外国人ハ法律又

〔早川（眞）〕　　357

§3 B II

第1編　第2章　人

ハ条約ニ禁止アルモノヲ除ク外私権ヲ享有ス」との規定を，「法律」を「法令」，「モノ」を「場合」に修正して受け継いだのが上記民法典2条である。この修正は，憲法上，法律のほか命令によっても外国人の権利を定めることができるという理由によるものであった（法典調査会総会議事第1巻141丁〔梅謙次郎発言〕）。

民法典起草過程においては，原則と例外を逆にして，外国人は法令または条約が認めた場合に私権を享有すると規定すべきではないかとの意見（穂積八束）も出されたが，起草者（梅謙次郎）は，比較法的にも外国人に権利を認める場合の方が多いので，権利を享有する方を原則としたという説明をしている（法典調査会総会議事第1巻143〜144丁〔穂積八束および梅謙次郎発言〕）。

また，民法典が公布（1896年〔明治29年〕4月）されたがまだ施行されていなかった1897年1月，第10議会に，2条を「外国人ハ法律又ハ条約ニ認許シタル場合ニ限リ私権ヲ享有ス」とする修正案が提出され，また同年3月には2条を削除する提案が議会に提出されたが，これらはいずれも審議されることなく廃案となった。その後，1898年5月にも上記とほぼ同様の修正案が第12議会に提出されたが，これも審議されず，結局，2条が修正されたり削除されたりすることはなかった。もっとも，議会の外では民法2条をめぐって活発な論争が繰り広げられ，山田三良・梅謙次郎・穂積陳重・富井政章らが2条を擁護し，穂積八束・江木衷らが2条を批判した（大村敦志・他者とともに生きる——民法から見た外国人法〔2008〕28-33頁参照）。

II　外国人の私法的地位——総論

外国人に関連する法制度は，日本の実定法上，さまざまな分野にわたって存在する。本項は，そのうち，外国人の私法上の権利能力について定めるものであり，外国人の私法上の地位についての原則的な規定である。したがって，以下では外国人の私法上の地位・取扱いを中心に検討し，それ以外の法分野における外国人の取扱い——憲法，行政法，国籍法，出入国管理法，社会保障法，租税法，刑事法，国際法等における取扱い——については触れない（これらの法分野全般における外国人の取扱いに関しては，外務省条約局法規課法令研究会編・わが国における外国人の法的地位〔全訂，1993〕，畑野勇ほか・外国人の法的地

358　〔早川（眞）〕

第1節　権利能力　　　　　　　　　　　　　　　　　　　　　　§3　B II

位——国際化時代と法制度のあり方〔2000〕，手塚和彰・外国人と法〔3版，2005〕など
参照)。

1　外 国 人 法

　ある国における外国人の法的地位を定める法を一般に「外国人法」という。
外国人法は，私法分野のみならず上記のようなさまざまな法分野における外
国人の地位をカバーするが，ここではそのうち，外国人がその国においてど
のような私権を有し，どのような私法的活動をなしうるかを規律する法を念
頭に置いて考えることとする。

　諸外国の外国人法においては，かつては外国人の私権を大きく制限するこ
とも少なくなかった。すなわち，まずは外国人を敵として扱いなんらの権利
保護をも与えなかった敵視時代，次に外国人を賤しみ十分な保護を受ける資
格のないものとした賤外時代，さらに敵視したり賤んだりしなくなっても
なお国民的利己主義の思想に基づいて多くの点で外国人の権利享有を著しく
制限した排外時代など，いわば外国人の無権利時代があったのである。しか
し，日本を含めて現在の文明諸国の外国人法は，外国人の私権を広く認める
のが通常である。もっとも，その認め方には，大別して，相互主義と平等主
義の2つがある。相互主義は，A国の外国人法において，B国の国民に対し
てはB国法がA国民に認めるのと同等の権利を認めるというものである。
これに対して平等主義は，A国の外国人法において，ある他国の外国人法
がA国民にどのような権利を認めているかとは関係なく，いずれの国の国
民（外国人）についても，A国民と同等の権利を認めるというものである。
このうち，相互主義は，なおその根底に偏狭な排外主義的思想を包含するも
のであり，また外国人の本国の如何によって取扱いが異なることにも難点が
あるため，平等主義の原則を採るのが現在の文明諸国の趨勢である（以上の
諸外国の外国人法の動向につき，江川英文・国際私法〔改訂，1957〕123-126頁，池原季
雄「外国人の私権の享有」法セ14号〔1959〕33頁，山田鐐一・国際私法〔3版，2004〕
180-181頁など参照）。

　本項は，私権の享有についての外国人法の総則的規定として，このような
諸外国の趨勢にならって，内外人平等主義の原則を宣言したものである。

　さて，本項をはじめとする外国人法（本項が特則として予定する，外国人の私権
享有を禁止・制限する法も含む）については，それが，外国人に関する規律に関

〔早川(眞)〕　　359

§3 B Ⅱ 第1編 第2章 人

して重要な役割を果たしている国際私法（抵触法）といかなる関係に立つか
を検討する必要がある。なお、憲法および国際法（とくに国際人権法）も外国
人法一般との関係では重要な意味を持ちうるが、そこで問題となるのは主と
して、外国人の身体・生命・自由に関する権利、市民的政治的権利、社会的
権利等であり、私法的権利はそれらに比べるとやや影が薄い（この点について
は、岩沢雄司「外国人の人権」澤木敬郎＝秌場準一編・国際私法の争点〔新版、1996〕36
頁など参照）。

2 外国人法と国際私法との関係

本項のような外国人法は、渉外法律関係について準拠法を定めるルールで
ある国際私法（抵触法）といかなる関係に立つのか。これについては、次の
ような点が問題となる。すなわち、本項は、日本の民法のひとつの条項であ
って日本の実質法としての性格を有するものであるが、日本の国際私法によ
って日本法が準拠法に指定された場合にはじめて適用されるのか、それとも、
そのような国際私法による指定を経ずに直接に適用されるのか、という問題
である。

この問題を考えるには、その前提として、まず、日本の国際私法が、人
（自然人）の権利能力についていかなる規律をしているかについて検討する必
要がある。

(1) 国際私法における権利能力の規律

日本の国際私法ルールを定める「法の適用に関する通則法」（以下、「通則
法」という）には、権利能力に関する規定は存在しない。通則法の前身に当
たる法例の時代（通則法が施行された2007年〔平成19年〕より前）には、法例3
条1項が「人ノ能力ハ其本国法ニ依リテ之ヲ定ム」と規定していたため、行
為能力のみならず権利能力についてもこの条項により本国法が準拠法になる
という解釈も可能であり、実際そのように主張する学説もあった（道垣内正
人・ポイント国際私法各論〔2000〕150-164頁、新版注民(1)〔改訂版〕268頁〔野村美
明〕）。しかし、その法例3条1項を受け継いで立法された通則法4条1項は、
「人の行為能力は、その本国法によって定める。」と規定したため、ここに権
利能力が含まれると解する余地はなくなった。また通則法のその他の規定に
も、権利能力に関して定めたものは存在しない。

このような状況の下で、日本の国際私法上、権利能力についていかなる規

360 〔早川（眞）〕

第 1 節　権利能力　　　　　　　　　　　　　　　　　　　　§*3*　**B II**

律がなされていると解すべきか。

　権利能力については，国際私法学上，伝統的に，一般的権利能力と個別的権利能力とに分けて議論がなされることが多い。一般的権利能力の有無は，ある人がある具体的な権利を持ちうるかという点からは離れて，ある人が法的な権利義務の主体となる一般的資格 —— 法的人格 —— を有するかという問題である。たとえば，奴隷制が存在する社会では奴隷に一般的権利能力は認められず，また，いわゆる民事死亡，僧院死亡のような制度のある社会では，生きているうちに一般的権利能力を奪われる人が存在することになり，このような状況においては，一般的権利能力の有無が問題となる。また，出生・死亡との関係で権利義務の主体となりうる始期および終期を一般的な形で問題とすればそこでも一般的権利能力の有無が問題となる。他方，個別的権利能力の有無は，一般的権利能力を有する者が，具体的な個々の権利義務（たとえば所有権，相続権など）の主体となりうるかという問題である。

　このうち，後者の問題，すなわち個別的権利能力については，問題となる個々の権利義務の準拠法（lex causae）によるとすることにほとんど異論はない。たとえば，外国人が土地所有権を有しうるかは，その土地所有権に関する問題の一つとして土地所有権の準拠法によって決せられ，また，胎児が相続人となりうるかは，相続の問題として相続準拠法によって決せられる。個別的権利能力の問題をそれぞれの権利義務の準拠法とは別の準拠法によって決することは，性質上困難だからである。なお，このように考えれば，そもそも「個別的権利能力」という表現そのものが適切ではないのではないか —— 権利能力はここで言う一般的権利能力のみを指す用語として使うべきではないか —— という見解もありうる（そのような見解として，折茂豊・国際私法（各論）〔新版，1972〕3 頁参照）。

　前者の問題，すなわち一般的権利能力の準拠法については，議論が分かれる。すなわち，大別して，(a)これを内国法（日本においては日本法）によるとする説，(b)一般的権利能力を個別的権利能力とは独立に考える必要はなく個別的権利能力の準拠法のみで処理すれば足りるとする説，および，(c)本人の本国法によるとする説，の 3 説がある。

　(a)説は，（日本のように）奴隷制や民事死亡・僧院死亡等を認めない国においては，そのこと（それらの制度を否定すべきこと）は渉外的な事案においても

〔早川（眞）〕　　361

§*3* B II　　　　　　　　　　　　　　　　　　　第1編　第2章　人

常に強行的に認められるべき公序であり，およそ人であれば，内国人でも外
国人でも，一般的権利能力は認められると解すべきであるので，内国法（法
廷地法）によるべきであるという考え方である。なお，このような立場に立
つ立法例もある（たとえば，スイス国際私法34条1項は，「権利および義務を有する
能力はスイス法による」と定める）。

　(b)説は，一般的権利能力の準拠法が問題となりうる事項のうち，まず，奴
隷制や民事死亡・僧院死亡等は，仮にそのような制度を認める国があったと
してもそのような制度は日本の公序に反するのでその国の法が準拠法になる
ことはなく，次に，人格の始期・終期（たとえば，胎児が相続につき権利能力を持
つかなどの問題）は，たしかに各国の規定が異なるが，これは具体的には個々
の権利義務との関係で問題となるのでその個々の権利義務の問題としてその
準拠法によるのが適切である，したがって，個別的権利能力と離れて，一般
的権利能力の準拠法を独立に考える必要はない，という考え方である。

　(c)説は，一般的権利能力の準拠法は，個別的権利能力の準拠法とは独立に
問題となると考えたうえで，本人の本国法によるとする（(c)説につき，道垣内
正人・ポイント国際私法各論〔2版，2014〕169-175頁参照）。すなわち，この説は，
まず，ある生命体が存在すれば，相続・所有権など個々の問題が生じていな
くても，それが人といえるか（法的人格が認められるか）という実質法上の一般
的な法的問題があり，その点を規律する準拠法は何かという国際私法上の問
題が厳然として存在するはずである，という考え方に立つ。そのように考え
れば，一般的に権利義務の主体となりうるかの判断が，(b)説のように個々の
問題ごとに異なりうるのはおかしい。また，(a)説は，公序を実質的な根拠と
しているが，国際私法上の公序は準拠法適用の具体的結果が内国の公序に反
するときに初めて発動されるべきものであることに鑑み，適切ではないこと
になる。以上のように考え，(c)説は，一般的権利能力については個別的権利
能力とは別個独立に準拠法を観念すべきであり，通則法の他の規定との整合
性等に鑑み，本国法をその準拠法と解するのが適切であるとするのである。
なお，このような立場に立つ立法例もある（たとえば，ドイツ民法施行法7条1
項第一文は，「人の権利能力および行為能力は，その本国法による」と定める）。

　以上の各説のうち，現在の日本では(b)説が多数説である（以上につき，櫻田
嘉章＝道垣内正人編・注釈国際私法(1)〔2011〕97-102頁〔中西康〕参照）。

362　〔早川（眞）〕

第1節 権利能力 §*3* B II

(2) 本項と国際私法との適用関係

それでは，本項（をはじめとする外国人法）と国際私法との関係はどのように理解すべきか。これは，いくつかの要素が絡みあった複雑な問題であり，さまざまな角度からの考察が可能であるが，以下では，上記(1)において検討した国際私法上の問題との関連を手がかりにして，検討することにしたい。

(ア) 本項が，外国人にも権利能力を認めるという原則を宣言するとともに，法令・条約によって権利能力を禁止・制限する特則の可能性を示した規定であることは先述のとおりであるが（→ I 1），国際私法学説のいう一般的権利能力と個別的権利能力との区別との関係で，次のような問題がある。

特則としての権利能力の禁止・制限に関しては，それが個別的権利能力の禁止・制限のみなのか，それとも一般的権利能力の禁止・制限も含むのかにつき，理解が分かれうる。すなわち，たとえば土地所有権の禁止・制限のような個別的権利能力の禁止・制約がここに入ることには異論はないであろうが，それに加えて，本項によって，たとえば特定の国の国民など一定の要件を満たす外国人について一般的権利能力の禁止・制限をする可能性があるのか，が問題となりうる。

この問題については，国際私法をめぐる問題に触れた後に検討する（→3(2)）。

(イ) さて，以上の整理を前提として，まず，国際私法学において一般的権利能力を論じる際の上記(1)の(a)説・(b)説・(c)説のそれぞれと，本項との関係を検討してみよう。

なお，以下の分析は，本項をはじめとする（私法に関する）外国人法が適用されるのは国際私法によって日本法が準拠法として指定された場合に限るということを，さしあたりの前提としている。この前提自体については，後に検討することになる（→(ウ)）。

(a)説（外国人の一般的権利能力は，常に内国法すなわち日本法を準拠法とする説）によれば，本項はまさに，準拠法たる日本法のこの点に関する実質法ルールを示したものと位置づけることができる。すなわち，日本の国際私法上，一般的権利能力については通則法に明文規定はないが条理による不文のルールによって内国法・法廷地法たる日本法が常に準拠法となるところ，本項が外国人にも一般的権利能力を認めるという実質法ルールを示しており，これが適

〔早川（眞）〕 363

§3 B II 第1編 第2章 人

用されるということになる。

(b)説（一般的権利能力の準拠法を個別的権利能力と独立に考えないとする説）によれば，外国人の権利能力の問題は具体的な個々の権利義務がその外国人に帰属しうるか否かという場面でのみ問題となる。そのような前提のもとでは，日本法がたまたまその個々の権利義務の準拠法となった場合には，その個々の権利義務の主体に外国人がなりうるかという問題の判断に際して，本項が意味を持つことになる。すなわち，本項の存在によって，日本法体系のもとでは外国人も一般的権利能力を有するのが原則であること，また，個別的権利能力も含めて，法令・条約による禁止がない限り，外国人も権利義務の主体となりうること，が確認されるのである。これに対して，外国法が個々の権利義務の準拠法となる場合については，本項は積極的な意味を持たないことになる。すなわち，たとえばある権利の準拠法が外国法（甲国法）であるときに，外国人Aがその権利を持ちうるかは（権利能力の点も含めて）甲国法によって判断されるのであり，Aが日本法において一般的権利能力や個別的権利能力を有するか否かは問題とならないのが原則である。したがって，国際私法の適用が本項の適用に先行すると解する前提をとれば，本項は，問題となった個別の権利義務の準拠法がたまたま日本法であるときにのみ意味を有することになる。

(c)説（一般的権利能力は本国法を準拠法とする説）によれば，日本の法体系のもとでは，外国人の一般的権利能力はその外国人の本国法（すなわち日本法以外の法）によって規律される。そこで，本項は，一般的権利能力に関しては原則として意味を持たないことになる。また，(c)説は，個別的権利能力に関しては，(b)説と同様に個々の権利義務の準拠法によらしめる考え方であるから，(b)説におけると同じく，たまたま日本法が権利義務の準拠法になれば本項が意味を持つが，外国法が権利義務の準拠法になる場合には本項は意味を持たないことになる。

(ウ) 以上のように，本項をはじめとする（私法に関する）外国人法が適用されるのは国際私法によって日本法が準拠法として指定された場合に限るという前提に立つと，上記の(a)説をとれば本項は十分に意味を有するが，(b)説および(c)説のもとでは，本項は限定的な場面でしか機能せず，あまり意味を持たないことになる。とくに，(b)説が日本の国際私法学上の多数説であること

364 〔早川(眞)〕

第1節　権利能力　　　　　　　　　　　　　　　　　　　　　　§*3*　B II

に照らせば，本項の意味をそのような限定的なものと捉えることがはたして
適切かという疑問が生じる。

　そこで，あらためて，右の前提，すなわち本項をはじめとする（私法に関
する）外国人法が適用されるのは国際私法によって日本法が準拠法として指
定された場合に限るという前提そのものの適否が問題となる。

　この問題，すなわち外国人法の適用と国際私法の適用との優先劣後関係に
ついては，古くから国際私法学者の間で議論がなされている。一方で，外国
人法が国際私法による準拠法選択に先立って直接適用されるという見解が主
張された（跡部定次郎「衝突規則と私法との関係」論叢18巻2号〔1927〕1頁）。そも
そも外国人の私権享有が認められなければ法律の抵触問題は生じる余地はな
く，外国人法によって外国人の私権享有が認められる結果初めて抵触問題が
生じ，抵触法が適用されるというのである。しかし，この跡部教授の見解に
対しては，江川英文教授から批判が加えられ，この江川教授の見解がその後
定説となった。すなわち，江川教授は，法例（国際私法規則を定めた法律）が渉
外的法律関係のみならず純粋な国内法律関係も含めて一切の私法的法律関係
に適用されるべきであるとしたうえで（なお，この点については，その後，江川教
授は改説し，「単なる一国的な法律関係は国際私法の仲介を必要としない」〔江川・前掲書
5頁〕と述べるにいたった），本項に相当するかつての民法2条につき，「外国人
が法令又は条約に反対の規定なき限りは内国人と同様に私権を享有し得べき
ことを認めたる民法第2条の規定に予想せる私権も亦外国人が我が国に於て
保護せらるべき一切の私権を包含するにあらずして唯我が実質法に依つて附
与せらるべき私権を意味するに過ぎざるものである」（江川英文「衝突規則と私
法との関係に対する卑見」法協45巻10号〔1927〕1875頁・1876頁）と論じ，この見
解が，その後国際私法学界では定説化したのである（櫻田＝道垣内・前掲書
30-32頁〔横溝大〕参照）。

　このように，かつては，まず国際私法によって準拠法が指定され，それが
日本法である場合に，本項をはじめとする（私法に関する）外国人法が適用さ
れるという見解が定説とされていたのであるが，その後，渉外関係への適用
を予定されている実質法の中には，国際私法の適用を経ずに直接に適用され
るもの（「渉外実質法」）があるという見解が提唱されるようになり，本項をは
じめとする（私法に関する）外国人法もそのような渉外実質法の一つと考える

〔早川（眞）〕　　365

§3 B II　　　　　　　　　　　　　　　　　　　　第1編　第2章　人

ことができるのではないかという見解が有力に主張されるようになった（炊
場準一「牴触法と外人法との関係再考——動態的牴触法理論への出発点としての静態的牴
触法理論——」一橋 52 巻 1 号〔1964〕48 頁，横山潤「法廷地為替管理法の適用に関する
一考察——公序説と渉外実質法説の検討——」一橋 78 巻 6 号〔1977〕751 頁，炊場準一
「渉外実質法・直接的用法」澤木＝炊場編・前掲書 19 頁など参照。新版注釈民法(1)も，
本項〔と実質的に同内容である現代語化以前の民法 2 条〕の規定について，これがいわゆ
る渉外実質法の性質を有するものであることを指摘して，「国際私法規則の適用を待たず
に，適用されると解すべきである」とする〔新版注民(1)〔改訂版〕268-269 頁〔野村美
明〕〕）。

　㈔　以上のような状況のもと，国際私法との関係において本項をどのよう
に位置づけるべきか。なお今後の研究にまつべき点も多いが，次のように考
えるのが適切であろう。

　すなわち，本項は，国際私法によって日本法が準拠法に指定された場合に
初めて適用される通常の実質法ルールとは性格を異にする法規であり，それ
を「渉外実質法」と呼ぶかどうかはともかくとして，国際私法による指定を
経ずに，日本の管轄する法域において，直接，強行的に適用される実質法ル
ールであると解すべきである。そのように考える理由は次のとおりである。

　まず，本項の主たる趣旨が，権利能力に関する内外人平等の原則の宣言で
あることに注目すべきであろう。これは，一国の私法体系における極めて重
要なポリシーの宣言であり，いいかえれば，日本の法域においては，具体的
な法的問題につきどの国の法が準拠法になるかにかかわらず，常に実現され
るべき原則を宣言したルールであると考えられる。そこで，本項は，日本の
法域においては，準拠法の如何にかかわらず，強行的に適用されると解する
のが適切である。

　また，本項は，もともと外国人という渉外的要素を組み込んで作られてい
る規定であり，いいかえれば，当初から国際的私法関係を直接規律する内容
と体裁をもつ実質法ルールであるところ，国際私法が，本来は国内的私法関
係に適用されることを前提に作られている通常の実質法の渉外的適用関係を
整序し根拠づける役割を果たすものであることに照らせば，そのような国際
私法の介入を必要とせずに，直接に適用されるとすることにも一定の合理性
がある（この点につき，溜池良夫・国際私法講義〔3 版，2005〕29 頁参照）。付言すれ

366　〔早川（眞）〕

第1節　権利能力　　　　　　　　　　　　　　　　　　　§3　BⅡ

ば，かつて定説であった上記の江川説は，国際私法の一般的適用範囲に関する江川教授の改説前の見解（純粋な国内法律関係も含めて一切の私法的関係に国際私法がまずは適用されるという見解）を一つの重要な前提としていたものであり，現在ではその前提が消失していることにも留意すべきであろう。

さらに，一般的権利能力の準拠法に関する学説の上記のような状況に鑑みれば，準拠法が日本法になる場合のみに本項が適用されるとするのでは，上記(a)説に立てばともかくとして，(b)説・(c)説のもとでは，本項が適用される場合がかなり限定されることになるが，そのことは，本項が上記のように重要なポリシーの宣言をしている規定であることも考え合わせれば，望ましい解釈とはいえない。

3　小　　括

以上のように考えるとすると，本項は，国際私法の適用（日本法を準拠法とするという結論）をまたずに適用される実質法ルールであり，日本の法体系のもとでは，外国人も原則として権利能力を有すること，および法令または条約によってこれを禁止・制限することがありうること，を定めた規定であると解することになる。

このような解釈をとる場合には，外国人の権利能力に関して，その国際私法上の扱いも含めた全体像は，次のようになる。

(1)　本項は，まずなによりも，《外国人にも一般的権利能力を認める》という日本の実質法ルールを宣言した点において，重要な意義を有する。これは，現在においては世界の文明国すべてにとって自明の原則であるが，歴史的には外国人に権利能力を認めない時代が長く続いていたのであるから，日本が19世紀末に民法を制定するにあたりこの原則を明文化したルールを挿入することには十分な意味と合理性があった。実際，民法制定に際しては，上述のように，原則と例外を逆転して法令・条約で認めた場合に限って外国人の権利能力を認めるべきだという見解も，有力に主張されていたのである（→Ⅰ2）。

そして，この《外国人にも一般的権利能力を認める》という日本の実質法ルールは，国際私法の適用を介さずに適用される。すなわち，このルールは，渉外的法律関係について日本の国際私法によって日本法が準拠法に指定された場合に初めて適用されるのではなく，日本の法体系のもとでは，直接に適

〔早川（眞）〕　　367

§3 B II 第1編 第2章 人

用される強行法規である。そのように解する理由は上記2(2)(エ)のとおりである。

(2) さて，ここで若干の検討が必要となるのは，「法令又は条約の規定により禁止される場合を除き」という例外を定める特則の解釈と位置づけである。問題となるのは，ここで予定されているのはいかなる種類の禁止（ないし制限）なのかという点である。これは，上記2(2)(ア)で示した問題とも関連する複雑な問題であり，これまであまり論じられてこなかった問題であって，今後の研究にまつべき点が多いが，以下では一試論を示しておきたい。

まず，特則として禁止・制限される権利能力とは，個別的権利能力なのか，それとも一般的権利能力なのか，が問題となる。原則が一般的権利能力を認めることなのであるから，特則として禁止・制限する可能性があるのも一般的権利能力についてであるという見解も論理的にはありうる（あるいはその方が論理的にはむしろ筋が通っている）。その場合には，法令または条約によって，たとえば，A国国籍の外国人については一般的権利能力を認めない，100歳以上の外国人については一般的権利能力を認めない，一定の手続によって指定された特定の外国人（たとえば日本におけるテロ犯罪行為について有罪が確定した外国人）については一般的権利能力を認めない，などとすることができることになる。外国人について一般的権利能力を認めない時代が長く続いた後に，それを認めるようになったという歴史的経緯に照らせば，このように，特則として一般的権利能力を禁止・制限しうるとするのも，あながち荒唐無稽なルールではない。

しかしながら，現在において，どのような理由にせよ，外国人（の一部）に一般的権利能力を認めないこととする可能性を認めるのは，適切な解釈とはいえないであろう。いかなる属性を持つ人であっても，およそ人であるかぎり，権利義務の主体であることを否定するのは，法の解釈として許されないと考えられるからである（より具体的には，日本法上の公序に反する，あるいは国際法上の法の一般原則に反するということになろうか）。

そうすると，特則として禁止・制限されるのは，個別的権利能力のみであるということになりそうである。たとえば外国人に日本の土地を所有する権利を認めないという特則があるとすると，それは，土地の所有という問題に関する特定の権利（個別的権利能力）を制限することになる。

368 〔早川(眞)〕

第1節　権利能力　　　　　　　　　　　　　　　　　　　　　　§*3*　BⅡ

　しかし，そのような意味での特定の権利の制限は，本項のようにその制限を認める根拠たる法律がなくても，十分に可能なはずである。さらにいえば，外国人についてのみならず，日本人についても，法令によって特定の権利を制限することは，十分に可能であり，また実際にいくらでも存在する事象である。したがって，本項が個別的権利能力の制限の特則を定めたものと解すると，その部分は，単なる確認的規定であり積極的意味はないことになる。

　本項の予定する特則を個別的権利能力の制限であると解釈するとすると，さらに，次の点も問題となる。すなわち，個別的権利能力についてはその個々の問題について国際私法によって指定された準拠法（lex causae）が適用されること（国際私法学の通説）との関係をどのようにとらえるかという問題である。たとえば，外国人が日本の土地を所有できるかについては，所有権（物権）の問題として物権準拠法（通則法13条により目的物所在地法である日本法が準拠法となる）が適用されるので，日本法として外国人の土地所有を制限する実質法があれば，それが適用されることになる。また，ある外国人Ａが被相続人Ｂを相続する権利を持つかについては，相続の問題として相続準拠法（通則法36条によりＢの本国法となる）が適用されるので，Ｂが日本人であれば日本法が，Ｂが外国人（甲国人）であれば外国法（甲国法）が適用される。これらの例において，本項が外国人の個別的権利能力を制限できると定めていることがいかなる意味を持つのか，がここでの問題である。個別的権利能力の準拠法が日本法になる場合には，本項が，日本法上，法令・条約によって個別的権利能力を制限できることの根拠になりうる（それが必要かどうかはともかくとして）ことはたしかである。では，外国法が個別的権利能力の準拠法になる場合にはどうか。たとえば，上記の外国人Ａが相続権を持つかという例において，甲国法が相続準拠法になった場合に，本項はなにか意味を持つのか。答えは否であろう。本項の「法令又は条約」は，日本の実定法たる法令または条約であると解するほかないので，外国法（外国法である準拠法）による個別的権利能力の制限について，本項が何らかの意味を持つとは考えられない。

　そうなると，結局，本項の「法令又は条約の規定により禁止される場合」とは，日本法が準拠法（lex causae）として個別的権利能力を制限（禁止）している場合をいうものと解されることになる。

〔早川（眞）〕　　369

§3 B Ⅲ   第1編　第2章　人

(3)　以上をまとめると，本項の解釈と位置づけは次のようになる。

第1に，本項は，日本の実質法ルールとして，①外国人に一般的権利能力が認められること，および，②法令または条約により外国人の個別的権利能力を制限しうること，を宣言した規定である。

第2に，①のルールは，国際私法によって日本法が準拠法に指定されて初めて適用されるものではなく，国際私法による指定をまたずに，直接に適用される実質法ルールである。

第3に，②のルールは，個々の法律関係について日本法が準拠法になった場合について意味を持つ規定である。もっとも，②のルールも，①のルールと一体となって（つまり本項全体として），国際私法による適用をまたずに，直接に適用されると考えてさしつかえない。②は，《日本法が個々の法律関係の準拠法になったときには外国人の個別的権利能力を法令・条約によって制限しうる》という内容のルールであり，これ自体は，①のルールと同様，渉外的な法律関係に直接の適用を予定している実質法ルールであると考えることが可能だからである。

第4に，②のルールは，これがなくても法令または条約により外国人の個別的権利能力を制限することは可能であるので，確認的な意味しか持たない。なお，付言すると，個別的権利能力の制限にも，憲法・国際法等に照らして自ずから一定の限度があるものと考えられ，②のルールがあるからといって，外国人の個別的権利能力を無制約に制限できるわけでないと解される。

Ⅲ　外国人の私権の制限——各論

本項は，法令または条約によって外国人の私権享有を禁止することができると定める。以下では，そのような禁止に該当するものについて，概観する。なお，本項の文言上は「禁止」であるが，そこには部分的禁止ないし条件付禁止も含まれるものと解されるので，ここではそれらも含めて「制限」という用語を用いることにする。

まず，現行の条約において外国人の私権を制限するものは見当たらない。

次に，法令による制限は，いくつかの分野にわたり存在するが，ここではそれを次のように分類して整理する（なお，厳密な意味で私権享有の制限とはいえ

370　〔早川（眞）〕

第1節　権利能力　　　　　　　　　　　　　　　　　　§*3*　B Ⅲ

ないものであっても，それに準ずる効果を有するものについても適宜触れることにする）。

1　物権に関する制限

特定の種類の物について，外国人による所有権その他の権利の取得・保有等を禁止または制限する法令（またはそのような禁止または制限の根拠となり得る法令）として，以下のようなものがある。

土地に関する権利については，外国人土地法がある。

外国人による土地に関する権利（所有権など）の享有は，かつては多くの国で禁止または制限されていたが，そのような禁止または制限は漸次解除されてきている。日本でも，1873年の地所質入書入規則（明治6年布告18号）によって外国人による土地の所有権，質権および抵当権の享有を禁止していたが，その後，若干の経緯を経て，1925年に外国人土地法（大正14年法律42号）が制定され翌年から施行された。この外国人土地法によって，外国人も原則として内国人と平等に土地に関する権利を享有することが認められた。もっとも，同法は，このような内外人平等の原則の前提のもと（同法上，この原則自体が明示されているわけではない），例外として，2種類の禁止または制限がなされうることを定めている。例外の一つは，相互主義的なものであり，ある外国が日本人による同種の権利の享有を禁止または制限しているときは勅令によってその外国の国民については同様に禁止または制限の措置をとりうると定める（同法1条）。もう一つの例外として，同法は，国防上必要な地区について，勅令によって，土地に関する権利の取得を禁止または制限しうると定める（同法4条）。これらの禁止または制限を定める勅令（現行法下では政令がこれに代わる）としては，1926年に「外国人土地法施行令」（大正15年勅令334号）が定められ，国防上重要な地域における外国人による土地の取得に関して，陸軍大臣，海軍大臣の許可を得ることを義務づけ，具体的には，沖縄諸島など外国に近い位置にある島々や，横須賀など帝国海軍鎮守府所在地を対象としていたが，この勅令は1945年に廃止された（「司法省関係許可認可等戦時特例等廃止ノ件」〔昭和20年勅令598号〕による）。その後は，禁止または制限を定める政令は制定されていないので，結局，土地に関する権利については，現在は外国人による権利の享有は禁止または制限されていないことになる。もっとも，近時の政治・社会情勢のもとで，外国人による土地所有権取得を制限すべきだとする見解も政治家の一部等に見られるところであり，

〔早川(眞)〕　371

§3　B Ⅲ　　　　　　　　　　　　　　　　　　　　　　第1編　第2章　人

今後，外国人土地法に基く禁止または制限が導入される可能性も皆無ではない。

　また，船舶所有権および航空機所有権につき，一定の制限がある。すなわち，船舶法1条および航空法4条により，外国人の所有する船舶および航空機は，日本における登録ができずしたがって日本籍を取得することができない。すなわち，外国人は，日本船舶および日本航空機を所有できないことになる。

2　知的財産権に関する制限

　特許権，著作権等の知的財産権の分野における外国人の私権の制限は，それらの知的財産権の国際的な規律と密接に関連するため，詳細はこの点についての専門的著作に委ねざるを得ないが（木棚照一・国際知的財産法〔2009〕，田村善之・知的財産法〔5版，2010〕523頁以下など参照），本項の例外（権利制限）に該当しうる主なものとしては，次のようなものを挙げることができる。

　特許権，実用新案権，意匠権，商標権等の工業所有権については，外国人は，原則として日本に住所または居所を持つ場合にのみその権利が保護されるにすぎず，この点で，日本国民が日本に住所または居所を持っていなくてもその権利を保護されるのに比べて，権利制限があるということができる（特許法25条，実用新案法2条の5第3項，意匠法68条3項，商標法77条3項）。

　たとえば，特許法25条は，「日本国内に住所又は居所（法人にあつては，営業所）を有しない外国人は，次の各号の一に該当する場合を除き，特許権その他特許に関する権利を享有することができない。」としてそのような原則を規定する。もっとも，同条は，例外として権利を認める場合として，その外国人の属する国が日本国民に対して当該外国国民と同一の権利の享有を認めているとき（日本が当該外国国民に同一の権利を認めることを条件としている場合も含む），および条約に別段の定めがあるときを挙げており，実際には，多くの場合，工業所有権の保護に関するパリ条約の定める内国民待遇等によって，条約加盟国との間ではこの「条約に別段の定があるとき」（特許法25条3号）という例外に該当し，結果的に，外国人の私権の制限はないことになる。

　著作権については，外国人は，原則として，日本で初めて発行された著作物についてのみその権利が保護されるにすぎず，この点で，日本国民が，発行されたと否とにかかわらず，または発行されたときはその発行場所のいか

第1節　権利能力　　　　　　　　　　　　　　　　　　　§3　BⅢ

んを問わずにその権利を保護されるのに比べて，権利制限があるということができる（著作権法6条1号2号）。もっとも，条約により日本が保護の義務を負う著作物も著作権法の保護を受けるところ（同条3号），現在では，文学的及び美術的著作物の保護に関するベルヌ条約および万国著作権条約によって，条約加盟国の国民に対する内国民待遇が与えられる結果，多くの場合，結果的に外国人の私権の制限はないことになる。

このほか，植物の新品種の育成者を保護するための種苗法においては，外国人は，原則として日本国内に住所または居所を持つ場合にのみその権利が保護されるにすぎず，この点で，日本国民が日本に住所または居所を持っていなくてもその権利を保護されるのに比べて，権利制限があるということができる（種苗法10条）。もっとも，植物の新品種の保護に関する国際条約（UPOV条約）の締約国の国民または締約国に住所または居所を有する者等については一定の要件のもとに権利の保護を認めるので，結果的には外国人の権利の制限は限定的である。

3　事業活動・職業従事に関する制限

外国人に対して，法令によって事業活動・職業従事に関して日本国民とは異なる制約が加えられることがあり，これも私権享有の制限と位置づけることができよう。具体的には次のような例がある。

鉱業法によれば，外国人は，原則として，鉱業権者および租鉱権者になることができない（同法17条・87条）。

外国人漁業の規制に関する法律によれば，外国人は，原則として，日本の水域において漁業を行ってはならない（同法3条1号）。

電波法によれば，外国人には，原則として，無線局の免許を与えない（同法5条1項1号）。

放送法によれば，外国人は，原則として，基幹放送事業者としての認定を受けることができず（同法93条1項6号イ），また，外国人が議決権の5分の1以上を占めるなど外国人が一定程度以上に関与する株式会社は，原則として，認定放送持株会社としての認定を受けることができない（同法159条2項5号イ等）。

公証人法によれば，日本国民でなければ公証人に任ぜられない（同法12条1項1号）ので，外国人は公証人になることができない。

〔早川（眞）〕　　373

§3 B III　　　　　　　　　　　　　　　　　　　第1編　第2章　人

水先法によれば，日本国民でないことが水先人の欠格事由とされている（同法6条1号）ので，外国人は水先人になることができない。

以上のように，外国人は，事業活動・職業従事を制限されることがあるが，近時は，いくつかの分野で制限が緩和される傾向も見られる。たとえば，弁理士資格については，2000年（平成12年）の弁理士法全面改正の際に，それまでの相互主義に基づく国籍要件は課されないことになった（特許庁総務部総務課工業所有権制度改正審議室編著・条解弁理士法〔改訂3版，2009〕78頁）。また，1986年（昭和61年）に外国弁護士による法律事務の取扱いに関する特別措置法が制定されて，外国の弁護士に日本国内で一定の法律事務の取扱いを認めることとなったのも，（外国の弁護士資格を有する日本人も対象であるから厳密にいえば外国人のみの権利の問題ではないが）この傾向の一つの現れといえよう。

なお，以上のような事業活動・職業従事を制限する法令が存在するほか，外国人には，その在留資格に応じて日本国内での職業活動に一定の制約が課される（手塚和彰・外国人と法〔3版，2005〕40-83頁など参照）。この点についても，近時は，さまざまなかたちで外国人の活動をより緩やかに認めようとする動きが見られる（第6次出入国管理政策懇談会・報告書「今後の出入国管理行政の在り方」〔2014〕参照）。

4　株式の取得に関する制限

安全保障政策，産業政策，経済政策などの観点から，個別の事業を規制する業法において，外国人による日本の会社の株式取得等が制限される場合がある。

たとえば，日本電信電話株式会社は，外国人（外国政府・その代表者，外国の法人・団体等も含む）が議決権の3分の1以上を占めることがないようにしなければならない（日本電信電話株式会社等に関する法律6条）ため，これに伴い，外国人の株式取得等が制約を受けることになる。類似の制約が，航空運送事業（航空法101条1項5号イ・ホ），放送事業（放送法93条1項6号イ～ホ），電波事業（電波法5条1項）等にも見られる。

5　親族法および相続法上の権利の制限

親族および相続の関係では，本項が予定するような外国人に対する権利の制限は現行法上は見られない。かつての家制度のもとでは，外国人が戸主，家族，婿養子になる権利等について制限があったが，1947年（昭和22年）の

第 1 節　権利能力　　　　　　　　　　　　　　　　　　　　　§*3*　B Ⅲ

民法（親族法・相続法）大改正によって家制度が廃止されたため，現在はそのような制限はない。もっとも，戸籍に関する取扱いが日本人と外国人とで大きく異なることには注意が必要である（佐藤やよひ＝道垣内正人編・渉外戸籍法リステイトメント〔2007〕など参照）。

6　その他の権利の制限

国家賠償法は，外国人が被害者である場合には，相互の保証があるときに限り適用される（同法 6 条）。したがって，相互の保証（その国において日本人が被害者であるときに同様の国家賠償を受けられる）がない国の国民は，この法律による救済を受けられないという制限を受けることになる。この点については，いくつか下級審裁判例がある。相互の保証があるとしたものとしては，韓国についての名古屋高裁昭和 51 年 9 月 30 日判決（判時 836 号 61 頁），イランについての東京地裁平成 13 年 6 月 26 日判決（判タ 1124 号 167 頁），ロシア連邦についての札幌地裁平成 21 年 1 月 16 日中間判決（判時 2095 号 100 頁）があり，相互の保証がない（なかった）としたものとしては，中国民法通則施行（1987 年）より前の中国についての東京高裁平成 17 年 6 月 23 日判決（判時 1904 号 83 頁）がある。

また，民法上の不法行為については，法令上は外国人についての権利の制限はないが，外国人が被害者である場合の賠償額算定に際して，場合によっては，日本人被害者と異なる考慮が働くことがある。たとえば，不法滞在中の外国人が被害者である場合に関する最高裁平成 9 年 1 月 28 日判決（民集 51 巻 1 号 78 頁）は，逸失利益の算定は，当該被害者の具体的事情を考慮して相当程度の蓋然性をもって推定される将来の収入等の状況を基礎として行うという方法をとるのが相当であり，その方法自体は，「被害者が日本人であると否とによって異なるべき理由はない」としつつ，「一時的に我が国に滞在し将来出国が予定される外国人」については，日本での収入等を基礎として算定するのは就労可能期間・滞在可能期間に限られ，以後は，想定される出国先での収入等を基礎として算定するのが合理的である，と判示している。それによれば，想定される出国先での収入水準が日本より低いときには，被害者が日本人である場合に比べて，結果的には損害賠償額が低額になる可能性がある。

〔早川眞一郎〕

〔早川（眞）〕　　375

§3の2　　　　　　　　　　　　　　　　　　　　第1編　第2章　人

第2節　意 思 能 力

第3条の2　法律行為の当事者が意思表示をした時に意思能力を有しな
かったときは，その法律行為は，無効とする。

〔対照〕　フ民 414-1・425・1145 Ⅰ・1146，ド民 104・105，オ民 865，ス民 16・
18，オランダ民法 3: 34

〔改正〕　本条＝平 29 法 44 新設

細 目 次

Ⅰ　序　説 ……………………………377
　1　意思能力準則の形成とその明文化……377
　2　改正の経緯……………………………377
　　(1)　改正における争点 ………………377
　　(2)　関連規定の整備 …………………379
Ⅱ　意思能力の意義 …………………379
　1　平成 29 年改正前における状況 ………379
　　(1)　意思能力の定式 …………………379
　　(2)　意思能力の判断基準 ……………380
　　(3)　意思能力準則の根拠 ……………382
　2　立法過程における議論………………382
　　(1)　問題の所在 ………………………382
　　(2)　議論の整理 ………………………383
　　(3)　解釈の方向性 ……………………386
　3　例外の可能性………………………387
　　(1)　表意者の帰責性の程度・相手方の
　　　　主観的事情等による例外の要否 ……387
　　(2)　日常生活に関する行為の特則の要
　　　　否 ………………………………389
　4　規定の射程…………………………390
Ⅲ　意思能力の存否の判断 …………390
　1　判断の基準時…………………………390
　　(1)　過去の時点での判断 ……………390

　　(2)　意思表示の時点での判断 …………391
　2　判断の方法……………………………391
　　(1)　精神的能力の程度に関する指標等
　　　　を手がかりとした判断 ……………391
　　(2)　合理的意思決定を手がかりとした
　　　　判断 ………………………………392
Ⅳ　意思無能力の効果 ………………393
　1　立法過程における議論………………393
　　(1)　取消構成の提案 …………………393
　　(2)　無効構成の採用 …………………394
　2　無効の効果……………………………395
　　(1)　無効の主張者 ……………………395
　　(2)　無効の主張期間 …………………395
　　(3)　原状回復の範囲 …………………396
　3　無効と取消しの二重効……………397
　　(1)　二重効否定説 ……………………397
　　(2)　二重効肯定説 ……………………397
Ⅴ　意思能力に関する規定の体系的位置 …398
　1　立法過程における議論………………398
　　(1)　「法律行為」配置案………………398
　　(2)　「人」配置案………………………398
　2　意思能力の意義・制度趣旨との関係…398

376　〔山本〕

第2節　意思能力　　　　　　　　　　　　　　　　　　　　§3の2　I

I　序　　説

1　意思能力準則の形成とその明文化

本条は，平成29年改正により，新たに規定されたものである。

もっとも，意思能力を欠く状態でされた意思表示は無効であるという準則（以下では「意思能力準則」という）は，平成29年改正前の民法には規定されていなかったものの，起草者も当然のこととして認めていた（平成29年改正前民法の立法過程については，須永・能力〔初出1984〕53頁以下，熊谷46頁以下を参照）。その後，この準則は，判例（大判明38・5・11民録11輯706頁等）および学説（岡松参太郎「意思能力論(1)〜(5)」法協33巻10号1659頁・11号1891頁・12号2061頁，34巻2号264頁・3号435頁〔1915〜16〕，鳩山52頁以下，我妻60頁以下等を参照）により，異論なく認められてきた。平成29年改正は，この従来から認められてきた準則を明文化しただけであるということもできる。

しかし，高齢化が進む社会状況の下で，意思能力の存否をめぐる紛争が現実に少なくなく，これからさらに増えていくことが予想される。そのようななかで，こうした不文の準則を明文化することは，民法を国民一般にわかりやすいものとするという平成29年改正の目的からしても，最低限求められていたことであるといってよいだろう（一問一答13頁も参照）。

2　改正の経緯

(1)　改正における争点

平成29年改正に向けた審議の過程では，意思能力準則に相当するものを明文化することについて異論はなかったが，以下の諸点について意見が分かれ，改正提案についても変遷がみられた（本条の立法にいたるまでの状況については，山本敬三「民法の改正と意思能力の明文化——その意義と残された課題」水野紀子＝窪田充見編集代表・財産管理の理論と実務〔2015〕26頁以下・32頁以下を参照）。

(ア)　意思能力の定義　　第1に，意思能力の定義を定めるかどうかが大きな問題とされた。

審議の当初では，①意思能力を「法律行為をすることの意味を弁識する能力」と定義する規定を設けるという案（これは2009年に公表された債権法改正の基本方針【1.5.09】に対応する）と②「事理を弁識する能力」と定義する規定を設けるという案が示され，中間論点整理では，この両案が併記されていた

〔山本〕　　377

§3の2 I   第1編　第2章　人

（中間論点整理88頁，中間論点整理補足説明216頁以下を参照）。

　その後，③意思能力の定義規定を設けないで，これを欠く状態でされた法律行為の効力について規定するという案も含めて審議が続けられた。中間試案では，①に従い，「法律行為の当事者が，法律行為の時に，その法律行為をすることの意味を理解する能力を有していなかったときは，その法律行為は，無効とするものとする」という考え方が提案されるとともに，②および③の案が注記された（中間試案1頁，中間試案補足説明7頁以下を参照）。

　しかし，その後，第三読会の審議に入ると，結論として，③の案が採用され（部会資料73A・24頁以下を参照），最終的に，本条のように落ち着いた。

　㈑　例外の可能性　　第2に，意思能力がない場合でも，例外的に法律行為を有効とする可能性を認めるかどうかが問題とされた。

　まず，表意者の帰責性の程度や相手方の主観的事情等によって法律行為を有効とする可能性を認めるかどうかが問題とされ，中間論点整理では検討課題として挙げられた（中間論点整理88頁以下，中間論点整理補足説明217頁以下を参照）。しかし，中間試案では，この点は規定を設けないこととされ（中間試案1頁，中間試案補足説明7頁以下を参照），最終的に，規定されないこととなった。

　また，意思能力がない場合についても，9条ただし書と同様に，日常生活に関する行為については確定的に有効とする旨の規定を置くかどうかも問題とされ，同様に中間論点整理で検討課題として挙げられた（中間論点整理89頁，中間論点整理補足説明218頁以下を参照）。中間試案でも，そのような規定を設けるという考え方があることが注記されたが（中間試案1頁，中間試案補足説明7頁以下を参照），最終的には，明文化は見送られることになった。

　㈔　効果　　第3に，意思能力がない場合の効果について，無効とするか取消しとするかが問題とされた。

　審議の当初では，従来の判例・通説に従い，効果を無効とする案のほか，この場合の無効は一般に相対的無効と考えられていることを受けて，端的に効果を取消しとする案（これも債権法改正の基本方針【1.5.09】に対応する）も示され，中間論点整理では，この両案が併記されていた（中間論点整理89頁，中間論点整理補足説明219頁以下を参照）。しかし，中間試案では，効果を無効とすることが提案され（中間試案1頁，中間試案補足説明7頁以下を参照），最終的に，これに従った規定となっている。

　378　〔山本〕

第2節　意思能力　　　　　　　　　　　　　　　　　　　§*3の2*　Ⅱ

(2)　関連規定の整備

平成29年改正では，意思能力に関する基本規定として本条を定めたほか，制限行為能力に関する規定との整合性を確保するために，次のような関連規定が整備されることになった。

第1は，意思表示の効力発生時期等に関する規定である。具体的には，意思表示は，表意者が通知を発した後に意思能力を喪失したときであっても，そのためにその効力を妨げられないとされた（97条3項）。

第2は，意思表示の受領能力に関する規定である。具体的には，意思表示の相手方がその意思表示を受けた時に意思能力を有しなかったときは，原則として，その意思表示をもってその相手方に対抗することができないとされた。ただし，意思能力を回復した相手方がその意思表示を知った後は，その限りでないとされた（98条の2）。

第3は，申込みの拘束力に関する規定である。具体的には，申込者が申込みの通知を発した後に意思能力を有しない常況にある者となった場合において，申込者がその事実が生じたとすればその申込みは効力を有しない旨の意思を表示していたとき，またはその相手方が承諾の通知を発するまでにその事実が生じたことを知ったときは，その申込みは，その効力を有しないとされた（526条）。

Ⅱ　意思能力の意義

1　平成29年改正前における状況

上述したように，本条は，平成29年改正前から認められてきた意思能力準則を明文化したものである。したがって，その意味を理解するためには，改正前の状況をふまえる必要がある。

(1)　意思能力の定式

まず，意思能力の定式については，子細にみると，それぞれの論者および裁判例によって細かな違いがみられる。しかし，大きく分けると，次の2つに整理することができる。

第1は，行為の結果を認識する能力として理解するものである（四宮44頁等のほか，我妻60頁も参照）。ただし，そこでいう行為の結果とは，権利義務の

〔山本〕　　379

変動を指している場合のほか，行為の社会的・経済的な帰結を指している場合（福岡地判平 9・6・11 金法 1497 号 27 頁等を参照）もある。

第 2 は，行為の結果を認識するだけでなく，それにもとづいて正しく意思決定をする能力として理解するものである（岡松参太郎「意思能力論(2)」法協 33 巻 11 号〔1915〕1912 頁等のほか，東京地判平 4・3・9 判タ 806 号 172 頁，東京地判平 17・9・29 判タ 1203 号 173 頁等を参照）。これは，強迫観念のある者や躁鬱病の状態にある者がした場合のように，行為の結果を認識しているものの，その動機の過程に精神障害の影響があるため，正しく意思決定をすることができない場合を含む可能性がある（熊谷 21 頁を参照）。

もっとも，これらの定式は，違いがかならずしも明確に意識されないまま使われていることが多く，第 1 の定式が用いられている場合でも，その意味は広くとらえられているものと考えられる。

(2) 意思能力の判断基準

意思能力の存否については，7 歳程度の知的判断能力が目安になるといわれる一方で，実際に問題となる個々の行為ないし行為の種類ごとに判断する必要があることもしばしば指摘されている（幾代 51 頁，四宮 44 頁，内田 103 頁，山本 39 頁等を参照）。実際の裁判例も，こうした指摘に対応しているとみることができる（意思能力に関する判例については，升田純・高齢者を悩ませる法律問題〔1998〕，前田泰・民事精神鑑定と成年後見法〔2000，初出 1999〕120 頁以下，高村浩編著・民事意思能力と裁判判断の基準〔2002〕，熊谷 283 頁以下，澤井知子「意思能力の欠缺をめぐる裁判例と問題点」判タ 1146 号〔2004〕87 頁等を参照）。

(ア) 画一的基準　　裁判例のなかでは，たしかに，精神障害の状況・程度を具体的に認定し，日常生活を営むことも不可能ないしはかろうじて可能といえる程度の能力しかないことから，意思能力を否定しているとみられるものが少なくない（例えば，東京地判平 9・2・27 金判 1036 号 41 頁〔抵当権設定契約〕，東京地判平 10・7・30 金法 1539 号 79 頁〔根抵当権設定契約〕，東京地判平 21・5・28 / 2009WLJPCA05288004〔不動産の贈与契約・預貯金の払戻し〕，東京地判平 21・10・14 / 2009WLJPCA10148006〔保険金受取人の変更〕，東京地判平 22・6・29 / 2010WLJPCA06298009〔連帯保証契約〕，東京地判平 22・11・30 / 2010WLJPCA11308025〔連帯保証契約・根抵当権設定契約〕等を参照）。

しかし，そのような場合には，いずれにしても，それぞれのケースで問題

第2節　意思能力　　　　　　　　　　　　　　　　　§3の2　II

となる法律行為の意味を理解し，その結果を認識することができないと考えることもできる。したがって，これらの裁判例があることから，日常生活を営むことも不可能ないしはかろうじて可能といえる程度の能力しかないことが判断の基準とされている──その程度の能力があれば意思能力があるとされる──と即断することはできない。

　(イ)　具体的基準　　むしろ，裁判例のなかでは，問題となる法律行為の意味を理解し，その結果を認識する能力があるかどうかを基準とし，そのような能力があるかどうかを具体的に判断するものが多数を占めている（東京地判昭35・4・15法曹新聞153号11頁〔不動産の売買〕，東京高判昭48・5・8判時708号36頁〔不動産の売買〕，東京地判平4・2・27判タ797号215頁〔金銭の贈与〕，東京高判平12・9・28判時1731号9頁〔裏書行為〕，東京地判平25・12・24／2013WLJPCA12248006〔不動産の売買・代理権の授与〕，東京地判平27・2・3／2015WLJPCA02038001〔不動産の贈与〕等を参照）。

　その際，特に問題とされているのは，行為の難易度・重大性である。

　例えば，東京高裁平成11年12月14日判決（金法1586号100頁）は，金銭消費貸借契約のほか，連帯保証人の求償権を担保するために譲渡担保契約を締結したケースにおいて，表意者は「日常的に行われる金の貸し借りの意味や借りた金は返さなければならないということは理解することができたが，高度に複雑な論理的判断をする能力は欠けていた」ことを前提として，「本件の借入れは，精神的に健常な一人前の者でも，そのリスクの高さからみて，借入れの可否を判断するのに，十分な思慮分別を要するものであった」とし，表意者には「その内容を理解し，右契約を締結するかどうかを的確に判断するだけの意思能力はなかった」としている。

　また，前掲東京地裁平成17年9月29日判決は，「意思無能力があるかどうかは，問題となる個々の法律行為ごとにその難易，重大性なども考慮して，行為の結果を正しく認識できていたかどうかということを中心に判断されるべきものである」とした上で，連帯保証契約および根抵当権設定契約については意思能力を欠いていたとしつつ，弁護士への訴訟委任に関しては，「社会通念上，自己の利益を守るための弁護士への訴訟委任契約の意味を理解することは，自己がそれ相当の経済的な負担を伴う本件各連帯保証契約及び本件根抵当権設定契約……の意味を理解することよりも容易である」として，

〔山本〕　　381

§3の2 II 第1編 第2章 人

訴訟能力を有していたと判断している（このほか，行為の難易度・重大性を明確に考慮するものとして，福岡高判平16・7・21判時1878号100頁〔連帯保証契約〕，東京地判平17・8・31/2005WLJPCA08310002〔弁護士への委任〕等を参照）。

(3) 意思能力準則の根拠

以上のような意思能力を欠く状態でされた意思表示は無効であるという意思能力準則をどのように基礎づけるかについては，変遷がある（中舎寛樹「意思能力・行為能力・責任能力・事理弁識能力」磯村保ほか・民法トライアル教室〔1999〕3頁以下のほか，熊谷15頁以下・45頁以下を参照）。

(ア) 意思主義　　かつては，意思能力を，意思があるといえるための論理的前提として位置づけていた（我妻60頁以下，川島171頁，幾代50頁以下，四宮44頁等）。これは，そもそも法律行為がされたといえるためには，意思があることが必要であるという意味での意思主義（意思ドグマ）を前提とする。意思能力がなければ，そもそも意思があるとはいえないため，法律行為がされたともいえないことになる。したがって，この場合の法律行為は無効であるとされるわけである。後に述べるように，この場合の無効は，誰でも主張することができる絶対的無効を意味することになる。

(イ) 意思無能力者の保護　　これに対して，最近では，意思能力準則は，意思能力を欠く者を保護するためのものと理解するのが一般である。これは，意思能力準則を，意思能力を欠く者という弱者を保護するための制度（星野172頁，須永41頁以下等），あるいは，自己責任を問う前提を欠く者を保護するための制度としてとらえる考え方（山本40頁等）である。後に述べるように，この考え方によると，この場合の無効は，意思無能力者の側だけが主張することができる相対的無効を意味することになる。

2 立法過程における議論

(1) 問題の所在

上述したように，本条の立法過程では，意思能力に関する規定を置くとしても，そこでいう意思能力の意味をさらに書き下すかどうか，書き下すとして，どのように書き下すかが議論された（審議の経過については，山本・前掲「民法の改正と意思能力の明文化」32頁以下を参照）。審議の過程を子細にみると，そこでは，次の5つの能力が問題とされていたとみることができる（山本・前掲「民法の改正と意思能力の明文化」48頁以下を参照）。

382　〔山本〕

第2節　意思能力　　　　　　　　　　　　　　　**§3の2　Ⅱ**

①およそ人の行為といえるための前提となるミニマムな能力

②個別具体的な法律行為の意味を理解する能力

③法律行為の性質に応じて異なるその意味を理解する能力

④一定の法律行為をするための資格として必要とされる判断能力（適合性原則に相当するもの）

⑤より高い経済的合理性を判断する能力

　問題は，これらの能力のどこまでを意思能力に含めるべきであり，その結論を表現するためにどのような定式を採用するのが適切かである。

(2)　議論の整理

　これらの能力は，大きく分けると，2つの性質を異にする能力に区別することができる。

　(ア)　行為の存立要件としての能力——行為の存立要件論　　第1は，そもそも行為があるといえるために必要となる能力であり，行為の存立要件としての能力とでもいうべきものである。

　上記の能力のうち，まず，①およそ人の行為といえるための前提となるミニマムな能力がこれに当たる。このような能力を欠く者が外形的には何らかの行為に当たることをしたとしても，それはそもそも行為ではないと評価されることになる（部会第30回議事録57頁以下・60頁〔松本恒雄委員〕）。これによると，そもそも行為が存在しない以上，その効果も無効とされる。また，日常生活に関する行為であっても，この意味での能力が欠ければ，行為が存在しない以上，その効果はやはり無効とされることになる（部会第30回議事録48頁〔深山雅也幹事〕，同50頁以下・57頁以下・60頁〔松本委員〕）。

　この①の能力は，人の行為一般を措定して，その存立要件としての能力を観念するものである。しかし，行為の存立要件は，実際におこなわれる個々の具体的な行為ごとに観念することもできる。上記の能力のうち，②個別具体的な法律行為の意味を理解する能力は，このような意味での個別具体的な法律行為の存立要件としてとらえられているとみることもできる。このような能力を欠く者が外形的には法律行為に当たることをしたとしても，それはそもそも法律行為として認められないと評価するわけである。これによると，同様に，そもそも法律行為が存在しない以上，その効果も無効とされることになる。また，日常生活に関する行為であっても，その意味を理解する能力

〔山本〕　383

§3の2　Ⅱ

が欠ければ，やはり法律行為が存在しない上，その効果は無効とされることになる（部会第10回議事録19頁以下〔鹿野菜穂子幹事〕，部会第30回議事録48頁以下・50頁・54頁以下・58頁〔鹿野幹事〕を参照）。

　(イ)　資格要件としての能力——資格要件論　第2は，一定の行為をするための資格として必要とされる能力であり，資格要件としての能力とでもいうべきものである。これはさらに，どのようなレベルの能力をそのような資格要件として要求するかによって，次の2つに分かれる。

　　(a)　資格要件としての合理性判断能力　1つは，「十分に自己の利害得失を認識して経済合理性に則った意思決定をするに足る能力」に当たるものである。

　この能力は，成年後見制度を導入する際に，立案担当者が「事理を弁識する能力」として想定したものとされている（小林＝原64頁を参照）。これに従えば，現在の行為能力制度で問題とされているのは，この意味での能力であるということになる。上記の⑤の能力は，これに相当するとみることができる。

　かりに意思能力はこの意味での能力であるとみるならば，意思能力制度は行為能力制度と同質的なものと位置づけられることになる（舟橋諄一「意思能力，特にその行為能力との関係について」法政29巻1-3号〔1963〕351頁のほか，須永・能力74頁，須永42頁以下等も参照）。もちろん，行為能力が制限されている場合は，その能力の有無は定型的に判断されることになるのに対し，意思能力の有無は，行為者がこの意味での能力を実際に備えていたかどうかが個別的に判断されることになる。しかし，問題とされている能力が同じものである以上，違いは，その有無が定型的に判断されるかどうかにあるだけである。したがって，これによると，意思能力制度は，行為能力制度を補完する一般的な制度として位置づけられることになる。このように考えるならば，必然的ではないものの，意思能力が欠ける場合の効果は，取消しとみることも可能となり，日常生活に関する行為の特則も，行為能力制度と同様に定めてよいことになる。

　この⑤の能力は，法律行為一般を措定して，その資格要件としての能力を観念するものである。しかし，資格要件としての能力は，法律行為の類型ごとに観念することもできる。上記の能力のうち，④一定の法律行為をするた

第2節　意思能力　　　　　　　　　　　　　　　　　§3の2　II

めの資格として必要とされる判断能力（適合性原則に相当するもの）は，このような法律行為の類型ごとに必要とされる資格要件としてとらえられているとみることもできる。もっとも，審議の過程では，このような適合性原則に相当する能力を意思能力としてとらえる意見はみられず，このようなものの必要性は否定しないものの，それは意思能力ではなく，別の独立した制度として検討すべきであるとされていた（部会第10回議事録20頁〔深山幹事〕，同20頁以下〔松本委員〕，部会第22回議事録47頁〔深山幹事〕，部会第30回議事録48頁〔深山幹事〕，同50頁以下〔松本委員〕等を参照）。

　(b)　資格要件としての意味理解能力　　もう1つは，そのような利害得失や経済的合理性の判断より前に，そもそも自分がしていることの意味を理解する能力である。

　このような能力を法律行為一般について考えるならば，上述した行為の存立要件としての能力と実際には重なることになる。そのため，これを行為の存立要件としてとらえているのか，資格要件としてとらえているのかがかならずしも明らかではなく，いずれにしても結論に違いを見て取れないことも少なくない（部会第30回議事録51頁以下〔中井康之委員〕，同49頁以下〔岡正晶委員〕等を参照）。

　しかし，意思能力を③法律行為の性質に応じて異なるその意味を理解する能力としてとらえる立場では，法律行為の「種類」に応じて，その意味を理解する能力が異なってくることも指摘されていた（部会第10回議事録18頁以下〔山本敬三幹事〕，部会第30回議事録49頁〔山本（敬）幹事〕を参照）。これは，法律行為の類型ごとに，それをおこなうための資格として，そうした法律行為の意味を理解する能力を要求しているとみることができる。このような理解は，債権法改正の基本方針において，よりはっきりと示されていた。それによると，意思能力で問題となるのは，「契約 —— これもさらにさまざまな種類の契約に分かれる —— をはじめ，さまざまな種類の法律行為を構成する制度を前提として，そのような制度の趣旨に照らして『みずからその行為をした』といえるかどうかである。意思能力とは，そうした各種の制度ごとに，その種の法律行為をみずからしたといえるために必要とされる一種の資格要件として位置づけることができる」（詳解 I 83頁）。意思能力をこのような意味での資格要件としてとらえるならば，必然的ではないものの，意思能力が欠け

〔山本〕　　385

§3の2 II

第1編　第2章　人

る場合の効果を取消しとし，日常生活に関する行為については例外的に資格を認めることも可能になると考えられる（部会第10回議事録24頁以下〔山本（敬）幹事〕，同21頁以下〔潮見佳男幹事〕，部会第30回議事録53頁以下・58頁〔山本（敬）幹事〕等を参照）。

これによると，この意味での能力は，法律行為の類型ごとに考えられることになるため，適合性原則に相当するものと連続性を有することになる。審議の過程において，意思能力を「法律行為をすることの意味を弁識する能力」と定式化することについて一致がみられなかったのも，1つには，この定式が適合性原則を包含する可能性を有することが危惧されたためだとみることができる（部会第30回議事録50頁〔佐成実委員〕等を参照）。しかし，③法律行為の性質に応じて異なるその意味を理解する能力は，適合性原則のように，利害得失や経済的合理性──とりわけリスクの有無──の判断をおこなう能力を問題とするものではなく，そもそも自分がしていることの意味を理解する能力という最低限度の資格要件を問題とするものである。このような違いが十分に理解されなかったことが，法制審議会における審議の問題として指摘することができるだろう（山本・前掲「民法の改正と意思能力の明文化」52頁を参照）。

(3)　解釈の方向性

意思能力の定式については，立法過程において，上記のようなさまざまな意見が主張され，結果として意思能力を明文で定義することは断念された（部会資料73A・24頁以下・26頁を参照）。これは，以上にみたように，単に言葉の定義について一致をみなかったというだけではなく，意思能力に関する規定ないし制度の趣旨について共通の理解が十分に形成されなかったことによると考えられる。

その結果，今後は，「法律行為の当事者が意思表示をした時に意思能力を有しなかったときは，その法律行為は，無効とする。」という規定を前提として，そこでいう「意思能力」の意味をどのように解釈するかという問題が残されることになる。審議の過程では，「法律行為をすることの意味を理解する能力」と定式化する案が示され，それが明示的に採用されなかったことは確かであるが，それにより，意思能力を上記の②から④の能力を意味すると理解する立場が否定されたわけではない。それは，意思能力を「事理を弁

第2節　意思能力　　　　　　　　　　　　　　　　　　§3の2　II

識する能力」と定式化する案が示され，それが明示的に採用されなかったこ
とから，意思能力を①や⑤の能力を意味すると理解する立場が否定されたわ
けではないのと同様である（一問一答13頁以下は，意思能力の具体的意味について
は，改正法は特に規定を設けておらず，引き続き解釈に委ねられているとしている）。

　ただ，審議の過程では，従来の裁判例によると，意思能力の有無は，画一
的に判断されているわけではなく，当事者がした法律行為の性質や難易度等
を考慮して判断されていることは，いずれの立場においても前提とされ，特
に異論は述べられていなかった。このことは，今後の解釈にあたっても前提
とすることができるだろう。これによると，少なくとも意思能力を①およそ
人の行為といえるための前提となるミニマムな能力に限定することはできな
いと考えられる。従来の裁判例を整合的に説明するためには，②個別具体的
な法律行為の意味を理解する能力か，③法律行為の性質に応じて異なるその
意味を理解する能力かのいずれかと考える必要がある。そのいずれが適当で
あるかは，上述したように，意思能力に関する規定ないし制度の趣旨を行為
の存立要件を定めたものととらえるのが適当か，資格要件を定めたものとと
らえるのが適当かによることになる。方向としては，これを資格要件として
とらえ，意思能力を③法律行為の性質に応じて異なるその意味を理解する能
力とみるのが適当というべきだろう（山本敬三「契約規制の法理と民法の現代化
（2・完）」民商141巻2号〔2009〕191頁以下，山本・前掲「民法の改正と意思能力の明
文化」53頁以下を参照）。

3　例外の可能性

　本条の立法過程では，意思能力がない場合でも，例外的に法律行為を有効
とする可能性を認めるかどうかが問題とされた。しかし，最終的に，こうし
た可能性を認める規定を置くことは見送られ，解釈に委ねられることとなっ
た。

(1)　表意者の帰責性の程度・相手方の主観的事情等による例外の要否

　第1の問題は，表意者の帰責性の程度や相手方の主観的事情等によって法
律行為を有効とする可能性を認めるかどうかである。

　この点について，中間試案にいたるまでの段階では，表意者の帰責性の程
度や相手方の主観的事情等によっては，相手方を保護して法律関係を安定さ
せるために，意思能力を欠く状態でされた法律行為を有効と扱う可能性──

〔山本〕　387

§3の2 Ⅱ　　　　　　　　　　　　　　　　　　第1編　第2章　人

例えば，表意者は意思能力の欠如を善意の相手方に対抗することができない
とすることや，表意者が意思能力を欠くことについて故意または重大な過失
がある場合には，意思能力の欠如を善意の相手方に対抗することができない
とすること――が検討の対象とされていた（中間論点整理88頁，中間論点整理補
足説明217頁以下，部会資料27・17頁以下を参照）。しかし，この点は，中間試案
の取りまとめに向けた審議の過程で，コンセンサスを形成する見込みがない
ものとして，検討の対象から外されることになった（部会資料53・4頁以下を参
照）。その理由は，次のように理解することができる。

　(ア)　意思能力の意味と制度趣旨　　まず，意思能力を行為の存立要件とし
てとらえる立場によると，意思能力がなければ，そもそも行為があるといえ
ない以上，表意者の帰責性の程度や相手方の主観的事情等にかかわりなく，
無効とすることが要請される。また，意思能力を資格要件としてとらえる立
場によっても，意思能力がなければ，その行為をする資格がないのであるか
ら，やはり表意者の帰責性の程度や相手方の主観的事情等にかかわりなく，
その効力を認めることはできない。いずれにしても，意思能力の意味と制度
趣旨をこのようにとらえるかぎり，表意者の帰責性の程度や相手方の主観的
事情等に照らして，例外的に法律行為を有効と扱うことは難しいといわざる
をえない。

　(イ)　意思表示の有効要件に関する規定との関係　　表意者の帰責性の程度
や相手方の主観的事情等は，錯誤や詐欺・強迫などの意思表示の有効要件に
関する規定において考慮される要因である。意思能力についてこのような要
因を考慮することを主張する立場は，意思能力に関する規定を意思表示の有
効要件に関する規定と同質的なものととらえていると考えられる（熊谷362
頁以下を参照）。

　たしかに，錯誤や詐欺・強迫に関する規定を解釈・適用する際に――さら
に暴利行為に関する準則についても同様である――，しばしば表意者の能力
の程度が考慮されている。実際，表意者の能力が低い場合は，これらの規定
と意思能力に関する準則の適用が同時に主張されることも少なくない。しか
し，このように，意思能力に関する準則が意思表示の有効要件に関する規定
と機能的に重なる場合があるとしても，意思能力に関する準則の固有の趣旨
は，行為の存立要件か資格要件かのいずれかにあるというべきだろう。この

388　〔山本〕

第 2 節　意思能力　　　　　　　　　　　　　　　　　　　　　§3の2　II

ように考えるならば，本条において，表意者の帰責性の程度や相手方の主観
的事情等を考慮する規定が置かれなかったことは，是認することができる
（山本・前掲「民法の改正と意思能力の明文化」55 頁を参照）。

(2)　日常生活に関する行為の特則の要否

　第 2 の問題は，意思能力がない場合についても，9 条ただし書と同様に，
日常生活に関する行為については確定的に有効とする旨の規定を置くかどう
かである。

　この点についても，中間論点整理で検討課題として挙げられ（中間論点整理
89 頁，中間論点整理補足説明 218 頁以下を参照），中間試案でも，そのような規定
を設けるという考え方があることが注記されたが（中間試案 1 頁，中間試案補足
説明 7 頁以下を参照），最終的には，明文化は見送られることになった（部会資
料 79-3・1 頁を参照）。

　(ア)　行為の存立要件論　　上述したように，意思能力を行為の存立要件と
してとらえる立場からは，意思能力を欠く場合は，そもそも行為があるとい
えないため，日常生活に関する行為であっても無効とされることになる。こ
の立場によると，日常生活に関する行為の特則が定められなかったのは，当
然であるということになる。

　(イ)　資格要件論　　これに対して，意思能力を資格要件としてとらえる立
場によると，日常生活に関する行為については，例外的に資格を認めると考
えることが可能になる。もっとも，実際にそのように考えるかどうかは，日
常生活に関する行為の特則の趣旨をどのように理解するかに左右される（山
本・前掲「民法の改正と意思能力の明文化」56 頁以下を参照）。

　　(a)　ノーマライゼーション　　まず，9 条ただし書は，ノーマライゼー
ションの考え方に従い，日常生活に関する行為については表意者の決定を尊
重するという趣旨に基づく規定であると理解するならば，表意者に意思能力
が欠けるときは，もはや尊重すべき決定があるといえないため，例外を認め
る必要はないことになる。これによると，日常生活に関する行為をするため
の資格要件が欠けている以上，原則どおりその行為の効力は認められないと
考えてよいことになる。この立場からは，意思能力について日常生活に関す
る行為の特則が定められていないのは，このような理由によると説明される
ことになるだろう。

〔山本〕　389

§3の2 III　　　　　　　　　　　　　　　　　第1編　第2章　人

(b)　日常生活を送る可能性の確保　　これに対して，9条ただし書は，日常生活に関する行為について取り消されるおそれがなくなれば，相手方も安心して成年被後見人と法律行為をしてくれることになる結果，成年被後見人が自分一人で日常生活を送ることが容易になるという趣旨にもとづく規定であると理解する場合には，同じ考慮は，意思無能力者にもあてはまると考えられる。これによると，9条ただし書については，成年被後見人が意思能力を欠く場合でも，意思無能力を理由とする無効主張が認められないと解釈することになり，また，意思無能力者がした行為については，9条ただし書を類推し，意思無能力を理由とする無効主張は認められないとすることになるだろう（須永醇・須永醇民法論集〔2010〕36頁以下は，9条ただし書は「日常生活に関する行為」について一律に意思能力ありと認める規定であるとする）。ただし，その場合は，日常生活に必要な物品を繰り返し購入するケースについて，少なくとも，例えば相手方に悪意または過失がある場合はその限りでないとするような解釈をすることが要請されると考えられる（山本・前掲「民法の改正と意思能力の明文化」56頁以下を参照）。

4　規定の射程

本条は，「法律行為」の効果に関する規定である。意思的な要素を伴う法律行為以外の行為——いわゆる準法律行為——について，意思能力に相当する能力を有しない場合は，それぞれの行為について規定された効果が認められるかどうかが問題となる。この点については，行為能力についても同様の問題があるため，くわしくは行為能力に関する注釈を参照（→§5 I 3(3)(イ)）。

III　意思能力の存否の判断

1　判断の基準時

意思能力の存否を判断する基準時は，本条によると，「法律行為の当事者が意思表示をした時」である。これは，次の2つのことを意味する。

(1)　過去の時点での判断

第1に，意思能力の存否の判断は，制限行為能力の場合と異なり，過去において所要の能力を有していたかどうかという判断にならざるをえない。そのため，その判断，したがってまたその立証は，相対的に困難になりやすい

第2節　意思能力　　　　　　　　　　　　　　　　　　§3の2　III

ということができる。

(2)　意思表示の時点での判断

第2に，意思能力の存否の判断は，法律行為の時点ではなく，意思表示の時点でおこなわれることになる。例えば，申込みと承諾の合致により契約が成立した場合は，申込者が申込みの「意思表示をした時」に意思能力を有しなかったとき，または，承諾者が承諾の「意思表示をした時」に意思能力を有しなかったときに，その契約は無効となる。平成29年改正により新設された97条3項によると，表意者が通知を発した後に意思能力を喪失したときであっても，意思表示はそのためにその効力を妨げられないとされている。したがって，本条において「意思表示をした時」とは，表意者がその通知を発した時を意味することになる。

もっとも，厳密にいうと，意思表示をした者がその意思表示をした時に意思能力を有しなかったときは，その意思表示が無効であり，そのために法律行為も無効となるというべきだろう。本条は，「法律行為」が無効になると定めているが，「意思表示」が無効になると定める方が簡明であり，かつ趣旨にかなっていたと考えられる（部会第90回議事録20頁以下〔山本敬三幹事〕，部会第95回議事録2頁以下〔山本（敬）幹事〕，同3頁〔能見善久委員〕を参照）。それにもかかわらず，本条が「法律行為」の効果として規定したのは，制限行為能力に関する規定にあわせるためだったと考えられる。

2　判断の方法

(1)　精神的能力の程度に関する指標等を手がかりとした判断

意思能力の存否を判断するための方法としてまず考えられるのは，人間の精神的能力の程度に関するさまざまな指標を手がかりとしながら，意思能力に相当する精神的能力があるかどうかを判断するという方法である。

例えば，精神医学の領域で認知症に関する評価方法としてよく知られる長谷川式認知症スケールによると，自己の見当識，時間に関する見当識，場所に関する見当識，作業記憶，計算，近時記憶，非言語性記銘，前頭葉機能について評価がおこなわれ，その得点に応じて軽度・中等度・高度という判定がおこなわれる。こうした判定が意思表示をした時の前後において実施されていた場合は，その時点での精神的能力を確定する上で，有力な手がかりとなる。また，医師の診断書や看護記録その他の当時の記録等から，当事者が

§*3の2* Ⅲ

第1編　第2章　人

上記の項目その他の項目について有していたと考えられる能力の程度を確定することができる場合も，その時点での精神的能力を確定する上で，有力な手がかりとなる。

　もっとも，意思能力の存否を判断する際には，こうした精神的能力の判定がそのまま意味を持つわけではない。あくまでもそれぞれの場合に問題となる法律行為について，その意味を理解し，結果を認識することができたかどうかが判断される必要がある。以上の精神的能力の判定は，そのような判断をおこなうための手がかりとして位置づけられる。例えば，人に関する見当識がない——相手が誰であるかを識別できない——場合は，相手方が誰であるかが重要な法律行為をする精神的能力はないと判断されやすくなる。あるいは，作業記憶と近時記憶がない場合や計算能力がない場合は，少なくとも複雑な法律行為や高額の金銭が問題となる法律行為をする精神的能力はないと判断されやすくなると考えられる（民事精神鑑定の手法等については，西山詮・民事精神鑑定の実際〔追補改訂版，1998〕，同・民事精神鑑定の本質〔2015〕等を参照）。

(2)　**合理的意思決定を手がかりとした判断**

　以上のほか，実際の裁判例をみると，意思能力の存否を判断する際には，合理的意思決定を手がかりとした判断がおこなわれることが多い。これは，意思能力があれば，合理的意思決定がおこなわれるはずであるという想定をした上で，合理的意思決定がおこなわれていないことから意思能力を有していなかったという推論をおこなうという方法である。これは，厳密にいうと，さらに次の2つの方法に区別することができる。

(ア)　**合理的意思決定からの乖離**　　第1は，合理的な意思決定からかけ離れた意思決定がおこなわれていることを手がかりとする方法である。例えば，実際にされた法律行為の内容がおよそ合理性を持たない場合は，その当事者に意思能力がなかったと考えられやすい（東京地判平10・3・19金法1531号69頁〔手形の裏書〕，東京高判平10・6・15判タ1041号212頁〔自宅の売買契約〕，東京地判平10・10・30判時1679号46頁〔自宅を除いたほぼ全財産の贈与〕，東京地判平22・9・28/2010WLJPCA09288034〔根抵当権設定契約〕等）。あるいは，そのような内容の法律行為をする合理的な目的（動機）がおよそ存在しない場合は，それにもかかわらずそのような法律行為をした当事者には意思能力がなかったと考えられやすい（東京地判平25・12・24/2013WLJPCA12248006〔不動産の売買・代

392　〔山本〕

第2節　意思能力　　　　　　　　　　　　　　　　　　　§3の2　Ⅳ

理権の授与〕等）。

　このような場合には，当事者に錯誤があったとみることもできる。しかし，
上述した精神的能力の程度を疑わせる事情があるときは，それ以前にそもそ
も意思能力を欠いていると判断される場合が少なくない。

　(イ)　合理的意思決定の阻害　　第2は，合理的な意思決定を阻害する要因
があることを手がかりとする方法である。例えば，意思決定のプロセスにお
いて，相手方が自己の利益を図るために詐欺的ないし強要的な手段を用いて
いる場合は，そのような手段の影響を受けて意思決定をしてしまった当事者
は，それだけ十分な判断能力，つまり意思能力を有していなかったと考えら
れやすい（東京地判平8・10・24判時1607号76頁〔連帯保証契約・根抵当権設定契
約〕等のほか，熊谷348頁以下・356頁を参照）。

　このような場合は，詐欺や強迫，暴利行為のほか，消費者契約では，誤
認・困惑による取消しを問題とすることもできる（消費契約4条）。実際の裁
判例では，かならずしもそれらの要件をみたしているといえない場合に，上
述した精神的能力の程度を疑わせる事情があることから，意思能力を欠いて
いるとして必要な救済を認めたとみることができるものも見受けられる。し
かし，厳密にいえば，これらは意思表示ないし合意の瑕疵の問題であり，そ
の要件が必要な救済を認めるためにリジッドにすぎるのであれば，適切な改
正等によりその実現を図るべきものだということができる。

Ⅳ　意思無能力の効果

1　立法過程における議論

　本条の立法過程では，意思能力がない場合の効果として，無効とするか取
消しとするかが問題とされた。この点は，中間論点整理の後まで検討された
が（中間論点整理89頁，中間論点整理補足説明219頁以下，部会資料27・20頁以下を参
照），中間試案では無効とすることが提案され（中間試案1頁，中間試案補足説明
7頁以下を参照），最終的に，本条でも無効とされている。

(1)　取消構成の提案

　意思能力がない場合の効果を取消しとする構成は，債権法改正の基本方針
において提案されていたものである（基本方針【1.5.09】）。これは，かつての

〔山本〕　　393

§3の2　IV　　　　　　　　　　　　　　　　　　第1編　第2章　人

ように，意思無能力者の行為はそもそも「存在しない」という意味で無効である──これは意思能力を行為の存立要件としてとらえる立場に対応する──と考えるのではなく，意思無能力者の保護が目的であると考えるのであれば，効果を取消しと構成し，行為能力の制限による取消しに関するルールと同様の取扱いを認めてよいと考えたためである。これにより，無効と取消しの二重効としてこれまで議論されてきた問題も，このかぎりで解消することが可能になるとされていた（基本方針25頁，詳解Ⅰ84頁以下を参照）。

　この提案は，意思能力に関する規定が実践的に意味を持つのは，加齢その他の理由によって判断能力が低下している場合であるという理解を背景にしている。そのような場合には，単純な法律行為であればあるほど，その意味を理解できるとしても，複雑な法律行為になればなるほど，その意味を理解できなくなることが少なくない。そこでは，「およそ法的に意味がない行為」と「法的に意味はあるが，取り消しうる行為」を截然と区別することがそもそもできなくなっている。しかも，そこで無効構成を採用するとしても，それを相対的無効と考えるのであれば，このような区別をする実際上の意味は乏しい。効果を取消しに一元化するという提案は，このような考慮に基づく（基本方針25頁，詳解Ⅰ85頁を参照）。

(2)　無効構成の採用

　このような考え方に対し，審議の過程では，次のような問題点が指摘された（中間論点整理89頁，中間論点整理補足説明219頁以下を参照）。第1に，取り消すことができる法律行為は取消しの意思表示がされるまでは有効と扱われるため，履行を事実上強制されるおそれがあるほか，法定代理人が存在しない場合に取消権の行使について問題が生じる。第2に，取消しには期間制限があるため，意思無能力者の保護が十分ではない。第3に，意思無能力者が死亡して共同相続が開始した場合に，誰が取消権を行使することができるかという問題が生じる。

　これらの実践的な考慮から，最終的に無効構成が採用されることになった。もっとも，この場合は，無効を主張することができる者の範囲，無効を主張することができる期間，原状回復の範囲等について，問題が残ることになる（部会第30回議事録58頁〔山本敬三幹事〕，同59頁以下〔内田貴委員〕も参照）。しかし，審議の過程では，原状回復の範囲等を除いて，これらの点については明

394　〔山本〕

第2節　意思能力　　　　　　　　　　　　　　　§3の2　IV

文化が見送られ，今後も解釈に委ねられることになっている。

2　無効の効果

　法律行為の当事者が意思表示をした時に意思能力を有しなかった場合に，その法律行為が無効になるとして，その効果については，以下の諸点が問題となる。

(1)　無効の主張者

　第1は，この場合の無効を誰が主張することができるかという問題である。これは，平成29年改正前から議論があった問題であるが，平成29年改正では明文化が見送られ，解釈に委ねられることになった。

　(ア)　絶対的無効説　　伝統的な通説は，意思無能力者の側にかぎらず，誰でも無効を主張することができるとしていた。これは，意思能力がなければ，そもそも法律行為といえるものが存在しないという考え方に基づく。これによると，存在しないものは，誰でも「存在しない」，つまり無効であると主張することができると考えられることになる。

　(イ)　相対的無効説　　これに対し，現在の通説は，意思無能力者の側だけが無効を主張することができると考えている（幾代59頁，四宮＝能見46頁，須永41頁以下，内田103頁，河上41頁等。一問一答14頁は，改正法においても，引き続き，このような解釈がされることを前提としているとしている）。これは，意思無能力者のした法律行為を無効とするのは，意思無能力者を保護するためであるという考え方に基づく。これによると，保護される者，つまり意思無能力者の側のみが，保護の効果，つまり無効を主張することができると考えられることになる。このことは，意思能力制度の趣旨を弱者保護の考え方に求める立場だけでなく，「自らその行為をした」といえない者を自己責任から解放するものとみる立場においても，そうした解放を実際に求めるかどうかは意思無能力者の側の決定に委ねることが要請されるため（山本41頁を参照），同様にあてはまる。

(2)　無効の主張期間

　第2は，この場合の無効をいつまで主張することができるかという問題である。この点も，平成29年改正前から議論があったところであるが，平成29年改正では明文化が見送られ，解釈に委ねられることになった。

　まず，取消しについては，126条に期間制限が定められているのに対し，

〔山本〕　395

無効については，いつまで無効を主張することができるかという点について制限を設けた規定はない。したがって，意思表示の時に意思能力を有していなかったことを立証することができるかぎり，その法律行為は無効であり，いつまでもその無効を主張することができると考えられる。

　もっとも，上述したように，意思能力を一定の行為をするための資格要件としてとらえる場合には，行為能力制度と共通した性格を持つことになる。両者の違いは，行為能力制度がそのような資格要件を定型化して定めるのに対し，意思能力制度は，問題となる法律行為（の種類）に応じて —— その意味で個別的に —— 資格要件を確定するところにあるにすぎない。このように，両者の性格，したがってまた趣旨が重なるとするならば，効果に大きな違いがあることは正当といえない。そのため，この場合の無効を相対的無効として構成し，さらに取消権の行使の期間制限に関する 126 条を類推することも考えられる（須永 42 頁以下・254 頁以下，鈴木 60 頁，佐久間 106 頁等を参照）。

(3) 原状回復の範囲

　第 3 は，法律行為がすでに履行されていた場合に，各当事者，とりわけ意思無能力者はどの範囲で原状回復をしなければならないかという問題である。法律行為が無効となる以上，これは不当利得の返還の問題として位置づけられる。この問題について，平成 29 年改正では，不当利得の特則として，新たに 121 条の 2 が規定された（詳しくは，→第 3 巻 §121 の 2）。

　(ア)　原状回復の原則　　まず，前提として，無効な行為に基づく債務の履行として給付を受けた者は，相手方を原状に復させる義務を負うとされる（121 条の 2 第 1 項）。これによると，原則として —— 無効な無償行為に基づく場合を除いて（同条 2 項）——，法律行為の当事者は受けた給付を返還しなければならない。つまり，利得消滅の抗弁は認められない。

　(イ)　意思無能力者の返還義務の特則　　その上で，行為の時に意思能力を有しなかった者は，行為の時に制限行為能力者であった者と同様に，その行為によって現に利益を受けている限度において，返還の義務を負うとされている（121 条の 2 第 3 項）。平成 29 年改正前は，制限行為能力者について定められていた民法旧 121 条ただし書と同様の扱いを意思無能力者についても認めることを明文で定めたわけである。

　これについては，「意思能力を欠く状態でした法律行為を無効とするのは，

第 2 節　意思能力　　　　　　　　　　　　　　§3の2　IV

財産の管理や処分について十分な能力を有しない者を保護するものであって，制限行為能力者の保護と同様の趣旨に基づくから，その返還義務についても，意思能力を欠く状態で法律行為をした者の保護を図るため，同条〔平成29年改正前121条〕ただし書と同様の制限を加える必要がある」と説明されている（部会資料66A・38頁以下）。

3　無効と取消しの二重効

　制限行為能力者が意思無能力者でもあった場合に，制限行為能力を理由とする取消しの主張だけでなく，意思無能力を理由とする無効の主張も認めてよいかどうかが問題となる。これは，「無効と取消しの二重効」を認めるべきかどうかという問題として，かつてから議論されてきた。平成29年改正では，意思無能力の効果が無効とされたため，この問題が今後も残ることになっている。

(1)　二重効否定説

　この場合は，制限行為能力を理由とした取消しの主張だけを認めるべきであるとする見解もある（須永・能力特に371頁以下，須永43頁等を参照）。民法典が一定の考慮から行為能力制度を定めたにもかかわらず，意思無能力の主張を認めると，制限行為能力について特別な規定を置いた意味が失われてしまうというのが，その理由である。これによると，制限行為能力制度は，そのかぎりで意思能力制度と同質的な制度であり，制限行為能力制度が定められた限度で，意思能力制度は制限行為能力制度に吸収されたととらえられることになる。

(2)　二重効肯定説

　しかし，従来の通説は，制限行為能力を理由とする取消しの主張と並んで，意思無能力を理由とする無効の主張も認め，当事者にその選択を許すべきであるとしている（幾代59頁以下，四宮＝能見45頁以下，内田126頁以下，河上42頁以下等を参照）。いずれの要件もみたしている以上，当事者にその効果の選択を認めても差し支えないと考えるわけである。たしかに，両者の効果を比べると，期間制限の有無等，意思無能力を理由とする無効よりも制限行為能力を理由とする取消しの方が不利になるものもある。しかし，わざわざ裁判所に申し立てて後見開始の審判を受けた者の方が，審判を受けないままである者よりも不利になるのは公平に反する。したがって，制限行為能力者であっ

〔山本〕　397

§3の2 V　　　　　　　　　　　　　　　　　　　　第1編　第2章　人

ても，意思表示の時に意思無能力であったことを立証することができるかぎ
り，意思無能力を理由とする無効の主張を認めるべきであるとされる。

V　意思能力に関する規定の体系的位置

1　立法過程における議論

　本条に相当する規定を民法典のどこに規定するかについて，立法過程では
議論があった。

(1)　「法律行為」配置案

　法制審議会では，部会資料および中間論点整理・中間試案・要綱仮案にい
たるまでは，一貫して，「法律行為通則」── 当初は法律行為の意義等の明
文化や公序良俗とその具体化，法令の規定と異なる意思表示，任意規定と異
なる慣習がある場合等が検討課題として挙げられていたが，最終的には公序
良俗の改正のみに絞られた ── と「意思表示」の間に「意思能力」が配置さ
れてきた。部会資料等の編成は最終的な規定の編成につながるものではない
としても，ここからは，意思能力は法律行為に関する事柄であり，しかも
「法律行為通則」に包含されるものではなく，「意思表示」の前提問題である
と理解されてきたことがうかがえる。

(2)　「人」配置案

　これに対し，第97回会議において，はじめて規定の配置案が示され，そ
こで，第1編「総則」第2章「人」の第1節「権利能力」の次に，新たに第
2節「意思能力」を設け，そこに意思能力に関する規定として本条を配置す
ることが提案された（部会資料84-2・4頁）。その際に，規定の配置については
かならずしもコンセンサスがあるわけではないが，多くの教科書等では意思
能力は行為能力と並んで解説されていることなどから，一般的な理解のしや
すさに鑑みて，このような位置づけをすることとしたという説明がされてい
る（部会第97回議事録5頁以下・7頁〔筒井健夫幹事〕）。最終的に，この提案に従
って，本条は第2章「人」に配置されることになった。

2　意思能力の意義・制度趣旨との関係

　審議の過程では，かなり早い段階から，意思能力を「法律行為のレベルの
問題として捉えるのか，それとも継続的に意思無能力状態にある人の保護の

398　〔山本〕

第 2 節　意思能力　　　　　　　　　　　　　　　§3 の 2　V

問題として捉えるのか」という見方の違いの問題があることが指摘されていた（部会第 25 回議事録 43 頁〔中田裕康委員〕，部会第 30 回議事録 58 頁以下〔中田委員〕）。規定の配置については，これを後者の意味での「人の保護」の問題としてとらえるならば，第 1 編「総則」第 2 章「人」に配置するのが適当であるということになる。もっとも，この立場は，そこまで明確に主張するわけではなく，第 95 回会議では，意思能力に関する規定はほかにも存在するため，それらの上位規範として，「意思表示」とは独立の規定として位置づけるという考え方が示されている（部会第 95 回議事録 3 頁以下〔中田委員〕，部会第 97 回議事録 7 頁・10 頁〔中田委員〕）。しかし，意思能力の定義を示すのであればともかく，「法律行為の当事者が意思表示をした時に意思能力を有しなかったときは，その法律行為は，無効とする」と定める規定が，上位規範として「意思表示」とは独立の規定として位置づけられるということには無理があるというべきだろう。

　上述したように，意思能力を行為の存立要件としてとらえるのであれば，これは「法律行為」ないし「意思表示」に関する規定として位置づけられることになるだろう。これに対し，意思能力を資格要件としてとらえる場合には，行為能力との関係が問題となる。もっとも，行為能力は，人の性質に応じて定型的に規定された資格要件であり，「人」に関する規定として定めることに合理性がある。それに対して，意思能力は，一時的に欠如する場合も含むものであり，人について定型的に設定されるものではない。特にこれを行為の性質に応じて異なるその意味を理解する能力としてとらえる場合には，これはその種の法律行為ないし意思表示をおこなうための資格要件として位置づけられる。これは，「意思能力を欠いている人」の意思表示の問題（部会第 95 回議事録 3 頁以下〔中田委員〕，部会第 97 回議事録 10 頁〔中田委員〕，部会第 99 回議事録 6 頁〔中田委員〕）ではなく，その種の「法律行為」ないし「意思表示」の問題であるというべきだろう（部会第 99 回議事録 5 頁以下〔山本敬三幹事〕）。これによると，意思能力に関する規定は，第 1 編「総則」第 5 章「法律行為」の第 1 節「総則」の次に第 2 節「意思能力」という節を新たに設けて，そこに配置するのが適当であるということになる（部会第 90 回議事録 22 頁〔潮見佳男幹事〕，部会第 95 回議事録 2 頁以下〔山本(敬)幹事〕，部会第 97 回議事録 4 頁以下〔大村敦志幹事〕・6 頁〔山本(敬)幹事〕・6 頁以下〔潮見幹事〕・9 頁以下〔中井康

§3の2　V

第1編　第2章　人

之委員〕，部会第99回議事録5頁以下〔山本（敬）幹事〕を参照）。この点で，本条の配置については大きな問題があったというべきだろう（山本・前掲「民法の改正と意思能力の明文化」60頁以下を参照）。

〔山本敬三〕

第3節　行為能力　　　　　　　　　　　　　　　　　　　　　§4　I

第3節　行　為　能　力

（成年）
第4条　年齢18歳をもって，成年とする。

　　　〔対照〕　ド民2，フ民388・414（いずれも18歳を成年年齢とする）
　　　〔改正〕　本条＝平16法147移動（3条→4条），平30法59改正

> （成年）
> **第4条**　年齢20歳をもって，成年とする。

I　趣　　旨

1　成年年齢の設定とその意義

　本条は成年年齢を定める規定である。すなわち，18歳で成年となるものとし，成年者と未成年者の区別を設けている。この区別には，法的概念としての成年を示す意義（→2）と行為能力制度上の意義（→3）がある。

2　成年概念の提示

　本条は，法一般に通用する「成年」と「未成年者」の概念を提示する。すなわち，私法・公法を問わず，成年・未成年者という概念が用いられる場合には，原則として本条に従う。民法の期間に関する規定（138条）では法一般の通則とする旨が明示されているのに対して，本規定はその点を示していない。この点，起草理由は「他ノ法令ニ於テモ単ニ成年ト曰ヒタルトキハ解釈上民法ノ成年ヲ指シタルモノト認メサルヘカラサル」とする（理由書63頁）。起草過程での議論でも，本規定の射程は公法を含むすべての法律関係に及ぶことが前提とされていた（法典調査会主査会議事2巻122丁〔末松謙澄発言等〕，法典調査会総会議事1巻146丁〔梅謙次郎発言等〕）。また，原案のただし書「但法令ニ特別ノ規定アルモノハ此限ニ在ラス」の要否をめぐり，皇室典範や狩猟規則がこのただし書に

〔小池〕　401

§4 I

第1編 第2章 人

該当することが前提とされている。さらに，本条の淵源たる明治9年太政官布告41号〔一Ⅱ1〕の制定過程でも，法一般についての成年年齢を想定した議論がある〔明治法制経済史研究所編・元老院会議筆記前期第一巻〔1965〕2-3頁〕。もっとも，節のタイトルとの平仄から，私権に限定するかのような議論もある〔法典調査会主査会議事2巻134丁〔高木豊三発言等〕〕）。

　民法上，未成年者の概念は，種々の資格の欠格事由として用いられている（後見人・後見監督人〔847条1号・852条〕，保佐人・保佐監督人〔876条の2第2項・876条の3第2項〕，補助人・補助監督人〔876条の7第2項・876条の8第2項〕，遺言の証人・立会人〔974条1号〕，遺言執行者〔1009条〕）。他方，公法では，憲法15条3項に「成年者」という概念があるのをはじめとして，資格（登録）制限事由として未成年者を挙げるものがある（医師法3条，不動産の鑑定評価に関する法律16条1号，公認会計士法4条1号，建築士法7条1号等）。なお，飲酒・喫煙および競馬・競輪・競艇等について，行為規制の人的範囲を画す概念として「未成年者」が用いられていたが，成年年齢の18歳の引下げに伴い，「20歳未満の者」という表現に改められ，年齢制限に係る従前の規律内容が維持されている（二十歳未満ノ者ノ飲酒ノ禁止ニ関スル法律1条1項，二十歳未満ノ者ノ喫煙ノ禁止ニ関スル法律1条，競馬法28条，自転車競技法9条，モーターボート競走法12条。なお，法規律における年齢の意義については，米沢広一「子どもの年齢と法（1）～（5・完）」法雑60巻3＝4号1412頁，61巻1＝2号486頁・3号810頁・4号1028頁，62巻1号156頁〔2014～2016〕が詳細である）。

3　行為能力を制限される一類型の提示

　民法上，未成年者は，当然にその行為能力を制限される（5条1項）。すなわち，本条は，5条と相俟って行為能力が制限される者の類型を示している（法典調査会総会議事1巻148丁〔梅発言〕。制限行為能力者の類型としての未成年者の意義については，→§5Ⅱ）。民法は，未成年者の行為能力が制限される点を明示するのみだが，成年者が完全な行為能力を有することは前提とされている。成年者は，一定の裁判手続を経なければ行為能力を制限されることはない（7条・11条・15条）。

4　年齢の計算

(1)　満年齢と数え年齢

　年齢計算には，満年齢と数え年の2つの方法がある。このうち，数え年に

402　〔小池〕

第3節　行為能力　　　　　　　　　　　　　　　　　　　§4　I

よる計算は，出生した年を1歳として，新年を迎えるごとに1歳を加える方法である。これによると，1月1日にすべての人が一斉に年を重ねることになる。明治6年太政官布告36号は，この方法を改め，月を単位とした満年齢で計算することにした（「自今年齢ヲ計算候儀幾年幾月ト可相数事」）。これによると，誕生月を零歳零月として（日でいうと初日算入に対応する方法である），経過した月・年の期間を合わせれば，年齢となる。その後，年齢計算ニ関スル法律（明治35年法律50号）によって，日を単位とした満年齢で計算することになり，現在に至っている（なお，双子等については，出生の前後により，長女・二女等の区別をする。明治31・11・10民刑第1857号司法省民刑局長回答）。もっとも，満年齢での計算方法はしばらく定着せず，「年齢のとなえ方に関する法律」（昭和24年法律96号）において「国民は，年齢を数え年によつて言い表わす従来のならわしを改めて，年齢計算に関する法律（明治35年法律第50号）の規定により算定した年数（1年に達しないときは，月数）によつてこれを言い表わすのを常とするように心がけなければならない。」と規定される状況もあった。現在では，満年齢は定着したといってよい（平成16年改正〔法律147号〕で，本条の「満20年」という文言を「年齢20歳」に変更した背景には，このような事情もある）。

(2)　初　日　算　入

　年齢の計算にあたっては，初日を算入する（年齢計算ニ関スル法律1条）。これは民法の期間計算の方法（140条本文。初日不算入の原則）と異なる。期間は，その末日の終了をもって満了する（141条）。たとえば，2000年12月10日午後10時に出生した者は，2018年12月9日午後12時に18歳となる（初日は2時間しかないが，1日として計算される）。社会一般の感覚からは，誕生日になってから年を重ねる，というのが普通である（4月1日生まれは3月31日に加齢するのに対して，4月2日生まれは4月1日に加齢する結果，これらの者が別の学年になる。これには違和感が表明されることも多い。この点，第154回国会衆議院質問154「年齢の計算に関する質問」も参照）。しかし，法律上は，誕生日の前日の満了をもって加齢される（たとえば，最判昭54・4・19判タ384号81頁を参照）。

〔小池〕　403

§4 Ⅱ   第 1 編　第 2 章　人

Ⅱ　内　　容

　民法は，1896 年（明治 29 年）の制定以来（1898 年〔明治 31 年〕施行），成年年齢を 20 歳としてきたが，2018 年（平成 30 年）の改正により，これを 18 歳に引き下げた（平成 30 年法律 59 号。2022 年施行）。

1　民法制定時の成年年齢——20 歳

　本条の淵源は，丁年年齢を定める明治 9 年太政官布告 41 号（「自今満弐拾年ヲ以テ丁年ト相定候」）にある。この布告は，満 20 歳をもって丁年とする。古代の律令制の下では，丁年（成丁）は租税負担との関係で意味を持つ概念であり，調（絹等の物品を納付する義務）・庸（労働またはそれに代えて布を納付する義務）を負担する者を指していた。旧民法人事編 3 条本文がこの布告を引き継ぎ（私権ノ行使ニ関スル成年ハ満二十年トス），現行法もほぼそのまま承継している。本条の起草過程において，20 歳で成年とする点はほとんど議論の対象となっておらず，20 歳に設定した実質的理由は明らかではない（永田菊四郎「民法第三條について」日本法学 19 巻 5 号〔1954〕1 頁，髙木侃「民法第三条について」関東短期大学紀要第 23 集〔1978〕83 頁，同「民法典は教科書にあらず」関東短期大学紀要第 44 集〔1999〕15 頁，高梨俊一「20 歳成年制の起源」司法研究所紀要 13 巻〔2001〕61 頁）。参考とされた当時の外国ではより高い成年年齢であったのに対して（ドイツ・フランスは 21 歳。梅謙次郎講述・民法総則〔復刻版，1990〕〔明治 37 年度の講義録〕479 頁に当時の諸外国の成年年齢が挙げられている），当時の日本の慣行は統一的ではなかったうえに，社会習俗上成年とされる元服・後見離脱の年齢は 15 歳程度であった（高梨・前掲書 87 頁）。つまり，民法の成年年齢は，比較法的には低めに設定され，日本の状況からすれば高めに設定されたといえる。もっとも，近時の諸外国の動向との比較では，日本の成年年齢は高めとなっていた（欧米諸国の多くは 18 歳である。法制審議会民法成年年齢部会・第 1 回会議・参考資料 2「主要国の各種法定年齢」参照）。

2　成年年齢の引下げ——18 歳

（1）　内　　容

　2018 年改正（平成 30 年法律 59 号）により，成年年齢は 18 歳となった。改正法の施行は 2022 年 4 月 1 日である（同法附則 1 条本文）。よって，2022 年 4 月 1 日以降に 18 歳となる者について，改正後 4 条が適用される（同法附則 2

第3節　行為能力　　　　　　　　　　　　　　　　　　　　§4　II

条1項参照）。施行日に18歳以上20歳未満である者は，施行日をもって成年に達する（同条2項）。

　なお，施行の際に改正前4条により成年に達していた者は，従前のとおり，20歳の時点で成年となったものと扱われる（同法附則2条1項）。また，施行日よりも前に婚姻をして，本改正で削除された753条の規定により成年と擬制された者も，当該婚姻時に成年に達したものとみなされる（同法附則2条3項）。

(2)　引下げの経緯

　成年年齢の引下げの契機となったのは，憲法改正に係る国民投票の年齢が18歳と定められた際に（日本国憲法の改正手続に関する法律3条。2007年〔平成19年〕制定），それが施行される2010年（平成22年）までの間に「年齢満18年以上満20年未満の者が国政選挙に参加することができること等となるよう，選挙権を有する者の年齢を定める公職選挙法，成年年齢を定める民法（明治29年法律第89号）その他の法令の規定について検討を加え，必要な法制上の措置を講ずるもの」とされたことである（同法附則3条1項。この措置が講じられて当該条文に掲記された者が国政選挙に参加等することができるまでの間，3条等の「満18年以上」は「満20年以上」とするものとされた〔同条2項〕。もっとも，施行までに上記措置は講じられなかったため，2014年〔平成26年〕の国民投票法改正により，当該改正法の施行後4年が経過するまでは，同様の読み替えをするものとされた〔平成26年法律75号附則2項〕。なお，上記の措置については，改正法の施行後速やかに講じるものとされていた〔同法附則3項〕）。

　この附則を受け，2008年に法制審議会民法成年年齢部会が設置された。その中間報告・最終報告を経て（「民法の成年年齢の引下げについての中間報告書」および「民法の成年年齢の引下げについての最終報告書」。法務省ウェブサイトで閲覧可能），法制審議会は，法務大臣に対し，成年年齢の18歳への引下げが適当であるとの意見を答申した（2009年10月28日。もっとも，引下げの具体的時期は国会の判断に委ねるのが相当である，としている）。その後，公職選挙法・地方自治法の改正により，衆参両議院議員の選挙権，そして地方公共団体の議会の議員および長の選挙権の年齢が18歳に引き下げられ（2015年の公職選挙法・地方自治法改正〔平成27年法律43号〕），2016年にはそれに基づく参議院選挙も実施された。そして，2018年の3月に至り，成年年齢の引下げに係る民法の改

〔小池〕　405

§4 Ⅱ   第1編　第2章　人

正法案が国会に提出され，同年6月に改正法が成立した（なお，少年法におけ
る「少年」の年齢を18歳未満とすべきか否かについては，法制審議会の少年法・刑事法
（少年年齢・犯罪者処遇関係）部会で議論が続けられている）。

　(3)　関連する手当て

　(ア)　婚姻適齢・養親年齢等　　成年年齢の引下げと合わせ，女性の婚姻適
齢は16歳から18歳に引き上げられて，男女ともに18歳となった（731条。
その結果，婚姻による成年擬制の規律は不要となり，753条は削除された）。これに伴
い，未成年者が婚姻する場合には父母の同意を要する旨の規定（平30改正前
737条）は削除された。他方，養親年齢については20歳とする規律が維持さ
れている（792条の「成年に達した者」を「20歳に達した者」に改めた）。

　　この他，認知された子による国籍取得の届出（国籍法3条1項），国籍選択
の届出（同法14条1項），性同一性障害者による性別変更の申立て（性同一性障
害特例法3条1項1号）が18歳で可能となっている（従前はいずれも20歳）。

　　なお，本改正の施行前に父母の間で子の養育費の取決めがなされ，その終
期を「子が成年に達する日の属する月まで」としていた場合の「成年に達す
る日」とは，通常は20歳到達を意味すると解釈される。

　(イ)　未成年者取消権の縮減への対応──消費者被害への対応　　成年年齢
の引下げに伴って生じる私法上の問題のうち，最も懸念されたのは，消費者
保護の分野で未成年者の取消権（5条3項）が果たしてきた役割が減殺される
点である。もっとも，この事態は，引下げによる自律の拡大という長所と表
裏一体のものである。そこで，この点については，引下げを回避させる事情
としてではなく，引下げ後の課題として受け止められることになった。実際
にも，成年年齢の引下げに先行して，18歳・19歳の消費者被害の防止・救
済を図るための消費者教育・制度整備の検討（消費者委員会成年年齢引下げ対応
検討ワーキング・グループ報告書〔2017年1月〕）や，若年者への消費者教育の推
進策（若年者への消費者教育の推進に関するアクションプログラム〔2018年2月20日〕）
が進められた。さらに，成年年齢の引下げと並行して消費者契約法も改正さ
れ（平成30年法律54号），消費者が社会生活上の経験が乏しいことに着眼した
取消権の規律が新設されている（同法4条3項3号4号）。このように，未成年
者取消権の縮減については，消費者教育の充実等の予防的措置に加え，消費
者被害の事後的救済措置の拡充による対応が図られている。

第 3 節　行為能力　　　　　　　　　　　　　　　　　　　　§4　II

(4)　成年年齢の捉え方

　成年年齢の設定は,「大人の始まり」から「子どもの終わり」に至る過程をある時点で区切ることである。すなわち, ここでは一定の判断に基づく線引きが問題となる。

　本改正の時点では,「一人前」の年齢は 20 歳であるというのが社会一般の認識であったといってよい。20 歳をもって成人式の対象となっているのは, このような社会意識を表すものといえる。もっとも, 成人の日の基準年齢は, 当初, 18 歳が想定されていた。つまり, 社会意識は法制度との相関で形成される面があり, 現在の社会意識は線引き問題に対する決定的な判断基準となるわけではない(成人の日は, 国民の祝日に関する法律〔昭和 23 年法律 178 号〕で定められた。その立法にあたった議員は,「民法, 選挙法等の二十歳をとるものは別として種々審議の結果, 大体成人としての基準を満十八歳とすることに意見が一致し, 実際には地方の慣習を尊重して, 適宜に融通性のある措置をとることを可とした。」とする〔受田新吉・日本の新しい祝日〔改訂 5 版, 1952〕80 頁〕。つまり, 明治民法の 20 歳成年年齢は, 必ずしも社会に定着していたわけではなかった。もっとも, その後の文部省の調査によれば, 20 歳の基準が普及していったようである。以上につき, 広井多鶴子「成年年齢と若者の『精神的成熟』」実践女子大学人間社会学部紀要第 6 集〔2010〕9 頁〔16 頁〕を参照。なお, 例年, 成人の日に各地方公共団体等が主催して行われる成人式については, 今回の引下げに合わせることにすると, 高校 3 年生の大学受験の時期と重なるなどの不都合が指摘されている)。

　線引きの判断にあたって, 選挙年齢との一致は一つの考慮要素にすぎない。事実, 1945 年の衆議院議員選挙法改正(昭和 20 年法律 42 号)まで選挙年齢は 25 歳であり, 民法の成年年齢とは異なっていた(そもそも, このときまで成人女性の選挙権も認められていなかった)。しかし他方で, 成年年齢が有する 2 つの意義(→ I)のうち, 一般的な成年概念の提示の点では, 公的・社会的な領域の大人扱いを一致させるのが望ましいともいえる。

　実質的な手がかりとしては,(労働に耐える)身体的成熟度や(生殖可能となる)性的成熟度といった観点も重要である。もっとも, これらは労働法や婚姻適齢の基準として意味を持つにとどまる。民法の成年年齢が有するもう 1 つの意義である行為能力制度との関係からは, 法律行為による自律的な法律関係の形成に必要な知的・精神的成熟度という観点が決め手となる。しかし,

〔小池〕　407

§4 II   第1編　第2章　人

ある年齢で「成熟あり」とするための明確な根拠はない（大村敦志「民法4条をめぐる立法論的覚書」曹時59巻9号〔2007〕2863頁は，これを前提として，むしろ「成年と未成年」の区別を多元化・相対化する方向性を示す）。とはいえ，高等学校卒業者の進路状況（「平成27年度学校基本調査」）は，卒業者中17.7%が就職者であり（大学・短大・専門学校進学者〔現役〕は約70%），これらの者には，事実上，経済的自立の必要性がある場合も少なくない。いずれにせよ，成年年齢の設定の判断は，それによる長所・短所の比較という機能的な観点が重要である（平田厚「成年年齢引下げの意義と課題」戸時646号〔2009〕2頁，および，同「成年年齢引下げに関する総論」自正61巻1号〔2010〕42頁を参照）。

　未成年の期間は，自律しうる能力を形成するための期間でもある（→§5 II）。民法上，成年年齢は法律行為の適齢を示すと同時に，親権による保護の対象をも示す。18～20歳という年齢の幅において，自律と保護の相反する要請の分岐点が設定されるのは，この期間が能力の成熟を見極めるべき期間であることを反映している。また，成年年齢をもって保護の対象から自律した主体に切り替わるとしても，未成年者自身の現実の能力がこれに対応しているわけではない。未成年の期間中は，保護を受けつつ，同時に，自律のための能力の形成に必要な教育的措置を受ける必要がある。成年年齢の引下げ論議は，このような環境整備の必要性を明確な論点とした点に意義があったといえる。

3　特　　則

　皇族のうち，天皇・皇太子・皇太孫の成年年齢は皇室典範によって定まっており，平成30年の民法改正前から，18歳とされていた（皇室典範22条）。なお，外国人の成年年齢は，その準拠法に従う（法適用4条1項。南敏文「渉外事件における成年年齢」戸時604号〔2006〕2頁を参照）。

　未成年者が営業活動を行う場合，営業活動に関する範囲で成年と同一に扱われる（6条）。もっとも，6条の場合は範囲が限定されており，親権からの解放もないため，成年制度の例外というよりは，行為能力制度の例外にとどまる。なお，未成年者が婚姻した場合，成年に達したものとみなす規定（753条）は，同改正により削除された。

〔小池　泰〕

第3節　行為能力　　　　　　　　　　　　　　　　　　　　　　　　§5

（未成年者の法律行為）

第5条①　未成年者が法律行為をするには，その法定代理人の同意を得なければならない。ただし，単に権利を得，又は義務を免れる法律行為については，この限りでない。

②　前項の規定に反する法律行為は，取り消すことができる。

③　第1項の規定にかかわらず，法定代理人が目的を定めて処分を許した財産は，その目的の範囲内において，未成年者が自由に処分することができる。目的を定めないで処分を許した財産を処分するときも，同様とする。

〔対照〕　①＝ド民107　②＝ド民108・111　③＝ド民110　①②③＝フ民1146・1149・388-1-1

〔改正〕　①②＝平16法147移動（4条①②→5条①②）　③＝平16法147移動（5条→5条③）

細目次

I　前提——行為能力制度 ……………………410
　1　行為能力とその制限…………………………410
　　(1)　内　容 ………………………………410
　　(2)　意　義 ………………………………410
　2　行為能力の制限による保護の概要……412
　　(1)　保護機関とその権限 ………………412
　　(2)　保護の趣旨——自律支援と他律的保護 ……………………………………412
　　(3)　保護の射程 …………………………413
　3　行為能力制度の妥当範囲…………………414
　　(1)　問題の所在 …………………………414
　　(2)　妥当範囲の縮小 ……………………415
　　(3)　妥当範囲の拡張——法律行為以外の行為 ………………………………418
II　本条の趣旨 ………………………………423
　1　未成年者の行為能力の制限………………423
　2　行為能力の制限による保護——未成年者の場合の特徴……………………424
　　(1)　未成年者という人的範囲の特徴……424
　　(2)　成熟過程にある存在としての未成年者 ……………………………………425
　　(3)　公示手段の不存在と取引安全 ……426
III　同意を要する法律行為の範囲 …………427
　1　原　則…………………………………………427
　2　日常生活に関する行為……………………427

IV　法定代理人の同意 ………………………428
　1　序　説 ………………………………………428
　　(1)　法定代理人 …………………………428
　　(2)　同意権の意義 ………………………429
　2　親権者 ………………………………………429
　　(1)　親権を有する者 ……………………429
　　(2)　代理権の喪失・制限等の場合 ……429
　　(3)　親権代行の場合 ……………………430
　3　未成年後見人………………………………430
　　(1)　未成年後見人が複数の場合 ………430
　　(2)　財産管理権・法定代理権の制限 …430
　4　同　意 ………………………………………431
　　(1)　法的性質・方式 ……………………431
　　(2)　相手方 ………………………………431
　　(3)　時　期 ………………………………431
　　(4)　対象・射程 …………………………431
　　(5)　撤　回 ………………………………432
　5　包括同意——処分を許された財産（3項）………………………………………432
　　(1)　趣　旨 ………………………………432
　　(2)　処分の意義 …………………………432
　　(3)　処分の許可 …………………………432
　　(4)　許可の権限・方法・撤回 …………433
　　(5)　効　果 ………………………………434
V　同意なしになされた法律行為の効力

〔小池〕　409

§5 I

第1編 第2章 人

（2項）…………………………………434
1 同意のない場合…………………434
2 取消しおよび追認の可能性…………434
Ⅵ 同意を要しない行為 ……………435
1 概 要…………………………435
2 単に権利を得又は義務を免れる行為

（1項ただし書）……………………435
　（1）趣 旨……………………………435
　（2）判断基準 ……………………435
　（3）単に権利を得る法律行為 ………436
　（4）単に義務を免れる行為 …………437
3 その他の同意を要しない行為…………437

I　前提──行為能力制度

　本条は，未成年者の行為能力を定める規定である。本条の注釈の前提として，まず，本節の表題でもある「行為能力」という概念とその制限一般について説明する（なお，前注（§§7-21）も参照）。

1　行為能力とその制限

(1)　内　　容

　(ア)　行為能力　　民法第1編第2章第3節は，行為能力を表題に掲げ，未成年者と成年被後見人・被保佐人・被補助人の行為能力を制限する規定を置く（5条1項本文・2項，9条本文，13条1項本文・4項，17条1項本文・4項）。

　行為能力とは，「単独で確定的に有効な法律行為をする能力」である（山本42頁，四宮46頁も参照）。民法典に行為能力の定義は存在しないところ，この定義は，行為能力の制限を定める規定の内容から逆算して導き出されている。

　(イ)　行為能力の制限　　民法が行為能力を制限するのは，次の2つの場合である。1つは，未成年者である（4条・5条1項本文）。もう1つは，裁判手続で事理弁識能力について一定の判断を受けた者である（被後見人〔7条～9条〕・被保佐人〔11条～13条〕・被補助人〔15条～17条〕。なお，未成年者に対しても，後見開始の審判をすることができる）。未成年者は，年齢のみを基準にして行為能力を当然に制限される。他方，成年者は行為能力を当然に有し，一定の裁判手続を経なければ行為能力を制限されることはない。

(2)　意　　義

　(ア)　意思能力制度の補完　　行為能力制度は，意思能力制度を補完するために必要となる。すなわち，法律行為の当事者が，意思表示をした時に意思能力を有していなかった場合，その法律行為は無効となる（3条の2）。しかし，法律行為をした時に意思能力を欠いていたことを事後的に証明するのは

410　〔小池〕

第3節　行為能力　　　　　　　　　　　　　　　　　　§5　I

困難である。そこで，一定の範囲に属する者をあらかじめ制限行為能力者とした上で，この者が法定代理人の同意なしにした法律行為を取り消せるようにしたのが，行為能力制度である（我妻61頁）。人的範囲をあらかじめ定型化しておくことは，制限行為能力者と取引する相手方にとっても，後に取り消されて不測の損害を被ることをあらかじめ回避できる点で，利益になる。

　行為能力は，法律行為をするための能力であり，一定の判断能力を意味する。もっとも，これは意思能力と同一のものではない。すなわち，まず，後見・保佐・補助の開始にあたって問われるのは，事理弁識能力である（7条・11条本文・15条1項本文）。そして，意思能力が個々の法律行為の性質および行為時における各人の具体的判断能力に着眼するのに対して，事理弁識能力では，法律行為一般についての抽象的な判断能力が問われる（小林＝原64頁も参照）。次に，未成年者は，各人の具体的な判断能力を問わず，年齢のみを基準として一律に行為能力を制限される。よって，意思能力を有するにもかかわらず行為能力を制限される未成年者も存在する。つまり，ここでの行為能力は，一定の人的集団に属する者の判断能力を一律に不十分なものと擬制するものとなっている。

　なお，行為能力を「法律行為をする能力」とみる理解に対しては，制限行為能力者は，法律行為をすることにつき何らの制限はなく，むしろその効果の帰属が妨げられているにすぎない，とする異論もある。これによれば，本人への効果帰属が妨げられる理由は，財産管理権が制限されていることに求められる（於保不二雄「行為能力についての一考察」同・財産管理権論序説〔1954〕107頁。簡単には，同「財産管理権」末川博編・民事法学辞典上〔増補版，1964〕）。この理解にも一定の支持がある（四宮46頁）。

　(イ)　積極的保護の制度　　行為能力制度と意思能力制度は，その機能にも違いがある。意思能力は，法律関係を自律的に形成する制度（意思表示・法律行為）に内在的な要素であるが，意思能力を欠く者のした法律行為を無効とするにとどまる。これは，意思無能力者にとって必要な行為をいかに実現するか，という問題には対応していない。これに対して，行為能力制度は，本人の法律行為に保護機関が関与してそれを実現する，という積極的保護を付与する。すなわち，行為能力制度は，本人が自ら法律行為をすることができるという原則（行為能力の定義の重点は，「単独で……できる」の部分にある）を修正

〔小池〕　411

§5 I　　　　　　　　　　　　　　　　　　　　　　第1編　第2章　人

して，保護機関がその同意権・法定代理権によって本人のなすべき法律行為
に関与できるようにしたことに意義をもつ（これは，保護機関の関与の仕方に応
じて，被保護者本人の自律の支援と本人に対する他律的保護として機能する。→2(2)）。

2　行為能力の制限による保護の概要

(1)　保護機関とその権限

制限行為能力者は，自ら法律行為をする可能性を制限される。これは，本
人の生活に多大な支障をもたらす。そこで，民法は，制限行為能力者のため
に保護機関を設置して，本人の行為を支援・監督し，さらには本人に代わっ
て必要な行為を実現できるようにしている。

未成年者の保護機関は，親権者または未成年後見人である。成年被後見
人・被保佐人・被補助人の保護機関は，それぞれ，成年後見人・保佐人・補
助人である。このうち，親権者は未成年者本人との法的親子関係に基づいて
決定される（818条・819条）。それ以外の保護機関は，裁判所の選任による
（840条・843条・876条の2・876条の7。ただし，未成年後見人が指定されている場合
〔839条〕を除く）。

保護機関に付与される権限には，代理権，同意権，取消権，追認権がある。
親権者・未成年後見人はすべての権限をもつ（824条本文・859条1項・5条1
項・120条1項・122条）。成年後見人は代理権・取消権・追認権をもつ（859条
1項・120条1項・122条）。これに対して，保佐人と補助人は，一定の事項に限
り，同意権・追認権・取消権をもつ（13条1項本文・同条4項・17条1項本文・
同条4項・120条1項・122条）。ただし，保佐人と補助人に代理権が付与される
場合がある（876条の4第1項・876条の9第1項）。

(2)　保護の趣旨——自律支援と他律的保護

制限行為能力者の法律行為を実現するには，制限行為能力者本人が保護機
関の同意を得て行為する方法と，保護機関が本人を代理して行為する方法が
ある。前者の場合，制限行為能力者は，自ら法律行為をすることができる一
方，保護機関の監督を受ける。これは保護機関による本人の自律の支援とい
える（未成年者の場合，支援だけでなく自律能力を育成する教育的意味もある。→Ⅱ2
(2)）。これに対して，法定の代理権は，保護機関の判断で本人に必要な法律
行為を実現するための権限である。そして，本人が法定代理人の同意を得ず
にした行為を取り消し，法定代理人が代理によって同じ事項に係る行為をす

412　〔小池〕

第3節　行為能力　　　　　　　　　　　　　　　　　§5　I

ることができる点で，代理人の判断が本人の判断に優先する。すなわち，法定代理は，本人に他律的な保護を付与するものといえる。

　なお，行為能力制限の趣旨については，財産を有する者の保護，すなわち，財産を失わないようにする制度である，という理解もある（我妻80頁）。しかし，財産のない者であっても，自分でした法律行為の拘束力から解放する必要性はある。よって，財産のない者についても行為能力制限は意味を持つ。この理解の狙いは，むしろ，財産を有しない者を保護する手段としては，行為能力の制限よりも，その者の経済活動を可能にして経済的自立を実現することが重要であることを明らかにする点にある（我妻81頁）。もっとも，ここで指摘された問題は，行為能力制限の趣旨に位置づけるよりも，制限行為能力者であっても日常生活の必要に係る契約については単独でできるようにすべきか，また，職業を有する未成年者の行為能力について特別扱いをすべきか，という問題として議論するのが妥当である（→Ⅱ，§6，§9）。

　(3)　**保護の射程**

　(ア)　**制限行為能力者保護の優先**　　制限行為能力者は，自己のした法律行為について，行為能力の制限を理由に取り消すことができる（法定代理人の同意があれば別である。ただし，成年被後見人のした法律行為については，同意の有無を問わず取り消すことができる〔9条本文〕）。取消しは行為の相手方に不測の事態を生じさせる。しかし，制限行為能力者保護は取引安全に優先する（制限行為能力者が詐術を用いた場合〔21条〕を除く）。相手方は，成年者については成年後見登記により，また，未成年者については免許証・学生証や戸籍等により，行為能力の制限の有無を事前に把握することができる。さらに，制限行為能力者と取引した後であっても，催告権により，効果不確定という浮動的状態を解消することができる（20条）。

　(イ)　**意思能力制度による保護との競合**　　意思能力制度と行為能力制度は，競合する関係にある。意思能力の有無と行為能力制限の有無を掛け合わせると，4つの場合が想定できる。このうち，①意思能力があり，かつ，行為能力の制限がない場合，そもそも能力に係る保護の問題は生じない。②制限行為能力者が意思能力を有する場合，この者と取引した相手方が，制限行為能力者に意思能力があることを主張・立証しても，行為能力の制限に基づく取消しを阻むことはできない。③意思能力を欠き，かつ，制限行為能力者では

〔小池〕　　413

§5 I

ない場合，意思無能力無効を主張できる。これに対しては，行為能力制度による保護が予定される者については，意思能力制度の妥当を認めるべきではない，さもないと行為能力制度を利用する意味がなくなる，という批判もある（舟橋45頁〔意思能力制度は行為能力制度に解消される，という前提に立つ〕）。④意思無能力で，かつ，制限行為能力者の場合において，この者が法定代理人の同意を得ずにした法律行為については，意思無能力無効と制限能力取消しのいずれも主張できる。さらに，④'この者が法定代理人の同意を得て行為していた場合であっても，意思無能力を理由とする無効を主張することができる（現実の行為時に意思能力を欠いていた以上，意思能力制度の趣旨を貫徹すべきことによる。これに対する批判として，須永・能力367頁・377頁。なお，無効主張を認めつつ，同意を与えた法定代理人，行為者本人の損害賠償責任を認める，という調整もありうる。以上につき，須永醇「権利能力，意思能力，行為能力，不法行為能力（責任能力）の意義ならびに相互の関係について述べよ。」奥田昌道ほか編・民法学1〔1976〕76頁を参照）。

(ウ) その他　　行為能力制度の趣旨の考慮が問題となるものとして，たとえば次の場合がある。不法行為は責任能力があれば成立するから，制限行為能力者が法律行為の相手方に対して不法行為に基づく損害賠償を負う可能性がある。しかし，損害賠償は，その内容次第では，制限行為能力を理由とする取消しの効果を実質的に阻害しうる（たとえば，制限行為能力を理由とする法律行為の取消しに対して，現存利益の返還を超える部分について損害賠償責任を認める場合である）。そこで，このような場合には制限行為能力者は不法行為責任をも免れる，とする考えがある。しかし，法律行為と不法行為とで別の能力を設定している以上，不法行為責任の成否・内容はそれ自体として検討すれば足りる（以上につき，幾代55頁参照）。

3　行為能力制度の妥当範囲

(1)　問題の所在

行為能力は，その定義上，あらゆる法律行為に要求される。しかし，実際には，法律行為であっても行為能力を要しないとされる場合がある。民法自体，一定年齢以上の者に単独で法律行為をすることを認める場合がある（婚姻〔731条〕・遺言能力〔961条〕等）。反対に，法律行為でない行為について，行為能力の規律が適用・類推適用される場合もある。たとえば，弁済（元本）

414　〔小池〕

第 3 節　行為能力　　　　　　　　　　　　　　　§5　I

の受領や訴訟行為などである（13 条 1 項 1 号・4 号）。このように，行為能力制度の妥当範囲については，その縮小と拡張の問題がある（その内実は，行為能力に係る規律の適用・類推適用の可否という解釈論の問題である）。

　妥当範囲の縮小について，具体的には，身分行為と日常の需要を満たすための取引行為の 2 つが議論されている。行為能力制度の適用外とする理由は，それぞれで異なる。身分行為では，その性質上本人自身が自律的になすべきことが要請されている，という事情がある。これに対して，日常生活に関する行為は，本人にとって必要不可欠ゆえに保護機関の関与なしでも実現させるのが便宜であり，本人保護にも適うという配慮に基づく。これらの理由は，身分行為・日常生活に関する行為にとどまらず，一般化が可能である。なお，日常生活に関する行為は，成年被後見人について特則が設けられた結果（平成 11 年法律 149 号による 9 条ただし書の追加），未成年者に固有の解釈課題となっている（→III 2）。よって，ここでは身分行為を取り上げる（→(2)）。

　他方，妥当範囲の拡張については，まず，法律行為以外の私法上の行為について問題となる。さらに，私法を越えて，公法上，私人が行為主体となる場合も，行為能力の要否が問題となりうる。ここでは，当該行為の前提となる制度が行為能力制度を採用することの要否と是非が問われる。その意味では，各制度に即して検討されるべき問題といえる。よって，ここではいくつかの行為について簡単に触れるにとどめる（→(3)）。

　なお，団体契約，および，継続的契約関係のうち雇用・労働契約に関して，行為能力の要否が議論されている（我妻 67 頁，米倉 107 頁）。もっとも，そこでの焦点は，制限行為能力を理由とする取消しの場合において，すでになされた給付の巻戻しを回避するために取消しの遡及効を制限すべきか，という問題にある。これは，行為能力の要否というよりは，むしろ取消しの効果論で検討されるべきである（団体契約では団体およびその取引相手方の保護の観点から，雇用・労働契約では制限行為能力者の保護の観点から，それぞれ取消しの遡及効を制限すべきか，という問題である。前者につき我妻 67 頁，後者につき四宮＝能見 48 頁。詳細は，→第 3 巻 §121，§121 の 2）。

(2)　妥当範囲の縮小

　(ｱ)　身分行為　　身分行為とは，婚姻・離婚など身分関係の成立・解消等を目的とする行為である（身分行為という概念の内容・範囲・有用性等については，

〔小池〕　　415

§5 Ⅰ
第1編　第2章　人

泉久雄「身分行為」民法講座(7)1頁を参照)。学説・判例は，財産法上の法律行為と身分法上の法律行為を区別し，身分行為には行為能力制度が妥当せず，意思能力で足りる，としている（松本112頁，我妻65頁等。また，大決大13・8・6民集3巻395頁は，未成年者による廃家〔明治民法762条〕に法定代理人の同意は不要であるとする際，「身分ノ得喪変更ヲ生スヘキ法律行為ハ無能力者ト雖意思能力ヲ有スルニ於テハ法律ニ別段ノ規定ナキ限リハ法定代理人ノ同意ヲ得ルコトヲ要セス独立シテ之ヲ為スコトヲ得ヘシ」と述べる）。

　適用除外とする根拠は，行為能力制度と身分行為それぞれの側にある。まず，行為能力制度は，財産的行為についてのみ妥当する，とされる。たとえば，5条1項の「法律行為」から身分行為を除外する解釈は，法定代理人の代理権が財産に関する事項に限定されていること（824条本文・859条1項）を前提として，同意権の範囲も法定代理権と同じであることを根拠とする（松本112頁，大村・読解48頁）。現行824条の成立事情はこの解釈を支持する。すなわち，この条文は，「親権ヲ行フ父又ハ母ハ子ノ財産ヲ管理シ其財産ニ関スル法律行為ニ付キ其子ヲ代表シ又ハ之ニ同意ヲ與フ」（法典調査会第一議案519丁〔甲第54號議案・第897条〕）という内容で提案されたものであった。この文言からは，法定代理人の代理権と同意権はいずれも財産に関するものであって，代理事項と同意事項の一致が想定されていたといえる（もっとも，現行法上の保佐・補助では，代理権と同意権の対象となる行為の範囲は異なる場合があり，よって代理権と同意権は別の保護手段とされている〔小林＝原318頁〕。つまり，行為能力制度の保護機関の代理権限と同意権限の範囲を一致させることが論理的に要請されているわけではない）。

　身分行為の側からは，身分行為は本人自ら意思表示をなす必要があって，代理人が本人に代わってすることができない，という原則が，適用除外の根拠となる（谷口知平・日本親族法〔1935〕34頁等。最判昭43・8・27民集22巻8号1733頁は，「身分上の行為は，原則として法定代理人が代理して行なうことはできず，無能力者であっても意思能力があるかぎり，本人が単独でこれを行なうべきものであ」ると述べたうえで，法定代理人による認知の訴えを認める787条は例外を定めたものと位置付けている）。実際にも，親族法には，制限行為能力者が行為するにあたり法定代理人の同意を要しない，とする規定がある（738条・780条など）。また，婚姻のように適齢を定める規律（731条）があるときは，当該適齢以下ではお

416　〔小池〕

第3節　行為能力　　　　　　　　　　　　　　　　　　　　§5　I

よそ行為をすることができない一方，適齢に達していれば単独で行為をすることができ，かつ，代理によってすることは排除される。他にも，胎児認知の承諾（783条1項）や縁組に対する父母の同意（797条2項・817条の6本文など）など，本人以外にはできない行為もある。以上のように，身分行為については，本人自身の行為が要請され，保護機関の関与は認められない，というのが原則となる（もちろん例外はある。たとえば，法定代理人が15歳未満の未成年者に代わってする縁組の意思表示〔797条1項〕・氏の変更〔791条3項〕などは，本人に必要な行為を実現する，という観点から，法定代理を認めたものといえる）。

　もっとも，婚姻など典型的な身分行為には親族法上の特則が存在するから，身分行為の適用除外論の実益はそれほど多くない。

　(イ)　人格的利益に直接に関わる行為　　行為能力制度の妥当範囲から身分行為を原則として除外する根拠となった，「本人自身の行為が要請される場合がある」という観点は，一般化が可能である。すなわち，本人の人格的利益に直接に関わる行為（高度に人格的な行為）は，本人自身の判断に基づくことが要請される点で，①意思能力があれば本人自身が行為でき，②代理によることを許さないのを原則とすべきである（スイス民法19c条は，「判断能力を有する行為無能力者は，その人格のために付与される権利を自ら行使する。ただし，法令が法定代理人の同意を要するとする場合を除く。」〔1項〕・「法定代理人は，権利がおよそ代理を排する程度に人格と密接な関係にあるのでない限り，判断能力を欠く者のために行為する。」〔2項〕として，この点を明示する）。

　もちろん，問題となる行為が本人に必要であるにもかかわらず，判断能力の欠缺等のため本人自身が行為できない場合等には，②の例外を認める必要がある。たとえば，自己の生命・身体・健康に対する個別具体的な医療行為の実施については，同意原則が妥当することを前提に，本人の生命・身体・健康の保護のため，例外的に第三者の代諾が認められないかが議論されているのは，この文脈に位置付けることができる〔同意能力が（十分に）ない者への医療行為における同意原則による自律保護と本人の生命等の他律的保護との調整の問題である。近時は，成年被後見人への医療に関して議論がある。新井誠編・成年後見と医療行為〔2007〕参照）。なお，診療契約の締結については，行為能力制度が妥当する。詳細は，→第15巻§709 D II 3⑶(エ)(b)(i)）。

〔小池〕　417

§5 Ⅰ   第1編　第2章　人

(3)　妥当範囲の拡張——法律行為以外の行為

(ア)　序説　　法律効果を享受するには，権利能力を具備していれば足りる。よって，法律要件に行為の要素があるからといって，行為能力を要求する必然性はない。また，意思表示を要素としない行為について，行為能力制度による自律支援（保護機関の同意の下での本人行為）および他律的保護（保護機関による代理行為）の必要性・妥当性は必ずしも認められない。

　妥当範囲の拡張の問題は，以下の点を考慮して判断する必要がある。すなわち，①法的効果をもたらす行為について，行為者にいかなる能力を要求するか（意思能力・行為能力，その他），そして，①で行為能力を要求するとした場合，②行為の方法として，法定代理人の同意の下での本人自身の行為と法定代理人による代理行為のいずれを認めるか（あるいは双方とも認めるか），さらに，②で法定代理人の同意の下での本人自身の行為を認める場合，③同意のない場合，当該行為について取消しをはじめとする法律行為に特有の効果を認めるのが適切か（取消し，追認，さらに19条・20条の適用可能性も含む），である。いずれも，拡張の対象たる行為およびその前提となる制度の趣旨に即して判断する必要がある。以上からすれば，拡張の問題は，行為能力制度の妥当範囲の問題というよりは，むしろ対象となる行為・法制度に固有の問題に位置付けられる。ここでは，私法上の行為（→(イ)），手続法上の行為（→(ウ)），そして公法上の行為（→(エ)）の順に簡単に検討する。

　なお，意思表示の受領行為（98条の2）のように，特則で拡張を認める場合はそれによる。もっとも，この規律は，行為能力の定義が，その相手方となる場合について触れていないため，手当てが必要になったものである（これに対して，訴訟能力の定義は，訴訟行為を受ける側となる場合を含む）。

(イ)　準法律行為・事実行為　　私法上の行為には，様々な仕方で法律効果が結び付けられている。このうち，意思表示・法律行為は，法律効果に向けられた効果意思に対して，その内容に応じた効果を認める制度である。これに対して，債権譲渡の通知（467条1項）や履行の請求（412条3項・150条1項）等，当事者の観念・意思を表明する行為に法が一定の効果を付与する場合がある。これを準法律行為と呼ぶ（四宮＝能見203頁，山本104頁）。準法律行為については，行為能力に係る規定が類推適用される。たとえば，弁済の受領（13条1項1号を参照）は，行為能力を要するとされている。他方，債務の承

418　〔小池〕

第3節　行為能力　　　　　　　　　　　　　　　　　　　　　§5　I

認には，行為能力を要しない（152条2項）。ただし，成年被後見人は承認できず，未成年者の承認には法定代理人の同意が必要とされている（山本577頁）。もっとも，準法律行為は多様な行為を含み，これに該当するというだけで常に共通の処理ができるわけではない。そこで，近時は，個々の準法律行為に即して行為能力規定の類推の可否を検討すべきものとされている（四宮＝能見204頁，山本106頁。詳細は，各行為についての注釈を参照）。

　法律行為のほかにも，権利・義務を発生させる行為がある。義務の発生根拠としては，事務管理・不当利得・不法行為等がある。このうち，不法行為については責任能力が定められている。事務管理では，①本人については，行為能力を要しない（新版注民(18)197頁〔金山正信〕）。②事務管理者については，事務管理者が事務処理として法律行為をする場合には，行為能力を要するとされている（→第15巻§697 III 2(2)，広中俊雄・債権各論講義〔6版，1994〕377頁を参照）。不当利得については，法の是認しない利得の移動・帰属を是正するという制度趣旨に鑑み，行為能力は不要としてよい（梅謙次郎講述・民法総則〔復刻版，1990〕510頁以下も参照）。

　権利の取得では，たとえば所有権の原始取得で行為が問題となることがあり，その場合の行為者の能力（意思能力・行為能力）の要否が議論されている（詳細は各条文の注釈に委ねる）。たとえば，無主物先占（239条）では，先占行為者につき所有の意思を要するが，意思能力があれば足り，行為能力は不要である（新版注民(7)380頁〔五十嵐清＝瀬川信久〕）。逸失物拾得（240条）では，拾得行為者につき，行為能力は不要である（新版注民(7)383頁〔五十嵐＝瀬川〕）。他に，埋蔵物発見（241条）・付合（242〜248条）などもあるが，行為能力制度の適用外とみるべきである。また，占有権の場合，「自己のためにする意思」（180条）に意思能力は必要だが，行為能力は不要とされている（新版注民(7)14頁〔稲本洋之助〕）。

　(ウ)　裁判手続に係る行為　　実体法上の権利を実現するには，裁判手続を利用しなければならない場合がある。訴訟行為は法律行為ではないが，行為能力制度が適用される（13条1項4号を参照。梅17頁）。民事訴訟法も，当事者能力・訴訟能力，そして訴訟無能力者の法定代理につき，民法の規定によるとした上で（民訴28条），未成年者と成年被後見人については特則を置いている（民訴31条）。これによれば，未成年者・成年被後見人は訴訟行為をす

〔小池〕　419

§5 I　　　　　　　　　　　　　　　　　　　　　　　第1編　第2章　人

ることができず，法定代理人がする（民訴31条本文。すなわち，未成年者につき，
同意を得て行為をする方法が認められていない。ただし，未成年者が単独で法律行為をす
ることができる場合には，訴訟行為も可能である〔同条ただし書〕）。この扱いは，財
産事件を扱うため高い判断能力が必要であるとともに，手続の安定性の観点
が重視されることによる。非訟事件手続法・民事調停法は民事訴訟法の規律
を準用している（非訟16条1項，民調22条）。

　他方，人事訴訟手続では，民法の行為能力に関する規定および民事訴訟法
31条・32条の適用が排除され（人訴13条1項），制限行為能力者も，意思能
力を有するときは訴訟行為をすることができる。これは，身分関係に関する
紛争においては身分関係の当事者本人の意思をできる限り尊重しようとする
趣旨に基づく（小野瀬厚＝岡健太郎編著・一問一答新しい人事訴訟制度〔2004〕63頁
等。もっとも，成年被後見人については，成年後見人・成年後見監督人が訴えの当事者と
なることができるとされており〔人訴14条〕，本人の権限との調整が問題となる。認知の
訴え〔787条本文〕における未成年子とその法定代理人の関係を含め，高田裕成「新人事
訴訟法における訴訟能力の規律」家月56巻7号〔2004〕1頁を参照）。

　家事事件手続では，民事訴訟法の規律を準用する一方（家事17条1項），一
定の事件類型については，本人が法定代理人によらずに行為できるとしてい
る（家事118条・129条等を参照）。

　なお，制限行為能力者本人が訴訟行為・手続行為をする場合，裁判所は，
申立てまたは職権により，手続代理人を選任することができる（人訴13条2
項3項・家事23条1項2項）。

　制限行為能力者自身の手続行為が認められる場合において，その遂行を弁
護士等に委任するときは，当該契約の締結にあたって本人の行為能力が必要
となる（大判大14・10・3民集4巻481頁。人訴13条2〜4項・家事23条は，これを前
提とした規律である。これによれば，弁護士への手続委任契約について，法定代理人の同
意を得られない場合であっても，本人の申立てがあれば，裁判所が裁量で弁護士を手続代
理人に選任することができる。金子修編著・一問一答家事事件手続法〔2012〕74頁も参
照）。

　㈑　公法上の行為

　(a)　序説　　私人の申請行為により公法上の効果が生じる場合として，
たとえば，自動車の運転免許の申請（道路交通法89条。同法88条は一定年齢未満

420　〔小池〕

第3節　行為能力　　　　　　　　　　　　　　　　　　　　§5　I

をもって免許の欠格事由とする），一般旅券の発給の申請（旅券法3条1項。制限行為能力者の場合につき，旅券法研究会編著・旅券法逐条解説〔2016〕81頁以下参照），国籍取得の届出（国籍法3条1項・18条。黒木忠正＝細川清・外事法・国籍法〔1988〕319頁〔小原紘司〕，田代有嗣＝小野允「帰化申請行為能力について」民月23巻5号〔1968〕2頁参照），印鑑登録（印鑑登録証明事務処理要領（「印鑑登録及び証明に関する事務について」昭和49・2・1自治振第10号課長通知）は，15歳未満の者と成年被後見人は印鑑の登録を受けることができない，とする）等がある。行政法学は，私人のなす公法上の行為について，行為能力に関する民法の規定の適用を認めた上で，個々の行為に即して検討する必要がある，としている（宇賀克也・行政法概説Ⅰ〔6版，2017〕75頁。他に，横田光平「行政法における未成年者の手続法的地位」塩野宏古稀・行政法の発展と変革（上）〔2001〕613頁，同「民法成年年齢引下げと公法学の課題」筑波法政48号〔2010〕25頁も参照）。実際にも，私法における法律関係の自律的形成とは場面が異なる以上，各行為の前提となる制度の趣旨に照らして，私人に要求する能力を定めるべきである。以下では，私法上の行為と密接な関連を持つ戸籍・不動産登記に関する行為について簡単に触れる（なお，商業登記については，→§6。また，供託については，→第10巻§494）。

　（b）戸籍法上の行為　　戸籍は，日本国籍を有する私人の身分関係を公証するものである。その目的を達成するため，私人に届出の義務が課される場合がある。さらに，私人の身分関係の成否・変動の実体法上の要件として届出が必要とされる場合もある。そして，私人によるこれらの届出行為について，行為者の具備すべき能力が問題となる。以下，報告的届出と創設的届出に分けて述べる（各届出の具体例につき，吉岡誠一・新戸籍実務の基本講座Ⅰ〔2008〕187-191頁参照）。

　まず，報告的届出は，出生・死亡といった既成の事実や，裁判によって形成された法律関係（たとえば，認知の訴え〔787条〕による父子関係）について，事後的に報告させる趣旨の届出である。この場合，届出義務者が定められており，義務者たる本人自身が届出行為をすることが予定されている（戸52条・63条1項等）。そして，その場合の能力は意思能力で足りるとされている（吉岡・前掲書196頁）。ただし，届出義務者が未成年者・成年被後見人であれば，その法定代理人が届出義務者となる（戸31条1項本文。届出義務の励行を期待できず，また，義務違反には罰則があることによる。戸籍法研究会編・新制戸籍法並届

〔小池〕　421

§5 Ⅰ 第1編　第2章　人

書式記載例⑦戸籍法逐条解説367頁）。もっとも，未成年者・成年被後見人も，意思能力がある限り，届出をすることができる（同項ただし書）。これは，事実・法律関係の報告であることに鑑み，届出をする資格を認める，という趣旨である（戸籍法研究会編・前掲書368頁）。

　これに対して，創設的届出は，一定の身分関係の発生・変更・消滅という効果を生じさせる身分行為の方式としての届出を指す。創設的届出は，身分行為に関する実体法上の能力の規律に従う（戸32条は，未成年者・成年被後見人が法定代理人の同意を得ずになしうる身分行為に係る創設的届出は，本人自身ができる，という趣旨である）。よって，意思能力ある本人自身がするのが原則となる。他方，実体法上，子が15歳なら本人自身の行為を認め，15歳未満なら法定代理によるとする規律がある場合には（氏の変更に係る791条3項参照），届出に係る能力もこれに従う。以上のことは，戸籍法上の行為に係る創設的届出（分籍〔戸100条〕等）にも妥当する（戸籍法研究会編・前掲書372頁）。

　なお，届出の受理にあたり，届出人の意思能力については，届出時点で届出人が届出事件の内容・効果を理解する能力を有していることを審査する必要がある。未成年者については，15歳に達していれば意思能力あるものと取り扱われるようである（戸籍法研究会編・前掲書373頁）。

　　(c)　不動産登記法上の行為　　不動産登記は，不動産に係る物権変動の対抗要件であり，その具備は私法上も重要な意義をもつ。もっとも，登記申請そのものは私法上の行為ではなく，公法上の行為である。そして，私人による登記申請行為に関して，行為能力は不要とされている（幾代通〔徳本伸一補訂〕・不動産登記法〔4版，1994〕115頁，鎌田薫＝寺田逸郎編・不動産登記法〔2010〕62頁〔安永正昭〕，日本司法書士会連合会＝日本土地家屋調査士会連合会編・条解不動産登記法〔2013〕129頁〔七戸克彦〕，水野隆昭「行為無能力者と登記申請」民事研修242号49頁〔1977〕等参照）。

　問題となるのは，制限行為能力者による登記申請の受理を判断する場合，および，当該申請に基づく登記の効力を判断する場合，である。この点については，登記原因たる実体法上の法律行為に対する同意の有無を含めて検討されている。まず，未成年者による登記申請の審査の際，登記原因たる実体法上の法律行為に関する法定代理人の同意の事実につき，①確認できる場合は申請を受理すべきであり（原因たる法律行為は有効であって，登記申請の段階で制

422　〔小池〕

第3節　行為能力　　　　　　　　　　　　　　　　　　　§5　II

限行為能力者の保護を問題とする必要がない），また，②確認できない場合，登記
先例は却下すべきであるとするが（昭和22・6・23民事甲第560号民事局長通達
〔法務省民事局編・登記関係先例集（上）〔1955〕797頁〕），学説は，取り消されるまで
原因行為は有効である以上，受理してよいとする（幾代〔徳本補訂〕・前掲書
117頁，鎌田＝寺田編・前掲書63頁〔安永〕等）。次に，制限行為能力者の登記申
請に基づく登記の効力については，制限行為能力者が法定代理人の同意なし
にしたという理由で無効とすべきでない，とされている。これは以下の理由
による。①登記原因たる実体法上の法律行為につき同意がある場合，登記申
請に同意がなかったことのみで無効とするのは，制限行為能力者の保護の制
度趣旨からは行き過ぎであり，また，原因行為の相手方が登記を具備するこ
とを無用に困難とする。他方，②原因行為に制限行為能力を理由とする取消
原因がある場合，原因行為が取り消されれば登記が無効になるが，それは申
請行為者の制限行為能力によるものではなく，よって，申請行為に係る行為
能力を問題とする必要はない。

II　本条の趣旨

1　未成年者の行為能力の制限

　本条1項本文によれば，未成年者は，自ら法律行為をする場合には法定代
理人の同意を要する。この同意なしに未成年者がした法律行為は，その効力
が確定せず，取消し（同条2項）または追認（122条）が可能な状態となる。
つまり，未成年者は単独で確定的に有効な法律行為をすることができない。
よって，本条1項本文は，未成年者の行為能力は制限されるという原則を示
すものといえる。

　本条1項本文は，旧民法の規律を次のように改めたものである。①旧民法
では，行為能力に関する規定が財産編と人事編に散在していたのを改め，一
般的な規律を置いた（理由書63頁）。②旧民法は，未成年者の行為能力につい
て，特別の方式・条件がある場合においてそれを充たさないときは取消可能
とする規定（旧財547条2項），および，それ以外の場合は未成年者に不利益
（法文では「欠損」）があれば取消可能とする規定（旧財548条1項）を置くにと
どまり，未成年者の能力に係る原則を正面から規定していなかったのを改め，

〔小池〕　　423

§5　II　　　　　　　　　　　　　　　　　　　　　　第1編　第2章　人

原則を明らかにした（理由書64頁）。

2　行為能力の制限による保護——未成年者の場合の特徴

(1)　未成年者という人的範囲の特徴

(ア)　年齢による範囲画定　　未成年者とは18歳未満の者である（4条）。後見・保佐・補助による行為能力の制限が，本人の事理弁識能力に関する裁判所の判断に基づくのと異なり，未成年者の行為能力は，年齢のみに着眼して一律に制限される点に特徴がある。このような画一化は，取引の相手方が（意思能力そのものを判断するのと比較して）容易に行為能力の制限を把握できる点で，取引の安全・円滑にも資する。

(イ)　判断能力の不均一と段階化の要否　　未成年者という人的範囲は，乳児のように判断能力を全く欠く者から，17歳で自活する者のように成人とほぼ同じ判断能力を有する者まで含む集団である。つまり，この人的範囲に属す各個人の判断能力の程度は，実際には様々である。そこで，未成年者という人的範囲をさらに細分化して，行為能力制限の程度を段階化することも考えられる（外国法にはその例もある。ドイツは，未成年者〔18歳未満〕のうち，7歳未満を行為無能力〔日本法でいう意思無能力〕とする〔ド民104条〕。これとは反対に，フランスには，未成年者を親権・後見から解放して成年と同一の行為能力を認める制度がある〔フ民413-2条・413-6条1項〕）。日本でも，民法の起草過程において，15歳以上の未成年者に対して保佐人を付し，能力制限の範囲を限定する自治産という制度が構想されていた（法典調査会第一議案21丁〔甲第3號議案・第6条〕。その元になった旧人214条・215条も参照）。

　もっとも，民法も，実質的には，未成年者の行為能力については段階的な規律となっている。すなわち，未成年者のうち，乳児など意思能力を欠く場合には意思無能力無効も認められる（3条の2）。意思能力を有するほどに成長すれば，法定代理人の監督の下に自ら法律行為をすることができるうえに（5条1項本文），小遣いなどの処分を許された財産の範囲では日常的な行為や必要不可欠な行為も単独ですることができる（同条3項）。さらに，経済的に自立して営業活動をする場合はその範囲で成年と同一に扱われる（6条1項）。また，成年年齢の18歳への引下げまでは婚姻による成年擬制が認められていた（平30改正前753条）。以上に鑑みると，民法は，未成年者の行為能力について，段階的な対応を用意していると評価できる（また，行為能力制度が妥当

424　〔小池〕

第 3 節　行為能力　　　　　　　　　　　　　　　　　　　　　§5　Ⅱ

しない法律行為については，意思能力あれば単独ですることができる場合もある。→Ⅰ3
(2)(ア))。

(2)　成熟過程にある存在としての未成年者

(ア)　自律の支援　　未成年者は，各個人に即してみれば，意思能力のない
段階から高度な判断能力を身につける段階へと成長する存在である。判断能
力の成熟過程にある点に鑑みると，行為能力の制限の目的には，判断能力の
未成熟な者を保護することだけでなく，成熟に至る過程の支援にもあるとい
える。すなわち，法定代理人の監督の下，未成年者自身による法律行為を一
応認めていることには，試行錯誤の余地を与えて判断能力を養うという教育
的意義がある。これは，成年後見制度における本人と法定代理人の関係には
ない特徴である。また，未成年の期間に教育的意義を認めることは，成年年
齢の引下げをめぐる議論において，成年にふさわしい能力を具備させるため
の公的・社会的な支援の必要性が指摘されたことにも対応している（→§4Ⅱ
2(4))。

(イ)　他律による保護と自律支援の並存　　他の制限行為能力者との比較で
は，さらに，保護機関が法定代理権と同意権の双方をもつことにも特徴があ
る（後見人には同意権がなく，保佐人と補助人は例外的に代理権を有するにとどまる
〔876条の4・876条の9〕)。法定代理権はその裁量に基づいて本人のために行為
する権限であり，他律的な保護を実現する。これに対して，同意権は，本人
自身が行為することを前提にそれを監督する権限であり，本人の自律を支援
する意味を持つ。このように異なる保護の仕方が並存するのは，成熟過程に
ある存在という特徴を反映したものといえる。

　もっとも，その結果，未成年者の財産的法律行為については，未成年者本
人と代理人の行為との競合が生じうる。この場合，本人の意思と保護機関の
意思の調整が問題となるが，同意権・取消権を有する点で，法定代理人の意
思が優先される結果となる。しかし，法定代理人の意思の優位には検討の余
地がある。事実，後見人の法定代理では被後見人の意思を尊重することが要
請されており（858条)，また，保佐人・補助人の不同意に対しては被保佐
人・被補助人の対抗手段がある（13条3項・17条3項)。これに対して，親
権・未成年後見の場合，本人意思への配慮を求める規定がない。親権・未成
年後見の下にある子の意思の尊重および保護機関の意向との調整は，親権法

〔小池〕　425

§5 II   第1編　第2章　人

の課題といえる。

　なお，労働契約の締結に関しては，民法および労働基準法が代理（他律）
と同意（自律支援）との調整を図っている。すなわち，労働法上，労働契約
の締結は，本人が法定代理人の同意を得て行為しなければならず，法定代理
によることが禁止されている（労基58条1項）。この規律は，民法自体が法定
代理による方法を許したうえで，本人の同意を要求した（824条ただし書）の
を，さらに本人保護の観点から代理方式を排し，本則（5条1項本文）に戻し
たものである（その結果，未成年者が意思能力を有さず，本人の行為による締結ができ
ない場合に，問題が生じる。そこで，乳児・幼児の CM 出演契約等については，親権者と
使用者の無名契約と構成されている〔菅野和夫・労働法〔11版補正版，2017〕577 頁〕。
もっとも，この構成では，対価の帰属先を親権者ではなく本人にする工夫が必要となる）。
さらに，労働契約上の賃金についても，未成年者が独立して請求でき，親権
者・後見人が代わって受領することが禁止されている（労基59条）。他方，
労働契約に係る訴訟行為については，未成年者本人が法定代理人の同意を得
てする方法が原則として認められず，法定代理人が行為する（民訴31条本文。
職業をもつ未成年者につき6条の営業に該当するという解釈をとる場合には，民訴31条
ただし書に該当し，未成年者自身の訴訟行為が認められることになる。→§6 II 2）。

(3)　公示手段の不存在と取引安全

　未成年者の法律行為は，法定代理人の同意（5条1項本文）・許可（5条3項・
6条1項）を欠けば取消可能となる。そこで，未成年者と法律行為をしよう
とする者は，これらの存在について，確証を得ておく必要がある。しかし，
同意・許可の方法は自由であって口頭や黙示のものもありうる上に，そもそ
も公示手段が存在しない（商行為を業とする場合の営業許可の場合を除く）。ここ
で相手方の信頼を保護するには，表見代理のような権利外観法理を認める必
要がある。そして，同意の撤回や共同親権者の一方のみの同意の場合には，
表見代理の法理の類推を認める立場もある（幾代64頁）。もっとも，行為能
力制度は，制限行為能力者の保護を取引安全に優先させている。この考えは
判断能力の未熟な未成年者にも妥当し，詐術（21条）を用いたような場合を
除き，未成年者に不利益を課すのは妥当でない（相手方としては，法定代理人に
確認するのが確実であり，その程度の手間を惜しむべきではない）。

426　〔小池〕

第3節　行為能力　　　　　　　　　　　　　　　　　　　　　§5　III

III　同意を要する法律行為の範囲

1　原　　則

　未成年者の活動する範囲は，その成長に伴い，家庭を中心とするものから，学校および地域社会，そして社会一般へと広がっていく。そこでなされる法律行為は，消費を主とした日常生活に係る契約が中心となる。本条1項本文は，「法律行為」という文言に限定を付していないから，あらゆる法律行為について法定代理人の同意を要するのが原則となる（行為能力制度の下での例外については，→ I 3(2)）。もっとも，日常生活を送る上で必要不可欠な法律行為を除外すべきか否かについて，議論がある。

2　日常生活に関する行為

　交通機関の利用契約や日用品の購入契約などは，未成年者の日常生活に不可欠な法律行為である。その逐一について，法定代理人の同意を要するのでは煩雑に過ぎる。相手方からしても，未成年者との取引を躊躇する要因となり，かえって未成年者の利益を損ねる結果となる。未成年者が自立した生活をしていて，親権者との関わりもほとんどないような場合，この点は深刻な問題になりうる。

　かつては被後見人についても同じ問題があった。しかし，日用品の購入その他日常生活に関する行為は，本人がした場合も取り消せないとする規定の創設により，この点はすでに克服されている（9条ただし書。被保佐人の場合も，保佐人の同意を要する行為とすることはできない。13条2項ただし書）。これに対して，未成年者については同様の規定がない。そこで，本条1項の「法律行為」の解釈が問題となる。そして，日常生活に関する行為を除外するという立場も有力である（米倉102頁，四宮＝能見48頁等。近時は，15歳以上であれば親権者の同意なしに口座の開設を認めるネットバンクも登場している。なお，法定代理人の同意を不要とするのと同じ結論に至る法律構成として，事実的契約関係論・社会類型的行為論がある。その内容については，四宮＝能見49頁参照）。

　民法起草時の議論でも，未成年者がその必要とする取引について単独でできるようにする，という対応の必要性そのものは認められていた。しかし，必要な行為の範囲が明確性を欠くとして，そのままでは採用されなかった。その代わりに，処分を許された財産について未成年者が自由に行為できると

〔小池〕　427

§5 Ⅳ   第1編　第2章　人

する規律（原始規定5条，現5条3項）で対応するものとされた。起草者は，行為の性質からではなく，財産の側から同様の規律としたものと説明している（理由書64頁〔経緯につき18頁以下〕，吉田和夫「未成年者と契約――必要品契約について――」早稲田社会科学研究45号〔1992〕89頁）。

　処分を許された財産に関する規律は，処分を許可する機関すなわち法定代理人の存在を前提とする。そのため，未成年者の保護機関が存在しない場合は処分の許可もありえず，よって必要行為を実現することもできない。もっとも，民法の枠組みでは，未成年者は親権・後見の下に置かれており，保護機関の欠落は予定されていない（ただし，未成年後見は開始しているが，未成年後見人が選任されていない場合もある）。その限りで，9条ただし書のような規律は必要ない（磯村保「法律行為論の課題（上）」民法研究2号〔2000〕12-13頁も参照）。さらに，親権者がある場合，未成年者の必要取引に関する親権者の教育上の配慮は尊重されてよい（米倉103頁も参照）。そして，制限行為能力を理由とする取消権には，消費者としての未成年者を保護する手段として重要な社会的意義がある。以上に鑑みると，必要取引に係る特則は不要といえる（経済的に自立している未成年者の独立性の確保は，その必要があるなら親権制限で対応するのが妥当であろう）。なお，現実の社会状況をみれば，「必需契約の考え方は（未成年者側の取消権の実質的不行使と，相手方のわずかな取消危険の容認によって），現実にはすでに実現している」という評価もある（新版注民(1)〔改訂版〕302-303頁〔高梨公之＝高梨俊一〕）。

Ⅳ　法定代理人の同意

1　序　　説

(1)　法定代理人

　未成年者の法定代理人は，未成年者の保護機関すなわち親権者・未成年後見人である。法定代理人の地位を根拠付ける規定としては，財産面の代理権の規定が挙げられる（824条本文・859条1項。新版注民(1)255頁〔高梨公之〕。なお，法定代理も同意も，相手方のある行為を対象としうる点で，その所在を帰一させるのが妥当である。法定代理と同意に共通の処理を認める825条も参照）。保護機関に財産管理権がない場合は，同意権もないとされている。親権者が管理権喪失の審判

428　〔小池〕

第3節　行為能力　§5　IV

（835条）を受けた場合がこれに当たる。

(2) 同意権の意義

同意権には，2つの意義がある。法定代理人の同意は，未成年者の法律行為を確定的に有効とする（すなわち，制限行為能力を理由とする取消可能性を失わせる）。この点で，同意権には未成年者の行為能力を補充して，未成年者の自律を支援する機能がある。さらに，同意権は，以下のように法定代理権を補完する機能を持つ。すなわち，未成年者の財産的法律関係に関して，意思能力ある未成年者自身の権限と法定代理人の代理権が並存するところ，法定代理人は，自己の代理行為と抵触しうる未成年者の行為に同意を与えず，また，同意のないことを理由に未成年者のした法律行為を取り消すことができる（さらに，同意を与えた行為についても，法定代理人の代理権は失われず，代理行為をすることができる）。つまり，法定代理人の意思は未成年者の意思に優先する。

2　親　権　者

(1) 親権を有する者

未成年の子は父母の親権に服する（818条1項）。養子の場合は養親が親権者となる（同条2項。親権者となる者〔親権帰属〕の詳細は，→第18巻§818, §819）。親権者たる父母が婚姻中であれば共同で行使する（同条3項）。よって，共同行使の場合，同意も共同でする必要がある（一方が共同の名義で同意した場合につき，825条を参照）。

(2) 代理権の喪失・制限等の場合

親権者であっても，財産管理権（法定代理権）を制限された者または喪失した者は，同意権も有しない。具体的には以下の場合がある。①親権者と未成年者の間で利益が相反する行為は，代理権の範囲外となる（大判昭11・8・7民集15巻1630頁は無権代理としている。108条2項本文も参照）。この場合において，本人自身が法定代理人と当該行為をなすには，家庭裁判所に選任された特別代理人の同意が必要となる。②第三者が子に無償で財産を与える際に親権者に管理させない旨の意思を表示した場合，その財産に親権者の管理権・代理権は及ばない（830条1項）。よって，当該財産に係る法律行為を未成年者自身がするときは，第三者が指定した管理者または家庭裁判所が選任した管理者が，同意権者となる。③親権者が管理権喪失の審判（835条）を受けた場合のうち，共同親権者の一方のみが管理権を喪失したときは他方が単独で同

〔小池〕　429

§5 Ⅳ   第1編　第2章　人

意権を有し，双方とも管理権を喪失したときは財産管理の範囲で未成年後見
が開始し（838条1号後段），未成年後見人が同意権者となる。④親権者が親権
喪失・停止の審判（834条・834条の2）を受けた場合も，同意権を失う。

(3)　親権代行の場合

　親権者自身が未成年者の場合，親権者の親権者（833条）・未成年後見人
（867条1項）が親権を代行するから（さらに，児童相談所長が代行する場合もある。
児童福祉法33条の8第2項本文），同意権も代行される。

3　未成年後見人

(1)　未成年後見人が複数の場合

　未成年後見人が複数選任される場合もある（未成年後見人の数を1人に限定す
る規定（842条）は，平成23年法律61号で削除された）。この場合，同意権の行使
も，共同行使の原則（857条の2第1項）に従う。また，複数の間で権限の分
担がある場合（857条の2第2項3項），財産管理権（同意権）を分担する者が同
意する。

(2)　財産管理権・法定代理権の制限

　未成年後見人についても，財産管理権・法定代理権が制限される場合があ
る。すなわち，未成年後見人と未成年者の間で利益が相反する行為は，未成
年後見人の代理権の範囲外となる（860条）。この場合，利益相反行為につい
て選任された特別代理人が代理権を有し，同意権者となる。ただし，未成年
後見監督人があるときは，後見監督人が代理権を有し（851条4号），同意権
者となる。

　また，未成年後見監督人がある場合において，未成年者本人のなす一定の
行為（13条1項に該当する行為。ただし1号の元本の領収を除く）に対して未成年後
見人が同意するときは，後見監督人の同意も得なければならない（864条）。

　未成年者が知的・精神的な障害をもつ場合，未成年後見人とは別に後見人
等が付される場合がある。もっとも，これは例外的な事態であり，成年に達
した時点で直ちに成年後見制度に移行することを予定してなされる場合と，
特定の財産行為について未成年後見人とは別の保護機関を選任する場合が考
えられる程度である（小林＝原45頁・205頁）。前者の場合は成年の前後で各保
護機関の権限を画し，後者の場合，別の保護機関を特に選任している以上，
未成年後見人の権限と競合するときは，この保護機関の権限を優先すべきで

430　〔小池〕

第3節　行為能力 §5 IV

ある。

4　同　　意

(1)　法的性質・方式

同意は，相手方のある意思表示である。よって，意思表示・法律行為に関する規定が適用される。法定代理人の同意の瑕疵は，未成年者のした法律行為自体の瑕疵とは別個のものであって，両者は区別する必要がある。

同意の意思表示について，方式は要求されていない。同意が書面で与えられていない場合には，同意の有無の証明問題が生じるが，有効としたい場合は追認すればよい。取り消す場合には，未成年者の法律行為は取消可能であることが原則となるので，相手方が同意の存在を主張・立証することになる。

(2)　相　手　方

同意の相手方については，規律がない（保佐人の場合につき，判例は，準禁治産者に同意すれば足り，その法律行為の相手方になす必要はないとする。大判明41・5・7民録14輯542頁）。同意が教育・監督機能を有する点からは，未成年者に対して同意を与えれば足りる（この場合，民法98条の2は適用されない）。もっとも，未成年者がなす法律行為に相手方があるときは，追認の場合（123条）と同様，相手方に同意してもよいとされている（我妻74頁）。

(3)　時　　期

同意は未成年者が法律行為をする前に付与されなければならない。未成年者が独断でした法律行為を法定代理人が事後的に承認するのは，追認（122条）となる（追認は，未成年者のした法律行為の相手方に対してなす必要がある〔123条〕）。

(4)　対象・射程

同意の対象は，未成年者のなす個々の法律行為である。すなわち，個別の法律行為を対象とすべきであって，法律行為の内容を限定せずに包括的な同意を与えることは，原則として認められない（本条3項の許可はその例外を認めた規定である。→5）。同意権は未成年者を保護・監督すべき職務に基づく権限であって，この監督機能を放棄するような包括的同意は許されないからである。その反面，包括的な同意であっても，監督の実効性が確保される程度のものであれば，許容されてよい。

与えられた同意についてはその射程が問題となる。たとえば契約への同意

〔小池〕　431

§5 IV   第1編　第2章　人

の射程は，当該契約から生じた債務の弁済，および同じく債権についてはその弁済の受領に及ぶ。よって，契約自体への同意とは別に同意を得る必要はない（松本118頁）。もっとも，債務不履行に対する法的救済手段（損害賠償請求，解除権）の行使には，同意の射程は及ばないとすべきであろう。

(5)　撤　回

同意は，未成年者が法律行為をする前に限り，撤回できる。撤回の意思表示は，同意の場合と同様，未成年者または当該行為の相手方に対してする。

5　包括同意 —— 処分を許された財産（3項）

(1)　趣　旨

未成年者には，日常生活の需要をみたすために不可欠な取引がある。このような取引について逐一法定代理人の同意を要求するのは煩雑に過ぎ，未成年者との取引を躊躇させる要因となりうる。かりに未成年者が必要な取引をしたくとも相手方が現れないという事態が生じるのであれば，未成年者の保護をかえって損なうことにもなりかねない。そこで，民法は，法定代理人が未成年者に処分を許した財産に関する法律行為については，個別に法定代理人の同意を要せず，未成年者は単独で確定的に有効な法律行為をすることができるようにした（→III 2も）。

(2)　処分の意義

処分行為とは，一般的には，財産・財産権の性質・現状を変更する事実上・法律上の行為をいう。しかし，本規定の処分は，事実上の処分を含まない。その場合は行為能力制度の用意する保護に意味がないからである。本規定の処分は，自己の所有物を譲渡・賃貸するなど，財産に係る法律行為一般を含む概念である（よって，債権行為と区分される物権行為と同義に用いられる処分行為とも異なる）。

(3)　処分の許可

(ア)　法的性質　　処分を許すこと，すなわち許可の法的性質は，包括的同意である。許可は，法定代理人の財産管理権に影響せず，処分を許した財産に関して代理行為をすることができる。

(イ)　範囲　　許可にあたり，未成年者の財産すべてを対象とすることは認められない（鳩山63頁。反対，近藤50頁等）。未成年者に対する保護・監督の放棄となるからである。反対に，保護・監督の職務を果たしているといえる

432　〔小池〕

第3節　行為能力　　　　　　　　　　　　　　　　　　　　§5　IV

程度であれば，まとまった財産の処分を許すことができる。

　(ウ)　射程　　許可の射程は，処分を許された財産によって取得した財産についても及ぶ（新版注民(1)〔改訂版〕315頁〔高梨公之＝高梨俊一〕）。もっとも，小遣いで購入した宝くじによる高額の当籤金などには，許可の射程が及ばないとする見解がある（河上58頁，石田(穣)180頁）。法定代理人の保護・監督の職務からすれば，射程外とするのが妥当であろう。

　未成年者のなす処分の内容が公序良俗に違反する場合は，許可の射程外となる。たとえば，小遣いによる酒・煙草の購入などが考えられる（松本120頁）。なお，90条違反の無効が成立する場合，許可の射程外として取消可能とすることの実益は乏しい（もっとも，無効・取消しの主張権者，取締法規違反の場合の扱いなど，違いはある）。

　本条2項により取り消すことができる法律行為から生じた債務について，処分を許された財産で弁済した場合については，議論がある（末弘厳太郎「目的ヲ定メスシテ處分ヲ許サレタル未成年者ノ財産ト取消シ得ヘキ債務ノ弁済」新報26巻5号〔1916〕106頁）。ここでは，①処分を許された財産による弁済の取消可能性，②履行による法定追認（125条1号）の成否，が問題となる（鳩山64頁，我妻栄・民法総則〔1930〕85頁は肯定）。法定代理人の許可の射程が弁済に及ぶときは，弁済自体が有効に成立する（この場合は法定代理人が追認している，または本人の追認への同意があるともいえる。124条2項1号2号）。反対に，射程が及ばない場合は弁済自体が取消可能となり，また，当該弁済行為は法定追認に該当しないと考えられる（5条3項の趣旨，そして法定追認制度・行為能力制度の趣旨の調整の問題である）。

　(エ)　目的の定め　　処分の許可の射程は，許可に際して目的の定めを付すか否かで違いを生じる。目的の定めがある場合，当該目的の範囲内で未成年者が自由に処分できる。その典型例は，学資や生活費として財産を与える場合である。これに対して，目的の定めがない場合には，当該財産について自由に処分をすることができる。その典型例は，小遣いとして財産を与える場合である。

　(4)　許可の権限・方法・撤回

　処分は包括的同意と評価できる。よって，処分を許す権限は，法定代理人にある。同意権者の場合と同様，法定代理人は財産管理権を有していなけれ

〔小池〕　433

§5 Ⅴ   第1編　第2章　人

ばならない（その他，許可の相手方等は，同意と同様である）。包括的同意と同様
に，許可も撤回が可能である。

(5)　効　　果

　本規定に該当する場合，未成年者は単独で確定的に有効な法律行為をする
ことができる。

　処分を許された財産であること，また，当該許可に目的が付されているこ
とについて，公示する手段はない。そのため，未成年者のなす行為の相手方
は，法定代理人に確認しない限り，本規定に該当しないとして，取消し（5
条1項本文）の危険に晒される。これには，そもそも許可がない場合と，許
可の射程が及ばない場合，許可が撤回された場合などがある。これらの場合，
相手方を保護する特別の規定はない（表見代理規定の類推適用を認める立場がある。
田島272頁等）。未成年者が許可の存在について詐術を用いた場合は，21条の
問題となりうる。

Ⅴ　同意なしになされた法律行為の効力（2項）

1　同意のない場合

　同意のない場合とは，法定代理人が同意を与えていなかった場合だけでは
なく，同意権者以外の者が同意した場合，与えられた同意が撤回された場合
など，多様な場面を含む。さらに，与えられた同意と実際に未成年者のした
法律行為が一致しない場合も，不一致の範囲で同意のない法律行為となる。

2　取消しおよび追認の可能性

　未成年者がその法定代理人の同意なしにした法律行為は，取消可能となる
（5条2項）。旧民法では，取消しの要件として，未成年者に不利益（欠損）が
あることを要件としていた（旧財548条1項）。しかし，その証明が難しい場
合があることから，現行法は，同意の不存在という形式面のみに着眼して取
り消せるものとしたのである（理由書64頁）。

　未成年者の法定代理人は，当該行為について取消権・追認権を有する
（120条1項・122条）。未成年者自身も取消権を有し（120条1項），また，成年
になれば追認することもできる（124条1項）。①取り消された場合，当該法
律行為は遡及的に無効となり（121条），原状回復義務が生じる（121条の2）。

434　〔小池〕

第3節　行為能力　　　　　　　　　　　　　　　　　　§5　VI

返還義務については特則がある（121条の2第3項）。なお，雇用契約や団体設立行為について，遡及効を認めず，将来効にとどめる見解もある（→I 3(1)）。②追認があれば，制限行為能力を理由に当該法律行為を取り消すことはできなくなる（122条）。

　なお，相手方の催告権（20条）と未成年者の詐術に対する制裁（21条）を除き，取引保護のための特別の手当てはない（→II 2(3)）。

VI　同意を要しない行為

1　概　　要

　未成年者が自ら法律行為をなすにあたり，法定代理人の同意を要するのは，未成年者の法律行為を保護機関の監督下において，その利益を保護するためである。よって，未成年者に利益となる行為について，同意を要求する必要はなく，未成年者が単独でできるとしてよい。民法は，未成年者が単に権利を得る，あるいは単に義務を免れる行為について，このような例外を認めている（5条1項ただし書。→2）。この他，未成年者自身が行為できる旨の特則があるときは，法定代理人の同意を要しない（→3）。

2　単に権利を得又は義務を免れる行為（1項ただし書）

(1)　趣　　旨

　未成年者の行為能力を制限する趣旨からすると，未成年者に利益となる行為については，未成年者が自らした法律行為に拘束されるとしても問題はない。5条1項ただし書は，このような理由から，本文の原則に対する例外を設けたものである。

　なお，本規定により未成年者が自ら法律行為をする場合でも，意思能力は必要である。意思能力を欠くときは，法定代理人が行為するしかない（なお，5条1項ただし書に該当する行為について，法定代理人の代理権は排除されない）。たとえば，意思能力を欠く未成年者が贈与を承諾するときは，法定代理人が代理してする必要がある。

(2)　判 断 基 準

　本規定の該当性判断では，「単に権利を得る」・「単に義務を免れる」という文言に従い，法的な権利・義務に着眼すれば足り，法律行為の経済的損得

〔小池〕　435

§5 Ⅵ   第1編　第2章　人

を考慮する必要はない。たとえば，売買目的物を時価より相当に低い価格で購入する場合も，対価支払の債務を負担する以上，単に権利を得る法律行為には当たらない。経済的観点を考慮の外におくことは，該当性判断を単純明快にする利点がある。もちろん，法的義務を伴うがそれを上回る経済的利益があり，全体として未成年者の利益となる行為も多い。しかし，行為能力の制限が年齢という明確な基準を用いていることに照らすと，その例外もできる限り明確な基準によることが望ましい。また，本規定の該当性を厳格に判断するとしても，未成年者の不利益となるわけではない。本規定に該当しない場合，未成年者のした法律行為の効果の帰趨は法定代理人の判断に委ねられ，法定代理人は，未成年者の利益の観点から取消し・追認のいずれかを選択すればよいからである。

　他方，本規定に該当する行為とされた場合，未成年者の意思が法定代理人の意向と抵触しているときでも，前者が優先される。起草過程では，三井や三菱の家の子が得体の知れない者から金を貰う場合を例に挙げて，本規定に疑問が示されていた（法典調査会主査会議事2巻141丁〔横田國臣発言〕）が，以上の解釈ではこのような事態は甘受せざるをえない。

(3)　単に権利を得る法律行為

　単に権利を得る法律行為の典型例は，贈与など無償で財産を得る法律行為である。たとえば不動産の贈与は，不動産所有権の取得の限りでは問題なく本規定に該当するといってよい。しかし，受贈者に贈与税が課され，その後の不動産の保持には固定資産税の負担が生じるなど，一定の義務も伴う。この点は，以下のように，法律行為それ自体の内容に着眼して判断する必要がある。

　まず，法律行為自体は，単に権利を得ることに尽きていなければならない。たとえば，負担付きでない贈与・遺贈の承諾・承認（989条1項参照。単独行為だが受遺者は放棄可能であり，承諾によって放棄可能性がなくなる），第三者のためにする契約での受益の意思表示（537条3項），未成年者の有する債権につき無償で担保の供与を受ける場合（質権設定契約など）がこれに当たる。法律行為自体が未成年者の義務や負担を含むときは，本規定に該当しない。また，未成年者がその有する債権につき弁済を受領することは，同時に債権が消滅して不利益となる点で，本規定に該当しない。なお，本規定に該当する行為に

436　〔小池〕

第3節　行為能力　　　　　　　　　　　　　　　　　　　　§5 VI

基づいて未成年者が取得する債権に係る弁済の受領には，本規定の射程が及び，法定代理人の同意は不要とすべきであろう。

　次に，法律行為に付随する負担については，個別の状況による。たとえば，取得した権利の保持に伴う公租公課は，判断の対象に含まれない。これらを伴うことをもって「単に権利を得る」行為に当たらないとすると，不動産の贈与などはおよそ本規定に該当しなくなり，かえって本規定を設けた趣旨を損なうことになる。これに対して，賃貸不動産の贈与の場合，譲受人たる未成年者は賃貸人の地位を承継することになる点で，単に権利を得る法律行為には当たらないとすべきである（行為の効力は法定代理人の判断に委ねられる）。

(4)　単に義務を免れる行為

　単に義務を免れる行為に該当する例は乏しい。債務の免除は，債権者の一方的な意思表示で成立するから（519条），本規定の問題にならない（ただし，免除を契約で行う場合，その承諾には本規定が該当する〔我妻69頁〕）。契約に基づいて未成年者が一方的に債務を負っている場合において，当該契約を解約することを挙げるものもある（無償寄託の受寄者としての解約等。松本117頁）。

3　その他の同意を要しない行為

　法定代理人の同意を要しない場合として，総則編には，未成年者が制限行為能力を理由としてなす取消しがある（120条1項。未成年者自身が追認をするには，法定代理人の同意を得る必要がある〔124条2項2号〕）。

　親族編・相続編には，本人自身の行為が要請されるために法定代理人の同意を要しない行為が多い（婚姻の意思表示〔738条〕，認知能力〔780条〕，子の氏の変更〔791条1項2項3項〕，遺言能力〔961条〕等）。

　さらに，制限行為能力者が他人の代理人として法律行為をする場合も，法定代理人の同意を要しない（102条参照）。代理人の行為の効果は本人に帰属し，本人に権利・義務は生じないことに加えて，未成年者が代理行為をしたところ，実際には代理権を欠いていたような場合でも，無権代理人の責任は生じない（117条2項3号）。よって，代理権を与えられる行為および当該代理権に基づいてなす法律行為のいずれも，法定代理人の関与による保護は必要ない（もっとも，未成年者が自らのした代理行為に関して，行為の相手方から不法行為責任を問われる可能性はある）。なお，未成年者は，他人の訴訟代理人となりうる（民訴54条1項ただし書の場合。大判昭7・9・17民集11巻1979頁および高橋・上

〔小池〕　437

§*6* I   第1編 第2章 人

192頁も参照）。

　以上の他，民法以外にも例がある。たとえば，未成年者の賃金については，本人が自ら請求できる（労基59条）。これは，法定代理人による搾取を防止するためである。

〔小池　泰〕

　　（未成年者の営業の許可）
　第6条①　一種又は数種の営業を許された未成年者は，その営業に関しては，成年者と同一の行為能力を有する。
　②　前項の場合において，未成年者がその営業に堪えることができない事由があるときは，その法定代理人は，第4編（親族）の規定に従い，その許可を取り消し，又はこれを制限することができる。
　　〔対照〕　ド民 112・113，フ民 413-8

I　趣　旨

1　営業活動に限定した成年擬制

　本条1項は，未成年者が許可を得て営業活動をする場合，その営業に関しては，成年者と同一の行為能力を有するものとしている。すなわち，未成年者は，この営業活動に関する法律行為を，法定代理人の同意なしにすることができる。その趣旨は，未成年者の営業活動に係る独立性と円滑性を確保することにある。もっとも，成年年齢の引下げ後，本条の規律の必要性は低下するものと思われる。

　本条2項は，法定代理人が，未成年者が営業に堪えない場合に許可を取消し・制限できるものとしている。これは，実際の営業活動が未成年者の不利益となる場合に対応できるようにしたものである。同時に，営業に堪えることができない事由という客観的要件を課して，法定代理人の恣意的判断を防ぐことにしている。

　なお，未成年者の営業については，法定代理人が未成年者に営業を許可して本人自身に営業活動をさせる方法のほかに，法定代理人がその資格に基づ

438　〔小池〕

第3節　行為能力　　　　　　　　　　　　　　　　　　　§6　I

いて（すなわち，未成年者を代理して）営業活動をする方法もある（ただし，法定
代理人が未成年者に営業の許可を与えた場合，法定代理による営業は認められない。→
2）。この場合，法定代理人が未成年後見人であって，かつ，後見監督人があ
るときは，その同意を要する（864条本文）。未成年後見人が未成年者本人を
代理して営業をなす場合，その旨の登記が必要である（商6条1項）。

　また，持分会社（会社575条1項）の無限責任社員となることを許された未
成年者は，社員の資格に基づく行為に関しては行為能力者とみなされる（会
社584条）。これは本条と同様の趣旨に基づく。よって，社員となることの許
可については，本条の規律と同様のことが妥当する。

2　許可の法的性質

　営業許可の法的性質については，5条1項の同意と同じ性質かが議論され
ている。これは，5条1項と本条1項の関係の理解に関わる。

　本条1項の許可は，未成年者に対して営業活動の範囲で成年と同一の行為
能力を付与する。これは，未成年者が単独で法律行為をすることができるよ
うにするだけではなく，法定代理人から営業に関する法定代理権を奪うもの
である。つまり，許可は，未成年者の行為能力と法定代理人の権限の双方に
影響を与える。これは以下の理由による。本条の狙いは，未成年者による営
業の独立性を確保することにある。よって，営業活動に関して未成年者と法
定代理人の行為が競合する事態は回避されなければならない。そこで，許可
された営業の範囲では，法定代理人の法定代理権も排除されるのである。他
方，未成年者の行為能力に関する一般的規律である5条1項では，法定代理
人がある法律行為について未成年者に同意を与えた場合であっても，当該法
律行為に関して代理権は失わない（→§5 IV 1 (2)）。以上の相違を重視すれば，
本条の許可は同意と異なる性格を持つと理解される。この理解では，同意が
行為能力の制限による未成年者保護の仕組みであるのに対して，許可は行為
能力の拡張による保護の仕組みということになる（松本125頁，田島270頁）。

　これに対して，許可を5条1項の同意と同じ性質と理解する立場もある
（我妻73頁，大村・読解50頁等）。この理解によれば，営業に対する許可は，包
括的な同意にすぎず，財産に係る処分の許可（5条3項）と同様，5条1項の
原則の一例に位置づけられる。また，許可された営業に関して代理できなく
なる点は，営業許可制度の趣旨から要請される効果にすぎないものと説明さ

〔小池〕　439

§*6* Ⅱ   第1編　第2章　人

れる。

Ⅱ　営　　業

1　内　　容

　本条の営業は，営利を目的として継続的になされる事業で，独立して営まれるものをいう。商法学上の営業概念には，商人の営利活動という主観的意味と商人が営利目的の活動のために有する財産の総体という客観的意味があるが，いずれも本条の営業とは異なる。

　営むべき業は，商業・工業・農業などその内容を問わない。起草過程では，商業・工業・農業といった業種が挙げられてはいるが，それ以上に具体的な議論はない。本条は，旧民法の「商業又ハ工業ヲ営ムノ許可ヲ得タル自治産ノ未成年者ハ其営業ニ関スル行為ニ付テハ成年者ト看做ス」という規定（旧財550条1項）に由来する。そして，本条の原案は，一種または数種の商業の許可，一切の商業の許可，商業以外の職業の許可のそれぞれで規定を分けた上で，許可を得た未成年者に当該許可の対象の範囲で成年者と同一の能力を認める複数の規定から成っていた（法典調査会第一議案23〜25丁〔甲第三號議案第7〜9条〕）。本条はこれらを1か条にまとめたものである。その際，具体的な場面としては，未成年者が自立して経済活動を行う場合や親から事業を承継して営む場合が挙げられたにすぎない。以上からすれば，営業該当性は，営利性・継続性・独立性という営業自体の性質と，未成年者による営業活動の独立性確保の要請とを考慮して個別に判断する必要がある。

2　職業を有する未成年者の扱い

　営業概念における独立性の要素は，未成年者が営業活動の主体となることを要請する。そのため，たとえば未成年者が雇用されている場合は，他人の事業に労務を提供しているにすぎず，独立性の要素を欠くことになる。しかし，他方で，このような未成年者が親権者から経済的に自立した生活を営むことも多く，その際，労働契約法上の権利の行使およびそのための訴訟について独立性を認めるべき場合もある。そこで，職業を営業に該当するものと認め（または職業について本条を類推適用して），未成年者の職業活動の独立性を確保しようとする立場もある（米倉113頁，新版注民(1)〔改訂版〕264頁〔高梨公

440　〔小池〕

第3節　行為能力　　　　　　　　　　　　　　　　　　　　　　§6　II

之＝高梨俊一〕，幾代 62 頁，石田（穣）182 頁。他に，菅野和夫・労働法〔11 版補正版，2017〕577 頁。労働関係に関して訴訟能力も肯定するのは，伊藤（眞）131 頁注 37。以上につき，笹本忠男「未成年労働者の行為能力・訴訟能力」司法研修所・創立 20 周年記念論文集(1)〔1967〕410 頁も参照）。なお，船員法は，船員となることにつき法定代理人の許可を得た未成年者は，雇入契約に関して成年者と同一の行為能力を有する，とする（同法 84 条 2 項）。職業許可の規定（823 条）は，これに対応する規律を欠くため，本条の解釈として問題となる。

　確かに，営業に関する本条を職業許可に関する 823 条と一体のものと理解するなら，職業を営業に含める余地がある。この理解は，許可の主体を定める親族編の規定（823 条 1 項・857 条）と本条の対象が一致する点で，規定の体裁と一致し，体系的といえる面もある（III 1 も参照）。しかし，823 条の職業はアルバイトなども含み，営業よりも広い概念とされている（→§823）。その点で，823 条の職業許可に 6 条 1 項の効果を常に認めるのは行き過ぎとなる。さらに，親権者から経済的に自立した未成年者については，その生活全般について独立性を確保する必要があり，6 条のように営業活動に関する範囲での完全な行為能力では不十分な場合がある（居所を定めて賃貸借契約を締結するなど，ここではむしろ親権からの解放が必要となる）。そもそも，労働契約は未成年者本人が法定代理人の同意を得て締結する必要がある（労基 58 条）ところ，この同意の射程の解釈により，未成年労働者の独立性をある程度は実現できる（たとえば，法定代理人の同意を得て労働契約を締結し，労働者の地位を有するに至れば，労働組合への加入には同意を要しない。また，労働組合の代表者たる地位に就任でき，その地位に基づき訴訟行為もできる。以上につき，昭和 32・9・4 法務省民事甲第 1663 号および昭和 32・8・29 法務省訟行甲第 9433 号参照）。その際，給料については処分の許可（5 条 3 項）があったものとみる余地もある（これを否定した例だが，茨木簡判昭 60・12・20 判時 1198 号 143 頁を参照。問題全般につき，坂東俊矢「未成年者保護法理の意義とその揺らぎについての法理論」産大法学 47 巻 3 ＝ 4 号〔2014〕651 頁も参照）。以上からすると，職業ある未成年者で親から自立している者については，営業にとどまらず生活全般について完全な行為能力が必要であり，6 条で対応するのでは不十分といえる。

3　商業を営む場合

　未成年者が商行為を業とする（商 4 条）ことは，本条 1 項の営業に該当す

〔小池〕　441

§6 Ⅲ   第1編　第2章　人

る。商法は，この場合について，登記を求めている（同法5条。登記の申請は未
成年者がする。商業登記法36条1項）。登記事項は，未成年者の氏名，出生の年
月日，住所，営業の種類，営業所である（同法35条1項）。法定代理人の許可
の存在は登記事項とされていないが，登記申請にあたって，法定代理人の許
可を得たことを証する書面の添付が求められている（同法37条1項。未成年後
見人による許可の場合は，未成年後見監督人がないときはその旨を称する書面，未成年後
見監督人があるときはその同意を得たことを証する書面を添付する。同条2項）。

Ⅲ　許　可

1　許可の主体

　許可の主体は，未成年者の法定代理人である（我妻70頁。法定代理人につい
ては，→§5Ⅳ1⑴）。もっとも，本条1項は，「営業を許された」という表現
にとどまり，営業を許す主体を明示していない。これは，本条の起草過程で，
本人の行為能力に関する規定は総則編，本人を保護する機関に関する規定は
親族編へと割り振る作業がなされ，許可の主体は親族編で規定するとされた
ことによる。事実，823条2項は「第6条2項の場合」を挙げ，本条2項の
「第4編（親族）の規定に従い」という文言に対応する規定となっている。
もっとも，823条1項は職業許可という語を用いているため，本条1項の営
業許可に対応する規定か否かは不明確になっている（実際にも，823条の職業は
本条の営業より広いと解されている）。

　なお，未成年後見人が許可する場合，未成年後見監督人があるときは，そ
の同意も必要となる（857条ただし書・864条本文。両規定の内容は重複している）。

　親権者が管理権喪失の審判（835条）を受けている場合，許可権限も喪失
するのは，同意の場合と同様である。

2　許可の方法

⑴　方　式

　許可に方式は要求されていない。また，黙示の許可も認められる（大判明
34・3・22刑録7輯3巻37頁は，職業許可〔823条，明治民法883条〕の事案だが，親権
者の監督があったことをもって，職業に対する許可があったといえるとする）。

442　〔小池〕

第3節　行為能力　　　　　　　　　　　　　　　　　　　§6 Ⅳ

(2)　対　　象

　許可の対象は，「一種又は数種の営業」である。営業の種類は特定される
必要がある。あらゆる種類の営業に対する許可は，法定代理人が監督の職務
を放棄することに等しいから，認められない（起草過程では，「一切の営業」の許
可の可能性が議論され，否定されたという経緯がある。法典調査会総会議事1巻211丁以
下）。

　許可の対象は，1つの営業を単位とする。営業の一部に対する許可は認め
られない。営業活動の円滑化を図るという許可制度の趣旨を損ねるからであ
る。たとえば，ある営業について許可をしつつ，当該営業に関する行為の一
定のものについて，別途法定代理人の同意を要する，といった許可をするこ
とはできない。

Ⅳ　効　　果

1　成年者と同一の能力の付与

　営業の許可を得た未成年者は，営業に関して成年者と同一の行為能力を有
する。よって，未成年者が法定代理人の同意なしに行う営業に関する法律行
為は，制限行為能力を理由に取り消すことができない。さらに，法定代理人
は，当該営業に関して代理行為をすることができない（→Ⅰ2）。

　許可については，その存在を主張する側に証明責任がある（大判大6・10・
25民録23輯1604頁。これに対しては，取消しを争う取引の相手方が，無方式で公示す
らない許可の存在を主張・立証するのは困難である，として反対する見解もある〔柚木・
判総上217頁〕）。

2　範　　囲

　未成年者が成年者と同一の行為能力を有するのは，営業に関する行為に限
られる。どのような行為が営業に関する行為といえるかは，個別の判断によ
る。判例には，芸妓（抱え主に雇われ，貸座敷に出向き歌舞を提供する者）を営む
にあたり，それに用いる衣類購入のための消費貸借も含まれるとしたものが
ある（大判大4・12・24民録21輯2187頁）。また，職業を営業に含める場合，労
働組合への加入も未成年者単独で可能とすべきかが問題となりうる（石田
（穣)184頁は肯定する。なお，→Ⅱ2）。

〔小池〕　443

§6 V   第1編　第2章　人

　営業によって取得した財産の処分，たとえば営業上の売掛債権の譲渡など
も，営業許可の射程に含まれるとみてよい。さらに，営業活動に関して必要
となった裁判手続に係る行為も，未成年者が単独でできる（民訴31条ただし
書が本条を受けている）。これに関する訴訟委任も，営業に関する行為として，
単独でできるとすべきである。

3　問　題　点

　以上は，自ら営業を行う未成年者の便宜を図る仕組みである。他方，未成
年者と取引する相手方からすると，当該取引の効力には不安が残る。これは，
許可を公示する制度がなく，未成年者と営業上の取引をする相手方は，通常，
許可の存否を確認する術を持たないことによる（→§5 II 2 (3)）。

　もっとも，未成年者の営業が商業登記に記載されていれば，登記申請にあ
たって許可を証する文書の提出が義務付けられており，許可の存在を信頼し
て取引することができる（商業登記法35条・37条2項。→V 2も）。

V　許可の取消し・制限

1　許可の取消し・制限

(1)　内　　容

　本規定にいう取消しは，将来に向けて許可を失効させるものであって遡及
効をもたない。よって，正確には撤回というべきである。また，制限とは，
数個の営業について許可を与えていた場合において，そのうちの一部につい
て，許可を取り消すことをいう。取消し・制限のいずれも，その対象は1つ
の営業を単位とする。よって，営業の一部に限定した取消し・制限は認めら
れない。

(2)　権限の所在

　取消し・制限をすることができるのは，法定代理人である（未成年後見監督
人のあるときは，未成年後見人が取消し・制限をするにはその同意が必要となる。857条
ただし書）。許可を与えた法定代理人自身である必要はない。よって，親権者
が許可を与えた後に未成年後見が開始し，親権者とは別の者が未成年後見人
に選任されていた場合，取消し・制限の権限は当該未成年後見人にある。

　取消し・制限の方法について，本規定は，「第4編（親族）の規定に従い」

444　〔小池〕

第3節　行為能力　　　　　　　　　　　　　　　　　　　§6　V

と定める。これは823条2項（親権者の場合）・857条本文（未成年後見人の場合）
を指すが，方式は定められていない。

　取消し・制限は，許可と同様，いずれも意思表示であり，また，方式を要
しない。民法は，法定代理人の恣意に基づいてなされることを防ぐため，堪
えることができない事由の存在を要求している。もっとも，本事由を要求す
ることの実効性には疑問がある。というのも，取消し・制限という法定代理
人の判断を公的機関が審査する仕組みになっていないからである（そもそも，
許可の段階にも家庭裁判所のような公的機関が関与する仕組みになっていない。もっとも，
未成年後見監督人がある場合はその同意が必要となる）。未成年者が法定代理人の判
断に対抗する手段は，親権制限（834条以下）・未成年後見人解任（846条）く
らいしかない。

2　効　　果

　取消し・制限は，未成年者が現実にした営業活動に鑑みて「堪えることが
できない事由」があると認められることを理由とするものであって，許可に
係る瑕疵を理由とするものではない。よって，取消し・制限の効果は遡及せ
ず，将来に向かってのみ効力を生じる（我妻71頁）。

　取消し・制限の効果は，善意の第三者にも対抗できる（石田（穣)186頁は反
対）。明治民法は，妻を行為無能力者として，妻に営業を許可・取消し・制
限する仕組みを用意する一方で，取消し・制限については善意の第三者に対
抗できないとする規定を置いていた（原始規定16条）。その反対解釈からは，
善意の第三者にも対抗できることになる。

　商業登記のある場合は，取消し・制限にも登記が必要であり（商10条），
登記の前は第三者に対抗できない（登記の後でも，無過失の第三者には対抗できな
い。同法9条1項）。

〔小池　泰〕

前注（§§ 7-21）　I　　　　　　　　　　　　　　第1編　第2章　人

前注（§§ 7-21〔成年後見制度〕）

細 目 次

I　成年後見法の基本枠組み ……………… 446
　1　導入の背景 …………………………… 446
　2　基本理念 ……………………………… 448
　3　五大ポイント ………………………… 449
　　(1)　任意後見制度の創設 ……………… 449
　　(2)　補助制度（類型）の新設 ………… 451
　　(3)　身上配慮義務規定の新設 ………… 451
　　(4)　成年後見登記制度の創設 ………… 452
　　(5)　市区町村長への申立権の付与 …… 453
　4　比較法上の位置づけ ………………… 453
　　(1)　任意後見制度 ……………………… 453
　　(2)　補助制度（類型）………………… 454
II　成年後見制度の運用実績 …………… 455
III　成年後見制度の改革 ………………… 457
　1　任意後見制度の活性化 ……………… 457

　　(1)　難産であった任意後見法の制定
　　　　 ………………………………………… 457
　　(2)　根本的な懐疑 ……………………… 458
　　(3)　解釈論の骨子 ……………………… 459
　　(4)　今後の展開 ………………………… 460
　2　補助類型への一元化 ………………… 464
　　(1)　障害者権利条約と成年後見法 …… 464
　　(2)　成年後見法の3類型 ……………… 467
　　(3)　補助類型への一元化 ……………… 469
　　(4)　支援付き意思決定と補助類型 …… 471
　3　身上監護の質的充実 ………………… 472
　　(1)　法的性質 …………………………… 472
　　(2)　職務範囲 …………………………… 473
　　(3)　医療同意権 ………………………… 475
IV　今後の方向性〜横浜宣言の意義〜 …… 478

I　成年後見法の基本枠組み

1　導入の背景

　1999年（平成11年）12月1日，第146回国会において，成年後見制度および遺言の方式の改正を内容とする「民法の一部を改正する法律」が成立し，この法律は，同月8日に平成11年法律149号として公布され，遺言の方式に関する部分は2000年（平成12年）1月8日から，その余の部分は同年4月1日から施行されている。成年後見制度の改正の一環として，公的機関の監督を伴う任意代理制度（以下，「任意後見制度」という）の創設を内容とする「任意後見契約に関する法律」（以下，「任意後見法」という）（平成11年法律150号），改正法の施行に伴い182の関係法律の整備等を行う「民法の一部を改正する法律の施行に伴う関係法律の整備等に関する法律」（同年法律151号），戸籍記載に代わる新たな登記制度を設けることを内容とする「後見登記等に関する法律」（同年法律152号）が併せて成立・施行されている。これら4本

446　〔新井〕

第3節　行為能力　　　　　　　　　　　　　　前注（§§ *7-21*）　Ⅰ

の法律を一括して成年後見法といい，そこで規律されている制度を成年後見
制度という。

　成年後見法の制定は，一般的には，わが国において急速に進展している社
会の高齢化に対応するものであった，と指摘されている。しかし，かつての
禁治産・準禁治産制度の弊害がつとに論難されてきた（新井・財産管理制度
117-121頁参照）ものの，法曹界が自律的に成年後見法を立法しようとする機
運は残念ながら皆無に等しかった。成年後見法と同時に施行された介護保険
法が禁治産・準禁治産制度に代わる新しい成年後見制度を必要としたのであ
る。介護保険制度においては，「措置から契約へ」と標榜されているように，
介護サービス契約の締結が介護サービス利用の前提となったところ，意思能
力の不十分な者が契約をする仕組みでもあった旧態依然とした禁治産・準禁
治産制度の利用はもはや許容されるものではなかった。禁治産・準禁治産に
代わる新しい理念に基づく成年後見制度導入の契機は介護保険制度の導入に
あったのであり，法曹界からの誘因は乏しかったのである。

　上記のことは立法過程における1つのエピソードであるにとどまらない。
このような経緯に鑑みて，成年後見法は介護保険法，さらには福祉法制と一
体のものとして位置づけられなければならないにもかかわらず，法曹界にお
いては依然として成年後見制度は財産管理制度にすぎない，とする主張
（「成年後見制度と立法過程——星野英一先生に聞く」ジュリ1172号〔2000〕6頁には
「そもそも能力制度は，その人の財産を管理するための制度です。」とある）が今なお根
強いからである。成年後見法は福祉法制そのものであると理解すべきではな
いが，成年後見法導入の背景に今一度思いを至らせて，成年後見法の独自性
は維持しつつも，福祉法制といかに協働していくかを問うことが課題ではな
かろうか（小林＝原は，介護保険法の導入のほか，「1983年の国際障害者年及びこれに
続く『国連・障害者の10年』における国際連合の提言を受けて，我が国においても，近
年，ノーマライゼーションの理念が各種の施策の中で推進されており，平成5年の障害者
基本法の改正，平成7年の『障害者プラン（ノーマライゼーション7か年計画）』（内閣総
理大臣官房内政審議室・障害者施策推進本部）の策定など，障害者福祉の充実は政府の重
要な施策として位置付けられている。今回の改正は，このような要請に応えるものであ
る。」〔3-4頁〕と述べている。高齢社会への対応と並んで，障害者福祉施策の要請も重要
であったことを立案担当者が指摘している点には留意しておく必要があろう）。

〔新井〕　447

前注（§§7-21）I　　　　　　　　　　　　　　　第1編　第2章　人

2　基本理念

　成年後見法の基本理念は，立案担当者によれば，本人の意思の尊重，自己
決定の尊重，ノーマライゼーション等の現代的な理念と本人保護の理念との
調和である（小林＝原3頁。現行制度の基本理念について独自の理解を提示する上山
37-53頁も示唆的である）。ノーマライゼーション（normalization）とは，障害者
も家庭や地域において通常の生活をすることができる社会，障害者と健常者
が共生することができる社会を創設するという理念であり，「共生化」と訳
されることが一般的である。ノーマライゼーションは1950年代の北欧にお
いて提唱され，国際的にも定着し，アメリカ障害者法（Americans with Disabil-
ities Act of 1990）はその結実であるともいわれている。

　ところで，本人の意思の尊重と自己決定の尊重はほぼ同義であるように思
われるので，両者を一括したうえで，新たに身上監護の重視を現代的な理念
に加えるのが妥当ではないか。そのように考えると，成年後見法の現代的な
理念とは，ノーマライゼーション，自己決定の尊重，身上監護の重視の3つ
となる。

　「ノーマライゼーション」については，2008年（平成20年）5月3日に国連
の障害者の権利に関する条約（障害者権利条約）が発効したことを受けて，同
条約の理念も加味していくべきであろう（具体的にはとりわけ同条約19条〔自立
した生活および地域社会への包容〕，24条〔教育〕におけるソーシャル・インクルージョ
ン〔社会的包摂〕の含意を指す）。本人の意思の尊重と自己決定の尊重について
は，両者を統合し，権利性を強調するために「自己決定権の尊重」としたう
えで，意思能力の低下・喪失した者には残存能力の活用，現在は意思能力を
有していても将来の低下・喪失を不安視する者には任意後見制度の活用が含
意されている。「身上監護の重視」については，858条の趣旨に則して本人
の意思を尊重した身上監護が成年後見制度の核心であり，財産管理はそれに
資するためのものと位置づけられる（この点については，→Ⅲ3(1)(2)）。

　したがって，成年後見法の基本理念とは，「ノーマライゼーション」，「自
己決定権の尊重」，「身上監護の重視」という3つの現代的な理念と本人保護
の理念との調和を図ることである。

448　〔新井〕

第3節　行為能力　　　　　　　　　　　　　　**前注（§§ 7-21）I**

3　五大ポイント

(1)　任意後見制度の創設

　任意後見法により任意後見制度が創設された。任意後見法に基づく任意後見制度とは，公的機関の監督を伴う任意代理制度にその基礎を置く，成年後見法の新たなスキームである（任意後見制度の詳細については，新井・高齢社会214-244頁参照）。成年後見制度改正の主眼は，「自己決定権の尊重」と「本人の保護」の理念との調和を旨として，人間各人の多様な判断能力とその必要とする保護の程度に応じた柔軟かつ弾力的な対応を可能とする，利用しやすい制度の創設にある。一方では，当事者の意思に立脚した任意後見契約の締結により付与される任意代理権を通じた任意後見制度は，まさに「自己決定権の尊重」の理念の要請に適した枠組みであるといえよう。他方では，「本人の保護」の理念と調和を図るため，すなわち任意後見人の権限濫用行為を防止するために，本人の判断能力低下後に機能する公的機関による監督制度を導入する必要があるといえよう。

　任意後見制度の基礎が「自己決定権の尊重」の理念にあるからして，当然のことながら，制度設計もまた，当事者の私的自治を最大限に確保するという観点から行われるべきこととなる。すなわち，当事者による任意の契約（任意後見契約）に対する本人保護を目的とする「必要最小限の公的関与」を法制化することにより，自己決定権の尊重の理念に即した本人保護のスキームについてオプションを増やすことが制度設計の基本目的となっている。また同時に，任意後見制度においては，法定後見制度に比して，裁判所による監督の態様が間接的な形態にとどめられるべきことになる。これによって，契約当事者である本人自身の意思が反映した，具体的な個々の契約の趣旨に沿った本人保護の制度的枠組みが構築されうることとなるのである。なお，比較法的には，このような公的機関の監督を伴う任意代理制度は，英米法系諸国において近時導入が進められてきた持続的代理権制度，とりわけ1986年3月10日施行のイギリスの持続的代理権授与法（Enduring Powers of Attorney Act 1985）にその淵源を求めることができる（イギリスの持続的代理権授与法の詳細については，新井・高齢社会9-17頁・50-82頁参照）。

　任意後見法による任意後見制度の骨格は，①契約の当事者である本人と任意後見人（任意後見受任者）によって締結される任意後見契約（本人と任意後見

〔新井〕　　449

前注（§§ 7-21） I

図1　任意後見制度の基本構造

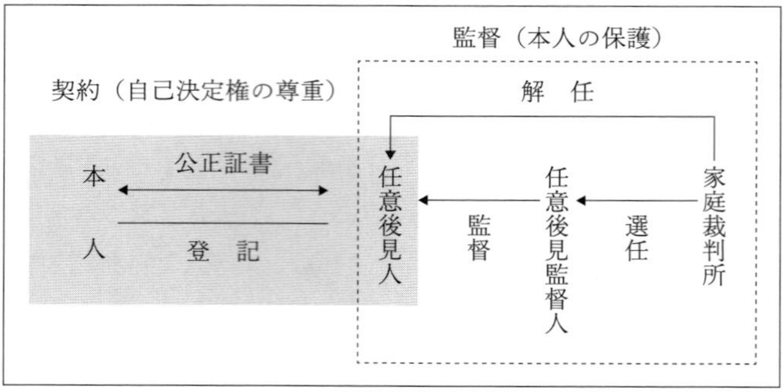

監督（本人の保護）

契約（自己決定権の尊重）　　　　解　任

公正証書

本　　　　　　　　　　任意後見人　　　監督　　任意後見監督人　　選任　　家庭裁判所

人　　　登　記

人はこの契約を通じて付与される停止条件付代理権の本人―代理人関係にもある）と，
②当該任意後見契約に基づく任意後見人の権限濫用防止を制度的に保障する
ために制度化された，家庭裁判所が選任する任意後見監督人による監督制度
の2点から成っている。当事者（特に本人）が契約を通じて任意後見に関す
る規範を自己決定によって創設することによって，最大限の自己決定権の尊
重を確保させる（図1の網かけ部分）とともに，家庭裁判所が選任する任意後
見監督人を必置の監督機関とすることによって，本人の保護との調和を図っ
ているのである（図1の点線の内部）。

　任意後見契約は，基本的には，代理権を付与する委任契約であることから，
任意後見人の受任事務（職務）内容は，法律行為に限定されることになる
（事実行為の準委任は契約内容に含まれない）。もっとも，法定後見人の場合と同様，
任意後見人の代理権の対象となる法律行為には，財産管理のみならず，身上
監護に関するもの（医療契約，住居に関する契約，施設入退所契約，介護契約，教
育・リハビリに関する契約等）が相当広範に含まれることになると解されている。
さらに任意後見人は，委任の趣旨に照らして身上監護との関連性のある法律
行為について代理権を行使する場合には，解釈上，受任者としての善管注意
義務（644条）の一内容として，「本人の身上に配慮する義務」を負っている
ものと解されるが，任意後見法ではその旨の明文規定が置かれ，「任意後見
人は，……委託に係る事務……を行うに当たっては，本人の意思を尊重し，
かつ，その心身の状態及び生活の状況に配慮しなければならない。」と規定
されている（同法6条）。

450　〔新井〕

第3節　行為能力　　　　　　　　　　　　**前注（§§ 7-21）　I**

立案担当者によれば，理念的・法制的には，任意後見法の制定によって任意後見制度は成年後見制度の中心に位置づけられたのであり，成年後見制度の中心は，民法に基づく法定後見制度から任意後見制度に移行したことになる（小林＝原 56 頁注(2)・373 頁注(1)）。任意後見制度こそが成年後見制度の核心をなしているのである。

(2)　**補助制度（類型）の新設**

成年後見法は，従来の禁治産・準禁治産制度を改め，各人の判断能力と保護の必要性の程度に応じた柔軟かつ弾力的な措置を可能とするために，禁治産制度を改正して後見制度，準禁治産制度を改正して保佐制度としたうえで，補助制度を新設した。法定後見制度の枠組みに関する成年後見法の制定過程においては，多元論と一元論との対立があった。検討の方向性は，①個々の事案における各人の多様な判断能力と保護の必要性の程度に合致した柔軟かつ弾力的な措置を採ることを可能にするとともに，②軽度の認知症・知的障害・精神障害などの状態にある者を保護の対象とすることを可能にする利用しやすい制度を設計することにあった（小林＝原 56-57 頁）。結論としては，多元論が支持されたものの，補助と保佐，とりわけ補助については，自己決定の尊重の理念に即した柔軟かつ弾力的な制度とするために，本人の申立てまたは同意を要件としたうえで当事者が代理権等の範囲を申立てにより選択する途を広範に認めている。したがって，「法定後見」制度と称するとしても，本人の意思に基づく選択の幅の広い制度となっている（小林＝原 56 頁注(1)）。「新設の補助の制度は，実務上，任意後見制度と同様に行為能力の制限を伴わない弾力的な一部代理権の選択を可能とする制度として主に機能していくものと期待されるところであり，軽度の痴呆〔筆者注：原文ママ〕・知的障害・精神障害等を有する高齢者・障害者の多様なニーズに即時に応え得る弾力的な制度として，任意後見制度とともに，西暦 2000 年以降の新しい成年後見制度の中心的な役割を占めていくものと思われる」（岩井伸晃「補助の制度」新井誠編・成年後見——法律の解説と活用の方法〔2000〕62 頁）との立案担当者の指摘は正鵠を射たものであった。補助類型は任意後見制度に次いで成年後見制度の核心をなしているのである。

(3)　**身上配慮義務規定の新設**

成年後見法は，後見人の療養看護義務を規定していた旧 858 条に代えて，

〔新井〕　　451

前注（§§7-21） I

第1編　第2章　人

身上配慮義務および本人意思尊重義務に関する一般規定，すなわち現行の858条を創設した。

858条は，包括的な一般規定として規定されているが，その法的性質に関しては，身上監護の充実の観点から，成年後見人が成年被後見人の身上面について負うべき善管注意義務（869条において準用する644条）の内容を敷衍し，明確にしたものである。身上配慮義務については，成年被後見人の身上面の保護に関する注意義務の内容を普遍化するとともに，その法的性格を整理することによって，多様なニーズに応える後見事務の遂行の指針となる一般的な責務の内容を規定したものである。本人意思尊重義務についても，成年後見人の善管注意義務の内容を敷衍し，明確にした規定として位置づけられることから，身上配慮義務に関する規定と併せて1つの条文として規定したものである。このような一般規定の内容は，単に善管注意義務の解釈を具体化したものにとどまらず，理念的に成年被後見人の身上への配慮およびその意思の尊重が事務処理の指導原理であることを明示することによって，身上面の保護に関する成年後見人の職務・機能の実効性を高めていくことに資するのである（小林＝原259頁）。

858条は，成年後見人が成年被後見人の生活，療養看護および財産の管理の事務を行うに「当たって」尽くすべき義務として規定されたものであり，それ自体独立の権限・義務として位置づけられるものではない（小林＝原260頁）が，成年後見人が負っている善管注意義務の方向性を明確にして，成年後見人が職務を遂行していくうえでの具体的な指針を示している点において独自の意義を認めることができる。

(4)　成年後見登記制度の創設

禁治産・準禁治産の宣告がなされるとその旨が身分関係の登録制度である戸籍に記載されていた。しかし，戸籍への記載は「戸籍を汚す」という心理的抵抗感が強く（新井・財産管理制度118-119頁），プライバシー保護意識の高まりとも相俟って，これに代えて成年後見登記制度を創設したものである。

成年後見制度および任意後見契約について登記所（法務局）に登記することとなった。これらの当事者，一定範囲の親族等が登記事項証明書の交付を請求することができる。公示制度として取引の安全を図るとともに，交付請求権者を限定して，取引の相手方等他人からは請求できないようにして，プ

第3節　行為能力　　　　　　　　　　　　　　　　　　　前注（§§ 7-21）　I

ライバシーの保護にも配慮している（後見登記等に関する法律4条・5条・10条）。

禁治産・準禁治産宣告の戸籍記載を廃止して，成年後見登記制度を創設したのは，理念的には，ノーマライゼーションの顕現であると評価することができよう。

(5) 市区町村長への申立権の付与

社会の高齢化の進展に伴い，身寄りのない認知症高齢者，知的障害者，精神障害者については，親族等の関係者による法定後見制度開始の申立てが期待できない。そこで身寄りのない認知症高齢者，知的障害者，精神障害者の利益を保護するために「その福祉を図るため特に必要があると認めるとき」には市町村長（特別区の区長を含む）の法定後見制度開始の申立てが認められたものである（老人福祉法32条，知的障害者福祉法28条，精神保健及び精神障害者福祉に関する法律51条の11の2）。

禁治産・準禁治産制度は「家」を中核として機能しており，申立て，後見人就職，後見人職務執行等は親族内で事実上仕切られることが多くあった。要保護者の保護という見地からはこのような実態は好ましくなく，さらには地縁，血縁がきわめて希薄になっている高齢社会においては要保護者の権利擁護は「家」の課題であることを超えて，社会全体の課題となったのである。このことは「成年後見の社会化」と称されることがあり，介護保険制度における「介護の社会化」と対をなす。

成年後見制度は意思能力の不十分な人たちの権利擁護の機能を果たすものであり，その機能を強化するために市区町村長に申立権を付与したのは，理念的には，ここでもノーマライゼーションの顕現であると評価することができよう。

4　比較法上の位置づけ

成年後見制度を特徴づける双璧は，既述（→3(1)(2)）のように，任意後見制度と補助類型である。ここでは，両者の比較法上の位置づけを試みたい。

(1) 任意後見制度

2000年（平成12年）4月に施行されたわが国の任意後見制度については，当時のイギリス保護裁判所の所長（master）であったデンズィル・ラッシュがこれをきわめて高く評価している。同氏によれば，任意後見には3つの世代がある。

〔新井〕　　453

前注（§§ *7-21*）Ⅰ　　　　　　　　　　　　　　　　　　　第1編　第2章　人

　第一世代には1979年に登場したアメリカの統一持続的代理権授与法
（Uniform Durable Power of Attorney Act）が属し，その特徴は複雑で時間と費用
のかかる法定後見を回避するために，コモン・ロー上の代理法の原則を修正
する点にあった。第二世代には1985年制定のイギリス（イングランドとウェー
ルズ）の持続的代理権授与法が属し，その特徴は裁判所の登録制度を導入し
て持続的代理人の権限濫用をチェックしうるようにした点にある。第三世代
には，カナダ・オンタリオ州の1992年代行決定法（Substitute Decisions Act）
などと共に，わが国の任意後見法が属し，その特徴は代理人の義務・責任を
明確にして，代理人の権限濫用防止体制が整備された点にある（デンズィル・
ラッシュ〔志村武訳〕）「持続的代理権」実践成年後見1号〔2000〕8-46頁）。すなわち，
わが国の任意後見制度は比較法上優れたものである，と評価されている点に
着目しておきたい。

　ところで，任意後見制度を比較法的に位置づけようとする場合，無視し得
ない欧州評議会の勧告がある。それが，2009年の「無能力に備える任意後
見および事前指示の原則に関する勧告」（Recommendation CM/Rec（2009）11 on
Principles Concerning Continuing Powers of Attorney and Advance Directives for Incapac-
ity）である。この勧告は，欧州全体が任意後見を導入するために13の原則
を定立し，加盟国にこれらの原則に基づく体制整備を強く勧告している（欧
州評議会勧告の詳細については，新井誠「任意後見制度の新たな展開」新報120巻9＝10
号〔2014〕3-5頁参照〔以下，「任意後見」で引用〕）。わが国の任意後見制度は欧州
評議会勧告の13の原則いずれにも抵触することなく，すべての面における
要請を満たしており，国際的水準を超えたものであると評価しうる。

　(2)　補助制度（類型）

　補助類型においては，必要に応じて，同意権・取消権の付与または代理権
の付与の選択，同意権・取消権の範囲または代理権の範囲の選択のいずれを
も可能とするために，補助開始の審判によって自動的に一定の範囲の同意
権・取消権または代理権が発生するという構成ではなく，補助の開始の審判
とは別個の同意権・取消権付与の審判または代理権付与の審判により，それ
らの権限が発生するという構成を採っている。したがって，補助開始の審判
を受けたとしても，行為能力は制限されず，代理権を有する補助人が付され
るにすぎないこともある。補助は，成年後見制度の新しい理念である自己決

454　〔新井〕

第3節　行為能力　　　　　　　　　　　　　　　　　　前注（§§ *7-21*）**II**

定権の尊重を最も忠実に反映した法定後見制度の類型である。

　比較法的に最も優れた法定後見制度と評価されているのが1992年1月に施行されたドイツの世話法（Betreuungsgesetz）である（世話法の詳細については，新井・高齢社会90-108頁）。世話法は，成年後見の利用が人権に対する干渉ともなりうることを顧慮して，必要性の原則（世話による支援の内容と範囲は必要最小限度に設定する原則）を採用している。法定後見制度である「世話」が開始されても被世話人の行為能力は制限されない。例外的に行為能力を制限する場合には，たとえば「10万ユーロ以上の売買契約」，「居所指定」というように個別・具体的な範囲を特定して同意留保（Einwilligungsvorbehalt）の命令を行うのみである（同意留保については，新井・高齢社会92-93頁・111-112頁）。

　わが国の補助とドイツの世話とは，自己決定権の尊重，人権への過干渉の排除という考え方に立脚して，ともに原則として行為制限を伴わない法定後見制度としての特質を有しており，その意味においては，わが国の補助類型は国際的にも先端的な内容を有するものとして評価しうる。

II　成年後見制度の運用実績

　最高裁が公表している概況（ここで用いるデータの出典は，最高裁判所事務総局家庭局「成年後見関係事件の概況」，同「後見制度支援信託の利用状況等について」である）の分析として，5点を指摘しておく。

　第1に，成年後見制度利用者は，2017年（平成29年）において21万290人であり，驚くほど少ない。筆者の知見によれば，国際的スタンダードでは最少でも総人口の1％が潜在的利用者である。これはわが国では127万人に相当するが実際の利用者はその約6分の1にすぎない。社会全体で成年後見制度の利用を促進していくことが課題である。

　第2に，成年後見制度改革の目玉でもあった補助類型と任意後見制度の利用は低迷している。

　法定後見制度においては後見類型の利用がほかの類型を圧倒しており，逆に補助類型の利用は極端に少ない（法定後見制度全体に占める補助類型の比率は約4％程度）。このような事態は，新設の補助類型は，行為能力の制限を伴わない弾力的な一部代理権の選択を可能とする制度として主に機能していくもの

〔新井〕　　455

前注（§§ 7-21）　II　　　　　　　　　　　　　第1編　第2章　人

と期待される旨を表明していた立案担当者の基本的な考え方とは大きく乖離したものである。

　世界の成年後見法の潮流が任意後見制度の利用を促進する方向に動いている状況下において，わが国の任意後見契約締結の登記件数は決して多いとはいえない。むしろ極端に少ないというべきである。新しい成年後見制度の核心は任意後見制度にこそあったはずである。任意後見制度の不振もきわめて憂慮すべき事態である。

　第3に，親族以外の第三者後見人の選任が増加している。2017年（平成29年）において第三者後見人に選任されたのが約73.8％というのは他国に比してもきわめて顕著な傾向である。親族後見人が成年後見人等の最適格者である場合がきわめて多いことは否定し得ないし，他国においても親族後見人が成年後見人等に選任されるのが一般的である。わが国の第三者後見人選任比率の高さは，残念ながら「後見は家族が担う」という考え方からの脱却，すなわち「成年後見の社会化」が社会に浸透してきたという要因に基づくものではなく，裁判所が親族後見人の権限濫用懸念から親族後見人の選任を回避していることによるのが実態であるとみられる。

　第4に，市区町村長の申立てが増加している。2017年（平成29年）において市区町村長が申し立てたものは7037件であり，全体の約19.8％となっている。市区町村申立ては，「成年後見の社会化」が端的に表現された制度であり，その増加は好ましい傾向である。今後とも積極的な申立てがなされることが期待される。

　第5に，後見制度支援信託は成年後見人等による不正を防止しようとする1つの手法である。その導入については賛否両論が渦巻いたが，導入後は信託契約を締結した人数は上昇している。後見制度支援信託が開始された2012年（平成24年）2月から2017年（平成29年）12月までの間に後見制度支援信託を利用した成年被後見人・未成年被後見人の累計は2万1504人，信託財産額の累計は約6988億2800円である。不正防止に偏重せず，成年後見法の基本理念にも配慮した運用が求められる。

456　〔新井〕

第3節　行為能力

III　成年後見制度の改革

1　任意後見制度の活性化

(1)　難産であった任意後見法の制定

　任意後見制度は成年後見法の核心をなすものであるが，その任意後見法は決してたやすく成立したわけではない。成年後見法の立案に関わった当時の法務省民事局参事官の小林昭彦氏が，任意後見制度誕生の経緯を振り返っているので，以下に引用する。「一番の大きな課題は，やはり任意後見制度の創設だったと思います。私が立案作業を引き継いだ時点では，今回は任意後見制度は見送ろうという空気が強かったように思います。しかし，私自身は最初にこの構想を知ったときに，とてもよい制度であり，ぜひ実現したいと思いました。現在はどうやってこれを改善していくかということが問題となっているようですが，当時は，このような制度は日本に必要なのか，あるいは日本の制度として適切なのかという，入り口のところで議論が分かれていました。特に，学者の方の中には，そのような制度は必要ない。法定後見制度との関係をどうするのかといった理由で，制度の創設自体に消極的な意見が強かったように思います。」（小林昭彦「成年後見法の制定を振り返って」成年後見法研究1号〔2004〕14頁。なお，ここでの叙述は新井・前掲「任意後見」17-42頁を参考にした）。

　民法学者，とりわけ法制審議会に属していた民法学者は，111条の通説的な見解に拘泥して，本人が意思能力のあるときに代理権を授与しておけば，本人が意思能力を喪失しても代理権は持続する，との立場に依拠して任意後見制度をあえて創設する必要は全くない，と声高に主張していたのである。

　しかし，これらの主張は任意後見法の成立に伴って勢いを得ることはなくなった。民法教科書等ではいまだ上記の民法の通説的理解が幅をきかせており，そのことは任意代理権と任意後見との競合問題として実務上の困難を惹起させる要因ともなっているのではあるが，これらの主張に任意後見制度を根底から覆そうとする意図はないように思われる。任意代理と任意後見の競合の問題は(3)に後述するような形で収束していくべきである，と考えられる（新井・高齢社会182-186頁）。

〔新井〕　457

前注（§§7-21） III   第1編　第2章　人

(2)　根本的な懐疑

　任意後見法に根本的な懐疑を提示している代表的な2つの見解を取り上げて検討する。

　一方では，ドイツの社会問題に関心を抱く法哲学者としての立場から，わが国の任意後見法制は4点にわたり批判されている（ウルリッヒ・ローマン〔青井秀夫ほか訳〕講演「成年後見法制へのドイツの選択肢」岡山商大論叢47巻2号〔2011〕109-164頁のあとがき〔青井秀夫〕）が，ここでは1点のみ取り上げる。

　その批判とは，わが国の任意後見法をドイツの現行法と対比してみると，日本法ではこれに属する委任契約は，財産管理であれ療養看護であれ，一律に公証人による公正証書の方式性が要求されているのみならず，任意後見人に対しては家庭裁判所によって必ず任意後見監督人が選任されるという制約を伴っているなど，公権力が当初から介入する神経質な制度になっているが，ドイツでは医療同意・医療拒否・自由剥奪などを内容とする代理権に関してのみ方式性の要求はあるものの，当事者の相互監視に委ねられる余地が大きく，裁判所の関与は，万一の例外的な補充的条件付きコントロールに限られ，著しく背景に退いており，過度なパターナリズムともいえる日本の制度設計の下では，代理権を付与する本人についても付与される代理人についても，がんじがらめの縛りがかかり，「任意」後見契約とは名ばかりである（青井・前掲「あとがき」139頁），というものである。

　この考え方は，日本の任意後見法ががんじがらめの縛りを受けていると批判するが，欧州評議会の2009年勧告第12原則（→I 4(1)）が規定するように任意後見制度にも一定の監督は必要であり，任意後見法は本人保護を目的とする「必要最小限の公的関与」を承認しているのであって，過度のパターナリズムに陥ってはいない。同説がアメリカのDurable Power of Attorneyのように私的自治のみに委ねる任意後見法制を支持し，結果として，がんじがらめの縛りのない任意後見制度とは既存の任意代理制度を意味する，と主張するのだとすれば，そのような主張は民法学界の通説に与するものにすぎない（新井・前掲「任意後見」11-13頁）。

　他方では，民法研究者の立場から，任意後見の優越的位置づけに批判を加え，任意後見そのものの存在意義に疑問の目が向けられている。最も重要と思われる指摘のみを取り上げる。

458　〔新井〕

第3節　行為能力　　　　　　　　　　前注（§§7-21）　III

その指摘によると，自己決定（本人意思）の尊重という理念を，「あらゆる場面における個別具体的な意思決定プロセスに対する本人の主体的関与の最大限の保障」という方向に向けて，さらに突き詰めていくならば，法定後見と同様に，本質的には代理・代行決定（他者決定）型のシステムに属する任意後見の優位性は，ここでも相対化されることになる。なぜなら，現代的な成年後見制度は，「小さな成年後見」（本人にとって最も制約の少ない，必要最小限の介入）の理念に即して，自己決定支援型のシステムを中核として再構築されるべきであり，代理・代行決定（他者決定）型の支援手法を採る従来型の任意後見は，法定後見と同様に，これを補完するサブシステムとして機能させるべきだからである（上山泰「任意後見契約の優越的地位の限界について」筑波ロー・ジャーナル11号〔2012〕128頁）。

ところで，このような考え方によれば，「小さな成年後見」とは，「本人にとって最も制約の少ない，必要最小限の介入」であるが，任意後見は代理・代行決定（他者決定）型の支援方法であるので，自己決定支援型のシステムにおいては法定後見と同様に，サブシステムとして機能することになる。しかし，任意後見を，一義的に代理・代行決定型と位置づけてしまうことには躊躇せざるを得ない。任意後見においては自己決定は既になされており，その自己決定は持続するわけであるので，任意後見は既存の自己決定を尊重するのみで足りることから，「小さな成年後見」にとっては，より親和的であると思われる（新井・前掲「任意後見」16-17頁）。自己決定支援の下に任意後見も法定後見も完全に相対化されてしまうのだとしたら，適切ではない。

(3)　**解釈論の骨子**

任意後見法施行後の民法解釈上の最大の論点は，111条1項1号に関してである。この規定は「本人の死亡によって，任意代理権は消滅する」とのみ定めており，その反対解釈として「本人の意思能力喪失では任意代理権は消滅しない」という解釈が通説として定着してきた。ほとんどの民法教科書が依然としてそのような通説的理解を踏襲している。しかし，任意後見制度を創設しながら通説を維持するというのは，自家撞着以外の何物でもなく，さらには任意後見制度を創設した意義を著しく減殺してしまうことになる。なぜなら，通説に依拠する限り，任意後見を用いる必然性はほとんどなくなってしまうからである。これこそがわが国において任意後見制度が広く活用さ

〔新井〕　　459

前注（§§ 7-21）　III　　　　　　　　　　　　　　第1編　第2章　人

れていないことの根源的な理由なのではなかろうか。任意後見法が施行された以上，本人の意思能力喪失後の任意代理権の消長への対応は任意後見の考え方，すなわち本人の意思能力喪失後の任意代理権の持続は，代理人の権限濫用に歯止めをかけ，本人を保護することのできる任意後見制度の枠組みの中でのみ可能である，との考え方が妥当である（新井・高齢社会182-186頁参照）。

　任意後見制度には任意後見監督人選任による任意後見人の監督システム，任意後見法6条の本人意思尊重義務が法定されているのに対して，任意代理制度にはそのような仕組みは一切ない。そのような任意代理権が，本人の意思能力喪失後も持続することは許されない。任意代理制度は私的自治の世界においてのみ機能するのであって，本人意思表示不能状態，すなわち本人の私的自治が貫徹し得ない状態においては機能しないのである。任意後見制度を事前に選択せずに，意思表示不能状態に陥れば法定後見制度が発動されることとなる（これに対しては，各団体等が公表している任意後見制度の改善提言の中で賛否について言及され，賛否相半ばしているように思われるが，詳細については新井・前掲「任意後見」20-29頁参照）。

　(4)　今後の展開

　任意後見制度をめぐる法的理解に関しての骨子は(3)で述べたが，今後考えられる方向として特になお2点 ── (ア)任意後見と補助における意思能力の差別化，(イ)任意後見の質的充実 ── を強調しておきたい。

　(ア)　任意後見と補助における意思能力の差別化

　(a)　任意後見契約の形態　　任意後見契約の形態には，移行型，即効型，将来型があるが，将来型こそ基本型である。そのことを今一度確認しておく必要があるように思われる。

　即効型というものを考え出したのは，立案担当者である。立案担当者の解説書には，「軽度の痴呆〔筆者注：原文ママ〕・知的障害・精神障害等の状態にある補助の制度の対象者……であっても，契約締結の時点において意思能力を有する限り，任意後見契約を締結することが可能であ」ると書かれており，補助の対象者も任意後見の対象になると明記されている（小林＝原393頁）。

　ただし，本人の判断能力が不十分なので，契約を締結したら直ちに家庭裁判所に対して任意後見監督人の選任を申し立て，効力が発生する。即効型と

460　〔新井〕

第3節　行為能力　　　　　　　　前注（§§ *7-21*）　III

呼ばれる所以である。

　この考え方は妥当ではなく，即効型という制度を導入したことがつまずきの石であったと思われる。このことにより，補助と任意後見の境界が不明確になってしまったのである（新井・前掲「任意後見」34-35頁参照）。

　（b）　任意後見における意思能力のレベル　　4つのポイントに分けて，論じる。

　第1は，任意後見契約を締結するに足る意思能力のレベルである。補助の申立てをするときの意思能力と任意後見契約を締結するときの意思能力とは決定的に異なる。

　なぜなら，補助は──後見，保佐と比較すれば本人の自己決定が尊重されるシステムであるとはいえ，基本的にはやはり法定後見制度である以上──，家庭裁判所に申立てをすると，後は，家庭裁判所が補助人を選任して監督してくれるというシステムだからである。それに対して，任意後見は，主要な部分を当事者が自ら決定するという仕組みになっている。したがって，本人に任意後見契約締結に必要な意思能力があるかという点については，補助を申し立てる際に要求される意思能力より高いレベルが必要とされているのである。

　第2は，理解ということである。これは，本人が成年後見制度というものをどのように理解しているかということである。任意後見契約を締結すると，自分で選んだ任意後見人に代理権が授与され，それに基づいて，任意後見人が財産管理，身上監護を行い，そのときに任意後見人は，本人の自己決定権を尊重して，身上に配慮する義務があり，これらを任意後見監督人が監督して，裁判所に報告する，そして，自分が選んだ任意後見人が死亡とか解任された場合は，法定後見に移行するというようなことをきちんと理解していることが求められる。

　第3は，本人が任意後見制度を利用する積極的な意思が必要である。これがきわめて重要である。任意後見制度というのは，契約によって任意後見人を選任して，そして権限を付与する制度であるから，2人の当事者の意思によって，本人と任意後見人との法律関係を形成する。法定後見においては，裁判所が保護者を選任するのに対して，任意後見においては，自分のめがねにかなった受任者を契約で選任したいという積極的な意思が重要であり，必

〔新井〕　　461

前注（§§7-21）Ⅲ　　　　　　　　　　　　　　　　　　　　第1編　第2章　人

要である。

　第4は，任意後見の内容についての本人の積極的な検討である。これは，本人が任意後見を積極的に選択するという姿勢と同時に，内容についても自ら十分に検討して，受任者の提案以外のものであっても，自分はこうしたいという希望を積極的に盛り込んでいることが，非常に重要である。任意後見人の選定や，身上監護，財産管理に関して，本人の具体的な希望が反映されず，周囲の推薦する人を漫然と選定し，契約内容もお任せということであると，本人が任意後見制度を選択する意味はない。受任者側がこれでやってくださいという内容で確定された契約が，そもそも任意後見契約として有効かという議論があるが，補助というのは，まさにそのような事態に対応する制度であり，そのような場合には，補助を選択すればいいのではないか。任意後見というのは，本人が後見の内容を積極的に検討することが重要であって，そこに任意後見と補助との違いがある（新井・前掲「任意後見」35-37頁）。

　(イ)　任意後見の質的充実

　　(a)　身上配慮義務　　任意後見法6条は，身上配慮義務について規定している。任意後見契約も代理権の付与を伴う委任契約であるから，当然，任意後見人は，民法上の善管注意義務を負う。明文の規定がなくても，当然，善管注意義務を負うことになっているのではあるが，民法の善管注意義務のほかに，あえて任意後見法6条で，本人の意思の尊重と身上配慮義務を規定している意味をどう考えるかということがポイントになる。

　このことを積極的に考えるべきではないかと思われる。具体的には，身上配慮義務は，1つには，任意後見を，単なる財産の保全ではなく，身上，すなわち，生活，医療，介護，福祉のために積極的に財産を使わせるという指針を示しており，もう1つは，一般的な見守り義務を含んでいるものと思われる。

　したがって，任意後見法6条に反するような任意後見契約，具体的にいえば，財産を何も本人のために使わず，貸金庫代わりに任意後見契約を使うというのは，任意後見法の本来の趣旨に適さない。すなわち，任意後見人は，本人の生活に資するべく代理権を行使する義務，一般的な見守り義務を負う。任意後見は契約に基づくものであり，私的自治から出発しているが，後見制度である以上，全く見守り義務がないような任意後見契約は，およそ考えら

462　〔新井〕

第3節　行為能力　　　　　　　　　　　　　**前注（§§ *7-21*）Ⅲ**

れないと理解すべきである（新井・前掲「任意後見」38 頁）。

　(b)　医療行為の同意権　　法定後見には医療行為の同意権を認めないのが立案担当者の理解である（小林＝原 261 頁）。法定後見人に医療行為の同意権が認められない現状の下で任意後見人に医療行為の同意権を認めるのはなお一層困難である，との認識が定着しているように思われる（新井・前掲「任意後見」38 頁等）。

　しかし，近時では法定後見人にも医療行為の同意権を認めるのが学界，実務界の大勢であるように思われる（四宮＝能見 75-76 頁）。比較法的にもドイツの任意後見（Vorsorgevollmacht），イギリスの改正後の任意後見（Lasting Power of Attorney）がともに医療事項を対象としているのに対し，わが国の任意後見が医療行為の同意を一律に排除しているのは問題であるといわざるを得ない。身上監護に関する法律行為の一類型である医療契約の締結が任意後見の対象であるとすれば，任意後見法 6 条の趣旨を踏まえて，当該医療契約に当然随伴する医療行為の同意権を本人が任意後見人に授権することは許されると思われる。私見は法定後見人にも医療行為の同意権を認めるべきであるとの見解が妥当であるように思われるが，この見解に立脚しないとしても法定後見と任意後見との構造的差異に着目して，任意後見においては本人の授権による医療行為の同意権を認める余地があってもよいであろう。

　(c)　取消権　　任意後見は法定後見とは異なるから，法定後見人のように任意後見人にはその固有の地位に基づく取消権は付与されていない。しかし，このことは任意後見人にはいかなる取消権も付与されないことを意味しない。120 条 2 項は「錯誤，詐欺又は強迫によって取り消すことができる行為は，瑕疵ある意思表示をした者又はその代理人若しくは承継人に限り，取り消すことができる。」と規定している。ここにいわゆる「代理人」の中に「任意代理人も含む」ということは，どの教科書にも指摘されている（我妻 394 頁，須永 258 頁等）。取消権行使の授権が前提となることはいうまでもないが，詐欺・強迫のゆえに本人の取消権が発生すれば，その行使を任意代理人がすることは現行民法上も可能である。任意代理で可能であったとすれば，任意代理以上に本人保護のメカニズムが具備している任意後見制度において可能ではないという理屈は成り立たない。解釈論としては，120 条 2 項の「代理人」には任意後見人も含むと解することができる。したがって，任意後

〔新井〕　463

前注（§§ 7-21）III

第1編　第2章　人

見契約発効後は任意後見人が120条2項の取消権を行使しうるとあらかじめ授権しておけば，任意後見人は同項の取消権を行使しうる。

(d)　信託との併用　　任意後見の質的充実について，最も重視されるのが任意後見と信託との併用である。信託という財産管理制度の受託者には財産管理を分担させ，信託の利点を活かしたうえで，任意後見人には身上配慮を重視した本人の監護を委ね，そのような任意後見人が受託者に信託財産の管理処分を指図するスキームである（任意後見結合型裁量信託）。このスキームについては，既に繰り返し言及している（新井誠・信託法〔4版, 2014〕522-529頁）ので，ここでは再述しないが，信託との併用も任意後見の質的充実に資するものである。

2　補助類型への一元化

(1)　障害者権利条約と成年後見法

既述のように，障害者権利条約は2008年（平成20年）に発効したが，わが国は2007年（平成19年）に署名し，2014年（平成26年）1月20日に批准した（同条約を包括的に理解するためには，松井亮輔＝川島聡編・概説 障害者権利条約〔2010〕が有益である。崔栄繁「障害のある人の権利に関する条約と障害者自立支援法──条約上の『自立生活条項』からの検討」茨木尚子ほか編著・障害者総合福祉サービス法の展望〔2009〕198-219頁，沖倉智美「『障害者の権利に関する条約』と日本の成年後見制度」新井誠ほか編・成年後見法制の展望〔2011〕224-245頁，新井誠「障害者権利条約と成年後見法──『前門の虎，後門の狼』──」千葉大学法学論集28巻1＝2号〔2013〕29-61頁，新井誠「障害者権利条約と横浜宣言」成年後見法研究10号〔2013〕3-14頁，長瀬修「障害者権利条約──その国際的実施の方向性──」成年後見法研究10号〔2013〕15-22頁，田山輝明「障害者権利条約と成年後見制度──条約12条と29条を中心に──」成年後見法研究10号〔2013〕23-35頁〔以下，「権利条約」で引用〕，上山泰「障害者権利条約の視点からみた民法上の障害者の位置づけ」論ジュリ8号〔2014〕42-48頁等が参考となる。なお，ここでの叙述は新井誠「補助類型一元化への途」実践成年後見50号〔2014〕62-69頁〔以下，「補助一元化」で引用〕を参考にした）。

障害者は，歴史的には保護の対象とされてきた。障害者政策とは，障害者への福祉と医療の提供が基本となっており，国際的には世界保健機関と国連経済社会理事会によって所管されてきた。従来の国際文書では，障害者を保護と世話の対象とみなしている。

第3節　行為能力　　　　　　　　　　　　　　　前注（§§7-21）　III

　このような伝統的な視点に反して，障害者を社会政策的・医療政策的見地
ではなく，人権の見地から位置づけた最初の国際文書が障害者権利条約であ
る。同条約は，障害者が日常生活を送るうえで特別な問題を抱えていること
を認めつつ，障害を，人間が社会生活を営む際の普通の要因とみなす。この
ように障害者を人権の見地からとらえるのは，従来の考え方からの大転換を
意味するのである。すなわち，①伝統的な統合（integration）概念から包摂
（inclusion）概念への移行，そして②世話の対象から自立と自己決定権を含む
平等の権利を享有する主体への移行，という2つの大きなパラダイムの転換
が図られたのである。

　障害者権利条約は，12条に成年後見に関係する特別規定を設けている。

　第1に，同条約は障害を理由とする差別を禁止し（5条2項），障害者は他
者と同等の権利を有し（12条1項），その権利の行使に際しては自己決定権を
有するとされている（フォルカー・リップ「成年後見と自律——敵か味方か？」2010
年成年後見法世界会議組織委員会編〔新井誠監修＝紺野包子訳〕・成年後見法における自
律と保護——成年後見法世界会議講演録——〔2012〕41-49頁参照）。したがって，障
害は成年後見人等選任の根拠にはならないし，本人の法的能力を制限する理
由ともならない。成年後見人等選任や法的能力制限が正当化されるのは，無
能力がどこに起因するのかとは関係なく，本人が自立的な意思決定をするこ
とができない場合のみである。

　第2に，同条約は，「権利を持つ権利」を承認している。権利を行使する
際の自己決定といっても，本人が実際にも自力で意思決定するのでなければ
画餅に帰してしまうからである。本人が自己決定能力を欠くのであれば，国
家が，自己決定するための権利行使の支援をすべきである（12条3項）。した
がって，条約12条が意味する自己決定権は矛盾する側面を併有している。
一方では，自立的自己決定に際しては，国家や他者からの干渉に対して闘う
権利を認め，他方では，自立的自己決定権ができないときには，意思決定や
権利行使について支援を得る権利を認めている。

　第3に，同条約12条4項は支援方法に関する指針を具体的に提示し，本
人の権利・意思・選好の尊重，利益相反の回避，不当威圧の排除，本人状況
の配慮，可及的短期間の適用，独立・公平な当局の定期的見直しを挙げてい
る。

〔新井〕　465

前注（§§7-21）　III

同条約 12 条の上記の要件に照らしてみると，成年後見制度は成年被後見人等の自立的自己決定権を侵害している差別的なものではないかとの疑念が生じてくる。伝統的な成年後見の考え方は，代理意思決定（substitute decision-making）といわれ，本人の自立と自己決定を侵害しているのではないか，と批判されている（新井・前掲「補助一元化」64 頁）。同条 3 項は，支援付き意思決定（supported decision-making）という概念を措定しており，このような意思決定のみが許容されているとの見解が有力である（欧州評議会勧告第 1 原則。その詳細については，新井・前掲「任意後見」2-5 頁参照）。

今やわれわれは，「支援付き意思決定」と「代理意思決定」との対立の真っ只中に立たされており，きわめて伝統的・保守的な考え方に基づくわが国の成年後見法が，はたして障害者権利条約の精神に合致しているのか，厳しく問われているのである。

上記のような考え方に立脚した障害者権利条約はわが国の成年後見法をどのように位置づけるのであろうか。わが国は同条約を批准しており，同条約を遵守する義務を負っている。まず問われるべきは，成年後見法全般の理念，目的，規定振り等が同条約と親和的なのかである。そして，Ⅱにおいて検討したように，わが国の法定後見は 80% 以上が後見類型を利用しており，このような後見類型の偏重が同条約に抵触していないのかも問われることになろう。もし，抵触しているとすれば，成年後見法はどのように見直すべきなのであろうか。

障害者権利条約に立脚すると，supported decision-making のみが可能であり，substitute decision-making はいっさい許されない，との見解が声高に主張されているが，この見解に与することはできない（新井・前掲「補助一元化」65 頁）。

障害者権利条約 12 条 4 項は，「締約国は，法的能力の行使に関連する全ての措置において，濫用を防止するための適当かつ効果的な保障を国際人権法に従って定めることを確保する。当該保障は，法的能力の行使に関連する措置が，障害者の権利，意思及び選好を尊重すること，利益相反を生じさせず，及び不当な影響を及ぼさないこと，障害者の状況に応じ，かつ，適合すること，可能な限り短い期間に適用されること並びに権限のある，独立の，かつ，公平な当局又は司法機関による定期的な審査の対象となることを確保するも

第 3 節　行為能力　　　　　　　　　　　　　　　前注（§§ 7-21）　III

のとする。当該保障は，当該措置が障害者の権利及び利益に及ぼす影響の程
度に応じたものとする」（条文は，2014 年〔平成 26 年〕1 月 22 日付け官報〔号外第
13 号〕5 頁による）と規定している。ここで「法的能力の行使に関連する全て
の措置において」の英語原文は "all measures that relate to the exercise of
legal capacity" であるが，"all measures" の中には substitute decision-
making が当然含まれるものと解釈すべきである。文献には明示的にそのこ
とを述べるものはほとんどないが，それが欧米の研究者の有力説である。そ
こで，substitute decision-making という文言を用いなかったのは同条約を
主導したグループがその使用を忌避したからにほかならない。逆に，sup-
ported decision-making も同条約 12 条 3 項において「締約国は，障害者が
その法的能力の行使に当たって必要とする支援を利用する機会を提供するた
めの適当な措置をとる」という間接的な表現をもって規定されているにすぎ
ないのである。

　障害者権利条約は supported decision-making と substitute decision-mak-
ing の双方を承認しているのである。そのうえで，同条約 12 条 3 項と 4 項
の趣旨から前者が優先されるのは当然である。substitute decision-making
が用いられる場合において重要なのは，同条 4 項に掲げられているセーフガ
ード（本人の権利・意思・選好の尊重，利益相反の回避，不当威圧の排除，本人状況の
配慮，可及的短期間の適用，独立・公平な当局の定期的な見直し）がきちんと具備さ
れていることである。

(2)　成年後見法の 3 類型

　後見類型は行為能力を画一的に，かつ，ほぼすべての分野において剥奪す
るものであり，障害者権利条約の基準には適合しない。しかも，法定後見の
80％ 以上が後見類型の利用であり，事実上本人の死亡まで見直されること
なく継続的に利用されることを考えると，後見類型の運用実態そのものが同
条約違反状態をつくり出しているといえる。さらに，重要なことは後見類型
の要ともいうべき取消権が実は機能していない事実である。日用品の購入な
ど日常生活に関する法律行為を除き，成年後見人は成年被後見人の行った法
律行為を取り消すことができる（9 条）。この成年後見人の取消権の行使こそ
が成年被後見人を保護する最大の武器であるとされてきた。しかし，実際に
取消権を行使したのは，後見で 1.06％，保佐で 4.96％，補助で 6.96％ とい

〔新井〕　467

前注（§§ 7-21）　III

第 1 編　第 2 章　人

う調査結果が公表されている（「パネルディスカッション：障害者権利条約と成年後見」成年後見法研究 10 号〔2013〕47 頁〔岩井英典発言〕）。わが国の成年後見制度は，判断能力が低下しているほど，取消権による保護の必要性も高いというテーゼを前提にしているが，今やそのテーゼは妥当しないのである。民法学界（上山泰「制限行為能力制度に基づく取消権の実効性 ―― 成年後見センター・リーガルサポートのアンケート調査結果を踏まえて ――」筑波ロー・ジャーナル 14 号〔2013〕1-29 頁），実務界（池原毅和「法的能力」松井＝川島編・前掲書 183-199 頁）においても取消権の実効性に疑念を抱く見解が有力となりつつある。また後見類型には欠格事由がいまだ多数残されており，その数は 200 を超えている。とりわけ選挙権の剥奪には批判の強いものがあった（近時の有益な文献としては，竹中勲「成年被後見人の選挙権の制約の合憲性 ―― 公職選挙法 11 条 1 項 1 号の合憲性 ――」同志社法学 61 巻 2 号〔2009〕135-174 頁）が，成年被後見人の選挙権を剥奪していた公職選挙法 11 条 1 項 1 号を削除する改正法が 2013 年（平成 25 年）5 月 27 日に成立した。

　以上を要するに，後見類型は障害者権利条約の下ではもはや許容されないものと解すべきである。わが国の成年後見制度は重大な岐路に立たされている。実務において過半を占めている後見類型の利用が認められないとしたら，どのような対応が必要なのか。その解答を早急に提出しなければならないのである。

　保佐類型については，保佐類型を中核とすべきであるとの有力説が唱えられている。「行為能力の自動的制限の制度を廃止し，家庭裁判所は，審判にあたって，13 条所定の行為から，当該本人に必要な行為を選択する制度に改正すべきである。つまり，そこでも必要性の原則を重視した制度に改正すべきである。それを前提としたうえで，さらに 13 条所定の行為以上に，必要な行為を追加することができる制度（13 条 2 項）を存続させるべきである。現行の保佐人への代理権付与の制度も存続させるべきである（876 条の 4）。すなわち，同意権と代理権の双方につき，必要性の原則を基礎とした弾力的な制度に変更すべきである。全体的構想としては，日本の広義の成年後見制度は，必要性の原則を前提とした保佐制度を中心とした制度に再編成されるべきである」（田山・前掲「権利条約」27 頁）。

　しかし，保佐類型をこの見解のように改変した類型のモデルが実は補助類

468　〔新井〕

第3節 行為能力　　　　　　　　　　　　　　前注（§§7-21）　III

型なのであり，むしろ補助類型一元化こそがこの見解の含意にも合致する。さらに，この有力説のように保佐類型を再編成したとして，その後，補助類型も存置させた場合，類似した機能を併有する保佐類型と補助類型が併存することは，利用者にとって便利なものとはいえない。有力説は，「全体的構想としては，日本の広義の成年後見制度は，必要性の原則を前提とした保佐制度を中心とした制度に再編成されるべきである」とするが，むしろ必要性の原則を前提とした補助類型を中心とした制度に再編成されるべきである。また保佐類型は維持しながら，それに伴う欠格事由のみを廃止するのも困難を伴うであろう。

　いずれにせよ，保佐類型は準禁治産制度を淵源としており，後見類型の行為能力一律剥奪という側面を併有するものでもある。新しい成年後見法の下では補助類型を活用することが大きな眼目であったのであり，とりわけわが国が障害者権利条約を批准したのであれば，補助類型こそが主役となるべきである（新井・前掲「補助一元化」65-66頁）。

(3)　補助類型への一元化

　補助類型一元論が妥当である。

　成年後見法起草時の原点を想起してみる必要がある。成年後見法起草時には多元的な制度とするか，それとも一元的制度とするかで大きな議論を呼んだ。多元的制度は，対象者をいくつかに類型化して制度を組み立てるものであり，一元的制度は類型化をしないで対象者ごとに保護，支援の態様を決めていくものである。多元的制度はより柔軟で利用しやすいというメリットがある反面，実務上はどのような保護，支援をするかについて一定の基準が必要であり，類型化は不可避であるとの意見が強く，結局，3類型の多元的制度が採用されたのである。しかし，次の指摘はきわめて重要である。

　「新設の補助の制度は，実務上，任意後見制度と同様に行為能力の制限を伴わない弾力的な一部代理権の選択を可能とする制度として主に機能していくものと期待され」，「成年後見制度の中心的な役割を占めていくもの」（岩井伸晃「補助の制度」新井誠編・成年後見——法律の解説と活用の方法〔2000〕62頁）である。

　多元的制度を採用はしたものの，新設の補助こそを成年後見制度の中核に据える，というのが立案担当者の基本的な考え方であった。その後の運用に

〔新井〕　469

前注（§§ 7-21） III　　　　　　　　　　　　第1編　第2章　人

おいては，この考え方が等閑視されているのはきわめて遺憾である（→II）。

わが国が障害者権利条約を批准したからには，後見類型と保佐類型を廃止して，補助類型に一元化するのが最も妥当な選択肢ではないのではないか。もちろん，現行の補助類型にもいくつかの修正を施す必要がある。

(ア)　補充性の原則　　現行法は精神上の障害による事理弁識能力を3類型に分類しているが，これを一元化し，さらに事理弁識能力の判定と補助類型の発動とを直接にリンクさせることはやめ，両者の間に「自己の事務の全部または一部を処理し得ない場合」に限定するというような媒介を介在させて，補充性の原則を明示すべきである。

すなわち，事理弁識能力に問題があれば，自動的に成年後見制度が発動されるということではなく，事務処理の必要に応じてのみ法定代理という手法を通じて支援する制度であることを明確にすることが望ましい（新井・前掲「補助一元化」67頁）。

(イ)　同意要件の削除　　新しい補助類型は現行法上の3つの事理弁識能力をカヴァーすることになるので，本人の同意という要件（15条2項）を外すべきである。もちろん補助の開始は本人の同意を原則としつつ，本人の同意がなくても，本人の福祉のために必要な範囲において代理権，同意権・取消権が付与されるようにすべきである。したがって，一方では現行法上の同意権付与の対象となる法律行為の限定（17条1項ただし書）については，これを改めるべきであるが，他方では付与の対象は必要かつ相当な範囲に限られるべきである。また同意権付与の審判の請求による取消し（18条2項）のほかに，同意権付与の必要性を定期的に見直すようにすべきである。補助人の同意に代わる家庭裁判所の許可（17条3項）は存置すべきである。

補助については，被補助人が行為能力の制限を受けることなく，被補助人の代理権による保護を受けられる点が最大の特徴である。今後の実務においては，代理権付与の審判による保護を補助の利用方法の主流とすべきであり，成年後見法全体としても補助のこのような利用方法に移行していくべきである。同意権付与の審判は，悪徳商法対策，浪費防止対策などのために限定して利用されていくべきである（新井・前掲「補助一元化」67頁）。

(ウ)　医療同意権の付与　　現行法は，成年後見人が本人の財産に関してのみ代理権を有すると規定しているが，成年後見人の代理人は財産管理に限定

470　〔新井〕

されるべきではなく，これを改めるべきであり，成年後見人は，本人の医療行為に同意することができるものとすべきである。伝統的な通説を脱して，利用者の身上監護上のニーズに応えようとするものであり，成年後見人に本人の医療行為の同意権を承認していない現行法の考え方は早急に改めるべきであるとする。補助類型一元論においても，補助人は財産管理のみならず，身上監護上の法律行為に関する代理権を有するものとして，併せて医療同意権も有するものとすべきであるとする見解がある（新井・前掲「補助一元化」67-68頁）。

補助人の身上監護権に関する条文（876条の10第1項・876条の5第1項）は存置して，成年後見法全体の指導原理となり，かつ障害者権利条約の理念を反映した規定振りとすべきである（新井・前掲「補助一元化」68頁）。

(エ)　欠格事由の撤廃　　現行法に多く残されている欠格事由は撤廃すべきである。多数の欠格事由によって本人にスティグマ（恥辱）を与え，ノーマライゼーションの考え方に抵触するからである。補助類型一元化においては，現行の補助類型には原則として欠格事由は存しないので，それは当然そのまま維持されるべきである（新井・前掲「補助一元化」68頁）。

(4)　支援付き意思決定と補助類型

支援付き意思決定と補助類型との相関関係については，障害者権利条約が前者を重視していることから，重要なポイントとなる。次のような理解が最も適切である。

「支援付き意思決定」とは，「独立した意思決定（いわゆる自己決定 independent decision-making）」ではなく，「協働（相互依存）した意思決定（interdependent decision-making）」の意味で用いており，当事者の能力と支援を類型化しないからこそ意義がある（沖倉・前掲論文238-239頁）。

沖倉説は，支援付き意思決定を以上のように措定すれば障害者権利条約の精神にも合致するであろうとしたうえで，補助類型の積極的活用と成年被後見人等を中心としたネットワークの形成を結論として位置づけている。

後見類型では，日常生活に関する行為を除くすべての法律行為の包括的代理権が成年後見人に付与されるが，補助類型に関しては，被補助人の同意により同意権（取消権）・代理権の範囲を決定するため，補助人に対して，より具体的な必要に応じ個別に付与することができる。補助人の役割の基本は，

前注（§§7-21）Ⅲ 第1編 第2章 人

　もちろん被補助人の最善の利益を考慮することであるから，決定の先に続く実行に伴う結果の見通しを立て，その結果において体験することになる不利益を解消できるか否かを慎重に検討する必要があることはいうまでもない。しかし，被補助人が補助人に同意権を付与することとした事項に関して，被補助人が決定を行った際に不利益を被った場合，その後にその行為を取り消すこともできる。このことは，まず支援ありきの「先回り支援」ではなく，本人の意思を確認したうえでの「後追い支援」である。

　以上を踏まえると，補助類型は，自己決定を尊重することが比較的可能な「支援付き意思決定」の実践に最も近い類型であるといえる（沖倉・前掲論文240頁）。

　このような社会福祉における知見を踏まえて，補助類型は次のように位置づけることができる。

　成年後見制度は，本人の意思決定支援を中核とする制度であるが，あくまでも本人のために法律行為を代理する制度であることを強調しておきたい。したがって，成年後見制度の立場からは，「支援付き意思決定」もその範囲内で理解すべきこととなる。もちろん本人の生活上のさまざまな意思決定の中においては事実行為に関する意思決定も不可欠である。それを支援することが重要であることは論をまたない。法律行為に関する意思決定と事実行為に関する意思決定とは相互依存的であり，両者の関係は「協働（相互依存）した意思決定（interdependent decision-making）」である（沖倉・前掲論文238-239頁）。

　そのうえで，成年後見制度において「支援付き意思決定」とはどのような内容のものであり，その意思決定を実現するノウハウはいかなるものであるのかを詰めていかなければならない。「支援付き意思決定」の重要性が声高に語られることはあっても，その内容については明確には示されていないからである。

3　身上監護の質的充実

(1)　法的性質

　858条の法的性質に関する立案担当者の考え方は，Ⅰ3(3)において紹介した。この考え方は，基本的には644条を準用して，後見人が負っている善管注意義務の方向性を明確にすることによって，成年後見人が職務を遂行する

第3節　行為能力　　　　　　　　　　　　　　　　　　**前注（§§7-21）　Ⅲ**

際の具体的な指針を示している点に独自性がある，と主張している。しかし，その法的性質に関する説明は必ずしも明晰ではなく，成年後見人の職務指針としては実効性を欠くとの指摘がなされている（たとえば，日本成年後見法学会・身上監護研究会平成19年度報告書〔2008〕96頁）。

　この点について，858条が定める身上配慮義務と本人意思尊重義務という2つの義務に注目した見解があり，次の3点を主張している。第1に，身上配慮義務が要請する身上監護とは，客観的な視点からみた利用者の生活の質（クオリティ・オブ・ライフ：QOL）の維持・向上を目的した活動である。成年後見人にはこの活動を法的に保障するための手段として，利用者の財産管理に対するさまざまな権限（法定代理権，同意権，取消権など）が付与されているわけであるから，①資産保全型管理から資産活用（消費）型管理への転換の義務づけ，②一般的見守り活動の義務づけ，③利用者ニーズ変化に対する積極的対応の義務づけがなされている（上山75-76頁）。第2に，本人意思尊重義務は，成年後見人の一般的な職務指針であり，本人の主観的価値を重視するものであって，その適用領域は身上監護のみではなく，財産管理も含めて広く成年後見事務全般に及ぶ。自己決定権は自己実現を法制度として担保するものであるが，身上監護事務は自己実現の具体的な内容そのものとして現れる領域であり，財産管理事務は自己実現を支える経済的・物質的な基盤の構築や維持にかかわる領域である（上山90頁）。第3に，身上配慮義務と本人意思尊重義務との調整については，利用者の客観的福祉を目指す身上配慮義務と利用者の主観的福祉の実現を目指す本人意思尊重義務という2つの相反するベクトルを持つ行動指針のバランスを図りつつ，具体的な職務方針を決定していくことが858条の解釈論の課題である（上山91-92頁）。

(2)　**職 務 範 囲**

　実務の現場においては，身上監護に関する職務範囲の明確化・具体化が強く求められている。

　立案担当者は，858条の対象を「本人の身体に対する強制を伴わず，かつ，契約等の法律行為（事実行為は含まれない。）に関する事項である限り，一身専属的な事項を除き，身上監護に関連するあらゆる事項」とするという基本方針を示し，その方針の具体化として7つの事項を提示している（法務省民事局参事官室「成年後見制度の改正に関する要綱試案補足説明」同・成年後見制度の改

〔新井〕　　473

前注（§§7-21）　III　　　　　　　　　　　　　　　第1編　第2章　人

正に関する要綱試案の解説〔1998〕41頁）。①医療に関する事項，②住居の確保に関する事項，③施設の入退所，処遇の監視・異議申立て等に関する事項，④介護・生活維持に関する事項，⑤教育・リハビリに関する事項，⑥異議申立て等の公法上の行為，⑦アドヴォカシー。これらの7つの事項は，強制を伴わないこと，法律行為であること，一身専属的でないことがメルクマールとされているが，事実行為を一切排除するという趣旨ではなく，「法律行為に当然付随する事実行為」は含まれるとの含意であり，このようなメルクマールは事実上の介護等までを含むものではないことを明確にしたものである（小林＝原267頁注(11)）。

　日本成年後見法学会は，後見人の職務の明確化——身上配慮義務と身上監護に関する職務の指針の明確化——として次のような事項を提言している（日本成年後見法学会制度改正研究委員会「法定後見実務改善と制度改正のための提言」〔2008〕23-27頁〔以下，成年後見法学会・「法定後見」で引用〕）。

《領域1：身上監護業務としての法律行為》

①　病院等の受診，医療・入退院等に関する契約，費用支払

②　本人の住居の確保に関する契約，費用支払

③　福祉施設等の入退所・通所に関する契約，費用支払

④　公租公課・公共料金等に関連して必要な手続，契約，費用支払

⑤　社会保障給付（諸手当・年金・生活保護等）に関連して必要な申請，手続

⑥　保健・福祉・介護サービスに関連して必要な申請，契約，費用支払

⑦　教育・リハビリテーション・就労・余暇活動・文化的活動等の社会参加に関する契約，費用の支払

⑧　①〜⑦に関連する手続上の異議申立て，訴訟行為

《領域2：身上監護業務としての法律行為に付随する必要な事実行為》

①　本人の状況に応じた定期的訪問による本人の心身状態，生活状況，社会参加に対する希望の把握ならびに意思確認

②　本人の住居の確保のための情報収集ならびに本人の意思確認

③　福祉施設等を決定するための情報収集ならびに本人の意思確認

④　保健・福祉・介護サービス内容に対する監視・監督行為

⑤　その他契約の履行に関する監視・追跡調査

⑥　本人をとりまく支援関係者との状況確認・連絡・調整

474　〔新井〕

第3節　行為能力　　　　　　　　　　　前注（§§ 7-21）　III

　領域1については，立案担当者の考え方との差異はない。領域2からは見守り，周囲の支援者や家族などの関係者からの情報収集，支援関係者との連携といった事項が導かれることになる。領域1，2ともに，後見人等の職務としての財産管理は単なる財産管理にとどまらず，本人の生活の質の向上を目指して，身上監護のために本人の財産を有効かつ積極的に使うという視点に立つことが重要であるとしている。

　学界からは，身上監護事務と財産管理事務との一体性，法律行為と事実行為との混在を強調する見解が注目される（上山118-122頁）。この見解でも，成年後見人の職務は利用者の介護に対する手配と見守りに限定されることになる（上山124頁）ので，結局，立案担当者の考え方，それに対する学会の提言，学界からの見解には径庭がない。むしろ立案担当者の考え方は，学会からの提言，研究者の見解によって身上監護の職務範囲の理論上の深化と内容上の明確化が図られたものと思われる。

(3)　医療同意権

　身上監護に関する職務範囲の確定については大きな困難を伴わないことは上記のとおりであるが，医療同意権はその例外である。

　立案担当者は，「最終的な結論として，成年後見の場面における医的侵襲に関する決定・同意という問題は，一時的に意識を失った患者又は未成年者等に対する医的侵襲に関する決定・同意と共通する問題であり，それら一般の場合における決定・同意権者，決定・同意の根拠・限界等について社会一般のコンセンサスが得られているとは到底いい難い現在の状況の下で，本人の自己決定及び基本的人権との抵触等の問題についての検討も未解決のまま，今回の民法改正に際して成年後見の場面についてのみ医的侵襲に関する決定権・同意権に関する規定を導入することは，時期尚早であるとの結論に達した。すなわち，この問題は，医療行為について本人の判断能力に問題がある場合における第三者の決定・同意全般に関する問題として，医療の倫理等に関する医療専門家等の十分な議論を経た上で，将来の時間をかけた検討に基づいて慎重に立法の要否・適否を判断すべき事柄であり，当面は社会通念のほか，緊急性がある場合には緊急避難・緊急事務管理等の一般法理にゆだねることとせざるを得ないとされたものである。」（小林＝原268頁）と述べて，成年後見人の医療同意権を明確に否定した。もっとも，これは成年後見人の

〔新井〕　475

前注（§§7-21）　III　　　　　　　　　　　　　　　第1編　第2章　人

医療同意権のみを否定したものではなく，第三者による医療同意権一般を否定したものである。したがって，わが国においては医療同意権については「法の欠缺」が生じていることになる。

日本成年後見法学会は，第三者による医療同意権に関しては法整備をすべきであると提言している（成年後見法学会・前掲「法定後見」16-20頁）。この提言は，一方では後見実務の現場では後見人はしばしば医療の同意を求められるという事態にさらされており，医療現場での混乱が生じていること，他方では一部の裁判所や学説が解釈論として既に医療同意権を認めていることに鑑み，立法による成年後見人への医療同意権の付与を承認すべきであるとしている。

公益社団法人成年後見センター・リーガルサポートも法整備を提言している（公益社団法人成年後見センター・リーガルサポート「医療行為における本人の意思決定支援と代行決定に関する報告及び法整備の提言」〔2014〕〔以下，リーガルサポート・「医療行為」で引用〕。そのうち法整備の提言は29-43頁）。この提言は最も包括的であり，かつ最新のものであるが，具体的な法整備の内容を提示している点，とりわけ医療同意を行う第三者と順位を提言している点がきわめて示唆的である。

学界からは近時2つの有力な見解が公表されている。まず解釈論として，①「病的症状の医学的解明に必要な最小限の医的侵襲行為（触診，レントゲン検査，血液検査等）」，②「当該診療契約から当然予測される，危険性の少ない軽微な身体的侵襲（一般的な投薬・注射・点滴，骨折の治療，傷の縫合等）」に限定しつつ医療同意権を認めるものがある（限定肯定説。上山134頁）。こうした限定肯定説を採るのは，医療同意権を全く伴わない医療契約締結権限（法定代理権）は，そもそも内容的に空虚な産物となってしまい，医療契約の内容は必ずしも契約締結時にすべて確定できるわけではなく，むしろ，医療機関側の債務の具体的な内容（具体的な治療内容）は，たとえば各種の検査のような一定の医的侵襲行為を実施しながら段階的に確立していくことになり，したがって，医療契約締結のための法定代理権を有効に機能させるためには，少なくとも医療機関側の債務の確定に最低限必要な程度の医的侵襲に対する同意権を法定代理人に認めていく必要があるからである（上山134-135頁）。

476　〔新井〕

第 3 節　行為能力　　　　　　　　　　　前注（§§ 7-21）　III

　次に，立法論として，7 条の 2 として「成年被後見人が，医療について承
諾する能力を有しないと認められる場合には，裁判所は，成年後見開始審判
に際して，成年後見人に医療に関する代諾権を与えることができる。ただし，
医療行為が成年被後見人の生命の危険または重大な後遺症を伴うおそれがあ
る場合には，成年後見人は，裁判所の許可を得なければならない。」という
規定の新設を提案するものがあるが，この場合には通常の行為能力と同意能
力とは明確に区別すべきであり，法律行為を有効になしうるための判断能力
と，医的侵襲により自分にいかなる利益および不利益が及ぶのかを判断しう
る能力とは明確に区別されなければならない，との解説を付している（田山
輝明「本編の課題と日本の成年後見制度──障害者権利条約との関連で」同編著・成年後
見人の医療代諾権と法定代理権〔2015〕52 頁）。

　医療従事者として医療同意権を絶対に容認しないという見解がある。現在
の成年後見制度の下で，成年後見人等に排他的な代諾権を与えることには絶
対に賛成できない，と主張する。成年後見人は，被後見人のあらゆる経済活
動について同意権・取消権を持ち，ほとんどあらゆる法的権限について代理
権を持っており，それに対する監視が全く不十分であり，そうした状況で，
被後見人の生殺与奪の権限まで与えるということは，被後見人の権利擁護の
観点から容認しがたいといわざるを得ないからである（齋藤正彦「日本におけ
る医療側から見た成年被後見人の医療同意」田山編著・前掲書 136-137 頁）。

　以上，立案担当者，そして学会，職能団体，研究者，医療関係者の代表的
な立場を紹介してきた。これらを踏まえて今後の方向はどのようにあるべき
か。

　成年後見人の医療同意権については，海外ではほぼあまねく法制が整備さ
れている（海外法制については，リーガルサポート・前掲「医療行為」45-55 頁，田山
編著・前掲書 54-193 頁が有益である）こと，わが国では医療同意権がないといっ
ても，既述のように実際の医療現場においては同意を求められて混乱が生じ
ていること（成年後見法学会・前掲「法定後見」18-19 頁），そして裁判所からも
「本人に対する適切な医療行為の施行，後見事務および医療現場の混乱の防
止などの観点から，立法化の方向に向かうべきである」と指摘されているこ
と（坂野征四郎「家庭裁判所における成年後見事件の 10 年の運用と展望」実践成年後見
33 号〔2010〕56 頁。なお，居所指定権についても医療同意権と同様の問題性を孕むが，

〔新井〕　477

前注（§§7-21）IV

紙幅の関係でここでは言及しない。立案担当者の見解については，小林＝原269頁参照）等を踏まえて，法整備に着手すべきではないか。成年後見人に医療同意権がないというのは法務省の有権解釈にすぎない。国民生活にこれほど大きな影響を及ぼす問題の規律について有権解釈がこのまま維持されるのは決して好ましいことではない。齋藤説が懸念するような成年後見人の利益相反，権限濫用等については十分な目配せをしつつも，成年後見人の医療同意権を承認する立法化に向けて前進すべきである。

IV　今後の方向性～横浜宣言の意義～

　今後のわが国の成年後見制度は，横浜宣言が有力な指針となるべきである（横浜宣言に関する邦語文献としては，新井誠「『横浜宣言』と成年後見制度の改革」ジュリ1415号〔2011〕2-7頁，赤沼康弘「成年後見制度に関する横浜宣言」実践成年後見36号〔2011〕122-128頁がある）。

　横浜宣言は，日本成年後見法学会がその総力を結集して2010年（平成22年）10月横浜にて開催した第1回成年後見法世界会議の成果をまとめて，世界に向けて発したものである。横浜宣言は成年後見法分野における世界初の宣言である。宣言は「前文」，「世界の課題」，「日本の課題」の3つのパートから成る。

　「世界の課題」において特に重要なことは，2000年（平成12年）1月13日のハーグ国際私法会議「成年者の国際的保護に関する条約」および障害者権利条約の指導原理と条項に賛意を表している点である。すなわち，横浜宣言は同条約の理念・精神に立脚してまとめられているのである。これを受けて，「日本の課題」において横浜宣言は3点にわたる提言について述べている。

　(1)　現行成年後見法の改正とその運用の改善

　　ここでは成年後見制度施行後の経験を踏まえて法改正と制度運用の改善を求めている。

　(2)　公的支援システムの創設

　　成年後見制度は，利用者の資産の多寡，申立人の有無等にかかわらず「誰でも利用できる制度」として位置づけられるべきであり，そのためには行政が成年後見制度全体を公的に支援することが不可欠であり，こ

第3節　行為能力　　　　　　　　前注（§§7-21）　IV

のような公的支援システムは「成年後見の社会化」を実現するものであって，行政による支援システムの創設が提言されている。

(3)　新たな成年後見制度の可能性

現行成年後見法の枠内にとどまることなく，常に新しい理念を求めてさらなる発展の可能性が模索されるべきであると提言されている。

これら3点の提言の優先順位は，第1に(2)公的支援システムの創設，第2に(1)現行成年後見法の改正とその運用の改善，第3に(3)新たな成年後見制度の可能性という順序になる。なお，横浜宣言は2016年（平成28年）9月16日に改訂され，その基本理念が一層強化され，成年後見の最新のあり方を世に問うものとなっている（その邦訳として，新井誠「〔資料〕横浜宣言（2016年改訂版）」実践成年後見65号〔2016〕7-10頁がある）。

2016年（平成28年）4月8日に「成年後見制度の利用の促進に関する法律」（同法については，新井誠「成年後見制度利用促進法と円滑化法の意義」実践成年後見63号〔2016〕3-11頁）が成立した。この法律は横浜宣言の理念を実現しようとしているものであるが，同法の制定によって本稿において指摘したような問題点が改善されて，成年後見制度がわが国社会においてその役割を遺憾なく果たすことが期待される。

なお，政府は同法に基づいて2017年（平成29年）3月24日に成年後見制度利用促進基本計画を閣議決定した。わが国の成年後見制度はこの基本計画に依拠しながら展開していくこととなる（基本計画の位置づけについては，新井誠「成年後見制度利用促進基本計画の理念と具体化の方途～素描的検討～」実践成年後見69号〔2017〕55-63頁）。

成年被後見人等の一律の権利制限を見直す「成年被後見人等の権利の制限に係る措置の適正化等を図るための関係法律の整備に関する法律案」（成年後見制度適正化法案）は，2018年（平成30年）3月13日付で第196回国会に提出されたが，継続審議となった。

〔新井　誠〕

§7 I   第1編　第2章　人

（後見開始の審判）

第7条　精神上の障害により事理を弁識する能力を欠く常況にある者
　　については，家庭裁判所は，本人，配偶者，4親等内の親族，未成年
　　後見人，未成年後見監督人，保佐人，保佐監督人，補助人，補助監
　　督人又は検察官の請求により，後見開始の審判をすることができる。

　　　〔対照〕　フ民 425・430・440 III・446，ド民 1896，ス民 390
　　　〔改正〕　本条＝昭 22 法 61・法 222・昭 23 法 260・平 11 法 149 改正

細　目　次

I　本条の趣旨 ……………………………480	保佐人，保佐監督人，補助人，補助
II　後見開始の審判が有する意味 …………481	監督人 ………………………………487
1　成年後見制度の目的………………481	(2)　検察官 ……………………………488
2　成年後見制度と権利能力，意思能力，	(3)　市区町村長 ………………………488
行為能力との関係………………………482	3　後見開始の審判の対象となる者の判
3　成年後見制度と判断能力が低下した	断能力………………………………………489
人に対する支援のあり方…………………484	(1)　事理弁識能力を欠く常況にある者 …489
4　成年後見制度の仕組み……………486	(2)　鑑　定 ……………………………490
III　後見開始の審判 ── 手続と内容 ………486	(3)　判断能力の低下がより軽度と認定
1　後見開始の審判……………………486	された場合 …………………………492
2　後見開始の審判を請求することがで	4　後見開始の審判は必要的か…………492
きる者……………………………………487	IV　後見開始の審判前の保全処分など ……493
(1)　本人，配偶者，4親等内の親族，	V　成年後見制度の意義と課題 ……………493
未成年後見人，未成年後見監督人，	

I　本条の趣旨

　成年後見の支援は本条に基づく後見開始の審判によって開始する（838 条 2
号）。本条は，成年後見制度における法定後見の 3 類型の 1 つである成年後
見類型の開始について，精神上の障害により事理を弁識する能力を欠く常況
にある人を支援するために，法定された者，すなわち本人，配偶者，4 親等
内の親族，未成年後見人，未成年後見監督人，保佐人，保佐監督人，補助人，
補助監督人または検察官が家庭裁判所に対して請求することにより，家庭裁
判所が後見開始の審判をすることができること，を定めている。

　成年後見制度は，判断能力が低下した人（自然人）の財産管理や身上監護
の事務を支援することを目的として，1999 年（平成 11 年）の「民法の一部を

480　〔小賀野〕

改正する法律」（平成 11 年法律 149 号）（以下，同法および同法によって改正された民法を「新法」あるいは「成年後見法」ともいう）によって導入された（2000 年〔平成12 年〕4 月施行。以下「新制度」ともいう）。成年後見制度の前身は明治民法典が導入した禁治産・準禁治産制度（以下「旧制度」ともいう）である（旧制度については注民(1)195 頁以下〔鈴木ハツヨ〕参照）。新制度は新しい理念のもとに支援の方法および内容を根本的に改めた（→前注（§§7-21））。このことから成年後見の呼称は新制度にのみ用いることが適切であろう。

　法制度の歴史をみると，成年後見制度は日本の第 3 の法制改革期に位置づけられている（星野英一・民法のすすめ〔1998〕214 頁参照）。新法が施行された2000 年 4 月，社会福祉分野では介護保険法が施行され，また，同年 6 月に改正社会福祉法が施行されている。また，成年後見問題に関する民法のあり方として，人間尊厳の思想に基づいて対応することの重要性が指摘された（米倉明「高齢者問題と法——現代法の根本原則」タートンヌマン 4 号〔2000〕1 頁以下参照）。成年後見制度は，これらの介護保険制度導入や社会福祉サービスにおける「措置から契約へ」の変化において要請される，権利保障あるいは権利擁護という重要な機能を担っているのである。もっとも，措置制度が従来担ってきた後見的関与の重要性や実績は看過されてはならず，新しい制度のもとにおいても十分に活かさなければならない。

II　後見開始の審判が有する意味

1　成年後見制度の目的

　人は判断能力が低下すると，ものごとの意味や自らの行為の意味を理解することが困難となり，意思決定あるいは意思表示を適切に行うことができなくなる。成年後見制度は判断能力の低下した人を支援することを目的とする民法の制度である。そこでの支援は主として，法律行為あるいは意思表示についての同意，取消し，あるいは代理の各方法を用いる。成年後見制度の目的は，民法における意思表示論，あるいは法律行為論の基礎にある能力に関する基本的考え方を基礎にしている。

　成年後見制度とはどのような制度か。地域包括ケアシステムなど高齢，障害等により心身の機能が低下した人を救済する類似の制度が存在するなかで，

〔小賀野〕　481

§7 Ⅱ
第1編　第2章　人

どのような機能を果たすことが期待されているか。以下，項目を替えて検討する。

2　成年後見制度と権利能力，意思能力，行為能力との関係

　民法は「私権の享有は，出生に始まる。」と定め（3条1項），全ての人に権利を取得し得る能力，すなわち権利能力を認める（権利と義務は表裏の関係にあるので，権利能力は義務を負い得る能力でもある）。ここに私権と称される権利とは，私的権利をいい，財産権，人格権，身分権等がこれに当たる。なお，胎児は権利能力を有しないが，損害賠償請求権（721条），相続（886条），遺贈（965条）については生まれたものとみなされる（外国人については3条2項参照）。

　以上は，近代法（民法）の基本的考え方を法律に明記し，全ての人が平等に権利の主体になることを宣言したものである。他方，民法は法律行為を有効に行うためには，その人に意思能力がなければならないとする。意思能力は当該法律行為について「あるかないか」で判断される。意思能力があれば当該意思表示（あるいは意思表示を要素する法律行為）は有効となり，意思能力がなければ無効となる。このことは民法典に明記されていなかったが，平成29年改正法では明記された（3条の2。ただし，改正法でも意思能力の概念の定義はされていない）。意思能力を必要とする考え方は近代法の私的意思自治の原則に基づくものである。

　学説は，意思能力とは自らの行為の意味を理解する能力，あるいはその行為のミニマムの結果を理解する能力をいい，正常な認識力と予期力を含むものと解されている（我妻60頁以下，米倉明・プレップ民法〔5版，2018〕176-177頁参照）。また，意思能力の有無は各人の個別の法律行為について具体的に判断される（意思能力の相対性という）。判例もこのような理解に立つものと思われる。

　ところで，意思能力のない行為を無効として扱うことで行為者の予期しなかった損害を回復させるなど行為者の救済を図ることができるが，無効として扱うためには行為時に意思能力のなかったことを立証することが必要である。また，判断能力の低下が要因となり例えば詐欺の被害に遭った場合には，その行為を取り消すことによって無効にすることができるが，ここでも詐欺に遭ったことについての立証が必要になる。これらの立証はしばしば困難である。そこで民法は，判断能力が未熟（未成熟）な人，あるいは判断能力が

482　〔小賀野〕

第3節　行為能力　　　　　　　　　　　　　　　　　　　　　　　§7　**II**

低下した人が法律行為を適切に行うことを可能にするために，画一的に保護・支援する仕組みとして制限行為能力（者）制度（行為能力（者）制度）を導入した。ここでは，法律行為の支援の方法として，行為者の行為能力を制限する（制限行為能力）という法律技術を用い，例えば代理権（法定代理権），同意権あるいは取消権の各方法を用意している。制限行為能力（者）制度には未成年者制度（親権，未成年後見）と成年後見制度がある。制限行為能力（者）制度は判断能力が十分でない人の身上監護と財産管理の事務を保護・支援し，同時に，取引における予測可能性を高めることによって取引の動的安全にも配慮したのである。

　民法は従来，意思能力・行為能力が十分でないと考えられる人を行為無能力者と称したが，新法は制限行為能力者と改めた。旧制度のように行為能力がない（行為無能力あるいは無能力）とすることは，用語としても法制度のあり方としても適切でないとする考え方に基づく。制限行為能力者には，未成年者（18歳未満の者），成年後見の支援を受ける者（成年被後見人・被保佐人・被補助人）の2つの態様がある。

　以上述べてきたように，民法は一方では，全ての人に権利能力を付与し，権利の主体としての地位を認め，他方では，意思能力がなければその行った行為は無効であるとしている。近代私法制度は，意思能力がありものごとを合理的に判断することができる人（合理人）を標準として構築されている。そのために民法制度は手続や内容において全体的に厳格になっており，判断能力が低下した人はもとより，判断能力に不安を感じる程度の人にとっても利用しにくいものになっていることは否めない。成年後見制度は，このような合理人を標準とする近代私法制度（原則的制度）のもとにおいて，そこで生じる問題点を調整する機能を担うもの（いわば例外的制度）と位置づけることができる。

　私法による一般的規律の基礎として私的意思自治の原則を採用する民法では，個人の判断能力の低下という事態に適正に対応することが必要である。本条に続く以下の諸規定に共通する問題であるが，成年後見法の規範定立（解釈論，運用論，制度論）にあたっては判断能力が低下した人の生活全般について権利保障の規範を明確にすることが必要である（生活支援に関する制度論，規範論の試みとして小賀野晶一・成年身上監護制度論──日本法制における権利保障と成

〔小賀野〕　　483

§7 II   第1編　第2章　人

年後見法の展望〔2000〕，成年後見実務における試みとして小賀野晶一＝東京社会福祉士会編・社会福祉士がつくる身上監護ハンドブック〔2版, 2016〕）。以上のような考え方は，憲法の保障する基本的人権である生命，自由および幸福追求に対する国民の権利（憲13条）に位置づけることができるものである。

3　成年後見制度と判断能力が低下した人に対する支援のあり方

判断能力が低下すると，金銭の支払など日常生活の遂行が困難になり，また，病気や要介護になった場合に適切に医療や介護を求めることができなくなる。また，生活の全体について，詐欺等の財産被害を受け易くなるなど，生活に対する危険（リスク）が高まる。成年後見制度は以下にみるように，精神上の障害による事理弁識能力の低下を実体的要件とし，また家庭裁判所の審判（法定後見），あるいは当事者間の契約（任意後見）を手続的要件として，本人の財産管理や身上監護に関する事務を第三者が支援することを内容としている。

成年後見制度における財産管理および身上監護の支援は，法律行為における支援であり，とりわけ契約の方法を通じて本人の自律的な活動を保障するものとして機能している。

7条が定める後見開始の審判は，判断能力が低下した人について成年後見制度の支援を開始するかどうかを，本人を含む関係当事者の申立てによって司法機関である家庭裁判所が判断する。ここに，判断能力が低下した人に対する民法・成年後見制度の権利保障（権利擁護）の思想と技術を認めることができる。成年後見制度が社会的に存立することができるのは，この制度が支援の要所に家庭裁判所による後見的関与と権利保障を求めていることにある。このことは制度に対する社会的信頼を確保するとともに，制度の手続をより厳格に捉えるものでもある。

判断能力が低下した人に対する支援のあり方としては，各人の判断能力低下の原因や性質，その程度等を考慮して個別的に対応することが理想的である（個々の患者の症状に応じて治療を行う医療行為が参考になる）。しかし，こうした個別的対応を一般法である民法の制度として導入することは，制度のあり方としてはやや無理があり，実際上も人的，物的に限界がある。また，財産管理については旧制度の禁治産・準禁治産制度で培った経験もあり，ある程度の類型化が可能であるとの考え方のもとに，法定後見における能力低下の

484　〔小賀野〕

第3節　行為能力　　　　　　　　　　　　　　　　　　§7　**II**

程度を3類型に分類している。これは画一的対応と個別的対応の双方を考慮したものといえる。しかし，成年後見制度を財産管理と身上監護を要素とする生活の支援と捉えると，類型化はどうしても限界があろう。制度の運用にあたっては類型化の限界を認識し，実効的な支援をするために可能な限り弾力化を図ることが望まれる。

　この問題に関する議論の経緯をみると，1999年（平成11年）12月の民法一部改正前に，立法論を中心に複数の研究成果が公表されている。法務省民事局に設置された成年後見問題研究会（座長・星野英一）は類型論（成年後見問題研究会編・成年後見問題研究会報告書〔1997〕）に（この成果は法制審議会における審議の基礎とされた），民間の高齢者財産管理法学研究会（座長・米倉明）は一元論に依拠した（米倉明編・成年後見法（私案）〔1998〕）。

　比較法的には，日本民法における旧禁治産・準禁治産の2類型の制度は，フランス民法における類型論を参考にした。フランス民法は1968年改正により，後見（tutelle），保佐（curatelle）に加え，新たに裁判所の保護（sauvegarde de justice）の3類型の制度を導入した。日本の1999年民法改正はこの改正についても参考にし，新たに3類型の方法を採用したのである。ちなみに，ドイツ民法は後見・保佐等の類型論ではなく一元論を採用する。ドイツは，日本の成年後見法に相当する世話法（Betreuungsrecht）がドイツ民法典の一部改正により，1992年1月に施行された。世話法はその後3度の改正（1999年，2005年，2009年）を経て現在に至る（2011年に民法1908b条〔世話人の解任〕，2013年に同1906条〔収容に対する世話裁判所の許可〕，2014年に同1908f条〔世話協会の認可〕の文言等の改正がある）。現行法は2009年9月1日に施行された第3次世話法改正法である（沿革・比較法研究については米倉明ほか「成年後見制度の検討」ジュリ972号〔1991〕12頁以下，須永醇編・被保護成年者制度の研究〔1996〕109頁以下，新井誠・高齢社会の成年後見法〔改訂版, 1999〕，同・財産管理制度と民法・信託法〔1990〕，田山輝明・成年後見法制の研究(下)〔2000〕，同・続・成年後見法制の研究〔2002〕319頁以下，同・成年後見読本〔2版, 2016〕174-230頁，同編著・成年後見——現状の課題と展望〔2014〕107-164頁，新版注民(25)489頁以下〔神谷遊〕など多くの論考が蓄積している）。また，成年後見法あるいは類似の法は，フランス，ドイツのほか，ヨーロッパやアジアの諸国・地域にもみられ，また新たに導入されてきた。海外の動向を一括することはできないが，財産管理に加え身上監

〔小賀野〕　　485

§7 Ⅲ   第1編　第2章　人

護の支援に重点がおかれ，ここで医療同意を扱うものもある。

4　成年後見制度の仕組み

　成年後見制度は法定後見と任意後見の2つの仕組みから成る。このうち法定後見は民法典によって規律され，成年後見，保佐，補助の3類型の支援が提供される（本稿は主として法定後見を扱う）。

　法定後見における3類型はそれぞれに類型としての特徴を有するが，現行制度の解釈論では3類型を成年後見制度として統一的に捉えることも必要である。保佐類型における代理権付与，補助類型における同意権付与，代理権付与など，民法典の条文の配置も成年後見制度の関係規定を準用しており，統一的な理解に親しむ。

　法定後見の成年後見類型は，これらの3類型のうち，能力低下の程度が最重度の人を支援するものである（保佐，補助がこれに続く）。なお，成年後見のみ「成年」が付き，保佐，補助に「成年」が付いていないのは，未成年後見の制度と区別するためである（未成年者には保佐，補助の制度はない）。したがって，文脈上，「成年」を付けなくても成年後見であることが容易にわかる場合には，「成年」を付けず，後見類型と略されることも多い。判断能力が低下した人に対する民法の支援は，家庭裁判所による法定後見の各類型に係る開始の審判によって開始する（本条のほか，保佐につき11条，補助につき15条）。そして，それぞれの支援の内容は法律に定められている。このように法定後見は法定制度であり，任意後見が任意制度として支援の内容が当事者の契約によって特定されることと異なる。なお，成年後見制度の支援については民法の親族編にも規定が置かれているので，本稿でも適宜とりあげたい（→§8 Ⅳ，§9 Ⅴ，§13 Ⅵ，§17 Ⅲ。詳細は親族編の各規定の注釈に譲る）。

Ⅲ　後見開始の審判──手続と内容

1　後見開始の審判

　法定後見制度は後見開始の審判によって開始する（838条2号）。審判という家庭裁判所の手続を必要とすることにより，判断能力が低下した人の権利保障を図る。司法機関である家庭裁判所の関与はこの制度の信頼性を高めている（後見等の開始のほか，任意後見監督人の申立て，審判前の保全処分，申立ての取

第3節　行為能力　　　　　　　　　　　　　　　　　　　　　§7　**III**

下げなど成年後見実務を概観するものとして篠原康治「第9回　成年後見事件の審理」曹
時67巻1号〔2015〕1頁）。

　後見開始の審判は以下2に述べるように，一定の者の請求を受けて行わ
れるため，民法典はこの意味での裁判所の職権主義を採用していない。他方，
家庭裁判所は後見開始の審判をするときは，職権で，成年後見人を選任する
（843条1項）。

　家庭裁判所に審判の請求をすることができるのは，民法7条，11条，13
条2項，15条1項のほか，17条1項，876条の4第1項または876条の9
第1項に基づく場合である。なお，成年後見には，未成年後見における指定
後見人（839条）の仕組みはないが，本人は自らの意思でその欲する者と任
意後見契約を締結することにより，任意後見制度の支援を選択することがで
きる。

2　後見開始の審判を請求することができる者

　後見開始の審判を請求することができる者，すなわち審判の申立人（請求
者ともいう）は，本人，配偶者，4親等内の親族，未成年後見人，未成年後見
監督人，保佐人，保佐監督人，補助人，補助監督人または検察官である。成
年後見制度において審判の請求をすることができる者の範囲は広いが，ここ
に成年後見制度によって支援されるべき者が制度の外に放置されないように
との立法者意思が認められる。保佐，補助の類型も後見類型と同じ考え方を
している（→§11 **III** 2，§15 **III** 2）。

(1)　本人，配偶者，4親等内の親族，未成年後見人，未成年後見監督人，保佐人，保佐監督人，補助人，補助監督人

　成年後見は本人の権利・利益（人権）を保障するための制度であるから，
本人が申立人とされていることは当然であろう。

　また，配偶者のほか，一定範囲の親族がここに加わっている。親族は4親
等内とされその範囲は広い。成年後見実務では，審判の請求をすることがで
きる親族がいる場合にはその者の意向を確認しているが，これが常態化する
と支援のための迅速な対応に欠けることがある。

　さらに，未成年後見人，未成年後見監督人，保佐人，保佐監督人，補助人，
補助監督人は，現行法に基づき制限行為能力者の保護・支援を担う者であり，
そのような立場から申立人となっている。ここでの審判の請求は，それぞれ

〔小賀野〕　　487

§7 Ⅲ   第1編 第2章 人

が現に担っている支援に含まれるものである。後見類型について，保佐人，保佐監督人，補助人，補助監督人は，それぞれ自らが支援または監督している者が判断能力をさらに低下させ，事理弁識能力が欠けた常況になった場合には，後見開始の審判を求めることができる。

(2) 検 察 官

　検察官は公益の代表者として成年後見制度に関与する。検察官は旧制度においても申立人の一人であったが，請求の実績がほとんどなかったため，改正時の議論では検察官は申立人から除外すべきであるとする意見もあった。検察官の成年後見制度への関与状況は新法のもとでも変わらないが，若干の運用例が報告されている。今後，検察官には，例えば虐待が疑われる事例，消費者被害の発生が懸念される事例などについて，とりわけ事前の被害防止のために積極的な役割が期待される。

(3) 市区町村長

　新制度は民法の規定に基づく申立人に加え，地方自治体の首長である市区町村長による審判の請求，すなわち市区町村長申立てを認めている。これは老人福祉法，精神保健及び精神障害者福祉に関する法律（精神保健福祉法），知的障害者福祉法の各法律に根拠を有する。すなわち，審判の請求をすることができる要件として，老人福祉法32条は「65歳以上の者につき，その福祉を図るため特に必要があると認めるとき」，精神保健福祉法51条の11の2は「精神障害者につき，その福祉を図るため特に必要があると認めるとき」，知的障害者福祉法28条は「知的障害者につき，その福祉を図るため特に必要があると認めるとき」と定めている。区長申立ては東京都の特別区について認められる（自治281条の2参照）。例えば，65歳未満の高次脳機能障害を負った者はここに入らないから，その者に身寄りがなければ申立人として検察官の登場が期待される（新井＝岸本91頁）。

　市区町村長申立ては旧制度になかった仕組みであり，後見制度に対する行政の関与を求めるものである（保佐，補助も同じ）。新制度は民法の制度として，判断能力が低下した人を地域社会のなかで支援することをめざしており，ここでは民法と社会福祉との連携を必要としている。これは地域で生活する人々と民法との新しい関係を求めるものである（社会福祉士及び介護福祉士法47条参照）。

488　〔小賀野〕

第 3 節　行為能力　　　　　　　　　　　　　　　　　　　　　　　§7　**III**

　学界では，成年後見問題は伝統的な私的問題にとどまらないと捉え，あるいは公的問題として捉えようとするものがある（田山輝明「公的成年後見」同編著・成年後見——現状の課題と展望〔2014〕1 頁以下，水野紀子編・社会法制・家族法制における国家の介入〔2013〕参照）。また，民法における家族のあり方が問われる問題である（大村敦志・家族法〔3 版，2010〕252 頁以下）。民法の制度として構築された成年後見制度は，家族と他人，家族と地域との関係を問い，民法と社会福祉の関係，私と公との関係，それらの協働（公私協働）のあり方を問うている。例えば，成年後見制度と，社会福祉協議会が事業主体となり全国各地で実施されている日常生活自立支援事業との連携のあり方を明らかにすることは有益であろう。

　「成年後見関係事件の概況——平成 29 年 1 月〜12 月」（最高裁判所事務総局家庭局）によると，市区町村長申立ては 7037 件で過去最高になった（前年比 8.8％増）。増加傾向にある背景として，独居高齢者，家族に頼ることができない高齢者の増加があり，虐待を疑わせる事例など困難事例の存在などを指摘することができる（ちなみに，本人の子が 9641 件で第 1 位（全体の約 27.2％），本人 5048 件，その他親族 4459 件，本人の兄弟姉妹 4357 件と続く）。

3　後見開始の審判の対象となる者の判断能力

(1)　事理弁識能力を欠く常況にある者

　後見開始の審判の対象となる者は，精神上の障害により事理を弁識する能力（事理弁識能力）を欠く常況にある者である。なお，後見類型は旧制度の禁治産に相当するところ，禁治産は心神喪失の常況にあることが要件とされていた。事理弁識能力を欠くことと心神喪失は，能力低下の程度においてほぼ同じ状況にあるものと捉えられている。本制度は制度の支援を受ける者について精神上の障害に着目しており，身体上の障害は制度の対象外である。

　事理弁識能力とは，ものごとの意味あるいは自らの行為の意味を理解する精神的能力をいう。その特徴として例えば，①日常の買物を自分ではできず，誰かに代わってやってもらう必要がある，②家族の名前，自分の居場所等が分からなくなっている，③完全な植物状態にある，などの指標が示されている（一問一答成年後見 91 頁。能力論の文献として前田泰・民事精神鑑定と成年後見法〔2000〕，新井誠＝西山詮編・成年後見と意思能力〔2002〕，熊谷士郎・意思無能力法理の再検討〔2003〕参照）。成年後見制度を発動させる事理弁識能力は意思能力と

〔小賀野〕　489

§7 III   第1編　第2章　人

は区別される概念であり，不法行為において問題となる事理弁識能力とも異なるものである（我妻60頁以下）。

　民法の規定では，成年後見開始の要件である事理弁識能力の低下は，「精神上の障害」によって生じたこととされている。精神上の障害は第1に，認知症，知的障害あるいは精神障害などによってもたらされる。認知症，知的障害あるいは精神障害が直ちに後見，保佐，補助の要件になるものではなく，鑑定や診断により事理弁識能力の低下が認められ，成年後見制度による支援が必要であると家庭裁判所によって認められることが必要である。精神上の障害は第2に，交通事故その他の事故が契機になって生じることもあり，例えば植物状態や高次脳機能障害，その他の後遺症を残した場合に問題になる。第1と第2の原因が重なることもある。

　他方，飲酒（アルコール），服薬等によって事理弁識能力が低下しても，それが一時的なものであれば精神上の障害に当たらず，本条の要件を充たさない。

　意思能力と事理弁識能力とは異なる概念であるが，両者は密接に関連している。財産に関する取引の能力をみると，事理弁識能力が欠けた常況にある場合には，意思能力も認められない場合が多いであろう。

　成年後見制度の対象となっていない場合には原則に戻り，民法の意思表示・法律行為の制度に基づいて処理される。ここでは行為時に行為者の判断能力が低下していたことの立証責任は行為者にあり，意思能力がなかったことを立証することができれば当該行為は無効になる。また，詐欺または強迫によって意思表示をしたことを立証することができれば，その行為を取り消すことができる（平成29年改正では錯誤の効果は無効から取消しに変更された）。しかしながら，それぞれの立証は事案によっては困難であり，また煩瑣である。また，必ずしも立証に成功するとは限らない。ここに画一的な対応を可能にする制限行為能力制度の必要性がある。画一的対応は同様の状況にある人を公平に支援することに資するものであり，同時に取引安全にも資するところがある。

(2)　鑑　　定

　後見類型の要件である本人が事理弁識能力を欠く常況にあるかどうかについて，家庭裁判所は原則として医師の鑑定を参考にして判断する（家事119

490　〔小賀野〕

第3節　行為能力　　　　　　　　　　　　　　　　　　　　　§7　Ⅲ

条1項）。また，本人の心身の障害によりその者の陳述を聴くことができない
ときを除き，成年被後見人となるべき者の陳述を聴かなければならない（家
事120条1項）。成年後見実務では，事故による植物状態患者など事理弁識能
力を欠く常況にあることが明確に認められる場合には，鑑定が省略される場
合がある。

　鑑定は，成年後見制度による支援を開始するかどうかを判断する医学的知
見に基づく資料であり，成年後見開始の手続として位置づけられている。医
師であれば専門は問われないが，事案によっては専門医である精神科医が実
施することが望ましい場合がある。鑑定書の書式については，鑑定書および
診断書の書式・標準例が最高裁判所事務総局家庭局によって整理，公表され
ている（「成年後見制度における鑑定書作成の手引」，「成年後見制度における鑑定書書式
《要点式》」，「成年後見制度における診断書作成の手引」）。

　近時は鑑定が省略される事例が増加している（前掲「成年後見関係事件の概
況──平成29年1月〜12月」によると，成年後見関係事件の終局事件のうち，鑑定を実
施したものは，全体の約8.0%〔前年は約9.2%〕である）。家庭裁判所における成年
後見の開始および利用を迅速化することがその理由とされる。しかし，成年
後見は本人の能力低下を要件として開始される制度であり，成年後見開始の
審判を受けると行為能力が制限され，資格制限がなされる（→§8Ⅱ4）こと
を考慮すると，植物状態にあるなど明らかに鑑定を不要とする場合や診断書
で代替し得る場合を除き，鑑定の手続をとるべきであろう。

　なお，鑑定の手続が当事者には心理的，物的に負担があることも事実であ
る。実務が円滑，適切に稼働するためには，より簡易に対面・遠隔双方で使
用可能な能力判定技術の開発，その前提となる能力論に関する医学，心理学
等における解明が望まれる（例えば，文部科学省革新的イノベーション創出プログラ
ム（COI　STREAM）「高齢者の地域生活を健康時から認知症に至るまで途切れなくサポー
トする法学，工学，医学を統合した社会技術開発拠点」，この前身となったCOI-T，平成
25年11月〜平成27年3月（研究代表・成本迅〔京都府立医科大学〕），成本迅編著・認
知症の人の医療選択と意思決定支援〔2016〕参照）。このような研究は法学におけ
る能力論を深化させ，個人の意思とその人をとりまく環境（その人と他者との
関係など）のあり方を明らかにすることに貢献するであろう。

〔小賀野〕　491

§7 III   第1編　第2章　人

(3)　判断能力の低下がより軽度と認定された場合

　当事者が申し立てた類型と異なる鑑定の結果が出た場合，例えば後見類型
への申立てがなされたが本人の判断能力の低下の程度がより軽度と評価され
た場合において，保佐開始あるいは補助開始の要件を充たす場合には，実務
上，家庭裁判所は申立人にその旨を伝えたうえで，申立ての趣旨の変更また
は予備的な申立ての追加を促し，申立人がこれに応じて変更または追加すれ
ば，保佐開始の審判あるいは補助開始の審判をすることができる（小林ほか
編113頁参照）。申立人がこれに応じない場合には，保佐開始あるいは補助開
始の審判をすることができるとする説と，後見開始の審判を却下すべきであ
るとする説がある（同頁）。新法が成年後見の開始を一定の者の申立てに基づ
いて行っていることを重視すれば，当該申立人の意向によるべきことになる。

　4　後見開始の審判は必要的か

　事理弁識能力が欠けている常況が認められる場合に，家庭裁判所は常に後
見開始の審判をしなければならないか，それとも審判をするかどうかの裁量
を有するか。本条は「後見開始の審判をすることができる」と規定しており，
解釈論上の問題になり得る。旧制度でも「宣告ヲ為スコトヲ得」（旧7条・旧
13条）と定められていたが，判例は禁治産宣告について，療費看護の対象に
なり保護の必要が高いこと（旧858条）などを考慮して，心神喪失の常況に
ある以上，裁判所は必ず禁治産宣告をしなければならないと解した（大判大
11・8・4民集1巻488頁）。本判決は，旧禁治産制度のもとで本人を絶対的に保
護しようとする考え方に適合するものであり，成年後見制度において直ちに
参考にすることはできない。なお，当時，旧精神病者監護法，旧精神病院法
のもとで精神障害者の私宅監置が容認されていた（私宅監置は旧精神衛生法〔昭
和25年法律123号〕によって禁止された）ことを，本判決の背景として指摘する
ことができる。

　新法は制度の発動につき旧制度と同様，職権主義を採用していないが，新
たに市区町村長申立てを認め，支援されるべき者を成年後見制度の対象に取
り込もうとしている。成年後見制度の目的，成年後見実務の実績を考慮する
と，民法の実体的要件を具備している場合には後見開始の審判がなされるべ
きであり，審判は必要的（必然的）と解することになろう。要保護・要支援
者に対する民法制度による関与を重視するということでは，前掲大審院大正

492　〔小賀野〕

第3節　行為能力　　　　　　　　　　　　　　　　　§7　IV・V

11 年 8 月 4 日判決と結論において同様になる。

IV　後見開始の審判前の保全処分など

　成年後見による支援を開始するためには家庭裁判所の審判が必要であるが，本人について財産侵害のおそれが高い場合，消滅時効の更新の必要がある場合，医療機関における治療，施設入所の必要性が高い場合など，事案によっては審判がなされる前に第三者による支援を必要とする場合がある。この問題については家事事件手続法が手続上の仕組みを次のように定めている（手続の詳細は金子修編著・逐条解説　家事事件手続法〔2013〕403 頁以下）。

　第 1 に，家庭裁判所（家事 105 条 2 項の場合は高等裁判所。以下同じ）は，後見開始の申立てがあった場合において，成年被後見人となるべき者の生活，療養看護または財産の管理のため必要があるときは，申立てによりまたは職権で，担保を立てさせないで，後見開始の申立てについての審判が効力を生ずるまでの間，財産の管理者を選任し，または事件の関係人に対し，成年被後見人となるべき者の生活，療養看護もしくは財産の管理に関する事項を指示することができる（家事 126 条 1 項）。

　第 2 に，家庭裁判所は，後見開始の申立てがあった場合において，成年被後見人となるべき者の財産の保全のため特に必要があるときは，当該申立てをした者の申立てにより，後見開始の申立てについての審判が効力を生ずるまでの間，成年被後見人となるべき者の財産上の行為（9 条ただし書に規定する行為を除く）につき，家事事件手続法 126 条 1 項の財産の管理者の後見を受けることを命ずることができる（家事 126 条 2 項）。これが後見命令の審判である。

　以上の 2 点については，その規定の趣旨からいずれも家庭裁判所による迅速かつ弾力的な運用が期待される。

V　成年後見制度の意義と課題

　2018 年現在，成年後見制度が導入されて 18 年が経過し，この間に成年後見実務が形成され定着した（最高裁判所事務総局家庭局の「成年後見関係事件の概

〔小賀野〕　　493

§7　Ⅴ

況」が成年後見実務の実績と実態を明らかにする第1級資料である。文献では「実践成年後見」（民事法研究会）各号の特集・論考があり，本稿では一部を除いて逐一引用しないがいずれの論考も参考になる）。

　成年後見制度は旧制度に代わるものとして構築され，身上監護を中心に民法に従来なかった新しい規範を導入している。しかし，制度の利用者数は伸び悩み，所期の目的を達成していない。制度が人々の意識や行動に十分に浸透していないことが最大の理由であろう。関連して，成年後見制度における行為能力の制限，成年後見人に対する包括的な代理権付与，およびそれに伴う資格制限の扱いが取引社会（市場）への参加を制限し社会的な差別をもたらすのではないか，あるいは国連障害者の権利に関する条約（特に12条「法律の前にひとしく認められる権利」。12条の解釈指針については「一般的意見第1号（General comment No. 1)」〔2014〕）に抵触するのではないかなど，成年後見制度そのものに対する疑問や，その支援のあり方が問われている（田山輝明編著・成年後見制度と障害者権利条約──東西諸国における成年後見制度の課題と動向〔2012〕，「特集 障害者権利条約と成年後見制度の課題」福祉労働143号〔2014〕8頁以下，日本成年後見法学会「後見人の職務──障害者権利条約を踏まえた方向性の模索」〔2015〕，同「後見人の職務Ⅲ　障害者権利条約からみた後見人の職務と法改正」〔2016〕などを参照）。

　成年後見制度に関する以上の状況を受け，2016年（平成28年）4月，「成年後見制度の利用の促進に関する法律」が制定された。同法に基づき，2017年3月，成年後見制度利用促進基本計画が閣議決定されている。

　制度のあり方としては，成年後見制度の枠組みを越え，判断能力が低下した人だけでなく，判断能力に不安を感じる人をも広くその対象に含め，判断能力が低下する前から生活の全体を支援する社会システムを構築することも検討課題であろう。認知症高齢者が急増する高齢社会の今日，意思決定支援のあり方とその内容を明確にすることが望まれる。

　成年後見制度については，現行の財産管理中心から身上監護中心に支援の重点を移すことが適切ではないか。この考え方では，現行制度が成年後見人に対して上限のない財産管理権限を認めていることを再考し，消費生活などの日常生活支援を主たる目的とする。日常生活には衣・食，住（住宅の購入，賃貸借，施設入居，ローン等）など，社会福祉・医療その他の生活に関する様々な役務（サービス）の受給等に関する行為が含まれる。そして，財産管理は

第 3 節　行為能力　　　　　　　　　　　　　　　　　　　　　　　　　§7　Ⅴ

身上監護のための財産管理に特化する。家庭裁判所による報酬付与の運用は，身上監護事務の内容を目安にする。以上は，身上監護アプローチのもとに，現行制度の運用等に対して修正を求めるものである。これは，2000 年施行の新制度が身上監護の事務を導入したこと（858 条等参照），身上監護に基づく生活の見守り機能において成年後見実務が相応の実績を果たしてきたこと（「実践成年後見」の各論考参照）を重視し，財産管理については新制度が旧制度の保佐における浪費者保護を支援の対象から除外したことや，新制度導入後の成年後見人の不祥事，これに対処するための成年後見制度支援信託等の導入の経緯などを参考にしている。判断能力が低下した人の財産管理，とりわけ一定額以上の高額財産の管理は原則として，専門機関として実績を有する金融機関に委ねることとし（人生 100 年時代に備えた資産形成も財産管理とともに考慮される），ここでの本人の支援と権利保障は実質的な連携に基づく社会システムを確立することによって行われる。

　以上の大枠の体系のもとに，地域の社会システムを構築することが望まれる。これは，各地域における状況と創意工夫を重視する地域住民本位の社会システム論（生活の根幹に関係する地域福祉論，まちづくり論を含む）であり，法律論としては地域における運用論である。ここでは，成年後見制度のテーマを広く地域社会における生活のあり方の問題として捉え，家族，地域資源の連携，地域の構成団体としての企業の責任（CSR を含む），個人情報の保護と利用など，それぞれのあり方が明確にされる。市民後見人（社会貢献型後見人とも呼ばれる）は現在，税金を投入して養成事業が進められているが，その呼称や研修メニュー等を修正し，地域資源の人材として主として日常生活支援に関与することが期待される。立法論，すなわち国・地方公共団体の法律・条例の制定・改正を要するかどうかは，それぞれの検討において帰納的に明らかにされる。基本的には，法務行政・法務分野と厚生行政・厚生分野との連携のあり方が問われるべきであり，例えば，成年後見制度の支援の方法として用いられる民法の代理権制度を柔軟に運用することができるか，意思表示論では個人意思を厳格に捉え意思能力があれば有効，意思能力がなければ無効とする二者択一の近代私法制度の考え方（近代法の合理人を前提にした合理的考え方）をこのまま維持してよいか，などが要点となる。こうして，成年後見実務の経験に学び成年後見制度のあり方・本質を追求すると，地域の社

〔小賀野〕　　495

§8 I・II　　　　　　　　　　　　　　　　　　　第1編　第2章　人

会システムは成年後見制度を含めより魅力ある制度として多くの人々に進ん
で利用されるのではないだろうか。

〔小賀野晶一〕

　（成年被後見人及び成年後見人）
　第8条　後見開始の審判を受けた者は，成年被後見人とし，これに成
　　年後見人を付する。
　　　〔対照〕　フ民446，ド民1896，ス民390
　　　〔改正〕　本条＝平11法149全部改正

I　本条の趣旨

　本条は，後見開始の審判を受けた者を成年被後見人とすること，この者に
成年後見人を付すること，を定めている。そして，後見類型の支援を受ける
者は成年被後見人，支援をする者は成年後見人という。
　成年後見制度は本人の財産管理や身上監護の事務（成年後見事務）を本人以
外の第三者が支援するものである（→§7 II 3）。後見類型の支援を担う機関の
うち，成年後見人は必置であるが，成年後見監督人は必置とされていない。

II　成年被後見人

1　成年被後見人の権利

　後見開始の審判を受けた者は成年被後見人として，成年後見制度のもとで
支援を受けることができる。すなわち，成年被後見人は，家庭裁判所によっ
て選任された成年後見人および関係者に対して，民法その他の関係法に基づ
き，財産管理や身上監護について一定の支援を受けるべき権利・利益を有す
る。このような権利・利益は憲法の保障する幸福追求権（憲13条）に位置づ
けられるものであろう。
　成年被後見人として支援を受ける原因は，認知症，精神障害，知的障害，
あるいは事故の後遺症など同一でない（→§7 III 3(1)）。成年後見制度による

496　　〔小賀野〕

第3節　行為能力　　　　　　　　　　　　　　　　　　§8　Ⅱ

支援の内容もそれぞれの生活や症状の特徴を考慮することが望まれる。

2　未成年者の扱い

未成年者は年齢が若く学習や社会経験が乏しいことから，一般的に判断能力が未熟である。ここに未成年者制度の存在根拠を求めることができる。しかし，このこととは別に，未成年者が，成年後見（法定後見）制度による支援の要件である精神上の障害により事理弁識能力が低下することがあり得る。この場合において，未成年者は法定後見の各類型の開始の要件を充たすことを条件にそれぞれの類型による支援を受けることができるか。

民法の規定をみると，家庭裁判所の審判の請求権者や，法定後見開始の審判の取消しの請求権者として未成年後見人・未成年後見監督人は法文に掲げられており，また未成年者の親権者は4親等内の親族（親は1親等の親族）として申立権を有する（7条・10条・14条1項・18条1項）。民法の規定は成年後見制度による支援の対象として未成年者を排除していない。実際上も，親権・未成年後見は未成年者を保護する制度であるのに対し，成年後見制度は精神上の障害により判断能力が低下した人を支援する制度であり，両者はその要件，内容，機能を異にしているところがある。

新制度（→§7Ⅰ）について学説は，「本人が未成年の場合に後見開始の審判をする必要は通常ないであろうが，未成年者が間もなく成年に達するような場合には，その必要性があるであろう。未成年者に対し後見開始の審判が行われた場合，その審判は，未成年者が成年に達した時に効力を生じると解してよいであろう。」とするもの（石田（穣）196頁），未成年者もこの制度の対象となるとし，「成人するとともに直ちに成年後見に移行させようとする場合」を例に挙げるもの（新井＝岸本90-91頁）などがある。

なお，旧制度（→§7Ⅰ）において，未成年者は，未成年後見の保護を受けている場合に，成年後見による支援を受けることができるとして誰から受けるかが問題になった。従前の未成年後見人がそのまま成年後見人になるとする見解と，あらためて後見人が選任されるべきであるとする見解があった（注民(1)203-205頁〔鈴木ハツヨ〕）。新法（→§7Ⅰ）の立法担当者は，未成年後見人と成年後見人の概念は区別されており，未成年後見人と成年後見人の併存を認めることが妥当であるとし，「新法の下では，未成年後見人を付された未成年被後見人が後見開始の審判を受けた場合には，家庭裁判所は改めて成

〔小賀野〕　　497

§8　II　　　　　　　　　　　　　　　　　　　　　第1編　第2章　人

年後見人の選任の手続をとる必要がある（未成年後見人と同一人を成年後見人に選任することもできる）ものと解されます。」とする（小林ほか編132頁。大村・読解62-63頁）。

3　事実上の要支援者

　どの地域社会においても，判断能力が低下し成年後見の支援を必要とするが何らかの事情でいまだ成年後見制度の支援を受けていない人が少なからず生活していることが予想される。これらの事実上の要支援者は，民法の成年後見法とは別の制度によって対応することになる。すなわち，行為の効力は，行為時に自らに意思能力がなかったことを立証することができれば無効になるが，証明ができなければ有効のままである。アルツハイマー型認知症のように通常，徐々に判断能力が低下する疾病では，行為時に意思能力がなかったことの立証が困難になることも予測される。この問題に対応するためには，意思能力という法律上の概念を，医学的，科学的な知見を参考に新たな制度のもとに位置づけることが必要になるであろう。

　事案によっては，民法の信義則（1条2項），公序良俗（90条）等の一般条項や，錯誤（95条），詐欺・強迫（96条）など意思表示に関する個別条項が適用される。また，民法の特別法である消費者契約法，特定商取引法等の消費者立法の規定が，民法に優先して適用されることもある。もっとも，ここでも行為者は立証責任を負担する。

　さらに，判断能力の低下を停止条件とする民法の委任契約を締結することができる。ただし，当然のことながら，任意後見契約に関する法律に基づく任意後見制度による支援の要件となるものではない。厚生労働省の資料によると，高齢化の一層の進展により判断能力を低下させる人の増加が予測され（認知症高齢者は2015年に約520万人，2025年には700万人と推計），成年後見制度の支援を拡大するとともに，事実上の要支援者への対応が必要とされている。ここでの問題は保護・支援の対象外にある人の支援のあり方であり，民法の問題である（→§7V，第18巻§858）。

4　成年被後見人の資格制限

　成年被後見人は民法における支援を受けることができるが，他方において一定の行為能力の制限に伴い，一定の職に就くことができない等の資格制限（欠格条項）を受ける。成年後見制度の導入にあたり旧制度下における資格制

第3節　行為能力　　　　　　　　　　　　　　　　　　　　　§8　II

限の一部について整理・解消が行われたが，なお相当数に及ぶ資格制限が存在している（村田彰「特別法との関係」須永醇編・被保護成年者制度の研究〔1996〕73頁以下，同「補助制度と資格制限」東京経大学会誌217号〔2000〕111頁以下，小林ほか編365頁，高村浩・Ｑ＆Ａ成年後見制度の解説〔2000〕473頁などを参照）。確かに，判断能力が低下した人について資格制限を外すことは，実際には困難な場合がある。しかし，最近の考え方は，判断能力が低下し成年後見制度による支援を受ける者について，画一的に資格制限を行うことは問題があるという。これは行為能力を制限する現行制度に対する批判に通ずるものである。

　成年被後見人の資格制限のなかで特に問題とされた選挙権の剥奪については，複数の訴訟が提起された（他にも，欠格条項による公務員の失職に関する訴訟もある）。このうち東京地裁平成25年3月14日判決（判タ1388号62頁）は，成年被後見人は選挙権を有しないと定めた公職選挙法11条1項1号の規定が，憲法15条1項および3項，43条1項ならびに44条ただし書に違反し，無効であるとした（控訴審東京高等裁判所で被控訴人である成年被後見人の選挙権を確認し，訴訟を終了させる旨の和解が成立）。他の裁判所で並行して審理されていた同種訴訟についても，国が訴訟当事者の選挙権を確認し原告らが訴えを取り下げる旨の和解が成立した。そして，同年5月31日公職選挙法が改正され選挙権を剥奪する上記規定は削除された。

　なお，同年6月19日に「障害を理由とする差別の解消の推進に関する法律」（障害者差別解消法）が成立した。同法は平成28年4月1日に施行されており，同法の趣旨を活かすことが必要である。

　成年後見制度におけるその他の資格制限の扱いについても，選挙権に関する裁判例の趣旨を参考にして，これを撤廃する方向で再検討することが課題となっている（成年後見制度利用促進基本計画，および2018年〔平成30年〕3月に国会に提出された「成年被後見人等の権利の制限に係る措置の適正化等を図るための関係法律の整備に関する法律案」参照）。判断能力の低下した人，あるいはこれに準ずると認められる人について，その社会的活動の自由を拡大することは，これからの高齢社会における民法のあり方といえるのではないか。

〔小賀野〕　499

Ⅲ　成年後見人

1　成年後見人の選任

(1)　成年後見人の選任の考慮事情

　成年被後見人には成年後見人が付けられる。成年後見人は家庭裁判所が選任する。成年後見人の選任にあたり家庭裁判所が考慮すべき事情は，次のようなものである（843条4項。保佐人につき876条の2第2項，補助人につき876条の7第2項）。すなわち，①成年被後見人の心身の状態ならびに生活および財産の状況，②成年後見人の候補者の職業・経歴（法人の場合は，その事業の種類および内容），③成年後見人の候補者（法人の場合は，当該法人およびその代表者）と成年被後見人との利害関係の有無，④成年被後見人の意見，⑤その他一切の事情。

　主観，客観ということでは，以上5点のうち①〜③は客観的事情，④は主観的事情といえる。⑤は成年被後見人，家族，財産，後見人の資質など，種々の事情が考えられる。例えば，親族間に紛争や意見の対立がある場合，管理すべき財産が高額である場合，不動産の売買や生命保険金の受領など，申立ての動機となった課題が重大な法律行為である場合，遺産分割協議など後見人等と成年被後見人との利益相反が生じる場合などがある。

(2)　成年後見人の欠格事由

　民法は成年後見人になることができない者（欠格事由）として，①未成年者，②成年後見人等を解任された者，③破産者で復権していない者，④成年被後見人に対して訴訟をし，またはした者，その配偶者および直系血族（親子等），⑤行方不明である者，を掲げる（847条）。いずれの者も形式的あるいは実質的に後見人としてふさわしくなく，後見人としての業務を期待することはできない。ただし，上記欠格事由のうち，現行法が未成年者を一律に欠格事由に掲げていることについては検討の余地がある。なお，2018年（平成30年）6月，成年年齢を20歳から18歳に引き下げる改正民法が成立した（2022年4月施行）。これにより成年後見制度における支援者の範囲が広がることとなった。7条で述べた地域の社会システムのもとでは，支援者を成人に限定している現行制度そのものの妥当性を吟味することになる。

第3節　行為能力　　　　　　　　　　　　　　　　　　　　　　　§8　III

(3) 統　　計

最高裁判所事務総局家庭局「成年後見関係事件の概況」は，成年後見制度の利用状況等の実態を把握するための統計として有用である。

平成29年1月〜12月の同統計によると，成年後見人等（成年後見人，保佐人および補助人）と本人との関係をみると，①配偶者，親，子，兄弟姉妹およびその他親族が成年後見人等に選任されたものが全体の約26.2%（前年は約28.1%）となっている。②親族以外の第三者が成年後見人等に選任されたものは，全体の約73.8%（前年は約71.9%）であり，親族が成年後見人等に選任されたものを上回っている。その内訳は，弁護士が7967件（前年は8050件）で，対前年比で約1.0%の減少，司法書士が9982件（前年は9415件）で，対前年比で約6.0%の増加，社会福祉士が4412件（前年は3995件）で，対前年比で約10.4%の増加となっている。認知症患者等の増加など成年後見の需要の増大に応えるために，近時は地域において市民後見人の養成が進められている（上記統計では289件〔前年は264件〕であった）。

2　複数後見人制度

新法は複数後見人制度を導入し，成年後見人の数は1人に限定せず数人でもよいとしている。そして，成年後見人が数人あるときは，家庭裁判所は，職権で，数人の成年後見人が，共同してまたは事務を分掌して，その権限を行使すべきことを定めることができること（859条の2第1項），家庭裁判所は，職権で，859条の2第1項の規定による定めを取り消すことができること（同条2項）を定める。旧制度は後見人・保佐人の数は1人に限るとしており（旧843条・847条），単純な財産管理の事務についてはそれで対応することができた。しかし，今日，成年後見に関する事務のなかには複雑，困難な事例もあり，このような事務を1人で担うことは負担が大きい。また，新法は成年後見人の身上監護事務として療養看護と生活を掲げる。財産管理と身上監護では事務の性質・内容に違いがあり，それぞれの事務を分担することが望ましい場合がある。この場合，例えば，複数後見人等が選任され，権限分掌として身上監護を後見人A，財産管理を後見人Bが担う場合には，Aは身上監護事務の遂行において財産管理を無視して遂行することはできず，その逆も同様である。このように，相互にチェックが行われることにより，総合的にみてより良い支援を期待することができる。

〔小賀野〕　501

§8 III   第1編　第2章　人

　以上のように，複数後見人による支援は成年被後見人に利益をもたらすものであろう。成年後見実務では，制度の目的を達成するために，上記の意味における成年後見人相互の連携が必要である（小賀野晶一「複数後見の意義と役割」実践成年後見62号〔2016〕6頁以下）。

3　法人後見制度

　法人が成年後見人となることができるかどうかについて，旧制度には明示の規定がなかったため，成年後見人になり得る人に法人が含まれるかどうかが問題になった。新法は，成年後見の支援における多様な需要に応えるために，法人も法定後見人になり得ることを明記した（843条4項）。複数後見人制度において前述したように（一2），虐待など成年被後見人の状況が深刻な場合，あるいは成年被後見人に関して家族が紛争を抱えている場合など，いわゆる困難事例では，個人による後見支援はしばしば支援する側の精神的，身体的な負担が大きくなりがちであり，そのために支援者が得られない場合がある。法人後見はこのような場合に活用されることが期待されている。

　法人後見では，介護等のサービスを提供する法人が自ら後見人になることができるかどうかが問われる。選任の問題として考えると，家庭裁判所は利害関係の有無等を考慮して後見人を選任することができる（843条4項参照）。利益相反のおそれが認められる場合には，選任しないか，選任して後見監督人を付ける（860条参照）かの裁量が与えられていると解される。なお，現在，社会福祉法人社会福祉協議会の一部が法人後見を受任しており，ここでの運用が参考になる。

4　配偶者法定後見人制度の廃止

　旧制度は，夫婦の一方が禁治産宣告を受けたときは他の一方がその後見人になるとした（旧840条。配偶者法定後見人制度）が，新制度はこれを廃止した。

　高齢社会の今日，いわゆる老々介護が日常化し，高齢配偶者のなかには身体的・精神的衰え等から後見人として適切に事務処理をすることができない者もいる。また，配偶者のなかには種々の理由から成年後見人として適任でない者もいる。以上のことを考慮し，本規定は法定後見人としての適任者を選任しようとするものである。

5　成年後見人の選任に対する不服申立て，請求の取下げ

　家庭裁判所による成年後見人の選任に対して，申立人は不服申立てをする

第3節　行為能力　　　　　　　　　　　　　　　　　　　§8　Ⅳ・Ⅴ

ことができない。家事事件手続法は後見開始の審判に対し即時抗告をすることができる旨の規定を置く（家事123条1項）が，成年後見人選任の審判についてはその規定がない。旧家事審判法下の事案であるが，後見開始の審判に対する即時抗告において，後見人選任の不当を抗告理由とすることはできず，抗告裁判所も成年後見人選任部分の当否を審査することはできないと解する高裁決定（広島高岡山支決平18・2・17家月59巻6号42頁）があり，これが一般的解釈とされている（判例民法74頁〔本田晃〕）。

　請求の取下げが認められるかどうかは従来，明確でなかったが，家事事件手続法は後見開始の申立てなど一定の申立てについて，裁判所の許可を得なければ取り下げることができないことを明示した（家事121条）。これは成年被後見人の利益を図る趣旨に基づく。家庭裁判所は，請求の取下げによって成年被後見人の利益が損なわれないかどうかを吟味することになる。

Ⅳ　成年後見人の職務

　成年後見人の職務は，①代理権，②取消権を行使することによって，本人のために財産管理や身上監護の事務を行うことである。なお，成年後見制度では職務と事務は同義と解することができるが，職務の内容を事務ということもできる（→§9Ⅴ）。

　成年後見人は，成年後見の職務が終了するまで，その行った事務を適宜，家庭裁判所に報告しなければならない。家庭裁判所に対する報告は，成年後見による支援が行われている間（成年後見の審判が取り消され，あるいは本人が死亡するまでの間），継続する。家庭裁判所への報告は，家庭裁判所による司法機関としての監督機能を発揮させる契機となり得る。

Ⅴ　親族編の規定から

1　成年後見人の報酬

　成年後見人（さらに成年後見監督人）に支払われるべき報酬は，家庭裁判所による報酬付与の審判によって行われる。すなわち，家庭裁判所は，後見人および被後見人の資力その他の事情によって，被後見人の財産の中から，相

〔小賀野〕　　503

当な報酬を与えることができる（862条）。ここでは事務（財産管理・身上監護）の性質や内容，稼働した期間，被後見人の財産の額や内訳などが総合的に考慮される。保佐人，補助人の各報酬についても同様である（→§12 V，§16 V）。

成年後見人の報酬が本人の財産から支払われることは，この制度が私人相互の関係を規律する民法に位置づけられることからくる特徴といえる。もっとも，報酬の負担が困難な者については，一定の要件のもとに，成年後見制度利用支援事業による報酬助成の制度を利用することができる。成年後見制度の趣旨を考慮すると，一定の要件のもとに公的援助がなされることは民法のあり方としても適切である。関連して，親族後見人・市民後見人の活動に対して無償の扱いが妥当かどうかは，家族や市民による支援のあり方に関する運用上の問題として検討の余地がある。

地域では成年後見実務が形成されており，民法と社会福祉との間に存在してきた厚い壁（行政，学問における縦割りの構造）は成年後見法の分野では崩れつつある（小賀野晶一・民法と成年後見法——人間の尊厳を求めて〔2012〕115頁以下）。運用のあり方として，成年後見活動の成果である報酬についても一種の自己責任を求める民法の伝統的考え方を再考することが望まれる（なお，このような考え方はボランティア精神を推奨し讃えることと矛盾しないと考える）。

2　成年後見人の解任

成年後見人に不正な行為，著しい不行跡その他後見の任務に適しない事由があるときは，家庭裁判所は，一定の者の請求または職権で，解任することができる（846条）。解任は審判によって行われる。このような者に後見人としての事務を任せることはできないからである。成年後見人の不祥事の増加に伴う解任事例もみられる。なお，後見人が違法な行為によって本人に損害を与えた場合には，民事上は安全配慮義務違反，不法行為責任が問題となり，また刑法の背任罪，業務上横領罪等の刑事責任が問われることもある（保佐，補助についても同様。→§12 VI，§16 VI）。刑事責任が認められる場合には，たとえ後見人が成年被後見人と親子の関係にあっても刑罰は免除されず，また量刑上も酌むべき事情にならないと解されている（甲斐克則「成年後見人と刑事責任」田山輝明編著・成年後見——現状の課題と展望〔2014〕239頁以下）。

関係する手続をみると，成年後見人の解任に関する以下の審判に対しては，それぞれ括弧内に定める者が即時抗告をすることができる（家事123条1項4

第3節　行為能力　　　　　　　　　　　　　　　　　　　§9　I

号～7 号）。すなわち，①成年後見人の解任の審判（成年後見人），②成年後見
人の解任の申立てを却下する審判（申立人，成年後見監督人ならびに成年被後見人
およびその親族），③成年後見監督人の解任の審判（成年後見監督人），④成年後
見監督人の解任の申立てを却下する審判（申立人ならびに成年被後見人およびそ
の親族）。

〔小賀野晶一〕

（成年被後見人の法律行為）

第9条　成年被後見人の法律行為は，取り消すことができる。ただし，
　　日用品の購入その他日常生活に関する行為については，この限りで
　　ない。

　　〔対照〕　フ民 473，ド民 104・105・105a
　　〔改正〕　本条＝平 11 法 149 改正

I　本条の趣旨

　本条は，成年被後見人がした法律行為は原則として取り消すことができる
とする。この考え方は旧制度（→§7 I）と同じである。他方，新法（→§7 I）
は成年被後見人の残存能力および自己決定権を尊重しており，可能な限り成
年被後見人の行為を尊重している。このような制度趣旨を重視すると，とり
わけ成年被後見人の日常生活に関する行為については，成年被後見人は単独
で有効な行為をすることができると考えるべきである。そこで本条は成年被
後見人の法律行為のうち日常生活に関する行為については，例外として，取
り消すことができないとしている。その結果，日常生活に関する行為につい
ては行為者が取引界から忌避されることはない。

　成年被後見人が行った法律行為については，本人に不利な内容であること
が考えられるため，一定の救済を図ることが必要である。新制度（→§7 I）
は成年被後見人の自己決定の尊重と，必要かつ相当な他者の関与という 2 つ
の視点を考慮している。

〔小賀野〕　　505

II　取り消すことができる場合（本条本文）

　成年被後見人は行為能力が制限されていることから，成年被後見人の法律行為は原則として，（取り消し得る法律行為として）取り消すことができる（9条本文。例外は同条ただし書に定めがある）。取り消すことができる者は，制限行為能力者またはその代理人，承継人もしくは同意をすることができる者である（120条1項）。なお，成年被後見人が単に利益を得，または義務を免れる行為は，未成年者の規定（5条1項ただし書・2項）を参考にして，取り消すことができないと解すべきである。

　第1に，取り消すことができる法律行為は，これを取り消すことによって初めから無効であったものとみなされる（121条）。取り消されるまでは有効であり，この点が無効と異なる。無効になれば，成年被後見人は当該法律関係から離脱することができる。これに伴う成年被後見人の原状回復の範囲については，その行為によって現に利益を受ける限度で返還すればよい（121条の2第3項）。例えば，現物があればこれを現状で（仮に破損させていたとしても）返還すればよく，また当該金銭を遊興等に費消していれば原則として現に利益を得ていないので返還しないでよい。他方，費消により生活費を節約することができた場合など，現に利益を受けていると認められる場合には，その分を返還しなければならないと解されている。この理屈は分かるが，遊興に費消すれば返還しなくてよく，生活費に費消すれば返還しなければならない，とするのは規範のあり方としては適切でない。本条の趣旨を考慮し，いずれの場合も返還を不要と解すべきではないだろうか。

　第2に，取り消すことができる行為は，取消権者（120条）が追認したときは，以後，取り消すことができない（122条）。取り消すことができる行為の相手方が確定している場合には，その取消しまたは追認は相手方に対する意思表示によって行う（123条）。取消権は，追認をすることができる時から5年間行使しないときは，時効によって消滅する（126条）。行為の時から20年を経過したときも，同様とする（同条）。以上は取消権，追認権の考え方による。成年後見における追認の制度については，20条に規定がある。

　以上のように，成年後見における法律行為の取消しは成年被後見人が行っ

第3節　行為能力　　　　　　　　　　　　　　　　　　　§9　Ⅲ

た（有効な）行為の効力を無効に確定するものであるから，取引の相手方は
無効になることを避け，成年被後見人との取引を警戒することになり，結果
として成年被後見人の行動が制限されるおそれがある。しかし，取消しは，
意思表示の当事者を保護する制度として，民法典制定以来用いられてきた制
度である。ここでの要点は取消権の運用が適切かどうかにある。成年後見で
は，取消権の行使にあたり，当該行為を取り消すことが成年被後見人の利益
になるかどうかを吟味すべきであろう。

Ⅲ　取り消すことができない場合（本条ただし書）
——日常生活に関する行為

　成年被後見人の法律行為のうち，日用品の購入その他日常生活に関する行
為については，例外として，取り消すことができない（9条ただし書）。

　本条ただし書は，成年後見制度における本人の残存能力尊重・自己決定権
尊重の趣旨を明らかにするものである。すなわち，事理弁識能力を欠く常況
にあるということは，常に能力を欠くと同義ではなく，ときに能力が回復す
ることを認める。また，成年被後見人の日常生活行為が取消しの対象となっ
ていては「日常生活に関する行為」という生活の基本に関する取引が制限さ
れるおそれがある（保佐に係る13条1項ただし書・2項ただし書・4項も同趣旨であ
る）。

　「日常生活に関する行為」とは，「本人が生活を営むうえにおいて通常必要
な法律行為」をいい，典型的には法文に明記されている「日用品の購入」
（食料品，衣料品等の購入）のほか，電気・ガス・水道等の支払，それらの支払
に必要な預貯金等の引出し等が挙げられている（一問一答成年後見99頁，小
林ほか編106頁）。

　「日常生活に関する行為」と「日常の家事に関する法律行為」（761条）と
は，どのように整理すればよいか。「日常の家事に関する法律行為」に関す
る先例である最高裁昭和44年12月18日判決（民集23巻12号2476頁）は，
「民法761条にいう日常の家事に関する法律行為とは，個々の夫婦がそれぞ
れの共同生活を営むうえにおいて通常必要な法律行為を指すものであるから，
その具体的な範囲は，個々の夫婦の社会的地位，職業，資産，収入等によっ

〔小賀野〕　507

§*9* III   第1編　第2章　人

て異なり，また，その夫婦の共同生活の存する地域社会の慣習によっても異なるというべきであるが，他方，問題になる具体的な法律行為が当該夫婦の日常の家事に関する法律行為の範囲内に属するか否かを決するにあたっては，同条が夫婦の一方と取引関係に立つ第三者の保護を目的とする規定であることに鑑み，単にその法律行為をした夫婦の共同生活の内部的な事情やその行為の個別的な目的のみを重視して判断すべきではなく，さらに客観的に，その法律行為の種類，性質等をも充分に考慮して判断すべきである」し，他方，「その反面，夫婦の一方が右のような日常の家事に関する代理権の範囲を越えて第三者と法律行為をした場合においては，その代理権の存在を基礎として広く一般的に民法110条所定の表見代理の成立を肯定することは，夫婦の財産的独立をそこなうおそれがあって，相当でないから，夫婦の一方が他の一方に対しその他の何らかの代理権を授与していない以上，当該越権行為の相手方である第三者においてその行為が当該夫婦の日常の家事に関する法律行為の範囲内に属すると信ずるにつき正当の理由のあるときにかぎり，民法110条の趣旨を類推適用して，その第三者の保護をはかれば足りるものと解するのが相当である。」と判示した。

　学説には，「日常生活に関する行為」の範囲をより限定的に解する見解がある。例えば，761条は相手方の取引安全を保護する趣旨であるのに対し，日常生活に関する行為の法理は本人が取引界から忌避されないようにするためであって，その趣旨を異にするとし，「本人の生活に危険を生じさせない程度の日常生活上の軽微なもの」とするものがある（須永醇『『日常生活に関する行為』の法理についての覚書」同・須永醇民法論集〔2010〕43頁）。また，「日常生活に関する行為に当たるかどうかは，成年被後見人がどの範囲で単独に有効に取引を行いうるかという観点から判断すべきであり，日用品の購入に準ずるような，日々の生活を行うのに不可欠と考えられる行為に限られる」とし，「761条にいう日常家事債務よりもはるかに限定的である」するものがある（磯村保「成年後見の多元化」民商122巻4＝5号〔2000〕480頁）。さらに，「本人保護の観点からは，不完全ながらも意思能力を有し，客観的な『生活必需行為』に限定」すべきであるとするもの（河上83頁），「日常家事債務に関しては，かなり高額の取引も含まれうるが，『日用品の購入』はもっと小さな金額のものを念頭に置いている」と解するもの（大村・読解61頁），などがある。

第3節　行為能力　　　　　　　　　　　　　　　　　　　　§9　Ⅳ

成年後見法における本人支援の立法趣旨を考慮すると，上記限定的解釈論の
それぞれの理由は妥当であろう。

また，学説には本条の趣旨をドイツ民法105a条2段と同趣旨と捉え，日
常生活に関する行為については，制限行為能力者であるがゆえの不利益を受
けないことを法律上推定するものと解する見解がある（石田(穣)169頁以下・
198頁）。本人保護を解釈論として一歩進めるものである。

Ⅳ　成年被後見人に意思能力がなかった場合

1　法律行為の二重効

成年被後見人が行為時に意思能力がなかったと認められる場合には，当該
行為は民法の成年後見法の規定による「取り消し得る法律行為」か，意思能
力の規定（3条の2）による「無効の法律行為」かという，法律行為の二重効
の問題がある。判例は意思能力を欠く状態でされた法律行為を無効とした
（大判明38・5・11民録11輯706頁）。旧制度のもとで，意思無能力の場合に，禁
治産者の法律行為の取消しに関する諸規定の類推を示唆する見解があった
（注民(1)211頁〔篠原弘志〕）。他方，意思表示論の原則に立ち戻り，意思能力が
なければ無効とすべきであるとする見解もあり得る。ただし，成年被後見人
は取消しや無効の制度によって利益を受けるべき者であるから，本人保護の
ためにここでの無効の主張は本人側に限って認められるべきであろう（相対
的無効）。このように意思無能力による無効の効果を相対的に解すると，取消
しに類似する。このような考え方は取消権を本人側にのみ与えている現行制
度とも整合する。

2　9条ただし書との関係

9条ただし書が適用されるために当該行為を取り消すことができない場合
に，当該行為時において本人に意思能力がなかったことを証明して無効を主
張することができるか。法律行為論の一般原則を重視すると行為時に意思能
力がないので無効を主張できることになるが，無効の主張を認めると取引相
手方は9条ただし書の規定にもかかわらず確定的に有効とならないために不
安定な状態にある。その結果として，日常生活に関する行為に係る取引を制
限することも生じるが，これでは9条ただし書を設けた趣旨が損なわれる。

〔小賀野〕　　509

§9 Ⅴ   第1編　第2章　人

このことを重視すると，9条ただし書の趣旨は無効の主張を封じるものと解することになる（須永醇「『日常生活ニ関スル行為』の法理——成年後見制度の一局面」内山尚三追悼・現代民事法学の構想〔2004〕3頁以下参照。石田（穣）200-201頁も結論同旨）。

Ⅴ　成年後見人の事務——親族編の規定から

1　代　理　権

　成年後見人は成年被後見人の財産を管理し，かつ，その財産に関する法律行為について被後見人を代表する（859条1項）。後見類型では，成年後見人に対し当然に包括的代理権が付与されており，成年後見人は本人を代理して契約の締結など法律行為を行うことができる。法文の「代表する」は，包括的に代理権が付与されていることと解されている。ただし，後述するように居住用不動産の処分（859条の3），利益相反行為（860条）については，それぞれの理由により代理権の行使が制限されている（→2）。

　859条は858条を受けている。858条は身上監護について生活あるいは療養看護の事務を掲げ，身上監護事務については財産管理事務とともに859条で代理権を付与したものである。成年後見制度における身上監護の支援の方法としての代理権が明文化されたものと解することができる。

　成年後見人の代理権について，立法担当者は「狭義の財産管理を目的とする法律行為（たとえば，預貯金の管理・払戻し，不動産その他重要な財産の処分〔売買，賃貸借契約の締結・解除，担保物権の設定等〕，遺産分割等）に限られず，身上監護（生活または療養看護）を目的とする法律行為（たとえば，介護契約・施設入所契約・医療契約の締結等）も，財産管理との関連性がありますので，これに含まれます。」と述べ（小林ほか編103頁），859条1項の代理権は財産管理の代理権だけでなく，身上監護の代理権が含まれていることを明らかにしている。ちなみに，医療同意のあり方について検討した成年後見センター・リーガルサポート「医療行為における本人の意思決定支援と代行決定に関する報告及び法整備の提言」〔2014〕では，医療同意問題を身上監護の問題として捉え，医療同意の法的根拠として身上監護代理権の概念を用いている。

　　510　〔小賀野〕

第3節　行為能力　　　　　　　　　　　　　　　　　　　　§9　Ⅴ

代理権は本人の利益のために行使されるべき制度である。代理における顕名主義（99条）は，形式的要件にとどまらず実質的にも要求されるものである。

2　代理権行使の制限

(1) 居住用建物等の処分と家庭裁判所の許可

成年後見人は，成年被後見人に代わって，その居住の用に供する建物またはその敷地について，売却，賃貸，賃貸借の解除または抵当権の設定その他これらに準ずる処分をするには，家庭裁判所の許可を得なければならない（859条の3）。

成年被後見人の居住用建物は，同人の生活の基本となる財産である。そこで本条は居住用建物等の処分の適正を図り，住居の確保を保障するため，処分は家庭裁判所の許可を得ることを求めている。この定めは成年後見人だけでなく，保佐人（876条の5第2項）や補助人（876条の10第1項）に準用されている。居住用建物等の処分には，売却（売買）のほか，賃貸，賃貸借の解除または抵当権の設定その他これらに準ずる処分が含まれる。

家庭裁判所は，当該処分が成年被後見人等の利益になるかどうかを考慮して許可の判断を行う。利益には財産上の利益に加え，生活上（後見類型ではさらに療養看護上）の利益が含まれる。

(2) 利益相反行為

成年後見人と成年被後見人との利益相反行為については，成年後見人は特別代理人の選任を家庭裁判所に請求しなければならない。ただし，後見監督人がある場合は，この限りでない（860条。→§8Ⅲ3）。

3　成年後見人に同意権はあるか

新法は本人の残存能力を尊重し，その自己決定権を尊重する考え方に立っているから，成年被後見人の行為について成年後見人に同意権を認める考え方もあり得る（同意権があれば同意権の範囲で取消権を有する）。しかし，第1に，同意権を付与することは，事理弁識能力が欠けた常況にある者が対象となる後見類型の趣旨に沿わない。第2に，実際には事理弁識能力がときに回復することがあり得ることから，事案によっては個別に同意権を付与することが本人の利益に沿うこともあり得るが，事理弁識能力が回復したかどうか，本人の利益に沿うかどうかの判断を個別に行うことはやはり煩雑であり，また

〔小賀野〕　　511

§9 Ⅴ　　　　　　　　　　　　　　　　　　　　　第1編　第2章　人

法的安定性を損なうおそれがある。したがって，成年後見人は同意権を有しないと解すべきである。

　なお，後見人が同意権（さらに取消権）を有するかについて，旧制度において後見人の同意を得た禁治産者の財産的法律行為を取り消すことできるとする見解（通説）のほか，後見人の具体的指示に基づく行為は取り消すことができないとする見解が主張された（注民(1)207頁以下〔篠原弘志〕）。

4　死後の事務

　代理権は本人の死亡によって消滅し（111条1項1号），委任は委任者の死亡によって終了する（653条1号）。

　成年後見人等が本人の死亡後に，死亡届，本人の生前の債務の支払，葬儀代，埋葬代等の支払，相続人の捜索など，いわゆる死後の事務処理を行う権限を有するかが問題になる。

　死後の事務処理のいくつかは，委任終了時の受任者の応急善処義務（874条・654条）として対応することができる。しかし，応急善処事務と解されるかどうかは定かでなく，死後事務の必要性，相当性が認められる場合にはその権限を認めるとともに，希望すれば報酬付与を認めるべきである。以上は，委任や任意後見による支援において「死後の委任」として論じられており，死後事務について当事者の特約がない場合に死後の事務処理を認めたものがある（最判平4・9・22金法1358号55頁）。他方，成年後見人等に死後の事務処理の権限はないとし，報酬を得ることはできないとする考え方もあり得る。以上のように死後の事務処理については不明な点があり，相続制度（その骨格は強行法規である）との関係も残されている。他方，実務における必要性があり，運用上，制度上の改善が望まれていた（松川正毅編・成年後見における死後の事務〔2011〕）。

　2016年（平成28年）4月，第190回国会において，「成年後見の事務の円滑化を図るための民法及び家事事件手続法の一部を改正する法律」が成立した。これによって追加された873条の2の規定は，成年後見人は，成年被後見人が死亡した場合において，必要があるときは，成年被後見人の相続人の意思に反することが明らかなときを除き，相続人が相続財産を管理することができるに至るまで，次に掲げる行為をすることができるとし，①相続財産に属する特定の財産の保存に必要な行為，②相続財産に属する債務（弁済期が到来

512　〔小賀野〕

第3節　行為能力　　　　　　　　　　　　　　　　　　　　　　§9　Ⅴ

しているものに限る）の弁済，③その死体の火葬または埋葬に関する契約の締
結その他相続財産の保存に必要な行為（前2号に掲げる行為を除く）を掲げる。
ただし，③に掲げる行為をするには，家庭裁判所の許可を得なければならな
いとする（本改正では郵便物等の管理，開封・閲覧等に係る860条の2・860条の3の2
か条も追加された）。

　以上のような死後の事務処理は成年後見人の権限として認められたもので
あり，死後の事務を行うことは成年後見人の義務ではなく，成年後見人の裁
量に属すると解すべきであろう。

5　成年被後見人の意思の尊重および心身の状態・生活の状況への配慮

　成年後見人が事務を遂行するうえで負うべき義務をみると，成年後見人が
成年後見事務を行うにあたっては，成年被後見人の意思を尊重し（意思尊重
義務。858条），かつ，その心身の状態および生活の状況に配慮しなければな
らない（身上配慮義務。同条）とされる。

　858条は義務の対象となるべき成年後見人の事務として，「生活，療養看
護及び財産の管理に関する事務」を明記する。成年後見人の事務は，旧制度
では財産管理が中心であり身上面に関する事項としては「療養看護」のみが
明記されていたが，新法は療養看護に加え「生活」を明記した。これは身上
監護による支援の範囲を広げるものであり，身上監護の概念をより豊かにす
る。

　意思尊重義務および身上配慮義務は，成年後見人のほか，保佐人，補助人
にも求められ（保佐につき876条の5第1項，補助につき876条の10第1項），また，
任意後見人にも求められている（任意後見契約に関する法律6条）。

6　成年後見人の職務に対する監督——後見監督人

　家庭裁判所は，必要があると認めるときは，被後見人，その親族もしくは
後見人の請求によりまたは職権で，後見監督人を選任することができる
（849条）。後見監督人は任意機関であり後見監督人を選任するかどうかは家
庭裁判所の裁量による。

　後見監督人の選任の必要性は実質的にみて，当該事案の性質，内容等を考
慮し後見人の行為を監督することが望ましいと判断される場合である。例え
ば，後見事務に不慣れな親族後見人あるいは市民後見人が選任された場合，
後見事務が紛争性を抱えている場合などにおいて，本条により後見監督人が

〔小賀野〕　513

§*10*　I・II　　　　　　　　　　　　　　　　　　第1編　第2章　人

選任されることにより事務の適切性を担保することが期待されている。

　成年後見人の職務に対する監督については，家庭裁判所の監督との分担，連携のあり方を明確にすることが必要であろう。

〔小賀野晶一〕

　　（後見開始の審判の取消し）
　第10条　第7条に規定する原因が消滅したときは，家庭裁判所は，本
　　人，配偶者，4親等内の親族，後見人（未成年後見人及び成年後見人
　　をいう。以下同じ。），後見監督人（未成年後見監督人及び成年後見
　　監督人をいう。以下同じ。）又は検察官の請求により，後見開始の審
　　判を取り消さなければならない。

　　　〔対照〕　フ民442，ド民1908d，ス民399
　　　〔改正〕　本条＝昭22法222・昭23法260・平11法149改正

I　本条の趣旨

　後見開始の原因が消滅した場合には，当然のことながら後見の支援を継続する必要はなく，また本人の判断能力の状況について対外的に誤解が生じないようにすべきである。また，成年被後見人であることは事理弁識能力が欠けた常況にある者として扱われる。このことは同人の資格制限を含め社会的活動にも影響する。そこで，本条により，7条に規定する後見開始の審判の原因が消滅したときは，家庭裁判所は，一定の者の請求により，後見開始の審判を取り消さなければならないと定め，成年被後見人としての扱いを終了することとしたのである。

II　後見開始の審判の取消しの要件および手続

　後見開始の審判の取消しの要件は，7条に規定する原因が消滅したこと，すなわち本人が事理弁識能力を欠く常況から回復したことである。

　後見開始の審判の取消しは，家庭裁判所が，本人，配偶者，4親等内の親

第3節　行為能力　　　　　　　　　　　　　　　　　　§ *10*　Ⅲ

族，後見人（未成年後見人および成年後見人をいう），後見監督人（未成年後見監督
人および成年後見監督人をいう）または検察官の請求によって行う。

　家庭裁判所は，明らかにその必要がないと認めるときを除き，成年被後見
人の精神の状況につき医師の意見を聴かなければ，本条の規定による後見開
始の審判の取消しの審判をすることができない（家事119条2項）。制度開始
の審判にも同様の定めがあり（同条1項。→§7Ⅲ3(2)），制度の最初と最後に
医師の関与を求めているのである。取消しの要件を充足すれば，家庭裁判所
は後見開始の審判を取り消さなければならない。

　なお，成年被後見人の精神の状況が回復し，保佐または補助の対象に該当
する状態になり，申立てにより保佐開始または補助開始の審判がなされた場
合には，家庭裁判所は19条の規定に基づき後見開始の審判を職権で取り消
すこととなる。

Ⅲ　任意後見契約と審判の取消し

　任意後見契約を締結した本人が法定後見開始の審判を受けた場合であって
も，任意後見監督人が選任される前に法定後見開始の審判がされたときは，
既存の任意後見契約は存続することとされている（任意後見契約に関する法律
10条3項の反対解釈）。また，任意後見監督人選任の申立てがあれば，法定後
見による保護を継続することが本人の利益のために特に必要であると認めら
れるときを除き，家庭裁判所は，任意後見監督人を選任して（これによって任
意後見契約の効力が発生する），法定後見開始の審判を取り消すこととされてい
る（任意後見4条1項2号・2項。東京地判平18・7・6判時1965号75頁参照）。

　これは，任意後見による支援が本人の意思・意向によって締結，開始され
ることを重視しているからである。学説上も制度利用の基本的あり方として，
任意後見は法定後見に優先して利用されるべきであるとする見解がある（新
井誠「任意後見制度・忘れられた成年後見制度」村田彰還暦・現代法と法システム
〔2014〕1頁以下。基礎的検討として同「高齢者の意思能力喪失と代理・委任」ジュリ943
号〔1989〕64頁以下参照）。

〔小賀野晶一〕

§*11* Ⅰ   第1編　第2章　人

（保佐開始の審判）

第 11 条　精神上の障害により事理を弁識する能力が著しく不十分であ
る者については，家庭裁判所は，本人，配偶者，4 親等内の親族，後
見人，後見監督人，補助人，補助監督人又は検察官の請求により，
保佐開始の審判をすることができる。ただし，第 7 条に規定する原
因がある者については，この限りでない。

　　　〔対照〕　フ民 425・430・440 Ⅰ Ⅱ，ド民 1896，ス民 390
　　　〔改正〕　本条＝昭 54 法 68 改正，平 11 法 149 全部改正

Ⅰ　本条の趣旨

　保佐の支援は本条に基づく保佐開始の審判によって開始する（876 条。保佐
制度の支援については，→第 18 巻前注（§§ 876-876 の 10），§ 876～§ 876 の 5，新版注民
（25）489 頁以下〔神谷遊〕・510 頁以下〔小川富之〕）。本条は，保佐開始の審判の要
件について，精神上の障害により事理を弁識する能力が著しく不十分である
者を支援するために，家庭裁判所は，一定の者の請求により，保佐開始の審
判をすることができること，ただし，7 条に規定する原因がある者について
はこの限りでないこと，を定めている（本条は後見類型の 7 条，補助類型の 15 条
の各規定に対応する）。保佐類型における事理弁識能力の低下の程度は後見類
型と補助類型の間に位置する。

　旧制度（→§ 7 Ⅰ）では，心神耗弱者または浪費者は家庭裁判所によって準
禁治産宣告を受けると保佐人を付し（旧 11 条），保佐人は準禁治産者の一定
の行為について同意権を有した（旧 12 条）。また，1979 年（昭和 54 年）改正法
は聾者・啞者・盲者を制度の対象から外した（野村好弘「準禁治産制度と法人制
度の改正問題」ジュリ 696 号〔1979〕37 頁）。新法（→§ 7 Ⅰ）はさらに浪費者を制
度の対象から外し，支援の対象となるには事理弁識能力の低下を要件とした。
新制度（→§ 7 Ⅰ）のもとでは，浪費者とされる者において事理弁識能力の低
下が認められる場合には，事理弁識能力の低下の程度を考慮して成年後見制
度の対象となり得る。

516　〔小賀野〕

第3節　行為能力　　　　　　　　　　　　　　　　　　　§11　II・III

II　保佐開始の審判が有する意味

　保佐は法定後見の3類型の1つである。保佐開始の審判の意味については，成年後見制度の目的として後見開始の審判について述べたことがあてはまる（→§7 II）。

III　保佐開始の審判——手続と内容

1　保佐開始の審判

　保佐は，保佐開始の審判によって開始する（876条）。保佐開始の審判に職権主義が採用されていないこと，および本人が任意後見制度の支援を選択できることは，後見，補助と同様である（→§7 III 1, §15 III 1）。

2　保佐開始の審判を請求することができる者

　保佐開始の審判を請求できる者，すなわち保佐開始の審判の申立人は，本人，配偶者，4親等内の親族，後見人，後見監督人，補助人，補助監督人または検察官であり，後見開始の審判，補助開始の審判を請求できる者と対応する（→§7 III 2, §15 III 2）。

3　保佐開始の審判の対象となる者の判断能力

　保佐開始の審判の対象になる者，すなわち保佐の支援を受ける者は，精神上の障害によって事理弁識能力が著しく不十分である者である。精神上の障害の意味は，後見，補助と同様である（→§7 III 3(1), §15 III 3）。事理弁識能力が著しく不十分であるとは，能力低下の程度が後見類型と補助類型の間に位置し，判断能力が欠けた常況ではなく（そのため後見類型に該当しない），日常的な買物程度は単独でできるが重要な財産行為は単独ではできない（補助類型に該当しない）程度をいう，と説明されている。著しく不十分の範囲は，その語感からするとやや限定された印象があるが，相当の範囲に及んでいる。

　保佐開始の審判の申立てについて審理したところ，本人の判断能力の状況が後見開始の要件を充たすと認められた場合には，家庭裁判所は申立人にその旨を伝えたうえで，申立ての趣旨の変更または予備的な申立ての追加を促し，申立人がこれに応じて変更または追加するのを待って後見開始の審判をすることができ，申立人が応じない場合には保佐開始の審判を却下すべきで

〔小賀野〕　517

§11　Ⅲ

ある（小林ほか編 112-113 頁）。これは申立人の意向を重視するものである。保佐開始の審判の申立てに対し，補助相当と認められた場合についても同様に解すべきである。

保佐類型は旧制度の準禁治産に相当する。もっとも，準禁治産制度のもとでは浪費のみでも制度開始の要件とされていた。浪費は判断能力の低下と必ずしも連動するものではなく，浪費自体は新制度のもとでは保佐開始の審判の要件にならない。例えば，ギャンブル依存症は精神疾患の一つであるとする見解もあり得るが，保佐類型の支援を受けるためには判断能力の低下が要件として必要である。

4　保佐開始の審判は必要的か

保佐開始の審判は必要的か。旧制度の準禁治産では諸般の事情を考慮して宣告すべきかどうかを判断すべきであるとして，規定の文言通り任意的と解した。判例は当初，禁治産と同様，準禁治産についても必要的と解していた（大判大 11・8・4 民集 1 巻 488 頁）が，後に心神耗弱者について任意的と解した（東京高決平 3・5・31 家月 44 巻 9 号 69 頁）。同決定は，家庭裁判所の裁量における検討事項として，本人の意思能力の程度のほか，本人が所有する財産の種類・内容，経済活動従事の有無，家計の収支状況，財産処分の可能性，本人の生活環境と周囲の人間関係等を挙げる。

以上のような考え方を新法においても維持すべきである，とする考え方もあり得る。これによると，本条を「できる」規定と捉え，家庭裁判所は保佐開始について裁量権を有する。他方，新法の成年後見制度は本人支援のための制度であること，同意権の範囲の拡張や代理権付与の各審判など，制度の要所において本人の意向を尊重していることから，保佐開始の要件を具備している場合には審判をすべきであるとする考え方も成り立つ。成年後見制度による本人支援の必要性を重視すると，後説を支持することになろう。これにより，後見類型における審判を必要的と解した場合との制度としての統一性を維持することもできる。このように考えると，以上の議論は 15 条の補助開始の審判についても妥当する。

第3節　行為能力　　　　　　　　　　§11　Ⅳ, §12　Ⅰ～Ⅲ

Ⅳ　保佐開始の審判前の保全処分

保佐開始の審判前の保全処分が定められている（家事134条参照）。これについては，後見開始の審判前の説明が妥当する（→§7Ⅳ）。

〔小賀野晶一〕

（被保佐人及び保佐人）
第12条　保佐開始の審判を受けた者は，被保佐人とし，これに保佐人
**　　を付する。**
　　　〔対照〕　フ民446, ド民1896, ス民390
　　　〔改正〕　本条＝平11法149新設，平16法147移動（11条ノ2→12条）

Ⅰ　本条の趣旨

本条は保佐類型の審判を受けた者，すなわち保佐の支援を受ける者を被保佐人とし，その者に保佐人を付けることを定めている。保佐人は被保佐人の財産管理や身上監護の事務を支援する任務を担う。なお，保佐類型における支援の機関は，保佐人のほかに保佐監督人がある。保佐監督人は必置機関ではない。

Ⅱ　被 保 佐 人

保佐開始の審判を受けた者は被保佐人として，民法に規定された一定の支援を受ける権利を有する。

保佐が開始されると，被保佐人はいくつかの資格が制限される。かかる資格制限が問題であることについては，後見類型と同様である（→§8Ⅱ4）。

Ⅲ　保 佐 人

被保佐人には保佐人が付けられる。家庭裁判所は，保佐開始の審判をする

〔小賀野〕　　519

§*12* IV〜VI 第1編 第2章 人

ときは，職権で，被保佐人を支援する者として保佐人を選任する（876条の2第1項）。保佐人の選任については，成年後見人の規定が準用される（同条2項）。

IV 保佐人の職務

保佐人の職務は，①同意権，②取消権，あるいは③代理権の全部または一部を行使することによって，本人のために財産管理や身上監護の事務を行うことである。このうち代理権については代理権付与の審判を必要とする（→§13 VI 1）。

保佐人は，保佐の職務が終了するまで，その行った保佐の事務について，家庭裁判所の求めに応じて報告しなければならない。家庭裁判所に対する報告義務は，保佐による支援が行われている間（保佐開始の審判が取り消され〔14条〕，あるいは本人が死亡するまでの間），継続する。家庭裁判所への報告は，家庭裁判所による司法機関としての監督機能を発揮させる契機となり得る。

V 保佐人の報酬

保佐人は，家庭裁判所の監督のもとに，本人の財産から一定額の報酬を得ることができる。報酬の考え方は，後見人，補助人と同様である（→§8 V 1，§16 V）。

VI 保佐人の解任

保佐人に不正な行為，著しい不行跡があれば，家庭裁判所は保佐人解任の審判をすることができる。そのような者は保佐人として事務の遂行を期待することができず，被保佐人の福祉に有害であるからである。

成年後見人や補助人と同様に，保佐人が不正な行為によって被保佐人に損害を与えた場合には，安全配慮義務違反，不法行為責任，刑事責任が問われることがある（→§8 V 2，§16 VI）。

〔小賀野晶一〕

第3節　行為能力　　　　　　　　　　　　　　　　　　　§*13*

（保佐人の同意を要する行為等）

第13条①　被保佐人が次に掲げる行為をするには，その保佐人の同意を得なければならない。ただし，第9条ただし書に規定する行為については，この限りでない。

一　元本を領収し，又は利用すること。

二　借財又は保証をすること。

三　不動産その他重要な財産に関する権利の得喪を目的とする行為をすること。

四　訴訟行為をすること。

五　贈与，和解又は仲裁合意（仲裁法（平成15年法律第138号）第2条第1項に規定する仲裁合意をいう。）をすること。

六　相続の承認若しくは放棄又は遺産の分割をすること。

七　贈与の申込みを拒絶し，遺贈を放棄し，負担付贈与の申込みを承諾し，又は負担付遺贈を承認すること。

八　新築，改築，増築又は大修繕をすること。

九　第602条に定める期間を超える賃貸借をすること。

十　前各号に掲げる行為を制限行為能力者（未成年者，成年被後見人，被保佐人及び第17条第1項の審判を受けた被補助人をいう。以下同じ。）の法定代理人としてすること。

②　家庭裁判所は，第11条本文に規定する者又は保佐人若しくは保佐監督人の請求により，被保佐人が前項各号に掲げる行為以外の行為をする場合であってもその保佐人の同意を得なければならない旨の審判をすることができる。ただし，第9条ただし書に規定する行為については，この限りでない。

③　保佐人の同意を得なければならない行為について，保佐人が被保佐人の利益を害するおそれがないにもかかわらず同意をしないときは，家庭裁判所は，被保佐人の請求により，保佐人の同意に代わる許可を与えることができる。

④　保佐人の同意を得なければならない行為であって，その同意又はこれに代わる許可を得ないでしたものは，取り消すことができる。

〔対照〕　フ民467，ド民1896・1903

〔小賀野〕　521

§ *13* Ⅰ   第 1 編　第 2 章　人

〔改正〕　本 条 = 平 16 法 147 移 動（12 条→13 条）　①＝ 平 11 法 149・平 15 法
　　　　138・平 29 法 44 改 正　②＝ 昭 22 法 222・昭 23 法 260・平 11 法 149 改
　　　　正　③＝ 平 11 法 149 新 設　④＝ 平 11 法 149 改 正 移 動（③→④）

（保佐人の同意を要する行為等）
第 13 条①　（柱書略）
　一—九　（略）
　（第 10 号は新設）
②—④　（略）

Ⅰ　本条の趣旨

　本条は，被保佐人が保佐人の同意（またはこれに代わる許可）を得なければならない行為とはどのような行為か（1 項），被保佐人が 1 項各号に掲げる行為以外の行為をする場合であってもその保佐人の同意を得なければならない旨の審判をすることができること（同意権の範囲を拡張する審判。2 項），保佐人の同意を得なければならない行為について，保佐人が被保佐人の利益を害するおそれがないにもかかわらず同意をしないときは，家庭裁判所による保佐人の同意に代わる許可を与えることができること（3 項），保佐人の同意を得なければならない行為であってその同意（またはこれに代わる許可）を得ないでしたものは取り消すことができること（4 項），を定めている。

　被保佐人は事理弁識能力が著しく低下している者であるから，その財産管理や身上監護の事務を支援する必要がある。ここに保佐制度の存在意義がある。保佐人は被保佐人が重要な財産行為を行う際に適切に同意を与えることができ，要同意事項につき被保佐人が保佐人の同意を得ないで重要な財産行為をした場合には被保佐人，保佐人など一定の者がかかる行為の意思表示を取り消すことができる（13 条 4 項・120 条 1 項）。

　保佐人の同意権は本条に基づいて付与される。同意権の例外を定める，1 項および 2 項のただし書の定めは，成年後見制度における本人の自己決定権を尊重する趣旨に基づくものである。自己決定権の尊重は成年後見法の解釈の指針となるべきものであり，本条本文の解釈においても参考にされるべきである。

522　〔小賀野〕

第3節　行為能力　　　　　　　　　　　　　　　　　　　　§13　Ⅱ

Ⅱ　同意権の付与

1　重要な財産行為の列挙

　民法は，被保佐人が行為をするにあたり保佐人の同意を要する行為（要同意事項）を列挙している（13条1項本文）。ただし，後見類型と同じ理由から（→§9Ⅲ），9条ただし書に規定する行為は同意の対象から除かれる（13条1項ただし書）。

　保佐人の同意を要する行為は，元本の領収，借財・保証，不動産の売買，訴訟行為，相続の承認や放棄，新築や増改築など，財産行為のうちでも重要な行為が列挙されている。このような行為については被保佐人を保護するため保佐人の同意を要求し，同意を得ないで行為がなされた場合には一定の者が取り消すことができるとしたものである。

　さらに，13条1項本文に列挙された行為以外の行為（9条ただし書の行為を除く）についても，家庭裁判所は一定の者の請求により，保佐人の同意を要する旨の審判をすることができる（13条2項）。保佐人の同意を得ないでした行為は，被保佐人または保佐人がこれを取り消すことができる（13条4項。120条1項参照）。当該行為はこれを取り消すことにより無効になる（121条）。これにより，被保佐人は当該行為に基づく責任（例えば，契約における債務の履行）を免れる。

　保佐人の同意，取消しを定める13条については，その理論や要同意事項の妥当性などについて議論がなされてきた（道垣内弘人「成年後見制度私案(4)」ジュリ1077号〔1995〕124頁以下など）。

2　制限列挙の内容

　13条1項1号から9号が列挙するいずれの行為も重要な行為であり，一般的に被保佐人に不利益となる場合があり得ることから，民法はあらかじめ保佐人の同意を必要とした。各号の要点は以下の通りである（小林ほか編87頁以下。旧制度（→§7Ⅰ）について詳細は注民(1)223頁以下〔篠原弘志〕参照）。

(1)　1号　元本の領収または利用

　元本の領収とは，利息・家賃・地代等の法定果実（88条2項）を生む財産（元本）を受領することをいう。弁済の受領，預貯金の払戻しもこれに含まれる。元本の利用とは，利息付消費貸借による金銭の貸付け，不動産の賃貸等

〔小賀野〕　　523

§13 II 第1編　第2章　人

のように，法定果実の取得を目的とする行為をいう。ただし，不動産の賃貸
は9号に定めがある。

　関連する事例として東京高裁平成22年12月8日判決（金判1383号42頁）
がある。すなわち，成年後見等が開始された場合には必要な事項を届け出る
こととし，その届出前に生じた損害については金融機関は免責される旨の金
融機関の免責約款の効力が争われた事例において，これを有効とし，届出を
しない間に被保佐人が行った預金の払戻しを取り消すことができないと認め
た。判旨は，「銀行取引の反復性，大量性，さらに金融機関における預金の
払戻しが，本件のようにATM（現金自動預払機）によってなされるような
場合を考慮すれば，被保佐人が保佐人の同意がない場合に金融機関から預金
の払戻しを受けられないようにするには，まずは，保佐人において，預金通
帳や預金カードの管理を十分にすることが求められるほか，一般には，金融
機関に審判がされたことを届出て，ATM（現金自動預払機）による払戻し
を不可能にするなどの措置を執らない限り，被保佐人の保護が全うされない
ことが明らかである。このようなことからすれば，上記免責約款の規定は，
被後見人，被保佐人，被補助人の保護と取引の安全の調和を図るための合理
的な定めであると解される。そして，上記普通預金規定（免責約款を含む）
は，控訴人と預金取引を行う多数の預金者との間の預金取引に関する，いわ
ば条理を定めたものであって，預金者の知，不知を問わず，拘束力を有する
ものと解するのが相当である。」という。なお，本件は最高裁平成23年7月
8日決定により上告棄却・上告不受理決定により確定した（清水恵介「保佐人
の同意権と財産管理権——現代保佐論の展開に向けて」成年後見法研究10号〔2013〕124
頁，熊谷士郎「保佐人の権限と被保佐人の行為能力(1)——東京高裁平成22年12月9日
判決を契機として」青山法学論集57巻4号〔2016〕93頁など）。

(2)　2号　借財または保証

　借財とは，消費貸借契約により金銭を借り受けること，またはこれに準ず
る債務負担行為をいい，保証とは，保証契約に基づき主たる債務者の債務に
ついて保証人として保証債務を負担すること，またはこれに準ずる担保責任
を負担する行為をいう。判例は手形行為（約束手形の振出し，裏書，手形保証な
ど）を借財に含める（大判明39・5・17民録12輯758頁，大判大3・11・20民録20
輯959頁）。他方，学説は手形の流通性を重視し，保佐人の同意権の権限外と

第3節　行為能力　　　　　　　　　　　　　　　　　　　　§*13* **II**

解する見解が有力である（我妻84頁，近江63頁）。なお，時効完成後の債務の承認は本条1項2号が類推適用される（大判大8・5・12民録25輯851頁）。時効中断（平成29年改正で「中断」は「更新」に改められた）の効力を生ずる承認は保佐人の同意を要しない（大判大7・10・9民録24輯1886頁）。

(3)　**3号　不動産その他重要な財産に関する権利の得喪を目的とする行為**
立法担当者は，相当の対価を伴う有償契約であれば雇用・委任・寄託のほか，身上監護を目的とする役務提供契約も3号に該当するとする。これに対して，3号は，規定の文言により忠実，厳格に解すべきであるとして，重要な財産に関する権利の得喪を目的とする行為を対象にしているとする見解がある（磯村保「成年後見の多元化」民商122巻4=5号〔2000〕482頁）。

(4)　**4号　訴訟行為**
保佐人の同意が得られない場合の効果については，最高裁昭和49年12月20日判決（民集28巻10号2072頁）は，準禁治産者である権利者が保佐人の同意を得られないため訴えを提起できなかった場合について，「準禁治産者が訴を提起するにつき保佐人の同意を得られなかったとの事実は，権利行使についての単なる事実上の障碍にすぎず，これを法律上の障碍ということはできない。それゆえ，準禁治産者である上告人が本件訴を提起するにつき保佐人の同意を得られなかったとしても，そのことによっては，本件損害賠償債権の消滅時効の進行は妨げられない」としている。

4号に違反して行われた訴訟行為は訴訟行為の性質上，無効になると解されている（大阪高判昭32・12・10訟月4巻2号181頁）。本号の特則として，民事訴訟法は，被保佐人が相手方の提起した訴えや上訴について訴訟行為（応訴行為）をする場合（民訴32条1項）および必要的共同訴訟の共同訴訟人の一人がした上訴について，被保佐人が共同訴訟人として上級審で訴訟行為をする場合（民訴40条4項）には保佐人の同意を要しないとしている。

(5)　**5号　贈与，和解または仲裁合意**
ここに贈与とは，本人が第三者に贈与する場合をいい，本人が贈与を受ける場合（受贈）は含まれない（負担付贈与については，一(7)）。和解には，裁判上の和解（①訴訟上の和解〔民訴264条以下〕，②簡易裁判所における訴え提起前の和解〔即決和解，民訴275条〕）と，裁判外の和解の双方が含まれる。仲裁法によれば，仲裁合意とは，既に生じた民事上の紛争または将来において生ずる一定

〔小賀野〕　525

§*13* **II**   第1編　第2章　人

の法律関係（契約に基づくものであるかどうかを問わない）に関する民事上の紛争の全部または一部の解決を1人または2人以上の仲裁人に委ね，かつ，その判断に服する旨の合意をいう（同法2条1項）。

(6)　6号　相続の承認もしくは放棄または遺産分割

　遺産分割は3号に含まれると解することもできるが，新法（→§7Ⅰ）はここに含まれることを明文化した。限定承認と放棄は原則として熟慮期間（915条）内に家庭裁判所に申述することによって行われる（924条・938条）ところ，同意なく行われた行為を保佐人は取り消すことができる。

　相続の承認には単純承認と限定承認の双方が含まれる。ここに法定単純承認が含まれるか。被保佐人が熟慮期間を徒過した場合には法定単純承認となるが，それについて取消しを認めるべきかについて，立法担当者は解釈に委ねている（小林＝原110頁注(7)）。法定単純承認を意思表示の効果と捉え取り消すことができると解するか，法定の効果と捉え取り消すことができないと解するかはここでの論点になり得る。この問題については，成年後見制度の諸規定が事理弁識能力の低下した人を支援する制度として有する意義を重視すると，法定の効果と解する場合でも保佐人の取消しを認めるべきであろう。ここでの保佐人の取消しは，擬制された意思表示の取消しと構成することになる。

(7)　7号　贈与の申込みの拒絶，遺贈の放棄，負担付贈与の申込みの承諾，または負担付遺贈の承認

　負担の付かない贈与や遺贈の承認は本人に不利益は生じないから，保佐人の同意を要しない。

(8)　8号　新築，改築，増築または大修繕

　新築，改築，増築または大修繕とは，これを目的とする請負契約を締結することをいう。

(9)　9号　602条に定める期間を超える賃貸借

　短期賃貸借（602条）に定める期間を超えない短期の賃貸借であれば，管理行為の範囲にとどまるので保佐人の同意を要しないと解されている。

(10)　10号

　平成29年民法改正によって新設された。改正法は，民法102条の規律を次のように改めている。「制限行為能力者が代理人としてした行為は，行為

第3節　行為能力　　　　　　　　　　　　　　　　　　　　　§13　III

能力の制限によっては取り消すことができない。ただし，制限行為能力者が
他の制限行為能力者の法定代理人としてした行為については，この限りでな
い。」これを受けて，13条1項に掲げる行為（被保佐人がその保佐人の同意を得
なければならない行為）に，次の行為，すなわち「民法13条第1項に掲げる行
為を制限行為能力者の法定代理人としてすること」が加えられた（部会資料
79-3参照）。

3　日常生活に関する行為

　日用品の購入など「日常生活に関する行為」については，保佐人の同意は
不要であり，被保佐人が保佐人の同意を得ずに行為を行っても取消しの対象
にもならない（13条1項ただし書・2項ただし書）。日用品とは食料品や衣料品等
をいう。「日常生活に関する行為」の範囲については，後見（9条ただし書）
と同様に考えることができる（→§9 III）。

　本規定は後見類型の場合と同様，残存能力尊重・自己決定権尊重の理念を
法規定のうえで表現するものであるが，保佐は後見と比べると判断能力低下
の程度が小さく，単独で行為をすることができる範囲は広いから後見類型よ
りも実際的意味は大きい。

III　同意権の範囲を拡張する審判

　被保佐人の能力低下の程度や財産の状況によっては，保佐人の同意権の範
囲を拡張させることも必要である。そこで，家庭裁判所は，11条本文に規
定する者または保佐人もしくは保佐監督人の請求により，被保佐人が13条
1項各号に掲げる行為以外の行為をする場合であってもその保佐人の同意を
得なければならない旨の審判をすることができるとした（ただし，9条ただし
書に規定する行為については，この限りでない）（13条2項）。これが保佐人の同意
権の範囲を拡張する審判である。

　13条1項および2項の解釈において，同意を必要とする範囲の拡張を柔
軟に解すべきであるとする見解（旧制度につき幾代71-72頁参照）と，被保佐人
の自己決定権を尊重し，13条1項の行為についても制限的に解すべきであ
るとする見解（須永説参照。→§9 III）がある。ここでの要点は，いずれの解釈
が成年後見制度の趣旨をより実現できるかであり，13条1項各号の行為を

〔小賀野〕　　527

§13 IV・V 第1編 第2章 人

どのように評価するかである。重要な財産行為はそこにほぼ掲げられている
ともいえるが，被保佐人の行為について保佐人の同意を要求する本条の立法
趣旨を考慮すると，できる限り遺漏なく本人の支援を実現するために前説に
立ち，同意を必要とする範囲を拡張できる余地を残すことは合理的であろう。
範囲の拡張は家庭裁判所の審判によって行われるから，本人の自己決定権侵
害のおそれも回避できる。実際には拡張例は少ないようであるが，支援の余
地を残しておいてもよいのではないだろうか。

IV　保佐人の同意に代わる家庭裁判所の許可

保佐人の同意を得なければならない行為について，保佐人が被保佐人の利
益を害するおそれがないにもかかわらず同意をしないことが生じ得る。この
ような場合，家庭裁判所は，被保佐人の請求により，保佐人の同意に代わる
許可を与えることができる（13条3項）。なお，後にとりあげる補助につい
ても同様の定めがある（17条3項）。

家庭裁判所は保佐人の同意に代わる許可をするにあたって被保佐人の利益
を害するかどうかを吟味することになる。保佐人の同意に代わる許可の要件
である「被保佐人の利益を害するおそれがない」かの判断は，保佐人が同意
しなかったことが適切であったかを問うことに他ならない。13条3項は，
保佐人の同意権の権限行使・権限不行使について，被保佐人と保佐人との判
断の違いを調整する役割を有する。このような場合，基本的には成年後見制
度の理念である被保佐人の自己決定権を尊重することが望まれる。

以上は，補助についても妥当する。

V　取消権の付与

新法は，保佐人に対し，同意権の対象となる行為について取消権を付与し
た（13条4項）。

旧制度では新法と異なり取消権を認める明示の規定がなかったため，保佐
人が取消権を有するかどうかについて解釈が分かれた。判例は，保佐人は本
人の法定代理人でないから取消権を有しないとしたもの（大判大11・6・2民集

第3節　行為能力　　　　　　　　　　　　　　　§13　VI

1巻267頁。ただし傍論），追認権を認めるもの（大判大5・2・2民録22輯210頁）
があった。また，名古屋地裁平成4年10月7日判決（家月45巻10号77頁）
は，準禁治産者の保佐人に民法19条2項（現20条2項）の準用または類推適
用が認められるかどうかにつき，保佐人は「催告後の事後同意によって準禁
治産者の行為を有効に確定することは可能であるが，取消権を有しないから
準禁治産者の行為の無効を確定することはできない。この点を考慮すると，
準禁治産者の保佐人を無能力者の法定代理人と同様に扱うことはできない」
と判断した。

　このように旧制度のもとでは保佐人は同意権のみを有し，追認権や取消権
を有しないと解されたが，近時の有力説は取消権（さらに追認権）を認めてい
た。例えば，無能力者保護の立場から，保佐人に追認権，取消権を認めるべ
きかどうかについては結果の妥当性を考慮し，管理権を恨拠にしてこれを肯
定する見解があった（米倉136-138頁）。保佐人に取消権や追認権を認める考
え方は成年後見制度における本人支援の考え方を実質的に進めるものであり，
新法はこの方向で立法化されたのである。新法における保佐人に対する取消
権の付与は，保佐人が有する同意権の実効性を担保するものである。

　取消しの効果は遡って無効になる（取消権の考え方による）。そして，制限行
為能力者はその行為によって現に利益を受ける限度において原状回復義務を
負う（121条の2第3項）。原状回復義務は不当利得の法理（703条以下）に支え
られている。同様のことは，後にとりあげる補助についても問題になり得る
（→§17Ⅱ2）。取消し後の返還請求権等の代理権を保佐人に認めるかどうかに
ついては見解が分かれている。制度の目的を完遂するためには，肯定説（須
永69頁，石田(穣)218頁）が妥当であろう。

VI　保佐人の事務──親族編の規定から

1　特定の法律行為に関する代理権付与の審判

　家庭裁判所は審判によって，当事者が申立てにより選択した「特定の法律
行為」について代理権を付与することができる（代理権付与の審判）。すなわ
ち，家庭裁判所は，11条本文に規定する者（本人，配偶者，4親等内の親族，後
見人，後見監督人，補助人，補助監督人または検察官）または保佐人もしくは保佐

§*13* Ⅵ　　　　　　　　　　　　　　　　　　　　第1編　第2章　人

監督人の請求によって，被保佐人のために特定の法律行為について保佐人に
代理権を付与する旨の審判をすることができる（876条の4第1項）。被保佐人
以外の者の請求によって代理権付与の審判をするには，被保佐人の同意がな
ければならない（同条2項）。成年後見制度における本人意思の尊重，自己決
定権の尊重の趣旨による。

　代理権付与の審判では，どのような法律行為に代理権付与をするかを明ら
かにする必要がある（法律行為の特定）。代理権の範囲について制限はなく，
13条1項に規定する行為以外の行為についても（法律行為を特定することによっ
て）代理権を付与することができる。こうして保佐人に代理権付与の審判が
なされれば，その特定の法律行為について保佐人は代理権を有する。以上の
仕組みは補助人も同様である（→§17Ⅲ1）。成年後見人が日常生活に関する
行為を除き当然かつ包括的に代理権を有することと異なる。

　保佐人について代理権付与の審判がされ保佐人が特定の行為について代理
権を有する場合でも，被保佐人は当該行為をすることができる（代理権の考え
方による）。この場合，保佐人は13条1項（あるいは2項）の同意権を有する
行為については取消権を有する（120条）が，同意権を有しない行為につい
ては取消権を有しない。

2　被保佐人の意思の尊重および心身の状態・生活の状況への配慮

　保佐人は，保佐の事務を行うにあたっては，被保佐人の意思を尊重し，か
つ，その心身の状態および生活の状況に配慮しなければならない（876条の5
第1項）。この趣旨は後見類型と同じである（→§9Ⅴ5）。

　644条，859条の2，859条の3，861条2項，862条および863条の規定
は保佐の事務について，824条ただし書の規定は保佐人が876条の4第1項
の代理権を付与する旨の審判に基づき被保佐人を代表する場合について準用
する（876条の5第2項）。

3　保佐人の職務に対する監督 —— 保佐監督人

　家庭裁判所は，必要があると認めるときは，被保佐人，その親族もしくは
保佐人の請求によりまたは職権で，保佐監督人を選任することができる
（876条の3第1項）。この趣旨は後見類型と同様である（→§9Ⅴ6）。

　644条，654条，655条，843条4項，844条，846条，847条，850条，
851条，859条の2，859条の3，861条2項および862条の各規定は，保佐

530　〔小賀野〕

第3節　行為能力　　　　　　　　　　　　　　　　　　　§*14*　I

監督人について準用される。この場合において，851条4号中「被後見人を
代表する」とあるのは，「被保佐人を代表し，又は被保佐人がこれをするこ
とに同意する」と読み替えるものとする（876条の3第2項）。

4　利益相反行為

　保佐人またはその代表する者と被保佐人との利益が相反する行為（利益相
反行為）については，保佐監督人が選任されていれば保佐監督人が担当し，
臨時保佐人は保佐監督人が選任されていない場合にのみその任務を担当する
（876条の2第3項）。旧制度は，保佐人またはその代表する者と準禁治産者と
の利益が相反する行為については，保佐人は，臨時保佐人の選任を家庭裁判
所に請求しなければならないと定めていた（旧847条2項）。

〔小賀野晶一〕

　　　（保佐開始の審判等の取消し）
第14条①　　第11条本文に規定する原因が消滅したときは，家庭裁判
　　　所は，本人，配偶者，4親等内の親族，未成年後見人，未成年後見監
　　　督人，保佐人，保佐監督人又は検察官の請求により，保佐開始の審
　　　判を取り消さなければならない。
②　　家庭裁判所は，前項に規定する者の請求により，前条第2項の審
　　　判の全部又は一部を取り消すことができる。

　　　〔対照〕　フ民442，ド民1908d，ス民399
　　　〔改正〕　本条＝平11法149全部改正，平16法147移動（13条→14条）

I　本条の趣旨

　保佐開始の原因が消滅した場合には，保佐の支援を継続する必要はない。
被保佐人である者は法的には，事理弁識能力が著しく不十分な者として扱わ
れ，このことは被保佐人の社会的活動にも影響する。そこで，保佐開始の審
判を取り消すことによって，被保佐人としての扱いを止めることが必要であ
る。本条はこのような考え方のもとに，保佐開始の審判に係る11条本文に
規定する原因が消滅したときは，家庭裁判所は，一定の者の請求により，保

〔小賀野〕　　531

§ *14* II～IV 第1編 第2章 人

佐開始の審判を取り消さなければならないこと（1項），家庭裁判所は，これ
らの者の請求により保佐人の同意を要する行為等に係る13条2項の審判の
全部または一部を取り消すことができること（2項），を定めている。

II 保佐開始の審判の取消しの要件

保佐開始の審判の取消しは，家庭裁判所が，本人，配偶者，4親等内の親
族，後見人（未成年後見人および保佐人をいう），後見監督人（未成年後見監督人お
よび保佐監督人をいう）または検察官の請求によって行う。

保佐開始の審判の取消しの実質的要件は，11条に規定する原因が消滅し
たこと，すなわち本人の事理弁識能力が著しく不十分の状況でなくなり，か
つ，保佐制度の支援を必要としない状態に回復したことである。これについ
て，本人の能力がより悪化した場合には後見開始の審判の請求が問題になり，
逆に能力が改善した場合には補助開始の審判の請求が問題になり得る。いず
れの場合にも，19条の規定に基づき保佐開始の審判を職権で取り消すこと
となる。

III 取消しの手続

家庭裁判所は本条1項に掲げられた者の請求により，保佐人の同意を要す
る行為等に係る13条2項の審判（同意権の範囲を拡張する審判）の全部または
一部を取り消すことができる。取り消すかどうかについては家庭裁判所に裁
量がある。

IV 保佐人の任務の終了等

保佐開始の審判の取消しにより，保佐人の任務は終了する。

654条，655条，870条，871条および873条の規定は保佐人の任務が終了
した場合について，832条の規定は保佐人または保佐監督人と被保佐人との
間において保佐に関して生じた債権について準用する（876条の5第3項）。

〔小賀野晶一〕

第3節　行為能力　　　　　　　　　　　　　　　　　　　　§ *15*　Ⅰ

（補助開始の審判）

第15条①　精神上の障害により事理を弁識する能力が不十分である者
　　について，家庭裁判所は，本人，配偶者，4親等内の親族，後見人，
　　後見監督人，保佐人，保佐監督人又は検察官の請求により，補助開
　　始の審判をすることができる。ただし，第7条又は第11条本文に規
　　定する原因がある者については，この限りでない。
　②　本人以外の者の請求により補助開始の審判をするには，本人の同
　　意がなければならない。
　③　補助開始の審判は，第17条第1項の審判又は第876条の9第1項
　　の審判とともにしなければならない。

　　　〔対照〕　フ民425・430・433，ド民1896，ス民390
　　　〔改正〕　本条＝平11法149新設，平16法147移動（14条→15条）

Ⅰ　本条の趣旨

　補助の支援は本条に基づく補助開始の審判によって開始する（876条の6）。
本条は，補助開始の審判の要件や手続について，精神上の障害により事理を
弁識する能力が不十分である者を支援するために，家庭裁判所は，一定の者
の請求により，補助開始の審判をすることができる（ただし，7条または11条
本文に規定する原因がある者についてはこの限りでない）こと（1項），本人以外の者
の請求により補助開始の審判をするには本人の同意がなければならないこと
（2項），補助開始の審判は17条1項の審判または876条の9第1項の審判と
ともにしなければならないこと（3項），を定めている。

　補助は，日本において急速に進む高齢化の状況に対応するため，1999年
（平成11年）の民法改正（新法，→§7Ⅰ）によって新たに導入された制度であ
る（補助制度の支援については，→第18巻前注（§§876-876の10），§876の6～§876の
10，新版注民(25)489頁以下・549頁以下〔神谷遊〕）。高齢者の増加，認知症患者の
増加に伴い，判断能力が低下した人を支援する必要性が高まっており，補助
制度にはこれに応えることが期待されている。

　　　　　　　　　　　　　　　　　　　　　　　　　　〔小賀野〕　533

§*15* II・III　　　　　　　　　　　　　　　　　　　第1編　第2章　人

II　補助開始の審判が有する意味

　補助は，法定後見制度の3類型の1つとして支援を行うものであり，補助
開始の審判の意味については，成年後見制度の目的として後見開始の審判に
ついて述べたことがあてはまる（→§7 II）。また，前述（→I）のように，補
助は認知症高齢者の急増という高齢社会の要請に応えるために新法によって
創設された制度であり，補助開始の審判はこれに応えるものである。

　法務省・成年後見問題研究会は補助における能力に関して，「現在の我が
国の鑑定の実情からすると，判断能力を基準とする類型化は，2，3段階の
類型化が限界である」，「現行の禁治産者・準禁治産者よりは判断能力の程度
が高い者（特に高齢者）の中にも，なお判断能力が不十分であり一定の保護
を必要とする者があるので，これを対象とする新たな第3類型を設けること
によって，より幅の広い範囲の判断能力の段階に対応した弾力的な枠組みを
設計することができる」と述べる（成年後見問題研究会編・成年後見問題研究会報
告書〔1997〕35頁）。このような考え方は高齢社会における成年後見制度の存
在価値を示すものである。

III　補助開始の審判──手続と内容

1　補助開始の審判

　補助は，補助開始の審判によって開始する（876条の6）。補助開始の審判
に職権主義が採用されていないこと，本人が任意後見制度の支援を選択でき
ることは，後見類型・保佐類型と同様である（→§7 III 1，§11 III 1）。

　補助は法定後見3類型のなかで判断能力低下の程度が最軽度の者について
支援を行う類型であることを考慮し，補助開始の審判は本人の同意を必要と
する。手続のうえでは，補助開始の審判は，17条1項の審判（補助人の同意
を要する旨の審判）または876条の9第1項の審判（補助人に代理権を付与する旨
の審判）とともにしなければならない（15条3項）。補助類型における支援は
かかる手続を経て開始される。

2　補助開始の審判を請求することができる者

　補助開始の審判を請求できる者，すなわち補助開始の審判の申立人は，本

534　〔小賀野〕

第3節　行為能力　　　　　　　　　　　　　　　　　　　　　§15　III

人，配偶者，4親等内の親族，後見人，後見監督人，保佐人，保佐監督人または検察官であり，後見類型・保佐類型のそれと対応する（→§7 III 2，§11 III 2）。

3　補助開始の審判の対象となる者の判断能力

補助開始の審判の対象になる者は，精神上の障害によって事理弁識能力が不十分な者である（15条1項）。すなわち，事理弁識能力の低下が保佐，後見の程度に至らない，より軽度の状態にある者がこれに当たる。これは例えば，重要な財産行為を単独で適切にできるかが不安であり，一定の行為については同意を必要とし，あるいは本人のために第三者が代わって行った方がよい場合がある。精神上の障害の意義については，後見，保佐と同様である（→§7 III 3 (1)，§11 III 3）。

4　被補助人の同意

被補助人以外の者の請求により補助開始の審判をするには，本人の同意がなければならない（15条2項）。この規定は本人意思の尊重に基づくものである。この場合，本人の同意（あるいは同意能力）の有無が明確でない場合にどのように対応するかが問題になる。

補助開始の申立てを却下した審判に対する即時抗告審において，札幌高裁平成13年5月30日決定（家月53巻11号112頁）は，本人が補助開始に同意していない以上，仮に本人の財産管理に関して抗告人の危惧するような事情が認められるとしても，補助開始の申立ては理由がないとして申立人の抗告を棄却した（旧家事審判法の事案）。その理由として，「補助の制度は，軽度の精神障害のため判断能力が不十分な者を保護の対象とする制度であって，本人の申立て又は本人以外の者による申立てによって開始されるが，本人以外の者による申立てにおいては，本人の同意があることを要するところ，本件では，事件本人が補助開始に同意していないことが明らかであるから，補助開始の要件を欠いている。このことは，仮に，事件本人の財産について抗告人が危惧するような事情が認められるとしても，結論を異にしない。」と述べている。制度の趣旨を考慮した的確な判断である。事理弁識能力の低下がより進んでいると，保佐開始相当か後見開始相当の可能性がある（本決定につき判例民法77頁〔本田晃〕参照）が，それぞれの手続をとる必要があろう。

〔小賀野〕　　535

§*15* Ⅳ，§*16* Ⅰ・Ⅱ　　　　　　　　　　第1編　第2章　人

5　補助開始の審判は必要的か

補助制度は本人支援の制度として新制度（→§7Ⅰ）のもとで誕生したものである。保佐開始の審判と同様の理由で，補助開始の審判も，その要件を充たしている場合には審判を行うべきであろう（→§11Ⅲ4）。このように法定後見の3類型について同様に解することは，審判の開始について成年後見制度の統一的理解を可能にする。

Ⅳ　補助開始の審判前の保全処分

補助開始の審判前の保全処分が定められている（家事143条参照）。これについては，後見における説明が妥当する（→§7Ⅳ）。

〔小賀野晶一〕

（被補助人及び補助人）

第16条　補助開始の審判を受けた者は，被補助人とし，これに補助人を付する。

　　　〔対照〕　フ民437，ド民1896，ス民390
　　　〔改正〕　本条＝平11法149新設，平16法147移動（15条→16条）

Ⅰ　本条の趣旨

本条は，補助開始の審判を受けた者を被補助人とし，この者に補助人を付けることを定めている。補助人は民法の規定に基づき被補助人の財産管理や身上監護の事務を支援する任務を担う。なお，補助類型における支援の機関は補助人のほかに補助監督人があるが，補助監督人は後見監督人や保佐監督人と同様，法定後見制度の必置機関ではない（→§8Ⅰ，§12Ⅰ）。

Ⅱ　被　補　助　人

補助開始の審判を受けた者は被補助人として，民法に規定された内容の支

536　〔小賀野〕

第3節　行為能力　　　　　　　　　　　　　　§ *16*　III〜V

援を受ける権利を有する。

III　補　助　人

　被補助人には補助人が付けられる。補助人とは，補助開始の審判により，被補助人を支援する者として家庭裁判所によって選任される者をいう。家庭裁判所は，補助開始の審判をするときは，職権で，補助人を選任する（876条の7第1項）。補助人は民法の規定に従って被補助人を支援する。

IV　補助人の職務

　補助人の職務は，特定の法律行為について①同意権，②取消権，③代理権の全部または一部を行使することによって，被補助人のために財産管理や身上監護の事務を行うことである。同意権，代理権については同意権付与，代理権付与の各審判を必要とする（→§17 II 1・III 1）。
　補助人は，その行った職務の内容（補助事務）について家庭裁判所の求めに応じて報告しなければならない。補助人の家庭裁判所に対する報告義務は，補助による支援が行われている間（補助開始の審判が取り消されるか〔18条〕，あるいは被補助人が死亡するまでの間），継続する。家庭裁判所への報告は，補助人による成年後見業務の執行に対して家庭裁判所が監督機能を果たすために必要とされている。

V　補助人の報酬

　補助人は，家庭裁判所の監督のもとに，被補助人の財産から一定額の報酬を得ることができる。補助は法定後見の3類型では能力低下の程度が最も軽度であるが，そのために事務の遂行が容易であるとは限らない。補助類型のもとで具体的にどのような支援が行われたかが報酬の判断要素となる。報酬の考え方は成年後見人や保佐人と同様である（→§8 V 1，§12 V）。

〔小賀野〕　　537

§*16* VI, §*17* I 　　　　　　　　　　第1編　第2章　人

VI　補助人の解任

　補助人に不正な行為，著しい不行跡があれば，家庭裁判所は補助人解任の
審判をすることができる。
　成年後見人・保佐人と同じように，補助人が不正な行為によって被補助人
に損害を与えた場合には，安全配慮義務違反，不法行為責任，刑事責任が問
われることがある（→§8 V 2，§12 VI）。

〔小賀野晶一〕

　　（補助人の同意を要する旨の審判等）
第17条①　家庭裁判所は，第15条第1項本文に規定する者又は補助
　　人若しくは補助監督人の請求により，被補助人が特定の法律行為を
　　するにはその補助人の同意を得なければならない旨の審判をするこ
　　とができる。ただし，その審判によりその同意を得なければならな
　　いものとすることができる行為は，第13条第1項に規定する行為の
　　一部に限る。
②　本人以外の者の請求により前項の審判をするには，本人の同意が
　　なければならない。
③　補助人の同意を得なければならない行為について，補助人が被補
　　助人の利益を害するおそれがないにもかかわらず同意をしないとき
　　は，家庭裁判所は，被補助人の請求により，補助人の同意に代わる
　　許可を与えることができる。
④　補助人の同意を得なければならない行為であって，その同意又は
　　これに代わる許可を得ないでしたものは，取り消すことができる。
　　　〔対照〕　ド民 1903
　　　〔改正〕　本条＝平 11 法 149 新設，平 16 法 147 移動（16 条→17 条）

I　本条の趣旨

補助人は法定後見 3 類型のなかで判断能力低下の程度が最軽度の類型であ

538　〔小賀野〕

第3節　行為能力　　　　　　　　　　　　　　　　　　　　§*17*　II

ることから，ここでの支援は補助的になされるべきである。そこで本条は，家庭裁判所が15条1項本文に規定する者または補助人もしくは補助監督人の請求により，被補助人が特定の法律行為をするには補助人の同意を得なければならない旨の審判をすることができること，ただし，その審判によりその同意を得なければならないものとすることができる行為は13条1項に規定する行為の一部に限ること（1項），本人以外の者の請求により本条1項の審判をするには本人の同意がなければならないこと（2項），を定めている。

　補助人の同意を得なければならない行為について，補助人が被補助人の利益を害するおそれがないにもかかわらず同意をしないときは，家庭裁判所は，被補助人の請求により，補助人の同意に代わる許可を与えることができること（3項），補助人の同意を得なければならない行為であって，その同意またはこれに代わる許可を得ないでしたものは取り消すことができること（4項）は，保佐と同様である（→§13 I）。

II　同意権付与の審判

1　同意権の付与

　家庭裁判所は一定の者の請求により，請求権者または補助人が選択した「特定の法律行為」を被補助人がするにはその補助人の同意を得なければならない旨の審判をすることができる（17条1項本文）。この場合，「特定の法律行為」は13条1項に規定する行為（保佐人の同意を要する行為）の一部に限られる（17条1項ただし書）。本人以外の者の請求により上記審判をするには，本人の同意を得なければならない（17条2項）。日常生活に関する行為は，同意権の対象にならない（13条1項ただし書で除外されている）。被補助人の自己決定を尊重することに主眼がある。

　本条は補助人に同意権を付与する根拠となる規定である。被補助人は事理弁識能力が不十分な者である。後見類型のように事理弁識能力を欠く常況にある者ではなく，保佐類型のように著しく不十分な者でもないことから，本制度は被補助人を原則として単独で法律行為をすることができる者と位置づける。このことは支援の方法に現れる。すなわち，補助人に同意権が付与されるためには，関係者は，同意権による保護を必要とする行為の範囲を特定

〔小賀野〕　　539

§*17* Ⅲ

して，審判の申立てをしなければならないとしているのである（代理権につい
ても同様の規律をしていることにつき876条の9）。また，補助に関するこれらの審
判は，被補助人自らが申し立てるか，被補助人が同意していることが必要で
ある。以上のように，被補助人の支援は本人の自己決定権・残存能力の尊重
の理念に基づいて行われる。

2 取消権の付与

補助人は同意権付与の申立てが認められれば，その認められた行為（13条
1項に規定する行為の一部に限る。17条1項本文）について，被補助人がその行為
を行う際に同意を与えることができるところ，補助人の同意を得なければな
らない行為であって，その同意またはこれに代わる許可を得ないでなされた
行為は，取消しの対象になる（17条4項）。ただし，日常生活に関する行為は，
同意権の対象にならないから，取消しの対象にもならない（17条1項ただし書，
同条4項参照）。

補助人の同意は被補助人の行為の事前に，取消しは行為の事後に行われる
ものであり，被補助人の支援において取消権は同意権と一体となっている
（保佐に関する13条1項，同条4項参照）。補助人に対する取消権の付与は，補助
人の有する同意権の実効性を担保するものである（取消権者に「同意をすること
ができる者」を含める120条の規定を参照）。

Ⅲ 補助人の事務——親族編の規定から

1 特定の法律行為に関する代理権付与の審判

家庭裁判所は，15条1項本文に規定する者または補助人もしくは補助監
督人の請求によって，被補助人のために特定の法律行為について補助人に代
理権を付与する旨の審判をすることができる（876条の9第1項）。876条の4
第2項および3項（保佐人に代理権を付与する旨の審判）の規定は，876条の9第
1項の審判について準用する（同条2項）。本人の同意を前提に，代理権付与
の申立てが認められれば，補助人はその認められた範囲内において代理権を
行使することができる。代理権の範囲について制限はなく，13条1項に規
定する行為以外の行為についても（法律行為を特定することによって）代理権を
付与することができる。代理権が本人のために行使されなければならないこ

540　〔小賀野〕

第3節　行為能力　　　　　　　　　　　　　　　　　　　　　　§17　III

とは，後見類型・保佐類型と同様である（→§9Ⅴ1，§13Ⅵ1）。

なお，補助人の権限に関し学説には，「同意権付与の審判をしないで，代理権付与の審判のみをするのは許されないと解すべきである」とする見解がある（石田（穣）223-224頁）。代理権付与の審判のみでは被補助人の行為能力に影響を及ぼさず，補助人も被補助人も共に有効な行為をすることができ，両者の行為が矛盾する場合に問題が生じること，代理権付与の審判をする必要がある場合には任意代理で行えばよく，それにもかかわらず審判の必要があるとすれば被補助人の意思能力に疑問がある場合であり，この場合に同意権を付与しないのは被補助人を害するおそれがあるとするのが主たる理由である。理論的に傾聴に値し，制度論に資する鋭い指摘である。家庭裁判所はその運用において上記見解を踏まえるべきであろう。他方，このような見解に対しては，代理権付与の審判は同意権付与の審判とは独立して定められ，家庭裁判所はそれぞれの要件が備われば審判をなし得ると解するのが民法の構造として自然であるとするのが一般的であろう。この見解のもとで仮に矛盾した行為が行われた場合の本人保護と取引安全の調整は，代理法一般の解釈によるのではなく，事案の特徴や補助人支援の必要性・相当性を考慮して個別に対応することが望ましい。

2　被補助人の意思の尊重および心身の状態・生活の状況への配慮

補助人は，補助の事務を行うにあたっては，被補助人の意思を尊重し，かつ，その心身の状態および生活の状況に配慮しなければならない（876条の10第1項）。この趣旨は，後見類型（858条），保佐類型（876条の5第1項）において述べたことと同じである（→§9Ⅴ5，§13Ⅵ2）。

3　補助人の職務に対する監督——補助監督人

家庭裁判所は，必要があると認めるときは，被補助人，その親族もしくは補助人の請求によりまたは職権で，補助監督人を選任することができる（876条の8第1項）。この趣旨は後見，保佐の各類型と同様である（→§9Ⅴ6，§13Ⅵ3）。

644条，654条，655条，843条4項，844条，846条，847条，850条，851条，859条の2，859条の3，861条2項および862条の規定は，補助監督人について準用される。この場合において，851条4号中「被後見人を代表する」とあるのは，「被補助人を代表し，又は被補助人がこれをすること

§*18* I　　　　　　　　　　　　　　　　　　第1編　第2章　人

に同意する」と読み替えるものとする（876条の8第2項）。

4　利益相反行為

補助人またはその代表する者と被補助人との利益相反行為については，補助監督人が選任されていれば補助監督人が担当し，補助監督人が選任されていない場合は臨時補助人の選任を請求しなければならない（876条の7第3項）。

〔小賀野晶一〕

（補助開始の審判等の取消し）

第18条①　第15条第1項本文に規定する原因が消滅したときは，家庭裁判所は，本人，配偶者，4親等内の親族，未成年後見人，未成年後見監督人，補助人，補助監督人又は検察官の請求により，補助開始の審判を取り消さなければならない。

②　家庭裁判所は，前項に規定する者の請求により，前条第1項の審判の全部又は一部を取り消すことができる。

③　前条第1項の審判及び第876条の9第1項の審判をすべて取り消す場合には，家庭裁判所は，補助開始の審判を取り消さなければならない。

〔対照〕　フ民 439，ド民 1908d，ス民 399
〔改正〕　本条＝平 11 法 149 新設，平 16 法 147 移動（17 条→18 条）

I　本条の趣旨

補助開始の原因が消滅した場合には，補助の支援を継続する必要はない。被補助人であることは法的には，事理弁識能力が不十分な者として扱われることになり，同人の社会的活動に支障を及ぼし得る。そこで本条は，補助開始の審判を取り消し，被補助人としての扱いを止めることを定めている。すなわち，補助開始の審判に係る15条1項本文に規定する原因が消滅したときは，家庭裁判所は一定の者の請求により補助開始の審判を取り消さなければならないこと（1項），家庭裁判所はこれらの者の請求により，補助人の同意を要する旨の審判等に係る17条1項の審判の全部または一部を取り消す

542　〔小賀野〕

第3節　行為能力　　　　　　　　　　　　　　　　§*18*　II〜IV

ことができること（2項），17条1項の審判および補助人に代理権を付与する
旨の審判に係る876条の9第1項の審判をすべて取り消す場合には，家庭裁
判所は補助開始の審判を取り消さなければならないこと（3項），を定めてい
る。

II　補助開始の審判の取消しの要件

補助の審判が取り消される要件は，15条1項に規定する原因が消滅した
こと，すなわち本人の事理弁識能力が従前と比べて回復したために，補助の
対象となる事理弁識能力が不十分な状況でなくなったことである。

なお，被補助人の精神の状況が事理弁識能力を欠く常況または著しく不十
分な状態に至り，申立てにより後見開始または保佐開始の審判に移行した場
合には，家庭裁判所は19条の規定に基づき補助開始の審判を職権で取り消
すこととなる。

III　取消しの手続

取消しの要件が充足すれば，家庭裁判所は補助開始の審判を取り消さなけ
ればならない。

17条1項の審判および876条の9第1項の審判をすべて取り消す場合に
は，家庭裁判所は，補助開始の審判を取り消さなければならない。このよう
な場合には，補助の支援を継続する必要性がなく，また継続することは本人
の活動を制約することにもなるからである。

補助開始の審判の取消しは，家庭裁判所が，本人，配偶者，4親等内の親
族，未成年後見人，未成年後見監督人，補助人，補助監督人または検察官の
請求によって行う（18条1項）。

IV　補助人の任務の終了等

654条（委任の終了後の処分），655条（委任の終了の対抗要件），870条・871条
（後見の計算）および873条（返還金に対する利息の支払等）の規定は補助人の任

〔小賀野〕　　543

§19 I・II 第1編 第2章 人

務が終了した場合について，832条（財産の管理について生じた親子間の債権の消滅時効）の規定は補助人または補助監督人と被補助人との間において補助に関して生じた債権について準用する（876条の10第2項）。

　以上は，補助人の任務に関して，当事者のそれぞれの利益状況が共通していることがその根拠になる。

〔小賀野晶一〕

　　　（審判相互の関係）
　第19条①　後見開始の審判をする場合において，本人が被保佐人又は被補助人であるときは，家庭裁判所は，その本人に係る保佐開始又は補助開始の審判を取り消さなければならない。
　②　前項の規定は，保佐開始の審判をする場合において本人が成年被後見人若しくは被補助人であるとき，又は補助開始の審判をする場合において本人が成年被後見人若しくは被保佐人であるときについて準用する。

　　　〔改正〕　本条＝平11法149新設，平16法147移動（18条→19条）

I　本条の趣旨

　法定後見の支援は3類型のもとで支援を行うものであるから，後見開始，保佐開始，補助開始の各審判の重複を避けなければならない。そこで本条は以下（II）のように調整規定を設けている。

II　後見開始，保佐開始，補助開始の各審判相互の関係

　本条は，法定後見における後見，保佐あるいは補助の審判をする場合に，審判が相互に重複しないように，家庭裁判所に対して従前に行った審判を取り消すことを求めている。これらの審判の取消しは職権で行われる。
　第1に，後見開始の審判をする場合において，本人が被保佐人または被補

第3節　行為能力　　　　　　　　　　　　　　　　　　　　　§20

助人であるときは，家庭裁判所は，その本人に係る保佐開始または補助開始
の各審判を取り消さなければならない（1項）。
　第2に，保佐開始の審判をする場合において本人が成年被後見人もしくは
被補助人であるとき，または補助開始の審判をする場合において本人が成年
被後見人もしくは被保佐人であるときは，1項を準用する（2項）。すなわち，
保佐開始の審判については，その本人に係る後見開始または補助開始の各審
判を取り消さなければならず，補助開始の審判については，その本人に係る
後見開始または保佐開始の各審判を取り消さなければならない。

〔小賀野晶一〕

　　（制限行為能力者の相手方の催告権）
第20条①　制限行為能力者の相手方は，その制限行為能力者が行為能
　　力者（行為能力の制限を受けない者をいう。以下同じ。）となった後，
　　その者に対し，1箇月以上の期間を定めて，その期間内にその取り消
　　すことができる行為を追認するかどうかを確答すべき旨の催告をす
　　ることができる。この場合において，その者がその期間内に確答を
　　発しないときは，その行為を追認したものとみなす。
②　制限行為能力者の相手方が，制限行為能力者が行為能力者となら
　　ない間に，その法定代理人，保佐人又は補助人に対し，その権限内
　　の行為について前項に規定する催告をした場合において，これらの
　　者が同項の期間内に確答を発しないときも，同項後段と同様とする。
③　特別の方式を要する行為については，前2項の期間内にその方式
　　を具備した旨の通知を発しないときは，その行為を取り消したもの
　　とみなす。
④　制限行為能力者の相手方は，被保佐人又は第17条第1項の審判を
　　受けた被補助人に対しては，第1項の期間内にその保佐人又は補助
　　人の追認を得るべき旨の催告をすることができる。この場合におい
　　て，その被保佐人又は被補助人がその期間内にその追認を得た旨の
　　通知を発しないときは，その行為を取り消したものとみなす。

　　〔対照〕　ド民108・109

〔小賀野〕　　545

§*20* I   第1編　第2章　人

〔改正〕　本条＝平16法147移動（19条→20条）　①＝平11法149・平29法44
改正　②＝昭22法222・平11法149改正　④＝昭22法222・平11法
149改正

（制限行為能力者の相手方の催告権）
第20条①　制限行為能力者（未成年者，成年被後見人，被保佐人及び
第17条第1項の審判を受けた被補助人をいう。以下同じ。）の相手方
は，その制限行為能力者が行為能力者（行為能力の制限を受けない者
をいう。以下同じ。）となった後，その者に対し，1箇月以上の期間
を定めて，その期間内にその取り消すことができる行為を追認するか
どうかを確答すべき旨の催告をすることができる。この場合において，
その者がその期間内に確答を発しないときは，その行為を追認したも
のとみなす。
②—④　（略）

I　本条の趣旨

　制限行為能力者の行為は，後に取り消されることがあり，取り消されると
初めから無効となり善意の取引相手方は不測の損害を被ることがある。そこ
で民法は，本人の利益と取引安全との調整を図るために催告権の制度を設け
ている（20条）。催告権は法律関係の早期の確定を可能にする。なお，詐術
による取消権剥奪の制度（21条）も，本条とともに取引安全に資するもので
ある。
　催告権行使の効果として当該行為が有効に確定するか，あるいは無効に確
定するかは，催告権をいつ誰に行使したかによって違ってくる。
　すなわち，本条は，①制限行為能力者の相手方はその制限行為能力者が行
為能力者となった後，その者に対し，1か月以上の期間を定めて，その期間
内にその取り消すことができる行為を追認するかどうかを確答すべき旨の催
告をすることができること，その場合において，その者がその期間内に確答
を発しないときはその行為を追認したものとみなすこと（1項），②制限行為
能力者の相手方が，制限行為能力者が行為能力者とならない間に，その法定
代理人，保佐人または補助人に対しその権限内の行為について同様に催告を
した場合において，これらの者が上記の期間内に確答を発しないときも同様

546　〔小賀野〕

第3節　行為能力　　　　　　　　　　　　　　　　　　　§20　II

とすること（2項），③特別の方式を要する行為については，上記の期間内に
その方式を具備した旨の通知を発しないときは，その行為を取り消したもの
とみなすこと（3項），④制限行為能力者の相手方は，被保佐人または17条1
項の審判を受けた被補助人に対しては，上記の期間内にその保佐人または補
助人の追認を得るべき旨の催告をすることができ，この場合においてその被
保佐人または被補助人がその期間内にその追認を得た旨の通知を発しないと
きは，その行為を取り消したものとみなすこと（4項），を定めている。以上
のように，本条は，制限行為能力者である本人が当該行為が有効に確定する
ことによって不利になることがないよう配慮している。

II　制限行為能力者の相手方の催告権

1　制限行為能力者の特定

　20条1項の制限行為能力者とは，未成年者，成年被後見人，被保佐人お
よび17条1項の審判を受けた被補助人をいう（13条1項10号）。17条1項の
審判（補助人の同意を要する旨の審判）を受けていない被補助人は，制限行為能
力者に含まれない。補足すると，876条の9第1項の審判を受けた者（15条
3項参照），すなわち補助人に代理権付与がされた被補助人は制限行為能力者
から除かれている（大村・読解75-76頁）。
　制限行為能力者がした一定の行為について，本人，その代理人・承継人・
同意をすることができる者はこれを取り消すことができる（120条1項）が，
他方において本条により取引相手方に催告権が与えられているのである。

2　催告権の性質

　20条の催告権とは，制限行為能力者の相手方が，制限行為能力者が行っ
た取り消すことができる行為を追認するかどうかを要求する権利をいう。本
条により，被催告者が催告に応じて何等かの意思表示をしなければならない
義務を負うものではない（注民(1)232頁〔山主政幸〕）。

3　催告権の4つの態様

　20条は取り消すことができる行為について，相手方が単独で追認をする
権限を有する場合には追認の効果（有効に確定すること）が生じ（1項および2
項），相手方がその権限を有しない場合には取消しの効果（無効に確定するこ

〔小賀野〕　　547

§*20* III 第1編 第2章 人

と）が生ずる（4項）とする。本条は以上の態様のほかに，特別の方式を要する行為についての催告権について定める（3項）。

催告権の行使は次の4つの態様に整理することができる（我妻90頁以下，近江76頁以下参照。大村・読解77-78頁は催告権の効果を追認擬制と取消擬制として整理する）。第1に，制限行為能力者が行為能力者となった後にその制限行為能力者に対して，一定の期間をきめ，自分の行った行為を取り消すかどうかの確答を求め，確答がなかったときは，追認したものとみなされる（1項）。第2に，制限行為能力者が行為能力者とならない間に，その制限行為能力者の法定代理人，保佐人または補助人に対して催告した場合に，確答がなかったときは，追認したものとみなされる（2項）。第3に，制限行為能力者が被保佐人，17条1項の審判を受けた被補助人であった場合に，それぞれ保佐人，補助人の追認を得るよう催告した場合に，その期間内に追認を得たとの通知を発しないときは，取り消したものとみなされる（4項）。第4に，特別の方式を要する行為についても，その方式を具備した旨の通知を発しないときはその行為を取り消したものとみなされる（3項）。特別の方式とは，後見監督人の同意を要する行為（864条），利益相反行為（826条・860条。後見監督人の監督，特別代理人の選任），の各場合である。

III　意思能力のない者に対する催告

本条の催告権に関連して，意思能力のない者がした法律行為について取消しあるいは追認をすることができるかどうかが問題になる（注民(1)235頁〔山主政幸〕）。民法の意思能力論のもとでは本来，意思能力がなければ取り消すまでもなくその行為は無効であり，追認がなされた場合は「無効行為の追認」として処理されればよいとする。しかし，このような考え方に対しては，成年被後見人の意思能力については本条の催告の制度を重視し，これに従って処理すべきであるとする見解もあり得る。これは，本条は制限行為能力者制度に対する特別の規定であり，一般的な意思能力論を修正するものであるとする。かかる解釈は，成年被後見人等（9条ただし書）の日常生活に関する行為の取消しに関する解釈と整合する。

548　〔小賀野〕

第3節 行為能力 §*20* Ⅳ

Ⅳ 登記制度——取引安全と個人情報・プライバシー保護

後見（保佐，補助も同様）の審判があったことは登記所のファイルに記載される（後見登記等に関する法律4条・5条）。旧制度（→§7Ⅰ）では禁治産・準禁治産宣告を受けたことが戸籍に記載されたため，本人の個人情報あるいはプライバシーを侵害するおそれがあり，制度利用を阻害する要因になっていた。そこで新法（→§7Ⅰ）は戸籍への記載を廃止し，新たに登記制度を導入した。なお，判断能力が低下した人が成年後見の支援を受けることは当然の権利であり，仮に精神的能力の低下に対する偏見があるとすれば改められるべきである。

個人情報保護制度に基づく本人に関する個人情報の保護は，成年後見事務の遂行においても要請されており，これに違反した場合には善管注意義務違反になることもあり得る。しかし，他方では，支援のための連携は必要とされており，情報の共有も必要である。7条で述べた地域の社会システムのもとでは，地域における社会資源の連携を重視する（→§7Ⅴ）。この場合，認知者高齢者等の個人情報の扱いが問題になる。実際，地域では，本人の同意が得られない場合に，認知症等に関する個人情報を第三者に提供することができるかどうかが問題になっている（第三者提供の制限に関する，個人情報の保護に関する法律23条参照）。個人情報保護法は，同意能力がある人を前提にしているのであろう，このことについて何も言及していない。あるいは，かかる問題は意思表示・意思能力等を扱う民法の扱いに属すると考えているのだろうか。立法論としては，個人情報の保護と利用に関する重要問題としていずれかの法律に明記されることが望まれる。考え方としては，連携者相互の目的・機能を考慮し，各連携者を実質的に同一と捉えることができる場合には本人同意は不要と解することができるであろう。

登記に係る成年後見実務では，成年後見人が決まると，裁判所から申立人と後見人等に対して審判書が郵送される。審判は，後見人等に審判書が届いてから2週間以内に不服申立てがないと確定する。審判が確定すると，裁判所から法務局（東京法務局）に後見登記の嘱託がなされる。これが受理されると，裁判所から後見人に対し登記番号が知らされる。後見人は登記事項証明書を法務局から取り寄せて，自らが後見人であることを証明することができ

〔小賀野〕 549

§*21* I・II 第1編 第2章 人

る（後見登記等に関する法律10条）。

〔小賀野晶一〕

（制限行為能力者の詐術）
第21条 制限行為能力者が行為能力者であることを信じさせるため詐
術を用いたときは，その行為を取り消すことができない。

〔対照〕 フ民1307
〔改正〕 本条＝平11法149改正，平16法147移動（20条→21条）

I 本条の趣旨

　制限行為能力者制度，すなわち未成年者制度および成年後見制度における
本人の利益と取引安全との調整を図るために，民法は20条の催告権の制度
とともに，本条の，詐術による取消権剝奪の制度を設けた。すなわち，本条
は制限行為能力者が，自己を行為能力者であると信じさせるために詐術を用
いた場合には，その行為を取り消すことができないことを定めている。

　かかる詐術による取消権剝奪の制度は，判断能力が未熟かあるいは低下し
た者は保護・支援の対象になるとはいえ，その者が詐術を用いた場合には制
限行為能力者制度による保護に値しないとし，取消しの利益を受けることが
できないとするものである。

II 制限行為能力者

　制限行為能力者には未成年者，成年被後見人，被保佐人，17条1項の審
判を受けた被補助人があるところ（13条1項10号），本条は20条と同様これ
らの者を一括して定めている。

　制限行為能力者のうち第1に，未成年者は判断能力が未熟な人として保護
されるが，詐術を用いた場合には本条により取消権が奪われる。第2に，成
年後見制度の支援を受ける者も，判断能力が低下した人として一定の支援を
受けるが，詐術を用いた場合には本条により取消権が奪われる。

550 〔小賀野〕

第3節　行為能力　　　　　　　　　　　　　　　　　　　　§*21*　**III**

　本条により取消権が奪われた場合には，当該行為は有効なものとして確定し，当該行為の権利を有し義務を負う。実際に詐術が問題になるのは，未成年者については年齢が高い場合であり，仮に6歳の子が年齢を偽ったとしてもこれをもって詐術と解することはできないであろう。また，成年後見について詐術が問題になるのは能力低下の程度がより軽度の者であり，被保佐人のうちの軽度の者や被補助人であって，事理弁識能力が欠けた常況にある成年被後見人が詐術を用いることは通常はあり得ないであろう。

III　本条における詐術の意義

1　判　　例

(1)　詐術に当たる場合と詐術に当たらない場合の判断基準

　旧制度（→§7 I）においても本条と同様の規定があり（旧20条），準禁治産者のうちの浪費者について詐術が問題とされた。判例によると，詐術は，能力者であることを積極的に信じさせるような場合だけでなく，能力者だと相手方が誤信しているのを知っていてあえて黙っているような場合を含むと解する。

　判例は当初，詐術を狭義に解し，無能力者が相手方に能力者たることを信じさせるため積極的手段を用いることを求め，準禁治産者が金銭貸借の場合に無能力者でないことを通知し，または無能力者であることを告げず，もしくは営業資本に使用するために借用することを明言したときに，詐術に当たらないとしていた（大判大5・12・6民録22輯2358頁）。しかし，その後，無能力者であることを黙秘することが，無能力者の他の言動などと相まって相手方を誤信させ，または誤信を強めたものと認められるときには旧20条にいう詐術に当たるとし，他方，黙秘することのみでは詐術に当たらないとした。すなわち，最高裁昭和44年2月13日判決（民集23巻2号291頁）は，「民法20条〔現21条〕にいう『詐術ヲ用キタルトキ』とは，無能力者が能力者であることを誤信させるために，相手方に対し積極的術策を用いた場合にかぎるものではなく，無能力者が，ふつうに人を欺くに足りる言動を用いて相手方の誤信を誘起し，または誤信を強めた場合をも包含すると解すべきである。したがって，無能力者であることを黙秘していた場合でも，それが，無能力

〔小賀野〕　　551

§*21* **III**   第1編　第2章　人

者の他の言動などと相俟って，相手方を誤信させ，または誤信を強めたものと認められるときは，なお詐術に当たるというべきであるが，単に無能力者であることを黙秘していたことの一事をもって，右にいう詐術に当たるとするのは相当ではない。」と判断した。本条は本人と取引の相手方との保護のバランスを考慮したものであるが，解釈論の重点は取引の動的安全に傾斜した。

(2)　旧制度におけるいくつかの事例

　旧制度において詐術に当たると認定した裁判例は，①準禁治産者が，準禁治産者であるか否かの質問に対して，これを否定し，さらに市役所，裁判所に問い合わせよと答えた事例（大判昭2・11・26民集6巻622頁），②準禁治産者が，準禁治産宣告は既に取り消され，1級の選挙権（当時）をも有するので迷惑をかけないと明言した事例（大判昭5・4・18民集9巻398頁），③準禁治産者が，無能力であることを隠蔽する目的で，相当の資産信用を有するので安心して取引をして欲しい旨を陳述した事例（大判昭8・1・31民集12巻24頁），④準禁治産者が金銭の借入れに伴う根抵当権設定契約の締結に際してとった言動等が相手方をして能力者であると誤信させ，またはその誤信を強めた事例（名古屋高判平4・6・25判タ801号172頁），などがある。

　他方，旧制度において詐術に当たらないとされた裁判例として，準禁治産者が金銭借用に際し，住民票謄本，社会保険証を提示し，長年会社に勤務して相当の収入があると述べるなどの言動をとっていた事例において，名古屋地裁平成4年10月7日判決（家月45巻10号77頁）は無能力者の詐術について，「ある行為が詐術に当たるとするためには，無能力者が能力者であることを信じさせる故意をもって当該行為をしたことを要すると解すべきである。」とした。前掲最高裁昭和44年2月13日判決の考え方を進めるものであるが，故意の場合に限られるかどうかは考え方が分かれ得る。この問題は次の2で提示する問題と密接に関連する。旧制度における事例は参考にはなるが，新制度の特徴を考慮することが必要である。

2　詐術と誤信との因果関係は必要か

　通説・判例によると，本条の取消権剥奪の効果を得るためには，詐術と相手方の誤信または誤信を強めたこととの間に因果関係を必要とする（前掲最判昭44・2・13参照）。

552　〔小賀野〕

第3節　行為能力　　　　　　　　　　　　　　　　　　　§21　Ⅳ

　他方，因果関係を不要とする見解もある。旧制度について，詐術による取
消権剥奪の趣旨を詐術に対する私的制裁と捉える学説は，無能力者が能力者
と信ぜしめるため相手方を詐術したなら，そのことだけで詐術に対する制裁
として取消権を剥奪されるべきであると解し，「そうであるならば，無能力
者を保護すべしとの要請を顧慮してもなお，相手方の取引上の信頼保護を優
先せしめるに足る詐術をのみ問題とすべきであり，……『積極的術策』があ
ったといえる場合にはじめて，『詐術』をなしたと解すべきである。」と指摘
する（髙森八四郎・法律行為論の研究〔1991〕298頁）。同説は，本条が詐術を要件
として取消権剥奪の効果を認めることについて制裁的要素を重視し，詐術と
結果との間に因果関係がなくても取消しの効果を認める。旧制度のもとで詐
術が問題となったのは主に浪費者の行為であり，またその者に事理弁識能力
が備わっていた事例であった。ここに私的制裁と解する実質的根拠を求める
ことができる。

　新制度（→§7Ⅰ）は浪費者を制度の対象から外しており，旧制度における
浪費者，すなわち判断能力を有する人を前提にした議論は修正の余地がある。
新制度のもとでは，当事者の利益状況，例えば相手方の善意，無過失・無重
過失，本人の能力の程度，責に帰すべき事情等を総合的に吟味し，本条の保
護に値するかどうかを決すべきであろう。

Ⅳ　民法の規律と取引安全の考え方

　民法における取引安全や，その基礎となる意思表示に関する原則的規律
（近代法の私法秩序）は7条〜21条においてみたように，成年後見制度のもと
では判断能力が低下した本人の利益のために部分的に修正されている。しか
し，認知症高齢者やそれに続く人々が相当数・相当割合にのぼる高齢社会の
今日では，成年後見制度を判断能力が低下した人のための特別の制度，すな
わち民法の例外的制度として位置づけること自体が問われているのではない
だろうか。今日，民法における生活とは何か，生活関係とは何かという民法
の規律の基本に関して，7条で前述したように成年後見制度と地域の社会シ
ステムのあり方が問われなければならない。以上の問題を近代法として成立
した民法の現代化における課題として位置づけ，課題解決のために地域の望

〔小賀野〕　　553

§*21* Ⅳ   第1編　第2章　人

ましいあり方（地域像）に関する規範を定立し，これを運用論や，制度論，
立法論につなげることはこれからの民法学のあり方として有益であろう。

〔小賀野晶一〕

第 4 節　住　所 §22　I

第4節　住　　所

（住所）
第 22 条　各人の生活の本拠をその者の住所とする。

〔対照〕　フ民 102-109，ド民 7-9・11，ス民 23-26
〔改正〕　本条＝平 16 法 147 移動（21 条→22 条）

細　目　次

I　住所に関する規定の立法経緯，および その法体系上の位置づけ …………………555	II　住所の意義 …………………………………560
1　22 条ないし 24 条の立法経緯…………555	1　主観説と客観説…………………………560
2　22 条ないし 24 条の日本法体系にお ける位置づけ………………………………557	（1）学　説 ……………………………561
（1）住所の一般的定義 ………………557	（2）判　例 ……………………………562
（2）住所の法的効果 …………………557	2　単一説と複数説…………………………567
（3）本籍および住民票との関係 ………559	（1）学　説 ……………………………567
（4）住所類似の概念 …………………559	（2）判　例 ……………………………570
	3　まとめ……………………………………574

I　住所に関する規定の立法経緯，およびその法体系上の位置づけ

1　22 条ないし 24 条の立法経緯

（1）　民法第 1 編（「総則」）・第 2 章（「人」）・第 4 節の「住所」と題する節は，本条（22 条）および 23 条・24 条の 3 箇条で構成されている。まず，この 3 箇条の立法経緯について一瞥しておく。

　これらの規定は，2004 年（平成 16 年）の民法典現代語化に際して，それまでの 21 条ないし 24 条の表現を現代語化し，条・項の構成を若干整理してできたものである。現代語化以前の 21 条ないし 24 条は次のようなものであった。

　　第 21 条　各人ノ生活ノ本拠ヲ以テ其住所トス

〔早川（眞）〕　555

§*22* I

第1編 第2章 人

第22条　住所ノ知レサル場合ニ於テハ居所ヲ以テ住所ト看做ス

第23条　日本ニ住所ヲ有セサル者ハ其日本人タルト外国人タルトヲ問ハス日本ニ於ケル居所ヲ以テ其住所ト看做ス但法例其他準拠法ヲ定ムル法律ニ従ヒ其住所ノ法律ニ依ルヘキ場合ハ此限ニ在ラス

第24条　或行為ニ付キ仮住所ヲ選定シタルトキハ其行為ニ関シテハ之ヲ住所ト看做ス

　このうち，21条，22条および24条の規定は，1896年（明治29年）の民法典制定時のままであり，それまでに修正を受けていなかった。23条も内容は民法典制定時と同趣旨であるが，ただし書について若干の修正がなされていた。すなわち，ただし書は当初は「但法例ノ定ムル所ニ従ヒ其住所ノ法律ニ依ルヘキ場合ハ此限ニ在ラス」とされていたが，1964年（昭和39年）に，準拠法を定める法律として法例に加えて「遺言の方式の準拠法に関する法律」（昭和39年法律100号）が制定されたのに伴い，上記のように，「法例其他準拠法ヲ定ムル法律」という文言に改められたのである。

　さて，2004年の民法典現代語化に際し，これらの規定は，内容を変えずに現代語化されたが，条数と構成に若干の修正が加えられ，従前の21条が新たな22条になり，従前の22条および23条は，新たな23条の1項および2項として，1箇条にまとめられた。なお，新たな23条2項のただし書は，現代語化された当初は，「ただし，法例（明治31年法律第10号）その他準拠法を定める法律に従いその者の住所地法によるべき場合は，この限りでない。」と規定していたが，その後，法の適用に関する通則法（平成18年法律78号）の制定に伴い法例が廃止されたため，「法例（明治31年法律第10号）その他」の文言は削除されて現在に至っている。

　(2)　このように，住所に関する22条ないし24条について，民法典制定時から現代語化まで内容についての変更はないが，その前の旧民法人事編（明治23年法律98号）においては，住所について多少異なる内容の規律がなされていた。旧民法人事編には次のような規定が置かれていた。

　　旧民法人事編第262条

　　　民法上ノ住所ハ本籍地ニ在ルモノトス

　　同第266条

　　　本籍地カ生計ノ主要タル地ト異ナルトキハ主要地ヲ以テ住所ト為ス

556　〔早川（眞）〕

第4節　住　所　　　　　　　　　　　　　　　　　　　　　　　　　§*22*　I

このように，旧民法人事編262条は，住所を「本籍地」にあることとする
としていたが，これは，いわゆる形式主義——すなわち現実の生活事実の有
無と無関係に本籍地・住民登録地などの形式的基準に従って画一的に住所を
認定する考え方——を原則としたものであり，この点で，明治民法の規定が，
いわゆる実質主義——現実の生活関係の中心である場所を住所とする考え方
——を原則としていることとは，対照的である（ただし，本籍地がもともとは，
現実の居住地を示すものであったことに留意する必要がある〔→2(3)〕）。もっとも，
旧民法人事編266条は，形式としては例外扱いではあるが，本籍地が「生計
ノ主要タル地」と異なるときは本籍地ではなくその「生計ノ主要タル地」を
住所とすると規定していたのであるから，旧民法のもとでも，本籍地が住所
であるのは，そこが現実の生活関係の中心である場合に限られることになる
はずであり，結局，規律全体としては，実質主義に近かったものと評価でき
よう。

2　22条ないし24条の日本法体系における位置づけ

(1)　住所の一般的定義

　本条をはじめとする住所についての規定（22条〜24条）が，このように民
法典（「第1編　総則」）に置かれていることに関連して，これらの規定の日本
法体系全体における位置づけを確認しておこう。住所に関する規定が実際に
重要な意味を持つのは，後述するように，民法以外の法分野においてである
が（→(2)），それにもかかわらず，民法典のなかにこのような住所に関する一
般的な規定が置かれているのはなぜかが問題になる。

　この点は，ローマ法以来の歴史的経緯に基づいて，民法の総論的な部分が，
民法に限らず，実定法体系全体の総則としての役割を果たしているという観
点から説明される（川島武宜「民法体系における『住所』規定の地位」同・民法解釈
学の諸問題〔1949〕227頁）。

(2)　住所の法的効果

　22条ないし24条の規定は，自然人の住所の一般的定義を示すにとどまり，
住所の法的効果については触れていない。住所の法的効果は，民法のみなら
ずその他の法令のさまざまな箇所において，それぞれ規定されており，した
がって，日本の実定法体系のもとでは，民法22条ないし24条によって定義
された住所が，原則として他の法分野でも用いられて個々の法令等によって

〔早川(眞)〕　　557

§22 I   第1編　第2章　人

定められた法的効果をもたらすという仕組みがとられている。住所に付された法的効果のうち主要なものを具体的に列挙すると，次のようになる。

①　不在および失踪の標準（民25条・30条）。

②　債務履行の場所を定める標準（民484条1項，商516条）。ただし，商法516条は営業所を住所に優先させている。

③　相続の開始地（民883条）。

④　手形行為の場所（手2条3項・4条・21条・22条2項・27条・48条2項・52条1項3項・60条1項・76条3項，小8条）。

⑤　裁判管轄の標準（民訴3条の2・3条の4第1項・4条，人訴3条の2・4条，家事3条の3・3条の5〜3条の13・4条，民調3条・33条の2，民執144条）。

⑥　裁判上の期間の伸縮および付加の標準（民訴96条2項）。

⑦　国際私法上の準拠法を定める標準（法適用5条・6条，遺言の方式の準拠法に関する法律2条3号・7条）。

⑧　帰化および国籍回復の条件（国籍法5条〜8条・17条1項）。

⑨　国民年金・国民健康保険の被保険者資格の得喪（国民年金法7条〜9条，国民健康保険法5条・7条・8条）。

⑩　公職選挙における選挙権・被選挙権の有無の判定（公職選挙法9条2項3項，自治10条・11条・18条）。

⑪　納税義務・申告先・納税地の決定（所得税法2条1項3号4号・5条1項・15条・16条，相続税法1条の3・1条の4・27条・28条・62条）。

これらのうち，民法に規定のあるものは，①ないし③にすぎず，しかも，②（債務の履行場所としての住所）の民法484条1項は，補充的任意規定であって，当事者の特約はもとより取引慣行や信義則によって履行場所が決まるのが通常であり，また，③（相続の開始地としての住所）の民法883条は，民事訴訟・家事審判・破産手続の裁判籍（民訴5条14号15号，家事188条・189条・190条・191条・201条・203条・216条・242条，破222条）との関係で，手続的な意味を有するにとどまる。結局，民法上，住所が重要な法的効果を有するのは①（不在，失踪）についてのみであるといえよう。

したがって，住所の法的効果が問題となるのは，主として民法以外の法令についてである。このうち，私法の領域で住所がとくに重要な意味を持つのは，裁判管轄の基準となる点（⑤），および準拠法決定の基準となる点（⑦）

558　〔早川(眞)〕

第4節　住　所　　　　　　　　　　　　　　　§22　Ⅰ

である。なお，私法以外の領域においても，住所は，上記⑧ないし⑪にある
ような重要な意味を持つことになる。

(3)　本籍および住民票との関係

本籍と住民票は，それぞれ住所とどのような関係に立つのか。

本籍は，戸籍法に基づいて作成されるその人の戸籍に記載された場所であ
るが，現在は，本籍は現実の居住とは関係なく自由に定めることができるた
め，住所とは無関係である。もっとも，戸籍は，その発足当時には，家屋ご
との住民登録簿であったこと——つまり住所を示すものであったこと——に
は留意すべきであろう（水野紀子「日本の戸籍制度の沿革と家族法のあり方」アジア
家族法会議編・戸籍と身分登録制度〔2012〕13頁など参照）。他方，住民票は，住民
基本台帳法に基づいて，その人が住所を有する市町村の住民基本台帳に住民
として記録されるものであり（自治10条1項・13条の2参照），まさに住所と連
動している。

(4)　住所類似の概念

住所に類似する場所的概念として，民法には，「居所」（23条）および「仮
住所」（24条）についての規定がある。これらについてはそれぞれの条文の
注釈において後述する（→§23，§24）。

そのほかに，住所類似の概念として法令上用いられているものとしては，
「居住地」「現在地」「常居所」などがある。

「居住地」および「現在地」は，各種の法令において，管轄を定めるため
などに用いられる用語であり，たとえば生活保護法19条1項2項は，

①　都道府県知事，市長及び社会福祉法（昭和26年法律第45号）に規
定する福祉に関する事務所（以下「福祉事務所」という。）を管理す
る町村長は，次に掲げる者に対して，この法律の定めるところにより，
保護を決定し，かつ，実施しなければならない。

一　その管理に属する福祉事務所の所管区域内に居住地を有する要保
護者

二　居住地がないか，又は明らかでない要保護者であつて，その管理
に属する福祉事務所の所管区域内に現在地を有するもの

②　居住地が明らかである要保護者であつても，その者が急迫した状況
にあるときは，その急迫した事由が止むまでは，その者に対する保護

〔早川(眞)〕　559

§*22*　Ⅱ　　　　　　　　　　　　　　　　　　　第1編　第2章　人

　　　は，前項の規定にかかわらず，その者の現在地を所管する福祉事務所
　　　を管理する都道府県知事又は市町村長が行うものとする。

と規定する。一般的にいえば，「居住地」は人がその日常生活を営んでいる
場所，「現在地」は居住地ではないが人が現在所在している場所を指す。こ
れらの概念は，現実の具体的事案では民法上の「住所」「居所」と一部重な
りうるが，いずれも，民法上のこれらの概念とは切り離して規定されたもの
であり，民法の解釈からは離れて，それぞれの法令の趣旨・目的との関係で
解釈されることになろう。

　「常居所」は，国際私法規定において準拠法指定等のために用いられる概
念であり，法の適用に関する通則法（8条・11条・18条・19条・20条・25条・26
条・27条・32条・38条・39条・40条）をはじめ，遺言の方式の準拠法に関する
法律，扶養義務の準拠法に関する法律，国際的な子の奪取の民事上の側面に
関する条約の実施に関する法律などに用いられている。「常居所」は，ハー
グ国際私法会議が，国際私法関係の条約を作成するにあたり，属人法につい
て本国地法主義をとる国々と住所地法主義をとる国々との間の妥協を図る必
要などから，新たに創り出した概念であり，各国の実質法上の住所や居所と
は異なるものであるとされる（櫻田嘉章＝道垣内正人編・注釈国際私法第2巻
〔2011〕275頁以下〔国友明彦〕など参照）。

Ⅱ　住所の意義

　以下では，「住所」をどのように解すべきかをめぐる問題を，これまでの
学説および判例を整理しつつ，検討する。

　本条の解釈をめぐって従来なされてきた主たる議論は，主観説と客観説の
対立を軸とするもの，および，単一説と複数説の対立を軸とするものである。
以下では，それぞれについての学説および判例の状況を概観したうえで，本
条の解釈にあたって留意すべき点等を検討する。

1　主観説と客観説

　ある者の住所がどこにあるかを同定するための要素としては，その者のそ
こに居住する（本条の表現によれば，そこを「生活の本拠」とする）という意思（主
観的要素）と，その者がそこに実際に居住しているという事実（客観的要素）

560　　〔早川（眞）〕

第4節　住　所　　　　　　　　　　　　　　　§*22*　Ⅱ

とがある。ある場所を住所と認定するために，客観的要素（その具体的な内容・程度はともかくとして）が必要である点にはほとんど異論がないが，それに加えて主観的要素（意思）が必要とされるか否かについては意見が分かれうる。すなわち，意思が必要であるとする主観説と，それは不要であるとする客観説との対立である。

(1)　学　　説

民法典起草者は，客観説をとっていたものと解される（大村・読解87頁）。富井政章は，「外国ノ学者ハ一般ニ住所ノ一要件トシテ生活ノ本拠ト定メタル場所ニ常居スル意思ナカルヘカラサルモノトスル如シ〔中略〕是普通ノ場合ニ付テハ失当ノ見解ニ非スト雖モ本来人ノ住所ヲ定ムルコトノ必要ナルハ単ニ其一個ノ便益ヲ図ルカ為メニ非ス民法ニ於テ生活ノ本拠ト定メタルハ必シモ定住ノ意思ヲ必要トスル主観的標準ヲ取リタルモノニ非スシテ客観的事実ノ認定ニ依ルヘキモノトスル趣意ナリ」（富井政章・民法原論第一巻　総論上〔訂正4版，1904〕159-160頁）という（なお，梅謙次郎が「専ラ事実ニ依リテ住所ヲ定ムヘキモノトセリ」〔梅59-60頁〕としている点をとらえて客観説をいうものと理解する見解もあるが〔新版注民(1)〔改訂版〕404頁〔石田喜久夫＝石田剛〕〕，この部分は，前後の文脈に鑑み，形式主義ではなく実質主義をとることを述べたにすぎないと解するべきであろう）。その後，一時期，主観説が唱えられることもあったが（「住所ノ設定〔中略〕ニハ主観的及ヒ客観的ノ二条件ヲ必要トス詳言スレハ常住ノ場所ヲ定メ之ヲ生活ノ本拠トスルノ意思〔中略〕アルコト及ヒ其意思ノ実現即チ一定ノ場所ニ居住スルノ事実アルコトヲ要件トス」〔松本220頁〕，「住所ノ設定ニハ主観的要素ト客観的要素ヲ要ス〔中略〕此ノ如クニ住所ノ設定ニハ意思ヲ要ス，然レトモ其意思タルヤ敢テ他人ニ対シテ表示セラルヽヲ須ヒス，只其事実タル行動ニヨリ推知スルヲ得レハ足ル，故ニ住所ノ設定ハ意思表示ニ非ス」〔中島173-174頁〕など），今日では学説上は客観説が支配的であるという評価が一般的である（大村・読解87頁）。たとえば，星野英一は，「判例には意思説〔上記の主観説のこと——引用者注〕をとったものがあるが〔中略〕，学説はほとんど反対である」（星野114頁）といい，幾代通は，「近時の学説においては，意思をほとんど無視するか，または，意思を要件とするにしても，客観化された意思ないしは客観的にみての合理的な意思というふうにこれを把握するなど，だいたい客観説が通説的な地位を占めるにいたっている」（幾代81頁）という。

〔早川(眞)〕

§22 Ⅱ
第1編 第2章 人

客観説の根拠としては，①22条の文言に意思の要素は含まれていない（この点は，たとえば，占有に関する民法180条が「自己のためにする意思をもって」と規定して意思の要素を摘示していることとは対照的である），②住所は他人との法的接触の場において問題になるが意思の有無は外部からは認識しにくく，意思を要件とすると取引の安全・法的安定性を害するおそれがある，③主観説をとると意思無能力者の住所について法定住所の制度が必要であるが日本民法にはその用意がない，などである（我妻93-95頁，幾代81頁，基本法コメ72頁〔山崎寛＝良永和隆〕）

もっとも，客観説に対しては，近時異論も唱えられている。すなわち，『新版注釈民法(1)〔改訂版〕』〔石田(喜)＝石田(剛)〕は，次のように述べて，客観説を批判する。「本人の意思を完全に排除して法律関係を語ることには，原則として，背理の疑いがある。住所に関する主観説といえども，定住の事実がありながら，問題を生じた場合に『ここに定住する意思はない』などと言い放つ者に，定住の意思の欠缺を認めるものではない。むしろ，かえって，定住の事実のみで原則として住所を認定しようとする客観説こそ，立論の出発点において批判されなければならないように思われる。法定住所に関する規定がなくても，庇護を受ける者の住所は，わが民法の解釈として，庇護者（親権者や後見人など）に指定権なり同意権を与えることは十分可能であり，また，そうすることが社会の実態にも適合するであろう。主観的要件を必要とするといっても，住所認定のためには客観的要件を具備しなければならないこと，喋々する要をみないのであるから，取引安全を旗幟とする客観説は，尾花に過ぎない主観説を幽霊にみたてている嫌いがある」（404-405頁）と。

(2) 判 例

この点に関する大審院時代の判例としては，いずれも未成年者のための親族会招集事件に関する裁判管轄を決める基準としての住所がどこかが争われた事案について，【判例1】大審院大正9年7月23日決定（民録26輯1157頁），【判例2】大審院昭和2年5月4日決定（民集6巻219頁），【判例3】大審院昭和9年8月30日決定（民集13巻1631頁）がある。

大審院大正9年決定【判例1】は，「或地カ或人ノ住所ナリヤハ其地ヲ以テ生活ノ本拠ト為ス意思ト其意思ノ実現即チ其地ニ常住スル事実ノ存スルヤ否ヤニ依リ決スヘキモノニシテ如何ナル状況ノ存スレハ斯ル意思アリ事実ア

562 〔早川(眞)〕

第4節　住　所　　　　　　　　　　　　　　　　　　　　　§22　II

リト認メラルヘキヤハ事実問題ニシテ固ヨリ一定ノ具体的標準アルニ非ス」
（傍点は引用者による。以下，本条の注釈において同様）とし，また，昭和2年決定
（【判例2】）も，「或人ノ一般ノ生活関係ニ於テ其ノ中心ヲ成ス場所ヲ其ノ人ノ
住所ト云フ而シテ斯ル場所ハ其ノ人カ其ノ処ヲ以テ右ノ如キ中心ト為サムトス
ルノ意思ヲ有シ且此意思ヲ実現シタル事実ノ存スル場合ニ於テ則之アルモ
ノトス」としており，一般論・抽象論としては，住所とする意思を要すると
述べている。そこで，この当時の判例が主観説に立つとする評価が一般的で
ある（基本法コメ72頁〔山崎＝良永〕など）。もっとも，昭和9年決定（【判例3】）
は，住所とする意思を要するという一般論も述べておらず，また，上記の2
決定（大正9年・昭和2年）においても，住所とする意思の有無・内容が結論
に影響を与えているわけではないため，当時の判例が主観説をとっていたと
まではいえないのではないかと考えられる（幾代81頁）。

　最高裁になってからの判例としては，まず，かつての自作農創設特別措置
法による小作地買収に関し，小作地所有者が在村地主か不在地主かをめぐっ
て住所が問題となる事案についての判断を示したものとして，【判例4】最
高裁昭和26年12月21日判決（民集5巻13号796頁），【判例5】最高裁昭和
27年4月15日判決（民集6巻4号413頁），および【判例6】最高裁昭和38年
11月19日判決（民集17巻11号1408頁）がある。

　このうち，最高裁昭和26年判決（【判例4】）の事案は，終戦直後まで神奈
川県A市に家族と共に住み海軍省に勤務していたXが，小作地を所有する
福岡県B村に住所を定めることとし，昭和20年8月下旬に家財道具をB村
に所有する家屋に送り，家族をそこに住まわせてそこに所有する田を耕作さ
せ，自らは，海軍省の残務整理のため東京のアパートに移り，昭和21年2
月にB村に帰った，というケースにおいて，XがY（福岡県知事）に対してY
の行った農地買収処分の取消しを求めたものである。一審が請求を棄却した
のに対し，控訴審（福岡高判昭25・1・20行集1巻3号345頁）は，次のように述
べて，住所の認定について客観説に近い立場をとって，B村にXの住所が
あったこと（基準時たる昭和20年11月時点で）を認め，Yの農地買収処分を取
り消した。

　「一定の場所がある人の生活の本拠であるかどうかの客観的事実が，その
人の住所がその場所に存するかどうかを決定するのであつて，その人がその

〔早川（眞）〕　　563

§22 Ⅱ 第1編 第2章 人

場所に住所を置く意思を有するかどうかは住所の存否を決するについての独立的要素をなすものではない。もつとも住所意思を実現する客観的事実が形成されておる場合には，住所意思もまた生活の本拠を決定する標準の一つとして考慮にいれられるべきものである。特に農地の解放を指標とする農地の買収においては，住所が顕在的形態において定まつていることの必要が一般私法関係におけるよりもはるかに大であるから，住所意思を生活の本拠決定の標準にとりあげるについては，それを実現する客観的事実の形成を一層重視しなければならないであろう。」

最高裁は，Yからの上告を棄却し，次のように述べる。

「原判決は右の事実関係を以て，Xの住所意思を実現する客観的事実の形成として十分であると判断し，Xは同年〔昭和20年〕8月下旬頃本籍地のB村に住所をもつに至つたものであり，従つて同年11月23日現在においてXの住所はB村に在つたとみとめるべきであると判示しているのである。如上，原判決の確定した事実関係からみれば，原判決がXが同年11月23日現在においてB村に，自作農創設特別措置法にいわゆる住所をもつていたものと解したのは相当であつて……。」

最高裁のこの判示は，「住所意思」に言及しており，その限りでは主観説に近いと評することも可能ではあるが，最高裁が首肯した控訴審判決の論理をも合わせ考えれば，むしろ，原則としては，住所を置く意思を有するかどうかは住所の存否を決するについての独立的要素をなすものではないという客観説に傾いているというべきではないか（幾代81頁も，「判例は，いちおう主観説を唱えるかにみえながらも，実質的には客観説に傾いてきている，といいうる」という）。

最高裁昭和27年判決（【判例5】）は，Xが大阪府A市の次男宅から同府B市で自らが経営する会社に通勤するかたわら（なお，Xの妻も次男宅に居住），小作地を所有する兵庫県C町に月2，3回数日間帰り，そこで物資の配給を受け選挙権を行使し，町民税を納めていたというケースにおいて，Xを不在地主として農地買収計画を定めた兵庫県農地委員会に対してXがその計画の取消しを求めた事案である。最高裁は，Xの住所はC町にはないと認定して請求を棄却した原判決を支持して，Xからの上告を棄却したが，その理由中で，「住所所在地の認定は各般の客観的事実を綜合して判断すべきもの

564 〔早川(眞)〕

第 4 節　住　所　　　　　　　　　　　　　　　　　　§*22*　II

であつて」と述べ，住所意思については言及していない（幾代 82 頁は，この最
高裁判決について，「かなり客観説に傾いた判決文になっている」という）。

　最高裁昭和 38 年判決（【判例6】）は，千葉県 A 町に本籍を有していた X が，
A 町において父などの家族と共に生活し父の営む風呂屋を手伝うかたわら，
小作地を所有する同県 B 町に本籍を定め，B 町で供出米を納付し，生活必需
品の配給を受け，公租公課を負担していたというケースにおいて，X が千葉
県知事に対して農地買収計画の取消しを求めた事案である。最高裁は，X の
住所は B 町にはないと認定して請求を棄却した原判決を支持して，X から
の上告を棄却した。最高裁は，原判決が定住の意思が住所の認定に無関係で
あると判示したと批判する上告理由に言及して，「〔上告理由の〕論旨は，原判
決が住所の認定には定住の意思は関係がないと判示したことが判例に違背す
る，という。しかし，所論摘録にかかる原判決（その引用する第一審判決）
の判示は，住所の認定は生活の実質的関係に基づいて具体的にこれをなすべ
く，形式的標準に従い画一的になすべきではないとの判旨であつて，所論の
ごとく定住の意思が住所の認定に無関係であるとした趣旨とは解されない」
と判示する。この判示部分からは，本判決が主観説をとるのか客観説をとる
のかは判然としない（原判決が主観説を否定したと批判する上告理由に対して，原判
決が主観説を否定したわけではないと述べるにとどまる）。しかし，原判決が，住所
とする意思にとくに言及せずに，外形的・客観的な事実をもとに住所を認定
しており，最高裁もその結論を是認したことに鑑みると，どちらかといえば，
本判決は客観説に親和的な立場に立つと評することが可能であろう。

　次に，最高裁判所の比較的最近の判例として，【判例7】最高裁平成 9 年 8
月 25 日判決（判タ 952 号 184 頁），および【判例8】最高裁平成 20 年 10 月 3
日判決（判タ 1285 号 62 頁）がある。

　このうち，最高裁平成 9 年判決（【判例7】）では，東京都 A 市の市議会議
員選挙に当選した Z_1 が，同じ政治グループに属しており次点で落選した Z_2
を繰り上げ当選させる目的で，当選後自らの住民票を千葉県 B 市に移して
同市の賃貸マンションに居住している（被選挙人の資格を失ったと主張している）
という事案に関して，Z_1 の住所が A 市にあるか否かがひとつの争点となっ
た。A 市選挙管理員会が，Z_1 の住所は B 市にある（A 市にはない）という判
断に基づき，Z_2 を当選人としたのに対して，X（A 市の選挙人）らが異議の申

〔早川（眞）〕　565

§*22* II 　　　　　　　　　　　　　　　第1編　第2章　人

出をしたが，同市選挙管理委員会がこれを棄却し，またそれに対する審査申
立てにつきY（東京都選挙管理委員会）が棄却の裁決をしたため，XらがYを
被告として，その裁決の取消しを求めたのが本件訴訟である。最高裁は，原
審がYの裁決を支持して請求を棄却したのに対し，次のように述べ，Z_1の
住所はB市には移っておらずA市にあるという判断を示して，原判決を破
棄し，Xらの請求を認容した。その理由中において，最高裁は，住所に関す
る判断につき，次のように述べる。

「ここにいう住所とは，生活の本拠，すなわち，その者の生活に最も関係
の深い一般的生活，全生活の中心を指すものであり，一定の場所がある者の
住所であるか否かは，客観的に生活の本拠たる実体を具備しているか否かに
より決すべきものと解するのが相当である（最高裁昭和29年（オ）第412号
同年10月20日大法廷判決・民集8巻10号1907頁，最高裁昭和32年（オ）
第552号同年9月13日第二小法廷判決・裁判集民事27号801頁，最高裁昭
和35年（オ）第84号同年3月22日第三小法廷判決・民集14巻4号551頁参
照）。」「原審は，住所を移転させる強固な目的で転出届をしていることを，
住所移転を肯定する理由の一つとして説示するが，前示のとおり，一定の場
所が住所に当たるか否かは，客観的な生活の本拠たる実体を具備しているか
否かによって決すべきものであるから，主観的に住所を移転させる意思があ
ることのみをもって直ちに住所の設定，喪失を生ずるものではなく，また，
住所を移転させる目的で転出届がされ，住民基本台帳上転出の記録がされた
としても，実際に生活の本拠を移転していなかったときは，住所を移転した
ものと扱うことはできないのである。」

この最高裁判決は，Z_1が住所を移転させるという明確な意思をもって住
民票を移したにもかかわらず，客観的な生活の本拠たる実体を具備している
か否かが決定的であるという理由づけに基づき，住所が移転したことを認め
なかったものであり，相当程度明確に客観説に立つと評せよう。

最高裁平成20年判決（【判例8】）は，公園内にキャンプ用テントを設置し
て居住してきたと主張するXが，Y（大阪市北区長）に対し，テントの所在地
を住所とする転居届を提出したが，不受理処分を受けたため，その取消しを
求めたという事案についての判決である。最高裁は，請求を棄却した原判決
（大阪高判平19・1・23判時1976号34頁）（原判決は，請求を認容した一審判決〔大阪地

566　〔早川（眞）〕

第 4 節　住　所　　　　　　　　　　　　　　　　　　　§*22*　**Ⅱ**

判平 18・1・27 判タ 1214 号 160 頁〕を取り消した）を支持して次のように述べる。

「〔Xが〕都市公園法に違反して，都市公園内に不法に設置されたキャンプ用テントを起居の場所とし，公園施設である水道設備等を利用して日常生活を営んでいることなど原審の適法に確定した事実関係の下においては，社会通念上，上記テントの所在地が客観的に生活の本拠としての実体を具備しているものと見ることはできない。X が上記テントの所在地に住所を有するものということはできないとし，本件不受理処分は適法であるとした原審の判断は，是認することができる。」

この最高裁判決は，公園が住民票記載の住所たりうるかという行政法的な問題の側面が大きい事案についてではあるが，「客観的に生活の本拠としての実体を具備している」か否かが住所の認定にとって決定的であることを一応の前提としているものと見られ，その意味で，客観説に親和的な判決であるといえよう。

以上のように，最高裁の判例は，その数が多くはなく，またしばしば特殊な事例に関するものであるため，明確には判断できないが，基本的には，主観説よりも客観説に近い立場に立つといえるように思われる。

2　単一説と複数説

以上のような主観説と客観説の対立とは別に，住所の個数に関して議論がなされてきている。すなわち，ひとりの者について住所は 1 つのみであるとする単一説と，ひとりの者について 2 つ以上の住所を認めることができるとする複数説との対立である。

(1)　学　　説

民法典起草者は，単一説に立っていたものと考えられる。すなわち，梅謙次郎は，「我民法ニ於テハ住所ハ必ス一個ニ限ルノ主義ヲ執レルコト本条ノ規定ニ依リテ明カナリ蓋シ本籍，本店ノ必ス一個ニ限ルト同シク生活ノ本拠モ亦二個以上アルヘカラサルコト多弁ヲ竢タサレハナリ加之二個以上ノ住所ヲ認ムルコト独逸ノ如クンハ必ス之ニ関スル規定ナカルヘカラス其之ナキハ正ニ之ヲ認メサルカ為メナリ」（梅 60 頁）と述べ，「本拠」の「本」という言葉が，「本籍」や「本店」の「本」と同様，主たる 1 つのものを指すということから，21 条〔現 22 条〕にいう「本拠」は 1 つであり，したがって，住所も 1 つであるという解釈を示すとともに，もし複数の住所を認めるのであれ

〔早川（眞）〕　　567

§22 **II**   第1編 第2章 人

ばドイツ民法のようにそのことを規定する必要があるところ，そのような規
定は日本にはないことも指摘している。また，富井政章も，「住所ハ生活ノ
本拠ナルカ故ニ必ス唯一ナルモノトス一人ニテ二個以上ノ住所ヲ有スルコト
ヲ得サルモノト解スヘシ是英仏一般ノ立法例ナリ〔中略〕独逸民法ハ之ニ反
シテ其国ノ旧慣ニ基キ数個ノ住所アルコトヲ得ルモノトセリ（独7条2項）
我民法ハ此制度ヲ以テ錯雑ヲ生スル基トシ苟モ生活ノ本拠ヲ以テ住所トスル
以上ハ如何ナル場合ニ於テモ必ス一個ニ限ルモノトスルコトヲ至当ト認メタ
ルナリ」（富井・前掲書161-162頁）と述べ，ドイツ民法のように複数の住所を
認めると錯雑を生ずることなどを指摘し，住所は1つに限ると解釈すべきで
あるとする。

　日本の学説上，このような単一説が大正末期までは圧倒的に有力であった
ようである（新版注民(1)〔改訂版〕405-406頁〔石田(喜)＝石田(剛)〕）。梅，富井の
他にも，たとえば，鳩山秀夫の，「『生活ノ本拠』ナル文字ハ必ラズシモ其一
個所タルベキコトヲ意味スルニ非ズト雖モ，人ノ一般的生活関係ニ関シ其基
礎タルベキ場所ヲ定メタル立法ノ目的ヨリ考フレバ之ヲ一個ニ限定スルコト
ガ法律関係ノ集中，統一ヲ期スル上ニ於テ正当ナリト信ズ」（鳩山109頁），
などが見られる。

　しかし，その後，複数説が有力に唱えられるようになり，とくに第二次大
戦後以降は現在に至るまで，日本の学説においては複数説が圧倒的に優勢に
なっている。

　昭和初期に複数説を唱えた学説としては，たとえば，住所が生活の「中心
点だと云ふて之れを直ちに幾何学上の円の中核の意味に採つてはならぬ。要
するに人の生活目的が同価値を有し同一分量の生活円若くは活動円を有する
ことあるべく従つて各其中心点は同時に生活の本拠たることがあり得べしと
云ふのである」（斎藤常三郎「住所に関する考察」国民経済雑誌42巻1号〔1927〕1
頁・31頁），「人の社会的関係が段階的に複数的存在をなしてゐる以上人の法
律的存在をも亦之を段階的複数的に認識するを至当とする。此見地より言へ
ば住所複数説は寧ろ社会の実状に適合してゐる」（末弘厳太郎「住所に関する意
思説と単一説」法協47巻3号〔1929〕385頁・395頁）が見られる。このような見
解の背景には，人々の社会生活が複雑化するに伴い，生活の中心は複数であ
りうるという認識が広まってきたことがあったものと考えられる。

第4節 住 所　　　　　　　　　　　　　　　　　　　　　§22　II

　昭和初期には，依然として単一説をとる有力学説も見られるが（たとえば，穂積重遠は，「ドイツ民法は一人が同時に数個の住所を有し得るものとし，スイス民法は其反対を規定した（ド民7条2項，ス民23条2項）。我民法は此点を明言して居ない。客観主義から云つても必しもドイツ民法の様に解釈し得ないではないが，法律生活の集中統一と云ふ立法目的から推して，住所は一個に限る主義を採つたものと解する方がよからう。」〔穂積重遠・改訂民法総論〔1930〕166頁〕と述べる），第二次大戦後は，複数説が圧倒的に優勢となり，その傾向は現在まで変わらない。この期間のいくつかの体系書・教科書等の説くところを見てみよう。

　我妻栄は，「住所の個数も問題である。〔中略〕私は，多数ありうると思う。なぜなら，今日の複雑な生活関係においては，人の生活の場所的中心は，一個に限らない。ことに，前述のように，いかなる生活関係についてその場所的中心すなわち住所を決定しようとするかをも住所決定の一つの標準となすべきものとするときは，各種の生活関係について，それぞれの中心点，すなわち数個の住所を認めるべきことは，むしろ当然であろう。〔中略〕要するに，ある人の生活関係が，種類の違ったいくつかに分かれ，それぞれの場所的中心が異なるような場合には，それぞれの関係について，その中心地を住所と認めるべきであって，それが客観主義の理想を徹底させるものと考える」（我妻95-96頁），とする。幾代通は，「現在の社会生活が複雑化し，人の生活関係が多面的で多岐にわたり，それら各種の生活関係それぞれの場所的中心は必ずしもすべてが同一の場所に集中するとはかぎらないであろうから，複数説を妥当といわざるをえない。」（幾代82頁）という。四宮和夫＝能見善久は，「このように，住所は実質的・客観的に判断すべきであるとすると，現代人の複雑に分化した生活状態にあっては，それぞれの生活関係について適当な住所が認められてよい。たとえば，家庭生活については甲地，職業に関する生活関係については乙地，というように住所が生活関係の種類に応じて分化することを認めるべきである。かつては，住所単一説が支配したが，近時は複数説（法律関係基準説）が支配的である」（四宮＝能見84頁）という。

　このように，複数説は，社会の発展に伴い，人々の生活関係が複雑化・多様化したため，ひとりの人が，そのさまざまな生活関係ごとに異なる中心地を持つことを重視して，それぞれの生活関係ごとの中心地に住所があると考えるものである。すなわち，複数説は，住所を複数の生活関係・法律関係ご

〔早川（眞）〕　569

§*22* **II**   第1編　第2章　人

とに相対的にとらえる見解である。

　また，複数説は，上記の引用のなかにもその趣旨の叙述が散見されるように，住所に関する客観説の考え方に親和的である。すなわち，客観説によれば，ひとりの者にとって自分が関与する複数の生活関係・法律関係のそれぞれに客観的にその中心となる場所が存在するといえるため，住所が複数ありうるという結論が導かれやすい。これに対して，主観説は，居住の意思を重視するので，ひとりの者が居住する場所は通常は一箇所に限られるため，単一説に結びつきやすい。ただし，住所の個数の問題と居住の意思の要否の問題とは，一応異なる次元の問題であるので，住所の複数説と客観説，単一説と主観説が，必ず一対一で結びつくわけではなく，実際に，複数説で主観説をとる考え方も，単一説で客観説をとる考え方も存在する（基本法コメ73頁〔山崎＝良永〕）。

　以上のように日本の学説上は複数説が支配的であるが，これに対して，母法であるフランス法の状況を参照しつつ，疑問を呈する見解がある。すなわち，大村敦志は，フランス法においては，ひとりの人に住所が1つあること（1つしかないこと）に重要な意味があること——「一つの法人格は，一つの住所と一つの財産を持つ」という考え方に基づき，住所は人（法人格）を同定する重要な指標であることなど——を指摘し，住所の持つそのような法原理としての意味が日本には受け継がれず理解されなかったために，あっさりと複数説が受け入れられることとなったのではないかと批判する（大村・読解86-87頁・90-91頁）。住所の個数という問題に限らず，住所という概念が日本法において有する意義を考えるうえで重要な指摘である。

(2) 判　　例

　判例が，住所の個数について単一説・複数説のどちらをとっているかは必ずしも明確でない。主観説か客観説かをめぐる判例として紹介した上記の判例のなかには，住所の個数にも関連するものが含まれている。これらの判例も含めて，住所の個数という観点から，関連する判例の状況を整理しておこう。

　まず，すでに紹介した自作農創設特別措置法上の住所に関する最高裁判例（【判例5】【判例5】【判例6】）は，住所の個数についてどのような見解を示しているか。

570　〔早川（眞）〕

第4節　住　所　　　　　　　　　　　　　　　　　　　　§22　II

　前掲最高裁昭和26年12月21日判決（【判例4】）は，本人（X）が海軍省の残務整理のために居住している東京ではなくて，家族が耕作に従事する農地の所在地（福岡県B村）をその人の住所と見て，不在地主ではないとしたが，その理由中で「原判決がXが同年11月23日現在においてB村に，自作農創設特別措置法にいわゆる住所をもつていたものと解したのは相当であつて」と述べている。これは，自作農創設特別措置法の解釈適用については，他の法律関係における住所とは異なる住所を認定することがありうることを示唆したものであり（ちなみに，本判決が肯認する原判決も，「特に農地の解放を指標とする農地の買収においては，住所が顕在的形態において定まつていることの必要が一般私法関係におけるよりもはるかに大であるから，……」と判示し，自作農創設特別措置法をめぐる法律関係であることが住所の認定に影響することを示唆している），問題となる法律関係ごとに住所がありうるという複数説の立場に近いものと解される（四宮＝能見84頁も，この判決について「暗黙のうちに複数の住所を認めたものと解される」と評価する）。

　これに対して，前掲最高裁昭和27年4月15日判決（【判例5】）は，原判決が，地主（X）の住所は農地所在地（兵庫県C町）ではなく生活の本拠である大阪府A市にあった（不在地主であった）と認定したことを是認し，「要するに原判決の確定した事実に基いてXの生活の本拠を考えるときは原判決がXの住所をA市にあつたものと判示したのは相当である」と判示する。本判決については，住所は1つであることを暗黙の前提として，それがC町ではなくA市にあったと判示したものであると理解する学説も見られる。たとえば，「本件の事案としては，たんに住所はA町にない，といえばすむことであって，B市にあるというのは余計なことであり，一種の傍論である。このような判示のしかた自体に，単一説的な考え方が，前提として潜在しているもの，ともとれる」（基本法コメ75頁〔山崎＝良永〕。なお，この引用中のA町およびB市は，それぞれ，本注釈におけるC町およびA市に当たる），「複数説の妥当性をはしなくも露呈した判旨といえよう」（新版注民(1)〔改訂版〕414頁〔石田（喜）＝石田（剛）〕）などである。たしかに，そのような理解も可能であるが，【判例4】の事案では，家族が農地を耕作しており，本人も，その後，東京での暫定的な残務整理を終えて農地所在地に移り住んだという事実関係のもと，自作農創設特別措置法の趣旨に照らして不在地主とはいいにくかった

〔早川（眞）〕　　571

§22 Ⅱ

（同法の法律関係についての住所があると認定しやすかった）のに対して，【判例5】は，自作農創設特別措置法の趣旨からして農地所在地に住所を認めにくい（不在地主であると認定すべき）事案であったのではないかと推測され，そうだとすると，たとえ複数説の前提に立ったとしても──つまり法律関係ごとに異なる住所の認定がありうるという立場のもとでも──，【判例5】の事案ではC町に住所を認められなかった可能性が高い。したがって，本判決が単一説を前提として採用しているとまではいえないものと思われる。

　前掲最高裁昭和38年11月19日判決（【判例6】）は，小作地の所在するB町には地主（X）の住所がないと認定した原判決を支持して上告を棄却したが，上告理由は，次のように述べて，住所について複数説をとるべきことを強調していた。すなわち，「民法第21条〔現在の22条──引用者注〕は『生活の本拠』を以つて住所とすると定義しているが右定義は全く抽象的な概念であつて，これを以つて『生活の本拠〔』〕即ち住所が単一でなければならないと解すべき文理的根拠はなく，今日の様に複雑化した実社会生活に於てはその実態に応じて各種の法域が分化発達しており，従つてこれに応じてその各法域独自の目的からその内容を具体的に決定すべきで，その限りに於て複数の住所の存在を肯認すべきである。」「今これを自作農創設特別措置法の領域に於ける住所について判断するに，同法は農村民主化の為に不在地主の土地買収と謂う目的関係から検討さるべきであると同時に在村地主の係有小作地を認めると謂う攻撃的考慮即ち農業資産の尊重という面から考慮さるべきである。然るときは，単に一般的生活の中心地即ち生活の本拠と認めるべき実質的生活関係の中心地を以つて直ちに同法上の住所に擬することはできず，農地との関連付に於ける特殊的な住所を以つて同法上の住所と認めるべきである。そうだとすると第一審判決従つて原判決が認定した前記諸事実を以つて充分にXが同法上の住所をB町とする意思を有し且つその実質的な生活関係を具備したものと認定することができる。」と。最高裁は，この上告理由を退けるにあたって，《原判決の確定した事実によれば，原判決がXの住所がB町ではなくA町にあったと認めたことは違法ではない》と判示するにとどまり，複数説の当否には言及していない。判決から窺える事実関係に照らした限りでは，仮に複数説の前提に立って自作農創設特別措置法にいう住所が他の法律関係についての住所とは別に認められるとした場合において

572　〔早川（眞）〕

第4節　住　所　　　　　　　　　　　　　　　　　　　　§22　Ⅱ

B町に同法にいう住所があると認められる事案であったか否かは明確ではなく，結局，本判決が単一説と複数説のいずれに近いかを判断することは難しい。

　公職選挙法上の住所に関する判例にも，住所の個数について考えるうえで重要なものが存在する。

　【判例9】最高裁昭和29年10月20日大法廷判決（民集8巻10号1907頁）は，選挙人名簿への登録の関係で，大学の学寮に入っている学生の住所がその学寮所在地にあるかそれとも郷里（実家）にあるかが問題となった事案である。最高裁は，「およそ法令において人の住所につき法律上の効果を規定している場合，反対の解釈をなすべき特段の事由のない限り，その住所とは各人の生活の本拠を指すものと解するを相当とする。」と述べたうえで，学生の生活の実態に照らして「生活の本拠」は学寮にあり，公職選挙法上も学寮所在地に住所があるものとして選挙人名簿の登録をすべきであるとした。この判決が住所の単一説と複数説のいずれに立つものであるかは，明確ではない。《民法以外の法令における住所も特段の事由のない限り民法の定めるように「生活の本拠」を指す》と判示している点をとらえて，本判決は全法体系を通じて1つの住所を想定するのが原則であると述べていて単一説に親和的であると解することもたしかに可能であるが，その「生活の本拠」自体が生活関係・法律関係に応じて複数ありうるという解釈が明確に排除されているわけではなく，また，本件事案についての具体的判断に際しても，公職選挙法の精神に従って公職選挙法上の住所を判定したものと評価することもできる（四宮＝能見84-85頁は，この点を指摘して，本判決には「複数説が親しみやすい」とする）からである。

　これに対して，【判例10】最高裁昭和35年3月22日判決（民集14巻4号551頁）は，単一説に親和的なものと考えられる。この判決は，A町の町議会選挙においてBが当選者とされたことにつき，Xが，Bの住所はA町にはなかったので被選挙権はなかったと主張してBの当選無効等を求めた事案において，Xの請求を退けた原判決を支持し，次のように判示する。すなわち，「公職選挙法及び地方自治法が住所を選挙権の要件としているのは，一定期間，一の地方公共団体の区域内に住所を持つ者に対し当該地方公共団体の政治に参与する権利を与えるためであって，その趣旨から考えても，選

〔早川（眞）〕　573

§22 Ⅱ   第1編　第2章　人

挙権の要件としての住所は，その人の生活にもっとも関係の深い一般的生活，全生活の中心をもってその者の住所と解すべく，所論のように，私生活面の住所，事業活動面の住所，政治活動面の住所等を分離して判断すべきものではない」，と。本判決は，このように述べて，複数説をとるべきことを強調した上告理由を退けており，単一説に近い考え方をとったものと見ることができよう（ただし，具体的事案に鑑みれば本判決が単一説をとったものとは必ずしもいえないとする見解もある〔川井健「住所」谷口知平＝加藤一郎編・新民法演習1〔1967〕31頁〕）。

　また，前掲最高裁平成9年8月25日判決（【判例7】）は，生活の本拠を客観的に認定して住所とすべきであるとしたが，その際に，「ここにいう住所とは，生活の本拠，すなわち，その者の生活に最も関係の深い一般的生活，全生活の中心を指すものであり，一定の場所がある者の住所であるか否かは，客観的に生活の本拠たる実体を具備しているか否かにより決すべきものと解するのが相当である」と判示する。本判決が住所（生活の本拠）を「その者の生活に最も関係の深い一般的生活，全生活の中心を指す」としている点（【判例10】と同趣旨）を文字どおり受け取る限り，「最も」・「一般的生活」・「全生活」という表現等に鑑みて，住所は1つであるという考え方を前提としているものと見ることができよう。

　以上のように，これまでの最高裁判例のなかには，複数説に近いと評価しうるものも，単一説に近いと評価しうるものもあって，結局，判例全体としての立場は明確ではないといわざるを得ない。

3　ま　と　め

　住所の概念・判定をめぐっては，以上で概観したような，主観説と客観説の対立，および単一説と複数説の対立がある。主観説か客観説かに関しては，学説では客観説が支配的であり判例も客観説に傾いているものと考えられ，また，単一説か複数説かに関しては，学説では複数説が支配的であるが判例の立場は明確ではない。また，学説上支配的な客観説および複数説に対しては，それぞれ最近の学説による批判も見られる。

　以上の点を踏まえて，本条を解釈するにあたってどのような点に留意すべきかについて問題点を整理しつつ若干の検討を試みたい。

　(1)　日本の法体系における本条の存在意義については，しばしば懐疑的な

574　〔早川（眞）〕

第4節　住　所　　　　　　　　　　　　　　　　　　　　§*22*　II

見解が示されてきている。たとえば，川島武宜は，住所がドイツ法・フラン
ス法においてかつて果たしてきた主要な役割（すなわち裁判管轄および準拠法を
決定するための基準としての役割）がその重要性を大きく減じてきた歴史を振り
返ったうえで，民法プロパーの領域では住所が断片的にしか問題とならない
ことを指摘して，「今日においては『住所』は全体として嘗ての重要性を失
つているのである。しかして，各法域分化の現段階においては，一般法学的
な『住所』概念を民法及び民法学が決定することは無意味であるのみならず
不当でさえある。各法域はその目的に応じて合目的的な固有の『住所』概念
を形成しつつある。私は民法総則篇中の住所規定の不要と，一般法学的住所
論の不要とを感ずるのである。」（川島武宜「民法体系における『住所』規定の地位」
同・民法解釈学の諸問題〔1949〕262頁）と述べる。また，幾代通は，本条につい
て「法律的定義としては何も述べていないのにひとしく，毒にも薬にもなら
ない」（幾代83頁）と述べる。これらの指摘には傾聴すべき点も多い。たし
かに，本条は，「生活の本拠」を住所とすることを定めるにとどまっていて
住所に付せられる法的効果のほとんどは民法以外の法令によるのであり，ま
た，「生活の本拠」は抽象的・一般的な文言であって，「法律的定義としては
何も述べていない」（上記の幾代の評価）とまではいえないとしても，解釈の
ための明確な具体的基準を示すものでもないからである。

　しかしながら，そのことは前提としつつも，本条に一定の存在意義が認め
られるとすればそれを活かすような解釈を探るのも，我々に課せられた課題
なのではないか。

　そのような観点からあらためて考えてみると，本条が日本法体系下の各種
の法令において用いられている概念である「住所」について原則的な認定基
準を示していることには，一定の意味があるものと思われる。仮に本条のよ
うな規定が存在しなければ，日常用語でもある「住所」概念について，なん
らの指針もないまま区々な解釈がなされることになるおそれがある。また，
本条の定める「生活の本拠」という定義は，たしかに抽象的・一般的ではあ
るが，少なくとも，住所に関する形式主義ではなく実質主義をとることは明
らかにされているし，さらに，具体的な事案における住所の認定にあたって
「生活の本拠」という基準があることは，なんらの手がかりもない場合に比
べれば法的安定性に資するといえよう。

〔早川（眞）〕　　575

§22 II

それでは，本条の解釈についてはどのような点に注意すべきであろうか。

その点を考えるための前提として，まず，本条の特徴をまとめると次のとおりである。第1に，本条は，日本の法体系全体にわたる「住所」の原則的な定義を提供しているということ，第2に，本条による住所の定義は，実質主義をとることは明らかにしているが，「生活の本拠」という抽象的なものであるため，住所の具体的な判定は柔軟になされうることである。これらの特徴は，次のような趣旨で肯定的にとらえることが可能である。第1の点は，一方で，特段の事情がない限り，日本法における「住所」は本条の定義によって定まり，その意味で住所概念について法の空隙は生じないことを示すとともに，他方で，個々の法域または個々の法令の必要に応じて，「住所」に特別の意味を与えることがありうることを意味する。第2の点は，この第1の点とも関連するが，「生活の本拠」の柔軟な解釈判断によって，問題となる法律関係・生活関係に応じた適切な住所を認定することが可能となることを意味する。

これらの特徴を活かすためには，まず，単一説ではなく複数説をとるのが適切であろう。ひとりの人にとって，問題となる法律関係・生活関係ごとにそれに応じた適切な住所がありうるとするのが複数説だからである。他方，主観説か客観説かという点については，基本的に客観説をとるのが適切なのではないかと考える。「生活の本拠」を認定する際に意思的な要素が重要な意味を通常有することは間違いないが，上記のようにそれが不可欠の要件であるとするよりは判断の一要素にとどめておくほうが，柔軟な解釈が可能になるからである。この点に関連して，本条について懐疑的な立場に立つ川島武宜自身が，「民法は住所の定義として『各人ノ本拠』であると規定した。〔中略〕元来かような定義は何ら具体的なものを含まない故に，規定として積極的な存在意義を有せず，むしろ，その一般法学的性質の故に，各種の法域の必要に応じて内容が決定せられるという柔軟性にその存在意義を有すると認め得る」（川島・前掲論文253頁）と述べている点が興味深い。

（2）ところで，客観説および複数説がそれぞれ日本の学説における通説的見解であること，およびそれぞれについて最近の学説による批判があることは，上述のとおりである。そこで，最後に，これらの批判について触れつつ，住所をめぐる将来の検討課題に言及しておきたい。

第4節 住 所　　　　　　　　　　　　　　　　　　　　§*22*　**II**

　まず，客観説に対する上記の批判（新版注民(1)〔改訂版〕404-405頁〔石田（喜）
＝石田（剛）〕）は，住所の判断における主観的要素（意思的要素）の重要性を指
摘している点で傾聴に値するが，客観説も「本人の意思を完全に排除して法
律関係を語」っているわけでは必ずしもないことに注意すべきであろう。客
観説においても，客観的な事実に表象された意思的要素は重要な考慮要素と
されているのであって，この批判自身が「住所に関する主観説といえども，
定住の事実がありながら，問題を生じた場合に『ここに定住する意思はな
い』などと言い放つ者に，定住の意思の欠缺を認めるものではない。」と述
べていることをも考え合わせれば，この批判者自身の見解は客観説の立場か
ら大きく隔たるものではないと見ることができよう。もっとも，客観説の立
場に立つとしても，住所の判断において意思の要素をどのように位置づける
べきかが，後述するような意味において周到な検討を要する問題であること
はたしかである。

　次に，複数説に対する批判（大村・読解86-87頁・90-91頁）──住所は，母
法たるフランス民法においては人を同定するための概念であり，ひとりの人
が1つの住所を持つとするのが原則であること──は重要な指摘であり，住
所のそのような法原理的な側面を軽視することはできない。住所の持つこの
ような側面が（大村もいうように）日本においては当初からよく理解されない
まま今日に至っていることを前提とすれば，現時点でその点を本条の解釈に
際して重視することは，たしかに現実的ではないかもしれない（本稿の上記の
結論もそのような前提に立って現在の解釈論としては複数説をとるものである）。しか
し，この指摘は，住所を取引等の実務処理のための単なる指標としていわば
便宜的・機能的にとらえる現在の傾向に対して，より広い視野からの検討を
行う必要性を示唆している。

　社会ないし第三者の視点から見れば，本人について取引なり行政的な措置
なりを行う際に問題となる住所については，問題となる法律関係・生活関係
ごとにそれに応じた生活の本拠がどこにあるかを客観的に判断するのが──
つまり，客観説および複数説を原則とするのが──たしかに機能的であり合
理的であるといえよう。しかし，住所には，そのような機能的な側面を超え
た，より法原理的な要素も含まれている。フランス民法における住所の意味
──住所は人を同定する──は，そのことを示す好例であろう。そこでは，

〔早川（眞）〕　577

§*23* I　　　　　　　　　　　　　　　　　　　　　第1編　第2章　人

住所は，ちょうど氏名がそうであるように，社会がある人を同定するための指標であると同時に，本人自身にとってのアイデンティティの基礎となる，いわば人格権的な要素をもあわせ持つものと考えられる。住所の持つそのような人格権的な要素は，日本法においても無視することはできないはずであり，実際，日本国憲法22条1項が居住・移転の自由を基本的人権として保障している。このような観点からは，本条の解釈論としては客観説および複数説が妥当であるとしても，住所の持つ法原理的な要素についても十分な目配りをすることが必要となる。この点に関する検討は，これまでの学説においては手薄であったように思われ，たとえば，客観説の枠内で本人の意思という要素をどのように考慮に入れるべきかなどについての詳細な研究が待たれるところである。なお，このような法原理的な観点からは，日本国内で放浪を続ける者やいわゆる浮浪者などのように，住所も居所も持たない者の法的取扱いについても検討する必要があろう。

〔早川眞一郎〕

　　　（居所）
第23条①　住所が知れない場合には，居所を住所とみなす。
②　日本に住所を有しない者は，その者が日本人又は外国人のいずれであるかを問わず，日本における居所をその者の住所とみなす。ただし，準拠法を定める法律に従いその者の住所地法によるべき場合は，この限りでない。

　　　〔対照〕　フ民102-109，ス民24
　　　〔改正〕　①＝平16法147移動（22条→23条①）　②＝昭39法100改正，平16
　　　　　　　法147移動（23条→23条②），平18法78改正

I　本条の経緯と趣旨

　本条は，2004年（平成16年）の民法典現代語化に際して，それまでの22条を本条1項，23条を本条2項とする形で整理したうえで現代語化したものである（→§22 I 1⑴）。内容的には，民法典制定時のものと変わらないが，

578　〔早川（眞）〕

第4節　住　所　　　　　　　　　　　　　　　§23　II

2項（それまでの23条）における「準拠法を定める法律」への言及方法が国際私法の立法の経緯に即して変遷してきたことは，§22 I 1 (1)のとおりである。

　なお，旧民法人事編267条は次のように規定しており，すでに本条と同趣旨のルールが定められていた（ただし，本条2項ただし書に相当する規定はなかった）。

　　　旧民法人事編第267条
　　　　左ノ場合ニ於テハ居所ヲ以テ住所ニ代用ス
　　　第一　住所ノ知レサルトキ
　　　第二　日本ニ住所ヲ定メサル外国人ニ関スルトキ

　本条の趣旨は，住所が不明である者（1項）および日本に住所がない者（2項）について，その者の居所を住所とみなすことにより，住所について定められた法的効果が居所について生じるようにすることにある。本条があることによって，住所がないまたは不明である人についても，住所を基準にして定められた各種の法的取扱いが，空振りに終わらずに実効性を持ちうることになる。

II　居所の意義

　居所とは，自然人が多少の期間継続して居住するが，その場所との密接の度合いが住所ほどには至らない場所をいうとされる（我妻97頁，基本法コメ77頁〔山崎寛＝良永和隆〕など）。このように，居所は，一方で，単なる現在地とは多少の期間の継続的居住があることによって区別され，他方で，住所とは生活の本拠とまではいえないことによって区別される。もっとも，住所と居所との区別の実質は，住所について主観説をとるか客観説をとるかによって異なり，主観説に立てば，生活の本拠とする意思があるか否かがポイントとなるのに対し，客観説に立てば，その場所が客観的に見て生活関係の中心をなしているか否かがポイントとなる。

〔早川（眞）〕　　579

III 居所に付せられる効果

1 「住所とみなす」という効果

本条により，住所が知れない場合（1項）と日本に住所を有しない場合（2項）には，居所が住所と擬制され，住所について生じる法的効果がその居所について生じることになる。ある人について居所の存在が認められたとしても，この2つの場合以外には，そこに住所と同様の効果が生じることはない。

「住所が知れない場合」（1項）には，住所が存在しない場合と，住所が存在はするがそれがどこであるかが不明な場合とを含む。「住所が存在しない」か否かの判断は，住所に関する主観説と客観説とで異なりうるが，いずれの地をも生活の本拠とする意思がなく，かつ客観的にも生活関係の中心地といえる場所がないまま流浪生活を続けているような者のように，どちらの説に立っても「住所が存在しない」者はありうる。

「日本に住所を有しない場合」（2項）は，外国に住所があって日本に住所を有しない場合をいう。外国にも日本にも住所がない場合は，1項（住所が知れない場合）に含まれると解すべきであろう。もっとも，ここで外国に住所があるとかないとかいう場合の「住所」が，その外国法上の住所概念によるのか日本法の住所概念によるのかという点については，議論の余地がありうる。しかし，いずれにしても，《日本法上の住所が日本国内にない》ことが認められれば2項に該当することになるので，この点は本条の解釈にとっては重要な問題ではない。

なお，居所が住所と擬制されることによる重要な効果の一つである，裁判管轄に関しては，民事訴訟法等が特別の規定を設けており，本条によるのと同様の効果が，それらの特別の規定によって認められている。民事訴訟法によれば，民事訴訟の国内裁判管轄については，同法4条2項が，「人の普通裁判籍は，住所により，日本国内に住所がないとき又は住所が知れないときは居所により〔中略〕定まる。」と規定し，また，国際裁判管轄については，同法3条の2第1項が，「裁判所は，人に対する訴えについて，その住所が日本国内にあるとき，住所がない場合又は住所が知れない場合にはその居所が日本国内にあるとき〔中略〕は，管轄権を有する。」と規定する。そのほか，人事訴訟法も，国内裁判管轄に関する4条，国際裁判管轄に関する3条の2

第4節　住　所　　　　　　　　　　　　　　　　　§*23*　Ⅲ

第1号・2号において，また，家事事件手続法も，国内裁判管轄に関する4条，国際裁判管轄に関する3条の5，3条の6第1号，3条の7第1号・2号，3条の8，3条の10，3条の11第1項，3条の12第1号，3条の13第1項2号において，それぞれ，同趣旨の規定を設けている。

2　2項ただし書の定める例外

　渉外的な私法上の法律関係については，国際私法規定が，準拠法を定めるための連結点（基準）としてある者の「住所」を用いる場合がありうる。本条2項ただし書が，「準拠法を定める法律に従いその者の住所地法によるべき場合」と規定するのは，このような場合を指す。このように住所地法を準拠法とする国際私法規定は，住所のある国の法がその法律関係を規律するのに相応しいという考え方に基づくものであるので，外国に住所があって日本に居所のみがある者について，本条2項本文の規定を適用して日本にある居所を住所とみなして日本法を準拠法としたのでは，当該国際私法規定の趣旨を没却することになる。そこで，2項ただし書は，そのような場合には，2項本文を適用せず，外国の住所地の法を準拠法とすべきことを定めているのである。

　日本の現行の国際私法において，住所が準拠法指定の基準とされている規定は，「法の適用に関する通則法」（平成18年法律78号）（以下，「通則法」という）の5条（後見開始の審判等）および6条（失踪の宣告），ならびに「遺言の方式の準拠法に関する法律」（昭和39年法律100号）の2条3号のみである（通則法制定に伴って廃止された「法例」〔明治31年法律10号〕には，9条2項「契約ノ成立及ヒ効力ニ付テハ申込ノ通知ヲ発シタル地ヲ行為地ト看做ス若シ其申込ヲ受ケタル者カ承諾ヲ為シタル当時申込ノ発信地ヲ知ラサリシトキハ申込者ノ住所地ヲ行為地ト看做ス」，および12条「債権譲渡ノ第三者ニ対スル効力ハ債務者ノ住所地法ニ依ル」という規定があった）。これらの規定における「住所」については，本条2項ただし書に従って，本文による居所の住所への擬制はなされないことになる。もっとも，通則法5条は，「裁判所は，成年被後見人，被保佐人又は被補助人となるべき者が日本に住所若しくは居所を有するとき又は日本の国籍を有するときは，日本法により，後見開始，保佐開始又は補助開始の審判（以下「後見開始の審判等」と総称する。）をすることができる。」と規定しており，ここでは住所と居所がともに日本法適用の基準とされていることに留意すべきであろう。

〔早川（眞）〕　　581

§*24* I   第1編　第2章　人

なお，日本の国際私法において，準拠法を指定する基準として頻繁に用いられている「常居所」は，住所とも居所とも異なる，国際私法上の独自の概念である（→§22 I 2⑷）。

〔早川眞一郎〕

　（仮住所）
　第24条　ある行為について仮住所を選定したときは，その行為に関しては，その仮住所を住所とみなす。
　　　〔対照〕フ民111，ド民施157

I　本条の経緯と趣旨

　本条は，2004年（平成16年）の民法典現代語化によって文言は変わったものの，内容については民法典制定時の24条（「或行為ニ付キ仮住所ヲ選定シタルトキハ其行為ニ関シテハ之ヲ住所ト看做ス」）のまま，変更なく現在に至っている。
　なお，旧民法人事編にも次のような仮住所に関する規定があった。
　　旧民法人事編第268条
　　　　何人ト雖モ或ル行為又ハ事務ノ為メニ仮住所ヲ選定スルコトヲ得但
　　　　此選定ハ書面ヲ以テスルコトヲ要ス
　この旧民法の規定を，現行民法24条（およびその前身である制定時民法24条）と比較すると，仮住所を選定できるという基本的な点については変わりはないが，選定について書面によるという方式を要求していたこと，および，仮住所を住所とみなすという効果への言及がなかったことなど，若干の違いがある。
　本条の趣旨は，特定の行為について当事者が仮住所を選定でき，仮住所が選定されたときには，その行為に関してはこれに住所と同じ法律効果を与えることとして，本来の住所以外の地を基準として法律効果を生ぜしめるのが便宜である場合などに，当事者にその選択を認めたというものである。たとえば，AとBとの間の特定の契約取引について，Aの代理人弁護士の事務

582　　〔早川（眞）〕

第4節　住　所　　　　　　　　　　　　　　　　　　　　§*24*　II

所をAの仮住所と定めれば，その事務所が，その取引についてはAの住所
とみなされ，債務履行場所の特定などAの住所を基準にして生ずべき法的
効果は，その事務所を基準にして生じることになる。

II　仮住所の選定

1　選定の行為

本条の解釈上，仮住所を選定する行為に関しては，次の3点が問題となり
うる。もっとも，いずれの点についても，これまでに学説による詳しい議論
はほとんどなされておらず，関連する判例も見当たらない。したがって，以
下では，今後の議論の前提として簡潔に問題点の整理等をおこなうにとどめ
る。

第1に，どのような行為について仮住所を選定できるか，いいかえれば，
本条の「ある行為」の性質・範囲はどのようなものか，という問題である。

「ある行為」という文言は，一般的で曖昧な表現であるが，およそ人の
「行為」であればすべてこれに該当すると見るべきではなく，本条の趣旨に
照らし，《それについて仮住所を選定してそこが住所とみなされるという仕
組みが意味を持ちかつ相当であるような行為》のみを指すと考えるべきであ
る。そうすると，自ずからその「行為」の性質・範囲は限定されることにな
る。これまでの体系書・注釈書等が主として想定しているのは，「取引」（我
妻98頁，幾代84頁，基本法コメ79頁〔山崎寛〕。この場合の「取引」は法的にいえば契
約を意味するものと解される）ないし「法律行為」（四宮＝能見85頁。明確ではない
が，新版注民(1)〔改訂版〕427-428頁〔石田喜久夫＝石田剛〕も同旨か）である。契約
を含む法律行為が原則として本条にいう「ある行為」に含まれることは，問
題なく認められよう。ただし，そのほかにも「ある行為」に含まれるような
行為があるか，あるとすればどのようなものかについては，なお検討が必要
である。たとえば，債務の履行は，それ自体は法律行為ではないが，それに
ついて債権者と債務者の間で債権者の仮住所を定めれば，その場所が債権者
の住所とみなされて持参債務の履行地になることを認めても差し支えないで
あろう。もっとも，その債務が契約によって生じる場合には，その契約（法
律行為）について仮住所を定めれば足りるので，「債務の履行」を本条の「あ

〔早川（眞）〕　　583

§24 II 第1編 第2章 人

る行為」に当たるとまでする実益はあまりないといえよう。以上の点との関連で，本条についての母法であるフランス民法の状況（ある法律行為に当該行為の履行に関する住所選定条項が含まれている場合には，当該行為に関する訴訟上の行為はこの選定住所に対してもおこなうことができるとされていること〔フ民111条〕）との比較検討も今後の課題である（大村・読解89頁）。

第2に，選定する行為はどのような法的性質を有するのか，という問題である。

この点については，関係当事者の契約（合意）によって仮住所が選定されることを想定するものが多いが（幾代84頁など），単独行為による選定もありうるとする見解もある（穂積重遠・改訂民法総論〔1930〕170-171頁）。結局，契約および単独行為を含む法律行為であると考えるのが妥当であろうか（新版注民(1)〔改訂版〕428頁〔石田(喜)＝石田(剛)〕，基本法コメ79頁〔山崎〕）。このように，仮住所選定を法律行為であると考えると，法律行為に関する一般的なルール（行為能力，意思表示の瑕疵，代理など）がこの仮住所選定行為にも及ぶことになろうが，この点について詳しく論じる学説は見当たらない（ただし，未成年者による仮住所選定が取り消しうるかという点につき触れたものとして，小池隆一「住所の意味と機能」判例時報編集部編・民法基本問題150講Ⅰ〔1966〕60頁・67頁）。

第3に，仮住所として選定する場所についてなんらかの制約はあるか，いいかえれば，いかなる場所をも自由に仮住所として選定できるのか，という問題である。

どこを仮住所に選ぶかは当事者の自由であり，実際にそこに居住していることやそこに居住する意思があることが必要ではないことについては，仮住所の制度の趣旨に照らしても異論がないところであろう（基本法コメ79頁〔山崎〕）。

もっとも，いかなる場所をも仮住所に選定できるかについては，なお検討の余地がある。まず，仮住所選定が公序良俗に反して無効となる場合があるとする見解があり，そのような例として，皇族以外の者が皇居を，受刑者でない者が刑務所を仮住所として選定することが挙げられる（基本法コメ79頁〔山崎〕）。また，日本国外の場所を仮住所として選定できるのかも，一応問題となりえようが，この点について検討する学説は見当たらない。

これらの点については，選定の効果（たとえば，仮住所が，債権者の住所に代わ

584　〔早川(眞)〕

第4節 住 所　　　　　　　　　　　　　　　　　　　　　§*24* Ⅱ

るものとして，持参債務の履行地になるなど）との関係で，選定することが認めら
れない場所がありうるかという観点から，さらに検討する必要があるが，こ
こでは問題点の指摘にとどめる。

2 選定の効果

　ある行為について仮住所が選定された場合には，それがその行為について
の住所とみなされる。その結果，その行為に関しては，住所（23条によって居
所が住所とみなされる場合も含む）について生ずべき法的効果は，すべて住所で
はなくてその仮住所について生じる。

　仮住所を定めた場合に，その行為については，本来の住所が排斥されるか，
それとも仮住所と本来の住所が併存していずれについても住所としての法的
効果が認められるか，が問題となる。この点は，まずは選定行為の解釈によ
るが（つまり選定した当事者の意思によるが），当事者の意思が不明の場合には，
本来の住所は排斥されると解するのが通説である（基本法コメ79頁〔山崎〕，新
版注民(1)〔改訂版〕428頁〔石田(喜)＝石田(剛)〕）。その理由として，通説は，そ
うでなければ仮住所を定めた趣旨が失われるからとする。たしかに，わざわ
ざ仮住所を定めた以上は，住所の法的効果はその仮住所に集中する意図であ
ったのが原則であると解することもできよう（たとえば，穂積重遠は「当事者の
意思が不明な場合には，本住所排斥の意思があるものと推定すべきであらう」〔穂積・前
掲書171頁〕とする）が，それが決定的な理由になるかについては若干の疑問
もある（本来の住所・仮住所のどちらでもいいという趣旨で仮住所を選定することも考
えられなくはない）。この点については，住所に関する単一説・複数説との関
係も含めてなお検討の余地があるのではないか。

〔早川眞一郎〕

§*25* I

第1編　第2章　人

第5節　不在者の財産の管理及び失踪の宣告

（不在者の財産の管理）

第 25 条①　従来の住所又は居所を去った者（以下「不在者」という。）がその財産の管理人（以下この節において単に「管理人」という。）を置かなかったときは，家庭裁判所は，利害関係人又は検察官の請求により，その財産の管理について必要な処分を命ずることができる。本人の不在中に管理人の権限が消滅したときも，同様とする。

②　前項の規定による命令後，本人が管理人を置いたときは，家庭裁判所は，その管理人，利害関係人又は検察官の請求により，その命令を取り消さなければならない。

〔対照〕　フ 民 112・113・115〜118・120・121，ド 民 1911・1921，ス 民 390 I
(2)・391・394・395・399・400・403，オ 民 277〜279

〔改正〕　①②＝昭 22 法 61・法 222，昭 23 法 260 改正

I　は　じ　め　に

　民法は，本節において，生死不明かどうかを問わず，一方で不在者の生存を推定してその者の財産管理制度を用意し（25条〜29条），他方で生死不明者を一定の要件の下で死亡したものと確定する失踪宣告制度を用意している（30条〜32条）。前者は後者の前提ではない。平成16年の民法の現代用語化等の改正で，従来の「失踪」という表題が改正された（それまで両制度を「失踪」の表題の下にまとめていた点には批判が強かった。富井196頁，注解財産(1)157頁〔大塚直〕など）。

　さて，死亡の蓋然性は高いもののそれを確実に証明できない場合に，失踪宣告のほかに戸籍法上の処理として「認定死亡」という制度がある（戸89条）。水難，火災その他の事変によって死亡は確実だが死体の確認ができな

586　〔岡〕

第5節　不在者の財産の管理及び失踪の宣告　　　　　　　§*25*　II

い場合，その取調べをした官公署から死亡報告を受けた死亡地の市町村長が本人の戸籍に死亡の記載を行う（戸91条・86条2項1号参照。従前の戸籍からの除籍については戸23条後段参照。失踪宣告と異なり，単に死亡が推定されるにすぎない。石田(穣)130頁）。そのほか未帰還者に関する特別措置法による「戦時死亡宣告」（同法2条），死亡届が出されないまま戸籍上生存し続けている100歳以上の高齢者についての「高齢者職権消除」（昭和32年1月31日民事甲163号民事局長回答）などがある。さらに，2011年（平成23年）5月2日制定の「東日本大震災に対処するための特別の財政援助及び助成に関する法律」は，2011年の東日本大震災により行方不明となった者の生死が3か月間わからない場合には，2011年3月11日に死亡したものと推定し（同法11条など），死亡に係る社会保障給付手続を簡素化している（認定死亡とも異なり，戸籍上の除籍等の死亡処理は行われない）。なお，2018年（平成30年）には「所有者不明土地の利用の円滑化等に関する特別措置法」が制定された。同法38条によれば，国の行政機関の長または地方公共団体の長は，所有者不明土地につき，その適切な管理のため特に必要があると認めるときは，家庭裁判所に対し，民法25条1項の規定による命令または同法952条1項の規定による相続財産管理人の選任の請求をすることができるとしている。

　ところで，不在者財産管理制度は近年その利用件数が著しく増加している（最高裁判所事務総局編・平成29年司法統計年報3家事編〔2018〕6頁以下）。さらに，上記平成23年東日本大震災後の復興事業で，国・地方公共団体が用地を取得する際にこの制度（および相続財産管理制度）が活用されている。

　なお，近時不在者の財産管理の制度設計や民法典における位置（規定を置く場所）を再検討しようとする動きがあることには注意すべきであろう（武田・後掲論文，さらに，民法改正研究会編・日本民法典改正案I第1編総則——立法提案・改正理由——〔2016〕652頁以下は，事務管理との連続性を考慮して第3編債権・第3章〔第1節〕事務管理の後に〔第2節〕法定財産管理として規定し直す立法提案をしている）。

II　本条の趣旨

　日本民法は，不在者（→III）が生死不明の場合でも，死亡したとされない

〔岡〕　587

§25 III

第1編 第2章 人

限り生存するものとして扱われる。そして，本条は，不在者の残した財産の管理が必要な場合の処理をするための規定である（不在者の財産管理制度の沿革，比較法については，新版注民(1)359頁以下〔遠田新一〕，新版注民(1)〔改訂版〕430頁以下〔田山輝明〕，石田（穣）248頁以下，辻107頁参照）。この不在者の財産管理の制度は，もっぱら不在者の保護を目的としているが，そのほか，推定相続人，債権者その他の利害関係人（川名兼四郎・日本民法総論〔1912〕66頁，於保71頁），さらには国家の経済上の利益（梅64頁。松本242頁，松波仁一郎ほか・帝国民法正解第1巻〔1898〕201頁，於保71頁，川島82頁も同旨）などの保護も制度の趣旨として指摘されている。家庭裁判所は，必要な処分，すなわち，財産管理人を選任して（以下「選任管理人」と称する）不在者の財産を管理させる。不在者が財産管理人を置いている場合には（以下「委任管理人」と称する），国（家庭裁判所）は関与しないが，不在者本人の不在中に委任管理人の権限が消滅した場合（25条1項後段），さらには不在者の生死が不明な場合には（26〜28条参照），国がコントロールをすることになる。

III 不在者とは（不在者の概念）

不在者とは，従来の住所・居所（→§22，§23）を離れて，容易に帰る見込みのない者をいうとされているが，今日の交通・通信事情を考えれば，これに加えて，「その結果，従来の住所又は居所にあるその者の財産が，管理されないで放置される状態にあること」も要件に付け加えるべきだと指摘されている（川島82頁。幾代85頁，五十嵐ほか75頁〔泉久雄〕）。なお，従来の住所・居所自体が不明の場合は不在者の概念に含まれないとする見解もある一方で（長崎家佐世保支審昭43・3・16家月20巻9号82頁。ここでは失踪宣告の対象である不在者の概念が問題になった），不在者を「従来ノ滞在地ヲ去リタル者」と解して，宿屋の客が荷物を宿に置いて散歩に出たまま帰らないという場合も不在者の財産管理の対象とする見解もある（大谷683頁）。近時，ドイツ法を考慮しながら，不在者の財産管理を住所・居所との結びつきを切り離して目的論的にその適用範囲を広げることが考えられないか（場所的な理由で財産管理が妨げられている場合を含めるか）などの問題提起がなされている（武田直大「不在者財産管理の理論的課題」水野紀子＝窪田充見編集代表・財産管理の理論と実務〔2015〕157

588　〔岡〕

第 5 節　不在者の財産の管理及び失踪の宣告　　　§25　IV

頁・165頁）。

　不在者は，行方不明や生死不明である必要はない。行方不明者は，死亡が証明されたりまたは失踪宣告を受けたりする（30条）までは，不在者として扱われる（注解財産(1)158頁〔大塚〕）。

　不在者の財産管理制度とは本人が自分で財産を管理できるようになるときまでのものであるが，管理すべき積極財産があることが前提である。それでは，債務しかない場合はどうか。不在者の債権者の権利行使に支障が出ることなどを理由に，この場合でも本制度を利用できると解すべきだ，とされている（財産管理実務研編23頁）。

　なお，後述の選任管理人（→V2）の請求の際には，不在を証明する資料を申立書に添付しなければならない。通常，不在者宛て返送郵便物，捜索願受理証明書，不在者の親族による陳述書（聴取書）などとされているが，不在が東日本大震災による場合には行方不明者届出書，未発見者証明書で代替できるという（裁判所ウェブサイトの東日本大震災関連情報のページ〔http://www.courts.go.jp/sinsai/index.html〕に，仙台，福島，盛岡の各家庭裁判所が公表した「震災復興事業における財産管理制度の利用に関するQ&A」へのリンクが掲載されている。以下では盛岡家庭裁判所によるもの〔2013年9月。2015年4月改訂〕を「盛岡家裁Q&A」として引用する。本件については，盛岡家裁Q&A3頁）。

IV　請　求　権　者

　選任管理人は，一定の範囲の者の請求（申立て）により，不在者の従来の住所地・居所地を管轄する家庭裁判所によって選任される。この住所地・居所地が不明な場合には，財産の所在地の家庭裁判所または東京家庭裁判所が管轄するとされている（所有者の所在の把握が難しい土地への対応方策に関する検討会「所有者の所在の把握が難しい土地に関する探索・利活用のためのガイドライン（第2版）」〔2017年3月〕39頁注7）。

　不在者の財産管理に関する国際裁判管轄および準拠法について一言しておくと，法の適用に関する通則法に規定はない。したがって，条理に従って一般に定められることになろう。不在者が日本人であるか外国人であるかを問わず，国際裁判管轄権および準拠法は財産所在地国にある，と解されている

〔岡〕　　589

§*25* Ⅳ 第1編 第2章 人

（佐上善和・家事事件手続法Ⅱ〔2014〕157頁，松原正明ほか・渉外家事・人事訴訟事件の
審理に関する研究（司法研究報告書62輯1号）〔2010〕67頁）。

1 利害関係人

まず，請求権者として利害関係人が規定されている（25条1項前段）。利害
関係人とは，不在者の財産が散逸・荒廃・滅失することによって「その財産
についての自己の権利を直接又は間接に害されることになる者」を指す（米
倉165頁）。具体的には，推定相続人（配偶者，子，父母，兄弟姉妹など），親族
（我妻・判コメ50頁），不在者の債権者，保証人，連帯債権者（注解財産(1)159頁
〔大塚〕），不在者の債務者（財産管理実務研編25頁。なお，不在者が登記義務者の場
合の登記の抹消については不動産登記法70条参照）などである。単なる友人，（財産
が放置されることによって周囲が不用心になるからといった動機を有していても）隣人
は利害関係人には含まれない（我妻103頁，川井55頁，米倉165頁など）。審判例
としては，単に不在者の財産を買収したいというだけでは利害関係人とはい
えないが，不在者所有の土地に対して本人の承諾なくしてすでに宅地造成工
事を行った者は，不在者との間に損害賠償などの法律関係が発生しているも
のと考えられるとして，この造成業者を利害関係人と認めたものがある（大
分家審昭49・12・6家月27巻11号41頁）。

また，不在者の財産の買収を予定している国・地方公共団体なども利害関
係人である（昭和38年12月28日最高裁家二163号家庭局長回答〔家月16巻2号138
頁〕。財産管理実務研編25頁）。典型例は，土地区画整理事業，震災復興事業
（盛岡家裁Q&A1頁）等の公共事業の場合である。

申立人の利害関係を証明する資料として，申立人が親族の場合は親族関係
にあることがわかる戸籍謄本などが要求されるが，自治体が震災復興事業の
ための用地取得のために申立てをする場合には申立書に用地取得が必要な事
情等を記載することで足りるとされている（盛岡家裁Q&A3頁）。

2 検 察 官

公益の代表者（米倉165頁など通説）としての検察官も請求権者である。検
察官の位置づけについては異説があり，失踪宣告の請求権者に検察官は含ま
れていないことから，本条で検察官が請求権者とされているのは，公益代表
者としてではなく，「不在者の利益の擁護者」という立場からなのだという
（大谷686頁）。検察官の請求としては，例えば，老人ホームで死亡した者に

590 〔岡〕

第 5 節　不在者の財産の管理及び失踪の宣告　　　　　　　　§*25*　Ⅴ

戸籍上は相続人がいるが，その所在が不明である場合に，福祉事務所長から非訟事件手続法（41条。旧非訟事件手続法 16条）上の通知があり，それに基づいて検察官が財産管理人の選任を申し立てるというものがある（松岡登「家裁における財産管理の実務」日本弁護士連合会編・現代法律実務の諸問題(上)（日弁連研修叢書）〔昭和 61 年版，1987〕213 頁以下）。

Ⅴ　財　産　管　理

1　必要な処分

　利害関係人または検察官の請求により，家庭裁判所は必要な処分を行う。25条1項では「命ずることができる」とあるが，これは命じなければならないと解すべきである（司法研修所編・財産管理人選任等事件の実務上の諸問題（司法研究報告書 55 輯 1 号）〔2003〕117 頁）。必要な処分とは，不在者が財産管理人を置かなかったときは，主として財産管理人を選任することである。審判で行う（家事 39 条・別表第一 55 項）。改任も可能である（26条）。さらに，家庭裁判所は，選任管理人に財産目録を作成させ（27条1項。委任管理人については同条 2 項参照），不在者の財産保存に必要な処分（27条3項。具体的には財産状況の報告・管理の計算など。家事 146 条参照）をさせ，場合によっては担保を供与させることもできる（29条1項）。その上で，家庭裁判所は管理人の越権行為に許可を与える（あるいは不許可とする。28条）。

　不在者が管理人を置いた場合には，委任管理人は委任契約に基づいて財産管理をするが，委任管理人が死亡したり，管理期間が満了してその権限が消滅した場合には，本条（1項後段）は，家庭裁判所が管理人の選任・改任など必要な処分をすることができると定めている。

　選任申立てや改任申立てなどが却下された場合でも，失踪宣告の場合（家事 148 条 5 項・149 条 4 項参照）と異なり，不服申立ては許されない（選任取消しの申立てについての東京高決昭 60・3・25 家月 37 巻 11 号 41 頁参照）。これは本条 2 項の処分取消しについても同様に解されている。

2　選任管理人

　管理人には誰が選任されるのか。家庭裁判所は，申立人・不在者との利害関係の有無，財産管理人を必要とする理由，不在者になった事情，不在者の

〔岡〕　　591

§25 V　　　　　　　　　　　　　　　　　　　第1編　第2章　人

財産状態，管理人候補者の能力，不在者との関係等を調査する。その上で不在者の利益を保護すべき立場の者を選ぶべきである（松岡・前掲論文215頁参照）。申立人から推薦された近親者が選任されることが多いといわれている（司研編・前掲書127頁以下）。しかし，不在者の共同相続人，不在者との間に債権債務関係を有する者など不在者と利益相反する者は除かれる（司研編・前掲書127頁）。弁護士，司法書士など第三者でもかまわない（大谷689頁，新版注民(1)359頁〔遠田〕，盛岡Q&A 4頁）。震災復興事業における用地取得のための選任管理人としては，財産調査・相続関係の処理に専門的知見が要求され，さらに対象土地の売却につき中立性が要求されるとして，これら専門家を原則としている（盛岡家裁Q&A 4頁）。地方公共団体・その職員は，売却の公正性の観点から選任しないという（盛岡家裁Q&A 4頁）。

　複数の管理人を選任することも可能である（新版注民(1)359頁〔遠田〕，金子修編著・逐条解説家事事件手続法〔2013〕474頁（注））。

3　本人と財産管理人の関係（→§27 I）

　委任管理人は委任に基づく任意代理人であり，選任管理人は不在者本人に対して一種の法定代理人である（四宮＝能見87頁など通説，判例〔大判昭15・7・16民集19巻1185頁〕）。不在者と選任管理人との関係は法定委任関係であり（注解財産(1)162頁〔大塚〕），結局委任管理人，選任管理人ともに，善管注意義務が課せられる（家事146条6項参照）。

　財産管理の方法としては，原則として103条の管理行為（→§28 I）に限定される。

4　処分を行う裁判所

　不在者の財産管理に関する処分の審判は，家事事件手続法施行前は単に不在者の住所地を管轄する家庭裁判所で行うとされていた（旧家事審判規則31条）。これは不在者の現在の住所地と理解されていたが（金子編著・前掲書471頁（注）），それはほとんどの場合において不明であり，実際にそぐわない。そこで，家事事件手続法は，不在者の従来の住所地または居所地を管轄する家庭裁判所で行うと改めた（家事145条）。

第5節　不在者の財産の管理及び失踪の宣告　　　　　　　　　　§*25*　VI

VI　処分の取消し（2項）

1　家庭裁判所の処分取消し

不在者が本条1項の規定による命令後に財産管理人を置いた場合には，家庭裁判所は選任管理人の選任その他の処分を取り消さなければならない（25条2項）。この処分取消しは，選任管理人，利害関係人，検察官の請求により行われる（同項）。

このほか，家事事件手続法は，不在者自身が管理できるようになった場合，管理すべき財産がなくなった場合，その他財産管理の継続が相当でなくなった場合（この中には，管理費用が財産管理の必要性や財産の価値に比べて不相当に高額であるような場合も含まれると考えられている。金子編著・前掲書477頁，佐上・前掲書154頁以下参照）も，家庭裁判所が処分取消しの審判をしなければならないとしている（家事147条）。なお，不在者の死亡が明らかになった場合（失踪宣告があった場合も同じ）は，旧家事審判規則37条と異なり，家事事件手続法は取消事由とは明示していないが，同法147条の「その他財産の管理を継続することが相当でなくなったとき」に該当し，やはり処分取消事由と解されている（金子編著・前掲書477頁）。これらの場合は，不在者本人，選任管理人，利害関係人の申立て，または家庭裁判所の職権で審判が行われる（家事147条。なお，石田（穣）251頁は，家事147条は検察官を挙げていないが，これを除外するものではないだろうという）。

処分取消しの申立てに対して却下の審判がなされた場合，旧法同様に不服申立てはできないと解されている（佐上・前掲書155頁参照。家事審判法時代のものとして東京高決昭59・11・28判タ550号250頁，東京高決昭60・3・25家月37巻11号41頁参照）。

2　処分取消しの効果

財産管理人は管理していた財産を本人または相続人に引き渡すことになる。

処分取消しの審判がなされるまでは，たとえ不在者本人が自ら財産管理ができるようになっても，それだけでは財産管理人の権限は消滅しない（大判昭15・7・16民集19巻1185頁）。しかし，不在者が財産管理の権限を有するのは当然であり（最判昭38・9・3民集17巻8号885頁。遠田新一〔判批〕民商50巻4号〔1964〕543頁以下。ただし，石川明〔判批〕民商68巻3号〔1973〕498頁は反対），

〔岡〕　　593

§*26*　　　　　　　　　　　　　　　　　　　　第1編　第2章　人

この者が財産管理ができるようになった以降は，財産管理人はこれらの者の意に反する行為はできないと解すべきである（石田(穣)251頁）。

処分取消しの効果は将来に向かって生じる（新版注民(1)〔改訂版〕452頁〔田山〕，基本法コメ83頁〔新田孝二＝国宗知子〕，注解財産(1)160頁〔大塚〕）。選任取消し後も急迫の事由があるときは，不在者等のためになお必要な管理行為をしなければならない（加藤令造「不在者及び失踪宣告」同編・家事審判法講座(1)〔1966〕119頁）。不在者財産管理人が起こした訴訟において，後に不在者が帰来したために管理人選任処分が取り消されたが，帰来した本人はこの訴訟手続を受継できるとした裁判例がある（東京地判平元・3・28判時1342号88頁）。この裁判例は，「受継制度が，当事者の権利能力や管理能力喪失の場合に，権利等の帰属主体に訴訟を受け継がせて，従前の訴訟手続を利用するものであることに鑑み」て破産手続解止の場合の規定（旧民事訴訟法215条〔現破産法44条4項5項〕）を類推している。

不在者が死亡した場合，管理人の資格・権能が当然に消滅するのではなく（我妻103頁は当然に消滅するという），家庭裁判所の処分取消しがない限り，その行った行為は有効である（佐上・前掲書155頁のほか，財産管理人が訴えを提起した後に不在者に対して訴え提起前に死亡したものとみなす失踪宣告が確定しても，この訴訟は当事者能力を欠く不適法なものとはならないとした東京高判昭46・10・29高民集24巻3号412頁，注解財産(1)160頁〔大塚〕参照）。

〔岡　　　孝〕

　（管理人の改任）
第26条　不在者が管理人を置いた場合において，その不在者の生死が明らかでないときは，家庭裁判所は，利害関係人又は検察官の請求により，管理人を改任することができる。

　　　〔対照〕　フ民115，ス民422，オ民280
　　　〔改正〕　本条＝昭22法61・法222，昭23法260改正

第5節　不在者の財産の管理及び失踪の宣告　　　　　　　　　　§*27*

本条の趣旨

　不在者が財産管理人を置いた場合には（以下「委任管理人」と称する），その者を信頼しているのであるから，その委任管理人に財産管理を任せるのが妥当である。しかし，不在者が生死不明となった場合には，不在者による管理人の監督ができなくなり，財産管理が失当となることもありえよう。そのために家庭裁判所が後見的に介入し，委任管理人を改任できるとした。改任とは，もともとの管理人を解任して（従前の委任契約の破棄）新たな管理人を選任することである（大村・読解95頁）。

　これは，間接的には不在者の財産の相続人や債権者の利益にもなろう（基本法コメ83頁〔新田孝二＝国宗知子〕）。また，本条によって改任された管理人をさらにいつでも改任することができる（家事146条1項）。もちろん，改任をせず，監督をすることも可能である（27条2項・28条参照）。

　改任は利害関係人，または検察官の請求に基づき行われる。家庭裁判所の職権で行うことはできない。改任の事由としては，委任管理人が病気で義務を履行できない場合，管理が失当な場合（梅65頁，岡松59頁）などが考えられる。管理が失当な場合，委任管理人に故意・過失は不要であり（新版注民(1)363頁〔遠田新一〕），不正の行為も要しない（中島189頁）とされている。

　なお，家事事件手続法施行前は選任管理人（家庭裁判所が選任した財産管理人）はいつでも（届出だけで任意に）辞任することができた（旧家事審判規則32条2項）。しかし，現行法では，辞任したい場合には選任管理人は家庭裁判所に対して改任の職権発動を求めなければならない（家事146条1項参照。秋武憲一編著・概説家事事件手続法〔2012〕194頁〔細矢郁〕参照）。

〔岡　　　孝〕

（管理人の職務）

第27条①　前2条の規定により家庭裁判所が選任した管理人は，その管理すべき財産の目録を作成しなければならない。この場合において，その費用は，不在者の財産の中から支弁する。

②　不在者の生死が明らかでない場合において，利害関係人又は検察

§27 Ⅰ・Ⅱ   第1編　第2章　人

官の請求があるときは，家庭裁判所は，不在者が置いた管理人にも，
前項の目録の作成を命ずることができる。
③　前2項に定めるもののほか，家庭裁判所は，管理人に対し，不在
者の財産の保存に必要と認める処分を命ずることができる。

〔対照〕　フ民 113・118，ド民 1915・1802，ス民 391・399・403・410・411・415，
オ民 281・284
〔改正〕　①＝昭 22 法 222，昭 23 法 260 改正　②＝昭 22 法 61・法 222，昭 23 法
260 改正　③＝昭 22 法 222，昭 23 法 260 改正

Ⅰ　本条の趣旨

　本条は，管理人の職務を規定したものである。対外関係は 28 条の注釈で
説明し，以下では対内関係を扱うこととする。本条から 29 条までの規定は，
相続財産の管理人に関して準用されている（918 条 3 項・953 条参照）。
　選任管理人（家庭裁判所が選任した財産管理人）は，不在者との関係において
は法定委任関係が成立し（注解財産(1)162 頁〔大塚直〕），善管注意義務（644 条），
受取物等の引渡義務（646 条），金銭消費の場合の責任（647 条），費用償還請
求権（650 条）などの委任の規定が準用される（家事 146 条 6 項参照）。利益相反
にならないように注意すべき義務もある（選任管理人は一種の法定代理人なので，
826 条・860 条などの規定が準用される。→§25 Ⅴ 3）。これ以外に家庭裁判所の監
督にも服する。その監督のために管理人の職務を規定したのが本条である。
　なお，委任管理人（不在者から財産管理を委任された者）については，上記委
任の規定が適用されるほか（委任契約の趣旨から利益相反にならないように注意すべ
き義務も課されよう。この点について明文の規定の要否を検討すべきだとする見解もある。
大村・読解 99 頁），不在者の生死が不明な場合に，利害関係人または検察官の
請求によって選任管理人と同様に財産目録作成義務が課される（27 条 2 項参
照）。

Ⅱ　具体的内容

　選任管理人の具体的な義務としては，財産目録作成義務，財産状況報告・

596　〔岡〕

第5節　不在者の財産の管理及び失踪の宣告　　　　　　　　§*27*　II

管理計算義務などがある。

1　財産目録作成義務

　財産管理はある程度の期間にわたってなされるので，管理状況がわかるように財産目録作成が義務づけられている（27条1項前段）。委任管理人に対しても，本人の生死が明らかでない場合には家庭裁判所はこの財産目録作成を義務づけることができる（同条2項）。管理人作成の目録が不十分な場合には，家庭裁判所は，管理人に対して，公証人に財産目録を作成させることを命ずることができる（家事事件手続規則87条が準用する同規則82条2項。旧家事審判規則36条2項も同旨）。

　財産目録作成にかかった費用は，不在者の財産から支出される（27条1項後段）。2項の費用も1項と同様に不在者の財産から支出される（家事146条2項3項参照）。ただし，費用倒れとなるおそれがある場合には，管理人を選任せず，財産の売却（競売）・封印をすべきだとされている（大谷693頁参照）。

2　財産状況報告・管理計算義務

　家庭裁判所は，さらに管理人に不在者の財産状況を報告させたり，管理計算を命ずることができる（家事146条2項）。その費用は不在者の財産から支出される（同条3項）。

3　そ　の　他

　選任管理人は，そのほか裁判所によって命じられた財産保存に必要な処分を行わなければならない（27条3項。裁判所の自由な裁量による）。これは，委任管理人にも適用される。具体的には，起草者は確実な場所への供託を挙げているが（梅67頁），そのほか，財産状況の報告（中島192頁），封印，弁済，相続登記，腐敗しやすい動産の売却・競売などが例示されている（我妻100頁，新版注民(1)360頁〔遠田新一〕，新版注民(1)〔改訂版〕455頁〔田山輝明〕など参照）。ただし，弁済については，その債務に争いがある場合には支払を命ずるのは妥当でないとされている（新版注民(1)〔改訂版〕455頁〔田山〕参照）。なお，「売却（換価）」もこれに該当するといわれることがあるが，財産管理に必要な処分（25条1項）と重複する。後者は，論理的には財産管理人を選任しないで売却することも不可能ではないだろうという見解がある（大村・読解96頁）。また，債務だけの管理も財産管理と考えるべきであるとされている（不在者の財産としては債務しかない場合。財産管理実務研編23頁）。

〔岡〕　　597

III 財産管理の終了

不在者本人が財産管理人を置いたなどの場合には，家庭裁判所の管理処分取消審判を経て（不在者本人死亡の場合に関する大阪高判昭 30・5・9 下民集 6 巻 5 号 941 頁参照），選任管理人の財産管理は終了する（25 条 2 項。詳しくは→§25 VI）。

〔岡　　孝〕

（管理人の権限）
第28条 管理人は，第103条に規定する権限を超える行為を必要とするときは，家庭裁判所の許可を得て，その行為をすることができる。不在者の生死が明らかでない場合において，その管理人が不在者が定めた権限を超える行為を必要とするときも，同様とする。

〔対照〕　フ民 116・117，ド民 1915・1804・1821・1822・1828，ス民 416・418，オ民 278・281

〔改正〕　本条＝昭 22 法 222，昭 23 法 260 改正

I 本条の趣旨

選任管理人（家庭裁判所が選任した財産管理人）は，原則として 103 条で定める管理行為（詳細は新版注民(4)85 頁以下〔佐久間毅〕参照。梅 266 頁は，従来使われていたこの概念が漠然として解釈上の争いがありうるので，より具体的に規定したという。さらに大村・読解 97 頁参照）を行うことができるが，場合によってはそれを超える行為も必要となろう。その際には家庭裁判所の許可が必要である。

委任管理人（不在者から財産管理を委任された者）の権限は，不在者本人との委任契約で決まるが，権限の定めがない場合には選任管理人と同じく管理行為のみを行うことになる。不在者の生死が不明な場合には，家庭裁判所の許可を得て，不在者の定めた権限を超えた行為をすることができる。

第5節　不在者の財産の管理及び失踪の宣告　　　§*28*　Ⅱ

Ⅱ　家庭裁判所の許可の要否が問題となる場合

これまで家庭裁判所の許可の要否が問題となった主な場合を以下では整理
しよう（そのほかの場合については財産管理実務研編 94-100 頁参照）。なお，不在者
の財産管理人には相続人のために相続の承認・放棄をする権限はなく，財産
管理人を参加させて協議または調停による遺産分割もできないとする注目す
べき少数説があることに注意すべきである。そして，この説は不在者を除外
して遺産分割をする要件と方法を提案している（金田宇佐夫「共同相続人の一人
が行方不明のときと遺産の分割」小山昇ほか編・遺産分割の研究〔1973〕141 頁以下参
照）。

1　単純承認・限定承認

若干の異説はあるものの（限定承認について，竹田央「相続の承認及び放棄」岡垣
学＝野田愛子編・講座・実務家事審判法(3)──相続関係〔1989〕56 頁は清算手続を伴う
ことを理由に家庭裁判所の許可が必要であると解している），実務では，相続の承認
が原則として財産の価値増加的なものであることなどを理由として家庭裁判
所の許可は不要とされている（中村平八郎・財産管理に関する各種家事事件処理に
ついての実証的研究（書記官実務研究報告書 8 巻 3 号）〔1969〕110 頁，財産管理実務研
編 55 頁）。

2　相 続 放 棄

相続放棄は相続人自身の判断で行うべきである以上，委任管理人は本人を
代理して相続放棄はできないと解されている（財産管理実務研編 46 頁以下）。選
任管理人が相続放棄をする場合には，それが通常相続財産の価値減少的行為
（価値増加を妨げる行為も含む）であるので，家庭裁判所の許可が必要である（中
村・前掲書 110 頁，財産管理実務研編 51 頁以下）。

3　遺 産 分 割

共同相続人中に生死不明者がいる場合の遺産分割に際しては，まず，委任
管理人がいない場合やその管理人に権限がない場合には，家庭裁判所は不在
者財産管理人を選任する。その上で，その他の相続人との間で遺産分割の協
議を許可することになる（財産管理実務研編 57 頁，中村・前掲書 104 頁以下）。協
議の結果の妥当性も審査すべきであるので，家庭裁判所としては，財産管理
人に遺産分割協議書（案）を提出させて，協議事項を特定させて許否を決定

〔岡〕　　599

§*28* II 第1編　第2章　人

すべきだとされている（財産管理実務研編59頁，山田忠治「東京家裁財産管理部の実情」判時1168号〔1985〕5頁，松岡登「家裁における財産管理の実務」日本弁護士連合会編・現代法律実務の諸問題（上）（日弁連研修叢書）〔昭和61年版，1987〕217頁など）。所有者の所在の把握が難しい土地への対応方策に関する検討会「所有者の所在の把握が難しい土地に関する探索・利活用のためのガイドライン（第2版）」〔2017年3月〕44頁によれば，遺産分割協議書（案）には，「遺産の範囲・評価を記載した遺産目録を作成した上で，不在者だけでなく他の共同相続人の法定相続分とその取得する取得額も明示」することとされている。

なお，分割をすることができない場合として家庭裁判所に分割の申立てをし，「公告をしてもらってその出現をうながし，なお出現しない場合は，分割を進め，後に現われたときには価額のみによる支払を請求しうると解したい（民910条の拡張解釈）」という見解もある（星野英一「遺産分割の協議と調停」中川善之助還暦・家族法大系VI——相続(1)〔1960〕370頁。新版注民(27)408頁〔川井健〕はこの見解を支持する）。しかし，通説は，遺産分割後に生死不明者の生存が明らかになった場合に困難な問題が生じることなどを理由に，この見解はとりえないとしている（加藤令造ほか「共同相続人中の一部の者の生死不明と遺産分割」東京家庭裁判所身分法研究会編・家事事件の研究(1)〔1970〕218頁以下）。

調停による遺産分割の場合も家庭裁判所の許可が必要である（山田・前掲論文5頁，財産管理実務研編67頁）。しかし，審判による遺産分割の場合には，許可は不要とされている（山田・前掲論文5頁，財産管理実務研編68頁）。

選任管理人の権限は，選任の取消しまでは存続していると解されているので（多数説。財産管理実務研編69頁。大判昭15・7・16民集19巻1185頁，大阪高判昭30・5・9下民集6巻5号941頁など），通説は，不在者の死亡時点が相続開始後である場合には選任管理人の行為は無権代理とはならず，遺産分割は有効であるとしている（財産管理実務研編69頁）。これに対して，不在者の死亡時点が相続開始前にさかのぼる場合に遺産分割が無効か（中川善之助＝泉久雄・相続法〔4版，2000〕322頁）有効かについては争いがある。通説は有効説の立場であり（財産管理実務研編69頁），その後の処理としては，代襲相続人がいる場合は不在者の管理人が管理していた権利関係をその者が承継し，代襲相続人がいない場合には再分割になるとしている（斎藤秀夫＝菊池信男編・注解家事審判法〔改訂版，1992〕511頁〔野田愛子〕・565頁〔石田敏明〕。ただし，相続人の順位が

600　〔岡〕

第5節　不在者の財産の管理及び失踪の宣告　　　　　　　　§*28*　II

変動するときは疑問があるという)。

4　処 分 行 為

不動産の売却などの処分行為には家庭裁判所の許可が必要である。不在者の財産管理というのは，その財産を確実に保存することが本来の目的であるので，売却により換価し，その対価を預金などで利殖することまでは管理人に期待されていない。しかし，売却したほうが不在者に有利という場合も考えられ，家庭裁判所が許可することもあるようである（財産管理実務研編73頁)。その場合でも，売却の必要性，売却価格，売却先などが審査されている（松岡・前掲論文218頁)。許可をする場合には，最低価格を定めて許可すべきだとされている（注解財産(1)165頁〔大塚直〕)。不在者の土地が道路予定地になっているために国・地方公共団体・公団などへの売却を許可した例がある（松岡・前掲論文218頁)。

5　訴 訟 行 為

選任管理人は，不在者の法定代理人として訴訟行為もできるが，訴え提起には家庭裁判所の許可が必要である。委任管理人の場合には，委任契約にこの点の特約がない場合でも，判例（大判昭9・4・6民集13巻511頁）を根拠に家庭裁判所の許可は不要だと解する少数説もあるが（中村・前掲書109頁，近藤英吉〔判批〕論叢31巻2号〔1934〕126-127頁)，管理人による財産の濫費の防止のためにも許可が必要であると解すべきである（財産管理実務研編86頁，新版注民(1)369頁〔遠田新一〕，柚木・判総上257頁，山田・前掲論文6頁，松岡・前掲論文219頁，注解財産(1)165頁〔大塚〕)。ただし，時効中断のための裁判上の請求といった保存行為については許可は不要である（我妻・判コメ52頁，財産管理実務研編81頁注(116))。また，応訴（大判昭15・7・16民集19巻1185頁〔旧民事訴訟法50条1項を根拠としている〕)，敗訴した場合の控訴・上告（最判昭47・9・1民集26巻7号1289頁）の場合も，許可は不要とされている（注解財産(1)165頁〔大塚〕，四宮66頁注(1)，石川明〔判批〕民商68巻3号〔1973〕489頁以下)。

訴えの取下げについては，家庭裁判所の許可が必要である。その理由として，「法律関係の現状を維持するのとは大きく異なり，訴訟代理制度の活用による訴訟手続の円滑な進行ないしは訴訟手続による権利又は法律関係の確定を阻止する重大な効果をもたらすもので」あることが指摘されている（例えば，東京高判昭57・10・25家月35巻12号62頁)。上訴の取下げも同様である

〔岡〕　　601

§*28* Ⅲ   第1編　第2章　人

（名古屋高判昭 35・8・10 下民集 11 巻 8 号 1698 頁）。

　（不在者の財産の処分を目的とする）訴訟上の和解，起訴前和解，調停申立ても
許可が必要とされている（財産管理実務研編 85 頁，松岡・前掲論文 219 頁）。

6　生活費・医療費・教育費などの支出

　不在者の配偶者が選任管理人の場合，生活のため，管理している財産から
生活費等を支出したいということも考えられよう。この場合は，不在者は管
理人に対して扶養義務を負っているので，その履行としてこれらの費用の支
出は可能である（中村・前掲書 111 頁，財産管理実務研編 93 頁）。自己契約の禁止
（108 条 1 項で無権代理人の行為となる），利益相反行為（826 条など）の禁止との関
係をどう考えるか。一般論としては，利害関係のない者を管理人に選任し直
し，その者から家庭裁判所に処分の許可を請求させることになろう（新版注
民(1)371 頁〔遠田〕）。緊急の場合にはこのような方法をとらずに当該選任管理
人に許可を与えることもあるようである（財産管理実務研編 93 頁）。

Ⅲ　許可を得ない場合の処理

　委任管理人が許可を得ないで行った行為は無権代理となり，表見代理の可
能性が問題となる。例えば，委任管理人 A は不動産の売却の権限までは与
えられていなかったが，不在者 B の抵当債務弁済のため有利に売却する必
要があり，一方で，A は B の実印を紛失したので，B から送ってもらった別
の印鑑で改印届をして，それを使用して B の不動産を売却したという事案
で，110 条の適用を認めた判例がある（最判昭 31・9・18 民集 10 巻 9 号 1148 頁。
於保不二雄〔判批〕民商 35 巻 3 号〔1957〕384 頁以下は本判決を支持している）。しか
し，不在者が生死不明の場合には特別な理由があるときに限り家庭裁判所が
許可を与えるという以上は，この場合（不在者が生死不明の場合）に表見代理を
認めることは困難であろう（新版注民(1)371 頁〔遠田〕，新版注民(1)〔改訂版〕458
頁以下〔田山輝明〕）。選任管理人についても同様に考えるべきである（注解財産
(1)166 頁〔大塚〕も同旨）。

　不許可（許可申立ての却下）の場合，即時抗告は認められていない（大阪高決
昭 46・9・23 家月 24 巻 10 号 83 頁は旧家事審判規則に規定がないことを理由としている）。

〔岡　　　孝〕

第5節 不在者の財産の管理及び失踪の宣告 §29 I

（管理人の担保提供及び報酬）
第29条① 家庭裁判所は，管理人に財産の管理及び返還について相当の担保を立てさせることができる。
② 家庭裁判所は，管理人と不在者との関係その他の事情により，不在者の財産の中から，相当な報酬を管理人に与えることができる。

〔対照〕 フ民114，ド民1915・1835・1835a・1836・1836d，ス民404，オ民283
〔改正〕 ①②＝昭22法222，昭23法260改正

I 担保提供義務（1項）

本条1項の趣旨は，管理人に担保提供義務を課して，不在者や利害関係人に損害を与えないようにすることである。本条は選任管理人（家庭裁判所が選任した管理人）だけでなく委任管理人（不在者が置いた管理人）にも適用される（家事146条4項参照）。

そもそも管理人に担保を提供させるべきか，提供させるとしても担保の種類（抵当権などの物的担保，保証などの人的担保など）や数量をどのようにするべきかなどは家庭裁判所が判断する（注解財産(1)167頁〔大塚直〕。選任管理人の場合，選任と同時にこの義務を課すか，その後に課すかは家庭裁判所の裁量。大谷697頁参照）。担保の種類としては，（被担保債権が将来債権であるために）根抵当権などの物的担保，根保証などの人的担保が考えられる。ただし，占有移転を伴う質権は利用できない。債権者に占有を移転すべきところ，債権者たる本人が不在であるために占有を移転できないからである（大谷696頁参照）。ちなみに，抵当権の設定は，管理人が不在者の代理人たる資格と管理人個人の資格で自己契約をなすことになるが，問題はない（108条1項ただし書参照）。

また，家庭裁判所は，担保の増減，変更，免除を命じることもできる（家事146条4項）。管理人の不動産または船舶に抵当権を設定する場合には（抵当権の変更，消滅の場合も同じ），家庭裁判所（裁判所書記官）は設定登記を嘱託しなければならない（同条5項）。

管理人が担保を提供できない場合には，家庭裁判所が改任することになろう（26条参照）。

〔岡〕 603

II 報酬請求権 (2項)

選任管理人には当然に報酬請求権があるわけではなく，家庭裁判所の判断で報酬を付与することができる。通常は，管理事務の終了報告をする頃に報酬付与の申立てがなされるようである（財産管理実務研編35頁，岡本和雄「相続財産の保存・管理に関する審判事件の手続」金法1078号〔1985〕81頁参照。また，財産が少額で報酬を認めることができそうにない場合には，申立人にその分を予納させることもあるという。松岡登「家裁における財産管理の実務」日本弁護士連合会編・現代法律実務の諸問題(上)(日弁連研修叢書)〔昭和61年版，1987〕215頁以下。なお，釧路家庭裁判所では，予納されない限り，管理人を選任しない扱いをしているという。久村浩一「不在者財産管理人及び相続財産管理人選任審判事件の処理に関する書記官事務」全国書協会報154号〔2001〕206頁参照)。報酬額は，財産管理の難易，不在者や管理人の資産状況など諸般の事情を考慮して（富井201頁参照。富井は不在者との親疎も考慮するとしているが，不在者の財産管理が家族的義務でない以上，これは考慮の対象とならないだろう。大村・読解99頁参照)，家庭裁判所が決定する。一時的か定期的か，金銭かその他の方法によるのか，すべて裁判所の裁量であるといわれている（大谷698頁)。審判例として，相続財産管理人に関するものではあるが，仙台家裁昭和53年7月5日審判（家月31巻9号48頁）は，相続人不存在により相続財産管理人に選任された弁護士に対して，相続財産管理の状況などを考慮して，報酬を付与した。

管理人が夫婦・親子のような親族の場合には報酬はなしということもありえよう（岡松63頁，大谷698頁，基本法コメ85頁〔新田孝二＝国宗知子〕)。そのほか起草者は，管理人が相続人のように「其管理ヲ為スハ主トシテ自己ノ利益ノ為メニスル」ような場合には無報酬でもいいだろうと述べている（梅70頁)。

さて，報酬請求ができない場合でも，費用償還や損害賠償の請求は可能である（650条，家事146条6項参照)。上記仙台家裁の事件では，特別縁故者が唯一の相続財産である不動産の分与を申し立てた際，相続財産管理の報酬費用を予納（36万余円）しており，その一部（35万円）が報酬と認められた。報酬は誰に請求できるのか。明文の規定がないが，不在者が帰還するのを待ってその者に請求するという見解がある（米倉168頁)。

第5節　不在者の財産の管理及び失踪の宣告　　　　　　　　　　§*30*

　委任管理人の場合は，報酬の有無は委任契約の趣旨による。報酬の定めが
ない場合には無償が原則であろうが（648条参照。ただし，明治民法制定以来黙示
の特約・慣習を根拠に受任者は原則として報酬請求が可能であると解されている。岡孝
「委任——報酬請求権を中心に」民法講座(5)473頁以下参照），弁護士のような職業
的専門家に委任している場合には原則として有償であろう。報酬の付与には
管理人の申立てが必要である。

　なお，財産管理人がその管理事務を遂行するため自己に過失なく損害を受
けたときは，その賠償請求ができる（650条3項。選任管理人も同様。家事146条
6項参照）。さらに，財産管理人が管理事務の処理に必要と認められる債務を
負担したときは，不在者に対して自己に代わって弁済をさせ，その債務が弁
済期にないときは相当の担保を提供させることができる（650条2項）。不在
者が帰来しなければ，自ら管理する不在者の財産から弁済を受けたり，また
はその財産を担保に取ることは，財産管理人の自己契約ないし財産管理人と
不在者の利益相反行為となってしまう。しかし，このために特別代理人の選
任を認める規定は存在しない。そこで，このような財産管理人は家庭裁判所
の許可（28条）を得て，不在者の財産から弁済を受けることができると解す
るほかはないのではないか，と問題提起がなされていることに注意すべきで
ある（辻114頁）。

〔岡　　　孝〕

　（失踪の宣告）
第30条①　不在者の生死が7年間明らかでないときは，家庭裁判所は，
　　利害関係人の請求により，失踪の宣告をすることができる。
②　戦地に臨んだ者，沈没した船舶の中に在った者その他死亡の原因
　　となるべき危難に遭遇した者の生死が，それぞれ，戦争が止んだ後，
　　船舶が沈没した後又はその他の危難が去った後1年間明らかでない
　　ときも，前項と同様とする。

　　　〔対照〕　ドイツ失踪法3，フ民112，ス民35
　　　〔改正〕　①＝昭22法222，昭23法260改正　②＝昭37法40改正

〔河上〕　　605

I 総　　論

1　不在者と失踪宣告

　行方不明や長期間外国に滞在することになるなどして，従来の住所・居所を去った者で容易に帰る見込みのない者を「不在者」という。不在者は，生存が確認される者を含む概念で，生存者・生死不明者・行方不明者であるかを問わない。生死不明者の場合もまた，死亡が証明され，または失踪宣告をうけるまでは不在者として扱われる。「失踪宣告」は，不在者を死亡した者とみなして，その者の従来の住所地を中心とする法律関係を確定する制度である。「失踪」の語感には，「自らの意思で行方をくらませる」というイメージが強いが，自らの意思によるかどうかは問わない。これに対し，死亡したことはほぼ確実であるが，死体が確認されない場合については，行政処分として死亡を認定する「認定死亡」と，死亡原因証明による「死亡記載」の制度がある。震災・水難・炭鉱爆発・洪水・戦死など死亡の蓋然性が極めて高い場合に利用される。行方不明者も，死亡が明らかでない限り，生存している者として扱われ，必要に応じて不在者財産管理制度が利用され得る。不在者管理制度について詳細は，→§§25-29。

2　不在者の財産管理

　不在者の財産が，法定代理人や管理者によって管理されていない場合，盗難や腐敗の例を挙げるまでもなく，これをどのように管理するかが問題となるため，民法は，25条〜29条の規定をおいているが，これらは，必ずしも失踪宣告の前提ではなく，必然的な関係もない。

　不在者が財産管理人を置かなかった場合，家庭裁判所は利害関係人または検察官の請求によって，管理人を選任するなど必要な処分を命ずる（25条）。選任された管理人は，いわゆる「保存行為」（103条参照。権利の登記・時効の完成猶予・更新など財産の保全に必要な行為）や，「利用改良行為」（金銭の預託・不動産の賃貸など）をなすことができるが，家庭裁判所の許可を得た場合はそれ以上の行為（例えば不動産の処分など）もできるようになる（28条，家事39条・別表第一55項）。選任された管理人の職務は，財産目録の作成（27条1項），財産保存に必要な行為をなすこと（27条3項）であるが，管理人は家庭裁判所によって担保の提供を求められる場合がある（29条1項）。なお，家庭裁判所は，

第5節　不在者の財産の管理及び失踪の宣告　　　　　　　§*30*　I

管理人と不在者の関係その他の事情を考慮して，相当の報酬を管理人に与えることができる（29条2項）。

　財産管理が必要でなくなった場合，すなわち，不在者自身が後に自ら管理人を置いた場合や（25条2項），不在者自身（またはその法定代理人）が自ら管理ができるようになった場合，あるいは財産の管理を継続することが相当でなくなったとき，具体的には，不在者の死亡が明らかになったり失踪宣告があった場合には，家庭裁判所は，請求権者の申立てによって，命じた処分を取り消す審判が必要であり（家事147条），これによって不在者の財産管理が終了する。

　不在者自ら管理人を置いている場合は，その者が不在者の監督を受けて管理にあたるため，ひとまず問題はないが，不在者が生死不明となって管理人が不在者の監督を受けることができなくなった場合には，家庭裁判所が介入して，不在者の定めていた業務の範囲を超える行為をなすにあたって許可を与えたり（28条後段），利害関係人または検察官の請求によって当該管理人を改任することができる（26条）。不在中に委任された管理人が死亡したり，管理期間満了などで管理人の権限が消滅したような場合は，はじめから管理人を置いていなかったのと同様の状態になる（25条1項後段）。なお，上述のように，不在者の生死不明が一定期間続くと失踪宣告の対象となるが，ここでは人の生死というよりも財産の管理にのみ着目している。

　法律上の利害関係の有無は，個別に判断される。不在者の財産について法律上の利害関係を有する者をいい，例えば，推定相続人・配偶者・不在者の債権者・保証人・連帯債務者などであり，不在者の財産管理状態が自己の権利義務の内容や程度に影響する者である。単なる友人や隣人は含まない。その意味で，不在者の財産管理制度は，直接には不在者の財産保護を目的とするものの，間接的には，利害関係人を保護する制度でもある。また，国家あるいは国民経済上の利益にもかかわることから，請求権者には検察官が名を連ねている（25条1項）。失踪宣告の場合には，親族が，本人の生存と帰還を待っているのに，検察官が介入することは適当ではないため，利害関係人とされていない。

　なお，外国人については，不在者が生存していたと認められる最後の時点において，日本に住所を有していたとき，あるいは，日本にある財産および

〔河上〕　607

§30 Ⅱ・Ⅲ 第1編 第2章 人

日本の法律によるべき法律関係についてのみ、日本の法律により失踪宣告をなすことができる（法適用6条参照）。

Ⅱ　失踪宣告制度の趣旨

不在者の生死不明の状態が長期化した場合、その者に関する法律関係が確定できず、財産関係や身分関係が長らく放置され、残された者（推定相続人・残存配偶者など）の地位がいつまでも不確定な状態にとどまる。そこで、利害関係人の地位を確定するため、一定要件下で、不在者を死亡したものとして扱う必要がある。失踪宣告は、行政処分としての「認定死亡」とともに、このような場合に対処すべく用意された制度である（外国人については法適用6条参照）。利害関係者の請求に基づいて家庭裁判所によって失踪宣告を受けた者は、実際に死亡しているかどうかはともかく、従来の住所・居所・常居所等を中心とした生活圏でのその者をめぐる法律関係において死亡したものとみなされる（31条）。かくして、死亡が擬制される結果、相続が開始し、残存配偶者は再婚することが可能となり、遺族補償を受けたり、死亡保険金が支払われる等の効果が発生する。

これに対し、「認定死亡」は、水難、火災その他の事変（航空機事故、震災、炭坑爆発など）によって、被災者の死亡が確実と見られるが死体が確認できない場合に、取調べにあたった官公署の報告に基づいて戸籍上死亡の記載を行うもので（戸89条・91条）、簡易な失踪宣告手続としての機能を営んでいる。これは、死亡の蓋然性が高い場合に、手続上、一応の「推定」をなすにすぎない。認定死亡が事実と異なっていた場合（生存・異時死亡）は、その事実を立証することで、だれでも認定死亡に基づく戸籍記載の推定力を破ることが可能である。

Ⅲ　立　法　史

我が国の失踪制度が具体的に形をなしたのは、江藤新平と箕作麟祥がフランス民法を翻訳のうえ急遽制度化しようとした「民法決議第2第4編　失踪ノ事」であるらしい（古くは、「永尋」の慣行があった。梅謙次郎講述・民法総則

608　〔河上〕

第5節　不在者の財産の管理及び失踪の宣告　　§*30*　III

〔1907〕369頁参照）。その内容は，まさにフランス民法典の直訳そのものであり，「第3章第3款139条」にはフランス民法旧139条にならって「失踪者ノ配偶私ニ再婚ノ契約ヲ結ヒタル時ハ，失踪者帰リ来テ，自ラ其再婚ノ取消ヲ訴ヘ，又ハ其生存セル証書ヲ与ヘタル名代人ヲ以テ，之ヲ訴ルコトヲ得ヘシ」との規定が見える。

　ボアソナードの手になる旧民法「人事編第15章」もまた，基本的にはフランス法にならうものであった。すなわち，一方で，「音信絶エテ生死分明ナラサル人」について失踪の推定を行って財産管理規定を適用するとともに（第1節269条から275条），失踪者が代理人を定めおかないまま5年（定めおいた場合は7年）「生死ノ音信ヲ得サル」ときには失踪の宣言を求めうるものとした（276条以下）。この失踪宣言には，失踪者の生存推定が働かないと同時に，死亡推定も働かないという中途半端な効果が付与され，被宣言者は，いってみれば「高度の死亡蓋然者」と認められるにすぎなかった。ただ，当時のフランス法と異なり，人事編81条第6は，失踪宣言を受けたことをもって離婚請求権発生の一原因と定めた。つまり，宣言によって死亡が推定されない以上，当然に婚姻解消もしくは離婚とはならないが，残存配偶者からの離婚請求が認められれば夫婦関係は消滅することとした。これによって，残存配偶者には，前婚の桎梏から解放される手段が与えられた。

　旧民法人事編第15章第1節を若干修正のうえで25条から29条に統合して「不在者の財産管理」の規定となし，「失踪ノ宣告」については30条から32条によって旧民法の考え方を放棄したのが現行法である。結果として，比較的ドイツ法の考え方に近づけられたが，より徹底して，宣告の効果として，一定期間経過後に被宣告者の「死亡」を「擬制」したことは特筆される。単に死亡を推定するのでなく，死亡したものとみなしてしまうわけであり，「殆ど乱暴に近い程武断的な主義」（大谷497頁）と評された。この点，立法者たちは修正原案39条（現31条の前身）を提案するにあたり，「一面は生者の如く，一面は死者の如き中間の位置に在る者は，その権利きわめて不確定にして，延て他人の権利にまでその不確定の結果を及ぼすに至る故に，ドイツ・オーストリア・スイス・スペイン等の諸国に倣い，失踪者は反対の証拠出づるまでは，死者と看做すを可とした」（原文旧カナ）と説明しているが，なぜ擬制にまで踏み切ったかについては，単に「事理に合わず，且つ，実際

〔河上〕　609

§30 III　　　　　　　　　　　　　　　　　　　　第1編　第2章　人

に便ならざる」とのみ述べるにとどまる（法典調査会主査会議事〔近代立法資料13〕370頁）。

　さらに，修正原案40条1項（現32条の前身）として「失踪者ノ生存セルコト又ハ前条ニ定メタル時ト異ナリタル時ニ死亡シタルコトノ証拠出ツルトキハ失踪ノ宣言ハ其効力ヲ失フ但失踪ノ宣言アリタルヨリ右ノ証拠出ツルマテニ有効ニ為シタル行為ハ右ノ証拠出テタルカ為メニ其効力ヲ変セス」との規定を用意し，提案理由では，旧民法の不備を指摘したうえで「人事編第282条第1項に因り，失踪に基ける離婚も失踪者が更に現出すると同時にその効力を失い，その婦人は更に失踪者の妻たる資格を回復し，もし離婚後既に他人と再婚したる場合においては，その再婚もまた自ら無効に帰すべきが如し。是れ頗る妥当を欠くのそしりを免れず。故に，本案においては，一切の行為について，失踪者の生存せる証拠その効力を既往に及ぼさざるを原則としたり」（原文旧カナ）という（法典調査会主査会議事〔近代立法資料13〕378頁）。その後，「証拠出ツルトキ」に宣言の効力を失うとする構成に疑問が出され，その過程で，末松謙澄委員と田部芳委員によって，いずれ裁判で失踪宣告に対する不服とその制限という形で争われるなら「其廃棄又ハ変更ノ裁判アルマテニ（善意ヲ以テ）有効ニ為シタル行為ハ」という留保をつけた方がよいとの修正意見が現れ，採決の結果，ただし書に「善意ヲ以テ為シタル行為ハ其効力ヲ変セス」とする表現を含む田部修正意見が多数を占めたのである（法典調査会主査会議事〔近代立法資料13〕385頁・389頁）。質疑では，ほとんど意識されていなかったにせよ，ここに，悪意の再婚は効力を否定され，前婚が復活する可能性が生じたことになる。

　主査会での修正原案39条，40条は，総会において修正案37条，38条として審議に付された。議論の中心はやはり宣言取消しの手続にかかるものであったが，失踪後の再婚については，岡村輝彦委員が「別に御規定になるのでありますか」（原文旧カナ）と質問している。これに対して，梅謙次郎委員は「勿論この失踪の場合にはその失踪の宣言の有るまでは，まだ生きて居るものと看る。失踪の宣言があるというと，すなわちこの37条の規定によって死んだものと看る。こういうことになるのでございます。その規定はやはり人事にも当てはめるのでありますが，しかしながら離婚については既成法典にも特別なる規定がありまして，3年間生死不分明であれば離婚を請求す

610　〔河上〕

第5節　不在者の財産の管理及び失踪の宣告　　　　　　　　§30　IV

ることが出来るということは，3年間でもその年限はどうでも宜いのですが，
なにかそんなときの規定は必要であろうと思います。そうすれば，3年間生
死不分明なれば妻は離婚を請求することを得る。しかしながら，それは，自
分の考えで離婚をしないで居るなれば，生きて居るものと見て，離婚をしな
いで，他人と婚姻することは出来ない。こういうことになる」（原文旧カナ）
と答えている（法典調査会総会議事〔近代立法資料12〕239頁以下）。立法者たちが，
この規定を，婚姻のような身分上の行為にも適用されるものとし，その結果，
ただし書に該当する限り前婚は復活しないと考えていたことは明らかである。

IV　失踪宣告の審判

失踪宣告の審判の要件は，次のとおりである。

1　実質的要件

(1)　実質的要件は，不在者の生死が明らかでないとき，および，生死不明
の一定期間（失踪期間）の継続である。「生死が明らかでないとき」とは，不
在者について何の消息もないため，生存の証明も死亡の証明も立たず，生死
の蓋然性が相半ばする状態をいう。民法は，死亡の蓋然性の高さを考慮して，
そこでの失踪期間に関して，普通失踪と特別失踪の2種類を定める。

(ｱ)　普通失踪　　普通失踪は，不在者の生死が最後の音信から起算して7
年間わからないときであり，生存が証明された最後の時から7年の期間が満
了した時点で，宣告によって死亡が擬制される（30条1項・31条前段）。

(ｲ)　特別失踪　　特別失踪（危難失踪）は，戦争や船の沈没，雪崩，津波
など，死亡の原因となる危難に遭遇した場合で，その者の生死が危難が去っ
てから1年間わからないときであり，危難が去った時点で宣告によって死亡
が擬制される（30条2項・31条後段。なお戦時死亡宣告に関しては，「未帰還者に関す
る特別措置法」（昭和34年法律7号）2条を参照）。

普通失踪・特別失踪のいずれに当たるか明らかでない場合もあるが，人の
生死に関わるだけに，疑わしい場合は普通失踪の要件を満たす必要があると
考えられる。

(2)　以上の「宣告」の要件は，失踪宣告の「請求」要件でもあるとする見
解が有力であるが（大谷507頁，幾代35頁，新版注民(1)〔改訂版〕468頁〔谷口知

〔河上〕　611

§*30* Ⅳ 　　　　　　　　　　　　　　　　　　　　　第1編　第2章　人

平＝湯浅道男〕，注解財産(1)172頁〔大塚直〕など），家庭裁判所は，審判するに熟したと認めれば受理して失踪宣告をするため，あえて請求の要件と審判の要件を一致させる必然性はない（石田(穣)135頁）。ただ，多くの場合は，法定の失踪期間が経過して後に，法律関係を確定しておくために請求がなされているようである。宣告のみを期間経過後になすということも予定されていないため，失踪期間を申請要件と考えるのが穏当であろう。

2　形式的要件

　形式的要件は，家庭裁判所に対する利害関係人の請求および，これを受けた公示手続（家事148条3項，家事規4条）と，事実の調査・証拠調べ（家事56条）である。利害関係人とは，失踪宣告について法律上の利害関係を有する者であり，具体的には，失踪者の相続人となるべき者，配偶者，受遺者，法定代理人，不在者財産管理人などが，これに当たる（検察官は請求できないと解されている）。本人Aが生死不明となった後，その妻BがCと内縁関係を結び，子Dが出生した場合，Dが，BC間の嫡出子として届けられる地位を得るために利害関係人となるかは問題であるが，判例はこれを否定する（大決昭7・7・26民集11巻1658頁）。AB間の嫡出子であることを否定することは，長期の生死不明後であることによっても可能であり，親子関係不存在確認判決を得て戸籍訂正が可能であることがその理由であるが，疑問である（川島武宜・判民昭和7年度131事件判批）。

　公示期間は，普通失踪の場合は3か月以上，特別失踪の場合は1か月以上の期間を指定しなければならない（家事148条3項）。この公示期間内に失踪者の生死に関する情報が得られないとき，失踪宣告の審判が行われる。なお，特別失踪の申立てに対して，家庭裁判所が普通失踪宣告をなすことは可能であるが，その逆はできないと解されている（新版注民(1)〔改訂版〕472頁〔谷口＝湯浅〕）。

　審判が確定すると，家庭裁判所は，遅滞なく宣告のあった旨を公告し，職権で失踪者の本籍地の戸籍事務管掌者に通知し（家事116条1号。宣告申立人にも戸籍届出の義務がある〔戸94条前段・63条1項〕），これによって戸籍中の身分事項欄に失踪の記載がなされる（戸44条3項・24条2項）。これにより，相続が開始し（882条），婚姻関係・姻族関係は終了し（728条2項），残存配偶者は再婚が可能となるとともに，復氏可能となる（751条1項）。

612　〔河上〕

第 5 節　不在者の財産の管理及び失踪の宣告　　　　　§*30*　**IV**

3　わが国における制度運用の原状

『司法統計年報（家事編）』によって 1948 年（昭和 23 年）から 2015 年（平成 27 年）までの全国家庭裁判所の家事審判法 9 条 1 項甲類 4 号，家事事件手続法別表第一 56 項，57 項（失踪宣告およびその取消し）について，新受件数，既済件数（認容・却下・取下げ・移送その他）を見ると，失踪宣告に関して新規に受理される件数は，おおよそ 2000 件から 3000 件程度であり，ここ 10 年ほどでは新受件数，既済件数ともに 2700 件程度で，そのうち約 2000 件が認容され，20 件程度が却下，500 件程度が取り下げられていることがわかる（1994 年〔平成 6 年〕までの数値の一覧表は，河上正二「『イノック・アーデン』考――失踪宣告の取消しと婚姻」星野古稀上 97 頁以下参照）。

（1）　新受件数の推移には 2 つの山があって，1959 年（昭和 34 年）から 1964 年（昭和 39 年）と 1969 年（昭和 44 年）から 1975 年（昭和 50 年）に 3000 件を超えた時期がある。前者は，「未帰還者に関する特別措置法」（昭和 34 年法律 7 号）に基づくいわゆる「戦時死亡宣告事件」による一過性の増加であろう。後者の原因は定かではない。推測にすぎないが，あるいは，いわゆる団塊の世代が失踪最多年代に突入する時期であることや，5000 人を超える多くの死者や行方不明者を出した伊勢湾台風（1959 年 9 月）から 10 年程度経過していること，消費者金融の拡充期にあたっているところからサラ金問題の影響などが背景にあるのかもしれない。残念ながら，このうち宣告取消しに関するものがどの程度の割合であるのかは，統計からは判明しない。やや古いが，1951 年（昭和 26 年）から 1954 年（昭和 29 年）にかけての東京家裁でのある調査によると，宣告件数中の 5% から 10% が，取消しに関するものであったと報告されている。ちなみに，その折に既に後婚もしくは事実上の再婚関係に入っていたものは東京家裁管内で各年度に 1，2 件にすぎなかったといわれる。もっとも，取消しはなくとも，宣告後に再婚した人は相当いたであろうし，全体として見た場合，一定数値の取下げがあるということから，失踪宣告を申立て後に，帰還者が相当数いるとも推測され，前婚・後婚の衝突など危険がないというわけではない。

（2）　地域別に見ると，新受件数は，当然ながら大都市圏に多く，家庭裁判所別では東京と大阪だけで全体の 4 分の 1 以上を占め，横浜・名古屋・神戸などがこれに続いている。ちなみに，2011 年の東日本大震災でも，多くの

〔河上〕　613

§*30* IV   第1編　第2章　人

死者や行方不明者が出たが，数値を見る限り，東日本の各県における失踪宣
告に関する数値に大きな変化は見られない（実際には認定死亡の制度が利用され
た可能性が高いが，まだまだ「消息を待ちたい」との家族らの思いが強いのかもしれない。
また，自ら進んで引導を渡すような行為は，必要がなければ避けたいと考える者が多いの
も事実であろう）。

　(3)　失踪者の失踪当時の年齢，男女別などについては，1952 年（昭和 27
年）から 1961 年（昭和 36 年）まで，『司法統計年報（家事編）』に細別表がある。
戦時死亡のケースを除いて，宣告申立原因の 8 割近くが「所在不明」である。
概して男性の失踪率が高く，40 代をピークに前後に数値が分布する傾向に
ある。女性の数は，通常の場合，男性の半数かそれ以下である。高齢になる
につれ，男女比は大きく開いていく傾向にある。一般に，女性の失踪率は小
さいといわれてきたことからすれば，この数からでも，女性の失踪者もかな
りいるという印象を受ける。ただ，「駆落ち」や，夫婦での「夜逃げ」のよ
うな場合，犯罪の被害者となる場合等もあると考えれば，決して不可解な数
字ではない。なお，25 歳から 40 歳に失踪宣告を受ける者が多いことは，実
際問題として，宣告後に残存配偶者が再婚する可能性が小さくないことも示
している。

　(4)　失踪宣告の申立人は，多くの場合，配偶者，父母であり，子，兄弟姉
妹，利害関係人がこれに続いている。どの程度の失踪期間で申立てに踏み切
っているかについて見ると，大多数が音信不通となってから 7 年もしくは
10 年を超えている。つまり，多くは，宣告の申立てをしてから失踪期間の
満了を待つのではなく，相当期間が経過し，「待てるだけ待ったが，もはや
帰る見込みはない」という判断の下で失踪宣告を申し立てていることになろ
うか。

　(5)　なお，失踪宣告に関する新受件数の推移と並行して，興味深いのは
「不在者の財産の管理に関する処分」（旧家事審判法 9 条 1 項甲類 3 号，家事別表第
一 55 項）の件数である。1952 年には甲類 4 号事件の 1 割にも満たなかった
件数が次第に増加し，1971 年（昭和 46 年）には 5 割を超え，1983 年（昭和 58
年）にはほぼ同数になり，現在では失踪宣告を遥かに抜いて 8000 件から
9000 件に達している（2014 年（平成 26 年）8605 件，2015 年（平成 27 年）7839 件）。
おそらく，本人の生死とは別に，財産管理にあたって，かかる措置が必要と

614　〔河上〕

第5節　不在者の財産の管理及び失踪の宣告　　　　　　　　　　§*31*

なっているものと思われるが，このことは，失踪宣告を受けるには至らない
が，不在者として財産管理のみにとどめているケースがかなりあって，事実
上の消息不明者が相当にいることをうかがわせる。

　(6)　いま一つ不気味なのは，身元不明死体の数の多さである。1961年当
時，年間2000件程度の失踪に関する新受件数に対し，1万4000体を超える
身元不明死体があったという事実（1961年〔昭和36年〕12月警察庁調べ）は，
何を物語っているのであろう。ホームレスの増加，出稼ぎのままの行方不明
など，今日においても身元不明死体の出現する可能性は依然として高い
（1985年（昭和60年）から1995年（平成7年）末までの全国の身元不明死体の累積総数
は1万2002体にのぼる）。行方不明となっても，死亡が確認されないまま，闇
から闇へと多くの人が消えている可能性がある。ちなみに，警察庁生活安全
局の統計では，近年の「行方不明」者は8万人台前半で推移しており（2015
年中の行方不明者8万2035人〔うち男性5万3319人，女性2万8716人〕），行方不明
者の数も決して少なくない。

　こうして見てくると，実際に，失踪宣告後に宣告を受けた者が生還して宣
告取消しに至るというケースは，相当に稀な事態ではある。しかし，それと
同時に，宣告後に再婚したり，生死不明のまま，事実上新たな婚姻関係に入
っていく可能性も決して小さくないことも知られる。つまり，実際に宣告を
受けた者が生還しないまでも，確定的な死を知らされないまま，幾分か不安
な思いで新たな婚姻関係を続けている者は相当数いると考えられる。法律問
題の重要性は数では決まらないが，かかる潜在的当事者の「もしも」に備え
てルールを設定しておくことは，やはり必要なことというべきであろう。

〔河上正二〕

　（失踪の宣告の効力）
第31条　前条第1項の規定により失踪の宣告を受けた者は同項の期間
　　　が満了した時に，同条第2項の規定により失踪の宣告を受けた者は
　　　その危難が去った時に，死亡したものとみなす。

　　　〔対照〕　フ民120，ドイツ失踪法9・10，ス民38
　　　〔改正〕　本条＝昭37法40全部改正

〔河上〕　　615

I 本条の趣旨

本条は失踪宣告の効果を定める。

31条における「死亡したものとみなす」という意味は，失踪者の権利能力の剥奪を意味しない。あくまで，失踪者の従来の住所・居所・常居所等を中心とした法律関係について，失踪者が死亡した場合と同様の法律効果を認めるにとどまる（失踪者が生存していて，別の土地でなした契約などは有効である〔ただ，戸籍や住民票と連動した印鑑登録ができないから，印鑑証明を要する不動産取引は事実上制限され，そのままの本籍氏名での婚姻もできない〕）。その意味では部分的な死亡宣告と評せよう。当初の立法案ではドイツ民法182条やスイス民法38条のように，宣告によって死亡したとの「推定」を働かせようとするものであったが（推定主義），31条は，失踪宣告取消制度により，人の生死に関する法律関係を画一的に扱うこととし，死亡の効果を阻止するには，あらためて宣告を取り消さねばならないとしたことから，反証を挙げただけでは覆らない「擬制」主義となっている。

II 死亡の効果の発生時期

死亡の効果の発生時期は，普通失踪の場合には，生存が証明された最後の時から7年の期間が満了した時点，特別失踪の場合には，危難が去った時点であるから，宣告のあったときからその時点まで死亡の効果が遡ることが多い。逆に，失踪宣告によって死亡したとみなされる時までは，生存したとみなされる（我妻109頁）。

したがって，例えば，失踪者を被告にして言い渡された確定判決も，判決より前の時点で死亡したと擬制されると，判決の時点では既に相続が開始していたことになるわけであるから，相続人に対して判決の効力が及ばず，強制執行などが覆ることも考えられる（大判大5・6・1民録22輯1113頁によれば競落人は当該財産の所有権を取得し得ないとする）。ここでは善意の第三者の保護が求められるが（我妻198頁），これを避けようとすれば，むしろ不在者財産管理人の選任（25条1項前段）を申し立てた上で，その者を不在者の法定代理人として訴えを提起し，勝訴判決を得て強制執行する必要がある（平野41-42頁,

第5節　不在者の財産の管理及び失踪の宣告　　　§*31*　III，§*32*　I

石田(穣)138頁)。

III　残存配偶者の再婚と子

　失踪宣告によって婚姻が解消した残存配偶者は，女性でも再婚期間を必要
とすることなく再婚できる。1年ないし7年間の生死不明を前提として失踪
宣告がなされるのであるから，残存配偶者の懐胎した子については，夫を父
とする記載は抹消されるべきものである（新版注民(1)〔改訂版〕477-478頁〔谷口
知平＝湯浅道男〕)。

〔河上正二〕

　　（失踪の宣告の取消し）
第32条①　失踪者が生存すること又は前条に規定する時と異なる時に
　　死亡したことの証明があったときは，家庭裁判所は，本人又は利害
　　関係人の請求により，失踪の宣告を取り消さなければならない。こ
　　の場合において，その取消しは，失踪の宣告後その取消し前に善意
　　でした行為の効力に影響を及ぼさない。
②　失踪の宣告によって財産を得た者は，その取消しによって権利を
　　失う。ただし，現に利益を受けている限度においてのみ，その財産
　　を返還する義務を負う。
　　　　〔対照〕　フ民127・130-133，ドイツ失踪法30-33a，ス民51
　　　　〔改正〕　①＝昭22法222，昭23法260改正

I　失踪宣告取消しの要件・手続

　失踪宣告がなされた後，本人の生存が明らかになった場合や，失踪宣告に
よって擬制された死亡時点とは別の時点で死亡したことが明らかになった場
合，本人または利害関係人の請求によって，家庭裁判所は，失踪の宣告を取
り消し（家事149条1項)，事実にそった取扱いをしなければならない（32条1
項前段)。家庭裁判所は，遅滞なくその旨を公告し，本籍地の戸籍事務管掌者

〔河上〕　　617

に通知し（家事規89条2項），これに基づき，失踪者の身分事項欄には取消事項を記載し，失踪宣告事項が削除され，末尾に従前と同じ身分事項を移記し，最後に回復事項を記載することになる（戸籍法施行規則35条）。

失踪宣告取消しの審判の実質的要件は，①「失踪者が生存すること」，または，②宣告による死亡擬制時とは「異なる時に死亡したこと」のいずれかの事実の証明である。「失踪者の生存」には，現在の生存が立証された場合のほか，失踪期間の開始以後に生存していたことが立証されたが，現在，再び生死不明になっている場合も含まれる（再度の生死不明が失踪宣告の要件を満たせば，あらためて失踪宣告の対象となることは言うまでもない）。

形式的要件は，本人または利害関係人の請求である。失踪宣告取消しの審判が確定すると，裁判所書記官は，遅滞なく，市町村長にその旨を届け出なければならず（戸94条前段・63条1項），市町村長は，この嘱託や届出を受けて，または職権で，失踪宣告取消しの審判が確定した旨を戸籍に記載する（戸44条3項・24条2項）。失踪宣告の取消しによって，失踪宣告を前提として形成された法律関係はその基礎を失う。問題は，宣告の取消しによって回復される本人の利益と，宣告を信頼して行為をした「善意の」（本人が生存していた，あるいは別の時点で死亡したことを知らなかった）者との利害調整である。

II　失踪宣告取消しの効果

1　取消しの遡及効

失踪宣告の取消しの審判が確定すると，はじめから失踪宣告がなかったと同一の効力を生ずる（遡及効）。そこで，例えば，失踪者Aが生存していたことによって失踪宣告が取り消されると，失踪宣告（死亡擬制）を原因として生じた権利変動がなかったことになるため，失踪者の死亡を前提とする相続人Bへの相続（896条）は無効となり，相続財産はBからAに返還されねばならない。Bが無権利者であったため，Bから相続財産を譲渡されたCもその権利を取得できない（無権利の法理：「何人も自己の有する以上の権利を譲り渡すことはできない」）。また，Aの死亡を前提に解消したはずの配偶者との婚姻関係も復活することになりそうである。しかし，この遡及効の原則を貫いて原状回復をなすことは，しばしば第三者に不測の損害を与えるおそれがある。

第5節　不在者の財産の管理及び失踪の宣告　　　§*32*　II

そこで，民法は，取消しによる遡及効に一定の制限を加えている。

2　遡及効の制限

　民法は宣告取消しの遡及効に重大な例外をもうけた。「失踪の宣告後その取消し前に善意でした行為の効力に影響を及ぼさない」とするもので（32条1項後段），遡及効に一定の制限がかけられている。ここにいう「行為」は，原則として財産取得行為であるが（「身分行為」については争いがある），債務免除等の単独行為を起点とする行為も含まれよう。その結果，善意でなされた第三者の財産取得行為等は有効のまま維持され，失踪宣告を信じて新たに取引関係に入ってきた「善意の第三者」は保護されることになる（信頼保護の問題であるから，原則として「善意・無過失」が要求されよう）。これは，相続人が死亡擬制に基づく相続によって財産を取得する場合のような，失踪宣告によってその包括承継人らが直接に財産を取得する場合の規定ではなく（32条2項がこれに関する），その者（相続人など）から更に財産の譲渡を受けた場合や，失踪者の配偶者が他と再婚した場合になど外部の第三者が関係する行為に関する規定と解されている。

(1)　「善意でした行為」

　例えば，失踪者Aの相続人Bが，相続財産をCに売却後，Aの生存が判明し宣告が取り消されたような場合，Cが善意〔無過失〕のときは（Bの善意までは不要であろう〔ただし大判昭13・2・7民集17巻59頁は契約当事者双方の善意を要求する〕），BC間の売買契約は有効性を維持し，Cは相続財産をAに返還する必要がない。もっとも，相続人Bは，いずれにせよ失踪宣告があることを信じて財産を取得したというわけではないから（死亡擬制で相続したにすぎない），信頼保護の観点から保護される立場にはない。そのため，相続財産の直接取得者Bは，善意であっても保護されない（受遺者・生命保険金受取人なども同様である）。Bは，善意・悪意を問わず財産権を失う。既に処分している場合には対価を保有する法律上の原因を欠くため，不当利得返還義務（703条以下参照）を負い，少なくとも善意のBは売却代金を「現に利益の存する限度においてのみ」Aに返還しなければならない（32条2項）。

　第三者Cが悪意の場合には，原則どおり，遡及効によってCも権利を失い，Aからの返還請求に応じなければならない。

　失踪宣告によって直接・間接に財産権を取得した者が，取得時効の要件を

〔河上〕　　619

備えるに至った場合には（162条・163条），宣告が取り消されても影響を受けることはない。さらに，失踪宣告で直接に財産を取得した表見相続人またはその転得者に対する財産回復請求は，相続回復請求に利益状況が類似しており，少なくとも，異時死亡を理由とする宣告取消しの場合の真正相続人からの回復請求には民法884条に定める相続回復請求権の時効の適用があろう。

(2)　転得者の悪意

　Cがさらに D に転売していたような場合はどうか。CD ともに善意である場合は，32条1項後段の適用に異論はない。悪意の C が善意の D に転売した場合も，転得者 D に対する関係においてだけ遡及効が制限されれば足りる。問題は，善意の C が悪意の D に転売した場合の処理である。考え方としては，A との関係で相対的に善意の者に対して遡及効が制限されるにすぎないとするもの（相対的構成）と，ひとたび善意の第三者が登場した後は，たとえその後に悪意者が登場しても A は確定的に宣告取消しの効果を主張できなくなるとするもの（絶対的構成）がある。条文の文言からは，相対的構成が素直であるが，取引の安全を重視するならば絶対的構成が優れていよう。善意の C が，追奪担保の可能性によって譲渡先を制限されるいわれはなく，いつまでも権利関係を不安定な状態におくことも好ましくないからである。A としても，善意の C の手に財産が渡った時点で一旦は取り戻しを諦めることを余儀なくされており，たまたまその後に悪意の転得者が現れたからといって，必ずしも A を保護するのが適当とは思われない。例外的に，悪意の D が，A の取消しの主張を阻むために形ばかりに善意の C を間に立てたような場面（「善意のわら人形」）では，D による32条1項後段の援用を「信義則」で封ずることも考えられよう（類似の問題は他の善意者保護の制度〔93条1項ただし書・94条2項・110条など〕においても問題となる）。

(3)　直接取得者の返還義務の範囲

　失踪宣告を直接の原因として財産権を取得した者（相続人・受遺者・死亡保険金受取人など）は，善意・悪意を問わず宣告の取消しによって財産権を失い，取得した財産を失踪者に返還しなければならない（ちなみに，32条2項の文言は「行為」を媒介としていない）。失踪宣告の取消しによる失踪者からの物権的請求権と利得返還請求権は選択的競合の関係に立つものと解される。このとき，民法の一般不当利得法によれば，善意の利得者には「その利益の存する

第5節　不在者の財産の管理及び失踪の宣告　　　　　　　　§32　III

限度において」（現存利益）返還が義務づけられ（703条），悪意の利得者には「受けた利益に利息を付して」返還することを義務づけている（704条）。しかし，32条2項には善意・悪意の区別がない。そこで32条2項は，不当利得の一般原則に対する特則として，失踪宣告の取消しの場合には一律に現存利益の返還でよいこととしたと解する説（穂積重遠・改訂民法総論〔1930〕187-188頁）がある。しかし，失踪宣告の場合であるからといって，悪意者を一般原則以上に保護する合理的理由に乏しい。むしろ，善意の直接取得者について703条の趣旨を確認したものと解すべきであろう（我妻112頁，幾代41頁，四宮＝能見94-95頁など通説）。

III　失踪宣告取消しと身分行為

　遡及効の制限に関する32条1項後段が婚姻のような「身分行為」にも適用されるかには争いがある。例えば，失踪宣告により婚姻関係が解消したことを前提に，残存配偶者が再婚したが，その後に失踪者が生還して宣告が取り消されたような場合，前婚・後婚はどのようになると考えるべきか（文学作品に現われた興味深い例に，テニスンの「イノック・アーデン」（岩波文庫），バルザックの「シャベール大佐」（バルザック全集第3巻〔東京創元社〕所収）がある。わが国の「伊勢物語」第24段もまた悩ましい。この問題については，河上正二『「イノック・アーデン』考——失踪宣告の取消しと婚姻」星野古稀上81頁以下，堀内節「失踪宣告取消の婚姻に及ぼす効果」中央大学七十周年記念論文集第1〔1955〕548頁以下など参照）。

1　身分行為への適用肯定説の立場から

　民法起草者は，当初から民法32条1項後段を身分行為に適用する立場であり，その後の学説の多くもこれを支持してきた。しかし，その具体的内容は必ずしも一致しない。

　第1に，「善意でした行為」という場合の「善意」は，後婚当事者の一方当事者だけでも良いのか，それとも双方善意であることを要するか。この点，適用肯定説を採る大方の見解は，婚姻という行為は二人の協同の上に成り立つものであるから双方とも善意であることが必要であると解しているが（大判昭13・2・7民集17巻59頁：我妻栄・判民昭和13年度6事件判批），一部には，一方当事者の善意だけでよいとする見解もある（須永82頁，石田（穣）143頁，注解

〔河上〕　　621

§*32* Ⅲ   第1編　第2章　人

全集(1)144頁〔湯浅道男〕)。ちなみにドイツ法は明文で双方善意を要求している。

　第2に,「効力に影響を及ぼさない」の意味についても,大きく2つの説が対立する。

　1つは,双方善意でなされた新たな婚姻（＝後婚）の効力だけが認められ,かつての婚姻（＝前婚）は復活しないとするもので,相対的にはこれが多数説中の多数を占める見解である（穂積重遠「失踪宣告後ノ再婚」法協27巻11号〔1909〕1825頁, 大谷614頁, 松本烝治「失踪宣告ノ取消」新報22巻5号〔1912〕22頁・26頁, 末川博「失踪と婚姻」同・所有権・契約その他の研究〔1939〕290頁, 舟橋42頁, 松坂111頁, 宮崎孝治郎「失踪宣告」谷口知平＝加藤一郎編集・民法演習Ⅰ〔1958〕51頁, 我妻111頁, 石田(喜)97頁, 島津一郎「失踪宣告」谷口知平＝加藤一郎編・新民法演習(1)〔1967〕53頁, 鈴木12頁など)。宣告を信頼して行為をなした者の利益を保護すべしとする法文の趣旨から考えても,後婚を有効とする以上は,これに矛盾する前婚の復活は認められるべきでなく,また身分関係の安定からも後婚のみを有効とすることが適当であるというのがその理由である。戸籍実務も,基本的にはこれに従っている（昭和25・2・21民甲520号民事局長回答)。解釈論として,立法の経緯にもかなっていよう。

　これに対し,双方善意の場合の後婚は「有効」であるが,宣告の取消しによって失踪者との間の前婚も復活し,ために重婚状態となるが,それは前婚にとっては離婚原因となり（770条1項5号）,後婚にとっては取消原因となる（743条・744条）とする見解がある（注解全集(1)144頁〔湯浅〕)。これは,前婚解消,後婚有効という画一的処理を避けようとする意図に出たもので,当事者をいったん重婚状態の下において,後は三者間の協議に委ね,とりわけ残存配偶者の選択の可能性を保障せんとするものである。ただ,後者の見解では,32条1項後段が善意の場合に限って「効力に影響を及ぼさない」としたことの意味が大きく減殺される。なぜなら,一般に,悪意の重婚も取り消し得るのみで（744条）,取り消されてもその取消しの効力は既往に及ばない（748条）。したがって,悪意の重婚でさえ取り消されるまでは一応有効になり,もし,失踪宣告後の善意の後婚についても重婚を理由に取り消し得るものとするのであれば,そもそも後段の適用がないのと同じことになりかねないからである。

　622　〔河上〕

第5節　不在者の財産の管理及び失踪の宣告　　§*32*　III

　第3に，後婚当事者の一方もしくは双方「悪意」の場合の処理について，多くは，重婚となることとしているが，一部には「後婚は当然に効力を失い重婚関係は残らない」とするものもある（末川・前掲論文292頁）。ドイツ法のように重婚を絶対的無効とせず，単に取消事由と定めている我が国の法制からすると，やや理解しがたいが，婚姻意思が欠けているから無効となるとの趣旨であろうか。とすると，一般に，悪意の重婚というものはないというに等しい。

2　身分行為への適用否定説の立場から

　民法総則の規定を身分行為に適用することに慎重であるべきことは，つとに指摘されるところであり，ここでも，適用を否定したうえで妥当な解決を求めようとする見解がある。しかし，そこから導かれる結論もまた大きく異なる。

　第1に，前婚は復活せず後婚のみ有効とする説がある。32条1項後段の適用を排除したうえで，前婚が復活せず常に後婚のみが有効となるとする見解（米倉209頁）は，新たな身分関係に入った当事者の意思を尊重しようとするもので，その実際的な意味は，後段にいう「善意」の要件を問わないところにある。仮に再婚の一方の当事者が悪意であったとしても，7年以上も家を空けてから帰ってきた夫との婚姻が復活して，現に生活している後婚の方はなかったものとせよというのではおさまるまいというわけである。この場合，前婚に関しては，離婚の場合に準じて処理されることになり，悪意の残存配偶者およびその相手方に対しては慰謝料の請求（あるいは財産分与規定の準用）を許すことで調整をとることが予定される。悪意の再婚配偶者が，もとのさやに収まるとは考え難いことからする実際的帰結ではあるが，かりに，善意の再婚配偶者が前婚に復帰したいと希望したときは，後婚を離婚して，あらためて前婚配偶者と再婚するほかないことになる。

　第2に，前婚は復活して重婚となるとする説がある。これは，32条1項後段を排除したうえで，前婚が復活して後婚は重婚となることを前提に，その処理を当事者の協議，とくに失踪者の配偶者の意思による選択に委ねてはどうかとするものである（新版注民(1)397頁〔谷口知平〕，堀内・前掲論文560頁，注解財産(1)185頁〔大塚直〕，北川64頁，近江90-91頁など）。結局のところ，32条1項後段を適用したうえで，前婚の復活を許す見解と同様の結論になるが，

〔河上〕　　623

§*32* **III** 第1編 第2章 人

近時，かなりの支持を得ている。この説では，当事者の善意・悪意を問わず後婚は一応重婚となるわけであるが，これは当事者を協議のテーブルにつかせることを狙ったもので，同時に「常に後婚のみを尊重する理由も存しない」との判断に基づいている。また，失踪宣告を受けたことは，必ずしも本人の責めに帰すべきものばかりとは言い難く，失踪者に失踪宣告取消しの不利益を甘受させることは酷であり，他方，再婚当事者の善意・悪意を区別することは実情に適しない。つまり，32条1項後段を適用すると，後婚善意の場合には失踪者と残存配偶者が前婚の維持を望むときはその意に反することとなり，後婚悪意の場合には，宣告の取消しによって前婚が復活しても，残存配偶者はむしろ後婚の維持を望み，前婚の夫婦関係を復活させる意思などない場合が多いであろうから，前婚を復活させても実益が少ないといったことが考慮されている（堀内・前掲論文560頁以下）。

3　1994年（平成6年）「婚姻制度等に関する民法改正要綱試案」

改正法案である1994年（平成6年）の要綱試案第1・2・1は，次のような提案となっている（法務省民事局参事官室「婚姻制度等に関する民法改正要綱試案」ジュリ1050号〔1994〕214頁以下）。

「㈠　失踪宣告が取り消された場合において，その宣告を受けた者の配偶者がその取消しの前に再婚をしていたときは，その再婚をした者と失踪宣告を受けた者との婚姻は復活しないものとする。

㈡　未成年の子の父母の一方が失踪宣告を受けた後，これが取り消された場合において，㈠により，父母の婚姻が復活しないものとされるときは，失踪宣告を受けた者の親権は，復活しないものとする。この場合において，子の監護に必要な事項については，第766条の規定を準用するものとする。」

試案の説明によれば，「①身分関係の安定という観点からは，当事者の善意・悪意によって取扱いを異にすることは適当ではないこと，②制度上重婚状態の発生を是認することは妥当ではないこと，③失踪宣告は，普通失踪の場合には7年間，危難失踪の場合でも1年間の生死不明を要件としているから，失踪宣告が取り消されても，一般的には，前婚の婚姻共同生活の実体は失われていると評価することができ，殊に，失踪宣告の取消し前に再婚が成立しているときは，前婚を復活させる意味は乏しいこと」などが考慮されたとされる（法務省民事局参事官室・前掲227頁）。

624　〔河上〕

第5節　不在者の財産の管理及び失踪の宣告　　§*32*　**III**

4　「三者仕切り直し」

　失踪宣告によって死亡したと扱われた配偶者が生還したとき，大きな戸惑いがあるにしても，他方配偶者にとって，それは望外の喜びとなることもあろう。失踪宣告が必ずしも婚姻解消のみを目的とするものではなく，相続その他の効果を求めるだけのこともあるとすれば，そこに直ちに確定的な婚姻解消の意図を読みとることは適切ではあるまい（本来ならば，この時点で一度婚姻関係を清算し，爾後の行動は「配偶者を持たない者」の行為として確定させた方がすっきりしている）。しかし，長年待ち続けて，もはや帰らぬものと諦めて再婚を決意したとすれば，それは，やはり不退転の行動とみるのが自然ではあるまいか。心の中に，他人を住まわせたまま新たな婚姻関係に入ることは，後婚の相手方に対しても不誠実というべきだからである。まして，再婚から月日が流れると，そのような身分関係にこそ心理的安定を生ずるのが通常であり，これを安易に覆し得るとすることは，決して好ましいことではない。他方，失踪宣告を受けた者について考えた場合も，少なくとも高度に情報化し，通信や交通手段の発達した今日では，自らの意思で失踪状態を継続してきたことの方が圧倒的に多いと推測され，そのこと自体，「悪意で遺棄されたとき」（770条1項2号）に相当し，後婚配偶者の意に反してまで前婚の復活を望むことは許されまい。もちろん，失踪に至った理由はさまざまで，ときに失踪者の責めに帰することのできない事情による場合もあろう。しかし，現行法においても，配偶者の生死不明が3年間継続すれば，離婚原因になるとされていること（770条1項3号），近時の立法試案では，夫婦の別居が5年間継続すれば，離婚原因とする方向が示されて破綻主義が推し進められようとしていることを考え併せると，残存配偶者が再婚に踏み切った意図こそを重視すべきであろうと思われる。したがって，前婚復活を否定した試案の選択は支持されよう。

　その際の，問題の一つは，悪意の後婚配偶者をも同様に保護すべきかにある。確かに，試案の方向での改正は，重婚を婚姻取消しの原因とすることと矛盾する。主観的事情を問うことが困難であることを度外視しても，本来であれば，生存を認識している以上，宣告を取り消し，復活した前婚の離婚の手続を経て，あらためて後婚相手方との再婚に向かうのが筋であろう。しかし，悪意であればこそ，もはや前婚回復への見込みはなく，まして，失踪宣

§32 III 　　　　　　　　　　　　　　　　　第1編　第2章　人

告を受けるだけの客観的事情が存在したということは，前婚の破綻状態と見るのが適当ではあるまいか。仮に，失踪宣告を受けていた者に後婚の取消権を付与したところで，覆水は盆に戻るまい。したがって，ここであらためて後婚当事者の善意・悪意を問題とすることも適当とは思われない。再婚当事者が，失踪宣告を詐取したなどの事情がある場合には，その者に対する（離婚慰謝料に準じた）損害賠償や刑事罰で対処すれば足りる。

　残る問題は，再婚配偶者が前婚への復帰を希望する場合にも，後婚に縛りつけるのが適当かという点である。人間は弱い存在であり，いかに不退転の決意で再婚に臨んだとしても，かつて生涯を共にすることを誓った者が目の前に現われれば心に迷いを生じたとしても不思議なことではない。そうだとすると，心を迷わせ，後婚に踏み切ったことを後悔し，心理的葛藤にさらされているときには，「三者仕切り直し」もまた，やむをえない仕儀というべきではあるまいか。この段階で法のなし得ることは限られている。ドイツ婚姻法 39 条のように，一定期間に限り，再婚者が一方的に後婚を解消できる制度を設けることは，検討に値する制度的配慮であろう。ただ，これもまた相手のある問題でもあり，しかも，あえて一つのカップルのみを残そうとすることにも無理が感じられる。むしろ，ここは，後婚における「婚姻を継続し難い重大な事由」（770 条 1 項 5 号）として，後婚の離婚可能性を認めることでも足りるように思われる。なぜなら，迷いの渦に巻き込まれているのは，再婚相手方とて同じであり，一方的な後婚解消では協議の芽さえ摘むことになり，逆に，如何ともしがたい場合には，あえてカップルを残さず三者が仕切り直して，その結果三者三様の道を歩むこともまたやむをえないと考えられるからである（文献の所在を含め，河上・前掲論文 81 頁以下参照）。

〔河上正二〕

第6節　同時死亡の推定　　　　　　　　　　　　　　§32の2　I

第6節　同時死亡の推定

第32条の2　数人の者が死亡した場合において，そのうちの1人が他の者の死亡後になお生存していたことが明らかでないときは，これらの者は，同時に死亡したものと推定する。

〔対照〕　ドイツ失踪法11（ド民原始規定20），フ民725-1
〔改正〕　本条＝昭37法40新設

I　趣　　旨

1　規律の概要

　本条は，複数の者が死亡している場合において，その死亡の先後が明らかでない者について，同時に死亡したことを推定する。死亡の事実そのものは確定していることが前提である。本条は，その上で，複数の死者の間の死亡の先後関係について規律するにすぎない。

　なお，本条は，昭和37年7月1日以降の死亡事件に適用される。

2　規律の意義

(1)　必　要　性

　人が死亡すれば，相続開始（882条）など一定の法律関係が生じる。それには死亡の事実が確定していれば十分であって，他の者の死亡との先後関係には左右されない。しかし，複数の死者の間に相互に相続人となりうる関係がある場合，死亡の先後関係が定まらなければ，相続人の範囲および相続分が確定しない事態が生じる。これは，相続について，相続開始時に相続人が存在（生存）していることが要請されるためである（同時存在の原則。明文の規定はないが，相続が被相続人という権利・義務の主体の欠落を相続人によって埋めることからすれば，当然の要請といえる）。たとえば，A・Bの夫婦に幼児Cがあり，さらにAには母Dがいる状況で，AとCが事故で死亡した場合，AとCの

〔小池〕　627

§32の2 I 　　　　　　　　　　　　　　　　　　　第1編　第2章　人

死亡の先後は相続権・相続分に影響する（Aが先に死亡した場合，Aの相続人は
BとCであり，さらに死亡したCの相続人はBとなるから，結局，Bがすべてを相続す
る結果となる。これに対して，Cが先に死亡した場合は，CをAとBが相続し，さらに
死亡したAをBとDが相続することになる）。

　このような場面については，古来より法的手当てが施されてきた（たとえ
ば，ローマ法は，同一危難で数人が死亡し，その先後が不明のときは，成熟子は親より後
に，未成熟子は親より先に，それぞれ死亡したものと推定する，としていた。原田慶吉・
ローマ法〔改訂，1955〕47頁）。明治民法の制定当時の諸外国の多くも，これに
関する規定を置いていた。しかし，起草者はこれを事実認定に関わる問題と
みて，民法に規定を置かなかった（富井138頁）。もっとも，規律の不在は早
くから批判され（松本88頁等），その後，洞爺丸の沈没事故（1954年。当時の国
鉄が運航する青函連絡船の洞爺丸が台風のため転覆・沈没し，乗員乗客1155人が死亡し
た事故である）および伊勢湾台風による被害（1959年。西塚静子「災害と相続──
同時危難による死亡を中心に──」ジュリ192号〔1959〕6頁を参照）等を契機として，
本条が置かれるに至った（昭和37年法律40号。改正の背景等につき，阿川清道「民
法の一部を改正する法律について」曹時14巻4号〔1962〕523頁，加藤一郎「民法の一
部改正の解説(1)」ジュリ248号〔1962〕10頁，高瀬暢彦「民法改正に関する資料」日本
法学28巻5号〔1962〕88頁，「民法の一部改正について」戸籍167号〔1962〕1頁等を参
照）。

(2)　本条創設以前の対応

　相続による権利の取得に係る事実は，それを主張する者が証明しなければ
ならない。そのため，死亡の先後が不明の場合，相続による権利取得の主張
は，いずれも自己の権原を証明できないため，常に挫折することになる。遺
産を占有する者がいるときは，その状態のまま両竦みとなるから，いわば早
い者勝ちの結果となる。つまり，死亡の先後関係を事実の証明に委ねること
は，実際には何も決まらない状態にして，これを放置するに等しい。そもそ
も，相続人が確定しないことには，遺産およびその持分の帰趨自体が決まら
ないのである（債権など，遺産には占有による早い者勝ちの結果すら生じない財産もあ
る。また，相続不動産にしても，相続登記すら不可能な状態となる。加藤一郎「同時死亡
の推定」同・民法における論理と利益衡量〔1974〕255頁〔初出は法協75巻4号
〔1958〕〕）。以上からすれば，死亡の先後不明に対する実体法上の手当ては，

628　　〔小池〕

第6節　同時死亡の推定　　　　　　　　　§*32の2*　I

必要不可欠なものだったといえる。

(3) 立法的対応の内容

(ア)　同時死亡の推定　　本条による同時死亡の推定は，相続における同時
存在の原則を介して，「同時死亡の推定を受ける者の間で相続が生じない」
という結果をもたらす。もっとも，複数の者の間の死亡の先後不明には，こ
れ以外の対応もありうる。たとえば，死亡の先後関係を推定する方法であり，
その場合，死者の年齢や相続順位等を基準とすることが考えられる（加藤・
前掲「同時死亡の推定」277頁以下，高瀬・前掲論文110頁以下を参照）。これに対し
て，複数の者が全く同じ時点で死亡するという本条の推定内容は，かなり特
殊な事態といえる。その点で，本条は事実関係の合理的な推測とはいいにく
い面がある。立法担当者の説明も，同時死亡の推定は「条理上当然」という
のみである（衆議院法務委員会における平賀健太政府委員による改正理由の説明である。
第40回国会衆議院法務委員会議録第6号7頁）。結局，本条の対応の根拠は，死亡
の先後が明らかでない以上，これに応じて推定でも先後をつけないのが公平
である，という消極的なものにとどまる（洞爺丸沈没の対応にあたり，旧国鉄が
同時死亡の考えに立って弔慰金・損害賠償の支払をしたように〔加藤・前掲「同時死亡の
推定」262頁〕，同時死亡の扱いがすでに妥当していたことは，この公平感を裏付けてい
る。また，相続登記も，登記実務は同時死亡で対応していた。昭和36・9・11民事甲第
2227号民事局長回答〔伊勢湾台風での罹災者の死亡の先後に関する事案〕）。

なお，改正の際，相続編に条文を置くことも考えられた（フランス民法では
相続法に関する規定の箇所に置かれている）。しかし，本規律が機能する場面は相
続であるとはいえ，その対象は死亡に関する事項であるから，規定の位置は
総則編でよい。

(イ)　関連する手当て　　同時死亡の推定とあわせて，代襲相続と遺贈の規
定（887条2項・994条1項）も改正された。これにより，被相続人と相続人の
同時死亡の場合は代襲相続が可能であること，遺言者と受遺者の同時死亡の
場合は遺言の失効を原則とすることが明確にされた。

(4) 任意規定

死亡を権利能力の終期とすることは，強行法である。他方，本条は，複数
の者が死亡した事実を前提に，その間の先後不明の場合の処理を定めるにす
ぎない。そして，同時死亡の推定そのものには消極的な理由しかなく，むし

〔小池〕　629

§32の2 II
第1編　第2章　人

ろ同時死亡による処理の妥当性に重点があることからすれば，これと異なる
処理が一定の合理的な帰結をもたらす場合には，本条と異なる合意・約款等
を有効としてよい（たとえば，年長者を先に死亡したものとする，など。なお，887
条2項は強行規定である。また，994条1項の性質については議論がある。新版注民(28)
219頁〔阿部徹〕参照）。たとえば，生命保険契約の保険契約者・被保険者と指
定受取人が同時に死亡した場合について，本条と異なる定めをすることが考
えられる（石丸将利〔判解〕最判解平21年上461頁。この解説の対象である最判平
21・6・2民集63巻5号953頁は，このような場合に本条を適用した。もっとも，保険契
約者・被保険者たる夫と指定受取人たるその妻が同一事故で死亡し，両者に子がない場合，
夫は「保険金額ヲ受取ルヘキ者」〔商法旧676条2項，保険法46条・57条〕すなわち妻
の相続人とならず，保険金は妻の血族相続人が受け取る，といった事態が生じうる。保険
料が夫の財産から拠出されていることから，この事態を不当とみるのであれば，約款等で
別段の定めをしておく必要がある）。

II　適　用　場　面

1　数人の者が死亡した場合

　本条は，「数人の者が死亡した場合」とするのみで，死亡した原因が同一
の事故等の共通の原因であることを求めていない（本条の沿革からすれば，同一
の事故による場合に限定する可能性もあった）。共同の危難に限定しない以上，「シ
ベリヤの抑留所で死亡した夫と，たまたまその頃留守宅で病死した妻との死
亡の先後が不明である」場合も，本条の適用対象となる（阿川・前掲論文530
頁。これには，同一の危難に限定した場合に生じる解釈問題を避ける狙いもある。たとえ
ば，「親子で富士登山をしたところ，親は御殿場口六合目で雪崩に遭って死亡し，子ども
は吉田口八合目で突風にあおられて転落死したという場合」〔戸籍167号〔1962〕19頁〕
は，同一の危難といえないが，同時死亡の推定を認めるのが妥当である。近時の例でいえ
ば，阪神淡路大震災における地震とその後の火災による死亡，東日本大震災における地震
とその後の津波による死亡の場合が考えられる。裁判に現れた事例については，鳥谷部茂
「同時死亡の推定」鳥谷部茂ほか編・現代民事法改革の動向IV〔2013〕1頁〔9頁以下〕を
参照）。

630　〔小池〕

第 6 節　同時死亡の推定　　　　　　　　　　　　　　§*32の2*　Ⅱ

2　1人が他の者の死亡後になお生存していたことが明らかでない場合

(1)　他　の　者

死亡の先後が問題となる者の範囲については，次の問題がある。すなわち，本条の「他の者」とは，①「数人の者が死亡した場合」における「1人」を除いたすべての者か，それとも，②特定の1人か（家崎宏「同時死亡の推定」中京法学1巻2号〔1966〕1頁〔7頁〕），である。「他の者」が複数であってその者の間で死亡の先後が判明している場合，①の考えでは「他の者」の死亡の先後判明の事実と「1人」と「他の者」を含めた全員の同時死亡の推定との間に矛盾が生じる一方，②の考えでは「1人」の死亡時点が複数となってしまう（「1人」と「他の者」について，相互に相続関係にあることを要求する場合でも，「1人」と複数の「他の者」の間に相続関係が存在することはありうるから，この問題を回避することはできない）。

たとえば，川の氾濫事故でA・B・Cが死亡したが，Cは死体が発見されず死亡時刻不詳として認定死亡（戸89条）を受け，AとBは救出された後に順次死亡した場合，A・Bの死亡の先後は判明しているが，A・CとB・Cそれぞれの死亡の先後は不明である。ここで，A・BをまとめてCと比較し（①の考え），死亡の先後を不明とみると，全員が同時死亡となるが，これはA・Bの死亡について先後が判明していることに反する。他方，A・CとB・Cのそれぞれを同時死亡と推定すると（②の考え），Cの死亡時が2つあることになる（さらに，結局はAとBの死亡時に先後があることとは抵触する結果となる）。同時死亡の推定は，死亡の先後関係に決着をつけて相続問題（相続人の範囲）を処理できるようにするための便宜にすぎない以上，「1人」と「他の者」の1人との間の死亡の先後問題を個別に処理できれば十分である。よって，②の考えによるのが妥当であろう。

(2)　先後不明の事実に係る証明責任の所在

法規の適用の通例に従えば，本条を適用するには，「死亡の先後が不明であること」を証明する必要がある。しかし，その証明は不要であって，むしろ，複数の者の死亡に先後関係があることを主張する側が，その事実を証明して本条の適用を回避しなければならない。これは以下の理由による。かりに死亡の先後不明の立証が必要であるとすると，それが真偽不明となったときには本条が適用できなくなる。しかし，本条はまさにこの場合にこそ妥当

〔小池〕　　631

§32の2 II　　　　　　　　　　　　　　　　　　　第1編　第2章　人

すべき規定である。よって，複数の者が死亡している場合，まずは本条が適用される結果となる（以上につき，大江忠・要件事実民法(1)〔4版，2016〕234頁を参照）。

(3)　**戸籍記載との関係**

(ア)　**死亡の事実の記載**　　本条の適用場面では，複数の者の死亡の事実それ自体は明らかである。通常，死亡した者の戸籍には死亡の時点に関する記載があり，当該記載をもって死亡の事実・時点を証明することができる（最判昭28・4・23民集7巻4号396頁）。この限りで，先後不明の事実に関する証明責任の意義は大きくない。本条の適用を排除しようとする者は，戸籍の記載を利用して，先後関係を主張できる場合が多いからである。

　なお，戸籍の記載上，同時に死亡したといえる者については，本条によることなく，同時死亡となる（戸籍記載の真実性を争う場合は別である）。他方，死亡の時点につき，「○年○月○日午後不詳」という戸籍記載がある者の間では，午後という幅の間で先後は不明となるから，同時死亡が推定される（東日本大震災により死亡した死体未発見者について，死亡診断書・死体検案書に代えて，届出人の申述書等の「死亡の事実を証すべき書面」を添付してなされた死亡届〔戸86条3項〕が受理された場合，死亡時は「平成23年3月11日午後不詳」と記載される。「東日本大震災により死亡した死体未発見者に係る死亡届の取扱いについて」〔平成23・6・7民一第1364号民事局民事第一課長通知〕参照）。また，午後不詳の死亡とされている者と同日の午後10時の死亡とされている者との間でも，死亡の先後は不明となる。

(イ)　**戸籍記載の訂正の要否**　　死亡時について，戸籍は証明の手段にすぎず，記載された事実が擬制されるわけではない（失踪宣告による死亡擬制の場合は除く）。よって，戸籍の記載を訂正することなしに，これと異なる事実を主張・立証できる。

　戸籍の死亡時の記載は，通常，届出に添付された死亡診断書・死体検案書に記載された死亡時刻に基づく。しかし，医師が本人の死後に死亡時刻を推測することも多く，確実な根拠といえない場合もある（事実，洞爺丸沈没事故〔午後10時45分に沈没〕における死体検案書の死亡時刻は，10時45分，11時，11時20分などいくつかの段階に分かれ，医師によってまちまちであったことが指摘されている〔加藤・前掲「同時死亡の推定」262頁〕。なお，このような場合における死体検案書の死

632　　〔小池〕

第6節　同時死亡の推定　　　　　　　　　　　　　　　　　§32の2　Ⅲ

亡時刻の記載は，死体の状態から医師が事後的に判断したものであって，不確かな要素が残る。厚生労働省大臣官房統計情報部医政局「死亡診断書（死体検案書）記入マニュアル平成28年度版」6-7頁も参照）。よって，異時の死亡を示す戸籍記載を覆すにあたり，反対事実の証明を厳格に求めるべきではない（加藤・前掲「同時死亡の推定」281頁）。とりわけ，河川の氾濫で一緒に流され死亡したなど，同一の危難による事故で死亡した場合，本条を適用する方向で処理するのが望ましい（そのような事例につき，「60年前の同時死亡と相続」法セ650号〔2009〕130頁。また，大嶋芳樹「父は先に死んだのか」財団法人日弁連交通事故相談センター編・交通賠償論の新次元〔2007〕295頁も参照）。

　なお，戸籍に記載された死亡時は，訂正することができる（たとえば，阪神大震災による死亡で死亡時刻の訂正を求めた例もある。大阪高決平7・9・11家月48巻2号145頁。1995年1月17日に死亡した母とその娘につき，一方は「時刻不詳」，他方は「推定午前6時死亡」と記載されていたところ，前者につき「推定午前5時50分」に訂正することを求めたもの。先後判明の場合と本条が適用される場合とで，母の遺産を承継する者の範囲に違いが生じる事案だった。原審〔同148頁〕が戸籍法116条による訂正を要するとして申立てを却下したのを，同法113条による訂正が可能であるとして，原審判を取り消して差し戻した）。

Ⅲ　同時死亡の推定の効果

1　推定の意義

　本条は，数人が死亡している事実があれば，その死亡の先後関係について同時死亡を推定する。すなわち，事実甲（前提事実）があるときは事実乙（推定事実）があると推定する，という構造をもつ。この点で，民事訴訟法学上の「法律上の事実推定」に該当する。

　法律上の事実推定といえるためには，推定事実が特定の法律効果の構成要件事実であること，裁判所が前提事実に基づいて推定事実の確信を形成することが必要である（伊藤（眞）376頁）。しかし，代襲相続（887条1項）と遺贈失効（994条1項）の場合，要件とされる複数の事実中の一つの事実から他の事実を推定するものとなっている。すなわち，それぞれの要件である「被相続人の子が相続開始以前に死亡」・「遺言者の死亡以前に受遺者が死亡」は，そ

〔小池〕　　633

§*32の2* Ⅳ　　　　　　　　　　　　　　　　　　　第1編　第2章　人

れぞれ，「被相続人及びその子の死亡」と「両者の同時死亡」，「遺言者及び
受遺者の死亡」と「両者の同時死亡」を要件事実としているところ，本条に
より，前者があれば後者が推定されることになる。よって，両条では，本条
はいわゆる暫定真実を定めたものといえる（大江・前掲書234頁）。

2　同時死亡の意義

(1)　相続人の範囲の確定

本条による同時死亡の推定が意味を持つのは，2人の死亡の先後が，死亡
による法律関係に影響する場合である。

その場合とは，まず，同時存在の要請が働く相続である。同時死亡が推定
される者の間では，相互に相続は生じない，つまり，相互に相続人となるこ
とはない。たとえば，A・B夫婦に子CおよびAの父Dがあり，A・Cが
死亡して，A・Cについて同時死亡が推定される場合，AとCの間で相続は
生じず，Aの相続人はBとD，Cの相続人はBとなる（なお，Cの子Eがいて，
EがAの直系卑属であるときは，EがAを代襲相続する〔887条2項。昭和37年改正前
の規定〔888条1項〕の文言は「相続の開始前」であったため，代襲の可否について疑義
があった〕。よって，Aの相続人はBとEとなる）。

同時死亡の推定により相続人の範囲が確定すれば，当該相続関係を前提と
する法律関係も定まる（保険金受取人が保険事故発生前に死亡した場合に指定を補充
するルールが，相続人の範囲に関するルールを利用しているため，本条の影響を受ける点
については，Ⅰ2(4)で触れた）。

(2)　遺贈の効力

本条創設前の民法994条1項は，「遺言者の死亡前に」という表現を用い
ていた。本条の創設にあたって，「前」は「以前」に改められた。これによ
り，遺言者と受遺者が同時死亡した場合，遺言は効力を生じないこととなっ
た（→Ⅰ2(4)も）。

Ⅳ　推定が事後的に覆された場合

1　相続関係 ―― 真正相続人と表見相続人の法律関係

死亡の先後関係を明らかにすれば，本条の推定は覆る（→Ⅱ）。よって，同
時死亡を前提として生じた相続関係も遡及的に覆る。そして，同時死亡ゆえ

第 6 節　同時死亡の推定　　　　　　　　　　　　　　　§*32の2*　**IV**

に相互に相続しないとされた者の間で，相続が生じることになる。その結果，相続権を新たに認められる者，相続権がなかったとされる者，相続資格に変更はないが相続分に増減がある者が出現する。この場合，本来相続人として扱われるべき者（真正相続人）はその権利を回復し，本来相続権を持たなかったはずの者（表見相続人）は失権する。両者の間は，権利者・無権利者の関係として処理されることになる（この点は相続財産の内容に応じて検討する必要があり，相続回復請求〔884条〕を含め，詳細は相続法の注釈に委ねる）。

　さらに，同時死亡による相続人・相続分に基づく相続関係を前提として形成された第三者との法律関係は，表見相続人と相続財産に係る取引をした場合の問題となる（動産・債権については192条・478条，不動産については94条2項の類推適用などの対応が考えられる。詳しくは，鈴木禄弥・相続法講義〔改訂版，1996〕317頁等を参照）。

　また，相続による承継取得とは異なる局面で，相続人であることを資格として生じていた法律関係があれば，真の相続関係に基づく法律関係に矯正されることになる。

2　遺贈の効力

　遺言者と受遺者の死亡の先後関係が明確になった場合，受遺者が先に死亡していた場合は遺言が失効し（994条1項。ただし遺言者意思の解釈に従う），遺言者が先に死亡していた場合には遺言が効力を生ずる。

〔小池　泰〕

前注（§§ *33-84*）

第3章　法　　人

前注（§§ 33-84〔法人〕）

細　目　次

I　法人に関する法体系 ………………………638
　1　民法典における法人に関する規定……638
　　(1)　一般社団法人及び一般財団法人に
　　　　関する法律の成立と民法典の改正 …638
　　(2)　法人総則規定としての民法典の法
　　　　人規定 ……………………………638
　　(3)　民法典から削除された法人規定 …639
　2　法人に関する法体系の変遷……………640
　　(1)　会社法および一般法人法の成立 …640
　　(2)　法人の三分体系的理解 ……………640
　　(3)　法人の二分体系的理解 ……………641
　3　非営利法人に関する法体系の基本的
　　構造………………………………………642
　　(1)　一般法人法および公益法人認定法
　　　　………………………………………642
　　(2)　各種の公益法人の設立を認める個
　　　　別法 …………………………………643
　4　一般法人法の意義………………………644
　　(1)　公益法人制度改革としての一般法
　　　　人法 …………………………………644
　　(2)　非営利法人法制としての一般法人
　　　　法 ……………………………………645
　　(3)　非営利法人の基本的法律としての
　　　　一般法人法 …………………………647
II　法人の意義 ………………………………648
　1　法人の定義………………………………648
　　(1)　わが国における伝統的定義 ………648
　　(2)　ドイツ法における定義 ……………648
　　(3)　法人の法人性・団体性・法定性 …649
　　(4)　法人における叙述の対象 …………649

　2　法人学説…………………………………649
　　(1)　法人学説とその今日的評価 ………649
　　(2)　法人学説の再評価 …………………651
　3　法人の法人格の意義……………………655
　　(1)　法人の法人格の属性論 ……………655
　　(2)　法人の法人格の属性各論 …………656
　4　法人格取得の実践的意義ないし効用…663
　　(1)　法律関係の単純化・自然人との等
　　　　置 ……………………………………664
　　(2)　法人財産の分離・独立 ……………665
　　(3)　法人の永久性 ………………………668
III　法人の目的と種類 ………………………669
IV　法人・団体の組織構造 …………………669
　1　社団と財団 ……………………………669
　　(1)　社団と財団の意義 …………………669
　　(2)　社団と財団の対比 …………………669
　2　社団と組合 ……………………………670
　　(1)　社団と組合の対置 …………………671
　　(2)　社団型団体 …………………………671
　　(3)　組合型団体 …………………………671
V　法人の組織，運営および管理 …………673
　1　法人の構成員 …………………………673
　　(1)　社　員 ………………………………673
　　(2)　社員の変更 …………………………674
　　(3)　社員の権利・義務 …………………676
　2　法人の機関 ……………………………676
　3　法人の業務執行 ………………………677
　　(1)　業務執行権と業務執行の決定 ……677
　　(2)　理事の義務 …………………………677
　　(3)　理事に対する監督是正 ……………679

〔後藤〕　　637

前注（§§*33-84*）Ⅰ　　　　　　　　　　　　　第1編　第3章　法　人

(4)　理事の損害賠償責任 …………………679		(3)　代表権の制限 …………………………680	
4　法人の代表……………………………680		(4)　代表者の行為についての法人の損	
(1)　法人の代表機関 ………………680		害賠償責任 …………………………682	
(2)　代表権の範囲 …………………………680			

Ⅰ　法人に関する法体系

1　民法典における法人に関する規定

(1)　一般社団法人及び一般財団法人に関する法律の成立と民法典の改正

　一般社団法人及び一般財団法人に関する法律（以下,「一般法人法」という）
の制定にともなう 2006 年（平成 18 年）の民法典改正により, 38 条から 84 条
の 3 までが削除され, 民法典の法人に関する規定のほとんどが削除された。
改正後に残された規定は, 法人の成立に関する 33 条, 法人の能力に関する
34 条（旧 43 条）, 法人の登記に関する 36 条, 外国法人に関する 35 条（旧 36
条）・37 条のみとなった。このうち 35 条から 37 条までは規範的意義あるい
は汎用性が小さく, 基本原理を示す 33 条を除けば, 実効的な規範的意義を
有するのは法人の能力に関する 34 条のみである。「法人の設立, 組織, 運営
及び管理」（33 条 2 項）に関する基本的規定としては不十分なものであるとい
わざるをえない（我妻 = 有泉・コメ 114-115 頁）。

(2)　法人総則規定としての民法典の法人規定

　もっとも, 法人の章における現行の民法典の規定は, 従前の公益法人に関
する根拠法律となる規定が削除された結果, 法人法の体系上, 法人に関する
総則規定に純化したものと見ることができる。つまり, 民法典の法人規定は
法人制度に共通する通則を定めた法（法人基本法）である（山本 455 頁）。

　とくに, 34 条に関しては, それが会社に適用ないし類推適用されるかに
つき, 法人に関する従前の民法規定が公益法人に関するものであったとして,
34 条の会社への適用を否定するのが商法学説上の一般的見解であったが,
現在では 34 条の会社への不適用説はもはや維持できないとの見解が有力で
ある（→§34 Ⅰ 2 (2)(イ)）。一般法人法の成立にともなう民法法人規定の整理・
縮小により, 34 条の法人全般に関する総則規定としての地位が明確化され
たともいえる。

638　〔後藤〕

前注（§§ *33-84*） I

(3) 民法典から削除された法人規定

(ｱ) 公益法人に関する規定の削除　2006 年（平成 18 年）改正前の民法典は，法人一般に関する総則規定および公益法人に関する規定を有していたが，公益法人に関する規定が削除された。現行の民法典には公益法人の設立根拠となる規定はなく，民法典とは別個の一般法人法が非営利法人たる一般社団法人・一般財団法人につき定めている。

(ｲ) 代表者の行為についての法人の損害賠償責任に関する規定の削除
代表者の行為についての法人の損害賠償責任については，旧 44 条 1 項が削除され，法人総則規定としてはもはや存在しない。現在では一般法人法 78条および会社法 350 条となり，個別法による公益法人においては一般法人法78 条が，個別の協同組合法などにおいては会社法 350 条がそれぞれ準用されている（たとえば，非営利活動 8 条，農協 35 条の 4 第 2 項）。

(ｳ) 法人規定削除の問題点　総則的性格を有する規定を民法典から削除し，それに相当する同一内容の規定を各法律に散在させたことは，まさに民法典の空洞化にほかならない。民法典から公益法人に関する規定を削除することは一案ではあるが，法人一般に関する総則規定を削除したことには問題があろう。法人法の法体系全体の見通しがきかなくなっている（後藤元伸「一般社団・財団法人法および会社法の成立と団体法体系の変容」法時 80 巻 4 号〔2008〕132頁。権利能力なき社団に，代表者の行為についての法人の損害賠償責任に関する規定を類推適用するときには，どの法律のどの規定を類推適用するのであろうか。→権利能力なき社団・財団 I 5。なお，我妻＝有泉・コメ 105 頁参照）。少なくとも，民法典における法人規定の削除は，民法総則に形式上の不均衡を生じさせている（大村・物権 177 頁）。

　これに対しては，個別根拠法に必要な事柄が規定し尽くされているならば，必要な規律に容易にアクセスできるとして，一般法規定の形式で表されるべきであると一概にいうことはできないとの見解が示されている（佐久間毅「非営利法人法のいま」法時 80 巻 11 号〔2008〕15-16 頁）。準用規定を避け，類似の規定を反復する会社法の規律のあり方は，このような見解に通じるものである。すなわち，会社法では準用規定を極力用いないこととされたが，それは，準用規定を解読するために相当の知識・経験が必要であり，一般の人々も広く利用する法律で多用することが不適切であるとされたことによっていた（相

〔後藤〕　639

澤哲編著・立案担当者による新・会社法の解説（別冊商事法務295号）〔2006〕4-5頁
〔相澤哲＝郡谷大輔〕）。

2　法人に関する法体系の変遷

(1)　会社法および一般法人法の成立

2005年（平成17年）に会社法が制定され（2006年〔平成18年〕5月1日施行），2006年に一般法人法が制定された（2008年〔平成20年〕12月1日施行）。それまでの法人に関する主たる法源は，公益法人（社団法人・財団法人）についての民法典，および，合名会社・合資会社・株式会社・有限会社についての商法典・有限会社法であったが，現在では基本法典たる民法典および商法典には営利・非営利目的のための個別の法人形式を定める規定は存在しない。非営利法人の基本的法律として一般法人法が，また，営利法人の基本的法律として会社法が，民法典および商法典とは別個に存在している（→4⑶⑷）。

(2)　法人の三分体系的理解

(ア)　公益法人・営利法人・中間法人の三分体系　　従前の法典上の基本的法体系では，公益法人につき民法典が定め，営利法人（会社）につき商法典が定めていた。公益目的でも営利目的でもない中間目的の団体については，民法典・商法典に定めはなく，法人成りを可能とする個別の特別法があるにすぎなかった。2001（平成13年）年にようやく中間法人法が成立し，中間目的の団体もまた一般的に法人（有限責任中間法人・無限責任中間法人）になることが可能となった。すなわち，従前の法人法に関する法体系は，民法典の公益法人および商法典の営利法人（会社）を2本柱とし，それらの間隙にある中間目的の法人の三分体系で把握されてきた（我妻136-139頁）。

(イ)　33条2項の分類　　現行の33条2項もまた従前からの理解の延長線上にあるように見える。そこでは，「公益を目的とする法人」「営利事業を営むことを目的とする法人」および「その他の法人」が挙げられている。

「営利事業を営むことを目的とする法人」が営利目的の法人であり（四宮＝能見105頁，我妻＝有泉・コメ114頁），「その他の法人」が営利目的でもない公益目的でもない中間法人を拾っているものとすれば（河上145頁，内田210頁），一般法人法が成立した今日でもなお，法人の種類を法人の目的によって整序するときには，従前と同様の三分体系（公益法人・営利法人・中間法人）によっていることになる。あるいは，営利を目的としない「一般法人」と営利を目

前注（§§*33-84*）I

的とする「会社」が並立し，さらにその他の特別法による諸法人が両者の周辺ないし中間に並ぶという構造になるのであろう（中田裕康「一般社団・財団法人法の概要」ジュリ1328号〔2007〕6頁）。

(3) 法人の二分体系的理解

(ア) 33条2項の意義　　しかしながら，33条2項中，「営利事業を営むことを目的とする法人」は営利法人と同じではない（後藤・前掲論文131頁）。なぜなら，伝統的な見解からしても，営利を目的とするというのは「単にその活動により会社自身の経済的利益をはかることを目的とするのみでは足りなく，進んで社員の利益をはかることを目的とし，その事業から生ずる利益が窮極において社員に分配されることを意味」し（大隅健一郎＝今井宏・会社法論(上)〔3版，1991〕18頁），また，公益法人も収益事業を営みうるからである（→§33 II 3(2)(イ)・III 1(3)(ア)）。

33条2項による「公益を目的とする法人」「営利事業を営むことを目的とする法人」および「その他の法人」の分類は，法人の種類を掲げたものとして位置づけることができるであろうが（大村・読解141頁。佐久間・前掲論文13頁は，33条が将来の特別法による法人設立に根拠を与えるものであるとする），団体目的による法人の分類においてはとくに意味のあるものではなく，すべての法人がその「設立，組織，運営及び管理」（同条2項）について，民法その他の法律に準拠しなければならないことを宣言する意味しかないというべきである（四宮＝能見105頁。→§33 I 2）。

(イ) 非営利法人と営利法人の二分体系　　一般法人法の成立により，法人の目的による区別を，公益と営利にせずに，営利と非営利とにすべきであるという従来からの学説の主張内容が，実現されたと見るべきであろう（我妻139頁，森泉章・公益法人の研究〔1977〕7頁・14-17頁，幾代96頁参照）。事業によって得た経済的利益を社員に分配することを「営利」であるとすれば，営利を目的とする法人が営利法人であり，営利を目的としない法人が非営利法人である（佐久間336-337頁）。

一般法人法の法律案の提出理由は，「剰余金の分配を目的としない社団及び財団について，その行う事業の公益性の有無にかかわらず，設立の登記をすることにより法人格を取得することができる一般社団法人及び一般財団法人の制度を創設し，その設立，組織，運営及び管理について定める必要があ

前注（§§ 33-84）I　　　　　　　　　　　　　第1編　第3章　法　人

る」としている。これによれば，一般法人法（および会社法）の成立により，法人の基本的体系は，剰余金分配の目的の有無により区分される非営利法人および営利法人からなる二分体系へと変遷したものということができる（神作裕之「一般社団法人と会社——営利性と非営利性」ジュリ 1328 号〔2007〕36 頁，松井英樹「新・会社法における会社の営利性」中央学院大学法学論叢 21 巻 1 号〔2007〕27 頁，後藤・前掲論文 130-131 頁，明田作・農業協同組合法〔2010〕11-12 頁，名島利喜「株式会社による病院経営——営利と非営利の間」三重大学法経論叢 27 巻 2 号〔2010〕21 頁・27 頁，松元暢子・非営利法人の役員の信認義務——営利法人の役員の信認義務との比較考察〔2014〕7 頁）。

　また，一般法人法の施行にともない，中間法人法が廃止されたことは，このような見方に沿うものだともいえる。一般法人法が，中間目的の団体を含む非営利目的の団体一般につき，準則主義による法人成りを承認するものだからである。中間法人制度の廃止により，非営利法人は，一般法人法による一般社団法人・一般財団法人と，従来からの個別根拠法による各種の法人に整理されたのである（佐久間毅・民法の基礎1——総則〔3 版，2008〕336 頁）。

　このように，構成員に利益を分配するか否かが非営利法人と営利法人の区別の基準であり，それに関する規範は法人の性格づけ（適用法規の相違）に関する根本的な規範である（織田博子「法人法規定の強行法規性」法時 86 巻 5 号〔2014〕143 頁）。それゆえ，法人は非営利・営利でまず区別され，非営利法人は一般法人法により，営利法人は会社法により規律されるというのが現行法制の大枠であるといえよう（大村・読解 141 頁）。法人に関する基本的法律は，非営利法人につき一般法人法，営利法人につき会社法からなるものというべきである（→4 ⑶(イ)）。

3　非営利法人に関する法体系の基本的構造

(1)　一般法人法および公益法人認定法

(ア)　一般社団法人・一般財団法人および公益社団法人・公益財団法人

非営利法人の基本的法律においては，一般法人法を土台として，その上に公益社団法人及び公益財団法人の認定等に関する法律（以下，「公益法人認定法」という）がある。同法により，一般法人法上の非営利法人（一般社団法人・一般財団法人）の中で公益認定を受けたものが公益法人（公益社団法人・公益財団法人）となる。

前注 (§§ *33-84*) I

(イ) 2階建て方式による非営利法人　それは，準則主義により非営利法人が成立し，非営利法人の中から，公益認定により公益法人が成立するという2階建て方式である。公益性の認定を受けない一般法人法による法人が「1階部分」であり，公益性の認定を受けて公益法人となったものが「2階部分」である（四宮＝能見106頁）。

(2) 各種の公益法人の設立を認める個別法

(ア) 個別法による公益法人　一般法人法・公益法人認定法からなる非営利法人・公益法人の基本的構造とは別に，個別法による公益法人がある。たとえば，社会福祉法・医療法・特定非営利活動促進法（NPO法）・私立学校法・宗教法人法による社会福祉法人・社会医療法人・特定非営利活動法人（NPO法人）・学校法人・宗教法人などがこれに当たる。

これらは従来，2006年（平成18年）改正前民法34条にもとづく民法上の公益法人に対して，特別法上の公益法人と呼ばれてきたものであり（新版注民(2)487-489頁〔川村俊雄〕），現在でも特別法によるものとするのが一般的である（山本453頁，新井＝岸本147頁，我妻＝有泉・コメ107-108頁）。たしかに，これらの公益法人の設立根拠法は民法の特別法であるかもしれないが，現行法上，民法典またはその他の法律において，一般法上の公益法人ないし非営利法人が存在しないのであるから，特別法上の公益法人という呼称はあまり適切ではなかろう（→4(2)(ウ)）。

(イ) 一般法人法準用型公益法人　ところで，2016年（平成28年）に社会福祉法が改正され，社会福祉法人においては，評議員，評議員会，理事，理事会および監事が必置の機関とされる（社福36条1項）など，一般財団法人がモデルとされ，一般財団法人と同様の組織形態が採用されるとともに，一般法人法の多くの規定が準用されるにいたった。一般法人法は社会福祉法人に関する一般法ではなく，したがって，社会福祉法人に関する社会福祉法の規定は一般法人法に対する特別法ではないが，社会福祉法人は，これを一般法人法準用型公益法人として位置づけることができよう。すなわち，一般法人法が成立したにもかかわらず，従前の特別法上の公益法人については，2006年改正前民法の公益法人規定が各法律に移植されたにすぎず，一般法人法との均衡のとれた抜本的改正が望まれたところであったが（後藤元伸「非営利法人制度」新争点58頁），それが2016年社会福祉法改正によって社会福祉

〔後藤〕　643

前注（§§*33-84*）I　　　　　　　　　　　　　　　　　　第1編　第3章　法　人

法人につき実現されたものといえよう。このような改正が，他の従前の特別
法上の公益法人に及ぶのは必然であると見なければならず，そうして形成さ
れる一群の公益法人は，一般法人法準用型公益法人として法人法体系の中に
位置づけられるべきものであろう（→§33 III 1 (2)(イ)(b)(i)）。

　(ウ)　2階建て方式の個別法による非営利法人　　また，2006 年（平成 18
年）医療法改正によって創設された社会医療法人は，医療法人のうち，救急
医療等確保事業を行っていることなどを認定基準として，都道府県知事の認
定を受けたものである（医療 42 条の 2 第 1 項）。社会医療法人となっていない
医療法人は，剰余金の分配がないにすぎない単なる非営利法人であり，社会
医療法人は積極的に公益を追求する公益法人である。ここにも一般法人法お
よび公益法人認定法におけるのと同様の 2 階建て方式による非営利法人が見
られる。2 階建て方式は，非営利法人のうち，公益性の高いものに事業上・
運営上・税制上のメリットを与えようとするものである。個別法による公益
法人においても，2 階建て方式がそのモデルの 1 つとされるべきであろう
（→§33 III 1 (2)(イ)(a)(ii)）。

4　一般法人法の意義

(1)　公益法人制度改革としての一般法人法

　(ア)　公益法人制度改革　　一般法人法は，一般的に，公益法人認定法およ
び「一般社団法人及び一般財団法人に関する法律及び公益社団法人及び公益
財団法人の認定等に関する法律の施行に伴う関係法律の整備等に関する法
律」（以下，「整備法」という）とともに公益法人制度改革関連 3 法と総称され
る（一問一答公益法人 3-10 頁，内田 211 頁など）。公益法人制度改革が行われたの
は，以前の民法上の公益法人における許可主義の下で，主務官庁の許可基準
に合致しない小規模の団体が簡易に法人成りできないこと，および，情報公
開の義務づけのない主務官庁による許可・監督制が公益法人と主務官庁との
癒着や天下りを生じさせたことなどの弊害を除去し，さらには，民間公益活
動の自由な取組を支援するためであったとされている（雨宮孝子「非営利法人
における公益性の認定」ジュリ 1328 号〔2007〕12-13 頁，新井 = 岸本 149-150 頁，山田
創一「法人制度論」平井一雄 = 清水元編・日本民法学史・続編〔2015〕41-42 頁参照）。

　(イ)　公益法人の整理・整備　　既存の公益法人は，5 年の移行期間内
（2013 年〔平成 25 年〕11 月末日まで）に，一般社団法人または一般財団法人への

644　〔後藤〕

前注（§§ *33-84*）　I

移行の認可を受けるか（整備法 45 条），あるいは，公益認定を受けて公益社団法人または公益財団法人とならなければ（同 44 条），解散したものとみなされた（同 46 条 1 項）（梅澤敦「現行公益法人の移行措置」ジュリ 1328 号〔2007〕29 頁以下参照）。2 万 4317 あった 2006 年（平成 18 年）改正前民法にもとづく公益法人のうち，整備法 46 条 1 項によりみなし解散となったものが 426 法人，移行期間中に合併もしくは自主解散したものが 3156 法人あり，あわせて 15%近くにのぼる法人が整理された（（公財）公益法人協会「公表資料で見る 5 年間の状況」公益法人 43 巻 5 号〔2014〕2-9 頁）。

　また，公益法人の組織規範が，2006 年（平成 18 年）改正前民法によるものと比して，格段に充実した。それは，一般法人法において一般社団法人・一般財団法人につき定められているものであるが，株式会社に関する会社法の規定に範をとるものであり，従前の民法における組織・運営・管理に関する簡素な規定よりは，ガバナンスの点でかなり整備されたものとなっている。

　このように，一般法人法の制定とその整備法の制定により，量的にも質的にも，公益法人の整理・整備が行われたものといえるであろう。

(2)　非営利法人法制としての一般法人法

　(ア)　非営利法人としての一般社団法人・一般財団法人　　もっとも，一般社団法人・一般財団法人には，公益を目的としない法人も含まれ，一般法人法には単なる公益法人制度改革の枠を越える意義を見出すことができる。なぜなら，一般法人法は，剰余金の分配を目的としない社団または財団に関する非営利法人法制として制定されたものだからである（一般法人法の法律案の提出理由。なお，稲庭恒一「会社の営利性について――再考――」永井和之ほか編著・会社法学の省察〔2012〕33-34 頁，名島・前掲論文 21 頁参照）。一般法人法は，本来的には，市民社会の担い手としての非営利法人を対象とするものであり（中田・前掲論文 6 頁），一般法人法によって，非営利の団体が活動の目的によって法人格取得を阻まれることがなくなったのである（佐久間・前掲論文 15 頁）。

　一般法人法の中では「非営利」という表現は使われていないが，その 11 条 2 項が社員に剰余金・残余財産分配請求権を与える旨の定款の定めを禁じていることから，非営利目的の法人が想定されていることが明確にされている（四宮＝能見 110 頁）。「非営利」という語が用いられなかったのは，それが社会一般では「収益事業を行わない」あるいは「利益を追求しない」という

〔後藤〕　645

前注（§§ 33-84）Ⅰ　　　　　　　　　　　　　　　　　第1編　第3章　法　人

異なった意味で用いられることが多いからであるとされている（一問一答公益法人 14-15 頁。なお，中田・前掲論文 6 頁，大村・物権 146 頁参照）。

　(イ)　非営利法人についての一般法？　　法人の基本的な仕組みは民法の構成要素であるとして，一般法人法が実質的な意味では民法の一部をなすものであるという理解が示されている（大村・物権 176 頁）。もっとも，一般法人法は，非営利法人の一般法であるとすることはできない。なぜなら，一般法人法は非営利法人の一般法として位置づけられていないからである。すなわち，剰余金の分配を目的としない団体についてのより一般的な法人制度について定めた法律にすぎない（一問一答公益法人 8 頁）。

　したがって，一般法人法に定められた諸規範は，一般社団法人・一般財団法人（および公益社団法人・公益財団法人）にのみ適用されることが予定されたものであって，準用規定のないかぎり，個別法による公益法人その他の非営利法人には直接適用されない。このことは，一般法人法の法律体系上の位置からも導かれる。けだし，2006 年（平成 18 年）の民法改正および一般法人法の成立により，公益法人に関する諸規定が民法総則中より失われるとともに，公益法人をも包摂する非営利法人に関する法律が，民法典とは別個の一般法人法として制定されているからである。

　このように，一般法人法は，実質的に一般法人法による法人にのみ適用されることが予定され，また，形式的にもかつての民法典における法人規定とはその体系的位置づけが異なるのであるから，非営利法人ないし個別法による公益法人に対する一般法としての性質を有しない。つまり，2006 年（平成 18 年）民法改正により，民法から公益法人規定が削除された結果，民法が公益法人の設立根拠規定としての性格を失うとともに，非営利法人に関する一般法が存在しなくなったのである（佐久間・前掲論文 15 頁）。

　(ウ)　個別法による公益法人の体系的位置づけ　　したがって，これまで特別法上の公益法人と呼ばれてきた一連の法人（社会福祉法人，特定非営利活動法人，学校法人，宗教法人など）は，民法典中に一般法上の公益法人を見出せなくなったのであるから，もはや特別法上の公益法人とはいえないであろう（一 3 (2)(ア)）。33 条 2 項の「学術，技芸，慈善，祭祀，宗教その他の公益を目的とする法人」という文言を受けた個別法にもとづく公益法人であるにすぎない（なお，佐久間・前掲論文 13 頁参照）。

前注（§§ *33-84*）　I

(3)　非営利法人の基本的法律としての一般法人法

　(ア)　一般法人法と会社法　　一般法人法の成立にともなう改正により，民法典においては，法人に関する規定のほとんどが削除され，実質的には法人の成立とその能力についての規定（33条・34条）が残されたのみで（→1(1)），非営利法人については一般法人法が，営利法人については会社法がそれぞれ詳細な規定を置くという仕組みができあがった（大村・物権176頁）。

　(イ)　非営利法人・営利法人に関する基本的法律　　一般法人法は，非営利目的の団体・組織に対する受け皿的機能を有する。すなわち，個別の法律にもとづく公益法人の（認可・認証主義による）成立要件を充足しえなかった団体であっても，準則主義により，一般法人法にもとづく法人となることがきわめて容易である。一般法人法にもとづく法人が，公益認定を予定した法人の設立のために用いられるとともに，非営利の収益事業のための法人類型として活用されるかもしれないという指摘もなされている（大村・物権175頁）。

　また，一般法人法の諸規定は，個別法による公益法人に関する法律に比して，会社法を範にとった関係上，詳細かつ充実した内容を有している（そのため，一般法人法の規定が，市民の日常的な活動にとって，あるいは，大多数の小規模団体にとって，ガバナンスに関する規律がやや重く，あまりにも複雑すぎるという批判がある〔佐久間・前掲論文15頁，大村・物権175-176頁。なお，内田213頁〕。また，共益型団体にも使いやすい簡明な法人類型が考えられてもよいともされている〔佐藤岩夫「非営利法の現状と課題——非営利法の体系化に向けた1つの素描——」清水誠追悼・日本社会と市民法学〔2013〕358-359頁〕）。

　このような一般法人法の受け皿的性質，および，その内容的充実を勘案するならば，一般法人法は非営利法人についての一般法ではないが，非営利法人に関する基本的法律であるというべきである（同様に考えて，会社法についても，営利法人の基本的法律としての意義があるものと解すべきである。このことは，各種の協同組合や弁護士法人などの8士業法人のように，営利を目的とはしないが，剰余金分配の可能な法人についても〔営利法人に準ずる法人。→§33 II 3(3)(イ)〕，会社がモデルとされ，会社法の多くの規定が準用されていることにも表れている）。また，個別法による公益法人においては一般法人法78条が，個別の協同組合法においては会社法350条が準用されていることからも（→1(3)(イ)），一般法人法が公益法人を含む非営利法人に対する基本的法律であり，会社法が営利法人ないし（剰

〔後藤〕　647

前注（§§ *33-84*）II　　　　　　　　　　　　　　第1編　第3章　法　人

余金の分配が可能な）営利法人に準ずる法人に対する基本的法律であるといえよう。

　(ウ)　一般法人法の類推適用　　一般法人法の諸規定については，準用規定等のないかぎり，個別法による公益法人その他の非営利法人に直接適用されるものでない。しかし，上に見たように，一般法人法は非営利法人の基本的法律であるから，解釈上，非営利法人または非営利の権利能力なき社団への一般法人法規定の援用ないし類推適用の可能性が検討されなければならない（後藤元伸〔判批〕リマークス47号〔2013〕7-8頁。大阪地判平24・7・27判タ1386号335頁は，宗教法人において，招集権者に関する一般法人法93条3項を参照して，規則にもとづく招集権者である代表役員が適法な招集請求を受けたにもかかわらず，責任役員会の招集をしない場合，招集請求権を行使した責任役員は，自ら責任役員会の招集をすることができるとした。これに対して，東京地判平24・6・8判時2163号58頁は，権利能力なき社団である自治会への一般法人法278条〔代表訴訟規定〕の類推適用につき，法の明文の規定がないので，代表訴訟を認めることはできないとした）。

II　法人の意義

1　法人の定義

(1)　わが国における伝統的定義

　伝統的定義によれば，「法人とは，自然人以外のもので権利義務の主体となりうるもの」をいう（我妻114頁，新版注民(2)1頁〔林良平〕）。これは，権利主体性の中心を権利能力ととらえ，権利能力を有する第1のものが自然人であり，そのほかに権利能力を有するものとして法人があるとするものである。このような定義は，権利主体に関する民法典の構成に忠実なものであるといえよう。

(2)　ドイツ法における定義

　ドイツ法においては，法人とは，法律が権利能力を付与した広義の団体（Gesellschaft im weiteren Sinne）または財団をいう。ここで，広義の団体とは，特定の共同の目的を達成するために法律行為により設立された私法上の人の集合をいう（Friedrich KÜBLER/Heinz-Dieter ASSMANN, Gesellschaftsrecht, 6. Aufl., 2006, S. 1, 31; 後藤元伸「独仏団体法の基本的構成(1)」阪法47巻2号〔1997〕336-339頁，

648　〔後藤〕

前注（§§*33-84*）　Ⅱ

関英昭「団体法　序論」青山法学論集 51 巻 1＝2 号〔2009〕314-321 頁，高田晴仁「会社，組合，社団」法研 83 巻 11 号〔2010〕11-15 頁参照）。このような法人の定義には，そのメルクマールとして，法人性，団体性（ないし組織性）および法定性が含まれているものと理解することができよう。

(3)　法人の法人性・団体性・法定性

わが国の伝統的定義は，法人が権利能力を有するという法人の法技術的側面，つまり，法人性の一部をいうにすぎない。それは，法人の基礎にあるその団体性ないし組織性を排除するものではないであろうが，各種の法人法制が示すように，法人においては権利義務の帰属をはじめとする対外関係のみならず，その内部関係ないし組織，つまり団体性が法的にも重要な事象である。

また，法人は自然人とは異なり，出生と同視しうるような団体の設立のみによって成立するものではなく，法律の規定を根拠として成立するものである（33 条 1 項）（法人法定主義。→§33 Ⅰ 1⑵）。法人の成立を承認する法律は，非営利・営利などの団体目的に応じて存在し，法人の組織・運営・管理については，私的自治ないし団体自治を基礎として，法律の定めるところによる（33 条 2 項）（法人法規定の強行法規性の問題。→§33 Ⅰ 1⑵⒤⒞）。

(4)　法人における叙述の対象

したがって，33 条をもとに以上のことを斟酌すれば，法人とは，①非営利または営利の特定の目的を達成するために，②人が設立した団体的組織であって，③法律の規定に従い法人格を取得したものをいう，とでも定義できようか。ここに挙げた①法人の目的（→§33 Ⅱ），②団体の組織構造（→Ⅳ），③法人の法定性（→§33 Ⅰ 1⑵）およびその法人格の内容（→3）が，法人という法事象における主たる叙述の対象となろう。法人論に関してではあるが，それが「団体の社会的存在のいかなるものに，いかなる程度の法人格を与えるのが妥当か，というより広い問題性の中に解消し再発展させられるべきものではないだろうか」（新版注民⑵8 頁〔林〕）という言説は，上のような法人における叙述の対象に分節化して昇華することもできよう。

2　法　人　学　説

(1)　法人学説とその今日的評価

(ア)　学説継受　　わが国の法人本質論は，19 世紀から 20 世紀初頭にかけ

〔後藤〕　649

前注（§§33-84）II　　　　　　　　　　　　　第1編　第3章　法　人

てのドイツおよびフランスの法人学説を継受したものであり，つぎのように分類・整理されている。すなわち，法人学説は擬制説，法人否認説および実在説に分類され，擬制説につきサヴィニー（Friedrich Carl von SAVIGNY），法人否認説につきブリンツ（Alois BRINZ）（無主財産説または目的財産説），イェーリング（Rudolf von JHERING）（享益者主体説），ヘルダー（Eduard HÖLDER）およびビンダー（Julius BINDER）（以上，管理者主体説），実在説につきギールケ（Otto Friedrich von GIERKE）（有機体説），ミシュー（Léon MICHOUD）およびサレイユ（Raymond SALEILLES）（以上，組織体説）が挙げられている（我妻122-126頁，四宮76-77頁，新版注民(2)3-6頁〔林〕，新井＝岸本142-144頁参照）。法人学説における学説継受においては，フランス文献を介して，ドイツ法人学説を継受したという特異性があり，しかも，ミシューおよびサレイユ以外のフランス学説が脱落し，もっぱらドイツ学説の影響下にあったかのような印象を生み出しているとの指摘がなされている（海老原明夫「法人の本質論(1)」ジュリ950号〔1990〕13頁・「同(3)」ジュリ954号〔1990〕12-13頁）。

　(イ)　わが国の法人学説　　わが国においては，法人学説のうち，ミシューの組織体説が支持されるなどして（鳩山136-137頁），実在説，とくに組織体説が通説化していった（相本宏「法人論」民法講座(1)134頁以下，新版注民(2)283-284頁〔前田達明＝窪田充見〕参照）。

　これに対して，従前よりの法人学説継受に依拠しながらも，独自の見解としての法人学説を提示したのが，我妻栄である。法人を「一個独立の社会的作用を担当することによって，権利能力の主体たるに適する社会的価値を有するもの」とする（社会的作用説〔我妻126頁〕）。判例もまた，会社の政治献金が定款所定の目的の範囲内の行為であることをいうために，会社は自然人と等しく社会の「構成単位たる社会的実在なのであるから，それとしての社会的作用を負担せざるを得ない」（最大判昭45・6・24民集24巻6号625頁）として，社会的作用説によっている（→§34 III 1）。

　(ウ)　法人学説の今日的評価　　今日では，法人学説のいずれかを支持したり，独自の法人学説を主張することは行われていない。なぜなら，自らの法人学説を示すことに積極的意義を見出していないからである。

　すなわち，法人理論を「同一の平面の上にならべてその優劣を比較することは，意味がな」く，法人諸学説は「それぞれの歴史的時代環境の中において

650　〔後藤〕

前注（§§ *33-84*）　**II**

て多かれ少なかれその時の課題に答えているもの」であるとされ（川島 88 頁・92 頁・96 頁），あるいは，実定法は「その社会の歴史的・社会的事情のもとで取引の主体となるに値すると判断したものに限って，法人格を付与する」のであり，法人学説の対立は「法人における実体的契機・価値的契機および技術的契機のいずれを強調するか，という差異に帰着する」にすぎないから，「従来の特定の法人学説にとらわれることなく，右にあげた 3 つの契機を念頭におきながら妥当な解決をはかるようにすべき」であるとされている（四宮 75-76 頁）。

　実体的契機は社会的・経済的観点から見た取引主体に適した実体にかかるものであり，価値的契機は歴史的・社会的事情のもとでの政策的価値判断にかかるものであり，技術的契機は権利義務の帰属点たらしめる法技術にかかるものである（四宮 75 頁，藤岡 185-187 頁参照）。擬制説は，個人主義と法人特許主義を背景として，法人の技術的契機にのみ着眼するものであり，法人否認説は，法人の技術的契機の背後にある実体的契機にも着目した点に歴史的意義があるとされる。実在説のうち，有機体説は，法人の実体的契機をとくに強調するものであるのに対して，組織体説は，社会的実体をただちに法人とすることなく，価値的契機をも重視するものであり，準則主義に対応する法人学説であるが，法技術的契機の認識が不足しているとされる（川島 92-96 頁，四宮 76-77 頁）。

　このように，法人学説が歴史的・社会的事情に応じたものであり，3 つの契機（実体的・価値的・技術的契機）から分析できるとする評価が今日では一般的である（新版注民(2)1 頁・6-8 頁〔林〕，内田 217 頁，山本 483 頁）。このような潮流については，擬制説の再評価および法人の技術的性格の再認識であるとする見解もある（新版注民(2)285-288 頁〔前田＝窪田〕。大村・読解 228-229 頁は，新・擬制説とも呼ぶべき論調が支配的になったする）。

　他方で，法人学説論争が止揚され，いわば法人論の終焉とでもいいうるような状況に至っているということもできよう。法人学説は，法人に関する法技術的装置が完成している法体系のもとでは，解釈論に直結せず，その論争の意味自体が失われているとまでされている（内田 217 頁）。

(2)　**法人学説の再評価**

(ア)　法人学説の今日的評価からの転回　　微温的には，法人学説が歴史的

〔後藤〕　651

前注（§§*33-84*）Ⅱ　　　　　　　　　　　　　第1編　第3章　法　人

にそれぞれの時代の法政策・価値判断を反映したものである点で，現在でも
参考に値するという評価が穏当なところであろう（四宮＝能見100頁）。しか
し，実定法やその解釈において，歴史的・社会的事情が基礎にあるのは当然
のことであるし，上記の3つの契機論についても，それは法制度すべてにあ
てはまるものであろう（後藤元伸「法人学説の再定位」関法65巻5号〔2016〕140-
142頁）。法人論争の低調さは，戦後の民法学が実益本位で観念論を好まなか
ったという事情によるところが大きく，さらには，会社が現に存在し，役立
っているという団体主義・道具主義に行きつくとの指摘もある（大村・物権
144頁）。

　以前から，法人学説の今日的評価に対しては，わが国の民法学が法人理論
を私法上のそれとしてしか受容せず，その結果，私法のみでなく公法にまた
がる理論であった法人理論を不必要な理論へと矮小化するものであったとの
批判がなされている（海老原・前掲ジュリ954号13頁）。たとえば，ミシューの
法人学説につき（わが国では「組織体説」ということが多いが，フランスでは一般的
に「技術的実在説（théorie de la réalité technique）」といい，ミシューの技術的実在説が
通説となっている。森泉章・公益法人の研究〔1977〕99-100頁，新版注民(2)49-50頁
〔山口俊夫〕，大村敦志「ベルエポックの法人論争――憲法学と民法学の対話のため
に――」樋口陽一古稀・憲法論集〔2004〕57頁注(7)，後藤・前掲関法65巻5号139-140
頁・164-166頁），それのそもそもの目的が公法の側面にあったにもかかわら
ず，それが切り落とされてしまったとされる（時本義昭・国民主権と法人理
論――カレ・ド・マルベールと国家法人説のかかわり――〔2011〕161頁）。

　このことから，たとえば技術的実在説（組織体説）のミシューの著書は，
公法上の法人を論じた行政法学上のものとして読まれるべきであったとされ
ている（石川健治・自由と特権の距離〔増補版，2007〕99頁〔注〕217）。また，法人
論はいわば脱政治化されているが，今日まさに問題となりつつあるのは法人
の政治的側面であるとの主張もある（大村・読解230頁）。たとえば，法人格
付与の問題は，結社の自由を出発点として，その延長線上に位置づけられる
べきであるとする（大村敦志「『結社の自由』の民法学的再検討・序説」NBL767号
〔2003〕54-55頁。井上武史「憲法から見た一般社団法人制度――結社の自由の視点から
の検討――」初宿正典還暦・各国憲法の差異と接点〔2010〕634頁は，結社の自由保障に
は法人格取得権が含まれるとする）。

652　〔後藤〕

前注（§§ *33-84*）　II

　(イ)　私法における法人学説再構築の可能性　　ここでは，私法における法人学説再評価の可能性をドイツおよびフランス文献において探る。

　(a)　ドイツ　　フルーメ（Werner FLUME）は擬制説につき，従前のサヴィニー理解に誤解があったとし，擬制説（Fiktionstheorie）という呼称にも問題があるとする。なぜなら，サヴィニーは，法人たる団体の社会的実体を所与の前提としていたからであるという（わが国でこのようなサヴィニー理解を示すものとして，石部雅亮「サヴィニーの法人論をめぐる諸問題(1)」法雑 32 巻 4 号〔1986〕638-639 頁）。もっとも，サヴィニーは，人の団体は構成員から分離された技術的・恣意的存在であるから，それが法人として成立することにつき，構成員の私的な判断のみに委ねられることなく，国家的承認が必要であるとしている。法人は，法取引の安全および政策的・国家経済的理由にもとづいて国家が承認するものだからである（Werner FLUME, Allgemeiner Teil des Bürgerlichen Rechts, 1. Bd., 2. Teil, Die juristische Person, 1983, S. 3ff., 9f., 11ff.）。

　このようなサヴィニー理解においては，サヴィニーの見解が法人の社会的実在を無視するものではなかったこと（フルーメは法人の実在性を完全に否定する「真の擬制説」としてヴィントシャイト〔Bernhard WINDSCHEID〕の法人学説を挙げている〔FLUME, a.a.O., S. 16〕），および，取引の安全を考慮するものであり，公示を前提とする準則主義にもなじむものであったとしていることが注目に値する（なお，→§33 I 1 (2)(エ)(b)）。

　後者の点につき，つぎのように説明する文献もある。そこでは，サヴィニーの法人学説が公示の必要性に結びついていたことが明言されている。すなわち，サヴィニーが人間に生来の／自然な権利能力が帰属するとしたのは，その存在を現実に知覚で認識できるからであり，また，権利が人間の自由ないし保護に資すると考えたからである。これに対して，法人はそれが固有の権利主体であることの現実世界での自然的な認証方法がないので，生来の／自然な権利主体ということはできない。それゆえ，法的安定性と濫用防止のために，国家が法人制度を創設し，法人を現実に認識できるようにそれを公示にかからしめたとする（Martin SCHÖPFLIN, Der nichtrechtsfähige Verein, 2003, S. 89f.）。

　(b)　フランス　　フランスでは法人学説が判例にも採用される実践的なものであったことに注目しなければならない。すなわち，フランス破毀院第

〔後藤〕　653

前注（§§ *33-84*）II　　　　　　　　　　　　　第1編　第3章　法　人

2民事部1954年1月28日判決（2ᵉᵐᵉ chambre civile de la Cours de cassation, 28 janv. 1954, Recueil Dalloz 1954, 217）は，フランス法人論中の通説である技術的実在説（組織体説）が主張していた法人承認の要件を採用した（新版注民(2)51-52頁〔山口〕，納屋雅城「小規模法人と技術としての法人格」早稲田法学会誌50巻〔2000〕154-157頁参照）。それは，企業の事業所における従業員参加にかかる事業所委員会（comité d'entreprise）の事案において，「適法な，そして，法的に承認された保護にあたいする利益を主張するための，集団的な利益表示の可能性をそなえていれば」，法人として認められると判示した（納屋・前掲論文161頁・173頁参照）。その後，事業所委員会の法人格を承認する立法がなされている（1982年9月28日の法律による。現行の労働法典L. 435-1条2項）。

　このように，フランスでは技術的実在説（組織体説）のもとで，法人を承認するにつき，立法者と裁判所がいわば共同作業を行ってきた。つまり，法律によって明確に法人格が付与されている場合のある一方で，法律が法人格を明確に否定せず，沈黙しているにすぎないのであれば，判例が技術的実在説（組織体説）により法人格を承認しうるのものとされている（Bruno DONDERO, Les groupements dépourvus de personnalité juridique en droit privé, T. 1, 2006, nᵒ XXIX et s.）。

　立法と判例の共同作業の例としては，民法上の組合（société civile）を挙げることもできる。判例（フランス破棄院審理部1891年2月23日判決〔Chambre des requêtes de la Cours de cassation, 23 févr. 1891, Recueil Dalloz 1891, I, 337〕）は早くから，明文の規定がないにもかかわらず，民法上の組合を法人であるとしてきたが（山本桂一・フランス企業法序説〔1969〕196-197頁，新版注民(2)51頁〔山口〕），1978年のフランス民法典改正により，組合（société）は登記の時から法人格を享受することとなった（フ民1842条1項）。判例の見解を，立法が採用したものということができる。

　もっとも，民法上の組合（société civile）が立法により法人であることが明定されるにいたったとはいえ，法人となるには登記が必要であり，公示に服することになった（それゆえ，ソシエテ・シヴィル〔société civile〕はもはや民法上の組合ではなく，民事会社というにふさわしい）。このことを考慮すれば，フランスにおいてかつては支配的見解であった擬制説の内容が立法的に採用されたものともいえ，今日のフランスで技術的実在説（組織体説）が通説的地位を占

654　〔後藤〕

前注（§§*33-84*）II

めている中でも，擬制説がその意義を失っていないともいえる（Philippe
MERLE/Anne FAUCHON, Droit commercial, Sociétés commerciales, 18e éd., 2015, n° 96）。
けだし，フランス文献においても，擬制説は法人の実体に関心がないにす
ぎず，その意義が法人承認についての立法者（国家）の権限および第三者の
ための公示をいうことにあるとの理解がなされているからである（Philippe
MALAURIE/Laurent AYNÉS, Cours de droit civil, t. 2, Le personnes: Les incapacités, 3e
éd., 1994; DONDERO, op. cit., n° XXIII et ss.）。

3　法人の法人格の意義

(1)　法人の法人格の属性論

(ア)　**法技術としての法人**　　わが国においては，権利能力なき社団に関す
る議論とも関連しながら，法人の法技術的意義が権利能力にとどまらないこ
とが示され，法人の技術的性格の内容が詳細に論じられてきた（星野英一「い
わゆる『権利能力なき社団』について」同・民法論集(1)〔1970〕227頁以下，上柳克郎
「法人論研究序説」同・会社法・手形法論集〔1980〕1頁以下，山田誠一「権利能力なき
社団」林良平＝安永正昭編・ハンドブック民法Ｉ──総則・物権──〔1987〕24頁参照）。
法人の技術的内容の探求については，権利能力なき社団論との関連でその要
件を効果の方から遡って考察すべきことが提唱され（星野・前掲論文279頁，佐
久間385頁，山本518頁），あるいは，「団体論として論じられてきたかなりの
部分を，『団体性』と無関係に説明」することが可能であるとされている
（西内康人「団体論における契約性の意義と限界(8)・完──ドイツにおける民法上の組合
の構成員責任論を契機として──」論叢166巻4号〔2010〕21頁）。

(イ)　**責任財産構成の法技術としての法人**　　星野・前掲論文は，フランス
法上の議論などを参照しつつ，「『法人』とは，(イ)構成員の個人財産から区別
され，個人に対する債権者の責任財産ではなくなって，法人自体の債権者に
対する排他的責任財産を作る法技術である」としながらも，「(ロ)その名にお
いて契約を締結し，その名において権利を取得し，義務を負い，(ハ)その権利
義務のためにその名において訴訟当事者となる」ことなどは，「これ亦重要
な点ではあるが，法人の『権利』についていえば，これが構成員に帰属する
といっても……法人側の便宜の問題にすぎない」（星野・前掲論文268-271頁）
としている。

(ウ)　**法人の法人格の属性**　　法人の法人格の属性とは，法人の法人格と関

〔後藤〕　655

前注（§§*33-84*）Ⅱ   第1編　第3章　法　人

連づけて論じられる法人格の法技術的な内容をいう。法人の法人格に結びつけて論じることが可能な事項のそれぞれは，そのすべてを法定の各法人が備えているとはかぎらないのであるから，法人であることの法律効果と呼ぶことはできず，法人の法人格の属性とでも呼ぶほかない。法人の中には，法人の法人格の属性すべてを備えている完全法人もあれば（たとえば，株式会社），その属性の一部を欠く法人もある（たとえば，構成員の有限責任の属性につき，合名会社）。法人の法人格の属性はつぎのように整理されている（上柳・前掲論文1頁以下）。

　すなわち，(1)①その名において権利を取得し義務を負うことができる。②その名において民事訴訟の当事者となることができる。③その名義の債務名義によって，かつ，そのような債務名義によってのみ，その財産に対して強制執行ができる。(2)①法人の財産はもっぱら法人の債権者に対する責任財産とされ，法人債権者以外のもの（とくに法人構成員の債権者）が法人に対して強制執行することはできない。②法人財産の充実維持のために種々の形態の法的規制が加えられる。(3)構成員の財産は法人債権者の追及を免れる（構成員の有限責任）。

(2)　**法人の法人格の属性各論**

　上の定式に従い，法人の法人格の属性につき，権利能力および当事者能力（一(ア)），責任財産としての法人財産の分離（一(イ)）および構成員の有限責任（一(ウ)）の順で叙述する。

　(ア)　権利能力および当事者能力　　すべての法人に認められる最小限度の法人格の属性は権利能力および当事者能力である（江頭憲治郎「企業の法人格」同・会社法の基本問題〔2011〕105-106頁）。

　　(a)　権利能力　　法人は，その名において権利を有し義務を負う（34条。なお，権利能力の制限については，→§34 Ⅲ 2 (1)(ア)）。

　　(b)　当事者能力　　法人は，その名において訴え，または訴えられる（民訴28条）。もっとも，権利能力なき社団などの法人でない社団または財団についても，代表者または管理人の定めがあるものは，当該訴訟かぎりの当事者能力が承認される（民訴29条。→権利能力なき社団・財団Ⅰ 3 (2)(ア)(d)）。

　(イ)　責任財産としての法人財産の分離

　　(a)　法人債権者のための排他的責任財産　　法人財産は，構成員の個人

656　〔後藤〕

財産から分離された独立の財産となる。法人財産は法人に帰属し，構成員個人その他法人以外の者に帰属しないことから，構成員個人その他法人以外の者に対する債権者は法人財産に対する強制執行をなしえない。法人財産はもっぱら法人の債権者に対する排他的責任財産となる。

(b)　民法上の組合における組合財産の分離

(i)　676条1項を通じた従前の解釈　　団体財産がもっぱら団体債権者に対する責任財産とされ，構成員個人の債権者の追及を免れることが民法上の組合においても承認されていることは，つとに指摘されていたことである（星野・前掲論文290-291頁）。もっとも，法人の場合と民法上の組合の場合とでは，論理構成に差違があった。法人の場合には，法人財産が法人に帰属し，構成員個人には帰属しないがゆえに，法人財産が法人債権者の排他的責任財産となるのである。これに対して，民法上の組合の場合には，組合財産は組合員に帰属する（668条）。にもかかわらず，組合員個人の債権者が組合財産にかかっていけないのは，組合財産が組合員に（合有的に）帰属しているものの，組合員は組合財産についての持分を処分することができないがゆえに（676条1項の解釈），組合員の債権者も差し押さえることはできないとされてきたからである（新版注民(17)147-148頁〔品川孝次〕）。

(ii)　2017年（平成29年）民法改正による677条を通じた解釈　　つまり従前は，法人の場合には，法人財産が構成員に帰属しないから構成員の債権者が差押えできないという法的構成であるのに対し，民法上の組合には，組合財産は組合員に帰属するが組合員に処分権がないので組合員の債権者は差押えできないという法的構成になっていた。これについては，2017年民法改正により，677条が「組合員の債権者は，組合財産についてその権利を行使することができない」と改正されたので，組合財産が組合債権者のための排他的責任財産であることが法定された。したがって現在では，団体債権者のための排他的財産の創出は，法人の場合には従前の法的構成と同じく，明文の規定なく法人の法人格から当然に導かれ，民法上の組合の場合には676条1項を通じた法的構成からではなく，法律の規定（677条）から直接に導かれる。

(iii)　組合財産の独立性　　団体債権者に対する排他的責任財産を作ることが法人の第1の法技術的意義であるとの理解からすれば（星野・前掲論文

前注（§§*33-84*）Ⅱ　　　　　　　第1編　第3章　法　人

270-271頁），それが，組合員による組合財産に対する持分処分の禁止を定める規定（676条1項）からの従前の迂遠な解釈によるのではなく，端的に明文の規定（677条）で定められているのであれば，民法上の組合に権利主体性が承認されているとの解釈も背理ではない。

2017年民法改正後の677条は民法上の組合における組合財産の独立性を強調するものとなっているが，675条2項本文もまたそれを強調するものとなっている。組合員の個人責任が，私法上の一般原則である無限責任の原則から導かれるのではなく，組合員の個人責任をいう675条2項本文によって法定されているとの解釈も成り立ちうるからである。すなわち，民法上の組合に対して，組合財産の独立性を強調し，一定の法的独立性を与えるならば，組合の債権者がなにゆえ組合員の個人財産にかかっていけるのかという問いについて，これを無限責任の原則という私法上の一般原則からのみ説明するのでは不十分となるところ，無限責任を定める明文の規定（675条2項本文）によりその説明不十分を解消するものであると見ることもできるのである（組合員の無限責任を定める明文の規定を持たないドイツ法上の議論につき，後藤元伸「法人における有限責任と組合型団体における無限責任」政策創造研究第6号〔2013〕196-220頁参照）。

従前から民法上の組合に権利主体性を認める見解があったが（来栖三郎・契約法〔1974〕661頁，三宅正男・契約法（各論）(下)〔1988〕1143頁，福田清明「日独における社団と組合の峻別論の発展——民法上の組合の権利主体性を中心に——」明治学院論叢667号〔2001〕39-40頁，高橋英治「ドイツにおける民法上の組合の規制の現状と課題——日本の債権法改正への示唆」同・会社法の継受と収斂〔2016〕330-333頁参照），2017年改正後の677条（および675条2項本文）のもとでは，いまや異説とはいいがたい。677条の2017年改正に対して示されていた，公示機能なしに組合財産の独立性を強調する規律を明文化することには慎重であるべきであるとの指摘は（商事法務編・民法（債権関係）の改正に関する中間試案（概要付き）（別冊NBL143号）〔2013〕192頁），このような解釈がなされることに対する懸念であったともいえよう。

　(c)　法人財産の充実・維持

　(i)　法人財産の充実・維持の原則　　　法人財産には法人債権者のための排他的責任財産としての意味があるが，法人財産の充実・維持がはかられな

658　〔後藤〕

ければ，それが失われる。それゆえ，法人財産が法人債権者の債権を担保する機能を十分なものとするために，法人財産の充実・維持を図る種々の法的規制が存在する（上柳・前掲論文4-5頁）。

(ii) 資本充実の原則に対する疑義　　2005年（平成17年）に成立した会社法のもとで，資本充実の原則とは新株発行により資本を増加させる場合に問題となる原則であるとし，資本が増加する場合には，およそ債権者が害されるおそれがないので，会社法上の「資本充実の確保のための規制」と呼ばれているものは債権者保護と結びつけて説明することが困難であるとの理解が提示されている（相澤哲編著・立案担当者による新・会社法の解説（別冊商事法務295号）〔2006〕281-286頁〔郡谷大輔＝岩崎友彦〕）。また，発起人等の引受け・払込み・給付担保責任は廃止されたので，会社法のもとで存在するといえそうなのは資本維持の原則だけであるとされている（神田秀樹・会社法〔20版，2018〕299-300頁）。これに対して，ある金額が出資された旨のアナウンスが会社債権者に及ぼす影響は小さくないとする見解がある（江頭憲治郎・株式会社法〔7版，2017年〕37-38頁）。

(iii) 法人財産の維持　　法人財産の維持についていえば，剰余金の分配・持分の払戻しなど，法人財産からの財産の流出に一定の制約をかけなければならない。剰余金の分配については，剰余金の分配を禁止するか（一般法人11条2項・35条3項），あるいは，分配可能額を制限することである（株式会社につき剰余金配当制限〔会社461条〕，合同会社につき利益配当制限〔会社628条・623条〕）。持分の払戻しについては，持分をそもそも認めないか（一般社団法人の場合，持分がないから残余財産分配請求権もない〔一般法人11条2項〕），あるいは，持分の払戻しを認めず，その代わりに自由な譲渡を認めることである（株式会社における株式譲渡自由の原則〔会社127条〕）。

一般法人法において，社員が基金の拠出者であるときには，社員が一定の要件のもとで基金の返還を受けることができるが（一般法人131条・141条1項2項），基金制度は「剰余金の分配を目的としないという一般社団法人の基本的性格を維持しつつ，その活動の原資となる資金を調達し，その財産的基礎の維持を図るための制度」であることから（一問一答公益法人91頁，大村・物権154-155頁），法人財産の流出は基金の返還の場合にのみ認められ，剰余金の分配・出資の払戻し等の名義のいかんを問わず，法人財産の社員への流出が

前注（§§ *33-84*）II　　　　　　　　　　　　　　第1編　第3章　法　人

一般的に禁じられているものということができる（後藤元伸〔判批〕民商143巻3号〔2010〕340頁）。

　合名会社・合資会社では，会社財産の維持に関する制度が存在せず（ただし，有限責任社員には利益額を超えた配当につき返還義務がある〔会社623条〕），かえって退社にともなう持分の払戻しがあることから（会社611条），その代償として，会社債権者に対し無限責任社員が（会社債務の完済不能か強制執行の不奏効を要件とする）補充的な無限責任を負う（会社580条1項）。

　ドイツでは合名会社・合資会社の法人性が認められていないが，その理由として，会社財産の充実・維持のための強行法規定がほとんどないこと，社員の債権者も持分の差押え（ドイツ商法典135条）によって実質上会社財産から弁済を受けられること，社員が補充性のない無限責任を負うことが指摘されている（上柳克郎「合名会社の法人性」同・前掲書26-27頁）。したがって，ドイツでは，法人の法人格の属性すべてを備えた法人（完全法人）のみが法人として承認されている。もっとも，民法上の組合，権利能力なき社団および合名会社・合資会社は，法人ではないが，権利能力を有するものとされている（ドイツにおける民法上の組合・権利能力なき社団の権利能力につき，→権利能力なき社団・財団I 1）。

　(ウ)　構成員の有限責任

　　(a)　有限責任の意義　　法人の法人格の属性としての構成員の有限責任の意義は，(i)構成員・代表者個人など法人以外の者の財産は，法人債権者の追及を免れることにある。つまり，法人債権者の債権の引当て（共同担保）とならず，法人債権者は構成員の個人財産に強制執行をすることができない。かかる意味での構成員の有限責任が認められる法人においては，これを社員有限責任の原則（株式会社では株主有限責任の原則，各種の協同組合では組合員有限責任の原則）という。

　ただし，社員（株主・組合員）有限責任の原則の内容としてはつぎのことも含めて理解するのがふつうである。すなわち，(ii)構成員に出資義務のある場合にその出資義務は出資額を限度とする（追加出資義務を負わない）。また，(iii)構成員は団体に対し出資義務の履行以外には損失塡補義務などの財産上の義務を負わない。このような有限責任の原則の趣旨は，構成員となった時に予測できなかったリスクから構成員を解放し，安心して構成員となれるように

660　〔後藤〕

前注（§§ *33-84*） **II**

することにある（後藤元伸〔判批〕阪法 42 巻 4 号〔1993〕193-194 頁）。

　構成員の有限責任は，すべての種類の法人において認められる法人の法人格の属性ではない。法人財産の充実・維持と関連し，充実・維持の程度に応じて構成員の有限責任の有無・内容が決まる。株式会社では，株主に完全な有限責任が認められる（会社 104 条）。一般社団法人では，定款で経費支払義務が課されることがありうる（一般法人 27 条）。このとき，上記(iii)が不十分であり，社員の有限責任は不完全である。合名会社・合資会社では，無限責任社員に追加出資義務はないが，損失分担義務があるとともに（会社 622 条），会社債権者に対し補充的な無限責任を負う（会社 580 条 1 項）。上記(i)(iii)を欠く。

　　(b)　有限責任承認のための要件？　　権利能力なき社団論をめぐる議論から生じた法人における法技術的内容の分析論の中には，構成員の有限責任について，そのための要件を提示する見解がある。すなわち，「事業の開始にあたりリスクに応じた合理的な出資の引受けが構成員によってなされ，以後維持され，かつ財務状況に関して合理的な方法で第三者に対する開示がなされること」が構成員有限責任を認める必要・十分条件であり，このことは権利能力なき社団にもほぼ妥当するという（江頭・前掲論文 109-110 頁）。かかる見解を受けて，「債権者の期待するキャッシュ・フローが他に流用されない方策が講じられ，その仕組みを債権者が十分に認識しているときには」，構成員の有限責任を認めてよい場合があるとし，立法により有限責任を認める際には，構成員への財産分与の規制だけでなく，「キャッシュフローをどのように仕組み付け，それを債権者に知らしめるかが重要である」との主張がなされた（道垣内弘人「団体構成員の責任──『権利能力なき社団』論の現代的展開を求めて」ジュリ 1126 号〔1998〕70-71 頁）。

　このような立論は，有限責任を承認する法制度を設計する際の制度的要件を示すものとして理解することが可能であろう。株式会社における有限責任の制度的裏付けとして，株主の出資を一定金額以上会社財産として保有させ，会社債権者保護手続を経なければ減少させることができない資本金制度（会社 446 条・461 条・449 条。なお，純資産額が 300 万円を下回る場合の配当禁止〔会社 458 条，会社計算 158 条 6 号〕），および，会社の財務状況を容易に知りうる計算書類等の開示制度（貸借対照表・損益計算書等の本店等における備え置き，および，

〔後藤〕　　661

公告または電磁的方法による開示〔会社 443 条・378 条・440 条〕）が挙げられている（江頭・前掲書 35-41 頁。一般社団法人につき，内田千秋「会社法としての一般社団（財団）法人法」藤岡康宏編・民法理論と企業法制〔2009〕74-75 頁参照）。

　もっとも，上記見解が示す要件を，権利能力なき社団の構成員の有限責任を認めるための要件とするには，法律構成として不十分なように思われる（後藤元伸「権利能力なき社団の法理と民法上の組合」法時 85 巻 9 号〔2013〕34 頁。→権利能力なき社団・財団 I 4⑵⑷(e)）。

　　(c)　法人における有限責任・組合型団体における無限責任　　構成員の有限責任については，有限責任の要件を論じるよりも，団体における法人格の有無および組織構造上の団体類型に応じて決定されるとするのがふつうであろう。すなわち，第 1 に，法人においては，構成員は有限責任を負う。第 2 に，社団と組合という団体類型論における組合型団体においては，構成員は無限責任を負う（我妻 128 頁，道垣内・前掲論文 66-67 頁参照）。このようなシェーマが，一般に受容されてきたといってよい。

　合名会社・合資会社においては，上記の 2 シェーマが衝突する。これについては，法人においては有限責任の原則が妥当するが，合名会社の社員および合資会社の無限責任社員はその例外をなすにすぎないとされている（上柳克郎ほか編集代表・新版注釈会社法(1)〔1985〕273 頁〔大塚龍児〕）。この例外は，形式的には，法律の規定によって正統化されるとともに（会社 580 条 1 項），実質的にも上記第 2 シェーマにより，合名会社・合資会社が人的会社として組合型団体に属することから正統化される。

　これに対しては，1998 年（平成 10 年）成立の投資事業有限責任組合契約に関する法律および 2005 年（平成 17 年）成立の有限責任事業組合契約に関する法律が上記 2 シェーマによる調和をみだすものである（大村敦志「法技術としての組合契約」潮見佳男ほか編・特別法と民法法理〔2006〕222 頁は，組合＝無限責任，法人＝有限責任という関連性が大きく揺らいでいるとする。同旨，河上 142 頁）。なぜなら，それらは法人格のない有限責任組合の設立を一般的に承認するものではないとしても，法人格のない組合型団体において構成員の有限責任を承認するものだからである。それは，上記 2 シェーマにより正統化できず，構成員の有限責任が法定されていることから（投資有限組合 9 条 2 項，有限組合 15 条），正統化するよりほかはない。

前注（§§ *33-84*）　**II**

　(d)　有限責任の法定性　　そうすると，無限責任と異なる構成員の責任形態を採用するには，その内容を定めた法律の規定が必要であるとするのが，現行法の体系には適合的であるように思われる（大杉謙一「法人（団体）の立法のあり方について・覚書」日本銀行金融研究所ディスカッション・ペーパー・シリーズ2000-J-7〔2000〕52頁，後藤・前掲政策創造研究第6号220頁以下参照）。もっとも，この場合には，非営利法人につき，明文の規定がなくとも法人であることから当然に構成員の有限責任が導かれること，あるいは，株式会社につき，会社法104条のいう株主の責任には会社債権者に対する責任も含むとの解釈が必要である（一般社団法人における有限責任については，社員の責任を無限責任とする規定のないこと〔西村峯裕「民法法人規定の改廃と非営利法人3法の検討(2)」ビジネス法務6巻11号〔2006〕117頁，根田正樹ほか編著・一般社団法人・財団法人の法務と税務〔2008〕121頁注(1)〔小宮靖毅〕〕，あるいは，一般社団法人が成立したときは社員は責任を負わないとする，一般法人法26条の反対解釈から〔後藤・前掲政策創造研究第6号192頁・222頁〕，導くこともできよう）。

　構成員の有限責任を法定することの意義は，それが特定の法形式（特定の法人形式ないし団体形式）に結びつけられ，その法形式による団体が公示されることにある。公示とともに，当該法形式における財産の流出規制のための法制度が，実質的にも第三者の保護を図る（資本維持の原則）。このような思考の延長線上では，個人のレベルでも，たとえば有限責任個人事業として，有限責任を承認することも制度的には可能となる。フランスで2010年に導入された有限責任個人事業者（Entrepreneur individuel à responsabilité limitée〔EIRL〕：フランス商法典L. 526-6条以下）の制度はこのような立法例であろう（平野65頁，マリ＝エレーヌ・モンセリエ＝ボン〔片山直也訳〕「充当資産〔patrimoine d'affectatiton〕の承認による個人事業者の保護（翻訳）──フランスにおける有限責任個人事業者（EIRL）に関する2010年6月15日法──」法研84巻4号〔2011〕65頁以下，MERLE/FAUCHON, op. cit., nᵒ 9）。

4　法人格取得の実践的意義ないし効用

　法人とは何か（法人論）および法人の法人格の法技術的意味は何か（法人の法人格の属性論）とならんで論じられるのは，団体が法人格を取得することによって得られるものは何か（法人格取得の実践的意義ないし効用）である。かかる法人格取得の実践的意義ないし効用は，上述の法人の法人格の属性論と内

容的に重複するところもあるが，法人の意義として説明されることが多い。

川島武宜によれば，法人概念は，社会的事実として存在する紛争を解決するという実践的目的のための判断の規準を論理的に明確に文章化（記号化）することを意図した「法的構成概念」である。「法人」という記号の「法的構成」上の意味は，①単一主体に帰属する単一の権利・義務とする記号転換により，権利義務の処理を法的構成上単純化かつ明確化することである。また同時に，②「法人」は，ある財産を他の財産から分別する記号的技術でもある（川島武宜「法的構成としての『法人』」同・川島武宜著作集(6)〔1982〕73-76頁）。

法人の法技術的意味として述べられることでもあるが，団体に法人格を認めることの意味，あるいは，法人制度の機能ないし必要性として，法律関係の単純化および団体財産の分離をいうのが一般的である（内田 207-208 頁，山田卓生ほか・民法 I ——総則〔4版，2018〕60-62 頁〔河内宏〕，佐久間 332 頁，山本 449-451 頁など）。法人の実践的な意味での法技術的内容こそが，わが国における現代的な法人論であるということもできるであろう。

法人格取得の実践的意義ないし効用として，その法技術上のもの，および，それ以外のもの（事実上または税制上のメリット）が考えられる。法人を設立する最大の動因は，現実的には，法人成りによって社会的信用が高まるという事実上のメリット，または，税制上のメリットにあるであろうが，ここでは，法技術としての実践的意義ないし効用について論じる。すなわち，法律関係の単純化，団体財産の分離・独立および法人の永久性である。

(1) 法律関係の単純化・自然人との等置

法人の法技術的意味の根源は，法人が自然人と同様に権利義務の主体である1人の人として取り扱われることにあるとされている。「自然人以外のもので権利義務の主体となりうるもの」という法人の伝統的定義は，このことを表すものと解することもできる。すなわち，生きている個人が近代社会の法主体性の第1次的基礎であり，それ以外の主体は，生きている個人の類推によって「擬人化」されて，法人という記号で指示される（川島・前掲論文74頁）。こうした理解からは，法律関係の単純化，および，法人を自然人と等置することが法人設定の実践的な法技術的意義ないし効用ということになろう。

(ア) 法律関係の単純化　　法人格取得による法律関係の単純化は自明の理

であろう。ただ，形式的に法人であるか否かは，少なくとも訴訟における挙証責任との関連で意味があるという指摘に留意すべきである（星野英一「法人論——権利能力なき社団・財団論を兼ねて——」同・民法論集(4)〔1970〕147-148頁）。

　法人でない団体（民法上の組合・権利能力なき社団）における財産の帰属関係，または法律関係については，法人でないがゆえに，すべての構成員に団体財産が帰属し，すべての構成員が法律関係の当事者となる。このとき，たとえば財産の帰属関係につき，団体目的の達成ないし共同事業の運営のための団体的規律の必要性から，解釈上，249条以下の共有とは異なる合有または総有という法的構成が行われる。合有・総有といった法的構成は，そこから団体財産がもっぱら団体債権者の排他的財産になることなど法人構成と同様の帰結を導くことも可能であるが，法人構成とは異なり，個別の準則の総体であるにすぎない。個別的に準則をたてなければならない（→権利能力なき社団・財団 I 4(2)(イ)）。

　これに対して，法人であれば，法人に財産が帰属し（とくに，法人名義で登記できる），法人が契約当事者となり，財産帰属関係および法律関係が単純化される。法人であることから生じる効果（法人の法人格の属性）は，法人であることから直ちに生じる効果であって，それを否定するには（たとえば，法人の債務に対する構成員の有限責任），法律の規定（たとえば，会社580条1項）または解釈上の何らかの法的構成（法人格否認の法理）が必要となる。

　(イ)　自然人との等置　　かかる単純化は法技術的には，法人を自然人と等置することによって（「擬人化」），もたらされている。そのために，名誉権などの人格権（最判昭39・1・28民集18巻1号136頁），あるいは，政治的自由などの基本的人権の享有主体性（最大判昭45・6・24民集24巻6号625頁〔八幡製鉄政治献金事件〕）が問題となりうるのである（→§34 III 1）。

　(2)　法人財産の分離・独立

　法人の設立により，法人の財産は，構成員・役員等の法人以外の者の財産から分離され，独立の責任財産となる（分離原則）。法人は法的主体性に関する技術であると同時に，ある財産を他の財産から分別する技術である（川島・前掲論文75-76頁）。したがって，たとえば株式会社における株主の持分は，会社財産に対する直接の権利ではなく，法人の構成員としての資格にもとづく間接の権利（団体法上の権利としての株主総会の決定に参加する権利，および，会社

前注（§§ *33-84*）II　　　　　　　　　　　　　　　　　　　第1編　第3章　法　人

に対する個人法的な債権としての利益配当請求権・残余財産分配請求権）として構成される（川島・前掲論文84頁）。

　ここでは，前者の法人の法技術的意義を倒産隔離の問題として，後者のそれを財産的持分の構成員たる地位への解消の問題として整理する。

　㋐　倒産隔離　　個人事業においては，事業を営む個人の責任財産すべてが，事業上の債務の引き当てとなる。個人がその全財産を事業破綻のリスクにさらさないための方法の1つが，法人（たとえば，株式会社）を設立することである。法人における財産分離および有限責任の原則により，理論的には事業の破綻から構成員や役員の個人財産が守られる。

　このような倒産隔離機能は，個人事業の法人成りの場合に限られない。特別目的会社の設立，あるいは，特定事業の子会社化に見られるように，設立された法人の倒産のリスクを回避するためだけでなく，法人を設立する者の倒産のリスクを設立された法人の構成員や債権者が回避するためにも，法人格取得による倒産隔離が機能しうる（道垣内・前掲論文68-69頁，能見善久「法人の法的意義の再検討」NBL767号〔2003〕47頁参照）。

　しかし，法人設立による倒産隔離は現実にはうまく機能しないことのほうが多い。たとえば，個人企業たる法人において金融機関が役員の個人保証（経営者保証）を要求するときには，法人が倒産すれば役員は個人財産で保証債務を履行しなければならない。

　また，大企業において個人保証のない場合であっても，法人の倒産時には，(i)役員は任務懈怠を理由として損害賠償責任を追及されることがある（会社423条1項，一般法人111条1項）。民事再生手続や会社更生手続では，役員への責任追及を手続的に容易にする損害賠償請求権の査定の制度があり（民事再生法143条～147条，会社更生法100条～103条），役員の財産に対する保全処分も可能である。法律上の責任が役員に認められない場合であっても，(ii)道義的責任などと称して，任意的な私財の提供等のかたちで，役員が責任をとらされることもある。また，倒産時か否かにかかわらず，(iii)職務を行うについて悪意または重大な過失があるときには，役員は第三者から直接に損害賠償責任を追及されうる（会社429条1項，一般法人117条1項）。

　特別目的会社や特定事業ための子会社の設立の場合でも，それらが破綻した場合に，設立に関与した者が，とくに大企業であるとき，現実には何らか

666　〔後藤〕

前注（§§ *33-84*）　II

の支援をしないわけにはいかないであろう。

（イ）　**財産的持分の構成員たる地位への解消**　法人が独立の権利主体とされ，法人財産が構成員の財産から分離されるとき，構成員は法人財産に対する権利（持分）を有しない。構成員の団体財産に対する実質的持分（そのようなものが認識できるとすれば），あるいは，構成員の団体財産に対する出資は，法人における構成員たる地位に解消される。

　このことを組合と社団の区別の議論として論じる見解がある。すなわち，組合においては，各構成員の権利義務は他の全構成員に対する権利義務の形をとり，したがって，各構成員は団体財産上に合有権者としての物権的持分をもっているのに対して，社団においては，各構成員の権利義務は社員の地位（Mitgliedschaft）という団体に対する法律関係の内容となるとする（鈴木竹雄・新版会社法〔全訂5版，1994〕8頁。非営利目的の団体につき，西脇秀一郎「団体法の二元性(1)──ドイツ民法典社団法の原基的モデルの一考察──」龍谷法学49巻4号〔2017〕492頁参照）。

　団体財産に対する個人的権利が団体における構成員たる地位に解消されることは，法人格取得による意義の1つであるが，それは，民法上の組合・権利能力なき社団といった法人でない団体の形式によったとしても，生じうるというべきである。法人でない団体においては，そのことが法人であることから直ちに導かれるのではなく，合有・総有などにおける個別の法準則によるものであること，また，団体財産に対する構成員の権利が法的構成としても観念的に残存しうることが，法人格を取得した場合と異なる点である。

　すなわち，民法上の組合における構成員たる地位については，組合員として事業執行などの運営に参画しうる権利（670条・673条）としての持分のみならず，組合員の組合財産に対する財産的権利としての持分が観念される。団体財産（組合財産）に属する個々の財産に対する個別的持分，および，団体財産（組合財産）総体に対する包括的持分である。もっとも，組合員は個別的持分を自由に処分することができず（676条），組合財産総体に対する包括的持分もまた潜在的なものであって，脱退および解散後の清算の際にはじめて顕在化し，持分払戻請求権（681条）および残余財産分配請求権（688条3項）となるにすぎない。

　権利能力なき社団においては，団体財産は総構成員の総有に属するが，構

〔後藤〕　667

前注（§§*33-84*）**II**　　　　　　　　　第1編　第3章　法　人

成員は個別財産に対する持分を有せず，また，分割請求権もなく，個別財産の処分および総有廃止は総構成員の同意によってなされるとされている（最判昭32・11・14民集11巻12号1943頁）。そこでは，団体財産に対する構成員の持分は潜在的にも観念しえないものとなっている（一権利能力なき社団・財団 I 3⑶⑺⒜⒤・4⑵⑾⒞）。

　このように法人格のない団体においては，団体財産に対する観念的持分，あるいは，団体財産の総構成員への帰属という法的構成が残存しているので，たとえば，構成員の変動，および，それにともなう財産帰属関係の変更は，登記手続などにおいて，法的に複雑な問題をはらむ。また，多数人への分散的帰属の場合の法律関係はあまり明確ではなく，効率的な処理ではないとの指摘もある。分散的処理は集中的処理に比べて，適切な契約を締結するのにコスト（取引費用）がかかり，ガバナンスのコストもかかるとされている（能見・前掲論文48-49頁）。

　これに対して，団体が法人格を取得すると，団体財産は構成員等の財産から分離された法人財産となり，それに対する構成員の直接の個人的な権利関係は生じない。構成員（社員・株主）は出資によって，総会における議決権など（株式会社であれば，剰余金配当請求権・残余財産分配請求権・総会議決権〔会社105条1項〕）を包含する法人における構成員たる地位（社員・株主たる地位）を取得するにすぎない。つまり，団体財産に対する個人的権利（そのようなものが認識できるとすれば）は法人における構成員たる地位に解消される。

　その結果，事業を法人形式によって運営すれば，(i)出資を受けることによる資金調達，および，(ii)事業移転・事業提携・事業統合が容易になる。構成員たる地位（株式会社であれば株式）の割当て，または，その譲渡の方法によればよいからである。もっとも，役員等で団体内部で支配的立場にあった者にはデメリットもある。すなわち，法人の構成員（社員，株主）が変動するので，法人を管理・運営する上で総会の開催手続など種々の負担が生じるとともに，役員の地位を失うなど，法人に対する支配的立場を喪失するリスクがある。

⑶　**法人の永久性**

　法人は解散するが，死亡しない。もちろん，定款に存続期間の定めを設けることが可能であり，法人の永久性というのには語弊もあるが，設立者・構

前注（§§ *33-84*）　III・IV

成員・役員などの自然人の死を超えて存続しうるという意味で，法人の永久性を理解しうる。たとえば，個人事業を法人化していれば，個人の死亡による個人事業の継続困難が回避される。相続の際に個人事業の継続が困難になるのは，共同相続および租税負担が原因である。この問題性は，会社の持分ないし株式の相続による移転の形式をとれば，大幅に軽減されうる。

III　法人の目的と種類

法人の目的および種類については，→§ 33 II・III。

IV　法人・団体の組織構造

1　社団と財団

法人を組織構造によって分類すると，その1つとして，社団と財団という組織形態に二分することができる。

(1)　社団と財団の意義

社団とは，一定の目的のために結合した人の集合体をいい，財団とは，一定の目的のために捧げられた一団の財産，あるいは，一定の目的に捧げられた財産を中心とし，これを運営する組織を有するものをいう（我妻94頁・134頁，幾代94頁）。

社団のうち，非営利目的のものは，たとえば一般法人法に従い，一般社団法人として法人になることができる。営利目的のものは，たとえば会社法に従い，会社として法人になることができる。財団であって，非営利目的のものは，たとえば一般法人法に従い，一般財団法人になることができる。財団形態をとる営利目的の法人は存在しない（反対，安達三季生「法人類型論と健康保険組合の性質」志林88巻4号〔1991〕153頁・162-164頁）。営利概念を構成する剰余金配当の帰属先が存在しないからである。

(2)　社団と財団の対比

従前の学説は，法人の実体から観察して，社団と財団は1つの理念型をなすにすぎず，その間には中間的なものがあるものとし（我妻135-136頁），両者の性質を兼ねそなえ，どちらかに割り切ることの難しいものも多いなどと

〔後藤〕　669

前注（§§ 33-84）　IV　　　　　　　　　　　　第1編　第3章　法　人

してきた（星野122-123頁）。しかし，法的には，社団と財団の組織構造上の基本的な相違点は構成員が存在するか否かであり，それにともなう意思決定機構のあり方を社団と財団の対比の基準とすべきであろう（安達・前掲論文157頁以下）。

　社団形態の法人では，社員総会で基本的な意思決定がなされる（たとえば，一般法人35条，会社295条）。財団形態の法人では，設立時の定款で設立者によりすでに基本的な意思決定がなされ，それに従って運営がなされる。もっとも，機動的運営を可能にするために，設立後も財団の基礎的変更が可能であり，そのための意思決定は常設必置の評議員会が行う（一般法人170条1項・178条2項）。つまり，評議員からなる評議員会が設置され，それに社団の社員総会と同様の機能を持たせているということができる（安達・前掲論文157-162頁，椿寿夫・民法総則〔2版，2007〕305頁参照）。

　最高裁平成27年12月8日判決（民集69巻8号2211頁）は，特例財団法人が，所定の手続を経て，その同一性を失わせるような根本的事項の変更に当たるか否かにかかわらず，その定款の定めを変更することができる旨を判示した。それは，2006年（平成18年）改正前における民法上の財団法人につき，従前の財団法人が経過措置として整備法40条1項により一般財団法人として存続する特例財団法人につき，整備法93条にもとづき定款（整備法40条2項によりそれまでの寄附行為が定款とみなされる）の変更が可能であるとしたものである。つまり，上記判決は，原則として寄附行為の変更が許されない従前の財団法人が（幾代115-116頁，新版注民(2)215頁〔下井隆史＝松井宏興〕），移行期間中，原則として定款変更可能な（一般法人200条）一般財団法人（または公益財団法人）になりえたことを判示するものである。ここでは，従前の財団法人と現行の一般財団法人には，基本約款の変更可能性および機関設計・評議員会の機能（一般財団法人では評議員会・理事会・監事が必置であり〔一般法人170条1項〕，その評議員会は理事会設置一般社団法人の社員総会とほぼ同じ機能がある〔一般法人177条・198条・199条〕。須藤正彦ほか編著・事業体の法務と税務〔2009〕188頁〔清水恵介〕参照）の点で，制度的な連続性が欠けていることに留意しなければならない（後藤元伸〔判批〕民商152巻4＝5号〔2015〕427-433頁）。

2　社団と組合

　法人でないものも含めて，法人・団体を組織構造によって分析するならば，

670　〔後藤〕

その分類の1つに社団と組合がある。

(1) 社団と組合の対置

伝統的通説によれば，社会関係において，社団は，団体が全一体として現れ，その構成分子たる個人がまったく重要性を失っているものであるのに対して，組合は，団体ではあるが，全一体としての色彩が比較的淡く，その構成員個人の色彩が強く現れるものであるとされている（我妻128頁，新版注民(2)74-77頁〔森泉章〕，河上142頁。なお，→権利能力なき社団・財団 I 2(1)）。

(2) 社団型団体

社団と組合の対置は，伝統的通説が権利能力なき社団の法理を構成する前提としてきたものである。判例・通説による権利能力なき社団の成立要件にはそれが反映されているから，そこに社団型団体の類型論的メルクマールが示されているものといえる。すなわち，社団型団体のメルクマールは，①団体としての組織をそなえ，②そこには多数決の原則が行われ，③構成員の変更にもかかわらず団体そのものが存続することである（最判昭39・10・15民集18巻8号1671頁参照）。社団型団体には，法人として一般社団法人や株式会社などがあり，法人でないものとして権利能力なき社団がある。

(3) 組合型団体

(ア) 組合型団体の特徴　　社団型団体との対比からすれば，組合型団体は，構成員相互に緊密な信頼関係のあることを前提とするものであって，そのメルクマールは，①最小限の団体的規律のみを有し（民法上の組合につき667条以下），②多数決による場合が限定され（民法上の組合につき，組合業務・組合代理の多数決による決定〔670条・670条の2〕），③構成員の変更は例外事象であること（民法上の組合につき，構成員の加入に全員の同意が必要〔677条の2第1項〕）である。

(イ) 組合型団体の種類　　組合型団体の類型に属するものには，法人でないものと法人であるものがある。組合型団体の法形式の種類についていえば，法人でない組合型団体には，民法上の組合（667条以下）・投資事業有限責任組合（投資事業有限責任組合契約に関する法律）・有限責任事業組合（LLP）（有限責任事業組合契約に関する法律）があり，法人である組合型団体には，合名会社・合資会社・合同会社（持分会社〔会社575条以下〕）がある。

また，組合型団体の構成員には，団体の債務につき構成員が無限責任を負

前注（§§ *33-84*）IV　　　　　　　　　　　　　　　　　　第1編　第3章　法　人

うものと，その責任が有限責任であるもの（有限責任組合員，有限責任社員）がある。組合型団体における構成員の有限責任とは，団体（組合，会社）の債務につき構成員（組合員，社員）が出資の価額を限度として弁済する責任を負うことをいう（有限組合 15 条，投資有限組合 9 条 2 項，会社 580 条 2 項）。組合型団体のうち，構成員の責任が無限責任であるのは民法上の組合と合名会社であり，無限責任の構成員と有限責任の構成員からなるものは投資事業有限責任組合と合資会社であり，有限責任の構成員のみからなるものは有限責任事業組合と合同会社である。法人格のない有限責任の組合であれ，法人である持分会社であれ，構成員が有限責任を享受するには登記が必要である（有限責任の組合につき組合契約効力発生の対抗要件としての登記〔有限組合 57 条・8 条，投資有限組合 17 条・4 条〕，持分会社につき設立登記〔会社 579 条〕）。

　弁護士法人などの 8 士業法人は，持分会社法準用型法人たる組合型団体であって，その社員の責任態様は原則として，合名会社と同じく，補充的な連帯・無限責任である（弁護 30 条の 15 第 1～3 項など。なお，有限責任監査法人の社員の責任態様は，合同会社類似の有限責任である〔会計士 34 条の 10 の 6 第 7 項〕）。ただし，指定社員制度などによる例外がある。たとえば，弁護士業務の独立性に配慮し，特定の事件につき業務を担当する弁護士たる指定社員のあるときには，その事件に関し依頼者に対して負担することとなった弁護士法人の債務については，指定社員（およびその事件にかかる業務に関与した社員）のみが連帯・無限責任を負う（弁護 30 条の 15 第 4～6 項）（以上につき，→§33 III 1 (3)(ウ)(b)(ii)）。

　(ウ)　有限責任とパス・スルー課税　　以上の法人である組合型団体には法人税が課されるが，法人でない組合型団体には法人税は課されない。すなわち，法人でない組合型団体は法人税法 2 条 8 号にいう人格のない社団等に当たらないと解されており，法人税が課されない。組合の事業活動から生じる利益については，いわば組合組織を通りぬけて組合員に帰属するものとして，組合員に所得税・法人税が直接課税される（構成員課税＝パス・スルー課税）。それゆえ，有限責任事業組合は，構成員の責任が有限責任かつパス・スルー課税であるというダブル・メリットを有している（合同会社につき当初予定していたパス・スルー課税が認められなかったことから，急遽，有限責任事業組合が導入された。経済産業省「有限責任事業組合契約に関する法律について──共同事業ための新しい

672　　〔後藤〕

前注（§§*33-84*）　V

組織，LLP 制度の創設──」〔2005 年 6 月〕，平野嘉秋編著・新しい法人制度〔改訂増補版，2005〕59-60 頁〔平野嘉秋〕，関口智弘 = 西垣建剛「合同会社や有限責任事業組合の実務上の利用例と問題点」法時 80 巻 11 号〔2008〕18 頁・21 頁，須藤ほか編著・前掲書 102-103 頁〔松嶋隆弘〕，棚橋元「新しい企業形態──合同会社・有限責任事業組合・投資事業有限責任組合」江頭憲治郎編・株式会社法大系〔2013〕615 頁，神田秀樹編・会社法コンメンタール 14──持分会社(1)〔2014〕21 頁〔宍戸善一〕。なお，山本敬三・民法講義IV-1──契約〔2005〕759 頁参照）。

V　法人の組織，運営および管理

　（以下では，主として一般社団法人について論じるものとし，それ以外の法人については必要に応じて言及する。一般法人法の規定に対応する会社法の規定については適宜，参照条文として掲げる。）

1　法人の構成員

(1)　社　　員

　社団型の法人においては，法人の運営・管理の観点から見て，社員は法人の機関ではないが，法人の機関である社員総会の構成要素としての意義を有する。もっとも，構成分子としての個人はその個性を失っている。すなわち，法人の業務執行および代表行為は代表者が行うのであって（一般法人 76 条・77 条・91 条。会社 348 条・349 条・363 条参照），社員は総会における議決権を有するにすぎない（一般法人 48 条。会社 308 条参照）。1 人 1 票の原則が維持されているかぎり（一般法人 48 条 2 項参照），総会決議は多数決によるから（一般法人 49 条），社員一個人の法人に対する影響力は限定的である（なお，内田千秋「会社法としての一般社団（財団）法人法」藤岡康宏編・民法理論と企業法制〔2009〕72-73 頁参照）。また，社員の 1 人が脱退しても，社員が欠乏しないかぎり（一般法人 148 条 4 号），法人は存続するから，特定の社員一個人は法人の不可欠の要素とはいえない。

　もっとも，一般社団法人においては，主務官庁による監督の制度がないので，社員の監督是正権は（→ 3(3)），社員による一般社団法人の監督として重要な意義を有する（内田（千）・前掲論文 63 頁参照）。

〔後藤〕　673

前注（§§ *33-84*）Ⅴ　　　　　　　　　　　第1編　第3章　法　人

(2)　社員の変更

(ア)　意義　　非営利法人においては，社員の変更とは社員の加入および脱退をいう。社団型の法人は，構成員の変更にもかかわらず存続し，それを通常のものとして予定している。社員一個人の影響力は限定的であるとはいえ，構成員の変更は，人的または財政的に法人の運営・管理に一定の影響を与える。すなわち，構成員の加入・脱退を通じて，法人の民主的運営が期待され，あるいは，市場原理的に法人が淘汰される（つぎに引用する公益法人認定法5条14号イはこのような観点からも理解することができる）。

(イ)　社員の加入

　(a)　加入　　加入とは，すでに設立されている法人の社員たる地位の原始取得をいう。新たに社員になろうとする者と法人との間の加入契約にもとづく。

　(b)　社員資格の定め　　団体自治の原則から（521条2項参照），社員資格は原則として，法人において自由に定めることができる（ただし，社員資格の得喪に関する定めは定款の必要的記載事項である〔一般法人11条1項5号〕）。

　最高裁平成16年11月26日判決（判タ1170号158頁）は，旧34条による社団法人である宅地建物取引業保証協会が，加入申込みをした宅地建物取引業者に対し，特定の宅地建物取引業協会の社員でなければならないとの社員資格要件を満たさないことを理由に，加入拒否をしたことにつき，それを不法行為と評価することはできないとした。これに対して，最高裁平成18年3月17日判決（民集60巻3号773頁）は，権利能力なき社団に関するものではあるが，慣習によって定まる構成員資格につき，「男子孫要件は，専ら女子であることのみを理由として女子を男子と差別したものというべきであり」，「性別のみによる不合理な差別として民法90条の規定により無効である」とした。性別・国籍等による不合理な差別による社員資格の得喪に関する定款の定めが90条に違反し無効となることは，一般社団法人等においても妥当するであろう（四宮＝能見120-121頁）。

　なお，公益法人認定法は，公益認定の基準として，「社員の資格の得喪に関して，当該法人の目的に照らし，不当に差別的な取扱いをする条件その他の不当な条件を付していないものであること」を規定する（公益法人5条14号イ）。

674　〔後藤〕

前注（§§ *33-84*）　Ⅴ

(ウ)　社員の退社

　(a)　脱退（退社）　　脱退（または退社。社団たる法人または会社からの脱退を退社という）とは，構成員の一方的意思表示，あるいは，法律にもとづいて，構成員の1人につき構成員たる地位が将来に向かって消滅することをいう。構成員の一方的意思表示にもとづくものを任意脱退（任意退社）といい，任意脱退以外のものであって，法律の規定にもとづくものを法定脱退（法定退社）という（一般法人28条・29条。会社606条・607条参照）。法定脱退のうち，法人の一方的意思表示によるものを除名という（一般法人30条。会社607条1項8号・859条参照）。

　(b)　退社の自由　　一般法人法は，社員がいつでも退社することができることを定める（一般法人28条1項。最判平17・4・26判タ1182号160頁は，権利能力なき社団である県営住宅の自治会の事案であるが，それが「いわゆる強制加入団体でもなく，その規約において会員の退会を制限する規定を設けていないのであるから」，会員は，いつでも一方的意思表示により退会することができるとする）。退社の自由は，総会での多数決原則が採用されている法人において，その拘束から離脱する自由を確保することに資する（一問一答公益法人38頁）。多数決原則を採用することによって，全員一致採用の場合に起こりうる意思決定不能を避けることができる代償として，少数者の保護制度が要請されるが，脱退はそのうちの重要な1つであり，社員のとりうる究極の手段である。社員自身が団体的拘束から解放されるとともに，法人自身も脱退者が増大すると，存続基盤が脆弱になるので，多数決にのみ寄りかかることはできない。また，社員集め・維持につき，市場原理的なものが働くであろう。

　退社の自由は定款の定めにより制限することができるが（一般法人28条1項ただし書），やむをえない事由があるときは，社員はいつでも退社することができる（同条2項）。上記の退社の自由の意義からすれば，その不合理な制限は無効と解すべきである（四宮＝能見121頁参照）。

　(c)　除名　　除名は，社員の1人が団体目的の達成を阻害する場合に，やむをえずなされる団体的措置である。したがって，除名は，社員からの一方的意思表示である任意退社に対応するものであるとはいえ，任意退社が原則自由であるのに対し，除名には正当な事由が必要である（一般法人30条1項）。また，手続的にも，当該社員に弁明の機会を与えた上で，総会の特別

〔後藤〕　675

前注（§§*33-84*）Ⅴ　　　　　第1編　第3章　法　人

決議によらなければならない（一般法人30条1項・49条2項1号）。

　最高裁平成13年4月26日判決（判タ1063号117頁）および最高裁平成17年12月13日判決（判タ1202号260頁）は，それぞれ事業協同組合の事案および旧34条による社団法人である公共嘱託登記土地家屋調査士協会の事案においてではあるが，除名につき，当該構成員の存在が法人の目的に反し，または，この目的を阻害するといった明確な事実のあるときに許容されるとしている。

(3)　社員の権利・義務

　(ア)　社員の権利　　社員は，社員総会において各1個の議決権を有する（一般法人48条1項本文）。定款で別段の定めをすることができるが（同条1項ただし書），社員が決議事項の全部につき議決権を有しない定款の定めは無効であり（同条2項），議決権は非営利法人における社員の基本的権利である（社員に剰余金分配請求権・残余財産分配請求権を与えることはできない〔一般法人11条2項。会社105条参照〕。→§33Ⅲ1(1)(ア)(a)）。したがって，定款による議決権の制限は合理的なものだけが許されると解すべきである（四宮＝能見121頁・126頁。一問一答公益法人47頁参照）。

　(イ)　社員の義務　　一般社団法人の社員は，定款の定めるところにより，（経常活動費用のための）経費支払義務を負う（一般法人27条。社員の有限責任については，→Ⅱ3(2)(ウ)，内田（千）・前掲論文74頁参照）。加入契約等において会費等の経費以外の支払義務を合意した場合もまた社員は当該義務を負うが，それは個別の合意にもとづくものであるとされている（一問一答公益法人37頁。なお，新版注民(2)418頁〔藤原弘道〕参照）。

2　法人の機関

　法人の機関設計における自由は団体の自治（521条2項参照）に由来するものではあるが，それは法律の定める機関構成の選択肢からの選択の自由であるにすぎない。場合によっては，選択の幅がなく，一定の機関の設置が義務づけられ，あるいは，特定の機関の組合せが強制される（神作裕之「会社の機関──選択の自由と強制」商事法務1775号〔2006〕39-41頁。→§33Ⅰ1(2)(イ)(b)）。

　このことは，一般社団法人にもあてはまる。そこでは，社員総会および理事は必置の機関である（一般法人60条1項。会社326条1項参照）。定款の定めにより，理事会，監事または会計監査人を置くか否かは原則として自由である

前注（§§ *33-84*）　V

（一般法人 60 条 2 項。会社 326 条 2 項参照。もっとも，理事会設置一般社団法人・会計監査人設置一般社団法人は監事を置かなければならず〔一般法人 61 条〕，大規模一般社団法人〔一般法人 2 条 2 号〕は会計監査人を置かなければならない〔一般法人 62 条〕。社員総会および 1 人の理事が最小限の機関構成である）。理事会が設置されていなければ，社員総会は万能の意思決定機関であり（一般法人 35 条 1 項。会社 295 条 1 項参照），理事が業務を執行し，法人を代表する（一般法人 76 条 1 項・77 条 1 項本文。会社 348 条 1 項・349 条 1 項本文参照。なお，根田正樹ほか編著・一般社団法人・財団法人の法務と税務〔2008〕68-70 頁〔松田和久〕・92-95 頁〔松嶋隆弘〕，須藤正彦ほか編著・事業体の法務と税務〔2009〕187-188 頁〔清水恵介〕，内田（千）・前掲論文 61-62 頁参照）。

　定款の定めによって理事会を置いた一般社団法人を理事会設置一般社団法人という（一般法人 16 条 1 項括弧書。一般財団法人では理事会が必置の機関であり〔一般法人 170 条 1 項〕，一般財団法人の機関構成は理事会設置一般社団法人に類似する）。理事会が設置されたならば，社員総会の決議事項は法律および定款で定められた基本的事項に限定される（一般法人 35 条 2 項。会社 295 条 2 項参照）。理事会はすべての理事で組織され，理事会が理事の中から代表理事を選定する（一般法人 90 条 1～3 項。会社 362 条 1～3 項参照）。代表理事が業務を執行し，法人を代表する（一般法人 91 条 1 項 1 号・77 条 1 項ただし書。会社 363 条 1 項 1 号・349 条 1 項ただし書参照）。

3　法人の業務執行

(1)　業務執行権と業務執行の決定

　一般社団法人においては，理事または（理事会設置一般社団法人の）代表理事は，法人の業務を執行する（一般法人 76 条 1 項・91 条 1 項 1 号。会社 348 条 1 項・363 条 1 項 1 号参照）。一般財団法人では理事会が必置であり，代表理事が法人の業務を執行する（一般法人 197 条は理事会設置一般社団法人に関する規定を準用する）。

　理事が 2 人以上ある場合には，その過半数をもって業務の決定をするのが原則であり（一般法人 76 条 2 項。会社 348 条 2 項参照），理事会設置一般社団法人・一般財団法人では，理事会の決議により業務執行の決定を行う（一般法人 90 条 2 項 1 号・95 条・197 条。会社 362 条 2 項 1 号・369 条参照）。

(2)　理事の義務

(ア)　専断的行為の禁止　　したがって，理事（または，代表理事）は，業務

〔後藤〕　677

前注（§§ 33-84）Ⅴ　　　　　　　　　　　第 1 編　第 3 章　法　人

執行に関する理事の過半数による決定（または，理事会設置の場合，理事会の決定）に従わなければならない。また，理事会が設置されている場合には，重要な財産の処分・譲受けまたは多額の借財につき，理事会の決定が必要である（一般法人 90 条 4 項 1 号 2 号。会社 362 条 4 項 1 号 2 号参照）。

　これらの決定がなく，あるいは，決定に反してなされた理事・代表理事の対外的な専断的行為は，理事・代表理事の責任を生じさせるが（一般法人 111 条 1 項。会社 423 条 1 項参照），対外的には法人を代表する理事として（一般法人 77 条 1 項。会社 363 条 1 項参照），裁判上または裁判外の一切の行為をする権限を有するから（一般法人 77 条 4 項。会社 349 条 4 項参照），それは内部的な意思決定を欠くにとどまって，原則として有効である。相手方が悪意または有過失のときにかぎり無効になる（93 条 1 項ただし書の類推適用。会社の事案であるが，最判昭 40・9・22 民集 19 巻 6 号 1656 頁，最判平 21・4・17 民集 63 巻 4 号 535 頁〔無効は原則として会社のみが主張できるとする〕。なお，四宮＝能見 134-135 頁参照）。

　(イ)　善管注意義務・忠実義務　　法人と理事との関係は委任に関する規定に従うので（一般法人 64 条。会社 330 条参照），理事には受任者としての善管注意義務がある（644 条。なお，一般法人 85 条参照〔理事の報告義務。会社 357 条参照〕）。また，理事は，法令・定款・総会決議を遵守し，法人のため忠実に職務を執行しなければならない（忠実義務〔一般法人 83 条。会社 355 条参照〕）。

　忠実義務については，職務執行により自己または第三者の利益を図ってはならない義務であるとして，善管注意義務と区別する有力学説があるが（四宮＝能見 145-147 頁など），判例は会社につき，忠実義務は善管注意義務を敷衍したものであり，別個の高度な注意義務ではないとする（最大判昭 45・6・24 民集 24 巻 6 号 625 頁）。善管注意義務違反の代表行為であってもそれは有効であり，法人内部での理事の責任を生じさせるにすぎない（一般法人 111 条 1 項。会社 423 条 1 項参照）。

　(ウ)　競業の制限　　理事が自己または第三者のために法人の事業の部類に属する取引をしようとするときは，当該取引につき重要な事項を開示し，総会（理事会設置の場合は理事会）の承認を受けなければならない（一般法人 84 条 1 項 1 号・92 条 1 項。会社 356 条 1 項 1 号・365 条 1 項参照）。総会（または理事会）の承認を受けずにした競業取引は，忠実義務に反し，理事の責任を生じさせるが（一般法人 111 条 1 項，損害額の推定につき同条 2 項。会社 423 条 1 項 2 項参照），有

678　〔後藤〕

効である。

(エ)　利益相反取引の制限　　理事が自己または第三者のために法人と取引をしようとするとき（直接取引），または，法人による理事自身の債務の保証など法人と理事との利益が相反する取引をしようとするときも（間接取引），当該取引につき重要な事項を開示し，総会（理事会設置の場合は理事会）の承認を受けなければならない（一般法人 84 条 1 項 2 号 3 号・92 条 1 項。会社 356 条 1 項 2 号 3 号・365 条 1 項参照）。総会（または理事会）の承認を受けずにした利益相反取引は，忠実義務に反し，理事の責任を生じさせる（一般法人 111 条 1 項。会社 423 条 1 項参照。当該行為の効力については，→4(3)(ア)）。

(3)　理事に対する監督是正

一定の場合に，総社員の 10 分の 1 以上の議決権を有する社員に裁判所に対する検査役の選任申立請求権が（一般法人 86 条。会社 358 条参照），また，各社員に理事の行為の差止請求権が認められている（一般法人 88 条。会社 360 条参照。監事設置の場合には，監事にも理事の行為の差止請求権がある〔一般法人 103 条。会社 385 条参照〕）。また，理事の解任の訴え（一般法人 284 条。会社 854 条参照）および代表訴訟（一般法人 278 条。会社 847 条参照）が定められている（以上につき，内田（千）・前掲論文 63 頁参照）。

(4)　理事の損害賠償責任

(ア)　法人に対する損害賠償責任　　一般社団法人の理事は，その任務懈怠により法人に対し損害賠償責任を負う（一般法人 111 条 1 項。会社 423 条 1 項参照）。

(イ)　代表訴訟　　社員は，一般社団法人に対し理事の責任追及の訴えの提訴請求をしたにもかかわらず，60 日以内に訴え提起のないときは，一般社団法人のために責任追及の訴えを提起することができる（社員代表訴訟〔一般法人 278 条。会社 847 条参照〕。各種の協同組合においても，組合員代表訴訟制度が設けられている〔会社法の規定を準用〕。社員代表訴訟規定の類推適用につき，→Ⅰ 4(3)(ウ)）。

(ウ)　第三者に対する損害賠償責任　　一般社団法人の理事は，その職務を行うについて悪意・重過失のあったときは，第三者に生じた損害を賠償する責任を負う（一般法人 117 条。会社 429 条参照）。

前注（§§ *33-84*）Ⅴ　　　　　　　　　　　第 1 編　第 3 章　法　人

4　法人の代表

(1)　法人の代表機関

　一般社団法人においては，理事は原則として法人を代表する（一般法人 77 条 1 項本文。会社 349 条 1 項本文参照）。理事会が設置されたならば，理事会は代表理事を選定しなければならず（一般法人 90 条 3 項。会社 362 条 3 項参照），代表理事が法人を代表する（一般法人 77 条 1 項ただし書。会社 349 条 1 項ただし書参照）。

　一般社団法人と理事（理事であった者を含む）の間の訴訟においては，社員総会が法人を代表する者を定め（一般法人 81 条。会社 353 条参照），監事が設置されていれば，監事が法人を代表する（一般法人 104 条。会社 386 条参照）。なれあい訴訟により法人の利益が害されるおそれがあるからである（最判平 5・3・30 民集 47 巻 4 号 3439 頁，最判平 9・12・16 判タ 961 号 117 頁参照）。

(2)　代表権の範囲

　法人代表者の代表権は包括的であって，代表権に加えた制限は，善意の第三者に対抗できないと規定されているのが一般的である（個別法による公益法人における第三者に対抗しうる代表権の制限につき，→(3)(エ)(b)）。一般社団法人においては，法人を代表する理事（理事または代表理事。一般法人 21 条 1 項括弧書〔会社 47 条 1 項括弧書参照〕）は，法人の業務に関する一切の裁判上または裁判外の権限を有する（一般法人 77 条 4 項。会社 349 条 4 項参照）。この権限に加えた制限は，善意の第三者に対抗できない（一般法人 77 条 5 項。会社 349 条 5 項参照）。

(3)　代表権の制限

　(ア)　利益相反取引　　一般法人法 84 条 1 項 2 号・3 号（会社 356 条 1 項 2 号 3 号参照）にいう利益相反取引が，108 条 1 項にいう自己契約・双方代理，または，同条 2 項にいう利益相反行為に当たる場合には，無権代理行為とみなされる（108 条 1 項本文・2 項本文。ただし，社員総会〔または理事会〕の承認を受けた取引には 108 条の規定が適用されない〔一般法人 84 条 2 項。会社 356 条 2 項参照〕）。したがって，効果不帰属無効となり（113 条 1 項），表見代理を除く広義の無権代理に関する規定が適用される（相対的無効説〔最大判昭 43・12・25 民集 22 巻 13 号 3511 頁〕は，2017 年〔平成 29 年〕民法改正による 108 条 2 項の新設にともない修正されるべきである）。

　(イ)　代表権の濫用　　代表権の濫用の場合であっても，当該行為は代表権の範囲内であるから，代表行為は原則として有効であり，相手方が，悪意ま

680　〔後藤〕

前注（§§ *33-84*） V

たは有過失のときにかぎり，無権代理とみなされる（107条。無権代理とみなされれば，法人に効果が帰属せず，表見代理を除く広義の無権代理に関する規定が適用される。従前の判例は2017年改正前93条ただし書類推適用によっていた〔最判昭38・9・5民集17巻8号909頁，最判昭53・2・16金判547号3頁〕）。

(ウ)　**基本約款所定の目的による制限**　34条における基本約款所定の目的による権利・義務の帰属の制限について，代理権制限説または代表権制限説に立つならば，代表者は目的の範囲外の行為につき代表権が制限されている。目的の範囲外の行為は無権代理行為となる（目的を変更しないかぎり追認はありえないが，表見代理成立の可能性がある。→§ 34 III 2 (1)(イ)(c)）。

(エ)　**基本約款または総会決議による制限**

(a)　**原則**　定款または総会決議により，代表者の特定の行為につき，理事の過半数による決定または（理事会設置の場合には）理事会の決定を要求する法律の規定の原則（一般法人76条2項・90条2項1号。会社348条2項・362条2項1号参照）を加重した場合（たとえば，法人の重要財産の処分につき理事の3分の2以上の同意や総会決議を必要とする旨を定めたとき），それはもはや内部的な意思決定にとどまる問題ではなく，定款による代表者の代表権の制限となる（なお，山田誠一「法人の理事と代理権の制限——定められた手続の履践をしないでした理事の行為の効果の法人への帰属——」星野古稀上146-150頁参照）。定款または総会決議により，共同代表を定めた場合も同様である（一般法人77条2項参照。会社349条2項参照）。

しかし，このような代表権の制限は善意の第三者に対抗できない（一般法人77条5項。会社349条5項参照）（最判昭58・6・21判タ500号127頁〔学校法人の事案。もっとも，2004年（平成16年）改正前のものであり，当時の私立学校法49条が旧54条を準用していた。2004年改正により私立学校法49条における旧54条の準用は削除され，その後，2006年（平成18年）改正により同条が削除され，現行の私立学校法は，次述のように，旧54条に相当する一般法人法77条5項をいまなお準用していない〕）。なお，事業の全部の譲渡につき法律が社員総会の決議を要求している場合には（一般法人147条。会社467条1項参照），総会決議を欠く代表行為は無効であり，一般法人法77条5項（会社349条5項参照）の適用もない（四宮＝能見134頁）。

相手方の善意とは，代表権に制限が加えられていることを知らないことをいう。この善意の証明責任は相手方にあるが，相手方が善意であるとはいえ

〔後藤〕　681

前注（§§ 33-84） V　　　　　　　　　　　　　第1編　第3章　法　人

ない場合であっても，相手方において，代表者が当該行為につき理事会の決議等を得て適法に法人を代表する権限を有するものと信じ，かつ，このように信じるにつき正当の理由があるときには，110条の表見代理規定が類推適用される（最判昭60・11・29民集39巻7号1760頁〔旧54条を準用していた水産業協同組合法旧45条の下での漁業協同組合の事案。現在は，水産業協同組合法39条の4第2項が会社法349条5項を準用している〕）。

　　(b)　例外　　社会福祉法人・学校法人・特定非営利活動法人などにおいては，理事の代表権の制限を善意の第三者に対抗できないとする旧54条の準用規定が削除されたが，それに相当する一般法人法77条5項は準用されなかった。

　特定非営利活動促進法16条ただし書は「定款をもって，その代表権を制限することができる」旨を定めている（これに相当する規定は私立学校法にはない）。代表権の範囲または制限に関する定めは，これを登記しなければならないが（組合等登記令2条2項6号および別表），登記をすれば第三者に対抗しうる（私学28条2項，非営利活動7条2項）。

　社会福祉法人についても，社会福祉法旧38条が定款をもって理事の代表権を制限できる旨を定めていたが，2016年（平成28年）の社会福祉法改正により，同法45条の17第1項において，理事長が社会福祉法人の業務に関する一切の裁判上または裁判外の行為をする権限を有するものとされ，同第2項において，それに加えた制限は善意の第三者に対抗することができないものとされたので，現在では，一般法人法77条4項・5項におけるのと同じ規律が妥当している（これにともない，組合等登記令も改正され，その別表に規定されている社会福祉法人の登記事項から「理事の代表権の範囲又は制限に関する定め」が削除された）。

(4)　代表者の行為についての法人の損害賠償責任

　法人は，代表者がその職務を行うについて第三者に加えた損害を賠償する責任を負う（一般法人78条。会社350条・600条参照）。これらの諸規定の定める損害賠償責任は，文言上は債務不履行による損害賠償責任をも含みうるが，法人が不法行為による損害賠償責任を負うことを定めていることに意義がある（代表者の行為についての法人の損害賠償責任規定に関する従前よりの議論については，新版注民(2)276頁以下〔前田達明＝窪田充見〕参照）。2006年（平成18年）改正前

682　〔後藤〕

§*33*

44条1項は，代表者の行為についての法人の損害賠償責任について定めていたが，削除された。現在では，一般法人法78条および会社法350条となり，それらが個別法に準用されている（→Ⅰ1(3)(イ)）。

〔後藤元伸〕

（法人の成立等）
第33条① 法人は，この法律その他の法律の規定によらなければ，成立しない。
② 学術，技芸，慈善，祭祀，宗教その他の公益を目的とする法人，営利事業を営むことを目的とする法人その他の法人の設立，組織，運営及び管理については，この法律その他の法律の定めるところによる。

〔対照〕 ド民21条・22条，ス民52条
〔改正〕 見出し＝平18法50改正　②＝平18法50新設

細 目 次

Ⅰ 本条の意義 ……………………………684
1 33条1項の意義 ………………………684
　(1) 法律の規定による成立 ……………684
　(2) 法人法定主義 ………………………684
2 33条2項の意義 ………………………697
Ⅱ 法人の目的の意義 ……………………698
1 団体目的と事業目的 …………………698
2 法人の目的による法人の分類…………699
　(1) 会社法・一般法人法成立前の法状況 ……………………………………699
　(2) 会社法・一般法人法成立後の現行法 ……………………………………699
3 団体目的における営利と非営利………700
　(1) 営利概念の要素 ……………………700

　(2) 営利目的の概念 ……………………701
　(3) 非営利法人・営利法人の範囲の再考 ……………………………………704
Ⅲ 法人の種類とその体系 ………………706
1 法人の種類……………………………706
　(1) 非営利法人 …………………………706
　(2) 公益法人 ……………………………709
　(3) 営利法人 ……………………………716
　(4) その他の法人 ………………………723
2 法人の種類と法形式の一覧…………724
　(1) 非営利法人 …………………………725
　(2) 営利法人 ……………………………725
　(3) その他の法人 ………………………726

〔後藤〕　683

I 本条の意義

1 33条1項の意義

(1) 法律の規定による成立

　法人を設立するには，民法その他の法律の規定によらなければならない（33条1項）。もっとも，2006年（平成18年）改正前民法が公益法人の成立を認める根拠法律であったのに対して，現行の民法第1編第3章には法人の成立を認める法規定は存在しない。33条1項にいう「この法律その他の法律」のうち「この法律」の部分は現在，ほぼ空文である。

　法人の成立を認める法律は数多くあるが，一般社団法人及び一般財団法人に関する法律（一般法人法）および会社法が，非営利法人および営利法人のそれぞれについて，汎用性のある，より一般的な法人制度を定めるものであり，また，個別法による各種法人のモデルとなっている基本的な法律である（一前注（§§33-84）I）。

(2) 法人法定主義

　「物権は，この法律その他の法律に定めるもののほか，創設することができない」とする175条との対比において，それが物権法定主義を定めるものとすれば，33条1項は法人法定主義を定めるものといえる。物権法定主義になぞらえていうならば，33条1項の法人法定主義は，法人の種類と内容が法律の規定により定まることを意味する。もっとも，法人法定主義における種類と内容の法定性は，物権法定主義におけるそれほど厳格に解することができない。このことは，33条1項と175条の文言の違い（「法律の規定によらなければ，成立しない」と「法律に定めるもののほか，創設することができない」）にも表されている。

　(ア) 法人の設立に関する法定性　　法人の設立に関する法定性は，それを物権法定主義になぞらえるならば，法律に定めのない新しい種類の法人を設立することはできないことを意味する。

　法人の設立においても，契約内容の自由（521条2項）と同等の私的自治の原則が妥当するが，それは契約内容の自由と同じく法令の制限内のものであるにすぎない。法人の設立における法令の制限が法人法定主義の内容の1つであるともいえよう。法人法定主義は，法人として認められる可能性を制限

§*33* I

するのみであり，団体の設立や活動を禁じるものではなく，結社の自由を過度に制約するものでもない（雨宮孝子「非営利法人の立法論」NBL767号〔2003〕34頁，山本457頁。これに対して，井上武史「憲法から見た一般社団法人制度——結社の自由の視点からの検討——」初宿正典還暦・各国憲法の差異と接点〔2010〕630-635頁は，結社の自由保障には法人格取得権が含まれ，一般社団法人制度はこの権利を具体化する制度として位置づけられるとする）。

　すなわち，法律に定めのない新たな団体類型を創設すること（たとえば，権利能力なき社団のように，法定の民法上の組合と異なる団体類型に属する社団型団体を創設すること）は自由であるが，法人格を取得する段階では，法定されていない種類の法人形式を創設することはできず，法定の法人形式をその中から1つ選択できるだけである。法人設立の自由は法人形式選択の自由ということができる。さらに，法人形式の選択の自由においても制約があり，特定の法人形式を選択するには団体目的による制限がある。たとえば，一般社団法人・一般財団法人を選択して設立するには，非営利目的でなければならない（後藤元伸「団体設立の自由とその制約」ジュリ1126号〔1998〕62頁参照）。

　もっとも，法人の設立に関する諸規定が強行規定であるといっても，権利能力なき社団・財団に関する判例・学説を考慮すると，実質上は限りなく任意規定に近くなっているとの評価がありうる（織田博子「法人法規定の強行法規性」法時86巻5号〔2014〕143頁）。

　(イ)　法人の内容に関する法定性

　　(a)　法人における内容の自由と法人法定主義　　法人の内容は「団体規範設定契約」によって設定されるものであるが（北川善太郎・現代契約法 I〔1973〕61-62頁），それに関して，物権法定主義と同様にいうならば，法律の定める法人に法律の定めるのと異なる内容を与えることはできないということができる。他方で，法人の内容についても，契約における内容の自由（521条2項）が原則的に妥当し，法令の制限内においてその内容を自由に決定することができ，この法令内の制限が法人法定主義の内容の1つであるといえる。

　すなわち，法人の内部的な団体規範の設定においては，原則として契約内容の自由と同等のものが妥当するが，特定の法人形式を選択した後には，法人法定主義から，強行規定に反しない限りにおいての内容の自由があるにす

〔後藤〕　　685

§*33* I　　　　　　　　　　　　　　　　　　　　第1編　第3章　法　人

ぎないということができる。もっとも，特定の法人形式における規範の強行性の程度が高くなればなるほど，そこでの内容の自由は，法律によって与えられた選択肢からの選択の自由にまで縮減される。その際，選択肢が1つしかなければ，まさに法人法定主義が厳格に妥当するところであり，そこに内容の自由はなく，物権法定主義に等しいものを見出すことができる（後藤・前掲論文62頁）。

　(b)　組織ないし機関設計の自由とその制約　　たとえば，株式会社における機関設計における多様性は，機関構成の選択肢からの選択の自由としてとらえることが可能である。もっとも，一定の場合には，選択の幅がなく，一定の機関の設置が義務づけられ，あるいは，特定の機関の組合せが強制される。機関構成の選択と強制である（神作裕之「会社の機関──選択の自由と強制」商事法務1775号〔2006〕39-41頁）。このことは，一般社団法人においても妥当する。そこでは，理事会，監事または会計監査人を設置するか否かは自由である（一般法人60条2項）。もっとも，理事会設置一般社団法人・会計監査人設置一般社団法人は監事を置かなければないこと（一般法人61条），あるいは，大規模一般社団法人は会計監査人を置かなければならないことに（一般法人62条），一定の機関の設置あるいは一定の機関の組合せの強制が見られる（内田千秋「会社法としての一般社団（財団）法人法」藤岡康宏編・民法理論と企業法制〔2009〕61-62頁参照）。

　これに対して，組織ないし機関設計が原則として自由であり，それに対して強行規定による一定の制約が課せられるタイプの法人形式がある。たとえば，持分会社においては，社員たる地位と各機関は未分化の状態であるが，機関の分化を含めて自由な組織設計が可能である（神作・前掲論文43頁）。定款の定めにより，株式会社と同じように，資本多数決を採用し，各種の機関を設置することもできる（奥島孝康ほか編・新基本法コンメンタール会社法(3)〔2版，2015〕6頁〔今泉邦子〕。もっとも，持分会社の社員の業務・財産状況調査権〔会社592条1項〕については，定款で別段の定めをすることが許容されながらも〔同条2項本文〕，事業年度の終了時または重要な事由のあるときには制限することができない〔同項ただし書〕）。

　また，上記の株式会社・一般社団法人などの強行性の高い法人においても，取締役会設置株式会社・理事会設置一般社団法人でないものについては，取

686　〔後藤〕

締役・理事の業務執行に関する定款による別段の定めが許容され（会社348条1項，一般法人76条1項），また，株主総会・社員総会が万能性を有するから（会社295条1項，一般法人35条1項），法定の機関構成の選択肢と異なる機関設計も可能である（神作・前掲論文41頁参照）。

以上のものと対極にあるのが，たとえば一般財団法人である。そこでは，評議員，評議員会，理事，理事会および監事の設置が義務づけられ（一般法人170条1項），大規模一般財団法人でない法人において会計監査人を置くか否かの選択肢があるにすぎないから（一般法人170条2項・171条），機関構成の自由の幅はきわめて小さい。

　　(c)　法人法規定の強行法規性　　会社法29条・577条は会社法規定の強行性ないし定款の自治の範囲について定め，それらによれば，会社の定款には，定款の定めがなければ効力を生じない事項，および，その他の事項で会社法の規定に違反しないものを記載することができるとされている。会社法においては，組織・機関設計の問題に限らないかたちで，会社法の規定の強行法規性が，定款自治の範囲に関する議論としてなされている（江頭憲治郎・株式会社法〔7版，2017〕56-58頁，神田秀樹編・会社法コンメンタール14――持分会社(1)〔2014〕46-49頁〔大杉謙一〕）。株式会社における定款自治の範囲に関する議論は，第1に，法令と異なる定款の定めの有効性，第2に，法令に具体的な定めがない事項に関する定款の定めに対する制約（株主平等原則など）に関わるものに細分されるという（江頭・前掲書56頁）。

会社法の立案担当者によれば，会社法においては，基本的に，すべての規定を強行規定とした上で，定款自治が認められるべき規律については，その旨が明らかになるような手当てが講じられているとする（相澤哲編著・立案担当者による新・会社法の解説〔別冊商事法務295号〕〔2006〕6頁〔相澤哲＝郡谷大輔〕）。このような，強行規定か任意規定かについて解釈の余地を認めないという見解に対しては，法律上その旨がはっきり規定されているわけではないなどとして批判が強い（江頭憲治郎＝門口正人編集代表・会社法大系(1)〔2008〕12-14頁〔江頭憲治郎〕）。また，持分会社に関する規定が基本的にすべて強行規定であるとはいえないとされている（江頭・前掲書56頁）。

一般法人法12条は会社法29条・577条と同旨の規定であり，法人法規定の強行法規性と定款自治の範囲につき，会社法におけるのと同様の議論が，

〔後藤〕　　687

一般法人法においても成立しうる（織田・前掲論文 142-144 頁）。もっとも，定款の自治といっても，法人の法形式・種類により多様であり，その範囲や内容が異なるので，法人ごとの個別的な検討が必要であるとされている（稲田和也「定款自治と強行法性」椿寿夫編著・民法における強行法・任意法〔2015〕308 頁。大杉謙一「法人（団体）の立法のあり方について・覚書」日本銀行金融研究所ディスカッション・ペーパー・シリーズ 2000-J-7〔2000〕56-57 頁は，公益法人の領域には法人法定主義〔33 条，あるいは「定型強制」〕が大きな意義を有するとする）。組織ないし機関設計については，前項(b)において見たところである。

(ウ)　国家的関与

　(a)　国家的関与の要請　　33 条 1 項が定める法人の設立に関する法定性はまた，当事者の法律行為（設立行為）のみによって法人が成立することはないことを意味する（また，行政庁の設立行為のみによって法人が成立することがないことも意味する。山田誠一「これからの法人制度〔第 1 回〕」法教 321 号〔2007〕14 頁）。すなわち，法人の成立には，認可主義・準則主義などによる何らかの国家的関与が要請されている（佐久間毅「非営利法人法のいま」法時 80 巻 11 号〔2008〕12-13 頁参照）。

　(b)　自由設立主義の排斥　　法人の設立に関する自由設立主義は，法人の法律関係を不明確にし，取引の安全を害するものとされている（四宮 90 頁）。33 条 1 項は，このような弊害を有する自由設立主義を採用しないことをも宣言する規定である。

　もっとも，判例・通説は，権利能力なき社団について，法人でないにもかかわらず，できるだけ法人に近い取扱いをしているのであるから，その限りにおいて解釈上，自由設立主義を採用しないという意味における 33 条 1 項の趣旨が徹底されてはいない（織田・前掲論文 143 頁参照）。総有論・合有論は，法技術的には法人とはなっていない団体の法人的実質を確保するためのミニ法人論的機能を，共同所有論の形をとりながら，果たすものであるという見解があるが（加藤雅信「総有論，合有論のミニ法人論的構造」星野古稀上 155 頁・192 頁），これもまた 33 条 1 項の趣旨が解釈上，貫徹されえないことを示唆するものといえる。

　また，組合員の債権者は組合財産についてその権利を行使することができないとする 677 条に対して，2017 年（平成 29 年）民法改正の中間試案の段階

で示されていた反対意見は，33条1項の法人法定主義をなし崩しにするものであるという指摘として理解することも可能である（→前注（§§33-84）II 3 (2)(b)）。それによれば，一般法人法や有限責任事業組合法などの団体法理に関する整備が進んだ現在において，公示機能なしに組合財産の独立性を強調する規律を明文化することには慎重であるべきだとされていた（商事法務編・民法（債権関係）の改正に関する中間試案（概要付き）（別冊 NBL143 号）〔2013〕192頁）。

　(c)　法的安全の確保　　33条1項に関する従前の議論は，(エ)に見るような許可主義・準則主義などの法人に関する設立主義に集中していたが，法人法定主義の制度趣旨として，自由設立主義をとらず法人を法定することによる法的安全の確保が，指摘されなければならないであろう（山本457頁参照）。法人法定主義によって確保される法的安全は，取引の相手方にとってまずは有用な事柄であるが，取引の相手方のみならず法人の外にある第三者，ひいては社会全体にとっても重要な事柄である。つまり，法人法定主義による法的安全は，法人の存在の明確性のみならず，法人制度全体に対する信頼性を意味する。

　(d)　公示の要請　　法人法定主義においては，法人に関する公示が法人の法定性と論理必然的に結びつくわけではないが，法人についての明確性・信頼性を確保するためには，法人に関する公示のなされることがもっとも効果的である。とくに，許可主義・認可主義とは異なり，実体関係の成立に対する事前審査のない準則主義の場合，公示の要請はきわめて大きい（なお，→前注（§§33-84）II 2 (2)(イ)）。それゆえ，準則主義が採用される場合には，登記を法人の成立要件とすることにより（一般法人22条，会社49条など），法的安全の極大化がはかられている。準則主義は，登記を成立要件とする公示によって法的安全をはかりつつ，事前的な国家的関与を公簿への登記に限定して，団体設立の自由を最大限尊重することに意義があるというべきである（→(エ)(b)）。

　33条1項で法人法定主義を定める民法典は，その手段として，36条で法人の登記を採用することを宣言している。公示方法として登記制度を選択した以上，その結果として，物権の登記と物権法定主義の関係と同じく，登記技術上の要請から，法人の種類は限定列挙にならざるをえない。公示のため

〔後藤〕　689

§*33* I 　　　　　　　　　　　　　　　　　　　　第1編　第3章　法　人

の登記制度からも，逆説的だが，法人法定主義が要請されているのである。

　(エ)　法人の設立に関する立法主義　　法人設立に関する立法主義は，国家的関与の度合いに応じて区別され，法人の種類により異なる。

　　(a)　自由設立主義　　近代資本主義社会では当初，法人の設立に関して特許主義がとられていたが，資本主義の進展とともに，資本団体の設立が要請され，法人成立の要件は緩和されるに至り，法人たる実体をそなえるものに当然法人格を承認する自由設立主義をとる立法（ス民 52 条 2 項・60 条）さえ出現しているとされている（四宮 90 頁，四宮＝能見 102 頁。なお，旧民法財産取得編 118 条 1 項「民事会社ハ当事者ノ意思ニ因リテ之ヲ法人ト為スコトヲ得」とする自由設立主義的規定につき，新版注民(2)280 頁〔前田達明＝窪田充見〕，森泉章＝大野秀夫「法人論史 —— 法人本質論を中心に —— 」水元浩＝平井一雄編・日本民法学史・各論〔1997〕3-4 頁）。

　　(i)　スイスにおける自由設立主義　　我妻 119 頁は，公益を目的とする団体について，各国においてほぼ同様にその設立が自由となったが，スイス民法はさらに一歩を進め，いわゆる自由設立主義をとるに至ったとし，非経済的社団に関するスイス民法典を引用している。スイス民法典は非経済的社団（非営利社団）についてのみ自由設立主義を採用するものである（石田(穣)271 頁）。

　　スイス民法典 60 条 1 項によれば，「政治・宗教・学術・技芸・慈善・社交その他非経済的な使命に奉仕する社団（Verein; association）は，社団として存在する意思が定款から明らかなときに，人格を取得する」（同条 2 項によれば，「定款は書面により作成され，目的，資産および組織につき定めなければならない」）。また，スイス民法典 59 条 2 項によれば，「経済的目的を追求する人の団体は会社および協同組合の規定に従う」（会社と協同組合の規定とは，スイス債務法上のそれらに関する規定を指す）。すなわち，スイス法上の非営利社団（Verein; association）は，もっぱら非経済的目的を追求する人の団体であり，それゆえ，自由設立主義にもとづき，定款を作成することのみによって法人格を取得するのに対して，営利目的の団体は商業登記簿への登記によって成立する（ス民 52 条 1 項）（Arthur MEIER-HAYOZ/Peter FORSTMOSER, Schweizerisches Gesellschaftsrecht, 11. Aufl., 2012, §4 N 22, §6 N 68, §20 N 13）。

　　したがって，自由設立主義とは，団体を設立する意思が明示されたときに

団体が成立するとともに，登記を要せずして団体が法人格を取得するものをいうとされている。それは，法人である団体の設立を容易にするが，第三者にとっても構成員にとっても，法的安全にデメリットをもたらす。商法上は，自由設立主義がそれほど適合的な制度ではないので，登記により成立するという準則主義がとられている（MEIER-HAYOZ/FORSTMOSER, a.a.O., §11 N 11ff.）。また，自由設立主義によって成立する非営利社団は登記をすることを要しないが（ス民52条2項），商人的事業を営むときは商業登記簿に登記をしなければならない（ス民61条2項1号。MEIER-HAYOZ/FORSTMOSER, a.a.O., §4 N 23, §20 N 17; 我妻栄ほか・我妻・有泉コンメンタール民法——総則・物権・債権——〔3版，2013〕124-125頁）。

　（ii）　ドイツにおける自由設立主義の不採用　　ドイツでは，自由設立主義とは団体がその成立のみによってただちに権利能力を承認されるものをいうとされている（Helmut COING, Julius v. STAUDINGER Kommentar zum Bürgerlichen Gesetzbuch mit Einführungsgesetz und Nebengesetzen, 1. Buch, 12. Aufl., 1980, Einl zu §21-89, Rn. 60; 新版注民(2)40頁〔奥田昌道〕）。

　ドイツ民法典の第1委員会草案は，自由設立主義が法的不安定性および社会政策的理由から問題外であるとし，また，バイエルンとザクセンで先行していた準則主義はこれを採用する必然性はないとして，法人の成立につき規定を設けず，ラント法に委ねていた（Motive zu dem Entwurfe eines Bürgerlichen Gesetzbuches für das Duetsche Reich, Bd. I, 1888, S. 88ff.）。第2委員会草案の段階では，準則主義を採用する案とならんで，自由設立主義を採用する案も検討されていた。それは，団体的組織を備えたすべての社団はそれ自身が財産的能力を有し，ただ，登記能力は社団登記簿への登記によって取得するものとしていた（Benno MUGDAN, Die gesammten Materialen zum Bürgerlichen Gesetzbuch für das Deutsche Reich, Bd. I, 1899, S. 595f.）。第2委員会草案は，このような自由設立主義を採用することなく，非経済的社団（非営利団体）につき社団登記簿への登記による権利能力の取得による準則主義を，経済的社団（営利団体）につき（特別法のないときにおける）許可主義を採用し，これがドイツ民法典の21条・22条となっている。

　非営利団体につき準則主義が採用されたとはいえ，ドイツ民法典の成立当初は，政治的，社会政策的または宗教的団体については，行政庁がその登記

〔後藤〕　　691

§33 I 　　　　　　　　　　　　　　　第1編　第3章　法　人

に対する異議申立権を有すること（ド民旧61条2項），登記後も，政治的・社会政策的・宗教的目的を追求した場合には，権利能力が剥奪されうること（ド民旧43条3項），また，区裁判所に対する構成員リストの提出義務（ド民旧72条）に関する規定があった。このため，偽装的許可主義であるとの批判を受けた（Heinrich STOLL, Gegenwärtige Lage der Vereine ohne Rechtsfähigkeit, Die Reichsgerichtspraxis im deutschen Rechtsleben, 2. Bd., 1929, S. 51; 新版注民(2)43頁〔奥田〕）。なるほど，そこには団体・結社に対する国家のアレルギーが見られる（名津井吉裕「ドイツにおける当事者能力概念の生成(2・完)」民商119巻3号〔1998〕392-410頁）。

　しかしながら，ドイツ民法典において自由設立主義が排斥され準則主義が採用されたのは，もっぱら社会政策的な理由のみによったのではない（後藤元伸「権利能力なき社団論の現在――ドイツ民法典制定過程における議論の再評価――」阪法55巻3＝4号〔2005〕403-409頁）。第1委員会草案の段階では，自由設立主義における法定不安定性が指摘されていた。第2委員会草案は，構成員と第三者にとって取引の安全および紛争回避の利益のための公示の必要性，それゆえ，かかる法的安全をつくり出すには法人の成立を登記といういわば公的行為に結びつけることの必要性を根拠としていた（MUGDAN, a.a.O., S. 601f.）。

　(iii)　準則主義との異同　　自由設立主義といえども，契約と同じく，団体の成立につき法秩序による承認が必要である。この点での準則主義との違いはそれほど大きいものではない。もっとも，登記と結合された準則主義との間では，登記を成立要件とするか否かの違いが大きい。

　法人格の付与については，スイス法を見るかぎり，法定されている点では自由設立主義と準則主義に違いはない。かつてのフランス法における民法上の組合の法人性の承認は，法律上の明文の規定ではなく，判例によるものであった（→前注（§§33-84）II 2(2)(イ)(b)）。

　(b)　準則主義　　準則主義は，法律の定める一定の組織を備えることによって法人が成立するものであるが，その組織内容を公示するために登記を必要とするのが常であるとされている（我妻141頁）。あるいは，準則主義は，法律の定める組織を備え，一定の手続によって公示したときに法人の成立が認められるものとされている（四宮90頁）。

　前者の説明は，準則主義に登記を結びつけるのが常であるとしながらも，

692　〔後藤〕

§ *33* I

準則主義と登記の必要性との間には論理的必然性がないことをも表している。たしかに，法人法定主義から論理必然的に登記の要請を導くことはできない。しかし，自由設立主義であっても準則主義であっても，契約と同じく，成立については法的承認が必要なことに変わりはないから，自由設立主義との相違を考慮するならば，設立登記を成立要件とすることもまた準則主義の意義内容とすべきである。

準則主義の意義は，法人の成立を登記にかからしめることにより，法人をめぐる法的安全をはかるとともに，事前の国家的関与を許可主義・認可主義におけるような実体審査によらずして，公簿への登記に限定することにより，団体設立の自由を最大限尊重することにあると解すべきである（事後的な国家的コントロールには，解散命令判決〔一般法人261条，会社824条など〕，休眠法人のみなし解散〔一般法人149条・203条，会社472条など〕がある）。それゆえ，準則主義とは，法律の定める要件を具備し，設立登記をすれば法人が成立するものをいうとすべきである。

準則主義をとるものには，一般社団法人・一般財団法人（一般法人22条・163条），株式会社・持分会社（会社49条・579条），相互会社（保険業法30条の13第1項），弁護士法人・弁護士会（弁護30条の9・34条1項），税理士法人・税理士会（税理士48条の9・49条の4），司法書士法人・司法書士会（司書33条・52条），労働組合（労組11条1項），管理組合法人（建物区分47条1項）などがある。

銀行業・保険業など，会社の目的とする事業につき，それを営むための免許（銀行法4条1項，保険業法3条1項）を受けているか否かは，準則主義による法人の成立に影響を与えない（四宮90頁，四宮＝能見102頁）。事業の許可（鉄道事業法3条1項，道路運送法4条1項・43条1項など）についても同じであろう（大判大4・12・25民録21輯2199頁は先例〔大判明41・3・20民録14輯320頁，大判大2・10・21民録19輯849頁〕を変更し，旧銀行条例2条1項の銀行事業の認可につき，認可のないかぎり事業の経営ができないだけであって，認可は商事会社に人格を付与する設立の要件ではないとしていた〔保険業につき，大判大10・6・24民録27輯1236頁〕）。

(c) 認 可 主 義

(i) 認可主義 認可主義は，法律の定める要件を具備した申請があれ

〔後藤〕 693

§*33* Ⅰ   第1編　第3章　法　人

ば，所轄庁が必ず認可しなければならないとするものである（我妻140頁）。
認可を受け，設立登記をすることによって法人が成立するのがふつうである。
認可主義をとるものには，各種の協同組合（農協60条・63条，水協64条・67条，
生協58条・61条，中協27条の2条・30条），社会福祉法人（社福32条・34条），医
療法人（医療45条・46条1項），学校法人（私学31条・33条），地縁による団体
（自治260条の2）などがある。健康保険組合（健保12条1項）については，認
可主義の例として挙げられるのが体系書において一般的である（我妻140頁な
ど）。しかし，認可要件を定めた規定，および，法律の要件を具備したとき
に認可すべき旨を定めた規定はなく（規約の内容および組織に関する規定はある
〔健保16条～22条〕），詳細は厚生労働省の設立認可基準によっている上に，成
立の時期は登記の時ではなく，設立認可を受けた時とされているから（健保
15条），きわめて許可主義に近似している。

　認可主義においては，準則主義と異なり，所轄庁が事前の実体的審査を行
う。他方，許可主義と異なり，法律の要件が具備されていれば，所轄庁は必
ず認可しなければならない。もっとも，認可主義には許可主義のような所轄
庁の自由裁量の余地がないとはいえ，法律上の認可要件が抽象的または簡潔
であるために，所轄庁がそれを具体化した詳細なものを設立認可基準として
定めている場合には，そこに所轄庁の裁量が働き，事実上，許可主義に近い
運用がなされていることもあるとされる（河上140頁参照）。

　また，所轄庁の定める設立認可基準が，法律の定めより厳格なこともある。
たとえば，2016年（平成28年）改正前の社会福祉法旧36条1項は社会福祉
法人の役員の定数を理事3人以上・監事1人以上としていたが，厚生労働省
「社会福祉法人の認可について」（平成12年12月1日障890号・社援2618号・老発
794号・児発908号厚生省大臣官房障害保健福祉部長・社会・援護局長・老人保健福祉局
長・児童家庭局長連名通知）の別紙1「社会福祉法人審査基準」および別紙2
「社会福祉法人定款準則」は理事6人以上・監事2人以上としていた（総務省
行政評価局「設立に認可を要する法人に関する行政評価・監視結果報告書」〔平成26年6
月〕）。ただし，現行法においては，理事6人以上・監事2人以上とされてい
るので（社福44条3項），そのような状態は解消されている。

　　(ii)　認証主義　　認証主義は，申請者が提出した書面にもとづいて，所
轄庁が法律の定める要件を具備しているか否かを認証するもの（確認行為）

694　〔後藤〕

である（河上139頁）。設立登記により法人が成立する。認証主義をとるものに，宗教法人（宗法12条〜15条）および特定非営利活動法人（非営利活動10条〜13条）がある。

認可主義と同じく，法律の要件が具備されていれば，所轄庁は認証しなければならない（宗法14条，非営利活動12条）。認証は覊束行為であって，所轄庁の裁量は許されないものと解されている（宗教法人につき，渡部蓊・逐条解説宗教法人法〔4次改訂版，2009〕148頁）。

最高裁は，宗教法人の規則認証に関する所轄庁の審査について，それが形式的書類審査にとどまらず，実質的審査に及びうるものと判示している。すなわち，「審査事項を証するために提出を要する添附書類は，証明事実の真実の存在を首肯させるに足りる適切な文書であることを必要とし，単に形式的に証明文言の記載ある文書が調っているだけで足り」ず，「証明事実の虚偽であることが所轄庁に知れているときはもちろん，所轄庁において証明事実の存否に理由ある疑をもつ場合には，その疑を解明するためにその事実の存否につき審査をしたからといって，これをその権限の逸脱とはなしがたい」とする（最判昭41・3・31訟月12巻5号669頁。なお，石村耕治編著・宗教法人法制と税制のあり方〔2006〕22-23頁〔石村耕治＝相ノ谷修通＝斎藤謙次＝廣橋隆〕参照）。

　(d) 許可主義　許可主義は，設立を認めるか否かを所轄庁の裁量的許可に委ねるものである。2006年（平成18年）改正前の民法上の公益法人（社団法人・財団法人）は許可主義をとっていた（その後の，特定非営利活動促進法〔NPO法〕および一般法人法の成立につき，→Ⅲ 1 (2)(イ)(b)(ⅱ)，前注（§§33-84）Ⅰ 4 (1)）。そこでは，所轄庁の許可により法人が成立し，登記は対抗要件であった（旧46条2項）。

　(e) 特許主義　1つの法人を設立するために，各別の設立根拠法を制定するものである。かかる法人を特殊法人と呼ぶことができるであろう（→Ⅲ 1 (4)(ア)）。

　(f) 強制主義

　(ⅰ) 強制主義の今日的意義　強制主義は，国家が設立を強制するものとされている（四宮91頁）。もっとも，法人の設立の強制は現在では，弁護士会・司法書士会・税理士会などが法律によって一般的に設立を命じられて

§*33* I　　　　　　　　　　　　　　　　　　　　第1編　第3章　法　人

いる場合（弁護32条，司書52条1項，税理士49条1項），または，健康保険組合
の設立を厚生労働大臣が命ずることができるとされている場合（健保14条1
項）などに見られるにすぎない（我妻141-142頁参照）。これらは，法人を設立
する私人にイニシアティヴがあることを前提にして，法人の成立につき準則
主義または認可主義をとりながらの設立強制であるにすぎないから（弁護34
条1項，司書52条1項，税理士49条の4，健保12条1項），法人の設立に関する立
法主義としての強制主義とはいいがたい。近時の体系書においては，法人の
設立に関する立法主義の1つとして強制主義がとりあげられていない（四宮
＝能見102-103頁など）。

　　(ii)　「公的な性格を有する」法人における設立強制　　弁護士会・司法
書士会・税理士会などの団体は，一定の地域の弁護士・司法書士・税理士な
どの資格を有する者および弁護士法人・司法書士法人・税理士法人などの法
人からなる同業者団体であり，その意味では社員に共通する利益を図る共益
目的の法人であるといえる（新版注民(2)499頁〔川村俊雄〕参照）。他方，その
目的（弁護31条1項，司書52条2項，税理士49条6項）からすれば公益法人であ
るともいえる（新版注民(2)498-499頁・509-512頁〔川村〕は準公益法人であるとして
いる）。

　また，その設立が私人に委ねられ，その運営が団体の自治に委ねられてい
る私法上の法人ではあるが，他方，設立が強制され（弁護34条1項，司書52条
1項，税理士49条の4），団体の自治には職務内容から生じる特別の意義が付与
されている（弁護士会における弁護士自治の意義につき，日本弁護士連合会調査室編
著・条解弁護士法〔4版，2007〕314-315頁参照）。

　したがって，上記の法人は，共益目的の法人かつ公益法人というにとどま
らず，公的な目的の法定性（弁護31条1項，司書52条2項，税理士49条6項），
設立強制（弁護34条1項，司書52条1項，税理士49条の4），間接的な強制加入
（登録〔弁護8条，税理士18条〕），登録による当然の入会（弁護36条1項，司書57
条2項，税理士49条の6第1項），弁護士・司法書士・税理士などの資格を有す
る者や弁護士法人・司法書士法人・税理士法人でない者の業務の禁止または
制限（弁護72条，司書73条1項，税理士52条）などから，判例によれば「公的
な性格を有する」法人とされている（最判平8・3・19民集50巻3号615頁〔税理
士会〕，最判平14・4・25判タ1091号215頁〔司法書士会〕）。設立強制は，上記の法

696　　〔後藤〕

人の「公的な性格」を指し示す要素の1つとなっている。

前掲最高裁平成8年3月19日判決は，税理士会につき，「税理士の使命及び職責にかんがみ，税理士の義務の遵守及び税理士業務の改善進歩に資するため，会員の指導，連絡及び監督に関する事務を行うことを目的として〔筆者注：昭和55年法律26号による改正前の税理士法49条2項〕，法が，あらかじめ，税理士にその設立を義務付け〔同49条1項〕，その結果設立されたもので，その決議や役員の行為が法令や会則に反したりすることがないように，大蔵大臣の前記のような監督に服する法人である〔同49条の11・49条の18・49条の19第1項〕。また，税理士会は，強制加入団体であって，その会員には，実質的には脱退の自由が保障されていない〔同18条・49条の6・52条〕」とする。そして，税理士会について「公的な性格を有する」としている。

健康保険組合もまた「その本来持っている共益性をベースに公益的な役割も果たしていく」ものであり（健康保険組合連合会「健康保険組合論（医療政策と健康保険組合の役割）の構築に関する調査研究」平成21年度調査研究報告書〔2009〕。なお，安達三季生「法人類型論と健康保険組合の法的性質」志林88巻4号〔1991〕137-138頁参照），同様のことがあてはまるであろう。

2　33条2項の意義

33条2項は「公益を目的とする法人」「営利事業を営むことを目的とする法人」および「その他の法人」を挙げているが，このうち，「営利事業を営むことを目的とする法人」は営利法人と同じではない。これらの目的による分類は法的な意義に乏しく，法人の設立，組織，運営，管理について，民法その他の法律に準拠しなければならないことを宣言する意味しかないというべきである（四宮＝能見105頁。→前注（§§33-84）I2(3)(ア)）。

これに対しては，33条2項が法人の種類を掲げていることに意義を見出す見解がある（大村・読解141頁。法人の目的と種類については，法人の成立を認めるそれぞれの根拠法律にもとづいて分類・整理されるべきものであり，II・IIIにおいて詳論する）。また，将来の特別法による法人設立に根拠を与えておくことに積極的な意義を見出す見解がある（佐久間・前掲論文13頁）。さらに，民法典の法人規定が法人の総則規定であること，中でも，法人の能力に関する34条が法人の総則規定として会社にも適用されることを示す規定であるとする見解がある（森本滋・会社法・商行為法手形法講義〔4版，2014〕41頁参照）。

II　法人の目的の意義

1　団体目的と事業目的

　法人において，その「目的」というときには2つの意義があるとされている。つまり，法人の存在目的としての「目的（Zweck）」とその目的を実現する具体的な手段としての「事業目的（Gegenstand）」である。営利法人や公益法人というカテゴリーは，前者の目的を基準にした分類であり，定款に記載すべき目的は事業目的である（神作裕之「会社法総則・擬似外国会社」ジュリ1295号〔2005〕140頁）。

　ドイツ法においては，団体目的（Gesellschaftszweck）と事業目的（Unternehmensgegenstand）が区別されている。団体目的とは，追求されるべき目標についての当事者の基礎的な了解をいう。社団類型に属する団体であっても，多数決による変更は不可能であり，変更には全員の同意を必要とするという。事業目的とは，団体目的を達成するために合意された特定の手段をいう。定款変更の方法による（特別多数決による）変更が可能である（Friedrich KÜBLER/Heinz-Dieter ASSMANN, Gesellschaftsrecht, 6. Aufl., 2006, S. 33f.; 荒木和夫・ドイツ有限会社法解説〔改訂版，2007〕21-24頁）。

　このように，法人の目的という語には2層の意味があるものとすべきである。その基層にあるのは団体目的である。団体目的とは，総構成員の意思（財団の場合，設立者の意思）にもとづいて達成されるべき基礎的目標をいう。たとえば，学術，技芸，慈善，祭祀，宗教，営利（以上，33条2項参照），あるいは，親睦，相互扶助など「社員に共通する利益を図ること」（旧中間法人法2条1号）である。

　法人の目的のもう1つの意味は，団体目的（基礎的目標）を達成するために，法人が行う具体的な事業の内容（事業目的）である。定款の絶対的記載事項として定められている一般法人法11条1項1号や会社法27条1号にいう「目的」とは，この意味での法人の行う事業の内容を指す。会社についていえば，利益を得ることを目的として対外的活動をするという意味である（神田秀樹・会社法〔20版，2018〕6頁。なお，営利目的における事業性の要素につき，→3(2)）。

　団体目的（基礎的目標）は多数決により変更することができないが，事業目

的は，定款の内容を構成するものであるから，定款変更の方法により変更することができる（一般法人 146 条・49 条 2 項 4 号，会社 466 条・309 条 2 項 11 号など）。

結社の自由（憲 21 条 1 項）および私的自治の原則（団体の自治）から，違法なものでないかぎり，法人の目的（団体目的）は自由に定めることができる。もっとも，団体が一定の種類の法人となるには，団体目的による制限がある。たとえば，営利目的の団体は，一般法人法にもとづいて非営利法人である一般社団法人になることができない（法人法定主義の一内容。→ I 1 (2)(7)）。

2 法人の目的による法人の分類

(1) 会社法・一般法人法成立前の法状況

会社法および一般法人法成立前の法典上の基本的体系においては，許可主義による公益法人の成立を民法典が定め，準則主義による営利法人（会社）の成立を商法典（および有限会社法）が定めていた。公益を目的とし，かつ，営利を目的としない社団または財団は，主務官庁の許可により公益法人となることができた（旧 34 条）。営利を目的とする社団は会社法などの規定に従って営利法人となることができた（旧 35 条，商旧 52 条，旧有限会社法 1 条）。従前からの理解によれば，法人の団体目的として，公益目的，営利目的，および，公益でも営利でもない中間目的があるとされてきた（→前注（§§ 33-84）I 2 (2)）。つまり，公益法人，営利法人および中間目的の法人である（我妻 136-139 頁）。

(2) 会社法・一般法人法成立後の現行法

(ア) 非営利法人と営利法人，非営利法人中の公益法人　　会社法の施行（2006 年〔平成 18 年〕5 月）および一般法人法の施行（2008 年〔平成 20 年〕12 月）以降は，法人は非営利法人と営利法人に二分される（→前注（§§ 33-84）I 2 (3) (イ)，§ 33 II 3 (2)(ウ)）。非営利法人と営利法人の区分は，営利目的の存否による。非営利法人の基本的法律は一般法人法であり，営利法人の基本的法律は会社法である（→前注（§§ 33-84）I 4 (3)(イ)）。非営利法人の中に公益法人があり，したがって，非営利法人には公益を目的としない非営利法人と公益法人がある。

公益を目的としない非営利法人の中でもっとも一般的なものは，一般法人法にもとづいて設立される一般社団法人・一般財団法人である。また，公益を目的としない非営利法人には，個別の法律にもとづいてその設立が認めら

§*33* II

れるものがある。その中には，構成員に共通の目的を図ることを目的とする共益目的の法人がある（個別法による共益目的の法人。→Ⅲ 1 (1)(イ)(b)）。

　非営利法人のうちの公益法人は，一般社団法人・一般財団法人が公益認定を受けて成立するか（公益社団法人・公益財団法人。公益法人4条以下），あるいは，公益法人の成立を認める個別の法律にもとづいて成立する（個別法による公益法人。→前注（§§33-84）Ⅰ3(2)(ア)，§33 Ⅲ 1 (2)(イ)(b)）。

　(イ)　公益法人・非営利法人・営利法人　　言語的には，営利法人が先行し，そうでないものが非営利法人となるが，営利法人（会社）が非営利目的を広範に追求しうるものと解釈するのであれば（→Ⅲ 1 (3)(イ)），概念的には営利法人が非営利法人を包含しうることになる。そうだとすれば，営利を目的としない法人が非営利法人であり，非営利法人でない法人が営利法人であることになる。さらに，非営利法人の中に公益法人があることを勘案すると，公益法人が法人の集合のもっとも中心にあって，法人の目的から生じる制約がもっとも大きい。つまり，私法上の法人においては，公益法人でないものが非営利法人であり，非営利法人でないものが営利法人であるということができる。

　けだし，非営利法人であること（さらには，公益法人であること）に特恵的な地位が認められるべきであるから，非営利法人でなければ営利法人であるとすべきであり，それは剰余金の分配可能性の有無によって判断されるとすべきである（→3(2)(ウ)，Ⅲ 1 (1)(ア)）。

3　団体目的における営利と非営利

(1)　営利概念の要素

　団体目的における非営利目的・営利目的には，事業内容としての意味（第1の営利性基準）および団体構成員に利益を分配するか否かの観点からの意味（第2の営利性基準）があるとされている（能見善久「公益的団体における公益性と非営利性」ジュリ1105号〔1997〕53頁，松井英樹「新・会社法における会社の営利性」中央学院大学法学論叢21巻1号〔2007〕34頁）。また，会社の営利性には，利益（剰余金）分配としての営利性，および，事業における営利性があるとされている（神作・前掲ジュリ1295号138-140頁）。以下に見る学説からも，団体目的における営利目的の概念には，事業活動による利益の獲得の要素および構成員への剰余金分配の要素のあることがわかる（後藤元伸「団体目的における営利概

念」法時 67 巻 2 号〔1995〕87 頁)。事業性の要素，および，剰余金分配の要素である。

なお，ドイツにおける経済的・非経済的社団 (wirtschaftlicher / nichtwirtschaftlicher Verein) の区別は，利益を分配するか否かではなく，事業目的のレベルで考えられているとされる (能見・前掲論文 53 頁)。あるいは，法人が「経済的」活動を行うものであるかどうかに着目し，その成果を構成員に分配するか否かという結果に着目するものではなく，ドイツにおける「経済的」活動という概念が，事業における営利性の概念にかなり近いとされている (神作・前掲ジュリ 1295 号 140 頁)。たしかに，ドイツ民法典 21 条・22 条の文言上は，団体目的が「経済的事業に向けられている (auf einen wirtschaftlichen Geschäftsbetrieb gerichtet)」か否かが規準となっているが，通説はこれを団体自身または構成員の経済的利益を達成することをいうとしている (KÜBLER/ ASSMANN, a.a.O., S. 120f. この定義については，経済的事業を営むなどして団体自身の経済的利益をはかる場合であっても，それが非経済的目的を達成する手段にすぎないときは，経済的目的は認められず〔Nebenzweckprivileg：従たる目的の特典〕，他方，構成員の経済的利益をはかる場合には，それが一定の経済的事業によるものでなければならないという注解が必要である。後藤元伸「独仏団体法の基本的構成(1)」阪法 47 巻 2 号〔1997〕353-355 頁)。それゆえ，ドイツにおいても，営利目的につき，事業性の要素に加えて，剰余金分配の要素を含む構成員の経済的利益が考慮されているものというべきである。

(2) 営利目的の概念

(ア) 営利概念に関する伝統的学説　　従前の民法の体系書では，営利法人が「専ら構成員の私益を目的とし，従って，団体の利益を結局何等かの形式で構成員に分配するものである」(我妻137頁) とされ，あるいは，公益法人と営利法人の区別の重点が「営業活動を行ない構成員に利益を分配することを目的とするか否かにある」(四宮81頁) とされている (新版注民(2) 191 頁〔林良平〕は，社員の出費減少を目的とすることも利益だとする)。

また，商法学説を中心として，営利を目的とするというのは「単にその活動により会社自身の経済的利益をはかることを目的とするのみでは足りなく，進んで社員の利益をはかることを目的とし，その事業から生ずる利益が窮極において社員に分配されることを意味する」とされ (大隅健一郎＝今井宏・会社

§*33* II   第1編　第3章　法　人

法論（上）〔3 版，1991〕18 頁），あるいは，「会社がその活動によって利益を得，
それを社員に分配すること」をいうものとされている（上柳克郎ほか編集代
表・新版注釈会社法(1)〔1985〕39 頁〔谷川久〕。ほかに，鈴木竹雄＝竹内昭夫・会社法
〔3 版，1994〕14-15 頁，北沢正啓・会社法〔6 版，2001〕12 頁，龍田節＝前田雅弘・会社
法大要〔2 版，2017〕52 頁，江頭憲治郎・株式会社法〔7 版，2017〕22 頁，落合誠一・
会社法要説〔2 版，2016〕27-28 頁・45 頁など）。これらの学説は，営利目的につ
き，事業性の要素および剰余金分配の要素をその内容とするものといえよ
う。

　　(イ)　剰余金分配の要素と事業性の要素の関係　　公益法人については，そ
れが事業経営の資金を獲得するために，収益を目的とする事業を営んでも，
公益を目的とする本質に反しないとされてきた（我妻136-137 頁，新版注民(2)
269 頁〔高木多喜男〕）。公益社団法人及び公益財団法人の認定等に関する法律
（公益法人認定法）は，公益認定の基準の中で，収益事業等を行うことによっ
て公益目的事業の実施に支障を及ぼすおそれのないこと（公益法人 5 条 7 号），
公益目的事業の比率が 100 分の 50 以上となることが見込まれること（同条 8
号），あるいは，収益事業等から生じた収益の 100 分の 50 は公益目的事業の
ために使用・処分しなければならないこと（公益法人 18 条 4 号，公益社団法人及
び公益財団法人の認定等に関する法律施行規則 24 条）を定めるなど，公益社団法
人・公益財団法人につき収益事業を容認している。また，社会福祉法 26 条
1 項・私立学校法 26 条 1 項・宗教法人法 6 条 2 項・特定非営利活動促進法 5
条 1 項は社会福祉法人・学校法人・宗教法人・特定非営利活動法人につき明
文の規定によって収益事業を認めている。

　　非営利法人に一般化すれば，営利目的における剰余金分配の要素の意義は，
事業性の要素との関係で，法人が対外的事業活動によって利益を得ていたと
しても，それが構成員に分配されていなければ，営利目的があるとはいえな
いという点にある。つまり，非営利法人もまた収益事業を行うことができる
（一般社団法人・一般財団法人につき，一問一答公益法人 29 頁，神作裕之「一般社団法人
と会社──営利性と非営利性」ジュリ 1328 号〔2007〕43 頁，落合誠一「会社の営利性に
ついて」江頭憲治郎還暦・企業法の理論（上）〔2007〕17 頁）。

　　他方，剰余金分配の要素との関係における事業性の要素の意義は，剰余金
の分配があったとしても，それが対外的事業活動からの利益の分配によるも

　702　〔後藤〕

§*33* **II**

のでなければ，営利目的があるとはいえないことにある（後藤・前掲法時 67 巻 2 号 87 頁，神作・前掲ジュリ 1295 号 138 頁）。これにより，剰余金の割戻しが可能な協同組合・相互会社が営利法人とはされてこなかったのである（上柳ほか編集代表・前掲書 39 頁〔谷川久〕は，団体の内部的活動によって経済的利益を直接的に構成員にもたらすことを目的とする相互保険会社・協同組合・金庫などは，剰余金の分配または配当をなしうるとしても，会社ではないとする。これに対し，関英昭「協同組合の法的性質──商人性・営利性・企業性を中心として──」協同組合法の研究（青山学院大学総合研究所法学研究センター研究叢書 1 巻）〔1993〕50 頁は，一般法人法・会社法成立前の商法につき，それは利益の分配について何も触れていないとみるべきであるとして，協同組合の非営利性に疑問を呈する）。

(ウ) 剰余金分配の意義　　営利目的における剰余金分配の要素についてはかつて，会社における利益配当が主として念頭に置かれていた。これに対して，2005 年（平成 17 年）制定の会社法はそれまでの利益の配当という語にかえて，より包括的な語義を有する剰余金の配当という文言を採用した。すなわち，株主の基本的権利の 1 つとして，利益配当請求権（商旧 293 条）を剰余金配当請求権（会社 105 条 1 項 1 号）としている。このことにより，対外的事業活動によらない配当が可能であることが明確にされている。配当は通常，事業によって得られた利益を配当するものであるが，利益があがらなくても，極端ではあるが，減資により配当可能額を確保して，それを配当しうることが明示されたのである。

このように現在では，会社法においては剰余金の配当（会社 105 条 1 項 1 号）について定められ，一方，一般法人法においては剰余金の分配の禁止（一般法人 11 条 2 項）について定められるにいたっている。したがって，剰余という文言からしても，構成員への利益分配の原資となる剰余金は，かならずしも対外的事業活動（営利事業，収益事業）に由来する必要がなく，なんらかの剰余があればよいから，現行法体系上は構成員の経済的利益という主観的要素を重視する前記(ア)の民法学説を支持すべきである。そして，構成員への利益分配が，会社法と一般法人法によって，剰余金の分配であることが明らかにされたと見ることができる。一般社団法人及び一般財団法人に関する法律案の提出理由によれば，「剰余金の分配を目的としない社団及び財団について，その行う事業の公益性の有無にかかわらず，設立の登記をすることによ

〔後藤〕　703

§*33* II 第1編 第3章 法 人

り法人格を取得することができる一般社団法人及び一般財団法人の制度を創設し，その設立，組織，運営及び管理について定める必要がある」。

すなわち，営利目的であるか否かは，剰余金の分配を目的とするか否かで決まる（落合・前掲論文17頁・23頁は，非営利とは定款において利益の分配を社員にする定めのないことであり，したがって，営利か非営利かを決する基準は，社員に剰余金または残余財産の分配を受ける権利を与えるか否かによるとする。同旨，内田213-214頁）。剰余金分配の目的の有無により，非営利法人と営利法人が区分されるわけである。こう解すれば，法人の目的による区別を，公益と営利にせずに，営利と非営利とにすべきであるという学説の，従来からの主張が実現する（我妻139頁，森泉章・公益法人の研究〔1977〕7頁・14-17頁，幾代96頁参照）。

(3)　**非営利法人・営利法人の範囲の再考**

(ア)　非営利法人の範囲の拡大　このような営利・非営利の区分基準からすれば，かつて公益でも営利でもない中間目的とされてきたものは，剰余金の分配を目的とするものではないから，非営利法人に分類されることになろう（関英昭「『中間法人』の『非営利法人』性」青山法学論集40巻3＝4号〔1999〕52-54頁参照）。この意味では，「公益を目的とする法人，営利事業を営むことを目的とする法人その他の法人」を挙げて公益・営利・中間目的の三分体系を維持するかのような民法33条2項は一般社団法人及び一般財団法人に関する法律案の提出理由の考え方に適合的なものではない（一前注（§§33-84）I 2）。構成員の利益を分配するか否かが非営利法人と営利法人の区別の基準であり，それに関する規範は法人の性格づけ（適用法規の相違）に関する根本的な規範である（織田博子「法人法規定の強行法規性」法時86巻5号〔2014〕143頁）。

(イ)　営利法人に準ずる法人　かつて中間目的のものとされ，現在では非営利法人に位置づけることができるのは，親睦・相互扶助など「社員に共通する利益を図ること」（旧中間法人法2条1号）を目的とする非営利であって共益目的の法人である。これに対しては，非営利法人に分類されてきたが，剰余金の分配が可能であるがために，非営利法人としての位置づけを再考すべきものがある。すなわち，相互会社や各種の協同組合は，剰余金の分配を目的とするものでないので，従前より営利法人でも公益法人でもないもの，あるいは，非営利法人とされてきた（上柳克郎・協同組合法〔1960〕18頁，大塚喜一郎・判例協同組合法〔1981〕5-8頁，上柳ほか編集代表・前掲書39頁〔谷川〕）。しかし，

704　〔後藤〕

§*33* Ⅱ

今日ではこれらを営利法人とするか，あるいは，株式会社法準用型法人として，営利法人に準ずる法人として分類すべきである（→Ⅲ1(3)(ウ)。なお，明田作「わが国の法人法体系における協同組合法の位置」農林金融67巻5号〔2014〕61頁・66-67頁参照）。なぜなら，これらの法人は，たしかに剰余金の分配を目的とするものでないとはいえ，剰余金の分配が可能であり，かつ，株式会社の規定が基本として準用されているところの構成員の経済的利益を図る法人だからである。また，非営利法人の基本的法律である一般法人法11条2項が，剰余金分配を目的とすることのみならず，剰余金の分配そのものを禁じているからである。

　同様に，弁護士法人などの8士業法人（→Ⅲ1(3)(ウ)(b)）も，剰余金の分配を目的とはしていないが，それが可能であること，および，持分会社に関する規定を基本的に準用する持分会社法準用型法人であることから，営利法人に準ずる法人であるといえよう。持分会社規定の準用については，たとえば，代表者の行為に対する法人の責任につき，会社法600条が準用されている（弁護30条の30第1項，司書46条2項，税理士48条の21第1項）。「公的な性格を有する」法人である司法書士会・税理士会に（→Ⅰ1(2)(エ)(f)(ii)），一般法人法78条の規定が準用されているのとは（司書52条4項，税理士49条の20），対照的である。

　非営利法人は剰余金の分配をなしえない法人であるから，協同組合や弁護士法人などの8士業法人のような，剰余金の分配を目的とはしていないが剰余金の分配をなしうる法人は，非営利法人からはずれることになり，剰余金の分配をなしうるという点から，営利法人に準ずる法人であるとすべきである。あるいは，営利目的概念を拡大し，それは剰余金の分配を目的とすることのみならず，経済的利益の追求（私益）を目的とすることをも包含するとして，営利法人は経済的利益の追求（私益）を目的とする法人であり，それが剰余金の分配をなしうることによって示されているとすべきである。

〔後藤〕

III 法人の種類とその体系

1 法人の種類

(1) 非営利法人

(ｱ) **非営利法人の意義**　非営利法人とは営利を目的としない法人をいう。一般法人法の定める剰余金分配禁止の精神を斟酌するならば，非営利法人とは，剰余金の分配を目的とせず，かつ，剰余金の分配をなしえない法人をいうとすべきであろう。もっとも，非営利法人は，主たる事業目的である非営利事業・公益目的事業のために，従たる目的として収益事業を行うことができる（→Ⅱ 3 ⑵⑷）。非営利法人の基本的法律は一般法人法である（→前注（§§33-84）Ⅰ 4 ⑶）。

(a) **剰余金分配および残余財産分配請求権の禁止**　非営利法人では社員または設立者に，利益配当など，剰余金の分配をすることができない（一般法人 11 条 2 項・35 条 3 項・153 条 3 項 2 号参照）。また，剰余金分配の代わりとなる残余財産分配請求権もまた，社員または設立者に与えてはならない（一般法人 11 条 2 項・153 条 3 項 2 号参照）。

(b) **残余財産の分配**　一般法人法の解釈として，清算の段階においては，残余財産を社員または設立者に帰属させる社員総会決議または評議員会決議（一般法人 239 条 2 項）をすることができるとされている（→一問一答公益法人 159 頁，四宮 = 能見 156 頁）。その理由として，(i)一般社団法人・一般財団法人は目的についての制限がなく，共益的事業を目的とすることも可能であり，この場合に残余財産の分配を禁止することは合理的とはいえないこと，(ii)定款で残余財産分配請求権を定めると，それを増大させるような法人運営がなされるおそれがあるが，清算時の残余財産の分配にはそれがないこと，および，(iii)一般社団法人・一般財団法人には監督官庁がなく，清算時には債権者がいないので，残余財産の分配を禁止しても，その規範の実効性を担保する手段がないことが挙げられている（法令解説資料総覧 296 号〔2006〕24 頁，一問一答公益法人 159-160 頁）。また，アメリカでの議論を参照して，(i)共益的団体の構成員は会費を支払っており，残余財産形成に寄与したのは構成員自身であること，および，(ii)共益的団体の場合には，残余財産の分配につき構成員以外に適切な資格をもつものがいないことが指摘されている（佐藤岩夫「非営利

§*33* Ⅲ

法の現状と課題——非営利法の体系化に向けた1つの素描——」清水誠追悼・日本社会と市民法学〔2013〕539-540頁）。

残余財産の分配には剰余金分配の要素が含まれうることから，残余財産を社員・設立者に帰属させることは問題であろう。もっとも，最終的に残余財産が社員に帰属すること自体は，1つの場合としては，考えられないわけではない。その際，残余財産の帰属は，団体の自治によって，つまり，定款または社員総会の決議（一般法人239条）によって決定されるものであるが，法人はその団体目的に存立基盤があり，法的存在が終了する際にも法人の団体目的が尊重されなければならない。つまり，残余財産の帰属は団体目的および事業目的に従って決定されなければならないものとすべきである。

このとき，非営利法人の行っていた特定の非営利目的事業がまずは斟酌されるべきである。事業遂行を停止することになる解散手続の段階であるがゆえに，事業目的の考慮が困難な場合には，公益目的あるいは社員共通の目的（共益目的）といった団体目的が斟酌されるべきであろう（公益法人5条18号参照）。たとえば，廃止された中間法人と同様の（社員に共通の利益を図るという）共益目的を有する非営利法人であって，法人の財産が経費や会費の支払などから形成されていた場合，そして，その場合にのみ，残余財産が社員に帰属することが正当化されうるであろう（佐藤・前掲論文539頁参照）。一般社団法人・一般財団法人を同族で運営して，蓄えた内部留保を解散後の決議により，最終的に取り戻すことができるとすることは（白井一馬「一般社団法人・財団法人の基本的仕組みとその課税関係」税理59巻12号〔2016〕22頁），はなはだ疑問である（中田裕康「公益的団体の財産——残余財産の帰属という視点から」ジュリ1105号〔1997〕60-61頁は，一般法人法成立前に，私利のための公益事業の廃止や残余財産分配名目での濫用的な利益配分の防止から出資者・構成員への残余財産の帰属が制約されるが，公益的団体において出資者の出資した財産をその指定する者に帰属させることを否定する根拠は乏しいとしていた。一般法人法における基金制度〔一般法人131条以下〕はこのような考えを実現したものともいえ，基金制度があるがゆえに残余財産の社員等への帰属は限定的にとらえなければならないであろう。内田千秋「会社法としての一般社団（財団）法人法」藤岡康宏編・民法理論と企業法制〔2009〕76頁は，基金債権者の地位が残余財産分配請求権のみを有する株主の地位と近接することを指摘する）。

残余財産の帰属の場面において，現実問題として，剰余金分配禁止原則の

§*33* Ⅲ   第1編　第3章　法　人

実効性を確保することには困難がともなうが，とくに税法との協働により，その実効性を確保することが重要であるとされている（神作裕之「一般社団法人と会社──営利性と非営利性」ジュリ1328号〔2007〕41頁）。法人税法上は，一般社団法人・一般財団法人のうち非営利型法人に該当するもののみが公益法人等の範囲に含まれ（同法別表第2），非営利型法人とは「その行う事業により利益を得ること又はその得た利益を分配することを目的としない法人であつてその事業を運営するための組織が適正であるもの」（同法2条9号の2イ）ならびに「その会員から受け入れる会費により当該会員に共通する利益を図るための事業を行う法人であつてその事業を運営するための組織が適正であるもの」（同号ロ）として政令で定めるものをいうとされ，政令（法人税法施行令3条）では前者につき残余財産が国・地方公共団体・公益社団法人・公益財団法人に帰属する旨の定款の定めのあること（同条1項2号）などが，後者につき会員が会費として負担すべき金銭の額の定款の定めまたは決議のあること（同条2項2号）などが規定されている（金子宏「公益法人税制の改革」同・租税法理論の形成と解明(下)〔2010〕58-60頁は，前者を「公益的非営利型法人」，後者を「共益的非営利型法人」と呼んでいる）。

　(イ)　非営利法人の種類　　非営利法人の中に公益法人があり，したがって，非営利法人は単なる非営利法人と公益法人に分類することができる。

　　(a)　単なる非営利法人　　一般法人法にもとづく一般社団法人・一般財団法人は，単なる非営利法人であって，目的が非営利であればよい。つまり，剰余金の分配がなければよく，それ以上の限定はない。単なる非営利法人の中には，個別の法律によってその設立が認められるものがある。医療法にもとづく（社会医療法人となっていない）医療法人は，剰余金の分配がないというだけの単なる非営利法人にとどまるものであり，個別法による単なる非営利法人である（一(2)(イ)(a)(ⅱ)）。また，個別法による非営利法人には，構成員に共通する利益をはかること（旧中間法人法2条1号参照）を目的とする法人がある（個別法による共益目的の法人）。

　　(b)　個別法による共益目的の法人　　非営利法人のうち，公益を目的とせず，構成員に共通する利益をはかる法人につき，その成立を認める個別の法律が存在する（個別法による共益目的の法人）。個別法による共益目的の法人は，構成員間の相互扶助・協同連帯や親睦などを目的とする。たとえば，労

働組合法による法人である労働組合（労組 11 条以下），建物の区分所有等に関する法律にもとづく管理組合法人（建物区分 47 条以下），地方自治法による地縁による団体（自治 260 条の 2 以下）などがある。

かつての民法・商法の法人に関する基本的な体系からすれば，公益を目的とせず，営利も目的としない団体（いわゆる中間目的の団体）は，民法上の公益法人にも商法上の会社にもなることができず，法人格を取得する途がふさがれていた（我妻 128 頁は，これを重大な欠陥であるとしていた）。そこで，さまざまな特別法が制定され，中間目的の団体が法人格を取得する方法がつくられた（中間目的の法人）。たとえば，各種の協同組合の設立根拠法である個別の協同組合法や（一(3)(ウ)(a)），労働組合の法人化を認める労働組合法（労組 11 条以下）などがこれに当たる。これらは社会的・経済的弱者の相互扶助・連帯などをはかるものであり，比較的早くに特別法が制定された。町内会・自治会や同窓会などの相互扶助・親睦団体についても，かつては特別法が存在しなかったが，町内会・自治会は地方自治法によって地縁による団体としての法人化が認められ，その他の団体についても，2001 年（平成 13 年）に旧中間法人法が制定され，中間目的の団体が一般的に法人（有限責任中間法人・無限責任中間法人）となる方法ができた（中間法人法は一般法人法の施行（2008 年〔平成 20 年〕）にともない廃止された。中田裕康「一般社団・財団法人法の概要」ジュリ 1328 号〔2007〕5 頁，河上 147 頁，佐久間毅「非営利法人法のいま」法時 80 巻 11 号〔2008〕14-15 頁，一問一答公益法人 231 頁参照）。

(2) 公 益 法 人

(ア) 公益法人の意義　　公益法人とは，非営利法人であって，公益を目的とする法人をいう。公益とは，社会全般の利益，つまり，不特定多数の利益をいう。たとえば，学術，技芸，慈善，祭祀，宗教などがこれに当たる（33条 2 項参照）。社団にあっては，単に社員の利益を目的とするだけでは，（相互扶助・親睦・共同研究など）その目的が営利でなくとも，公益を目的とするとはいえない（我妻 136 頁）。

公益法人認定法によれば，公益目的事業とは，「学術，技芸，慈善その他の公益に関する別表各号に掲げる種類の事業であって，不特定かつ多数の者の利益の増進に寄与するものをいう」（公益法人 2 条 4 号）。公益法人認定法の別表には，1 号の「学術及び科学技術の振興を目的とする事業」を始めとす

〔後藤〕　709

§*33* Ⅲ 　　　　　　　　　　　　　　　　　　　　第1編　第3章　法　人

る 22 種類の公益目的事業が掲げられている。それは限定列挙の体裁をとっ
てはいるが，22 種類にも及ぶ広範なものであり，また，23 号では「前各号
に掲げるもののほか，公益に関する事業として政令で定めるもの」が挙げら
れているので，公益法人認定法は，公益認定における公益概念を限定しよう
とする趣旨のものではなく，公益を不特定多数の利益とする従前からの理解
を前提とするものであるといえよう。民間非営利部門による公益的活動を促
進するという一般法人法・公益法人認定法制定の趣旨からは，「不特定かつ
多数」について形式的に判断することは適当でないとされている（一問一答
公益法人 194 頁）。

　(イ)　公益法人の体系的構造と種類　　公益法人には，いわゆる 2 階建て方
式によるものと個別法によるものの 2 つの系統がある。

　　(a)　2 階建て方式の公益法人　　単なる非営利法人とその後の公益認定
による公益法人という 2 階建て方式は（→前注（§§33-84）Ⅰ 3 (1)），一般法人
法・公益法人認定法および医療法において見られる。

　　(i)　一般社団法人・一般財団法人と公益社団法人・公益財団法人　　一
般法人法にもとづいて設立された一般社団法人・一般財団法人は，公益法人
認定法による公益認定を受けて（公益法人 4 条），公益法人たる公益社団法
人・公益財団法人となることができる（公益法人 2 条 1 号 2 号 3 号）。単なる非
営利法人と公益法人の 2 階建て方式である。これらの公益法人認定法による
公益認定を受けた公益法人が，個別法による公益法人になりえない場合であ
っても受け皿となりうるという意味において，もっとも一般的な公益法人で
ある。

　公益法人認定法における公益認定は行政庁（内閣総理大臣または都道府県知事）
が行う（公益法人 4 条）。行政庁は，（内閣府に置かれる）公益認定等委員会また
は（都道府県に置かれる審議会その他の）合議制の機関に諮問しなければならな
い（公益法人 32 条・43 条・50 条・51 条）。公益認定の基準については，たとえ
ば，公益目的事業（公益法人別表各号に掲げる公益に関する事業であって，不特定多
数の者の利益の増進に寄与するもの。公益法人 2 条 4 号）を行うことを主たる目的と
すること（公益法人 5 条 1 号），公益目的事業に必要な経理的基礎・技術的能
力を有すること（同条 2 号）以下，18 号にわたる規定が設けられている（その
詳細については，雨宮孝子「非営利法人における公益性の認定」ジュリ 1328 号〔2007〕

710　〔後藤〕

15-18頁，一問一答公益法人199-212頁参照）。公益法人認定法に詳細な公益認定の基準がある以上，できるかぎり恣意的な裁量は避けるべきであるとされている（雨宮・前掲論文19頁）。

　なお，2015年（平成27年）医療法改正により，地域における医療機関相互の医療連携推進業務を行うことを目的とする地域医療連携推進法人制度が創設され，医療法人等を社員とする一般社団法人は，都道府県知事の認定を受けて，地域医療連携推進法人となることができる（医療70条）。その認定基準（医療70条の3）は，残余財産を国などに帰属させる旨の定款の定めがあることなど（同条19号），公益法人認定法の認定基準（公益法人5条）に類するものであるから，地域医療連携推進法人は公益法人であるということができる。ここにも，一般社団法人と公益法人たる地域医療連携推進法人という2階建て方式が見られる。

　　(ii)　医療法人と社会医療法人　　医療法人は，病院，診療所または介護老人保健施設を開設しようとする社団または財団が，医療法にもとづいて法人とされたものであり（医療39条1項），都道府県知事の認可を受けて（医療44条・45条），設立登記をすることによって成立する（医療46条1項）。医療法人においては，剰余金の配当が禁じられるとともに（医療54条），2006年（平成18年）医療法改正により，社員等への残余財産の分配が禁じられ（残余財産の帰属先は，国・地方公共団体・医療法人その他の医療を提供する者であって厚生労働省令で定めるもののうちから選定されなければならない〔医療44条5項〕），その非営利性の徹底が図られている（厚生労働省医政局長「医療法人制度について」平成19年3月30日医政発第0330049号通知，畔柳達雄ほか編・医療の法律相談〔2008〕72頁〔神作裕之〕，名島利喜「株式会社による病院経営──営利と非営利の間」三重大学法経論叢27巻2号〔2010〕26-27頁。なお，2015年医療法改正により，医療法人のガバナンスの強化が図られ，理事会・監事の必置〔医療46条の2〕，理事長の代表権の制限は善意の第三者に対抗しえないこと〔医療46条の6の2第2項〕，役員等の損害賠償責任〔医療47条以下〕などにつき規定が設けられるとともに，一般法人法の諸規定が多く準用された結果，医療法人の組織規範は一般社団法人・一般財団法人のそれと同等のものとなっている。なお，原田啓一郎「医療・介護サービス提供主体と特殊な法人形態──社会福祉法人と医療法人を中心に──」法時89巻3号〔2017〕43-45頁参照）。

　　もっとも，既存の医療法人には，残余財産の分配を禁じる医療法44条5

項が適用されず，当分の間，2006年（平成18年）改正前医療法において認められていた持分の定めのある社団たる医療法人がなお存続する（医療法附則〔平成18年6月21日法律第84号〕10条2項）。持分の定めのある社団たる医療法人とは，医療法54条により剰余金の配当をすることはできないが，脱退の際には持分払戻請求権が，解散の際には残余財産分配請求権が，定款により持分として社員に認められている社団たる医療法人をいう（かかる医療法人につき，これを定義上，非営利法人であるとする見解がある〔もっとも，非営利性は貫徹されていないとする。神作・前掲ジュリ1328号42頁注(24)，畔柳ほか編・前掲書76-77頁〔神作〕〕。しかし，持分の払戻し・残余財産の分配には剰余金分配の要素が含まれうるので，非営利法人を剰余金分配のない法人と位置づけるならば，非営利法人とはいえないであろう。なお，根田正樹ほか編著・一般社団法人・財団法人の法務と税務〔2008〕27-28頁〔高田淳〕・31-32頁〔矢野聡〕参照）。最高裁平成22年4月8日判決（民集64巻3号609頁）は，従前からの持分の定めのある社団たる医療法人について，解散時に残余財産を払込出資額に応じて分配する旨の定款の規定がある場合に，退社した社員に出資返還請求権のあることを認めている（もっとも，原告の出資返還請求は権利濫用に当たるとして認容しなかった。現在もなお存続する持分の定めのある社団たる医療法人の意義につき，同判決の宮川光治裁判官の補足意見参照）。

2006年医療法改正によってまた，社会医療法人制度が創設されている（畔柳ほか編・前掲書70-71頁〔神作〕参照）。社会医療法人とは，医療法人のうち，救急医療等確保事業を行っていることなどの要件に該当するものであるとして，都道府県知事の認定を受けたものをいい，それは，定款または寄附行為の定めにより，その収益を病院，診療所または介護老人保健施設の経営に充てることを目的として，収益業務を行うことができる（医療42条の2第1項。収益業務にはあたらない付随業務につき，畔柳ほか編・前掲書71頁〔神作〕参照）。また，社債類似の社会医療法人債を発行することができ（医療54条の2第1項。医療54条の7で社債に関する会社法の諸規定を準用），資金調達の便宜が図られている。

社会医療法人となっていない医療法人は，剰余金の分配がないというだけの単なる非営利法人であり，社会医療法人は積極的に公益を追求する公益法人であるといえよう（社会医療法人は，その組織運営や事業運営に関する規律面などから公益性が高いとされ，法人税法上〔同法別表第2〕，公益法人等の範囲に含まれてい

§*33* **III**

る〔朝長英樹監修・医療法人の法務と税務〔3 版，2015〕274 頁参照〕）。単なる医療法人は一般社団法人・一般財団法人に，社会医療法人は公益社団法人・公益財団法人に比することができ，一般法人法・公益法人認定法における単なる非営利法人の成立とその後の公益認定という 2 階建て方式が医療法人においても採用されたものといえよう。このような 2 階建て方式は，非営利法人の非営利性を確保しつつ，そのうちの公益性の高いものに事業上・運営上・税法上のメリットを与えようとするものである。(b)に掲げた他の個別法による公益法人のうち，将来，法改正がなされるものがあるとすれば，一般法人法・公益法人認定法および医療法人・社会医療法人に見られる 2 階建て方式が，そのモデルの 1 つとして推奨しうるものであろう。

(b) **個別法による公益法人** 公益法人には，それぞれの公益法人の設立根拠となる個別の法律にもとづき，設立されるものがある。たとえば，社会福祉法・医療法・特定非営利活動促進法（NPO 法）・私立学校法・宗教法人法・更生保護事業法にもとづく社会福祉法人・社会医療法人・特定非営利活動法人（NPO 法人）・学校法人・宗教法人・更生保護法人などの公益法人である（なお，弁護士会・税理士会・司法書士会・社会保険労務士会・土地家屋調査士会・行政書士会・日本公認会計士協会・日本弁理士会などは，その公的な目的の法定性・設立強制・間接的な強制加入のあることから，公益法人というにとどまらず，それを超えた「公的な性格を有する」法人である。→Ⅰ 1 (2)(エ)(f)(ii)）。

個別法による公益法人には，一般法人法の規定が基本モデルとなり，かつ，適宜準用されている。これらの法人は一般法人法準用型公益法人として法人法体系の中に位置づけることができ，このことがよく表されているのが社会福祉法人である（→(i)）。また，特定非営利活動法人は，小規模な団体にも適した簡易型の公益法人として，一般法人法制定後もなおその意義を保持し続けている（→(ii)）。

(i) **社会福祉法人** 社会福祉法人は，社会福祉事業（社福 2 条）を行うことを目的として，社会福祉法にもとづいて設立される法人であり（社福 22 条），都道府県等の所轄庁（社福 30 条）の認可を受けて（社福 31 条・32 条），設立登記をすることにより成立する（社福 34 条）。

2006 年（平成 18 年）の一般法人法制定および民法改正により，それまでの社会福祉法が社会福祉法人につき準用していた民法の法人規定のほとんどが

§33 III 　　　　　　　　　　　　　　　　　第1編　第3章　法　人

（旧43条〔現34条〕を除き）削除されたことにともない，民法規定を準用していた他の（従前からの特別法上の）公益法人と同様に，準用していた民法の法人規定が（旧43条〔現34条〕，および一般法人法78条・158条・164条が準用される場合を除き）機械的に社会福祉法に移された（一般社団法人及び一般財団法人に関する法律及び公益社団法人及び公益財団法人の認定等に関する法律の施行に伴う関係法律の整備等に関する法律289条）。この段階における社会福祉法人に関する法律の規律は，単なる非営利法人である一般社団法人・一般財団法人に比肩しうるようなガバナンスを想定したものではなく，従前の民法上の公益法人なみのものであったから，将来的な法整備が強く期待されていたものともいえる。

　はたして，2016年（平成28年）に社会福祉法が改正され，評議員会の設置が義務づけられるなど，社会福祉法人の管理に関する規定が整備され，経営組織のガバナンスの強化が図られた（吉田初恵「非営利法人制度改革における社会福祉法人ガバナンスの新展開」公益・一般法人925号〔2016〕24頁以下，木元有香＝末長祐「経営組織のガバナンス強化(1) ──評議員・評議員会，理事・理事会──」税理59巻13号〔2016〕7頁以下，岩崎文昭「経営組織のガバナンス強化(2) ──監事，会計監査人，役員等及び評議員の責任──」税理59巻13号〔2016〕20頁以下，原田・前掲論文43-45頁参照）。すなわち，社会福祉法人においては，評議員，評議員会，理事，理事会および監事が必置の機関とされ（社福36条1項。なお，政令で定める規模を超える特定社会福祉法人は会計監査人を置かなければならない〔同条2項〕），一般法人法上の一般財団法人と同様の組織形態が採用された。また，2016年改正前は定款による代表権の制限が可能であったが（社福旧38条ただし書），現行法では理事長の権限に加えた制限は善意の第三者に対抗することができないものとされ（社福45条の17第2項），一般法人法77条5項・197条と同じ規律となっている。さらに，役員等の損害賠償責任についても（社福45条の20・45条の21・45条の22），一般法人法111条・117条・118条・198条と同等の規律となっている。

　このように，社会福祉法人は，一般法人法の一般財団法人に関する規律を範とし，場合によっては一般法人法の諸規定の準用によりつつ，社会福祉法人としての公益性の加味された一般法人法準用型公益法人となっている（一前注（§§33-84）I 3⑵(イ)）。そこでは，社会福祉法人を「一般財団法人・公益財団法人と同等以上の公益性を担保できる経営組織」とすることが図られて

714　〔後藤〕

§*33* III

いる（厚生労働省社会・援護局福祉基盤課「社会福祉法人制度改革の施行に向けた全国担当者説明会資料」資料1「社会福祉法人制度改革について」〔2016 年 11 月〕4 頁）。従前からの特別法上の公益法人については，一般法人法が成立した後も，抜本的な改正がなく，一般法人法上の法人（および公益認定を受けた法人）との均衡のとれた抜本的改正が望まれていたところ（なお，菊池馨実・社会保障法制の将来構想〔2010〕313-314 頁参照），それが 2016 年（平成 28 年）社会福祉法改正によって社会福祉法人につき実現されたとものといえる。

　このような法改正が，他の個別法による公益法人に及ぶのは必然であろうから，一般法人法準用型公益法人としての社会福祉法人は，2 階建て方式の公益法人と並んで，個別法による公益法人のモデルの 1 つとして位置づけられるであろう。

　（ii）特定非営利活動法人　　特定非営利活動法人（NPO 法人）とは，特定非営利活動（非営利活動 2 条 1 項・別表）を行うことを主たる目的として，特定非営利活動促進法（NPO 法）にもとづいて設立される法人であり（非営利活動 2 条 2 項），所轄庁（都道府県知事または政令指定都市の長〔非営利活動 9 条〕）による設立の認証を受け（非営利活動 10 条・12 条），設立登記をすることによって成立する（非営利活動 13 条 1 項）。

　かつての民法上の公益法人における許可主義（旧 34 条）においては，所轄庁の定める許可基準が厳格であったために，法人成りは容易でなく，ボランティアなど市民活動の支障となっていた。1995 年の阪神淡路大震災におけるボランティア団体の活躍を契機として，NPO 法が 1998 年（平成 10 年）に成立し，それは小規模の公益目的の団体についても，認証主義によって比較的容易に法人格を取得することを可能にするものであった。その後，一般法人法が 2006 年（平成 18 年）に成立し，それは，より一般的に非営利目的の団体につき，準則主義による法人格の取得を可能にするものであった（堀田力＝雨宮孝子編・NPO 法コンメンタール――特定非営利活動促進法の逐条解説〔1998〕3-10 頁〔雨宮孝子〕，森泉章「NPO 法成立と民法改正の課題」公益法人 27 巻 6 号〔1998〕2-3 頁，雨宮・前掲論文 12-13 頁，佐久間・前掲論文 13-15 頁参照，内田 211-215 頁，山本 452-456 頁）。

　一般法人法の成立により旧中間法人法は廃止されたが，NPO 法は一般法人法の成立後も存続するものとされた。公益法人認定法による公益認定手続

〔後藤〕　715

§*33* Ⅲ   第1編 第3章 法　人

がNPO法人の設立認証に比べて煩瑣であり，また，公益認定基準が比較的
厳格だからである。NPO法人は簡易型の公益法人としての意義をなお有し
ているものといえる（森泉・前掲論文2頁，山田創一「法人制度論」平井一雄＝清水
元編・日本民法学史・続編〔2015〕42-43頁参照。一問一答公益法人191頁は，NPO法
人の認定基準が，定款等の内容が法令に違反していないことなどの限定的な範囲の事実確
認であり，公益法人に比べて簡素な仕組みとなっているとする）。認定特定非営利活
動法人（認定NPO法人）につき，つぎに見るような仮認定制度（特例認定制度）
ができたことは，その証左であろう。
　NPO法人は当初，税制上の優遇措置（租税特別措置法66条の11の2など）を
認められるためには国税庁長官の適格認定が必要であった（税制適格NPO法
人。岩崎政明「非営利法人・団体および構成員と納税義務」金法1726号〔2004〕52頁参
照）。これは，法人の公益目的性と優遇措置の付与を切り離す画期的なもの
であった（佐久間・前掲論文14頁）。いわば公益法人の中における2階建て方
式は，2011年（平成23年）にNPO法自体の中にとり入れられ，認定特定非
営利活動法人（認定NPO法人）制度が創設された。認定NPO法人とは，
NPO法人のうち，その運営組織および事業活動が適正であって公益の増進
に資するものとして，所轄庁の認定を受けたものをいう（非営利活動2条3
項・44条1項。有効期間は5年〔非営利活動51条1項〕）。同時に仮認定制度が創設
され，設立後5年以内のNPO法人については，パブリック・サポート・テ
スト（認定基準中の「広く市民からの支援を受けているかどうかを判断するための基準」
〔非営利活動45条1号〕）を免除した有効期間3年の仮認定（2017年より特例認定
という）を受けられるようになった（特例認定NPO法人。非営利活動59条1号2
号・60条）。

(3)　営　利　法　人

　(ア)　営利法人の意義　　営利法人には，会社法による株式会社および持分
会社（合名会社・合資会社・合同会社）がある。会社以外の営利法人には，投資
法人（投資信託及び投資法人に関する法律61条以下）・特定目的会社（資産の流動化
に関する法律13条以下）などがあり（龍田節＝前田雅弘・会社法大要〔2版，2017〕53
頁参照），それらは株式会社をモデルとし，多くの株式会社規定を準用する株
式会社法準用型法人である。
　営利法人とは営利を目的とする法人をいう。ここで営利とは剰余金の分配

716　〔後藤〕

をいう。「営利事業を営むことを目的とする法人」（33条2項）が営利法人なのではない。なぜなら，従来からの通説的な議論はつねに，利益ないし剰余金の分配を営利法人の要素としてきたからであり，また，非営利法人も，剰余金の分配さえしなければ，営利事業を収益事業として営むことができるからである（→II 3(2)(イ)）。

前述のように（→(1)(ア)），非営利法人が剰余金の分配を目的としないというだけでなく，剰余金の分配をなしえない法人をいうものとすれば，営利法人は剰余金の分配をなしうる法人をいうことになる。あるいは，営利法人は剰余金の分配を目的とする法人であるという定義を維持して，剰余金の分配を目的としないが剰余金の分配をなしうる法人を営利法人に準ずる法人であるとすべきである。

営利法人の基本的法律は会社法である（→前注（§§33-84）I 4(3)(イ)）。

(イ)　剰余金分配請求権のない会社　　営利法人（会社）では，剰余金の分配が可能であるというだけでなく，社員に剰余金分配請求権（および残余財産分配請求権）のあることが，営利法人の本質的要素であると解されてきた。会社法105条2項は株式会社について，剰余金配当請求権・残余財産分配請求権の全部を与えない定款の定めは無効であるとして，それらが株主の基本的権利であることを明らかにしている（神作・前掲ジュリ1295号138頁，落合・前掲論文23頁，吉田夏彦「会社の営利性に関する一考察」法政治研究2号〔2016〕126-127頁。相澤哲編著・一問一答新・会社法〔改訂版，2009〕23頁は，会社について「営利を目的とする社団」であることを定めていないのは，会社法上，会社の株主・社員に利益配当請求権・残余財産分配請求権が認められていることは明らかであることによるとする）。

もっとも，会社法105条2項は，定款による制限を認めているので，剰余金分配請求権のすべてを排除し，残余財産分配請求権のみを残すことが可能であるとも解される（相澤哲編著・立案担当者による新・会社法の解説〔別冊商事法務295号〕〔2006〕22頁〔相澤哲＝岩崎友彦〕，神作・前掲ジュリ1295号138頁，松井英樹「新・会社法における会社の営利性」中央学院大学法学論叢21巻1号〔2007〕42-44頁，前田重行「株式会社法における会社の営利性とその機能」前田庸喜寿・企業法の変遷〔2009〕420-421頁，仮屋広郷「株主の権利と定款による制限」浜田道代＝岩原紳作編・会社法の争点〔2009〕27頁，内田（千）・前掲論文66-71頁，吉田（夏）・前掲論文135頁。

§33 Ⅲ　　　　　　　　　　　　　　　　　　　　第1編　第3章　法　人

反対，江頭憲治郎編・会社法コンメンタール1――総則・設立(1)〔2008〕87頁〔江頭憲治郎〕，酒巻俊雄＝龍田節編集代表・逐条解説会社法(2)――株式・1〔2008〕32-34頁〔森淳二朗〕，畠田公明・会社の目的と取締役の義務・責任――CSRをめぐる法的考察〔2014〕16-18頁）。つまり，剰余金の配当は残余財産の分配をもって代えることができる。残余財産の分配には剰余金の配当の要素が含まれているからである。

　この場合には，営利性の希釈された，主たる目的が非営利目的の株式会社の可能性が考えられる（前田・前掲論文425-430頁，須藤正彦ほか編著・事業体の法務と税務〔2009〕194-195頁〔清水恵介〕参照。会社の非営利的運営につき，稲庭恒一「会社の『営利性』について――第三セクター会社をてがかりに――」菅原菊志古稀・現代企業法の理論〔1998〕122-123頁・148-152頁，同「第三セクター会社の営利性と公益性――職員派遣事例における公益性判断との関連で――」法学67巻6号〔2003〕3-6頁・28-30頁，同「会社の営利性について――再考――」永井和之ほか編・会社法学の省察〔2012〕49-52頁，加藤修「民主主義社会における株式会社の営利性と公益性」法研77巻12号〔2004〕340-345頁，前田・前掲論文421-423頁，江頭編・前掲書86-87頁〔江頭〕，畠田・前掲書26-28頁参照）。現行会社法が商法旧52条に相当する規定をもたないことから，会社の目的に営利性を要求していないともいえるのである（江頭憲治郎＝門口正人編集代表・会社法大系(1)〔2008〕111頁〔葉玉匡美〕。同112頁はさらに，会社法以前に存在した「目的」による法人種別の区分が放棄され，その代わりに，社員に剰余金または残余財産の分配を受ける権利を与えなければならないか〔会社105条2項〕，その権利を与えることができないか〔一般法人11条2項〕の区別がされているとする）。会社法が会社の営利性に関する規定（商旧52条）を承継しなかったことにより，会社の目的の多様化の可能性が開かれたのである（神作裕之「会社の機関――選択の自由と強制」商事法務1775号〔2006〕41頁・46-47頁（注40））。

　(ウ)　営利法人に準ずる法人　　共益目的の法人の中には，同業者・社会的仲間の事業協同によって経済的利益を追求することを目的とし，会社法の規定を準用するものが多く見られる（会社法準用型法人）。たとえば，個別の協同組合法にもとづく協同組合，あるいは，弁護士法にもとづく弁護士法人などの8士業法人がある。前者は株式会社の規定を準用するもの（株式会社法準用型法人）であり，後者は持分会社の規定を準用するもの（持分会社法準用型法人）である。

§*33* Ⅲ

　協同組合につき，伝統的には非営利法人であるとされている。判例は，信用協同組合につき，それが相互扶助を目的とする非営利法人であって，商人ではないとする（最判昭63・10・18民集42巻8号575頁）。しかし，経済的な私益を追求するものであり，その結果，剰余金の払戻し（割戻し）を目的とはしないがそれが可能であり，かつ，会社法の規定が多く準用され，会社がモデルとされているのであるから，現在においては営利法人または営利法人に準ずるものとすべきであろう（→Ⅱ3(3)(イ)）。

　(a)　協同組合　　協同組合は，小規模の事業者または消費者の相互扶助を目的とする法人であり（独禁法22条1号参照。同条により協同組合は同法の適用除外となっている），個別の協同組合法にもとづき設立される（協同組合の特徴については，上柳・前掲書10-17頁，明田作・農業協同組合法〔2010〕2-6頁など参照）。日本にもかつては，ドイツと同様に，統一的な協同組合法が存在したが（旧産業組合法），今日では分野ごとに協同組合法が各別に制定されている。現在，協同組合には，農業協同組合（農協3条以下）・農事組合法人（農協72条の4以下），漁業協同組合（水協11条以下）・漁業生産組合（水協78条以下）・水産加工業協同組合（水協93条以下），消費生活協同組合（消費生活協同組合法），事業協同組合・信用協同組合・企業組合（中協3条以下），商店街振興組合（商店街振興組合法），信用金庫（信用金庫法），森林組合（森林組合9条以下）・生産森林組合（森林組合93条以下）などがある。

　協同組合では，原則として，事業活動により得られた利益を分配するという意味での剰余金の配当はなしえない。それゆえ，一般的には非営利法人だとされている（もっとも，農事組合法人，漁業生産組合，企業組合および生産森林組合は，組合員の事業を助成することを目的とするものではなく，それ自体が1個の企業体であり，営利法人的色彩が濃厚である。上柳・前掲書13-14頁・18頁，明田・前掲書6-8頁参照）。剰余金が生じた場合に，利用量などに応じた払戻し（割戻し）があるにすぎない。割戻しをしなくともよいのであるから，この点，剰余金配当が構成員の基本的権利となっている会社とは異なるが，少なくとも一般法人法成立後の現行法の下では，協同組合が剰余金分配の不可能な非営利法人に属するとはいえないであろう（→Ⅱ3(3)(イ)）。

　さらには，個別の協同組合法については，民法準用型から会社法準用型へと改正されてきたという経緯がある（明田・前掲書52頁）。たとえば，農業協

〔後藤〕　719

§ *33* III 　　　　　　　　　　　　　　　　　　　　　　第 1 編　第 3 章　法　人

同組合では，農業協同組合法が民法準用型から会社法準用型に近時改正され
てきたのに従い，代表者についても，つぎのように規定が改正された。すな
わち，理事の代表権については，その根拠規定が民法旧 53 条の準用（農協旧
41 条）から商法旧 261 条の準用（農協旧 39 条 2 項）に変わり，そして，現行の
農協法 35 条の 3 となった。これにより，代表権を有するのは理事から（株
式会社の代表取締役に相当する）代表理事となった。農業協同組合における権限
分配構造は，株式会社法準用型となり，取締役会設置株式会社類似のシステ
ムを総体として採用するにいたった（水産業協同組合においても同様の改正が行わ
れた。たとえば，代表理事の代表権につき，水協旧 45 条〔旧 53 条準用〕→水協旧 44 条
〔商旧 261 条準用〕→水協 39 条の 3）。また，農業協同組合など各種の協同組合に
おいては組合員代表訴訟制度が設けられており，かつては商法会社編の規定
が準用されていたが，現在では会社法の規定が準用されている（農協 41 条，
水協 44 条，中協 39 条，生協 31 条の 6 などによる会社 847 条などの準用）。

　(b)　弁護士法人などの 8 士業法人　　弁護士法人，税理士法人，司法書
士法人，社会保険労務士法人，土地家屋調査士法人，行政書士法人，監査法
人および特許業務法人は，弁護士法などの 8 士業法の定める身分を有する者
が，その身分にかかる業務を行うことを目的として，個別の士業法にもとづ
き，準則主義により設立する法人である（弁護 30 条の 2 以下，税理士 48 条の 2
以下，司書 26 条以下，社労士 25 条の 6 以下，土調士 26 条以下，行書 13 条の 3 以下，会
計士 34 条の 2 の 2 以下，弁理士 37 条以下。有限組合 7 条 1 項 1 号・有限責任事業組合契
約に関する法律施行令 1 条は，8 士業法の定める業務につき，その性質上組合員の責任の
限度を出資の価額とすることが適当でない業務として定めているので，有限責任事業組合
ではそれを行うことができない）。これらの法人にはその業務の特殊性より生じ
る特徴的な規定が見られ，その法的構造は，持分会社を原型とし，持分会社
規定を準用する持分会社法準用型法人となっている。すなわち，社員相互の
信頼関係を基礎とする自己機関性および社員の無限責任の原則から，持分会
社法準用型法人とされているのである（弁護 30 条の 30，税理士 48 条の 21，司書
46 条，社労士 25 条の 25，土調士 41 条，行書 13 条の 21，会計士 34 条の 22，弁理士 55
条などに持分会社法の準用規定がある。丸山秀平「弁護士法人制度の意義及び問題点」ひ
ろば 54 巻 11 号〔2001〕42 頁は，事件の処理にあたって担当弁護士個人の能力や人格に
対する信頼が重視されることから，弁護士法人法制のモデルの 1 つとして合名会社がとり

720　　〔後藤〕

§*33* Ⅲ

あげられたのは十分に納得しうるとする。なお，黒川弘務ほか・Ｑ＆Ａ弁護士法人法〔2002〕18 頁，平野嘉秋編著・新しい法人制度〔改訂増補版，2005〕125-126 頁・309 頁〔村田英幸〕参照）。

　（i）　社員資格の制限と自己機関性　　弁護士法人などの 8 士業法人にあっては，他の法人におけるのと同様に資力・知力の結集が必要であるとはいえ，弁護士などの業務の公益性および独立性確保の要請から，業務に関心を持たずに出資のみをする無機能資本家を禁止し，あるいは，業務の公益性を斟酌しない資本的支配を排除しなければならない（黒川ほか・前掲書 50 頁は，非弁護士たる社員が使用人たる弁護士を指揮・命令する事態を問題視する）。したがって，その社員は，弁護士法などの 8 士業法の業務を行うことができる身分を有する者に限られている（弁護 30 条の 4 第 1 項，税理士 48 条の 4 第 1 項，司書 28 条 1 項，社労士 25 条の 8 第 1 項，土調士 28 条 1 項，行書 13 条の 5 第 1 項，弁理士 39 条 1 項。日本弁護士連合会調査室編著・条解弁護士法〔4 版，2007〕247-248 頁および高中正彦・弁護士法概説〔4 版，2012 年〕166 頁は，弁護士身分を有する者だけが法律事務を取り扱うことを認めた弁護士法 72 条の趣旨から，社員は弁護士でなければならないとする。小林昭彦＝河合芳光・注釈司法書士法〔3 版，2007〕276-277 頁は，司法書士法 73 条から司法書士法人につき同旨をいう。なお，監査法人においては，公認会計士以外の者も，日本公認会計士協会に備えられた特定社員名簿への登録をもって監査法人の社員（特定社員）になることができるが〔会計士 34 条の 4 第 1 項・34 条の 10 の 8〕，公認会計士である社員の占める割合は 75％ 以上でなけばならない〔会計士 34 条の 4 第 3 項，公認会計士法施行規則 19 条〕）。

　また，すべての社員は業務執行権を有するのが原則である（自己機関性の原則。弁護 30 条の 12，税理士 48 条の 11，司書 36 条 1 項，社労士 25 条の 15 第 1 項，土調士 35 条 1 項，行書 13 条の 12 第 1 項，会計士 34 条の 10 の 2 第 1 項・2 項〔すべての業務についての業務執行権を有するのは公認会計士である社員のみである〕，弁理士 46 条。なお，黒川ほか・前掲書 111 頁参照）。

　ただし，特定の業務を行うことを目的とする法人（簡裁訴訟代理等関係業務を行う司法書士法人・紛争解決手続代理業務を行う社会保険労務士法人・民間紛争解決手続代理関係業務を行う土地家屋調査士法人・行政書士法 13 条の 6 にいう特定業務を行う行政書士法人）においては，その業務をなしうる特定社員のみが業務執行権を有する（司書 36 条 2 項，社労士 25 条の 15 第 2 項，土調士 35 条 2 項，行書 13 条の 12

〔後藤〕　721

§*33* III　　　　　　　　　　　　　　　　　　　　　　　第1編　第3章　法　人

第2項。なお，監査法人の特定社員は上述のように，以上の法人の特定社員とは意味が異なり，特定の業務をなしうる社員ではなく，公認会計士以外の社員であり〔会計士1条の3第6項参照〕，したがって，監査・証明業務についての業務執行権は，特定社員にはなく，公認会計士である社員のみにある〔会計士34条の10の2第1項・2項〕）。

　（ii）　社員の責任態様と指定社員制度　　弁護士法人など8士業法人の社員の責任態様は，原則的として，補充的な連帯・無限責任である（弁護30条の15第1～3項，税理士48条の21〔会社580条1項の準用〕，司書38条1～3項，社労士25条の15の3第1～3項，土調士35条の3第1～3項，行書13条の21〔会社580条1項の準用〕，会計士34条の10の6第1～3項，弁理士47条の4第1～3項。なお，有限責任監査法人の社員の責任態様は有限責任である〔会計士34条の10の6第7項。有限責任監査法人の合同会社的性格につき，朴大栄「会計事務所の組織形態とLLP・LLC」桃山学院大学総合研究所紀要35巻1号〔2009〕14頁参照〕）。社員が業務執行権（および代表権）を有するものとされることとの裏腹の関係で，社員の個人責任を認めることの契機が存している（丸山・前掲論文40頁）。

　ただし，特定の業務を行うことを目的とする法人のうち，簡裁訴訟代理等関係業務を行う司法書士法人・紛争解決手続代理業務を行う社会保険労務士法人・民間紛争解決手続代理関係業務を行う土地家屋調査士法人においては，当該業務に関し依頼者に対して負担する債務につき，特定社員のみが補充的な連帯・無限責任を負う（司書38条4～6項，社労士25条の15の3第4～6項，土調士35条の3第4～6項）。

　また，弁護士法人・監査法人・特許業務法人のように指定社員制度のある場合において，業務を担当する指定社員が指定されたときには，社員の責任態様が異なる。これらの法人においては，特定の事件につき業務を担当する指定社員のあるときには，その事件に関し依頼者に対して負担することとなった当該法人の債務については，指定社員およびその事件にかかる業務に関与した社員のみが補充的な連帯・無限責任を負う（弁護30条の15第4～6項，会計士34条の10の6第4～6項，弁理士47条の4第4～6項。なお，有限責任監査法人は，その行うすべての証明について指定有限責任社員を指定しなければならず〔会計士34条の10の5第1項〕，指定有限責任社員のみが補充的な連帯・無限責任を負う〔会計士34条の10の6第8～10項〕）。弁護士・公認会計士・弁理士の業務の独立性とその実態に配慮したものである（黒川ほか・前掲書118頁・128頁参照）。また，

722　〔後藤〕

§*33* Ⅲ

指定社員でない社員が，当該事件についての業務執行に関与できないにもかかわらず，責任のみを負うのは酷であるともされている（黒川弘務＝坂田吉郎「弁護士法の一部を改正する法律（弁護士法人制度）の概要について」判タ 1060 号〔2001〕8 頁，黒川ほか・前掲書 128 頁。山本和彦「弁護士法人」法教 258 号〔2002〕3 頁は，弁護士数百人の大規模事務所ができれば，常に他の社員の過誤による責任を社員弁護士が負担することには限界があるとする）。

(4)　その他の法人

33 条 2 項にいう「その他の法律」にもとづく上記以外の法人として，特殊法人あるいは独立行政法人などが考えられる。

(ｱ)　特殊法人　　特殊法人とは，1 つの法人を設立するために，各別の設立根拠法があるものをいう。今日，特許主義による法人の数はかなり減少するとともに，改組による変動が繰り返されている（従前の法状況につき，新版注民(2)558 頁以下〔川村俊雄〕参照）。また，1 つの法人のために特別の法律が存在するものであるが，株式会社の法形式に準拠しつつ，設立の認可を受けるものがある（株式会社準拠型特殊法人）。それは，従前の特殊法人が改組されたものであり，特殊法人に準ずる法人であるといえよう。

(a)　特殊法人　　各別の設立根拠法がある特殊法人として，日本銀行（日本銀行法），日本放送協会（放送法 15 条以下），預金保険機構（預金保険法 3 条以下），日本年金機構（日本年金機構法），地方公共団体金融機構（地方公共団体金融機構法），日本私立学校振興・共済事業団（日本私立学校振興・共済事業団法）などがある。

(b)　特殊法人に準ずる法人　　株式会社準拠型法人である。これには，日本政策金融公庫（株式会社日本政策金融公庫法），日本政策投資銀行（株式会社日本政策投資銀行法），商工組合中央金庫（株式会社商工組合中央金庫法），産業再生機構（株式会社産業再生機構法），東日本大震災事業者再生支援機構（株式会社東日本大震災事業者再生支援機構法），地域経済活性化支援機構（株式会社地域経済活性化支援機構法）などがある。

(ｲ)　独立行政法人など　　独立行政法人を代表とする一連の法人を「行政法人」としてとらえる見解が示されている。すなわち，行政法人とは，行政目的を達するために設立された，国家の中央・地方行政組織からは独立した法的人格を認められる存在をいい，従来の公法人の観念ではとらえられない

〔後藤〕　　723

§*33* III　　　　　　　　　　　　　　　　　　　第1編　第3章　法　人

新しい類型の法人観念であるとする（我妻＝有泉・コメ97-98頁）。「行政法人」
は法人法定主義に関する33条の規定にもとづくものであるとされている
（我妻＝有泉・コメ109-110頁・114頁）。独立行政法人などの一連の法人は，私
法上の団体とすることはできないであろうが，一定の団体の自治を基礎とし
た私法的色彩を帯びつつ，公共の目的を追求するものであり，個別法による
公益法人と似た役割を果たしているといえようか。

　(a)　独立行政法人　　独立行政法人は，国民生活および社会経済の安定
等の公共上の見地から確実に実施されることが必要な事務および事業（公共
上の事務等）を効果的かつ効率的に行わせるために，独立行政法人通則法お
よび個別法により設立される法人である（独立行政法人通則法2条1項）。公共
上の事務等の特性に照らし，業務運営に関する目標を達成するための計画が，
3年以上5年以下の中期目標，5年以上7年以下の中長期目標または年度目
標であるかに応じて，中期目標管理法人，国立研究開発法人または行政執行
法人の3種がある（同法2条・29条・35条の4・35条の9）。それぞれの独立行政
法人には，その名称・目的・業務の範囲等を定める個別法がある（同法1条。
国立公文書館法，独立行政法人北方領土問題対策協会法，独立行政法人国民生活センター
法，独立行政法人造幣局法，独立行政法人大学入試センター法，独立行政法人都市再生機
構法など）。

　地方公共団体のレベルにおいては，地方独立行政法人法にもとづき，地方
公共団体が議会の議決を経て総務大臣または知事の認可を受けて設立する地
方独立行政法人がある（同法7条）。

　(b)　国立大学法人・大学共同利用機関法人　　国立大学法人および大学
共同利用機関法人は，国立大学および大学共同利用機関を設置することを目
的として，国立大学法人法にもとづいて設立される法人である（同法2条1項
3項。大学共同利用機関法人には，人間文化研究機構，自然科学研究機構，高エネルギー
加速器研究機構および情報・システム研究機構がある）。両法人は，文部科学大臣の
定める中期目標があり（同法2条5項・30条），独立行政法人である中期目標
管理法人に関する規定を多く準用する独立行政法人通則法準用型の法人であ
る（国立大学法人法35条参照）。

2　法人の種類と法形式の一覧

　以下では本文中での整理に従い，法人の種類とそれに属する法人形式の例

724　〔後藤〕

§*33* III

を一覧に供する。

(1) 非営利法人

ここでは，剰余金の分配をなしえないものとしている。

(ア) 単なる非営利法人　　非営利（剰余金を分配しないこと）にとどまるもの。

(a) 一般社団法人・一般財団法人　　一般法人法によるものであって，公益認定を受けていないもの。

(b) 個別法による非営利法人　　医療法人（医療法39条以下によるものであって，社会医療法人としての認定を受けていないもの）。

個別法による共益目的の法人として，法人である労働組合（労組11条以下），管理組合法人（建物区分47条以下），地縁による団体（自治260条の2以下）など。

(イ) 公益法人　　公益を目的とするもの。

(a) 公益社団法人・公益財団法人　　一般社団法人・一般財団法人が，公益法人認定法による公益認定を受けて公益社団法人・公益財団法人となったもの。

(b) 個別法による公益法人　　社会福祉法人（社福22条以下），社会医療法人（医療42条の2），特定非営利活動法人（NPO法人）（特定非営利活動促進法），学校法人（私学25条以下），宗教法人（宗教法人法），更生保護法人（更生保護事業法4条以下）など。

「公的な性格を有する」法人として，弁護士会（弁護31条以下），税理士会（税理士49条以下），司法書士会（司書52条以下），社会保険労務士会（社労士25条の26以下），土地家屋調査士会（土調士47条），行政書士会（行書15条以下），日本公認会計士協会（会計士43条以下），日本弁理士会（弁理士56条以下）など。

(2) 営 利 法 人

営利法人およびそれに準ずる法人であって，ここでは剰余金の分配をなしうるものとしている。

(ア) 営利法人　　剰余金の分配を目的とするもの。

(a) 会社　　株式会社および持分会社（合名会社・合資会社・合同会社）。

(b) 個別法による営利法人　　投資法人（投資信託及び投資法人に関する法律61条以下），特定目的会社（資産の流動化に関する法律13条以下）。

(イ) 営利法人に準ずる法人　　剰余金の分配を目的としないが，それが可能なものであり，会社法の規定を多く準用する会社法準用型法人である（こ

〔後藤〕　725

のうち，株式会社法準用型法人については，一般的には非営利法人に分類されている。→
1(3)(ウ)(a)）。

(a) 株式会社法準用型法人

(i) 相互会社　　保険業法18条以下によるもの。

(ii) 協同組合　　農業協同組合（農協3条以下）・農事組合法人（農協72条
の4以下），漁業協同組合（水協11条以下）・漁業生産組合（水協78条以下）・水
産加工業協同組合（水協93条以下），消費生活協同組合（消費生活協同組合法），
事業協同組合・信用協同組合・企業組合（中協3条以下），商店街振興組合
（商店街振興組合法），信用金庫（信用金庫法），森林組合（森林組合9条以下）・生
産森林組合（森林組合93条以下）など（ただし，農事組合法人・漁業生産組合・企業
組合・生産森林組合につき，→1(3)(ウ)(a)）。

(b) 持分会社法準用型法人　　弁護士法人（弁護30条の2以下），税理士
法人（税理士48条の2以下），司法書士法人（司書26条以下），社会保険労務士
法人（社労士25条の6以下），土地家屋調査士法人（土調士26条以下），行政書士
法人（行書13条の3以下），監査法人（会計士34条の2の2以下），特許業務法人
（弁理士37条以下）。

(3) その他の法人

(ア) 特殊法人　　日本銀行，日本放送協会，預金保険機構，日本年金機構，
地方公共団体金融機構，日本私立学校振興・共済事業団など。

(イ) 株式会社準拠型特殊法人　　日本政策金融公庫，日本政策投資銀行，
商工組合中央金庫，産業再生機構，東日本大震災事業者再生支援機構，地域
経済活性化支援機構など。

(ウ) 独立行政法人など

(a) 独立行政法人　　中期目標管理法人，国立研究開発法人，行政執行
法人，地方独立行政法人など。

(b) 独立行政法人通則法準用型の法人　　国立大学法人，大学共同利用
機関法人。

〔後藤元伸〕

§34 Ⅰ

（法人の能力）

第34条　法人は，法令の規定に従い，定款その他の基本約款で定めら
れた目的の範囲内において，権利を有し，義務を負う。

〔改正〕　本条＝平 18 法 50 全部改正〔旧 43〕

細 目 次

Ⅰ　本条の意義 ……………………………727
1　基本約款所定の目的による権利・義
務の帰属制限……………………………727
2　2004 年（平成 16 年）および 2006 年
（平成 18 年）の民法改正と旧 43 条・34
条……………………………………………727
　(1)　2004 年民法改正と旧 43 条・34 条
…………………………………………………727
　(2)　2006 年民法改正と 34 条 ………728
Ⅱ　性質および法令による制限 …………729
1　性質による制限………………………729
2　法令による制限………………………730

Ⅲ　法人の目的の範囲による制限 …………730
1　意　義………………………………………730
2　学説・判例……………………………………731
　(1)　従前の学説の概観 …………………731
　(2)　判例の傾向 ……………………………735
　(3)　税理士会・司法書士会および協同
　　　組合に関する判例の位置づけ ………737
3　議論の可能性……………………………740
　(1)　内部問題としての処理の可能性 …740
　(2)　34 条の立法論・解釈論による修
　　　正の可能性 ………………………………742

Ⅰ　本条の意義

1　基本約款所定の目的による権利・義務の帰属制限

　34 条は，2006 年（平成 18 年）民法改正により削除された旧 43 条に相当す
る規定であり，法人が，「法令の規定に従い」，「定款その他の基本約款で定
められた目的の範囲内において」，権利を有し，義務を負うことを定める。
つまり，法人への権利・義務の帰属が，法令（→Ⅱ），または，基本約款中の
目的の範囲（→Ⅲ）によって制限されるとするものである。

2　2004 年（平成 16 年）および 2006 年（平成 18 年）の民法改正と旧 43 条・34 条

(1)　2004 年民法改正と旧 43 条・34 条

　民法の現代語化が行われた 2004 年民法改正において，旧 43 条に「法人の
能力」という条文見出しが付加された。これは，目的による権利・義務の帰
属制限を権利能力および行為能力の制限ととらえる判例・通説を，条文見出
しにおいて明文化したものであるといえよう（法務省民事局参事官室「民法現代
語化案補足説明」〔2004 年 8 月 4 日〕参照）。「法人の能力」という条文見出しが付

〔後藤〕　727

§*34* I   第1編　第3章　法　人

加されたことから，旧43条・34条による権利・義務の帰属制限が法人の権
利能力の制限ではなく，法人の代表者の権限の制限であるとする解釈には文
言解釈上の障害が存在することになる。

(2)　2006年民法改正と34条

(ア)　「基本約款」　34条にいう「定款その他の基本約款」中の「基本約
款」の文言は，2006年民法改正により34条が改正された際に採用された術
語であり，法人の基本的な団体規約を意味する。2006年改正前の旧43条に
おいては，「定款又は寄附行為」とする文言が用いられていた。「寄附行為」
の語は，2006年改正前民法における財団法人の団体規約につき用いられて
いたものであるが，2006年成立の一般社団法人及び一般財団法人に関する
法律（一般法人法）上の一般財団法人（および公益財団法人）において受け継が
れることはなく，そこでは一般社団法人や会社と同じく，「定款」の語が用
いられている（「寄附行為」が設立行為をも意味し，また，基本的規則であることがイ
メージしにくいことによる〔梅澤敦「現行公益法人の移行措置」ジュリ1328号〔2007〕
33頁〕）。

　　したがって，34条にいう基本約款は，同条が代表例として規定する定款
とおおよそ同義であるということができる。基本約款なる耳慣れない語が創
出されたのは，学校法人や財団たる医療法人など一部の法人についてなお寄
附行為の語が用いられ，これをも包含するためであろう。

(イ)　34条の法人総則規定としての意義　　一般法人法の成立にともなう
2006年民法改正においては，旧43条に相当する34条が文言上の修正を受
けただけでなく，法人法全体から見たその体系的位置づけも修正を受けたと
の解釈が可能である。

　　すなわち，34条は，2006年民法改正前においても民法総則中の法人の章
に置かれていたことから，法人全般に関する総則規定であるとの解釈が十分
に成り立ちうるものであったが，民法を根拠法とする法人が2種の公益法人
のみであり，民法の法人規定のほとんどが2種の公益法人に関するものであ
ったから，34条に相当する旧43条が法人全般に関する総則規定ではなく
（森本滋「法人と定款所定の目的」民商93巻臨時増刊号(2)〔1986〕65頁），会社には適
用されないとする解釈が生じていたところ（旧43条の会社への不適用説。→Ⅲ2
(1)(ウ)），2006年民法改正において，民法総則の法人規定から公益法人に関す

728　〔後藤〕

る規定が削除されたことにともない，34条が公益法人のみに関する規定であるとの解釈が困難となったとされている（江頭憲治郎編・会社法コンメンタール1──総則・設立(1)〔2008〕78-79頁〔江頭憲治郎〕，山田創一「Ultra Vires法理の機能と課題」専修ロージャーナル4号〔2009〕33-34頁，内田249-250頁，山本486頁，北村雅史〔判批〕岩原紳作ほか編・会社法判例百選〔3版，2016〕7頁）。こうした見解からすれば，34条は会社にも当然に適用されるのであるから，会社に34条を適用する判例が2006年改正により民法の中にとり入れられ，学説上の争いが立法的に解決されたことになる（山田誠一「これからの法人制度〔第1回〕」法教321号〔2007〕14-15頁，酒巻俊雄＝龍田節編集代表・逐条解説会社法(1)──総則・設立〔2008〕80-81頁〔森本滋〕）。株式会社を含むすべての法人につき定款所定の目的による権利能力の制限を明定したものと解釈しうる2006年の民法改正については，合理性に疑問がある（酒巻＝龍田編集代表・前掲書82頁〔森本〕），あるいは，立法論としてははなはだ遺憾であるとまで評されている（江頭憲治郎・株式会社法〔7版，2017〕34頁）。

　以上に対しては，34条が一般法人法上の法人だけでなく，各種の法人に適用される一般的な規定であるとしながらも，営利法人については適用されないという解釈もありうるとする見解がある（四宮＝能見119頁。丸山秀平「社団法人としての一般社団法人と会社の異同について」川村正幸退職・会社法・金融法の新展開〔2009〕455頁もまた，解釈論として，会社への34条の不適用をいう）。たしかに，民法に残存している法人に関する規定で，重要かつ規範的意義を有する規定は33条および34条のみであるために，民法の法人規定の法人総則規定としての位置づけには脆弱なところがあるから（─前注（§§33-84）I 1⑴），34条が営利法人に適用されないとする解釈にも一考の余地がある。

II　性質および法令による制限

1　性質による制限

　法人の性質上，自然人のような肉体の存在を前提とするような権利・義務は法人に帰属しない。たとえば，家族関係上の権利・義務や生命権などの人格権である。相続権については現行法上，法人に認めることができないが，遺贈については法人に受遺能力があるとされる。また，名称権・名誉権など

〔後藤〕　　729

§*34* III

第1編　第3章　法　人

の人格権もまた法人がこれを享受することができる（新版注民(2)226-227頁〔高木多喜男〕参照）。

2　法令による制限

法人への権利・義務の帰属が法令により制限される例としては，清算法人・破産法人が挙げられる。すなわち，清算法人・破産法人は清算または破産の目的の範囲内においてのみ存続するものとみなされる（一般法人207条，会社476条・645条，破35条）。

会社法の成立にともなう2005年（平成17年）商法改正前においては，削除前商法55条により会社は他の会社の無限責任社員になりえないとされていたことが法令による制限の例として挙げられていたが，立法論としては疑問視されていたため（上柳克郎ほか編集代表・新版注釈会社法(1)〔1985〕96-97頁〔竹内昭夫〕），2005年に成立した会社法の下では法人も無限責任社員になりうることとなった（会社576条1項4号・598条）（相澤哲編著・立案担当者による新・会社法の解説〔別冊商事法務295号〕〔2006〕156-157頁〔相澤哲＝郡谷大輔〕）。一方，法人が株式会社の取締役になることができないことについては，2005年成立の会社法で明文化された（会社331条1項1号）。

III　法人の目的の範囲による制限

1　意　　義

従前からの通説・判例は，現行の34条に相当する旧43条が定款所定の目的によって法人の権利能力を制限するものであると解しているが，このことを法人実在説，とくに社会的作用説から肯定的に意義づけている（我妻126頁・155-157頁，最大判昭45・6・24民集24巻6号625頁〔八幡製鉄政治献金事件〕）。すなわち，法人は，社会的作用を担当するがゆえに権利能力の主体としての社会的価値が認められているのであるから，定款所定の目的によってその権利能力が制限されるとする（→前注（§§33-84）II 2(1)(イ)）。

通説・判例に批判的な立場からは，旧43条（現34条）が英米法流のウルトラ・ヴァイレス（ultra vires：越権行為）理論を継承したものであり（新版注民(2)220-223頁〔高木多喜男〕，海老原明夫「穂積陳重と Ultra Vires の法理(1)～(3)」ジュリ970号10頁以下〔1990〕・973号10頁以下・975号12頁以下〔1991〕，前田達明・民法

730　〔後藤〕

§*34* III

の"なぜ"がわかる〔2005〕323-334頁。英米におけるその改廃につき，竹内昭夫「会社法における Ultra Vires の原則はどのようにして廃棄すべきか」同・会社法の理論 I〔1984〕138頁以下，加美和照・会社取締役法制度研究〔2000〕4-18頁・44-58頁参照。これに対しては，加藤 134-135頁参照），それは法人に関する特許主義・後見保護主義の産物であるから，旧43条の解釈論として，権利能力の制限規定ではなく，行為能力ないし法人代表者の代理権の制限と解すべきであるとされている（四宮 105頁，四宮＝能見 118-119頁）。

また，法人の当該行為が目的の範囲内か否かの判断においては，法人の種類を営利法人と非営利法人に分けて，それぞれ客観的抽象的基準および具体的事情をも考慮する基準に服するものとされている（→2⑵）。

このように，34条における目的の範囲による権利・義務の帰属の制限の意義については，法人学説（→前注（§§33-84）II 2）ないし法人の設立に関する立法主義（→§33 I 1⑵エ）が，目的の範囲内か否かの判断基準については，法人の目的による法人の種類の議論が（→§33 II 3⑶），前提となっているものというべきである（藤岡 188-189頁参照）。

2　学説・判例

(1)　従前の学説の概観

(ア)　**権利能力制限説および行為能力制限説**　　従前からの通説的見解（我妻 126頁・155-157頁）は，法人の本質が「一個独立の社会的作用を担当することによって，権利能力の主体たるに適する社会的価値を有する」ことにあるという立場（実在説たる社会的作用説）から，34条が定款所定の目的の範囲による法人の権利能力の制限を定めたものであるとする（権利能力制限説）。

このような権利能力制限説によれば，法人に帰属しうる権利義務の範囲は定款所定の目的の範囲によって定まるのであるから，権利義務を享受するために法人がなしうる行為の範囲もまた34条にいう目的の範囲により制限される。つまり，目的の範囲によって権利能力と行為能力の双方が制限されると解するものである。目的の範囲外だとされると，当該行為は絶対的に無効となる。

権利能力制限説に対するところの行為能力制限説は，法人には，その行う社会活動の前提として権利能力が認められているのであるから，目的の範囲による権利能力の制限までを認める必要はなく，行為能力のみの制限で十分

〔後藤〕　　731

§34 III

であるとするものである（末川博・判例民法の理論的研究(1)〔1942〕1頁）。行為能力制限説は，34条が行為の面のみを制限し，その結果として権利・義務の帰属の範囲が限定されるとするものである（新版注民(2)224頁〔高木〕参照）。それは，法人を「自然人以外のもので権利義務の主体となりうるもの」（我妻114頁）として自然人と等値するのであれば，自然人と同様の全面的な権利能力を法人に認めるべきであり，目的の範囲による制限は法人の活動である行為能力の制限にすぎないとするものであるともいえよう。

行為能力制限説は，法人の目的が法人の能力を制限する学説として，権利能力制限説と同種のものに位置づけることも可能であるが（新版注民(2)224頁〔高木〕223-224頁），その基本的発想は，今日の有力説である代理権制限説ないし代表権制限説の契機となっていることにも着目しなければならない（幾代125-126頁）。すなわち，代理権制限説をとる見解の中には，権利能力制限説に対して，法人が独自の社会的存在として現実に活動するものである以上，それに帰属する権利義務の種類までが目的によって制限されるのは，法人の本質に反すると批判するものがあるが，それは行為能力制限説の発想によったものである（四宮94-95頁）。

(ｲ) 代理権制限説　代理権制限説によれば，法人の「行為能力」は法人代表者の法律行為の効果が法人に帰属することを意味するのであるから，目的の範囲による制限は法人の能力の制限でなく，法人代表者の代理権の制限にほかならない（川島112頁・123頁，四宮94-95頁・102頁，四宮＝能見138頁。代理権制限説は，民法学説中の有力な見解であるとされている〔内田248-249頁〕）。代理権制限説には，法人の「行為能力」の制限をいうとき，それは，代表者が定款目的の範囲内で行為をなしうることを意味するにすぎないから，一定の自然人の保護と取引社会の要請から形成された自然人特有の法概念である行為能力とは異なるとの発想によっている（前田・前掲書322-323頁・334-336頁，山本485頁）。

代理権制限説によれば，目的の範囲外の行為は無権代理として無効（113条）であるが，追認や表見代理が問題になるとされている（内田249頁，四宮＝能見139頁）。もっとも，通常の無権代理とまったく同様に取り扱うことはできない。

(a) 相手方の取消権・無権代理人の責任　相手方の取消権および無権

§*34* III

代理人の責任に関する規定（115条・117条）の適用はあるものと考えられているであろう（前田・前掲書340頁）。

(b) 追認　追認については，これを承認する見解もあるが（内田253頁，四宮＝能見139頁），目的の範囲外の行為である以上，原則として許されないものとすべきである（山本486頁。なお，織田博子「非営利法人の『目的の範囲』」金法1715号〔2004〕96頁参照）。追認を認めるにしても，少なくとも定款変更が必要である（なお，前田・前掲書340頁参照）。

(c) 表見代理　権限外の行為の表見代理（110条）については，法人の目的は登記事項であるから，その適用があるとしても，その成立可能性はほとんどないものというべきであろう（奥田昌道ほか編・民法学1〔1976〕123頁〔森泉章〕，前田・前掲340-341頁）。

法人代表者の退任について，もっぱら登記の効力に関する規定（会社908条1項，社福29条2項，一般法人299条1項など）のみが適用され，表見代理規定の112条を適用ないし類推適用する余地はないとする判例を参照するならば（最判昭49・3・22民集28巻2号368頁，最判平6・4・19民集48巻3号922頁），法人における登記の効力に関する規定は，表見代理規定を排除するためのものである。登記された事項であっても，正当な事由によって登記のあることを知らなかった第三者には対抗することはできないが（会社908条1項後段，一般法人299条1項後段），正当な事由とは「交通・通信の途絶，登記簿の滅失など登記簿の閲覧につき客観的な障害」をいうから（前掲最判平6・4・19），第三者にとってその主張・立証は容易でない。

目的の範囲外の行為に110条の適用があると考えるにしても，法人の目的は登記事項であるから，そこでの「権限があると信ずべき正当な理由」には「交通・通信の途絶，登記簿の滅失など登記簿の閲覧につき客観的な障害」が含まれるものと解すべきであろう（なお，前田・前掲書341頁参照）。

(ウ)　会社への34条不適用説　商法学説においては，定款所定の目的による代表権の制限を認めるものであっても，法人に関する民法規定が公益法人に関するものであることなどから，34条の会社への適用ないし類推適用を否定するのが従前の有力な見解である（上柳克郎ほか編集代表・新版注釈会社法(1)〔1985〕107-109頁〔竹内昭夫〕，酒巻＝龍田編集代表・前掲書80頁〔森本〕）。

その根拠として，会社に関しては，(i)第三者にとって目的の範囲内か否か

〔後藤〕　733

§34 III

第1編　第3章　法　人

の判断が困難であること，(ii)会社の取引行為には取引の安全の要請のあること，(iii) 34 条が会社の責任免脱の口実となること，および，(iv)会社法に 34 条の準用規定のないことが挙げられている。他方，公益法人については，対外的取引が頻繁でなく，公益保護の要請があることから，34 条に意義のあることが指摘されている（前掲最大判昭 45・6・24 での大隅健一郎裁判官の意見，上柳克郎「会社の能力」同・会社法・手形法論集〔1980〕40-41 頁，上柳ほか編集代表・前掲書 107-108 頁〔竹内〕，浜田道代「会社の目的と権利能力および代表権の範囲・再考（中）」曹時 50 巻 10 号〔1998〕2411 頁以下・「同（下）」曹時 50 巻 11 号〔1998〕2655-2666 頁。なお，会社への 34 条の不適用をいうことが，一般法人法の成立にともなう 2006 年（平成 18 年）民法改正により困難になったとの指摘については，→ I 2(2)(イ)）。

会社への 34 条不適用説には，定款所定の目的により法人代表者の代表権が制限されるとする代表権制限説と，代表権すら制限されず，定款所定の目的は代表取締役に対する会社内での内部的な制約にすぎないとする内部的制約説がある。

(a)　代表権制限説　代表権制限説は，目的の範囲による制限を法人の能力の制限ではなく，法人代表者の権限の制限であるとする点で代理権制限説と同じであるが，法人代表者の権限の性質を代理権ではなく代表権であるとし，したがって，目的の範囲による制限を代表権の制限であるとする。なぜなら，法人代表者の代表権は包括的な権限であり，相手方に一般的な調査義務はないからである（なお，能見善久〔判批〕民百選 I 〔6 版〕65 頁参照）。無権代理的無効は，法人の代表者が「会社の業務に関する一切の裁判上又は裁判外の行為をする権限を有する」（会社 349 条 4 項・599 条 4 項）ものとして取引の安全を保障する会社法に反する（浜田道代「定款所定の目的と会社の権利能力」浜田道代＝岩原紳作編・会社法の争点〔2009〕13 頁）。したがって，代表権制限説によれば，目的の範囲による制限は，現行法でいえば会社 349 条 5 項の問題となり，代表権に加えた制限は善意（無重過失）の第三者に対抗しえない（前掲最大判昭 45・6・24 での大隅裁判官の意見，龍田節＝前田雅弘・会社法大要〔2 版，2017〕55-56 頁）。

(b)　内部的制約説　内部的制約説は，会社への 34 条の適用を否定する点で代表権制限説と基盤を同じくするが，定款所定の目的の範囲によって代表権すら制限されず，それが代表取締役に対する内部的制約にすぎないと

734　〔後藤〕

する（上柳・前掲書40-41頁，田中誠二・会社法詳論(上)〔再全訂，1982〕76頁，森本滋「法人と定款所定の目的」民商93巻臨時増刊号(2)〔1986〕67-69頁，丸山秀平・株式会社法概論〔4訂，2003〕41-42頁）。そもそも株式会社においては，定款所定の目的に従うことは代表者の義務（忠実義務〔会社355条〕）であり，代表者の行為に対しては株主または監査役の差止め請求（会社360条・385条），代表者の解任請求（会社854条），代表者の損害賠償責任（会社423条），代表訴訟（会社847条）などによるべきであるとされている。

代表権の制限ではなく内部的制約であると解するのは，目的の範囲という明確でない基準によって，代表権の制限につき相手方の善意・悪意を問うことは取引安全にもとるからである。目的の範囲外の行為も有効であって，第三者の救済は代理権濫用の法理によるべきであるとする。これに対しては，目的の範囲外の行為も有効であるが，目的の範囲外であることを相手方が知っていたときは，会社は相手方に対し無効を主張することができるとする相対的無効をいう見解がある（浜田・前掲曹時50巻11号2632頁以下）。

(2) 判例の傾向

判例は，株式会社を含め，定款に定められた目的の範囲内においてのみ法人が権利能力を有するものとして，権利能力制限説によっている。ここで，「目的の範囲内の行為とは，定款に明示された目的自体に限局されるものではなく，その目的を遂行するうえに直接または間接に必要な行為であれば，すべてこれに包含される」（最判昭27・2・15民集6巻2号77頁，最判昭30・10・28民集9巻11号1748頁。引用は前掲最大判昭45・6・24。なお，我妻156頁参照）。

当該行為が目的遂行に必要か否かについては，判例の判断基準が法人の種類により異なるものとされてきた。すなわち，営利法人においては，客観的・抽象的に判断する客観的・抽象的基準説をとり，協同組合を含む非営利法人においては，目的の範囲を比較的厳格に判断するが，その時の具体的諸事情をも考慮して実質的に判断する具体的事情説をとるものとして理解されてきた（新版注民(2)246-247頁・260-261頁〔高木〕，山本488-490頁，小野秀誠ほか・ハイブリッド民法(1)――民法総則〔2版，2014〕93-95頁〔山田創一〕）。

(ア) 営利法人　営利法人につき判例は，当該行為が目的の範囲内の行為として目的遂行に「必要なりや否やは，当該行為が目的遂行上現実に必要であったかどうか」ではなく，「行為の客観的な性質に即し，抽象的に判断さ

§34 Ⅲ 第1編 第3章 法 人

れなければならない」とする（前掲最判昭 27・2・15，前掲最判昭 30・10・28。引用は前掲最大判昭 45・6・24）。

株式会社のなした政治献金につき，前掲最高裁昭和 45 年 6 月 24 日大法廷判決は，我妻説の言説（我妻 126 頁・155-157 頁）に従い，会社が自然人と等しく社会の「構成単位たる社会的実在なのであるから，それとしての社会的作用を負担せざるを得ない」として，「会社による政治資金の寄附は，客観的，抽象的に観察して，会社の社会的役割を果たすためになされたものと認められるかぎりにおいては，会社の定款所定の目的の範囲内の行為である」とする。

（イ）　非営利法人　　判例は，農業協同組合による販売委託先のリンゴ移出業者への必要資金の貸付けを，員外貸付けではあるが，組合の経済的基礎の確立を図るためであるとして，目的の範囲内とした（最判昭 33・9・18 民集 12 巻 13 号 2027 頁）。同じく農協の員外貸付けにつき，協同組合の事業目的とまったく関係なく，また，相手方も定款違反を知っていたことから，目的の範囲外とした（最判昭 41・4・26 民集 20 巻 4 号 849 頁）。

協同組合に関する判例をベースにして，非営利法人につき，その時の具体的諸事情を考慮して，あるいは，実質的に判断して，当該行為が目的遂行に必要か否かを判断するのが判例の枠組みであると理解されている（新版注民(2)258-261 頁〔高木〕，山本 490 頁，小野ほか・前掲書 93 頁〔山田〕）。このように協同組合に関する判例を非営利法人に関する判例として位置づけるのは，従前の通説的見解が，法人の種類にかかわらず法人の能力の範囲は法人の社会的作用を完全に達成するために必要な行為のすべてに及ぶべきであるとして，協同組合に関する最高裁判例を，非営利法人における目的の範囲が営利法人より狭く解されていたのを緩和するものであると肯定的に評価していたことに始まる（我妻 158-159 頁）。

公益法人に関する最高裁判例には，「博愛慈善の趣旨に基づき病傷者を救治療養すること」を目的として設立された財団法人につき，病院の敷地および建物の全部など法人の唯一の基本財産を売却した行為が，目的の範囲外の行為として無効であると判示したものがある（最判昭 51・4・23 民集 30 巻 3 号 306 頁）。もっとも，当該行為が目的の範囲外であるとしながらも，寄附行為の変更の評議員会決議につき認可申請の手続をとることなく放置した等の諸

736　〔後藤〕

般の事情を考慮し，行為の時から7年10か月後の提訴における無効の主張は信義則上許されないものとされた。公益法人の場合，営利法人と比べて，目的の範囲の認定が厳格であるとの評価も可能であるが（河内宏「民法43条・53条〜55条（法人が権利を有し義務を負う範囲と理事の代表権）」百年Ⅱ43頁），諸般の事情から信義則によって無効主張を排斥したことには，具体的諸事情を考慮する点で協同組合に関する判例と同様の傾向が見られるともいえるであろう（なお，四宮102-103頁・105-106頁参照）。

　(ウ)　公的な性格を有する法人　　平成に入り，税理士会および司法書士会について，それらの「公的な性格を有する」法人における政治資金の寄付あるいは震災復興支援拠出金の寄付が目的の範囲内か否かにつき判示する最高裁判決があらわれた（最判平8・3・19民集50巻3号615頁〔税理士会〕，最判平14・4・25判タ1091号215頁〔司法書士会〕）。

　前掲最高裁平成8年3月19日判決は，税理士会につき，税理士法49条6項（当時は2項）（「税理士会は，税理士及び税理士法人の使命及び職責にかんがみ，税理士及び税理士法人の義務の遵守及び税理士業務の改善進歩に資するため，支部……及び会員に対する指導，連絡及び監督に関する事務を行うことを目的とする」）等を引用しつつ，税理士会が設立強制かつ事実上の強制加入の団体であり，目的の法定された「公的な性格を有する」法人であることから，目的の範囲を目的達成のために必要な範囲内で限定的に判断し，政治資金の寄付は目的の範囲外であると判示した。これに対して，前掲最高裁平成14年4月25日判決は，司法書士会につき，司法書士法52条（当時は14条）2項（「司法書士会は，会員の品位を保持し，その業務の改善進歩を図るため，会員の指導及び連絡に関する事務を行うことを目的とする」）等を引用しつつ，司法書士会もまた目的の法定された「公的な性格を有する」法人であるとしながらも，他の司法書士会との間での提携・協力・援助もその活動範囲に含まれるから，司法書士会による他の司法書士会への震災復興支援拠出金の寄付は目的の範囲内であると判示した。

　(3)　**税理士会・司法書士会および協同組合に関する判例の位置づけ**

　(ア)　税理士会・司法書士会に関する判例の位置づけ　　以上の税理士会および司法書士会に関する判例については，協同組合と同じく非営利法人に関する判例の1つとして，しばしばその延長線上で整理されている（たとえば，河上166-167頁，内田244-246頁，新井＝岸本184-188頁）。もっとも，このような

§*34* III 　　　　　　　　　　　　　　　　第 1 編　第 3 章　法　人

整理の中であっても，税理士会・司法書士会などの法人において，それらは公的性格がとくに強い法人であり，公的目的の達成を阻害するおそれや強制加入団体における構成員の権利保護の観点から，実質的に見て目的の遂行に必要かどうかに関わりなく目的の範囲外と判断されやすいという特殊性のあることが指摘されている（山本 492-493 頁）。

　さらには，設立形態が厳格であるものほど，また公益性の強いものほど，法人の目的およびその法効果は厳格に解釈すべきだとする見解がある（前田・前掲書 341 頁）。2006 年（平成 18 年）改正前民法における公益法人については，設立につき主務官庁の許可が必要であり，目的条項を含む定款の変更にも主務官庁の許可が必要であったからである（旧 34 条・旧 38 条 2 項）（森本・前掲論文 65-66 頁，前田・前掲書 357 頁）。

　同様に，目的とすることができる事業を制限する規定が設立根拠法に置かれている法人については，目的範囲該当性が実質的にやや厳格に判断されてよいとしながらも，一般社団法人・一般財団法人については，それらが公益認定を受けた場合であっても，公益認定は権利能力取得のための要件ではなく，法人が目的を自由に設定することができるから，営利法人と同様の判断が行われてよいとする見解がある（佐久間 361-362 頁）。これに対して，一般社団法人・一般財団法人については，営利法人である会社と同様であるとせず，その非営利性を考慮して，相対的に厳格に判断すべきだとする見解がある（丸山秀平「社団法人としての一般社団法人と会社の異同について」川村正幸退職・会社法・金融法の新展開〔2009〕452-453 頁）。

　以上のような議論をふまえれば，非営利法人の下でひとくくりにせず，中間法人と公益法人というカテゴリーの下で判例を整理することは容易に理解しうるところである（河内・前掲論文 10 頁・47-51 頁）。一歩論を進めれば，税理士会・司法書士会あるいは弁護士会などは，その設立自体は私人に委ねられ，その運営もまた団体の自治に委ねられている私法上の公益法人ではあるが，他方，設立が強制されるなど（税理 49 条 1 項，司書 52 条 1 項，弁護 32 条），「公的な性格を有する」法人であるから（→§33 Ⅰ 1 (2)(エ)(f)(ii)），税理士会・司法書士会に関する判例は，非営利法人ないし公益法人に関する判例の中に位置づけるよりも，端的に目的の法定された（税理士 49 条 6 項，司書 52 条 2 項，弁護 31 条 1 項）「公的な性格を有する」法人の判例として位置づけるべきこと

738　〔後藤〕

§*34* **III**

になろう。

　(イ)　協同組合に関する判例の位置づけ　　前述（一(2)(イ)）の協同組合に関する判例を非営利法人に関する先例とすることも，現在ではつぎのような2つの理由からできないものとも考えられる。

　(a)　協同組合の法的性質　　第1に，協同組合は伝統的には非営利法人とされているが，これを非営利法人に分類することが，少なくとも今日では当然のこととはいえない。

　(i)　協同組合における剰余金の配当可能性　　各種の協同組合においては，割戻しとしての剰余金の配当ないし剰余金の割戻しが可能である（農協52条，水協56条，生協52条，中協59条など）。つまり，協同組合は剰余金の分配を目的とはしないものの，いわば結果的に剰余金の分配が可能となっている。営利法人の基本的法律である2005年（平成17年）成立の会社法が剰余金の配当をいい（会社105条1項），非営利法人の基本的法律である2006年（平成18年）成立の一般法人法が剰余金の分配を禁じていることからすれば（一般法人11条2項・35条3項），割戻しの可能な協同組合は非営利法人よりもむしろ営利法人に近いものとして位置づけるべきであろう（なお，明田作「わが国の法人法体系における協同組合法の位置」農林金融67巻5号〔2014〕61頁・66-67頁参照。→§33 II 3 (3)(イ)）。

　(ii)　株式会社法準用型法人としての協同組合　　以上のことは，各協同組合法の改正にすでに顕著にあらわれていた。すなわち，各種の協同組合は，以前は2006年（平成18年）民法改正時に削除された民法の公益法人規定を準用するものであったが，現在では会社法の株式会社規定を範とし，それを準用するものとなっている（明田作・農業協同組合法〔2010〕52頁）。つまり，個別の協同組合法は，従前の民法の公益法人規定の準用規定を有していた民法準用型法人から，会社法の株式会社規定を準用する株式会社法準用型法人となっている。このような会社法準用型法人への変化を考慮するならば，協同組合は営利法人またはこれに準ずるものというべきである（→§33 III 1 (3)(ウ)(a)）。

　(b)　協同組合における目的の法定性　　第2に，協同組合に関する判例が目的の範囲内か否かにつき具体的諸事情を考慮して判断するものと一般に理解されているが，そもそも各種の協同組合の事業目的は法定されているのである。すなわち，会社においては，いかなる事業でも公序良俗・強行規定

〔後藤〕　739

§*34* Ⅲ   第1編　第3章　法　人

に反しない限り定款所定の事業とすることができ，目的の範囲内か否かは単
に定款に反するか否かの問題にすぎないのに対し，協同組合においては，資
本主義社会における小規模事業者・生活者の相互扶助（独禁法22条1号参照），
営利団体化の防止（農協8条，水協4条，生協9条，中協5条2項など）および経
済的基礎の確保という観点から，目的があらかじめ直接に法定され，その事
業が限定列挙されているのであり（農協10条，水協11条，生協2条2項・10条，
中協9条の2など），定款の範囲内か否かは単なる定款違反をこえた法令違反
の問題となる（上柳克郎「法人の目的たる事業の範囲外の取引——協同組合に関する判
例を中心として——」同・前掲書65頁）。

　したがって，協同組合において，定款所定の事業の遂行のために必要であ
るかどうかは各場合の具体的諸事情によって判断すべきではないとの見解も
成り立ちうる（上柳克郎・協同組合法〔1960〕71頁）。そうだとすれば，各種の
協同組合は，税理士会や司法書士会など「公的な性格を有する」法人と同じ
く，一定の政策目的のために目的の法定された法人であるから，この点から
は税理士会・司法書士会と同様に，目的の範囲を必要な範囲で限定的に解す
べきであろう。この意味でも，協同組合に関する判例は，非営利法人につい
ての指導的な判例とはいえない。

　(ウ)　非営利法人の多様性　　以上のように，税理士会・司法書士会や各種
の協同組合は，公共的な性格，あるいは，一定の政策的要請から，法人の目
的が直接かつ具体的に法定されているのであるから，目的の範囲内か否かに
ついての税理士会・司法書士会に関する判例および協同組合に関する判例は，
非営利法人に関する判例としての先例的価値は小さいものと考えられる。そ
もそも，非営利法人といっても，営利を目的としないという点で共通するに
すぎず，その目的は多種・多様であり，当該法人の属性を積極的に規定する
ものではない（明田・前掲論文62頁）（→§33 Ⅲ 1(1)）。

3　議論の可能性

(1)　内部問題としての処理の可能性

　(ア)　総会決議の問題としての処理　　前掲最高裁平成8年3月19日判決
の税理士会の事案における訴訟上の請求は，総会決議にもとづく特別会費の
納入義務を負わないことの確認を求める債務不存在確認である。そこでの論
理は，政治資金の寄付が法人の目的の範囲外であるから無効であり，その結

果，それに向けられた総会決議も無効であるとした上で，さらに，総会決議から発生する構成員の義務の不存在を導くものである。迂遠である。第三者に対する寄付金の返還請求等が問題とはなっていないのであるから，まさに内部問題であり，総会決議の効力を直接の問題とすべきであろう。つまり，法人の当該行為が定款所定の目的の範囲内であるか否かではなく，当該行為に向けられた総会決議が法人の目的を定める定款違反の決議であるか否かを直接的に論じるべきである（後藤元伸〔判批〕民百選Ⅰ〔8版〕17頁）。

　法人による寄付については，団体に加入した構成員が寄付するか否かの判断を団体に委ねているわけではなく，寄付するか否かは団体の目的達成とは関係がないので，団体が決議しても構成員は決議に拘束されないとの指摘がある（河内宏「法人の寄付について」判タ1108号〔2003〕13-14頁）。法人の内部問題としての法的処理をはかるときは，たとえば，総会決議の効力に関しては，一般法人法266条1項2号の類推適用が考えられ，その場合には総会決議取消訴訟が必要であり，形成訴訟を経なければならない。あるいは，構成員に特別会費や特別負担金を課することに関しては，一般法人法27条の類推適用が考えられ，その場合には，経費の負担につき定款の定めが必要であるから，特別会費・負担金等を定款の定めなく総会決議で構成員に課すのには問題があるとも考えられる。

　このように，総会決議による構成員の負担が問題となるとき，それが目的の範囲による法人の能力の制限の問題として処理されるならば，本来は少数構成員の保護など法人の内部問題としての法的議論がなされるべきであるにもかかわらず，そのような議論が覆い隠されているように思われる。

　㈣　内部問題としての処理　　会社への34条不適用説は，現在では2006年（平成18年）の民法改正により，それをいうのが困難になったとされているが，第三者との関係で法人に責任逃れの口実を与えまいとするその趣旨は今なお傾聴に値する。会社への34条不適用説はまた，とくに内部的制約説において，法人内部での代表者の責任追及を強調するものであり，定款所定の目的違反の代表者の行為を法人の内部問題として処理すべきことをいう。この点は，前掲最高裁平成8年3月19日判決および前掲最高裁平成14年4月25日判決のような総会決議による構成員の負担，あるいは，前掲最高裁昭和45年6月24日大法廷判決のような代表取締役への責任追及など，第三

§*34* Ⅲ   第1編　第3章　法　人

者との行為の効力が直接の問題となっていない場合において，それらを法人
の内部問題として処理することが問題の核心に迫っていることをも示すもの
である（藤岡 191-193 頁参照。織田・前掲論文 90 頁以下は，法人の目的の範囲が問題と
なる行為には取引行為と寄付・政治献金のような非取引行為があるとし，それぞれの行為
の性質に着目して検討するものであり，内部問題としての処理をいうものではないが，注
目に値する）。

(2)　34 条の立法論・解釈論による修正の可能性

　そもそも，法人の目的を権利能力を制限するものと構成することは，会社
に限らず，あらゆる法人にとって適切でないとの立論も十分に可能である
（竹内昭夫・会社法の理論Ⅰ〔1984〕167 頁，浜田・前掲曹時 50 巻 10 号 2431 頁・前掲曹
時 50 巻 11 号 2655-2656 頁）。このような立論からは，立法論として，非営利法
人についても，34 条ないしその準用規定を削除することが必要だというこ
とになる（上柳ほか編集代表・前掲書 111 頁〔竹内〕参照）。

　会社に対してだけでなく，公益法人も含めてすべての法人に対して，定款
所定の目的による法人の権利能力の制限が立法論として妥当でないものとす
れば，34 条は，とくに 2004 年（平成 16 年）に付加された「法人の能力」と
いう条文見出しにつき，修正的解釈の可能性も考えられなくはない。つまり，
定款所定の目的は法人の能力を制限するのではなく，代表者の権限を制限す
るものと修正的に解釈すべきである。一般法人法の成立にともなう 2006 年
（平成 18 年）民法改正の結果，34 条の会社への適用可能性は否定できないに
しても，法人の代表者の権限は裁判上または裁判外の一切の行為に及ぶ包括
的な代表権であるから（一般法人 77 条 4 項，会社 349 条 4 項・599 条 4 項など），代
表権の制限は善意の第三者に対抗することができないとすべきである。

　34 条の修正的解釈に無理があるものとすれば，会社のみならず法人全般
に対して目的の範囲内か否かにつき客観的抽象的基準説をとり，それによっ
て定款所定の目的による法人の権利能力の制限を事実上ないにひとしいもの
とし，ただ目的の法定された非営利法人においては目的範囲該当性につきや
や厳格に実質的な判断をするという解釈（佐久間 356 頁・361 頁）が穏当なとこ
ろであろうか。

　以上のような立論の対極にあるのが，34 条を積極的に活用しようとする
見解であり，それは，判例を参照しつつ，34 条が法人の活動の対外的・対

742　〔後藤〕

§*35* I

内的限界を定める一般条項として重要な機能を営んでいるとするものである（山田創一「Ultra Vires 法理の機能と課題」専修ロージャーナル4号〔2009〕35頁・53-54頁）。

〔後藤元伸〕

（外国法人）

第35条① 外国法人は，国，国の行政区画及び外国会社を除き，その成立を認許しない。ただし，法律又は条約の規定により認許された外国法人は，この限りでない。

② 前項の規定により認許された外国法人は，日本において成立する同種の法人と同一の私権を有する。ただし，外国人が享有することのできない権利及び法律又は条約中に特別の規定がある権利については，この限りでない。

〔改正〕 本条＝平18法50全部改正〔旧36〕

I 概 説

1 本条の意義

わが国の民法は，第1編第2章において自然人に関して定めており，同第3章において法人に関して定めている。わが国で問題になる自然人，法人は，通常，日本人であり日本法人であるが，特に現代においては，外国人，外国法人が様々な形で問題となることが多い。

この点，外国人については，わが国の国際私法規定である「法の適用に関する通則法」の4条・5条に行為能力に関する規定があり，6条に権利能力に関する規定がある。しかし，外国法人に関しては同法に規定がなく，本条および外国法人の登記に関する37条の2つの規定が民法に置かれているのみである。

すなわち，外国法人に関して一般的に定める明文規定としては，（登記に関する37条を除いては）わが国においては本条が唯一のものであり，外国法人に関するわが国の一般的な規律についての唯一の明文上の手掛かりといえる。

〔早川（吉）〕　743

§35　I
第1編　第3章　法　人

2　本条の沿革

本条については，かつては 36 条に置かれていたが，2004 年（平成 16 年）
の民法改正において現代語化がなされ，さらに，2006 年（平成 18 年）の民法
改正によって 35 条に条文番号が変更されるという経緯をたどってきた。し
かし，その規定内容については実質的な変更はなく，現在の規定内容が一貫
して維持されてきた。

3　本条の趣旨とその理解の変遷

もっとも，本条の趣旨の理解については，必ずしも一貫していたとはいえ
ない。

すなわち，民法が制定された 1896 年（明治 29 年）当時においては，法人と
は法によって人格を付与されて初めて成立する擬制的な存在であるとの理解
の下（法人擬制説），一国の公序に関わるものであるため，その効力は当該人
格を付与した法の所属国の領域内に限定されると考えられていた（岡松 79 頁
以下参照）。そのため，外国がその国の法によって人格を付与した外国法人に
ついては，わが国が特に認めた場合を除き，その成立が認められることはな
いということになる。そして，その旨を定めたのが本条の趣旨という理解で
あった（法典調査会主査会議事〔近代立法資料 13〕416 頁以下参照）。他方で，かか
る理解の下では，法人について双方的抵触規則を別に用意する必要はないと
いうことになり，そうであるが故に，1898 年（明治 31 年）に制定された（「法
の適用に関する通則法」以前の国際私法規定である）「法例」においても，法人に関
する国際私法規定は置かれなかったのであった。

以上から，本条は民法の中に置かれながらも，実質的には，法人に関する
一方的抵触規則としての国際私法の規定として制定されたものであったと理
解することができよう。

しかし，その後の社会の変遷，特に，法人という存在の社会における役割
の拡大，そして，それにともなう学説上の議論の変化の中で，法人に関する
双方的抵触規則としての国際私法の必要性が認識され，かかるルールを解釈
上導くべきことが当然視されるようになった（久保岩太郎・国際私法概論〔改訂
版，1949〕129 頁以下，山田鐐一「外国会社」田中耕太郎編・株式会社法講座(5)〔1959〕
1790 頁，川上太郎「会社」国際法学会編・国際私法講座(3)〔1964〕732 頁以下参照）。す
なわち，本条とは別に，双方的抵触規則の形の国際私法ルールを解釈上導く

744　〔早川（吉）〕

§35　Ⅱ

立場が支配的になった結果（かかる立場の詳細については，→Ⅱ），（起草者の理解とは異なり）本条は国際私法の規定ではないとの解釈も支配的となった。

　そしてその結果，本条は国際私法規定ではなく，「外国法人」に関する単なる外人法であるとの理解が支配的となっているというのが現在の状況である。

　なお，近時において，（起草者の理解を離れる形で）本条の存在を無視して国際私法ルールを解釈上導こうとする現在において支配的な立場を批判し，本条を，外国国家の法人格付与という国家行為の承認について定めた規定と理解し，本条が認める範囲において「外国法人」「の成立」が認められるとの見解が有力に唱えられるようになっている（道垣内正人・ポイント国際私法 各論〔2000〕267頁，横溝大「法人に関する抵触法的考察——法人の従属法か外国法人格の承認か」民商135巻6号〔2007〕1045頁）。注目すべき見解であるが，注釈書という性格上，以下では，上記の現在における支配的見解を前提に説明することとする。

Ⅱ　外 国 法 人

　本条は外国法人に関して一般的に定める明文規定であるが，それでは，ここにいう「外国法人」とは何か。日本法人との相違につき，民法においても国際私法においても明文の定めがないため問題となるが，この点に関しては，法人に関する国際私法ルールを（本条とは別に）解釈上導く現在の支配的な立場を前提に，その連結点を本拠地に求めるか，それとも，設立された地に求めるかという対立と連動する形で議論がなされてきた。すなわち，本拠地がわが国であるか外国であるかによって日本法人か外国法人かを区別する立場か（本拠地法主義），それとも，設立された地がわが国であるか外国であるかによって日本法人か外国法人かを区別する立場か（設立準拠法主義）である。

　この点，欧州の大陸法系の多くの国々においては，本拠地法主義が有力であり（その概略については，西谷祐子「法人および外人法規制」櫻田嘉章＝道垣内正人編・注釈国際私法(1)〔2011〕144頁，および，146頁以下参照），わが国においてもこれを支持する立場も存在していた（折茂豊・国際私法（各論）〔新版，1972〕51頁）。確かに，当該法人と最も密接な関係を有する法は何れの国の法かという観点

〔早川（吉）〕　　745

§35 II   第1編　第3章　法　人

からは，本拠地法主義に一定の理があるともいえる。

　しかし，本拠地法主義によれば，本拠地以外の法によって設立された法人
については，本拠地法に従っていないことを理由としてその法人格が否定さ
れることになってしまう。だが，現実には，米国において多数を占めるデラ
ウェア州法人など，法人の設立された地と実際の本拠地にずれがある法人は
世界に多々存在している。それらにつき全て，本拠地法に従って設立されて
いないことを理由として法人格が否定されるということになってしまうと，
実務に多大な混乱を発生せしめてしまう上に，取引の相手方が不測の損害を
被る可能性が生じてしまう。また，当該法人が本拠地を移した場合の処理に
問題を抱える上に，法人によっては何れの地を本拠地と認定すべきか判断が
困難となる場合の可能性も否定できない。

　このような懸念から，現在においては，設立準拠法主義が支配的な立場と
なっている（山田鐐一・国際私法〔3版，2004〕224頁以下，溜池良夫・国際私法講義
〔3版，2005〕293頁以下，櫻田嘉章・国際私法〔5版，2006〕75頁以下，木棚昭一ほか・
国際私法概論〔5版，2007〕119頁以下，神前禎ほか・国際私法〔3版，2012〕115頁以
下）。その根拠としては，本拠地を他国に移すことについての国際私法上の
障害が無くなること，第三者にとって準拠法の判断が容易であり不測の損害
を被る可能性が少ないことに加え，そもそも法人が法人格を有するのは，ま
さにそれが設立の際に準拠した法によって法人格を与えられるためであると
いうことも挙げることができよう。

　また，形式的な根拠として，営利性を有する外国法人の一つである「外国
会社」に関する明文規定である会社法2条2号（→Ⅲ2）の定義の一部に，
「外国の法令に準拠して設立された法人その他の外国の団体」という定めが
あること，さらには，設立準拠法が外国法人，外国会社の登記事項とされて
いることも（37条1項1号，会社933条2項1号），挙げることができる。

　他方，かかる設立準拠法主義への本拠地法主義からの批判として，本拠地
の公的利益を守るための各種規制が，本拠地以外で設立するだけで意図的に
潜脱できてしまうのではないかといった懸念も考えられる。しかし，現在に
おいては，そのような公的規制については，それが必要かつ重要なものであ
れば，設立された地が内国か外国かにかかわらず，当該国は当該法人にその
規制を及ぼすのが通常であり，かかる懸念は無用なものであるといえよう。

746　　〔早川（吉）〕

§35 Ⅲ

以上より，外国において設立された法人であるか否かが，現在における本条における外国法人であるか否かを決する規準であるといえる。

Ⅲ 認　　許

1　意　　義

本条1項は，外国法人の「認許」につき定めているが，上述した設立準拠法主義を前提とする限り，外国で設立された法人についても，当該外国法上の設立のための要件を充たしているのであれば，権利義務の主体として存在しているということとなる。とすると，ここにいう「認許」とは何か。

この点，支配的な立場は，外国法人が外国において活動する際に権利義務の享有主体として認められるか否かについては別段（この点は上述した当該外国法人の設立準拠法により決せられる。→Ⅱ），当該外国法人がわが国において活動する際には，かかる「認許」の存在が加えて必要であり，これが無い場合には（当該外国法人の設立準拠法上は権利義務の享有主体として成立が認められているとしても）権利義務の享有主体として「その成立」が認められなくなるといった性質の外人法であると理解している（山田・前掲書246頁，溜池・前掲書305頁，神前ほか・前掲書116頁）。

かかる理解を前提にした場合，外国法人については「その成立を認許しない」と定める本条1項本文は，（設立準拠法上は権利義務の享有主体として成立が認められていたとしても）わが国での活動との関係では，以下で説明する一連の例外を除けば，外国法人についてはその法人格を認めないのが原則であることになる。

その趣旨としては，上述の設立準拠法主義の弊害の除去という点が挙げられよう。すなわち，設立準拠法主義を貫いた場合には，外国で設立された法人が，（上述した重要な公的利益保護のための規制〔→Ⅱ〕については別段として）わが国の法の規定に従わずにわが国で活動することを全面的に認めることになってしまう。そのことには一定の弊害の可能性があるため，わが国での活動を認める必要性が一般的に強い以下の例外的な場合については別段，それ以外の場合については，（わが国での活動の必要性が乏しい以上）わが国での活動との関係で法人格を認めなくても構わないといったものであったと考えられる。

〔早川(吉)〕　　747

§ *35* III　　　　　　　　　　　　　　　　　　　　第 1 編　第 3 章　法　人

2　国・国の行政区画・外国会社

　他方で，本条 1 項は，「国，国の行政区画及び外国会社」を除いており，これらについては例外的に認許される，すなわち，わが国で活動する場合であってもその法人格は認められることになる。

　まず，「国」，すなわち，外国国家については，国際法上，独立の法人格が認められており，また，（わが国を含め）世界各地で活動することが当然に想定されている存在である以上，これを認許している趣旨は明らかであろう。

　また，どの外国国家においても，その内部を複数の行政区画に区分し，それぞれの行政区画に独立の法人格を与えるといった（わが国における地方公共団体のような）体制が採用されている。そして，そうした法人格を有する「国の行政区画」が（わが国を含めた）世界各地で活動することも当然に予想される。このことから，（当該国において独立の法人格が認められている）「国の行政区画」についても，認許が与えられている。

　他方，「外国会社」については，その定義が会社法の 2 条 2 号において「外国の法令に準拠して設立された法人その他の外国の団体であって，会社と同種のもの又は会社に類似するものをいう」と定められている。現代においてはもちろん，民法制定当時においてすら，わが国の会社と同種あるいは類似する様々な営利社団法人が（わが国を含め）世界各地で活動していたのであり，社会・経済的な必要性から，これを認許したことは当然であったといえるであろう。

　なお，「外国の法令」の中には，外国の法律のみならず，外国国家間で締結された二国間条約や欧州連合における指令・規則といったものも含まれることになろう（櫻田・前掲書 168 頁，西谷・前掲論文 172 頁）。

　ところで，「外国会社」以外の外国法人，すなわち，外国の公益法人や外国の非営利法人については，原則に従って認許されない，すなわち，わが国で活動する際にはその法人格は認められないということになる。しかし，民法制定当時においてはその必要性はなかったかもしれないが，グローバル化の進んだ現在においてまで，かかる外国法人のわが国における活動の必要性が存在しないといえるかについては，再考の余地があろう。今後の課題であるといえよう。

748　〔早川（吉）〕

§35 III

3 別段の法律・条約による認許

　他方，本条1項にはただし書があり，「法律又は条約の規定により認許された外国法人は，この限りでない」と定めているため，別段の法律・条約により「認許」されれば，わが国で活動する際にもその法人格が例外的に認められるということになる。

　法律の規定により認許された外国法人としては，例えば，わが国の保険業法は，「外国相互会社」につき，「外国の法令に準拠して設立された相互会社と同種の外国の法人又はこれに類似する外国の法人」と定めた上で（同法2条10項），かかる外国相互会社をも対象に含めて保険業に関する規制を行っている。すなわち，わが国での活動との関係で外国相互会社も同法により認許がなされていると解される。

　他方，条約に関しては，これを認許する二国間条約として，例えば，日米間で1953年に締結された「日米友好通商航海条約」は，「いずれか一方の締約国の領域内で関係法令に基いて成立した」「有限責任のものであるかどうかを問わず，また，金銭的利益を目的とするものであるかどうかを問わず，社団法人，組合，会社その他の団体」については，当該締約国の法人と認められ，かつ，その法律上の地位を他方の締約国の領域内で認められると定めている（同条約22条3項）。また，かかる規定は，米国以外の国との関係でも，それらの国との通商航海条約において最恵国待遇条項があるのであれば同様に適用されることになるため，そうした国々の法人についても認許がなされるということになる。

　また，日本が締約国である多国間条約の下で成立が認められている国際法人についても，ここにいう条約の規定により認許される外国法人に含まれる。例えば，「国際連合憲章」の下に設立された国際連合（わが国は1956年に加盟），および，これと連携関係にある各種専門機関（同57条・63条），すなわち，国連食糧農業機関（FAO），国際民間航空機関（ICAO），国際農業開発基金（IFAD），国際労働機関（ILO），国際通貨基金（IMF），国際海事機関（IMO），国際電気通信連合（ITU），国連教育科学文化機関（UNESCO），国連工業開発機関（UNIDO），世界観光機関（UNWTO），万国郵便連合（UPU），世界銀行（WB）グループ（国際復興開発銀行（IBRD），国際投資紛争解決センター（ICSID），国際開発協会（IDA），国際金融公社（IFC），多国間投資保証機関（MIGA），世界保

〔早川（吉）〕　749

§*35* Ⅳ 第1編 第3章 法 人

健機関（WHO），世界知的所有権機関（WIPO），世界気象機関（WMO）である。

また，国連の連携関係機関ではないが，「世界貿易機関を設立するマラケシュ協定」により設立された世界貿易機関（WTO），「経済協力開発機構条約」により設立された経済協力開発機構（OECD）（わが国は 1964 年に加盟）などもこれに該当する。

さらに，条約により直接に設立されたものではないが，条約に基づいて何れかの国の法により設立されたものもあり，例えば，1875 年「メートル条約」による度量衡万国中央局，1886 年「文学的及び美術的著作物の保護に関するベルヌ条約」による文学的及び美術的著作物保護国際同盟事務局，1930 年「国際決済銀行に関する条約」による国際決済銀行，1955 年「国際法定計量機関を設置する条約」による国際法定計量機関などがこれに該当する。

4　認許の手続

なお，かかる「認許」に関しては，格別の手続が定められているわけではない。すなわち，外国法人であっても，それが「国，国の行政区画及び外国会社」である場合や，「法律又は条約の規定により認許」されている場合については，別段の手続の必要なく，わが国での活動との関係でもその法人格は肯定されることになる。

5　認許されない外国法人の行為

他方で，かかる認許がなされていないにもかかわらず，外国法人がわが国で活動してしまう場合も想定され得る。その場合には，法人格がない社団の行為とみなされる以上，わが国における権利能力なき社団に関する規律や議論が当てはまることになろう。

Ⅳ　私権の享有

1　意　義

本条 2 項本文は，認許された外国法人が権利義務の享有主体となることを前提に，享有される権利義務の内容につき，「日本において成立する同種の法人と同一の私権を有する」と定めている。

750　〔早川（吉）〕

§35 Ⅳ

　もっとも，本条を外人法と理解する現在における支配的な立場の下では，法人がいかなる権利義務を享有するかについては，そもそも当該法人の設立準拠法が規律することになる。したがって，本規定の意義は，（わが国では認められていない権利義務の享有を前提にわが国で活動することが認められることになってしまう）設立準拠法主義の弊害の除去という観点から，設立準拠法上認められている権利義務であったとしても，わが国の同種の法人において認められているものでなければ，わが国においては認めないという点にあるといえる（山田・前掲書252頁以下，溜池・前掲書310頁，神前ほか・前掲書116頁参照）。

2　外国人が享有できない権利・法律または条約中に特別の規定がある権利

　また，本条2項にはただし書があり，「外国人が享有することのできない権利及び法律又は条約中に特別の規定がある権利」については，外国法人の享有をさらに否定している。

　外国人・外国法人の権利の享有につき法律により制限するものとして，例えば，「外国人土地法」がある。すなわち，日本人・日本法人による土地の権利の享有を制限している国に属する外国人・外国法人に対しては，日本における土地の権利の享有について，その外国人・外国法人が属する国が制限している内容と同様の制限を政令によってかけることができると定め（同法1条），また，国防上必要な土地について外国人・外国法人の土地所有等を禁止できるとしている（同法4条）。

　また，「鉱業法」は，「条約に別段の定があるとき」以外は「日本国民又は日本国法人でなければ，鉱業権者となることができない」と定め（同法17条），外国人・外国法人が鉱業権者になることを制限している。

　さらには，「航空法」は，「外国又は外国の公共団体若しくはこれに準ずるもの」や「外国の法令に基いて設立された法人その他の団体」が所有する航空機の同法上の登録を認めていない（同法4条1項2号3号）。

　他方，会社法は，第6編において外国法人に関する一連の規定を置いており，特に，わが国での活動が継続的な取引である場合には「日本における代表者」を定める義務を課し（会社817条），「外国会社の登記」をするまではかかる継続的な取引を禁止している（会社818条）。さらに，外国会社であったとしても，「日本に本店を置き，又は日本において事業を行うことを主たる

〔早川(吉)〕　751

§*36* I・II 第1編 第3章 法　人

目的とする」場合（疑似外国会社）にも，かかる継続取引を禁止している（会社821条）。

〔早川吉尚〕

（登記）
第36条　法人及び外国法人は，この法律その他の法令の定めるところにより，登記をするものとする。
　〔改正〕　本条＝平18法50全部改正

I　法人の登記

　法人の登記とは，法人に関する一定の事項を登記所にそなえる登記簿に記載し，これを第三者に公示するものをいう（日本法令法人登記研究会編・法人登記の手続〔5訂版，2013〕38頁参照）。

　法人の登記については，それぞれの法令において定められている。たとえば，一般社団法人・一般財団法人の登記については，一般社団法人及び一般財団法人に関する法律（一般法人法）299条以下に定めがあり，一般社団法人登記簿・一般財団法人登記簿が備えられている（一般法人316条）。会社は，会社法907条以下の規定に定めがあり，株式会社登記簿・合名会社登記簿・合資会社登記簿・合同会社登記簿・外国会社登記簿が備えられている（商業登記法6条）。民法は，外国会社以外の認許された外国法人（35条1項ただし書）の登記について定めるのみであり（37条），外国法人登記簿が備えられている（外法夫婦登3条）（大村・読解156-158頁，判例民法122頁〔田口治美〕）。

II　本条の趣旨

　36条は，日本法によるすべての法人，および，外国法人（35条）についての通則として，法人の登記がなされるべきことを定めている（我妻＝有泉・コメ120頁）。

　36条は，一般法人法の制定にともなう2006年（平成18年）民法改正によ

752　〔後藤〕

って設けられた規定である。もっとも，36条の趣旨は一義的に明快ではない。「登記をするものとする」という文言は，36条が努力規定あるいは責務規定であるかのごとくである。36条は法命題としての規範的価値に乏しく，また，法人の総則規定としても民法典に置く意義が小さい（我妻＝有泉・コメ121頁は，もう少し整理された法人登記に関する一般法が工夫されてもよいのではないか，とする）。すなわち，36条は，法人の公示手段として登記を選択することを宣言するにすぎない（登記と準則主義〔33条1項〕との関連については，→§33 I 1 (2)(エ)(b)）。

法人の設立については，法人は事務所や本店の「所在地において設立の登記をすることによって成立する」（一般法人22条，会社49条・579条など）のであるから，かかる法人の設立登記の効力を36条に法人の総則規定として設けたならば，その趣旨は明快となったであろう。

36条は，法人の設立登記を第三者対抗要件とする2006年民法改正前の旧45条2項に対応するものであるのかもしれない（なお，大村・読解154-155頁参照）。そうであるならば，上記の一般法人法22条，会社法49条・579条のような規定を置くべきであったろう。法人の設立根拠となる各法律において，繰り返しを避けることができ，36条が総則規定にふさわしいものとなったであろう。

36条が，「登記をするものとする」という文言にならざるをえず，また，36条のいう登記が設立登記に限ったものでないのは，登記の効力が法人の種類により異なることがあり，36条が法人一般のみならず37条の外国法人をもあわせて規定しているからであろう。37条の外国法人の登記は，「法律又は条約の規定により認許された外国法人」（35条1項ただし書）についての登記であるから，設立登記は問題とならない（認許された外国法人の登記がないことが，第三者がその法人の成立を否認するための要件となっている〔37条5項〕）。36条において，制度上は例外的な存在であり，現実にもまれな存在である「外国法人」をあわせて規定する必要はなかったのではないか（我妻＝有泉・コメ120頁）。

〔後藤元伸〕

§*37*   第1編　第3章　法　人

（外国法人の登記）

第37条①　外国法人（第35条第1項ただし書に規定する外国法人に
　　限る。以下この条において同じ。）が日本に事務所を設けたときは，
　　3週間以内に，その事務所の所在地において，次に掲げる事項を登記
　　しなければならない。
　一　外国法人の設立の準拠法
　二　目的
　三　名称
　四　事務所の所在場所
　五　存続期間を定めたときは，その定め
　六　代表者の氏名及び住所
②　前項各号に掲げる事項に変更を生じたときは，3週間以内に，変更
　　の登記をしなければならない。この場合において，登記前にあって
　　は，その変更をもって第三者に対抗することができない。
③　代表者の職務の執行を停止し，若しくはその職務を代行する者を
　　選任する仮処分命令又はその仮処分命令を変更し，若しくは取り消
　　す決定がされたときは，その登記をしなければならない。この場合
　　においては，前項後段の規定を準用する。
④　前2項の規定により登記すべき事項が外国において生じたときは，
　　登記の期間は，その通知が到達した日から起算する。
⑤　外国法人が初めて日本に事務所を設けたときは，その事務所の所
　　在地において登記するまでは，第三者は，その法人の成立を否認す
　　ることができる。
⑥　外国法人が事務所を移転したときは，旧所在地においては3週間
　　以内に移転の登記をし，新所在地においては4週間以内に第1項各
　　号に掲げる事項を登記しなければならない。
⑦　同一の登記所の管轄区域内において事務所を移転したときは，そ
　　の移転を登記すれば足りる。
⑧　外国法人の代表者が，この条に規定する登記を怠ったときは，50
　　万円以下の過料に処する。

　　　　〔改正〕　本条＝平18法50全部改正〔旧49〕

754　〔早川（吉）〕

I 概　　説

1　本条の意義

わが国の民法は，第1編第2章において自然人に関して定めており，同第3章において法人に関して定めている。わが国で問題になる自然人，法人は，通常，日本人であり日本法人であるが，特に現代においては，外国人，外国法人が様々な形で問題となることが多い。

この点，外国人については，わが国の国際私法規定である「法の適用に関する通則法」の4条・5条に行為能力に関する規定があり，6条に権利能力に関する規定がある。しかし，外国法人に関しては同法に規定がなく，外国法人に関する一般規定である35条，および，外国法人の登記に関する本条の2つの規定が民法に置かれているのみである。

すなわち，外国法人の登記に関しては，（外国法人についても「この法律その他の法令の定めるところにより，登記をするものとする」と定める36条を除けば）本条が民法における唯一の依拠すべき規定である。

2　本条の沿革

本条が定める内容は，かつては49条において定められていたが，それは，民法において日本法人の登記に関する一連の規定が存在していることを前提に，その一部を外国法人にも準用するといった規定であった。かかる規定は，2004年（平成16年）の民法改正において現代語化がなされたが，内容についての実質的な変更はなかった。

しかし，2006年（平成18年）の民法改正の際に，登記に関する定めをも含む日本法人の設立・管理・解散に関する一連の規定（38条～84条）が「一般社団法人及び一般財団法人に関する法律」，「公益社団法人及び公益財団法人の認定等に関する法律」に移され，民法中に存在しなくなったことにより，準用という立法形式がとれなくなったため，外国法人の登記に関して直接に定める形の立法形式が採用されることとなり，あわせて条文番号も37条に変更となった。もっとも，内容についての実質的変更はなく，それまでの規定の内容が実質的にはほぼ一貫して現在まで維持されてきたといえる。

3　本条の趣旨

法人という存在が，（自然人とは別に）権利義務の享有主体となることが認

〔早川（吉）〕　755

§*37* II・III　　　　　　　　　　　　　　　　第1編　第3章　法　人

められるものである一方で，人為的に成立せしめられる存在である以上，当
該法人との関係で法律関係を有することになる相手方の保護のために，当該
法人に関する情報を制度的に公示させる必要がある。すなわち，法人に関す
る登記であるが，かかる要請は，わが国で継続的に活動する外国法人につい
ても同様に存在する。そこで，わが国で継続的に活動する外国法人について，
日本法人と同様に，一定の重要な情報のわが国における登記を義務付けてい
るのが本条である（梅113頁，我妻198頁参照）。

II　本条の対象となる外国法人

ところで，かかる外国法人は，わが国で活動することが認められているこ
とが前提ということになるが，この点，本条1項本文は，「第35条第1項た
だし書に規定する外国法人に限る」と定めているため，35条1項ただし書
に規定されている「法律又は条約の規定により認許された外国法人」が本条
の対象であるということになる。

それ以外の外国法人については，同条項本文が原則として「その成立を認
許しない」としているため，わが国での活動自体がそもそもできないという
ことになり，したがって，登記の必要はないということになる。

他方，同条項においては，「国，国の行政区画及び外国会社」が例外的に
除かれていることから，これらについてはその成立が認許されることになり，
わが国で活動することが予期されることになる。しかし，国や地方公共団体
の登記についてはわが国において登記制度はなく，その反射として，外国国
家や外国の地方公共団体についても，本条の適用はない。

他方，外国会社については，わが国の「会社法」に外国会社の登記の規定
が置かれているため（会社933条〜936条），そちらが適用される結果，やはり
本条の適用はないことになる。

III　登記すべき事項

1　わが国に事務所を設けた場合の登記

それでは，本条の対象となる外国法人は，どのような登記をしなければな

756　　〔早川(吉)〕

§*37* **III**

らないのか。

　第1に，かかる登記義務が求められるのは，わが国に「事務所」を設けた外国法人だけであることに注意を要する。すなわち，わが国における相手方保護の要請が強い場合であるからこそ，登記による当該法人に関する情報の公示が求められるのであり，そのような要請が薄い場合にまで国境を越えての登記という一定の負担がかかる義務を課す必要はない。したがって，事務所をわが国に設けることで，わが国での継続的な活動を企図しているような外国法人だけに登記義務が課されるのであり，わが国に事務所を持たない外国法人，すなわち，単発的に法律関係を有するのみにとどまるような外国法人については，かかる登記義務は課されていない。

　第2に，登記すべき事項としては，①外国法人の設立準拠法，②目的，③名称，④事務所の所在場所，⑤存続期間を定めたときは，その定め，⑥代表者の氏名および住所である（37条1項1号～6号）。②～⑥に関しては，わが国の法人についても同様の事項が求められているが（一般法人301条2項1号～4号6号・302条2項1号～4号6号参照），外国法人についてはわが国の法とは異なる法が適用されるため，その結果，相手方が不測の損害を被る可能性も否定できない。そのため，外国法人については，①についても登記することが求められている。

2　登記すべき事項の変更・事務所の移転

　登記すべき事項につき変更があった場合には，変更の登記をすることが求められている（37条2項）。また，「代表者の職務の執行を停止し，若しくはその職務を代行する者を選任する仮処分命令又はその仮処分命令を変更し，若しくは取り消す決定がされたとき」についても，その登記をしなくてはならない（同条3項）。この点，わが国の法人についても同様の義務が課されており（一般法人303条・305条参照），かかる趣旨が外国法人にも同様に及ぼされたものといえる。

　また，外国法人が事務所を移転したときも，旧所在地において移転の登記をし，新所在地において上記①～⑥の事項を登記しなければならない（37条6項）。ただし，同一の登記所の管轄区域内における移転であれば，その移転を登記すれば足りる（同条7項）。これらも，わが国の法人について課されている義務が（一般法人304条参照），外国法人にも同様に及ぼされたものといえ

〔早川（吉）〕　757

§*37* Ⅳ   第1編　第3章　法　人

る。

3　期間およびその算定

なお，上記の登記は，わが国に事務所を設けたとき，登記すべき事項に変
更を生じたとき，代表者の職務執行の停止等の命令・決定がされたときから
3週間以内，移転の登記については事務所を移転したときから3週間以内に
なされなければならない（37条1項〜3項6項）。もっとも，事務所の移転の際
の新所在地での登記については4週間以内となる（同条6項）。これらの期間
についても，同様の規定（ただし期間については2週間）がわが国の法人につき
存在している（一般法人302条〜305条参照）。

また，登記すべき事項に変更を生じたときや代表者の職務執行の停止等の
命令・決定がされたときについては，特にそれが外国において生じた場合に
は，わが国への連絡が発信されてから到着するまでに一定の時間がかかる場
合がある。この点，わが国の法人についても，「登記すべき事項のうち官庁
の許可を要するものの登記の期間については，その許可書の到達した日か
ら」起算する旨の規定があることもあり（一般法人300条参照），外国法人にお
ける上記のような場合には，期間の算定においては「その通知が到達した
日」から起算されると定められている（37条4項）。

Ⅳ　登記の効果

1　登記の効果

以上のような外国法人の登記がなされた場合，公示の制度である以上，外
国法人の成立や登記された事項に関して第三者にも対抗できるという効果が
発生することになる。逆に言えば，外国法人が初めて日本に事務所を設けた
ときに，その事務所の所在地において登記をするまでは，第三者は，その法
人の成立を否認することができるということになる（37条5項）。すなわち，
その法人の代表者の行為を法人の行為とはみなさず，代表者個人の行為とみ
なすことで，その代表者個人に責任追及ができることになる（我妻198頁）。

また，登記された事項に変更があった場合にその変更の登記がなされる前
や，代表者の職務執行の停止等の命令・決定がなされたにもかかわらずその
旨の登記がなされる前については，その変更や命令・決定の存在につき，第

758　〔早川（吉）〕

§*37* V, §§*38-84*

三者に対抗できないということになる（37条2項第2文・3項第2文）。なお，わが国の法人についても，同様の規定がある（一般法人299条参照）。

2　代表者への制裁

なお，以上の登記の義務に関しては，これを怠った場合には，外国法人の代表者に対して過料が課される可能性がある点にも注意を要する（37条8項）。なお，わが国の法人についても，同様の規定がある（一般法人342条1号参照）。

V　外国法人の登記及び夫婦財産契約の登記に関する法律

ところで，外国法人の登記に関しては，「外国法人の登記及び夫婦財産契約の登記に関する法律」も存在しており，民法に規定する外国法人の登記について，「事務をつかさどる登記所」の管轄およびその業務につき定めている（外法夫婦登2条）。

すなわち，「日本に事務所を設けた外国法人」で民法35条1項ただし書における「外国法人」についての登記の事務は，「その事務所の所在地を管轄する法務局若しくは地方法務局若しくはこれらの支局又はこれらの出張所」が管轄の登記所となり（外法夫婦登2条），当該登記所は「外国法人登記簿」を備えることとなる（外法夫婦登3条）。また，「商業登記法」における一連の規定につき準用がなされることになる（外法夫婦登4条）。

〔早川吉尚〕

第38条から第84条まで　削除

〔**改正**〕　本条＝平18法50削除　〔第84条の2・第84条の3＝平18法50削除〕

〔早川(吉)〕　　759

権利能力なき社団・財団　Ⅰ　　　　　　　　第1編　第3章　法　人

権利能力なき社団・財団
〔対照〕ド民 54 条

細　目　次

Ⅰ　権利能力なき社団 ……………………760
1　伝統的通説による権利能力なき社団
の意義 ……………………………760
2　伝統的通説に対する批判とその影響
　………………………………………761
　(1)　社団と組合の区別 ……………761
　(2)　法人格の法技術的意義 ………761
3　判例による権利能力なき社団の成立
要件および効果 …………………762
　(1)　成立要件 ………………………762
　(2)　対外関係 ………………………763

　(3)　内部関係 ………………………767
4　権利能力なき社団の法理における諸
準則 ………………………………770
　(1)　権利能力なき社団の成立要件 ……770
　(2)　財産関係 ………………………772
　(3)　権利能力なき社団の内部関係 ……779
5　権利能力なき社団論の今日的意義 …779
Ⅱ　権利能力なき財団 ……………………781
1　権利能力なき財団の意義 …………781
2　権利・義務の帰属関係 ……………781

Ⅰ　権利能力なき社団

1　伝統的通説による権利能力なき社団の意義

　伝統的通説によれば，権利能力なき社団（Verein ohne Rechtsfähigkeit）とは，団体であって，その実体が社団であるにもかかわらず，法人格をもたないものをいう（我妻 132-133 頁，幾代 144-146 頁，新版注民(2)71-73 頁〔森泉章〕など）。そして，権利能力なき社団はその実体が社団型の団体であるから，これに667 条以下の組合の規定を適用するのは妥当ではなく，社団法人の規定やその趣旨を，法人格を前提とする規定を除いて，類推適用すべきであるとされている。

　権利能力なき社団の法理に関する伝統的通説は，ドイツ法学のそれを継受したものである（阿久澤利明「権利能力なき社団」民法講座(1)239-242 頁・251 頁）。もっとも，ドイツでは現在，ドイツ連邦通常裁判所が民法上の組合に権利能力を承認し（BGHZ 146, 341, Tz. 5〔2001 年 1 月 29 日判決〕），これが確定した判例・通説となったために，「権利能力なき社団」は「登記されていな

760　〔後藤〕

い社団 (nicht eingetragener Verein)」であるとして，それに完全な権利能力が承認される方向に収斂していることには注意を要する (Manfred WOLF/Jörg NEUNER, Allgemeiner Teil des Bürgerlichen Rechts, 10. Aufl., 2012, S. 191ff.; Johannes WERTENBRUCH, BGB Allgemeiner Teil, 3. Aufl., 2014, S. 31)。

2 伝統的通説に対する批判とその影響

星野英一「いわゆる『権利能力なき社団』について」同・民法論集(1)〔1970〕227頁以下は，権利能力なき社団に関する伝統的通説に対する批判論文であり，その後の学説に大きな影響を与え，発展を促した。同論文が提示した議論は大きくつぎの2点に集約できよう。第1に，社団と組合の区別に対する批判である（星野・前掲論文247-264頁）。第2に，法人の法人格の法技術的意義をその効果から遡って分析することである（星野・前掲論文264-301頁）。

(1) 社団と組合の区別

権利能力なき社団論の前提となっている社団と組合の区別については，社会学的実体としても（星野・前掲論文248-254頁），実定法上も（星野・前掲論文254-264頁），曖昧であると批判されている（学説の展開につき，山田誠一「団体，共同所有，および，共同債権関係」民法講座(別巻1)321頁以下参照）。

伝統的通説の側も，実体としての社団と組合の区別が理念的な対立にすぎず，連続性を有するものであり，現実の団体には両類型の中間的なものがあるとしてきたところではある（幾代146頁，四宮83頁，福地俊雄「法人に非ざる社団について」同・法人法の理論〔1998〕307-310頁）。また，実定法上の区別については，民法上の組合に関する規定において，全員一致の場合のあること（672条2項・680条）および各組合員に解散請求権・常務執行権のあること（683条・670条5項〔平29改正前3項〕）から，権利能力なき社団の成立要件との関係でなお意義があるとする見解がある（河内宏・権利能力なき社団・財団の判例総合解説〔2004〕9-11頁。→4(1)）。

以上に対して，社団と組合の区別に意義を見出さない見解も有力である（内田222-224頁，大村・物権170-171頁）。

(2) 法人格の法技術的意義

星野・前掲論文による法人の法人格の法技術的意義の分析的議論は，後の学説の展開を見た（山田誠一「権利能力なき社団」林良平＝安永正昭編・ハンドブッ

ク民法Ⅰ──総則・物権──〔1987〕24頁，西島良尚「権利能力のない団体と責任──団体構成員の責任を中心として──」金法1721号〔2004〕20頁，西脇秀一郎「団体法の二元性(1)──ドイツ民法典社団法の原基的モデルの一考察──」龍谷法学49巻4号〔2017〕487-493頁。一前注（§§33-84）Ⅱ3(1)。構成員の有限責任に関する議論については，一前注（§§33-84）Ⅱ3(2)(ウ)，権利能力なき社団・財団Ⅰ4(2)(イ)(e)）。

　権利能力なき社団論との関連では，問題となっている要件を効果の方から遡って考察すべきであるとの主張が（星野・前掲論文279頁），広く受容されている。たとえば，個別の効果ごとにあるべき要件を組み立てることが本筋である（大杉謙一「法人（団体）の立法のあり方について・覚書」日本銀行金融研究所ディスカッション・ペーパー・シリーズ2000-J-7〔2000〕57-62頁），問題となる個別の効果ごとにどのような事情が重視されるべきかを考えるべきである（佐久間385頁），類型論ではなく機能論として団体制度をとらえるべきである（山本517-518頁），あるいは，団体論として論じられてきたかなりの部分を「団体性」とは無関係に説明することが可能である（西内康人「団体論における契約性の意義と限界(8)・完──ドイツにおける民法上の組合の構成員責任論を契機として──」論叢166巻4号〔2010〕21頁），などとされている。

　このような意味では，今日までにおいて最高裁が，権利能力なき社団の法理につき法律上の明文の規定がないにもかかわらず，その成立要件および効果について，判例法理を個別的に蓄積してきたことは，意義深いものといわなければならない。

3　判例による権利能力なき社団の成立要件および効果

　権利能力なき社団に関する最高裁判例は，伝統的通説のいう成立要件および効果（我妻133-134頁，幾代145-154頁など）をベースとして，発展してきた。以下では，判例法理の諸準則を列挙して整理する（河内・前掲書，滝澤孝臣「権利能力のない社団をめぐる判例法の現状と課題」市民と法91号〔2015〕2頁以下参照）。

⑴　成　立　要　件

　判例によれば，権利能力のない社団が成立するためには，「団体としての組織をそなえ，そこには多数決の原則が行なわれ，構成員の変更にもかかわらず団体そのものが存続し」，「その組織によって代表の方法，総会の運営，財産の管理その他団体としての主要な点が確定している」ことを要する（最判昭39・10・15民集18巻8号1671頁〔以下，「最高裁昭和39年判決」ともいう〕，最判

昭42・10・19民集21巻8号2078頁）。これは我妻133頁を踏襲したものであり（新版注民(2)74頁〔森泉〕），伝統的通説のいう権利能力なき社団の意義を前提とするものといえよう（山田・前掲「権利能力なき社団」21頁，関英昭「権利能力なき社団の成立要件」久保欣哉古稀・市場経済と企業法〔2000〕283-284頁参照）。

(2) 対 外 関 係

(ア) 権利義務の帰属関係および当事者能力

(a) 財産の総有　　判例は，「権利能力なき社団の財産は，実質的には社団を構成する総社員の所謂総有に属する」として，財産の総構成員への総有をいう（最判昭32・11・14民集11巻12号1943頁〔以下，「最高裁昭和32年判決」ともいう〕）。

(b) 資産の総有的帰属　　判例によれば，「権利能力のない社団の資産は構成員に総有的に帰属する」（前掲最判昭39・10・15，最判昭49・9・30民集28巻6号1382頁〔以下，「最高裁昭和49年判決」ともいう〕）。最高裁平成15年4月11日判決（判タ1123号89頁。以下，「最高裁平成15年判決」ともいう）は，権利能力なき社団である入会団体の事案において，入会地の売却代金は入会権者らに総有的に帰属するとして，金銭債権の総有的帰属をいう。

(i) 不動産の総有的帰属　　判例は，権利能力なき社団の資産たる不動産について，「社団はその権利主体となり得るものではなく，したがって，登記請求権を有するものではない」とし（最判昭47・6・2民集26巻5号957頁），また，権利能力なき社団自体は土地のような「財産について私法上所有権等の主体となることができないのであるから」，その点において土地所有権確認請求は主張自体すでに失当であるとする（最判昭55・2・8判タ413号87頁⑪〔以下，「最高裁昭和55年判決」ともいう〕）。つまり，判例は，構成員への総有的帰属を前提とし，権利能力なき社団自体の権利能力，および，それを前提とする土地所有権や登記請求権などの権利を否定する（江渕武彦「社団財産総有説の功罪」島大法学49巻2号〔2005〕21頁参照）。

(ii) 不動産登記　　判例は，不動産登記につき，「登記の場合，権利者自体の名を登記することを要し，権利能力なき社団においては，その実質的権利者たる構成員全部の名を登記できない結果として，その代表者名義をもって不動産登記簿に登記するよりほかに方法がない」として，代表者名義による登記をいう（前掲最判昭39・10・15）。あるいは，「権利能力なき社団が不

権利能力なき社団・財団　I　　　　　　第1編　第3章　法　人

動産登記の申請人となることは許され」ないが，「社団構成員の総有に属する不動産は，右構成員全員のために信託的に社団代表者個人の所有とされるものであるから」，代表者は「受託者たるの地位において右不動産につき自己の名義をもって登記をすることができる」として，代表者名義による登記の信託的構成をいう（前掲最判昭 47・6・2）。

このような代表者名義による登記のほかに，判例は，「規約等に定められた手続により，構成員全員の総有に属する不動産につきある構成員個人を登記名義人とすることとされた場合」（最判平 6・5・31 民集 48 巻 4 号 1065 頁〔以下，「最高裁平成 6 年判決」ともいう〕），または，「構成員の総有不動産につき，当該社団のために第三者がその登記名義人とされているとき」の事案を扱っている（最判平 22・6・29 民集 64 巻 4 号 1235 頁）。

以上から，権利能力なき社団における登記は，権利能力なき社団名義ですることはできず，構成員全員による共有登記のほかに，代表者個人名義の登記，登記名義人とすることとされた構成員個人または第三者名義の登記によるべきこととなる（従前の学説については，阿久澤・前掲論文 266-268 頁・278-279 頁参照）。

　(c)　取引上の債務の総有的帰属　　判例は，権利能力なき社団における取引上の債務につき，「権利能力なき社団の代表者が社団の名においてした取引上の債務は，その社団の構成員全員に，一個の義務として総有的に帰属する」として，債務の総有的帰属をいい，「社団の総有財産だけがその責任財産となり，構成員各自は，取引の相手方に対し，直接には個人的債務ないし責任を負わない」として，構成員の個人的債務ないし責任を否定した（最判昭 48・10・9 民集 27 巻 9 号 1129 頁〔以下，「最高裁昭和 48 年判決」ともいう〕）。

なお，権利能力なき社団における強制執行については，「構成員の総有不動産に対して強制執行をする場合において，上記不動産につき，当該社団のために第三者がその登記名義人とされているときは」，強制執行の申立書に「不動産が当該社団の構成員全員の総有に属することを確認する旨の上記債権者と当該社団及び上記登記名義人との間の確定判決その他これに準ずる文書を添付」すべきであるとした（前掲最判平 22・6・29）。つまり，権利能力なき社団の債権者は，債務名義に承継執行文の付与（民執 27 条 2 項）を受けるのではなく，不動産の総有を確認する旨の確定判決等を添付して単純執行文

764　〔後藤〕

の付与を受けて，第三者名義のままで差し押さえることができる。これに対して，仮差押えについては，添付書面は，強制執行の場合と異なり，不動産の総有の事実を証明するものであれば足り，必ずしも確定判決等であることを要しないとしている（最判平23・2・9民集65巻2号665頁）。

　(d)　当事者能力　　最高裁平成14年6月7日判決（民集56巻5号899頁〔以下，「最高裁平成14年判決」ともいう〕）は，権利能力なき社団の当事者能力につき，最高裁昭和39年判決を引用しつつ，「民訴法29条にいう『法人でない社団』に当たるというためには，団体としての組織を備え，多数決の原則が行われ，構成員の変更にかかわらず団体そのものが存続し，その組織において代表の方法，総会の運営，財産の管理その他団体としての主要な点が確定していなければならない」としながらも，「これらのうち，財産的側面についていえば，必ずしも固定資産ないし基本的財産を有することは不可欠の要件ではなく，そのような資産を有していなくても，団体として，内部的に運営され，対外的に活動するのに必要な収入を得る仕組みが確保され，かつ，その収支を管理する体制が備わっているなど，他の諸事情と併せ，総合的に観察して，同条にいう『法人でない社団』として当事者能力が認められる場合がある」とする。以上からは，権利能力なき社団として成立していれば，それが「法人でない社団」（民訴29条）として当事者能力が認められること，および，財産的側面の要件に関しては，実際に財産を保有していなくても，その取得の仕組み・管理体制が備わっていることなどでそれが認定されうることがわかる。

　(イ)　対外代表および当事者適格

　(a)　対外代表　　判例は，権利能力のない社団における対外代表につき，「その代表者によってその社団の名において構成員全体のため権利を取得し，義務を負担する」として，社団の名による総構成員のための代表者の代表行為をいう（前掲最判昭39・10・15。訴訟行為については，次述(b)の代表者の当事者適格の項参照）。

　なお，代表者の欠けるときは，「権利能力なき社団においても，業務執行機関が欠け遅滞のため損害を生ずるおそれのある場合に，民法56条を類推して仮理事を選任することができる」として，仮理事の選任を認めた（最判昭55・2・8民集34巻2号138頁）。56条は2006年（平成18年）民法改正時に削

権利能力なき社団・財団　I　　　　　　　　第1編　第3章　法　人

除されたが，現行法上は，法人において役員等に欠員を生じた場合の措置について一般法人法75条・会社法346条などに規定があり（各条の2項が一時理事〔仮理事〕・一時取締役〔仮取締役〕に関するものである），また，代表者に欠員を生じた場合の措置については一般法人法79条・会社法351条などがある。

　(b)　当事者適格

　(i)　権利能力なき社団の当事者適格　　判例は，上述のとおり，権利能力なき社団自体の土地所有権確認請求権を否定したが（前掲最判昭55・2・8判タ413号87頁㋺），権利能力なき社団たる入会団体につき，「村落住民が入会団体を形成し，それが権利能力のない社団に当たる場合には，当該入会団体は，構成員全員の総有に属する不動産につき，これを争う者を被告とする総有権確認請求訴訟を追行する原告適格を有する」として，総有権確認訴訟の原告適格を認めた（前掲最判平6・5・31）。

　同様に，判例は，権利能力なき社団の登記請求権を否定したが（前掲最判昭47・6・2），「権利能力のない社団は，構成員全員に総有的に帰属する不動産について，その所有権の登記名義人に対し，当該社団の代表者の個人名義に所有権移転登記手続をすることを求める訴訟の原告適格を有する」として，登記請求訴訟の原告適格を認めた（最判平26・2・27民集68巻2号192頁〔以下，「最高裁平成26年判決」ともいう〕）。

　また，給付訴訟についても，「自らがその給付を請求する権利を有すると主張する者に原告適格がある」とした上で，権利能力なき社団の給付訴訟における原告適格を承認している（最判平23・2・15判タ1345号129頁〔権利能力なき社団であるマンションの管理組合の事案〕）。

　(ii)　代表者の当事者適格　　判例は，代表者の原告適格につき，権利能力なき社団自体の原告適格を認めた上記判決より以前に，すでにそれを承認していた。すなわち，「登記上の所有名義人となった権利能力なき社団の代表者がその地位を失ってこれに代る新代表者が選任されたときは」，新代表者は「旧代表者に対して，当該不動産につき自己の個人名義に所有権移転登記手続をすることの協力を求め，これを訴求することができる」（前掲最判昭47・6・2）。

　これに対して，権利能力社団である入会団体の事案では，「入会団体の代表者の有する代表権の範囲は，団体ごとに異なり，当然に一切の裁判上又は

766　〔後藤〕

裁判外の行為に及ぶものとは考えられない」から，代表者が総有不動産の総有権確認請求訴訟を「追行するには，当該入会団体の規約等において当該不動産を処分するのに必要とされる総会の議決等の手続による授権を要する」とした（前掲最判平 6・5・31）。

　つまり，代表者が交代したときの総有不動産に関する登記請求訴訟においては，新代表者による訴訟追行が認められているが，権利能力なき社団である入会団体の事案における総有権確認訴訟では，代表者による訴訟追行には規約等に従った総会決議等の手続による授権が必要であるとされている（山田誠一「区分所有建物の管理組合の法的性格」石川正古稀・経済社会と法の役割〔2013〕697 頁参照）。

　　(iii)　登記名義人とすることとされた構成員の当事者適格　　判例は，登記名義人とすることとされた代表者でない構成員の原告適格についても，それを承認する。すなわち，「権利能力のない社団である入会団体において，規約等に定められた手続により，構成員全員の総有に属する不動産につきある構成員個人を登記名義人とすることとされた場合には，当該構成員は，入会団体の代表者でなくても，自己の名で右不動産についての登記手続請求訴訟を追行する原告適格を有する」（前掲最判平 6・5・31）。

(3)　内 部 関 係

(ア)　構成員の法的地位

　(a)　財産法上の地位

　(i)　持分権・分割請求権　　判例は権利能力なき社団である労働組合の事案において，権利能力なき社団の財産は総社員の総有に属するものであるから，構成員に総有財産に対する持分権または分割請求権がないことをいう（前掲最判昭 32・11・14。江渕・前掲論文 38-44 頁参照）。同じく労働組合の事案において，当該事案を一部組合員の国鉄労組からの集団脱退にほかならないとし，脱退組合員またはその結成した新組合は，権利能力なき社団である地方本部の資産について，持分権または分割請求権を有するものではないとする（前掲最判昭 49・9・30）。

　また，権利能力なき社団である入会団体の事案において，規約に入会地の売却代金の管理運営を権利能力なき社団の事業とする旨の定めのあったことから，入会地の売却代金が入会権者らに総有的に帰属し，入会権者は持分に

応じた分割債権を取得しないとしたものがある（前掲最判平 15・4・11）。

　（ii）　構成員の個人的責任　　判例は，権利能力なき社団における取引上の債務につき，構成員の個人的債務ないし責任を否定している（前掲最判昭 48・10・9）。

　（b）　組織法上の地位

　（i）　構成員資格　　最高裁平成 18 年 3 月 17 日判決（民集 60 巻 3 号 773 頁）は，権利能力なき社団である入会団体の事案で，その会員たる地位を有するというためには，「入会地について入会権者の地位を有すること」，つまり，入会権得喪に関する「慣習に基づいて」入会権者の地位を取得したことを主張立証しなければならないとして，構成員資格が慣習にもとづく入会権者の地位によって定まりうることをいう。そして，当該「慣習のうち，男子孫要件は，専ら女子であることのみを理由として女子を男子と差別したものというべきであり」，「性別のみによる不合理な差別として民法 90 条の規定により無効である」とした。

　（ii）　脱退　　判例は，権利能力なき社団である県営住宅の自治会の事案で，それが「いわゆる強制加入団体でもなく，その規約において会員の退会を制限する規定を設けていないのであるから」，会員は，いつでも一方的意思表示により退会することができるとして，構成員の脱退の自由をいう（最判平 17・4・26 判タ 1182 号 160 頁）。

　（イ）　代表の方法　　前述の対外代表および当事者適格の項を参照されたい（→(2)(イ)）。

　（ウ）　総会の運営　　最高裁判決には，権利能力なき社団である株主会員組織制ゴルフクラブの事案で，構成員の資格要件に関する規約の改正につき，そのための決議が，規約において定められていた改正手続に従い，総会での多数決によってなされたことから，当該改正規定は，特段の事情がない限り，改正決議を承諾していなかった構成員にも適用されるとしたものがある（最判平 12・10・20 判タ 1046 号 89 頁）。つまり，構成員の資格要件に関する定款の定めは，定款の改正手続に従った総会での多数決により，各構成員の個別の同意なく変更しうるとしたものである。もっとも，この判決については，それが 2006 年（平成 18 年）民法改正・一般法人法成立前の事案であり，現在では権利能力なき社団において参照されるべき社団法人の規定が旧 38 条 1 項

権利能力なき社団・財団　I

ただし書から一般法人法146条・49条2項4号になっていることに注意を要する（平野裕之・民法総則〔3版，2011〕45-46頁参照）。

　(エ)　財産の管理　　最高裁昭和32年判決（権利能力なき社団である労働組合の事案）は，「総社員の同意をもって，総有の廃止その他右財産の処分に関する定めのなされない限り」，構成員には権利能力なき社団の財産に関する持分権または分割請求権がないとしているので，権利能力なき社団の財産の処分については，総構成員の同意が必要であることをいうものと解される。

　これに対して，最高裁昭和55年判決（判タ413号87頁囘〔権利能力なき社団とされた沖縄の血縁団体である「門中」の事案〕）は，「構成員の総有権そのものを失わせてしまうような処分行為は，本来，構成員全員の特別の合意がなければこれをすることができず，かりにその行為をする権限まで代表者に委ねられているとしても……」として，総構成員の同意が必要であるとしながらも，処分行為を代表者にゆだねる可能性をいう（上原由起夫〔判批〕判評601号（判時2027号）〔2009〕11頁）。

　また，最高裁平成6年判決は，権利能力なき社団である入会団体の事案で，代表者による訴訟追行には「規約等において当該不動産を処分するのに必要とされる総会の議決等の手続による授権を要する」としているので，不動産の処分につき，権利能力なき社団の規約にそれに関する定めがあり，それに従った総会決議等の手続があれば可能であると解することもできる。最高裁平成15年判決は，同じく権利能力なき社団である入会団体の事案で，その規約が入会地の売却代金の管理運営を事業とする旨を定めていたことから，売却代金の総有的帰属をいうものであるが，この判決の事案においても総会決議による処分がなされている（もっとも，前掲最判平6・5・31・前掲最判平15・4・11ともに，全員一致の総会決議のあった事案ではある）。明示的ではないが，規約において定められた処分をするのに必要な手続を履践すればよいとするものである（山田誠一〔判批〕法教279号〔2003〕131頁）。

　さらに，最高裁平成20年4月14日判決（民集62巻5号909頁。以下，「最高裁平成20年判決」ともいう）は，これも同じく権利能力なき社団とされた入会団体の事案で，総有に属する土地の処分，すなわち，入会権の処分については，役員会の全員一致の決議にゆだねる旨の慣習があったとし，「慣習の効力は，入会権の処分についても及び，慣習が入会権の処分につき入会集団の

〔後藤〕　　769

権利能力なき社団・財団 Ⅰ

構成員全員の同意を要件としないものであっても」，公序良俗に反するなど特段の事情のないかぎりその効力を有するものとした。

以上の3判決（前掲最判平6・5・31，前掲最判平15・4・11，前掲最判平20・4・14）は，権利能力なき社団の財産につき，総構成員の同意がなくとも，規約等に従った総会決議等によって処分をなしうるとしたとも解される（後藤元伸「権利能力なき社団の法理と民法上の組合」法時85巻9号〔2013〕32頁）。

もっとも，入会集団を権利能力なき社団として認定することに対しては，強い異論がある（前掲最判平20・4・14の反対意見，古積健三郎〔判批〕速判解3号〔2008〕72頁，野村泰弘「上関原発共有入会地訴訟最高裁判決について」島大法学52巻1号〔2008〕33-34頁，石田剛〔判批〕判タ1284号〔2009〕134頁。橋本恭宏「権利能力なき社団とその財産関係」平井一雄喜寿・財産法の新動向〔2012〕587頁・594頁は，入会団体が権利能力なき社団とは異なった存在であって，限りなく法人に近い存在であるとしつつ，そこでは多数決原理による機関意思決定が妥当し，全構成員の同意をもちだす必要がないとする）。また，そもそも入会集団を構成員とは別個独立の団体として構成することに対しても，学説に強い異論がある（川島武宜「入会権の基礎理論」同・川島武宜著作集(8)〔1983〕70-72頁，同「最近における入会紛争の特質──入会慣行における全員一致の原則に焦点をおいて」同・前掲書228頁，中尾英俊・入会権の判例総合解説〔2007〕25頁，同・入会権──その本質と現代的課題──〔2009〕314頁，矢野達雄「山口県上関原子力発電所予定地訴訟控訴審判決の批判的検討──入会地の処分をめぐる問題を中心に──」愛媛法学会雑誌33巻3＝4号〔2007〕21-22頁，野村泰弘「入会権における構成員の権利と集団の権利との関係」法時85巻9号〔2013〕19-21頁など）。権利能力なき社団における財産の総構成員の同意なき処分につき，近時の判例がそれを認める方向性を示しているとするのは早計であるかもしれない（→4(2)(イ)(b)(ⅱ)）。

4 権利能力なき社団の法理における諸準則

(1) 権利能力なき社団の成立要件

判例の提示する権利能力なき社団の成立要件（前掲最判昭39・10・15）は，それに記号をふって分節化するならば，①団体としての組織をそなえ，②そこには多数決の原則が行われ，③構成員の変更にもかかわらず団体そのものが存続し，その組織によって④(a)代表の方法，(b)総会の運営，(c)財産の管理その他団体としての主要な点が確定していることである。

権利能力なき社団・財団 I

このうち，要件①と要件④は重複している。後者は前者を敷衍したものといえよう。要件②については，最高裁昭和48年判決および最高裁昭和49年判決は多数決原則に触れておらず，また，最高裁昭和55年2月8日判決（民集34巻2号138頁）は業務執行機関の選任につき参集した構成員の総意をいうものであるから，判例の準則としてもはや必要ないとされている（山田・前掲「権利能力なき社団」17-18頁）。

そして，判例のいう成立要件のうち，要件④，および，他の財産とは区別された管理・処分が行われている財産の存在とそれにつき一構成員の変更がある場合にも変化がないということを実質的内容とする要件③が，判例の準則として析出されるという（山田・前掲「権利能力なき社団」19頁。なお，関・前掲論文283-284頁は，要件③が伝統的通説のいう社団概念の中の「構成分子たる個人が全く重要性を失っている」ことを採用したものであるとする。兼平裕子「権利能力なき社団と人格のない社団等——民事法における実体論・手続論と租税法における借用概念——」愛媛大学法文学部論集33号〔2012〕75頁・78頁は，権利能力なき社団の認定につき，団体としての存続性や財産の独立性が重視され，4要件の厳格な適用が求められていないとする）。最高裁平成14年判決は，実際に財産を保有していなくても，その取得の仕組み・管理体制が備わっていれば当事者能力を承認しうる場合があるとして，財産の存在を規範的に解するものであるが，それはこのような判例の分析に合致するものといえるだろう。

これに対して，成立要件中の要件②から要件④までにつき，それらは民法上の組合との区別をするためのものであるとする見解がある。すなわち，民法上の組合では全員一致主義がとられることのあること（672条2項・680条）との対比で，要件②の多数決原則が，また，各組合員に解散請求権のあること（683条）との対比で，構成員の変更にもかかわらず団体が存続するという要件③が，さらに，各組合員に常務の執行権のあること（670条5項〔平29改正前3項〕）との対比で，執行機関（代表）と決議機関（総会）が区別されて団体の運営がされるという意味での要件④が，それぞれ民法上の組合と権利能力なき社団を区別する基準として意味を有するとする（河内・前掲書9-11頁）。

〔後藤〕

権利能力なき社団・財団　Ⅰ　　　　　　第1編　第3章　法　人

(2)　財　産　関　係

㋐　権利・義務の帰属関係

(a)　総構成員への帰属　　権利能力なき社団における権利・義務の帰属関係については，権利能力なき社団に法人格を承認しないかぎり，権利能力なき社団を権利・義務の主体とするわけにはいかず，権利能力なき社団における権利・義務は総構成員に帰属するとせざるをえない（学説の分布については星野・前掲論文 306-313 頁，新版注民(2)85-92 頁〔森泉〕，阿久澤・前掲論文 256-266 頁参照）。

(b)　総有構成　　伝統的通説によれば，「権利能力のない社団の財産は，社員に持分的に分属することなく，社員から独立した社団自体に帰属する」が，「社団は法人格をもたないので社団に総有的に帰属する」（於保不二雄「権利能力のない社団の法律関係」法教〈第 1 期〉1 号〔1961〕25 頁）。つまり，総構成員に帰属するものとした場合，その法律構成として，共有，合有または総有のいずれかをあてることになるが，伝統的通説・判例は総有を選択している（柚木馨「権利能力のない社団」谷口知平＝加藤一郎編集・民法演習Ⅰ──総則──〔1958〕65 頁，我妻 133-134 頁など。財産ないし資産につき，前掲最判昭 32・11・14，前掲最判昭 39・10・15，前掲最判昭 49・9・30。取引上の債務につき，前掲最判昭 48・10・9。法的構成からの選択に対する批判として，星野・前掲論文 312 頁，幾代 147-148 頁，総有構成に対する批判として，星野・前掲論文 307 頁参照。なお，公益目的の権利能力なき社団の所有関係を総有，営利目的の権利能力なき社団のそれを合有，中間目的の権利能力なき社団のそれを合有とする見解もある〔加藤雅信「総有論，合有論のミニ法人論的構造」星野古稀上 189-191 頁〕。こう解すれば，構成員の個人的責任の態様も団体目的に応じて考えることができるとされている〔加藤 149 頁〕）。

総有構成については，社団概念から演繹的・抽象的に説明されることがある。すなわち，権利能力なき社団は構成員の目的や利益を超越した単一性の強い団体であるから，社団財産は社員に分属せず，総有はその帰属の不可分性をいうためのものであるとする（森泉章「権利能力なき社団に関する研究」同・団体法の諸問題〔1971〕87-88 頁，新版注民(2)87 頁〔森泉〕）。

伝統的通説によれば（我妻 131-132 頁，於保・前掲論文 25 頁），帰属関係が総有であるのは，社員に持分がないので，分割請求・持分の処分が問題とならず，社員の脱退や解散の場合にも分配請求がありえないからである。社団の

772　〔後藤〕

権利能力なき社団・財団　I

財産は社団の機関によって管理・処分され，各社員はそれにつき使用・収益をなしうるにすぎない（総有の意味は，管理・処分権能が団体に総体的に帰属していること，および，構成員に持分がなく，使用・収益権能があるだけであることである〔山本520-521頁〕）。つまり，構成員に持分権・分割請求権のないことから，共有構成が排除され，同時に，構成員に，脱退・解散時の分配請求権のないこと，あるいは，管理・処分権能のないことから，合有構成が排除されている（山田創一「権利能力なき社団の登記請求権」山梨学院大学法学論集19号〔1991〕22頁，柳勝司「『権利能力なき』社団の財産の帰属といわゆる総有理論について」名城法学64巻4号〔2015〕101頁参照）。

　総社員の総有をいう最高裁昭和32年判決が，構成員の共有の持分権・分割請求権を否定し，同時に，総有の廃止・財産の処分につき総社員の同意が必要であるとしているのは，このような通説的見解を踏襲したものである（新版注民(2)88頁〔森泉〕）。また，最高裁昭和48年判決は，債務が「一個の義務として総有的に帰属するとともに，社団の総有財産だけがその責任財産」となるとして構成員の個人的責任を否定するものであるから，構成員の個人的責任を否定するためにも，総有構成がとられているといえよう。

　(c)　社団所有構成　　権利能力なき社団に原告適格を認めた最高裁平成26年判決は，「実体的には権利能力のない社団の構成員全員に総有的に帰属する不動産については，実質的には当該社団が有しているとみるのが事の実態に即している」としている。このことから，判例は構成員の財産が社団の財産でもあるという理解に立つものであるという分析が示されている（武藤貴明〔判解〕曹時67巻12号〔2015〕3845-3848頁。権利能力なき社団の財産が，社団のものでもあり，同時に構成員のものでもあるとする見解〔福地俊雄〔判批〕民商52巻5号〔1965〕739-740頁〕などを援用する）。これは，最高裁平成26年判決が判決効は構成員全員に及ぶとしていることを，権利能力なき社団の当事者適格につき固有適格構成をとったとしても説明可能であることを示すためのものである（名津井吉裕「不動産登記請求訴訟における権利能力なき社団の当事者適格」法教409号〔2014〕63頁は，最高裁平成26年判決の説示が社団を権利主体として扱う固有適格構成に親和的であり，構成員への判決効の拡張を反射的効果と解すれば，固有適格構成も排除されていないとする）。

　固有適格構成をとる民事訴訟法学上の伝統的見解は，権利能力なき社団に

権利能力なき社団・財団　I　　　　　　　第1編　第3章　法　人

当事者能力を認めることが，個別的事件の解決を通じて，権利能力を認めることに帰するとしていた（兼子一・新修民事訴訟法体系〔増訂版，1965〕110頁。もっとも，伝統的見解を批判し，民事訴訟法29条によって権利能力なき社団に個別的権利能力を認めるのではなく，法定訴訟担当者としての当事者適格を認めるべきであるとする見解として，坂田宏「当事者能力に関する一考察」法学68巻1号〔2004〕14-15頁，下村眞美「法人でない社団の当事者能力」法教363号〔2010〕12-14頁などがあり，今日では有力となっている）。実体法上も，社団そのものの主体性・単一性を根拠として，あるいは，民事訴訟法上の当事者能力を根拠として，権利能力なき社団に権利能力を承認する見解が主張されている（新版注民(2)89-90頁〔森泉〕，鍛冶良堅「いわゆる権利能力なき社団（非法人社団）について」法論32巻5号〔1959〕80-87頁，三枝一雄「法人格なき社団の財産関係——その帰属形態を中心として——」明治大学法制研究所紀要11号〔1969〕85頁，江渕・前掲論文64-70頁，橋本・前掲論文586頁，石田(穣)406-408頁，柳・前掲論文101-107頁）。最高裁平成26年判決などがその論拠を与えうるともいえるであろう（なお，ドイツ法学においては現在，権利能力なき社団に権利能力が承認されていることにつき，→1）。

（イ）　総有を構成する個別準則　　権利能力なき社団における総有は，以下に掲げる個別準則の総体であり，共同権利関係であるがゆえに，そこには権利・義務の帰属関係だけでなく，権利者相互の内部的な規範も含まれている。

（a）　総有的帰属　　上述のように，判例・通説によれば，権利能力のない社団の財産は総構成員に総有的に帰属する（前掲最判昭32・11・14，前掲最判昭39・10・15）。

（b）　総有財産の処分

（i）　総構成員の同意による処分　　前述のように（→3(3)(エ)），権利能力なき社団における財産の処分につき，最高裁昭和32年判決は，「総社員の同意をもって，総有の廃止その他右財産の処分に関する定め」のなされるべきことをいい，最高裁昭和55年判決（判タ413号87頁⓾）は「構成員全員の特別の合意」がなければならないとする。これらによれば，権利能力なき社団における総有財産の処分につき，総構成員の同意が必要である。

したがって，総有財産に属する個別財産の処分についても，総構成員の同意が必要であり，各構成員は個別財産に対する譲渡可能な持分または分割請求権を有しない（構成員に「共有の持分権又は分割請求権」がないとする最高裁昭和

32 年判決を，総有財産に属する個別財産については，このように解することができる）。この意味では，民法上の組合における合有と同じく，持分処分の制限および分割請求の禁止（676 条）が妥当している。

　（ii）　総構成員の同意によらない処分の可能性　　伝統的通説によれば，権利能力なき社団における財産は社団の機関によって管理・処分がなされ，各構成員は総会を通じてその管理に参画するだけであるとされていたから（我妻 133-134 頁，於保・前掲論文 25 頁。同旨，佐久間 381 頁，山本 521 頁），そこには総構成員の同意ではない，総会等の機関による意思決定の可能性を見出すことができる。また，最高裁昭和 32 年判決に対しては，全員一致を要するのは入会団体か組合的性格の強い団体の場合だけであって，多数決が近代的社団の特色であるとする批判があった（福地・前掲論文 329-330 頁）。

　さらに，最高裁昭和 55 年判決（判タ 413 号 87 頁回）については，「構成員全員の特別の合意」が必要としながらも，財産の処分行為をする権限が代表者にゆだねられている場合につき言及しているので，その場合における総構成員の同意によらない代表者による処分を認めたものと解することも可能である（上原・前掲判批 173 頁）。また，最高裁平成 6 年判決・最高裁平成 15 年判決・最高裁平成 20 年判決は，総構成員の同意がなくても，規約等に従った総会決議等によって処分をなしうることを認めたものと解することができる（上原・前掲判批 173 頁は，前掲最判平 20・4・14 につき，全員一致を要求するならば，いつまでも解決がつかないのであるから，法廷意見は良識ある結論を出したとする）。この意味では，権利能力なき社団においても，構成員全員による処分を原則としながらも，民法上の組合におけるのと同じく（670 条参照），多数決による業務執行としてなされる処分もありうると解すべきである（後藤・前掲論文 32 頁）。つまり，権利能力なき社団の代表者は，定款または総会決議に従い，総有財産に属する個別財産を処分しうる。一般法人法を類推適用するならば，その総会・代表・理事会等に関する規定の類推適用となる。

　もっとも，以上に対しては，最高裁昭和 55 年判決（判タ 413 号 87 頁回）および最高裁平成 20 年判決の反対意見のいう「構成員全員の特別の合意」は，財産の処分を代表者や役員会の決議にゆだねるときにも必要であると解することもでき（上谷均〔判批〕リマークス 39 号〔2009〕16 頁），また，最高裁平成 6 年判決・最高裁平成 15 年判決は全員一致の総会決議のあった事案であり，

さらには，入会集団においては全員一致が必要であるという見解が根強いから（3⑶㈐引用の文献参照。全員一致の原則に疑問を呈するものとして，上谷均「入会団体における団体意思──全員一致原則との関係を中心に──」修道法学28巻2号〔2006〕16頁），総構成員の同意によらない財産処分の可能性についてはなお検討を要する。

　⒞　構成員の地位

　⒤　持分払戻請求権または残余財産分配請求権のないこと　　最高裁昭和32年判決は，権利能力なき社団の構成員が総有財産につき「共有の持分権又は分割請求権を有するものではない」としているが，払戻請求権というべきではないかとされている（江頭憲治郎「企業の法人格」同・会社法の基本問題〔2011〕98頁）。総体財産に対する関係では，払戻請求権または残余財産分配請求権とすべきであろう。

　すなわち，最高裁昭和32年判決を前提にすると，権利能力なき社団の構成員は，脱退の際の持分払戻請求権を有せず，また，解散後の清算の際の残余財産分配請求権を有しないことになる。これに対しては，最高裁昭和32年判決が権利能力なき社団である労働組合の事案であったところ，最高裁昭和39年判決の事案のような事業協同組合的な団体においても，脱退した構成員には払戻請求権がないといえるのかという疑問符がつけられている（江頭・前掲論文98頁。於保・前掲論文25頁は，脱退や解散の場合に，社団の意思によっては出資価額の返還請求が問題となりうるとしても，社団財産の分配請求はありえないとする。佐久間382頁は，構成員が拠出した財産は，団体との合意により返還請求の可否が決められるべきであるとする。また，山本521-522頁は，権利能力なき社団でも，少なくとも規約によるならば，構成員に持分を認めて，その払戻請求を認めることも可能であるとする）。少なくとも，財産の処分の結果としては，総構成員の同意等による財産の分配，あるいは，清算の際の残余財産の分配はありえようか（佐久間381頁参照。非営利法人における残余財産の分配につき，→§33 Ⅲ 1 ⑴㈐⒝)。

　構成員に持分払戻請求権・残余財産分配請求権がないとすることは，総体財産に対する財産的持分のないことを意味する。民法上の組合においては，持分処分の制限および分割請求の禁止のあることから（670条），組合員に個別財産に対する持分はないが，総体財産に対する持分はあり，それが脱退・解散のときに払戻請求権（681条）・残余財産分配請求権（688条）となって現

権利能力なき社団・財団　Ⅰ

実化すると考えるときに，これを潜在的持分と呼ぶものとすれば，権利能力なき社団の構成員にはこのような潜在的持分もないことになる。

　（ii）　持分の譲渡・差押えのないこと　　財産的持分は観念しえないから，持分（構成員たる地位）の譲渡もなく，構成員の変更は加入・脱退のみによって生じる。

　したがって，構成員個人の債権者による持分の差押えもない。民法上の組合においては，組合員に持分払戻請求権があり，その持分に財産的価値があるから，組合員の個人債権者は持分を差し押さえることができるものと解されているが（我妻栄・債権各論（中巻二）〔1962〕814-816 頁），権利能力なき社団においては持分の差押えがないことになる。もっとも，脱退の際の払戻請求権を認めるならば，構成員の個人債権者による持分の差押えが考えられるであろう（内田 236 頁，山本 528 頁）。

　（d）　総有関係の終了　　最高裁昭和 32 年判決は，総有の廃止には総構成員の同意が必要であり，構成員に総体財産に対する分割請求権はないとしている。このことから，各構成員は解散請求権を有せず，払戻しなく脱退しうるのみであるとすべきであろうか。最高裁昭和 32 年判決に対しては，総構成員の同意がなければ総有の廃止ができないとするのは，一般社団法人の解散決議（一般法人 148 条 3 号・49 条 2 項 6 号）との対比で，過度の団体的拘束ではないかとの批判がなされている（山本 521 頁）。

　総体財産における総有関係の廃止は，権利能力なき社団においてはその解散によって生じるものとすべきであり，現在では一般法人法の解散に関する規定の類推適用があるものとすべきであろう。一般法人法 268 条（やむをえない事由があるときの議決権の 10 分の 1 の少数社員権としての解散の訴え）などの類推適用が考えられる。

　（e）　構成員の有限責任　　権利能力なき社団においては，総有財産だけがその責任財産となり，構成員は個人的責任を負わない（前掲最判昭 48・10・9。もっとも，同判決は取引上の債務について判示するのみである）。

　有力学説は，権利能力なき社団の目的が営利的で利益配当があるか，または，脱退の際の持分の払戻しがあれば，構成員の有限責任は認められないとする（福地・前掲論文 333 頁，星野・前掲論文 294-296 頁，三島宣也「人格なき社団の債務と構成員の責任」愛媛法学会雑誌 3 巻 1 号〔1976〕91-93 頁，幾代 152-154 頁，松坂

〔後藤〕　　777

権利能力なき社団・財団　Ｉ　　　　　第1編　第3章　法　人

123頁，四宮86頁，鈴木104-105頁，内田233頁，四宮＝能見172頁・175頁，河上194頁，奥田昌道＝安永正昭編・法学講義民法1——総則〔2版，2007〕277-278頁〔河内宏〕，石田（穣）414-415頁）。

　あるいは，「事業の開始にあたりリスクに応じた合理的な出資の引受けが構成員によってなされ，以後維持され，かつ財務状況に関して合理的な方法で第三者に対する開示がなされること」が有限責任を認める必要・十分条件であるとし，このことは権利能力なき社団にもほぼ妥当するという見解がある（江頭・前掲論文109-110頁。なお，西島・前掲論文22-23頁，山本534-535頁参照）。また，「債権者の期待するキャッシュ・フローが他に流用されない方策が講じられ，その仕組みを債権者が十分に認識しているときには」，構成員の有限責任を認めてよい場合があるとする見解もある（道垣内弘人「団体構成員の責任——『権利能力なき社団』論の現代的展開を求めて」ジュリ1126号〔1998〕70-71頁。なお，構成員の有限責任については，→前注（§§33-84）Ⅱ3(2)(ウ)）。

　判例とは異なって上記の学説のように，一定の要件の下で権利能力なき社団の構成員の有限責任を承認するものとするならば，学説のいう一定の要件をみたすような民法上の組合に対しても，たとえば非営利目的の組合において，組合員の有限責任を認めざるをえないのではなかろうか。江頭・前掲論文110頁はこのような結果を容認するが，平野裕之・民法総則〔3版，2011〕55頁は，現行法上，非営利目的の組合においても組合員は責任を免れないとして，権利能力なき社団において目的の営利・非営利を基準とする有力説を批判する。

　権利能力なき社団の構成員の個人的責任について検討するときに，有力説その他の学説がいうような利益状況を斟酌することが正当であるとしても，法律上の効果として構成員の有限責任を認めるためには，何らかの実定的な法律構成による手当てが必要であろう。たとえば，取引上の債務につき，代理構成から代表者の代理権は権利能力なき社団の財産のみを義務づけるのであって，構成員個人を義務づけないと構成することや，あるいは，不法行為によって生じた債務につき，一般法人法78条・会社法350条等を類推適用し，そこからは構成員の個人的責任は生じないと構成することなどが考えられる（後藤・前掲論文33-34頁）。このとき，代表者の不法行為については，営利目的の権利能力なき社団において，その構成員に個人的責任を負わせるこ

権利能力なき社団・財団　I

との根拠づけは容易ではない。河内・前掲書 47-48 頁は，下級審の裁判例を検討し，代表者が不法行為を行った場合は，（一般法人法 78 条等に相当する）旧 44 条 1 項を類推適用し，権利能力なき社団が責任を負うとともに，代表者が 709 条で責任を負う場合もあるとし，その場合には，個々の構成員が 709 条の要件を満たすかぎり，個人財産で責任を負うべきであろうとする。これに対して，四宮＝能見 176 頁は，権利能力なき社団の債務の応用問題であるとして，利益配当の有無により構成員の個人的責任を決すべきことをいう。

(3)　権利能力なき社団の内部関係

伝統的通説は権利能力なき社団の内部関係につき，社団法人の規定は社団型団体であることにもとづくのであって，法人格を前提とするものでないから，それが権利能力なき社団に類推適用されるとしてきた（我妻 133 頁，幾代 145 頁・147 頁，新版注民(2)83 頁〔森泉〕。一般法人法規定の類推適用につき，→前注（§§33-84）I 4 (3)(ウ)）。もっとも，権利能力なき社団の中には，組合の規定を類推適用してよい団体もあるとされている（松坂 122 頁，新版注民(2)76 頁・84 頁〔森泉〕，平野 64 頁）。権利能力なき社団の内部関係については，問題ごとにその規律を考えるべきであると同時に，組合型の団体と社団型の団体のそれぞれの規範の類型論的比較が分析の道具として有益であろう。

5　権利能力なき社団論の今日的意義

上述のように（→4 (2)(イ)(e)），権利能力なき社団につき，非営利目的であれば構成員の有限責任が認められ，営利目的であれば認められないとして，判例および伝統的通説を修正する学説が有力である。しかしながら，そもそも権利能力なき社団に類推適用されるべき規定は，社団型のどの法人の中に見出すべきなのであろうか。たとえば，権利能力なき社団に，代表者の不法行為に対する法人の損害賠償責任に関する規範を類推適用するときには，一般法人法 78 条または会社法 350 条，あるいはその他の法人に関するそれらの準用規定（たとえば，非営利活動 8 条，農協 35 条の 4 など）のいずれを類推適用するのであろうか。このことは，代表者の行為についての法人の損害賠償責任に関する規定に関して，民法総則においてこれを定めていた旧 44 条 1 項が削除され，それに相当する規定が一般法人法 78 条・会社法 350 条およびそれを準用する個別法の中に散在せしめられたことから生じている問題でもある（→前注（§§33-84）I 1 (3)）。どの規定を類推適用しても結論は異ならない

〔後藤〕　779

が，権利能力なき社団の目的がもっとも類似する法人の規定を類推適用することになるであろうか。あるいは，代表者の行為についての法人の損害賠償責任を定めた諸規定からの類推（Analogie）により一般法理を導き，それを適用することになろうか。

いずれにせよ，権利能力なき社団に類推適用されるものとして，まず想定されるのは一般法人法の規定であろう。そうだとすれば，一般社団法人の設立手続が比較的容易であるにもかかわらず，設立登記の手間を省いた団体につき，それが権利能力なき社団として一般社団法人の規定の類推適用を受けるのは事理に反する。一般法人法のガバナンス・情報開示規定などを嫌っていることも考えられるから，そのような団体が法人格を取得しようとしない場合にまで権利能力なき社団の法理による法的庇護を与える必要性は乏しい（後藤元伸「権利能力なき社団論の現在──ドイツ民法典制定過程における議論の再評価──」阪法55巻3＝4号〔2005〕411-413頁）。そもそも，法人という制度があり，法人格のあるものとないものとを分けているのに，この区別をなきがごときものとするのは疑問である（大村・物権171-172頁）。少なくとも，一般法人法成立後もそれまでと同様の取扱いをするかどうかは，検討していかなければならない問題である（織田博子「法人法規定の強行法規性」法時86巻5号〔2014〕143頁，藤岡203頁。納屋雅城「裁判例における権利能力なき社団概念の機能」獨協法学97号〔2015〕95頁は，一般法人法施行後の裁判例においても，法人格取得の可能性が考慮されていないことを指摘する）。

権利能力なき社団がもっとも適切に機能しうる場面としては，団体に法人格を取得する法律上の途のない場合が考えられる。公益も営利も目的としない団体（中間目的の団体）は，かつては民法上の公益法人にも会社にもなることができなかったので，中間目的の団体を権利能力なき社団として取り扱うことに合理性があった（内田226頁，織田博子「権利能力なき社団・財団」椿寿夫＝中舎寛樹編著・解説 新・条文にない民法〔2010〕17-18頁，藤岡202-203頁参照）。しかし現在，中間目的の団体を含む非営利目的の団体は，一般法人法によって法人格を取得することが可能であるから，権利能力なき社団論の今日的意義はこの点でも乏しいといわざるをえない（河上146頁は，「権利能力なき社団・財団」の議論の意義は薄まりつつあるとする）。

しかしながら，どんなに法人制度を整備しても，法人成りを強要すること

権利能力なき社団・財団　**II**

はできず，また，設立中の法人の問題があるから，権利能力なき社団論が変容するにしても，法人格のない団体をいかに規律するかという問題はなくならない（西島・前掲論文19頁，藤岡187頁参照）。権利能力なき社団の法理が今後とも活用されることに肯定的な見解が，今日でもなお有力であるといえよう（佐久間毅「非営利法人法のいま」法時80巻11号〔2008〕17頁，四宮＝能見170-171頁，山田創一「法人制度論」平井一雄＝清水元編・日本民法学史・続編〔2015〕44頁注（33））。

II　権利能力なき財団

1　権利能力なき財団の意義

判例は，権利能力なき社団とならんで，権利能力なき財団をも承認する（最判昭44・11・4民集23巻11号1951頁〔以下，「最高裁昭和44年判決」ともいう〕。法人格のない財団としての当事者能力を認めたものとして，最判昭44・6・26民集23巻7号1175頁）。権利能力なき財団とは，「個人財産から分離独立した基本財産を有し，かつ，その運営のための組織」を有するものをいう（前掲最判昭44・11・4）。

最高裁昭和44年判決は，2006年（平成18年）改正前民法の財団法人の設立許可申請手続を推進している団体につき，これを権利能力なき財団として認めたものである。したがって，その射程を，権利能力なき財団の一般論ではなく，設立中の財団法人に限定することも可能である。そもそも，現行の一般法人法の下では，許可主義ではなく準則主義によって一般財団法人が成立するのであるから（一般法人22条），権利能力なき財団の法理がなお必要か否か，検討の余地があろう。

2　権利・義務の帰属関係

最高裁昭和44年判決によれば，権利能力なき財団には手形能力があり，権利・義務が帰属するとされているようである。したがって，権利能力なき財団の債務についても，権利能力なき財団の財産のみが引当てとなり，代表者は個人的責任を負わない。

学説によれば，実体上の権利義務は代表者（代表者不在ならば設立者）に信託的に帰属するものとされている（川島140頁，四宮88頁，四宮＝能見167頁・178

〔後藤〕　781

権利能力なき社団・財団　II

頁）。もっとも，権利能力なき財団における権利・義務の帰属関係につき，学説上，あまり議論されておらず（石田（穣）409頁），その詳細は未解明であるとされている（下村眞美「法人でない社団の当事者能力」法教 363 号〔2010〕14 頁。なお，新版注民(2)116-118 頁〔森泉章〕参照）。

〔後藤元伸〕

§*85* I

第4章　物

（定義）
第85条　この法律において「物」とは，有体物をいう。

〔対照〕　フ民516，ド民90，ス民713，オ民285・292

細　目　次

I	物の分類 …………………………783	1	意　義……………………………789
1	権利の客体…………………………783	2	役務・無体の財産………………789
2	物の種類……………………………784	3	人体の一部，臓器………………790
II	権利の客体と有体物 ……………787	4	動　物……………………………792
1	有体物………………………………787	IV	他の編との関係 …………………793
2	支配可能性…………………………788	1	物権総論…………………………793
3	独立性………………………………789	2	一物一権主義，集合物…………794
III	その他のもの ……………………789		

I　物　の　分　類

1　権利の客体

（1）　民法典は，権利の主体である人に続いて，権利の客体について規定している。私権の対象となりうるものを「私権の客体」とすると，権利の客体は，不動産のような有体的な「物」に限られない。たとえば，権利質のように権利の上に物権が認められるものがあり，また債権は人の行為を目的とする。明文規定はないが，人格権のように人の生命・身体・名誉などを目的とする権利もある。すなわち，民法は，権利の客体一般について規定を置いたのではなく，権利の客体の一つである「物」について規定を置いているにすぎない。

（2）　また，民法は，権利の客体として「有体物」について規定した。しか

〔小野〕　783

§*85* Ⅰ   第1編　第4章　物

し，権利の客体は有体物に限られるわけでもないから，民法総則で物につい
て規定することは，有体物のみが権利の客体であった沿革に従ったものにす
ぎない。このように，有体物にかぎらず，無形のものや，鉱業権・著作権の
ような無体財産権あるいは人格権のような権利も，広く権利の客体となるこ
とを妨げない（近時，有体物制限の合理性を述べるものとして，水津太郎「民法体系と
物概念」吉田＝片山編62頁以下参照）。

　そこで，有体物に関する限定的な規定が，体系的な権利の主体との論理的
な対応関係によるにすぎないことから，85条は，物権にとって意味をもつ
にすぎず，債権にとっては意義をもたないとする見解もある（川島142頁，四
宮＝能見180頁）。この見解によれば，85条は物権法に置かれるべき規定とな
る。立法例では，スイス民法は，民法総則に相当する包括的な部分をもたな
いことから，85条に相当する規定をももたず，物権法は，所有権に関する
規定だけをもっている。その構成は，具体的なものから抽象的な概念を導く
というスイス法に特有な構造（法律行為についても同様であり，抽象的規定を具体
的概念に先行させるドイツ法と逆転する）にもとづくものでもあるが，とくに支
障もないとされている。

　民法は，価値権である担保物権では，権利質（362条），地上権上の抵当権
（369条2項）を認めているから，物に関する規定を無体物に用いることは可
能である（たとえば，87条）。そこで，有体物と無体物の区別の実益は，実体
法的には乏しいが，すべての規定が無体物に適用されるわけでもない。そう
した場合に，ある対象について有体物の規定の適用を主張するには，要件事
実的には，それが有体物であることを主張・立証しなければならないという
意味のみが残されている（たとえば，192条）。もっとも，動産・不動産の主張
は，有体物の主張を包含するであろう。

　なお，物を客体とする物権概念の詳細については，物権総則を参照された
い。

2　物　の　種　類

　⑴　物にも多様なものがあり，以下のような区別がある。融通物・不融通
物の区別は，取引の可能性に関する。通常の取引が制限されないものは，融
通物であるが，取引が制限されるものとして，公用物（国家や公共団体に属し，
その使用に供される），公共用物（道路・河川など一般公衆の共同使用に供される），

784　〔小野〕

禁制品（武器，偽札，麻薬）などがある。古い時代には，祭祀・宗教に供される神聖物のような概念もあった。国宝や重要文化財にも取引の制限がある。今日重要なのは，公法的な規制に服するものである。

民法固有の問題としては，公物の時効取得の可否に影響を与える可能性があり，公法・私法の峻別論からは，時効取得を否定する理論があるが（大判昭4・4・10刑集8巻174頁），戦後の学説の多くはこれを肯定し（その中には，公用負担をおった所有権を取得するとするもの〔磯崎辰五郎・行政法総論〔1953〕289頁ほか〕，黙示の公用の廃止によるもの〔山田幸男「公物の時効取得」ジュリ300号〔1964〕117頁，我妻207頁〕がある），判例も肯定した（最判昭51・12・24民集30巻11号1104頁）。詳細は，時効の項目を参照されたい。

(2) また，可分物・不可分物の区別があり，取引上，分別してもその価値や性質を変じない物は可分物であり（金銭，穀物，油など），変じるものは不可分物である（牛馬，自動車）。この区別は，共有関係（258条）や給付の履行，不能・解除の際に，請求内容，免責（427条）や解除権の範囲などを決定する上で意味をもつことがある。

さらに，消費物・非消費物の区別があり，前者は，物の経済的な用法に従った使用が消費や譲渡を本質とするものであり（主体を変じる金銭や存在自体が失われる燃料など。ド民92条には明文がある），後者は，一度使用されてもなお使用可能なものである（土地や自動車）。この区分は，消費貸借と賃貸借の区別にとって有用である（587条・666条参照）。消費貸借では，物の引渡しと同時に所有権も移転することから，同種・同質・同量の物で返還することになる（592条）。

(3) 代替物・不代替物の区別は，物の個性に着目したものであり，前者は，テレビや金銭など，個性がなく，種類や品質，数・量・重さにより特定されるものを指し（ド民91条参照），後者は，土地，絵画など，一般の取引上，物に個性があるものを指している。この区分は，消費貸借，消費寄託につき意味をもっている（587条・666条）。

また，特定物・不特定物の区別があり，前者は，具体的な取引上，当事者が物の個性に着眼するか否かに係わる（400条以下・483条以下）。主観による区別であり，不代替物や非消費物でも，不特定物として扱うことが可能であり，代替物や消費物でも特定物として取引することは可能である（注民(2)

〔小野〕　785

§*85* Ⅰ   第1編　第4章　物

372頁〔田中整爾〕)。馬は不代替物でも，観光用に10頭借りる場合には，通常
は不特定物である（なお，具体的な契約において当事者が物の個性に主眼を置いたか
どうかにより特定物と不特定物の区別をすれば，代替物・不代替物の区別は不要とする見
解もある。鈴木禄弥・債権法講義〔4訂版，2001〕269頁)。種類債務は，特定されて
初めて履行が可能であり，また不能になるという特性をもっている。目的物
の保管義務（400条)，引渡し（483条)，弁済の場所（484条)，危険負担（平29
改正前534条・535条）などに，区別の意味がある。

　(4)　単一物・合成物・集合物の区別は，一物一権主義にかかわる。物理的
に不可分かつ単一のものを単一物（1本の木)，複数の部品からなりたつが結
合して一体となるものを合成物（家や自動車)，物理的には独立している物の
集合で一括して扱われるものを集合物という（倉庫中の商品)。合成物は法律
的には1つの物であるが，集合物は，なお複数の物であっても，同一の運命
に服させることが必要となる場合（担保化など）に意味をもっている。

　集合物についても，担保物権の成立を認めることは経済的に必要となり，
特別法はこれを可能とする（工場抵当法や，鉄道抵当法，企業担保法など)。特別
法がない場合でも，特定と，それに対する公示が可能であれば，集合物の担
保化を肯定する見解が有力であるが（舟橋諄一・物権法〔1960〕15頁)，経済的
に一体をなす集合物とその構成物の公示の衝突は長らく残された問題であっ
た。担保物権を参照されたい（および包括的な研究として，片山直也「財の集合的
把握と財の法」吉田＝片山編123頁参照)。

　平成10年（平成17年から動産も対象とする）の動産及び債権の譲渡の対抗要
件に関する民法の特例等に関する法律（動産債権譲渡特例法）の下では，従来
登記のできなかった動産の譲渡に関する登記が認められ，対抗要件の具備が
一般的に容易になった。もっとも，この扱いは，債権譲渡の必要性から登場
したものが動産にも及んだものであり，物から債権へという財の主流の変動，
さらに権利の客体の範囲を確定する機能が，物の有体性から登記に変動した
事態を反映している。

§85　II

II　権利の客体と有体物

1　有　体　物

（1）　民法上，物とは，有体物をいう（85条）。有体物とは，空間の一部を占めて，有形的な存在のものをいう（注民(2)379頁〔田中整爾〕，四宮＝能見180頁）。固体のほか，液体（たとえば，石油）と，気体（ガス，蒸気）と形状を問わない。ドイツ民法90条も同様に規定するが，立法例には，オーストリア民法285条のような広い物概念もあり，そこでは「人の使用に資するものはすべて，法的な意味における物である」とされる。旧民法も，無体物を物としていた（旧財6条）。

　そこで，有体物でないものは民法上の物ではないが，権利の客体とならないというわけではない。たとえば，電気は有体物ではないが，これを給付の目的として債権の対象とし，売買契約を結ぶことは可能である（電気窃盗に関する大判明36・5・21刑録9輯874頁参照）。その場合には，売買に関する民法典上の規定が適用される（大判昭12・6・29民集16巻1014頁）。電気のほかに，エネルギーや光，冷房用の冷気も有体物ではなく，同様の問題が生じる。近時では，無体物ですらない情報やデータが重要な価値をもち問題となる。発明や著作は知見に関する行為であり，特許権や著作権の対象となる（無体物については，森田宏樹「財の無体化と財の法」吉田＝片山編85頁参照）。なお，仮想通貨のビットコインは，情報の集合体にすぎないことから（いわゆるブロックチェーン。有体物性，排他的支配可能性を否定），所有権の対象とはならない（東京地判平27・8・5 LEX/DB25541521）。

　有力説では，有体物を支配可能性として，エネルギーなども物に当たるとするが（我妻202頁，星野159頁），物権法の規定がそのまま適用されるわけではなく（たとえば192条），必要に応じて物に関する規定を類推すればたりる（川島143頁。四宮＝能見181頁は，旧民法の立場が現代的とする）。

　電気の扱いは，かつて刑法で問題とされた。旧刑法366条は「人ノ所有物」を窃取した者を窃盗罪とした。所有権が物の上にしか成立しないとすると，電気窃盗は窃盗罪を構成しない。しかし，大審院は，有体性によらず，電気は「五官ノ作用」によってその存在を認識でき，「人力ヲ以テ任意ニ支配」できるとして窃盗罪の成立を認めた（前掲大判明36・5・21）。いわゆる管

〔小野〕　787

理可能性説に立脚する。現刑法235条にも同じ問題があることから，245条では，刑法上，電気を物とみなす規定が置かれた。刑法では罪刑法定主義の観点から，刑法235条の解釈として電気を物に含めることが問題となるからである。

民法では，類推解釈も可能である。また，電気の供給契約において，売買の規定を適用しないと実際上も不便である。85条の規定は，権利の客体を制限したものではなく，権利の客体の中でもっとも典型的なものを例示したにすぎない。電気と同様の問題は，熱，冷気，光，その他のエネルギー一般について，あてはまる。

(2) 有体物でない権利の上にも物権が成立するのは例外であるが，準占有（205条），権利質（362条），地上権と永小作権上の抵当権（369条2項），特別法上も，質権（特許法95条，著作権法66条），採掘権上の抵当権・租鉱権（鉱業法13条ただし書）などがある。

2 支配可能性

有体物であっても，法律上の「物」は人の支配が可能でなければならないから，月や火星の土地は，民法上の物たりえない。権利の客体である物は，人が独占的に支配できることを要するからである（注民(2)387頁〔田中〕）。

また，空気や海洋のように，自由な利用が予定されているものも，物たりえない。もっとも，海でも，国が一定範囲を区画し，他の海面から区別して排他的支配を可能にした上で，公用を廃止し，私人の所有に帰属させた場合には，その区画部分は所有権の客体たりうる（我妻203頁，新版注民(2)601頁〔田中整爾〕）。埋立てのための公有水面や漁業権の設定などである。これについては，所有権の部分を参照されたい。

海面下の土地について所有権が成立するかについては，大審院の否定例がある（大判大4・12・28民録21輯2274頁）が，これに反する行政解釈や下級審判例も有力であった（鹿児島地判昭51・3・31判時816号12頁，名古屋高判昭55・8・29高民集33巻3号176頁，なお，最判昭52・12・12判タ360号142頁）。しかし，最高裁は，海面下の状況で，私的所有権の対象となることを認めず，過去に地券の交付があっても，たんに開発権を付与したものとし，民法施行により所有権に移行する支配権を付与したものではないとした。ただし，可能性として，過去に国が海の一定範囲を区画して所有に帰属させた場合には，今日

§*85* Ⅲ

でも所有権の客体たることを肯定し，海没地の所有権をも否定しない（最判昭 61・12・16 民集 40 巻 7 号 1236 頁）。

3 独 立 性

物は，排他的に支配可能でなければならないから，独立した存在であることを要し，他の物の一部であってはならない（→Ⅳ2）。

Ⅲ その他のもの

1 意 義

近時，有体物以外のものの価値が増大していることから，それらと「物」の関係が問題となる。また，技術革新の結果，無体のものの価値が増大し，さらに，物の主体化の現象もみられる。

2 役務・無体の財産

(1) 役務やサービスを物権の対象とすることはできない。役務やサービスはこれを提供する人間と不可分であり，これを許すと人身を支配することになるからである。他方，役務やサービスによって利益をうけることはできるから，役務やサービスも，その給付を請求できる債権の対象とすることはできる。もっとも，その内容は千差万別なことから，一般的な規定はない。また，債権による人の実質的な支配も可能である（いわゆる近代法における「債権の優越的地位」の問題）。債権や権利といえない法的利益についても，違法な侵害に対しては損害賠償請求が肯定されることがある。また，不動産の場合には，不動産の直接支配と貸主による不動産の利用の供与は実質的に同視できるために，債権が物権化する契機となっている（不動産賃借権の物権化）。

「物」は，物権，債権のいずれの権利の対象にもなりうるから，共通のものとして民法総則に規定されている。

(2) 伝統的な権利が，物理的な有体物を対象としていたのに反し，今日では，創意工夫やアイデア，情報などの無体のものから利益が受けられることが多く，これに対しても権利を認めることが必要となっている。そして，知的財産権が「無体物」を対象としていることから，民法はこれを特別法に委ね，「無体物」について共通規定を置いていない。しかし，沿革上，無体の財産も物に準じた扱いをうけ，準物権的な保護をうけるのが特徴である（著

〔小野〕 789

§*85* III   第1編　第4章　物

作権，特許権など）。権利の客体に対して独占的支配を認める点では，有体物
に対する物権と同じだからである。たとえば，その侵害に対しては，差止請
求が認められ，損害が生じたときには，賠償請求も認められる（たとえば，著
作権法112条・114条）。もっとも，無体財産権のそれぞれの内容が異なること
から，有体物とは異なる保護をうけることもある（たとえば，いわゆるパブリッ
ク・ドメインとの関係で，著作権には期間制限がある〔同法51条2項〕。あるいは私的使
用〔同法30条以下〕など。所有権について定める206条と比較されたい）。

　有体物と無体のものとの相違は，たんなる形状にすぎず，その相違は，か
つては無体のものには人の支配が困難なことに由来し（電気など），それ自体
からの今日的な差異は小さい。

　これに対し，有体物や無体のもの（電気，ガス）と情報との相違は大きく，
物にはそれ自体に価値があることから，それに対する支配に意味があるが，
情報やアイデアは，同じものが重複しても，あまり意味はない。たとえば，
同じ本が2冊あっても，物としては2倍の価値があるが，情報としては付加
されるものはない。それだけでは新たな意味を付加することにはならず，新
規性が必要である。そこで，著作権に意味が生じる（もっとも，社会には情報の
偏在があるから，教育や伝播など別の目的で社会に貢献することはある）。有価値性の
内容には，大きな差異がある。

3　人体の一部，臓器

　(1)　権利の主体である人そのものは，物ではないから，権利の客体にはな
らない。人に対する所有権も成立しない（奴隷など）。人に対しては，給付を
請求する債権が成立するのみである。身体から分離した，毛髪や血液は，公
序良俗に反しない場合には，物となる。また，死体は，埋葬や供養をなす限
りで権利の対象として認められる（東京高判昭62・10・8家月40巻3号45頁，遺
骨は祭祀主催者に属する）。学説は，死体の引渡請求権は，慣習による特別な埋
葬の権利義務によるとし，単純な物としての性質を認めないか（中島367頁），
あるいは物としてもその所有権は相続ではなく喪主に帰属し（897条），その
内容ももっぱら埋葬に限定されるとする（我妻203頁。人体に関する包括的な研
究として，櫛橋明香「人体の法的地位」吉田＝片山編268頁）。

　家督相続時代の判決で，大審院は，死体も物として相続によって相続人の
所有に帰属するとするが（大判大10・7・25民録27輯1408頁，戸主の請求を否定す

790　〔小野〕

§*85* **III**

るため），その所有権の特殊性（「特殊ノ制限ニ服スル」）をも肯定している（大判昭2・5・27民集6巻307頁）。遺骨や遺骸はたんに埋葬・管理および祭祀・供養の客体となるのみで，所有の放棄もできない。死体は，物としても，その扱いは，公法や，私法，公序良俗の法理により制限され，埋葬・祭祀・供養以外の処分の目的とはなりえないから，物でなく所有権を認めない見解と大差はない（於保130頁，新版注民(2)608頁〔田中整爾〕）。一面で財として処分の自由や支配をどこまで貫徹し，他面で人身としての保護をみるかの問題となる。

　死体を火葬したときに残る金歯などは，骨揚げを終わらない間は相続人の所有となり，骨揚げ後に残る骨灰中のものは相続人が所有権留保の意思を表示しなければ，慣例上，市町村の所有に帰属する（大判昭14・3・7刑集18巻93頁）。骨揚げ後火葬場の所有となるとしても，遺族の所有に帰した法律上の根拠は相続でも無主物先占でもないとの見解がある（穂積重遠・判民昭和14年度番外事件判批〔407頁〕）。

　(2)　切り離された身体の一部，たとえば歯，つめ，毛髪などは物となるが，従来，分離された身体の一部は，特別な場合以外は財産的価値はあまり問題とはならず，せいぜいが聖遺物や祭祀のような宗教的・感情的意味にとどまる。

　しかし，近時の先端医療のもとでは，身体の財産的な価値が高まりつつある。臓器移植の際には，移植される臓器の物性が問題となり，身体から分離された皮膚や血液，臓器などは，公序良俗の範囲内で物となる（臓器や死体についての特則として，臓器の移植に関する法律11条，死体解剖保存法18条）。移植の対象となる臓器については，生前の本人の意思が尊重されるべきであり，それが不明な場合には，遺族の意思が尊重されるが，公序良俗の観点により個別に判断する必要がある。ほかにも，先端医療では，臓器のほか，骨髄，血液，皮膚などの物性が問題となる。平成21年の改正後の臓器の移植に関する法律（臓器移植法）では，本人の臓器提供の意思表示がなくても，遺族が書面で同意できることとされた（同法6条1項2号）。ただし，この場合でも，本人の意思を忖度して判断する必要がある（四宮＝能見184頁）。

　生前の意思が尊重されることは，臓器が物として権利の客体であるだけではなく，主体性を維持していることにもなり，権利の主体と客体の区別があいまいになる可能性がある。これがより端的に現れるのは，生殖補助医療で

〔小野〕

§85 Ⅲ   第1編　第4章　物

ある。人工授精に用いる精子や卵子，受精卵の性質が問題となる。この場合には，提供者の意思のほか，受精卵そのものの主体性が問題となる。それ自体が，独立して新たな人になる能力を有するからである。その原型である精子や卵子も人の素材となる。アメリカには，精子や卵子を提供する精子・卵子バンクがあり，商業的な提供もしている。

　さらに，万能細胞であるES細胞の樹立には，受精卵から生じた胚の破棄が必要であり，これを人とみるか物とみるかについて，倫理上の問題が生じる。胚は，母体に戻せば人間になりうるからである。主体的価値からは，破棄は認められないことになる。かねて胎児に関しては，母親の決定権と胎児の生存権とが独立の問題となった。胚や受精卵についても，この二重の主体の関与が不可欠となる。卵子，精子，受精卵やES細胞といった生殖補助医療の関連因子については，→第17巻生殖補助医療。

　なお，移植に提供された臓器だけではなく，病理解剖や司法解剖に供された臓器の所有権が問題となることもある。死体解剖保存法15条は，死者の相続人等の要請があれば，返却するものとしている。しかし，解剖時に採取した組織片から採取したパラフィンブロック，プレパラートについては，返還義務の是非をめぐって肯定説と否定説とがありうる（森茂郎「病理解剖・司法解剖後の検体・遺体の取扱い」樋口範雄編著・ケース・スタディ生命倫理と法〔2004〕24頁）。死体と同様に単純な所有権の帰属だけではなく，公序良俗や倫理，説明責任の観点が重要であろう。

　（3）　人の情報については，人の細胞からとったDNA情報の帰趨が問題となる。物理的には手離した毛髪であっても，その遺伝子情報が解析された場合に，人の情報の帰趨や暴露は別の問題となる。保険情報，プライバシー，著作権などが争点となる。毛髪そのものが物理的に放棄されていても，その中の情報までもが放棄されたわけではない。自分の本を捨てても，著作権まで放棄したわけではないのと同様である。しかし，情報そのものは所有権の対象にはならないから，著作権のような無体の財産権が成立していなければ，独占権自体にもとづいて引渡しを求めることはむずかしい。プライバシーや人格権の見地から，情報の非開示や破棄を求めることが必要となる。

　4　動　物

　権利の主体と客体の二分法によれば，動物も物と解するほかはないが，近

792　〔小野〕

§85 IV

時，その疑似人格化の傾向がみられる。これを正面から認めたのは，ドイツ民法の 1990 年の新設規定である。同法は，日本の民法と同様に，物を有体物とするが（ド民 90 条），それに加えて，動物は物ではないと規定した（ド民 90a 条）。動物保護の要請から，ドイツ基本法 20a 条は，将来世代のために生存の基礎となる自然と動物を保護するものとする。そして，動物は特別法による保護をうけるとするが（ドイツ動物保護法 17 条は脊椎動物のみを保護），同時に，物に関する規定が準用されるものとするので，保護と物の両性的性格を付与するものである。こうした性格づけは，わが国でも，損害賠償額の算定にあたり直接的な相違をもたらす可能性がある。

すなわち，物の価値は，通常その経済的価値に限られるから，その賠償が行われれば，精神的損害も回復されたとされ，慰謝料請求が認められることはまれである。しかし，動物については，交通事故・医療事故等により負傷したり死亡した場合には，飼主の慰謝料請求が認められることが多い（近時では，大阪地判平 21・2・12 判時 2054 号 104 頁，横浜地判平 18・6・15 判タ 1254 号 216 頁，名古屋高金沢支判平 17・5・30 判タ 1217 号 294 頁など）。これは，愛着をもって飼育するペットといえども，経済的価値は少なく，また長く飼育するほどそれが低下することからも，経済的価値の賠償だけで精神的苦痛が慰謝されたとすることがむずかしいことによる。認容額もしだいに高額化しつつある。物の人格化が行われており，たんなる物とだけいうことはできない（青木人志・動物の比較法文化〔2002〕21 頁以下には，各国の動物保護法が紹介されている。また，吉井啓子「動物の法的地位」吉田＝片山編 252 頁）。

IV　他の編との関係

1　物権総論

物についての条文は，わずか 5 条しかなく，体系的にも人・法人の規定と釣り合ったものとはなっていない。平成 18 年の法人法の改正まで，人・法人の規定は，3 条から 84 条の 3 までを占めていたからである。また，内容的には，物についての規定は，民法総則よりも物権編に関係している。たとえば，物の上に生じる諸権利の内容やその得喪は，物権編に規定されている。その結果，民法総則上は，たんなる定義的な規定が占めている。

〔小野〕　793

§85 IV 　　　　　　　　　　　　　　　　第1編　第4章　物

　旧民法は，物を有体物と無体物とし（旧財6条1項），有体物は人の「感官」
に触れるもの（地所，建物，動物，器具）とし（同条2項），無体物は，「智能」
のみを理会するもの（物権および人権，著述者，技術者および発明者の権利，解散会
社の財産と債務の包括）とした（同条3項）。
　「権利」を「所有」すると構成しても意味がないことから，所有権の客体
は「物」だけである。また，用益物権の客体も「物」だけである。権利を有
すればたり，二重に述べても意味はない。もっとも，準物権のように，所有
権に化体すれば類推適用ができ，また，証券に化体している場合は，証券を
通して所有することに意味がある。旧民法は，物について所有権が成立する
としたことから（旧財30条），債権についても所有権があることになるが，
権利を権利の客体から分別し，物権と債権の峻別を明確にする意味から，物
を有体物にとどめたのである（理由書126頁・130頁参照，梅180頁）。ただし，
「権利」のもっている価値を支配し担保とすることには意味がある。民法も
「権利」を担保物権の客体にすることは予定している（権利質（362条）や転抵
当（375条）など）。
　民法は「債権」を譲渡することを認めるが（466条），この場合は「債権」
そのものの処分となる。「債権」は譲受人のたんなる引渡請求権の対象とな
るわけではない。たんに証券化された権利でのみ，証券とともに譲渡され請
求される。そして，「債権」が担保の対象となるには，債務者から直接支払
をうければたりる。
　物概念を拡大すれば，無体物を物に含めても，必ずしも権利と権利の客体
を混乱せしめることにはならないとの捉え方もありうるが，無体物を民法上
物とせずに，物の規定を類推適用することでもたりるのである。

2　一物一権主義，集合物

　(1)　権利の客体が有体物であるということは，1つの権利の対象は，1つ
の物であるということ，いわゆる一物一権主義をもさしている。たとえば，
同じ物の上には，1つの物権しかありえず（物権の排他性），抵当権でも順位
によって差が設けられる。逆に，1個の物権の客体は，1個の独立した物で
なければならない。
　1個の物としての独立性が要求されるから，独立した1個の物の一部分を
私権の対象とすることは認められない（物権の客体が独立した物であること）。物

794　〔小野〕

§85 IV

の一部は独立の権利の客体とはならない。後述の単一性とあわせ，権利関係の明確性を維持するための原則である。

　もっとも，建物の区分所有（建物の区分所有等に関する法律），付合物（242条ただし書）など若干の例外がある。これらは，権利関係の錯綜をもたらさないからである。取引上，靴一足も単一のものとみなされる。

　(2)　さらに，一物一権主義では，集合物の上には物権は成立しないということにもなる（単一性）。1つの物には1つの権利があるから，多数の物を一括して，1つの権利の対象とすることはできないからである。そこで，倉庫中の商品を一括して担保に供する場合，個々の商品ではなく，集合物全体に1個の担保権（譲渡担保）が成立するかどうかに争いがある。とくに商品が第三者に売却されて担保の範囲から離脱し，新たな仕入れによって対象に加えられる場合に，個々の商品につき担保の成立を考えると，新たに加えられた物は新たな時期に担保に供されたことになる（分析的な構成）。しかし，これは不便な結果となる。分析的な構成では，企業を構成する多数の物を一括して担保に入れることができず，個別に担保に入れなければならない。もっとも，部分的には，民法典以外の特別法で財団抵当が認められることによって解決されている。

　近時の学説は，集合物の上に単一の担保権を認めており（集合物的構成，我妻205頁，四宮＝能見186頁など），判例もこれを肯定する（最判昭54・2・15民集33巻1号51頁，最判昭62・11・10民集41巻8号1559頁など）。

　物には，多数のものから成り立つ物もあるから，それを一括する概念が必要となる。それらは，物を構成するものの結合の強弱によって，以下のように区別される。

　①　第1は，結合の程度がごく強いものである。たとえば，家や自動車のように部分品から成り立つが，実質的に1つのものである。この場合には，全体のうえに1つの権利が成り立つ。部分品は構成部分となる。

　第2は，結合の程度がもう少し弱いものである。物理的には1つではないが，法的には同じ運命に服させたほうが妥当な場合である。たとえば，左右の手袋，くつ，あるいは万年筆とキャップである。この場合にも，物は1つと考えられる。

　②　第3に，物理的には2つであるが，取引上，あるいは所有者の便宜か

〔小野〕　795

§85 IV
第1編 第4章 物

らすると，同じ運命に服させたほうが望ましい場合がある。これが主物・従物の関係である。たとえば，舟と櫓，櫂の関係である。判例は，さらに家と畳，建具もこの関係とする。この場合には，物は別個であるから，その帰属も別個とすることもできるが，便宜上，従物は主物の処分に従うとしたのである。

③　第4に，営業用財産のように，特定の目的から多数の物が結合する場合がある。たとえば，工場と機械，鉄道と駅の関係である。この場合には，目的による結合があるだけで，物相互の間には必然的な関係はない。そこで，民法上は，別個の物であるが，特別法上，1個のものとして，譲渡や担保の対象とすることが可能になっている（財団抵当，物抵当）。

④　第5に，営業用財産のなかに，有体物だけではなく，さらにのれんのような無体物をも含めて，1個の財産とする場合がある。企業の財産を包括的に掌握するためである。これも，特別法によって認められている（企業担保法）。

(3)　独立した複数の物が結合したときの処理として，民法総則では，定着物や主物と従物の関係があるにとどまるが，物権法上は，ほかに物の添付の制度があり（付合・混和・加工），1個の独立した物同士が，物理的に一体となったときの処理を定める。一物一権の原則の要請にもとづく。

また，不動産に従として付合した物は，不動産の所有権の対象となる（242条本文）。権原による付合は，例外として，別個の所有権の対象になるが（242条ただし書），その場合でも，結合の程度が強く，構成部分となった物は分離できず，付合する。動産と動産が混じり合ったときは混和といい，動産と動産の付合と同じように処理される（245条）。また，物権法では，加工物は，材料の所有権の対象とする（246条1項本文）。

これらの合成物・混和物・加工物となった場合に，所有権が消滅した物の権利者は権利を失い（247条1項），権利を失った者は，不当利得返還の規定によって償金を請求する（248条）。他方，単独所有者となった物の権利者は，合成物・混和物・加工物の権利を取得する。

さらに，抵当権の設定されている不動産に付加して一体となった物は，抵当権の対象となる（370条本文）。付加して一体になるとは，物理的一体を意味するのか，経済的一体を意味するのかには問題がある。物権法では，とく

796　〔小野〕

§*86* I

に抵当権などの担保に供する関係から，目的物の範囲を確定することが必要
となるからである。同じ問題は，物を処分（売却）する場合にも生じるが，
この場合には，何を売却するかは当事者の意思によって決定されることが多
く，その意思が明確な限り，問題はあまり顕在化しない。

〔小野秀誠〕

（不動産及び動産）
第 86 条① 土地及びその定着物は，不動産とする。
② 不動産以外の物は，すべて動産とする。

〔対照〕 フ民 516 以下，ド民 93 以下，ス民 655・655a・667，オ民 293 以下
〔改正〕 〔③〕＝平 29 法 44 削除

（不動産及び動産）
第 86 条①② （略）
③ 無記名債権は，動産とみなす。

細 目 次

I 物の区分 ………………………797	3 建物，立木…………………………803
II 不動産 …………………………799	III 動 産……………………………804
1 土 地…………………………799	1 動 産……………………………804
2 定着物，物の一体的処理………800	2 無記名債権，金銭など……………805

I 物 の 区 分

（1） 土地およびその定着物は不動産であり（86 条 1 項），その他のものはす
べて動産である（86 条 2 項）。動産と不動産の区別は，古来，多くの法でとら
れている。不動産は，経済的価値においておおむね動産よりも高価であり，
また動産とは異なって所在が一定しているとの特徴がある。各国とも類似の
区別を設け，古くに，不動産と動産の区別はゲルマン法にもみられた。

まず，不動産価値の大きいことは，それが重要な財産として，とくにその
権利の得喪について厳格なところに現れている（13 条 1 項 3 号〔平成 16 年法律
147 号による改正前の 12 条 1 項 3 号では「不動産其他重要ナル財産」〕・864 条）。しか

〔小野〕 797

§86 I

第1編　第4章　物

し，この伝統的な理解は，今日動揺している。とくに有価証券や金銭債権がもつ経済的価値は，不動産にひけをとらない。そこで，不動産だけを重要な財産とみることは今日では適切ではない。不動産の流通性も高まっている。

　また，不動産は所在が一定しており，動産のように転々と所在を変じるものではないことから，不動産については登記簿の制度がとられ，権利の得喪や変更は登記簿によって公示されるが（177条），動産は占有による公示を原則とする（178条）。権利を確定的に取得しうる要件に差がある点は大きく，また，善意取得は，動産についてのみ認められる（192条）。非占有の担保である抵当権は，不動産のみを対象とし（369条），先取特権や質権でも動産と不動産の扱いは異なる（311条・325条・352条・356条）。裁判管轄や強制執行においても扱いが異なる（民訴5条12号，民執43条・122条）。無主物の扱いも異なる（239条）。

　航空機や船舶，自動車のように物理的には移動しながらも，登録が可能で，法的に不動産に準じた扱いをうけるものもある。また，平成16年の改正では，動産譲渡登記が認められた（動産及び債権の譲渡の対抗要件に関する民法の特例等に関する法律3条）。これらは，動産や金銭債権の価値の増大や取引の迅速・拡大の要求に応えるためである。動産と不動産の接近といえる。

　なお，不動産に関しては，その取引的価値だけではなく，利用的価値の促進が必要な側面があり，不動産に関する特別法が設けられている（借地借家法など）。

　(2)　不動産法は，国による相違が大きい。これは，その利用が慣習的に決まることが多いからである。物権法に国による相違が大きいことの1つの理由は，不動産に関する権利が物権的に構成されることが多いことによる。とくに土地に関する物権については，慣習が尊重され，相隣関係（217条・228条・236条），地上権（269条2項），永小作権（277条・278条3項），入会権（263条・294条）などに明文がある。地上権・永小作権・地役権・入会権などの用益物権は，性質上，その客体を土地に限定している。担保物権においても，ドイツ民法には，抵当権（ド民1113条）のほかに，用益権（Niessbrauch，ド民1030条），先買権（ド民1094条），物的負担（Reallasten，ド民1105条），土地債務，定期金債務（ド民1191条・1199条）などを認め，逆に，先取特権などは認めていない。

798　〔小野〕

§86 II

(3) 86条は，動産と不動産の区分の重要性にかんがみ，総論的に概念を明らかにしたものであるが，本条の規定自体は，定義的規定にすぎない。個別の事件において効果が異なる場合には，それぞれの効果の発生を主張する者が，その不動産たることや動産たることを立証する必要がある。たとえば，建築中の建物では，いつから定着物から独立した不動産になるかである（大判昭8・3・24民集12巻490頁）。

(4) 土地所有者が自分の土地を信託したときには，土地所有権の代わりに信託受益権をえ，それが証券化されると，証券の譲渡により，土地についての利益も移転し，不動産の流通が促進される。これも，区別の相対化といえる（四宮＝能見194頁）。

II　不　動　産

1　土　　地

(1) 不動産は，土地およびその定着物である。土地については，あまり疑問の余地はない。土地は，一定の範囲の地面とその上下（空中・地下）をいう（207条参照）。地中の岩石や土砂なども，土地の構成部分である。もっとも，鉱業法は，経済上の観点から一定の種類の未採掘の鉱物を土地所有権から分離して，採掘権を国家の手に留保している（同法2条）。この場合には，土地所有権があっても，その地下の鉱物の採掘権までがあることにはならない。

ドイツ民法では，土地のみが不動産であり，建物や土地と結合した土地の産物は，土地の本質的構成部分となる（ド民94条1項1文）。種は蒔くことによって，樹木は植えることによって土地の本質的構成部分となる（同項2文）。スイス民法でも同様である（ス民655条1項・667条2項）。フランス民法では，物は，性質によって，またはその用途によって，あるいはそれが適用される権利の客体によって，不動産となるとし（フ民517条），土地と建物は，その性質による不動産となり（フ民518条），土地に定着した収穫物といまだに収穫しない樹木の果実は，性質による不動産となる（フ民520条）。旧民法は，性質上の不動産と法律の規定による不動産を分けていた（旧財7条・8条・10条）。現行法の起草者は，わが国の慣習に従い，旧民法のような区別を採用しなかった（梅187頁，富井339頁）。わが国の旧慣は必ずしも統一されていな

〔小野〕　799

§86 II　　　　　　　　　　　　　　　　　　第1編　第4章　物

いが，不動産を土地とその定着物とし，土地の定着物も別個の不動産としたことが多い（新版注民(2)611頁〔田中整爾〕。鳩山258頁は，建物を土地の一部分とする慣習はまったく我国に存在しないという）。

(2)　土地は，自然の状態では連続しているが，人為的に区分して一筆とし地番をつけて，登記することができる（一筆の土地）。一筆の土地の一部は，分筆手続をしない限りなおその土地の一部にすぎないが，土地の一部が売却され分筆が手続未了でも，土地の一部が当事者間で特定していれば所有権は買主に移転する（最判昭30・6・24民集9巻7号919頁。なお，大判大13・10・7民集3巻476頁）。一筆の土地の一部でも，独立した権利の客体たることになる。もっとも，第三者に対抗するには分筆登記を必要とする。

また，一筆の土地の一部に対する時効取得も認められる（大判大13・10・7民集3巻509頁，大村敦志・基本民法I〔3版，2007〕194頁）。取得時効と登記については，時効の項目を参照されたい。要役地の一部の時効取得も同様に可能であり，他方で，時効による消滅については，明文規定がある（293条）。

(3)　所有者によって，国有地，私有地などの区別があるが，私法的には特段の差異はない。

2　定着物，物の一体的処理

(1)　定着物とは，継続的に土地に固着され，取引通念上，土地に固着されて使用される物をいう。建物はその代表的なものであり，樹木・石垣・敷石・沓脱石も定着物である。土地の構成部分となるから，独立の所有権の対象となることはない。第三者が権原によって付着させても，242条ただし書の適用をうけることなく，土地に吸収される（いわゆる強い付合の場合）。ただし，付着された物が土地に吸収されたときには，所有権を失った者と土地所有者との間で，利得の返還が行われる。一般的な性質は，不当利得であるが，民法はとくに248条に償金請求の規定を置いている。

また，土地・建物に据え付けられた機械も固着性の程度によっては定着物となる（大判明35・1・27民録8輯1巻77頁）。宅地にするために斜面に盛土をした場合も，土地の構成部分となるが，公有水面の埋立てのために土砂が投入された場合には，ただちに地盤に付合するのではなく，埋立工事の竣工認可の時に埋立権者が埋立地を取得し，これに付合する。その時までは土砂は独立した動産としての意義を失わない（最判昭57・6・17民集36巻5号824頁）。

§*86* **II**

　これに対し，いわゆる弱い付合は，土地の構成部分といえるほど強い結合関係がない場合である。242条ただし書によれば，権原があれば，必ずしも土地の所有権によって吸収されることはない。吸収されれば，付合物も不動産といえるが，吸収されないことを述べる場合には，動産とされることが多い。庭石などが，これに当たることがある。

　そこで，同じ庭石でも，土地との結合性が弱い場合には，定着物にも当たらないが，土地の経済的効用から従物となる余地はある（庭石について，最判昭44・3・28民集23巻3号699頁）。

　従来の例で，石灯籠・仮小屋・仮植中の植物（大判大10・8・10民録27輯1480頁），工場内にボルトで固着された機械類（大判昭4・10・19新聞3081号15頁），土地に砂を盛って置かれた石油タンク（最判昭37・3・29民集16巻3号643頁）などは定着物ではなく，動産である。そこで，工場内の機械の善意取得を主張する場合には，それが動産であり，定着物ではないことを立証しなければならない。しかし，明認方法が対抗要件となる庭石の場合は，不動産に準じている（大判昭9・7・25判決全集1輯8号6頁）。

　(2)　定着物には，土地から独立している物（建物），土地の構成部分とされている物（石垣・庭石），中間的な物（立木・未分離の果実）があることから，つぎの3種類が区別される。なお，狭義では，定着物は，独立した不動産をいう場合があり，この場合には，建物や登記された立木のように，土地から独立したものだけを指すことになる（①のみ）。

　①　まず，土地と別個の不動産となる建物がある。わが法上は，建物は独立した不動産であり，欧米のように土地に吸収されるものではない。民法制定前の封建時代の慣行に由来するものである。それに応じて，土地とは別の登記簿が設けられている（不動産登記法2条5号9号参照）。ただし，登記簿の電子化が行われた後は（2008年），登記記録は電磁的記録となり，コンピュータに収められたことから，紙の登記簿の場合のように，物理的・空間的には区分できず，システムとしての区分ということになる。

　建物の個数は，土地と異なり，登記簿によって定まるのではなく，社会通念により決まる。登記簿上1個の権利として記載されていても，事実上分割して2個の建物とすれば，それぞれ所有権の客体となる。一般には1棟の建物をもって1つの物と数えるのが原則である（建物の区分所有等に関する法律は

〔小野〕　801

§86 II　　　　　　　　　　　　　　　　　　第1編　第4章　物

例外）。

　もっとも，建物の扱いは，封建法では，地域による相違が大きい。関東では，防火は土蔵によるだけで，一般の建物は不動産の価格の外にあり，取引は，もっぱら土地の価格で行われた。建物の価値は，せいぜい動産の扱いであった。日本の建物価格が低いのは，この伝統に根ざしている。

　②　これに対して，土地に吸収され独立の定着物にはならないものとして，庭石や排水溝などがある。不動産の付合に関する242条の一体をなしたものは，この概念に相当する。もっとも，242条は，不動産に付着した物が不動産となるかどうかにはかかわらず，それが法律上不動産と同じ運命に服することをいう。建物が独立した存在であるときには不動産であるから，そこへの物の付着も問題となり，242条の対象となるが，土地に物が付着したときには，物の付着の程度によって，定着物または付合物となりうるから，86条と242条の関係や相違が問題となる。

　③　この①②の二者の中間的なものとして，樹木がある。樹木は，幼木の間は土地の一部をなしているが，成熟したものは土地とは独立して取引の対象とされる。しかし，完全な不動産とするには適しないものであるから，立木ニ関スル法律（立木法）によって登記された場合や明認方法を施して土地から独立させた場合にのみ，土地と別個の定着物となるのである。

　土地上に植えられた立木は，土地の所有権に吸収されるが，所有者でない者が，賃借権や地上権などの権原によって植えた場合には，その立木の所有権を留保することができる（242条ただし書）。土地所有者Aが，土地をBに譲渡した場合に，Bは，土地とともに立木も取得するから，立木の所有者Cがその所有権をBに主張するには，利用権の登記があるか（最判昭37・5・29判時303号27頁），立木の明認方法が必要である（最判昭35・3・1民集14巻3号307頁）。学説もこれを認める（我妻217頁，四宮＝能見192頁）。なお，Cが利用権の登記をしている場合には，Bに対抗できるのは当然であるが，明認方法を施しているにすぎない場合には，立木の所有権を主張できても，利用権限まで主張できるわけではない。ただし，判例には，明認方法がなくても，稲立毛の所有権を対抗できるとしたものがある（占有者が土地の譲受人で，未登記のまま耕作した場合である。大判昭17・2・24民集21巻151頁）。

　(3)　定着物になるかどうかは，不動産を対象とする抵当権を設定した場合

§*86* Ⅱ

に，共通の運命に服するかにも差をもたらす。

不動産に結合された物に抵当権の効力が及ぶのは当然であるが，不動産から独立した物の場合には問題がある。抵当権の 370 条の付加物については，これを 242 条の付合物と同じと考える見解によれば，不動産から独立した物である従物は含まれないから，主物とともに従物が抵当権に服するためには，87 条 2 項の規定を援用することが必要である。初期の裁判例のように，この見解にもとづき，抵当権設定当時存在しない従物について，抵当権の効力が及ばないとする余地がある（大判明 39・5・23 民録 12 輯 880 頁）。そこで，従物に抵当権の効力を及ぼすには（少なくとも抵当権設定当時存在した従物），あわせて 87 条 2 項を必要とする（大判大 8・3・15 民録 25 輯 473 頁）。

しかし，370 条を広義にとらえる見解のもとでは，従物を含む概念となるから，従物は 370 条の効果として抵当権の効力に服することになる（我妻栄・担保物権法〔1968〕259 頁）。これに対し，370 条を従物を含む意味で解釈できないとする見解は，抵当権設定後に生じた従物についても，87 条 2 項の適用を肯定する（柚木馨 = 高木多喜男・担保物権法〔3 版，1982〕255 頁）。このように，定着物，従物や付加物概念などは，物の一体的処理に寄与する概念となる。詳細については物権法を参照されたい。

3 建物，立木

(1) 独立した建物は不動産であるが，建物の増築において，増築部分を除くと，既存の部分が経済的な独立性を失う場合には，増築部分は独立の不動産といえない（最判昭 31・10・9 裁判集民 23 号 421 頁）。そこで，賃借人が増築した場合には，不当利得の問題となる（独立性がある場合には，造作買取請求権の問題となる）。

(2) 建築中の建物がいつから独立した不動産としての建物になるかについては，争いがある。判例は，材木を組み立てて屋根を葺いただけではたりず（大判大 15・2・22 民集 5 巻 99 頁），屋根だけでは建物ではない（大判昭 8・3・24 民集 12 巻 490 頁）。しかし，必ずしも建築が完了していることは必要とせず，屋根および囲壁ができると，建物となる。床や天井ができていなくてもよい（大判昭 10・10・1 民集 14 巻 1671 頁）。微妙な相違は，取引の実際に即して社会観念により決せられる。

逆に，建物が崩壊した場合にも，その不動産性が問題となり，完全に崩壊

〔小野〕　803

§*86* III　　　　　　　　　　　　　　　　　　　　　　　　第1編　第4章　物

すれば，動産に戻り（大判大5・6・28民録22輯1281頁），建物が消滅すれば，土地に固定して残存したものは，土地の定着物となるが，独立の物権の対象とはならない（東京地判昭32・12・27判タ80号81頁）。

　一部の倒壊や焼失の場合には，疑問が生じる。これも，社会観念により決せられる。建築の場合と同じ基準による必要はないから，たとえば，台風によって屋根が吹き飛ばされただけでは，建物でなくなるわけではない。

　建物を取り壊して再築してもつねに同一性が失われるわけではないが（大判昭8・3・6民集12巻334頁），新材料を使用して外観の大きな変化があり，同一性を失うこともある（大判昭16・4・12法学10巻1094頁）。

　(3)　建物の構成部分（たとえば，壁板，ひさし）は，独立の権利の対象とはならない。日本家屋には，障子，畳，襖，雨戸といった建物に取り付けられても，容易に取り外しが可能なものがある。このうち，雨戸やガラス戸，出入り口の扉は，建物から取り外しが容易でも，建物の内外を遮断する効用をもつことから，構成部分に当たる（大判昭5・12・18民集9巻1147頁，我妻223頁，幾代171頁など）。しかし，障子，畳，襖などは，独立の動産としての性質を失わず，87条の従物に当たるにとどまる。

　(4)　立木は，立木法による登記をうけたときには，土地から独立した不動産となる（同法1条・2条）。民法制定後に，従来からの慣行に従って，山林を地盤とは切り離して取引の対象としたものである。しかし，山林が伐採を目的として売買される場合に，手間をかけて登記をすることはまれであり，実用性は少ない。また，未登記の立木には，慣行上の対抗要件である明認方法があることから，これとの関係を明らかにする必要があり，物権法上の問題を生じる。これについては，→第4巻後注（§§177-178）。

III　動　産

1　動　産

　(1)　不動産以外の物が動産であり（86条2項），動産については，とくに問題はない。土地に付着する物でも，仮植中の植木のように，定着していない物は動産である。動産の個数は，社会通念によって決まる。米・液体などは容器によって個数が決まる。また，船舶・自動車・航空機・建設機械などは

804　〔小野〕

§*86* III

動産であるが，特別法により不動産に準じて扱われる。

　自動車は，登録が対抗要件とされる（道路運送車両法5条1項，自動車抵当法5条など）。登録されない自動車について，善意取得（192条）が認められるかについて，判例は，軽自動車（最判昭44・11・21判時581号34頁，登録の対象とならない場合）や，登録の抹消された場合（最判昭45・12・4民集24巻13号1987頁）は，これを肯定する。しかし，登録済みの自動車については，不動産に準じるものとして，否定する（最判昭62・4・24判タ642号169頁）。

　学説は分かれており，占有と登録の双方への信頼を保護する見解（鈴木禄弥・物権法講義〔5訂版，2007〕211頁，我妻栄＝有泉亨・物権法〔新訂，1983〕216頁，引渡しと登録をえた場合に即時取得を認める）と，登録を優先する見解（石田穰〔判批〕法協89巻5号〔1972〕602頁），占有を優先する見解（米倉明〔判批〕法協93巻8号〔1976〕1295頁）がある。最後の見解では，登録済み自動車では占有に対する信頼を優先し，登録は，過失認定の1要素になるものとする（米倉・前掲判批1304頁）。登記，登録を定めた法の趣旨が，どこまで独占的な効力を予定しているかによるべきであり，航空機では，否定し（実際上も有過失となろう），農業用動産のような軽微なものでは肯定でき，中間の自動車については，善意取得は全面的には否定できないものの，実質的には特段の事情がなければ，無過失の成立する余地はまれであろう。

　農業用動産についても，登記と善意取得の問題があり，抵当権の設定には登記が対抗要件であるが，農業動産信用法13条2項は，192条の適用を明文化している。

　(2)　動産，不動産の区別の意義は，公示方法（177条・178条），公信力（192条），制限物権の種類（265条・270条・311条・325条・356条・369条）などで差を生じる。

2　無記名債権，金銭など

　(1)　平成29年改正前民法では，無記名債権は動産とみなされた（旧86条3項）。無記名債権は，証券上に債権者の名前が記載されず，債権者が特定されないことから，証券の正当な所持人が債権者とされる債権である。債権が証券上に化体され，債権の成立・存続・行使について証券を必要とするので，動産と同じく証券の所持が権利を推定させるのである。商品券，無記名の公社債，無記名小切手（小5条1項3号），鉄道の乗車券，切符，映画の入場券

〔小野〕　805

§86 III　　　　　　　　　　　　　　　　第1編　第4章　物

などがこれに属する（大判大6・2・3民録23輯35頁では，市電の回数券は否定）。

　無記名債権が動産とみなされたことの意義は，とくにその取得の法律関係に関する。権利の譲渡について，動産と同じく証券の占有の取得が対抗要件となり（178条），また，動産の即時取得（192条）が適用される。そして，記名債権と異なり，権利の譲渡は債権譲渡の方法によらないから（467条），善意者の保護があつい。

　しかし，有価証券である無記名債権については，有価証券の理論からの保護が与えられており，民法の規定の意義は乏しい。すなわち，証券の引渡しが権利移転の要件であり，善意者の保護もあつい（手16条2項，小21条，商519条）。民法193条のような盗品，遺失物についての例外もない。

　有価証券でない無記名債権についても（乗車券など），証券的債権の性質から，民法の動産法理（178条・192条）ではなく，権利移転の要件とする見解が有力である（我妻219頁，四宮＝能見194頁）。善意取得についても，商法（商519条）の規定を類推する見解が唱えられている（なお，平29改正前473条・472条，平29改正後520条の2・520条の20）。

　(2)　債権には，無記名債権のほか，いくつかの種類がある。

　①　一般の記名債権，指名債権（消費貸借，賃貸借の証文，預金証書など）。無記名定期預金は，債権者名は記載されていないが特定している指名債権であり，無記名債権ではない（最判昭32・12・19民集11巻13号2278頁）。

　②　免責証券は，下足札，修理票，荷物の預かり札，ガルデローベの札など，物の寄託の際に一定の証券を交付し，その証券の所持者に物を返還すれば，受寄者がその責任を免れる。無記名債権とは異なり，権利そのものが証券に化体されているわけではないから，証券を紛失しても，他の方法で権利を証明できれば，権利の行使は可能である。また，証券を譲渡したからといって，権利を譲渡したことにはならず，善意取得や抗弁の切断もない。免責証券は，直接債務者の給付義務を免責するのではなく，債権者に受取の権原の挙証を軽減し，間接的に債務者を免責するものである。

　③　手形，小切手などの有価証券は，無記名の所持人払債権と同じく権利の行使に証券を必要とするものであるが，引き渡さないと，対抗力も権利の移転も生じない（手16条2項，小21条など参照）。飲食券，入場券，商品券，テレフォンカード，割引券などがこれに当たる。

806　〔小野〕

§*86* Ⅲ

(3)　無記名債権につき，19世紀のドイツの学説は，債権的な要素と物権的な要素の併存を認める二元論をとった。そこで，証券上の権利（Recht am Papier）と証券からの権利（Recht aus dem Papier）が区別され，前者については物権理論が，後者については債権理論が適用された。この区分は，わが民法においても意味をもっている。

　平成29年改正前86条3項が，無記名債権を動産とみなしたのは，このうち物権理論に関する。動産ではない債権が，動産である証券と法律的運命をともにすることであり，証券上の物権の変動を，証券に化体された債権の変動とどう関係させるかである。譲渡に証券の交付を必要とする点で，動産所有権の譲渡の方法によったのである。ドイツ民法では，即時取得（ド民935条），動産の占有の推定力（ド民1006条），占有回収の訴え（ド民1007条）などに特則を置く。日本民法でも，有価証券につき178条の対抗要件によるとするのは問題であり，証券の交付が権利移転の効力発生要件となるなどの修正が必要となり，即時取得でも，特別の考慮が必要である（→(1)）。

　これに対し，「証券からの権利」では，無記名債権に化体された債権に関するから，その内容については，債権自体に関する規律が必要となる。これに関して，ドイツ民法典は793条〜808条にまとまった規律を置いているが，日本民法には，対応するまとまった規定がない。個別に債権法的な処理を考えることになる。

(4)　金銭として使われている紙幣や貨幣は，物的には有体物である動産であるが，金銭には個性がなく，価値そのものである。強制通用力のある紙幣や貨幣を持っていることは，価値自体を持つことになり，高い流通性をもつから，その所有権は占有とともに移転するというのが物権法の理論である。通常の動産とは異なり，金銭にもとづく物権的請求権を認める余地もない（我妻＝有泉・前掲書185頁・236頁，川島151頁）。また，高い代替性をもつことから，一般の種類債務とは異なり，特定の問題は生じない（401条2項。我妻栄・債権総論〔新訂，1964〕35頁，奥田昌道・債権総論〔増補版，1992〕48頁）。金銭債務は不能になることもない（419条3項）。もっとも，強制通用力を失った古銭などは「物」で，動産の扱いをうける。

　金銭については一般の動産とは異なる取扱いが行われ，178条・192条などの適用はない。判例も，金銭では占有のあるところに所有があるとして，

〔小野〕　807

§*87* Ⅰ   第1編　第4章　物

192条を適用すべきではないとする（最判昭29・11・5刑集8巻11号1675頁，最判昭39・1・24判タ160号66頁など）。そこで，金銭が盗まれ，あるいは騙取されても，物権的請求ができず，不法行為や不当利得による請求だけが可能となり，通常の動産よりも保護は薄くなる。これについては，金銭の原所有者を保護するための構成が主張される（金銭の物権的価値返還請求権につき，四宮和夫「物権的価値返還請求権について」我妻栄追悼・私法学の新たな展開〔1975〕183頁以下，広中俊雄・債権各論講義〔6版，1994〕257頁など）。金銭は物ではないから，特定の所有権の帰属を考える必要はなく，抽象的な価値請求だけを考慮すればたりる。これは，金銭の交付されたときだけでなく，振込みのような帳簿通貨によったときも同様である。

〔小野秀誠〕

（主物及び従物）

第87条①　物の所有者が，その物の常用に供するため，自己の所有に属する他の物をこれに附属させたときは，その附属させた物を従物とする。

②　従物は，主物の処分に従う。

〔対照〕　フ民524，ド民97・98，ス民644・645，オ民294以下

Ⅰ　主物と従物の区分

物の所有者が，その物の常用に供するために，自分の所有する他の物をもって附属させたときには，その附属させられた物を従物という（87条1項）。たとえば，ガソリンスタンドの店舗用建物と地下タンクや計量機，洗車機の例では（最判平2・4・19判タ734号108頁），前者が主物，後者が従物である。それぞれは物理的には1個の独立した物であるが，両者は経済的効用としては一体をなしている。家屋と畳・建具，母屋と納屋，鞄と鍵などがこの関係である。ほかに，石灯籠および取外しのできる庭石等は，宅地の従物とされる（最判昭44・3・28民集23巻3号699頁）。

808　〔小野〕

II 従 物

1 従物の意義

(1) 従物は，物としては独立しながら，経済的に他の物である主物に従属して，その効用を助けるものをいうが，不動産に吸収される定着物や付合物とは異なり，独立した物であることを特徴とする。なお，独立した定着物でも，従物となる可能性はある（たとえば，旅館と独立した風呂小屋）。

従物は，主物の処分に従う（87条2項）との民法上の規定は，物が独立している場合においても，その集合の経済的効果をねらったものである。本来別個の物を，両者の法律的運命を結合せしめ，経済的な主従の結合関係から高い価値を導こうとする。たとえば，主物について売買契約がなされれば，別段の意思表示がない限り，従物も包含される。また，主物に担保（たとえば，抵当権）を付すると，別段の意思表示がない限り，当然にその効力は従物に及ぶ（抵当権設定前の従物に及ぶが，抵当権設定後に付属された従物については，議論がある。これについて，→第6巻§370）。

87条2項が，たんに処分する者の意思を推定したにとどまるのか（於保不二雄「附加物及び従物と抵当権」民商29巻5号〔1954〕305頁），それとも，積極的に物の客観的な結合関係を考慮したのか（我妻栄「抵当権と従物の関係について」同・民法研究Ⅳ〔1967〕27頁）との争いがある。もっとも，所有者が，主物だけ，あるいは従物だけを処分することは可能である（我妻225頁，四宮＝能見198頁）。主物・従物の関係は，まだ独立の物であることから，物権法的な一体化までを要求するわけではないからである。分離後の従物は主物に従わない。

(2) 従物の要件は，①継続的に主物の効用を助け，②主物に付属すると認められるだけの場所的な関係にあり，③主物と同一の所有者に帰属し，④独立性を有することである。動産たると，不動産たるとを問わない。

①については，継続的に，社会観念上主物の効用を助けることが要件であり，一時的な関係ではたりないとされる。

②については，主物に付属すると認められる必要があるだけで，主物の所有者が付属させたことは必要ではない。そこで，建物の賃借人が付属させた畳・建具が建物の所有者に買い受けられると，主物たる建物の従物たりうる。

〔小野〕　809

§87 II
第1編 第4章 物

③については，主物と従物が同一人に属していなければ，主物の処分によって従物の所有権が侵害されるのは不当である。大審院昭和10年2月20日判決（刑集14巻111頁）は，同一の所有者たるべきこととする。しかし，他人の権利の処分は必ずしも無効ではないから，考慮を要する。物権的に所有権が移転しないことはともかく（担保責任を生じる），債権的には，従物をも取引の対象とすることは可能である（我妻223頁，四宮＝能見197頁，内田356頁）。

通常の場合は，他人の従物までも処分することが当事者の意思とは考えられないであろうが，従物の所有者の同意があれば，これについても所有権移転の効果が生じる可能性がある。また，善意取得することも可能である。従物であることは，客観的関係から推測されるから，主物が売却されたときには，従物も対象に含まれると解され，売主が含まれないと主張する場合には，売主にその証明をさせることが妥当である。買主は，単純に担保責任を追及できる（主物・従物の関係のみを立証）。

④については従物は，独立の物である。ある物が，他の物の構成部分となったり，付合する場合には，独立性を失うから，独立した権利の対象とはならない。ある物の構成部分となったり付合した場合には，単一の物となるから，87条2項によらず，主物の運命に従うことになる。また，分離することなく，主物と別個の法律的な処理をすることは，物権法的な権利の秩序を乱すことになるから，意思のみで修正することはできない。たとえば，自動車のハンドルを交換した場合には，その構成部分となり，建物を増築した場合には，増築された部屋は，その構成部分となる。ただし，建物の従物と構成部分の区別はやや困難であり，畳・建具（障子，ふすま）は，原則としては建物の従物となるが，建物の内外を遮断する雨戸やガラス戸のみは，建物の構成部分とされている。いずれも，物理的には，取り外しが容易であり，この点のみで区別することはできない。

不動産の従物は，動産と不動産とを問わない。庭園に据えられた石灯籠や五重塔（大判昭15・4・16評論29巻民370頁），母屋に付属する外便所や湯殿（大判大7・7・10民録24輯1441頁）などの例がある。動産の従物としては，杖刀とさや（大判明44・4・18刑録17輯611頁）などの例がある。不動産が動産の従物となることはないであろう。

810　〔小野〕

§87　II

(3)　複数の物が，主物・従物の関係に立つ場合には，主物について生じた法律関係の変動は，従物にも及ぶことが推定される。たとえば，主物が売却された場合には，従物もともに売却されたものとされ，主物が賃貸借の対象となった場合には，従物もともに賃貸されたとされる。債権契約ではその意思解釈として，従物も含まれる。当然に物権的な効果が伴うわけではないが，善意取得の適用もありうる。

　裁判例上争われるのは，主物について抵当権が設定された場合の効果である。大審院大正8年3月15日判決（民録25輯473頁）は，従物にも抵当権の効力が及ぶとする。法律構成としては，370条の付加物とする見解もある。また，抵当権設定後に付加された従物にも抵当権の効力が及ぶかには争いがある。これを肯定することは，結論的には争いがないが，その理由づけとして，従物概念によるものと，370条によるものとがある。詳細は，→第6巻§370。

　主物の対抗要件が具備されれば従物の対抗要件も具備されるかには問題がある。主物である不動産の登記が具備されれば，従物である動産についても，対抗力が備わると解される（最判昭44・3・28民集23巻3号699頁）。しかし，主物である動産が売却され引き渡されても，従物である動産も引き渡されなければ，対抗要件が具備されたとはいえない。観念的な引渡しが肯定されるにとどまる。また，主物に質権を設定しても，引渡しが要件であるから，従物も引き渡されなければ質権は成立しない。

　法律の規定によって主物の法律関係が変動した場合にも，従物はそれに従うと考えられるが，これは，当事者の意思を推測したものではなく，主物と従物の客観的関係と経済的な効用にもとづく。87条2項の場合には，別段の合意があれば，主物と別に従物を処分できるが，法律の規定による場合に，その余地はない。強制執行の場合に，債権者が主物のみ，あるいは従物のみを執行できるかが問題となる。肯定する下級審判例（名古屋高判昭32・10・9下民集8巻10号1886頁）と，物の経済的効用から単独の執行を疑問とする見解（我妻225頁）がある。ここには，物の集合的利益を優先するか，当事者の意思の推定にとどまるかとの問題がある。

2　主従の権利

　主物・従物は，物の相互間の関係であるが，判例は主従のある権利相互間

〔小野〕　811

§*88* I 第1編 第4章 物

や物と権利間も，主物・従物と同じように扱うことを認めている。たとえば，元本債権が転付されれば，利息債権にも効力が及び（大判大10・11・15民録27輯1959頁），抵当権が実行された場合の，建物とその敷地の利用権の関係（大判昭2・4・25民集6巻182頁，最判昭40・5・4民集19巻4号811頁）も同様である。物の相互の関係と同じく，一方が他方の効用を助ける関係があり，87条2項の規定を類推することに争いはない。

　また，土地と建物は，別個の不動産であるから，抵当権の実行によって所有者を異にすることとなったときには，一定の要件を満たせば法定地上権が発生するが（388条），約定の利用権があれば，それによるだけであり，土地所有権に新たな負担を生じることはない。土地の譲渡の場合に，建物所有者が，土地の新譲受人に対抗できるかは，対抗要件の具備などの一般論の問題となる。

〔小野秀誠〕

（天然果実及び法定果実）
　第88条①　物の用法に従い収取する産出物を天然果実とする。
　②　物の使用の対価として受けるべき金銭その他の物を法定果実とする。

　　〔対照〕　フ民583・584，ド民99・100，ス民643，オ民295

I　果実の種類

　(1)　物から生じる収益を果実といい，果実を生じる物を元物という。果実は，天然果実と法定果実に大別される。88条は，総論的に果実の定義を定めた。民法の物権編や債権編に散在している果実の規定（189条・196条・197条・371条・575条など）の総論的な意味をもっているが，具体的な権利義務を定めたものではない。なお，果実の定義は，88条で一義的に定められるのではなく，各規定に従って目的的な観点から判断されるとする見解もある（幾代174頁注2）。

　(2)　物の用法に従って収取する産出物を天然果実という（88条1項）。植物

812　〔小野〕

§*88* II

学上は，花の後にできる実を果実というが，民法上は，動物の子や牛乳など
のように自然的・有機的に産出された物を含み，さらには鉱物・石材・土砂
などのように人工的・無機的に収取される物も天然果実とされる。無機的な
算出物でも，ただちに元物を消滅させず，継続的に収取できるものを含む。
そこで，鉱区から採掘される鉱物は，天然果実となる（長崎控判年月日不明
【大3(ネ)198】新聞1013号26頁。鉱物について，大判大5・3・7民録22輯516頁は，
無権限者による分離があっても，「果実ニ関スル民法ノ規定ヲ適用スヘキ限リニ在ラス」
とし，鉱物は国に属するとする）。天然果実は，元物から分離される前は元物の
構成部分であるが，分離によって独立の物となる。

　物の使用の対価としてうける金銭その他の物を法定果実という（88条2項）。
不動産使用の対価である家賃・地代・小作料や，元本債権の収益である利息
（大判明38・12・19民録11輯1790頁）などがそれである。

II　未分離の果実

　(1)　立木や未分離の果実（稲立毛・みかん・桑葉）は，そのままでは土地の
構成部分にすぎない。民法は，天然果実の帰属は，分離の時点で収取権のあ
る者に帰属するとした（89条1項）。しかし，わが国には，伝統的にこれらの
定着物をも，土地とは別個独立の物として取引する慣行があった。そこで，
相当の公示方法がある場合には，独立の物として扱うものとされ，立木につ
いては立木ニ関スル法律（明治42年法律22号）を制定して，立木登記をした
樹木の集団を土地とは別個独立の不動産とした。この方法をとらない立木や
未分離の果実についても，「明認方法」を施せば土地とは別個独立の物とな
るとするのが判例である。たとえば，未分離の果実（大判大5・9・20民録22輯
1440頁），桑葉（大判大9・5・5民録26輯622頁），稲立毛（大判昭8・3・3新聞
3543号8頁，大判昭13・9・28民集17巻1927頁）であり，学説もこれを認める。
ただし，稲立毛は，「今日独立の物として取引されて」いるとして，付合に
よる所有権取得を否定する見解がある（末川博・物権法〔1956〕302頁）。

　桑葉，稲立毛は，明認方法を施すことにより第三者にも対抗できる半独立
な物となるが，このときに，動産に準じて扱われ，ただ，その対抗要件とし
ては，引渡しではたりずに明認方法を必要とする。明認方法を用いるからと

〔小野〕　　813

§*88* Ⅲ, §*89*   第1編　第4章　物

いって，樹木や土地の定着物となるわけではない（大判昭3・8・8新聞2907号
9頁は，192条の適用も妨げないとする）。

　(2)　半独立性を認めると，物の一部について，独立の物権が成立すること
になるが，同様のことは，物が権原によって不動産に付合された場合にも生
じる（242条ただし書）。公示ができれば，社会的な必要性から物の一部に権利
を認めることになる。

　他人の土地に種をまき苗を育てた場合に，当初は土地の構成部分となるが，
成長すれば，それに従って半独立な存在になるとするのが学説であるが（我
妻栄＝有泉亨・物権法〔新訂，1983〕307頁，鈴木禄弥・物権法講義〔5訂版，2007〕35
頁），明認方法を対抗要件としつつ，独立の物として取引できるとする見解
もある（四宮＝能見192頁）。

Ⅲ　法 定 果 実

　物の使用の対価として収取される金銭その他の物を法定果実という。家賃
や地代などの物の利用の対価がこれに当たる。金銭使用の対価である利息は，
物の利用の対価というよりも，元本債権からの収益であるから，厳密には本
来の法定果実とはいえないが（柚木・判総上444頁），法定果実と同様に扱われ
る（大判明38・12・19民録11輯1790頁）。

　建物の居住のような使用利益は，物を現実に利用することをいい，必ずし
も物の使用の対価とはいえないが，実質的に果実と区別する必要はないから，
その帰属は，果実と同様に扱われる（大判大14・1・20民集4巻1頁）。

　また，権利の使用料，たとえば，著作権料も，物の使用の対価ではないが，
その帰属も，果実に準じて扱うことができるから，果実の規定が類推適用さ
れる。

〔小野秀誠〕

　　（果実の帰属）
　第89条①　天然果実は，その元物から分離する時に，これを収取する
　　権利を有する者に帰属する。

814　〔小野〕

§*89* I・II

② 法定果実は，これを収取する権利の存続期間に応じて，日割計算によりこれを取得する。

〔対照〕 フ民 585・586，ド民 101，ス民 756・757，オ民 330・405 以下・519

I 果実の取得と契約法

(1) 果実は収益権を有する者に帰属し，誰が収益権を有するかは，契約や法律の規定によって定められる。

果実を元物から分離した場合に，天然果実は誰に帰属するか。民法総則では，分離の時にこれを収取する権利を有する者に帰属すると定めている（89条1項）。こうした収取権者は，原則として所有権者（206条）であるが，例外として善意占有者（189条），地上権者（265条），永小作権者（270条），売主（575条），賃借権者（601条）などの場合もある。

(2) 89条は，果実が生じるまでに収取権者が変動する場合の規定である。植栽後に，畑の所有者が交代したり，賃貸した建物が売買された場合である。実際には契約により定められることが多いであろう。

売買において引渡し前には，所有（意思主義により買主）と占有（売主）が分離し，売主は悪意占有であっても果実を取得できる。契約法的な特性によるものである（575条1項）。ちなみに，フランス民法では，売買時を基準として，買主が果実を取得し，代金に利息も付するとするが，わが民法の起草者は，買主の果実取得と未払の代金の利息とを相殺したのである（梅謙次郎・民法要義巻之三〔訂正増補33版，1912〕537頁）。

II 天 然 果 実

天然果実は，それを元物から分離するときに収取する権利を有する者に属する（89条1項）。収取する権利は，所有権や賃借権などである。たとえば，土地を借りて農作物を栽培する者は，収穫期にこれを収取することができる。産出のための寄与の割合といった方法で分割することがむずかしいことから，画一的に定めたものである。

しかし，収取する権利は，賃貸借契約が存在するからといって，必ずしも

〔小野〕 815

§*89* Ⅲ   第1編　第4章　物

一義的ではなく，等しく賃貸借の場合でも，内容は多様である。動物の賃貸
借で，その動物が仔を生んだ場合に，貸主に帰属するか，借主に帰属するか
は，契約の趣旨により定めるほかはない。たとえば，牛乳を採取する牛を借
りた場合に，たまたま仔が生まれた場合には，借主には仔までを収取する権
利はないから，貸主に帰属する。しかし，繁殖用の牛の賃貸借の場合には，
まさに仔を生ませることが契約の目的であるから，借主に帰属するであろう。
契約的な果実の分配の思想は，売買の 575 条にもみられる。

Ⅲ　法 定 果 実

　法定果実は，それを収取する権利の存続期間で，日割をもって収取権者に
帰属する（89条2項）。月初めに賃料が支払われる契約で賃貸中の家屋が他人
に譲渡されると，譲渡の日以前の賃料は，旧家主が取得し，それ以後の賃料
は新家主が取得する。そこで，1か月 10 万円の家賃で賃貸している家屋に
つき，売主 A が 15 日間家屋を所有し，買主 B が 15 日間所有していたとき
は，その家賃は等分の割合で帰属することになる。しかし，これと異なる特
約があるときはそれに従う。売買代金の決定の際に，当該月の賃料は，A
が取得する代わりに，それだけ代金額を減額するといった考慮をするのが通
例であろう。

　また，本条は，権利の帰属を定めたものではなく，帰属権利者間の内部関
係を定めたものにすぎない（我妻228頁）。そこで，賃借人は，契約上定まっ
た日に賃料を払えばたり，日割りは，売主 A，買主 B の間の計算にすぎな
い。

　上の例で，誰が，賃借人に対して賃料の支払を請求するかには問題があり，
通説は，89 条が売主と買主の内部関係を定めたものとするから，売主の請
求を肯定することになるが，反対説もある。売主が倒産して買主に償還でき
ない可能性があるから，賃借人との関係でも，収取権が分割されるとする
（四宮 138 頁）。しかし，譲渡に無関係な賃借人にとって不利益であり，通説
によるべきである（四宮＝能見 200 頁は，前説による）。

816　〔小野〕

IV　特約による変更

89条による果実の分配は，当事者の特約により変更することができる。89条は，任意規定であり，特約のない場合の補充規定である。ただし，これと異なる分配方法が定められたことを主張する場合には，特約の存在を立証する必要がある。

〔小野秀誠〕

事 項 索 引

あ 行

浅野セメント降灰事件 …………………………186
熱海マンション事件 ……………………………214
後追い支援 ………………………………………472
天の川えん堤放流請求事件 ……………………121
アルツハイマー型認知症 ………………………498
安全配慮義務 ………………………………167, 170
移行型任意後見契約 ……………………………460
遺　骨 ……………………………………………293
遺産分割 …………………………………………526
意思主義 …………………………………………382
意思尊重義務 ……………………452, 513, 530, 541
意思能力 ……………………………377, 410, 483
　　── がない場合の効果 …………………393
　　── と成年後見制度 ……………………482
　　── に関する規定の体系的位置 ………398
　　── の意義 ………………………………379
　　── の存否の判断 ………………………390
　　── の定式 ………………………………379
　　── の判断基準 …………………………380
意思能力準則 ……………………………………377
　　── の根拠 ………………………………382
意思能力制度と制限行為能力制度の競合 …413
意思表示
　　── の効力発生時期 ……………………379
　　── の受領能力 …………………………379
　　黙示の ── ………………………………95
意思無能力者
　　── と制限行為能力者 …………………397
　　── の保護 ………………………………382
意思無能力の効果 ………………………………393
伊勢湾台風 ………………………………………628
遺贈の放棄 ………………………………………526
遺　体 ……………………………………………292
板付飛行場事件 …………………………120, 190, 196
一物一件主義 ………………………………786, 794
一種又は数種の営業 ……………………………443
一体的な賃借部分 ………………………………228
一手販売契約の解約権 …………………………224
一般財団法人 ………………………………645, 710

一般社団法人 ……………………………285, 645, 710
一般条項 …………………132, 138, 140, 141, 241
一般的権利能力 …………………………………361
一般的人格権 ……………………………………325
一般法人法 …………638, 640, 642, 644, 699, 715
　　── と会社法 ……………………………647
　　── の類推適用 …………………………648
一般法人法準用型公益法人 ………643, 713, 714
一筆の土地 ………………………………………800
井戸掘削事件 ……………………………………188
稲立毛 ……………………………………………813
委任管理人 …………………………………588, 592
委任事務処理費用の請求 ………………………223
医療同意権 …………………………………463, 475
医療同意問題 ……………………………………510
医療法人 ……………………………………644, 711
印鑑証明 …………………………………………291
「宴のあと」事件 …………………………………33
宇奈月温泉事件 …………………120, 189, 194, 240
海 …………………………………………………788
梅田村事件 ………………………………………248
営　業 ……………………………………………441
　　── の許可（未成年者に対する）………442
　　── の許可の取消し・制限（未成年者に対
　　する）………………………………………444
営利法人 ……………641, 642, 647, 704, 716, 735
　　── と非営利法人 ………………………699
営利法人に準ずる法人 ……………647, 704, 717, 718
営利目的 ……………………………………700, 701
役　務 ……………………………………………789
「a＋b」となる要件事実 ………………………77
越境建築 …………………………………………210
越境した枝や根の切除 …………………………250
NPO法人　→特定非営利活動法人
応急善処義務 ……………………………………512
王者的規範 …………………………………………92
大阪アルカリ事件…………………………18, 187
大阪空港訴訟 ………………………………126, 301
親子関係不存在確認請求 ………………………234
温泉の汲み上げ …………………………………212

819

事 項 索 引

か 行

外国会社 ……………………………746, 748
外国国家 ……………………………………748
外国人 …………………………………332, 356
　——の株式の取得に関する制限 ………374
　——の権利能力 …………………………356
　——の事業活動・職業従事に関する制限
　　…………………………………………373
　——の私権の享有 ………………………356
　——の私権の制限 ………………………370
　——の私法上の地位 ……………………358
　——の親族法・相続法上の権利の制限 …374
　——の成年年齢 …………………………408
　——の知的財産権に関する制限 ………372
　——の物権に関する制限 ………………371
外国人住民票 ………………………………332
外国人土地法 ………………………………371
外国人法 ……………………………………359
外国相互会社 ………………………………749
外国の法令 …………………………………748
外国法人 …………………………743, 745, 756
　——の私権の享有 ………………………750
　——の登記 ………………………………755
　——の登記すべき事項 …………………756
　——の登記の効果 ………………………758
　——の認許 ………………………………747
外国法人の登記及び夫婦財産契約の登記に関
　する法律 …………………………………759
解雇権の濫用 ………………………………191
介護保険制度 ………………………………447
介護保険法 …………………………………447
会社法 ……………………………640, 642, 699
　——と一般法人法 ………………………647
会社法準用型法人 …………………………718
改　築 ………………………………………526
ガイドライン ………………………………7
買取請求権 …………………………………200
解約権（保証人の）………………………135
学　説 ………………………………………7
学説継受 ……………………………32, 34, 649
家事事件手続法 ……………………………493
果　実 ………………………………………812
　——の帰属 ………………………………814

過剰貸付け …………………………………233
過剰主張 ………………………………78, 104
数え年齢 ……………………………………402
過怠約款 ……………………………………233
家庭裁判所 …………………………………484
　——の許可 ………………………………511
買主の減額請求権 …………………………221
過払金返還請求訴訟 ………………………150
株式会社準拠型特殊法人 …………………723
株式会社法準用型法人 ………705, 716, 718, 739
可分物 ………………………………………785
仮住所 …………………………………290, 582
　——の選定 ………………………………583
関係的契約理論 ……………………………140
慣　習 ………………………………………5
間接強制 ……………………………………218
間接事実 ……………………………………238
間接事実説 ……………………………96, 98, 102
間接反証類推説 ……………………………102
鑑　定 ………………………………………490
元本の領収・利用 …………………………523
管理可能性説 ………………………………787
管理権 ………………………………………114
管理人（不在者財産の）　→不在者財産管理人
機関設計 ………………………………676, 686
基　金 …………………………………659, 707
議決権 …………………………………673, 676
期限の利益の喪失 …………………………150
棄　児 …………………………………345, 346
擬制説 …………………………………650, 653, 654
帰属支配説 …………………………………112
危難失踪 ……………………………………611
規範説 ………………………………………53
規範的要件 ………………………46, 90, 91, 238
基本権保護義務論 ………………………262, 265
基本約款 ……………………………………728
記名債権 ……………………………………806
客観説（住所に関する）…………560, 574, 579
客観的証明責任 ……………………………52
求償（使用者から被用者に対する）………179
旧民法（典）……………………………17, 31
共益目的の法人 ……………700, 704, 708, 718
狭義の一般条項 ……………………………92, 241
競業の制限 …………………………………678

事 項 索 引

強制主義 ……………………………695
強制調停機能 ………………………207
行政法
　　──と民法………………………12
　　──における信義誠実の原則 ……160
協同組合 ………………………718, 719
　　──の法的性質 …………………739
共有者の一部による共有物の変更行為 ……234
共有分割請求 ………………………220
許可主義 ………………644, 695, 715
許可（未成年者に対する営業の）………442
　　──の取消し・制限 ……………444
居住地 ………………………………560
居住用建物等の処分 ………………511
居　所 …………………290, 578, 588
　　──の意義 ………………………579
距離保持義務 ………………………209
緊急避難 ……………………………247
金　銭 ………………………………807
禁治産制度 ……………………481, 484
禁治産宣告 …………………………492
禁反言 ………………………………144
近隣妨害法理 ………………………120
クオリティ・オブ・ライフ …………473
国 ……………………………………748
国立市景観訴訟 ……………………214
国の行政区画 ………………………748
熊本電気事件 ………………………196
熊本発電所建設事件 …………120, 240
組　合 …………………………297, 305
　　──と社団 …………………670, 761
組合財産の分離 ……………………657
クリーンハンズの原則 ………153, 161, 174
経済法と民法………………………12
形成権 ………………………………114
　　──の行使 ………………………204
継続的保証 …………………………176
経費支払義務 …………………661, 676
刑法と民法 …………………………12
契約解除権 …………………………221
契約交渉の不当破棄 ………………162
契約の解釈 …………………………166
欠格事由 …………………402, 468, 498
結社の自由 …………………………652

健　康 ………………………………317
現在地 ………………………………560
検察官 …………………………488, 590
原状回復 ……………………………506
原状回復不能 ………………………195
建築協定 ……………………………212
建築中の建物 ………………………803
限定承認 ……………………………151
元　物 ………………………………812
憲法と民法 ……………………15, 263
権　利 …………………………9, 111
権利意思説 …………………………111
権利外在的制約説 ………………115, 130
権利関係不変の公理………………47
権利根拠規定 ………………………55
権利失効の原則 ………………159, 161
権利障害規定 ……………………54, 55
権利消滅規定………………………55
権利絶対性 …………………………182
権利阻止規定………………………55
権利内在的外在的制約説 …………130
権利内在的制約説 ……………116, 130
権利能力……284, 285, 286, 287, 295, 297, 298,
　　299, 317, 334
　　──と成年後見制度 ……………481
　　──の拡張 ………………………347
　　──の始期 …………………334, 336
　　──の終期 ………………………339
　　外国人の ── ……………………356
　　法人の ── …………656, 730, 731
権利能力なき財団 ……………285, 781
権利能力なき社団 ……………285, 760
　　──の成立要件 ……………762, 770
　　──の当事者適格 ………………766
　　──の当事者能力 …………765, 774
権利能力平等の原則 ………………335
権利の客体 …………………………783
権利の継続性………………………47
権利擁護 ……………………………481
権利濫用
　　──の場合の法律関係 …………199
　　──の主要事実 …………………238
　　──の要件 ………………………193
権利濫用禁止 ………………………182

821

事 項 索 引

――と公共の福祉・信義則 ……………236
――と信義誠実の原則 ……………………237
――の効果 …………………………………199
権利濫用法理
――と公共の福祉 …………………………119
――の機能 …………………………………207
権利濫用論の混迷 ……………………………184
権利利益説 ……………………………………111
行為規範 ……………………………………9, 47
合意説 …………………………………………68
行為能力 ………………290, 329, 402, 410, 411
――と成年後見制度 ………………………482
――の制限 …………………………………410
――の制限による保護 ………………412, 424
行為能力制度 …………………………………410
――の妥当範囲 ……………………………414
行為無能力者 …………………………………483
公益財団法人 …………………………………710
公益社団法人 …………………………………710
公益認定 ………………642, 643, 710, 713, 715
公益法人 ………………642, 643, 699, 709
公益法人制度改革 ……………………………644
公益法人認定法 ………………………642, 709
公共の福祉 ……………………………………107
――と権利濫用法理 ………………………119
――と侵害行為の違法性 …………………125
――と信義則・権利濫用禁止 ……………236
――と被侵害法益 …………………………127
――の内容の再定義 …………………118, 130
後見開始の審判 ………………………………480
――の取消し ………………………………514
後見監督人 ……………………………………513
後見制度支援信託 ……………………………456
後見類型 ………………………………………516
工作物の設置 …………………………………213
高次脳機能障害 ………………………………490
更新料条項 ……………………………………178
合成物 …………………………………………786
皇族の成年年齢 ………………………………408
高知鉄道線路敷設事件 …………120, 196, 240
公知の事実 ……………………………………66
公的個人認証 …………………………………291
「公的な性格を有する」法人
　………………………696, 705, 713, 737, 738

公　物 …………………………………………785
抗弁権 …………………………………………114
抗弁説（評価障害事実の主張立証に関する）
　…………………………………………………102
抗弁説（附款の主張立証に関する）…………71
抗弁の接続 ……………………………………171
合名会社 ………………………………660, 662, 672
高齢者 …………………………………………328, 330
高齢者消除 ……………………………343, 347, 587
国際私法と民法……………………………………16
国際人権法 ……………………………………304
国際法と民法……………………………………16
国道 43 号線訴訟 ……………………………191, 203
国連障害者の権利に関する条約　→障害者権
　利条約
個　人 …………………………………284, 298, 328
個人情報 ………………………………………310, 324
個人の尊厳 …………268, 271, 300, 303, 306, 312
個人の尊重 …………………………268, 270, 271
個人番号 ………………………………………292
個　性 …………………………………………272
戸　籍 …………………………………344, 421, 632
国家の構成原理 ………………………………263
子の監護費用の分担請求 ……………………224
誤振込金の払戻請求 …………………………232
個別合意説 ……………………………………70, 71
個別的権利能力 ………………………………361
小丸船事件 ……………………………………252
婚姻適齢 ………………………………………276, 406
婚姻予約有効判決……………………………………18

さ 行

債権者取消権 …………………………………220
債権法改正 ……………………………………20, 36
催告権（制限行為能力者の相手方の）………547
再婚禁止期間 …………………………………277
財産管理（制限行為能力者の）………………483
財産管理（不在者の）　→不在者財産管理
財産管理人（不在者の）　→不在者財産管理人
財産権 …………………………………………113
財産状況報告・管理計算義務 ………………597
財産分離 ………………………………………287
財産目録作成義務 ……………………………597
祭祀主宰者 ……………………………………293

822

事 項 索 引

財　団 ……………………………669
裁判規範……………………………9, 47
　　——としての民法 ……………48
　　——としての民法説 …………52
裁量権の濫用 ……………………215
サヴィニー ………………650, 653
詐害行為取消権 …………………286
先取特権 …………………287, 331
先回り支援 ………………………472
避けられない不利益陳述…………82
差止請求（人格権に基づく）…203, 300, 307
詐　術 ……………………………551
サブリース契約 …………………152
差別表現 …………………………282
猿ヶ京温泉事件 …………………213
残存能力
　　——の活用 ……………………448
　　——の尊重 ……………………505
残存配偶者 ………………………617
三徴候説 …………………340, 341
残余財産分配 ………706, 711, 718
残余財産分配請求権 ……667, 717
氏 ……………………………289
支援付き意思決定 ………………466
　　——と補助類型 ………………471
資格制限　→欠格事由
シカーネ禁止 ……………………182
敷引特約 …………………………177
事業者 ……………………………328
事業目的 …………………………698
市区町村長の法定後見制度開始の申立て
　……………………………453, 488
私　権 ……………………109, 308
　　——の公共性 …………………185
私権の享有 ………………………334
　　——の始期 ……………………334
　　外国人の—— …………………356
　　外国法人の—— ………………750
時効の援用 ………………………219
自己決定権 ………………………165
自己決定の尊重 …………448, 505
死後認知 …………………………297
死後の事務 ………………………512
死後の人格権侵害 ………………353

死　産 …………348, 349, 350, 352
死　児 ……………………337, 352
事実行為 …………………………418
事実上の要支援者 ………………498
事実的要件 ………………………46, 91
事実的要件説………………………97
死者の権利 ………………………352
事情変更の原則 …………139, 169
自然の権利 ………………………354
死　体 ……………………………790
執行権の行使 ……………………188
実在説 ……………………650, 731
失踪宣告 …287, 342, 346, 347, 606, 608
　　——による死亡の効果の発生時期 ………616
　　——の効果 ……………………615
　　——の審判 ……………………611
　　——の取消し …………………617
　　——の取消しと身分行為 ……621
　　——の取消しの効果 …………618
　　——の取消し前に善意でした行為 ……619
　　——の申立人 …………………614
指定社員 …………………………672
私的意思自治の原則 ……………483
時的因子……………………………74
私的自治 …………………………241
私的実行（非典型担保権の）……256
私的収用 …………………121, 124, 129
児　童 ……………328, 329, 330
自動車 ……………………………805
支配可能性 ………………………788
支配権 ……………………………113
死　亡 …………296, 297, 315, 339, 340
　　——した胎児　→死児
　　——と戸籍制度 ………………344
　　——の擬制 ……………………342
　　——の公示・証明 ……………344
　　——の戸籍への記載 …………346
　　——の届出 ……………………346
死亡記載 …………………………606
私法秩序 …………………………264
私法の一般法………………………23
市民後見人 ………………………501
市民的公共性 …………119, 122, 129
事務管理 …………………………313

事 項 索 引

氏　名 …………………289, 302, 323, 325
指名債権 …………………………………806
社　員 ……………………………………673
　── の加入 …………………………674
　── の権利・義務 …………………676
　── の退社 …………………………675
　── の変更 …………………………674
社員資格 …………………………………674
社員総会 …………………670, 673, 676
社員有限責任の原則 …………………660
社会医療法人 ……………644, 711, 712
社会システム …………………………495
社会的作用説 ……………650, 730, 731
社会的事実の可分性 …………………71
社会の構成原理 ………………………263
社会福祉法人 ……………………643, 713
社会保障法と民法 ………………………13
借　財 ……………………………………524
借地契約の解除 ………………………220
借地権の対抗力 ………………………200
謝罪広告掲示 …………………………218
社　団 ……………………………………669
　── と組合 …………………670, 761
自　由 …………………299, 300, 317, 318
収益事業 …………………702, 706, 717
就業規則 …………………………………7
住居の不可侵 …………………………324
集合物 ……………………………786, 795
住　所 …………………290, 555, 557, 588
　── の意義 …………………………560
　── の法的効果 …………………557
住所が知れない場合 …………………580
修正法律要件分類説 …………………54
自由設立主義 …………………688, 690
従　物 ……………………………808, 809
住民基本台帳 …………………………291
住民票 ……………………………………559
主観説（住所に関する）……560, 574, 579
主観的証明責任 …………………………52
主従の権利 ……………………………811
主張自体失当 ……………………………60, 62
主張証明責任の分配 …………………68
主張責任 …………………………………57
出願経過禁反言 ………………………160

出　生 ……………………………296, 336
　── と戸籍制度 …………………344
　── の公示・証明 …………………344
　── の戸籍への記載 ……………345
　── の届出 ………………………345
受忍限度論 ………………………187, 191
主　物 ……………………………………808
樹　木 ……………………………………802
主要事実 …………………………49, 238
主要事実説 ……………………………96, 98
準禁治産制度 ……………………481, 484
準主要事実 ………………………………99
準主要事実説 ……………………………98
準則主義 …………………653, 689, 692, 715
準法律行為 ……………………………418
障害者 ……………………………328, 331
障害者権利条約 …………280, 448, 465, 494
　── と成年後見法 ………………464
障害者雇用促進法 ……………………280
障害者差別解消法 ……………280, 499
常居所 ……………………………………560
証券からの権利 ………………………807
条件・期限一体説 ……………………70, 72
証券上の権利 …………………………807
使用者責任 ……………………………180
肖　像 …………………299, 302, 314, 323, 325
使用貸借の解約権 ……………………221
使用貸借の対抗 ………………………226
譲渡担保権の実行 ……………………258
商　人 ……………………………………328
消費者 ……………………………328, 329
消費者契約 ……………………………177
消費者契約における不公正条項に関する EC
　指令 ……………………………………136
消費者契約法 …………………136, 177
消費者法と民法 ………………………14
消費物 ……………………………………785
情報提供義務 …………………164, 168
商法と民法 ………………………………10
証明責任規範 …………………………51
証明責任規範説 ………………………51
証明責任論争 …………………………54
消滅時効 ………………………………147
条　約

事 項 索 引

―― の間接適用 ……………………275
―― の国内的効力 …………………274
―― の国内的序列 …………………274
―― の直接適用 ……………………275
剰余金配当 ………………718, 719, 739
剰余金配当請求権 …………………717
剰余金分配…645, 659, 700, 702, 703, 704, 705,
　706, 712, 716, 719
将来型任意後見契約 ………………460
条　理 …………………………………6
使用利益 ……………………………814
職権主義 ……………………………492
植物状態 ……………………………490
女子差別撤廃条約 …………………273
除　染 ………………………………218
初日算入 ……………………………403
処分を許された財産 ………427, 432
除　名 ………………………………675
所有権留保 …………………202, 258
白浜温泉事件 ………………………214
自力救済 ……………………………244
―― が許される場合 ………248, 250
―― に関係する合意 ………………259
―― の特例 …………………………250
　　占有の ―― ……………………251
　　訴訟経済より認められる ―― …253
自力救済禁止 ………………………244
―― の違反の効果 …………………246
―― の根拠 …………………………245
自力救済条項 ………………………259
自力執行権 …………………………256
事理弁識能力 ………………332, 384, 411
―― を欠く常況にある者 …………489
人　格 ………………………285, 286, 298
人格権 ……………113, 262, 271, 298
―― に基づく差止請求 ……203, 300, 307
人格権侵害（死後の）……………353
人格的利益 …………………306, 417
人格のない社団 ……………………285
信義誠実の原則 ……………………132
―― と権利濫用禁止 ………………237
―― と公共の福祉・権利濫用禁止 …236
―― に関する機能的分類論 ………138
―― の権能授与的機能 ……………139

―― の衡平的機能 …………139, 144
―― の社会的機能 …………139, 172
―― の職務的機能 …………139, 161
　　行政法における ―― …………160
　　民事訴訟における ―― ………161
信義則　→信義誠実の原則
信玄公旗掛松事件…………18, 186, 187, 205
親権者 ………………………………429
―― の同意権 ………………425, 429
親権代行 ……………………………430
シンジケート・ローン ……………165
人種差別撤廃条約 …………………281
身上監護 ……………………………483
―― に関する職務範囲 ……………473
―― の重視 …………………………448
―― の代理権 ………………………510
身上配慮義務 ………451, 462, 513, 530, 541
人身の自由 …………………………304
親族後見人 …………………………456
身　体 ……300, 301, 308, 311, 316, 317, 318, 326
人　体 ………………………………790
信託法と民法……………………………14
新　築 ………………………………526
信頼関係破壊法理 …………139, 173
水利権を妨害する施設の除去 ……249
数人の者が死亡した場合 …………630
生活環境被害 ………………………213
生活の質 ……………………………473
生活の平穏 …………………302, 324
生活の本拠 …………………………575
請求権 ………………………………114
制限行為能力者 ……………411, 483
―― と意思無能力者 ………………397
―― の相手方の催告権 ……………547
―― の詐術 …………………………550
制限行為能力（者）制度 …………483
制限行為能力制度と意思能力制度の競合 …413
性質上の予備的主張……………………81
生殖補助医療 ………………………791
精神障害 ……………………………496
性的自由 ……………………299, 317
性的マイノリティと男女平等 ……279
正当防衛 ……………………247, 308
成　年 ………………………………401

825

事 項 索 引

成年擬制 ……………………………438
成年後見事務 ………………………496
成年後見制度 …………332, 447, 480
　——と権利能力・意思能力・行為能力 …481
成年後見制度利用促進基本計画 …495
成年後見センター・リーガルサポート …510
成年後見登記制度 …………………452
成年後見人 …………………………496
　——が成年被後見人の身上面について負う
　　べき善管注意義務 ………………452
　——の解任 …………………………504
　——の事務 …………………………510
　——の職務 …………………………503
　——の選任 …………………………500
　——の代理権 ………………………510
　——の同意権 ………………………511
　——の報酬 …………………………503
成年後見の社会化 …………………453
成年後見法 …………………………447
　——と障害者権利条約 ……………464
成年後見問題研究会報告書 ………534
成年年齢 …………………401, 404
　——の引下げ ………………………404
　外国人の—— ………………………408
　皇族の—— …………………………408
成年被後見人 ………………………496
　——と未成年者 ……………………497
　——に意思能力がなかった場合 …509
　——の取消権 ………………………506
性　別 ………………………………289
生　命 …………300, 301, 308, 311, 312, 316, 317
世界人権宣言 ………………………305
責任財産 …………………………655, 656
世田谷砧日照権訴訟 …………198, 205
説明義務 …………………………164, 168
設立準拠法主義 ……………………745
せり上がり …………………………81
善意でした行為（失踪宣告の取消し前に）…619
善　解 ………………………………100
善管注意義務
　成年後見人の—— …………………452
　法人の理事の—— …………………678
選挙権の剥奪 ……………………468, 499
戦時死亡宣告 ………………………587

専断的行為 …………………………677
選任管理人 ………………588, 589, 591
全部合意説 …………………………70, 72
占有の自力救済 ……………………251
憎悪表現 ……………………………282
臓　器 ………………………………790
臓器移植 …………………293, 294, 791
葬儀場 ………………………………214
相互主義 ……………………………359
総財産 ………………………………286
相続の承認・放棄 …………………526
増　築 ………………………………526
総　有 ……………………………763, 772
総有的帰属 ………………………763, 764
贈　与 ………………………………525
　——の申込みの拒絶 ………………526
相隣関係 …………………………209, 211
組織体説 ………………650, 652, 654
訴訟経済より認められる自力救済 …253
訴訟行為 …………………………419, 525
訴訟能力 ……………………………334
措置から契約へ …………………447, 481
即効型任意後見契約 ………………460
ソフトロー ……………………………7

た 行

胎　芽 ………………………………351
第三者後見人 ………………………456
第3の法制改革期 …………………481
胎　児 …………………………335, 351
　——の法的地位 ……………………348
　死亡した—— 　→死児
胎児認知 ……………………………348
退社の自由 …………………………675
大修繕 ………………………………526
代替物 ………………………………785
代表権 ………………………………680
　——の制限 ………680, 681, 714, 734
代表理事 ……………………………680
ダイヤルQ^2サービス …………………179
ダイヤルQ^2事件 …………………234
代理意思決定 ………………………466
代理権（成年後見人の）………………510
代理権の制限 ……………………731, 732

事 項 索 引

代理権付与の審判 ……………………529, 540
立木　→立木（りゅうぼく）
脱　退 ……………………674, 675, 768
建　物 ………………………………801
　建築中の―― ……………………803
建物買取請求権 ……………………224
単一説（住所に関する）………567, 574, 585
単一物 ………………………………786
男女雇用機会均等法 ………………278
男女平等取扱いの公序法理 ………278
団体目的 ……………………698, 700
単なる非営利法人 …………708, 712
単に権利を得又は義務を免れる行為 ………435
小さな成年後見 ……………………459
地縁による団体 ……………………285
地下水 ………………………………186
　――の汲み上げ …………………212
知的財産法と民法………………………14
知的障害 ……………………………496
仲裁合意 ……………………………525
忠実義務（法人の理事の）………………678
抽象度の高い事実概念………………………94
賃貸借の解除 …………………151, 222
賃貸保証 ……………………………230
通信の秘密 …………………………324
DNA 情報 …………………………792
定型約款 ………………………137, 312
訂正請求権 …………………………324
訂正放送 ………………………309, 311
定着物 ………………………………800
丁　年 ………………………………404
電　気 ………………………………787
電子署名 ……………………………291
天然果実 ……………………………812
　――の帰属 ………………………815
添　付 ………………………………796
同　意 ………………………………431
　――なしにされた法律行為 ………434
　――を要しない行為 ………………435
同意権
　――の範囲を拡張する審判 ………527
　医療行為の―― ……………463, 475
　親権者・未成年後見人の――……425, 429
　成年後見人の―― …………………511

保佐人の―― ………………………523
補助人の―― ………………………539
同意・承諾の拒絶 …………………204
登　記
　外国法人の――の効果 ……………758
　外国法人の―― ……………………755
　法人の―― …………………………752
登記すべき事項（外国法人の）………………756
動　産 ……………………………797, 804
倒産隔離 ……………………………666
動産債権譲渡特例法 ………………786
投資事業有限責任組合 …………662, 671, 672
同時死亡の推定 ………………627, 629
　――の効果 …………………………633
当事者適格（権利能力なき社団の）………………766
当事者能力 …………………………334
　権利能力なき社団の―― ………765, 774
　法人の―― …………………………656
同時履行の抗弁 ……………………158
同時履行の抗弁権の存在効果 ………………83
動　物 ………………………………792
　――の権利 …………………………354
洞爺丸沈没事故 ………………628, 632
特殊法人 ………………………695, 723
特殊法人に準ずる法人 ……………723
特定非営利活動法人 …………285, 715
特定物 ………………………………785
特別失踪 ………………………611, 616
特別法 …………………………………3
独立行政法人 ………………………723
特例認定 ……………………………716
土　地 ………………………………799
特許主義 ………………………695, 723
富田浜病院事件 ……………………187
取消権
　成年被後見人の―― ………………506
　任意後見人の―― …………………463
　保佐人の―― ………………………528
　補助人の―― ………………………540
　未成年者の―― ……………………407

な 行

内外人平等の原則 ……………332, 359
新潟水俣病事件………………………………18

827

事 項 索 引

2 階建て方式 ………………643, 644, 710, 716
日常生活自立支援事業 …………………………489
日常生活に関する行為 ……389, 427, 507, 527
日常の家事に関する代理権 ……………………508
日本国憲法と民法……………………………15, 263
日本に住所を有しない場合 ……………………580
任意規定………………………………………………76
任意後見 ………………………………………………486
　　── と信託との併用 …………………………464
任意後見監督人 …………………………450, 515
任意後見契約 ……………………………449, 487
　　── と審判の取消し ………………………515
任意後見制度 ……………………………449, 487
任意後見人 ……………………………………………449
　　── の取消権 ………………………………463
任意後見法 ……………………………………………449
認可主義 ……………………………………………693
認許（外国法人の）………………………………747
認許されない外国法人の行為 ………………750
人間尊厳の思想 ……………………………………481
人間の尊厳 ……………………268, 269, 270, 271
認証主義 ……………………………………694, 715
認知症 …………………………………………………496
認知無効確認請求 …………………………………234
認定 NPO 法人 ……………………………………716
認定死亡 ……………………342, 347, 586, 606, 608
認定特定非営利活動法人 ………………………716
根保証 ……………………………………………135, 176
年　齢 ……………………………………290, 291, 329
年齢計算 ……………………………………………402
年齢計算ニ関スル法律 …………………………403
年齢のとなえ方に関する法律 ………………403
農業用動産 …………………………………………805
脳　死 ………………………………………………296
脳死説 ………………………………………340, 341
ノーマライゼーション …………………………448

は　行

胚 ……………………………………………………351
配偶者法定後見人制度 …………………………502
背信的悪意者排除論 ……………………………174
排他的責任財産 …………………………………655, 656
売買予約完結権 ……………………………………231
パチンコ店出店の妨害 …………………………206

発電用トンネル事件 ……………………………195
パブリシティ ………………………………………325
阪神大震災 …………………………………………633
判　例 …………………………………………………6
反論権 ………………………………………………311
非営利法人
　　………………285, 641, 642, 645, 647, 704, 706, 736
　　── と営利法人 ……………………………699
　　── の種類 …………………………………708
　　2 階建て方式による ── …………………643
　　2 階建て方式の個別法による ── ………644
非営利目的 …………………………………………700
東日本大震災 ……………………587, 589, 632
非消費物 ……………………………………………785
必然的一致説………………………………………59
必要な処分（不在者財産管理について）……591
非典型契約の要件事実……………………………73
非典型担保権の私的実行 ………………………256
人 ……………………………………………………283
　　── の多様性 ………………………………272
　　── の同一性 ………………………………287
1 人が他の者の死亡後になお生存していたこ
　とが明らかでない場合 ………………………631
否認説………………………………………………72, 102
被保佐人 ……………………………………………519
被補助人 ……………………………………………536
評価根拠事実 ……………………………101, 238
評価障害事実 ……………………………101, 239
評価的要件 ……………………………………………46
評議員会 ……………………………………………670
表現の自由 …………………………………………311
平等主義 ……………………………………………359
比例原則 ……………………………………………157
夫婦間の契約取消権 ……………………………224
夫婦同氏の原則 ……………………………………277
付　加 ………………………………………………796
深川渡事件 …………………………………………168
不可分物 ……………………………………………785
複数後見人制度 ……………………………………501
複数説（住所に関する）…………567, 574, 585
夫権濫用事件 ………………………………………189
付　合 ………………………………………………796
不合理な差別的取扱いの禁止 ………………231
不在者………………………………………588, 606

事 項 索 引

不在者財産管理 ……………290, 587, 591, 606
　——に関する処分の取消し ……………593
　——について必要な処分 ……………591
　——の終了 ……………598
不在者財産管理人 ……………588
　——による遺産分割 ……………599
　——による処分行為 ……………601
　——による生活費等の支出 ……………602
　——による相続放棄 ……………599
　——による訴訟行為 ……………601
　——による単純承認・限定承認 ……………599
　——の改任 ……………594
　——の権限 ……………598
　——の職務 ……………596
　——の担保提供義務 ……………603
　——の報酬請求権 ……………604
不在の証明 ……………590
侮　辱 ……………318
付属法 ……………3
不代替物 ……………785
負担付遺贈の承認 ……………526
負担付贈与の申込みの承諾 ……………526
普通失踪 ……………611, 616
不動産 ……………797, 799
不動産その他重要な財産に関する権利の得喪
　を目的とする行為 ……………525
不動産貸借権の対抗 ……………227
不動産登記 ……………422
不当条項規制 ……………177, 312
不特定物 ……………785
不法行為 ………204, 300, 306, 311, 317, 321, 332
不法占有者の植えた農作物等の除去 ………249
不融通物 ……………784
プライバシー
　………299, 302, 306, 307, 314, 320, 322, 324
不利益陳述 ……………67
プロセス化 ……………142
分離原則（法人財産の）……………665
平穏生活権 ……………214
ヘイトスピーチ ……………282
別府マンション事件 ……………128
返還約束説 ……………70, 71
弁護士法人 ……………672, 705, 718, 720
弁済者代位 ……………221

弁論主義 ……………241
包括同意 ……………432
「法化」論 ……………141, 172, 177
法規説 ……………68
法規不適用原則 ……………51
法規不適用説 ……………51
法　源 ……………5
法欠缺補充機能 ……………208
法　人 ……………284, 285
　——の権利能力 ……………656, 730, 731
　——の代表 ……………680
　——の登記 ……………752
　——の当事者能力 ……………656
　——の法人格の属性 ……………655
　——の目的 ……………698
法人学説 ……………649
法人擬制説 ……………744
法人後見制度 ……………502
法人財産
　——の維持 ……………659
　——の充実・維持の原則 ……………658
　——の分離 ……………656, 665
法人法定主義 ……………684
包袋禁反言 ……………160
法定果実 ……………812, 814
　——の帰属 ……………816
法定後見 ……………486
法定代理権 ……………425
法定代理人（未成年者の）……………428
法定地上権 ……………220
法的観点指摘義務 ……………66, 101
法典調査会 ……………17, 31
法典論争 ……………17, 31
報　道 ……………321
冒頭規定 ……………70
冒頭規定説 ……………70
法の内的体系 ……………144
法律行為 ……………427
　同意なしにされた—— ……………434
法律行為の二重効 ……………509
法律問題指摘義務 ……………66, 93, 242
法律要件 ……………46
法律要件分類説 ……………53
法　令 ……………5

829

事 項 索 引

保護機関（制限行為能力者の）……………412
保護義務 ……………………………………166
保佐開始の審判 …………………………516
── の取消し ………………………………531
保佐監督人 …………………………………530
保佐人 ………………………………………519
── の解任 …………………………………520
── の事務 …………………………………529
── の職務 …………………………………520
── の同意権 ………………………………523
── の同意権の範囲を拡張する審判 …527
── の同意に代わる家庭裁判所の許可 …528
── の同意を要する行為 ………………523
── の取消権 ………………………………528
── の報酬 …………………………………520
保佐類型 ……………………………………516
保 証 ………………………………………524
保証債務の履行請求 ……………………230
補助開始の審判 …………………………533
── の取消し ………………………………542
補助監督人 …………………………………541
補助人 ………………………………………537
── の解任 …………………………………538
── の事務 …………………………………540
── の職務 …………………………………537
── の同意権 ………………………………539
── の取消権 ………………………………540
── の報酬 …………………………………537
補助類型 …………………………………454, 516
── と支援付き意思決定 ………………471
補助類型一元論 …………………………469
北方ジャーナル事件 ……………………301
ボワソナード民法典 →旧民法（典）
本拠地法主義 ……………………………745
本質的構成部分 …………………………799
本 籍 ………………………………………559
本人意思尊重義務 →意思尊重義務
本人確認 …………………………………291

ま 行

マンション建設反対 ……………………206
満年齢 ………………………………………402
ミシュー …………………………………650, 652
未成年後見人 ……………………………430

── の同意権 ………………………………425, 429
未成年者 ………327, 328, 330, 401, 411, 423, 424
── と成年被後見人 ……………………497
── の営業の許可 ………………………442
── の営業の許可の取消し・制限 ………444
── の取消権 ………………………………407
── の法定代理人 ………………………428
── の法定代理人の同意 ………………428
身分行為 …………………………………415, 621
未分離の果実 ……………………………813
見守り義務 …………………………………462
民事訴訟における信義誠実の原則 …………161
民事手続法と民法 …………………………11
民法（典）…………………………………………3
── と行政法・経済法………………………12
── と刑法 …………………………………12
── と憲法 …………………………………15, 263
── と国際法・国際私法 …………………16
── と消費者法 ……………………………14
── と商法 …………………………………10
── と信託法・知的財産法 ………………14
── と民事手続法 …………………………11
── と労働法・社会保障法 ………………13
── の意義 …………………………………23
── の観念 …………………………………26
── の思想 …………………………………28
── の定義 …………………………………23
── の適用範囲 ……………………………8
── の範囲 …………………………………3
── の編成 …………………………………29
── の訳語 …………………………………27
── の歴史 …………………………………16
民法改正…………………………………18, 20, 36
民法学……………………………………………30
── の位相 …………………………………37
── の媒体 …………………………………40
── の歴史 …………………………………30
民法上の組合 …………654, 657, 671, 672, 761
民法典論争 →法典論争
無記名債権 ………………………………805
無限責任 ……………660, 662, 671, 672, 722, 730
無権代理と相続 …………………………145
無効と取消しの二重効 …………………397
矛盾行為禁止の原則 ……………144, 161, 174

830

事 項 索 引

無体財産 ……………………………789
無体物 …………………………784, 787
無脳症児 ……………………………337
無名契約の要件事実 …………………73
名 ……………………………………289
明治民法…………………………………33
明認方法 ………………………804, 813
名目的な取締役 ……………………230
名　誉…299, 300, 301, 311, 319, 320, 321, 322,
　324, 327
免責証券 ……………………………806
申込みの拘束力 ……………………379
黙示の意思表示………………………95
黙示の合意 …………………………225
持分会社法準用型法人 ………672, 705, 718, 720
持分払戻請求権 ……………………667
物 ……………………………………783
　── の人格化 ……………………793
　── の分類 ………………………783

や 行

八幡製鉄政治献金事件 ………665, 730
有価証券 ……………………………806
有限責任 ………660, 661, 662, 663, 672, 722, 777
有限責任事業組合 …………662, 671, 672, 720
有責配偶者（からの離婚請求）……………156
有体物 …………………………783, 787
融通物 ………………………………784
有利性の原則…………………………59
ユニドロワ国際商事契約原則 ……135
ゆふきやビル事件 …………………213
許された a＋b ……………………80, 81
要件事実……………………………45
　── の時的要素…………………74
　── の不可分性…………………71
要件事実最小限の原則………………77
要件事実的な分析 ………………86, 88
要件事実論 …………………………10, 47

養親年齢 ……………………………406
横田基地騒音公害訴訟 ……………126
横浜宣言 ……………………………478
四日市ぜんそく事件…………………18
予備的主張 …………………………80, 81
4 分説 ………………………………56

ら 行

利益衡量説……………………………54
利益衡量（考量）論 …………………9, 33, 38
利益相反行為
　成年後見人と被成年後見人との ── ……511
　保佐人と被保佐人との ── ……531
　補助人と被補助人との ── ……542
利益相反取引 …………………679, 680
利害関係人 ……………………590, 612
理　事 ………………………………676
　── の義務 ………………………677
　── の善解注意義務・忠実義務 ……678
　── の損害賠償責任 ……………679
理事会 …………………………677, 680
理事会設置一般社団法人 …………677
リース物件の修理費用 ……………223
利　息 ………………………………814
立　木 …………………………804, 813
留保所有権 …………………………226
利用権設定型の土地収用代用事例 ……190
両性の本質的平等 ……………273, 328
療養看護 ……………………………513
例外許容説……………………………59
労働関係 ……………………………216
労働協約 ………………………………7
労働者 …………………………328, 330, 331
労働法と民法…………………………13
浪費者 ………………………………516

わ 行

和　解 ………………………………525

831

判例索引

判 例 索 引

明 治

大判明 29・3・27 民録 2 輯 3 巻 111 頁 ……186
大判明 34・3・22 刑録 7 輯 3 巻 37 頁………442
大判明 35・1・27 民録 8 輯 1 巻 77 頁………800
大判明 35・5・16 民録 8 輯 5 巻 69 頁………187
大判明 36・5・15 刑録 9 輯 759 頁 ……249
大判明 36・5・21 刑録 9 輯 874 頁 ………787
大判明 38・5・11 民録 11 輯 706 頁……377, 509
大判明 38・12・19 民録 11 輯 1790 頁…813, 814
大判明 39・5・17 民録 12 輯 758 頁………524
大判明 39・5・23 民録 12 輯 880 頁………803
大判明 41・3・20 民録 14 輯 320 頁………693
大判明 41・5・7 民録 14 輯 542 頁 ………431
大判明 44・4・18 刑録 17 輯 611 頁………810

大 正

大判大 2・10・21 民録 19 輯 849 頁………693
大判大 3・11・20 民録 20 輯 959 頁………524
大連判大 4・1・26 民録 21 輯 49 頁 ……18
大判大 4・12・24 民録 21 輯 2187 頁 ……443
大判大 4・12・25 民録 21 輯 2199 頁………693
大判大 4・12・28 民録 21 輯 2274 頁 ……788
大判大 5・2・2 民録 22 輯 210 頁…………529
大判大 5・3・7 民録 22 輯 516 頁…………813
大判大 5・6・1 民録 22 輯 1113 頁 ………616
大判大 5・6・28 民録 22 輯 1281 頁………804
大判大 5・9・20 民録 22 輯 1440 頁………813
大判大 5・12・6 民録 22 輯 2358 頁………551
大判大 5・12・22 民録 22 輯 2474 頁……18, 187
大判大 6・1・22 民録 23 輯 14 頁……188, 205
大判大 6・2・3 民録 23 輯 35 頁 …………806
大判大 6・10・25 民録 23 輯 1604 頁 ……443
大判大 7・7・10 民録 24 輯 1441 頁………810
大判大 7・10・9 民録 24 輯 1886 頁………525
大判大 7・11・16 民録 24 輯 2210 頁………249
大判大 8・3・3 民録 25 輯 356 頁 …18, 187, 205
大判大 8・3・15 民録 25 輯 473 頁 ……803, 811
大判大 8・5・12 民録 25 輯 851 頁………525
大判大 9・5・5 民録 26 輯 622 頁…………813
大決大 9・7・23 民録 26 輯 1157 頁………562
大判大 9・12・18 民録 26 輯 1947 頁 …134, 157

大判大 10・6・24 民録 27 輯 1236 頁 ………693
大判大 10・6・28 民録 27 輯 1260 頁………326
大判大 10・7・25 民録 27 輯 1408 頁………790
大判大 10・8・10 民録 27 輯 1480 頁………801
大判大 10・11・15 民録 27 輯 1959 頁………812
大判大 11・6・2 民集 1 巻 267 頁…………528
大判大 11・8・4 民集 1 巻 488 頁………492, 518
大判大 13・5・22 民集 3 巻 224 頁…………252
大判大 13・7・15 民集 3 巻 362 頁…………134
大決大 13・8・6 民集 3 巻 395 頁…………416
大判大 13・10・7 民集 3 巻 476 頁…………800
大判大 13・10・7 民集 3 巻 509 頁…………800
大判大 14・1・20 民集 4 巻 1 頁 …………814
大判大 14・10・3 民集 4 巻 481 頁…………420
大判大 14・10・28 民集 4 巻 656 頁…135, 176
大判大 14・12・3 民集 4 巻 685 頁
………………134, 135, 139, 168
大判大 15・2・22 民集 5 巻 99 頁…………803
安濃津地判大 15・8・10 新聞 2648 号 10 頁
………………………………187
長崎控判年月日不明【大 3（ネ）198】新聞 1013
号 26 頁………………………813

昭和元〜21 年

大判昭 2・4・25 民集 6 巻 182 頁…………812
大決昭 2・5・4 民集 6 巻 219 頁 ………562, 563
大判昭 2・5・27 民集 6 巻 307 頁…………791
大判昭 2・11・26 民集 6 巻 622 頁…………552
大判昭 3・8・1 民集 7 巻 648 頁……………66
大判昭 3・8・8 新聞 2907 号 9 頁…………814
大判昭 4・4・10 刑集 8 巻 174 頁…………785
大判昭 4・10・19 新聞 3081 号 15 頁 ……801
大判昭 5・4・18 民集 9 巻 398 頁…………552
東京地判昭 5・7・4 新聞 3172 号 9 頁……187
大判昭 5・12・18 民集 9 巻 1147 頁………804
大判昭 6・7・24 民集 10 巻 750 頁 ………189
大決昭 7・7・26 民集 11 巻 1658 頁………612
大判昭 7・9・17 民集 11 巻 1979 頁………437
大判昭 7・10・6 民集 11 巻 2023 頁………347
大判昭 7・12・17 民集 11 巻 2334 頁………135
大判昭 7・12・20 新聞 3511 号 14 頁 ………196

832

判 例 索 引

大判昭 8・1・31 民集 12 巻 24 頁…………552
大判昭 8・3・3 新聞 3543 号 8 頁…………813
大判昭 8・3・6 民集 12 巻 334 頁…………804
大判昭 8・3・24 民集 12 巻 490 頁 …799, 803
大判昭 9・2・19 民集 13 巻 150 頁…135, 168
大判昭 9・2・26 民集 13 巻 366 頁…135, 157
大判昭 9・3・7 民集 13 巻 278 頁…………151
大判昭 9・3・30 民集 13 巻 418 頁…………65
大判昭 9・4・6 民集 13 巻 511 頁…………601
大判昭 9・6・5 民集 13 巻 942 頁…………254
大判昭 9・7・25 判決全集 1 輯 8 号 6 頁……801
大決昭 9・8・30 民集 13 巻 1631 頁……562, 563
大判昭 10・2・20 刑集 14 巻 111 頁…………810
大判昭 10・10・1 民集 14 巻 1671 頁 ………803
大判昭 10・10・5 民集 14 巻 1965 頁
　　　………………………120, 189, 194, 240
東京地判昭 10・10・28 新聞 3913 号 5 頁 …187
大判昭 11・7・10 民集 15 巻 1481 頁 ………240
大判昭 11・7・17 民集 15 巻 1481 頁 …120, 196
大判昭 11・8・7 民集 15 巻 1630 頁…………429
大判昭 12・3・10 民集 16 巻 313 頁…………249
大判昭 12・6・29 民集 16 巻 1014 頁 ………787
大判昭 12・11・12 判決全集 4 輯 23 号 21 頁
　　　…………………………………………188
大判昭 13・2・7 民集 17 巻 59 頁………619, 621
大判昭 13・6・11 民集 17 巻 1249 頁 …135, 157
大判昭 13・6・28 新聞 4301 号 12 頁 …188, 212
大判昭 13・6・29 判決全集 5 輯 14 号 20 頁
　　　…………………………………………158
大判昭 13・9・28 民集 17 巻 1927 頁 ………813
大判昭 13・10・26 民集 17 巻 2057 頁
　　　………………………………120, 196, 240
大判昭 14・3・7 刑集 18 巻 93 頁…………791
大判昭 14・10・11 判決全集 6 輯 30 号 18 頁
　　　…………………………………………158
大判昭 15・3・1 民集 19 巻 501 頁 …………222
大判昭 15・4・16 評論 29 巻民 370 頁………810
大判昭 15・7・16 民集 19 巻 1185 頁
　　　………………………592, 593, 600, 601
大判昭 16・4・12 法学 10 巻 1094 頁 ………804
大判昭 17・2・24 民集 21 巻 151 頁…………802
大判昭 17・2・25 民集 21 巻 164 頁…………145
大判昭 17・12・11 新聞 4829 号 12 頁………207
大判昭 19・10・5 民集 23 巻 579 頁

　　　……………………………189, 224, 243
大判昭 19・12・6 民集 23 巻 613 頁…………169

昭和 22～30 年

大阪高判昭 23・6・14 民集 4 巻 12 号 641 頁
　　　…………………………………………122
福岡高判昭 25・1・20 行集 1 巻 3 号 345 頁
　　　…………………………………………563
大阪地判昭 25・6・29 下民集 1 巻 6 号 1015
　頁…………………………………………227
最判昭 25・12・1 民集 4 巻 12 号 625 頁……121
横浜地横須賀支判昭 26・4・9 下民集 2 巻 4
　号 485 頁…………………………………255
最判昭 26・12・21 民集 5 巻 13 号 796 頁
　　　…………………………………563, 571
最判昭 27・2・15 民集 6 巻 2 号 77 頁…735, 736
最判昭 27・2・19 民集 6 巻 2 号 110 頁 ……156
東京地判昭 27・2・27 下民集 3 巻 2 号 230 頁
　　　…………………………………………221
最判昭 27・4・15 民集 6 巻 4 号 413 頁
　　　……………………………563, 564, 571
大阪地判昭 27・7・14 下民集 3 巻 7 号 969 頁
　　　…………………………………………222
最判昭 27・12・25 民集 6 巻 12 号 1240 頁 …58
最判昭 28・4・23 民集 7 巻 4 号 396 頁
　　　…………………………………342, 632
最判昭 28・9・11 裁判集民 9 号 901 頁 …58, 67
最判昭 28・9・25 民集 7 巻 9 号 979 頁
　　　……………………………91, 173, 191
最判昭 29・2・12 民集 8 巻 2 号 448 頁 ……170
最大判昭 29・10・20 民集 8 巻 10 号 1907 頁
　　　…………………………………………573
最判昭 29・11・5 刑集 8 巻 11 号 1675 頁 …808
最判昭 29・11・5 民集 8 巻 11 号 2023 頁 …156
最判昭 29・12・14 民集 8 巻 12 号 2143 頁…156
大阪高判昭 30・5・9 下民集 6 巻 5 号 941 頁
　　　…………………………………598, 600
最判昭 30・6・24 民集 9 巻 7 号 919 頁 ……800
最判昭 30・10・28 民集 9 巻 11 号 1748 頁
　　　…………………………………735, 736
最判昭 30・11・11 刑集 9 巻 12 号 2438 頁…248
最判昭 30・11・22 民集 9 巻 12 号 1781 頁…159
最判昭 30・12・20 民集 9 巻 14 号 2027 頁…170

判 例 索 引

昭和 31～40 年

最判昭 31・6・19 民集 10 巻 6 号 678 頁……249
最判昭 31・9・18 民集 10 巻 9 号 1148 頁 …602
最判昭 31・10・9 裁判集民 23 号 421 頁……803
東京高判昭 31・10・30 高民集 9 巻 10 号 626
　頁 ……………………………………………252
大阪高判昭 31・12・11 高刑集 9 巻 12 号
　1263 頁 ………………………………………248
最判昭 31・12・20 民集 10 巻 12 号 1581 頁
　………………………………191, 193, 194, 222
最判昭 32・5・10 民集 11 巻 5 号 715 頁 ……64
最判昭 32・7・5 民集 11 巻 7 号 1193 頁……166
東京地判昭 32・8・10 判時 130 号 20 頁……252
名古屋高判昭 32・10・9 下民集 8 巻 10 号
　1886 頁 ………………………………………811
最判昭 32・11・14 民集 11 巻 12 号 1943 頁
　…668, 763, 767, 769, 772, 773, 774, 775, 776,
　777
大阪高判昭 32・12・10 訟月 4 巻 2 号 181 頁
　………………………………………………525
最判昭 32・12・19 民集 11 巻 13 号 2278 頁
　………………………………………………806
東京地判昭 32・12・27 判タ 80 号 81 頁……804
最判昭 33・3・6 民集 12 巻 3 号 414 頁 ……243
東京地判昭 33・3・20 下民集 9 巻 3 号 462 頁
　………………………………………………221
大阪地判昭 33・6・9 下民集 9 巻 6 号 1024 頁
　………………………………………………221
最判昭 33・7・1 民集 12 巻 11 号 1640 頁 …212
最判昭 33・7・8 民集 12 巻 11 号 1740 頁……65
最判昭 33・8・5 民集 12 巻 12 号 1901 頁 …318
広島高判昭 33・8・9 判時 164 号 20 頁 ……213
最判昭 33・9・18 民集 12 巻 13 号 2027 頁…736
最判昭 33・10・17 民集 12 巻 14 号 3149 頁
　………………………………………………153
東京高判昭 34・7・28 判時 203 号 13 頁……211
最判昭 35・3・1 民集 14 巻 3 号 307 頁 ……802
最判昭 35・3・22 民集 14 巻 4 号 551 頁……573
最判昭 35・4・12 民集 14 巻 5 号 825 頁 ……46
東京地判昭 35・4・15 法曹新聞 153 号 11 頁
　………………………………………………381
最判昭 35・4・26 刑集 14 巻 6 号 748 頁……257
名古屋高判昭 35・8・10 下民集 11 巻 8 号
　1698 頁 ………………………………………602

東京高判昭 35・9・27 高刑集 13 巻 7 号 526
　頁 ……………………………………………248
最判昭 36・4・25 民集 15 巻 4 号 891 頁 ……46
最判昭 36・4・27 民集 15 巻 4 号 901 頁 ……92
最判昭 37・3・29 民集 16 巻 3 号 643 頁……801
最判昭 37・3・29 民集 16 巻 3 号 662 頁……152
最判昭 37・4・20 民集 16 巻 4 号 955 頁……145
最判昭 37・5・24 民集 16 巻 5 号 1157 頁 …234
最判昭 37・5・29 判時 303 号 27 頁………802
東京地判昭 37・8・10 下民集 13 巻 8 号 1626
　頁 ……………………………………………211
最判昭 38・2・21 民集 17 巻 1 号 219 頁……152
最判昭 38・5・24 民集 17 巻 5 号 639 頁……227
最判昭 38・9・3 民集 17 巻 8 号 885 頁 ……593
最判昭 38・9・5 民集 17 巻 8 号 909 頁 ……681
東京高判昭 38・9・11 判タ 154 号 60 頁……213
最判昭 38・11・15 民集 17 巻 11 号 1373 頁…58
最判昭 38・11・19 民集 17 巻 11 号 1408 頁
　………………………………………563, 565, 572
最判昭 38・11・28 民集 17 巻 11 号 1446 頁
　………………………………………………191
東京地判昭 38・12・14 判時 363 号 18 頁 …213
最判昭 39・1・24 判タ 160 号 66 頁…………808
最判昭 39・1・28 民集 18 巻 1 号 136 頁……665
東京地判昭 39・6・27 判時 389 号 74 頁
　………………………………………197, 210
最判昭 39・6・30 民集 18 巻 5 号 991 頁……191
最判昭 39・7・28 民集 18 巻 6 号 1220 頁 …173
最判昭 39・10・13 民集 18 巻 8 号 1578 頁
　………………………………………225, 243
最判昭 39・10・15 民集 18 巻 8 号 1671 頁
　………20, 671, 762, 763, 765, 770, 772, 774, 776
最判昭 39・11・13 判タ 170 号 121 頁 ………65
最大判昭 39・11・18 民集 18 巻 9 号 1868 頁
　…………………………………………………20
最判昭 39・12・18 民集 18 巻 10 号 2179 頁
　………………………………………………176
最判昭 40・2・12 判タ 176 号 99 頁…………225
最判昭 40・2・16 裁判集民 77 号 391 頁……227
最判昭 40・3・9 民集 19 巻 2 号 233 頁
　………………………………………120, 190
最判昭 40・4・6 民集 19 巻 3 号 564 頁 ……159
大阪地判昭 40・4・19 判タ 181 号 164 頁 …256
最判昭 40・5・4 民集 19 巻 4 号 811 頁 ……812

判 例 索 引

最判昭 40・9・22 民集 19 巻 6 号 1656 頁 …678
名古屋高金沢支判昭 40・10・14 高刑集 18 巻
　6 号 691 頁…………………………………318
名古屋地判昭 40・10・16 判時 450 号 41 頁
　…………………………………………………122
最判昭 40・12・7 民集 19 巻 9 号 2101 頁
　……………………………………………248, 250
最判昭 40・12・21 民集 19 巻 9 号 2212 頁…216

昭和 41～50 年

最判昭 41・1・27 民集 20 巻 1 号 136 頁 ……92
最判昭 41・3・29 判タ 190 号 124 頁 ………157
最判昭 41・3・31 訟月 12 巻 5 号 669 頁……695
最判昭 41・4・14 民集 20 巻 4 号 649 頁 ……94
最大判昭 41・4・20 民集 20 巻 4 号 702 頁
　…………………………………………20, 147, 219
最判昭 41・4・21 民集 20 巻 4 号 720 頁……173
最判昭 41・4・26 民集 20 巻 4 号 849 頁……736
東京地判昭 41・6・18 判タ 194 号 153 頁 …228
最判昭 41・6・21 民集 20 巻 5 号 1078 頁……66
最判昭 41・9・8 民集 20 巻 7 号 1314 頁 ……67
最判昭 41・9・22 判タ 198 号 131 頁 ………209
東京高判昭 41・9・26 判時 465 号 46 頁……254
最判昭 41・11・18 民集 20 巻 9 号 1845 頁…146
東京地判昭 41・12・20 労民集 17 巻 6 号
　1407 頁 ……………………………………278
最判昭 42・1・20 民集 21 巻 1 号 16 頁………20
東京高判昭 42・3・9 判時 482 号 48 頁 ……246
最判昭 42・4・7 民集 21 巻 3 号 551 頁 ……147
最判昭 42・4・20 民集 21 巻 3 号 697 頁 ……20
最判昭 42・6・16 判タ 209 号 138 頁…………65
最判昭 42・10・19 民集 21 巻 8 号 2078 頁…762
最大判昭 42・11・1 民集 21 巻 9 号 2249 頁
　…………………………………………………315
最判昭 42・11・16 民集 21 巻 9 号 2430 頁 …19
最判昭 43・3・8 判タ 221 号 119 頁…………258
長崎家佐世保支審昭 43・3・16 家月 20 巻 9
　号 82 頁…………………………………………588
岡山地判昭 43・5・29 判時 555 号 64 頁……211
和歌山地田辺支判昭 43・7・20 判時 559 号
　72 頁……………………………………………214
最判昭 43・8・2 民集 22 巻 8 号 1571 頁
　…………………………………………20, 92, 174
最判昭 43・8・2 判時 534 号 47 頁 ……168, 175

最判昭 43・8・27 民集 22 巻 8 号 1733 頁 …416
最判昭 43・9・3 民集 22 巻 9 号 1767 頁……200
最判昭 43・9・3 民集 22 巻 9 号 1817 頁……227
最判昭 43・9・6 民集 22 巻 9 号 1862 頁……235
最大判昭 43・11・13 民集 22 巻 12 号 2526 頁
　…………………………………………………20
最判昭 43・11・15 民集 22 巻 12 号 2671 頁
　……………………………………………92, 174
最判昭 43・11・19 民集 22 巻 12 号 2692 頁
　……………………………………………57, 58
最判昭 43・11・26 判タ 229 号 150 頁…123, 209
最判昭 43・12・24 民集 22 巻 13 号 3454 頁…65
最大判昭 43・12・25 民集 22 巻 13 号 3511 頁
　…………………………………………………680
最大判昭 43・12・25 民集 22 巻 13 号 3548 頁
　…………………………………………………232
最判昭 44・1・16 民集 23 巻 1 号 18 頁 …174
最判昭 44・2・13 民集 23 巻 2 号 291 頁
　……………………………………………551, 552
最判昭 44・3・28 民集 23 巻 3 号 699 頁
　…………………………………20, 801, 808, 811
最判昭 44・4・25 民集 23 巻 4 号 904 頁……174
最判昭 44・5・29 民集 23 巻 6 号 1064 頁……20
最大判昭 44・6・25 刑集 23 巻 7 号 975 頁…301
最判昭 44・6・26 民集 23 巻 7 号 1175 頁 …781
最判昭 44・7・4 民集 23 巻 8 号 1347 頁……148
最判昭 44・11・4 民集 23 巻 11 号 1951 頁
　…………………………………………………781
最判昭 44・11・21 判時 581 号 34 頁 ………805
最判昭 44・11・21 判時 583 号 56 頁 …201, 227
最判昭 44・12・18 民集 23 巻 12 号 2476 頁
　……………………………………………20, 507
最大判昭 44・12・24 刑集 23 巻 12 号 1625 頁
　……………………………………………302, 323
最判昭 45・1・22 民集 24 巻 1 号 40 頁………50
福岡高判昭 45・2・14 高刑集 23 巻 1 号 156
　頁 ………………………………………………255
最判昭 45・2・24 判時 591 号 59 頁…………174
最判昭 45・3・26 判時 591 号 57 頁…………153
最判昭 45・4・21 判時 594 号 62 頁…………154
東京高判昭 45・5・27 高民集 23 巻 2 号 282
　頁 ………………………………………………228
最大判昭 45・6・24 民集 24 巻 6 号 587 頁 …20
最大判昭 45・6・24 民集 24 巻 6 号 625 頁

判例索引

………20, 650, 665, 678, 730, 734, 735, 736, 741
最判昭 45・7・24 民集 24 巻 7 号 1116 頁……20
最判昭 45・7・28 民集 24 巻 7 号 1203 頁……20
最判昭 45・9・22 民集 24 巻 10 号 1424 頁 …20
最大判昭 45・10・21 民集 24 巻 11 号 1560 頁
………………………………………………199
最判昭 45・12・4 民集 24 巻 13 号 1987 頁…805
最判昭 46・1・26 民集 25 巻 1 号 90 頁………20
最判昭 46・3・25 民集 25 巻 2 号 208 頁……20
最判昭 46・6・29 判タ 264 号 198 頁…………58
最判昭 46・7・23 民集 25 巻 5 号 805 頁 ……20
大阪高決昭 46・9・23 家月 24 巻 10 号 83 頁
………………………………………………602
新潟地判昭 46・9・29 下民集 22 巻 9 = 10 号
別冊 1 頁…………………………………………20
東京高判昭 46・10・29 高民集 24 巻 3 号 412
頁 ………………………………………………594
最判昭 46・11・9 判時 661 号 41 頁…………154
最判昭 46・12・16 民集 25 巻 9 号 1472 頁…169
最判昭 47・1・20 判時 659 号 55 頁…………168
東京地判昭 47・3・29 判時 679 号 36 頁……255
東京地判昭 47・5・30 判時 683 号 102 頁 …256
最判昭 47・6・2 民集 26 巻 5 号 957 頁
………………………………763, 764, 766
最判昭 47・6・15 民集 26 巻 5 号 1015 頁 …222
最判昭 47・6・27 民集 26 巻 5 号 1067 頁
………………………………………198, 205
津地四日市支判昭 47・7・24 判タ 280 号 100
頁………………………………………………20
東京地判昭 47・7・25 判時 685 号 107 頁 …228
最判昭 47・9・1 民集 26 巻 7 号 1289 頁……601
最判昭 48・3・1 金判 358 号 2 頁①…………230
最判昭 48・3・1 金法 679 号 35 頁 …………177
東京高判昭 48・5・8 判時 708 号 36 頁……381
最判昭 48・9・7 民集 27 巻 8 号 907 頁 ……152
最判昭 48・10・9 民集 27 巻 9 号 1129 頁
………………………764, 768, 771, 772, 773, 777
最判昭 49・3・7 民集 28 巻 2 号 174 頁………20
最判昭 49・3・22 民集 28 巻 2 号 368 頁……733
最判昭 49・7・19 民集 28 巻 5 号 872 頁……278
最判昭 49・9・30 民集 28 巻 6 号 1382 頁
………………………………763, 767, 770, 772
最判昭 49・11・14 民集 28 巻 8 号 1605 頁…148
大分家審昭 49・12・6 家月 27 巻 11 号 41 頁

………………………………………………590
最判昭 49・12・20 民集 28 巻 10 号 2072 頁
………………………………………………525
最判昭 50・2・25 民集 29 巻 2 号 143 頁
………………………………………20, 167
最判昭 50・2・28 民集 29 巻 2 号 193 頁……226
最判昭 50・4・25 民集 29 巻 4 号 456 頁……216
最判昭 50・9・25 民集 29 巻 8 号 1320 頁 …219

昭和 51～60 年
鹿児島地判昭 51・3・31 判時 816 号 12 頁…788
最判昭 51・4・23 民集 30 巻 3 号 306 頁
………………………………………149, 736
最判昭 51・5・25 民集 30 巻 4 号 554 頁……219
最判昭 51・7・8 民集 30 巻 7 号 689 頁
………………………………………179, 216
東京地判昭 51・7・16 判時 853 号 70 頁……230
東京高判昭 51・9・28 判タ 346 号 198 頁 …254
最判昭 51・9・30 民集 30 巻 8 号 799 頁……161
名古屋高判昭 51・9・30 判時 836 号 61 頁…375
東京高決昭 51・11・11 判タ 348 号 213 頁…214
最判昭 51・12・24 民集 30 巻 11 号 1104 頁
………………………………………………785
最判昭 52・3・15 判時 852 号 60 頁…………154
名古屋高判昭 52・3・28 下民集 28 巻 1～4 号
318 頁 …………………………………………243
最判昭 52・3・31 金法 824 号 43 頁…………227
最判昭 52・3・31 金法 835 号 33 頁…………226
最判昭 52・5・27 金判 548 号 42 頁………50, 64
東京地判昭 52・7・19 判時 857 号 65 頁……351
最判昭 52・9・22 判時 868 号 26 頁…………231
東京高判昭 52・11・24 下民集 28 巻 9～12 号
1157 頁 ………………………………………258
最判昭 52・12・12 判タ 360 号 142 頁………788
最判昭 53・2・16 金判 547 号 3 頁 …………681
最判昭 53・4・14 家月 30 巻 10 号 26 頁……234
諌早簡判昭 53・4・28 判時 906 号 85 頁……211
最判昭 53・6・23 判タ 375 号 79 頁…………258
仙台家審昭 53・7・5 家月 31 巻 9 号 48 頁…604
最判昭 53・11・30 判時 914 号 54 頁 ………222
最判昭 54・2・15 民集 33 巻 1 号 51 頁 ……795
東京地判昭 54・2・16 判タ 384 号 140 頁 …219
横浜地横須賀支判昭 54・2・26 下民集 30 巻
1～4 号 57 頁 ………………………………214

判 例 索 引

最判昭 54・4・19 判タ 384 号 81 頁…………403
神戸簡判昭 54・6・8 判時 942 号 125 頁……258
最判昭 55・2・8 民集 34 巻 2 号 138 頁
　………………………………………765, 771
最判昭 55・2・8 判タ 413 号 87 頁㊀
　…………………763, 766, 769, 774, 775
名古屋高判昭 55・8・29 高民集 33 巻 3 号
　176 頁 …………………………………788
最判昭 56・3・24 民集 35 巻 2 号 300 頁……278
最判昭 56・4・14 民集 35 巻 3 号 620 頁……322
最判昭 56・7・14 判タ 453 号 78 頁…………226
最判昭 56・9・8 判タ 453 号 70 頁……………94
最判昭 56・10・30 家月 34 巻 9 号 52 頁……148
最大判昭 56・12・16 民集 35 巻 10 号 1369 頁
　……………………………………126, 301
最判昭 57・6・17 民集 36 巻 5 号 824 頁……800
最判昭 57・7・15 民集 36 巻 6 号 1113 頁 …147
最判昭 57・7・20 判タ 478 号 69 頁…………233
最判昭 57・10・19 判タ 504 号 94 頁 ………217
東京高判昭 57・10・25 家月 35 巻 12 号 62 頁
　……………………………………………601
最判昭 57・12・17 判タ 491 号 56 頁 ………226
最判昭 58・3・24 判タ 512 号 110 頁 ………154
最判昭 58・6・21 判タ 500 号 127 頁 ………681
東京高判昭 58・7・28 判タ 512 号 129 頁 …223
福岡高判昭 58・9・13 判タ 520 号 148 頁 …245
最判昭 58・10・6 民集 37 巻 8 号 1041 頁 …315
最判昭 58・10・27 労判 427 号 63 頁 ………216
大阪地判昭 59・2・24 判タ 528 号 217 頁 …259
最判昭 59・3・29 労判 427 号 17 頁…………216
最判昭 59・4・10 民集 38 巻 6 号 557 頁……167
最判昭 59・9・18 判タ 542 号 200 頁 …162, 163
東京高決昭 59・11・28 判タ 550 号 250 頁…593
最判昭 60・2・12 交民 18 巻 1 号 1 頁………180
宮崎地都城支判昭 60・2・15 判時 1169 号
　131 頁 ……………………………………226
東京高決昭 60・3・25 家月 37 巻 11 号 41 頁
　………………………………………591, 593
最判昭 60・11・29 民集 39 巻 7 号 1760 頁…682
茨木簡判昭 60・12・20 判時 1198 号 143 頁
　……………………………………………441
千葉地判昭 60・12・26 訟月 32 巻 11 号 2538
　頁 …………………………………………128

昭和 61〜64 年

東京高判昭 61・5・28 判時 1194 号 79 頁 …226
最大判昭 61・6・11 民集 40 巻 4 号 872 頁
　…………………………301, 311, 316, 319
東京地判昭 61・6・27 判時 1227 号 69 頁 …221
最判昭 61・9・11 判タ 624 号 127 頁 ………149
仙台高判昭 61・10・29 判タ 625 号 174 頁…225
最判昭 61・11・4 判タ 625 号 100 頁 ………278
最判昭 61・12・16 民集 40 巻 7 号 1236 頁…789
東京地判昭 62・3・13 判時 1281 号 107 頁 …255
最判昭 62・3・24 判タ 653 号 85 頁……151, 152
最判昭 62・4・24 判タ 642 号 169 頁 ………805
東京高判昭 62・7・15 判タ 641 号 232 頁 …126
最判昭 62・7・16 判タ 655 号 108 頁 ………235
最大判昭 62・9・2 民集 41 巻 6 号 1423 頁…156
東京高判昭 62・10・8 家月 40 巻 3 号 45 頁
　……………………………………………790
大阪高判昭 62・10・22 判タ 667 号 161 頁…256
最判昭 62・10・30 判タ 657 号 66 頁 ………160
最判昭 62・11・10 民集 41 巻 8 号 1559 頁…795
東京地判昭 62・12・22 判時 1287 号 92 頁…221
東京地判昭 63・1・25 判タ 676 号 126 頁 …227
横浜地判昭 63・2・4 判時 1288 号 116 頁 …255
最判昭 63・2・16 民集 42 巻 2 号 27 頁
　…………………………………302, 307, 323
最決昭 63・2・29 刑集 42 巻 2 号 314 頁……348
最判昭 63・10・18 民集 42 巻 8 号 575 頁 …719
最判昭 63・12・22 金法 1217 号 34 頁………158

平成元〜10 年

東京地判平元・3・28 判時 1342 号 88 頁 …594
福岡地判平元・4・18 判タ 699 号 61 頁 ……128
最判平元・7・18 家月 41 巻 10 号 128 頁 …293
大阪高判平元・11・1 判タ 722 号 255 頁 …213
最判平 2・2・20 判タ 731 号 91 頁 …………171
福島地いわき支判平 2・2・28 判タ 719 号
　223 頁 ……………………………………219
最判平 2・4・12 金法 1255 号 6 頁…………218
最判平 2・4・19 判タ 734 号 108 頁 ………808
東京地判平 2・4・24 判タ 738 号 131 頁 …245
最判平 2・7・5 裁判集民 160 号 187 頁
　………………………………………162, 163
最判平 2・7・20 民集 44 巻 5 号 876 頁 ……236
東京高判平 2・9・11 判タ 767 号 147 頁……226

837

判 例 索 引

最判平 2・11・8 判タ 745 号 109 頁…………170
神戸地判平 3・1・16 判タ 761 号 252 頁……243
東京高判平 3・1・29 判時 1376 号 64 頁……259
最判平 3・4・11 判タ 759 号 95 頁 …………170
東京高決平 3・5・31 家月 44 巻 9 号 69 頁…518
東京地判平 3・8・9 金判 895 号 22 頁……225
最判平 3・9・3 裁判集民 163 号 189 頁 ……210
最判平 3・10・17 判タ 772 号 131 頁 ………166
東京地判平 4・2・27 判タ 797 号 215 頁……381
東京高判平 4・3・9 判タ 806 号 172 頁 ……380
秋田地判平 4・3・27 判タ 791 号 173 頁……231
名古屋高判平 4・6・25 判タ 801 号 172 頁…552
神戸地判平 4・8・12 金法 1338 号 34 頁……229
最判平 4・9・22 金法 1358 号 55 頁…………512
名古屋地判平 4・10・7 家月 45 巻 10 号 77 頁
　　……………………………………529, 552
最判平 5・1・21 民集 47 巻 1 号 265 頁 ……145
最判平 5・2・25 判タ 816 号 137 頁…………126
最判平 5・3・30 民集 47 巻 4 号 3439 頁……680
最判平 5・7・20 判タ 872 号 183 頁…………218
最判平 5・9・24 民集 47 巻 7 号 5035 頁……211
最判平 5・10・19 民集 47 巻 8 号 5061 頁 …223
神戸地姫路支判平 6・1・31 判タ 862 号 298
　　頁 ……………………………………212
最判平 6・4・19 民集 48 巻 3 号 922 頁 ……733
浦和地判平 6・4・22 判タ 874 号 231 頁……259
最判平 6・5・31 民集 48 巻 4 号 1065 頁
　　……………………764, 766, 767, 769, 770, 775
札幌地判平 6・7・18 判タ 881 号 165 頁……230
最判平 6・9・13 民集 48 巻 6 号 1263 頁……146
大阪地判平 6・10・25 判タ 897 号 121 頁 …229
札幌簡判平 7・3・17 判タ 890 号 149 頁……233
最判平 7・3・28 判タ 876 号 135 頁…………221
最判平 7・6・23 民集 49 巻 6 号 1737 頁……218
最判平 7・7・7 民集 49 巻 7 号 2599 頁
　　…………………………………191, 203, 310
最判平 7・7・7 金法 1436 号 31 頁 …………218
大阪高決平 7・9・11 家月 48 巻 2 号 145 頁
　　……………………………………………633
東京高判平 7・9・27 判タ 907 号 184 頁……219
佐賀地判平 7・11・24 判タ 901 号 195 頁 …209
東京地判平 7・12・21 判タ 904 号 130 頁……219
大阪高判平 7・12・26 判タ 918 号 139 頁……229
東京地決平 8・3・14 判タ 905 号 238 頁……323

徳島地判平 8・3・15 判時 1597 号 115 頁 …276
最判平 8・3・19 民集 50 巻 3 号 615 頁
　　………………………696, 697, 737, 740, 741
最判平 8・4・26 民集 50 巻 5 号 1267 頁 ……22
最判平 8・6・18 家月 48 巻 12 号 39 頁 ……216
東京地判平 8・10・24 判時 1607 号 76 頁 …393
最判平 8・10・28 金法 1469 号 49 頁② ……164
大阪地判平 8・10・28 判タ 938 号 144 頁 …220
最判平 8・10・31 民集 50 巻 9 号 2563 頁 …220
最判平 8・12・17 民集 50 巻 10 号 2778 頁 …97
最判平 9・1・28 民集 51 巻 1 号 78 頁…278, 375
最判平 9・2・14 民集 51 巻 2 号 337 頁 ……158
東京地判平 9・2・27 金判 1036 号 41 頁……380
最判平 9・3・11 家月 49 巻 10 号 55 頁 ……234
福岡地判平 9・6・11 金法 1497 号 27 頁……380
最判平 9・7・1 民集 51 巻 6 号 2251 頁
　　……………………………………201, 228
最判平 9・8・25 判タ 952 号 184 頁……565, 574
大阪高判平 9・9・25 判時 1633 号 97 頁……233
鹿児島地判平 9・9・29 判自 174 号 10 頁 …352
和歌山地田辺支判平 9・11・25 判タ 980 号
　　171 頁 ……………………………………230
仙台高判平 9・12・12 判タ 997 号 209 頁 …218
最判平 9・12・16 判タ 961 号 117 頁 ………680
最判平 10・1・30 民集 52 巻 1 号 1 頁 ………22
最判平 10・2・13 民集 52 巻 1 号 38 頁 ……151
最判平 10・2・13 民集 52 巻 1 号 65 頁 ……175
最判平 10・2・26 民集 52 巻 1 号 255 頁 ……97
東京地判平 10・3・19 金法 1531 号 69 頁 …392
最判平 10・3・24 判タ 974 号 92 頁…………234
最判平 10・4・30 判タ 980 号 101 頁 ………170
東京地判平 10・5・14 判タ 1002 号 206 頁…218
東京高判平 10・6・15 判タ 1041 号 212 頁…392
東京地判平 10・7・30 金法 1539 号 79 頁…380
東京地判平 10・8・26 判タ 1018 号 225 頁…220
東京地判平 10・10・29 判時 1686 号 59 頁…220
東京地判平 10・10・30 判時 1679 号 46 頁…392
最判平 10・12・18 判タ 992 号 98 頁 ………224

平成 11〜20 年

最判平 11・1・29 民集 53 巻 1 号 151 頁 ……22
最判平 11・2・23 民集 53 巻 2 号 193 頁……305
東京地判平 11・3・25 判時 1706 号 56 頁 …229
東京高判平 11・11・17 判タ 1061 号 219 頁

判 例 索 引

······220

最大判平 11・11・24 民集 53 巻 8 号 1899 頁
······22
東京高判平 11・11・29 判タ 1047 号 207 頁
······221
東京高判平 11・12・14 金法 1586 号 100 頁
······381
札幌地判平 11・12・24 判タ 1060 号 223 頁
······260
札幌地判平 12・3・17 訟月 48 巻 7 号 1603 頁
······230
名古屋高判平 12・4・27 判タ 1071 号 256 頁
······229
名古屋地判平 12・8・29 判タ 1092 号 195 頁
······233
横浜地判平 12・9・6 判タ 1104 号 237 頁 ···206
東京高判平 12・9・28 判時 1731 号 9 頁······381
京都地判平 12・10・16 判時 1755 号 118 頁
······127
最判平 12・10・20 判タ 1046 号 89 頁········768
東京地判平 12・11・24 判タ 1063 号 143 頁
······295
名古屋地判平 12・12・26 判タ 1077 号 227 頁
······223
最判平 13・3・27 民集 55 巻 2 号 434 頁
······179, 234
最判平 13・4・26 判タ 1063 号 117 頁········676
さいたま地判平 13・5・29 金判 1127 号 55 頁
······233
札幌高決平 13・5・30 家月 53 巻 11 号 112 頁
······535
東京地判平 13・6・26 判タ 1124 号 167 頁···375
東京高判平 13・8・20 判タ 1092 号 241 頁···278
大阪高判平 13・9・26 判時 1768 号 95 頁 ···278
東京地判平 13・11・26 判タ 1123 号 165 頁
······224
東京高判平 13・12・18 判時 1786 号 71 頁···230
東京高判平 14・1・23 判時 1773 号 34 頁 ···282
東京地判平 14・2・20 判タ 1089 号 78 頁 ···279
最判平 14・3・28 民集 56 巻 3 号 662 頁······152
最判平 14・4・25 判タ 1091 号 215 頁
······696, 737, 741
名古屋高判平 14・5・23 判タ 1121 号 170 頁
······260

最判平 14・6・7 民集 56 巻 5 号 899 頁
······765, 771
札幌地判平 14・6・27【平 10（ワ）2328】 ···282
東京地判平 14・8・30 判時 1797 号 68 頁 ···295
札幌地判平 14・11・11 判タ 1150 号 185 頁
······276, 282, 305
東京地判平 15・2・26 判タ 1126 号 261 頁···236
最決平 15・3・12 刑集 57 巻 3 号 322 頁······232
最判平 15・4・11 判タ 1123 号 89 頁
······763, 768, 769, 770, 775
神戸地判平 15・7・25 判時 1843 号 130 頁···229
最判平 15・11・7 判タ 1140 号 82 頁 ·········164
最判平 15・12・9 民集 57 巻 11 号 1887 頁···166
東京地判平 15・12・26 判タ 1208 号 198 頁
······217
名古屋地判平 16・4・21 金判 1192 号 11 頁
······230
東京地判平 16・6・2 判時 1899 号 128 頁 ···246
広島高判平 16・7・9 判時 1865 号 62 頁···219
福岡高判平 16・7・21 判時 1878 号 100 頁···382
最判平 16・10・26 判タ 1169 号 155 頁 ······149
最判平 16・11・18 民集 58 巻 8 号 2225 頁···165
最判平 16・11・18 判タ 1169 号 144 頁········22
最判平 16・11・25 民集 58 巻 8 号 2326 頁···311
最判平 16・11・26 判タ 1170 号 158 頁 ······674
名古屋地判平 16・12・22 労判 888 号 28 頁
······279
名古屋高判平 17・3・17 金法 1745 号 34 頁
······230
最判平 17・4・26 判タ 1182 号 160 頁···675, 768
名古屋高金沢支判平 17・5・30 判タ 1217 号
294 頁 ······793
大阪高判平 17・6・9 判時 1938 号 80 頁······220
東京高判平 17・6・23 判時 1904 号 83 頁 ···375
東京地判平 17・6・23 判タ 1205 号 207 頁
······215, 231
最判平 17・7・19 民集 59 巻 6 号 1783 頁 ···168
東京地判平 17・8・31
2005WLJPCA08310002 ······382
最判平 17・9・16 判タ 1192 号 256 頁···168, 170
東京地判平 17・9・29 判タ 1203 号 173 頁
······380, 381
最判平 17・11・10 民集 59 巻 9 号 2428 頁···302
東京高判平 17・11・30 判タ 1223 号 292 頁

839

判 例 索 引

··218
最判平 17・12・13 判タ 1202 号 260 頁 ······676
最判平 18・1・13 民集 60 巻 1 号 1 頁 ·········22
最判平 18・1・17 民集 60 巻 1 号 27 頁·········92
大阪地判平 18・1・27 判タ 1214 号 160 頁···566
広島高岡山支決平 18・2・17 家月 59 巻 6 号
　42 頁 ···503
最判平 18・3・17 民集 60 巻 3 号 773 頁
　·······································6, 674, 768
最判平 18・3・23 判タ 1209 号 72 頁·········150
最判平 18・3・28 民集 60 巻 3 号 875 頁······348
最判平 18・3・30 民集 60 巻 3 号 948 頁······214
東京地判平 18・4・26 判タ 1244 号 195 頁···215
東京地判平 18・5・30 判時 1954 号 80 頁 ···260
最判平 18・6・12 判タ 1218 号 215 頁···164, 170
横浜地判平 18・6・15 判タ 1254 号 216 頁···793
東京地判平 18・7・6 判時 1965 号 75 頁······515
最判平 18・7・20 民集 60 巻 6 号 2499 頁······22
最判平 18・9・4 民集 60 巻 7 号 2563 頁 ······22
最判平 18・9・4 判タ 1223 号 131 頁 ·········162
東京高判平 18・10・25 金判 1254 号 12 頁···228
大阪高判平 19・1・23 判時 1976 号 34 頁 ···566
最判平 19・2・6 民集 61 巻 1 号 122 頁 ······155
最判平 19・2・27 判タ 1237 号 170 頁·········163
最判平 19・3・20 判タ 1239 号 108 頁···206, 207
大阪地判平 19・3・30 判タ 1273 号 221 頁···256
最判平 19・4・27 民集 61 巻 3 号 1188 頁 ···219
最判平 19・7・6 民集 61 巻 5 号 1769 頁······128
大阪高判平 19・9・11 判タ 1263 号 292 頁···223
広島地福山支判平 20・2・21【平 19(ワ)69】
　···231
最判平 20・3・27 判タ 1267 号 156 頁 ·········66
最判平 20・4・14 民集 62 巻 5 号 909 頁
　·······································769, 770, 775
最大判平 20・6・4 民集 62 巻 6 号 1367 頁···275
最判平 20・10・3 判タ 1285 号 62 頁 ···565, 566
最判平 20・10・10 金判 1302 号 12 頁·········232

平成 21〜28 年

札幌地中間判平 21・1・16 判時 2095 号 100
　頁 ··375
大阪地判平 21・2・12 判時 2054 号 104 頁···793
最判平 21・4・17 民集 63 巻 4 号 535 頁······678
東京地判平 21・5・28

2009WLJPCA05288004 ···················380
最判平 21・6・2 民集 63 巻 5 号 953 頁 ······630
最判平 21・7・17 判タ 1307 号 113 頁········158
最判平 21・9・11 判タ 1308 号 99 頁①·····151
最判平 21・9・11 判タ 1308 号 99 頁②·····150
東京地判平 21・9・15 判タ 1319 号 172 頁···215
東京地判平 21・10・14

2009WLJPCA10148006 ···················380
最判平 21・11・17 判タ 1313 号 108 頁······151
最判平 21・12・18 判タ 1318 号 90 頁·······164
名古屋地判平 22・1・28 判タ 1341 号 153 頁
　···215
最判平 22・1・29 判タ 1318 号 85 頁········230
最判平 22・4・8 民集 64 巻 3 号 609 頁······712
最判平 22・6・29 判タ 1330 号 89 頁········214
最判平 22・6・29 民集 64 巻 4 号 1235 頁 ···764
東京地判平 22・6・29

2010WLJPCA06298009 ···················380
東京高判平 22・9・6 判タ 1340 号 227 頁 ···234
東京地判平 22・9・28

2010WLJPCA09288034 ···················392
最判平 22・10・14 判タ 1337 号 105 頁
　···101, 243
東京地判平 22・11・30

2010WLJPCA11308025 ···················380
東京高判平 22・12・8 金判 1383 号 42 頁 ···524
最判平 23・2・9 民集 65 巻 2 号 665 頁 ······765
最判平 23・2・15 判タ 1345 号 129 頁·········766
名古屋高判平 23・2・17 判タ 1352 号 235 頁
　···215
最判平 23・2・18 判タ 1344 号 105 頁·········150
最判平 23・3・18 家月 63 巻 9 号 58 頁 ······224
最判平 23・3・24 民集 65 巻 2 号 903 頁······177
横浜地判平 23・3・31 判時 2115 号 70 頁
　···123, 352
最判平 23・4・22 民集 65 巻 3 号 1405 頁 ···164
大阪高判平 23・6・10 判時 2145 号 32 頁 ···256
最判平 23・7・12 判タ 1356 号 81 頁②·····178
最判平 23・7・15 民集 65 巻 5 号 2269 頁
　···177, 178
最判平 23・7・21 判タ 1357 号 81 頁 ·······128
最判平 23・10・25 民集 65 巻 7 号 3114 頁···171
最判平 24・2・2 民集 66 巻 2 号 89 頁···302, 325
東京地判平 24・3・9 判時 2148 号 79 頁······256

840

判 例 索 引

最判平 24・3・16 民集 66 巻 5 号 2216 頁 …178
神戸地尼崎支決平 24・4・9 判タ 1380 号 110
　頁 ……………………………………………281
大阪高判平 24・5・31 判タ 1391 号 186 頁…228
東京地判平 24・6・8 判時 2163 号 58 頁……648
大阪地判平 24・7・27 判タ 1386 号 335 頁…648
東京地判平 24・9・7 判時 2171 号 72 頁……256
東京地判平 24・11・26 判時 2176 号 44 頁…218
最判平 24・11・27 判タ 1384 号 112 頁 ……165
京都地判平 24・12・5 判時 2182 号 114 頁…125
大阪高判平 25・1・11 金判 1410 号 10 頁 …231
最判平 25・2・26 民集 67 巻 2 号 297 頁……176
東京地判平 25・3・14 判タ 1388 号 62 頁 …499
最判平 25・4・9 判タ 1390 号 142 頁 …201, 228
東京高判平 25・4・24 判タ 1412 号 142 頁…231
最大決平 25・9・4 民集 67 巻 6 号 1320 頁
　………………………………………8, 23, 275
京都地判平 25・10・7 判時 2208 号 74 頁 …276
東京地判平 25・11・6 判タ 1401 号 174 頁…125
最決平 25・12・10 民集 67 巻 9 号 1847 頁 …23
東京地判平 25・12・24
　2013WLJPCA12248006 ………………381, 392
最判平 26・2・27 民集 68 巻 2 号 192 頁
　………………………………766, 773, 774

横浜地判平 26・2・28 交民 47 巻 1 号 283 頁
　……………………………………………278
大阪高判平 26・7・8 判時 2232 号 34 頁
　……………………………………125, 276, 282
最判平 26・7・17 民集 68 巻 6 号 547 頁 ……23
最判平 26・10・28 民集 68 巻 8 号 1325 頁…155
東京地判平 27・2・3
　2015WLJPCA02038001 …………………381
熊本地判平 27・2・3 判時 2274 号 32 頁
　……………………………………………202, 228
東京地判平 27・8・5 LEX/DB25541521 ……787
福岡高判平 27・8・27 判時 2274 号 29 頁 …202
最判平 27・12・8 民集 69 巻 8 号 2211 頁 …670
最大判平 27・12・16 民集 69 巻 8 号 2427 頁
　……………………………………………23, 277
最大判平 27・12・16 民集 69 巻 8 号 2586 頁
　……………………………………………23, 277
東京地判平 28・4・13 判時 2318 号 56 頁 …256
横浜地川崎支決平 28・6・2 判タ 1428 号 86
　頁 ……………………………………………282
最判平 28・12・8 判タ 1434 号 57 頁 ………315
広島高松江支判平 28・12・21
　LEX/DB25545271 …………………………192

841

新注釈民法(1)　総　則(1)
New Commentary on the Civil Code of Japan Vol. 1

平成 30 年 11 月 30 日　初版第 1 刷発行
令和 5 年 5 月 10 日　初版第 2 刷発行

編　　者	山　野　目　章　夫
発 行 者	江　草　貞　治
発 行 所	株式会社　有　斐　閣 東京都千代田区神田神保町 2-17 郵便番号 101-0051 https://www.yuhikaku.co.jp/
印　　刷	株式会社　精　興　社
製　　本	牧製本印刷株式会社

Ⓒ 2018, Akio YAMANOME.　Printed in Japan
落丁・乱丁本はお取替えいたします。
★定価はケースに表示してあります。
ISBN 978-4-641-01754-2

[JCOPY] 本書の無断複写（コピー）は、著作権法上での例外を除き、禁じられています。複写される場合は、そのつど事前に（一社）出版者著作権管理機構（電話03-5244-5088、FAX03-5244-5089、e-mail：info@jcopy.or.jp）の許諾を得てください。

有斐閣コンメンタール

◎＝既刊　＊＝近刊

新 注 釈 民 法 全20巻

編集代表　大村敦志　道垣内弘人　山本敬三

◎　第 1 巻　総 則 1　1条〜89条　山野目章夫編
通則・人・法人・物

第 2 巻　総 則 2　90条〜98条の2　山本敬三編
法律行為(1)

第 3 巻　総 則 3　99条〜174条　法律行為(2)・期間　佐久間毅編
の計算・時効

第 4 巻　物 権 1　175条〜179条　松岡久和編
物権総則

◎　第 5 巻　物 権 2　180条〜294条　小粥太郎編
占有権・所有権・用益物権

◎　第 6 巻　物 権 3　295〜372条　留置権・先取特権　道垣内弘人編
・質権・抵当権(1)

◎　第 7 巻　物 権 4　373条〜398条の22　森田修編
抵当権(2)・非典型担保

◎　第 8 巻　債 権 1　399条〜422条の2　磯村保編
債権の目的・債権の効力(1)

第 9 巻　債 権 2　423条〜465条の10　債権の効力　沖野眞已編
(2)・多数当事者の債権及び債務

＊　第10巻　債 権 3　466条〜520条の20　債権の譲渡　山田誠一編
・債務の引受け・債権の消滅・他

第11巻　債 権 4　521条〜548条の4　渡辺達徳編
契約総則

第12巻　債 権 5　549条〜586条　池田清治編
贈与・売買・交換

＊　第13巻　債 権 6　587条〜622条の2　消費貸借・使　森田宏樹編
用貸借・賃貸借・借地借家法

◎　第14巻　債 権 7　623条〜696条　雇用・請負・委任・　山本豊編
寄託・組合・終身定期金・和解

◎　第15巻　債 権 8　697条〜711条　事務管理・不当利　窪田充見編
得・不法行為(1)

◎　第16巻　債 権 9　712条〜724条の2　大塚直編
不法行為(2)

◎ 第17巻　親　族　1　725条〜791条　　　　　　　　　二 宮 周 平 編
　　　　　　　　　　　　総則・婚姻・親子(1)

　 第18巻　親　族　2　792条〜881条　親子(2)・親権・　大 村 敦 志 編
　　　　　　　　　　　　後見・保佐及び補助・扶養

◎ 第19巻　相　続　1　882条〜959条　相続総則・相続　潮 見 佳 男 編
　　　　　　　　　　　　人・相続の効力・他

　 第20巻　相　続　2　960条〜1050条　遺言・配偶者の　水 野 紀 子 編
　　　　　　　　　　　　居住の権利・遺留分・特別の寄与